제11판

경영학원론

FUNDAMENTALS OF MANAGEMENT

제11판

경영학원론

Stephen P. Robbins · Mary A. Coulter · David A. De Cenzo 지음

양동훈 · 임효창 · 조영복 옮김

P Pearson

Σ 시그마프레스

Pearson Education South Asia Pte Ltd
9 North Buona Vista Drive
#13-05/06 The Metropolis
Tower One
Singapore 138588

Pearson Education offices in Asia: *Bangkok, Beijing, Ho Chi Minh City, Hong Kong, Jakarta, Kuala Lumpur, Manila, Seoul, Singapore, Taipei, Tokyo*

Original edition Fundamental of Management, GLOBAL EDITION 11/e by Stephen P. Robbins, Mary A. Coulter and David A. De Cenzo, ISBN 9781292307329, published by Pearson Education Limited Copyright © 2019 Pearson Education Limited. All rights reserved. No part of this book may be reproduced or transmitted in any form or by any means, electronic or mechanical, including photocopying, recording or by any information storage retrieval system, without permission from Pearson Education Inc. KOREAN language edition published by PEARSON EDUCATION SOUTH ASIA PTE LTD, Copyright © 2021. Authorized for sale only in South Korea.

3   2   1
23   22   21

ISBN   978-981-3137-30-1

발행일: 2021년 8월 1일
공급처: ㈜시그마프레스(02-323-4845/sigma@spress.co.kr)
가격: 39,000원
Cover Art: © vector-RGB/Shutterstock

 Pearson

http://pearsonapac.com/

역자 서문

이 책의 원서 제목은《Fundamentals of Management》로, 경영학이란 무엇이고 어떤 유익이 있는지를 알려주는 입문서이다. 그러나 입문서라고 해서 평이하게 서술하거나 피상적으로 경영학 이론을 열거한 책이 절대 아니다.

경영학 입문서 중에는 경영학 이론을 지나치게 압축하고 정제한 나머지 독자가 경영학을 이해하기 어려운 경우가 많다. 그러나 이 책은 일반 대중이 흥미를 갖도록 우리 주변의 사례를 통해 경영현상을 소개하고 있다. 지금까지 열한 번의 개정을 거쳤다는 사실만으로도 이 책은 독자의 검증을 잘 통과했다고 볼 수 있다.

역자로서 벌써 6판, 8판, 9판, 10판, 11판 번역서를 출간한 것에 큰 보람을 느낀다. 여러 차례 번역을 거치는 과정에서 문장을 보다 자연스럽게 가다듬을 수 있어서 좋았다. 8판 이후 개정판을 거르지 않고 출간할 수 있었던 데에는 세 역자 간의 신뢰와 책임감이 크게 작용했고, 무엇보다 피어슨에듀케이션의 지원이 큰 도움이 되었다. 역자로서 앞으로도 더 읽기 쉽고 질 좋은 번역서를 독자에게 제공할 수 있기를 희망한다.

2021년 7월
역자 일동

저자 서문

《경영학 원론》 11판은 관리자와 조직이 직면한 실제 문제를 이해하는 데 기초를 제공하는 방식으로 관리의 필수 요소를 다룬다. 이 책은 경영 이론을 알고 적용하는 데 초점을 맞추는 동시에 고용 가능성 기술을 개발할 기회를 조명한다. 그리고 학생의 성공을 돕는 궁극적인 목표와 함께 관리자에게 효과적인 것과 그렇지 않은 것에 대해 접근 가능하고 능률적이며 현실적인 강조점을 제공한다.

제11판의 주요 개정 사항

- 기업가 정신을 다룬 새로운 장
- 전면 개정한 '경험에 의한 문제 해결'. 각 장 뒷부분에 있는 경험에 의한 문제 해결 활동은 학생들이 협력해 개인 미션 기술서 작성과 같은 작업을 완수하는 실습 활동이다.
- 책 전반에 걸쳐 강조된 고용 가능성 기술. 1장에서 소개한 고용 가능성 기술에는 비판적 사고, 의사소통, 협업, 지식 적용 및 분석, 사회적 책임이 포함된다. 각 장은 학생이 21세기 직장에서 성공하는 데 필요한 기술을 사용하고 작업할 수 있는 기회를 담고 있다.
- 다양성 관점에서 본 20세기 초의 또 다른 공헌자 자료. 경영학의 역사는 다양한 개인이 기여한 결과이기 때문에 일부 주목할 만한 공헌자를 강조하는 내용을 경영학의 역사 모듈에 추가했다.
- 전문성 및 고용 가능성 모듈. 직업에 대한 모듈의 확장 버전은 전문성과 고용 가능성에 중점을 둔다.
- 인적자원 관리 장에 다양성 자료를 추가했다.
- 운영 자료 관리에 대한 내용을 모듈 형식으로 제공했다.
- 페이스북이 사용자 커뮤니티를 보호하기 위해 무엇을 하고 있고 무엇을 하지 않았는지에 대한 공개 조사, BMW의 지속가능성 활동, 스웨덴의 디지털 통화 사용, 유럽의 '좀비' 회사, 훗스위트의 문화, 글로벌 캐슈너트 산업, 폭스 스포츠의 월드컵 광고 도전, 《월스트리트 저널》의 조직 개편 등에 대한 페이스북의 공개 조사 등 다양한 최신 사례를 소개했다.
- 조직 문화의 현재 문제, 반세계화, 창의성의 걸림돌, 수정 편향, 위기 계획, 전략 무기로서의 디지털 도구, 파괴적 혁신 관리, 원격 근무, 다문화 브로커, 포용, 직장의 세대 차이, 감정과 의사소통, 증강현실, 유해한 상사, 작업장에서의 시민적 대화, 작업장 설계 등을 추가했다.
- '오늘날 직장에서의 윤리적 의사결정'은 제목을 바꾸고 60% 정도 내용을 개정했다.
- 사례 적용은 절반 이상이 새로운 내용이다.

교수 및 학습 과제 해결

경영학 원론 과목을 수강하는 많은 학생이 처음에는 왜 이 과목을 공부하는지 잘 이해하지 못한다. 이들은 관리가 상식적이고 모호하지 않으며 직관에 의존한다고 가정한다. 또한 학습한 개념을 실제 상황에 적용하는 연습이 필요하다. 그리고 많은 학생은 졸업 후 관리자가 되는 것을 목표로 하므로 이 과목과 경력 목표 간의 유사점을 파악하는 데 어려움을 겪을 수도 있다. 우리는 학생들이 이론을 바탕으로 한 둔 '경영 감각'을 개발함으로써 이러한 문제를 해결하는 동시에, 학습한 개념을 실제 상황에 적용하고 모든 직업에서 성공하는 데 필요한 기술을 개발할 수 있도록 이 책을 집필했다.

각 장의 개정 내용

제1장
- 기술에 중점을 두기 위해 개정한 글상자의 토의문제
- 개정된 '오늘날 직장에서의 윤리적 의사결정'
- 기술 매트릭스를 포함한 고용 가능성 기술 자료 추가
- 개정된 '경험에 의한 문제 해결'
- 개정된 사례 적용: 월마트의 관리 훈련, 인텔의 '칩' 문제
- 사례 적용에 '주제' 추가
- 각 사례에 다양한 고용 가능성 기술 강조

경영학의 역사
- 다양성 관점에서 본 20세기 초의 또 다른 공헌자 자료 추가

제2장
- 기술에 중점을 두기 위해 개정한 글상자의 토의문제
- 개정된 '오늘날 직장에서의 윤리적 의사결정'
- 창의성에 걸림돌이 되는 것에 대한 정보 추가
- 개정된 '경험에 의한 문제 해결'
- 개정된 사례: UPS, 축구에서의 데이터 분석
- 사례 적용에 '주제' 추가
- 각 사례에 다양한 고용 가능성 기술 강조

계량 모듈―양적 의사결정 방법
제3장
- 개정된 '경영학의 잘못된 신화'
- 기술에 중점을 두기 위해 개정한 글상자의 토의문제
- 개정된 '오늘날 직장에서의 윤리적 의사결정'
- 반세계화에 관한 새로운 정보 추가
- 개정된 '경험에 의한 문제 해결'
- 개정된 사례 적용: 중국 배터리 회사
- 사례 적용에 '주제' 추가
- 각 사례에 다양한 고용 가능성 기술 강조

제4장
- 기술에 중점을 두기 위해 개정한 글상자의 토의문제
- 개정된 '오늘날 직장에서의 윤리적 의사결정'

(우단)
- '조직 문화의 현재 이슈'에 관한 절 추가
- 개정된 '경험에 의한 문제 해결'
- 개정된 사례 적용: 우버, 임금 투명성
- 개정된 사례: 영화관 산업
- 사례 적용에 '주제' 추가
- 각 사례에 다양한 고용 가능성 기술 강조

제5장
- 기술에 중점을 두기 위해 개정한 글상자의 토의문제
- 파괴적 혁신에 관한 새로운 절 추가
- 개정된 '오늘날 직장에서의 윤리적 의사결정'
- 개정된 '경험에 의한 문제 해결'
- 사례 보강: 언더아머
- 개정된 사례 적용: 폴크스바겐
- 사례 적용에 '주제' 추가
- 각 사례에 다양한 고용 가능성 기술 강조

기업가 정신 모듈―기업가적 벤처기업 관리
- 새로 추가된 모듈

제6장
- 기술에 중점을 두기 위해 개정한 글상자의 토의문제
- 전략적 무기인 빅데이터와 디지털 도구에 관한 새로운 자료
- 위기 대응 계획에 관한 새로운 자료
- 개정된 '오늘날 직장에서의 경영 기술': 환경 탐색을 위한 소셜 미디어 활용
- 개정된 '경험에 의한 문제 해결'
- 사례 보강: 자라
- 새로운 사례: 포드자동차, 도미노피자
- 사례 적용에 '주제' 추가
- 각 사례에 다양한 고용 가능성 기술 강조

제7장
- 기술에 중점을 두기 위해 개정한 글상자의 토의문제
- 개정된 '오늘날 직장에서의 윤리적 의사결정'

- 원격 작업에 관한 새로운 자료
- 개정된 '경험에 의한 문제 해결'
- 개정된 사례: 유나이티드 항공
- 개정된 사례 적용: 나사, 화이자
- 사례 적용에 '주제' 추가
- 각 사례에 다양한 고용 가능성 기술 강조

제8장
- 개정된 '경영학의 잘못된 신화'
- 새로운 사례
- 기술에 중점을 두기 위해 개정한 글상자의 토의문제
- 개정된 '오늘날 직장에서의 윤리적 의사결정'
- 성희롱 문제에 관한 새로운 자료
- 다양성에 관한 내용을 이 장으로 이동
- 통합에 관한 논의 추가
- 개정된 '경험에 의한 문제 해결'
- 개정된 사례 적용: 스타벅스와 인종 편견 퇴치 교육
- 사례 적용에 '주제' 추가
- 각 사례에 다양한 고용 가능성 기술 강조

전문성과 고용 가능성
- 전문성과 고용 가능성에 관한 새로운 자료
- 경력 관련 자료 개정

제9장
- 기술에 중점을 두기 위해 개정한 글상자의 토의문제
- 다문화 브로커에 관한 자료 추가
- 개정된 '경험에 의한 문제 해결'
- 개정된 사례 적용: 마이크로소프트, W. L. 고어
- 사례 보강: 의료 산업
- 사례 적용에 '주제' 추가
- 각 사례에 다양한 고용 가능성 기술 강조

제10장
- 기술에 중점을 두기 위해 개정한 글상자의 토의문제
- 직장에서의 세대 차이에 관한 논의 확장
- 개정된 '경험에 의한 문제 해결'
- 개정된 사례 적용: 버진 그룹, 어도비 시스템즈
- 사례 보강: 구글
- 사례 적용에 '주제' 추가
- 각 사례에 다양한 고용 가능성 기술 강조

제11장
- 기술에 중점을 두기 위해 개정한 글상자의 토의문제
- 개정된 '경험에 의한 문제 해결'
- 개정된 사례 적용: 무제한 휴가
- 사례 적용 보강: 파타고니아
- 사례 적용에 '주제' 추가
- 각 사례에 다양한 고용 가능성 기술 강조

제12장
- 기술에 중점을 두기 위해 개정한 글상자의 토의문제
- 개정된 '오늘날 직장에서의 윤리적 의사결정'
- 유해한 상사에 대한 새로운 자료
- 개정된 '경험에 의한 문제 해결'
- 개정된 사례 적용: 제너럴 일렉트릭, 로레알
- 사례 보강: Y세대 리더 육성
- 사례 적용에 '주제' 추가
- 각 사례에 다양한 고용 가능성 기술 강조

제13장
- 기술에 중점을 두기 위해 개정한 글상자의 토의문제
- 감정과 의사소통에 관한 논의 자료 추가
- 증강현실에 관한 논의 추가
- 작업장에서의 시민적 대화에 관한 새로운 자료
- 업무 공간 설계에 관한 새로운 자료
- 개정된 '경험에 의한 문제 해결'
- 개정된 사례: 상시 피드백
- 사례 보강: 트위터를 사용하는 운동선수, 이메일 금지 정책
- 사례 적용에 '주제' 추가
- 각 사례에 다양한 고용 가능성 기술 강조

제14장
- 기술에 중점을 두기 위해 개정한 글상자의 토의문제
- 개정된 '오늘날 직장에서의 윤리적 의사결정'
- 개정된 '경험에 의한 문제 해결'
- 개정된 사례 적용: 치폴레, 테슬라
- 사례 보강: 긍정적 피드백
- 사례 적용에 '주제' 추가
- 각 사례에 다양한 고용 가능성 기술 강조

운영 모듈-운영 관리
- 새로이 모듈로 소개

요약 차례

차례

제2부　계획

제6장 계획 활동과 목표 설정

제3부   조직

제7장 조직 구조와 설계

제8장 인적자원 관리와 다양성

제9장 집단에 대한 이해와 작업팀 관리

제4부　지휘

제10장 개인 행동의 이해

제5부   통제

제14장 통제의 기초

1

경영학의
신화
잘못된

경영자가 되고자
하는 사람만이
경영학을 배운다.

경영학의
신화 바로잡기!
잘못된

경영자가 아니더라도

조직에서 일하는 사람은 누구나

조직이 어떻게 운영되는지,

상사와 동료는 어떻게 행동해야 하는지

학습해야 한다.

기초물리학 수업 첫 시간에 교수가 종이 한 장을 주고 뉴턴의 운동 제2법칙을 설명하라 요구했다고 가정하자. 당신은 어떻게 반응해야 할까? 대부분의 학생은 '내가 그걸 어떻게 알 수 있겠어? 그런 법칙을 배우기 위해 이 수업을 신청한 거잖아'라고 생각할 것이다.

이제 상황을 바꾸어보자. 당신은 경영학원론 수업의 첫 시간에 출석했다. 교수는 "뛰어난 리더가 보이는 특성은 무엇인가요?"라고 질문하고 종이 한 장을 나누어 주었다. 수업 첫날의 상황은 유사하지만, 경영학 교실에서는 당황하는 학생이 많지 않다. 대부분의 학생은 자신이 질문의 대답을 어느 정도 알고 있다고 생각할 것이다.

경영학 학습에 대한 일반적인 신화(myth)를 앞에서 예로 들었다. 경영학은 일종의 상식에 가깝다? 천만의 말씀이다. 경영학 이론이 얼마나 상식을 넘어서 과학적 연구들이 축적된 결과이며 통찰력을 주는 학문인지

알게 된다면 놀랄 것이다. 이것이 우리 저자들이 각 장을 특별히 '경영학의 잘못된 신화'로 시작하고, 그다음에 '경영학의 잘못된 신화 바로잡기'를 통해 경영학이 상식이라는 말이 얼마나 신화에 불과한지를 설명함으로써 이러한 인식과 정면 승부를 벌이기로 한 이유이다.

잠시 시간을 내어 이 장의 '경영학의 잘못된 신화'와 '신화 바로잡기'를 다시 생각해보자. 이 '신화 바로잡기'에 나오는 내용들은 회계, 재무, 통계, 정보기술, 광고 등 경영학의 세부 영역을 전공하는 학생들조차 놀라워하는 사실이다. 경영자가 되고자 하는 학생이 아니라면 경영학을 한 학기 듣는 것이 시간을 버리는 일이고, 최종 경력과도 무관하다고 생각할지 모르겠다. 그러나 경영학 전공자이든 비전공자이든, 현재 경영자이든 아니든, 혹은 앞으로 경영자가 되길 원하던 원하지 않던 간에 모든 학생에게 경영학 공부가 가치 있음을 이 장의 마지막 부분에서 설명한다. ●

학습목표

1-1 경영자는 누구이고 어디에서 일하는지 설명한다.

1-2 경영을 정의한다.

1-3 경영자가 하는 활동을 설명한다.

1-4 경영학 공부가 중요한 이유를 설명한다.

1-5 경영을 재정립하고 규정하는 요인을 설명한다.

1-6 경영학 공부를 통해 얻은, 전공과 상관없이 미래의 경력에 적용할 수 있는 주요한 고용가능성을 높이는 기술을 설명한다.

대부분의 경영자는 일을 능숙하게 처리한다. 그러나 경영자 중에는 유능하지 못한 사람도 있고, 하루는 유능하다 그다음 날은 일을 그르치는 경우도 있다. 한 가지 중요한 사실은 경영자로서 유능하든 그렇지 못하든 경영자는 모두 아주 중요한 역할을 수행하고 있다는 점이다. 이 책은 경영자의 역할을 다룬다. 이 장에서는 경영자와 경영 활동, 경영자는 누구인지, 경영자는 어디에서 일하는지 등을 소개한다. 경영이란 무엇이고, 경영자는 무슨 일을 하며, 우리가 경영학을 배워야 하는 이유도 설명한다. 이 장의 마지막에서는 조직과 경영의 내용이 변화하고 재정의되는 현실과 그것을 발생시킨 요인을 검토한다.

경영자는 누구이며 어디에서 일하는가?

1-1 경영자는 누구이고 어디에서 일하는지 설명한다.

경영자가 될 수 있는 기준 같은 것은 없다. 경영자는 18세가 안 된 청소년에서부터 80세가 넘은 노인에 이르기까지 누구나 될 수 있다. 남자든 여자든 산업과 국가에 한정되지 않고 누구나 경영자가 될 수 있다. 우리는 창업기업, 대기업, 정부 조직, 병원, 박물관, 학교, 비영리 조직에서 경영자를 볼 수 있다. 최고경영자에서 감독이나 팀 리더에 이르기까지 경영자의 유형은 다양하다. 그러나 모든 경영자에게 공통된 한 가지 특성이 있다. 바로 경영자는 '조직에서 일하는 사람'이라는 점이다. **조직**(organization)이란 특정한 목적을 달성하기 위해 여러 사람으로 정교하게 구성된 집단이다. 대학이나 대학교 역시 조직이며, 유나이티드 웨이, 동네 편의점, 뉴올리언스 세인츠 풋볼팀이나 남학생/여학생 기숙사, 클리블랜드 의료센터, 알리바바, 레고, 스타벅스 같은 다국적 기업 역시 하나의 조직이라고 볼 수 있다. 각 조직은 다음과 같은 세 가지 공통점이 있다(그림 1.1 참조).

조직
특정한 목적을 달성하기 위해 체계적인 질서 아래 모인 사람들의 집합

모든 조직이 공유하는 세 가지 특징은 무엇인가?

첫 번째 특징은 조직이 그 자체의 독특한 목적을 가지고 있다는 점이다. 조직은 하나 혹은 여러 개의 '목표'를 가지고 있다. 예를 들어 페이스북 CEO인 마크 저커버그(Mark Zuckerberg)는 회사의 원래 목적이 가족과 친구 사이에 의미 있는 상호작용을 제공하는 것이라고 말했다.[1] 두 번째 특징은 조직 내 사람들이 공통의 목적을 달성하기 위해 같이 일한다는 점이다. 어떻게? 사람들은 희망하는 목표를 달성하기 위해 같이 의사결정을 하고 업무 활동을 수행한다. 이를테면 페이스북에서 어떤 직원들은 프로그램과 알고리즘을 개발하기 위해 같이 일하고 다른 직원들은 콘텐츠를 모니터링하고 고객의 문제를 해결하는 데 도움을 준다. 세 번째 특징은 모든 조직이 조직 구성원의 행동을 규정하고 제약할 수 있는 체계적인 구조가 있다는 점이다. 페이스북의 경우도 다른 조직들과 마찬가지로 여러 개의 부서와 기능 부서로 나뉘는 복잡한 조직 구조를 갖추고 있다. 구조를 설계하는 것은 규칙과 규제, 정책을 만들고 구성원이 할 수 있는 일과 할 수 없는 일을 규정하는 것을 말한다. 구조의 설계를 통해 조직은 어떤 구성원에게는 다른 구성원들을 감독하도록 권한을 부여하기도 하고 작업팀을 만들거나 해체하기도 한다. 조직은 직무 기술서를 작성해 조직 구성원이 해야 할 일을 명확하게 정의하기도 한다. 이를 통해 조직 구성원은 자신이 무슨 일을 해야 하는지 알게 된다. 그러한 구조는 경영자의 관리하에 구축된다.

그림 1.1 조직의 세 가지 공통적인 특징

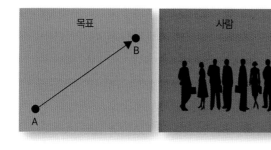
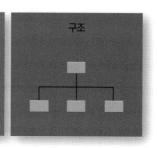

경영자와 종업원은 어떻게 다른가?

경영자는 조직 내에 있지만 조직 내 구성원을 모두 경영자라고 볼 수는 없다. 간단히 말하면 조직 내 구성원은 두 가지 유형으로 구분된다. 하나는 경영자이며 다른 하나는 **종업원**(nonmanagerial employee)이다. 비경영자인 종업원은 일을 직접 수행하지만 다른 종업원을 감독할 책임은 없다. 홈 디포(건축자재를 파는 유통 체인)의 영업점 종업원, 스타벅스 드라이브 스루에서 주문을 받는 종업원, 대학 행정실에서 학생 등록 과정을 관장하는 구성원은 모두 경영자가 아닌 종업원이다. 이러한 종업원은 '동료(associate)', '팀원(team member)', '공로자(contributor)', '파트너(employee partner)' 등 여러 호칭으로 불린다. 반면에 **경영자**(manager)는 조직 내 다른 구성원, 즉 종업원을 지휘하고 감독하는 개인이다. 경영자의 일은 개인적인 업적보다는 다른 종업원의 일을 도와주는 것이다. 한 부서 종업원들의 일을 조정하는 것에서부터 조직 전체를 지휘하는 일, 혹은 한 사람의 종업원을 감독하는 일까지 경영자의 일은 다양하다. 여러 부서에서 온 종업원들의 일을 조정하거나 조직 외부에서 온 사람들, 이를테면 임시직, 공급업체의 종업원들을 감독하는 일도 담당한다. 이러한 구분으로 모든 경영자가 마치 직접 일을 하지 않는 사람들이라 간주될 수 있는데, 이는 사실이 아니다. 경영자 중에는 다른 구성원을 감독하는 역할을 하지 않고 직접 일을 수행하는 사람도 있다. 이를테면 보험금 청구 부서의 감독은 청구 부서의 직원을 감독하는 것 외에도 직접 보험금 청구 업무를 수행하기도 한다.

경영자는 조직에서 어떤 직위에 있는가?

경영자가 다양한 직위를 가지고 있을 수는 있지만 조직에서 정확히 누가 경영자인지 알아내는 것은 어려운 일이 아니다. 경영자들은 넓은 의미에서 현장, 중간, 최고경영자로 구분된다(그림 1.2 참조). 조직에서 가장 높은 위치에 있는 경영자는 **최고경영자**(top manager)이다. 최고경영자는 조직이 나아가야 할 방향과 모든 조직 구성원에게 영향을 미치는 정책과 가치를 결정할 책임이 있다. 최고경영자는 일반적으로 부회장, 회장, 이사, 관리이사, 최고운영경영자, 최고간부사원, 이사회 의장 등 다양한 호칭이 있다. **중간경영자**(middle manager)는 현장경영자와 최고경영자 사이의 경영자를 말한다. 중간경영자는 종업원과 다른 하급 경영자들을 감독하며 최고경영자가 설정한 목표를 현장경영자들에게 상세하게 설명하고 구체적인 내용을 알려주는 역할을 한다. 중간경영자는 일반적으로 부서책임자, 프로젝트 리더, 부서총괄, 지역경영자, 점포책임자 등의 호칭이 있다. **현장경영자**(first-line manager)는 종업원의 일상적 업무를 감독하는 최전방의 경영자이다. 현장경영자는 감독, 팀 리더, 코치, 작업조장, 부서조정자(unit coordinator) 등으로 불린다. 현장경영자 밑에 팀 조직이 생기면서 **팀 리더**(team leader)라는 특별한 유형의 경영자가 필요해지기도 한다. 팀 리더는 작업팀의 활동임을 지는 것이 일반적이다.

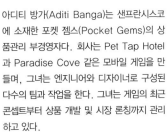

아디티 방가(Aditi Banga)는 샌프란시스코에 소재한 포켓 젬스(Pocket Gems)의 상품관리 부경영자다. 회사는 Pet Tap Hotel과 Paradise Cove 같은 모바일 게임을 만들며, 그녀는 엔지니어와 디자이너로 구성된 다수의 팀과 작업을 한다. 그녀는 게임의 최근 콘셉트부터 상품 개발 및 시장 론칭까지 관리하고 있다.

그림 1.2 경영자 계층

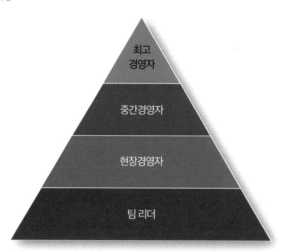

◀◀◀ 과거에서 현재까지 ▶▶▶

경영(management) 혹은 *경영자*(manager)와 같은 개념은 수 세기 전부터 사용되었다.[2] 어떤 자료에 의하면 1588년에 경영하다(manage)라는 동사에서 경영자(manager)라는 명사가 유래되었다고 한다. '자기 사업이나 공공 단체를 책임지는 사람'이라는 경영자의 의미는 18세기 초부터 그 유래를 찾아볼 수 있다. 그러나 조직 구성원을 감독하고 지휘한다는 의미인 *management*와 *manager*라는 단어는 20세기 초에 나타난 것으로 보는 게 더 정확하다. 경영이란 단어는 프레더릭 윈즐로 테일러(Frederick Winslow Taylor)에 의해 처음 대중화되기 시작했는데 그가 현대 경영학에 기여한 바가 무엇인지를 잠시 살펴보면 다음과 같다.

- 1911년에 테일러가 저술한 *Principles of Scientific Management*는 전 세계 많은 경영자에게 널리 읽혔다. 그의 책은 미국 내에서뿐만 아니라 다른 국가에서도 경영자에게 많은 통찰력을 주었다.
- 그 이유는 과학적 경영(scientific management)의 이론 자체가 일을 하는 '최선의 방법'임을 주장했기 때문이다.
- 펜실베이니아 철강회사의 기계 엔지니어였던 테일러는 종업원들을 지속적으로 관찰했으며, 그들의 비효율적인 모습에 매번 놀랐다.
  - 종업원들은 일을 자신이 원하는 방식으로 수행하고 있었으며 자주 요령을 피웠다.
  - 일에 대한 표준적인 방법이 거의 정해져 있지 않았다.
  - 종업원들은 자신의 능력 혹은 적성과는 관계없이 주어진 일을 하는

경우가 많았다.
- 그 결과 종업원들은 가능한 산출량의 1/3 정도만을 생산하는 데 그쳤다.
- 테일러의 처방은 무엇이었나? 그는 과학적 경영을 현장 생산직에게 적용했다.
- 그 결과 이전에 비해 효율성이 *200%* 이상 높아졌다.
- 이러한 업적으로 테일러는 과학적 경영의 '아버지'로 알려지게 된다.

일을 효율적으로 만드는 과학적 경영 원리들을 스스로에게 한번 적용해보고 싶은가? 우선 자신이 일상적으로 해 오던 일 하나를 선택하라. 이를테면 세탁, 식료품 쇼핑, 시험공부 같은 규칙적으로 반복되는 일 하나를 선택하라. 그리고 일을 완수하기 위한 단계들을 적어보고 그중 제거할 수 있는 단계나 서로 합쳐야 할 단계가 있는지 살펴보라. 일을 하기 위한 '최선의 방법'을 발견하라. 그리고 다음번부터는 과학적 경영 방식으로 일을 해보라. 습관을 고치는 것은 쉽지 않지만 더 효율적으로 일하고 있는지를 점검해보라.

> 경영에 최선의 방법이 존재하는가?

토의문제
1. 테일러의 관점은 오늘날 경영에서도 유효한가?
2. 당신은 지역 식료품점에서 진열 담당팀을 이끌고 있다. 매장 매니저로부터 업무팀의 효율성을 높일 수 있는 방법을 찾으라는 지시를 받았다. 테일러의 과학적 경영을 활용해 아이디어 목록을 작성해보라.

경영의 정의

경영
사람을 통해 일을 효과적이고 효율적으로 하는 과정

효율성
일을 올바르게 하는 것 투입과 산출의 관계로 볼 때 자원의 투입 비용을 최소화하는 것

효과성
올바른 일을 찾아 하는 것으로 목표 달성의 정도를 의미함

간단하게 경영이란 경영자들이 하는 일을 의미한다. 그러나 이 짧은 문장으로 모든 것을 설명하기는 부족하다. **경영**(management)이란 다른 사람을 통해 일을 효과적이고 효율적으로 완성해 가는 과정을 뜻한다. 이러한 정의와 관련된 몇 가지 핵심 용어를 살펴보자.

과정이란 현재 진행 중인 상호 연관된 활동들의 집합을 말한다. 앞서 언급한 경영의 정의에 의하면 과정이란 경영자가 행하는 가장 중요한 활동과 기능의 대상이다. 경영자가 행하는 주요 기능은 다음 절에서 보다 자세히 언급한다.

효율성을 높이는 흥미로운 방법에 대해 이야기해보자!

ROWE(results-only work environment)는 베스트 바이(Best Buy) 본부가 시도한 급진적 실험 중 하나이다. 이는 유연근무제하에서 종업원의 일을 실제 근무한 시간이 아니라 완성한 작업 혹은 결과로만 평가하는 것을 말한다. 종업원들은 이전보다 근무시간이 더 짧아졌는지는 알 수 없었지만, 생산성은 무려 41%나 증가했다![3]

많은 사람이 아마존에서 물건을 주문하기 때문에 아마존은 매일 수백만 개의 소포를 발송한다. 아마존은 더 적은 상자로 더 많은 물품을 보낼 수 있는 혁신적인 방법을 찾고 있다.[4] 이는 보다 효율적이고 효과적이며 환경에 관심이 있는 젊은 소비자를 만족시키기 위해서이다. 효과성과 효율성은 우리가 무엇을 해야 하는지와 어떻게 해야 하는지에 관한 것이다. **효율성**(efficiency)은 과업을 올바르게 수행하는 것을 의미하며 투입(input)과 산출(output)의 관계성을 뜻한다. 경영자는 '자금, 사람, 장비' 등과 같은 희소한 자원을 다루고 있기 때문에 이러한 자원의 효율적 사용에 관심을 기울여야 한다. 그러므로 경영자는 경영을 통해 투입 자원의 비용을 최소화하고자 노력한다.

투입되는 자원의 비용을 최소화하는 것이 중요하지만, 효율성만이 중요한 것은 아니다. 무엇보다 경영은 설정한 목표를 달성하는 것에도 관심을 기울여야 한다. 경영 용어로서 우리는 이것을 **효과성**(effectiveness)이라 부른다. 효과성은 조직의 목표 달성에 기여할 수 있는 적절한 업무를 찾아내 수행하는 것을 뜻한다(그림 1.3 참조).

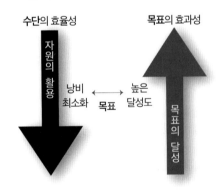

그림 1.3 효율성과 효과성

수단의 효율성

목표의 효과성

자원의 활용

낭비 최소화 ←→ 높은 달성도

목표

목표의 달성

경영자와 효율성 및 효과성

- 효과성과 효율성은 서로 다른 용어지만 관련된 개념이다. 두 가지 모두 조직적인 업무가 어떻게 이루어지는지에 초점을 맞추고 있다.

- 효율성이 낮아지는 것을 걱정하지 않는다면 효과성은 상대적으로 쉽게 달성할 수 있다.

- 잘못된 경영은
  - 효과적이지도, 효율적이지도 않은 경영이거나 효율성이 낮은 상태에서 달성된 효과성을 의미한다.

- 뛰어난 경영은
  - 정해진 목표를 달성함(효과성)과 동시에 가능한 효율적이어야 한다.

경영자가 하는 일을 파악하는 세 가지 방법

1-3 경영자가 하는 활동을 설명한다.

어느 조직도 동일한 조직이 없는 것처럼 경영자의 일도 천차만별이다. 그러나 경영자의 일은 공통요소가 있다. 경영자의 일을 설명하는 세 가지 방법을 알아보자.

1

네 가지 기능을 중심으로 한 접근법

- 경영자는 다른 종업원의 일을 감독하면서 특정한 활동과 과업, 기능을 수행한다.

- 페욜(Fayol)의 경영자의 기능: 기능을 중심으로 한 분류법을 처음 제안한 페욜에 의하면 경영자는 다섯 가지 주요 기능을 수행하는데, 그것은 계획하고, 조직화하고, 명령하고, 조정하고, 통제하는 기능이다.[5]

- 현대에 와서는 이러한 경영 기능이 네 가지, 즉 **계획**(planning), **조직화**(organizing), **지휘**(leading), **통제**(control) 기능으로 축약되었다.

- 그림 1.4는 경영자가 P-O-L-C를 수행할 경우 담당해야 할 것들이다.

그림 1.4 네 가지 관리 기능

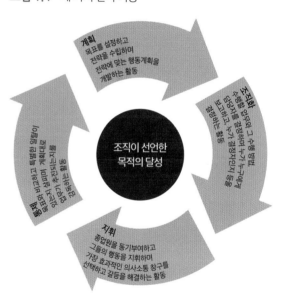

계획
목표를 설정하고 전략을 수립하며 전략에 맞는 행동계획을 개발하는 활동

조직화
수행할 업무와 그 수행 방법을 결정하고 누가 경영자인지를 결정하는 활동

지휘
종업원을 동기부여하고 그들의 행동을 지휘하며 가장 효과적인 의사소통 창구를 선택하고 갈등을 해결하는 활동

통제
계획대로 업무가 추진되는지 감독하고 특별한 일을 조직에서 통제하는 활동

조직이 선언한 목적의 달성

과거	P	O	C	C	C
	계획	조직화	명령	조정	통제

현재	P	O	L	C
	계획	조직화	지휘	통제

인물: 앙리 페욜(Henri Fayol), 프랑스 대규모 광산회사의 엔지니어이자 경영자
시기: 1900년대 초
방법: 개인 경험 및 관찰

계획
목표와 전략을 설정하고 전략에 맞는 행동계획을 개발하는 활동

조직화
수행할 업무와 그 수행 방법, 담당자를 결정하는 활동

지휘
조직 구성원의 직무행동을 지시하고 조정하는 활동

통제
계획대로 업무가 수행되는지 감독하는 활동

경영의 역할을 중심으로 한 접근법

- 경영자가 타인을 관리하려면 특정한 '역할'이 필요하다.

- 민츠버그의 경영자 역할: 민츠버그는 경영자의 일을 **경영적 역할**(managerial roles)을 중심으로 분류하고 있다. 경영적 역할이란 경영자에게 기대되는 특정한 경영 활동 혹은 행동을 의미한다. (이를테면 학생, 종업원, 자원봉사자, 볼링팀의 구성원, 여자/남자 친구, 형제자매 등과 같이 각각에게는 기대되는 특정한 행동들이 있는데 이것이 곧 역할이다.)

- 그림 1.5는 민츠버그가 분류한, 10개의 서로 다르지만 연관된 경영자의 역할을 보여준다.

그림 1.5 민츠버그의 경영적 역할

출처: Mintzberg, Henry, *The Nature of Managerial Work*, 1st edition, © 1973. Harper & Row.

Christinne Muschi/Toronto Star/Getty Images

인물: 헨리 민츠버그(Henry Mintzberg)
시기: 1960년대 후반
방법: 5명의 최고경영자를 실증적으로 연구함[6]

기능과 역할 중 어느 접근법이 경영자의 할 일을 더 잘 규명하는가?

- 두 접근법 모두 경영자의 일을 설명하는 데 유익하다.

- 그러나 기능적 접근법이 더 효과적이라 볼 수 있다. 기능적 접근법으로 경영자의 일을 설명하는 것은 명확하고 간결한 장점이 있다.[7] 그렇지만 민츠버그의 역할 접근법을 무시해서는 안 된다. 민츠버그의 접근법은 다른 관점에서 경영자의 일을 설명하고 이해하는 방법이기 때문이다.

경영적 역할
경영자에게 기대되는 특정한 행동으로서 크게는 대인관계, 정보 전달, 의사결정과 관련된 활동

인간관계 역할
조직 내외의 사람들과 관련된 역할로, 특성상 의식적이고 공생적인 성격의 활동

의사결정 역할
결정을 내리고 선택을 하는 활동

정보적 역할
정보를 수집하고, 전달받고, 분석하는 활동

3

경영자에게 요구되는 기술과 역량

- 경영자가 종업원을 관리하려면 특정한 기술과 역량이 필요하다 .

- 로버트 카츠(Robert Katz) 등의 경영자의 기술 및 역량: 로버트 카츠와 그의 동료들은 경영자에게 필요한 네 가지 핵심 기술을 다음과 같이 제시한다.[8]

    - **개념적 기술**(conceptual skill): 복잡한 상황을 분석하고 진단해 하위 요소들이 어떻게 결합되어 있는지 파악하는 기술로서 올바른 의사결정을 하는 데 도움이 됨

    - **대인관계적 기술**(interpersonal skill): 다른 사람과 개인적으로 혹은 집단으로 함께 관계를 맺는 기술로서 소통하고, 동기부여하고, 멘토링하고, 위임하는 기술

    - **전문적 기술**(technical skill): 일을 하는 데 필요한 직무지식, 전문성, 기술(최고경영자라면 산업에 대한 지식, 그리고 조직 내 작업 과정과 제품에 대한 이해가 필요하다. 중간경영자라면 자신이 일하는 분야의 전문지식, 이를테면 재무, 인적자원 관리, 마케팅, 컴퓨터 시스템, 제조 과정, 정보 기술 등이 필요하다.)

    - **정치적 기술**(political skill): 조직 내의 힘 있는 의사결정자와 관계를 형성해서 일에 필요한 자원을 얻는 기술

- 기타 중요한 경영 역량[9]: 의사결정, 팀 빌딩, 결단력, 자기표현, 예의 바름, 개인적 책임감, 신뢰, 충성심, 프로페셔널리즘, 관대함, 적응력, 창의적 사고, 회복탄력성, 경청, 자기개발 등

분석 및 진단

다른 사람들과 협력

전문적 직무기술 보유

정치적 적응력

인물: 로버트 카츠와 동료들
시기: 1970년대부터 현재
방법: 다양한 연구자들과 함께 한 연구

경영자의 업무는 보편적인가?

지금까지 우리는 경영자의 업무를 하나의 공통 활동인 것처럼 설명했다. 즉 경영자는 어디에서 일하든 모두 똑같은 관리행위를 수행하는 자로 묘사했다. 만약 경영이 정말 보편적인 활동이라면 일반회사든 정부기관이든, 최고위층이든 현장 감독층이든, 큰 조직이든 작은 조직이든, 조직의 위치가 텍사스주 혹은 프랑스 파리든 관계없이 경영자가 하는 일은 서로 비슷할 수밖에 없을 것이다. 현실은 정말 그러한가? 한번 잘 생각해보자.

경영자는 어디에 있든, 무엇을 관리하든 모두 동일한가?

조직 계층 애플 스토어의 지니어스 바 감독자는 팀 쿡(Tim Cook) 최고경영자와 같은 일을 하고 있다고 볼 수 없다. 두 사람의 일이 본질적으로 다르다고 할 수는 없지만 역할의 정도와 강조점에서 차이가 있다.

경영자는 조직에서의 위치가 올라갈수록 다른 사람들을 감독하는 업무가 적어지고 계획하는 업무가 늘어나게 된다(그림 1.6 참조). 조직의 계층과 상관없이 모든 경영자는 결정을 내리

개념적 기술
복잡한 상황을 분석하고 진단하는 경영자의 능력

대인관계적 기술
개인과 집단 속의 사람들과 함께 일하고, 그들을 이해하고, 멘토가 되어 주고, 동기부여하는 능력

전문적 기술
특정 업무를 수행하는 데 필요한 지식 및 기술

정치적 기술
권력의 기반을 형성하고 적절한 관계를 맺는 능력

그림 1.6 조직 계층에 따른 경영자의 활동

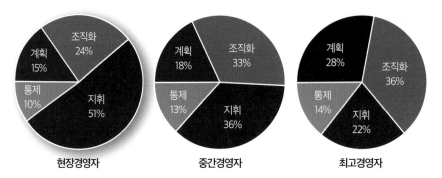

현장경영자
계획 15%
조직화 24%
통제 10%
지휘 51%

중간경영자
계획 18%
조직화 33%
통제 13%
지휘 36%

최고경영자
계획 28%
조직화 36%
통제 14%
지휘 22%

출처: T. A. Mahoney, T. H. Jerdee, and S. J. Carroll, "The Job(s) of Management," *Industrial Relations* 4, no. 2 (1965), p. 103.

Ted S. Warren/AP Images

릴소나(ReelSonar)의 설립자이자 소유자인 알렉스 레베데프(Alex Lebedev)와 그의 직원들은 디지털 낚시 장비를 설계하고 개발한다. 소기업 소유자로서 알렉스는 계획을 세우고, 조직하고, 지휘하고, 통제한다. 그는 기본적으로 대기업의 경영자와 동일한 업무를 수행하지만 그 활동의 정도와 주안점을 두는 부분이 다르다.

지만 계획, 조직화, 지휘, 통제 활동을 수행하는 데 모두 동일한 시간을 쓰지는 않는다. 또한 경영자가 계획하고 조직화하고 지휘하고 통제하는 활동의 '내용'도 경영자의 위계적 계층에 따라 바뀌게 된다. 예를 들어 7장에서는 최고경영자가 전체적인 조직 구조 설계를 담당하는 반면 낮은 계층의 경영자는 개인별, 그룹별 직무 설계에 관여하게 됨을 설명한다.

영리 조직과 비영리 조직 미국 우편국, 메모리얼 슬로언-케터링 암센터(emorial Sloan-Kettering Cancer Center), 희망의 전달자(Convoy of Hope) 같은 비영리 조직의 경영자도 아마존이나 시만텍(Symantec) 같은 영리 기업의 경영자와 같은 업무를 수행할까? 즉 영리 조직과 비영리 조직의 경영자가 동일한 일을 하고 있는지를 살펴보면, 완전히 같다고 할 수는 없지만 대답은 '그렇다'고 할 수 있다. 근무 조직의 유형과는 관계없이 모든 경영자의 업무는 어떤 공통점이 있다. 모든 경영자는 결정을 내리며, 목표를 정하고, 작업 조직의 구조를 만들며, 종업원을 채용하고, 동기를 부여한다. 또한 조직의 존속을 위해 법률을 준수해야 하며, 정책을 시행하기 위해 내부의 정치적 지지도 얻어야 한다. 물론 조직마다 다른 점도 존재하는데, 가장 중요한 것은 성과를 측정하는 방식이다. 이익은 효과성을 측정하는 영리 기업의 가장 명확한 '측정 기준'이다. 그러나 비영리 기업에서는 어떤 보편적인 측정 기준을 사용하지 않기 때문에 성과를 측정하기가 더 어렵다. 그러나 이것이 비영리 조직의 경영자가 조직의 운영을 위해서 재무적 측면을 무시할 수 있다는 의미는 아니다. 비영리 조직이라 하더라도 살아남기 위해서는 자금을 확보해야 한다. 그러나 비영리 조직은 최우선 목표가 '소유주'를 위해 '이윤을 남기는 것'은 아니다.

조직의 규모 12명의 직원을 둔 동네 페덱스 가게의 경영자와 멤피스에 위치한 페덱스 국제 배송센터를 운영하는 경영자의 업무에는 차이가 있을까? 우리는 소규모 사업의 경영자가 하는 업무를 알아보고 또 우리가 이미 논의했던 경영자의 역할과 업무를 비교함으로써 이 질문에 답할 수 있다. 그러면 먼저 소규모 사업이 무엇을 의미하는지 알아보자.

작다(small)는 것은 여러 가지로 정의할 수 있기 때문에 소규모 사업에 대해 공통적으로 합의된 정의는 없다. 다만 규모는 종업원의 수, 연간 매출액, 총자산 규모 등을 통해 측정할 수 있다. 우리는 **소규모 사업**(small business)을 500명 미만의 종업원을 보유한, 이윤 창출을 목적으로 하는 개인이 소유한 기업이라고 지칭하고자 한다.[10] 다시 앞서 제기한 '소규모 사업(기업)을 운영하는 것과 대기업을 운영하는 것에 차이가 있을까?'라는 질문으로 돌아가자. 이들 간에는 약간의 차이점이 있다는 것을 알 수 있다. 예를 들어 그림 1.7에서 대변인 역할은 소규모 기업의 경영자에게 가장 중요하다. 소규모 기업의 경영자들은 대부분 고객을 만나고, 은행에서 금융 관련 업무를 보거나 새로운 기회를 찾고 변화를 촉진하는 등의 직접적인 활동에 시간을 보낸다. 이와는 대조적으로 대규모 조직의 경영자는 조직 내부를 감독하는 역할을 수행한다. 즉 어떤 조직 단위에 어떤 자원을 배분하고 얼마의 자원을 할당해야 하는지 결정하는 역할이다. 따라서 대규모 기업의 경영자들은 시장기회를 직접 발굴하고 이로부터 성과를 올리는, 전형적인 창업기업가들과는 다른 활동에 많은 시간을 쓰고 있다.

대규모 조직의 경영자들과 비교해볼 때, 소규모 조직의 경영자들은 첫 번째 유형의 경영자이기 쉽다. 이들은 대기업 최고경영자의 역할과 현장경영자의 역할을 동시에 하기 때문이다. 또한 대기업에서는 경영자의 업무가 공식적으로 정해져 있지만 소기업에서는 그렇지 않은 경우가 흔하다. 소기업은 계획 측면에서 더욱 유연하며, 조직의 구성이 단순하고 구조화되어 있지 않은 데다, 통제 측면에서 복잡하고 전산화된 감시 시스템보다는 직접적인 관찰에 의지하곤 한다. 다시 말해 기업의 관점에서 경영자의 활동 자체는 유사하다고 할 수 있다. 차이는 활동의 정도와 강조하는 활동들이 다르다는 것뿐이다. 즉 소기업 경영자이건 대기업 경영자이건 기본적으로 유사한 관리 활동을 하지만 그들의 활동과 시간을 어떤 업무에 어떻게 배정하느냐와 그 정도는 차이가 난다.

소규모 사업
종업원 수 500명 미만의 영리 기업으로 새롭고 창의적인 경영이 어렵거나 산업 내에서 영향력이 작은 기업

그림 1.7 소기업과 대기업의 경영자 역할

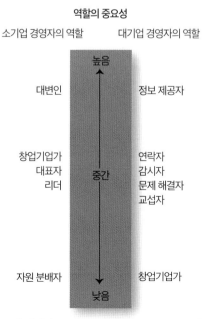

역할의 중요성

소기업 경영자의 역할   대기업 경영자의 역할

높음

대변인   정보 제공자

창업기업가   연락자
대표자   감시자
리더   중간   문제 해결자
              교섭자

자원 분배자   창업기업가

낮음

출처: J. G. P. Paolillo, "The Manager's Self-Assessments of Managerial Roles: Small vs. Large Firms," *American Journal of Small Business* (January–March 1984), pp. 61–62.

관리 개념과 국가 간 차이   관리 방식의 일반화 과정에서 제기되는 이슈는 하나의 관리 개념을 국경을 초월해 적용할 수 있느냐 하는 것이다. 만약 관리 개념이 완전하게 일반화될 수 있다면 그것은 세계 어떤 나라에서도 경제, 사회, 정치, 문화적 차이들과 관계없이 보편적으로 적용될 수 있을 것이다. 국가 간 관리 관행의 차이를 분석한 연구에 의하면 관리 개념의 보편성은 없는 것 같다. 3장에서 관리의 국가 간 차이와 그것이 경영에 미치는 영향을 알아본다. 그러나 지금은 우리가 논의할 많은 개념이 미국, 캐나다, 영국, 호주, 기타 영어권 국가에서 통용된다는 점만 짚고 넘어가자. 우리가 이러한 개념들을 인도, 중국, 칠레 등 경제적·정치적·사회적·문화적 환경이 소위 자유경쟁시장과 매우 다른 국가에 적용하려면 상당한 수정을 거쳐야 할 것이다.

경영학을 공부해야 하는 이유

1-4 경영학 공부가 중요한 이유를 설명한다.

유능한 경영자가 중요한 이유
- 현대의 불확실하고 복잡하며 혼란스러운 환경에는 유능한 경영자가 필요하다.
- 유능한 경영자는 일을 달성하는 데 꼭 필요하다.
- 유능한 경영자는 종업원의 만족과 근로 의욕에 있어서 중요한 역할을 수행한다.

마침내 이 장의 처음에 제시한 경영학의 잘못된 신화를 언급해야 할 시점에 이르렀다. 당신은 여전히 왜 경영학을 공부해야 하는지 의문을 가지고 있을지도 모르겠다. 특히 회계나 마케팅 혹은 정보 기술을 전공한다면 자신의 경력에 경영학 학습이 어떻게 도움이 될 것인지 의문을 제기할 수 있다. 왜 우리가 경영을 공부해야 하는지 알아보자.

우리가 경영을 공부하는 첫 번째 이유는 조직의 경영 방식을 개선하기 위해서다. 왜냐하면 경영이란 우리가 일상생활에서 흔히 겪는 일들이기 때문이다. 만약 운전면허증을 발급·갱신하거나 차 번호판을 발급받고자 몇 시간을 기다린다면 당신은 어떤 기분일까? 당신이 백화점에 들어갔을 때 누구도 당신에게 관심을 갖지 않는다면? 성장하고 있다고 생각한 회사가 갑자기 망한다면? 드라이브 스루를 이용해 음식이나 음료수를 주문하고 그것을 즐기려는 순간 뭔가가 빠졌거나 당신이 주문한 것이 아님을 알았다면? 당신의 기업에만 세금이 유난히 많이 부과되었다면 어떤 기분일까? 이러한 문제들은 무능한 경영으로 인한 결과이기 쉽다.

애플, 스타벅스, 나이키, 사우스웨스트 항공, 알파벳과 같이 경영을 잘하고 있는 회사들은 충성스러운 고객을 확보하고 불경기에도 꾸준히 성장하고 있다. 반면에 경영이 부실한 기업들은 심지어 활황기에도 고객을 잃고 수입이 줄어들며 때론 파산하기까지 한다. 이를테면 김벨스(Gimbel's), 라디오색

오늘날 직장에서의 윤리적 의사결정

50%   직원의 50%가 경영자로부터 벗어나기 위해 직장을 떠났다.[11]

3,190~3,980억 달러

미국 경제에 참여하지 않는 경영자의 연간 예상 비용은 3,190~3,980억 달러이다. 경영자의 직무 및 조직 참여는 직원의 업무 및 조직 참여 여부에 직접적인 영향을 미친다.[12]

32%   직원의 32%가 몬스터닷컴(Monster.com)의 설문 조사에서 상사를 끔찍하다고 평가했다.[13]

토의문제
3 이러한 통계에서 찾을 수 있는 잠재적인 윤리적 딜레마는 무엇인가? 어떤 이해관계자들이 영향을 받을 수 있고 어떻게 영향을 받을 수 있는가? 어떤 개인적, 조직적, 환경적 요인이 중요한가? 잠재적인 윤리적 문제를 해결하는 데 가능한 대안은 무엇인가? 어떤 대안을 선택할 것인가? 그리고 이를 행동으로 옮기기 위해 무엇을 해야 하는가?
4 조직이 경영자의 능력을 향상하기 위해 무엇을 할 수 있는가?

(RadioShack). W.T. 그랜트, 할리우드 비디오, 데이브&배리, 서킷시티, 이스턴 항공, 엔론은 한때 번영하던 회사였다. 수만 명의 종업원을 고용하고 매일 수십만 명의 고객에게 제품을 공급했다. 그러나 몇몇 회사 이름은 잘 모를 수도 있다. 잘못된 경영으로 현재는 존재하지 않기 때문이다. 부실한 경영이 이러한 결과를 초래했다. 경영학을 공부하면 경영 부진을 인지하고 좋은 경영자가 무엇을 해야 하는지 알 수 있다.

경영학을 공부해야 하는 두 번째 이유는 대학 졸업 후 당신은 경영자가 되거나 혹은 관리받는 종업원이 될 것이기 때문이다. 경영 관련 직업을 가지려고 계획한 사람은 경영학을 통해 관리 과정의 유형을 이해하고 관리 기술과 능력을 배울 수 있는 기초를 습득한다. 그러나 경영을 공부하는 사람이 모두 장래에 경영자가 되기 위해 과목을 수강한다고 볼 수는 없다. 경영학 과목은 단지 학점을 얻기 위한 수단일 수도 있다. 하지만 그것 자체가 경영학이 중요하지 않다는 것을 의미하지는 않는다. 당신이 일을 하고 조직에 속해 있다고 가정해보자. 당신은 경영자거나 경영자를 위해 일하는 종업원 중 하나일 것이다. 당신은 아마도 경영을 공부하면서 당신 상사와 동료들이 어떻게 행동할 것인지에 대한 통찰력을 얻을 수 있을 것이다.

경영을 재정립하고 규정하는 요인

1-5 경영을 재정립하고 규정하는 요인을 설명한다.

경영이라는 새로운 세상으로 초대합니다.

변화하는 작업장과 변화하는 작업자

- 직업/경력의 디지털화, 자동화 및 관점의 변화는 우리가 일하는 방식을 방해하고 있다.[14]

- 파트타임, 프리랜서, 계약직, 임시직, 독립 계약직으로 정의되는 '차세대 일자리'는 앞으로도 계속 증가할 것으로 보인다. 개인과 조직은 일을 완수할 수 있는 대안을 찾고 있다.[15]
- 미국 근로자의 43%는 전체 또는 일부 시간 동안 원격으로 일한다.[16]
- 성희롱 혐의와 직장 위법 행위에 대한 소식이 뉴스에 빈번하게 나오고, 이에 대한 필요 조치가 촉구되었다.
- 모바일 및 소셜 기술이 계속 확산함에 따라 더 많은 조직에서 인력 관리 및 기타 조직 업무를 위해 앱과 모바일 웹사이트를 사용하고 있다.
- 규모와 관계없이 데이터 침해로 인한 조직의 정보 보안 실패에 새로운 경보가 울리고 있다.

오늘날 경영자들은 변화하는 직장, 윤리와 신뢰의 이슈, 급변하는 기술, 세계 경제의 불확실성에 대처해 나가고 있다. 예를 들어 식료품 가게들은 계속 고객층을 유지하고 비용을 낮추기 위해 고군분투하고 있다. 미국 남동부에 거대한 유통 체인을 갖고 있는 퍼블릭스 슈퍼마켓(Publix Super Markets)에서는 경영자를 포함한 모든 직원이 고객 서비스 향상에 노력하고 있다. 기업 회장인 토드 존스(Todd Jones)는 경제적으로 힘든 시기에 손님에게 물건을 담아 주는 사람에서부터 점검원, 창고 관리인까지 모든 직원이 우수한 고객 서비스를 제공하는 데 집중하라고 강조한다.[17] 아마존이 홀푸즈를 인수하면서 식료품산업 내 모든 점포들은 완전히 새로운 도전을 경험하고 있다. 온라인 신문인 시애틀 포스트 인텔리젠서가 직면했던 경

리타임(Re-Time Pty. Ltd.)의 생산경영자인 클레어 호빈(Claire Hobean)은 고객을 위한 전자쇼에서 자사의 Re-Timer 안경을 써보이고 있다. 의료장비 혁신 중 하나로서 광선요법은 불면증, 시차로 인한 불편, 계절형 질환에 적용할 수 있는 것으로, 자연적인 신체 시계를 다시 설정하는 효과가 있다.

영 위기들에 대해 이야기해보자. 당시 모든 신문은 놀라운 속도로 독자를 잃고 있었다. 결국 시애틀 포스트 인텔리젠서는 모든 것을 디지털화해 인터넷을 통해서만 서비스를 제공하기로 결정했다. 이 과정에서 직원 수를 165명에서 20명 이하로 감축하기도 했다. 디지털 뉴스 자료가 출현하면서 조직은 새로운 변화에 직면했는데, 이 과정에서 경영자는 계획하고, 조직화하고, 지휘하고, 통제하는 일련의 활동을 책임져야 한다.[19] 경영자는 어디서든 변화하는 환경에서 살아남아야 할 것이다. 이 책을 통해 우리는 이러한 변화를 논의해보고 이러한 변화가 경영자의 활동에 어떻게 영향을 미치는지 논의할 것이다. 우리는 조직과 경영자가 직면한 네 가지 변화로서 고객, 혁신, 소셜 미디어, 지속가능성의 중요성을 강조하고자 한다.

경영자가 고객을 중요시해야 하는 이유는 무엇인가?

시스코 시스템스의 최고경영자인 존 챔버스(John Chambers)는 회사 서비스에 불만족한 고객들의 음성 메일을 직접 확인하고 있다. 고객이 경험하는 감정과 불만을 직접적으로 듣고 싶기 때문이다. 그러한 통찰은 이메일로는 절대 불가능하다.[20] 이것은 고객의 중요성을 이해하고 있는 경영자의 사례이다. MTV 네트웍스(MTV Networks)의 사장 크리스 매카시(Chris McCarthy)도 고객이 얼마나 중요한지 이해하고 있다. 그는 젊은 청중의 의견을 경청하고 그들이 MTV에서 보고 싶어 하는 것을 내놓는다. 그 결과 MTV의 시청률은 오르고 있다.[21] 고객 없이는 경영을 할 수 없다. 오랫동안 많은 경영자가 고객에게 초점을 맞추는 것이 마케팅 인력만의 책임이라고 생각했다. 그러나 고객 만족에 있어 가장 중요한 것은 고객에 대한 모든 종업원의 태도와 행동이라 할 수 있다. 당신이 종업원에게 부실한 서비스를 받는다면 당신은 어떻게 그 상황을 느끼고 행동할지 생각해보라.

경영자들은 오늘날 경쟁적인 환경 속에서 살아남기 위해 항상 일관되고 높은 수준의 고객 서비스를 제공해야 한다. 종업원은 고객 서비스에 있어 매우 중요한 역할을 수행하고 있다.[22] 이것이 의미하는 바는 명확하다. 경영자는 종업원이 고객에게 친절하고 예의 바르며 고객의 요구에 빠르게 대응할 의지를 갖게 해야 한다.[23]

경영자가 혁신을 중요시해야 하는 이유

오늘날 비즈니스에서 성공하려면 혁신이 필요하다. 혁신이란 남들과 다른 것을 하고 새로운 영역을 탐구하며 위험을 감수하는 것이다. 혁신은 첨단 기술이나 정교한 기술을 가진 조직들에게만 필요한 것이 아니다. 모든 유형의 조직은 혁신을 위해 노력하고 있다. 사람들은 아마존, 구글, 우버, 애플 같은 세계에서 가장 혁신적인 기업에서 일하고 싶어 한다.[24] 그러나 데어리퀸(Dairy Queen) 같은 회사는 어떤가?[25] 78년 된 이 레스토랑 체인은 '가장 혁신적인' 목록에는 포함되어 있지 않지만 점점 까다로워지는 시장의 요구를 맞추기 위해 다양한 형식과

로봇을 감독하는 것도 감독하는 것일까?

미래의 직장에서는 빠르고 똑똑하고 좀 더 책임감 있는 로봇이 종업원을 대신할 것이다.[26] 놀라운가? 로봇은 공장 및 산업에서 오랫동안 사용되었고 이제는 사무실에 과거보다 보편화되고 있다. 이것은 경영자가 무엇을 해야 하는지 새로운 길을 열어준다. 경영자의 일이 로봇을 관리하는 것이라면 어떨까? 로봇 종업원이 '인간 종업원'과 어떻게 일을 할 것인지 상상해보면 흥미롭다.

기계가 점차 더 똑똑해지면서 연구자들은 인간과 기계의 상호작용에 대해 탐색했고 어떻게 사람이 스마트 기기들과 상호작용하는지는 이제 전문가의 삶과 보통 사람의 삶에 필수적인 부분이 되었다. 이를 통해 얻은 한 가지 통찰은 이제 사람들은 로봇이 사람 같은 모습이 아니고 사람처럼 말하지 않아도 로봇과 쉽게 연대할 수 있게 되었다는 점이다. 로봇이 일을 하는 과정에서 '효율적인 방법'으로 기계적으로 움직일 때 어느 면에서 사람들은 기계를 동료처럼 보기도 할 것이다. 사람들은 로봇에게 이름을 붙이고, 심지어 로봇의 기분이나 버릇을 설명할 수도 있다. 휴머노이드(humanoid)와 영상 원격 회의 로봇이 점차 보편화되면서 업무에서 로봇의 인간성(humanness)이 좀 더 두드러지고 있다. 예를 들어 버지니아주 클리어브룩에 위치한 소기업인 레이머스 일렉트라 스팀의 전기기술자 어윈 데이닝어(Erwin Deininger)는 아내의 이직을 따라서 도미니카공화국으로 이주하게 되었다. 그때 그는 VGo 로봇을 통해 회사에 계속 있을 수 있었다. '로봇' 데이닝어가 사무실과 매장을 어렵지 않게 돌아다니는 덕분에 '진짜' 데이닝어는 마치 자신이 거기에 있는 것처럼 업무를 수행할 수 있었다. 회사 대표는 로봇 솔루션에 만족했으며, 로봇이 해결책을 찾아 나가는 방식에 놀라워했다. 마치 로봇이 인간 데이닝어와 상호작용하는 것처럼 느껴졌다. 기술이 계속 발전하고 휴머노이드 로봇이 걷고, 말하고, 보다 인간처럼 보이게 됨에 따라 노인의 동반자, 학생들의 선생님, 소매업이나 사무 보조원 등의 작업을 수행할 것이다.[27]

의심할 여지없이 로봇 기술은 조직 환경으로 계속 유입될 것이다. 경영자의 일은 조직이 목표를 성취할 수 있도록 인간과 기계가 융합해 일하는 흥미롭고 도전적인 일이 될 것이다.

토의문제

5 글의 주제 '로봇을 감독하는 것도 감독하는 것일까?'에 대해 어떻게 생각하는가? 논의해보라.

6 만약 당신이 사람과 로봇을 동시에 '관리'한다면, 경영자로서 당신의 업무는 이 책이 정의한 경영자의 기능, 역할, 기술 혹은 수행 능력 등에서 어떤 차이가 있겠는가?

접근 방식을 실험하고 있다. 비기술 기반 사업도 번영하려면 혁신해야 한다. 크라우드펀딩 현상을 만들어낸 킥스타터(Kickstarter)는 어떤가? 이 회사는 잠재력 있는 프로젝트나 창업 회사들의 창의성을 진작할 수 있는 방법에 주목했으며, 그 비즈니스가 자금 모금을 넘어서 홍보와 배급 영역에까지 확대되고 있다. 오늘날 변화하는 환경에서 혁신은 중요하며, 경영자는 무엇이, 언제, 어디서, 어떻게, 왜 혁신이 필요한지 이해하는 것이 필요하다. 예를 들어 월마트의 글로벌 사업을 담당하는 경영자는 항상 개인과 조직이 업무를 새롭게 하는 방법과 이를 통해 어떻게 성공할 수 있을지를 고민한다. 경영자는 스스로를 먼저 혁신해야 하며 이와 함께 종업원도 혁신적으로 변화할 수 있도록 격려해야 한다. 이 장의 뒷부분에서는 혁신적인 활동과 그 방법에 관한 사례를 소개한다.

소셜 미디어가 경영자의 일에 중요한 몫이 되다

종업원이 이메일이나 인터넷 없이 일하는 일터는 상상하기조차 어렵다. 그러나 20년 전 경영자는 인터넷과 이메일을 활용해 지침을 제공하는 일이 쉽지 않았다. 오늘날 새로운 **소셜 미디어**(social media)는 온라인 커뮤니티를 통해 생각과 정보, 개인적 메시지와 같은 콘텐츠를 전달하는 전자적 소통 형태로 최첨단을 달리고 있다. 페이스북, 트위터, 링크드인, 텀블러, 인스타그램 같은 소셜 플랫폼은 10억 명 이상의 사람이 활용하는 도구가 되었다.[28] 종업원들은 이런 도구들을 개인적으로뿐만 아니라 일을 할 때도 활용하기 시작했다. 최근 4,000개 이상의 기업을 대상으로 한 조사에서 기업들이 슬랙(Slack), 야머(Yammer), 채터(Chatter), 마이크로소프트 팀즈(Microsoft Teams) 같은 내부 소셜 미디어 도구를 사용해 직원의 의사소통을

소셜 미디어
온라인 소통을 가능하게 하는 전자적 소통 형태로, 이를 통해 아이디어, 정보, 개인적 메시지 등의 콘텐츠를 전달할 수 있음

Jack Plunkett/AP Images

지속가능한 경영은 델 테크놀로지스(Dell Technologies)에게 매우 중요하므로, 회사는 지속가능성 이니셔티브를 전달하기 위해 배우이자 환경 운동가인 아드리언 그레니어(Adrian Grenier)를 영입했다. 델은 제품 설계에서 폐기물 제로(zero-waste) 제조 및 친환경 포장·배송에 이르기까지 모든 운영 측면에 지속가능성을 적용하고 있다.

원활하게 한 것으로 나타났다.[29] 이것이 바로 경영자가 소셜 미디어의 힘과 위험성을 고려해서 종업원들이 사용할 가이드라인을 제대로 제시하기 위해 노력해야 할 이유이다. 예를 들어 식료품 체인인 슈퍼밸류(SuperValu)는 경쟁에서 성공하기 위해 135,000명 이상의 종업원을 하나로 연결하는 것이 필요하다고 생각했다.[30] 이 회사는 48개 주에 산재된 10개 브랜드의 지점 종업원들을 하나로 묶어 협력하도록 하기 위해 소셜 미디어를 활용하기로 했다. 점차 많은 기업들이 소셜 미디어를 고객과 소통하는 것뿐만 아니라 종업원을 관리하고 혁신과 재능을 이끌어내는 도구로 채택하고 있다. 이것이 소셜 미디어의 잠재력이다. 하지만 소셜 미디어를 잘못 활용하면 위험할 수도 있다. 소셜 미디어는 자만한 종업원이 자신의 업적을 자랑하거나 경영자가 일방적인 지시를 내리거나 미워하는 상대를 공격하는 수단으로 활용될 경우도 있다. 이런 부작용 때문에 소셜 미디어의 유용한 측면을 잘 파악해 선별적으로 활용해야 한다. 슈퍼밸류의 경영자와 보조경영자는 소셜 미디어 시스템을 활용하고 있다. 아직 섣부른 결론을 내릴 수는 없지만, 소셜 미디어 시스템을 잘 활용하는 경영자는 그렇지 않은 경영자에 비해 더 높은 점포 매출을 올리고 있었다. 이 책의 나머지 부분에서는 경영자가 어떻게 인적 자원 관리와 소통, 그리고 팀과 전략 영역에서 소셜 미디어를 활용할 수 있는지를 보여줄 것이다.

지속가능성은 경영자의 중요한 일이다

BMW는 지속가능성을 논의하는 데 적절치 않다고 생각할지 모른다. 그러나 고성능 고급차의 대명사인 BMW는 도시에 거주하는 사람들에게 그린카를 제공하는 대표적 회사이다.[31] BMW의 전기차는 그동안 제조된 모든 자동차와는 다르다. 차의 외부를 탄소섬유로 만들어 전기를 통하게 하고 스마트폰 앱을 통해 구동시키는 간편하고 효율적인 자동차이다. 회사의 중역은 회사가 변화하는 세상의 요구에 맞추어야 한다고 생각한다. 세계적으로 유명한 이 회사의 행동은 향후 지속가능 경영과 녹색 경영이 경영자의 주요 이슈가 될 것임을 보여주고 있다.

21세기에 부상하는 개념은 지속가능한 방식의 경영이다. 이는 효율적이고 효과적인 방식으로 경영하는 것 외에도 환경과 사회적 변화를 폭넓게 회사 전략에 수용하는 경영이 될 것이다.[32] 사람마다 의미가 다를 수 있지만, '지속가능성'은 세계지속가능발전기업협의회의 정의에 의하면 미래에도 지구촌의 모든 사람이 충분한 자원을 가지고 함께 잘 살아가는 공간이 되는 것을 말한다.[33] 사업의 관점에서 **지속가능성**(sustainability)을 정의하면 그것은 기업이 경제적·환경적·사회적 기회를 전략에 반영해 사업 목표를 달성하며 장기적으로 주주의 가치를 높이는 것을 말한다.[34] 지속가능성 이슈는 비즈니스의 주요 의제가 되고 있다. BMW, 맥도날드, 월마트, 리바이스, 로레알 등 글로벌 기업의 경영자들은 좀 더 지속가능한 방식을 발견하고 그에 따라 조직을 운영했다. 여기서 지속가능한 방식이란 (1) 다양한 이해관계자들과 개방적으로 소통하고 그들의 요구를 파악하며 (2) 경제적·환경적·사회적 측면의 변화를 자신들

지속가능성
기업이 경제적·환경적·사회적 기회를 경영 전략에 반영해 사업 목표를 달성하고 장기적으로 주주의 가치를 높이는 것

이 추구하는 사업 목표에 반영하는 것을 기반으로 정보 비즈니스와 관련된 의사결정을 한다는 의미가 될 것이다. 이 책의 뒷부분에서 우리는 경영과 관련된 다양한 측면과 지속가능성을 탐색해볼 것이다.

일자리를 얻고 유지하는 데 중요한 고용 가능성을 높이는 기술

1-6 경영학 공부를 통해 얻은, 전공과 상관없이 미래의 경력에 적용할 수 있는 주요한 고용 가능성을 높이는 기술을 설명한다.

> **직업을 얻고 유지하는 것이 당신의 주요 관심사인가?**
> **경영학 공부는 이를 도울 수 있다.**

우리는 당신이 좋은 직업이나 더 나은 직업을 얻고 싶어서 대학에 다닌다고 가정한다. 졸업 후 그러한 직업을 얻고 그 직업에서 성공해 훌륭한 경력을 만들고 싶지 않은가? 경영학을 공부하면 고용 가능성을 높이는 기술을 개발하고 향상할 수 있다. 비판적 사고, 의사소통, 문제 해결, 협업 등과 같은 기술을 확보함으로써 이익을 얻을 수 있다. 앞으로 당신은 고용 관리자가 중소기업, 비영리 단체, 공공 서비스를 포함한 다양한 비즈니스 환경에서 성공에 중요하다고 여기는 고용 가능성을 높이는 기술을 다수 배울 것이다. 이러한 기술은 자신의 사업을 시작하는 경우에도 유용하며, 다음 내용이 포함된다.

- 비판적 사고는 문제를 정의하고 해결하고 특정 상황과 관련된 결정 및 판단을 내리는 데 사용되며 목표 지향적인 사고를 포함한다. 또한 비판적 사고는 특정 상황에서 다르게 적용될 수 있는 인지적, 상위인지적, 기질적 요소와 관련이 있다. 비판적으로 생각하는 것은 일반적으로 정보 또는 아이디어에 대한 상세한 내용을 설명하고 중요성에 따라 우선순위를 매기는 것, 편견을 드러내는 세부 사항을 식별하는 것, 아이디어를 다듬는 것, 증거에 기반 해 결론을 내리는 것, 간결하게 정보를 요약하는 것, 사건의 순서를 결정하고 원인과 결과 관계를 정의하는 것, 사건을 일으키는 요인을 식별하는 것 등을 포함한다.
- 의사소통은 여러 가지 목적을 위한 구술, 서면 및 비언어적 의사소통 기술을 효과적으로 사용하는 것을 뜻한다(예: 아이디어를 전달하고, 가르치고, 동기를 부여하고, 설득하고, 공유함). 효과적인 청취, 의사소통 기술을 사용해 다양한 맥락에서의 의사소통 노력의 효과를 평가할 수 있다.
- 협업은 대화와 협상을 통해 적극적으로 협력해 그룹으로서의 의미와 지식을 창출할 수 있는 기술이다. 결과적으로 이와 같은 상호 의존적인 행동을 반영해 최종 제품이 생산된다.
- 지식 활용과 분석은 개념을 학습한 다음 다른 환경에서 해당 지식을 적절하게 적용해 더 높은 수준의 이해를 달성하는 능력이다.
- 사회적 책임은 기업 윤리, 기업의 사회적 책임과 관련된 기술을 일컫는다. 기업 윤리에는 개인과 조직이 사회 내에서 행동하는 방식에 영향을 미치는 지침 원칙들 또한 포함된다. 직업에서 윤리적인 것이란 잠재적인 윤리적 딜레마를 식별하는 능력, 영향을 받는 이해관계자, 개인적인 문제, 조직 및 외부 요인, 가능한 대안 등을 바탕으로 적절한 결정을 할 수 있는 능력을 포함한다. 기업의 사회적 책임은 조직 의사결정자들이 비윤리적인 경제적·환

경적·사회적 활동을 이해하고 식별해 이를 제거하도록 요구하는 윤리적 행동의 한 형태이다.

비판적 사고
• 목표 지향적 사고 활용
• 다른 맥락에서 정보를 다르게 적용
• 정보나 아이디어를 상세화
• 중요한 세부 사항을 설명하거나 중요도에 따라 우선순위를 지정
• 편견을 드러내는 세부 사항 식별
• 아이디어 다듬기, 설명 또는 답변/대응
• 증거에 기반 해 결론을 내림
• 정보 요약
• 사건 순서의 결정
• 원인과 결과 관계 정의

의사소통
• 여러 가지 목적을 위해 구두, 서면 및 비언어적 의사소통 기술을 효과적으로 사용
• 효과적인 청취
• 의사소통 기술 사용
• 메시지를 비판적으로 분석
• 다양한 문화적 맥락에서 의사소통을 조정
• 다양한 맥락에서 의사소통의 효과성 평가

협업
• 과제를 함께 수행하거나 문제 상황에 대한 해결책 찾기
• 집단으로서의 의미와 지식 구축
• 그룹 내에서 대화하고 협상할 수 있음
• 그룹 내에서 공동으로, 상호 의존적으로 일할 수 있음
• 다양한 출처와 형식의 정보와 아이디어를 선택, 구성 및 통합
• 갈등을 적절하게 해결할 수 있고 모든 구성원의 목소리를 들을 수 있음

지식 활용과 분석
• 이전에 학습한 내용을 회상 • 자신만의 표현으로 개념을 설명 • 사실과 핵심 개념에 대한 지식을 입증 • 개념을 배우고 그 지식을 실제 상황에 적용 • 특정 문제에 대한 해결책을 고민하고 이러한 과정을 다른 상황에 일반화 • 아이디어를 기반으로 새로운 내용을 도출하거나 기존 해결책에 결합 • 주어진 목적을 위해 내용의 가치를 평가

사회적 책임
• 잠재적인 윤리적 딜레마 식별, 영향을 받는 이해관계자, 개인적인 문제, 조직 및 외부 요인,   가능한 대안을 인지 • 선행 요인에 따른 적절한 의사결정 • 윤리적 추론과 비판적 분석 적용

각 장은 21세기 직장에서 성공하는 데 필요한 기술을 습득할 수 있도록 구성했다. 이 기술들은 직업을 구하고 성취감 있는 경력을 추구하는 데 도움이 된다. 다음의 고용 가능성을 높이는 기술 매트릭스는 이러한 네 가지 고용 가능성을 높이는 기술을 각 장의 내용과 연결하고 있으며 여러 특징이 있다. 이는 (1) 과거에서 현재까지(역사적 관리 개념과 오늘날 활용하는 방식), 오늘날 직장에서의 윤리적 의사결정(실제의, 현대의 윤리적 딜레마), 오늘날 직장에서의 경영 기술(기술이 직장을 변화시키는 방식), (2) 특정 관리 기술을 강조하고 해당 기술을 '실행'해볼 기회를 제공하는 경영자가 되기 위한 기술, (3) 일반적으로 그룹 내에서 행하는 실습 과제인 경험에 의한 문제 해결, (4) 사람과 조직의 실제 이야기인 사례 적용 등이다. 이러한 틀 안에서 특별한 사례와 개념을 고려해 비판적으로 생각하고 지식을 적용할 기회를 갖게될 것이다. 또한 업무 환경에 긍정적이고 효과적으로 적용하기 위한 여러 상황에서의 협업 및 의사소통 기술을 향상할 수 있을 것이다. 그리고 직장에서 특정한 행동에 대한 윤리적 측면을 고려하게 되는 윤리적 딜레마에 직면하게 될 것이다. 이 네 가지 기술은 모두 경영 분야의 경력을 쌓든, 다른 분야의 경력을 쌓든 성공에 매우 중요한 역할을 한다. 이전에 언급했듯이 직장과 종업원은 계속 변하고 있으며 이 네 가지 기술은 이러한 변화를 탐색하는 데 도움이 된다.

요약

경영자는 중요하다.

경영자가 되는 것은 도전적이면서 흥분되는 일이기도 하다. 한 가지 확실한 것은 경영자가 조직에 정말 중요하다는 것이다. 수백만, 수천만 명의 경영자를 조사한 갤럽에 의하면 종업원의 생산성과 헌신에 가장 중요한 요소는 급여나 복리후생, 근로조건이 아니다. 가장 중요한 것은 종업원과 그들의 직속 상사의 관계이다. 갤럽에 따르면 상사와의 관계는 종업원 몰입에 가장 중요한 요소이다. **종업원 몰입**(employee engagement)이란 종업원이 일과 결합되어 있고 만족하며 일에 열정적인 상태를 말한다. 상사와의 관계는 종업원 몰입 정도의 최소 70%를 설명해주는 요소이다.[35] 그리고 갤럽 조사에 따르면 유능한 경영자의 수가 증가하고 몰입하는 종업원 비율이 2배로 늘어나는 회사는 경쟁사보다 주당 순이익(EPS)이 147%나 높게 나타났다.[36] 같은 연구에서 유능한 경영자는 평균적인 경영자보다 회사의 이익이 48% 더 늘어나는 데 기여하는 것으로 나타났다.[37] 또 다른 연구에서도 형편없는 경영자를 유능한 사람으로 대체하자 종업원의 생산성이 12%까지 증가했다고 보고하고 있다.[38] 이러한 보고서의 결론은 무엇인가? 바로 경영자가 조직에 정말 중요하다는 것이다.

기술 매트릭스					
	비판적 사고	의사소통	협업	지식 활용과 분석	사회적 책임
과거에서 현재까지	✓	✓	✓	✓	
오늘날 직장에서의 윤리적 의사결정	✓	✓	✓	✓	✓
오늘날 직장에서의 경영 기술	✓	✓	✓	✓	✓
경영자가 되기 위한 기술 연습		✓	✓	✓	
경험에 의한 문제 해결		✓	✓	✓	
사례 적용 #1	✓			✓	✓
사례 적용 #2	✓	✓		✓	
사례 적용 #3	✓		✓		

요약

1-1 경영자는 누구이고 어디에서 일하는지 설명한다.

경영자는 조직 안에서 조직 구성원의 활동을 지시하고 감독하는 일을 하는 사람을 말한다. 이들은 최고경영자, 중간경영자, 현장경영자로 분류된다. 경영자가 일하는 조직은 세 가지 특징이 있다. 즉 조직은 목표, 사람, 복잡한 구조를 가지고 있다.

1-2 경영을 정의한다.

경영이란 사람을 통해 일을 효율적이고 효과적으로 달성해 나가는 과정을 말한다. 효율성은 일을 정확히 하며 적은 투입으로 최대의 성과를 얻는 것을 말한다. 효과성은 '올바른 일을 하는 것'으로 조직의 목표 달성에 기여하는 일을 하는 것을 말한다.

1-3 경영자가 하는 활동을 설명한다.

경영자의 업무를 설명하는 데는 기능, 역할, 기술/역량의 세 가지 측면에서 접근해볼 수 있다. 기능적 접근법은 경영자의 일을 계획, 조직화, 지휘, 통제의 네 가지로 설명한다. 민츠버그의 역할 접근법에 따르면 경영자의 업무는 10가지 역할로 구성되어 있는데 이는 다시 크게 인간관계 역할, 정보적 역할, 의사결정 역할로 구분할 수 있다. 기술적 접근법은 경영자의 업무를 그들이 실제로 사용하는 기술의 측면에서 설명한다. 경영자에게 필요한 핵심 기술은 개념적, 대인관계적, 전문적, 정치적 기술이다. 모든 경영자는 계획하고, 조직하고, 지휘하고, 통제하는 활동을 하는데 이는 그들의 조직 내 위치나 조직이 영리 기업인지 여부, 조직의 크고 작음에 관계없이 유사하다.

1-4 경영학 공부가 중요한 이유를 설명한다.

경영을 공부하는 이유 중 하나는 우리 모두가 매일 조직과 상호작용을 하고 있으며 조직이 잘 운영되고 있는지에 관심을 가지게 되기 때문이다. 또한 우리는 직장 생활을 하게 되면 모두가 관리를 하거나 관리를 받는 대상 중 하나가 되기 때문에 경영을 공부함으로써 최고경영자와 동료 직원들의 행동과 조직 기능에 통찰력을 키워야 한다. 또한 경영학을 공부하면 고용 가능성을 높이는 기술을 개발하고 향상하는 데 도움이 된다. 비판적 사고, 의사소통, 협업, 지식 활용과 분석, 사회적 책임을 포함하는 이러한 기술들은 일자리를 얻고 유지하는 데 필수이다.

1-5 경영을 재정립하고 규정하는 요인을 설명한다.

오늘날 경영자들은 변화하는 작업장과 종업원, 그리고 세계 경제 및 정치적 불확실성, 급변하는 기술에 대처해야 한다. 경영자는 고객에게 높은 수준의 서비스를 제공하고 혁신적인 시도와 노력들에 초점을 맞춰야 한다.

1-6 경영학 공부를 통해 얻은, 전공과 상관없이 미래의 경력에 적용할 수 있는 주요한 고용 가능성을 높이는 기술을 설명한다.

경영학을 공부하면서 얻은 고용 가능성을 높이는 핵심적인 기술로는 비판적 사고, 의사소통, 협업, 지식 활용 및 분석, 사회적 책임이 있다. 이러한 기술은 다양한 경영 환경에서 성공하는 데 도움이 될 것이다.

토의문제

1-1 조직이란 무엇이고 조직의 공통된 특징은 무엇인가?

1-2 "역할(role)이 경영자를 규정한다." 이 말에 동의하는가, 동의하지 않는가? 경영자의 역할에 대해 토의하라.

1-3 오늘날의 환경에서 효율성과 효과성 중 어느 것이 조직에 더 중요한가? 이 중 하나를 선택해 설명하라.

1-4 영리 조직과 비영리 조직은 경영자의 기능에서 차이가 있는가? 차이가 있다면 이유를 설명하라.

1-5 경영자의 기능 네 가지를 수행하는 경영자의 예를 정기 간행물(예: 블룸버그, 비즈니스 위크, 포춘, 월스트리트 저널, 패스트 컴퍼니)에서 각각 찾아보자. 각 기능을 대응되는 사례를 들어 설명하라.

1-6 지역의 유기농 식품점을 생각해보라. 소규모 사업체의 경영자들은 민츠버그가 말한 비즈니스를 운영하기 위한 10가지 역할을 어떻게 수행하고 있는지 설명하라.

1-7 비즈니스는 시간에 따라 변화하고 있으며, 경영 방식의 진화가 요구된다. 경영 변화에 기여할 중요한 요소는 무엇인가?

1-8 최선의 경영 '방식'이란 존재하는가? 존재한다면 그 이유를, 존재하지 않는다면 나름대로의 이유를 설명하라.

1-9 경영의 네 가지 계층 각각에 있어 경영자들은 효율성과 효과성에 어떻게 기여할 수 있는가?

적용하기 직장생활을 위한 준비

경영자가 되기 위한 기술 | 정치적으로 노련해지기

업무 경력이 많은 사람이라면 모든 조직에는 정치가 존재한다는 사실을 알 것이다. 조직 정치란 조직 안에서 이익과 불이익을 놓고 자신에게 유리한 방향으로 영향력을 행사한다는 의미이다. 실제 업무 능력은 탁월해도 조직 정치를 잘 이해하지 못하는 사람은 긍정적인 업무 평가를 받지 못하거나 승진의 기회를 놓치고, 다른 사람에 비해 연봉이 적게 인상되는 일을 자주 겪을 것이다. 경영자로서 성공하려면 노련한 정치 기술이 필요하다. 연구에 의하면 사람들마다 정치 기술이 다르다.[39] 정치적으로 노련한 사람이 영향력과 관련된 전략을 더 효과적으로 사용한다. 또한 정치 기술은 위험성이 높은 순간에 더 효과를 발휘하는 것으로 나타났다. 그리고 정치적으로 노련한 사람은 타인이 감지하지 못하게 자신의 영향력을 행사할 수 있는데, 이는 권모술수를 쓴다는 평판이 생기지 않기 때문에 더욱 효과적이다. 개인의 정치 기술은 (1) 네트워크 구축력, (2) 대인관계 영향력, (3) 사회적 통찰력, (4) 겉으로 배어 나오는 진실성 등으로 결정된다.

기본 기술

정치 공작이 윤리적으로 옳지 못하다거나 조직 정치를 하는 사람들에 대한 부정적인 인상은 잠시 잊자. 자신이 속한 조직에서 더욱 정치적으로 노련하고 싶다면 다음의 단계를 따르자.

- 네트워크 구축력을 개발하라. 좋은 네트워크는 강력한 도구이다. 당신의 직무 영역과 조직 내에서 중요한 사람들과 친해지고 힘 있는 자리에 있는 사람들과 개인적인 관계를 발전시키는 것으로 네트워크 구축을 시작할 수 있다. 위원회에 자발적으로 참여하거나 프로젝트에 도움을 주다 보면 힘 있는 자리에 있는 사람들과 알고 지내게 될 것이다. 조직의 중요한 기능에 참여함으로써 당신을 중요한 팀원이자 조직의 성공에 관심을 가진 사람으로 보일 수 있게 하는 것이다. 잠시 시간을 내어 만나는 사람들의 목록 파일을 만들어보자. 그다음 업무에 관한 조언이 필요할 때 조직 전체에 걸쳐 당신의 인맥과 네트워크를 활용해보자.

- 영향력 있는 대인관계를 개발하라. 사람들은 자신이 편안하고 당신을 편안하게 느낄 때 당신의 말에 귀를 기울일 것이다. 그런 점에서 커뮤니케이션 기술을 개발하게 되면 타인과 쉽게, 효율적으로 소통할 수 있다. 업무 영역에서 만나는 사람들이나 조직 내 모든 직급의 사람들과 좋은 관계를 형성해보자. 열린 마음으로 친절하고 기꺼이 협력하라. 대인관계의 영향력 정도는 사람들이 당신에게 얼마나 호감을 느끼는지에 달렸다.

- 사회적 통찰력을 개발하라. 어떤 사람은 타인을 이해하고 그들이 무슨 생각을 하는지를 잘 감지하는 선천적인 능력을 타고난다. 그런 능력이 없는 사람은 적절한 타이밍에 적절한 말을 하고, 사람들의 인상에 관심을 기울이며 그들의 숨겨진 의도가 무엇인지 파악하려 애쓰는 등 자신의 사회적 통찰력을 개발하기 위해 노력해야 할 것이다.
- 진실하라. 진정성은 사람들이 당신과 어울리고 싶게 하는 데 중요하다. 말하고 행동하는 데 진실하라. 그리고 타인과 그들의 상황에 진정으로 관심이 있다는 것을 보여주자.

기술 연습

정치 기술 설문 항목을 하나씩 선택해 학교 생활이나 직장 생활을 해 나가는 동안 그것을 실천하면서 한 주를 보내보자. 경험이 좋든 나쁘든, 그 경험을 짧게 기록해두자. 학교나 직장의 모임에서 당신이 원하거나 연결 가능한 사람들과의 네트워크 구축 능력을 개발해보려고 했는가? 당신 주변 사람들에게 더 많은 영향력을 미치기 위한 노력을 했는가? 동료나 수업의 프로젝트팀 구성원들과 소통을 더 많이 하거나 친밀감이 더 많이 생겼는가? 사람들의 인상과 인상 뒤에 가려진 의미를 알아차리고 해석을 해보는 등 사회적 통찰력을 개발하는 작업을 했는가? 타인, 특히 가까운 친구가 아닌 이들과의 관계에서 좀 더 진실하려는 의식적인 노력을 했는가? 정치 기술을 갖기 위해서 어떤 것을 다르게 해볼 수 있겠는가? 일단 정치 기술에 속하는 무언가를 인정하기 시작하면 당신 스스로가 타인과 좀 더 연결되고 더 많은 영향력을 미치게 되는 것, 즉 좀 더 정치적으로 노련해지는 것을 느낄 수 있을 것이다.

경험에 의한 문제 해결

연례 워크숍에 온 것을 환영한다. 이번 해에는 '좋은 상사, 나쁜 상사(Good Boss, Bad Boss)'라는 게임을 하면 재미있을 것이라고 생각했다. '좋은 상사, 나쁜 상사'는 '좋은' 상사가 어떤 사람이고 어떤 일을 하는지, '나쁜' 상사가 어떤 사람이고 어떤 일을 하는지 살펴보는 것이다. 이 과정을 마치면 (1) 팀과 이야기를 나누고 경험을 공유하고 (2) 자신의 특성과 행동이 '좋은' 상사와 '나쁜' 상사 중 어느 것에 가까운지 생각해볼 수 있을 것이다. 게임을 즐기는 동안 어떤 방향으로 내용을 이끌어갈지에 대한 생각은 멈추는 것이 좋다. 그리고 우리의 행동이 직원의 업무 경험과 노력에 영향을 미친다는 사실을 항상 기억하라!

다음과 같은 지시사항이 있다.

(1) 당신의 팀에서 좋은 상사에 대해 토론해보라. 무엇 때문에 그들은 '좋은' 상사인가? 그들은 어떤 특성이 있는가? 직원들을 어떻게 대하는가? 그들은 어떻게 직원들을 효율적이고 효과적으로 만드는가? 그리고 나쁜 상사에 대해서도 똑같은 과정을 반복해보라. 무엇 때문에 그들은 '나쁜' 상사인가? 그들은 어떤 특성이 있는가? 직원들을 어떻게 대하는가? 그들은 어떻게 직원들의 의욕을 꺾는가? 당신이 만났던 상사들을 떠올려보라. 또한 당신이 상사로서 겪었던 성공과 실패에 대해서도 생각해보라.

(2) '좋은' 상사와 '나쁜' 상사에 대한 당신의 아이디어를 리스트로 작성하라.

(3) 다른 그룹과 공유할 수 있는 요약 차트를 작성하라. 적절한 밈이나 다른 비주얼을 생각해낼 수 있다면 공유하라.

(4) 마지막으로 팀에서 논의한 것 중 가장 중요하다고 생각하는 세 가지를 확인하라. 모든 사람이 함께 일하고 싶어 하는 상사의 세 가지 특성은 무엇인가? 해당 목록을 작성하고 왜 중요하다고 생각하는지 간략하게 설명하라. 우리(회사 경영자들 모두)가 '좋은' 상사가 되기 위해 무엇을 할 수 있을지 생각해보라. 우리는 이 내용을 경영자 교육에 적용할 계획이다.

사례 적용 #1

더 나은 경영자 교육… 이제 월마트에서

주제: 경영 교육

세계 최대 유통업체인 월마트는 28개국 11,700여 개의 소매점과 전 세계 약 230만 개의 제휴사를 거느린 거대 기업이다. 당연히 관리해야 할 직원들이 많다! 가장 최근의 연매출 수익은 4,853억 달러 이상이었고 수익은 136억 달러 이상이었다. 미국 최대 민간 고용주로서의 지위 때문에 월마트는 종종 병가 정책[40]에서부터 임금 문제[41]에 이르기까지 여러 직원 관련 문제에서 논란의 중심에 있다. 2016년 회사는 낮은 직급의 경영직 직원이 더 좋은 경력을 쌓을 수 있도록 월마트 아카데미(Walmart Academy)라는 교육 프로그램을 만들었다. 현재 미국 전역에는 해당 아카데미가 100여 개 있다. 현재까지 15만 명 이상의 점포 감독원과 부서 관리자가 몇 주 동안의 훈련 프로그램을 이수했다.[42]

어떤 내용이 포함되어 있을까? 주제는 상품화, 주문 및 재고 관리를 포함한 고급 리테일 기술과 더 나은 의사소통 및 직원 동기부여를 포함한 관리 기술을 다룬다. 모든 경영 교육의 목표는 매장 내 쇼핑 경험을 지속적으로 긍정적인 경험으로 바꾸도록 돕는 것이다. 해당 업계가 아마존 및 다른 온라인 판매자들로 인해 경쟁이 가속화되고 있기에 소매업체들은 고객이 그들의 매장에 오고 싶도록 유인할 무언가를 제공하고 싶어 한다. 월마트의 경우에는 더 즐거운 매장 내 쇼핑 경험을 제공하고 싶기에 잘 훈련된 노동력이 필요하다. 이것은 결국 고객에게 주의를 기울이도록 훈련시키는 것으로부터 시작한다. 월마트는 이러한 노력을 중요하게 여겨 직원 교육 및 임금 인상에 27억 달러를 썼다. 그러나 월마트처럼 경영자를 훈련하는 데 신경을 쓰지 않는 회사들이 있다. 다음은 이에 대한 놀라운 통

> **직원들이 자신의 경력을 주도하도록 돕는다.**

계들이다.[43]

- 새로운 경영자 중 26%는 자신이 경영자 역할로 전환할 준비가 되어 있지 않다고 느낀다.
- 새로운 경영자 중 58%는 업무 전환을 위한 어떠한 훈련도 받지 못한다.
- 새로운 경영자의 48%가 업무 전환에 실패한다.

경영자가 직원의 동기부여와 참여에 중요한 역할을 한다는 점을 고려한다면 월마트와 같은 훈련에 대한 투자는 현명한 것으로 보인다.

토의문제

1-10 왜 기업은 하위 경영직의 직원들이 그들의 경력에서 더 성공하기를 바라는가? (힌트: 효율성/효과성과 경영의 네 가지 기능을 생각해보라.)

1-11 이와 같은 훈련 프로그램은 어떤 이점과 과제가 있는가?

1-12 월마트 아카데미 프로그램에서 어떤 추가적인 경영 주제를 다루면 좋을 것인가? 경영자가 하는 활동을 살펴보는 세 가지 측면을 생각해보라.

1-13 많은 대학 졸업생이 세계 최대 규모더라도 소매업에 종사하기를 꺼린다. 월마트와 같은 회사가 어떻게 재능 있는 졸업생들을 끌어들일 수 있겠는가?

1-14 조직은 새로운 경영자가 자신의 자리로 전환하도록 도울 윤리적 책임이 있는가? 왜 그렇게 생각하는가?

사례 적용 #2

경영자 없이 경영이 가능한가
주제: 스포티파이

스웨덴의 음악 스트리밍 서비스 기업인 스포티파이(Spotify)는 소비자들로 하여금 음악을 당일 주문해 당일 소비가 가능하도록 하는, 획기적인 변화를 이루어낸 기업의 대명사이다. 이 회사는 소비자가 음악을 구입하던 방식에서 탈피해 매달 사용료를 지불하고 음악을 빌려 쓰는 모델로 이동하도록 하는 데 성공했다. 2008년 시작된 스웨덴의 이 음악 공룡은 스웨덴 기업가로 알려진 다니엘 엑(Daniel Ek)에 의해 비즈니스로 발전했는데, 그는 당시 불법적인 파일 공유 웹사이트 대신에 소비자에게 더 쉽고 편리한 서비스를 창출하는 데 관심이 많았다.[44]

많은 테크놀로지 회사들과 마찬가지로 스포티파이도 경영에 있어서 복잡한 수직적 구조와 반대되는 수평적 조직 구조이다. 스포티파이 같은 회사는 고객들에 맞게 콘텐츠를 최대한 빨리 변화시키는 방식으로 일하는 것이 중요하다. 가능한 한 일을 효율적으로 하기 위해서 스포티파이는 스쿼드(squad), 챕터(chapter), 트라이브(tribe), 길드(guild) 등을 기반으로 하는 경영 및 조직 구조를 채택했다. 비록 트라이브나 챕터 같은 조직 구조에 대해 설명할 만한 이론을 발견할 수는 없었지만, 이러한 조직화는 스포티파이 같이 경영자를 완전히 없애려는 산업에서 구성원을 조직화하고 구조를 설명하는 데 유용한 방법을 제공한다.[45]

'스쿼드'는 분대나 특공대 같은 작은 그룹을 지칭하는 것으로, 스포티파이에서 조직 구조를 형성하는 각각의 블록이다. 이러한 작은 팀 작업은 소규모 스타트업 기업의 방식과 유사하다. 이 스쿼드는 장기적인 임무를 가능한 한 효율적으로 해내기 위해 하나의 공유공간에서 스포티파이에서 이루어지는 일의 일부나 특정한 영역을 개선하는 일을 한다. 여기에는 경영자가 따로 없으며 대신 전반적인 문제를 구성원이 함께 해결한다. 각 스쿼드에는 1명씩 '제품 책임자(product owner)'가 있는데, 팀 전체에서 이루어지는 일의 우선순위를 정하는 것이 그들의 일이다. 각 스쿼드는 서로 다른 기술을 가지고 팀이 달성해야 하는 목표에 헌신하는 종업원들로 구성된다.[46]

'트라이브'는 비슷한 영역에서 일하는 스쿼드가 모인 것이다. 이는 웹 기반 서비스 직무를 수행하는 스쿼드들은 전부 같은 트라이브에 속하고, 모바일 애플리케이션에서 일하는 스쿼드는 또 다른 트라이브에 속한다는 의미이다. 개별적인 스쿼드처럼 각 트라이브도 전통적인 경영이 별로 이루어지지 않기 때문에 자율적으로 일할 수 있다. 스포티파이의 사무실 내에는 다양한 스쿼드가 각각의 트라이브를 형성해 서로가 가깝게 앉아서 필요 시 스쿼드 간의 협력이 바로 이루어지도록 하고 있다. 그러나 스포티파이의 풍토는 최대한 변화가 빠르게 일어나도록 하기 위해 스쿼드나 트라이브가 서로에게 너무 의존하는 것은 지양하고 있다. 빠른 변화는 날로 변화하는 테크놀로지 시장에서 너무도 중요하기 때문이다.

다음으로, 스포티파이는 조직화를 통해 구성원이나 구조를 관리하기 위해 '챕터'를 이용한다. 챕터는 유사한 기술을 사용하고 있지만 다른 스쿼드에서 일하는 사람들의 모임이다. 예를 들어 한 챕터는 한 트라이브에 속하는 다양한 스쿼드의 모든 프로그래머들로 구성된다. 이러한 챕터에서 우리는 좀 더 명확한 경영 라인이나 구성원들의 임무, 경력개발, 임금, 승진 등 전통적인 경영 이론과 연결되는 것을 볼 수 있을 것이다. 사람들이 트라이브 밖에서 일을 하는 시간은 오직 '길드'의 활동이 이루어질 때뿐이다. 길드는 관심사가 비슷하지만 어떤 공식적인 경영은 없이 자율적인 자기경영하에서 관심 있는 프로젝트나 주제와 관련해 일하는 사람들이 모인 수평적인 트라이브 그룹이다.

스포티파이는 발 빠르게 움직이는 테크놀로지 회사로서 온라인 콘텐츠에 빠르게 반응하고, 변화하고 적응할 수 있어야 한다. 비전통적인 방식으로 경영을 하는 데 있어서 그들은 개인이 좀 더 창의적이되 전체적인 사업 목표는 충족하도록 하고 있다. 그러나 경영에 느긋한 태도를 채택하는 데는 잠재적인 어려움도 따른다. 전반적으로 통제가 부족하고 종업원들에게 제공된 자유의 기회가 제대로 사용되지 못할 여지도 있는 것이다.

스포티파이처럼 많은 테크놀로지 기업에서 전통적인 경영을 탈피하는 방식으로 점차 경영의 풍경이 달라지고 있는 것을 볼 수 있다. 스포티파이는 조직 내에서 경영의 필요를 인정한다는 점에서 다른 기업들과 달리 조금은 독특하다. 종업원의 자유와 창의성에 대해 균형 잡힌 요구를 하는 독특한 방법을 추구하면서도 여전히 기본적인 경영 활동은 이루어지고 있기 때문이다. 스포티파이의 규모가 더 커짐에 따라 앞으로도 경영에 대한 그들의 방식을 좀 더 재고할 필요가 있을 것이다.

토의문제

1-15 스포티파이에서는 누가 경영하는가?

1-16 스포티파이는 낮은 성과를 내는 개인이나 팀을 어떻게

관리하는가? 이것이 스포티파이에서 중요한 문제라고 생각하는가? 왜 그렇게, 혹은 왜 그렇지 않다고 생각하는가?

1-17 스포티파이에서의 경영에 전통적인 경영과 유사한 점이 있는가?

1-18 이러한 방식의 경영이 다른 회사에도 효과적이라고 생각하는가?

사례 적용 #3

세계를 파괴하다

주제: 데이터 보안 및 침해

과거에는 어떤 사람이 나쁜지 알 수 있었다. 그러나 점점 디지털화되고 있는 온라인 세상은 그렇지 않다. 이제 악당들은 얼굴을 알 수 없고 익명에 감춰져 있다. 또한 그들은 개인, 기업, 정부 및 기타 조직에 온갖 종류의 피해를 입힐 수 있다. 설문 조사에 따르면 데이터 유출 공격은 빈번하게 발생한다. 가정과 학교 PC가 데이터 도난과 바이러스로부터 잘 보호되리라 확신하지 말라. 데이터 절도범은 스마트폰 및 기타 모바일 장치도 표적으로 삼고 있다. 그리고 2018년 초

> **빠르게 변화하는 업무 환경에서 재능 있는 사람들을 관리하는 것은 상당히 어려운 일이다.**

에 이러한 데이터 절도범이 개인 장치의 정보나 컴퓨팅 장치에 저장된 정보를 훔칠 가능성이 급격하게 증가했다.

2018년 초 연구자들은 해커들이 데이터를 훔치는 데 악용할 수 있는 인텔의 칩 설계 결함을 발견했다.[47] 모든 PC, 스마트폰 및 서버가 위험에 노출되고 취약해졌다. 코드명 Meltdown과 Spectre는 전례 없는 보안 취약 요소로 떠올랐다.

인텔은 25년 넘게 세계 최고의 칩 제조업체로 자리매김하고 있었다. 전 세계 컴퓨터 프로세서의 약 90%와 인터넷 실행 서버칩의 99%를 생산한다.[48] 인텔은 신뢰성과 관련해 명성이 높은 대기업이다. 그러나 이러한 상황은 인텔의 매우 심각한 오류 및 실수로 여겨질 수 있다. 이 모든 것은 어떻게 밝혀졌을까?

2017년 6월 구글의 프로젝트 제로(Project Zero)의 보안팀은 인텔칩의 결함을 발견했다고 인텔에 알렸다. 프로젝트 제로는 '제로데이 취약점(zero-day vulnerabilities)'이라는 임무를 맡고 있는 구글에서 고용한 보안 분석팀의 이름이다. 해당 최고 보안 연구팀의 유일한 임무는 세계 소프트웨에서 가장 심각한 보안 결함을 식별하고 무력화하는 것이다.[49] (관심이 있다면 https://googleprojectzero.blogspot.com/을 참조하라.)

신고를 받은 인텔은 알파벳의 구글 부서 및 기타 핵심 컴퓨터 제조업체 및 클라우드 컴퓨팅 회사와 함께 수정 작업을 수행했다.[50] 인텔은 2018년 1월 9일 발견한 내용을 공개할 계획이었다. 그러나 2018년 1월 3일 영국의 웹사이트 레지스터가 결함에 대한 소식을 알렸다. 비밀은 탄로났고 그 여파가 일기 시작했다. 또한 인텔이 미국 정부의 주요 국가안보기관에 경고하기 전에 중국 기업인 레노버와 알리바바에게 보안 문제를 말했다는 사실이 공개되어 또 다른 논란이 일어났다.[51]

인텔과 그 밖의 기술 회사들은 칩 결함에 대한 패치 작업을 함에 따라 전 세계 기업의 데이터 센터 관리자는 데이터와 고객을 보호하기 위해 노력하고 있다. 빠른 수정은 완벽하지 않고 장기적인 수정은 쉽지 않기 때문에 이는 어려운 작업이다. 그리고 해커들은 끊임없이 해킹한다. 데이터 보안 침해가 너무 흔해짐에 따라 빠르게 변화하는 환경에서 데이터를 식별하고 보호하기 위해 일하는 개인을 관리하는 것은 매우 어려울 수 있다.

토의문제

1-19 결함을 '수정'하는 문제 외에도 인텔의 최고경영자가 해결해야 하는 다른 문제는 무엇인가?(힌트: 회사의 내·외부 측면에서 영향을 받을 수 있는 사람과 그들이 어떻게 영향을 받을지를 생각해보라.)

1-20 이러한 결함들이 어떻게 발견되었는지 타임라인을 살펴보라. 인텔이 다르게 행동해야 했는가?

1-21 일상적이고 표준화되어 있으며 복잡한 작업에 대해 전문가의 관심을 유지하는 것은 데이터 보안 회사의 경영자에게 중요한 과제이다. 혁신과 전문성을 장려하는 환경을 유지하기 위해 기술, 인간, 개념적 기술을 어떻게 사용할 수 있는가?

1-22 미국 정부기관과 관리들에게 공개하기 전에 중국 기업에 컴퓨터 보안 결함을 밝힌 일에 대해 논의하라. 여기에는 어떤 잠재적인 윤리적 문제가 있는가? 인텔의 최고경영진에게 그들의 결정과 행동에 대해 어떤 조언을 하겠는가?

미주

1. F. Janjoo, "The Difficulties with Facebook's News Feed Overhaul," *New York Times Online*, January 12, 2018; L. I. Alpert and B. Mullin, "Facebook Rethings Its News Feed," *Wall Street Journal*, January 12, 2018, pp. B1+; and D. Seetharaman, "Zuckerberg Vows to Work on Fixing Facebook," *Wall Street Journal*, January 5, 2018, pp. B1+.
2. From the Past to the Present box based on Dictionary. com Unabridged, based on the *Random House Dictionary*, © Random House, Inc. 2009, http://dictionary. reference. com/browse/manage; *Online Etymology Dictionary*, www. etymonline.com, June 5, 2009; P. F. Drucker, *Management: Revised Edition* (New York: HarperCollins Publishers, 2008); and F. W. Taylor, *Principles of Scientific Management* (New York: Harper, 1911), p. 44. For other information on Taylor, see S. Wagner-Tsukamoto, "An Institutional Economic Reconstruction of Scientific Management: On the Lost Theoretical Logic of Taylorism," *Academy of Management Review*, January 2007, pp. 105–17; R. Kanigel, *The One Best Way: Frederick Winslow Taylor and the Enigma of Efficiency* (New York: Viking, 1997); and M. Banta, *Taylored Lives: Narrative Productions in the Age of Taylor, Veblen, and Ford* (Chicago: University of Chicago Press, 1993).
3. S. Stevenson, "Don't Go to Work," http://www.slate.com/articles/business/psychology_of_management/2014/05/best_buy_s_rowe_experiment_can_results_only_work_environments_actually_be.html, May 11, 2014; S. Miller, "Study: Flexible Schedules Reduce Conflict, Lower Turnover," www.shrm.org, April 13, 2011; K. M. Butler, "We Can ROWE Our Way to a Better Work Environment," EBN.BenefitNews. com, April 1, 2011, p. 8; P. Moen, E. L. Kelly, and R. Hill, "Does Enhancing Work-Time Control and Flexibility Reduce Turnover? A Naturally Occurring Experiment," *Social Problems*, February 2011, pp. 69–98; and R. J. Erickson, "Task, Not Time: Profile of a Gen Y Job," *Harvard Business Review*, February 2008, p. 19.
4. L. Stevens and E. E. Phillips, "More Amazon Orders, Fewer Boxes," *Wall Street Journal*, December 21, 2017, p. B3.
5. H. Fayol, *Industrial and General Administration* (Paris: Dunod, 1916).
6. H. Mintzberg, *The Nature of Managerial Work* (New York: Harper & Row, 1973).
7. S. J. Carroll and D. A. Gillen, "Are the Classical Management Functions Useful in Describing Managerial Work?" *Academy of Management Review*, January 1987, p. 48.
8. See, for example, J. G. Harris, D. W. DeLong, and A. Donnellon, "Do You Have What It Takes to Be an E-Manager?" *Strategy and Leadership*, August 2001, pp. 10–14; C. Fletcher and C. Baldry, "A Study of Individual Differences and Self-Awareness in the Context of Multi-Source Feedback," *Journal of Occupational and Organizational Psychology*, September 2000, pp. 303–19; and R. L. Katz, "Skills of an Effective Administrator," *Harvard Business Review*, September–October 1974, pp. 90–102.
9. R. P. Tett, H. A. Guterman, A. Bleier, and P. J. Murphy, "Development and Content Validation of a 'Hyperdimensional' Taxonomy of Managerial Competence," *Human Performance* 13, no. 3 (2000), pp. 205–51.
10. "Frequently Asked Questions," U.S. Small Business Administration, www.sba. gov/advo, September 2008; T. L. Hatten, *Small Business: Entrepreneurship and Beyond* (Upper Saddle River, NJ: Prentice Hall, 1997), p. 5; L. W. Busenitz, "Research on Entrepreneurial Alertness," *Journal of Small Business Management*, October 1996, pp. 35–44; and J. W. Carland, F. Hoy, W. R. Boulton, and J. C. Carland, "Differentiating Entrepreneurs from Small Business Owners: A Conceptualization," *Academy of Management Review* 9, no. 2 (1984), pp. 354–59.
11. T. Nolan, "The No. 1 Employee Benefit That No One's Talking About," Gallup Inc., news.gallup. com, December 21, 2017.
12. State of the American Manager: Analytics and Advice for Leaders, Gallup Inc., http://www.gallup. com/services/182138/state-american-manager.aspx.
13. K. Tynan, "The Truth about Management," TD, June 2017, pp. 48–51.
14. J. Hess and S. Olsen, "What Will Work Look Like in 2030?" *Stratey+Business*, www.strategy-business.com, December 18, 2017.
15. "Why Is the Gig Economy So Appealing?" TD, January 2018, p. 13; and "#GigResponsibly: The Rise of NextGen Work," Manpower Group, 2017, http://www.manpowergroup. co.uk/the-word-on-work/gig-responsibly/.
16. J. Useem, "When Working from Home Doesn't Work," *Atlantic*, November 2017, pp. 26–28.
17. T. W. Martin, "May I Help You?" *Wall Street Journal*, April 23, 2009, p. R4.
18. H. Haddon, "Amazon's Grocery Sales Get a Lift," *Wall Street Journal*, January 17, 2018, p. B2.
19. "Contact the Staff of seattlepi. com," http://www.seattlepi.com/pistaff/; and W. Yardley and R. Perez-Peña, "Seattle Paper Shifts Entirely to the Web," *New York Times Online*, March 17, 2009.
20. F. F. Reichheld, "Lead for Loyalty," *Harvard Business Review*, July–August 2001, p. 76.
21. J. Ringen, "MTV Strikes a Chord With Gen Z," *Fast Company*, November 2017, pp. 48–52.
22. See, for instance, H. Ernst, W. D. Hoyer, M. Krafft, and K. Krieger, "Customer Relationship Management and Company Performance—The Mediating Role of New Product Performance," *Journal of the Academy of Marketing Science*, April 2011, pp. 290–306; J. P. Dotson and G. M. Allenby, "Investigating the Strategic Influence of Customer and Employee Satisfaction on Firm Financial Performance," *Marketing Science*, September–October 2010, pp. 895–908; R. Grewal, M. Chandrashekaran, and A. V. Citrin, "Customer Satisfaction Heterogeneity and Shareholder Value," *Journal of Marketing Research*, August 2010, pp. 612–26; M. Riemann, O. Schilke, and J. S. Thomas, "Customer Relationship Management and Firm Performance: The Mediating Role of Business Strategy," *Journal of the Academy of Marketing Science*, Summer 2010, pp. 326–46; and K. A. Eddleston, D. L. Kidder, and B. E. Litzky, "Who's the Boss? Contending with Competing Expectations from Customers and Management," *Academy of Management*

Executive, November 2002, pp. 85–95.

23. See, for instance, S. Alguacil-Mallo, "A Customer-Centric State of Mind," TD, April 2018, pp. 38–42; C. B. Blocker, D. J. Flint, M. B. Myers, and S. F. Slater, "Proactive Customer Orientation and Its Role for Creating Customer Value in Global Markets," *Journal of the Academy of Marketing Science*, April 2011, pp. 216–33; G. A. Gorry and R. A. Westbrook, "Once More, with Feeling: Empathy and Technology in Customer Care," *Business Horizons*, March–April 2011, pp. 125–34; M. Dixon, K. Freeman, and N. Toman, "Stop Trying to Delight Your Customers," *Harvard Business Review*, July–August 2010, pp. 116–22; D. M. Mayer, M. G. Ehrhart, and B. Schneider, "Service Attribute Boundary Conditions of the Service Climate-Customer Satisfaction Link," *Academy of Management Journal*, October 2009, pp. 1034–50; B. A. Gutek, M. Groth, and B. Cherry, "Achieving Service Success through Relationships and Enhanced Encounters," *Academy of Management Executive*, November 2002, pp. 132–44; Eddleston, Kidder, and Litzky, "Who's the Boss? Contending with Competing Expectations from Customers and Management"; S. D. Pugh, J. Dietz, J. W. Wiley, and S. M. Brooks, "Driving Service Effectiveness through Employee-Customer Linkages," *Academy of Management Executive*, November 2002, pp. 73–84; S. D. Pugh, "Service with a Smile: Emotional Contagion in the Service Encounter," *Academy of Management Journal*, October 2001, pp. 1018–27; W. C. Tsai, "Determinants and Consequences of Employee Displayed Positive Emotions," *Journal of Management* 27, no. 4 (2001), pp. 497–512; E. Naumann and D. W. Jackson Jr., "One More Time: How Do You Satisfy Customers?", Business Horizons, May-June 1999, pp. 71-76; and

M. D. Hartline and O. C. Ferrell, "The Management of Customer-Contact Service Employees: An Empirical Investigation," *Journal of Marketing*, October 1996, pp. 52–70.

24. "The World's 50 Most Innovative Companies," *Fast Company*, March 2017.

25. N. Friedman, "Buffett's New Leaderat Dairy Queen," *Wall Street Journal*, February 3–4, 2018, p. B3.

26. Technology and the Manager's Job box based on D. Bennett, "I'll Have My Robots Talk to Your Robots," *Bloomberg Businessweek*, February 21–27, 2011, pp. 52–62; E. Spitznagel, "The Robot Revolution Is Coming," Bloomberg Businessweek, January 17–23, 2011, pp. 69–71; G. A. Fowler, "Holiday Hiring Call: People vs. Robots," *Wall Street Journal*, December 20, 2010, pp. B1+; A. Schwartz, "Bring Your Robot to Work Day," *Fast Company.com*, November 2010, pp. 72–74; and P. J. Hinds, T. L. Roberts, and H. Jones, "Whose Job Is It Anyway? A Study of Human-Robot Interaction in a Collaborative Task," *Human-Computer Interaction*, March 2004, pp. 151–81.

27. J. Bellini, "The Robot Revolution: Humanoid Potential—Moving Upstream," *Wall Street Journal Online*, https://www.wsj.com/articles/the-robot-revolution-humanoidpotent ial-moving-upstream-1517221862; and A. Martin, "SoftBank, Alibaba Team Up on Robot," *Wall Street Journal Online*, https://www.wsj.com/articles/pepper-softbanks-emotional-robot-goes-global-1434618111.

28. "Top 15 Most Popular Social Networking Sites," http://www.ebizmba.com/articles/social-networking-websites, February 2015; and "Social Media Update 2014," Pew Research Center, http://www.pewinternet.org/2015/01/09/social-media-update-2014/, January 9, 2015.

29. P. Leonardi and T. Neeley, "What Managers Need to Know about

Social Tools," *Harvard Business Review*, November–December 2017, pp. 118–26.

30. D. Ferris, "Social Studies: How to Use Social Media to Build a Better Organization," *Workforce Online*, February 12, 2012.

31. A. Taylor III, "BMW Gets Plugged In," *Fortune*, March 18, 2013, pp. 150–56.

32. KPMG Global Sustainability Services, *Sustainability Insights*, October 2007.

33. *Vision 2050 Report*, Overview, www.wbcsd.org/vision2050.aspx.

34. *Symposium on Sustainability—Profiles in Leadership*, New York, October 2001.

35. J. Harter and A. Adkins, "Employees Want a Lot More from Their Managers," www.gallup.com/businessjournal, April 8, 2015.

36. R. Beck and J. Harter, "Why Great Managers Are So Rare," www.gallup. com/businessjournal, March 26, 2014.

37. Ibid.

38. S. Bailey, "No Manager Left Behind," *Chief Learning Officer*, February 2015, p. 30.

39. S. Y. Todd, K. J. Harris, R. B. Harris, and A. R. Wheeler, "Career Success Implications of Political Skill," *Journal of Social Psychology*, June 2009, pp. 179–204; G. R. Ferris, D. C. Treadway, P. L. Perrewé, R. L. Brouer, C. Douglas, and S. Lux, "Political Skill in Organizations," *Journal of Management*, June 2007, pp. 290–329; K. J. Harris, K. M. Kacmar, S. Zivnuska, and J. D. Shaw, "The Impact of Political Skill on Impression Management Effectiveness," *Journal of Applied Psychology*, January 2007, pp. 278–85; and G. R. Ferris, D. C. Treadway, R. W. Kolodinsky, W. A. Hochwarter, C. J. Kacmar, C. Douglas, and D. D. Frink, "Development and Validation of the Political Skill Inventory," *Journal of Management*, February 2005, pp. 126–52.

40. R. Abrams, "Walmart Is Accused of Punishing Workers for Sick Days," *New York Times Online*,

June 1, 2017.

41. L. Thomas, "As Wal-Mart Blitzes Internet Retail, Debate Rages over Company's Impact on US Wages," CNBC, https://www.cnbc.com/2017/04/20/wal-martstill-front-and-center-of-debateover-minimum-wages.html.

42. M. Corkery, "At Walmart Academy, Training Better Managers. But with a Better Future?" *New York Times Online*, August 8, 2017.

43. M. S. Plakhotnik and T. S. Rocco, "A Succession Plan for First-Time Managers," T&D, December 2011, pp. 42–45; P. Brotherton, "New Managers Feeling Lost at Sea," T&D, June 2011, p. 25; and "How Do We Help a New Manager Manage?" *Workforce Management Online*, June 16, 2011.

44. H. Kniberg, "Spotify Engineering Culture (Part 1)," 2014, www.labs.spotify.com/2014/03/27/spotifyengineering-culture-part-1/, March 27, 2014.

45. H. Kniberg, "Spotify Engineering Culture (Part 2)," 2014, https://labs.spotify.com/2014/09/20/spotify-engineering-culture-part-2/ (last accessed October 21, 2015).

46. D. Lynskey, "Is Daniel Ek, Spotify Founder, Going to Save the Music Industry … or Destroy It?" November 10, 2013, http://www.theguardian.com/technology/2013/nov/10/daniel-ek-spotifystreaming-music (last accessed October 21, 2015).

47. M. Chafkin and I. King, "Dying Inside," *Bloomberg Businessweek*, January 22, 2018, pp. 53–55.

48. Ibid.

49. A. Greenberg, "Meet 'Project Zero,' Google's Secret Team of Bug-Hunting Hackers," *Wired Online*, https://www.wired.com/2014/07/google-projectzero/, July 15, 2014.

50. R. McMillan and L. Lin, "Intel Told China of Flaw before U.S.," *Wall Street Journal*, January 29, 2018, pp. A1+.

51. Ibid.

경영학의 역사
경영의 뿌리를 찾아 …

헨리 포드(Henry Ford)는 "역사는 거의 허풍이다"라고 말했다. 그러나 그는 틀렸다. 역사는 긴 안목에서 현재의 행동을 바라볼 수 있게 하는 중요한 역할을 한다. 오늘날 경영자의 행동을 이해하고 싶다면 경영의 역사를 공부할 필요가 있다. 이 단원에서는 경영학 이론이 나온 역사적인 핵심 사건들을 연대기적으로 보여주고자 한다. 각 장에 제시된 '과거에서 현재까지'라는 칼럼은 핵심적인 역사적 사건, 핵심 인물과 그들이 현대적 경영 개념에 공헌한 바를 설명하고 있다. 이를 통해 독자들은 많은 경영 개념의 근원을 보다 잘 이해할 수 있을 것이다.

> ### 초기의 경영
> 경영의 역사는 길다. 사람들은 수천 년 전부터 계획하고, 조직하고, 지휘하고, 통제하는 일련의 활동을 행했다. 경영 담당자를 어떻게 불렀든 간에 이들은 경영 활동을 수행해야만 했다.

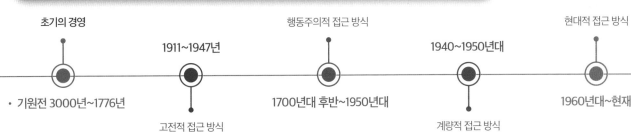

초기의 경영		행동주의적 접근 방식		현대적 접근 방식
	1911~1947년		1940~1950년대	
• 기원전 3000년~1776년		1700년대 후반~1950년대		1960년대~현재
	고전적 접근 방식		계량적 접근 방식	

Stephen Studd/The Image Bank/Getty Images

기원전 3000~2500년
이집트 피라미드는 수천만 명을 고용해 완성한 거대한 프로젝트이다.[1] 피라미드 하나를 짓기 위해서는 20년이라는 시간과 10만 명 이상의 근로자가 필요했다. 반드시 누군가가 할 일을 정하고, 사람과 재료를 프로젝트 실행 단위로 조직화하고, 사람들이 자신의 업무를 완성했는지 확인하고, 모든 일이 계획대로 진행되는지를 통제해야 했다. 이 모든 것을 해내는 사람이 바로 경영자이다.

Antonio Natale/Getty Images

1400년대
베니스의 무기창고 옆으로 군함들이 운하를 따라 떠 있고, 각 정류장에서는 자재와 밧줄을 배에 싣고 있었다.[2] 이 광경은 마치 자동차가 생산 공정을 따라 움직이는 모습과 비슷하지 않은가? 더욱이 베니스 사람들은 물자의 움직임을 파악하기 위해 (깨진 와인 병까지도 포함) 창고와 재고 시스템을 사용했고 사람을 관리하기 위해 인적자원 관리를 도입했으며 회계 시스템을 통해 수입과 지출의 변화를 알고 있었다.

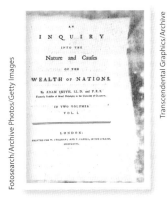

Fotosearch/Archive Photos/Getty Images

1776년
애덤 스미스(Adam Smith)의 『국부론』이 출판된 날은 미국 역사상 중요한 날이다. 책에서 저자는 **분업**[division of labor, 혹은 업무 분화(job specialization)], 즉 업무를 작고 반복적인 단위로 쪼개는 것의 경제적 이점을 설명했다. 분업을 이용하면 개인 생산성이 극적으로 늘어날 수 있었다. 업무 분화는 조직에서 업무를 달성하는 데 가장 많이 사용하는 방법이 되었다. 그러나 5장에서는 이 방법에 단점도 있음을 지적한다.

Transcendental Graphics/Archive Photos/Getty Images

1780년대~1800년대 중반
산업 혁명(industrial revolution)은 20세기가 도래하기 전 경영에 영향을 미친 가장 중요한 사건이다. 왜냐하면 산업 혁명의 시대에 회사가 탄생했기 때문이다. 제품을 대규모로 생산하는 공장이 들어서면서 누군가 수요를 예측하고 원재료를 적기에 공급하며 근로자들에게 업무를 할당하는 역할을 해야 했다. 이런 역할을 한 사람이 곧 경영자라고 할 수 있다. 경영자의 등장은 역사적으로 두 가지 의미가 있다. (1) 경영자는 계층, 통제, 분업화 등으로 일을 조직화하는 것을 가능하게 했으며, (2) 경영자는 사업적 성공을 가능하게 하는 필수불가결한 요인이 되었다.

> **고전적 접근 방식**
> 20세기에 진입하면서 경영학은 하나의 통합적 지식 체계로 발전하기 시작했다. 경영 원리와 규칙들이 제시되어 다양한 기업 상황에 적용되었다. 이런 초기의 경영 이론을 고전적 경영 이론이라고 한다.

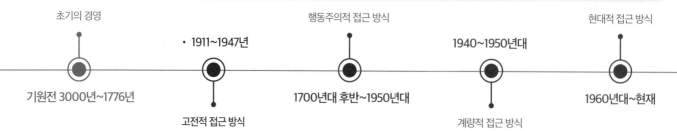

초기의 경영 ── 기원전 3000년~1776년

· 1911~1947년 ── 고전적 접근 방식

행동주의적 접근 방식 ── 1700년대 후반~1950년대

1940~1950년대 ── 계량적 접근 방식

현대적 접근 방식 ── 1960년대~현재

Bettmann/Getty Images

1911년

1911년에 프레더릭 W. 테일러의 『과학적 경영의 원리』가 출판되었다. 그의 획기적인 저서는 과학적 관리의 이론들을 소개했다. **과학적 경영**(scientific management)이란 일을 달성하기 위해 '최적의 작업 방법'을 적용해야 한다는 것이다. 그의 이론은 전 세계 경영자들에게 받아들여져 그를 과학적 경영의 선구자로 만들었다.[3] (테일러의 연구는 1장의 '과거에서 현재까지'에서 설명하고 있다.) 과학적 경영의 또 다른 공헌자들로는 프랭크 길브레스(Frank Gilbreth), 릴리언 길브레스(Lillian Gilbreth), 헨리 간트(Henry Gantt)가 있다. 이들은 시간 연구 및 동작 연구를 찬성했고 *Cheaper by the Dozen*이라는 저서에 소개된 일단의 학자들을 대표하는 인물들이다. 헨리 간트는 일정계획 차트를 고안한 사람으로 오늘날 프로젝트 관리의 기초를 제공했다.

Hulton Archive/Getty Images

1916~1947년

생산직 근로자 각각에 초점을 두었던 테일러와는 달리 앙리 페욜과 막스 베버는 조직 전체의 경영 관행들을 관찰해 경영자의 일은 무엇이고 올바른 경영이란 무엇인지를 규명하고자 했다. 이런 연구들은 **경영의 일반 이론**(general administrative theory)이라고 불린다. 1장에서 경영의 다섯 가지 기능을 발견한 사람으로 페욜이 소개되었다. 그는 모든 조직에 적용 가능한 경영의 기본적 규칙을 14가지 **관리원칙**(principles of management)으로 제시했다.[4] (그림 HM.1의 14가지 원칙 참조.) 베버는 특히 대기업에 적합한 이상적인 조직 구조이며 합리적 조직 형태로서 관료제를 제시하고 설명했다. 7장에서 이 두 경영의 선구자를 자세히 다루겠다.

그림 HM.1   페욜의 14가지 관리원칙

1. **분업.** 이 원칙은 애덤 스미스의 '분업'과 같은 것이다. 분업에 따른 전문화(specialization)는 직원들의 효율성을 높여 생산량을 증가시킨다.
2. **권한.** 경영자는 지시를 내릴 수 있어야 한다. 권한은 지시를 내릴 수 있는 권리를 말한다. 그러나 권한은 책임을 동반한다. 권한이 실행되면, 항상 이에 대한 책임도 져야 한다.
3. **규율.** 직원은 조직을 통제하는 규칙을 준수하고 존중해야 한다. 올바른 규율은 효율적인 리더십의 결과물이며, 경영자와 종업원 사이에 규칙에 대한 명확한 이해가 공유되고 있고 규칙 위반에 대한 징계와 벌이 규정되어 있을 때 가능해진다.
4. **지시의 일원성.** 각 직원은 반드시 1명의 상사로부터 지시를 받아야 한다.
5. **지시의 통일성.** 동일한 목적을 지향하는 조직 활동들은 1명의 경영자가 지휘해 추진해야 한다.
6. **개별적 이해관계보다 조직 전체의 이해관계가 우선시되어야 함.** 조직에서는 특정 직원 개인이나 특정 직원들의 집단이 추구하는 이해관계보다는 전체 조직의 이해관계가 우선되어야 한다.
7. **보상.** 직원들에게는 그들의 서비스에 대한 공정한 보수를 지불해야 한다.
8. **집중화.** 집중화란 부하직원들이 의사결정에 관여하는 정도를 말한다. 의사결정이 경영자에게 집중화되어야 하는지, 아니면 부하직원에게까지 분산화되어야 하는지는 적절한 비중을 찾아야 하는 문제이다. 각 상황에 맞도록 적절하게 집중화의 비중을 결정해야 한다.
9. **명령계통.** 최고 경영층에서 아래 계층까지 지휘권이 연결된 선을 명령계통(scalar chain)이라 부른다. 의사소통은 이 명령계통을 따라 이루어진다. 그러나 만약 특정 수직적 명령계통에서 지연이 발생한다면, 대각선 방향의 의사소통이라도 허용되어야 한다. 대각선 방향의 의사소통을 하기 전에 조직은 우선 모든 관련된 당사자들에게 필요한 정보를 알려주고 이들의 동의를 얻어야 할 것이다.
10. **질서.** 인력과 원자재는 모두 적절한 시기에 적절한 장소에 있어야 한다.
11. **형평성.** 경영자는 직원들에게 친절하고 이들을 공정하게 대우해야 한다.
12. **고용 안정.** 높은 직원 이직률은 비효율적이다. 경영자는 인력 계획을 신중히 해 결원이 생긴 경우 충원할 수 있도록 철저히 계획을 세워야 한다.
13. **주도성.** 계획을 세우고 주도해야 하는 직원들은 업무 달성에 많은 노력을 기울여야 한다.
14. **단결심.** 한 조직의 화합과 통일성을 위해서는 팀 정신을 촉진해야 한다.

> **다양성 관점에서 본 20세기 초의 또 다른 공헌자**
>
> 초기 경영학에 기여한 사람은 백인 남성뿐만이 아니다. 주목할 만한 통찰력을 보여준 다양한 사람들을 아래에 소개한다.

Michael Ochs Archives/Stringer/Getty Images

Handout/Toyota Motor Corporation/Getty Images News/Getty Images

마담 C. J. 워커(Madam C. J. Walker)

개인의 필요에 의해 워커는 1905년 아프리카계 미국인을 위한 헤어 케어 제품을 발명했다. 그녀는 기업가적 재능과 통찰력을 기반으로 미국 최초의 자수성가한 백만장자 여성 중 하나가 되었다.[5]

찰스 클린턴 스폴딩(Charles Clinton Spaulding)

1900년대 초 보험업계의 저명한 흑인 기업가였던 스폴딩은 기업을 효과적으로 관리하는 것의 중요성과 변혁적 리더십, 직원 개발, 다양성, 기업의 사회적 책임, 긍정적인 조직 문화 등의 중요성을 인식했다.[6]

토요타 기이치로(豊田 喜一郞)

토요타 자동차의 설립자는 최대 속도로 작동하기보다는 생산 라인을 원활하게 작동시키는 데 중점을 둔 '흐름 기반 [제조] 시스템'을 만들었다. 토요타는 효율적이고 효과적인 제조의 비법을 일찍 인식해 적시 생산 방식(just-in-time) 및 지속적 개선(continuous improvement) 등을 포함해 토요타 생산 시스템(Toyota Production System)을 만들었다.[7]

**푸르덴시오 우나누에(Prudencio Unanue)와
조지프 우나누에(Joseph A. Unanue)**

이 부자지간은 경영 기술과 선견지명을 활용해 가족 소유의 소규모 사업인 고야 푸드(Goya Foods)를 미국에서 가장 큰 라틴계 소유의 식품 유통업체로 전환해 세계 유통시장으로 뻗어 나갔다.[8]

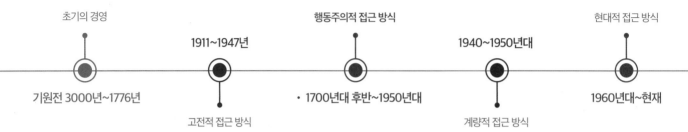

행동주의적 접근 방식
행동주의적 접근 방식은 직원들의 행동에 초점을 맞춘 이론이다. 즉 높은 실적을 올리기 위해 종업원을 어떻게 지휘하고 동기부여해야 하는지가 주요한 초점이다.

초기의 경영   행동주의적 접근 방식   현대적 접근 방식

1911~1947년   1940~1950년대

기원전 3000년~1776년   · 1700년대 후반~1950년대   1960년대~현재

고전적 접근 방식   계량적 접근 방식

Ken Welsh/Newscom

Archive PL / Alamy Stock Photo

자아 실현의 욕구
존경의 욕구
사회적 욕구
안전의 욕구
생리적 욕구

Shutterstock

1700년대 후반에서 1900년대 초반까지
경영자들은 다른 사람들과 함께 목표를 달성한다. 초기 경영학의 저자들은 사람들이 조직의 성공에 얼마나 중요한지를 인식했다.[9] 예를 들어 열악한 작업 환경에 관심이 많았던 로버트 오웬(Robert Owen)은 이상적인 직장에 대해 연구했다. 산업심리학 분야의 선구자인 휴고 뮌스터버그(Hugo Munsterberg)는 직원 선발에 심리테스트를 활용하는 방안, 직원 훈련에 적용할 수 있는 학습 이론, 종업원 동기부여에 관한 인간 행동 연구를 제안했다. 메리 파커 폴릿(Mary Parker Follett)은 조직을 개인과 집단의 관점에서 재해석한 최초의 학자이다. 그녀는 조직이 개인주의보다는 집단 윤리를 바탕으로 작동한다고 생각했다.

1924년~1930년대 중반
개인과 집단의 행동을 새롭게 해석한 연구로서 호손 연구(Hawthorne study)가 이루어졌는데, 이는 의심할 바 없이 경영학의 행동적 접근 방식에 가장 중요한 기여를 했다.[10] 웨스턴 일렉트릭(일리노이주 시세로 소재)에서 행해진 호손 연구는 처음에 과학적 경영에 관한 연구로서 시작되었다. 이 연구에서 회사의 엔지니어들은 조명의 밝기에 따라 근로자 생산성에 차이가 있는지를 실험했다. 실험집단과 통제집단을 활용해 연구자들은 실험집단의 근로자들이 생산하는 생산량과 조명도 사이의 연관성을 밝히려 했다. 그러나 놀랍게도 조명의 밝기에 따라 두 집단의 생산성은 함께 변화했다. 이 현상의 명확한 이유를 발견할 수 없었던 엔지니어들은 하버드대학교의 교수 엘튼 메이요(Elton Mayo)에게 도움을 요청했다. 그들은 1932년까지 근로 현장에서 발생하는 행동에 관한 다양한 실험을 함께 진행했다. 그들 연구의 결론은 무엇이었을까? 집단의 압력은 개인 생산성에 유의한 영향을 미친다는 사실, 사람들은 관찰되고 있을 때 평소와 다르게 행동한다는 사실 등이 밝혀졌다. 학자들은 호손 연구가 조직 내 인간의 역할에 관한 기존의 믿음에 지대한 영향을 미쳤다고 생각한다. 이 연구는 이후 조직 경영에 영향을 미치는 인간 행동의 중요성을 부각시켰다.

1930~1950년대
인간관계운동은 경영학의 역사에서 매우 중요한 역할을 한다. 이 운동의 지지자들은 경영적 관행들을 보다 인간적으로 바꾸어야 한다는 확고한 신념을 가지고 있었다. 이 운동의 지지자들은 한결같이 종업원 만족의 중요성―종업원이 만족해야 생산성이 높다―을 믿었다.[11] 그래서 그들은 종업원 만족도를 높일 수 있는 종업원의 경영 참여, 보상 방식, 인간적 대우 같은 경영 방침들을 제안했다. 예를 들어 인간 욕구의 5단계(종업원 동기 이론으로 잘 알려져 있음) 이론으로 유명한 인본주의 심리학자인 에이브러햄 매슬로(Abraham Maslow)는 인간의 특정한 욕구가 충족되면 그 욕구는 더 이상 인간의 행동을 유발하지 못한다고 주장했다. 더글러스 맥그리거(Douglas McGregor)는 X이론과 Y이론의 가정을 제시해 종업원의 작업동기에 관한 경영자의 믿음을 설명했다. 매슬로와 맥그리거의 이론은 후속 연구에 의해 완전히 입증되지는 않았지만 오늘날 동기 이론의 개발을 가능하게 한 바탕을 제공했다. 11장에서 우리는 이 이론들을 설명할 것이다.

1960년대~현재
조직 내 인간은 여전히 경영학 연구의 중요한 대상이다. 오늘날 우리는 조직 구성원의 행위(행동)를 조사하는 전문적 연구 분야를 **조직행동학**(organizational behavior, OB)이라 부른다. 조직행동학 연구자들은 조직 내 인간 행동에 대한 실증적 연구를 수행하고 있다. 현대의 경영자들이 하고 있는 활동들―동기부여, 지휘, 신뢰 구축, 협력, 갈등 해결 등―은 조직행동학 연구의 결과물이다. 이 주제들은 9~13장에 걸쳐 보다 깊이 있게 다루게 될 것이다.

계량적 접근 방식

경영학의 계량적 접근 방식은 통계학, 최적화 이론, 정보 모델, 컴퓨터 시뮬레이션, 기타 계량적 기법들을 경영 활동에 적용하는 방식을 말하며, 이는 경영자가 업무를 보다 용이하게 할 수 있도록 도움을 준다.

초기의 경영　　기원전 3000년~1776년

1911~1947년　　고전적 접근 방식

행동주의적 접근 방식　　1700년대 후반~1950년대

· 1940~1950년대　　계량적 접근 방식

현대적 접근 방식　　1960년대~현재

Bert Hardy/Hulton Archive/Getty Images

1940년대

계량적 접근 방식(quantitative approach)은 의사결정을 개선하기 위해 계량분석적 방법을 경영에 적용하는 것으로 제2차 세계대전 동안 군대에서 문제를 해결하기 위해 개발한 수학 및 통계적 모형들에서 발전한 것이다. 전쟁이 끝난 후에는 이 기술들의 대부분이 경영에 적용되었다.[12] 예를 들어 '수재들의 집단'이라 불리던 군인들이 1940년대 중반에 포드 자동차에 입사하면서 포드의 의사결정 시스템에 통계적 방법이 도입되기 시작했다. 15장에서 계량적 접근 방식의 적용을 알아본다. 계량적 의사결정을 다루는 부분에서 이러한 응용 방식에 대한 자세한 내용을 확인할 수 있다.

Richard Drew/AP Images

1950년대

제2차 세계대전 후 일본 기업들은 에드워즈 데밍(Edwards Deming, 왼쪽 사진)과 조지프 주란(Joseph M. Juran)이 속한 품질 전문가들의 이론을 열정적으로 받아들였다. 일본 제조회사들이 품질 면에서 미국 경쟁자들을 앞서 나가자, 서구의 경영자들도 데밍과 주란의 아이디어를 진지하게 검토하기 시작했다.[13] 이런 아이디어는 후에 지속적인 품질 개선을 위한 하나의 경영철학이자 고객의 요구와 기대를 제품에 반영하는 **총체적 품질관리기법**(total quality management, TQM)의 기초가 되었다. 우리는 총체적 품질관리기법에 대한 데밍의 신념도 자세히 알아볼 것이다.

현대적 접근 방식

경영에 관한 초기의 접근 방식들은 대체로 조직 내부에서 발생하는 경영자들의 이슈를 다루고 있었다. 그러나 1960년대부터 경영학 연구자들은 조직 외부의 환경에 어떤 변화가 발생하는지에 관심을 갖기 시작했다.

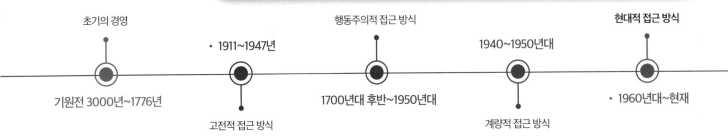

초기의 경영
· 1911~1947년
행동주의적 접근 방식
1940~1950년대
현대적 접근 방식

기원전 3000년~1776년
고전적 접근 방식
1700년대 후반~1950년대
계량적 접근 방식
· 1960년대~현재

1960년대

전화기 회사의 경영자 체스터 바너드(Chester Barnard)는 1938년에 집필한 책 『경영자의 기능들(The Functions of the Executive)』에서 기업은 하나의 협동 시스템으로 작용한다고 했다. 그러나 경영학 연구자들이 시스템 이론을 활용해 조직을 하나의 시스템으로 이해하려는 시도는 1960년대에야 이루어졌다.[14] 이 **시스템적 접근**(systems approach)이란 개념은 물리학의 기본 개념이다. 조직과 관련해 시스템은 상호 연관되고 상호 의존적인 부분들의 결합체를 말한다. 조직은 환경에 영향을 받고 환경과 상호작용한다는 의미에서 하나의 **개방 시스템**(open system)이라 볼 수 있다. 그림 HM.2는 개방 시스템을 나타내고 있다. 경영자들은 목표를 달성하기 위해 시스템의 모든 부분을 효율적이고 효과적으로 다루어야 한다. 조직을 관리하는 데 영향을 주는 내부 및 외부 요소에 대해서는 2장에서 자세히 다룬다.

그림 HM.2   개방 시스템 조직

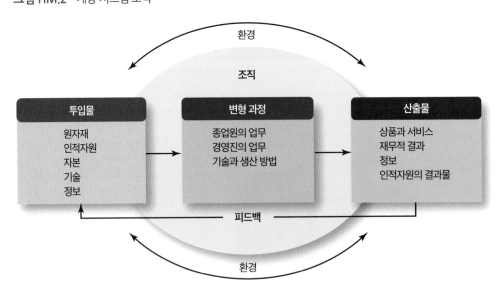

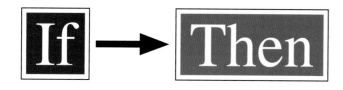

1960년대

초기의 경영 이론가들은 보편적으로 적용 가능한 경영 원칙들을 제안했다. 이후에 이루어진 연구들에서 이러한 원칙들의 많은 예외가 발견되었다. **상황적 접근법**(contingency approach)에 의하면 조직, 직원, 상황들은 모두 다양하기 때문에 각기 다른 방식의 경영이 요구된다. 상황 이론을 잘 설명할 수 있는 방법은 '만약… 그렇다면…'이라는 가정을 활용하는 것이다. '만약'은 내가 처해 있는 상황을 설명할 수 있고, '그렇다면'은 어떻게 이 상황을 가장 잘 경영할 수 있는지를 뜻한다. 초기 상황 이론 학자 중 프레드 피들러(Fred Fiedler)는 상황에 가장 적합한 리더십 스타일을 연구했다.[15] 그의 이론에는 조직의 규모, 업무에 활용하는 기술의 일상성(routineness), 환경의 불확실성, 개인차와 같이 상황 이론에 흔히 쓰이는 변수들이 포함되어 있다.

1980년대~현재

정보화 시대는 1837년 새뮤얼 모스(Samuel Morse)의 전신 개발로부터 시작되었다고 할 수 있다. 정보 기술에 관한 극적인 변화는 20세기 후반에 진행되었고 이는 경영자들의 업무에 직접적인 영향을 미쳤다.[16] 경영자들은 이제 재택근무를 하거나 지구 반대편에 있는 직원들을 관리할 수도 있다. 전문가만 조작 가능한 회사의 중앙 컴퓨터가 모든 사무실의 온도를 조정하고, 조직의 모든 구성원이 손바닥 크기보다도 작은 기계 장치를 이용해 ─ 무선이나 유선으로 ─ 서로 통신을 하고 있다. 1700년대 산업 혁명의 충격만큼 정보화 시대는 조직이 경영되는 방식에 극적인 변화를 일으키고 있다. 정보 기술은 경영자들이 자신의 업무를 하는 방식에 엄청난 영향을 미쳐 우리는 이후 여러 단원에서 '오늘날 직장에서의 경영 기술'이라는 칼럼으로 이 문제를 다루게 될 것이다.

Andriy Popov/Alamy Stock Photo

산업 혁명
18세기 후반 영국에서 시작된 것으로서 기계동력, 대량생산, 효율적인 운송 시스템을 활용하기 시작한 변화를 말함

분업(업무 분화)
일을 작고 반복적인 작업으로 나누는 것

과학적 경영
과학적인 방법을 활용해 일을 하는 최선의 방법을 찾으려는 관리 방식

경영의 일반 이론
경영자의 일은 무엇이고 올바른 경영이란 무엇인지를 규명한 이론

관리원칙
페욜이 주장한 경영 관리 방식의 보편적인 원칙들

호손 연구
웨스턴 일렉트릭의 엔지니어들이 시작한 연구로서 1920년대 후반부터 1930년대 초반까지 작업 환경과 노동 생산성 간의 관계를 검토한 실험. 이 연구는 조직의 기능과 목표 달성에 인간적인 요소가 중요함을 일깨워주었다.

조직행동학(OB)
작업장에서의 인간 행동을 연구하는 학문 분야

계량적 접근 방식
계량적인 기법을 활용해 의사결정을 개선하려는 접근 방식

총체적 품질관리기법(TQM)
고객의 요구와 기대 수준에 부응하기 위해 품질을 지속적으로 개선해야 한다는 경영 철학

시스템적 접근
조직을 하나의 시스템으로 보고 서로 연관된 부분들이 통합된 전체를 이루어 가는 방식으로 조직을 이해하려는 접근법

개방 시스템
환경과 역동적으로 상호작용하는 시스템

상황적 접근법
조직, 근로자, 환경이 달라지면 관리 방법도 달라져야 한다는 경영학의 접근 방식

미주

1. C. S. George Jr., *The History of Management Thought*, 2nd ed. (Upper Saddle River, NJ: Prentice Hall, 1972), p. 4.

2. Ibid., pp. 35–41.

3. F. W. Taylor, *Principles of Scientific Management* (New York: Harper, 1911), p. 44. For other information on Taylor, see S. Wagner-Tsukamoto, "An Institutional Economic Reconstruction of Scientific Management: On the Lost Theoretical Logic of Taylorism," *Academy of Management Review*, January 2007, pp. 105–17; R. Kanigel, *The One Best Way: Frederick Winslow Taylor and the Enigma of Efficiency* (New York: Viking, 1997); and M. Banta, *Taylored Lives: Narrative Productions in the Age of Taylor, Veblen, and Ford* (Chicago: University of Chicago Press, 1993).

4. H. Fayol, *Industrial and General Administration* (Paris: Dunod, 1916); M. Weber, *The Theory of Social and Economic Organizations*, ed. T. Parsons, trans. A. M. Henderson and T. Parsons (New York: Free Press, 1947); and M. Lounsbury and E. J. Carberry, "From King to Court Jester? Weber's Fall from Grace in Organizational Theory," *Organization Studies* 26, no. 4 (2005), pp. 501–25.

5. "Madame C. J. Walker Biography," https://www.biography.com/people/madam-cj-walker-9522174.

6. L. C. Prieto and S. T. A. Phipps, "Re-discovering Charles Clinton Spaulding's 'The Administration of Big Business': Insight into Early 20th Century African-American Management Thought," *Journal of Management History* 22, no. 1 (2016), pp. 73–90.

7. "Business Pioneers in Industry," https://www.ft.com/content/c18fd2c6-cc99-11e4-b5a5-00144feab7de.

8. Geraldo L. Cavada, "Entrepreneurs from the Beginning: Latino Business & Commerce since the 16th Century," https://www.nps.gov/heritageinitiatives/latino/latinothemestudy/businesscommerce.htm.

9. R. A. Owen, *A New View of Society* (New York: E. Bliss and White, 1825); H. Munsterberg, *Psychology and Industrial Efficiency* (Boston: Houghton Mifflin, 1913); and M. P. Follett, *The New State: Group Organization the Solution of Popular Government* (London: Longmans, Green, 1918).

10. E. Mayo, *The Human Problems of an Industrial Civilization* (New York: Macmillan, 1933); and F. J. Roethlisberger and W. J. Dickson, *Management and the Worker* (Cambridge, MA: Harvard University Press, 1939). Also see G. W. Yunker, "An Explanation of Positive and Negative Hawthorne Effects: Evidence from the Relay Assembly Test Room and Bank Wiring Observation Room Studies," paper presented, Academy of Management Annual Meeting, August 1993, Atlanta, Georgia; S. R. Jones, "Was There a Hawthorne Effect?" *American Sociological Review*, November 1992, pp. 451–68; S. R. G. Jones, "Worker Interdependence and Output: The Hawthorne Studies Reevaluated," *American Sociological Review*, April 1990, pp. 176–90; J. A. Sonnenfeld, "Shedding Light on the Hawthorne Studies," *Journal of Occupational Behavior*, April 1985, pp. 111–30; B. Rice, "The Hawthorne Defect: Persistence of a Flawed Theory," *Psychology Today*, February 1982, pp. 70–74; R. H. Franke and J. Kaul, "The Hawthorne Experiments: First Statistical Interpretations," *American Sociological Review*, October 1978, pp. 623–43; and A. Carey, "The Hawthorne Studies: A Radical Criticism," *American Sociological Review*, June 1967, pp. 403–16.

11. A. Maslow, "A Theory of Human Motivation," *Psychological Review*, July 1943, pp. 370–396; see also A. Maslow, *Motivation and Personality* (New York: Harper & Row, 1954); and D. McGregor, *The Human Side of Enterprise* (New York: McGraw-Hill, 1960).

12. P. Rosenzweig, "Robert S. McNamara and the Evolution of Management," *Harvard Business Review*, December 2010, pp. 86–93; and C. C. Holt, "Learning How to Plan Production, Inventories, and Work Force," *Operations Research*, January–February 2002, pp. 96–99.

13. T. A. Stewart, "A Conversation with Joseph Juran," *Fortune*, January 11, 1999, pp. 168–70; J. R. Hackman and R. Wageman, "Total Quality Management: Empirical, Conceptual, and Practical Issues," *Administrative Science Quarterly*, June 1995, pp. 309–42; B. Krone, "Total Quality Management: An American Odyssey," *The Bureaucrat*, Fall 1990, pp. 35–38; and A. Gabor, *The Man Who Discovered Quality* (New York: Random House, 1990).

14. C. I. Barnard, *The Functions of the Executive* (Cambridge, MA: Harvard University Press, 1938); and K. B. DeGreene, *Sociotechnical Systems: Factors in Analysis, Design, and Management* (Upper Saddle River, NJ: Prentice Hall, 1973), p. 13.

15. F. E. Fiedler, *A Theory of Leadership Effectiveness* (New York: McGraw-Hill, 1967).

16. "Information Age: People, Information & Technology—An Exhibition at the National Museum of American History," Smithsonian Institution, http://photo2.si.edu/infoage/infoage.html, June 11, 2009; and P. F. Drucker, *Management*, Revised Edition (New York: HarperCollins Publishers, 2008).

2

경영학의

신화

잘못된

좋은 결정은
결과에 의해
정의되어야 한다.

경영학의
신화 바로잡기!
잘못된

좋은 결정은 달성된 결과가 아니라,

사용된 절차로 판단해야 한다.

어떤 경우에는 좋은 결정이

바람직하지 않은 결과를 야기할 수 있다.

의사결정자는 절차를 통제할 수 있지만

현실세계에서는 통제할 수 없는 많은 요인이 있어

결과에 안 좋은 영향을 미칠 수 있다.

올바른 절차를 사용하는 것이 언제나

바람직한 결과를 가져오는 것은 아니다.

하지만 그럴 수 있는 확률이 높아진다.

21세기 폭스사의 폭스 스포츠(Fox Sports) 의사결정자들은 2018년 FIFA 월드컵을 모스크바에서 미국식 영어 방송으로 송출할 수 있는 권한에 2억 달러를 지불했다. 이로써 4주 반 동안 폭스 스포츠 역사상 가장 큰 프로젝트가 시행되었다. 여러 네트워크와 디지털 플랫폼에서 350시간 이상 송출을 했고[1] 미국 팀이 트리니다드 토바고에게 패배할 때까지는 모든 것이 계획대로 진행되는 것 같았다. 그러나 이 패배로 인해 미국 팀은 본선 진출을 하지 못했고, 시청률이 낮아져 네트워크의 주 수입원인 광고를 판매하기가 어려워졌다. 폭스 스포츠의 수익은 위태로워졌다. 그렇다면 이는 잘못된 결정이었을까? 우리의 잘못된 믿음은 폭스 스포츠의 의사결정자들이 활용한 초기 과정이 철저하고 합리적이었다면 이는 나쁜 결정이 아니었다고 답한다. 회사의 통제를 벗어난 요인(예상치 못한 미국 팀의 패배)이 결과에 영향을 미쳤다. 그럼에도 불구하고 폭스 스포츠의 의사결정자들은 새로운 상황에 적응하고 스토리텔링과 마케팅에 더 많은 노력을 기울이기로 결정했다. 그 결과 많은 월드컵 광고주들은 여전히 자신의 브랜드 메시지를 전 세계 청중에게 알리고 싶어 하는 글로벌 기업이었음을 확인했다.

모든 조직 수준과 영역의 경영자는 일상적이든 비일상적이든 많은 결정을 내리게 된다. 이러한 결정의 전반적인 품질은 조직의 성공 또는 실패를 결정하는 데 큰 도움이 된다. 성공적인 경영자가 되고, 가치 있는 직원이 되려면 의사결정에 대해 알아야 한다. 이 장에서 우리는 결정의 유형과 결정이 어떻게 이루어져야 하는지 살펴본다. 그리고 의사결정의 질을 떨어뜨릴 수 있는 몇 가지 일반적인 편견과 오류를 고려하고 경영 의사결정자들이 직면하고 있는 현대적 문제들을 논의한다. ●

학습목표

2-1 의사결정 과정을 설명한다.

2-2 경영자가 의사결정을 하는 세 가지 접근법을 설명한다.

2-3 의사결정의 유형과 경영자가 의사결정을 하는 조건을 설명한다.

2-4 집단 의사결정을 설명한다.

2-5 경영자 의사결정의 최근 이슈들을 논의한다.

경영자들은 어떻게 의사결정을 내리는가?

2-1 의사결정 과정을 설명한다.

경영을 위한 아이디어는 어떻게 행동으로 옮겨지는가? 바로 많은 의사결정을 통해서이다. 뉴잉글랜드와 대서양 중부 지역에 지점을 두고 있는 쇼핑몰 레스토랑 체인인 베르투치(Bertucci's)는 좀 더 현대적인 감각의 지점을 오픈하고 싶었다. 이를 위해 경영진은 9개월간 새로운 레스토랑에 필요한 의사결정을 했다. 경영진은 이러한 의사결정이 좋은 결과를 내길 바라고 있다.[2]

기업은 얼마나 자주 종업원들이 강력한 의사결정자가 되기를 바라는가?
일주일에 40시간… 즉 거의 하루 종일, 매일이다![3]

의사결정은 전형적으로 대안들 중 하나를 선택하는 활동이지만 이런 관점은 과도하게 현

그림 2.1 의사결정 과정

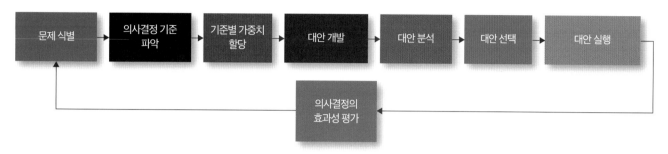

문제 식별 → 의사결정 기준 파악 → 기준별 가중치 할당 → 대안 개발 → 대안 분석 → 대안 선택 → 대안 실행 → 의사결정의 효과성 평가

실을 단순화한 것이다. 왜 그런가? 의사결정이 대안을 선택하는 단순한 활동이라기보다 하나의 과정이기 때문이다. 그림 2.1은 문제를 찾는 것으로부터 시작해 8단계에 달하는 의사결정 과정을 설명하고 있다. **의사결정 과정**(decision-making process)은 문제를 인식하고 해결 방안을 선택하는 과정을 거쳐 의사결정의 효과성을 평가하는 것으로 마무리된다. 이 과정은 UPS 임원들이 조직의 미래 수익성에 영향을 미칠 수 있는 문제를 다루는 결정과 마찬가지로 봄방학에 무엇을 할 것인지 결정할 때도 똑같이 적용할 수 있다. 또한 의사결정 과정은 개인 및 집단의 의사결정 모두를 설명하는 데 이용할 수 있다. 자동차 구입 결정을 예로 각 단계가 무엇을 의미하고 있는지 좀 더 자세히 살펴보자.

의사결정 과정에서 문제를 어떻게 정의해야 하는가?

의사결정 단계 1. 의사결정 과정은 **문제**(problem)를 파악하는 것, 더 구체적으로는 기존 상태와 원하는 상태의 차이를 밝히는 것에서부터 시작된다.[4] 화이자(Pfizer)의 영업관리자 사례를 살펴보자. 영업관리자는 수년간 운전을 하며 자동차 수리에만 6,000달러를 지출했다. 현재 그의 차는 엔진이 멈춰 수리하는 비용이 차를 바꾸는 비용보다 더 나가는 형편이 되었다. 대중교통은 대안으로 이용할 수 없는 상황이다. 여기서 문제는 성능 좋은 자동차를 갖고 싶다는 사람의 욕구와 현재 자동차는 그렇지 않다는 사실 간의 불일치가 발생했다는 것이다.

의사결정 과정
문제 인식, 해결 방안 선택, 해결 방안의 효과성 평가 등을 포함한 8단계 과정

문제
현재 상태와 바람직한 상태의 차이

문제를 파악하는 것은 중요하지만 쉬운 일은 아니다.[5]

이 사례에서 고장 난 엔진은 새로운 차를 필요하게 만드는 명확한 신호가 된다. 그러나 현실세계에서 대부분의 문제는 네온사인처럼 분명하거나 명확하지 않다. 특히 문제의 도출 과정은 주관적이다. 문제를 잘못 규정한 경영자는 문제를 제대로 해결했다 하더라도 문제를 정확히 파악하고 아무런 조치도 안 한 경영자와 다를 바 없다. 경영자가 어떻게 문제를 인식할까? 경영자는 우선 대상의 현재 상태와 원하는 상태를 비교해야 한다. 원하는 상태는 (1) 과거의 성과, (2) 이전에 세운 목표 또는 다른 조직이나 조직 내 다른 부서의 성과가 될 수 있다. 앞서 언급한 자동차 구입 사례에서 그 기준은 잘 달리는 자동차이다.

자동차를 구매하는 단계는 의사결정 과정의 좋은 예다. 사진의 젊은 여성은 새 직장까지 운전해 가야 하는 상황을 문제로 규정하고, 이후 여러 자동차를 평가하는 마지막 과정을 거치게 된다.

Branislav Nenin/Shutterstock

무엇이 의사결정 과정에 영향을 미치는가?

의사결정 단계 2. 경영자가 문제를 파악한 후에는 문제를 해결하는 데 중요한 **결정 기준**(decision criteria)을 정해야 한다. 자동차 구입 사례에서는 가격, 모델(문 2개 혹은 4개), 크기(소형 또는 중형), 생산지(프랑스, 일본, 한국, 독일, 미국), 선택 사양(내비게이션, 측면 충격 보호장치, 가죽 인테리어), 수리 기록 등과 같은 것이 평가 기준이 된다. 이러한 기준은 의사결정자의 의사결정과 연관된 것들이다. 모든 의사결정자는 분명하게 표현할 수 있든 그렇지 않든 간에 자신의 결정에 중요한 평가 기준을 가지고 있다. 이 단계에서 명확하지 못한 기준도 여전히 결정에 영향을 미칠 수 있기 때문에 의사결정 과정에 유의해야 한다. 예를 들어 영업관리자가 연비 효율성을 하나의 기준으로 제시하지 않았다면 연비 효율성은 고객이 자동차를 선택할 때 영향을 주지 못할 수 있다. 그러므로 관련 기준에 포함할지 여부를 선택하기 전에 기준을 평가해야 한다.

의사결정자는 어떻게 기준에 가중치를 부여하고 대안들을 분석하는가?

의사결정 단계 3, 4, 5. 의사결정 상황에서 의사결정의 기준들이 모두 동일하게 중요하지는 않다.[6] 그렇기 때문에 상대적 우선순위를 정하기 위해 2단계에서 나열된 항목에 가중치를 할당하는 것이 필수이다(3단계). 간단한 방법은 가장 중요하다고 생각하는 요인에 10의 가중치를 주고 중요 요인과 비교해 나머지 요인들에 순차적으로 가중치를 할당하는 것이다. 즉 최고 가중치 10을 준 요인은 5의 가중치를 준 요인에 비해 2배 정도 중요하다. 이런 방식은 개별 요인에 가중치를 할당함으로써 각 항목의 중요성 수준을 표시할 뿐만 아니라 의사결정과 관련된 기준들에 관한 개인적인 선호도를 반영할 수 있다. 표 2.1은 자동차 구매 의사결정에 필요한 기준과 가중치를 나열한 것이다. 고객이 결정할 때 가장 중요하게 생각하는 기준은 무엇인가? 가격이다. 그러면 가중치가 낮은 기준은 무엇인가? 성능과 핸들링이 낮은 가중치를 보이고 있다.

다음으로 의사결정자는 문제를 보다 성공적으로 해결할 수 있는 대안들을 나열한다(4단계). 이 단계에서는 대안을 평가하지 않고 나열만 한다.[7] 사례의 영업관리자가 선택 가능한 12개의 자동차를 찾아냈다고 가정해보자—지프 컴패스, 포드 포커스, 현대 엘란트라, 포드 피에스타 SES, 폴크스바겐 골프 GTI, 토요타 프리우스, 마쓰다 3 MT, 기아 소울, BMW i3, 닛산 큐브, 토요타 캠리, 혼다 피트 스포츠 MT.

일단 대안이 확인되면 의사결정자는 각각의 대안을 심도 있게 분석해야 한다(5단계). 어떻게 해야 할까? 각 기준을 평가해야 한다. 각 대안의 강점과 약점은 2, 3단계에서 설정한 기준

표 2.1 자동차 구매 시 중요한 기준과 가중치

기준	가중치
가격	10
내부 안락도	8
내구성	5
수리 기록	5
성능	3
핸들링(조향성)	1

표 2.2 가능한 자동차 대안의 평가

대안	최초 가격	내부 안락도	내구성	수리 기록	성능	핸들링	총점
지프 컴패스	2	10	8	7	5	5	37
포드 포커스	9	6	5	6	8	6	40
현대 엘란트라	8	5	6	6	4	6	35
포드 피에스타 SES	9	5	6	7	6	5	38
폴크스바겐 골프 GTI	5	6	9	10	7	7	44
토요타 프리우스	10	5	6	4	3	3	31
마쯔다 3 MT	4	8	7	6	8	9	42
기아 소울	7	6	8	6	5	6	38
BMW i3	9	7	6	4	4	7	37
닛산 큐브	5	8	5	4	10	10	42
토요타 캠리	6	5	10	10	6	6	43
혼다 피트 스포츠 MT	8	6	6	5	7	8	40

과 가중치를 중심으로 비교하면 분명해진다. 각 대안은 개별 평가 기준에 의해 평가된다. 표 2.2는 영업관리자가 각 차를 시운전한 후 12개의 대안을 평가한 점수이다. 평가 점수는 1~10점 척도를 사용하고 있다. 일부 평가는 보다 객관적인 방법을 활용할 수도 있다. 예를 들어 구입 가격은 온라인 또는 지역 중개인으로부터 구매할 수 있는 최상의 가격으로 나타내고, 자동차 수리 빈도는 소비자 잡지에서 제공하는 데이터를 사용할 수 있다. 그러나 핸들링과 같은 기준은 지극히 개인적인 판단이다.

대부분의 의사결정에는 판단이 포함된다.

의사결정자의 개인적 판단은 (1) 2단계에서 선택한 기준, (2) 기준에 부여된 가중치, (3) 대안 평가에 반영된다. 동일한 예산을 가진 2명의 자동차 구매자가 완전히 다른 세트의 대안을 살펴보고, 심지어 동일한 대안을 고려한다 하더라도 다르게 평가하는 이유는 개인적 판단 때문이다.

표 2.2는 의사결정 기준별로 12개의 대안을 평가한 것이다. 이것은 3단세에서 이루어진 가중치를 반영한 것이 아니다. 만일 하나의 대안이 모든 기준에서 10점을 얻는다면 가중치를 고려할 필요가 없을 것이다. 마찬가지로 가중치가 모두 동일하다면, 즉 모든 기준이 동일하게 중요하다면 각 대안은 표 2.2의 해당 대안별 점수를 합산해 평가된다. 예를 들어 포드 피에스타 SES는 38점이고, 토요타 캠리는 43점이다. 그러나 각 대안에 가중치를 곱한다면 표 2.3의 수치를 얻게 된다. 예를 들어 기아 소울은 40점의 내구성 점수를 받았는데 이는 내구성에 부여된 가중치 점수 5에 의사결정자가 내구성 기준으로 차량을 평가한 점수 8을 곱한 값으로 산출되었다. 평가 점수의 합계는 이전에 설정된 기준과 가중치를 고려한 각 대안의 평가 결과를 나타낸다. 여기서 평가 기준에 대한 가중치 적용이 대안의 순위를 바꾸어 놓는다는 점에 주목하라. 예를 들어 폴크스바겐 골프 GTI는 1위에서 3위로 순위가 바뀌었다. 평가 내용들을 살펴보면 최초 가격과 내부 안락도가 폴크스바겐에 불리하게 작용했다.

표 2.3   가능한 자동차 대안의 평가×가중치

대안	최초 가격[10]		내부 안락도[8]		내구성[5]		수리 기록[5]		성능[3]		핸들링[1]		총점
지프 컴패스	2	20	10	80	8	40	7	35	5	15	5	5	195
포드 포커스	9	90	6	48	5	25	6	30	8	24	6	6	223
현대 엘란트라	8	80	5	40	6	30	6	30	4	12	6	6	198
포드 피에스타 SES	9	90	5	40	6	30	7	35	6	18	5	5	218
폴크스바겐 골프 GTI	5	50	6	48	9	45	10	50	7	21	7	7	221
토요타 프리우스	10	100	5	40	6	30	4	20	3	9	3	3	202
마쯔다 3 MT	4	40	8	64	7	35	6	30	8	24	9	9	202
기아 소울	7	70	6	48	8	40	6	30	5	15	6	6	209
BMW i3	9	90	7	56	6	30	4	20	4	12	7	7	215
닛산 큐브	5	50	8	64	5	25	4	20	10	30	10	10	199
토요타 캠리	6	60	5	40	10	50	10	50	6	18	6	6	224
혼다 피트 스포츠 MT	8	80	6	48	6	30	5	25	7	21	8	8	212

어떻게 최적의 선택을 하는가?

의사결정 단계 6. 이제 최적의 대안을 선택하는 중요한 시간이 되었다. 의사결정 과정과 관련된 모든 요인을 결정했고 요인들에 적절히 가중치를 부여했으며 실행 가능한 대안들을 확인하고 평가했기 때문에 이제 5단계에서 가장 높은 점수의 대안을 선택해야 한다. 앞서 자동차 사례(표 2.3)에서 의사결정자는 토요타 캠리를 선택할 것이다. 확인된 기준들과 각 평가 기준에 부여된 가중치, 기준별 자동차 성능에 대한 의사결정자의 평가를 토대로 토요타가 가장 높은 점수(224점)를 받았기 때문에 최적의 대안이 되었다.

의사결정의 실행 과정에서는 어떤 상황이 발생하는가?

의사결정 단계 7. 비록 선택 과정을 이전 단계에서 완료했을지라도 그 결정을 적절히 실행하지 않는다면 실패하게 될 것이다(7단계). 그러므로 이 단계에서는 의사결정을 행동으로 옮기는 것을 포함한다. **의사결정의 실행**(decision implementation)은 의사결정에 의해 영향을 받는 사람들에게 결정사항을 전달하는 것과 의사결정을 실행에 옮기도록 하는 것이다.[8] 사람들이 의사결정을 잘 실행하기를 바라는가? 의사결정 과정에 참여하게 하라. 이 장의 후반부에서 그룹이 어떻게 경영자를 도울 수 있는지 설명한다.

의사결정 과정의 마지막 단계는 무엇인가?

의사결정 단계 8. 의사결정 과정의 마지막 단계는 선택된 대안이 문제를 해결했는지 여부를 확인하는 것이다. 6단계와 7단계에서 선택된 대안들이 원하는 결과를 달성했는가? 앞서 자동차 사례에서 자동차 구입을 고려하는 고객에게는 원하는 자동차를 구매하는 것이 이에 해당한다. 의사결정 결과에 대한 평가는 경영의 통제 과정의 한 부분으로 14장에서 자세히 다룬다.

의사결정 과정에서 흔히 발생하는 오류는 무엇인가?

경영자는 의사결정을 내릴 때 그 과정을 단순화하기 위해 자신만의 방법을 사용하거나 경험에 근거한 법칙 또는 **휴리스틱**(heuristics, 발견적 해결 방법)을 사용한다.[9] 경험에 근거한 결

의사결정의 실행
의사결정 사항의 이행

휴리스틱
의사결정을 간소화하기 위해 사용하는 판단의 틀 혹은 직관

그림 2.2　일반적인 의사결정 오류와 편견

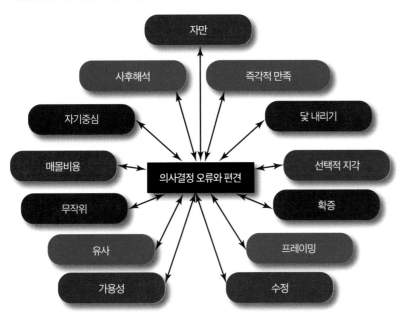

정은 복잡하고 불확실하며 모호한 정보를 이해하는 데 유용하다. 그러나 경영자가 경험에 근거한 법칙을 사용한다는 것이 이 법칙이 신뢰할 수 있음을 의미하는 것은 아니다. 왜 그럴까? 정보를 처리하고 평가하는 과정에서 오류와 편견이 발생할 수 있기 때문이다. 그림 2.2는 경영자가 의사결정을 내릴 때 일반적으로 범하게 되는 13가지 오류와 편견을 보여준다.[10]

의사결정을 내릴 때 당신은 어떤 것에 영향을 받는가?
이러한 편견을 인식해 의사결정에 부정적인 영향을 미치지 않도록 하라.

- 자만적 편견(overconfidence bias)은 의사결정자들이 실제로 자신이 알고 있는 것보다 더 많이 알고 있다고 생각하며 자기 자신과 자신의 행동에 대해 비현실적으로 긍정적인 경우를 뜻한다.
- 즉각적 만족 편견(immediate gratification bias)이란 의사결정자가 즉각적인 보상을 원하면서도 즉각적인 손해는 피하려는 태도를 말한다. 이러한 사람들은 빠른 보상을 제공해주는 결정을 미래의 보상가치보다 선호한다.
- 닻 내리기 효과(anchoring effect)란 의사결정자가 출발점에서 수집한 첫 번째 정보에 집착해 이후에 주어지는 정보들은 받아들이지 않는 태도를 말한다. 첫인상, 첫 번째 아이디어, 공시가, 최초 평가 등의 정보는 중시하고 이후에 주어지는 정보는 부적절하게 평가절하한다.
- 선택적 지각 편견(selective perception bias)은 의사결정자가 자신의 편견에 의존해 선별적으로 정보를 구성하고 해석하려는 태도를 말한다. 이 편견은 중요한 정보, 문제 인식, 대안 개발에 영향을 끼친다.
- 확증 편견(confirmation bias)은 과거의 선택과 부합하는 정보만을 선호하고 과거의 판단과 반대되는 정보의 가치를 낮게 평가하는 행동을 말한다. 이러한 편견을 지닌 사람은 사전에 형성된 고정적 관점에 부합하는 정보만을 액면 그대로 받아들이며, 이 관점과 어긋나

는 정보에는 비판적이고 회의적인 경향이 있다.

- 프레이밍 편견(framing bias)은 의사결정자가 상황의 다른 부분은 배제한 채 특정 부분만을 강조하는 경우이다. 다른 부분들을 경시하고 생략하면서 특정 부분에만 주의를 기울이고 강조하는 것은 자신이 보고 있는 것을 왜곡하고 옳지 못한 관점을 만드는 행동이다.
- 가용성 편견(availability bias)이란 가장 생생한 최근의 사건들만 기억하는 것을 말한다. 이는 객관적 태도를 갖고 상황을 회상해내는 능력을 왜곡해 판단과 예측에 문제가 생긴다.
- 유사 편견(representation bias)은 의사결정자가 한 사건을 판단할 때 다른 사건들과 얼마나 유사한지에 근거해 평가하는 것이다. 유사 편견에 빠지면 자신에게 닥친 상황이 다른 사건과 실제로는 유사하지 않음에도 유사점을 찾고 동일하다고 판단한다.
- 무작위 편견(randomness bias)이란 의사결정자가 우연에 의한 사건에 의도적으로 의미를 부여하는 것을 말한다. 모든 사람에게는 미리 예상할 수 없는 임의의 사건들이 발생한다. 의사결정자들은 이러한 사건을 어떤 원인과 무리하게 결부하려는 경향이 있는데 이러한 우연은 체계적인 설명이 어렵다.
- 매몰비용 오류(sunk cost error)란 현재의 선택이 과거의 결정을 되돌릴 수 없다는 사실을 인정하지 않으려는 오류이다. 이 오류는 미래에 발생할 사건을 고려하기보다는 과거에 들인 시간, 돈, 노력에 집착하기 때문에 발생한다. 매몰비용을 무시하지 못하고 계속 집착하게 되는 것이다.
- 자기중심적 편견(self-serving bias)은 성공을 자신의 명예로 삼고 실패의 요인을 외부에서 찾는 의사결정자들이 빠지기 쉽다.
- 사후해석 편견(hindsight bias)이란 의사결정자가 사건의 결과가 알려진 이후에 자신이 사건의 결과를 정확하게 예측했다고 믿는 것을 말한다.
- 수정 편견(revision bias)은 어떤 대상이나 아이디어가 어떤 식으로든 변화(개정)되었을 때, 그것이 진정으로 더 나은지 여부에 관계없이 실제로 개선되었고 원래보다 낫다고 가정하는 의사결정자들의 경향을 뜻한다.

경영자가 이러한 의사결정 오류와 편견을 어떻게 피할 수 있을까? ❶ 의사결정 오류와 편견의 발생 가능성을 인식하고 피하도록 해야 한다. ❷ 자신이 '어떻게' 의사결정을 내리고 휴리스틱을 사용하는지 파악하고 이를 비판적으로 평가해야 한다. ❸ 자신의 의사결정 스타일의 약점을 파악하기 위해 동료들에게 도움을 청한다. 약점을 알았다면 개선 방안을 찾도록 노력해야 한다.

경영자가 의사결정에 적용할 수 있는 세 가지 접근법은 무엇인가?

2-2 경영자가 의사결정을 하는 세 가지 접근법을 설명한다.

의사결정은 경영의 핵심이다.[11]

- 조직의 모든 사람이 의사결정을 내리지만 경영자의 의사결정은 특히 중요하다.

- 경영자는 <u>의사결정을 한다.</u> 대부분이 일상적인 것인데 이를테면 어떤 종업원이 어느 작업팀에서 일할지, 보고서에 어떤 정보가 담겨야 하는지, 고객의 불만을 어떻게 해결할지 등 **계획**하고 **조직**하고 **지휘**하고 **통제**하는 것과 관련된 결정을 내려야 한다.

그림 2.3 경영자가 내리는 의사결정

계획하기	지휘하기
■ 조직의 장기 목표는 무엇인가?	■ 동기가 낮은 직원들을 어떻게 다루어야 하는가?
■ 장기 목표를 달성하기 위한 최고의 전략은 무엇인가?	■ 주어진 상황에서 가장 효과적인 리더십 스타일은 무엇인가?
■ 조직의 단기 목표는 무엇이어야 하는가?	■ 특정 변화가 어떻게 직원 생산성에 영향을 미칠 것인가?
■ 개인 목표는 얼마나 도전적이어야 하는가?	■ 갈등을 자극해야 할 적절한 시기는 언제인가?
조직하기	**통제하기**
■ 어떤 사람들이 직접 나에게 보고하도록 해야 하는가?	■ 조직 내에서 어떤 행동들이 통제되어야 하는가?
■ 조직 안에서 얼마나 많은 의사결정이 중앙집중화되어야 하는가?	■ 이 행동들은 어떻게 통제되어야 하는가?
■ 업무는 어떻게 설계되어야 하는가?	■ 성과의 편차가 클 때는 언제인가?
■ 언제 조직 구조를 변경해야 하는가?	■ 어떤 경영정보시스템을 갖춰야 하는가?

McCarony/Fotolia

출처: Robbins, Stephen P., Coulter, Mary, *Management*, 13th Ed., © 2016, p. 45. Reprinted and electronically reproduced by permission of Pearson Education, Inc., New York, NY.

- 경영자는 유능한 의사결정자가 되기를 바라며 좋은 의사결정 행동을 보여주려 하기 때문에 상사, 종업원, 동료에게 **유능**하고 **지적**인 것처럼 보인다.

다음은 경영자가 의사결정을 하는 데 사용하는 세 가지 접근법이다.

1 합리성 모델

- 이 접근법은 의사결정자 모두가 합리적이라고 가정한다.[12] 어떻게 그럴 수 있는가? **합리적 의사결정**(rational decision making)을 활용함으로써 가능하다고 본다. 즉 가치를 극대화하기 위해 논리와 일관성을 유지하는 것이다.[13]

합리적 의사결정
특정한 제약 조건하에서 일관성 있고 가치를 극대화하는 선택을 말함

이론의 주장		현실의 상태
목적 지향적이고 논리적이다.	──────►	문제가 완전히 명확하고 모호하지 않을 수 있는가?
문제가 명확하고 모호하지 않다.	──────►	완전히 목적 지향적이고 논리적인가?
의사결정의 목적이 명확하고 구체적이다.	──────►	목적이 정말 명확하고 구체적일 수 있는가?
모든 가능한 대안과 결과를 알 수 있다.	──────►	모든 가능한 대안과 결과를 미리 알 수 있는가?
선택한 대안은 목표를 달성할 가능성을 극대화한다.	──────►	어느 대안이 정말 목표 달성을 극대화할지 알 수 있는가?
조직의 이해를 최대한으로 반영한다.	──────►	경영자는 물론 그래야 하지만 통제할 수 없는 요인에 직면할 수 있다.

합리성은 명확성, 객관성, 논리성, 완전한 지식에 기초하고 있지만, 정말 현실적이지 않은 접근법이다.

2

제한된 합리성 모델

- **제한된 합리성**(bounded rationality): 경영자는 합리적 결정을 하려 하지만 정보를 처리하는 능력이 제한되어 있다.[14]

- 경영자가 하는 대부분의 의사결정은 완전한 합리성의 가정을 충족하지 못한다.

- 어느 누구도 모든 정보와 대안을 완전히 분석할 수 없다.

- **만족화**(satisfice), 즉 상당히 좋은 대안이 있으면 받아들여라. 최선의 대안을 찾으려고 자원과 시간을 지나치게 낭비하지 말라.

예: 재무를 전공하고 졸업한 당신은 재무설계사 일자리를 찾고 있다. 일자리는 최소 55,000달러의 연봉과 집에서 160km 이내에 있어야 한다. 일자리를 알아본 결과 은행의 신용 분석 업무를 찾았는데 집에서 80km 거리에 연봉은 53,000달러였다. 적합한 일자리라고 생각했다. 그러나 만약 당신이 계속해서 더 좋은 일자리를 찾고자 가능한 모든 대안을 검색한다면 신탁회사의 재무설계사 일을 찾을 수 있을 것이다. 그 일자리는 집에서 40km 거리에 있으며, 연봉이 59,000달러이다. 그러나 처음 일자리도 '충분히 좋은', 만족할 만한 일자리다. 첫 번째 일자리 찾는 것에서 멈춘다 하더라도 당신은 여전히 합리적이다. 당신의 정보 처리 능력 범위 내에서 합리적이면 된다.

> **제한된 합리성**
> 정보를 처리하는 경영자의 능력에는 한계가 있지만, 최대한 합리적으로 의사결정을 내리는 것
>
> **만족화**
> '만족할 만한' 대안을 해결안으로 받아들이는 것

누가: 의사결정 연구로 노벨 경제학상을 받은 허버트 사이먼(Herbert A. Simon)은 주로 사람들이 어떻게 논리와 심리를 활용해 선택을 하는지를 연구했다.

무엇을: 사람들이 '현재를 이해하고 미래를 예측하는' 능력은 제한되어 있는데 이러한 제한된 합리성 때문에 '가능한 최적의 결정을 하는 것'은 비현실적이라고 그는 주장한다. 그러므로 사람들은 '만족하기에 충분한' 혹은 '최소한의 필요조건을 충족하는' 선택을 한다.[15]

어떻게: 사이먼이 경영 이론에 기여한 바는 조직을 하나의 복잡한 의사결정 네트워크로 보았다는 점이다.

> 대안이 너무 많으면 우리는 만족할 만한 대안을 선택한다.

왜: 제한된 합리성에 관한 그의 연구는 경영자들이 합리적으로 행동하면서도 결국 만족할 만한 해결안밖에는 내지 못하는 현상을 잘 설명하고 있다. 이는 경영자의 정보 처리 능력이 제한되어 있기 때문이다.

토의문제

1 만족할 만한 대안이란 결과적으로 차선책에 불과한 것인가? 논의하라.

2 제한된 합리성을 인정하면 경영자가 더 나은 의사결정을 할 때 어떤 도움이 되는가?

- 대부분의 경영 의사결정은 완전한 합리성의 가정을 충족하지 못한다. 오히려 (1) 조직 문화, (2) 내부 정치, (3) 정치적 사항, (4) 현상에 따라 영향을 받는다.

점진적 집착(escalation of commitment): 잘못된 결정이라는 증거가 있음에도 불구하고 이전의 잘못된 결정을 고집하는 현상[16]

- 경영자 혹은 어느 누구라도 잘못된 의사결정에 집착하는 이유는 무엇인가?

  – 최초의 의사결정이 잘못되었다는 것을 인정하기 싫다.

  – 새로운 대안을 또다시 찾고 싶지 않다.

    제한된 합리성은 경영자가 대안에 대한 정보를 처리할 수 있는 능력 내에서 합리적이기 때문에 보다 현실적인 접근 방식이다.

3

직관 및 경영 의사결정

이탈리아 명품 구두 브랜드인 토즈(Tod's)의 대표이사 디에고 델라 발레(Diego Della Valle)는 포커스 그룹 혹은 설문조사 등과 같은 일반적인 의사결정 수단을 활용하지 않는다. 그는 며칠간 구두를 직접 신어본다. 그 이후에 마음에 들지 않으면 최종 판단을 한다.

"아니야, 안 되겠어." 그가 활용하는 **직관적 의사결정**(intuitive decision-making) 방식은 토즈가 세계적인 구두 회사로 성장하는 데 도움을 주었다.[17]

Smalik/Fotolia

- 이 접근법은 경험이나 감정, 축적된 판단 능력에 근거해 의사결정을 하는 것이다.

  – '무의식적 논리성'이라 불린다.[18]

  – 직관에는 다섯 가지 특성이 있다(그림 2.4 참조).[19]

  경영자의 절반 정도는 기업과 관련된 의사결정을 내릴 때 공식적인 분석보다 직관에 더 의존한다.[20]

그림 2.4 직관이란?

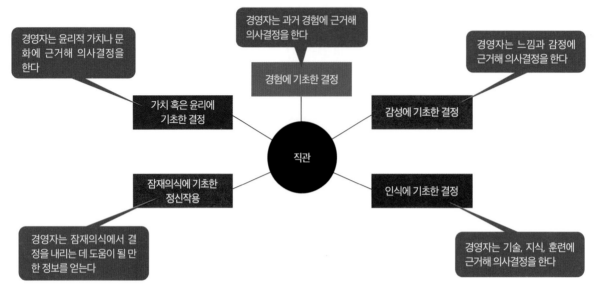

가치 혹은 윤리에 기초한 결정
경영자는 윤리적 가치나 문화에 근거해 의사결정을 한다

경험에 기초한 결정
경영자는 과거 경험에 근거해 의사결정을 한다

감성에 기초한 결정
경영자는 느낌과 감정에 근거해 의사결정을 한다

직관

잠재의식에 기초한 정신작용
경영자는 잠재의식에서 결정을 내리는 데 도움이 될 만한 정보를 얻는다

인식에 기초한 결정
경영자는 기술, 지식, 훈련에 근거해 의사결정을 한다

출처: J. Evans, "Intuition and Reasoning: A Dual-Process Perspective," *Psychological Inquiry*, October-December 2010, pp. 313–26; T. Betsch and A. Blockner, "Intuition in Judgment and Decision Making: Extensive Thinking Without Effort," *Psychological Inquiry*, October-December 2010, pp. 279–94; R. Lange and J. Houran, "A Transliminal View of Intuitions in the Workplace," *North American Journal of Psychology*, 12, no. 3 (2010), pp. 501–16; E. Dane and M. G. Pratt, "Exploring Intuition and Its Role in Managerial Decision Making," *Academy of Management Review*, January 2007, pp. 33–54; M. H. Bazerman and D. Chugh, "Decisions without Blinders," *Harvard Business Review*, January 2006, pp. 88–97; C. C. Miller and R. D. Ireland, "Intuition in Strategic Decision Making: Friend or Foe in the Fast-Paced 21st Century," *Academy of Management Executive*, February 2005, pp. 19–30; E. Sadler-Smith and E. Shefy, "The Intuitive Executive: Understanding and Applying 'Gut Feel' in Decision-Making," *Academy of Management Executive*, November 2004, pp. 76–91; and L. A. Burke and M. K. Miller, "Taking the Mystery Out of Intuitive Decision Making," *Academy of Management Executive*, October 1999, pp. 91–99.

- 직관적인 의사결정은 다음 제안을 따를 때 경영자에게 유용할 수 있다.

  – 다른 의사결정을 보완하는 방법으로 활용하라. 직관적 의사결정만을 전적으로 사용하지 말라.[21]

  – 정보가 제한되어 있을 때는 과거에 유사한 문제를 경험했는지 살펴보라.

  – 의사결정을 내릴 때 떠오르는 강한 감정과 이전에 경험했던 감정에 주의를 기울여라. 더 좋은 결정을 할 수도 있다.[22]

오늘날 직장에서의 경영 기술

기술을 활용해 더 좋은 결정을 내리기

정보 기술은 경영자의 의사결정에 도움을 준다.[23] 전문가 시스템(expert system)과 신경망(neural network)은 의사결정 도구이다.

전문가 시스템

- 소프트웨어를 이용해 전문가의 경험을 기록한다.
- 전문가가 비구조화된 문제를 분석하고 해결하는 방식을 알려준다.
- 상황과 관련된 문제점을 순차적으로 질문하고 답변에 기초해 결론을 이끌어낸다.
- 전문가의 실제 논리 과정을 모델화해 프로그램된 규칙에 따라 의사결정을 내리도록 함으로써 의사결정을 용이하게 만든다.
- 하위 경영층이라도 상위 경영층이 내리는 질 높은 의사결정이 가능하도록 도와준다.

신경망

- 컴퓨터 소프트웨어를 이용해 뇌세포 구조와 세포들의 연결을 모방한다.

- 인간의 미묘하고 복잡한 패턴 및 트렌드를 분별하게 한다.
- 수많은 변수 간의 상관성을 감지할 수 있다. 이는 한 번에 2~3개의 변수 간 관계만을 감지할 수 있는 인간 두뇌의 한계를 뛰어넘는 것이다.
- 많은 과정을 동시에 다룰 수 있게 한다. 패턴을 알아내고 서로 연계하며 이전에 경험하지 못한 문제점을 파악해 경험으로부터 학습하게 한다.
- 예: 신경망 시스템을 활용하는 은행은 신용카드를 사용한 시간으로 범죄 활동을 잡아낼 수 있다.

토의문제

3 경영자가 의사결정을 내릴 때 정보 과잉이 되는 경우가 흔한가? 설명해보라.

4 기술이 어떻게 경영자의 더 나은 의사결정을 도울 수 있는가?

의사결정의 유형과 경영자가 의사결정을 내리는 조건은 무엇인가?

2-3 의사결정의 유형과 경영자가 의사결정을 하는 조건을 설명한다.

로라 입센(Laura Ipsen)은 시스코 시스템스의 사업단위인 스마트 그리드의 선임 부사장 겸 총괄 책임자이다. 그녀는 공공기업이 개방형 연결 시스템(open, interconnected systems)을 구축하도록 돕는 업무를 하고 있다. 그녀는 자신의 업무를 '1,000개의 퍼즐조각을 맞추어야 하는데 완성된 모습을 모르고, 일부 조각이 사라져 버린 상태와 같은 상황'이라고 설명한다.[24] 이러한 유형의 환경에서 내리는 의사결정은 지역의 갭(Gap) 매장 관리자가 수행하는 의사결정과는 매우 다르다.

경영자가 의사결정 상황에서 다루어야 할 문제 유형은 그 문제를 다루는 방식에 영향을 미친다. 이 절에서는 문제 및 의사결정의 유형을 구분하고, 경영자가 사용하는 의사결정의 유형이 문제의 특성을 반영하는 방법을 살펴본다.

문제의 유형을 어떻게 분류할 수 있는가?

일부 문제는 단순하다. 의사결정자의 목표가 분명하고 익숙하며 문제에 대한 정보가 쉽게 정의될 수 있는 경우이다. 이를테면 배달 지연을 일으킨 공급업체, 인터넷으로 구매한 물품을 반품하려는 고객, 예상하지 못했던 사건을 신속히 보도해야 하는 뉴스 방송팀, 장학금을 신청한 학생을 지원해주어야 하는 대학이 이러한 상황에 속한다. 위와 같은 상황은 문제가 구조화되어 있다[**구조화된 문제**(structured problem)]고 할 수 있다.

그러나 경영자가 직면하게 되는 많은 상황은 문제가 비구조화되어 있다[**비구조화된 문제**(unstructured problem)]. 문제는 이전에 없었던 비일상적인 것들이며, 문제에 대한 정보가 모호하거나 불완전하다. 예를 들어 새로운 시장에 진입하거나 새로운 사무용 공원을 설계하기 위해 건축가를 고용하는 것, 두 조직을 합병하기 위한 결정, 검증되지 않은 기술에 투자하는 결정 등이 비구조화된 문제에 해당한다. 이데자와 다케시(出澤剛)가 모바일 메시징 앱인 라인(LINE)을 설립했을 때 그는 비구조화된 문제들을 해결해야만 했다.[25]

경영자는 어떻게 정형화된 의사결정을 하는가?

문제의 유형을 2개의 범주로 나눌 수 있는 것처럼 의사결정도 정형화된 의사결정과 비정형화된 의사결정(다음 장에서 언급함)으로 구분할 수 있다. **정형화된**(혹은 일상적) **의사결정**(programmed decision)은 구조화된 문제를 해결하는 가장 효율적인 방법이다.

자동차 수리공이 타이어를 교체하면서 고객의 자동차 바퀴에 손상을 입혔다고 가정해보자. 경영자는 어떻게 해야 할까? 기업은 이런 유형의 문제를 해결하기 위한 표준화된 방법이 있기 때문에 정형화된 의사결정을 할 수 있다. 예를 들어 경영자는 기업 비용으로 손상된 바퀴를 교체해줄 수 있다. 의사결정의 정형화 수준은 (1) 의사결정이 반복적이고 일상적인 정도와 (2) 기존에 어떤 특별한 접근 방법이 적용되었는지에 달려 있다. 문제가 잘 구조화되어 있다면 경영자는 어려움에 빠지지 않고 관련된 의사결정 과정의 문제와 비용을 해결할 수 있다. 정형화된 의사결정은 비교적 간단하며 이전의 해결책에 상당히 의존하는 경향이 있다. 의사결정 과정에서 대안 개발의 단계는 중요하게 여겨지지 않는다. 왜 그럴까? 일단 구조화된 문제가 정의되면 그 해결책은 대개 자명하거나 친숙하거나 과거에 성공한 몇 가지 대안으로 축소될 수 있

점진적 집착
잘못된 결정이라는 증거가 있음에도 불구하고 이전의 잘못된 결정을 고집하는 현상

직관적 의사결정
경험이나 감정, 축적된 판단 능력에 근거해 의사결정을 하는 것

구조화된 문제
직접적이고 친숙하며 쉽게 정의되는 문제

비구조화된 문제
정보가 모호하거나 완전하지 않아 새롭거나 친숙하지 않은 문제

정형화된 의사결정
일상적 접근으로 해결할 수 있는 반복적 의사결정

절차
잘 구조화된 문제에 대응하기 위해 마련된, 일련의 상호 관련된 순차적인 조치들

규정
종업원들이 해야 하는 것과 해서는 안 되는 것을 서술한 문서

정책
의사결정의 가이드라인

비정형화된 의사결정
특별하고 돌발적인 문제를 해결하기 위한 의사결정

기 때문이다. 정형화된 의사결정은 대부분 선례에 따라 이루어진다. 경영자는 자신과 다른 사람들이 이전에 동일한 상황에서 했던 대로 반복할 뿐이다. 손상된 바퀴는 경영자에게 의사결정의 기준을 찾고 기준에 가중치를 부여하거나 가능한 대안의 긴 목록을 만들도록 요구하지 않는다. 오히려 문제 해결을 위해 체계적인 절차, 규정 또는 정책에 의존한다.

정형화된 의사결정에 대해서 다음을 활용하라.
- 절차   - 규정   - 정책

절차　절차(procedure)는 구조화된 문제를 해결하기 위해 필요한 일련의 상호 관련된 순차적인 단계이다. 유일한 어려움은 문제가 어디에서 발생했는지를 알아내는 것이다. 일단 문제가 명확해지면 절차도 분명해진다. 예를 들어 구매 담당자가 노턴 안티바이러스 소프트웨어 250개를 설치하고자 라이선싱이 필요하다는 전산 부서의 요청을 받았다고 하자. 구매 담당자는 이 의사결정에 분명한 절차가 있음을 알고 있다. 구매 요구서가 제대로 작성되고 승인 과정은 거쳤을까? 그렇지 않다면 담당자는 어떤 내용이 빠졌는지 메모를 첨부해 구매 요구서를 되돌려 보내야 한다. 구매 요구서가 완벽하다면 대략적인 비용을 산정한다. 만일 총비용이 8,500달러를 넘는다면 3명의 입찰 후보가 있어야 한다. 총비용이 8,500달러 이하일 경우에는 오직 1명의 공급자만 있더라도 주문이 이루어진다. 이런 의사결정 과정은 간단한 일련의 순차적인 단계일 뿐이다.

규정　규정(rule)은 종업원이 해야 하는 것과 해서는 안 되는 것에 대해 경영자가 규정해 놓은 것이다. 규정은 통상적으로 간단하고 일관성 있는 것이기 때문에 구조화된 문제를 해결할 때 경영자가 사용할 수 있다. 앞서 언급한 예에서 8,500달러의 구매 규정은 구매 담당자가 다수의 입찰을 해야 할 경우 지켜야 할 규정이다.

정책　정형화된 의사결정을 하기 위한 세 번째 가이드는 **정책**(policy)이다. 정책은 특정 방향으로 경영자가 사고하도록 하는 가이드라인이다. "우리는 가능하다면 언제든지 조직 내부에서 승진을 시킨다"는 말은 정책의 한 예이다. 규정과 비교한다면 정책은 해야 하는 것과 해서는 안 되는 것을 구체적으로 언급하기보다 의사결정자에게 한계나 범위를 정해준다. 의사결정자의 자의적 해석 범위를 남겨주는 것이다. 윤리적 기준을 적용하는 것도 이와 같은 경우에 해당한다.

비정형화된 의사결정은 정형화된 의사결정과 어떻게 다른가?

문제가 비정형화되어 있으면 경영자는 특별한 해법을 개발하기 위해 **비정형화된 의사결정**(nonprogrammed decision)을 할 수밖에 없다. 비정형화된 의사결정의 예로는 다른 조직 인수 여부에 대한 의사결정, 가장 잠재력이 있는 세계 시

연회장의 케이터링 매니저는 정형화된 의사결정을 할 때 절차, 규정 및 정책을 사용한다. 이러한 지침은 일상 업무를 효율적으로 수행하고 식품 안전 및 규정을 준수하며 일관된 고객 서비스를 제공하는 데 도움이 된다.

SeventyFour/Shutterstock

장이 어디인지에 대한 의사결정, 수익이 나지 않는 사업부 매각 여부 등이 있다. 이런 결정들은 특별하며 비반복적이다. 경영자가 비구조화된 문제에 직면했을 때 사용할 수 있는 준비된 해법은 없다. 상황별로 비정형화된 반응이 요구된다.

새로운 조직 전략의 수립은 비정형화된 의사결정이다. 이런 의사결정은 새로운 문제이기 때문에 기존의 의사결정과는 다르다. 즉 새로운 환경 요인이 존재하고 조건이 변화되었다. 예를 들어 아마존의 '신속히 규모를 증가시키는(get big fast)' 전략은 기업을 크게 성장시켰다. 그러나 이 전략은 막대한 비용과 심각한 금전적 손실을 감수해야 한다. 수익이 나기까지 아마존 CEO인 제프 베이조스(Jeff Bezos)는 주문을 분류하고 수요를 예측하고 보다 효율적인 배송과 해외 협력업체와의 관계에 관한 의사결정뿐만 아니라 판매자가 자신의 책을 아마존에 판매하도록 시장을 개방하는 것에 관한 의사결정을 내려야 했다. 그 결과 아마존은 설립 이후 처음으로 이익을 기록했다.

문제의 유형, 의사결정의 유형, 조직 수준 등을 어떻게 연관지을 수 있는가?

그림 2.5는 문제의 유형, 의사결정의 유형, 조직 수준 간의 관계를 설명하고 있다. 구조화된 문제라면 정형화된 의사결정을, 비구조화된 문제라면 비정형화된 의사결정을 사용해야 한다. 하위경영자는 대체로 익숙하고 반복적인 문제들을 다루기 때문에 일반적으로 표준 운영 절차와 같은 정형화된 의사결정에 의존한다. 그러나 조직의 위계 수준이 높아질수록 경영자가 다루는 문제들은 비구조화될 가능성이 높다. 왜 그런가? 하위경영자는 일상적인 의사결정을 하고, 특별하고 어려운 의사결정은 상위 경영자에게 넘기기 때문이다. 마찬가지로 상위 경영자도 중요한 문제에 시간을 더 투자하기 위해 일상적인 의사결정은 부하직원들에게 넘긴다.

경영 의사결정: 현실세계 속에서 필요한 조언

- 경영 의사결정은 완전히 정형화되거나 완전히 비정형화되지 않는다. 대부분은 이 둘 사이에 있다.
- 최고경영진이 다루는 대부분의 문제는 독특한 것들이다. 즉 비정형화된 문제들이다.
- 정형화된 의사결정 절차는 비정형화된 의사결정이 필요한 상황에서도 도움이 되는 경우가 있다.
- 최상위 경영자는 종종 하위경영자에게 지침이 될 정책, 표준 운영 절차 및 규정 – 정형화된 의사결정을 위한 – 을 제시해 비용과 기타 운영 활동을 통제한다.
- 정형화된 의사결정 절차는 조직의 효율성을 촉진할 수 있다. 그래서 이러한 절차가 많아지는 것이다.
- 정형화된 의사결정은 경영자의 자유 재량권을 최소화한다.
- 자유 재량권 – 완전히 담당자의 판단에 맡기는 능력 – 은 비용을 동반한다. 왜냐하면 자질 있는 경영자는 흔하지 않고 가치 있는 경영자는 급여가 높기 때문이다.
- 일부 정형화된 의사결정도 개인의 판단이 필요할 수 있다.

그림 2.5 문제의 유형, 의사결정의 유형, 조직 수준

경영자는 어떤 상황에서 의사결정을 하는가?

의사결정을 할 때 경영자는 확실성, 위험, 불확실성이라는 세 가지 상황적 조건을 접하게 된다. 각각의 상황이 가진 특징을 살펴보자.

의사결정에 가장 이상적인 조건은 **확실성**(certainty)이 높을 때다. 이러한 상황에서 경영자는 모든 대안의 결과를 알고 있기 때문에 정확한 결정을 할 수 있다. 예를 들어보자. 사우스다코타주의 재무장관이 여유 자금을 어느 은행에 예치할지 결정할 때, 각 은행이 제시하는 이자율과 투자한 자금으로부터 얻을 수 있는 금액을 정확히 알고 있다면 각 대안의 결과에 대해 확신할 수 있다. 그러나 대부분의 경영 의사결정들은 이렇지 않다.

더 일반적인 상황은 **위험**(risk)이 존재하는 상황으로 의사결정자는 특정 결과의 확률만을 예측할 수 있다. 위험에 처한 경영자는 과거의 개인적 경험이나 자료를 사용해 다양한 대안의 결과를 확률적으로 예측해야 한다.

만약 결과를 확신할 수 없고 합리적인 확률 추정을 할 수 없다면 어떠한가? 이러한 상황이 **불확실성**(uncertainty)이 높을 때다. 경영자는 불확실성이 높은 상황에서 의사결정을 해야 한다. 이러한 상황에서 대안의 선택은 한정된 정보와 의사결정자의 심리적 경향성에 영향을 받는다.

집단은 어떻게 의사결정을 내리는가?

2-4 집단 의사결정을 설명한다.

 아마존에서 작업집단은 흔한 조직이다. CEO이자 설립자인 제프 베이조스는 '피자 2판의 철학'을 주장한다. 이는 팀원의 수는 피자 2판이면 충분할 정도로 적어야 한다는 것이다.[26]

경영자가 집단으로 의사결정을 내리는 경우가 많을까? 아마 그렇다고 말할 수 있을 것이다. 조직 내 많은 의사결정, 특히 조직 활동과 종업원에게 광범위한 영향을 미치는 의사결정은 일반적으로 집단으로 이루어진다. 의사결정의 수단으로 위원회, TF팀, 검토위원, 작업팀, 혹은 이와 유사한 집단을 활용하지 않는 조직은 거의 없다. 왜 그런가? 이들 집단이 의사결정에 의해 가장 많은 영향을 받게 될 사람들이기 때문이다. 또한 해당 분야의 전문성을 가지고 있기 때문에 자신에게 영향을 미칠 의사결정에 참여할 적합한 자격을 갖춘 사람들이다.

연구에 의하면 경영자는 회의에 많은 시간을 할애하고 있다. 의심의 여지없이 문제를 정의하고, 문제의 해결책을 찾고, 해결책을 실행하기 위한 수단을 결정하는 데 많은 시간이 소요될 것이다. 실제로 집단 의사결정은 의사결정의 8단계 중 어느 단계에서도 활용될 수 있다.

집단 의사결정의 장점과 단점은 무엇인가?

의사결정은 개인별 혹은 집단별로 이루어질 수 있다. 개인 및 집단 의사결정은 각각 장점과 단점이 있다. 모든 상황에 이상적인 것은 없다.

집단사고
집단의 모두가 동의하는 것처럼 보이기 위해 개인의 반하는 의견을 보류하도록 광범위한 압력을 가하는 경우

집단 의사결정의 장점

- 보다 완전한 정보를 제공한다.[27]
- 의사결정 과정에서 경험과 관점의 다양성이 존재한다.[28]
- 특히 집단 구성원들이 서로 다른 전문분야를 대표할 때 정보의 양과 다양성이 증가함에 따라 더 많은 대안을 생성할 수 있다.
- 의사결정에 영향을 받게 될 사람이나 의사결정을 실행하는 데 도움을 줄 사람을 결정에 참여시키면 해결안의 수용성이 높아진다.[29]
- 합법성을 증가시킨다. 집단 의사결정 과정은 민주주의의 이상과 부합한다. 집단에 의해 이루어지는 의사결정은 한 사람에 의해 이루어지는 의사결정보다 더 합법적으로 인식될 수 있다. 한 사람에 의한 의사결정은 독재적이고 자의적이라 할 수 있다.

집단 의사결정의 단점

- 시간이 지연된다 — 집단을 만들고 의사결정에 참여시켜야 하기 때문이다.
- 집단의 구성원들이 동일한 권한이 없을 경우 소수자에 의한 지배는 부당하게 최종 의사결정에 영향을 미칠 수 있다. 구성원들은 지위, 경험, 문제에 대한 지식, 다른 구성원에 대한 영향력, 소통 기술, 표현력에서 차이가 있을 수 있다.[30]
- 책임 소재의 불명확성. 집단 구성원들이 서로 책임을 공유한다지만 최종 결과에 대한 책임은 실제로 누가 질 것인가?[31] 개인에 의한 결정은 책임 소재를 명확하게 하지만 집단에 의한 결정은 그렇지 않다.
- 동의에 대한 압력. 집단이 합의한 것과 다른 의견을 가지고 있지만 침묵했던 경험이 있는가? 많은 사람들이 유사한 경험을 했을 것이다. 이것이 바로 어빙 재니스(Irving Janis)가 **집단사고**(groupthink)라고 불렀던 것이다. 이는 복종의 한 형태로서 집단 구성원들이 동의의 모습을 하고 있지만 실제로는 다른, 소수의, 인기 없는 의견을 숨기고 있는 현상을 말한다.[32]

집단사고의 비극

<u>집단사고의 결과</u>: 의사결정을 방해하고 좋은 의사결정을 못하게 할 수 있다.

- 집단 내 비판적 사고를 제약한다.
- 대안에 대한 객관적 평가 능력을 약화시킨다.
- 구성원들이 소수의견, 통상적이지 않은 의견, 인기 없는 관점을 비판적으로 평가하지 못하게 한다.

<u>집단사고가 발생하는 징후</u>: 다음 사항을 눈여겨보라.

- 집단 구성원이 가정에 대한 저항을 합리화한다.
- 집단 구성원이 다수의 의견과 주장에 의문을 제기하는 사람에게 직접적인 압력을 가한다.
- 다른 의견이나 관점을 가진 구성원이 집단적 합의에서 벗어나지 않으려 한다.

- 만장일치라는 허상을 가지고 있다. 아무도 말하지 않으면 완전한 동의가 이루어졌
  다고 가정한다.

집단사고를 최소화하는 방법

- 집단 응집력을 높인다.
- 개방된 토의를 권장한다.
- 모든 구성원으로부터 의견을 구하는 공정한 리더를 세운다.[33]

집단은 언제 가장 효과적인가?

집단이 개인보다 효과적인지 여부는 효과성을 정의하는 기준, 예를 들어 정확성, 속도, 창의성, 수용성 등과 같은 기준에 달려 있다. 집단 의사결정은 정확도가 높은 경향이 있다. 비록 집단사고가 발생한다 할지라도 일반적으로 집단은 개인보다 나은 의사결정을 하는 경향이 있다.[34] 그러나 만일 의사결정의 효과성이 속도에 있다면, 개인이 더 나을 것이다. 창의성이 중요하다면 집단이 개인보다 더 효과적이다. 효과성이 최종 해결책에 대한 수용성에 있다면 집단이 정답이다.

집단 의사결정의 효과성은 집단 규모에 의해서도 영향을 받는다. 집단이 클수록 조직 내에서 이질성이 드러날 기회가 점점 더 증가한다. 반면에 규모가 큰 집단은 모든 집단 구성원이 집단 의사결정에 참여하도록 하기 위해 조정 과정에 시간이 더 많이 필요하게 된다. 즉 집단이 너무 커서는 안 된다—최소 5명에서 최대 15명 정도가 가장 좋다. 5~7명으로 이루어진 집단이 가장 효과적이다(아마존의 '피자 2판'의 규칙을 생각해보라). 5와 7이 홀수이기 때문에 의사결정 교착 상태를 피할 수 있다. 효과성 평가와 함께 효율성 평가도 고려해야 한다. 집단은 대개 개인 의사결정에 비해 효율성 면에서는 불충분하다. 대부분의 집단 의사결정이 개인 의사결정보다 더 많은 시간을 소모하기 때문이다.

집단과 개인의 의사결정에 대한 결론: 효과성의 증가가 효율성의 손실을 충분히 상쇄하는가?

어떻게 집단 의사결정을 개선할 수 있는가?

보다 창의적으로 집단 의사결정을 내릴 수 있는 세 가지 방법에는 (1) 브레인스토밍, (2) 명목집단기법, (3) 전자회의가 있다.

브레인스토밍이란 무엇인가? 브레인스토밍(brainstorming)은 창의적인 대안 개발을 저해하는 동의의 압력을 극복하기 위해 활용하는 간단한 기법이다.[35] 브레인스토밍은 제시된 대안들에 어떤 비판도 자제하고 모든 대안을 장려하는 아이디어 생성 과정이다. 전형적인 브레인스토밍 회의에서는 6명 정도가 테이블에 둘러앉는다. 물론 정보 기술은 장소에 상관없이 이런 회의를 가능케 하고 있다. 집단 리더는 모든 참석자가 이해할 수 있도록 분명하게 문제를 정의한다. 이후 구성원들은 주어진 시간 내에 가능한 많은 대안을 자유롭게 개진한다. 어떤 비판도 허용되지 않고 모든 대안은 이후에 이루어질 토론과 분석을 위해 기록한다.[36] 그리고 당연히 브레인스토밍을 할 때 집단 파괴적인 행동은 피해야 한다.[37] (9장에서는 집단 역학에 대해 자세히 알아볼 것이다.)

브레인스토밍
비판을 자제하면서 대안을 내도록 하는 아이디어 생성 과정

명목집단기법
집단 구성원이 회의에 참석하지만 각자 독립적으로 행동하게 하는 의사결정기법

전자회의
참가자가 컴퓨터로 연결되어 의사결정을 하는 명목집단기법의 한 형태

명목집단기법은 어떻게 작동하는가?　**명목집단기법**(nominal group technique)은 의사결정 과정 동안 토론을 제한하되 가장 선호하는 해결안을 발견하는 과정이다.[38] 집단 구성원은 전통적인 위원회처럼 회의에 참석하지만 독립적으로 행동해야 한다. 구성원은 무기명으로 문제의 리스트를 적거나 혹은 문제에 대한 잠재적인 해결책들을 기록한다. 이 기법의 가장 큰 장점은 집단 구성원이 공식적으로 만나서 회의를 하지만 전통적인 상호작용 집단에서와 같이 독립적인 사고를 제한하거나 집단 사고로 이어지지 않는다는 점이다.[39]

전자회의가 어떻게 집단 의사결정을 촉진할 수 있는가?　집단 의사결정의 또 다른 방법은 명목집단기법과 정보 기술을 조화시키는 것으로 **전자회의**(electronic meeting)가 있다.

일단 회의를 위한 기술이 갖추어지면 그 개념은 단순하다. 많은 사람이 노트북이나 태블릿을 지참하고 테이블 주위에 앉는다. 참가자에게 이슈들이 제시되고 참가자는 자신의 컴퓨터에 의견을 입력한다. 참가자의 개별 의견과 투표 결과는 회의실의 빔프로젝트 스크린에 나타난다.

전자회의의 장점은 익명성, 정직성, 속도이다.[40] 참가자는 익명으로 자신이 원하는 내용을 입력할 수 있고 입력 즉시 모든 사람이 볼 수 있도록 스크린에 나타난다. 이는 참가자들로 하여금 눈치 볼 필요 없이 솔직하게 의견을 제시할 수 있게 한다. 회의는 신속히 진행되는데 예를 들어 잡담이 사라지고, 토론이 주제에서 벗어나지 않으며, 많은 참가자가 다른 사람을 방해하지 않고 한 번에 의견을 낼 수 있다.

전자회의는 함께 앉아 얼굴을 맞대고 하는 전통적 회의보다 훨씬 빠르고 효과적이다.[41] 예를 들어 네슬레는 내부 회의, 특히 글로벌 회의에서 전자회의를 지속적으로 활용하고 있다.[42] 그러나 다른 유형의 집단 활동과 마찬가지로 전자회의도 몇 가지 단점이 있다. 빠르게 컴퓨터 자판을 치는 사람들이 달변가나 타자 실력이 떨어지는 사람보다 빛을 발할 수 있다. 최고의 아이디어를 가진 사람이라도 자판에 익숙하지 않으면 자신의 아이디어를 충분히 인정받을 수 없다. 또한 전자회의로 의사결정을 하는 과정은 대면적 소통을 하는 경우에 비해 정보의 풍부함이 떨어진다. 그러나 기술이 점차 개발됨에 따라 집단 의사결정에 전자회의가 확대 적용될 것이다.[43]

전자회의의 변형된 형태 중 하나가 화상회의다. 서로 다른 장소를 미디어로 연결함으로써 수천 킬로미터 떨어진 곳에서도 얼굴을 보며 회의를 할 수 있다. 이러한 기능은 구성원 간의 피드백을 강화해주고 출장에 소요되는 시간을 절약해줌으로써 궁극적으로 네슬레, 로지텍 같은 기업들이 수십만 달러를 절감할 수 있도록 해주었다. 결과적으로 기업은 보다 효과적인 회의를 할 수 있었고 의사결정의 효율성도 높일 수 있었다.[44]

브레인스토밍은 엔터프라이즈 소프트웨어 제공업체인 SAP AG에서 집단 의사결정을 향상하는 중요한 방법으로 사용된다. 독일 발도르프에 위치한 SAP 본사에 근무하는 직원들은 화이트보드를 사용해 브레인스토밍 회의를 한다. 브레인스토밍 회의는 성장하는 온라인 소프트웨어 시장을 타깃으로 하는 기업의 제품 및 서비스 혁신을 개발하기 위함이다.

Krisztian Bocsi/Bloomberg/Getty Images

경영자가 경험하는 현대의 의사결정 이슈는 무엇인가?

2-5 경영자 의사결정의 최근 이슈들을 논의한다.

잘못된 결정은 큰 비용을 지불하게 한다.

오늘날 비즈니스 세계는 의사결정, 특히 위험을 동반한 의사결정을 요구한다. 경영자는 불완전하고 정확하지 않은 정보를 가지고 심각한 시간적 압박에 시달리면서 의사결정을 해야 한다. 대부분의 경영자는 끊임없이 결정을 해야 하는데, 의사결정이 수반한 위험도 갈수록 커지고 있다. 잘못된 결정은 수백만 달러의 손해를 가져올 수 있다. 오늘날과 같이 빠르게 변화하는 글로벌 세계에서 경영자는 세 가지 중요한 이슈인 ❶ 국가 간 문화 차이, ❷ 창의성과 디자인 사고, ❸ 빅데이터에 신경을 써야 한다.

국가 문화는 경영자의 의사결정에 어떤 영향을 미치는가?

기존 연구들은 의사결정 관행이 국가마다 다르다는 것을 보여준다.[46] 의사결정을 하는 방법(집단, 팀 구성원, 개인 경영자의 독단적 방식 등)과 의사결정자가 부담하는 위험의 정도는 한 국가의 문화적 환경을 반영하는 주요 특성들이다. 예를 들어 인도는 권력격차가 크며 불확실성에 대한 회피가 높다(3장 참조). 인도에서는 오직 최고경영진만 의사결정을 내리고 그들은 안전한 의사결정을 선호한다. 이와 대조적으로 스웨덴은 권력격차가 작고 불확실성에 대한 회피가 낮다. 스웨덴 경영자들은 위험을 감수해야 하는 의사결정을 두려워하지 않는다. 스웨덴의 상위 경영자는 하위 경영자에게 의사결정을 위임한다. 상위 경영자는 하위 경영자와 종업원들이 자신들에게 영향을 미칠 의사결정에 참여할 수 있도록 독려한다. 시간에 대한 압박감을 적게 느끼는 이집트와 같은 국가의 경영자들은 미국의 경영자보다 느리고 신중하게 의사결정을 한다. 역사와 전통을 자랑하는 이탈리아의 경영자들은 문제 해결을 위해 믿을 만하고 검증된 해법들을 기대하는 경향이 높다.

　일본의 의사결정은 미국보다 훨씬 더 집단 지향적이다.[47] 일본인은 순응과 협력에 가치를 둔다. 의사결정을 하기 전 일본의 최고경영자는 많은 양의 정보를 수집한 후 **품의제**(ringisei)라 불리는, 합의를 형성하는 집단 의사결정을 추구한다. 일본의 종업원들은 고용 안정성이 높기 때문에 경영 의사결정도 미국과 같이 단기적 수익에 초점을 맞추기보다 장기적인 관점에서 이루어진다.

　프랑스와 독일의 상위 경영자들은 국가 문화에 맞추어 자신의 의사결정 유형을 선택한다. 예를 들어 프랑스에서는 독재적인 의사결정이 관행으로 되어 있으며 경영자들은 위험을 회피한다. 독일의 경영 스타일은 구조와 질서를 중시하는 독일의 문화를 반영한다. 결과적으로 독일의 조직들은 대체로 광범위한 규정과 규칙 하에 운영된다. 경영자들은 직무책임을 명확히 정의하고 의사결정이 조직 내 정해진 경로를 따라 이루어지도록 하고 있다.

　경영자는 다양한 문화권의 종업원을 다루기 때문에 의사결정을 내릴 때 종업원들이 공통적으로 받아들일 수 있는 행동이 무엇인지 인식해야 한다. 어떤 사람은 의사결정에 밀접히 관여하는 것을 편안하지 않게 느낄 수 있고, 또 어떤 사람은 다른 것들을

라제쉬 고피나탄(Rajesh Gopinathan)은 인도 뭄바이에 본사를 둔 글로벌 IT 솔루션 및 컨설팅 회사인 타타 컨설턴시 서비스(Tata Consultancy Services)의 최고경영자 겸 전무이사다. 권력격차와 불확실성 회피가 높은 인도에서는 고피나탄이 장기적인 관점을 취하며 기업의 전략적 결정을 내리는 데 막대한 영향을 끼친다.

Punit Paranjpe/AFP/Getty Images

새롭게 실험하려고 하지 않을 수 있다. 경영자가 다양한 종업원으로부터 새로운 관점과 장점을 취할 수 있고 의사결정의 철학과 관행에 다양성을 수용할 수 있다면 높은 성과를 기대할 수 있다.

의사결정에서 창의성과 디자인 사고는 왜 중요한가?

요즘에는 사진을 어떻게 찍고 저장하는가? 필름을 카메라에 넣고 셔터를 누른 후 필름을 다시 카메라에서 꺼내 현상하고 사진을 찾는 방식은 이제 거의 사용하지 않을 것이다. 애플, 페이스북, 스냅챗, 인스타그램이 이러한 과정을 더 쉽고 편하게 바꾸려고 했을 때 미래 제품에 대한 의사결정이 창의적이어야 하며 디자인 사고를 필요로 함을 알게 되었다. 두 가지 모두 오늘날 의사결정자가 필요로 하는 것이다.

창의성 이해하기 합리적인 의사결정자는 참신하고 유용한 아이디어를 제안하는 능력, 즉 **창의성**(creativity)을 필요로 한다. 이러한 아이디어는 기존에 행해진 것과는 다른 현재의 문제 혹은 기회에 적합한 것들이다. 왜 창의성이 의사결정에 중요한가? 창의성은 의사결정자로 하여금 다른 사람들이 볼 수 없는 문제를 '볼 수 있도록' 하며 문제를 보다 완전하게 평가하고 이해하는 것을 가능하게 하기 때문이다. 그러나 창의성의 가장 명백한 가치는 의사결정자가 실행 가능한 모든 대안을 찾을 수 있도록 도움을 주는 데 있다.

대부분의 사람은 의사결정 문제에 직면했을 때 사용할 수 있는 잠재적인 창의성을 가지고 있다. 그러나 잠재력을 발휘하려면 심리적 제약으로부터 벗어나 문제에 대해 다양한 방법으로 사고하는 법을 배워야 한다.

어떻게 창의력을 발휘할 수 있는가?

우선 명백한 것으로부터 논의를 시작해보자. 사람들이 선천적으로 타고나는 창의성의 정도는 다르다. 아인슈타인, 에디슨, 달리, 모차르트는 창의성이 비범한 사람들이었다. 이들처럼 비범한 창의성을 가질 가능성은 매우 낮다.

461명의 남성과 여성을 대상으로 창의성에 대해 연구한 결과

- 1% 이하의 사람들이 비범한 창의성을 보임
- 10%는 높은 창의성을 보임
- 대략 60%가 어느 정도의 창의성을 보임

이러한 연구 결과에 따르면 대부분의 사람은 창의성을 발휘하는 방법을 배운다면 발산할 수 있는 잠재적인 창의성을 가지고 있다는 것을 알 수 있다.

대부분의 사람이 적어도 다소의 창의성을 발휘할 수 있는 능력을 가지고 있다면 개인과 조직은 종업원의 창의성을 자극하기 위해 무엇을 할 수 있을까? 이 질문에 대한 최선의 답변은 광범위한 연구를 기반으로 밝혀진 창의성의 3원 모델에 있다.[48] 이 모델은 개인의 창의성이 본질적으로 ❶ 전문성, ❷ 창의적 사고 기술, ❸ 내적 과업동기로 구성되어 있음을 보여주고 있다. 연구 결과에 따르면 세 가지 요소의 수준이 높을수록 창의성이 높아진다.

첫 번째 요소인 전문성은 모든 창의적 활동의 기본이다. 달리의 예술에 대한 이해와 아인슈

품의제
합의를 만들어내는 일본의 집단 의사결정

창의성
참신하고 유용한 아이디어를 제안하는 능력

타인의 물리학 지식은 자신의 분야에 창의적인 기여를 할 수 있게 하는 필수 조건이었다. 프로그래밍에 최소한의 지식을 가진 사람이 소프트웨어 엔지니어로서 높은 창의성을 발휘할 것이라고 기대할 수는 없다. 창의성의 잠재력은 개인이 자신의 분야에서 능력, 지식, 숙련도, 해당 영역의 전문지식을 가질 때 향상된다.

두 번째 요소는 창의적 사고 기술이다. 창의적 사고 기술은 창의성과 관련된 성격 특성을 포함하며 다양한 시각으로 익숙한 것을 보는 재능과 추론하는 능력을 의미한다. 예를 들어 지능, 독립성, 자신감, 위험 감수, 내부 통제위치, 모호함에 대한 인내, 좌절로부터의 회복력 등의 개인적 특성은 창의적 아이디어 개발과 관련된 것이다. 비유(analogies)의 효과적인 사용은 의사결정자가 아이디어를 하나의 맥락으로부터 다른 맥락으로 적용하는 것을 촉진한다. 비유를 통해 창의적인 발견을 이끈 가장 유명한 사례는 알렉산더 벨의 관찰로, 귀 내부의 작동 원리를 '이야기 상자(전화기)'에 적용한 것이다. 그는 귀 안의 뼈들이 민감하고 얇은 막에 의해 작동된다는 것에 주목했다. 그리고 왜 더 얇고 강한 막이 철 조각 형태로 만들어질 수 없는지에 대해 의문을 가졌고 이러한 유추를 통해 전화가 탄생했다. 물론 어떤 사람들은 문제를 새로운 방식으로 볼 수 있는 기술을 개발했다. 그들은 낯선 것을 친숙하게, 친숙한 것을 생소하게 바라볼 수 있다. 예를 들어 대부분의 사람은 달걀을 얻으려면 암탉이 필요하다고 생각한다. 암탉 없이도 달걀을 얻을 수 있는 방식을 생각해본 적 있는 사람이 얼마나 될까?

3원 모델의 마지막 요소는 내적 과업동기이다. 내적 과업동기란 재미있고 흥미롭고 만족스럽고 개인적으로 도전하고 싶기 때문에 무엇인가를 수행하고 싶은 바람이 생긴 상황을 말한다. 이러한 동기부여 요인은 창의적인 잠재력을 실제 창의적인 아이디어로 전환해준다. 내적 과업동기는 개인이 자신의 전문성과 창의적 기술에 완전히 몰입하는 상태를 말한다. 그래서 창의적인 사람은 종종 강박적일 정도로 자신의 일을 사랑한다. 특히 개인의 과업 환경과 조직 문화는 내적 과업동기에 중요한 영향을 미칠 수 있다(이 점은 4장에서 논의했다).

창의성을 촉진하는 법을 아는 것도 중요하지만 창의성을 가로막는 요인 또한 알고 있어야 한다. 창의성을 저해하는 요인을 파악하면 그것들을 제거할 수 있다.

창의성을 방해하는 다섯 가지 조직적 요인

- 평가에 대한 기대: 과업이 어떻게 평가될지에 초점을 두는 경우
- 감시: 일하는 동안 감시를 받는 경우
- 외적 동기 요인: 외부적이고 명백한 보상을 강조하는 경우
- 경쟁: 동료들과 경쟁해 패자와 승자를 결정하는 상황
- 선택의 제한: 자신의 과업을 어떻게 수행할지에 대해 자유로운 선택이 어려운 경우

 애플은 디자인 사고가 어떻게 조직에 유익한지를 보여주는 좋은 사례이다.

디자인 사고 이해하기 경영자가 의사결정을 하는 방식(논리적이고 분석적인 사고를 활용해 문제를 정의하고 대안을 내고 대안을 평가한 후 하나를 선택하는 과정)은 오늘날의 환경에서 최선의 방식이라 할 수 없다. 이러한 이유로 디자인 사고가 필요한 것이다. **디자인 사고**

(design thinking)란 마치 디자이너가 디자인 문제를 해결하듯이 경영 문제에 접근하는 것을 말한다.[49] 점차 많은 조직이 디자인 사고의 유익함을 인식하기 시작했다.[50] 예를 들어 애플은 오랫동안 디자인 사고로 유명한 기업이다. 애플의 최고 디자이너인 조너선 아이브(Jonathan 'Jony' Ive, 애플의 가장 성공적인 제품인 아이팟과 아이폰의 숨은 주역)는 애플의 디자인 접근법에 대해 다음과 같이 말했다. "우리는 필연적인 것처럼 보이는 제품을 개발하고자 한다. 그것이 유일한 해결책이라고 할 수 있다."[51]

많은 경영자가 제품 및 생산 과정에 깊이 관여해 결정을 내리지는 않지만, 작업 이슈가 발생할 때 디자인 사고를 하게 되면 의사결정에 도움을 받을 수 있다. 디자인 사고방식을 경영자들에게 어떻게 가르칠 수 있을지 궁금한가? (1) 문제를 확인하는 것이 의사결정 절차의 첫 번째 단계이다. 디자인 사고를 하려면 우선 협력해서 문제를 정의하고 상황을 깊이 있게 이해하려는 마음을 가져야 한다. 경영자들은 문제의 논리적 측면뿐만 아니라 감성적 측면도 잘 살펴야 한다. 그리고 나면 (2) 경영자들이 대안을 내고 평가하는 과정에 디자인 사고가 반드시 영향을 미치게 된다. 경영학 석사를 취득한 전통적인 경영자라면 대안을 내고 합리적으로 평가한 후 가장 높은 현재가치를 보장하는 대안을 선택할 것이다. 그러나 디자인 사고를 하는 경영자라면 다음과 같이 말할 것이다. "지금 존재하지는 않지만 완전히 새롭고 좋은 것은 무엇일까요?"[52] 디자인 사고는 단순히 논리적 분석에 의존하지 않고 관점을 새롭게 해 그로부터 통찰력을 얻으려 해야 가능하다. 논리적 분석이 필요없다는 것은 아니다. 오늘날의 세계에서 효과적인 의사결정을 하기 위해서는 논리 이상의 더 많은 것이 필요하다.

경영자의 의사결정 방식을 바꾸어 놓은 빅데이터
오늘날의 빅데이터
- 세계에서 가장 큰 온라인 소매점인 아마존은 매년 수천만 달러의 수익을 올리고 있는데, 그중 3분의 1은 제품 추천과 컴퓨터가 작성한 이메일 같은 '개인화된 기술'로부터 얻고 있다.[53]
- 오토존(AutoZone)의 의사결정자들은 다양한 데이터베이스에서 온갖 정보를 수집하는 소프트웨어를 활용해 5,000개 이상의 지역 점포들이 거래 대상을 물색하고 방문 고객의 구매율을 높이도록 하고 있다. 오토존의 정보 담당자는 "이것이 미래의 방향이라고 생각한다"고 말한다.[54]
- 빅데이터가 경영적인 측면에서만 활용되는 것은 아니다. 샌프란시스코의 연구팀은 지구 반대편에서 발생할지 모르는 질병을 휴대전화 사용 정도를 분석해 예측할 수 있다.[55]
- 천연 뷰티 체인인 폴레인(Follain)은 빅데이터를 이용해 고객의 특정 니즈에 맞는 최적의 제품 조합을 찾아 시중에 가장 효과적인 천연 뷰티 브랜드를 제공하고 있다.[56]
- 레스토랑들은 그들의 고객들에 대해 더 많이 알기 위해 빅데이터를 사용하고 있다. 자료의 대부분은 온라인 레스토랑 예약 회사인 오픈테이블(OpenTable)에서 나온 것이다.[57]

엄청난 정보가 외부에서 발생하고 있다. 기업 및 조직은 이러한 정보를 어떻게 활용할지 고민 중이다. **빅데이터**(big data)란 무엇인가? 빅데이터는 엄청난 양의 계량적 정보로서 정교한 데이터 처리로 분석이 가능한 데이터를 말한다. 어떤 IT 전문가는 빅데이터를 '3V'로 묘사하고 있다―많은 양(volume), 높은 속도(velocity), 다양한 정보자산(variety of information

빅데이터
엄청난 양의 계량적 정보로서 정교한 데이터 처리로 분석이 가능한 데이터

assets).[58]

빅데이터는 의사결정과 어떤 관계가 있는가? 상당한 관계성이 있음을 상상할 수 있을 것이다. 이러한 데이터를 수중에 넣은 의사결정자는 의사결정의 강력한 도구를 확보한 셈이다. 그러나 전문가들은 자료를 단지 수집하고 분석하는 것은 시간낭비일 뿐이라고 경고하고 있다. 정보를 수집하고 활용하기 전에 목표가 뚜렷해야 한다. 어떤 사람은 빅데이터가 한 세기 전 테일러의 과학적 경영을 계승하고 있다고 보기도 한다.[59] 테일러는 작업자의 움직임을 측정하기 위해 스톱워치를 이용했지만 빅데이터는 수학적 모델과 예측 공식, 인공지능 소프트웨어 등을 활용해 이전과는 비교할 수 없이 사람과 기계를 측정하고 추적한다.[60] 경영자는 빅데이터에 뛰어들기 전에 우선 빅데이터가 의사결정에 어떤 도움을 줄지를 잘 검토해야 할 것이다.

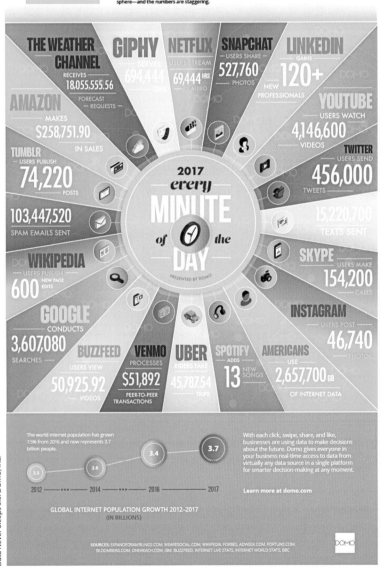

Data Never Sleeps 5.0. DOMO, Inc.

요약

2-1 의사결정 과정을 설명한다.

의사결정은 8단계의 과정이다. (1) 문제를 파악하고, (2) 의사결정의 기준을 설정하고, (3) 기준에 대해 가중치를 할당하고, (4) 대안을 개발하고, (5) 대안을 분석하고, (6) 대안 중에서 선택하고, (7) 대안을 실행하고, (8) 의사결정의 효과성을 평가한다. 경영자가 의사결정을 내릴 때는 경험을 활용하고 오류와 편견이 개입되는 것을 최소화해야 한다. 의사결정에는 13가지의 일반적 오류가 있는데 자만, 즉각적 만족, 닻 내리기, 선택적 지각, 확증, 프레이밍, 가용성, 유사, 무작위, 매몰비용, 자기중심, 사후해석, 수정 편견이 그 경우이다.

2-2 경영자가 의사결정을 하는 세 가지 접근법을 설명한다.

첫 번째 접근법은 합리성 모델이다. 합리성의 가정은 다음과 같다—문제가 명확하고 모호하지 않다. 달성해야 할 목표가 잘 정의되어 있다. 모든 대안과 결과는 이미 알려져 있다. 최종 선택은 최상의 결과를 가져올 것이다. 두 번째 접근법은 경영자들이 합리적인 결정을 내리지만 정보를 처리하는 능력이 제한되어 있는 제한된 합리성의 상황이다. 이 접근법에서 경영자들은 만족스러운 수준의 해결책을 받아들인다. 세 번째 접근법인 직관적 의사결정은 경험, 감정, 축적된 판단 등에 근거해 의사결정을 내리는 것을 말한다.

2-3 의사결정의 유형과 경영자가 의사결정을 하는 조건을 설명한다.

잘 구조화된 문제들은 명확하고 익숙하고 쉽게 정의될 수 있으며 절차, 규정, 정책과 같은 정형화된 의사결정을 활용해 해결된다. 반면에 비구조화된 문제들은 새롭거나 비일상적이고 모호하거나 불완전한 정보를 가지고 비정형화된 의사결정을 통해 해결된다. 확실성은 경영자가 정확한 의사결정을 내릴 수 있는 상황을 제공한다. 그 이유는 모든 대안의 결과가 이미 알

려져 있기 때문이다. 경영자는 위험을 감수하고 특정 결과의 확률을 예측해야 하는 상황에 처할 수 있다. 만일 의사결정자가 문제에 대해 완전한 지식을 가지고 있지 않거나 일어날 수 있는 일에 합리적인 확률을 부여하지 못하면 의사결정자들은 불확실한 상황에서 의사결정을 내리게 된다.

2-4 집단 의사결정을 설명한다.

집단은 의사결정을 할 때 보다 완전한 정보, 더 많은 대안, 해결책에 대한 높은 수용성, 향상된 합법성을 제공한다는 장점이 있다. 하지만 집단 의사결정은 시간 소모적이고 소수자에 의해 지배될 수 있으며 복종에 대한 압력을 생성하고 책임이 모호할 수 있다는 단점도 있다. 집단 의사결정을 향상하는 세 가지 방법은 브레인스토밍(대안들에 대한 어떠한 비판도 하지 않고 모든 대안을 도출하는 아이디어 창출 과정), 명목집단기법(의사결정 과정 동안 토의를 제한하는 기법), 전자회의(집단 의사결정을 위한 최신의 접근법으로 명목집단기법과 정교한 컴퓨터 기술을 결합한 방법)이다.

2-5 경영자 의사결정의 최근 이슈들을 논의한다.

경영자는 다양한 문화권의 종업원들을 다루기 때문에 의사결정을 내릴 때 모두에게 수용 가능한 행동이 무엇인지를 고려해야 한다. 어떤 사람은 의사결정에 깊이 관여하는 것을 다른 사람들만큼 편하게 생각하지 않을 수 있고 새로운 것을 시도하기 꺼리는 경우도 있다. 창의성은 다른 사람들이 볼 수 없는 문제를 파악하고 문제를 보다 철저하게 이해하는 데 도움을 주기 때문에 경영자가 의사결정을 할 때 필요하다. 디자인 사고는 경영자가 의사결정에 접근하는 방식, 특히 문제를 파악하고 대안을 내고 평가하는 과정에 영향을 미친다. 빅데이터는 의사결정 자체와 방식을 바꾸어 놓고 있다. 단, 경영자는 빅데이터가 의사결정에 어떻게 도움이 될지를 미리 생각해보아야 한다.

토의문제

2-1 의사결정을 경영자의 핵심 업무로 볼 수 있는 이유는 무 엇인가?

2-2 당신이 수행한 사례를 가지고 의사결정 과정의 8단계를 설명하라.

2-3 의사결정이 개인화됨에 따라 CEO나 일선 관리자의 의 사결정에도 편견이 중요한 영향을 미친다고 생각하는 가? 경영자가 일상적으로 범할지도 모를 잠재적 오류를 열거하라.

2-4 직관적 의사결정이란 무엇인가? 이 방법이 언제 가장 잘 사용된다고 생각하는가? 직관적 의사결정 스타일의 단 점은 무엇인가?

2-5 허버트 사이먼은 그의 가설로 인해 제한된 합리성과 만 족에 대한 연구를 시작했다. 이는 사람들이 현재를 파악 하고 미래를 예측할 수 있는 능력이 제한되어 있음을 나 타낸다. 합리성 모델을 사용해 의사결정과 관련된 문제

를 토론하라.

2-6 완벽한 합리성의 가정과 밀접하게 일치하는 당신의 의 사결정을 설명하라. 그 결정을 대학 선택에 사용한 과정 과 비교해보라. 대학 결정 과정은 합리성 모델에서 벗어 났는가?

2-7 불확실한 상황에서 경영자가 어떻게 의사결정을 내릴 수 있는지 설명하라.

2-8 조직은 왜 개인에 의한 의사결정보다 집단 의사결정을 추구하는가? 개인과 집단 의사결정의 장단점을 설명해 보라.

2-9 의사결정자는 왜 창의적이어야 하는가? 어느 단계의 의 사결정 과정에서 창의성이 가장 필요한가?

2-10 빅데이터란 무엇인가? 경영자는 자신의 의사결정을 개 선하는 데 빅데이터를 어떻게 효과적으로 사용할 수 있 는가? 경영자는 빅데이터 사용에 신중해야 하는가?

적용하기 직장생활을 위한 준비

경영자가 되기 위한 기술 | 창의적인 의사결정자 되기

경영자는 늘 많은 결정을 해야 하기 때문에 경험이나 '이전에 내린 결정 중 결과가 좋았던 결정'에 의지하는 편이다. 그러나 고위 급 경영진이 직면한 결정 중에는 독특하거나 이전에는 겪어보지 못한 것이 많다. 이런 결정을 내릴 때는 새로우면서도 유용한 아 이디어를 내는 능력, 즉 창의성이 필요하다. 조직에서 경영자로서의 이력을 성공적으로 이끌고자 한다면 창의적인 의사결정 능 력을 키워야 한다는 사실을 실감하게 될 것이다.

기본 기술

창의성은 개발할 수 있는 기술이다. 창의성 개발을 위한 제안 사항은 다음과 같다.

- 자신이 창의적이라고 생각하라. 연구 결과에 따르면 창의적인 생각을 할 수 없다고 생각하는 사람은 실제로도 창의성이 없다고 한다. 더 창의적인 사람이 되려면 자신이 가진 창의 력을 믿는 일에서부터 시작해야 한다.

- 자신의 직관에 주의를 기울여라. 누구에게나 작동하고 있는 잠 재의식이 있다. 때로는 예상치도 못한 답변이 불쑥 튀어나 올 때가 있다. '내면의 목소리'에 귀 기울여라. 창의적인 사

람은 대부분 침대 근처에 항상 메모지를 준비해 놓고 뭔가 떠오를 때마다 기록해둔다.

- 편하게 할 수 있는 일에서 벗어나라. 누구에게나 이미 익숙해져 서 편안한 일이 있는 법이다. 그러나 창의성과 익숙한 것은 섞이는 법이 거의 없다. 창의적인 사람이 되려면 현재 상태 에서 벗어나 새로운 일에 집중해야 한다.

- 자신이 하고 싶은 일을 정하라. 이는 어떤 결정을 내리기 전 에 시간을 두고 문제를 이해하고, 모든 사실을 염두에 두고 가장 중요한 사안이 무엇인지 파악하고자 하는 것을 포함 한다.

- 고정관념에서 벗어나라. 가능하다면 유추를 활용하라(예를 들

면 자신의 문제를 물 밖으로 나온 물고기로 보고 물고기가 이 상황에서 빠져나가기 위해 무엇을 하는지 볼 수 있는가? 혹은 해법이 잘 떠오르지 않을 때 방법을 찾기 위해 그동안 사용했던 비법이 있는가?). 언어적, 시각적, 수학적, 극적인 방법 등 다양한 전략도 활용해보라. 색다른 관점에서 문제를 바라보거나 다른 사람, 이를테면 당신의 할머니가 같은 문제에 부딪혔다면 어떻게 대처했을지도 생각해보라.

- 더 나은 해결책을 찾아라. 해결책을 찾으면서 의식적으로 독창적인 생각을 하라. 엉뚱해 보일까 봐 겁내지 말고 열린 마음을 가져라. 특이하거나 수수께끼 같은 사실에 대해서도 긴장을 늦추지 말라. 사물과 주변 환경을 활용해 색다른 방법을 찾아보라. 평범하거나 습관적으로 했던 일은 멈춰라. 다른 사람들의 아이디어를 비판한다는 생각으로 자신의 아이디어에도 객관성을 유지하라.
- 괜찮은 해법 여러 가지를 찾아두어라. '창의적'인 사람은 문제를 해결한 후에도 계속해서 다른 해법을 찾는다. 더 창의적인 해법을 발견할수록 좋다.
- 실행 가능한 해결책을 찾을 수 있다는 믿음을 가져라. 자신을 믿듯이 자신이 생각해낸 아이디어에 대해서도 믿음을 가져야 한다. 해결책을 찾을 수 없다고 생각하면 정말 찾을 수 없을지도 모른다.
- 사람들과 함께 브레인스토밍하라. 창의성은 고독한 활동을 통해 나오는 것이 아니다. 다른 사람의 의견에 반응하면 시너지 효과를 낼 수 있다.
- 창의적인 생각을 실행에 옮겨라. 창의적인 아이디어를 내는 일은 과정의 일부일 뿐이다. 아이디어를 내면 반드시 실행해야 한다. 엄청난 아이디어를 마음속에만 간직하거나 아무도 읽지 않는 곳에 기록해둔다고 해서 당신의 창의성이 저절로 펼쳐지는 것은 아니다.

출처: J. V. Anderson, "Mind Mapping: A Tool for Creative Thinking," *Business Horizons*, January–February 1993, 42–46: T. Proctor, *Creative Problem Solving for Managers* (New York: Routledge, 2005).

기술 연습

다음 시나리오를 읽고 마지막 부분의 지시문에 따르라.

전화벨이 울릴 때마다 당신 속은 타들어 가고 손바닥에는 땀이 맺힌다. 기계부품 제조업체인 브링커스(Brinkers)의 영업부장인 당신은 배송 지연으로 불편 신고를 하는 고객들의 빗발치는 전화를 받고 있다. 상사인 카터 에레라(Carter Hererra)는 생산 책임자와 생산 계획자 역할을 모두 담당하고 있다. 판매 사원들이 판매 협상을 할 때마다 고객이 명시하는 배송일에 맞춰 생산하도록 일정을 짜는 일은 카터가 담당하고 있다. 카터는 늘 '문제없습니다'라는 답변으로 일관한다. 물론 조기 판매를 많이 할 수 있으니 좋은 점도 있다. 그러나 카터가 승인한 배송일에 맞춰 생산을 마친 적은 거의 없다. 카터는 배송 지연으로 인한 후폭풍을 전혀 개의치 않는다. 그는 "고객들은 엄청나게 싼 가격에 끝내주는 제품을 산다는 것을 압니다. 이런 거래를 할 수 있는 곳을 어디 찾아보라고 하세요. 틀림없이 못 찾을 겁니다. 그러니 며칠이나 몇 주 늦게 받는다고 해서 이런 기회를 놓치려고 하진 않을 거예요"라고 말한다. 그러나 고객들은 전혀 그렇게 생각하지 않는다. 당신에게 그저 불만을 토로할 뿐이다. 당신은 반드시 어느 쪽과의 관계도 껄끄럽지 않게 해야 한다. 문제를 해결해야 하지만 해결책을 찾을 수 없는 상황이다. 그럼에도 불구하고 상사와 고객들이 모두 화내지 않도록 하는 방법을 어떻게 찾을 것인가?

3명으로 구성된 팀을 만들라. 당신이 영업부장이라고 가정하라. 당신 팀은 이 상황을 해결하기 위해 어떤 창의적인 해법을 찾을 것인가?

경험에 의한 문제 해결

오늘날의 디지털 업무 공간에서도 절차, 규정, 정책은 경영자와 직원이 업무를 보다 효율적이고 효과적으로 수행할 수 있도록 도와주는 중요한 도구이다. 팀과 함께 작업해 '오프라인' 수업에서 사용할 수 있는 절차, 규정, 정책을 작성하라. 또한 '온라인' 수업에서 적용할 절차, 규정, 정책을 작성하라. 두 가지 모두 절차, 규정, 정책의 특성에 어떻게 부합하는지 설명하라. 52쪽을 참조하라.

사례 적용 #1

UPS의 효율성과 지속가능성
주제: 효율성, 지속가능성

UPS는 즉각적으로 정보를 인식할 수 있는 트럭을 갖춘 세계 최대 배송업체로[61] 매일 북미 및 유럽의 모든 곳, 즉 미국과 220개 이상의 국가에 2,000만 개 이상의 소포 및 문서를 배달한다(2017년 기준 전 세계 총배송량은 51억 개다). 배송을 효율적이고 적시에 하는 것이 UPS가 할 일이며 이를 위해 배송 기사들은 최적의 배송경로에 관한 의사결정을 내리기 위해 많은 노력을 한다.

효율성과 일관성은 UPS에 매우 중요하다. 이러한 이유로 배송 기사들에게 작업 규칙, 절차 및 분석 도구의 중요성을 교육과 재교육을 통해 지속적으로 강조하고 있다. 예를 들어 배송 기사에게 새끼손가락에 자동차 열쇠를 쥐도록 가르침으로써 열쇠를 주머니에 넣는 시간을 소비하지 않도록 한다. 또한 안전상의 이유로 좌회전과 뒷걸음질을 치지 않도록 교육한다. 그러나 요즘 UPS는 일관성과 효율성이라는 오래전부터 사용한 비즈니스 모델의 도약을 시도하고 있다. ORION이라는 이 기술은 도로 탐색 및 운행 최적화를 위한 통합시스템이다. 수학자팀이 만든 의사결정 알고리즘이 UPS 배송 기사가 배송경로에서 수백만 마일을 단축할 수 있도록 도와주는 것이다. UPS의 배송 기사가 하루 평균 120곳을 배송한다는 점을 고려해보라. 효율성은 '특별 배송 요청 시간, 도로 및 지도에 나타나 있지 않은 전용도로 등과 같은 변수'[62] 등 모든 배송지를 고려해 최적의 순서를 결정한다. 물류 의사결정에서는 배송 기사가 평균 운전경로를 따라 배송을 하는 것보다 훨씬 다양한 방법이 있다.[63] 어떤 방식으로든 수많은 대안이 존재하는데 인간의 입장에서는 이해할 수조차 없다. 그러나 10년의 시간과 수십억 달러의 비용을 들여 개발한 ORION 알고리즘이 차선책이 되었다. IT 전문가들은 ORION을 기업의 모든 운영 연구에 관한 최대 투자로 묘사했다.

ORION은 무슨 일을 하는가? ORION은 하나의 최상의 대안을 찾는 것이 아니라 시간이 지남에 따라 스스로를 조정해 배송 기사가 배송경로에 관한 최상의 의사결정을 내릴 수 있도록 최적의 결과와 일관성의 균형을 유지하도록 설계되었다. UPS의 배송 기사가 매일 얼마나 많은 거리를 주행하는지 생각해본다면 배송지마다 1, 2달러를 절약하는 것이 얼마나 큰 금액이 될지 생각할 수 있을 것이다. 배송 기사가 근무를 시작하며 배송정보수집장치(DIAD)에 '로그 온'할 때, ORION을 사용하는 방법과 '예전' 방식 중 한 가지를 선택할 수 있다. 배송 기사는 어느 쪽이든 선택할 수 있지만 ORION을 선택하지 않는다면 그 이유를 설명해야 한다. ORION의 출시는 별 어려움이 없었다. 일부 배송 기사는 재량권을 포기하는 것을 꺼리기도 했고, 어떤 사람은 ORION의 논리를 이해하는 데 어려움을 겪기도 했는데 그 이유는 아침에 배송을 완료한 지역에 다시 배송을 하러 돌아온다는 것이었다. 그러나 그럼에도 불구하고 UPS는 "ORION을 사용하는 배송 기사가 각자의 경험보다 낫다"고 장담한다.[64]

> 효율성 괴물로
> 묘사되는 UPS

토의문제
2-11 UPS에 효율성과 안정성이 중요한 이유는 무엇인가?

2-12 배송 기사의 배송경로 결정을 구조화된 혹은 비구조화된 문제의 특성으로 설명할 수 있는가? 설명하라.

2-13 ORION 기술은 배송 기사가 더 나은 의사결정을 하는 데 어떻게 도움을 줄 수 있는가? (의사결정 과정의 단계로 생각해보라.)

2-14 UPS는 지속가능한 기업인가?

사례 적용 #2

데이터 기반 의사결정
주제: 맨체스터 시티—빅데이터의 챔피언

대부분의 축구팀은 경기 몇 분 전의 시간을 라커룸에서 보낸다. 이 마지막 순간에 코치는 선수에게 팁을 주거나 동기부여에 도움이 되는 연설을 한다. 그러나 맨체스터 시티 FC(Manchester City Football Club)는 라커룸에서 색다른 간담회를 연다. 선수들은 각 경기 15분 전에 분석팀과 함께 이전 경기에서 잘했거나 잘못한 것에 대해 토론한다. 예를 들어 수비진의 크로스 횟수, 유효하거나 비효율적인 태클, 빼앗기거나 획득한 공, 미드필드와의 연계 등을 확인한다.

경기 다음 날, 구단의 분석팀은 각 선수에게 경기 중 선수가 취했던 모든 동작에 대한 상세하고 개인화된 보고서를 제공한다. 선수들은 필요한 개선 사항에 대해 정확한 피드백을 얻게 되는 것이다. 2012년 포브스(Forbes)와의 인터뷰에서[66] 개빈 플레이그(Gavin Fleig)는 경기를 분석하는 목표는 구단이 객관적이고 유익한 데이터로 현명한 결정을 내리고, 선수들이 경기장의 고유한 특징과 행동 및 움직임을 더 잘 반영하고 인지할 수 있도록 도와 경기력을 향상하는 것이라고 말했다.

분석팀이 성과 향상에 어떻게 도움이 되는지는 맨체스터 시티의 성과와 2010~2011시즌에 기록된 세트피스 골을 확인하면 알 수 있다. 분석팀에 따르면 맨체스터 시티는 프리미어 리그의 다른 어떤 클럽보다도 실적이 저조했으며 21개의 경기에서 단 하나의 세트피스 골만 득점했다. 분석팀은 500개 이상의 코너킥을 연구했고, 선수들은 다른 팀들이 적용한 최고의 전술과 움직임을 기록한 비디오를 보았다. 그 결과 맨체스터 시티는 다음 시즌의 첫 15경기에서 코너킥 9골을 기록했다.

맨체스터 시티의 유소년팀을 포함한 모든 계층의 매니저에게 데이터 분석은 중요한 의사결정을 지원하는 도구이다. 예를 들어 미래의 젊은 선수들은 자신의 역할과 특성을 배우고 재능을 개발하기 위해 무엇에 집중해야 하는지 배울 수 있다. 따라서 빅데이터는 유소년팀의 목표 달성을 위한 수단으로 활용된다. 성과 분석가들이 팀에 합류한 후, 구단은 2012년 이후 2년 연속 최고의 수비 기록을 세웠으며 2011~2012시즌과 2013~2014시즌 우승을 차지했다. 빅데이터가 이러한 성공의 유일한 원인은 아니었지만, 매우 중요한 역할을 했음에는 틀림없다.

축구 분야의 빅데이터 선두주자 자리를 이어가기 위해 맨체스터 시티는 2016년 글로벌 해커톤을 조직했는데, 전 세계에서 400명이 넘게 지원했다.[67] 이 기간 동안 외부에 공개된 적 없는 실제 선수들의 데이터를 이용해 알고리즘과 시뮬레이션을 만들었다. 해커톤의 도전 과제는 더 많은 영향을 미칠 수 있는 새로운 움직임, 패스, 달리기, 압박 등을 식별하는 데 도움을 주는 알고리즘을 만드는 것이었다. 상금 7,000파운드와 분석팀과의 협업을 약속받은 우승팀은 경기 플레이 중의 의사결정을 추적하는 러닝머신 알고리즘을 만들었다.

토의문제

2-15 축구 감독은 어떤 종류의 결정을 내리는가? 이러한 결정 사안들은 구조화된 문제인가, 아니면 비구조화된 문제인가? 설명하라.

2-16 축구 감독이 어떻게 빅데이터를 이용해 더 나은 결정을 할 수 있는지 합리성, 제한된 합리성, 직관, 증거기반 관리와 연관 지어 설명하라.

2-17 어떤 유형의 조건이 분석팀의 작업에 영향을 미칠 가능성이 더 높은가? 확실성, 불확실성, 위험? 설명하라.

2-18 당신은 축구감독이 정량적 정보만으로 선수들의 시즌 성과를 평가하는 것이 올바른 방법이라 생각하는가? 그렇게 생각하는, 혹은 그렇게 생각하지 않는 이유는 무엇인가?

2-19 향후 빅데이터는 축구 분야에서의 결정을 어떻게 바꿀 수 있겠는가?

사례 적용 #3

결승선에 도달하기
주제: 올바른 결정에 도달하는 것

한 때 '왕들의 스포츠'로 여겨졌던 경마는 오늘날 수십억 달러 규모의 엔터테인먼트 산업으로 발전했다. 오너(owner), 기수, 조련사, 말은 승리를 위해 전 세계를 여행한다. 상위 3개 장소 중 하나에서 결승선을 통과하면 소도시의 경주 서킷에서 상당한 수입을 올릴 수 있으며 가장 권위 있는 곳에서는 엄청난 금액을 받을 수 있다. 홍콩 서킷에서만 우승한 오너의 경우에는 한 시즌 동안 매주 레이스당 10만 달러에서 300만 달러 이상에 이르는 상금의 최대 60%를 벌 수 있다. 우승한 기수와 조련사는 오너의 상금에서 각각 10%씩을 손쉽게 얻을 수 있다.

각계각층의 팬들은 거대한 관중석과 호텔 객실을 채운다. 홍콩의 해피 밸리 경마장은 경기 날에 최대 55,000명의 관중을 끌어들일 수 있다. 경마 분야에서 가장 큰 자본(1,000만 달러)을 기반으로 한 두바이컵은 세계 최고의 말뿐만 아니라 관광객들의 방문을 유도한다. 이들은 두바이 경마장이 내려다보이는 멋진 메이든 호텔에서 즐거운 시간을 보낼 수 있을 것이다. 그리고 켄터키 더비는 미국의 루이빌시로 계속해서 기록적인 인파를 끌어들이고 있다. 티켓 가격은 일반 입장권 43달러부터 클럽 하우스 상단 좌석 11,000달러까지 다양하다.

경마 산업이 계속 성장함에 따라 중대한 사건의 위험과 불확실성은 의사결정자에게 무겁게 다가온다. 각 결정은 승패의 차이를 의미한다. 오너들은 모두 투자에 대한 수익을 추구하며 그달의 기수의 생계는 몇 초 만에 결정될 수 있다.

오너는 어린 수망아지의 잠재력에 투자할지 아니면 경험 많은 암말을 살지 판단해야 한다. 혈통, 나이, 과거 실적은 고려해야 할 수많은 요소 중 몇 가지에 불과하다. 구매자는 영국의 사육장에서 순종을 찾을지 아라비아 혈통을 찾을지 결정한다. 투자 수익을 평가할 때는 훈련비 및 탑승비를 포함한 소유 비용을 고려해야 한다.

결정 사항은 소유권에만 국한된 것이 아니다. 기수는 35mph를 초과하는 속도로 질주하는 레이스 중에 순간적인 결정을 내린다. 말의 성향을 모르거나 잘못된 경주 전략을 사용하면 말이나 기수의 생명이 위협받을 수 있다. 잘 준비된 기수는 코스와 경쟁자의 패턴을 연구한다. 말과 관련된 준비는 최적의 식단과 적절한 말굽, 적절한 장비 등 조련사의 일상적인 결정에 의존한다. 이는 스마트폰 앱을 통해 수집된 데이터와 그래픽 데이터 추적에 의해 모니터링되는 훈련 루틴으로 확장된다.

과학이 스포츠에 스며든다. 레이스팀은 유전자 검사와 유산소 측정을 통해 경쟁 우위를 추구한다. 그러나 결국에는 말에 대한 사랑과 느낌에 의해 많은 결정이 내려진다.

토의문제

2-20 경마에서 찾아볼 수 있는 합리적이고 직관적인 의사결정의 예는 무엇인가?

2-21 호주 멜버른에서 온 기수는 트랙에 대한 연구를 하지 않았으나 자신이 홍콩 해피 밸리의 마지막 순간에 경주를 하고 있을 것이라 확신한다. 제한된 합리성은 일반적으로 호주의 기수에게 어떤 영향을 미쳤을 것인가?

2-22 어떤 종류의 말을 구입할 것인지 결정하는 데 오너가 사용할 수 있는 의사결정 방법은 무엇인가?

미주

1. J. Flint, Z. Vranica, and L. O-Reilly, "U.S. Soccer Trips Up Fox Sports," *Wall Street Journal*, October 12, 2017, pp. B1+.
2. J. Zucker, "Proof in the Eating," *Fast Company*, March 2013, pp. 34+.
3. A. Blackman, "Inside the Executive Brain," *Wall Street Journal*, April 28, 2014, p. R1.
4. See, for example, A. Nagurney, J. Dong, and P. L. Mokhtarian, "Multicriteria Network Equilibrium Modeling with Variable Weights for Decision-Making in the Information Age with Applications to the Telecommuting and Teleshopping," *Journal of Economic Dynamics and Control*, August 2002, pp. 1629–50.
5. J. Flinchbaugh, "Surfacing Problems Daily: Advice for Building a Problem-Solving Culture," *Industry Week*, April 2011, p. 12; "Business Analysis Training Helps Leaders Achieve an Enterprise-Wide Perspective," *Leader to Leader*, Fall 2010, pp. 63–65; D. Okes, "Common Problems with Basic Problem Solving," *Quality*, September 2010, pp. 36–40; and J. Sawyer, "Problem-Solving Success Tips," *Business and Economic Review*, April–June 2002, pp. 23–24.
6. See J. Figueira and B. Ray, "Determining the Weights of Criteria in the Electre Type of Methods with a Revised Simons' Procedure," *European Journal of Operational Research*, June 1, 2002, pp. 317–26.
7. For instance, see M. Elliott, "Breakthrough Thinking," *IIE Solution*, October 2001, pp. 22–25; and B. Fazlollahi and R. Vahidov, "A Method for Generation of Alternatives by Decision Support Systems," *Journal of Management Information Systems*, Fall 2001, pp. 229–50.
8. D. Miller, Q. Hope, R. Eisenstat, N. Foote, and J. Galbraith, "The Problem of Solutions: Balancing Clients and Capabilities," *Business Horizons*, March–April 2002, pp. 3–12.
9. E. Teach, "Avoiding Decision Traps," *CFO*, June 2004, pp. 97–99; and D. Kahneman and A. Tversky, "Judgment under Uncertainty: Heuristics and Biases," *Science* 185 (1974) pp. 1124–31.
10. Information for this section taken from S. P. Robbins, *Decide & Conquer* (Upper Saddle River, NJ: Financial Times/Prentice Hall, 2004).
11. T. A. Stewart, "Did You Ever Have to Make Up Your Mind?" *Harvard Business Review*, January 2006, p.12; and E. Pooley, "Editor's Desk," *Fortune*, June 27, 2005, p. 16.
12. J. G. March, "Decision-Making Perspective: Decisions in Organizations and Theories of Choice," in A. H. Van de Ven and W. F. Joyce, eds., *Perspectives on Organization Design and Behavior* (New York: Wiley-Interscience, 1981), pp. 232–33.
13. See T. Shavit and A. M. Adam, "A Preliminary Exploration of the Effects of Rational Factors and Behavioral Biases on the Managerial Choice to Invest in Corporate Responsibility," *Managerial and Decision Economics*, April 2011, pp. 205–13; A. Langley, "In Search of Rationality: The Purposes behind the Use of Formal Analysis in Organizations," *Administrative Science Quarterly*, December 1989, pp. 598–631; and H. A. Simon, "Rationality in Psychology and Economics," *Journal of Business*, October 1986, pp. 209–24.
14. See D. R. A. Skidd, "Revisiting Bounded Rationality," *Journal of Management Inquiry*, December 1992, pp. 343–47; B. E. Kaufman, "A New Theory of Satisficing," *Journal of Behavioral Economics*, Spring 1990, pp. 35–51; and N. McK. Agnew and J. L. Brown, "Bounded Rationality: Fallible Decisions in Unbounded Decision Space," *Behavioral Science*, July 1986, pp. 148–61.
15. Classic Concepts in Today's Workplace box based on M. Ibrahim, "Theory of Bounded Rationality," *Public Management*, June 2009, pp. 3–5; D. A. Wren, *The Evolution of Management Thought*, 4th ed. (New York: John Wiley & Sons, 1994), p. 291; and H. A. Simon, *Administrative Behavior* (New York: Macmillan Company, 1945).
16. See, for example, G. McNamara, H. Moon, and P. Bromiley, "Banking on Commitment: Intended and Unintended Consequences of an Organization's Attempt to Attenuate Escalation of Commitment," *Academy of Management Journal*, April 2002, pp. 443–52; V. S. Rao and A. Monk, "The Effects of Individual Differences and Anonymity on Commitment to Decisions," *Journal of Social Psychology*, August 1999, pp. 496–515; C. F. Camerer and R. A. Weber, "The Econometrics and Behavioral Economics of Escalation of Commitment: A Re-examination of Staw's Theory," *Journal of Economic Behavior and Organization*, May 1999, pp. 59–82; D. R. Bobocel and J. P. Meyer, "Escalating Commitment to a Failing Course of Action: Separating the Roles of Choice and Justification," *Journal of Applied Psychology*, June 1994, pp. 360–63; and B. M. Staw, "The Escalation of Commitment to a Course of Action," *Academy of Management Review*, October 1981, pp. 577–87.
17. L. Alderman, "A Shoemaker That Walks but Never Runs," *New York Times Online*, October 8, 2010.
18. C. Flora, "When to Go with Your Gut," *Women's Health*, June 2009, pp. 68–70.
19. See E. Bernstein, "When to Go with Your Gut," *Wall Street Journal*, October 10, 2017, p. A15; J. Evans, "Intuition and Reasoning: A Dual-Process Perspective," *Psychological Inquiry*, October–December 2010, pp. 313–26; T. Betsch and A. Blockner, "Intuition in Judgment and Decision Making: Extensive Thinking without Effort," *Psychological Inquiry*, October–December 2010, pp. 279–94; R. Lange and J. Houran, "A Transliminal View of Intuitions in the Workplace," *North American Journal of Psychology* 12, no. 3 (2010), pp. 501–16; E. Dane and M. G. Pratt, "Exploring Intuition and Its Role in Managerial Decision Making," *Academy of Management Review*, January 2007, pp. 33–54; M. H. Bazerman and D. Chugh, "Decisions without Blinders," *Harvard Business Review*, January 2006, pp. 88–97; C. C. Miller and R. D. Ireland, "Intuition in Strategic Decision Making: Friend or Foe in the Fast-Paced 21st Century," *Academy of Management Executive*, February 2005, pp. 19–30; E. Sadler-Smith and E. Shefy, "The Intuitive Executive: Understanding and Applying 'Gut Feel' in Decision-Making," *Academy of Management Executive*, November 2004, pp. 76–91; and L. A. Burke and M. K. Miller, "Taking the Mystery Out of Intuitive Decision Making," *Academy of Management Executive*, October 1999, pp. 91–99.
20. Miller and Ireland, "Intuition in Strategic Decision Making," p. 20.
21. E. Sadler-Smith and E. Shefy, "Developing Intuitive Awareness in Management Education," *Academy of Management Learning & Education*, June 2007, pp. 186–205.
22. M. G. Seo and L. Feldman Barrett, "Being Emotional during Decision Making—Good or Bad? An Empirical Investigation," *Academy of Management Journal*, August 2007, pp. 923–40.
23. Managing Technology in Today's Workplace box based on M. Xu, V. Ong, Y. Duan, and B. Mathews, "Intelligent Agent Systems for Executive Information Scanning, Filtering, and Interpretation: Perceptions and Challenges," *Information Processing & Management*, March 2011, pp. 186–201; J. P. Kallunki, E. K. Laitinen, and H. Silvola, "Impact of Enterprise Resource Planning Systems on Management Control Systems and Firm Performance," *International Journal of Accounting Information Systems*, March 2011, pp. 20–39; H. W. K. Chia, C. L. Tan, and S. Y. Sung, "Enhancing Knowledge Discovery via Association-Based Evolution of Neural Logic Networks," *IEEE Transactions on Knowledge and Data Engineering*, July 2006, pp. 889–901; F. Harvey, "A Key Role in Detecting Fraud Patterns: Neural Networks," *Financial Times*, January 23, 2002, p. 3; D. Mitchell and R. Pavur, "Using Modular Neural Networks for Business Decisions," *Management Decision*, January–February 2002, pp. 58–64; B. L. Killingsworth, M. B. Hayden, and R. Schellenberger, "A Network Expert System Management System of Multiple Domains," *Journal of Information Science*, March–April 2001, p. 81; and S. Balakrishnan, N. Popplewell, and M. Thomlinson, "Intelligent Robotic Assembly," *Computers & Industrial Engineering*, December 2000, p. 467.
24. "Next: Big Idea," *Fast Company*, December 2010–January 2011, pp. 39–40.
25. H. McCracken, "50 Most Innovative Companies: LINE," *Fast Company*, March 2015, pp. 84+.
26. A. Deutschman, "Inside the Mind of Jeff Bezos," *Fast Company*, August 2004, pp. 50–58.
27. See, for instance, S. Schulz-Hardt, A. Mojzisch, F. C. Brodbeck, R. Kerschreiter, and D. Frey, "Group Decision Making in Hidden Profile Situations: Dissent as a Facilitator for Decision Quality," *Journal of Personality and Social Psychology*, December 2006, pp. 1080–83; and C. K. W. DeDreu and M. A. West, "Minority Dissent and Team Innovation: The Importance of Participation in Decision Making," *Journal of Applied Psychology*, December 2001, pp. 1191–1201.
28. S. Mohammed, "Toward an Understanding of Cognitive Consensus in a Group Decision-Making Context," *Journal of*

Applied Behavioral Science, December 2001, p. 408.

29. M. J. Fambrough and S. A. Comerford, "The Changing Epistemological Assumptions of Group Theory," *Journal of Applied Behavioral Science*, September 2006, pp. 330–49.

30. R. A. Meyers, D. E. Brashers, and J. Hanner, "Majority-Minority Influence: Identifying Argumentative Patterns and Predicting Argument-Outcome Links," *Journal of Communication*, Autumn 2000, pp. 3–30.

31. See, for instance, T. Horton, "Groupthink in the Boardroom," *Directors and Boards*, Winter 2002, p. 9.

32. I. L. Janis, *Groupthink* (Boston: Houghton Mifflin, 1982). See also J. Chapman, "Anxiety and Defective Decision Making: An Elaboration of the Groupthink Mode," *Management Decision*, October 2006, pp. 1391–1404.

33. See, for example, T. W. Costello and S. S. Zalkind, eds., *Psychology in Administration: A Research Orientation* (Upper Saddle River, NJ: Prentice Hall, 1963), pp. 429–30; R. A. Cooke and J. A. Kernaghan, "Estimating the Difference between Group versus Individual Performance on Problem Solving Tasks," *Group and Organization Studies*, September 1987, pp. 319–42; and L. K. Michaelsen, W. E. Watson, and R. H. Black, "A Realistic Test of Individual versus Group Consensus Decision Making," *Journal of Applied Psychology*, October 1989, pp. 834–39. See also J. Hollenbeck, D. R. Ilgen, J. A. Colquitt, and A. Ellis, "Gender Composition, Situational Strength, and Team Decision-Making Accuracy: A Criterion Decomposition Approach," *Organizational Behavior and Human Decision Processes*, May 2002, pp. 445–75.

34. See, for example, L. K. Michaelsen, W. E. Watson, and R. H. Black, "A Realistic Test of Individual versus Group Consensus Decision Making," *Journal of Applied Psychology*, October 1989, pp. 834–39; and P. W. Pease, M. Beiser, and M. E. Tubbs, "Framing Effects and Choice Shifts in Group Decision Making," *Organizational Behavior and Human Decision Processes*, October 1993, pp. 149–65.

35. J. Wagstaff, "Brainstorming Requires Drinks," *Far Eastern Economic Review*, May 2, 2002, p. 34.

36. T. Kelley, "Six Ways to Kill a Brainstormer," *Across the Board*, March–April 2002, p. 12.

37. H. Gregersen, "Better Brainstorming," *Harvard Business Review*, March–April 2018, pp. 64–71.

38. K. L. Dowling and R. D. St. Louis, "Asynchronous Implementation of the Nominal Group Technique: Is It Effective," *Decision Support Systems*, October 2000, pp. 229–48.

39. See also B. Andersen and T. Fagerhaug, "The Nominal Group Technique," *Quality Progress*, February 2000, p. 144.

40. J. Burdett, "Changing Channels: Using the Electronic Meeting System to Increase Equity in Decision Making," *Information Technology, Learning, and Performance Journal*, Fall 2000, pp. 3–12.

41. "Fear of Flying," *Business Europe*, October 3, 2001, p. 2.

42. "VC at Nestlé," *Business Europe*, October 3, 2001, p. 3.

43. M. Roberti, "Meet Me on the Web," *Fortune: Tech Supplement*, Winter 2002, p. 10.

44. See also, J. A. Hoxmeier and K. A. Kozar, "Electronic Meetings and Subsequent Meeting Behavior: Systems as Agents of Change," *Journal of Applied Management Studies*, December 2000, pp. 177–95.

45. M. Eltagouri, "'We Have A Responsibility': CVS Vows to Stop Altering Beauty Images in Its Ads and Stores," *Washington Post Online*, January 16, 2018; and A. Bruell and S. Terlep, "CVS Vows to Stop Altering Beauty Images in Its Marketing," *Wall Street Journal Online*, January 15, 2018.

46. See, for instance, P. Berthon, L. F. Pitt, and M. T. Ewing, "Corollaries of the Collective: The Influence of Organizational Culture and Memory Development on Perceived Decision-Making Context," *Academy of Marketing Science Journal*, Spring 2001, pp. 135–50.

47. J. de Haan, M. Yamamoto, and G. Lovink, "Production Planning in Japan: Rediscovering Lost Experiences or New Insights," *International Journal of Production Economics*, May 6, 2001, pp. 101–09.

48. T. M. Amabile, "Motivating Creativity in Organizations," *California Management Review*, Fall 1997, pp. 39–58.

49. D. Dunne and R. Martin, "Design Thinking and How It Will Change Management Education: An Interview and Discussion," *Academy of Management Learning & Education*, December 2006, p. 512.

50. M. Korn and R. E. Silverman, "Forget B-School, D-School Is Hot," *Wall Street Journal*, June 7, 2012, pp. B1+; R. Martin and J. Euchner, "Design Thinking," *Research Technology Management*, May/June 2012, pp. 10–14; T. Larsen and T. Fisher, "Design Thinking: A Solution to Fracture-Critical Systems," *DMI News & Views*, May 2012, p. 31; T. Berno, "Design Thinking versus Creative Intelligence," *DMI News & Views*, May 2012, p. 28; J. Liedtka and Tim Ogilvie, "Helping Business Managers Discover Their Appetite for Design Thinking," *Design Management Review* 1 (2012), pp. 6–13; and T. Brown, "Strategy by Design," *Fast Company*, June 2005, pp. 52–54.

51. C. Guglielmo, "Apple Loop: The Week in Review," *Forbes.com*, May 25, 2012, p. 2.

52. Dunne and Martin, "Design Thinking and How It Will Change Management Education," p. 514.

53. K. Cukier and V. Mayer-Schönberger, "The Financial Bonanza of Big Data," *Wall Street Journal*, March 8, 2013, p. A15.

54. R. King and S. Rosenbush, "Big Data Broadens Its Range," *Wall Street Journal*, March 14, 2013, p. B5.

55. "Big Data, Big Impact: New Possibilities for International Development," *World Economic Forum*, weforum.org, 2012.

56. E. Segrano, "These Natural Beauty Brands Are Using Big Data to Give Skin Care a Makeover," *Fast Company Online*, April 18, 2017.

57. N. Ungerleider, "How Restaurants Use Big Data to Learn More about Their Customers," *Fast Company Online*, March 28, 2017.

58. D. Laney, "The Importance of 'Big Data': A Definition," www.gartner.com/it-glossary/big-data/, March 22, 2013.

59. S. Lohr, "Sure, Big Data Is Great. But So Is Intuition," *New York Times Online*, December 29, 2012.

60. S. Schechner, "Algorithms Move Into Management," *Wall Street Journal*, December 11, 2017, pp. B1+.

61. UPS Fact Sheet, https://pressroom.ups.com/assets/pdf/pressroom/fact%20sheet/UPS_Fact_Sheet.pdf, updated February 16, 2018; S. Rosenbush and L. Stevens, "At UPS, the Algrithm Is the Driver," *Wall Street Journal*, February 17, 2015, pp. B1+; D. Zax, "Brown Down: UPS Drivers vs. the UPS Algorithm," http://www.fastcompany.com/3004319/brown-down-ups-drivers-vs-ups-algorithm, January 3, 2013; T. Bingham and P. Galagan, "Delivering 'On-Time, Every Time' Knowledge and Skills to a World of Employees," *T&D*, July 2012, pp. 32–37; J. Levitz, "UPS Thinks Outside the Box on Driver Training," *Wall Street Journal*, April 6, 2010, pp. B1+; and K. Kingsbury, "Road to Recovery," *Time*, March 8, 2010, pp. Global 14–Global 16.

62. Hong Kong Jockey Club website; P. Catton and C. Herrings, "Do Horses Really Need Jockeys?" *The Wall Street Journal*, www.wsj.com, May 3, 2012; McKenzie, "Space-age Skyscrapers and Sheiks: Racing's New World Order," CNN website, http://edition.cnn.com/2013/03/29/sport/dubai-world-cup-horse-racing/, March 29, 2013; C. Galofaro, "The Latest: Keep Black Cats Away from Baffert," *Associated Press*, http://bigstory.ap.org/article/7c6d91b3926346b-9b8989426a666044e/latest-fans-stream-churchill-downs-derby-day, May 3, 2015; A. Waller, J. Daniels, N. Weaver, P. Robinson, 2000.

63. Zax, "Brown Down."

64. C. Chiappinelli, "Buzzwords, Hidden Dimensions, and Innovation: A UPS Story," https://www.esri.com/about/newsroom/publications/wherenext/buzzwords-hidden-dimensions-and-innovation-a-ups-story/, September 7, 2017; and Rosenbush and Stevens, "At UPS, the Algorithm Is the Driver."

65. Andy Hunter, "Manchester City to Open the Archive on Player Data and Statistics," *The Guardian*, August 16, 2012, https://www.theguardian.com/football/blog/2012/aug/16/manchester-city-player-statistics.

66. Zach Slaton, "The Analyst behind Manchester City's Rapid Rise (Part 1)," *Forbes*, August 16, 2012, http://www.forbes.com/sites/zach-slaton/2012/08/16/the-analyst-behind-manchester-citys-player-investments-part-1/#1fef1e401b21.

67. Taylor Bloom, "Manchester City's First Football Data Hackathon A Roaring Success," SportTechie, August 1, 2016, http://www.sporttechie.com/2016/08/01/sports-tech-wire/manchester-citys-first-football-data-hackathon-a-roaring-success/.

계량 모듈
양적 의사결정 방법

여기에서는 의사결정의 방법 및 기술과 함께 프로젝트를 관리하는 데 유용한 수단을 살펴볼 것이다.[1] 특히 이득 매트릭스(payoff matrix), 의사결정 나무(decision tree), 손익분기점 분석(break-even analysis), 비율 분석(ratio analysis), 선형 프로그래밍(linear programming), 대기행렬이론(queuing theory), 경제적 주문량(economic order quantity)을 알아보고자 한다. 이러한 도구의 목적은 경영자가 의사결정 과정을 잘할 수 있도록 완전한 정보를 제공하는 것이다.

이득 매트릭스

2장에서 불확실성과 불확실성이 의사결정에 미치는 영향을 살펴보았다. 불확실성은 경영자가 이용할 수 있는 정보의 양이 제한되어 있거나 경영자의 심리적 성향 때문에 발생한다. 예를 들어 긍정적인 경영자는 맥시맥스(maximax, 발생 가능한 최대 이득 중 가장 높은 이득을 선택하는 것)의 선택을 추구할 경우가 많으며 비관적인 경영자는 맥시민(maximin, 발생 가능한 최소 이득 중 가장 큰 이득을 선택하는 것)의 믿음을 추구할 가능성이 높다. '후회'할 선택을 피하려는 경영자는 미니맥스(minimax) 선택을 할 가능성이 높다. 이런 접근 방식을 예를 들어 자세히 살펴보자.

뉴욕에 있는 비자 인터내셔널(Visa International) 마케팅 경영자의 경우를 고려해보자. 그는 미국 북동부에 비자 카드 가입을 촉진하기 위해 네 가지 전략(S1, S2, S3, S4)을 결정하려고 한다. 하지만 그는 주요 경쟁사 중 하나인 아메리칸 익스프레스가 같은 지역의 판매 촉진을 위해 세 가지 경쟁 전략(CA1, CA2, CA3)을 실행하고 있음도 주의 깊게 고려하고 있다. 우리는 비자의 최고경영진이 사전정보를 가지고 있지 않고 마케팅 경영자가 제시한 네 가지 전략의 성공 가능성을 알지 못한다고 가정해보자. 이런 상황에서 비자의 경영자는 표 QM.1과 같이 아메리칸 익스프레스가 선택한 경쟁 전략에 따른 다양한 비자의 전략과 그 결과를 나타내는 매트릭스를 구상하고 있다.

이 사례에서 만약 비자의 경영자가 긍정주의자라면 S4를 선택할 것인데 이는 이 전략이 가장 큰 이익(2,800만 달러)을 제공하기 때문이다. 이 선택은 최대 이득을 최대화하므로 맥시맥스 선택이다. 만약 경영자자 비관주의자라면 가장 나쁜 경우를 가정할 것이다. 각 전략에 따

표 QM.1 비자의 이득 매트릭스

비자의 마케팅 전략	아메리칸 익스프레스의 대응 (단위: 백만 달러)		
	CA1	CA2	CA3
S1	13	14	11
S2	9	15	18
S3	24	21	15
S4	18	14	28

표 QM.2　비자의 후회 매트릭스

비자의 마케팅 전략	아메리칸 익스프레스의 대응 (단위: 백만 달러)		
	CA1	CA2	CA3
S1	11	7	17
S2	15	6	10
S3	0	0	13
S4	6	7	0

른 최악의 결과는 S1 = 1,100만 달러, S2 = 900만 달러, S3 = 1,500만 달러, S4 = 1,400만 달러이다. 맥시민 선택에 따라 비관주의자인 경영자는 최소의 이득(payoff)을 최대화하는 S3을 선택할 것이다.

　세 번째 접근 방식을 생각해보면 이는 조금 다른 방법이 될 것이다. 즉 경영자는 모든 결정이 가장 유리한 이득으로 결말이 나지 않을 것이라는 점을 잘 알고 있다. 자신의 결정으로 잠재적 이득을 얻지 못하게 되면 '후회(regret)'가 남을 텐데 이때 후회란 다른 전략을 선택했더라면 벌 수 있었던 돈의 양이라고 할 수 있다. 경영자들은 가능한 최대 이득에서 각 경우(이 예시의 경우 각 경쟁 전략)에 따른 이득을 차감해 후회의 정도를 측정한다. 비자의 경우, 아메리칸 익스프레스가 CA1, CA2, CA3을 선택할 때 최대 이득은 2,400만 달러, 2,100만 달러, 2,800만 달러임을 알 수 있다(이는 각 열의 최곳값임). 이 숫자들을 표 QM.1의 이득에서 차감한 값이 표 QM.2이다.

　최대 후횟값은 S1 = 1,700만 달러, S2 = 1,500만 달러, S3 = 1,300만 달러, S4 = 700만 달러일 때이다. 미니맥스 선택은 최대 후회를 최소화하는 것으로, 비자 경영자는 S4를 선택할 것이다. 이 선택을 함으로써 그는 700만 달러 이상을 잃는 선택을 후회하지 않을 것이다. 예를 들어 S2를 선택하고 아메리칸 익스프레스가 CA1을 선택할 경우 1,500만 달러를 잃는 후회와 대조된다.

의사결정 나무

의사결정 나무(decision tree)는 고용, 마케팅, 투자, 장비 구입, 가격을 분석하는 유용한 방법으로 의사결정 과정과 관련된 의사결정 방법이다. 의사결정 나무라고 불리는 이유는 도식화 과정이 가지가 있는 나무처럼 보이기 때문이다. 일반적으로 의사결정 나무는 성과들에 대한 가능성을 설정하고 각 결정 경로의 이득을 계산하면서 기대되는 가치를 분석한다.

　그림 QM.1은 베키 해링턴이 미국 중서부 지역에 카페의 위치를 결정하기 위한 상황을 나타내고 있다. 베키는 미국 중서부 지역의 책임자에게 카페의 위치를 조언해주고 잠재성 있는 위치를 분석해주는 전문가 소그룹을 관리한다. 플로리다주 윈터 파크 지역의 카페 임대 계약이 만료되었고 건물주는 재계약을 하지 않기로 결정했다. 베키와 전문가 그룹은 지역 책임자에게 카페 이동에 대한 조언을 해주었고 올랜도에 있는 쇼핑몰 근처에서 훌륭한 점포를 발견했다. 쇼핑몰 소유주는 두 군데의 점포를 보여주었는데 하나는 약 1,100제곱미터(현재 카페와 동일한 규모)이고 다른 하나는 보다 넓은 약 1,850제곱미터이다. 베키가 결정할 사항은 우선 점포의 크기에 대한 것이었다. 만약 더 큰 곳을 빌리고 경제 상황이 좋아진다면 카페가

그림 QM.1

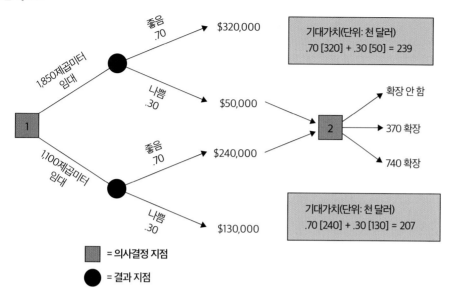

= 의사결정 지점

= 결과 지점

320,000달러의 이익을 낼 것이라고 예측할 수 있다. 하지만 경제 상황이 좋지 못하면 큰 규모의 카페로 인해 높은 운영비가 발생하고 결국 이익이 50,000달러에 불과할 수도 있다. 작은 카페를 빌리면 시장이 좋을 때는 240,000달러를, 시장이 나쁠 때는 130,000달러의 이익을 예상할 수 있을 것이다.

그림 QM.1에서 보듯이, 큰 카페의 기대가치는 239,000달러[(.70 × 320) + (.30 × 50)]이고 작은 카페의 기대가치는 207,000달러[(.70 × 240) + (.30 × 130)]이다. 이러한 예측을 통해 베키는 큰 점포를 빌리라고 권유할 계획이다. 만약 초기에 작은 점포를 빌리고 이후 경제 상황이 나아진다면 그때 가서 확장을 하는 것은 어떨까? 그녀는 두 번째 의사결정 포인트까지 포함해 의사결정 나무를 만들 수 있을 것이다. 확장 안 함, 370제곱미터를 확장함, 740제곱미터를 확장함 세 가지 옵션을 계산해야 한다. 의사결정 지점 1처럼 그녀는 나무의 가지를 확장함에 있어 잠재적 이득을 계산하고 그에 대한 기대가치를 계산할 수 있을 것이다.

손익분기점 분석

얼마나 많은 제품을 팔아야 기업이 손익분기점, 즉 이익도 손실도 없는 지점에 이르게 될까? 경영자는 자신이 팔아야 하는 최소 수량이나 혹은 현 제품을 계속 팔아야 할지 여부를 결정하고 싶어 한다. **손익분기점 분석**(break-even analysis)은 경영자가 이익을 추정하는 데 있어 폭넓게 활용하는 기법이다.[2]

손익분기점 분석은 간단한 공식이지만 수익, 비용, 이득 간의 관계를 알려주기 때문에 경영자에게 유용하다. 손익분기점(BE)을 계산하려면 판매하는 제품의 가격(price, P), 수량당 가변비용(variable cost, VC), 총고정비용(total fixed cost, TFC)을 알아야 한다.

총이득이 총비용과 같아질 때 기업은 손익분기점에 도달하게 된다. 하지만 총비용은 고정비용과 가변비용 두 가지로 나눌 수 있다. 고정비용은 변하지 않는 비용으로 예를 들어 재산세, 보험료가 이에 해당한다. 물론 고정비용은 단기적으로만 고정된 비용이다. 장기적으로 약정이 종료되어 비용이 변동될 수 있기 때문이다. 변동비용은 생산량에 따라 변하는 비용으로

손익분기점 분석
총수익이 총비용을 감당하는 수준을 예측하는 기법

원자재, 노동비, 에너지 사용료 등이 포함된다.

손익분기점은 다음의 공식을 사용하거나 그래프로 계산할 수 있다.

$$BE = [TFC/(P - VC)]$$

이 공식은 (1) 모든 변동비용을 포함한 가격으로 판매수량이 증가하면 총수익이 총비용과 같아지고, (2) 판매수량이 증가하면서 가격과 변동비용의 차이는 고정비용과 같아진다는 것을 알 수 있다.

어느 경우에 손익분기점 분석이 유용할까? 이를 살펴보기 위해 호세의 베이커스필드 에스프레소 사례를 살펴보자. 그의 가게에서 커피값은 평균 1.75달러라고 가정하자. 만약 가게의 고정비용(임금, 보험료 등)이 연간 47,000달러이고 에스프레소 1잔당 변동비용은 0.4달러라고 하자. 가게는 손익분기점을 다음과 같이 계산할 수 있다. $47,000/(1.75 - 0.40) = 34,815(주당 에스프레소가 약 670잔이 팔렸을 때) 또는 연수익이 약 60,926달러가 될 때이다. 이 같은 관계는 그림 QM.2에 그래프로 나타나 있다.

어떻게 손익분기점 분석이 계획 및 의사결정 도구로 이용될 수 있을까? 계획 도구로서 손익분기점 분석은 가게가 판매 목표를 정할 수 있도록 도와준다. 예를 들어 가게 주인인 호세는 원하는 이익 수준을 정한 후 어느 정도의 판매가 필요한지를 결정할 수 있다. 의사결정 도구로서 손익분기점 분석은 호세가 현재의 손실을 만회하고 손익분기점에 도달하려면 어느 정도의 판매량을 더 올려야 하는지, 반대로 현재의 이익 수준에서 어느 정도의 손실이 발생하면 손익분기점에 이르게 되는지를 알려줄 수 있다. 전문스포츠 체인점을 관리할 경우, 손익분기점 분석은 총비용을 감당할 수 있는 티켓 판매량을 정하거나 혹은 사업을 팔거나 폐업할 것인

그림 QM.2

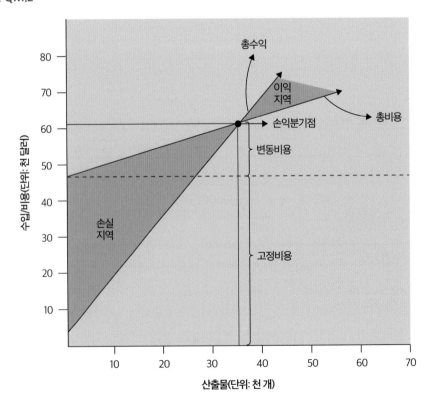

지 여부를 결정할 때 도움을 준다.

선형 프로그래밍

매트 프리는 소프트웨어 개발 회사를 소유하고 있다. 회사의 업무 중 하나는 컴퓨터 바이러스를 찾고 제거하는 소프트웨어를 만드는 것이다. 이 소프트웨어는 윈도우 버전과 맥 버전으로 출시된다. 그는 두 버전의 제품을 판매하는 것에 딜레마를 가지고 있다. 두 버전은 같은 부서에서 만들어진다. 두 버전을 각각 어느 정도 생산해야 회사의 수익을 최고로 높일 수 있을까?

프리가 수학적 기법인 **선형 프로그래밍**(linear programming)을 이용한다면 자원 할당의 딜레마를 해결할 수 있을 것이다. 선형 프로그래밍은 그가 처한 문제에 적용 가능하지만 그렇다고 모든 자원 할당 상황에 적용할 수 있는 것은 아니다. 제한된 자원을 가지고 최적화하려면 이들 자원을 여러 방식으로 조합해 각각의 산출물을 어느 정도 생산해야 할지 결정해야 한다. 변수들 간의 선형적 관계는 어떤 변수가 변화하면 다른 변수가 비례적으로 변화함을 의미한다. 프리의 사업에 있어서 두 버전의 제품을 함께 생산하는 시간이 한 가지 버전만을 생산하는 시간보다 정확히 2배 걸린다면 양자 간에는 선형적 관계가 존재하는 것이다.

다양한 문제가 선형 프로그래밍으로 해결 가능하다. 운송비를 최소화하는 운송노선을 결정하는 것, 다양한 제품 브랜드 간에 광고예산을 할당하는 것, 프로젝트들 간에 종업원을 배치하는 것, 제한된 자원으로 제품을 얼마나 만들지를 결정하는 것 등 많은 예가 있다. 선형 프로그래밍이 어떤 아이디어를 제공하고 어떤 경우에 유용한지를 알아보기 위해 프리의 상황으로 돌아가보자. 다행히도 그의 문제는 간단해서 빨리 풀 수 있는 것이다. 그러나 복잡한 선형 프로그래밍 문제들은 컴퓨터 소프트웨어로만 해결이 가능하다.

첫째로 선형 프로그래밍을 적용하려면 사업에 중요한 요소들을 먼저 결정해야 한다. 프리는 윈도우 버전의 경우 한계이익을 18달러, 맥 버전의 경우 한계이익을 24달러로 계산했다. 따라서 이익 최대화의 목적함수는 $18R + $24S라고 표시할 수 있을 것이다. 이 식에서 R은 생산될 윈도우 버전 CD의 수이고, S는 맥 버전 CD의 수이다. 더불어 그는 각 버전을 생산하는 데 소요되는 시간과 월간 생산량을 알고 있다. 프로그램의 설계에는 2,400시간이 걸리고 생산은 900시간이 걸린다(표 QM.3 참조). 생산량 수치는 회사 능력의 한계치로 작용한다. 이제 프리는 제약조건식을 다음과 같이 수립할 수 있다.

$$4R + 6S < 2,400$$

$$2R + 2S < 900$$

표 QM.3 바이러스 소프트웨어 생산 자료

부문	제품당 요구되는 시간		
	윈도우 버전	맥 버전	월간 생산량(시간)
설계	4	6	2,400
제조	2.0	2.0	900
제품당 수익	$18	$24	

그림 QM.3

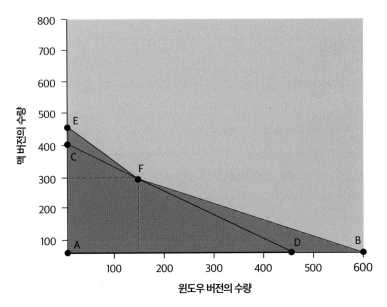

물론 소프트웨어 버전이 0보다 적은 양이 생산될 수는 없기에 식에서 R > 0, S > 0일 때라고 조건을 붙일 수 있을 것이다. 그는 그림 QM.3과 같이 자신의 해결책을 그래프로 나타냈다. 베이지색 면적은 각 부서의 수용량을 초과하지 않는 영역을 나타낸다. 그래프가 의미하는 것은 무엇인가? 우리는 전체 설계 수용량이 2,400시간인 것을 안다. 만약 프리가 단지 윈도우 버전만을 설계한다고 결정한다면 그가 생산할 수 있는 최대 수량은 600개(2,400시간 ÷ 1개의 윈도우 버전을 설계하는 데 필요한 4시간)이다. 만약 그가 맥 버전만 생산하기로 결정한다면 최대 생산수량은 400개(2,400시간 ÷ 1개의 맥 버전을 설계하는 데 필요한 6시간)이다. 제약조건식은 그림 QM.3에서 선분 BC로 나타나 있다. 다른 제약조건식은 생산과 관련된 것이다. 각 버전의 생산 최대치는 450인데 이는 어떤 버전을 생산하더라도 복사하고 검증하고 포장하는 데 2시간이 소요되기 때문이다. 생산의 제약조건식은 선분 DE이다.

프리의 최적 자원 할당은 영역 ACFD로 규정할 수 있을 것이다. 점 F는 제약조건식 내 최대이익을 제공하는 지점이다. 점 A는 소프트웨어가 생산되지 않기 때문에 이익은 0이 되고 점 C와 D에서 이익은 각각 9,600달러(400개 × $24)와 8,100달러(450개 × $18)가 된다. 점 F에서 이익은 9,900달러(윈도우 버전 150개 × $18 + 맥 버전 300개 × $24)가 된다.[3]

대기행렬 이론

당신이 뱅크오브아메리카 오하이오주 클리블랜드 지점의 경영자라고 가정해보자. 당신이 내려야 할 결정 중 하나는 총 6개의 창구 중 특정 시간에 열어두어야 할 창구의 수이다. **대기행렬 이론**(queuing theory) 혹은 대기선 이론은 당신이 결정을 내리는 깃을 도와줄 것이다. 고객의 대기시간을 늘리거나 아니면 직원을 더 배치해 서비스하는 비용을 늘리거나 양자 간의 적절한 균형이 필요한 상황에서 대기선 이론이 도움을 줄 수 있다. 이런 유형의 상황들로는 주유소에 필요한 가스펌프의 수, 은행창구 내 직원의 수, 항공사 발권부 체크인 라인의 수를 결정하는 것 등이 있다. 각 상황에서 경영자는 고객이 인내할 수 있는 범위 내에서 가능한 적은 수의 정거장을 두어 비용을 최소화하려 할 것이다. 은행 직원의 예에서는 특정 날짜(매달 첫 번째 주 금요일)에 6개의 창구를 모두 열어 고객에게 최소한의 대기시간을 제공하거나, 1개의 창구를 열어 인건비를 최소화하고 고객의 인내심을 시험하는 위험을 감수할 수도 있다.

대기행렬 이론의 수학공식은 여기서 다루기에는 복잡하지만 어떻게 위의 예에 적용할 수 있는지를 볼 수 있을 것이다. 당신은 6명의 창구 직원을 고용하고 있으나 평균적으로 아침 시간에 단 1개의 창구만을 열어도 될지를 알고 싶어 한다. 고객이 최대한 기다릴 수 있는 시간을 12분이라고 가정하고 1명의 고객을 상대하는 데 평균 4분이 걸린다면 대기줄은 3줄(12분 ÷ 고객당 4분 소요 = 고객 3명) 이상이 되지 않을 것이다. 만약 당신의 과거 경험을 통해 아침 시간 1분당 고객이 평균 2명 방문한다고 가정한다면 고객이 대기할 가능성(P)을 다음과 같이 계산할 수 있다.

$$P_n = \left[1 - \left(\frac{\text{도착률}}{\text{서비스율}} \right) \right] \times \left[\frac{\text{도착률}}{\text{서비스율}} \right]^n$$

고객의 수는 3명이고 도착률은 분당 2명이며 서비스율은 고객당 4분이라고 하자.

이 수치를 위의 수식에 대입하면 다음과 같다.

$$P_n = [1 - 2/4] \times [2/4]^3 = (1/2) \times (8/64) = (8/128) = .0625$$

P가 0.0625라는 것은 무엇을 의미하는가? 이것은 평균적으로 아침에 3명 이상의 고객이 줄을 설 가능성이 1/16이라는 뜻이다. 4명 이상의 고객이 창구에서 기다리는 상황이 전체의 6% 정도라면 당신은 이를 용인할 의향이 있는가? 그렇다면 창구에 1명의 창구 직원을 배치하는 것으로 충분할 것이다. 만약 그렇지 않다면 더 많은 직원을 창구에 배치해야 할 것이다.

경제적 주문량

은행에서 수표 묶음을 주문할 때, 수표 묶음의 2/3 정도 위치에 수표 재주문 양식이 들어 있다는 것을 알고 있었는가? 이 방법이 **고정 소수점 발주법**(fixed-point reordering system)의 간단한 예이다. 미리 설정된 특정 지점에 도달하면 시스템이 필요한 재고를 재주문해야 하다는 '표시'를 보내는 것이다. 이 방식의 목표는 재고 운송비를 최소화하는 동시에 재고품이 부족할 가능성을 줄이는 것이다. 최근 소매점들은 컴퓨터를 사용해 재주문을 하고 있다. 매장의 금전등록기가 컴퓨터와 연결되어 있어 판매 발생 시마다 자동으로 매장 재고 기록을 조정한다. 상품의 재고가 특정 수치에 도달하면 컴퓨터는 경영자에게 재주문해야 한다는 것을 알려준다.

구매 주문을 위해 최적의 수량을 수학적으로 도출하는 데 가장 잘 알려진 기술 중 하나는 **경제적 주문량**(economic order quantity, EOQ) 모델이다(그림 QM.4 참조). EOQ 모델은 재고를 주문하고 운송하는 것과 관련된 네 가지 비용의 균형점을 찾는 것이다. 즉 구매비(구매비에 약간의 할인된 배송비를 더한 수치), 주문비(제품이 도착했을 때 요구되는 서류작업, 처리, 검역 등의 작업 및 기타 과정의 비용들), 운송비(재고, 보관, 보험, 세금 등을 포함한 비용), 재고량 부족 비용(재고 부족으로 인해 주문을 못 받아서 생긴 이익 손실분, 신용을 다시 쌓기 위해 필요한 비용, 지연된 출하를 재촉하는 비용)을 고려해 각 구매에 최적화된 주문 규

고정 소수점 발주법
미리 설정된 특정 지점에 도달하면 시스템적으로 재주문이 필요함을 표시하는 방식

경제적 주문량
주문비용과 재고 유지 비용 간에 균형을 유지해 주문 및 운송에 따른 총비용을 최소화할 수 있는 주문량

그림 QM.4

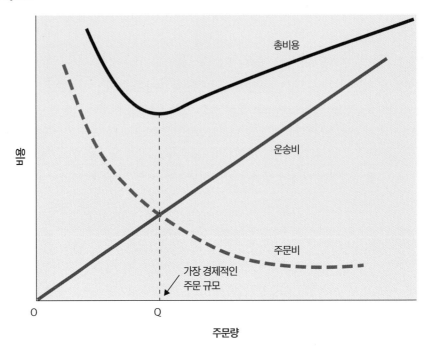

모를 알려준다.

이 모델의 목적은 주문비 및 운송비와 관련된 총비용을 최소화하는 것이다. 주문량이 클수록 평균 재고량은 증가할 것이고 운송비도 마찬가지로 증가할 것이다. 예를 들어 만약 재고품에 대한 연간 수요가 26,000개이고 한 회사가 한 번에 500개씩을 주문한다면 회사는 연간 52번[26,000/500]의 주문을 할 것이다. 주문 횟수는 회사의 평균 재고량이 250개[500/2]가 되어야 한다는 것을 알려준다. 만약 주문량이 2,000개로 늘어난다면 주문 횟수는 (13)[26,000/2,000]이 될 것이다. 하지만 평균 재고량은 1,000[2,000/2]으로 늘어날 것이다. 따라서 보유비용은 상승할 것이며 반대로 주문비용은 내려갈 것이다. 최적의 경제적 주문량은 총비용곡선의 최저점에서 이루어진다. 즉 최저점은 주문비와 운송비가 서로 같아지는 지점 혹은 경제적 주문량 지점이라는 말이다(그림 QM.4에서 점 Q를 보자).

최적화된 주문량을 계산하려면 다음 자료가 필요하다―기간 중 상품에 대해 예측된 수요(D), 각 주문에 따른 비용(OC), 제품의 구매비 혹은 가치(V), 총재고를 보유하는 비용(CC). EOQ 공식은 다음과 같다.

$$EOQ = \sqrt{\frac{2 \times D \times OC}{V \times CC}}$$

EOQ를 결정하는 예로 고품질의 오디오와 비디오 장비 소매업체인 반즈 일렉트로닉스의 경우를 살펴보자. 대표인 샘 반즈(Sam Barnes)는 고품질 오디오 및 비디오 장비의 경제적 주문 수량을 알고 싶어 한다. 문제의 제품은 소니의 소형 음성녹음기이다. 반즈는 연간 4,000개의 판매가 이루어질 것으로 예측한다. 그는 사운드 시스템에 필요한 비용을 50달러라고 생각한다. 이 시스템을 이용해 주문하는 비용은 주문당 35달러로 추정되며 연간 보험, 세금, 기타 운송비 등은 재주문가격의 20%에 해당한다. EOQ 공식에 수치들을 대입하면 다음과 같다.

$$EOQ = \sqrt{\frac{2 \times 4,000 \times 35}{50 \times .20}}$$

$$EOQ = \sqrt{28,000}$$

$$EOQ = 167.33 \text{ 혹은 } 168 \text{ 개}$$

재고량 모델에 따르면 가장 경제적인 주문 수량은 약 168개이다. 달리 말하면 반즈는 연간 24[4,000/168]번의 주문을 해야 한다. 하지만 만약 공급업자가 반즈에게 250개를 최소 주문할 경우 구매비의 5%를 할인해주겠다고 제안한다면 어떻게 될까? 이 경우 그의 주문량은 168개가 되어야 하는가, 아니면 250개가 되어야 하는가? 할인이 없고 각 주문당 168개를 주문한다면 재주문에 대한 연간 비용은 다음과 같을 것이다.

250개를 주문할 때마다 5%를 할인함에 따라, 제품 가격은 [$50 × ($50 × 0.05)] = 47.5달러가 될 것이다.

구매비:	$50 × $4,000	= $200,000
운송비(평균 재고량×제품의 가격 × %):	168/2 $50 × 0.2	= 840
주문비(주문량×주문 가격):	24 × $35	= 840
총비용:		= $201,680

연간 재고자산원가는 다음과 같이 나올 것이다.

구매비:	$47.50 × $4,000	= $190,000.00
운송비:	250/2 × $47.50 × 0.2	= 1,187.50
주문비:	16 × $35	= 560.00
총비용:		= $191,747.50

이와 같은 계산은 반즈에게 5% 할인의 이득을 챙겨야 한다고 충고한다. 이에 따라 재고량이 늘어나고 연간 절약되는 비용은 거의 10,000달러가 된다. 하지만 주의가 필요하다. EOQ 모델은 수요가 시간에 따라 변치 않는다는 가정을 하고 있기 때문이다. 만약 이 조건들이 충족되지 않는다면 모델은 유효하지 않다. 예를 들어 제조업 부품 재고에서는 이 모델을 사용하면 안 되는데 이는 부품이 계속적으로 사용되기보다는 한 번에 모든 재고가 사용되기 때문이다. 그러면 수요가 변할 때 EOQ 모델이 소용없어진다는 의미로 받아들여야 할까? 답은 '그렇지 않다'이다. EOQ 모델은 관련 비용들 간 상쇄관계와 주문량 결정에 있어 여전히 유용한 측면이 있다. 하지만 특별한 상황이나 수요 상황이 발생하면 보다 정교한 주문량 모델이 필요할 수 있다.

미주

1. Readers are encouraged to see B. Render, R. M. Stair, and M. E. Hanna, *Quantitative Analysis for Management*, 9th ed. (Upper Saddle River, NJ: Prentice Hall, 2005).

2. J. Schmid, "Getting to Breakeven," *Catalog Age*, November 2001, pp. 89–90.

3. We want to acknowledge and thank Professor Jeff Storm of Virginia Western Community College for his assistance in this example.

3

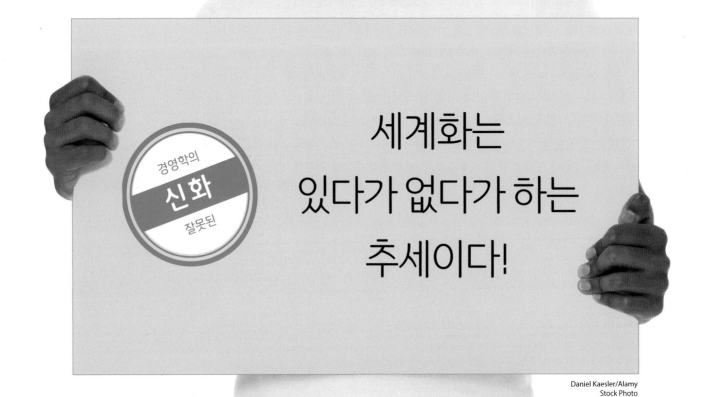

경영학의
신화
잘못된

세계화는
있다가 없다가 하는
추세이다!

경영학의

잘못된

신화 바로잡기!

실제로는 2017년 국제통화기금(IMF)에 속한

176개국 중 85% 이상에서 글로벌 수출이 증가했다.[1]

반세계화를 주장하는 입장도 증가했지만

세계화는 사라지지 않았다.

세계화는 여전히 조직의 리더가

중요하게 관리해야 하는 문제이다.

현재의 반세계화(anti-grobalization) 여론은 세계 경제가 실제로 어떻게 상호 연결되었는지를 보여주고 강조하던 10년 전 세계 금융 위기(global financial crisis) 때부터 시작되었다. '배가 가라앉기 시작하면 우리는 모두 함께 침몰한다'는 생각이 전 세계적으로 가장 일반적인 반응이었다. 그러나 무역, 금융 흐름과 기타 글로벌 경제 방안에 대한 현재의 데이터는 세계화가 안정적으로 유지되고 있으며 일부의 방안은 약간 증가하는 추세를 보이고 있다.[2] 점점 격화되는 정치적 발언에도 불구하고 자유무역(free trade), 유럽연합(EU), 북미자유무역협정(NAFTA), 환태평양경제동반자협정(Trans-Pacific Partnership, TPP) 등과 같은 자유무역협정은 전 세계 사람들의 삶의 질을 향상시키는 긍정적인 효과를 가져왔다. 개발도상국에서는 수백만 명이 심각한 빈곤에서 벗어났다. 선진국의 소비자들은 가격이 더 저렴한 제품과 수익성 높은 제품을 누렸다. 기업이 해외로 생산을 이전할 때 발생하는 일자리 감소와 관련된 단점조차 소비자 물가의 하락과 보다 효율적인 신규 사업의 증가에 의해 상쇄되었다. 경영자에게 세계화는 여전히 인식하고 대응해야 하는 중요한 문제이다. 이민과 민족주의 같은 문제들에 대한 정치적 논쟁 또한 대응에 필요한 중요한 부분이 될 것이다. 조직의 경영자는 추구하는 세계화의 유형과 범위에 대해 현명한 결론을 내려야 한다. 이것이 이 장의 첫 번째 부분에서 살펴볼 내용이다. 이 장의 나머지 부분에서는 사회적으로 책임감 있게 행동하는 조직과 윤리적으로 행동하는 직원과 관련된 이슈를 살펴본다. 매일 전 세계의 뉴스 보도를 듣거나 읽는다면, 왜 우리가 이러한 것들을 논의해봐야 하는지 알 것이다. 또 하나 짚고 넘어가야 하는 문제가 있다. 이는 '중요한' 경영 이슈일 뿐만 아니라 '통합적' 경영 이슈이기도 하다. 이러한 이슈는 경영자가 수행하는 모든 일과 얽혀 있으며 규모나 유형, 위치에 상관없이 조직 전체에 통합되기 때문이다. 이제 내용을 살펴보자. ●

학습목표

3-1 글로벌화가 조직에 미치는 영향을 설명한다.

3-2 글로벌 조직에서 경영자가 경영을 위해 알아야 하는 사항을 설명한다.

3-3 사회적 기대가 경영자와 조직에 미치는 영향을 논의한다.

3-4 조직 내 윤리적 행동과 비윤리적 행동의 발생 원인을 논의한다.

글로벌화는 무엇이며 어떻게 조직에 영향을 주는가?

3-1 글로벌화가 조직에 미치는 영향을 설명한다.

> 국제적으로 일할 생각이 없더라도, 글로벌화에 대해 배우면 당신의 경력에 영향을 줄 수 있는 기회와 위협을 이해할 수 있다.

나는 캐슈너트를 사랑한다. 초콜릿을 입힌 캐슈너트, 꿀을 발라 구운 캐슈너트, 플레인 캐슈너트, 소금을 뿌린 캐슈너트 등. 나는 캐슈너트가 담긴 봉투를 구입했을 때, 캐슈너트 산업 이면에 있는 방대한 규모의 복잡한 글로벌 세력이 지역 UPS 배달 기사가 배달해준 아마존 프라임(Amazon Prime) 상자에 담겨 현관 앞까지 찾아왔다는 것을 알지 못했다. 이는 세계화의 결과로 산업과 기업이 어떻게 변화하는지 보여주는 흥미로운 이야기이다.[3] (당신이 좋아하고 사용하고 있는 제품에도 글로벌한 '이야기'가 있을 가능성이 높다.) 경영자가 다루어야 하는 중요한 문제는 세계화이다. 수년 동안 인도는 세계 캐슈너트 생산의 중심지였다. 이 노동집약적 산업에 수천 명의 인도인(주로 여성)이 고용되었다. 인도 정부는 근로자를 보호하기 위해 이와 관련된 특별 노동법과 규정을 제정했다. 1990년대까지 인도는 전 세계 캐슈너트 시장의 80%를 차지했고 캐슈너트의 왕이라 불렸다. 그러나 대략 3,200km 떨어진 곳에서 베트남 캐슈너트 가공업자가 자동화 설비에 투자하고 있다. 이는 노동집약적인 인도의 가공시설보다 훨씬 더 효율적이기 때문에 인도의 시장 지배에 심각한 경쟁적 위협이 되고 있다. 캐슈너트 가공이 더 효율적인 베트남 기업들로 바뀌면서, 인도의 근로자를 보호하기 위해 만들어진 법들은 그들에게 되레 피해를 입힐 가능성이 크다. 이것이 이 이야기의 끝은 아니다. 캐슈너트 가공처럼 별거 없어 보이는 것들에도 세계화의 힘과 영향은 무시할 수 없다. 현재까지는 베트남이 우위를 점하고 있을지 몰라도, 캐슈너트 가공의 대부분은 아프리카 국가로 이동하고 있는 것처럼 보인다. 이것이 바로 제품, 경쟁업체, 심지어 인력에서도 찾아볼 수 있는 글로벌 환경의 현실이자 과제이다.

　글로벌 세력을 외부 환경의 한 구성 요소로 보았던 4장의 논의를 떠올려보자. 전 세계적으로 경영 활동을 하는 기업의 경영자는 법률 및 규제의 변화, 시간에 민감한 공급망을 즉시 멈출 수도 있는 재앙과 같은 자연재해, 글로벌 경제의 붕괴, 지속적으로 변화하는 국내 및 국제 경쟁업체, 이민 및 보호주의, 심지어는 잠재적인 테러의 위협과 같은 정치적 논의까지 과제로 떠안아야 한다. 이러한 제약점에도 불구하고, 세계화는 사라지지 않을 것이다. 국가와 기업은 온갖 종류의 재난, 전쟁, 경제적/정치적/문화적 우여곡절을 겪으면서 수 세기 동안 거래했다. 지난 20년 동안 전 세계 거의 모든 곳에서 크고 작은 기업들이 폭발적으로 증가했다. 지리적 경계는 비즈니스를 하는 데 큰 문제가 되지 않는다. 독일 기업인 BMW는 사우스캐롤라이나주에서 자동차를 생산한다. 맥도날드는 중국에서 햄버거를 판매한다. 타타(Tata)는 영국계 회사인 재규어 브랜드를 포드 자동차로부터 인수했다. 미국 첨단 기술 혁신의 선구자인 IBM조차 미국보다 인도에 더 많은 직원을 두고 있다.[4]

　세계는 이제 국경 없이 상품과 서비스가 유통되는 **지구촌**(global village)이 되었다. 지구촌에서 경영자들의 경영 방식은 달라지고 있다. 경계가 없는 세계 속에서 효율적으로 경영을 하려면 우선 경영자가 변화된 환경에 적응하고 문화, 제도, 기술을 이해해야 한다.

'글로벌화'는 어떤 의미인가?

조직이 '글로벌화 되는 것'으로 간주하는 세 가지 방법이 있다. 예를 들어 다른 국가의 국민을 대상으로 상품과 서비스를 거래한다면 해당 조직은 글로벌화 되었다고 말할 수 있다. ❶ 시장의 세계화는 세계화의 가장 일반적인 경우이다. 그러나 많은 조직, 특히 첨단기술을 가진 기업들은 ❷ 경영 및 기술 인력을 세계 여러 곳에서 조달하기 때문에 흔히 세계화된 기업으로 간주된다. 인력의 세계화에 영향을 미치는 요소 중에는 이민법과 이와 관련된 규제들이 중요하다. 경영자는 이러한 법률의 변화를 잘 알아야 한다. 또한 세계적 기업의 특징 중 하나는 ❸ 금융의 세계화이다. 기업금융의 원천과 자원들이 자국이 아닌 외국으로부터 조달되는 경우가 흔하다.[5] 예상한 바와 같이, 세계적 불경기는 금융의 세계화에 매우 나쁜 결과를 초래했다. 그리고 경기 회복이 늦춰지면서 그 영향력은 세계 모든 국가로 확대되고 있다.

기업의 글로벌화는 어떻게 이루어지는가?

기업이 세계화되는 방법에는 여러 가지가 있다(그림 3.1 참조). 처음에 경영자들은 최소한의

지구촌
전 세계적으로 상품과 서비스가 생산되고 판매되는 국경 없는 세계

글로벌 소싱
재료와 노동력을 해외의 저렴한 곳에서 조달하는 것

수출
국내에서 제품을 생산해 해외에 판매하는 것

수입
해외에서 만든 제품을 국내에 들여와 파는 것

라이선싱
제조업에서 주로 사용되는 방법으로 다른 기업에 수수료를 받는 대신 자사의 기술이나 제품 사양을 제공하고 그 결과로 생산과 판매를 허용하는 것

프랜차이징
서비스산업에서 주로 사용되는 방법으로 기업이 다른 기업에 수수료를 받고 자사의 이름과 생산 방법을 사용하도록 허용해주는 것

다국적 기업
복수의 국가에서 상품이나 서비스를 생산하는 기업

다국적 내수 기업
경영 의사결정과 그 밖의 결정을 사업이 이루어지는 국가에 분권화한 기업

초국가적 조직
인위적인 지역적 장애물에 제약받지 않도록 조직화된 기업

글로벌 기업
경영 및 의사결정을 본국으로 집중화한 기업

투자로 세계 시장에 뛰어들고 싶어 한다. 이 단계에서 기업은 해외의 값싼 제품이나 노동력을 구입하는 글로벌 소싱(global sourcing, 혹은 글로벌 아웃소싱)을 할지 모른다. 이를 통해 경영자들은 보다 적은 비용으로 이익을 올려 경쟁력을 높이려 한다. 예를 들어 매사추세츠 종합병원(Massachusetts General Hospital)에서는 CT 스캔 판독을 인도에 있는 방사선 전문의에게 의뢰한다.[6] 글로벌 소싱은 국제화의 첫 번째 단계에 불과하지만 이 방법은 경쟁 우위를 가져다주기 때문에 많은 기업들에 의해 활용되었다. 그러나 지난 경제위기를 겪으며, 많은 기업이 외국에서 공급자를 찾는 것을 재고하고 있다. 예를 들어 델(Dell), 애플, 아메리칸 익스프레스 등 일부 미국 기업들은 해외에 있는 고객 서비스 업체를 축소했으며, 제조공장을 본국에서 운영하기로 했다. 한 예로, 애플은 약 10년 만에 처음으로 미국에서 맥 컴퓨터를 생산하기로 결정했다. "해외 협력업체의 열악한 근로조건에 의존하지 말고 일자리를 본국으로 되돌리라"는 정치적 압력을 받았기 때문이다.[7] 어떤 분석가는 글로벌 소싱을 검토하는 기업들이 무조건 해외 아웃소싱을 선택하기보다는 '해외, 국내, 가까운 해외 중에서 최선의 장소를 선택'하기 위해 고심하고 있다고 말한다.[8] 그 후, 세계화를 위한 기업들의 발전 단계는 글로벌 소싱을 뛰어넘는 단계들에서 더 많은 투자를 필요로 하며 따라서 기업에 더 큰 위험을 가져다주는 단계들로 이행해 갈 것이다.

글로벌 소싱의 두 번째 단계는 자국에서 상품을 생산하고 이들 제품을 다른 국가에 **수출**(exporting)하는 단계이다. 또한 기업은 외국에서 만들어진 제품을 **수입**(importing)해 국내에서 판매하기도 한다. 이 두 가지 방식은 대체로 최소의 투자와 최소의 위험을 수반하기 때문에 작은 규모의 기업이 선호하는 방식이다.

세 번째 단계로 경영자들은 **라이선싱**(licensing) 혹은 **프랜차이징**(franchising) 계약을 맺어 다른 회사로 하여금 자사의 브랜드, 기술, 제품 설명서를 사용할 수 있는 권리를 주고 그 대신 권리금이나 매출액에 비례한 판매 수수료를 받는 방법이 있다. 라이선싱은 자사의 제품을 다른 회사가 생산하거나 판매하는 권리로서 제조 기업에서 많이 사용하고 있다. 그 밖에 프랜차이징은 대개 서비스 기업에 해당하는 것으로 타사의 이름이나 운영 방법을 사용할 수 있는 권리이다. 뉴델리의 소비자들이 써브웨이 샌드위치를 즐기고, 나미비아 국민들이 KFC 치

그림 3.1 기업의 글로벌화는 어떻게 이루어지는가?

출처: Robbins, Stephen P., Coulter, Mary, *Management*, 13th Ed., © 2016, p. 106. Reprinted and electronically reproduced by permission of Pearson Education, Inc., New York, NY.

글로벌 기업의 형태는
어떻게 구분되는가?

MNC
다국적 기업(복수의 국가에서 사업을 하는 국제기업)

"어떤 제품이 적합할까?"

다국적 내수 기업
사업을 하는 현지 국가에 권한을 분권화한 다국적 기업

- 현지 종업원에게 경영을 의존한다.
- 각 국가의 독특한 특성에 따라 사업 전략을 세운다.
- 소비재 상품을 취급하는 기업이 주로 활용한다.

Lyroky/Alamy Stock Photo

존 디어(John Deere)의 초록색과 노란색이 섞인 트랙터는 농경국가에서 흔히 볼 수 있다. 한때 회사는 농경기구를 해외에 판매하는 것이 어려웠지만 현재는 고객 수요에 맞춘 제품들을 개발해 상당한 이익을 내고 있다.

"더는 우리 회사가 한 장소에 머물러 있다고 생각하지 않기 바란다."

초국가적 조직
인위적인 지역적 경계가 허물어진 다국적 기업

- 국가 혹은 사업이 이루어지는 장소가 더 이상 중요하지 않다.
- 경쟁이 심한 글로벌 시장에서 효율성과 효과성을 높여 나가고 있다.

포드(Ford)의 포커스 RS는 좋은 글로벌 제품의 예다. 포드의 'one Ford(원 포드)' 엔지니어링 구조는 여전히 잘 작동하고 있디. 캡션은 언제든 수정될 수 있다. 초국가적 접근 방식을 반영하기만 하면 된다.

VDWI Automotive/Alamy Stock Photo

"본사에서 결정한 사항은 회사 내에서뿐만 아니라 세계 다른 지사에서도 그대로 유효하다."

글로벌 기업
경영과 그 밖의 결정이 본사로 집중된 다국적 기업

- 세계 시장은 하나의 통합된 시장으로 간주된다.
- 통제와 글로벌 효율성에 초점이 맞추어져 있다.

Mouse in the House/Alamy Stock Photo

소니의 제품 혁신은 전설적일 정도로 큰 장점이다. 워크맨, 핸디캠, 플레이스테이션 같은 혁신적 제품을 보라. 신제품은 본사의 감독하에 전 세계적으로 개발되어 출시된다.

Ng Han Guan/AP Images

중국프로골프투어(PGA TOUR China) 새 시리즈의 상무이사인 그렉 길리건(Greg Gilligan)과 산카이 스포츠(Shankai Sports)의 공동 창업자이자 회장인 홍리(Hong Li)가 국제적인 전략적 제휴를 발표하는 기념식에서 악수를 하고 있다. 베이징에 본사를 둔 산카이 스포츠는 중국프로골프투어와 손을 잡고 2018년부터 20년간 새 골프 토너먼트 시리즈의 제반 운영을 맡을 예정이다.

국제적인 전략적 제휴
해외와 국내 기업(혹은 해외 기업) 간의 파트너십으로 새로운 제품을 개발하거나 생산공장을 건설하기 위해 원자재와 지식을 공유하는 것

합작투자회사
전략적 연합의 한 유형으로 특정한 사업 목적을 위해 독립된 조직을 설립하는 것

외국 자회사
독립적인 공장과 회사를 해외에 설립하는 해외 직접투자의 한 방식

킨을 먹고, 러시아 국민들이 던킨 도너츠를 먹는 것은 이 국가들 내에 프랜차이즈가 들어와 있기 때문이다. 반면에 안호이저부시 인베브(Anheuser-Busch InBev)는 자사의 버드와이저 맥주를 생산, 판매할 수 있는 권리를 캐나다의 라바트(Labatt), 멕시코의 모델로(Modelo), 일본의 기린(Kirin)에게 라이선싱하고 있다.

기업이 한동안 국제적으로 사업을 운영해 국제 시장에 관한 경험을 쌓게 되면 경영자들은 더 많은 직접투자를 원할 수 있다. 직접투자를 늘리기 위해 기업들은 **국제적인 전략적 제휴**(global strategic alliance)를 통해 해외 기업들과 자원, 신상품, 그리고 생산시설을 구축하는 지식을 공유하기도 한다. 예를 들어 혼다 자동차(Honda Motors)와 제너럴일렉트릭(General Electric)은 새로운 제트엔진을 생산하기 위해 팀을 구축했다. **합작투자회사**(joint venture)는 특정한 사업 목적을 위해 기업 파트너들이 하나의 기업을 구축하는 것을 말한다. 예를 들어 휴렛팩커드(Hewlett-Packard)는 컴퓨터 설비에 필요한 다양한 부품을 생산하기 위해 많은 기업과 합작회사를 만들었다. 이러한 파트너십은 기업들이 세계적인 경쟁에 대처하기 위한 비교적 쉬운 방법 중 하나이다.

경영자들은 해외에 독립된 공장이나 사무실을 세워 **외국 자회사**(foreign subsidiary)를 만들기도 한다. 이러한 자회사는 다국적 내수 기업(해당 지역에서 독립적으로 직접 관리)이나 글로벌 기업(본국으로의 통제 집중화)을 통해 경영이 가능하다. 추측하건대 이러한 방식은 상당한 위험 부담을 감수해야 하며 자원이 많은 기업에 적당하다. 예로서 일리노이주 웨스트몬트에 소재한 유나이티드 플라스틱 그룹(United Plastic Group)은 중국 쑤저우에 3개의 사출 성형 공장(injection-molding facility)을 지었다. 이 기업의 사업개발팀 부사장은 "글로벌 고객들을 위한 미션을 실행하기 위해 이 정도의 투자는 필요했다"고 말한다.[9]

경영자는 글로벌 경영에 대해 어떤 지식이 있어야 하는가?

3-2 글로벌 조직에서 경영자가 경영을 위해 알아야 하는 사항을 설명한다.

국경 없는 세계가 도래하면서 경영자는 이질적 문화를 가진 기업을 관리해야 하며 이는 경영자에게 도전적 과제가 아닐 수 없다.[10] 도전적 과제란 국가 간 관계를 효과적으로 관리하기 위해 국가 간의 차이를 인식하고 효과적으로 상호작용하는 것을 의미한다.

미국의 경영자들은 한때 지역주의적 관점에서 세계 경제를 바라보았다. **지역주의**(parochialism)는 한쪽으로 치우친 시각을 뜻한다. 이러한 경영자들은 자신의 관점에서만 사물을 바라보며 자신의 경영 방침이 가장 우월하다고 여기곤 한다. 그래서 다른 나라에서 온 사람들의 상이한 업무 방식과 생활 방식을 이해하지 못한다. 이러한 관점은 자국민 중심주의로 볼 수 있으며 지구촌에서의 성공을 어렵게 할 뿐만 아니라 오늘날의 지배적인 관점도 아니다. 미국 경영자의 인식 변화는 다른 문화와 환경을 이해하는 것에서부터 시작해야 한다.

지역주의
사물을 자신의 관점에서만 바라보는 좁은 시각

태도를 조심하라! 한쪽으로 치우친 편협한 태도를 가진 사람은 오늘날 세계에서 성공할 수 없다.

모든 국가는 서로 다른 가치관, 도덕, 관습, 정치, 경제, 법 체계를 가지고 있다. 이러한 요소들은 기업을 경영하는 데 영향을 준다. 예를 들어 미국에서는 고용주로부터 고용인의 나이에 대한 차별을 금지하는 보호조치가 마련되어 있다. 그러나 다른 나라에서는 이러한 법이 없는 경우가 있다. 그러므로 경영자들은 해외에서 경영을 하려면 그 나라의 법을 잘 알고 있어야 한다.

경영자에게 이보다 중요하고 도전적인 과제는 각국의 사회적 상황 혹은 문화적 차이를 이해하는 것이다. 예를 들면 지위는 국가마다 다른 의미를 갖는다. 프랑스에서 지위는 근속이나 교육 등과 같이 조직 관리에 중요한 요소가 되고 있다. 반면에 미국에서의 지위는 종업원이 개인적으로 성취한 것에 따라 얻는 것이다. 경영자들은 여러 나라에서 사업을 운영할 때 지위 같은 사회적 이슈들을 정확히 이해할 필요가 있다. 또한 경영자는 조직에서 성공하는 데 있어 다양한 관리적 경험이 필요함을 알고 있어야 한다. 다행스럽게도 경영자들은 문화적 차이를 연구한 결과들을 참고해 도움을 얻을 수 있다.

호프스테드의 연구틀 기어트 호프스테드(Geert Hofstede)의 연구는 문화 간 차이를 분석할 때 기본이 되는 틀로서 가장 많이 활용된다. 이 연구는 국가 간 차이를 이해하는 데 많은 영향을 주었기 때문에 '과거에서 현재까지'에서 자세히 논의한다.

GLOBE 연구팀의 발견 호프스테드의 연구는 국가 간 문화 차이를 구별하는 데 기본적인 틀을 제공해주지만, 그의 연구 결과는 30년이나 지난 것이다. 유사한 연구로서 최근에 이루어진 것은 리더십과 문화를 국가 간에 비교 연구한 GLOBE(Global Leadership and Organizational Behavior Effectiveness) 연구이다. 로버트 하우스(Robert House)가 주도한 62개국 17,000명 이상의 경영자를 대상으로 한 GLOBE 연구팀은 국가들의 문화적 차이를 9개의 차원으로 구분하고 있다.[11] 각 차원에 대해 연구팀은 각 국가별로 낮음, 중간, 높음으로 등급화하고 있다.

- 자기표현(assertiveness). 개인들이 자신을 드러내고 표현을 단호하게 하는 정도, 즉 자기 표현을 명확히 하고 경쟁적으로 행동하길 장려하는 정도 (높음: 스페인, 미국, 그리스 / 중간: 이집트, 아일랜드, 필리핀 / 낮음: 스웨덴, 뉴질랜드, 스위스)
- 미래 지향(future orientation). 계획, 미래에 대한 투자, 즉각적 만족을 연기하는 등 사회가 미래 지향적 행동을 장려하고 보상하는 정도 (높음: 덴마크, 캐나다, 네덜란드 / 중간: 슬로베니아, 이집트, 아일랜드 / 낮음: 러시아, 아르헨티나, 폴란드)
- 성적 차이(gender differentiation). 사회에 따라 성 역할의 차이가 크게 나타나는 정도 (높음: 한국, 이집트, 모로코 / 중간: 이탈리아, 브라질, 아르헨티나 / 낮음: 스웨덴, 덴마크, 슬로베니아)
- 불확실성의 회피(uncertainty avoidance). GLOBE팀에 의한 정의에 따르면, 사회가 미래의 불확실성에 대처하는 방법으로 사회적 규범과 절차를 준수하는 정도 (높음: 오스트리아, 덴마크, 독일 / 중간: 이스라엘, 미국, 멕시코 / 낮음: 러시아, 헝가리, 볼리비아)
- 권력격차(power distance). GLOBE팀의 정의에 따르면, 사회 내 권력이 동등하게 분배되지 않았다고 느끼는 정도 (높음: 러시아, 스페인, 태국 / 중간: 영국, 프랑스, 브라질 / 낮음:

GLOBE
글로벌 리더십과 조직 행동 효과성에 대한 연구 프로그램이자 문화 간 리더십 형태를 연구하는 프로그램

◄◄◄ 과거에서 현재까지 ►►►

국가 간 문화를 구분하는 호프스테드의 다섯 가지 차원

1970년대와 1980년대에 걸쳐 호프스테드가 진행한 문화 차이에 관한 연구[12]는 40개국 116,000명 이상의 IBM 직원을 대상으로 한 설문에 기초하고 있다. 이 연구는 일과 관련된 가치관을 조사해 경영자와 종업원의 가치관을 다섯 가지 유형으로 구분하고 있다.

> 국가 간 문화 차이를 이해하는 방법이 있다.

- **권력격차**(power distance).   나라마다 조직과 기관 내에 존재하는 권력의 차이는 서로 다른 수용도를 보인다. 권력격차는 상대적으로 낮은 수준에서 매우 높은 수준까지 다양하다.
- **개인주의 대 집단주의**(individualism versus collectivism).   개인주의는 다른 구성원들과 함께 일하는 것보다 개인적으로 일하는 것을 선호하는 정도이며, 집단주의는 낮은 개인주의를 뜻한다.
- **성취 대 육성**(achievement versus nurturing).   성취는 금전이나 재화에 가치를 두는 것을 뜻하며, 육성은 사람 사이의 관계나 복지 정도에 관심을 보이는 정도를 말한다.
- **불확실성의 회피 정도**(uncertainty avoidance).   이는 구조화되지 않은

상황보다 구조화된 상황을 선호하는 정도와 위험을 얼마나 감수하는지를 의미한다.
- **단기 지향성 대 장기 지향성**(long-term versus short-term orientation).   장기 지향성을 가진 문화의 사람들은 먼 미래를 바라보고 절제와 지속성에 가치를 둔다. 반대로 단기 지향성을 가진 사람들은 과거 및 현재를 중요시하고 전통을 존중하며 사회적 의무를 지키는 것에 가치를 부여한다.

아래의 표는 호프스테드의 문화적 특성 중 네 가지 특성을 뽑아 국가 간 점수가 어떻게 다른지 살펴본 것이다.

토의문제

1   멕시코와 미국의 자료를 참고해 (a) 팀 중심 보상 프로그램을 도입할 경우 각 국가의 종업원이 어떻게 반응할지를 예측할 수 있는가? (b) 각 국가의 종업원이 상사와의 관계를 어떻게 생각할지 예측할 수 있는가? (c) 각 국가의 종업원이 작업 방식의 변화에 어떻게 반응할지 예측할 수 있는가?
2   이 예제는 문화 차이를 이해하는 것의 중요성에 대해 무엇을 말하고 있는가?

국가	개인주의/집단주의	권력격차	불확실성 회피 정도	성취/육성[a]
호주	개인	작음	중간	강함
캐나다	개인	중간	낮음	중간
영국	개인	작음	중간	강함
프랑스	개인	큼	높음	약함
그리스	집단	큼	높음	중간
이탈리아	개인	중간	높음	강함
일본	집단	중간	높음	강함
멕시코	집단	큼	높음	강함
싱가포르	집단	큼	낮음	중간
스웨덴	개인	작음	낮음	약함
미국	개인	작음	낮음	강함
베네수엘라	집단	큼	높음	강함

[a] 약한 성취 점수는 높은 육성에 해당한다.
출처: G. Hofstede, "Motivation, Leadership, and Organization: Do American Theories Apply Abroad?" *Organizational Dynamics* (Summer 1980): 42–63.

덴마크, 네덜란드, 남아프리카)
- 개인주의/집단주의(individualism/collectivism).   앞서 호프스테드의 연구에서와 같이 사회적 질서가 집단을 위해 통합되어야 한다고 느끼는 정도로, 낮은 점수는 집단주의와 같다.

(높음: 그리스, 헝가리, 독일 / 중간: 홍콩, 미국, 이집트 / 낮음: 덴마크, 싱가포르, 일본)

- 집단 내 집단주의(in-group collectivism). 조직 전체에 초점을 맞추는 것이 아니라 가족, 친구 간의 모임, 직장 동료들과 같이 작은 집단에 속하는 것을 선호하는 정도 (높음: 이집트, 중국, 모로코 / 중간: 일본, 이스라엘, 카타르 / 낮음: 덴마크, 스웨덴, 뉴질랜드)
- 성과 지향(performance orientation). 사회가 구성원의 뛰어난 성과 혹은 성과의 개선을 장려하고 보상하는 정도 (높음: 미국, 대만, 뉴질랜드 / 중간: 스웨덴, 이스라엘, 스페인 / 낮음: 러시아, 아르헨티나, 그리스)
- 인간 지향(humane orientation). 사회가 타인에 대한 공정성, 이타성, 관대함, 보살핌, 친절을 장려하고 보상하는 정도 (높음: 인도네시아, 이집트, 말레이시아 / 중간: 홍콩, 스웨덴, 대만 / 낮음: 독일, 스페인, 프랑스)

GLOBE는 호프스테드 차원의 타당성을 확인하고, 이를 대체했다기보다 확장했다고 볼 수 있다. GLOBE 연구는 이전의 분류가 여전히 타당하다는 것을 재확인했지만 거기에 그치지 않고 국가 간 문화 차이를 측정하는 또 다른 측정 도구를 제공해주었다. 인간의 행동 및 조직 관행에 대한 비교 문화 연구들은 국가 간 차이를 측정하기 위해 GLOBE의 아홉 가지 차원을 사용하는 추세이다.

사회는 기업과 경영자에게 어떠한 기대를 하고 있는가?

3-3 사회적 기대가 경영자와 조직에 미치는 영향을 논의한다.

> 이것은 매우 간단하지만, 잠재적으로 세계를 변화시킬 만한 생각이다.

어떤 생각이 있을까? 한 켤레의 신발이 팔리면, 한 켤레의 신발을 필요로 하는 어린이에게 기부하는 탐스(TOMS) 신발회사가 추진하고 있는 사업 모델이 이에 해당한다. CBS 방송사의 리얼리티 쇼 프로그램 'The Amazing Race'의 경기 참가자로 아르헨티나를 방문했을 때, 탐스 신발회사의 창업자인 블레이크 미이코스키(Blake Mycoskie)는 '신발이 없는 많은 아이들이 발에 난 상처로 고통 받고 있는 것'을 보았다. 그는 이런 경험을 통해 자신이 무엇인가를 해야겠다고 생각했다. 이것이 현재 탐스 신발회사가 사업과 기부를 같이 하는 이유이다. 현재 탐스가 기부한 신발은 약 7,000만 켤레 이상이며, 탐스 브랜드가 성공하게 된 주된 이유이기도 하다. 최근에는 '일대일 교환' 모델을 안경, 커피, 가방 등 여러 가지 제품으로 늘려 판매하고 있다.

사회는 기업과 경영자에게 어떠한 기대를 하고 있는가? 이는 대답하기 어려운 질문처럼 보이나 블레이크 미이코스키에게는 답하기 쉬운 질문이었다. 사회는 기업과 경영자가 책임 있고 윤리적이길 바란다고 그는 믿고 있다. 그러나 악명 높은 웰스파고(Wells Fargo), 엔론(Enron), 버나드 매도프 투자증권(Bernard Madoff Investment Securities), 헬스사우스(HealthSouth) 등 기업의 금융 스캔들을 보면, 일부 경영자는 책임감 있고 윤리적으로 행동하는 것 같지 않다.

Jesus Aranguren/AP Images

제트블루(Jet Blue)는 독서를 통해 아이들의 상상력이 '비행'하도록 고무하고 이를 지지하기 위해 고안된 문맹퇴치 프로그램인 Soar with Reading을 통해 사회적 책임을 다하고 있다. 이 프로그램의 한 부분은 항공사가 서비스를 제공하는 지역사회 전체에 걸쳐 소외된 이웃을 위해 설치된 제트블루 자판기를 통해 어려움에 처한 아이들에게 무료로 책을 배포하는 것을 포함한다.

사회적 책임(또는 기업의 사회적 책임)
법적·경제적 의무 이상으로 영리 회사가 사회에 유익한 일을 하려는 의도를 말함

사회적 의무
영리 회사가 경제적이고 법적인 책임을 준수하는 사회적 행동을 하는 것

사회적 대응
영리 회사가 사회의 대중적 요구에 반응해 사회 지향적 행동을 하는 것

기업은 어떻게 사회적 책임을 실행하는가?

사회적 책임과 같이 다양한 의미를 가진 용어는 흔하지 않다. 일반적으로 이윤의 극대화, 이윤을 넘어선 경영, 사회봉사 활동, 사회체제에 대한 고려 등이 사회적 책임을 의미하는 용어로 사용되고 있다.[13] 이에 대한 설명은 두 가지 측면으로 나뉜다. 한쪽 극단에는 고전경제학의 관점이 있는데 이는 기업의 유일한 사회적 책임이 이윤 극대화라는 의견이며,[14] 다른 한 극단은 사회경제학의 관점으로 기업은 사회복지를 개선하는 것을 포함해, 이윤 추구 이상의 책임을 져야 한다는 의견이다.[15]

우리가 생각하는 **사회적 책임**[social responsibility, 또는 기업의 사회적 책임(corporate social responsibility)]은 기업이 사회에 좋은 영향을 주도록 법과 경제가 요구하는 범위를 뛰어넘는 장기적 목표를 기업이 수행해야 한다는 점을 의미한다. 이러한 정의는 기업이 ❶ 법을 준수해야 하고 ❷ 경제적 이윤 추구를 한다는 것을 전제로 한다. 그러나 그 이상으로 기업은 ❸ 도덕적 대리인으로 이해되어야 한다. 기업은 사회에 이익을 주기 위해서 옳고 그름을 반드시 구분해야 한다.

우리는 사회적 의무와 사회적 대응이라는 비슷한 개념을 통해 사회적 책임을 더욱 잘 이해할 수 있다. **사회적 의무**(social obligation)는 가장 기초적인 수준의 사회적 책임을 뜻한다. 기업이 사회적 의무를 다했다고 하면 경제적, 법적 책임의 완수를 의미하며 그 이상을 의미하는 것은 아니다. 더욱 범위를 줄이면 법의 준수만으로도 기업은 사회적 의무를 다했다고 할 수 있다. 기업은 경제적 목표에 기여할 수 있는 사회적 목표만을 추구한다. 반면에 **사회적 대응**(social responsiveness)은 기업이 사회의 대중적 요구에 부응해 사회적 행동을 하는 것을 말한다. 이들 기업들은 사회적 기준과 가치관을 존중하면서 시장 지향적 의사결정을 한다.[16] 일반적인 기업들이 미국 연방오염기준이나 안전포장 규정들을 준수함으로써 사회적 의무를 충족하고 있다면 사회적 대응 기업들은 직장 내 탁아소 시설이나 재활용 종이 사용과 같이 사회적으로 기대하는 것에 대응해 나간다. 사회적 대응 기업들은 직장에 나오는 부모들이나 환경보호론자들의 요구에 따라 행동하고 있다. 적지 않은 기업이 사회적으로 책임 있는 수준을 넘어 사회적 요구에 대응하고 있다고 할 수 있다. 이러한 기업들의 행위들은 표현에 관계없이 실제적 사회에 긍정적인 영향을 미치고 있다. 사회적 책임은 기업들이 사회를 더 좋게 변화시키도록 윤리적 행동을 요구하고 무책임한 사람들을 제지하는 것이다.

기업은 사회적 문제에 반드시 참여해야 하는가?

사회적 책임에 대한 조직의 생각은
근로자가 그곳에서 일할 것인지 결정하는 데 중요한가?
이는 여러 젊은이를 위한 것이다!

1960년대 시민운동가들은 기업이 단지 경제적 목적만을 추구해야 하는지 의문을 제기했고, 이로부터 기업의 사회적 책임이 중요한 이슈로 대두되었다. 오늘날에도 기업의 사회적 책임은 논쟁의 대상이 되고 있다(그림 3.2 참조). 하지만 이런 논쟁과는 상관없이 시대는 바뀌었

다. **경영자들은 사회적 책임과 관련해 의사결정에 신중해야 한다.** 이를테면 자선 기부, 가격 책정, 고용관계, 자원보호, 제품의 질, 억압적인 정부가 있는 나라에서의 사업 등과 같이 사회적 책임을 요구받을 수 있는 이슈들이 있다. 이와 같은 이슈들에 대처하기 위해 경영자들은 포장 재질이나 제품의 재활용, 환경보호 방침, 아웃소싱 결정, 해외 제품업체 관행, 종업원 정책 등에 대한 재평가가 필요하게 되었다.

    사회적 책임과 관련된 또 다른 관심사는 사회적 참여가 기업의 경제적 성과에 어떤 영향을 주는지에 관한 것이다.[17] 많은 연구에 의하면 양자 간에는 작은 정(+)의 관계가 있었으나 아

그림 3.2   사회적 책임에 대한 찬반 의견

찬성

대중의 기대
대중은 기업의 경제적·사회적 목표 추구를 지지한다.

장기 이익
사회적 책임을 준수하는 기업에게는 장기적 이익이 되어야 한다.

윤리적 의무
책임감 있는 행동은 옳은 행동이므로 기업은 사회적으로 책임감 있게 행동해야 한다.

기업 이미지
기업은 사회적 목표를 추구해 우호적인 기업 이미지를 구축해야 한다.

환경 개선
기업은 어려운 사회적 문제들을 해결하는 데 도움을 주어야 한다.

정부 규제의 감소
사회적으로 책임 있는 행동을 함으로써 기업은 정부 규제를 줄여야 한다.

책임과 권력의 균형
기업은 엄청난 권력과 그에 상응하는 책임감을 동시에 지고 있다.

주주들의 이익
사회적 책임을 이행하면 기업의 장기적 주식가격은 상승할 것이다.

자원의 소유
기업들은 공공사업과 복지사업을 도울 수 있는 자원을 가지고 있다.

치료보다 예방 위주의 노력
기업들은 심각한 문제로 발전하기 전에 사회적 문제에 관심을 가져야 한다.

반대

이익 극대화 저해
기업은 오직 경제적 이득을 추구함으로써 사회적인 책임을 다할 수 있다.

목적의 순수성
사회적 목표를 추구하는 것은 기업의 최고 목표인 경제적 생산성 달성을 방해한다.

비용
사회적 책임을 감당하는 활동들은 비용이 많이 소요되므로 기업이 이를 직접 감당하기보다는 누군가가 이를 지불해야 한다.

권력의 비대화
기업은 이미 엄청난 권력을 지니고 있기 때문에, 만약 사회적 목표를 추구한다면 더 많은 권력을 갖게 될 것이다.

기술 부족
비즈니스 리더는 사회적 문제들을 책임지는 데 필요한 능력을 갖고 있지 않다.

책임감 부족
기업의 사회적 행동을 강요할 수 있는 어떠한 인과관계도 존재하지 않는다.

출처: Robbins, Stephen P., Coulter, Mary, *Management*, 13th Ed., © 2016, p. 154. Reprinted and electronically reproduced by permission of Pearson Education, Inc., New York, NY.

오늘날 직장에서의 윤리적 의사결정

기업이 고객과 신뢰를 구축하고 이를 유지하는 것이 얼마나 중요한가? 폭스바겐은 유럽과 미국, 기타 국가의 자동차에 수백만 대씩 탑재되는 소위 클린디젤엔진을 개발하면서 경쟁업체와 차별화했다. 마케팅 자료는 폭스바겐 디젤엔진이 유해한 질소산화물을 적게 배출하기 때문에 환경에 좋다고 말한다. 그러나 폭스바겐은 자동차의 배기가스 검사를 할 때 오염물질을 제거하고 청소하는 소프트웨어를 의도적으로 설치한 것으로 드러났다. 고의적으로 배기가스 검사를 조작한 것은 폭스바겐의 제품에 대한 신뢰와 소비자의 믿음을 회복 불가능한 상태로 만들었다. 폭스바겐 그룹의 아우디 브랜드가 엔지니어링에서 진실이라는 단어를 사용한 것은 이 얼마나 아이러니한 일인가. 이 문제가 밖으로 새어나가자 폭스바겐의 CEO는 사임하고 수석 엔지니어들은 해고되었다.[26]

토의문제

3 이 사례에서 윤리적 딜레마는 무엇인가? 어떤 이해관계자가 이 일로 영향을 받을 수 있으며 어떻게 영향을 받는가? 어떠한 개인적, 조직적, 환경적 요인이 중요한가? 이러한 일이 다시 발생하지 않도록 하기 위해 어떠한 윤리적 보호장치가 필요한가?

4 윤리적 관행을 확립하고 이행하는 것은 누구의 책임인가? 다른 조직은 이 사례를 통해 무엇을 배울 수 있는가?

직 일반화되기는 부족한 결과이다. 이 연구들의 결과는 기업의 규모, 산업, 경제적 여건, 규제 환경 등 다양한 요소에 따라 달라질 수 있다.[18] 그래서 어떤 연구자들은 이러한 인과관계에 의문을 제기하기도 한다. 즉 사회적 참여와 경제적 성과에 정의 관계가 있다 하더라도, 이것으로 사회적 참여가 높은 경제적 성과를 가져오는 것으로 단정하기는 어렵다. 이는 높은 이익으로 인해 해당 기업이 사회적 참여를 증가시킨 결과일 수도 있다.[19] 이러한 문제들은 가볍게 다루어져서는 안 된다. 기존 연구들의 결함을 수정할 수 있다면, 아마도 사회적 책임이 회사의 금융 성과에 중립적인 영향을 끼치는 것으로 나타날 수도 있다.[20] 한 연구에 따르면 기업의 주주들과 관련되지 않은 사회적 문제에 기업이 참여할 경우 이는 주주들의 부에 오히려 부정적 영향을 주는 것으로 나타났다.[21] 이러한 연구들에도 불구하고, 일부 연구들은 기존 연구를 다시 분석한 후 경영자의 사회적 책임은 부정될 수 없는 것이라 결론짓고 있다.[22]

지속가능성이란 무엇이며 왜 중요한가?

세계 최고의 소매점이 친환경적이 되다.

- 연간 매출액 4,859억 달러
- 종업원 수 230만 명
- 점포 수 11,700개 이상

지속가능성 목표: 운영 및 가치 사슬에서의 지속가능성 향상

지속가능성 성과: 전 세계의 26%가 재생에너지를 사용하고 있다. 전 세계 폐기물의 77%가 매립지로부터 멀어졌다. 2,000억 달러어치 판매된 상품이 지속가능하다는 평가를 받고 있다.

바로 이 회사가 월마트이다. 기업 규모를 고려해볼 때 월마트는 지속가능성을 설명한 지난 단원의 마지막에 등장한 회사이다. 월마트는 지속가능성을 개선하기 위해 많은 노력을 기울이고 있다. 월마트의 기업 행동은 지속가능성이 경영자들에게 중요한 이슈가 되고 있다는 것을 명백히 보여주고 있다.

오늘날 기업에서 경영을 재구성하는 요소에 대해 논의하면서, 1장에서 지속가능성에 대해 언급했다. 우리는 **지속가능성**(sustainability)을 경제, 환경 및 사회적 기회를 경영 전략에 통합함으로써 경영 목표를 달성하고, 장기적인 주주의 가치를 향상할 수 있는 기업의 역량으로 정의했다.[23] 기업은 효율적이고 효과적인 방법으로 관리하는 것뿐만 아니라 광범위한 환경적·사회적 문제에 전략적으로 대응하기 위해 책임을 확대하고 있다.[24] 월마트의 경영자(및 지속가능성을 추구하는 경영자)처럼 보다 지속가능한 방식으로 기업을 운영해야 하는데, 이는 다양한 이해관계자와의 철저하고 지속적인 의사소통을 기반으로 경영 의사결정을 내리고, 이해관계자들의 요구 사항을 이해하며, 기업의 경영 목표를 달성하기 위해 경제적, 환경적, 사회적 측면을 고려해야 함을 의미한다.

지속가능성
경영 전략상으로 경제적·환경적·사회적 기회들을 잘 살펴 기업이 경영 목표를 달성하고 주주 가치를 장기적으로도 높이는 것

사업장의 75%가 적어도 하나의 친환경 기술을 보유하고 있다.[25]

　지속가능성을 실행하려면 경영의 많은 측면에 영향을 주는, 즉 제품의 생산에서부터 소비자가 제품을 사용하고 폐기하기까지의 전 과정을 고려해야 한다. (이 장 마지막 부분의 사례적용 #2를 확인해보라.) 지속가능성을 실행하는 것은 기업이 책임 있게 경영함을 나타내는 방식 중 하나이다. 오늘날 세계의 많은 사람이 경영에 대해 안 좋은 인식을 가지고 있고, 어떤 기업들은 언론에 좋지 않게 비치거나 사회적으로 무책임하게 행동함으로써 경제에 영향을 미치고 있다. 경영자들은 윤리적으로 보이길 원하며 이와 관련된 주제는 다음에서 살펴보겠다.

어떤 요소가 윤리적 행동과 비윤리적 행동을 구분하는 기준인가?

3-4 조직 내 윤리적 행동과 비윤리적 행동의 발생 원인을 논의한다.

- 플로리다의 한 법률회사 직원들은 프레디맥(Freddie Mac)과 패니메이(Fannie Mae)에 대한 압류소송을 진행하고 있었는데, 그 과정에서 수천 개의 서류를 조작하고, 회사의 감사가 있었을 때 이 서류들을 모두 방에 숨겨두었다.[27]

- 프랑스계 은행 소시에테 제네랄(Société Générale)의 전 재무담당자인 제롬 커비엘(Jérôme Kerviel)은 사용자를 심각한 재정파탄으로 몰아넣은 금융 스캔들을 일으켰고 이로 인해서 파리 법원은 그에게 유죄 판결을 내렸다. 그러나 커비엘은 회사가 엄청난 이익을 얻을 수 있는 잠재적 기회를 알고 있었고, 그래서 이 문제를 눈감아 주었다고 주장하고 있다.[28]

- 내셔널 풋볼 리그(National Football League)는 최근 연방 법원 문서에서 "은퇴한 선수 중 약 3분의 1 정도가 장기적 인지 문제를 일으킬 것으로 예상한다"며 선수들이 눈에 띄게 어린 나이에 이러한 문제를 겪게 될 수 있다고 인정했다.[29]

　당신은 아마 위 세 가지 기사가 어떻게 서로 연관되어 있을지 궁금할 것이다. 기사에 나타난 의사결정, 행위, 행동을 볼 때 당신은 사업이 윤리적이지 않다는 결론에 쉽게 도달할 것이다. 비록 기사와 같은 상황이 아닐지라도, 경영자들은 매번 윤리적 문제와 딜레마를 겪고 있다

　윤리(ethics)는 대개 옳고 그름을 정의하는 규범이나 기준 등을 의미한다.[30] 옳거나 그른 행동은 시대에 따라 달리 정의될 수 있는데, 불법적인 것들은 대부분 비윤리적인 것으로 인식되었다. 그러나 '적법하다'는 것이 모호하거나 조직의 정책이 지나치게 엄격할 경우에는 어떤 문제가 발생하는가? 예를 들어 경영자인 당신이 긴급한 프로젝트 때문에 종업원을 주말 내내 근무시키고, 나중에 이틀간의 '병가 처리(sick days)'를 해준다면 이는 적법한 것인가? 당신은 회사가 초과근무에 대해 어떤 금전적 보상도 금지하는 정책 때문이라고 말할 수 있겠으나,[31] 이 행위는 올바른 것일까? 이러한 상황들에 경영자는 어떻게 대처해야 하는가?

윤리를 바라보는 관점에는 어떤 것이 있는가?
경영 윤리를 보다 명확히 이해하기 위해 우리는 경영자가 어떻게 윤리적 결정을 하는지 세 가지 관점에서 살펴볼 필요가 있다.[32] **공리주의**(utilitarian view)는 모든 의사결정이 그것의 결과에 따라서 이루어져야 한다는 관점이다. 공리주의의 목표는 최대 다수의 최대 행복이다. 공

윤리
옳고 그름을 정의하는 규범이나 기준

공리주의
모든 윤리적 결정이 그것의 결과를 중심으로 이루어지는 것

공민권적 관점
윤리적 결정은 개인의 자유와 특권을 보장하고 존중하기 위해 이루어지는 것

정의론적 관점
윤리적 결정은 공정하고 공평한 규칙을 실행하기 위해 이루어지는 것

민권적 관점(rights view of ethics)은 사생활, 양심의 자유, 자유 발언, 정당한 법 절차들을 포함한 개인의 자유와 특권을 보장하는 것을 핵심으로 한다. 공민권적 관점의 장점은 개인의 자유와 사생활을 보호할 수 있다는 것이다. 이런 관점에서 윤리적 결정을 내리는 것은 매우 간단한데, 공민권의 목표는 어떤 결정이 그 영향을 받는 타인의 권리를 침해하지 않는 것이어야만 한다. **정의론적 관점**(theory of justice view of ethics)은 사람들이 공정하고 공평한 규칙을 강조하고 이를 강화하는 상황을 말한다. 예를 들어 정의론에 기초한 경영자는 개인의 임금을 결정할 때 성별, 성격, 개인적 선호가 기준이 아니라 기술, 성과 또는 책임이 동일한 종업원들에게 비슷한 임금을 책정한다. 정의론의 목표는 의사결정이 공정하고 동일하게 편견 없이 내려지도록 하는 것이다.

경영자 혹은 종업원의 윤리적 혹은 비윤리적 행위 여부는 다양한 요소에 의해 결정된다.

이러한 요소들은 개인의 도덕성, 가치, 성격, 경험, 기업의 문화, 기업의 윤리적 이슈를 포함한다.[33] 도덕적 신념이 약한 사람들일수록 규칙과 정책, 직무 기술서 혹은 문화적 규범에 의해 통제되어야 부정행위의 가능성이 줄어든다. 예를 들어 당신이 수강하는 과목의 학생이 기말 시험지를 훔쳐 50달러에 판다고 했을 때, 당신은 이 시험지를 사서 시험을 잘 볼 수도 있고 불행히 들켜서 수강 취소가 될 수도 있다. 당신은 일부 동료들이 이미 시험지를 구입했고 이것이 당신의 점수에 나쁜 영향을 줄 수 있음을 알고 있다. 교수는 상대평가에 따라 학점을 준다. 당신은 이로 인한 불이익을 예상해 이 시험지를 구입하겠는가? 아니면 시험지 구입을 거절하고 최선을 다할 것인가? 아니면 이러한 사실을 교수에게 보고하겠는가? 기말 시험과 관련된 예는 '윤리'의 모호성과 관련해 '과연 윤리란 무엇인가'라는 질문에 대해 경영자가 느낄 수 있는 유사한 문제점을 시사하고 있다.

경영자들은 윤리적 행동을 어떻게 장려할 수 있는가?

상원의원 청문회는 월스트리트의 골드만삭스(Goldman Sachs)가 부동산 시장이 붕괴되는 동안 고객들을 속였다는 고발에 대해 조사했다. 애리조나주 상원의원 존 매케인(John McCain)은 "나는 골드만삭스가 불법을 저질렀는지는 확신할 수 없지만, 그들의 행동이 비윤리적이었다는 점은 의심할 여지가 없다"고 말했다.[34] 당신은 윤리적으로 의심될 만한 결정과 행동이 이루어지는 동안 기업의 경영자가 무슨 생각과 행동을 했는지 알면 놀랄 것이다. 그들이 윤리적 행동을 장려하지 않았다는 것은 명백하다!

**경영자들이 윤리적 행동을 심각하게 생각해서 이를 장려하고자 한다면,
그들이 실제로 할 수 있는 일은 많다.**

예를 들어보자. 윤리적 기준이 높은 종업원을 고용하거나 윤리강령을 만들거나 윤리적인 리더를 세울 수 있다. 또한 업무의 목적과 성과 평가를 연결하고, 윤리 훈련 프로그램을 제공하며, 윤리적 딜레마에 빠진 종업원을 보호하는 등 많은 일을 할 수 있다. 이러한 조치들 자체가 구성원의 윤리적 행동에 큰 영향을 주지 못할 수 있지만, 조직이 포괄적인 윤리 프로그램을 만들어 실행하면 잠재적으로 조직의 윤리 풍토가 바뀔 수 있다. 적어도 변화의 가능성이

오늘날 직장에서의 경영 기술

데이터 분석의 윤리

페이스북에서 클릭을 하거나 구글에서 검색을 할 때, 아마존에서 물건을 구매하거나 인스타그램에 게시를 할 때마다 데이터가 수집된다. 기술은 소비자들이 웹사이트에 방문하거나, 소셜 미디어에 글을 게시하거나, 검색을 하거나, 온라인으로 물건을 구입할 때마다 소비자 습관에 관한 데이터를 수집할 수 있을 정도로 발전했다. 그러나 외부 웹사이트에서만 데이터를 수집하고 분석하는 것이 아니다. 월스트리트저널의 최근 기사에 따르면, 기업들은 종업원들을 대상으로 다양한 데이터 포인트를 분석해 종업원들의 이직 가능성을 알아보는 방법을 연구하고 있다.[35] 종업원 이직은 비용과 시간을 필요로 하기 때문에, 기업들은 종업원, 특히 유능한 종업원이 이직을 결정하기 전에 경영자가 행동을 취할 수 있도록 조기에 조치를 취하고자 한다.

통계학자와 데이터 과학자는 특히 온라인에서 빅데이터 연구 및 분석에 관한 윤리적 가이드라인이 부족한 것에 우려를 표하고 있다. 이는 매우 정교한 데이터 처리로 분석할 수 있는 방대한 양의 정보 수집 기술을 보유하고 있기 때문이다. 그래야만 할까? 기업들은(경영자들은) 이 기술을 사용해야 하는가? 페이스북이 소셜 미디어에서 어떻게 정서가 퍼지는지에 대해 알아보고자 무작위로 선정된 50만 명 이상의 사용자에게 긍정적 혹은 부정적으로 뉴스 피드를 제공하도록 조작한 사실이 밝혀지자, 사람들은 분개했다. 그러나 페이스북만이 사용자 데이터를 조작하고 분석하는 것은 아니다. 구글, 야후, 아마존 등의 기업들도 사용자 데이터를 조작하고 분석하는데, 이 모든 것이 명목적으로는 '사용자 경험 개선'을 위한다는 이유에서이다.[36] 데이터 분석 기술 자체는 윤리가 없다. 즉 좋지도 나쁘지도 그러나 기술은 어떻게 활용되느냐에 따라 윤리적인 문제가 발생할 수 있다.

토의문제

5 '데이터 분석 기술은 윤리와 관계없다'는 것은 무슨 의미인가?

6 관리자는 어떻게 빅데이터를 윤리적으로 활용할 수 있는가? 이 문제를 '속한' 그룹 내에서 논의해 양측에 대한 주장을 제시하라. '예'는 관리자가 빅데이터를 윤리적으로 활용하는 것이 가능하다는 의미이고, '아니요'는 관리자가 빅데이터를 윤리적으로 활용하는 것이 불가능하다는 의미이다.

존재한다. 물론 잘 만들어진 윤리 프로그램도 언제나 기대한 결과를 보장해주지는 못한다. 때때로 기업의 윤리 프로그램은 경영자와 종업원에게 큰 영향을 주지 못하고 언론 홍보의 수단으로 전락하기도 한다. 예를 들어 경영비리의 상징인 엔론조차도 연말평가보고서에 소통, 존중, 정직, 우수성 같은 윤리적 용어를 담고 있다. 최고 경영층의 실제 행동은 기업의 공식 보고서와 일치한다고 볼 수는 없다.[37] 우리는 경영자들이 윤리적 행동을 장려하고 포괄적인 윤리 프로그램을 만드는 세 가지 방식을 살펴보고자 한다.

윤리강령 윤리강령은 윤리적 모호성을 줄이기 위한 도구로서 널리 사용된다.[38] 윤리강령(code of ethics)은 경영자와 종업원 모두가 준수해야 할 조직의 최우선 가치와 윤리적 규범을 공식적으로 표명한 문서이다. 이러한 윤리강령들은 조직 구성원 개인들에게 실제적인 도움을 줄 수 있도록 구체적이고 상세해야 하며 한편으로는 판단의 자유를 허용할 수 있을 정도로 유연할 때 가장 이상적이다. 한 연구에 의하면 종업원이 1만 명 이상인 기업 중 97%는 윤리강령을 갖고 있는 것으로 나타났다. 소규모 기업에서도 약 93%가 윤리강령을 가지고 있는 것으로 되어 있다.[39] 이러한 윤리강령은 점차 세계적으로 보편화되고 있다. Institute for Global Ethics라는 기관의 연구에 의하면 정직, 공정성, 존중, 책임, 보살핌과 같은 공유가치는 점차 세계적으로 공유되는 기업가치가 되고 있다.[40]

윤리강령이 효과적이려면 경영진이 이를 지원하고 윤리를 기업문화에 깊이 결합하며 강령을 어긴 사람들에 대한 조치가 명확해야 한다.[41] 만약 경영진이 윤리강령을 중요하게 여기고 정기적으로 그 내용을 재확인하고, 스스로 규칙을 지키며, 강령을 어긴 사람들을 공식적으로 벌한다면 윤리강령은 효과적인 기업의 윤리 프로그램이 될 것이다.[42]

윤리적 리더십 팀 쿡은 2011년에 애플의 CEO로 임명되었다. 애플은 매우 성공한 기업이지

윤리강령
경영자와 종업원이 지켜야 할 조직의 주요 가치와 윤리규정을 명시한 공적 문서

만, 제품이 어떻게 만들어지는지에 대해서는 관심이 없는 탐욕스러운 자본주의의 전형으로 비치기도 한다. 에티스피어(Ethisphere)가 선정한 기업 윤리에서 가장 영향력 있는 100인 중 한 사람인 쿡은 공급망 윤리 및 규정 준수 문제에 대한 기업의 관심을 높였다. 애플은 미국의 공정노동위원회(Fair Labor Association)에 가입한 최초의 기술기업이 되었고, 공급망 내 기업의 노동 관행을 검토할 수 있게 되었다. 쿡은 최근 투자자 및 기자와의 연례 주주 총회에서 보수적인 싱크탱크의 대변인들에게 기업의 지속가능성 노력이 주주의 이익에 어떻게 작용했는지 설명해보라는 요구를 받았다. 이러한 요구에 쿡은 애플은 단지 이윤을 창출하는 것이 아니라 "사람들이 이전보다 더 나은 세상에 살 수 있도록 만들기 원한다"고 솔직하고 분명하게 대답했다.[43]

윤리적 경영이 가능하기 위해서는 경영자의 실행 의지가 무엇보다 중요하다. 왜 그런가? 경영자의 실행 의지는 곧 조직의 공유가치와 문화에 영향을 주기 때문이다. 경영자는 어떤 말을 하느냐보다 스스로 어떻게 행동하는지가 중요하다. 이는 경영자가 윤리적 모범이 될 수 있도록 노력해야 함을 의미한다. 예를 들어 경영자들이 개인 용도로 회사의 물품을 사용하고, 비용 명세서를 부풀리거나 친한 동료를 공금으로 접대한다면, 그들의 행동을 곧 모든 종업원이 따라 할 것이다.

종업원을 윤리적으로 행동하게 하기 위해서는 당신이 말하는 것보다 당신이 실제 행동으로 보여주는 것이 더 중요하다!

또한 윤리적 행동은 보상과 처벌을 통해 강화될 수 있다. 종업원들은 누가 어떤 행동 때문에 추가적인 임금 상승이나 승진을 경험하게 되는지 알게 되면 강한 동기부여가 가능하다. 이전에 언급했듯이, 종업원이 윤리적으로 의심할 만한 상황에서 특출 난 성과를 내고 보상을 받는다면, 다른 종업원들은 이를 따라 할 것이다. 따라서 종업원이 비윤리적인 행동을 했을 때, 경영자는 처벌을 하고 이 사실을 공개적으로 조직원 모두에게 알려야 한다. 잘못된 행동을 하면 처벌이 있다는 메시지가 종업원들에게 전달됨에 따라 종업원들의 비윤리적인 행동은 줄어들게 된다! (표 3.1 윤리적 리더 되기 참조.)

로레알의 CEO이자 회장인 장 폴 아공(Jean-Paul Agon)은 말과 행동을 통해 윤리 경영을 실천하고자 노력하고 있다. 그는 모든 경영자와 종업원의 윤리적 행동을 모델링했으며, 소비자와 신뢰 관계를 구축하는 모든 로레알의 경영 관행에 윤리적 원칙을 통합했다.

Charles Platiau/Reuters

윤리 훈련 프로그램   야후(Yahoo)는 표준적인 윤리 훈련 프로그램을 온라인으로 도입한 적이 있다. 그러나 이러한 훈련 프로그램에 등장하는 사례들은 글로벌 기업인 야후의 상황과 맞지 않았으며 시나리오 자체가 야후의 종업원과 같은 젊은 층을 대상으로 한 것이 아니라, 중산층 미국인과 중년에 맞춰진 것이어서 문제가 되었다. 그래서 회사는 자신들에게 적합한 윤리 훈련 프로그램으로 바꾸었다! 새로운 윤리 훈련 프로그램은 좀 더 생기 있고 상호작용이 가능했으며, 소속 산업의 현실적 스토리라인을 담고 있는 것이었다. 45분의 훈련모듈은 회사의 지도강령을 포함해 종

표 3.1 윤리적 리더 되기

- 윤리적이고 정직하게 행동해 좋은 역할모델이 되기
- 언제나 진실만을 말하기
- 정보를 숨기거나 조작하지 않기
- 자신의 실수를 인정하기
- 자신의 개인적 경험을 종업원들과 이야기하며 규칙적으로 대화하기
- 조직이나 팀에게 중요한 공유가치를 강조하기
- 보상제도를 통해 종업원 모두가 가치 있는 일에 책임감을 갖도록 하기

업원의 이해를 도울 수 있는 자료들을 담고 있다.[44]

　야후와 같이 많은 기업이 현재 윤리적 행동을 장려하기 위해 윤리 훈련 프로그램을 만들고, 워크숍 및 세미나 등을 개최하고 있다. 윤리를 가르칠 수 있는지와 같은 논쟁이 흔하게 발생하듯이 이들 훈련 프로그램들에도 항상 논란거리가 있기 마련이다. 인간의 가치관은 어린 시절에 형성되기 때문에 이런 노력이 무의미하다고 보는 비판적인 견해도 있다. 그러나 옹호론자들에 의하면 가치관은 어린 시절 이후에도 후천적으로 형성될 수 있다고 한다. 이들은 윤리적 문제의 해결 방식을 교육하는 것만으로도 윤리적 행동에 변화를 줄 수 있다고 한다.[45] 즉 훈련 프로그램은 개인의 도덕적 수준을 높일 수 있다는 것이다.[46] 만약 그렇지 않다고 해도, 윤리 훈련은 기업 내 윤리적 문제에 대한 경각심을 증가시킬 수 있다.[47]

요약

3-1 글로벌화가 조직에 미치는 영향을 설명한다.

기업이 세계화된다는 것은 다른 국가의 소비자에게 상품과 서비스를 제공하고, 해외에서 경영자와 기술 인력을 채용하며, 자금이나 자원을 외국에서 조달하게 됨을 뜻한다. 다국적 기업은 기업이 세계화된 대표적 사례다. 다국적 기업은 다국적 내수 기업, 글로벌 기업, 초국가적 형태의 조직으로 구분할 수 있다. 경영이 세계화되기 위해서 기업은 외국으로부터 자원을 조달하거나, 수출이나 수입, 라이선싱이나 프랜차이징, 전략적 제휴나 해외 자회사 설립 등 다양한 방법을 활용할 수 있다.

3-2 글로벌 조직에서 경영자가 경영을 위해 알아야 하는 사항을 설명한다.

전 세계적으로 비즈니스 활동을 하는 경우, 경영자들은 이민, 자유무역과 같은 문제들에 대한 정치적 견해뿐만 아니라 국가별로 서로 다른 법 체계와 정치 및 경제 체계를 이해하고 있어야 한다. 하지만 가장 중요한 것은 문화 차이에 관한 이해이다. 경영자가 참고할 수 있는 두 가지 문화비교 기준은 호프스테드의 기준과 GLOBE의 기준이다.

3-3 사회적 기대가 경영자와 조직에 미치는 영향을 논의한다.

사회는 기업과 경영자들이 책임감 있고 윤리적이기를 기대한다. 기업의 사회 참여 정도는 사회적 의무, 사회적 대응, 사회적 책임이라는 시각에 따라 다르다. 많은 연구들은 경영자들의 사회적 책임을 필수적인 것으로 인정하고 있다. 지속가능성은 경영자와 조직에 중요한 사회적 이슈가 되어 가고 있다.

3-4 조직 내 윤리적 행동과 비윤리적 행동의 발생 원인을 논의한다.

윤리를 바라보는 관점에는 공리주의, 공민권, 정의론의 세 가지가 있다. 경영자가 윤리적으로 행동하는지 비윤리적으로 행동하는지는 그들의 도덕성, 가치관, 성격 및 경험, 그리고 조직의 문화, 조직이 직면한 윤리적 문제에 따라 달라진다. 경영자들은 높은 윤리적 기준을 가진 종업원을 고용하고, 윤리강령을 제정해 윤리적 행동을 하도록 장려할 수 있다. 예를 들어 업무의 목적과 성과 평가를 연계하기, 윤리 훈련 프로그램 제공하기, 윤리적 딜레마에 빠진 종업원을 보호하는 제도 도입하기 등 다양한 정책이 가능하다.

토의문제

3-1 지구촌의 개념이 어떻게 조직과 경영자에게 영향을 미치는가?

3-2 사회의 기대가 경영자와 조직에 어떠한 영향을 미치는지 논의하라.

3-3 경영자는 편협해야 하는가? 그렇거나 그렇지 않은 이유는 무엇인가?

3-4 호프스테드의 문화적 환경에 관한 연구가 의미하는 것은 무엇인가? GLOBE의 연구는?

3-5 GLOBE의 문화적 차원의 차이는 경영자가 (a) 작업집단을 사용하고, (b) 목표/계획을 개발하고, (c) 우수한 직원을 보상하고, (d) 직원 갈등을 처리하는 방식에 영향을 줄 수 있는가?

3-6 사회적 책임, 사회적 의무, 사회적 대응은 어떠한 차이가 있는가? 또는 비슷한가?

3-7 조직은 사회적 관련성이 있어야 하는가?

3-8 세 가지 윤리적 관점에서 경영자가 윤리적 의사결정을 내리는 방법을 설명하라.

3-9 윤리적 행동을 장려할 수 있는 구체적인 방법을 논의하라.

3-10 윤리적 행동과 관련해 조직의 경영자는 어떻게 훌륭한 역할모델이 될 수 있는가?

적용하기 | 직장생활을 위한 준비

경영자가 되기 위한 기술 | 높은 윤리기준 세우기

'윤리'란 옳고 그름을 정의할 때 사용하는 규정과 원칙을 두루 아우르는 개념이다. 많은 조직이 의사결정을 내리고 행동을 취할 때 경영자와 종업원이 참고할 만한 공식적인 윤리강령을 기록해 둔다. 그러나 개인도 자신만의 윤리적인 기준을 세워 두어야 한다. 경영자의 경우, 종업원을 잘 이끌어 가려면 믿음직스럽고 윤리적인 모습을 보여주어야 한다.

기본 기술

보다 윤리적인 리더십을 구축하려면, 당신이 할 수 있는 일과 당신의 조직에서 할 수 있는 일에 중점을 두어라. 이를 수행하기 위한 몇 가지 방법을 제안하고자 한다.

당신이 할 수 있는 일

- 자신이 무엇에 가치를 두는지 알아야 한다. 자신에게 중요한 것은 무엇인가? 받아들이고, 거부하는 기준은 무엇인가?
- 생각한 후에 행동하라. 당신의 행동이 누군가에게 해가 될 수도 있는가? 당신의 숨은 동기는 무엇인가? 당신의 행동이 평판을 떨어뜨리진 않는가?
- 가능한 결과를 모두 고려하라. 잘못된 결정을 내린다면 어떤 일이 일어나게 되는가? 모든 결정에는 어떤 결과가 따르므로 결과에 대한 확신이 있어야 한다.
- '가상 공개 실험'을 해보라. 만약 당신의 행동이 지역 신문이나 지역 TV 뉴스에 상세히 보도된다면 당신의 가족과 친구들은 어떻게 생각하겠는가?
- 다른 사람에게 조언을 구하라. 평소 존경했던 사람에게 조언을 구해보라. 그들의 경험을 참고하고 그들의 견해에도 귀를 기울여라.

당신의 조직이 할 수 있는 일

- 공식적인 윤리강령을 만들라. 조직은 윤리기준과 정책을 공식적인 윤리강령에 기록해 두어야 한다. 윤리강령은 모든 종업원에게 배포되어야 한다.
- 윤리문화를 구축하라. 윤리적인 기준을 높게 잡은 종업원에게는 눈에 띄는 보상을, 비윤리적인 관행에 연루된 종업원은 눈에 띄게 처벌하라.
- 경영자는 반드시 역할모델이 되어야 한다. 종업원들은 자신의 직속 상사와 고위 경영진에게 허용되는 행동과 그렇지 않은 행동을 일종의 신호로 생각한다. 그러므로 경영자는 종업원에게 긍정적이고 윤리적인 역할모델이 되어야 한다.
- 윤리 워크숍을 열어라. 종업원이 정기적인 윤리 교육에 참여할 수 있도록 기회를 제공함으로써 그들이 높은 윤리기준의 중요성을 거듭 확인하고, 조직의 윤리강령도 분석하며, '애매한 영역'으로 간주되는 행동을 정확히 파악하게 한다.
- 윤리 '고문'을 임명하라. 종업원들이 만나서 윤리적인 문제에 대해 은밀하게 의논할 만한 고위급 간부가 한 사람 정도는 있어야 한다.
- 비윤리적인 관행을 보고한 종업원을 보호하라. 어떤 종업원이 다른 사람들에게 위협이 될 수 있는 비윤리적인 관행을 폭로한 경우, 응징이나 다른 부정적인 결과로부터 그 종업원을 보호할 수 있는 기제를 구축해야 한다.

출처: L. Nash, "Ethics Without the Sermon," *Harvard Business Review*, November–December 1981, pp. 78–92; W. D. Hall, *Making the Right Decision: Ethics for Managers* (New York: John Wiley, 1993); L. K. Trevino and K. A. Nelson, *Managing Business Ethics: Straight Talk About How to Do It Right* (New York: John Wiley, 1995).

기술 연습

우리는 이 장의 기술 연습과 조금 다른 접근법을 취하고자 한다. 4~5명으로 구성된 팀을 만들라. 지금 다니는 대학의 윤리강령 한 권을 구하라. 팀원 중 강령을 알고 있는 사람은 몇 명인가? 강령을 읽어본 사람은 몇 명인가? 강령의 조항이나 정책을 평가해보라. 거북하게 느껴지는 조항이 있다면 그 이유는 무엇인가? 제시된 강령들은 얼마나 효과적으로 학생과 교직원의 행동 방식을 바꿨는가? 효과적이지 않았다면 그 조항들을 개선할 수 있는 방법에는 무엇이 있는가?

팀이 알아낸 결과를 수업에서 발표할 수 있도록 준비하라.

친애하는 직원 여러분, 여러분에게 감사드리며, 우리는 여러분에 대한 책임이 있다고 믿습니다. 그 책임은 월급(이게 꽤 중요하긴 하죠?)을 주는 것뿐만 아니라, 안전하고 건강하며 기능적인 직장을 제공하고 유지하는 것입니다. 우리는 지속가능한 직장 및 직원 관행의 선두에 있고자 합니다.[48] 지속가능성을 달성하기 위해 (1) 각 직원의 탄소 배출량을 줄이고(더 '친환경적'이기 위해) (2) 직업적 웰빙 프로그램과 스트레스 해소 전략을 제공하는 실용적이고 효율적인 작업 프로세스를 파악해 배치하고자 합니다. 이를 통해 지속가능한 작업 환경과 지속가능한 생산적 인력을 얻을 수 있습니다. 그러나 우리는 이것을 어떻게 하자고 지시하고 싶지 않습니다. 여러분이 이러한 환경을 만드는 데 참여해주길 바랍니다. 우리는 조직 안팎으로 건강하고 지속가능한 환경을 만들기 위해 몇 가지 창의적인 방법을 고안해낼 브레인스토밍팀을 만들어, 각 팀에 여러분을 배정할 것입니다. 다음 양식을 사용해 그룹 토론을 진행하세요.[49] 한 가지 아이디어를 먼저 제시했습니다! 이번에는 여러분 차례입니다! 각 작업 공간에 대해 최소한 2개의 아이디어를 제공해주세요. 여러분이 무엇을 생각해냈는지 알려주세요. 우리는 여러분이 몇 가지 좋은 아이디어를 생각해낼 수 있다고 믿습니다!

지속가능성을 위한 단계

작업 공간	초기 단계	우리가 원하는 것
음식	실내/외 식사 옵션 제공	직원이 사용할 수 있는 현장 주방 시설 보유
사무실 디자인		
직원 신체단련		
시설 유지보수		

사례 적용 #1

글로벌 통제
주제: 글로벌 조직, 글로벌 윤리, 사회적 책임

전기 자동차 충전소(charging stations for electric vehicles)가 어느 곳에서나 보이기 시작했다. 이는 전 세계 자동차 산업이 엄청난 변화를 겪고 있다는 확실한 신호이다. 2025년에는 전기 자동차(EV)가 가솔린 모델 자동차만큼 저렴할 것이라는 전문가들의 예측은 그리 놀라운 일도 아니다. 또 2040년까지 전 세계 자동차 생산량의 3분의 1은 EV가 될 것이다.[50] EV에 대한 가장 높은 수요는 유럽, 미국, 중국 등 세계 최대 경제국에 의해 주도될 것이다. 하루에 수백만 배럴의 석유를 생산해야 하는 화석 연료로 움직이는 자동차보다는 배터리가 '가장' 필수적인 제품이 되고 있다. 석유 수출국에 심각한 타격을 줄 수 있는 석유 생산의 감소는 리튬

산업 변화에 적응하는 것과 관련된 과제

이온 배터리의 증가와 상쇄되고 있다. 바로 여기가 다음 호황이 있을 곳이다.

EV에 전원을 공급하는 리튬 이온 배터리는 노트북이나 스마트폰에 전원을 공급하는 것과 동일한 유형의 배터리이다. 충전식 배터리를 생산하기 위해서는 코발트가 필요하며, 세계에서 가장 큰 코발트 생산국은 콩고이다. 콩고에서 생산되는 코발트를 가장 많이 소비하는 사람은 누구인가? 아마도 당신이 떠올린 사람은 아닐 것이다. 바로 중국이다.[51] 배터리 생산에 큰 투자를 하고 있는 중국 기업들은 배터리 시장을 통제하는 데 콩고의 역할이 매우 클 것임을 알고 있다. 그리고 해당 중국 기업들은 리튬 이온 배터리 생산 공정의

첫 단계를 지배하고 있으며, 정제된 코발트 화학 제품의 4분의 3 이상을 생산하고 있다.

특히 중국 기업 중 하나인 컨템포러리 앰퍼렉스 테크놀로지(Contemporary Amperex Technology Ltd., CATL)는 EV 배터리 생산 선두주자로 발돋움했다.[52] 회사는 이제 해외 진출을 모색하고 있다. 이에 대한 노력은 중국 동부의 도시인 닝더에 13억 달러 규모의 대규모 배터리 생산 단지를 건설하는 방향으로 발전하고 있다. 이 단지는 미국 네바다주 스파크에 있는 테슬라(Tesla)의 거대한 기가팩토리(전기 자동차용 배터리를 만드는 대형 공장)에 이어 두 번째로 큰 규모이다. 그러나 이번 대규모 확장으로 CATL은 다른 모든 공급업체를 합친 용량을 능가할 것이다. 공장이 가동되면(2020년 예정), 세계 최대 규모의 EV 배터리 제조업체가 될 것이다. 한 컨설턴트가 말한 것처럼, CATL의 '의도는 매우 명확'하다. 이는 세계 최대의 배터리 생산자가 되고자 한다는 것이며, 이는 중국을 넘어 사업을 확장하겠다는 것을 의미한다. 그러나 현재 CATL 사업의 99%는 중국 내 주택 계약에서 비롯된다. 이들 중 일부는 중국에서 EV를 판매하고자 하는 경우, '현지 배터리 제조업체와 협력해야 하는' 외국 자동차 제조업체를 포함한다. CATL은 다음으로 어디를 가고자 하는가? 미국은 당연하며, 유럽이다. 이를 통해 세계 시장에서 성공할 수 있는가? 정부의 지원 없이 경쟁 가능한가? 아마 시간만이 답을 알 것이다. CATL는 이미 핀란드에서 위탁제조업체를 인수했으며, 파리에 사무실과 독일에 시설을 추가하고 있다. 확실히 전 세계적인 움직임을 보이고 있다.

토의문제

3-11 이 사례는 지구촌을 어떻게 묘사하는가?

3-12 그림 3.1에 의하면 중국 CATL은 어떠한 글로벌 진출 전략을 사용하는가? 당신의 선택에 대해 설명하라.

3-13 CATL은 어떤 종류의 다국적 기업인가? 당신의 선택에 대해 설명하라.

3-14 호프스테드의 국가 문화 차원 연구와 GLOBE 연구 결과는 유럽과 미국에 진출하는 CATL 경영진에게 어떠한 도움이 되는가?

3-15 콩고에서 생산된 코발트의 14%는 크루주르(creuseurs)와 프리랜서들이 채굴한 것이다.[53] 미국과 유럽 기업은 크루주르가 채굴한 코발트를 구매하는 공급업체와의 거래를 꺼린다. 그 이유는 크루주르 중 일부가 어린아이기 때문이다. 이 아이들은 안전용 마스크나 기타 안전 장비를 거의 착용하지 않은 채 위험한 일을 하기 때문에 언제나 심각한 부상을 입을 가능성이 있다. (a) 이러한 기업들의 반응은 사회적 책임의 고전경제학적 관점에 속하는가, 아니면 사회경제학적 관점에 속하는가? 설명하라. (b) 이 장에서 사회적 책임의 정의를 살펴보고 이 사례의 윤리적 요소를 논의하라.

사례 적용 #2

지속가능성에 대해 진지하게 생각하는가?
주제: 벌을 보호하라

국제식량농업기구(Food and Agriculture Organization)의 최근 보고서에 따르면, 매년 전 세계 수확량의 10~16%가 해충에 의해 손실을 입으며, 금액으로는 약 1,750억 유로이다.[54] 해충은 전 세계 식량 공급에 위협이 되며 국가적 차원에서 경제적 손실을 초래할 수도 있다.[55] 뿐만 아니라, 생계를 위해 수확에 의존하는 소규모 농민의 이익에도 큰 영향을 미친다. 해충은 이동 가능하며, 식음료 거래가 증가함에 따라 상자나 용기에 든 감염된 식품이 다른 나라로 질병과 침입성 유기체를 전파해 나무를 감염시키고 숲을 파괴한다.[56]

해충 퇴치에는 주로 살충제가 이용되며, 독일의 다국적 생명과학기업인 바이엘(Bayer)은 살충제 관련 제품을 전문적으로 만드는 글로벌 기업이다. 150년 이상의 경험을 가진 바이엘은 제약 제품 라인이 있으며 병충해 방제와 작물학을 전문으로 하는 가장 오래된 다국적 기업 중 하나이다. 바이엘은 전 세계 79개국에 241개의 합병 기업을 가지고 있으며, 글로벌 본사는 독일 레버쿠젠에 위치하고 있다.

바이엘은 웹사이트를 통해 살충제가 '책임감 있고 정확하게' 사용된다면 안전하며 인간과 환경에 아무런 위협도 되지 않는다고 주장한다.[57] 바이엘의 모든 제품은 엄격한 테스트와 환경 안전 표준 및 EU 규정을 충족하는지 확인하는 등 수년에 걸친 환경 안전의 전통을 주장한다. 또한 바이엘은 최근 몇 년 동안 자사 제품 테스트 결과를 쉽고 빠르게 공개함으로써 데이터의 투명성에도 초점을 맞추고 있다.

그러나 환경운동가들은 여러 가지 측면에서 살충제 제조업체를 비난했다. 안전하고 지속가능한 실천을 장려하는 비영리단체인 영국 살충제 행동 네트워크(Pesticide Action Network UK)에 따르면, 살충제의 상당 부분이 해충을 죽이는 목적이 아닌 다른 목적지에 도착해 물이나 토양, 식물, 생물 등 살아 있는 유기체를 오염시킨다고 한다.[58] 바이엘은 최근 네오니코티노이드(neonicotinoids)로 알려진 물질을 사용한다는 것에 대해 큰 비판을 받은 3개 살충제 제조업체 중 하나이다. 최근 몇 년간 벌들의 대량 죽음은 과학계에 큰 충격을 주었다.[59] 벌은 세계에서 가장 중요한 식량 작물의 수분 매개자이며 생태계 유지에 중요한 역할을 하는 것으로 알려졌다. 과학자들은 벌의 사망률이 증가하는 데는 몇 가지 이유가 있음에 동의하고, 그중 하나로 살충제 사용을 꼽는다.[60] 유럽식품안전청(European Food Safety Authority)은 네오니코티노이드가 벌에 미치는 위험성을 확인했다.[61] 2018년, 네오니코티노이드가 벌에 미치는 유해성에 대해 많은 보고서가 나왔고, 이에 유럽연합은 세 종류의 네오니코티노이드의 사용을 금지하기로 결정했다. 그중 하나가 바이엘이 제조하는 것이다.

그러나 화학 대기업인 바이엘은 금지 조치를 비난하고, 해충 방제를 위한 네오니코티노이드의 이점을 농민들에게 광고하고 있다. 바이엘은 공개 성명서에서 금지 조치가 벌과 다른 수분 매개자들에게 실질적 도움이 되지 않을 뿐만 아니라, 해충과의 싸움에서는 대안이 없기 때문에 농민들에게 농업적으로 나쁜 결과를 초래할 것이라 주장했다. 바이엘은 해당 물질을 지침대로 사용한다면 꿀벌에게 전혀 해를 끼치지 않는다고 주장한다.[62] 바이엘은 물질에 대한 전면적 금지보다는 벌을 지원하고 보호하기 위한 대안적인 방법의 모색이 필요하다고 말한다. 바이엘은 유럽연합의 판결에 항소할 예정이다.

그러나 유럽의 많은 환경운동가에게 이 금지 조치는 희소식이었다. 살충제가 환경에 미치는 영향에 대한 그들의 염려는 살충제 사용을 줄이는 것이 농장의 생산량을 감소시키지 않을 것이라는 학술지 네이처 플랜트(Nature Plants)에 게재된 최근의 연구와 정확히 맞아떨어진다.[63]

토의문제

3-16 유럽연합이 유럽에서 바이엘의 생산품 중 하나를 금지하는 것이 다른 지역에서의 사용과 명성에 영향을 줄 것이라 생각하는가? 그렇거나 그렇지 않은 이유는 무엇인가?

3-17 환경운동가들이 바이엘의 제품이 벌에게 미치는 위험을 과장하고 있다고 생각하는가?

3-18 바이엘이 사회적으로 책임감 있는 행동을 하고 있다고 생각하는가? 설명하라.

3-19 네오니코티노이드 사용 금지 조치가 '유럽에 나쁜 거래'라는 바이엘의 의견에 동의하는가? 논의해보라.

3-20 이 사례에서 사회적 책임에 대한 어떤 교훈을 얻을 수 있는가?

사례 적용 #3

플레그런트 파울(Flagrant Foul)
주제: 50년간의 데이터 사기

2018년 3월, 고베제강(Kobe Steel)의 CEO인 가와사키 히로야(川崎博也)는 큰 스캔들로 사임했다. 일본에서 가장 큰 철강업체 중 한 곳이자 미쓰비시, 파나소닉, 포드, 보잉과 같은 대기업에 금속 부품을 납품하는 주요 공급업체인 고베제강은 자사의 제품 사양을 위조하고 판매된 제품의 강도와 내구성을 거짓 보고했음을 시인했다.[64] 가짜 데이터는 600명 이상의 고객에게 영향을 주었으며 공급업체에 큰 충격을 주었다.

이러한 사실은 회사를 뒤집어놓았을 뿐만 아니라, 여러 주요 경영진의 잇따른 사표로 이어졌다. 다수의 중간급 관리자도 급여 삭감 또는 이와 유사한 조치를 당했다. 고베제강은 경영자와 관리자가 이러한 사기에 대해 알고 있었다고 시인했으며, 일부 이사진 역시 이 문제에 대해 알고 있었으나 보고하지는 않았다.

최근 성명서에서, 고베제강은 생산성과 수익에 대한 지나친 강조가 고베제강의 간부들을 그렇게 행동하도록 이끌었다고 비난했다.

고베제강은 웹사이트를 통해 사과문을 발표했다. 2018년 12월 20일 현재 웹사이트를 방문한 이용자는 '우리의 위법한 행위에 대해 사과합니다'라는 사과문을 가장 먼저 보게 된다. 또한 고베제강의 종업원들이 윤리와 제조업에 관한 장인정신에 바탕을 둔 옛 일본 철학인 '모노즈쿠리(monozukuri)'의 뿌리로 돌아가겠다고 말한다. 이 스캔들 속에서 가와사키는 '근본적인 변혁'이 될 새로운 경영 방식의 필요성을 주장했다.[65] 그러나 고베제강은 투명성과 데이터 정확성을 포함하는 윤리원칙으로 구성된 16페이지 정도의 윤리강령을 이미 2000년에 제정해 가지고 있었다.[66]

가와사키는 회사의 데이터 사기가 최근에만 이루어진 것이 아니라 1970년대부터 계속된 것이라고 인정했다. 이 스캔들은 2017년 10월에 4개월여에 걸친 내부 조사를 통해 철강 및 기계 사업부에서 데이터 사기가 발견된 후에 밝혀졌다. 고베제강은 이 스캔들로 인해 수익이 급격히 감소할 것이라 예상했다. 실제로 고베제강의 주가는 2017년 말 처음 스캔들이 터졌

을 때 40% 이상 하락했다. 그러나 최근 보도에 따르면, 이러한 스캔들에도 불구하고 고베제강은 서서히 회복하고 있으며 3년 만에 첫 이익을 냈다. 2019년 3월 말까지 450억 엔의 이익을 예상하고 있지만,[67] 여전히 미 국무부의 조사가 진행 중이기 때문에 결국 또 다른 처벌이나 재정적 타격을 받을 수 있다.

토의문제

3-21 고베제강의 데이터 사기 사건에서 가장 큰 책임이 있는 사람은 누구인가?

3-22 생산성과 수익에 대한 지나친 강조가 사기 행위로 이어졌다는 고베제강의 설명을 어떻게 생각하는가?

3-23 고베제강은 어떠한 문화적 변혁이 필요한가?

3-24 고베제강이 이 스캔들에서 서서히 회복할 것이라 생각하는가? 비슷한 스캔들에서 회복한 회사가 있는가?

3-25 고베제강의 윤리강령은 회사의 경영진에게 거의 영향을 미치지 못한 것으로 보인다. 고베제강의 종업원들이 실제로 윤리 규정을 준수하도록 하기 위해 권장할 수 있는 조치를 간략히 나열하라.

미주

1. J. Zumbrun, "Nations Are in Rare Economic Harmony," *Wall Street Journal*, January 23, 2018, p. R8.
2. P. Ghemawat, "Globalization in the Age of Trump," *Harvard Business Review*, July–August 2017, pp. 112–23.
3. B. Spindle and V. Agarwal, "Cashews: The Snack Built by Globalization," *Wall Street Journal*, December 2/3, 2017, pp. A1+.
4. V. Goel, "IBM Now Has More Employees in India Than in the U.S.," *New York Times Online*, September 28, 2017.
5. E. Beinhocker, I. Davis, and L. Mendonca, "The 10 Trends You Have to Watch," *Harvard Business Review*, July–August 2009, pp. 55–60.
6. B. Davis, "Migration of Skilled Jobs Abroad Unsettles Global-Economy Fans," *Wall Street Journal*, January 26, 2004, p. A1.
7. E. Frauenheim, "Bringing the Jobs Back Home: How 'Reshoring' Is Coming to America," www. workforce.com, February 7, 2013; J. E. Lessin and J. R. Hagerty, "A Mac That's 'Made in U.S.A.,'" *Wall Street Journal*, December 7, 2012,

B1+; and V. Shannon, "Apple to Resume U.S. Manufacturing," *New York Times Online*, December 6, 2012.
8. A. Pande, "How to Make Onshoring Work," *Harvard Business Review*, March 2011, p. 30; P. Davidson, "Some Manufacturing Heads Back to USA," *USA Today*, August 6, 2010, pp. 1B+; and V. Couto, A. Divakaran, and M. Mani, "Is Backshoring the New Offshoring?" *Strategy & Business*, October 21, 2008, pp. 1–3.
9. J. Teresko, "United Plastics Picks China's Silicon Valley," *Industry Week*, January 2003, p. 58.
10. "Global Business: Getting the Frameworks Right," *Organization for Economic Cooperation and Development*, April 2000, p. 20.
11. R. J. House, N. R. Quigley, and M. S. deLuque, "Insights from Project GLOBE: Extending Advertising Research Through a Contemporary Framework," *International Journal of Advertising* 29, no. 1 (2010), pp. 111–39; R. R. McRae, A. Terracciano, A. Realo, and J. Allik, "Interpreting GLOBE

Societal Practices Scale," *Journal of Cross-Cultural Psychology*, November 2008, pp. 805–10; J. S. Chhokar, F. C. Brodbeck, and R. J. House, *Culture and Leadership across the World: The GLOBE Book of In-Depth Studies of 25 Societies* (Philadelphia: Lawrence Erlbaum Associates, 2007); and R. J. House, P. J. Hanges, M. Javidan, P. W. Dorfman, and V. Gupta, *Culture, Leadership, and Organizations: The GLOBE Study of 62 Societies* (Thousand Oaks, CA: Sage Publications, 2004).
12. Classic Concepts in Today's Workplace box based on D. Holtbrügge and A. T. Mohr, "Cultural Determinants of Learning Style Preferences," *Academy of Management Learning & Education*, December 2010, pp. 622–37; G. Hofstede, "The GLOBE Debate: Back to Relevance," *Journal of International Business Studies*, November 2010, pp. 1339–46; G. A. Gelade, P. Dobson, and K. Auer, "Individualism, Masculinity, and the Sources of Organizational Commitment," *Journal of*

Cross-Cultural Psychology, September 2008, pp. 599–617; G. Hofstede, "The Cultural Relativity of Organizational Practices and Theories," *Journal of International Business Studies*, Fall 1983, pp. 75–89; and G. Hofstede, *Culture Consequences: International Differences in Work-Related Values* (Beverly Hills, CA: Sage Publications, 1980), pp. 25–26. For an interesting discussion of collectivism and teams, see C. Gomez, B. L. Kirkman, and D. Shapiro, "The Impact of Collectivism and In-Group Membership on the Evaluation Generosity of Team Members," *Academy of Management Journal*, December 2000, pp. 1097–106. Hofstede's term for what we've called quantity of life and quality of life was actually "masculinity versus femininity," but we've changed his terms because of their strong sexist connotation.
13. D. Dearlove and S. Crainer, "Enterprise Goes Social," *Chief Executive*, March 2002, p. 18; and "Bronze Winner: Ben & Jerry's Citizen Cool," *Brandweek*, March

18, 2002, p. R-24.

14. M. Friedman, *Capitalism and Freedom* (Chicago: University of Chicago Press, 1962); and M. Friedman, "The Social Responsibility of Business Is to Increase Profits," *New York Times Magazine*, September 13, 1970, p. 33.

15. See, for instance, N. A. Ibrahim, J. P. Angelidis, and D. P. Howell, "The Corporate Social Responsiveness Orientation of Hospital Directors: Does Occupational Background Make a Difference?" *Health Care Management Review*, Spring 2000, pp. 85–92.

16. See, for example, D. J. Wood, "Corporate Social Performance Revisited," *Academy of Management Review*, October 1991, pp. 703–08; and S. L. Wartick and P. L. Cochran, "The Evolution of the Corporate Social Performance Model," *Academy of Management Review*, October 1985, p. 763.

17. See, for instance, R. Lacy and P. A. Kennett-Hensel, "Longitudinal Effects of Corporate Social Responsibility on Customer Relationships," *Journal of Business Ethics*, December 2010, pp. 581–97; S. Arendt and M. Brettel, "Understanding the Influence of Corporate Social Responsibility on Corporate Identity, Image, and Firm Performance," *Management Decision* 48, no. 10 (2010), pp. 1469–92; J. Peloza, "The Challenge of Measuring Financial Impacts from Investments in Corporate Social Performance," *Journal of Management*, December 2009, pp. 1518–41; J. D. Margolis and H. Anger Elfenbein, "Do Well by Doing Good? Don't Count on It," *Harvard Business Review*, January 2008, pp. 19–20; M. L. Barnett, "Stakeholder Influence Capacity and the Variability of Financial Returns to Corporate Social Performance," *Academy of Management Review* 32, no. 3 (2007), pp. 794–816. D. O. Neubaum and S. A. Zahra, "Institutional Ownership and Corporate Social Performance: The Moderating Effects of Investment Horizon, Activism, and Coordination," *Journal of Management*, February 2006, pp. 108–31; B. A. Waddock and S. B. Graves, "The Corporate Social Performance—Financial Performance Link," *Strategic Management Journal*, April 1997, pp. 303–19; J. B. McGuire, A. Sundgren, and T. Schneeweis, "Corporate Social Responsibility and Firm Financial Performance," *Academy of Management Journal*, December 1988, pp. 854–72; K. Aupperle, A. B. Carroll, and J. D. Hatfield, "An Empirical Examination of the Relationship

between Corporate Social Responsibility and Profitability," *Academy of Management Journal*, June 1985, pp. 446–63; and P. Cochran and R. A. Wood, "Corporate Social Responsibility and Financial Performance," *Academy of Management Journal*, March 1984, pp. 42–56.

18. "The Challenge of Measuring Financial Impacts from Investments in Corporate Social Performance."

19. B. Seifert, S. A. Morris, and B. R. Bartkus, "Having, Giving, and Getting: Slack Resources, Corporate Philanthropy, and Firm Financial Performance," *Business & Society*, June 2004, 135–61; and McGuire, Sundgren, and Schneeweis, "Corporate Social Responsibility and Firm Financial Performance."

20. A. McWilliams and D. Siegel, "Corporate Social Responsibility and Financial Performance: Correlation or Misspecification?" *Strategic Management Journal*, June 2000, pp. 603–09.

21. A. J. Hillman and G. D. Keim, "Shareholder Value, Stakeholder Management, and Social Issues: What's the Bottom Line?" *Strategic Management Journal* 22 (2001), pp. 125–39.

22. M. Orlitzky, F. L. Schmidt, and S. L. Rynes, "Corporate Social and Financial Performance," *Organization Studies* 24, no. 3 (2003), pp. 403–41.

23. Symposium on Sustainability: Profiles in Leadership, New York, October 2001.

24. G. Unruh and R. Ettenson, "Growing Green," *Harvard Business Review*, June 2010, pp. 94–100; G. Zoppo, "Corporate Sustainability," *DiversityInc*, May 2010, pp. 76–80; and KPMG Global Sustainability Services, *Sustainability Insights*, October 2007.

25. J. Yang and P. Trap, "Applying Green Tech at Work," *USA Today*, May 13, 2013, p. 1B.

26. W. Quigley, "VW Case Shows Need for Ethics in Cost-Benefit Toolkit," *Albuquerque Journal* online, www.abqjournal.com, October 15, 2015; J. Ewing, "Volkswagen Engine-Rigging Scheme Said to Have Begun in 2008," *New York Times Online*, October 5, 2015; "After a Year of Stonewalling, Volkswagen Finally Came Clean," www.cnbc.com, September 24, 2015; and J. Plungis and D. Hull, "VW's Emissions Cheating Found by Curious Clean-Air Group," *Bloomberg Businessweek Online*, September 19, 2015.

27. S. Armour and T. Frank, "Ex-Worker: Law Firm Ran 'Foreclosure Mill,'" *USA Today*, October 19, 2010, p. 3B.

28. N. Clark, "Rogue Trader at Societe Generale Gets Jail Term," *New

York Times Online*, October 5, 2010.

29. K. Belson, "Brain Trauma to Affect One in Three Players, NFL Agrees," *New York Times Online*, September 12, 2014.

30. S. A. DiPiazza, "Ethics in Action," *Executive Excellence*, January 2002, pp. 15–16.

31. This example is based on J. F. Viega, T. D. Golden, and K. Dechant, "Why Managers Bend Company Rules," *Academy of Management Executive*, May 2004, pp. 84–90.

32. G. F. Cavanaugh, D. J. Moberg, and M. Valasquez, "The Ethics of Organizational Politics," *Academy of Management Journal*, June 1981, pp. 363–74.

33. J. Liedtka, "Ethics and the New Economy," *Business and Society Review*, Spring 2002, p. 1.

34. R. M. Kidder, "Can Disobedience Save Wall Street?" *Ethics Newsline*, www.globalethics.org, May 3, 2010.

35. R. E. Silverman and N. Waller, "Thinking of Quitting? The Boss Knows," *Wall Street Journal*, March 14, 2015, pp. A1+.

36. V. Goel, "Facebook Tinkers with Users' Emotions in News Feed Experiment, Stirring Outcry," *New York Times Online*, June 29, 2014.

37. P. M. Lencioni, "Make Your Values Mean Something," *Harvard Business Review*, July 2002, p. 113.

38. D. H. Schepers, "Setting Global Standards: Guidelines for Creating Codes of Conduct in Multinational Corporations," *Business and Society*, December 2003, p. 496; and B. R. Gaummitz and J. C. Lere, "Contents of Codes of Ethics of Professional Business Organizations in the United States," *Journal of Business Ethics*, January 2002, pp. 35–49.

39. M. Weinstein, "Survey Says: Ethics Training Works," *Training*, (November 2005): 15.

40. J. E. Fleming, "Codes of Ethics for Global Corporations," *Academy of Management News*, June 2005, p. 4.

41. T. F. Shea, "Employees' Report Card on Supervisors' Ethics: No Improvement," *HR Magazine*, April 2002, p. 29.

42. See also A. G. Peace, J. Weber, K. S. Hartzel, and J. Nightingale, "Ethical Issues in eBusiness: A Proposal for Creating the eBusiness Principles," *Business and Society Review*, Spring 2002, pp. 41–60.

43. L-M. Eleftheriou-Smith, "Apple's Tim Cook: 'Business Isn't Just about Making Profit'"; and P. Elmer-Dewitt, "Apple's Tim Cook Picks a Fight with Climate Change Deniers," tech.fortune.com, March 1, 2014.

44. E. Finkel, "Yahoo Takes New 'Road' on Ethics Training," *Workforce Management Online*, July 2010.

45. T. A. Gavin, "Ethics Education," *Internal Auditor*, April 1989, pp.

54–57.

46. L. Myyry and K. Helkama, "The Role of Value Priorities and Professional Ethics Training in Moral Sensitivity," *Journal of Moral Education* 31, no. 1 (2002), pp. 35–50; and W. Penn and B. D. Collier, "Current Research in Moral Development as a Decision Support System," *Journal of Business Ethics*, January 1985, pp. 131–36.

47. J. A. Byrne, "After Enron: The Ideal Corporation," *BusinessWeek*, August 19, 2002, pp. 68–71; D. Rice and C. Dreilinger, "Rights and Wrongs of Ethics Training," *Training & Development Journal*, May 1990, pp. 103–09; and J. Weber, "Measuring the Impact of Teaching Ethics to Future Managers: A Review, Assessment, and Recommendations," *Journal of Business Ethics*, April 1990, pp. 182–90.

48. "General Sustainability: What Are Sustainable Workplace Practices, and How Can They Benefit the Company's Bottom Line," https://www.shrm.org/resourcesand tools/tools-and-samples/hr-qa/pages/sustainablework placepracticesandhowtheybene fitthebottomline.aspx, December 17, 2012.

49. M. Padgett Powers, "In the Green," *HR Magazine*, October 2017, pp. 26–34.

50. J. Shankelman, "The Electric Car Revolution Is Accelerating," https://www.bloomberg.com/news/articles/2017-07-06/the-electric-car-revolution-is-accelerating, July 7, 2017.

51. S. Patterson and R. Gold, "There's a Global Race to Control Batteries—and China Is Winning," *Wall Street Journal*, February 12, 2018, pp. A1+.

52. J. Ma, D. Stringer, Z. Zhang, and S. Kim, "Electric Battery Makers Should Fear This Factory," *Bloomberg Businessweek*, February 12, 2018, pp. 19–20.

53. Ibid.

54. FAO, "Global Body Adopts New Measures to Stop the Spread of Plant Pests," April 18, 2018, http://www.fao.org/news/story/en/item/1118322/icode/.

55. D. Roiz, A. Fournier, C. J. A. Bradshaw, B. Leroy, M. Barbet-Massin, and J. Salles, "Massive yet Grossly Underestimated Global Costs of Invasive Insects," 2016, *Nature Communications*.

56. FAO, "Global Body Adopts New Measures to Stop the Spread of Plant Pests."

57. Bayer, "Why Insecticides Matter to Us," *Crop Science*, https://www.cropscience.bayer.co.za/en/Products/Insecticides.aspx.

58. Pesticide Action Network UK, "Pesticides in Our Environment," http://www.pan-uk.org/our-environment/.

59. Susan Milius, "The Mystery

of Vanishing Honeybees Is Still Not Definitively Solved," *Science News*, January 17, 2018, https://www.sciencenews.org/article/mystery-vanishing-honey-bees-still-not-definitively-solved.

60. "Matt McGrath, "Pesticides Linked to Bee Deaths Found in Most Honey Samples," *BBC News*, October 5, 2017, https://www.bbc.com/news/science-environment-41512791.

61. European Food Safety Authority, "Neonicotinoids: Risks to Bees Confirmed," https://www.efsa.europa.eu/en/press/news/180228.

62. "Neonicotinoid Ban: A Sad Day for Farmers and a Bad Deal for Europe," *Bayer News*, April 27, 2018, https://media.bayer.com/baynews/baynews.nsf/id/Neonicotinoid-ban-a-sad-day-for-farmers-and-a-bad-deal-for-Europe.

63. Martin Lechenet, Fabrice Dessaint, Guillaume Py, David Makowski, and Nicolas Munier-Jolain, "Reducing Pesticide Use While Preserving Crop Productivity and Profitability on Arable Farms," *Nature Plants* 3 (17008), March 1, 2017, https://www.nature.com/articles/nplants20178.

64. "Factbox: Kobe Steel's Affected Customers—From Computer Chips to Space Ships," *Reuters*, November 5, 2017, https://www.reuters.com/article/us-kobe-steel-scandal-customers-factbox/factbox-kobe-steels-affected-customers-from-computer-chips-to-space-ships-idUSKBN1D5019.

65. Tomomi Kikuchi, "Kobe Steel CEO Announces Resignation over Quality Scandal," March 6, 2018, https://asia.nikkei.com/Business/Kobe-Steel-CEO-announces-resignation-over-quality-scandal.

66. Kobelco, "Kobe Steel, Ltd. Corporate Code of Ethics," http://www.kobelco.co.jp/english/about_kobelco/kobesteel/cce/1_cce_en2.pdf.

67. "UPDATE 2-Kobe Steel Posts First Profit in Three Years Despite Data Fraud Scandal," *Reuters*, April 27, 2018, https://af.reuters.com/article/metalsNews/idAFL3N1S43HP.

4

경영학의
신화
잘못된

조직의 문화는 상관없다.
어떤 곳에서 일하든
나는 행복할 수 있다.

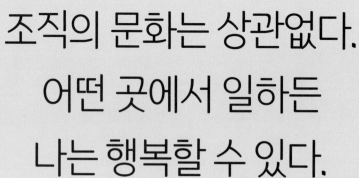

S L/Shutterstock

경영학의
신화 바로잡기!
잘못된

어떤 조직 환경에서 일하든 행복할 수 있다고
생각하는 사람은 놀랄 것이다.
심지어 '일하기 좋은 회사'라 평가받는 조직에서
일한다고 해서 모두가 다 행복할 수는 없을 것이다.
행복해지고 싶다면 그 일에 '안주'하지 말라….
자신에게 '적합한' 환경과 문화가 있는 곳을 찾아라.

당신이 매일(또는 적어도 대부분의 날) 좋아서 출근하고 조직 생활이 즐겁다고 느껴지는 일을 찾는 날이 온다면 얼마나 좋을까? 일을 선택하는 데는 여러 요인이 영향을 주지만, 조직 문화야말로 '적합성(fit)'의 중요한 지표이다. '적합성'이란 직장에서 일하는 것이 즐겁고 나에게 맞아 헌신할 수 있다고 느끼는 것이다. 조직 문화는 저마다 다르며, 사람마다 다르다. 이 장의 두 번째 부분에서 우리는 조직 문화란 무엇이며, 조직 문화를 형성하는 요소에는 무엇이 있는지 살펴볼 것이다. 하지만

그에 앞서 조직이 직면한 외적 환경에 대해 살펴볼 필요가 있다.

"역동적인 힘이 전 세계를 휩쓸고 지나가면서, 우리의 삶을 변형시키고 새로운 기회의 물결이 밀려오고 있다. ⋯"[1] 조직을 둘러싼 역동적인 외부 환경에 대한 이해가 없다면 조직이나 경영자는 조직을 성공적으로 운영할 수 없다. 이러한 외부 환경을 더 잘 이해하기 위해서는 오늘날 조직이 처한 경영 환경에 영향을 주는 핵심 요소들을 살펴보아야 한다. ●

외부 환경은 무엇이며 왜 중요한가?

4-1 외부 환경은 무엇이며 왜 중요한지 설명한다.

> 오늘날 경영자가 범하는 가장 큰 실수 중 하나는 변화하는 세계에 적응하지 못하는 것이다.
> 이는 종업원이 범하는 가장 큰 실수 중 하나이기도 하다!

아이슬란드의 에이야프얄라요쿨 화산이 분출했을 때, 어느 누가 이 일이 미국 사우스캐롤라이나주 스파턴버그에 위치한 BMW 공장 및 일본의 닛산 자동차의 자동화 설비 시설을 일시 정지시킬 것이라 생각했겠는가?[2] 세계화되고 연결된 세계에서 이러한 사건은 더는 놀랄 만한 일이 아니다. 화산재가 유럽 내 비행기들을 이륙하지 못하게 해 아이슬란드에 소재한 회사에서 자동차 타이어 압력 센서를 BMW와 닛산 공장에 제때 공급하지 못하게 되었다. 우리는 '연결된' 세계에 살고 있기 때문에, 경영자들은 외부 환경이 조직에 미치는 영향을 알아야 한다.

외부 환경(external environment)은 기업의 성과에 영향을 주는 기업 외부의 요인, 세력, 상황, 사건이라 정의할 수 있다. 그림 4.1을 보면 여기에 몇 가지 다른 요소가 추가되어 있다. 경제적 요소는 이자율, 인플레이션, 고용률/실업률, 가처분 소득 수준, 주식 시장 동향, 경기 순환 단계 같은 요소가 포함되어 있다. 인구 통계학적 요소는 나이, 인종, 성별, 교육수준, 지리적 위치, 가족 구성 등의 인구적 특징들 내 현황과 관계가 있다. 과학기술 요소는 과학 및 산

외부 환경
기업의 성과에 영향을 주는 기업 외부의 요인, 세력, 상황 및 사건

업의 혁신과 관련이 있다. 사회문화적 요소는 가치, 태도, 전통, 라이프스타일, 신념, 취향, 행동 양식 등 사회·문화적 요인과 관련이 있다. 정치 및 법적 요소는 연방법, 주법, 지방법과 함께 다른 나라의 법, 글로벌 법 등이 있다. 뿐만 아니라 한 국가의 정책과 안정성도 포함된다. 글로벌 요소는 세계화 및 세계 경제와 관련된 화산 폭발, 정치적 불안정성, 테러리스트의 공격 같은 이슈들을 포함한다. 다음의 모든 요소가 잠재적으로 경영자의 결정과 행동에 제한을 주지만, 우리는 경제와 인구 통계학적 요소들을 보다 자세히 살펴볼 것이다.

오늘날의 경제는 어떠한가?

오늘날 경제적 환경 변화를 알 수 있는 장면

- 가상 화폐(virtual currency) 또는 암호통화(cryptocurrency)라고도 불리는 디지털 통화(digital currency)가 폭발적으로 증가하고 있다. 실제로 스웨덴에서는 현금의 사용이 급격히 감소했다.[3]
- 수년간 최소한의 인플레이션으로 인해, 세계 경제 성장이 수요를 자극해 미국 제조업체와 식품 회사들은 재료비 상승 문제에 직면했다.[4]
- 수년 동안 이익을 내지 못했지만 은행과 주주들의 현금 또는 신용 투입에 의해 존속되고 있는 '좀비 기업'이 유럽의 경제 회복을 막고 있다. 그 결과, 번창하고 있는 기업들은 성장에 필요한 자본을 확보할 수 없다.[5]
- 기후 변화가 공급 네트워크와 대량생산 과정, 자원 가용성 등을 변형시키고 있다.
- 이제는 엔트리 레벨 잡(entry-level job, 최소한의 훈련과 교육만 필요로 하는 단순 직무)에서도 '생각'과 좀 더 세심한 책임감을 포함해 비판적 사고, 창의적 문제 해결 능력, 지식의 응용 및 분석과 같은 고용 가능성 기술이 필요하다.

경제 위기 이후 수년이 지나고, 미국을 비롯한 세계 경제는 고비를 넘긴 것처럼 보인다. 그러나 경영자가 경제적 파고 속에서 편안하게 항해하기에는 아직 이르다. 앞으로 계속 그럴 수도 있다. 경영자가 취업, 수입, 원자재 가격, 소비재 가격, 주식 시장의 가치, 경기순환 단계 등과 같은 중요한 요인들을 다루어야 한다면, 무엇보다도 그러한 요인들이 조직적 의사결정과 행동을 어떻게 제약하는지에 관심을 가져야 할 것이다. 특성 중에서 경영자의 계획, 조직화, 지휘, 통제에 영향을 미칠 잠재성을 지닌 것들을 아래에 간략히 정리했다.

- 비록 미국에서는 생산성 저하가 아직 지속되고 있지만, 전 세계적으로는 조금씩 조정되고 있는 것으로 보인다. 생산성(시간당 근로자가 얼마나 많이 생산하는가)은 경제가 얼마

그림 4.1 외부 환경의 구성요소

나 잘 돌아가고 있는지를 말해주는 중요한 측정 요인이다. 생산성에 영향을 미치는 요인에는 혁신의 형태와 정도, 일하는 방식의 변화, 기술, 직무교육/훈련/기술의 수준 등이 포함된다.[6]

- 1970년대 후반에서 2008년까지 엄청나게 성장한 국제무역은 지난 번 글로벌 경제위기 때 붕괴되기 시작했으며 지속적인 부진에서 헤어나지 못하고 있다. 그러나 최근 지표에 의하면, 유럽과 아시아에서 가장 높은 성장세를 보이며 세계 무역이 회복되고 있다.[7]

- 미국의 총고용률은 증가했다. 실업률 4.1%는 지난 몇 년 사이 가장 낮은 수준이다.[8] 근로자들은 10년 넘게 소득과 고용의 광범위한 부분에서 혜택을 받고 있다.[9]

- 많은 미국 근로자가 안정적인 직장에 고용되었지만, 안정적인 수입이 없을 수도 있다. 그 이유는 유연한 근무 일정을 사용함으로써 기업은 종업원의 근로 시간을 통제하기 때문이다. 유연한 근무는 변동성이 큰 급여로 이어진다.[10]

- 저임금을 기반으로 하는 산업군(레스토랑, 소매업, 창고업, 기타 서비스업)에 있는 대부분의 기업은 의료보험과 관련된 법적 의무를 피하기 위해 비정규직 근로자를 고용하고 있다.[11]

- 퓨 리서치 센터(Pew Research Center)의 여론조사에 따르면, 미국인의 17%만이 열심히 일하면 성공하고 부자가 될 수 있다는 아메리칸 드림을 여전히 신봉하고 있다. 인종/민족별로 아메리칸 드림이 불가능하다고 말하는 비율은 백인 15%, 흑인 19%, 히스패닉 17%이다.[12]

세계경제포럼(World Economic Forum)이 밝힌 바와 같이 이러한 조사 결과는 비즈니스 리더와 정책 입안자가 앞으로 10년간 맞이하게 될 '심각한 소득격차'라는 중요한 위기를 반영하고 있다.[13] 경영자가 단순히 실제적인 경제 관련 숫자뿐만 아니라 경제에 대한 사회적 태도에 의해서도 제한을 받는다는 사실을 보여주기 위해 이 이슈에 대해 잠시 살펴보자.

경제적 불평등과 경제적 환경 해리스 인터렉티브(Harris Interactive Poll)의 설문조사에 의하면 성인의 단지 10%만이 경제적 불평등이 '전혀 문제가 되지 않는다'고 보고 있다. 설문 응답자 대부분은 이 이슈가 심각한 문제거나(57%) 적어도 문제임에는 틀림없다고(23%) 생각하고 있다.[14] 경제적 불평등 이슈가 왜 이렇게 민감한 테마가 되고 있는 것일까? 열심히 일하거나 위험을 감수해 온 창의적인 작업자는 존경과 함께 적절한 보수를 받아야 한다. 소득 차이는 마땅히 존재하는 것이지만, 미국의 부자와 가난한 자의 소득격차는 과거 수십 년에 걸쳐 확대되었고 여타 선진국의 수준보다 더 심화하고 있다. 이런 격차는 미국의 가치관이나 일의 자연스러운 부분이 되고 있다. 그러나 소득격차 수준이 확대되면서 우리의 인내는 한계에 도달하고 있다.[15] 경제성장이 지체되고, 누구나 기회를 잡고 좋은 일자리를 얻을 것이라는 희망이 없어지며, 심화하는 소득격차에 대한 불만이 증가하고 있다. 결국 기업의 리더들은 이러한 사회적 태도로 인해 자신들의 의사결정과 경영 방식에 제약을 받을 것이다.

마지막으로 경제와 관련해 미국을 비롯해 세계적으로 벌어지고 있는 흥미로운 현상인 공유경제를 살펴보고자 한다.

공유경제 에어비앤비(Airbnb), 우버(Uber), 모바이크(Mobike), 독베케이(DogVacay), 태스크래빗(TaskRabbit), 집카(Zipcar)에 대해 들어본 적이 있는가? 이들 중 하나 정도는 이

◀◀◀ 과거에서 현재까지 ▶▶▶

경영자는 조직의 업무 수행에 어느 정도 영향을 주는가?

경영 이론은 이 질문에 두 가지 관점으로 답변을 하고 있다. 하나는 전능할 정도의 수준이라는 관점이며, 또 다른 하나는 공생적 관점에 관한 것이다.

경영의 전능적 관점

- 경영자는 조직의 성공과 실패에 직접적인 책임을 지고 있다.
- 성과의 차이는 경영자의 결정과 행동에서 기인한다.
- 유능한 경영자는 변화를 예측하고 기회를 잡으며, 잘못된 점을 바로잡고 조직을 리드한다.
- 이익이 올라가면 경영자는 신임을 얻고 보상을 받는다.
- 이익이 내려가면 경영자는 해고된다.
- 경영자는 낮은 성과에 책임을 져야 한다.
- 이러한 관점은 대학과 프로 스포츠 코치의 이직을 설명하는 데 적합하다.

> 경영자는 전능한 존재인가,
> 아니면 무력한 존재인가?

경영의 공생적 관점

- 경영자가 성과를 내고 싶어도 환경적 제약이 존재한다.
- 경영자는 조직의 성과에 결정적인 영향을 미치지 못한다.
- 경제, 소비자, 정부 정책, 경쟁자의 행동 등 경영자가 통제하지 못하는 요소들이 성과에 영향을 미친다.
- 우발적이고 혼란스러우며 모호한 환경에서 계획을 세우고, 의사결정을 하며, 다른 경영자적 조치를 취함으로써 경영자는 통제하고 영향을 미치는 상징이 된다.
- 경영자가 조직의 성공과 실패에 미치는 영향력은 제한되어 있다.

현실에서, 경영자는 전능하지도 무력하지도 않은 존재이다. 그저 경영자의 결정과 행동은 제약을 받는다. *외부적* 제약은 조직의 외부 환경으로부터 오고, *내부적* 제약은 조직 문화로부터 발생한다.

토의문제

1 경영자에 대한 이러한 두 가지 관점이 왜 중요하다고 생각하는가? 이러한 관점을 통해 조직의 종업원으로서의 역할을 성공적으로 수행할 수 있는 방법은 무엇인가?
2 두 가지 관점은 서로 유사한 점이 있는가? 다른 점은 무엇인가?

용해봤겠지만, 이 회사들은 급성장하고 있는 '공유경제'라는 현상의 일부이다. **공유경제**(sharing economy)란 무엇인가? 이는 자산 소유자가 개인 간 거래 서비스를 통해 수수료를 받고 사용하지 않는 물리적 자산(집, 차, 옷, 연장 등)을 타인과 공유하는 경제 환경을 가리킨다. 어떤 분석가들은 여기에 지식이나 전문지식, 기술, 시간 등의 공유를 포함하기도 한다.[16] 공유경제의 바탕에 담긴 개념은 사용하지 않는 자산이 유용하게 사용될 수 있다는 것이다. 자산 소유자는 자신이 사용하지 않는 자산을 그것이 필요하지만 구입하기를 원치 않거나 살 여유가 없는 소비자에게 '빌려준다'. 공유경제가 성장함에 따라 공유경제, 온디맨드 경제, 긱 경제, 프리랜스 경제, 피어 경제, 접근 경제, 크라우드 경제, 디지털 경제, 플랫폼 경제 같은 다양한 용어가 공유의 다양한 반복을 설명하기 위해 사용되고 있다.[17] 일부 경제 전문가는 이러한 협의는 실제적인 '공유'가 아니라 시장이 매개하는 것에 더 가깝다고 주장하는데, 이는 서비스나 회사가 소비자 사이의 교환을 매개하는 역할을 하기 때문이다. 그들은 협의가 '접근경제(access economy)'와 더 유사하다고 주장한다. 이는 소비자가 추구하는 것이 해당 자산이 필요하지만 자산 소유자와의 비즈니스 혹은 개인적인 관계를 발전시켜야 한다는 염려 없이 편하게 접근 가능한 것이기 때문이다.[18] 이러한 공유경제의 개념은 방식이나 정의와 상관없이 우리의 경제적 시스템의 한 요소로 유지될 가능성이 높다.

인구 구성은 어떤 역할을 하는가?

인구 변화는 피할 수 없다는 말을 들어본 적이 있는가? 이 말이 의미하는 것은 한 국가의 인구

공유경제
자산 소유자가 개인 간 거래 서비스를 통해 수수료를 받고 사용하지 않는 물리적 자산이나 지식, 전문지식, 기술, 시간 등을 타인과 공유하는 경제 환경

경영의 전능적 관점
경영자는 조직의 성공 또는 실패에 직접적인 책임이 있다는 관점

경영의 공생적 관점
조직의 성공 또는 실패는 경영자의 통제 밖에 있는 외부 요인에 의해 영향을 받는다는 관점

중국 전자상거래 기업 알리바바(Alibaba)의 회장인 마윈(馬雲)이 아프리카의 젊은이들에게 기업가 정신, 인터넷, 지속적인 학습의 가치 등에 대해 교육하고 있다. 아프리카의 인구가 빠르게 증가하고 있는 가운데, 아프리카의 젊은이들이 직장에서 성공하기 위해 필요한 기술을 교육하고 개발하는 것은 국내 및 국외 기업자에게 중요한 인구 통계학적 요소이다.

규모와 특성은 그 나라가 성취할 수 있는 것에 분명 영향을 준다는 것이다. 예를 들어 전문가들은 2050년에는 "신흥경제는 인도와 중국이 이끌 것이며 이들은 선진 국가들보다 더 커질 것이다. 오스트리아, 벨기에, 덴마크, 노르웨이, 스웨덴 같이 출산율이 낮은 작은 유럽 국가들은 30대 경제대국 순위에서 내려갈 것이다"라고 예측했다.[19] 사회연구의 목적으로 이용되는 **인구 통계(demographics)**는 경영자들이 경영하는 데 분명한 영향을 줄 수 있다. 정부의 인구 조사에 의해 모이는 인구적 특성은 나이, 수입, 성별, 인종, 교육수준, 민족, 고용 상태, 지리적 위치 등을 포함한다.

나이는 특히 경영자에게 중요한 인구 통계학적 요소이다.

그 이유는 작업장에서는 흔히 서로 다른 연령층이 함께 일하기 때문이다. (직장 내 세대 차이와 관련한 과제에 대한 자세한 내용은 10장 371~373쪽을 참조하라.) 베이비부머, X세대, Y세대, Z세대에 대해 들어본 적 있는가? 이 용어는 인구 통계 연구자들이 미국 인구 내에 존재하는 4개의 연령 집단에 붙인 이름이다.

- 베이비부머는 1946~1964년에 태어난 사람들로, '부머'라는 단어가 붙은 것은 그들이 매우 많기 때문이다. 이 세대에 속하는 사람들은 다양한 라이프사이클 단계를 거치며 교육 시스템, 엔터테인먼트/삶의 방식, 사회적 안전 시스템 등 모든 외부 환경의 측면에 뚜렷한 영향을 주었다.
- X세대는 출산율이 급락한 베이비부머 세대 이후 1965~1977년에 태어난 사람들로 이 세대는 상대적으로 적은 수가 있다.
- Y세대(혹은 '밀레니얼 세대')는 1978~1994년 사이에 태어난 베이비부머의 자녀들로 많은 수로 존재하며 외부적 환경에 큰 영향을 주는 세대다. Y세대는 이제 조직에서 가장 다수의 연령 그룹으로서, 과학기술부터 직장의 복장 스타일까지 오늘날 기업의 형성에 이바지하고 있다.[20]
- Z세대는 가장 어린 연령대의 집단이다. 비록 여러 인구 통계학 전문가들의 Z세대를 칭하는 출생연도는 정확히 맞아떨어지지 않지만, 그들은 대체로 1995~2010년 사이에 태어났다. Z세대는 그 수가 많다. 20대 이하의 수가 미국 인구의 25.9%에 달한다.[21] Z세대의 특징 중 하나는 미국의 어떤 세대보다도 가장 다양하고 다문화적이라는 점이다.[22] 이 세대의 또 다른 특징으로는 이들의 사회적인 상호작용의 기본 수단이 온라인이라는 점으로, 온라인상에서 그들은 자신의 의견과 태도를 자유롭게 표현한다. 이들은 '인터넷, 모바일 기기, 사회적 네트워크'를 어느 세대보다 잘 아는 첫 세대이기도 하다.[23]

인구 통계학적 특성 중 연령은 경영학 연구에서 중요한데, 이는 라이프사이클에서 특정한 단계에 속하는 다수의 사람들이 기업, 정부, 교육기관 및 기타 조직에서 경영진이 수행하는 의사결정과 행동을 제한할 수 있기 때문이다. 인구 통계를 연구하는 것은 단지 현재의 통계에

인구 통계
사회연구의 목적으로 이용되는 인구 특성

한정되는 것이 아니라 미래의 추세와 연관된다. 이에 대한 몇 가지 예시는 아래와 같다.

- 현재의 출생률을 분석해보면, 세계적으로 80% 이상의 아이들이 아프리카와 아시아에서 태어났다는 점을 알 수 있다.[24]
- 인도의 12억 인구 중 3분의 2가 35세 미만이다.[25]
- 2050년에 이르면 중국의 65세 이상 노인 인구는 나머지 세계 인구를 합친 것보다 많아질 것이다.[26]
- 인류 역사상 65세 이상 인구가 한 나라 인구의 3~4% 이상을 초과했던 적이 없었다. 그러나 2050년에 이르면 이 숫자는 평균적으로 거의 25%에 이를 전망이다.[27]
- 2060년까지 미국의 노령 인구는 2배 이상 증가할 것이다.[28]

이러한 인구 추세가 전 세계의 기업과 경영자의 경영 방식에 미칠 영향을 한번 상상해보라.

외부 환경은 어떻게 경영자에게 영향을 주는가?

4-2 외부 환경이 어떻게 경영자에게 영향을 주는지 논의한다.

외부 환경의 다양한 구성요소를 아는 것과 환경의 특성을 검토하는 것은 경영자에게 중요하다. 그러나 환경이 어떻게 경영자에게 영향을 주는지를 이해하는 것도 중요하다. 우리는 외부 환경의 제약 요인이 경영자로부터 도전하게끔 하는 세 가지 부분을 살펴볼 것이다. 첫째는 일자리와 고용에 주는 영향이고 둘째는 환경적 불확실성에 대한 것, 셋째는 기업과 외부인 간에 존재하는 다양한 이해관계자와의 관계에 대한 것이다.

일자리와 고용 외부 환경의 조건은 변하는데, 외부 환경 중 경영자를 가장 제약하는 것은 경기변동과 고용에 관한 것이다. 이러한 제약으로 최근 세계적인 불경기 동안 수백만 개의 일자리가 없어지고 실업률이 높아졌다. 이러한 조정 과정이 나쁜 것은 아니지만 일자리의 수요와 적절한 기술을 갖춘 사람을 공급해서 균형을 맞춰야 하는 과제를 경영자에게 부여하고 있다.

유연한 작업의 준비
기업이 변화하는 시장의 요구에 대응하기 위해 새로운 형태의 유연함을 고를 때, '작업'이 어떤 모습이길 바라는지 생각해본 적 있는가? 어떠한 유형의 작업 모델이 마음에 드는가? 전통적인? 유연한? 그 사이에는 무엇이 있는가?

외부 조건의 변화는 직업의 종류에 영향을 줄 뿐 아니라 새로운 직업을 만들고 활용하는 것에도 영향을 미친다. 예를 들어 많은 경영자가 일에 따라 프리랜서, 단기 고용직 등을 고용한다. 이러한 방식은 외부 환경의 제약 요인 때문이다. 경영자는 어떻게 직무를 새로 만들지 고민하고 계획하고 조직하고 지휘하고 통제해야 한다. 유연한 근무 체계 또한 널리 활용되고 있는데 이러한 중요한 경영 접근법은 다른 장에서 다룰 것이다. 이러한 논의는 당신이 경력을 그리고 계획하는 데 도움이 될 것이다.

오늘날 직장에서의 경영 기술

기술은 어떻게 경영자의 일하는 방법을 개선할까?

기술 진보는 종업원과 경영자의 일하는 방식에 놀라운 가능성을 열어준다. 기술(technology)은 장비, 도구 또는 운영 방식 등을 포함하는 것으로 일을 효율적으로 할 수 있게 해준다. 기술이 영향을 주는 것은 노동과 원자재 같은 투입물이 상품, 서비스 등의 결과물로 변환되는 과정이다. 과거에 이러한 변화는 보통 인간의 노동에 의해 이루어졌다. 하지만 이제는 인간의 노동을 전자 및 컴퓨터 장비가 대체하고 있다. 사무실에 있는 사무기기에서 인터넷뱅킹, 소비자와 소통하는 소셜 네트워크까지 기술은 상품과 서비스를 창출하는 과정 자체를 더 효율적이고 효과적으로 만들어주었다.

기술의 영향력은 정보 분야에서도 발견된다. 정보 기술(IT)은 특정한 조직 내 위치에 제약받지 않도록 일의 물리적 경계를 허물었다. 노트북과 태블릿, 스마트폰, 기업의 인트라넷 등의 IT 기기들을 이용하는 정보 분야에서 종사자들은 어느 곳에서나 정보를 다룰 수 있게 되었다.

> 800억. 이 숫자는 스마트폰, 스마트워치, 기후 통제 센서, 주방, 냉장고, 자동차 등이 2025년까지 인터넷과 연결될 것이라고 IDC가 예측한 수치이다. 이 사물 인터넷(IoT)은 전 세계 산업과 사회에 영향을 주고 기업을 변화시키고 있다.[29]

게 충족하는지 살펴볼 것이다.

토의문제

3 기술 진보로 인해 경영자들은 과거보다 일에 더 어려움을 느끼고 있는가? 아니면 그 반대인가? 당신의 의견을 설명하라.

4 기술 진보는 (a) 종업원과 (b) 경영자 각각에게 어떤 혜택과 문제점을 가져오는가? 양자의 입장을 구분해 설명하라.

기술은 경영 방식에도 변화를 주었다. 특히 경영자들은 어느 곳, 어느 시간에서나 종업원들과 의견 교환을 할 수 있게 되었다. 물리적으로 떨어진 곳에서 효과적으로 의사소통하고 업무 목표를 확인하는 것은 경영자의 중요한 일이 되었다. 이 책에서 우리는 경영자가 계획, 관리, 지휘, 통제 등의 방법에 있어 이러한 기술적 도전들을 어떻

Manjunath Kiran/AFP/GettyImages

야후에게 전 세계 소프트웨어 개발자와 디자이너 커뮤니티는 매우 가치 있는 집단이다. 야후는 이 컴퓨터 전문가들과 관계를 구축하기 위해 해킹 이벤트를 열었다. 사진은 인도 방갈로르에서 개최한 이벤트 모습이며 이들에 의해 새로운 기술이 만들어질 수도 있다.

기술
일을 효율적으로 하게 만드는 모든 장비, 도구, 운영 방식

환경 불확실성
조직 환경의 변화와 복잡성 정도

환경적 복잡성
조직 환경의 구성요소들과 조직이 가지고 있는 구성요소들에 대한 지식의 범위

환경 불확실성의 측정   외부 환경이 초래하는 또 다른 제약 요인은 환경의 불확실성 정도로, 이는 조직 성과에 영향을 줄 수 있다. **환경 불확실성(environmental uncertainty)**은 조직 환경의 변화 및 복잡성의 정도이다. 그림 4.2를 보면 두 가지 측면이 나타나 있다.

첫 번째 부분은 불확실성으로 예측하기 어려운 변화의 정도이다. 만약 조직 내 환경의 구성요소들이 자주 변한다면, 이는 동적 환경이다. 만약 변화가 적다면, 이는 정적 환경이다. 정적 환경에서는 새로운 경쟁자가 없고 새로운 경쟁자에 의한 기술적 발전이 적으며 조직에 영향을 주는 압력집단의 활동이 적다. 예를 들어 사우디아라비아에 본사를 둔 알마라이(Almarai)는 상대적으로 정적 환경에 있는 식료품 회사이다. 한 가지 외부 관심사는 지역 및 지역 경쟁업체와의 지속적인 경쟁일 것이다. 전기와 수도 요금 인상으로 이어질 수도 있는 정부 정책의 변화도 우려할 점이긴 하다. 이에 알마라이는 수익성을 높이고 국제 자회사를 통해 장기적인 공급원을 마련하기 위해 효율성을 개선하는 데 초점을 맞추고 있다.[30] 반면에 레코드 음악 분야는 불확실하고 예측하기 어려운 동적 환경이다. 디지털 형태, 앱, 음악 다운로드 사이트, 개인 소셜 미디어 계정을 기반으로 음원을 발매하는 아티스트 등 산업은 급변하고 높은 불확실성에 놓여 있다.

불확실성의 두 번째는 부분은 **환경적 복잡성(environmental complexity)**의 정도이다. 이

그림 4.2　환경 불확실성 매트릭스

이해관계자
조직의 의사결정과 행동에 의해 영향을 받는
조직 환경의 구성원들

	변화의 정도	
	정적	**동적**
단순	**셀 1** • 정적이고 예측 가능한 환경 • 환경 내 구성요소가 적음 • 구성요소는 유사하거나 같은 상태로 유지됨 • 구성요소에 대한 자세한 정보의 필요성이 최소임	**셀 2** • 동적이고 예측 불가능한 환경 • 환경 내 구성요소가 적음 • 구성요소는 유사하나 계속 변함 • 구성요소에 대한 자세한 정보의 필요성이 최소임
복잡	**셀 3** • 정적이고 예측 가능한 환경 • 환경 내 구성요소들이 많음 • 구성요소들은 다르며 같은 상태로 유지됨 • 구성요소들에 대한 자세한 정보의 필요성이 높음	**셀 4** • 동적이고 예측 불가능한 환경 • 환경 내 구성요소가 많음 • 구성요소는 다르며 계속 변함 • 구성요소에 대한 자세한 정보의 필요성이 높음

(좌측 세로 라벨: 복잡성의 정도)

는 조직 환경 내에 있는 구성요소의 개수와 조직이 이러한 구성요소에 대해 보유한 지식을 나타낸다. 경쟁자, 고객, 공급업자나 정부기관의 수가 적고 이들에 대한 정보 또한 많이 필요하지 않다면 그것은 불확실성과 복잡성이 낮은 환경이다.

　환경 불확실성의 개념은 경영자에게 어떻게 영향을 주는가? 그림 4.2를 보면 4개의 셀은 각각 복잡성의 정도와 변화 정도의 서로 다른 조합을 나타낸다. 셀 1(정적이고 단순한 환경)은 가장 낮은 수준의 환경 불확실성을, 셀 4(동적이고 복잡한 환경)는 가장 높은 수준의 환경 불확실성을 의미한다. 당연히, 경영자는 셀 1에서 조직의 성과에 가장 큰 영향을 미치고, 셀 4에서 가장 적은 영향을 미친다. 불확실성은 조직의 효율성을 위협하기 때문에 경영자는 이를 최소화하고자 한다. 만약 선택권이 주어진다면, 경영자는 불확실성이 최소화된 환경에서 일하고자 할 것이다. 오늘날 대부분의 산업은 더 동적이고 불확실성이 높은 환경이 되고 있다.

이해관계자와의 관계 관리하기　아마존은 계속해서 확대되는 시장에서 어떻게 진입하고 지배하고 있는가? 한 가지 이유는 고객, 광고주, 배송업체, 공급업체 등 다양한 이해관계자와의 관계의 중요성을 이해하고 있기 때문일 것이다. 이해관계자와 어떤 관계를 맺어야 하는지는 경영자들에게 중요하다. 경영자들이 이러한 관계를 잘 이해해야 조직의 성과를 높일 수 있다.

　이해관계자(stakeholder)란 조직 환경의 한 구성요소로서 조직의 의사결정과 행동에 영향을 받는다. 이들은 조직과 이해관계를 맺고 있으며 조직의 행동에 영향을 받는다. 반대로 이들은 조직에 영향을 주기도 한다. 예를 들어 스타벅스의 결정과 행동에 의해 영향을 받는 집단을 생각해보자. 이들은 커피콩 농장주, 종업원, 특정 커피업체 경쟁자, 지역사회일 것이다. 일부 이해관계자는 스타벅스의 결정과 행동에 영향을 줄 것이다. 모든 조직은 이해관계자를 가지고 있다는 생각은 현재 경영

오늘날 직장에서의 윤리적 의사결정

월트 디즈니(Walt Disney Company)와 스타워즈(Star Wars), 두 개의 강력한 힘이 합쳐졌다. 이 힘은 좋은 것인가, 좋지 않은 것인가?[31] 스타워즈 프랜차이즈의 인기가 월트 디즈니사의 미국 영화관에 이례적일 만큼 우수한 권력을 주었다는 것은 그리 놀라운 일이 아니다. 영화관의 주인은 스타워즈의 개봉을 원하며, 그것을 얻을 수 있는 유일한 방법은… 디즈니를 통하는 것이다. 최근 개봉과 함께, 영화관의 주인들은 이제까지 겪은 것 중 가장 억압적이고 요구가 많은 '일급비밀'에 동의할 수밖에 없었다. 디즈니에게 티켓 수익의 약 65%를 주어야 했으며, 영화가 언제, 어디서, 어떻게 상영될 수 있는지에 관한 요구 조건도 있었다. 영화를 상영할 극장이 필요하기 때문에 디즈니를 부하보다는 '파트너'로 보는 편이 더 나을 수도 있다. 어떻게 생각하는가?

토의문제

5　이 사례에 윤리적 문제가 있는가? 그렇거나 그렇지 않은 이유는 무엇인가? 어떤 이해관계자가 영향을 받을 수 있으며, 어떻게 영향을 받을 수 있는가? 이해관계자를 구분하는 것이 경영자에게 가장 책임감 있는 접근 방식을 선택하는 데 도움을 주는가?

6　당신이 '속한' 그룹과 함께 작업하면서 디즈니의 조치에 대해 논의해보라. 당신은 디즈니의 행동에 동의하는가? 다양한 이해관계자가 어떠한 영향을 받았는지를 포함해 장단점을 생각해보라. (좋은 문제 해결사이자 비판적 사고자가 되려면 여러 각도에서 문제를 보는 방법을 배워야 한다!)

학과 경영자에 의해 널리 받아들여지고 있다.[32]

그림 4.3은 조직과 관계가 있는 가장 일반적인 이해관계자들을 나타낸 것이다. 이런 이해관계자들은 내·외부에 존재하는 집단들이다. 그 이유는 내·외부 집단 모두 조직의 행동과 운영에 영향을 줄 수 있기 때문이다.

왜 경영자는 이해관계자와의 관계에 신경 쓰는가? 그 이유는 환경 변화를 더 잘 예측하고, 더 성공적인 혁신을 추구하며, 이혜관계자들과의 신뢰를 높이고, 변화가 가져오는 충격을 줄여 조직의 유연성을 높이는 등 조직 성과를 개선하기 위함이다. 예를 들어 페이스북은 온라인 프라이버시 법률을 포괄적으로 바꾸기 위해 입법자 및 규제기관 등 정부 관계자들을 만나고 로비를 한다. 회사는 '미국 국회에 로비를 해 회사 이미지를 좋게 하며 회사가 추진하는 정보 공유 사업에 혹시 있을지도 모르는 손해를 미연에 방지'하고 있다.[33]

이해관계자에 대한 관리가 조직의 성과에 영향을 주는가? 답변은 '그렇다'이다. 관련 분야를 연구하는 경영학자들은 높은 성과를 내는 회사의 경영자가 핵심적 이해관계자를 고려하고 있음을 밝혔다.[34]

외부 이해관계자와의 관계를 관리하는 또 다른 이유는 이것이 필수적인 일이기 때문이다. 조직은 투입물(자원들)과 산출물(상품과 서비스)을 외부 집단에 의존하기 때문에 경영자들은 이해관계자들의 관심을 고려해야 한다. 다음 장에서 기업의 사회적 책임에 대해 알아볼 때 이 문제에 대해 다시 한 번 자세히 알아본다.

우리가 이 장에서 다루고자 한 것은 조직이나 경영자의 일상생활이 아니다. 경영자는 어떻게 사업과 종업원을 관리할지 어려운 결정을 한다. 외부 환경의 변화가 어떻게 당신의 기업과 경영에 영향을 주는지를 이해하는 것은 중요하다. 이제 우리는 조직의 내부 측면에 영향을 주는 것, 특히 조직 문화에 대해 알아보고자 한다.

그림 4.3   조직의 이해관계자

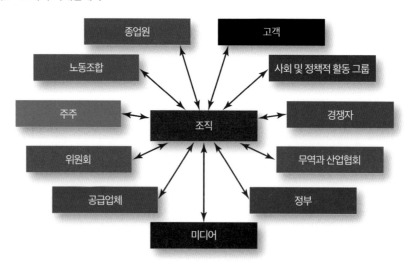

조직 문화란 무엇인가?

우리는 각자 독특한 성격을 가지고 있다. 성격은 우리가 행동하고 다른 사람과 상호작용하는 방식에 영향을 준다. 조직도 각자 성격을 가지고 있다. 우리는 그것을 문화라고 부른다. 조직 문화(organizational culture)에 대해 아래에서 더 알아보자.

4-3 조직 문화는 무엇이며 왜 중요한지 설명한다.

❶ **조직 문화는 느껴지는 것이다.** 조직 문화는 물리적으로 만질 수 있거나 보거나 하는 것이 아니라 종업원이 조직 내에서 경험한 것에 대한 느낌이다.

❷ **조직 문화는 설명할 수 있는 것이다.** 조직 문화는 종업원이 그것을 좋아하느냐 싫어하느냐가 아닌, 어떻게 느끼고 설명할 수 있느냐가 중요하다.

❸ **조직 문화는 공유된 것이다.** 조직 내 개인은 조직에서의 계층과 하는 일, 배경이 다르더라도 조직 문화를 비슷하게 설명하는 경향이 있다.

Smith Collection/Gado Images/Alamy Stock Photo

Jerome Brunet/ZUMA Press, Inc./Alamy Stock Photo

구글은 캘리포니아에 있는 본사에 안드로이드 구글플렉스, 자전거, 회사에 반려 동물을 데리고 가는 날과 같은 창조적이고 혁신적인 문화를 만들어냈다.

Kristoffer Tripplaar/Alamy Stock Photo

조직 문화
조직 구성원의 행동 방식에 영향을 주는 공유된 가치, 원칙, 전통, 사고방식

조직 문화의 차원

그림 4.4

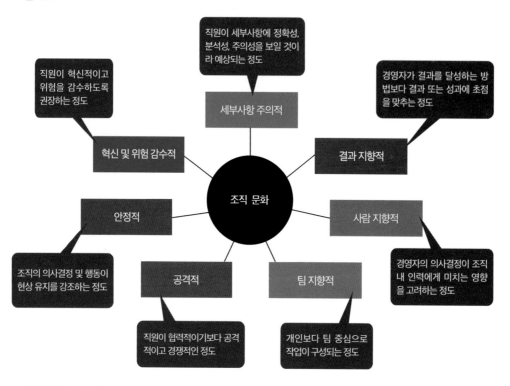

| 직원이 세부사항에 정확성, 분석성, 주의성을 보일 것이라 예상되는 정도 |
| 직원이 혁신적이고 위험을 감수하도록 권장하는 정도 |
| 경영자가 결과를 달성하는 방법보다 결과 또는 성과에 초점을 맞추는 정도 |

세부사항 주의적
혁신 및 위험 감수적
결과 지향적
조직 문화
안정적
사람 지향적
공격적
팀 지향적

| 조직의 의사결정 및 행동이 현상 유지를 강조하는 정도 |
| 직원이 협력적이기보다 공격적이고 경쟁적인 정도 |
| 개인보다 팀 중심으로 작업이 구성되는 정도 |
| 경영자의 의사결정이 조직 내 인력에게 미치는 영향을 고려하는 정도 |

조직 문화는 어떻게 설명할 수 있는가?

조직 문화를 설명하는 차원에는 일곱 가지가 있다(그림 4.4 참조).[35]

- 낮은 수준(조직 문화의 전형적인 상태라고 볼 수 없음)에서 높은 수준(조직 문화의 전형적인 상태라고 볼 수 있음)까지 있다.

- 조직 문화의 복합적인 청사진을 보여주고 있다.

  조직 문화는 다른 것들보다 더 두드러지는 한 가지 특정한 문화적 차원에 의해 형성되며, 그것은 조직의 개성을 형성하고 조직 구성원이 일하는 방식을 결정한다. 예를 들면

  – 애플은 제품 혁신(혁신과 위험 감수)을 중시한다. 이 기업은 신제품 개발과 함께 '살고 숨 쉬고' 있으며, 종업원들은 그 목표를 달성하기 위해 행동한다.

  – 사우스웨스트 항공(Southwest Airlines)은 종업원을 문화의 중심으로 여기며(사람 지향적), 종업원을 관리하는 방식을 통해 이러한 문화가 드러난다.

조직 문화는 어디에서 오는가?	종업원은 조직 문화를 어떻게 학습하는가?
일반적으로 창업자의 비전과 **사명**을 반영한다.	조직 내 이야기: 중대한 사건이나 사람들에 대한 이야기
창업자는 *조직의 목적과 가치에 대한 청사진*을 제공한다.	**조직 내 의식**: 조직의 가치와 목표를 강조하는 반복적인 활동들
창업자는 아직 조직 규모가 작기 때문에 종업원에게 자신의 비전을 잘 '심어줄' 수 있다.	**물질적 상징물과 소품**: 건물과 시설의 배치, 종업원의 복장, 사무실의 규모, 임원들에게 제공되는 복리후생, 사무실 가구 등
조직 구성원은 조직 문화를 중심으로 커뮤니티를 형성하고 자신들이 누구인지를 알아가는 *역사적 공유 과정을 거치게 된다.*	**언어**: 특별한 용어들로서 생산기기, 핵심 인력, 고객, 공급업체, 생산 과정, 제품과 관련된 용어

조직 문화는 어떻게 경영자에게 영향을 주는가?

4-4 조직 문화가 어떻게 경영자에게 영향을 주는지 설명한다.

훗스위트(Hootsuite)의 핵심인재 관련 부사장인 앰브로시아 험프리(Ambrosia Humphrey)는 조직 문화의 힘과 이것이 경영자로서 그녀 자신에게 어떻게 영향을 미치는지를 잘 이해한 사람이다. 조직 문화를 키우고 번성시키는 것은 그녀에게 최우선의 과제이다. 그리고 그녀는 종업원들이 주요한 회사의 가치, 즉 투명성이 반영된 경험을 할 수 있는 다양한 기회를 지속적으로 만들어냈다. 예를 들어 그녀는 전 사원이 조직의 CEO와 토론하는 '무엇이든 물어보세요' 시간을 만들었다. 그녀가 사용한 또 다른 전략으로는 종업원들의 '해커톤(hackathon)'이 있는데, 이는 소프트웨어 종사자들이 함께 문제를 해결하는 프로젝트이다. 물론 그녀는 조직의 종업원뿐만 아니라 소비자와 공동체에게 투명성에 대한 그녀의 관심을 보여주기 위해 소셜 미디어를 활용했다. 종업원들에게 훗스위트에서 일하는 것이 어떤지 견해를 트윗해도 좋다고 격려했다. 미디어에 링크해 이루어진 포스팅은 옥상 미팅 때 찍은 사진에서부터 열심히 일하는 동료 칭찬하기에 이르기까지 다양했으며, 회사가 일하기 좋은 최고의 직장이라는 사실을 보여주고 있다.[36]

조직 문화가 경영자들에게 영향을 주는 두 가지 방식은 (1) 종업원이 하는 것과 어떻게 그들이 행동하는지에 영향을 주고 (2) 경영자들이 하는 것에 영향을 준다.

강한 문화
핵심 가치가 명확히 형성되어 있고 광범위하게 공유되어 있는 문화

문화는 직원의 행동에 어떤 영향을 미치는가?

> "나는 문화를 일종의 보호막이라 생각한다. 내가 마땅히 서 있을 곳이 어디인지를 알려주고 일에 대한 기본 원칙을 알려준다."[37]

조직 문화는 얼마나 강하고 약한지에 따라 종업원의 행동에 영향을 미친다. 핵심 가치가 명확히 형성되어 있고 광범위하게 공유되어 있는 문화, 즉 **강한 문화(strong culture)**는 그렇지 않은 약한 문화에 비해 상대적으로 종업원에게 더 큰 영향을 준다. 종업원이 조직의 핵심 가치를 받아들이고 그 가치에 대한 전념도가 높을수록 문화는 점차 강해질 것이다. 대부분의 조직은 중간 수준에서 강한 수준의 문화를 가지고 있다. 즉 무엇이 중요한지, '좋은' 종업원 행동은 무엇인지, 앞서 나가려면 무엇을 해야 하는지 등에 대해 구성원 간의 동의가 상대적으로 강하게 이루어진 문화이다. 문화가 강할수록 경영자가 계획하고 조직하며 지휘하고 통제하는 방법에 문화가 주는 영향은 더 커질 것이다.[38]

또한 조직이 강한 문화를 가지고 있으면 종업원에 대한 지침, 규칙, 규정 같은 것은 필요가 없게 된다. 이러한 조직은 문서로 규정을 정해 놓지 않아도 예측 가능성, 질서 유지, 일관성을 창출할 수 있다. 그러므로 강한 조직 문화를 가진 조직은 공식적인 규칙, 규정 개발과 관련된 경영자가 필요없다. 종업원은 지침 대신 조직 문화를 내면화하게 된다. 반면에 강력한 공유가치가 없어서 조직 문화가 약하다면 조직 문화의 영향력은 불투명해진다.

사우스웨스트 항공의 강력한 고객 서비스, 근면, 존중, 배려, 재미를 주는 문화는 직원들이 무엇을 하고 어떻게 행동하는지에 영향을 준다. 허리케인 하비가 지나간 후에, 조종사와 승무원들은 주인을 잃은 동물들을 휴스턴에 있는 보호소에서 샌디에이고의 애완동물센터로 이송해 구조 작업을 도왔다.

문화는 경영자의 행동에 어떤 영향을 미치는가?

경영진 중 10%는 조직 문화를 확인하지도, 소통하지도 않는다고 말한다.[39]

휴스턴에 근거지를 둔 아파치(Apache Corp.)는 오일 시추 기업 중 가장 뛰어난 성과를 내는 회사이다. 이는 그들이 위험을 감수하고 빠른 의사결정을 하는 문화를 가졌기 때문이다. 잠재적으로 고용은 그들이 다른 회사들과 경쟁해 프로젝트를 수주하는 것에 따라 결정된다. 그리고 회사 종업원들은 이익을 내고 생산 목표를 달성하게 되면 상당한 수준의 보상을 받을 수 있음을 알고 있다.[40] 조직 문화가 그들이 할 수 있는 것과 할 수 없는 것을 규정하고 어떻게 경영해야 하는지를 알려주기 때문에 조직 문화는 경영자에게 중요하다. 조직 문화로 인한 행동의 제약은 좀처럼 명확히 드러나지 않는다. 조직 문화는 문서로 서술된 것이 아니다. 이것은 심지어 누가 설명해주지도 않는다. 그러나 경영자는 무엇을 해야 하는지, 무엇을 하면 안 되는지를 신속히 학습한다. 예를 들어 당신은 종이에 적힌 가치 대신 조직의 일상에서 학습한 대로 행하는 경향이 있다.

- 비록 바쁘지 않더라도 바쁜 척한다.
- 당신이 위험을 감수하다가 실패한다면, 큰 대가를 치를 것이다.
- 그들이 나중에 절대 놀라지 않도록 의사결정을 하기 전에 먼저 당신의 상사에게 달려가 물어보라.
- 우리는 경쟁을 견딜 만큼의 제품을 만들어내면 된다. 그 이상은 무리다.
- 과거에 우리를 성공하게 만든 것은 미래에도 우리를 성공하게 할 것이다.
- 최고가 되길 바란다면 팀 플레이어가 되어야 한다.

가치와 경영자의 행동에는 꽤 직접적인 연관성이 있다. 예를 들어 '준비-조준-발사' 문화라고 불리는 것이 있다고 하자. 그러한 문화를 가진 조직의 경영자들은 일에 몰입하기 전에 끝없이 프로젝트들을 연구하고 분석할 것이다. 반대로 '준비-발사-조준'의 문화에서는 경영자들이 먼저 행동을 취하고 그다음에 일이 어떻게 진행되는지를 분석한다. 또 다른 예를 들어보자. 어떤 조직 문화는 비용 절감이 이익을 높인다는 생각을 강조하고 또 수익이 느리지만 꾸준하게 증가하는 것이 중요하다고 보는 경우가 있다고 하자. 이러한 조직 문화에서 경영자들은 혁신적이고, 위험이 크고, 장기간이 소요되는 성장 사업을 좋아하지 않을 것이다. 종업원들의 불신이 높은 문화는 민주적 리더십 스타일보다는 독재적 리더십 스타일을 더 많이 사용하는 조직이다. 왜 그런가? 문화는 어떤 행동이 적절하다고 기대되는지를 경영자에게 알려준다. 이러한 예를 호텔경영 회사인 와인가드너 & 해먼스(Winegardner & Hammons)에서 볼 수 있을 것이다. 이 회사의 대표는 네 가지 특성을 지닌 '이기는 직장 문화'를 수립했다. 첫 번째는 긍정적인 직무 환경으로, 종업원으로 하여금 회사로부터 보호를 받고 가치 있게 여겨진다고 느끼는 문화를 만들도록 경영자들을 격려한다. 또한 종업원 선발 과정에서 '이상적인' 종업원을 선발하는 데 초점을 두도록 관리자들을 독려한다. 종업원의 몰입 프로그램은 경영자 훈련을 기반으로 하는 것으로, 경영자가 몰입적인 직무 환경을 북돋을 수 있는 이상적인 기술과 지식, 경험을 가질 수 있도록 돕는다. 그리고 강점기반 직장 문화는 경영자가 지속적으로 종업원의 강점을 강화하도록 하고 있다. 이러한 문화적 초점은 어떤 일을 만들어냈는

그림 4.5 조직 문화에 영향을 받는 경영자의 의사결정 유형

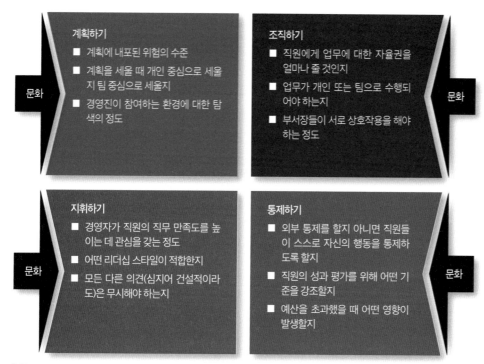

계획하기
- 계획에 내포된 위험의 수준
- 계획을 세울 때 개인 중심으로 세울 지 팀 중심으로 세울지
- 경영진이 참여하는 환경에 대한 탐색의 정도

문화

조직하기
- 직원에게 업무에 대한 자율권을 얼마나 줄 것인지
- 업무가 개인 또는 팀으로 수행되어야 하는지
- 부서장들이 서로 상호작용을 해야 하는 정도

문화

지휘하기
- 경영자가 직원의 직무 만족도를 높이는 데 관심을 갖는 정도
- 어떤 리더십 스타일이 적합한지
- 모든 다른 의견(심지어 건설적이라도)은 무시해야 하는지

문화

통제하기
- 외부 통제를 할지 아니면 직원들이 스스로 자신의 행동을 통제하도록 할지
- 직원의 성과 평가를 위해 어떤 기준을 강조할지
- 예산을 초과했을 때 어떤 영향이 발생할지

문화

출처: Robbins, Stephen P., Coulter, Mary, *Management*, 13th Ed., © 2016, p. 86. Reprinted and electronically reproduced by permission of Pearson Education, Inc., New York, NY.

가? 34%의 낮은 이직률과 11%의 높은 수익률을 달성했다.[41] 만일 경영자로서 당신이 조직 문화에 관심을 갖고 그 문화 속에서 기대되는 적절한 행동이 무엇인지 인식할 수 있다면 이러한 결과를 성취해낼 수 있을 것이다.

그림 4.5에서 볼 수 있듯이, 경영자의 의사결정은 자신이 만든 조직 문화에 의해 영향을 받는다. 조직 문화, 특히 강한 문화는 경영자가 계획하고, 조직하고, 지위하고, 통제하는 모든 방식에 영향을 준다.

조직 문화의 현재 이슈는 무엇인가?

4-5 조직 문화의 현재 이슈를 설명한다.

조직 문화는 직원의 생산성, 참여 및 유지의 '원동력'이 될 수 있기 때문에 기업의 경영자는 조직 문화가 중요한 경영 이슈라는 것을 인식하고 있다. 경영자들은 현재 어떠한 문화에 초점을 맞추고 있는가? 중요하다고 생각되는 다섯 가지를 확인했다. 이를 한 번 살펴보자.

고객 대응적 문화의 조성

1장에서 고객이 조직과 관리자에게 중요한 이유를 논의했다. 고객 대응적 문화(customer-responsive culture)는 직원과 고객 만족도를 높이고 이는 결과적으로 실적에 영향을 줄 수 있다. 고객 대응적 문화는 어떠한 모습인가? 표 4.1은 고객 대응적 문화의 다섯 가지 특징을 설명하고 경영자가 이 문화를 만들기 위해 어떠한 노력을 할 수 있는지 알려준다.[42]

표 4.1 고객 대응적 문화의 조성

고객 대응적 문화의 특징	경영자를 위한 제안
종업원의 종류	고객 서비스와 일치하는 성격 및 태도를 가진 직원을 채용: 친절하고, 섬세하고, 열정 있고, 인내심 있고, 경청을 잘하는 직원을 채용
직업 환경의 종류	엄격한 규칙과 절차 없이 종업원이 고객을 만족시키기 위해 가능한 한 많은 재량권을 갖도록 하는 직업 설계
권한 부여	서비스 담당 종업원에게 직무와 관련해 일상적인 결정을 내릴 수 있는 재량권을 부여
역할 명확성	제품에 대한 지식, 경청 및 기타 행동 기술에 대한 지속적인 교육을 통해 서비스 담당 종업원이 할 수 있는 일과 할 수 없는 일에 대한 불확실성 감소
고객을 만족시키고 기쁨을 주려는 일관된 욕구	직원이 정상적인 업무 요구사항을 벗어난 경우에도 필요한 모든 업무를 수행하겠다는 조직의 의지를 명확히 해야 함

출처: Robbins, Stephen P., Coulter, Mary A., *Management* (Subscription). 14th Ed., © 2018. Reprinted and electronically reproduced by permission of Pearson Education, Inc., New York, NY.

혁신적 문화의 조성

혁신은 1장에서도 조직과 경영자에게 중요한 이슈로 설명했다. 문화는 혁신에 얼마나 중요한 가? 설문조사에 참여한 고위 경영진의 절반 이상이 기업 혁신의 가장 중요한 원동력이 문화라고 답했다.[43] 그러나 모든 기업이 혁신을 촉진하는 문화를 가진 것은 아니다. 실제로 종업원들을 대상으로 한 설문조사에서는 절반 정도가 기업 혁신에 문화가 중요하다고 답했지만, 경영진이 그러한 지원을 제공한다고 생각하는 비율은 20% 정도에 불과했다.[44]

혁신적 문화는 어떤 모습인가? 스웨덴 연구자인 고란 에크발(Goran Ekvall)이 제시한 한 가지 관점은 다음과 같다.[45]

- 도전과 참여: 종업원이 조직의 장기적인 목표와 성공에 기여하고, 동기부여 받으며, 헌신하고 있는가?
- 자유: 종업원은 업무를 독립적으로 정의하고, 재량권을 가지며, 일상적인 활동에서 주도적으로 참여할 수 있는가?
- 신뢰와 개방성: 종업원은 서로를 지지하고 존중하는가?
- 아이디어 시간: 종업원은 행동하기 전에 새로운 아이디어에 대해 충분히 검토받았는가?
- 재미/유머: 직장은 자발적이고 재미있는가?
- 갈등 해결: 종업원은 조직의 이익과 개인적 이익에 근거해 의사결정 및 문제 해결을 하는가?
- 토론: 종업원들은 고려 및 검토되기 위해 자신의 의견을 표현하고 제안할 수 있는가?
- 위험 감수: 경영자는 불확실성과 모호성을 이해하고 종업원이 위험을 감수한 것에 대해 보상해줄 수 있는가?

지속가능한 문화의 조성

지속가능성은 1장에서 설명한 또 다른 중요한 경영 이슈이다. 많은 기업이 지속가능성을 조직의 전반적인 문화에 통합한다. 존슨앤드존슨의 환경부서 선임 관리자는 "지속가능성은 우리의 문화에 내재되어 있다. 지속가능성과 관련된 개념이 유행하기 훨씬 이전인 65년 전부터 우리가 누구인지에 대한 일부로 존재했다"고 말했다.[46] 기업은 지속가능한 문화를 만들기 위해 무엇을 해야 하는가?

지속가능성은 조직의 의미를 정의하는 데 모든 사람을 참여시켜야 한다. 모든 종업원이 '참여'하지 않으면 지속가능성 노력을 개선하거나 측정하기 어렵다.

지속가능한 방법을 찾는 데 종업원(개인 또는 팀)을 참여시킨다.

지속가능성의 중요성을 강화하기 위한 의식을 만든다. 예를 들어 다양한 지속가능성 관행에 전념하거나 지속가능성 주제로 회의를 하는 날 또는 주를 만든다.

보상을 사용한다. 직원 보너스를 지속가능성 목표의 충족과 연결시킨다. 또는 종업원이 지속가능성 문화를 지지하거나 대표하는 일을 할 때 상을 준다.

경영자와 조직이 지속가능성 관행을 문화에 포함시키면, 문화는 그러한 관행을 강화할 것이다. 지속가능성이 중요한 문화적 가치라 판단되면, 키우고 정의로운 특성이 될 수 있도록 성장시킬 필요가 있다.

윤리적 문화의 조성

윤리적 문화(ethical culture)는 직장에서의 옳고 그른 행동에 대한 공유된 개념이 조직의 핵심 가치를 반영하고 종업원의 윤리적 의사결정에 영향을 주는 문화이다. 윤리적 문화는 명확한 윤리적 기준을 뒷받침한다. 조직의 경영자는 윤리적인 행동을 모델화한 뒤, 종업원들에게 윤리적인 행동을 해달라고 요청해야 한다. 윤리적 문화에서는 종업원과 경영자의 윤리적 문제에 대해 토론할 수 있으며 이에 따라 윤리적 행동은 강화된다.[47] 다음 장에서 기업윤리에 대해 더 자세히 살펴볼 것이다. 계속해서 주목하라!

학습하는 문화의 조성

이 장의 첫 부분에서도 알 수 있듯이, 오늘날의 급변하는 경영 환경은 경영자와 종업원 모두의 적응성을 필요로 한다. 이는 '지속적으로 생각하고, 관련짓고, 배우고, 적응할 수 있는 종업원을 보유하는 것'을 의미한다.[48] 지속적으로 학습하는 문화는 매우 중요하다.

당신은 어떻게 할 것인가?

당신은 계속 학습하는 종업원 중 한 명이 될 것인가? 당신은 최고의 후보이자 스타 직원이 되고 싶은가? 지금 바로 고용 가능성 있는 기술을 개발하고 그것을 유지하라!

학습하는 문화를 만드는 것은 가장 위의 승인으로부터 시작된다. 조직의 경영자들은 학습하는 문화가 작동하기 위해 필요한 것이 무엇인지 절대적으로 이해하고, 그에 절대적으로 전념해야 한다. 학습하는 문화에서는 모든 사람이 공유된 비전에 동의하고, 조직의 프로세스, 활동, 기능 및 외부 환경 간의 고유한 상호관계를 이해한다. 또한 강한 공동체 의식을 가지고 있으며 서로를 배려하고 신뢰한다. 학습하는 문화는 직원들이 비판이나 처벌을 두려워하지 않고 자유롭게 의사소통하고 공유하고 경험하고 배울 수 있도록 격려한다.

요약

4-1 외부 환경은 무엇이며 왜 중요한지 설명한다.

외부 환경은 성과에 영향을 주는 조직 외부의 사건, 상황, 세력, 요인이라고 할 수 있다. 여기에는 경제, 인구 통계, 정치/법률, 사회문화, 기술, 글로벌 요소들이 포함된다. 외부 환경은 중요한데 이는 경영자들을 제약하고 과제를 주기 때문이다.

4-2 외부 환경이 어떻게 경영자에게 영향을 주는지 논의한다.

외부 환경이 경영자에게 영향을 주는 방식에는 세 가지가 있다. 이는 일자리와 고용, 환경 불확실성의 정도, 이해관계자와의 관계 특성이다.

4-3 조직 문화는 무엇이며 왜 중요한지 설명한다.

조직 문화는 조직 구성원의 행동 방식에 영향을 주는 공유된 가치, 원칙, 전통, 사고방식 등을 말한다. 이것은 조직 구성원의 행동, 의사결정, 행위에 영향을 주기 때문에 중요하다.

4-4 조직 문화가 어떻게 경영자에게 영향을 주는지 설명한다.

조직 문화는 두 가지 방식으로 경영자에게 영향을 준다. 종업원이 무엇을 하고 어떻게 행동하느냐에 영향을 주고 경영자가 계획하고 관리하고 지휘하고 통제하기 위해 무엇을 해야 하는지에 영향을 준다.

4-5 조직 문화의 현재 이슈를 설명한다.

조직 문화의 현재 이슈는 고객 대응적 문화의 조성, 혁신적 문화의 조성, 지속가능한 문화의 조성, 윤리적 문화의 조성, 학습하는 문화의 조성이다. 이러한 문화적 이슈는 직원의 생산성, 참여 및 유지를 촉진할 수 있는 방법 등에 초점을 맞추고 있기 때문에 오늘날 경영 환경에서 특히 중요하다.

토의문제

4-1 경영자는 실제적으로 조직의 성공 또는 실패에 얼마나 많은 영향을 주는가?

4-2 왜 경영자는 조직 외부에서 일어나는 환경 요인을 이해할 필요가 있는가? 어떤 외부 환경 요인이 어떻게 경영자의 일에 영향을 미치는지 예를 들라.

4-3 경기 변동은 경영자의 일에 어떻게 영향을 미치는가? 최근 경제 잡지에서 조직의 활동과 관행 2개 혹은 3개를 예로 들라. 환경 변화의 관점에서 이들 예를 논의하라.

4-4 경영자는 왜 인구 통계학적 추세와 변화에 관심을 가져야 하는가?

4-5 경영은 외부 환경 속에서 이루어진다. 경영자가 경영을 하면서 안정적인 환경을 경험하는 것이 가능할지에 대해 논의하라. 주변에서 환경이 안정적인 경우와 불확실한 경우를 각각 예로 들라.

4-6 '경영은 관계 위에서 수립된다'는 말은 무엇을 의미하는가? 외부 환경을 관리한다는 것은 어떤 의미가 있는가?

4-7 조직 문화가 기업 운영과 종업원의 행동에서 왜 중요한 역할을 하는지 논의하라. 그리고 CEO, 경영자, 종업원에게 어떤 영향을 줄지 설명하라.

4-8 조직 문화가 시간이 지나면서 형성되어 가는 단계를 설명하라.

4-9 강한 조직 문화가 조직과 경영자에게 주는 영향을 설명하라.

4-10 조직 문화의 다섯 가지 현재 이슈 중 하나를 선택해 조직 문화의 어느 차원(그림 4.4)에 위치하는지 생각해보라. 그리고 당신의 생각을 설명하라. 또한 이러한 이슈가 오늘날 조직에서 중요한 이유를 설명하라.

적용하기   직장생활을 위한 준비

경영자가 되기 위한 기술 | 문화 이해하기

조직 문화는 하나의 의미 공유 시스템이다. 조직 문화를 이해하면 팀워크를 장려하는지, 혁신을 선호하는지, 창의성을 억누르는 분위기인지 알 수 있다. 면접에서 조직 문화를 정확히 파악하면 자신과 잘 맞는 조직을 찾을 가능성이 높아진다. 입사 후에도 조직 문화를 잘 이해하면 회사가 긍정적으로 생각하는 행동과 처벌받을 만한 행동을 잘 파악할 수 있다.[49]

기본 기술

조직 문화는 조직마다 다 다르다. 개인도 마찬가지다. 따라서 자신의 개인적인 선호도와 조직 문화가 잘 맞으면 맞을수록 일하는 데 만족감을 더 느끼게 될 것이고, 이직을 덜하게 되며, 성과에 대해서도 긍정적인 평가를 받게 될 것이다.

조직 문화를 파악하는 능력은 유용하게 쓰일 수 있다. 예를 들어 구직 중인 사람이라면 문화적인 면에서 자신의 가치와 잘 맞고 편안함을 느낄 수 있는 고용주를 선택하고 싶은 것이다. 입사를 결정하기 전에 고용주가 어떤 문화를 지향하는지 정확히 파악할 수 있다면 깊은 고민에 빠질 일도 없고, 잘못된 선택을 할 확률도 낮출 수 있다. 또한 전문직에 종사하면서 당신은 분명 제품이나 서비스를 판매하거나, 계약 조건을 협상하거나, 제휴 프로젝트를 진행하거나, 심지어 거래업체에서 특정 사안을 누가 결정할지 알아보는 일을 처리하면서 여러 조직과 거래하게 될 것이다. 다른 조직의 문화를 잘 파악하는 능력은 이런 업무를 성공적으로 수행하는 데 있어 당신에게 절대적인 도움이 될 것이다.

간단한 예로 구직자의 관점에서 이 기술을 살펴보자. 당신이 면접을 본다고 가정하자. 물론 이 기술들은 여러 다른 상황에도 널리 적용할 수 있다. 다음은 어떤 조직의 문화를 알아볼 때 할 수 있는 일을 나열한 것이다.

- 뒷조사를 해보라. 친구나 지인 중 해당 회사에서 근무했던 사람의 이름을 찾아 그들과 만나서 이야기해보라. 또한 그 회사에 소속된 직원이나 채용 담당 간부가 가입한 전문적인 무역협회의 회원들과도 얘기해보라. 연차 보고서나 조직 문헌에 실린 내용에서 해당 회사와 관련된 정보를 찾아보라. 회사 웹사이트를 통해 높은 이직률이나 대대적인 경영 개혁의 증거도 확인하라.
- 회사의 외적 요소도 관찰해보라. 표지판, 포스터, 그림, 사진, 복장 유형, 직원들의 머리 길이, 각 부서별 사무실 간의 접근성, 사무용품과 각 물품의 배치도 눈여겨보라.
- 당신이 이미 만나본 사람들에 대해 메모해보라. 누구를 만났으며, 그들은 어떻게 소개되기를 기대했는가?
- 이미 만나본 사람들의 스타일은 어떠했는가? 정장 차림이었는가? 캐주얼한 복장이었는가? 매우 쾌활하고 개방적인가? 정보 제공에 대해서는 과묵한 편이었는가?
- 해당 조직의 인사 지침서를 보라. 지침서에는 격식을 갖춘 사칙이나 사내 규정이 기록되어 있는가? 그렇다면 그 내용은 얼마나 구체적인가? 어떤 내용을 다루고 있는가?
- 당신이 만난 사람들에 대해 물어보라. 동일한 질문을 여러 사람에게 해보고 답변들을 나열해보면 가장 타당하고 믿을 만한 정보를 얻을 수 있다. 절차나 관행을 파악할 수 있는 질문들은 다음과 같다 — 회사 창립자의 이력과 현직 고위 간부들의 이력은 어떠한가? 경영자들은 특히 어느 분야에 뛰어나며, 이들이 해당 직위에 오른 것은 내부 인사를 통해서인가 아니면 외부 인사를 통해서인가? 회사가 새로 입사한 사원들을 통합하는 방법은 무엇인가? 정규 오리엔테이션 과정이 있는가? 공식적인 직원 교육 과정이 있는가? 있다면 어떻게 구성되어 있는가? 당신의 상사가 정의하는 성공적인 업무란 무엇인가? 당신이 생각하는 공정한 보상 분배란 무엇인가? '고속 승진'을 한 직원이 있다면 말해보라. 그들이 빨리 성공할 수 있었던 비결은 무엇인가? 회사의 상식에서 벗어난 행동을 하는 직원을 알고 있는가? 회사는 그런 직원에게 어떻게 대응하는가? 결정된 사안 중 회사에서 좋은 평가를 받고 있는 사안에는 어떤 것이 있는가? 잘 풀리지 않은 사안과 그 사안을 결정한 직원이 어떻게 되었는지도 이야기해보라. 회사가 최근에 겪었던 위기나 중대한 일에 대해 이야기해보라. 최고 경영진은 어떻게 대처했는가?

기술 연습

당신은 대학 졸업 후 3년간 프리랜서로 그래픽 디자인 일을 하다가 한 그래픽 디자인 회사의 재무 이사직을 고민하고 있다. 그 일은 현재보다 업무 영역도 넓고 기술 교육을 받을 수 있는 기회도 많아 보인다. 마침 당신은 더 많은 기술을 익히고 한 번도 해본 적이 없는 새로운 일에 도전하고 싶어 한다. 그러나 당신은 하루에 8시간 이상을 보내게 될 그 조직이 당신에게 잘 '맞는지' 미리 알아보고 싶다. 당신이 행복하게 지낼 수 있고 당신의 업무 스타일이나 개성을 좋게 평가할 회사를 찾는 최고의 방법에는 어떤 것이 있는지 짤막하게 적어보자.

경험에 의한 문제 해결

조직 문화는 많은 사람이 매우 흥미로워하는 경영학 주제이다. 이에, 우리가 고안한 다음 질문들을 이용해 조직 문화를 탐구하게 될 것이다.

- 일은 재밌어야 하는가? '좋은' 조직 문화는 종업원이 직장에서 얼마나 즐거운 시간을 보내는지에 따라 달라지는가?
- 형편없는 문화에는 형편없는 관리자가 있다. 어느 쪽이 먼저인가? 형편없는 문화인가, 형편없는 관리자인가? 이 문제를 '해결'하려면 어떻게 해야 하는가?
- 조직 문화는 절대로 변해서는 안 된다. 이에 동의하는가, 동의하지 않는가?
- 조직 문화는 '만들거나 깰' 수 있다.
- 올바른 가치를 가진 올바른 문화는 항상 최고의 조직 성과로 이어진다. 이에 동의하는가, 동의하지 않는가?
- 경영 전문가는 조직 문화에 '투자'하는 것이 중요하다고 말한다. 이는 무슨 의미인가?
- 당신이(또는 종업원 중 한 명이) 조직 문화에 적합한지 또는 적합하지 않은지 어떻게 알 수 있는가?
- 작업 환경의 문화는 '형상화'될 수 있다. 이에 동의하는가, 동의하지 않는가? (힌트: 이에 대해 이야기를 나누며 조직 문화의 현재 이슈를 살펴보는 것이 좋다.)

위 질문 중 2개를 선택해 '속한' 그룹에서 논의해보라. 논의에서 조직 문화에 대한 조직의 가장 중요한 통찰력에 대해 적어보라. 또한 당신은 직업 목표를 시작하거나 준비할 때 도움이 될 그룹 토론에서 무엇을 배웠는가?

사례 적용 #1

나쁜 승차. 좋지 않은 승차.
주제: 조직 문화, 조직 가치, 문화에 대한 경영자의 영향력

2017년 2월 전 우버의 엔지니어인 수전 파울러(Susan Fowler)가 블로그에 올린 게시글이 우버의 설립자이자 CEO인 트래비스 칼라닉(Travis Kalanick)의 끝으로 이어졌다. 해당 게시글에는 여성들을 적대시하는 좋지 않은 업무 문화와 종업원, 경쟁업체, 소비자, 법률, 경관 등의 모욕을 외면하는 경영자들에 대한 내용이 적혀 있었다.

회사의 웹사이트에 의하면, 우버는 여타 기업가적인 회사들처럼 성가신 문제 때문에 시작되었다.[50] 2008년 칼라닉은 친구와 함께 눈 내리는 파리에서 택시를 부르는 데 애를 먹고 있었다. 즉각적인 문제 해결에 도움이 되는 것은 아니지만 그들의 해결책은, 그냥 버튼 하나만 누르면 택시가 와 태워주는 것이었다. 이에 우버 앱이 고안되었다. 그리고 우버는 해당 산업 시장을 완전히 뒤집어놓았다! 오늘날 우버는 600개 이상의 도시에 14,000명 이상의 종업원이 근무하는 세계 최대의 라이드 헤일링(ride-hailing, 전화나 어플을 통해 직접 택시를 부르는 것) 회사이다. 그리고 역사상 가장 높이 평가되는 스타트업 기업이다(약 700억 달러 규모).[51] 그러나 우버의 문화를 형성한 가치에서 볼 수 있듯, 설립자의 공격적인 스타일과 경영 접근

방식은 위험으로 가득 차 있다.

이미 한 스타트업 기업을 1,900만 달러에 달하는 가격으로 매각한 기술 기업가인 칼라닉은 특정한 기본 신념을 중심으로 우버의 사명을 설정했다. 어떠한 희생을 치르더라도 성장만을 추구하라. 어떠한 희생을 치르더라도 승리하라. 대립을 하더라도 원칙만은 지켜라. '언제나 활동적이며', '빠르게 나아갈 수 있도록 준비 자세를 취하는 것'을 좌우명으로 삼아라.[52] 흥미롭게도 협업과 팀워크에 대한 중요성에 대한 강조는 어디서도 찾아볼 수 없다. 파울러가 블로그에 글을 올린 후 다른 직원은 남성적인 회사의 근무 환경을 비판했다. 회사 내에서 직원들은 가슴을 치면서 축하를 해주거나 팔굽혀펴기 시합을 개최하기도 했다. 이런 분위기는 범죄라고 할 수는 없지만, 이런 행동을 싫어하는 여성과 다른 직원들을 소외시킬 수 있다.[53]

회사의 가치와 문화가 올바르지 못한 것처럼 칼라닉과 다른 경영자의 의사결정 및 행위 역시 문제가 있었다.

- 칼라닉과 우버 운전사가 요금을 두고 논쟁하는 모습이 대시캠 비디오에 녹화돼 퍼져 나갔다.
- 뉴욕타임스는 우버가 계약 조건을 위반한 승객을 식별하고 이에 대한 서비스를 거부하기 위해 그레이볼(Greyball)이라는 비밀 우버 기술을 만들어 사용하고 있다고 보도했다.
- 인도에서 26세 승객이 우버 운전사에게 심각한 성폭행을 당한 후, 아시아·태평양 지역의 사장은 어떻게든 기밀 의료 기록을 입수해 이를 공유했다. 경영진은 경쟁기업에 의한 강간일 수도 있다는 말도 안 되는 가설을 만들어냈다.[54]
- 현지 노동법과 택시 규칙을 무시하는 것으로 유명한 우버는 사법당국이 특히나 신경 쓰는 표적이 되었다. 우버는 경찰의 급습으로부터 파일을 보호하기 위해 사무실의 장비를 보호하는 원격 시스템을 일상적으로 사용했다.[55]
- 경쟁업체의 핵심 경영진, 운전사, 종업원이 영업 비밀을 빼돌리기 위해 비밀리에 스파이 활동을 했다.[56]
- 데이터 유출 문제가 1년 넘게 공개되지 않았다.[57]
- 싱가포르의 운전사들에게 안전이 보장되지 않은 자동차를 임대했다.[58]

문제를 해결하기 위해 노력했지만 몇 개월 동안 어떠한 문제도 해결하지 못한 칼라닉은 결국 회사의 가장 큰 투자자들에 의해 자리에서 내려와야 했다. 리더십의 변화는 우버가 새로운 문화에 재집중하고 재창조하는 데 기회를 줄 것이라 예상되었다.[59] 이사회가 고용한 새로운 CEO는 익스피디아(Expedia)의 CEO인 다라 코스로샤히(Dara Khosrowshahi)다. 코스로샤히는 부족한 경영진을 보충하고, 성차별과 성희롱을 무시한다는 혐의에서 벗어나기 위해 이사회가 변경된 사항을 의무적으로 이행하게 하는 등 여러 과제를 떠안았다. 코스로샤히는 우버의 재정에도 집중할 필요가 있다고 말했다. 내부의 소식에 따르면 신임 CEO는 전임 CEO인 칼라닉과 180도 다르다고 한다. 겸손하고, 경청하며, 사교 기술에 능한 사람이다.[60] 이제 승차감이 더 좋아질지도 모른다!

토의문제

4-11 CEO는 조직 문화에서 어떠한 역할을 하는가? 이외의 리더나 매니저는 어떠한 역할을 하며, 어떠한 역할을 해야 하는가?

4-12 그림 4.4를 이용해 설립자 아래의 우버 문화를 묘사하라.

4-13 이 사례에서는 어떠한 경영학적 관점이 사용되는가? 전능적 관점인가 또는 공생적 관점인가? 설명하라.

4-14 새로운 CEO에게 조직 문화에 대해 어떠한 조언을 할 수 있는가?

4-15 윤리적 관점으로 볼 때, 이 사례의 어떤 부분이 당신을 혼란스럽게 하는가? 이 사례에서 윤리적 행동에 관한 어떠한 직업상의 조언을 할 수 있는가?

사례 적용 #2

매진되지 않는다.
주제: 존재의 힘

성장하고 있는 국제적 기업을 어떻게 성공적으로 경영할 수 있는가? 시애틀에 본사를 둔 태블로(Tableau)의 CEO인 크리스티안 샤보(Christian Chabot)는 시애틀에 회사가 위치한 것이 국제경영을 하는 데 중요하게 작용했다고 믿는다.

태블로는 이전에도 국제적 성장을 경험했다. 분석 및 비즈니스 인텔리전스 소프트웨어 솔루션의 선두 공급업체인 태블로는 2004년에 설립되어 현재 10여개 국가에 35,000명 이상의 고객을 보유하고 있다. 태블로의 데이터 분석 및 시각화를 통해 사용자는 유용한 비즈니스 통찰력을 얻을 수 있는 소프트웨어 툴과 상호작용적인 대시보드를 제공받을 수 있다. 회사는 엘라스틱(Elastic)이라는 최첨단의 데이터 시각화 프로그램을 최종 사용자에게 제공하고 있는데 이는 엑셀 자료를 그래프로 만들어주는 프로그램이다.

마이크로소프트 같은 대형 소프트웨어 업체들과의 치열한 비즈니스 인텔리전스 경쟁에도 태블로는 시장 점유율을 계속 유지하고 있다. 지난해 대비 64%의 매출 증가가 있었으며 회사의 가치는 계속 커지고 있다. 회사 성장의 상당 부분은 국제적 확장으로부터 나오는데, 지난해 회사 전체 매출이 4분의 1이나 오를 수 있었던 이유는 국제 시장에서의 수익이 무려 86% 증가했기 때문이다.

현재 2,800명의 종업원 중 절반 이상이 시애틀 본사에서 근무하고 있으며 상하이, 싱가포르, 시드니, 런던 등 전 세계 지역에 14개의 지점을 두고 있다. 시애틀 본사를 넘어 약 400명의 신입사원이 채용될 예정이며, 확장에는 국제 지사를 개설하는 것이 포함될 것이다.

국제적 성장은 기업에게 여러 문제를 안겨준다. 특히 기업이 여러 국가에 지점을 개설하고 직원을 고용할 때 문제가 발생한다. 문화적 차이, 시간적 차이, 지리적 거리만으로도 국내외의 경영 관행을 동일하게 적용하는 것이 어려울 수 있다. 샤보는 국제적 기업의 빠른 성장을 어떻게 관리했는가? 한 가지 전략은 런던 지사에서 일하면서 거의 1년을 해외에서 보낸 것이다. 그가 해외에서 보낸 시간은 런던 지사 매출의 증가에 도

움이 되었을 뿐만 아니라, CEO로서 국제적 확장을 지원할 수 있는 귀중한 통찰력을 얻게 했다.

샤보는 런던에서 보낸 시간이 문화와 사람을 관리하는 것에 대한 중요한 깨달음을 주었다고 말한다. 해외로 떠나기 전에는 미국에 본사를 둔 회사에서 일하는 국제 종업원들의 어려움을 제대로 헤아리지 못했다. 예를 들어 샤보는 국제 지사에서 일하는 많은 사람들이 본사에서 일하는 사람들을 진심을 다해 대하지 못한다는 것을 알게 되었다. 지리적으로 멀리 떨어져 있는 종업원은, 특히 본사에서 직접 만나본 적이 없는 경영진에게 보고를 할 때 국제적 기업과 단절된 느낌을 받을 수 있다.

샤보가 런던에서 보낸 시간은 모든 지점에 있는 종업원에게 소중한 시간이 되었다. 그 이유는 그의 행동이 본사 이외의 지점에서 일하는 직원들이 중요하다고 말해주는 메시지가 되었기 때문이다. 지사 중 런던에서만 시간을 보냈지만, 1년이라는 시간 동안 본사와 다른 곳에서 일했다는 사실은 회사의 성공을 위해서는 시애틀을 뛰어넘는 장소들이 중요하다는 그의 신념을 강화했다. 샤보의 경험은 회사의 성공에 큰 영향을 미치고 있으며, 태블로는 이외의 경영진도 다른 해외 지사에서 시간을 보내도록 권장하고 있다.[61]

토의문제

4-16 태블로는 주로 현지국의 종업원을 뽑아 해당 지사에 근무시킨다. 이러한 인력 배치 전략의 장점과 단점은 무엇인가?

4-17 더 많은 경영진이 해외 지사에서 근무하면 회사가 이익을 얻을 것이라는 샤보의 의견에 동의하는가? 동의하거나 동의하지 않는 이유는 무엇인가?

4-18 태블로의 경영진이 해외 지사에서 근무할 준비를 하고 있다면, 그들은 직면하게 될 문화적 차이에 어떻게 대비할 수 있는가?

4-19 태블로가 1년 동안 1,000명의 신입사원을 채용하면서 직면하게 될 과제는 무엇인가?

사례 적용 #3

극단적인 개방성
주제: 조직 문화, 개방성, 임금 투명성

소셜 미디어는 종업원이 임금을 협상하고 변경하는 방법을 바꾸고 있다. 과거에는 직장에서 어느 정도의 보수를 받는지 가족을 제외하고는, 어쩌면 친구에게도 거의 이야기하지 않았다. 그러나 현재는 많은 웹사이트에서 종업원들이 익명으로 자신의 연봉을 게시할 수 있으며, 이는 특정한 조직에서 다양한 직무로의 임금 범위에 대한 개요를 제공한다. 어떤 웹사이트는 시장조사로부터 임금 데이터를 수집해 온라인에 게시한다.[62] '소셜 미디어 중심의 임금 정보'는 임금 협상에서 힘의 균형을 바꾸어 놓고 있다.[63] 경영자는 구직자에게 연봉 이력과 희망 연봉을 말해달라고 할 수 있으며, 이제는 구직자, 심지어 종업원까지 최소한의 임금 정보를 가지고 미리 준비할 수 있다. 데이터는 완벽하지 않지만, 공정한 임금에 대한 기대가 무엇인지 말할 수 있는 권한을 가진다.

최근 한 조사에 따르면, 밀레니얼 세대는 나이 든 종업원들과 달리 동료들과 급여에 대한 정보를 공유하는 것에 민감하게 반응하지 않는다. 절반 정도의 응답자는 친구들과 임금에 대해 논의하거나 토론할 것이라 말했다. 전체 미국인의 36%는 다른 사람과 임금에 대해 논의하는 것을 민감하지 않게 받아들인다.[64] 이러한 태도 변화를 볼 때, 일부 경영자는 전반적인 보상과 승진 제도를 면밀히 검토해야 한다.

완전한 임금 투명성을 지지하는 사람들은 동료와 정보를 공유하는 것에 장점이 있다고 주장하지만, 이외의 사람들은 단점도 있을 것이라 말한다.[65] 예를 들어 성과에 대한 기여는 모든

완전한 임금 투명성… 좋은 점, 나쁜 점, 현실

사람이 볼 수 없지만, 조직은 좋은 성과를 내는 개인에게 보상해야 한다. 어떻게 보상해야 하는가? 이러한 상황은 업무가 매우 협력적이고 서로의 기여가 분명하지 않을 수 있는 모든 조직에서 빈번히 발생하는 문제이다. 기여를 어떻게 평가하는지에 대한 동의는 모든 사람이 같을 수 없다. 여기서 또 다른 문제는 종업원이 급여가 '공정하지 않다'고 느낄 때 이를 표출하는 방법이다. 화가 나고 불만족스러운 종업원은 업무에 대한 기여도를 줄이고 때로는 퇴사하는 방법을 선택한다. 종업원을 동기부여하고 이를 유지하기 위한 목적으로 사용되는 임금 투명성은 반대의 결과를 가져올 수도 있다.

토의문제

4-20 임금 투명성은 좋은 것인가? 설명하라.

4-21 그림 4.4를 참조해 어느 차원에서 조직 문화의 투명성이 낮을 것이라 생각하는가? 설명하라.

4-22 임금 투명성 경향이 경영자의 경영 방식에 영향을 줄 수 있는가? 어떻게 영향을 줄 수 있는가? 그렇거나 그렇지 않은 이유는 무엇인가?

4-23 임금 투명성에 대한 소셜 미디어의 역할은 좋은 것인가, 나쁜 것인가? 논의하라.

4-24 '소속된' 그룹으로 이동해 임금 정보 공유에 대한 의견을 나누어라. 완전한 임금 투명성의 추가적인 잠재적 단점을 알아내기 위해 협력하라. 이를 같은 반 친구들과 공유할 준비를 하라.

미주

1. "A Transforming World," Report by Merrill Lynch Wealth Management, http://www.ml.com/publish/content/application/pdf/GWMOL/AR9D50CF-MLWM.pdf, May 2014.

2. C. Matlack, "The Growing Peril of a Connected World," *Bloomberg Businessweek*, December 6–12,

2010, pp. 63–64.

3. S. Russolillo, "Countries Urged to Weigh Issuing Digital Currencies," *Wall Street Journal*, September 19, 2017, p. B6.

4. A. Tangel, H. Torry, and H. Haddon, "Inflation Creeps Into U.S. Supply Chain," *Wall Street Journal*, February 10-11, 2018, pp.

B1–B2.

5. E. Sylvers and T. Fairless, "Zombie Companies Haunt Europe's Economic Recovery," *Wall Street Journal*, November 16, 2017, pp. A1+.

6. G. Ip, "Sluggish Productivity Hampers Wage Gains," *Wall Street Journal*, March 7–8, 2015, pp. A1+;

R. Miller, "How Productive Is the U.S.?" *Bloomberg Businessweek*, March 2, 2015, pp. 16–17; and "Global Productivity Slowdown Moderated in 2013—2014 May See Better Performance," The Conference Board, https://www.conference-board.org/pdf_free/economics/TED3.pdf, 2014.

7. Latest Quarterly Trade Trends, World Trade Organization, https://www.wto.org/english/res_e/statis_e/daily_update_e/latest_trade_trends_e.pdf, January 25, 2018.

8. "The Employment Situation—January 2018, https://www.bls.gov/news.release/pdf/empsit.pdf.

9. B. Casselman, "After 7 Years of Job Growth, Room for More, or Danger Ahead?" New York Times Online, December 8, 2017.

10. P. Cohen, "Steady Jobs, but With Pay and Hours That Are Anything But," New York Times Online, May 31, 2017.

11. P. Davidson, "Firms Go with Part-Timers to Get around Health Law," USA Today, December 31, 2014, p. 3B.

12. S. Smith, "Most Think the 'American Dream' Is within Reach for Them," Pew Research Center, http://www.pewresearch.org/fact-tank/2017/10/31/most-think-the-american-dream-is-within-reach-for-them/, October 31, 2017.

13. E. Pfanner, "Economic Troubles Cited as the Top Risks in 2012," New York Times Online, January 11, 2012; and E. Pfanner, "Divining the Business and Political Risks of 2012," New York Times Online, January 11, 2012.

14. C. Hausman, "Americans See Inequality as a Major Problem," Ethics Newsline, www.globalethics.org/news-line, April 9, 2012.

15. E. Porter, "Inequality Undermines Democracy," New York Times Online, March 20, 2012.

16. T. Meelen and K. Frenken, "Stop Saying Uber Is Part of the Sharing Economy," http://www.fastcoexist.com/3040863/stop-saying-uber-is-part-of-the-sharing-economy, January 14, 2015; and "The Rise of the Sharing Economy," The Economist, http://www.economist.com/news/leaders/21573104-internet-everything-hire-rise-sharing-economy, March 9, 2013.

17. A. Rinne, "What Exactly Is the Sharing Economy?" World Economic Forum, https://www.weforum.org/agenda/2017/12/when-is-sharing-not-really-sharing/, December 13, 2017.

18. G. M. Eckhardt and F. Bardhi, "The Sharing Economy Isn't about Sharing at All," Harvard Business Review, https://hbr.org/2015/01/the-sharing-economy-isnt-about-sharing-at-all, January 28, 2015.

19. P. Coy, "If Demography Is Destiny, Then India Has the Edge," Bloomberg Businessweek, January 17–23, 2011, pp. 9–10.

20. S. Brownstone, "Millennials Will Become the Majority in the Workforce in 2015. Is Your Company Ready?" http://www.fastcoexist.com/3037823/millennials-will-become-the-majority-in-the-workforce-in-2015-

21. J. Villa, "How Hispanic Gen Z Will Change Everything," www.media.post, March 4, 2015.

22. R. Bernstein, "Move over Millennials—Here Comes Gen Z," Ad Age, http://adage.com/article/cmo-strategy/move-millennials-gen-z/296577/, January 21, 2015.

23. R. Friedrich, M. Peterson, and A. Koster, "The Rise of Generation C," Strategy+Business, Spring 2011, pp. 1–8.

24. S. Cardwell, "Where Do Babies Come From?" Newsweek, October 19, 2009, p. 56.

25. N. Mandhana, "India Confronts Demographic Bulge," Wall Street Journal, January 23, 2018, p. R10.

26. Y. Hori, J-P. Lehmann, T. Ma Kam Wah, and V. Wang, "Facing up to the Demographic Dilemma," Strategy+Business Online, Spring 2010; and E. E. Gordon, "Job Meltdown or Talent Crunch?" Training, January 2010, p. 10.

27. M. Chand and R. L. Tung, "The Aging of the World's Population and Its Effects on Global Business," Academy of Management Perspectives, November 2014, pp. 409–29.

28. Catalyst. Catalyst Quick Take: Generations in the Workplace (New York: Catalyst, July 20, 2017).

29. M. Kanellos, "152,000 Smart Devices Every Minute In 2025: IDC Outlines the Future of Smart Things," Forbes Online, https://www.forbes.com/sites/michael-kanellos/2016/03/03/152000-smart-devices-every-minute-in-2025-idc-outlines-the-future-of-smart-things/#42c729144b63, March 3, 2016.

30. Eliot Beer, "Almarai Profits Up 14%, But Costs Set to Soar," Food Navigator.com, January 28, 2016, http://www.foodnavigator.com/Regions/Middle-East/Almarai-profits-up-14-but-costs-set-to-soar (accessed December 12, 2016); Dean Best, "Almarai Reports Bakery Boost as Poultry Sales Nosedive," Just Food, October 10, 2016, http://www.just-food.com/news/almarai-reports-bakery-boost-as-poultry-sales-nosedive_id134636.aspx (accessed December 12, 2016).

31. J. Queenan, "The Disney Empire Plans to Strike Back," Wall Street Journal, November 11-12, 2017, p. C11; and E. Schwartzel, "Disney's Force Awakens against Local Movie Theaters," Wall Street Journal, November 2, 2017, p. A1, A4.

32. J. S. Harrison and C. H. St. John, "Managing and Partnering with External Stakeholders," Academy of Management Executive, May 1996, pp. 46–60.

33. J. Swartz, "Facebook Changes Its Status in Washington," USA Today, January 13, 2011, pp. 1B+.

34. S. L. Berman, R. A. Phillips, and A. C. Wicks, "Resource Dependence, Managerial Discretion, and Stakeholder Performance," Academy of Management Proceedings Best Conference Paper, August 2005; A. J. Hillman and G. D. Keim, "Shareholder Value, Stakeholder Management, and Social Issues: What's the Bottom Line?" Strategic Management Journal, March 2001, pp. 125–39; J. S. Harrison and R. E. Freeman, "Stakeholders, Social Responsibility, and Performance: Empirical Evidence and Theoretical Perspectives," Academy of Management Journal, July 1999, pp. 479–87; and J. Kotter and J. Heskett, Corporate Culture and Performance (New York: The Free Press, 1992).

35. J. A. Chatman and K. A. Jehn, "Assessing the Relationship between Industry Characteristics and Organizational Culture: How Different Can You Be?" Academy of Management Journal, June 1994, pp. 522–53; and C. A. O'Reilly III, J. Chatman, and D. F. Caldwell, "People and Organizational Culture: A Profile Comparison Approach to Assessing Person-Organization Fit," Academy of Management Journal, September 1991, pp. 487–516.

36. T. Lytle, "Social Work," HR Magazine, August 2014, pp. 40–42.

37. A. Bryant, "On a Busy Road, a Company Needs Guardrails, an interview with Christopher J. Nassetta, president and chief executive of Hilton Worldwide," New York Times Online, October 13, 2012.

38. E. H. Schein, Organizational Culture and Leadership (San Francisco: Jossey-Bass, 1985), pp. 314–15.

39. "Executive Views on Organizational Culture," T&D, November 2014, p. 19.

40. C. Palmeri, "The Fastest Drill in the West," BusinessWeek, October 24, 2005, pp. 86–88.

41. C. Kenkel and S. Sorenson, "How Winegardner & Hammons Built a Winning Culture," Gallup Business Journal, http://www.gallup.com/businessjournal/175394/winegardner-hammons-built-winning-workplace-culture.aspx, September 18, 2014.

42. Based on J. McGregor, "Customer Service Champs," BusinessWeek, March 3, 2008, pp. 37–57; B. Schneider, M. G. Ehrhart, D. M. Mayer, J. L. Saltz, and K. Niles-Jolly, "Understanding Organization-Customer Links in Service Settings," Academy of Management Journal, December 2006, pp. 1017–32; B. A. Gutek, M. Groth, and B. Cherry, "Achieving

Service Success through Relationships and Enhanced Encounters," Academy of Management Executive, November 2002, pp. 132–44; K. A. Eddleston, D. L. Kidder, and B. E. Litzky, "Who's the Boss? Contending with Competing Expectations from Customers and Management," Academy of Management Executive, November 2002, pp. 85–95; S. D. Pugh, J. Dietz, J. W. Wiley, and S. M. Brooks, "Driving Service Effectiveness through Employee-Customer Linkages," Academy of Management Executive, November 2002, pp. 73–84; L. A. Bettencourt, K. P. Gwinner, and M. L. Mueter, "A Comparison of Attitude, Personality, and Knowledge Predictors of Service-Oriented Organizational Citizenship Behaviors," Journal of Applied Psychology, February 2001, pp. 29–41; M. D. Hartline, J. G. Maxham III, and D. O. McKee, "Corridors of Influence in the Dissemination of Customer-Oriented Strategy to Customer Contact Service Employees," Journal of Marketing, April 2000, pp. 35–50; L. Lengnick-Hall and C. A. Lengnick-Hall, "Expanding Customer Orientation in the HR Function," Human Resource Management, Fall 1999, pp. 201–14; M. D. Hartline and O. C. Ferrell, "The Management of Customer-Contact Service Employees: An Empirical Investigation," Journal of Marketing, October 1996, pp. 52–70; and M. J. Bitner, B. H. Booms, and L. A. Mohr, "Critical Service Encounters: The Employee's Viewpoint," Journal of Marketing, October 1994, pp. 95–106.

43. J. Yang and R. W. Ahrens, "Culture Spurs Innovation," USA Today, February 25, 2008, p. 1B.

44. Accenture, "Corporate Innovation Is within Reach: Nurturing and Enabling an Entrepreneurial Culture," www.accenture.com, 2013.

45. J. Cable, "Building An Innovative Culture," Industry Week, March 2010, pp.32-37; M. Hawkins, "Create a Climate of Creativity," Training, January 2010, p. 12; and L. Simpson, "Fostering Creativity," Training, December 2001, p. 56.

46. M.Laff,"TripleBottomLine,"T&D63 (February 2009), pp. 34–39.

47. M. Kaptein, "Developing and Testing a Measure for the Ethical Culture of Organizations: The Corporate Ethical Virtues Model," Journal of Business Ethics 29 (2008), pp. 923–47.

48. M. Feffer, "8 Tips for Creating a Learning Culture," HR Magazine, August 2017, p. 51.

49. Based on A. L. Wilkins, "The Culture Audit: A Tool for Understanding Organizations," Organizational Dynamics, Autumn 1983, pp. 24–38; H. M. Trice and J. M. Beyer, The

Culture of Work Organizations (Upper Saddle River, NJ: Prentice Hall, 1993), pp. 358–62; and D. M. Cable, L. Aiman-Smith, P. W. Mulvey, and J. R. Edwards, "The Sources and Accuracy of Job Applicants' Beliefs about Organizational Culture," *Academy of Management Journal*, December 2000, pp. 1076–85.

50. "Our Trip History," https://www.uber.com/our-story/.

51. A. Carr, "Uber's Driving Lessons," *Fast Company*, September 2017, pp. 25–27.

52. Ibid.

53. M. della Cava, J. Guynn, and J. Swartz, "Uber in Crisis Over 'Baller' Culture," *USA Today/ Springfield News-Leader*, February 27, 2017, p. 4B.

54. E. Newcomer and B. Stone, "The Fall of Travis Kalanick," *Bloomberg Businessweek*, January 22, 2015, pp. 46–51.

55. J. Muskus, Technology Section, *BloombergBusinesweek*, January 15, 2018, pp. 22–24.

56. M. Isaac, "Uber Engaged in 'Illegal' Spying on Rivals, Ex-Employee Says," *New York Times Online*, December 15, 2017.

57. G. Bensinger and R. McMillan, "Security Shake-Up at Uber," *Wall Street Journal*, December 4, 2017, p. B4.

58. D. MacMillan and N. Purnell, "Uber Knowingly Leased Unsafe Cars to Drivers," *Wall Street Journal*, August 4, 2017, pp. A1+.

59. G. Bensinger and M. Farrell, "Uber's Backers Force Out Leader," June 22, 2017, pp. A1+.

60. Newcomer and Stone, "The Fall of Travis Kalanick," p. 51.

61. T. Soper, "Tableau Software Set to Hire Another 1,000 Employees in 2016; CEO Says Business 'Flourishing,'" www.geekwire.com, December 14, 2015; N. Ungerleider, "What Tinder Did for Dating, Tableau Wants to Do for Spreadsheets." *Fast Company* online, www.fastcompany.com, February 24, 2015; "Tableau's Q3 Earnings: International Expansion & New Products Drive Top-Line Growth," *Forbes* online, www.forbes.com, November 11, 2015; "Tableau's Entry into China a Good Move as Company Targets International Growth," *Forbes* online, www.forbes.com, August 21, 2015; T. Soper, "How to Lead a Global Company: What Tableau's CEO Learned during His Year in London," www.geekwire.com, December 25, 2015.

62. J. Sammer, "The 'Yelping' of Pay: Managing Expectations in the Era of Online Salary Data," SHRM, https://www.shrm.org/resourcesandtools/hr-topics/compensation/pages/yelping-of-pay.aspx, May 1, 2017.

63. Ibid.

64. K. Gee, "Pay Is Less Secretive in Millennial Workforce," *Wall Street Journal*, October 26, 2017, pp. B1, B6.

65. T. Zenger, "The Downside of Full Pay Transparency," *Wall Street Journal*, August 14, 2017, p. R6.

5

경영학의
신화
잘못된

경영자가
업무 스트레스를
줄이기 위해 할 수 있는
일은 없다.

Shutterstock

경영학의 **신화 바로잡기!** 잘못된

오늘날 스트레스가 없는 직장인은 거의 없다.

직원 감축, 업무량 증가, 개방된 사무실 설계,

직장-가정 갈등, 일주일 내내 커뮤니케이션을 해야 하는

상황은 직무 스트레스 만드는 요인이다.

하지만 기업은 이 문제를 무시하지 않는다.

현명한 경영자는 직무를 재설계하고, 일정을 재조정하며,

종업원 지원 프로그램을 도입함으로써

직원들의 스트레스를 관리하고,

그들의 직장-삶의 균형을 위해 노력하고 있다.

스트레스는 변화의 불행한 결과물이라고 할 수 있다. 불안 역시 마찬가지다. 이 두 가지는 업무 현장에서 개인적으로 나타난다. 하지만 변화는 조직에서 지속적으로 일어나고 있다. 대기업, 중소기업, 창업기업, 대학, 병원, 심지어 군대까지도 끊임없이 변화한다. 예를 들어 일본 전역에서 볼 수 있는 편의점은 인건비 상승에 대처하기 위해 고용을 줄이는 기술을 활용하고 있다. 프랜차이즈 기업과 가맹점들이 변화에 적응하듯이 소비자들 역시 적응해야 한다.[1] 변화가 늘 경영자의 직무 중 하나였지만, 최근에는 더욱 그러하다. 변화를 줄일 수 없기 때문에 경영자들은 변화를 성공적으로 관리하는 법을 배워야 한다. 이 장에서 우리는 조직 변화 노력에 대해 살펴볼 것이며, 경영자가 조직에 존재하는 다양한 스트레스를 다루는 방법을 배운다. 또한 경영자가 조직에 혁신을 촉진하는 방법을 학습한다. 마지막으로 우리는 파괴적 혁신이 미치는 영향에 대해 살펴보고자 한다. ●

학습목표

5-1 조직 변화를 이해하고 변화 프로세스를 비교한다.

5-2 변화에 대한 저항을 어떻게 관리하는지 설명한다.

5-3 종업원 스트레스에 관해 경영자가 무엇을 알아야 하는지 이해한다.

5-4 혁신을 추진하는 기법을 토론한다.

5-5 파괴적 혁신이란 무엇이며, 혁신 관리가 왜 중요한지 설명한다.

변화는 무엇이고, 경영자들은 변화를 어떻게 다루는가?

5-1 조직 변화를 이해하고 변화 프로세스를 비교한다.

만약 변화가 없다면 경영자의 업무는 상대적으로 쉬워질 것이다.

잡지, 신문, 교과서 등을 발행하는 출판회사들은 디지털 세상에서 경쟁력을 갖추고 수익을 낼 수 있는 방법을 찾기 위해 고군분투하고 있다. 로스 레빈슨(Ross Levinsohn)이 LA타임스의 CEO를 맡았을 때 직원들은 경계심이 가득했다.[2] 지난 10년 동안 직원들은 긍정적인 변화를 약속한 많은 리더를 겪었다. 레빈슨은 신문의 초점을 디지털 구독과 라이선스 콘텐츠에 맞추는 전략을 수립했다. 또한 그는 엔터테인먼트와 문화에 대한 취재에 더 많은 투자를 할 계획을 세웠는데, 이는 LA타임스의 지리적 위치를 고려할 때 전략적으로 적절해 보인다. 이 회사의 관리자들은 어디에서나 관리자가 해야 할 일을 하고 있다. 즉 변화를 실행하고 있다!

변화는 경영자의 업무를 보다 도전적으로 만든다. 변화가 없다면 경영자의 업무는 상대적으로 쉬워질 것이다. 내일이 오늘과 다르지 않을 것이기 때문에 계획이 단순해진다. 조직 설계의 이슈 역시 쉽게 해결된다. 왜냐하면 환경의 불확실성이 없어지고 따라서 새로운 환경에 적응할 필요가 없기 때문이다. 의사결정도 아주 단순해지는데 이는 의사결정의 궁극적인 결과물을 거의 정확하게 예측할 수 있게 되기 때문이다. 게다가 경쟁자가 새로운 제품이나 서비

그림 5.1　변화의 세 가지 범주

구조	기술	구성원
권한 관계	업무 프로세스	태도
협력 메커니즘	업무 방법	기대
직무 재설계	장비	인식
통제의 폭		행동

스를 도입하지 않고, 소비자가 새로운 요구를 하지 않고, 정부 규정이 절대 변하지 않고, 기술이 절대 발전하지 않고, 종업원의 요구가 언제나 똑같다면 경영자의 업무는 아주 단순할 것이다. 하지만 현실은 그렇지 않다.

변화는 조직의 현실이다. 대부분의 경영자는 어떤 형태로든 회사 내의 무언가를 변화시켜야 한다. 우리는 이러한 변화를 **조직 변화**(organizational change)라고 부른다. 조직 변화는 조직 내 구성원, 구조 또는 기술의 변화이다(그림 5.1 참조). 이러한 세 가지 변화를 자세히 살펴보자.

1. **구조의 변화**: 권한 관계의 변화, 협력 메커니즘, 집중화의 정도, 직무 설계, 기타 조직 구조 변수의 개선을 말한다. 예를 들면 부서의 재구조화, 종업원에 대한 권한 위임, 탈집중화, 통제의 폭 확대, 직무 전문화의 축소, 작업팀의 신설 등이 있다. 이 모두가 구조 변화의 예라고 할 수 있다.

2. **기술의 변화**: 업무 프로세스나 업무 처리 방식, 사용 장비의 개선을 말한다. 예를 들면 업무 공정이나 절차를 컴퓨터로 처리하는 것, 업무 현장에 로봇을 배치하는 것, 종업원에게 모바일 커뮤니케이션 도구를 활용하도록 하는 것, 소셜 미디어 도구를 활용하는 것, 새로운 컴퓨터 운영 시스템을 설치하는 것 등이 포함된다.

3. **구성원의 변화**: 종업원의 태도, 기대, 인식, 행동의 변화를 말한다. 예를 들면 새로운 고객 서비스 전략을 성공적으로 수행하기 위해서 보다 혁신적인 형태로 팀을 구축하거나 '안전 우선' 정책을 실현하기 위해 직원들을 교육시킴으로써 그들의 태도와 행동을 변화시키는 것이다.

왜 변화가 필요한가?

4장에서 경영자에게 영향을 미치는 외적·내적 환경에 대해 언급한 바 있다. 이 같은 영향 요인은 변화의 필요성을 불러일으킨다. 이들 요인을 간단히 살펴보고자 한다.

변화의 필요성은 어떠한 외부 요인에 의해 생기는가?　메이요클리닉(Mayo Clinic)은 난치병을 성공적으로 치료하는 곳으로 잘 알려져 있다. 현재 메이요클리닉은 시스템을 전반적으로 재검토함으로써 새로운 변화를 꾀하고 있다. 지금까지 잘 해 왔는데 왜 바꾸는가? 외부 요인이 병원에 새로운 위협이 되고 있기 때문이다.[3] 다양한 외부 요인이 변화의 필요성을 가져온다. 최근 몇 년 동안 AT&T와 로우스(Lowe's) 같은 회사들은 시장에 새로운 경쟁회사들이 등장함으로써 영향을 받았다. 예를 들어 AT&T는 지역 전화 서비스를 공급하는 유선회사와 경쟁하게 되었다. 로우스 역시 당장 홈 디포(Home Depot), 메나즈(Menard's)와 같이 공격적인 경쟁자들과 시장에서 경쟁하게 되었다. 정부의 법과 규정 또한 변화를 가속화한다. 예를 들어 환자보호 및 부담적정보험법(Patient Protection and Affordable Care Act, PPACA)이 제정되면서, 수많은 기업이 직원 건강보험과 복리후생 개편, 새로운 법률 조항에 대한 직원 교육 등을 어떻게 해야 할지 고민하게 되었다. 지금도 조직들은 건강보험 접근성을 개선하라는 요구를 어떻게 처리할지 고민하고 있다.

기술 또한 변화의 필요성을 가져오는 요인이다. 인터넷은 정보 수집 방법, 제품 판매 방식, 일하는 방식 등 모든 면을 변화시켰다. 기술 발달로 많은 조직이 커다란 규모의 경제를 달성하고 있다. 예를 들어 기술은 스콧트레이드(Scottrade)가 중개인을 거치지 않고 인터넷 거래를 통해 고객에게 물건을 직접 제공하도록 만들었다. 이와 유사한 많은 산업들은 기술 발전을 통해 기계로봇이 인간의 노동력을 대체함으로써 극적인 변화를 겪고 있다. 또한 노동 시장이 변화하고 경영자들을 변하게 만들었다. 예를 들어 미국 내 간호사의 부족으로 인해 많은 병원에서 간호사 직무를 재설계했으며 간호사의 보상과 복리후생 패키지를 변경했다. 또한 간호사 부족 문제를 해소하기 위해서 지역대학과 협력했다.

뉴스 기사에서 드러나듯이 경제적인 변화 역시 거의 모든 조직에 영향을 미친다. 예를 들어 모기지 시장이 내려앉기 전에 낮은 이자율은 주택 시장의 급격한 성장을 가져왔다. 이러한 성장은 직무의 증가, 취업자 수 증가, 건축 관련 산업의 팽창을 가져왔다. 하지만 경기가 하락하자 주택 시장이 침체에 빠져들고 기업들은 금융 시장에서 필요한 자금을 구하지 못해 어려움을 겪게 되었다.

변화의 필요성은 어떠한 내부 요인에 의해 생기는가?　믿기 어렵겠지만, 최근까지 사우스웨스트항공은 여전히 팩스를 사용하는 회사였다. 대부분의 다른 항공사 직원들은 태블릿을 사용했지만, 사우스웨스트는 그렇지 않았다. 사우스웨스트 항공은 전반적으로 디지털 솔루션으로의 이동이 늦었다고 말할 수 있다. 그러나 경영진이 주요 디지털 혁신을 승인했다. 디지털 전환이 늦어진 이유는 저렴한 비용을 기초로 경쟁했고, 경영자들은 업무 운영에 과소비로 보이는 투자를 주저했기 때문이다. 하지만 회사는 경쟁력을 유지하려면 결국 변화해야 한다는 것을 깨달았다. 따라서 기술 정비에 8억 달러, 새로운 운영 기술에 3억 달러, 새로운 예약 시스템에 5억 달러를 지출하기로 결정했다. 많은 비용이 들지만, 사우스웨스트는 업무의 효율성 및 효과성 향상으로 커다란 수익 창출을 기대하고 있다.[4] 이 예에서 볼 수 있듯이 내부 요인 또한 조직 변화의 필요성을 가져온다. 이러한 내부 요인은 주로 조직의 내부 운영 혹은 외적 변화의 충격으로부터 비롯된다(이러한 변화가 조직생활에서 일반적인 현상임을 이해하는 것은 중요하다).[5]

경영진이 전략을 재설정 또는 수정하면 이는 곧 많은 변화로 이어진다. 예를 들어 사우스웨스트 항공에서 새로운 디지털 기술을 도입한 것은 변화를 위한 내부 요인이다. 종업원은 새로운 장비를 다루기 위해 훈련을 받거나 업무 재설계에 직면하게 될 것이다. 변화를 가져오는 또 다른 내부 요인은 조직 내 인력 구성이다. 여기에는 나이, 교

내부 요인이 리복(Reebok)에서 변화의 필요성을 제기했다. 리복은 적합성과 혁신에 중점을 두기 위해 교외 지역에서 보스턴으로 본사를 옮겨 직원 간 소통과 협업을 장려했으며, 신생 스타트업 기업처럼 생각하고 행동할 수 있도록 격려했다.

Getty Images

육수준, 성별, 국적 등이 있다. 어떤 안정적인 조직에서 경영자들이 한 직위에 오랫동안 머물러 있다면 이제는 승진을 통해 젊은 인재를 유지하고 동기부여하기 위해 직무를 재설계할 필요가 있다. 직무 불만족과 같은 종업원의 태도는 결근, 퇴직, 파업의 증가를 가져올 것이다. 그러한 사건은 경영진의 정책과 실행에 변화를 가져온다.

조직 변화는 누가 추진하는가?

조직 변화는 촉매제가 필요하다.

변화 추진자(change agent)는 촉매제로서 변화 과정을 관리할 책임을 진 사람이다.[6] 누가 변화 추진자가 될 수 있을까?

- 어떤 경영자도 변화 추진자가 될 수 있다. 우리는 일반적으로 변화는 조직 경영자에 의해 시작되고 수행된다고 생각한다.
- 하지만 변화 추진자는 경영자가 아닐 수도 있다. 예를 들어 변화를 실행할 때 전문성을 발휘할 수 있는 내부 전문가 또는 외부 컨설턴트가 그 주체가 될 수 있다.

광범위한 변화를 계획할 때 경영진은 자문과 지원을 받기 위해 외부 컨설턴트를 고용하는데, 이는 외부 컨설턴트가 내부 임직원이 간과할 수 있는 객관적인 시각을 제공할 수 있기 때문이다. 그러나 외부 컨설턴트는 조직의 역사, 문화, 운영 절차, 내부 인력에 관한 이해가 부족하다. 또한 그들은 내부 임직원보다 더욱 큰 변화를 지향한다. 이것은 조직에게 도움이 될 수도 있고 안 될 수도 있다. 외부 컨설턴트가 더 큰 변화를 지향하는 것은 그들은 변화를 실행에 옮긴 후 내부 반발을 직접 겪지 않아도 되기 때문이다. 반면에 변화 추진자로서의 내부 경영자들은 더욱 신중하고 조심스러울 수밖에 없다. 왜냐하면 그들은 변화 추진의 결과를 내부에서 계속 겪어야 하기 때문이다.

조직 변화는 어떻게 일어나는가?
우리는 변화 과정을 명확히 하기 위해 주로 두 가지 비유를 사용한다.[7] 이 두 가지 비유는 변화를 이해하고 대응함에 있어 전혀 다른 접근 방법에 대해 설명한다. 각각을 자세히 살펴보자.

1. '무풍항해'의 비유   '**무풍항해'의 비유**('calm waters' metaphor)에서 조직은 잔잔한 바다를 항해하는 큰 배에 비유된다. 그 배의 선장과 선원은 그들이 가야 할 곳을 분명히 알고 있다. 왜냐하면 그들은 이전에도 여러 번 항해를 했기 때문이다. 하지만 변화는 잔잔하고 예측 가능한 항해와는 달리 폭풍우처럼 일대 혼란으로 나타난다. 최근까지 기업 실무자와 학자들은 '무풍항해'를 일반적인 상황으로 보았다. 무풍항해에서의 변화를 다룬 이론 중 널리 알려진 모델은 쿠르트 레빈(Kurt Lewin)의 3단계 변화 프로세스이다[8](그림 5.2 참조).
레빈에 따르면 성공적인 변화를 위해서는 현재 상태의 해빙, 새로운 상태로의 변화 과정, 재동결 현상을 거친다. 현재 상태는 곧 균형 상태라고 할 수 있다. 따라서 해빙은 어떤 균형 상태로부터 새로운 균형 상태로 이동하기 위해 꼭 필요한 과정이다. 이는 다음 세 가지 방법

변화 추진자
촉매제로서 변화 과정을 관리할 책임을 진 사람

'무풍항해'의 비유
잔잔한 바다에서 예측 가능한 여행을 하고 가끔 폭풍을 경험하는 커다란 배에 조직 변화를 비유한 설명

그림 5.2 3단계 변화 프로세스

중 하나로 달성될 수 있다.

- 현재 상태로부터 멀어지려는 힘이 증가한다.
- 현재의 균형 상태로부터 멀어지려는 움직임을 방해하는 억제력이 줄어든다.
- 위 두 가지가 동시에 작용한다.

일단 '해빙'이 되면 변화는 자연스럽게 실행된다. 그러나 단순한 변화의 도입이 확실한 효과가 있는 것은 아니다. 따라서 새로운 상황이 계속 유지될 수 있도록 '재동결'될 필요가 있다. 만약 이 마지막 단계를 제대로 하지 않으면 변화는 오래가지 못할 것이고 종업원들은 예전의 균형 상태로 돌아가려고 할 것이다. 완전한 균형 상태를 재동결하는 목표는 추진력과 억제력의 균형을 맞춤으로써 새로운 상황을 안정시키는 것이다. ('과거에서 현재까지'에 소개된 레빈과 그의 조직 연구를 참고하라.)

레빈의 3단계 프로세스가 조직 내의 균형 상태를 깨는 데 있어 어떻게 변화를 가져오는지 주목해보자.[9] 현재 상태가 깨지게 되면 새로운 균형 상태를 만들기 위한 변화가 필요하다. 이 관점은 20세기 조직들이 처했던, 비교적 안정적인 조직 환경에 적합했다. 하지만 오늘날 경영자들이 항해하고 있는 '바다'는 더 이상 무풍지대가 아니다.

2. '급류타기'의 비유 닐슨 미디어 리서치(Nielsen Media Research, 광고주들이 TV 광고를 위해 얼마를 지불해야 할지 결정하는 데 가장 중요한 지표인 시청률을 조사하는 것으로 유명한 회사)의 전 대표인 수전 화이팅(Susan Whiting)은 산업 내 중요한 변화를 읽었다. 주문형 비디오(VOD), 스트리밍 기술, 스마트폰, 태블릿 PC, 기타 급변하는 기술은 데이터 수집을 보다 다양하게 하고 있다. 화이팅은 '나의 일주일은 산업의 변화 속에서 한 회사를 이끌어 가기 위한 연속'[10]이라고 말한다. 이 말은 '급류타기'라는 비유 속에 포함되어 있는 변화를 정확하게 이야기하고 있다. 또한 정보, 아이디어, 지식에 의해 지배되고 있는 지금의 세상을 표현하고 있다.[11]

'급류타기'의 비유('white-water rapids' metaphor)에서 조직은 소용돌이치는 급류를 헤쳐 나가는 작은 뗏목과 같다. 뗏목에 탄 6명은 이전에 같이 일해본 적도 없고, 누구도 급류에 익숙하지 않으며, 그들의 실제 목적지를 확신하지 못한다. 칠흑같이 어두운 밤중에 이러한 항해는 더 나쁠 수가 없다. 급류타기 비유에서 변화는 자연스러운 것이고 변화 관리는 일반적인 프로세스이다.

'급류타기'의 비유
작은 뗏목이 급류를 헤쳐 나가는 상황과 유사한 조직 변화

◀◀◀ 과거에서 현재까지 ▶▶▶

쿠르트 레빈은 누구인가?
- 독일계 미국인 심리학자이며 집단역학 연구로 유명하다.
- 흔히 현대 사회심리학('과학적 방법을 활용해 개인의 생각, 감정, 행동이 다른 사람으로부터 실제의, 상상의, 암묵적인 모습에 의해 어떻게 영향을 받는지 이해하고 설명'하는 학문)의 아버지라고 불린다.[12]

그는 무엇을 했는가?
- 집단행동을 집단 구조에 영향을 줄 뿐만 아니라 개인행동을 변화시키는 상징적 상호작용과 힘의 복합체로 설명했다.
- 그의 연구 중 하나는 제2차 세계대전 중 가족의 식습관을 바꾸는 현상을 조사한 것이다. 이 연구는 변화와 관련된 새롭고 중요한 통찰력을 제공한다.

그의 연구에서 얻을 수 있는 중요한 교훈
- 변화는 강의나 개인적 호소를 통해서보다 *집단 의사결정*을 통해 쉽게

> 레빈의 연구는 조직 변화를 이해하는 데 도움이 된다.

이루어진다.
- 변화에 대해 듣거나 단순히 요청받았을 때보다 *변화에 직접 관여되었다고 느낄 때* 변화가 쉽게 일어난다.
- 장 이론(force field analysis)을 이용해 변화 상황에 영향을 주는 요인(힘)들을 찾는다.
  - 목표를 향한 움직임을 촉진하거나 방해하는 요인이 있다.
    - 촉진 요인을 증가시키거나 방해 요인을 줄이거나, 이 두 가지를 동시에 추진함으로써 변화를 가져오고 저항을 극복한다.

토의문제
1 장 이론을 설명하고, 장 이론이 조직 변화에 어떻게 활용될 수 있는지 설명하라.
2 변화에 대처하는 데 도움을 주는 레빈의 주장으로부터 어떠한 조언을 얻을 수 있는가? 구체적으로 설명해보라. 관리자의 입장에서 생각해보라. 관리자는 어떻게 활용할 수 있는가?

급류타기 환경하에서 변화를 관리한다는 것이 무엇인지 파악하기 위해 다음과 같은 규칙이 있는 대학 강의를 생각해보자. 수강 신청을 했는데 강의 기간이 그때그때 변한다고 상상해보자. 수강 신청을 했을 때 강의가 2주 동안 진행되는지 아니면 30주 동안 진행되는지 알지 못한다. 더구나 교수는 아무런 사전 경고 없이 그가 원할 때 언제든지 강의를 끝낼 수 있다. 나아가 수업시간이 매번 변한다. 어떤 때는 20분 내에 끝나고 또 어떤 때는 3시간 동안 계속된다. 한 가지 더 있다. 시험은 전혀 예고되지 않는다. 그래서 당신은 언제나 시험에 대비해야만 한다. 이 수업에서 성공하기 위해 당신은 믿을 수 없을 정도로 융통성이 있어야 한다. 모든 변화된 상황에 재빨리 대처할 수 있어야 한다. 너무 정형적이고 변화를 불편해하는 학생은 살아남을 수 없을 것이다.

모든 경영자가 지속적이고 혼란스러운 변화에 직면해 있는가?　모두는 아니지만, 대부분의 경영자는 커다란 변화 속에 놓여 있다. 무풍항해와 같은 안정성과 예측 가능성은 존재하지 않는다. 현재 상태의 붕괴는 가끔, 일시적으로 일어나지 않는다. 많은 경영자가 결코 급변하는 환경을 벗어날 수 없다. 앞서 이야기한 수전화이팅처럼 경영자는 조직 변화의 필요성을 일으키는 (내적, 외적) 환경에 지속적으로 직면할 것이다.

일본 인터넷 기업인 디엔에이(DeNA)의 사장으로서 모리야스 이사오는 변화가 일상인 변화 관리를 지속적으로 해야 하는 급류타기 환경을 관리하고 있다. 그는 디엔에이가 일본을 넘어 전 세계 국가로 진출하도록 신속하게 기업을 인수하고, 새로운 서비스를 개발했다.

대부분의 조직 변화는 우연히 일어나지 않는다.

조직은 계획된 변화를 어떻게 실행하는가?　조지아주에

조직 개발(OD)
계획된 변화를 통해 조직 구성원을 지원하려는 노력으로 구성원의 태도와 가치를 중시함

설문 피드백
종업원이 변화에 대해 어떠한 태도와 인식을 갖고 있는지 평가하는 방법

프로세스 자문
업무 흐름, 부서 내 비공식적 관계, 공식적 커뮤니케이션 방식 등을 평가하기 위해 외부 컨설턴트를 활용하는 것

팀 빌딩
작업집단이 목표를 수립하고, 긍정적인 대인관계를 개발하고, 팀 구성원의 역할과 책임을 규명하도록 돕는 활동

집단 간 개발
여러 작업집단을 보다 응집력 있게 만들기 위해 노력하는 활동

있는 호텔인 윈덤 피치트리 컨퍼런스 센터(Wyndham Peachtree Conference Center)는 직원들을 몇 개의 그룹으로 짜서 중국의 전통적인 스포츠인 드래곤 보트 경주를 하게 했다. 육체운동으로서도 도움이 되겠지만, 무엇보다 참가자들이 커뮤니케이션, 협동, 몰입 등 가장 오랫동안 조직에 도움을 줄 수 있는 팀 빌딩 경험을 쌓게 된다.[13]

대부분의 조직 변화는 우연히 일어난 것이 아니다. 경영자들은 조직의 어떤 면을 바꾸기 위해 노력한다. 구조든 기술이든 변화는 결국 조직 구성원에게 영향을 미친다. 변화 계획을 세운 뒤 조직 구성원을 지원하기 위한 노력을 **조직 개발**(organization development, OD)이라고 한다.

조직 개발은 장기적이고 전사적인 변화를 촉진한다. 조직 개발은 조직 구성원이 조직의 새로운 방향을 효과적으로 받아들이고 신속하게 적응할 수 있도록 태도와 가치를 긍정적으로 변화시키는 데 초점을 둔다.[14] 조직 개발 계획을 세울 때 조직 리더는 본질적으로 조직 문화의 변화를 도모한다.[15] 그러나 조직 변화의 가장 근본적인 이슈는 종업원 참여에 의존한다는 것이다.[16] 이를 위해 개방적인 의사소통과 신뢰의 분위기를 만들어야 한다. 조직 개발을 추진하는 사람들은 변화가 종업원에게 스트레스를 줄 수 있다는 사실을 잘 알고 있다. 따라서 조직 개발을 할 때는 변화로 인해 업무에 영향을 받게 될 조직 구성원을 참여시키고, (레빈이 이야기한 것처럼) 변화가 그들에게 어떤 영향을 주는지 살펴보아야 한다.

계획된 변화를 실천하는 데 도움이 되는 조직적 행동을 조직 개발 기법이라고 한다. 일반적인 조직 개발 기법들은 주로 상호작용과 협력에 의존하는데, 여기에 포함되는 것들은 다음과 같다.

1. **설문 피드백**(survey feedback). 종업원들에게 직면한 변화에 대해 어떠한 태도와 인식을 갖고 있는지 묻는다. 일반적으로 의사결정, 리더십, 커뮤니케이션 효과성, 직무·동료·경영진에 대한 만족도 등 구체적인 질문에 종업원이 답하도록 한다.[17] 변화 추진자가 확보한 자료는 종업원의 생각을 이해하는 데 도움을 준다. 이러한 정보를 기초로 변화 추진자는 문제를 해결하기 위한 행동을 취한다.

2. **프로세스 자문**(process consultation). 외부 컨설턴트는 경영자가 반드시 다루어야 하는 프로세스 요소들을 인식하고, 이해하고, 활용하는 것을 돕는다.[18] 이들 요소의 예를 들면 업무 흐름, 부서 구성원 간 비공식적 관계, 공식적 커뮤니케이션 방식 등이 있다. 컨설턴트는 경영자에게 어떤 일이 벌어지고 있는지를 알 수 있도록 통찰력을 제공한다. 컨설턴트는 어떤 답을 주기보다 경영자 스스로 개선이 필요한 대인관계 프로세스를 진단하도록 돕는 코치 역할을 한다. 만약 경영자가 문제를 해결할 수 없다면 컨설턴트는 전문가를 활용해 경영자를 돕기도 한다.

3. **팀 빌딩**(team-building). 조직 목표를 달성하기 위해 개인들을 함께 일하도록 만들 때, 조직 개발(OD)은 하나의 팀이 되도록 도와준다. 어떻게? 집단의 목표 수립과 긍정적인 대인관계 형성을 돕고, 팀 구성원의 역할과 책임을 명확하게 해준다. 개별 집단은 자신들이 해야 할 일을 이해하고 서로 동의할 수 있기 때문에 조직이 세세한 영역까지 개입할 필요는 없다. 팀 빌딩에서 가장 중요한 것은 구성원 간 신뢰와 개방성의 증가이다.[19]

4. **집단 간 개발**(intergroup development). 집단들은 응집력을 높이는 데 중점을 둔다. 집단 간 개발이란 한 집단이 다른 집단을 향해 갖고 있는 태도, 고정관념, 인식을 변화시키려고 노력하는 것이다. 목표는 다양한 집단 간 조화를 이루는 것이다.

경영자는 변화에 대한 저항을 어떻게 관리하는가?

5-2 변화에 대한 저항을 어떻게 관리하는지 설명한다.

우리는 누구나 건강하게 먹고 활기차게 사는 게 좋다는 것을 잘 안다. 하지만 그렇지 않은 경우가 많다. 우리는 일상생활에서 변화를 싫어한다. 폴크스바겐 스웨덴과 대리점인 DDB 스톡홀름은 만약 사람들에게 건강을 위해서 에스컬레이터 대신에 계단을 이용하도록 행동을 변화시키면 어떤 현상이 나타날지 실험했다.[20] 어떻게 되었을까? 그들은 스톡홀름 지하철역 내에 통근자들이 사용할 수 있도록 계단에 실제로 작동하는 피아노 건반을 설치했다(관련 영상을 유튜브에서 볼 수 있다). 이 실험은 계단을 이용하는 사람이 66% 증가하는 대단한 성공을 거두었다. 이 실험에서 얻은 교훈은 사람들은 변화가 흥미로울 때 비로소 변한다는 것이다.

경영자들은 조직의 효과성을 향상하는 데 관심이 있기 때문에 변화를 추진하고자 한다. 그러나 변화는 어떤 조직에서나 쉽지 않다. 그것은 파괴적이고 두려움의 대상이 될 수 있다. 조직과 구성원들은 관성을 가지고 있어서 변화를 원하지 않는다.

결과적으로 이익이 된다고 해도 사람들은 변화에 저항한다. 당신은 어떤가?
당신은 변화에 어떻게 대응하는가?

왜 조직 구성원들이 변화에 저항하는지와 그러한 저항을 줄이기 위해 무엇을 할 수 있는지 살펴보자.

사람들은 왜 조직 변화에 저항하는가?

대부분의 사람은 변화를 싫어한다. 사람들이 변화에 저항한다는 사실은 잘 알려져 있다.[21] 왜 사람들은 조직 변화에 저항하는가? 그 이유는 아래와 같다.[22]

1. **불확실성.** 변화는 불확실성이라고 알려져 있으며, 우리는 불확실성을 싫어한다. 학생들이 대학 출석을 얼마나 싫어하는지와 상관없이 최소한 그들은 자신에게 기대되는 것이 무엇인지를 알고 있다. 그들이 대학을 떠나 직장의 세계로 모험을 떠나는 순간 잘 알고 있는 세상에서 미지의 세상으로 가는 것이다. 조직 내 종업원 역시 비슷한 불확실성에 직면한다. 예를 들어 통계 모델에 기초한 품질관리기법이 제조공장에 도입되면 많은 품질관리 조사원들은 새로운 방법을 학습해야 한다. 어떤 사람은 그 방법을 사용할 수 없을 것이라고 두려워하면서 변화에 부정적인 태도를 갖거나 그 기법을 사용하라는 요구를 따르지 않을 것이다.

2. **습관.** 우리는 습관을 따른다. 우리는 매일 학교에 가고 대부분 같은 방식으로 일을 한다. 우리는 습관의 창조물이다. 우리는 매일 수백 가지 의사결정을 하지만, 의사결정의 전체 대안을 매일 고려할 필요가 없다. 이러한 복잡성에 대처하기 위해서 우리는 습관이나 프로그램화된 반응에 의존한다. 하지만 변화에 직면했을 때 익숙했던 방식으로 반응하려는 경향 때문에 변화에 저항하곤 한다.

146쪽에서 계속

종업원은 조직 변화에
어떤 반응을 보이는가?

5-3 종업원 스트레스에 관해 경영자가 무엇을 알아야
하는지 이해한다.

Yuri Arcurs/Alamy

변화는 종업원에게 스트레스를 가져다준다!

6개국의 종업원 스트레스 수준[23]	
영국	종업원의 35%
브라질	종업원의 34%
독일	종업원의 33%
미국	종업원의 32%
세계 평균	종업원의 29%
중국	종업원의 17%
인도	종업원의 17%

1

스트레스는 무엇인가?

- **스트레스**(stress) — 커다란 요구, 억제, 기회에 직면하면서 생기는 불안에 대한 반응[24, 25]

- 항상 나쁜 것은 아니다. 긍정적일 수 있으며, 특히 잠재적인 이익을 가져다줄 때 그렇다.

  - *기능적 스트레스*: 중요한 순간에 최고 수준의 성과를 낼 수 있다.

- 대부분 **억제**(하고 싶은 일을 막는 장애물), **요구**(원하는 것을 잃음), **기회**(새롭거나 이전에 없었던 것
  의 가능성)와 관련이 있다(예: 학교 시험 보기 또는 1년 동안의 업무 성과 평가).

- 비록 스트레스가 발생할 수 있는 상황이라고 해도 스트레스가 항상 발생하는 것은
  아니다.

> **스트레스**
> 어떤 개인이 엄청난 요구, 억제,
> 기회에 직면하면서 과도한 압력
> 을 받았을 때의 반응

잠재적 스트레스가 실제 스트레스가 되려면 • 결과에 대한 불확실성이 있어야 하고 • 결과가 중요해야 한다.

- 스트레스를 받았을 때 당신은 어떻게 하는가? 그림 5.3에 제시된 증상을 살펴보자.

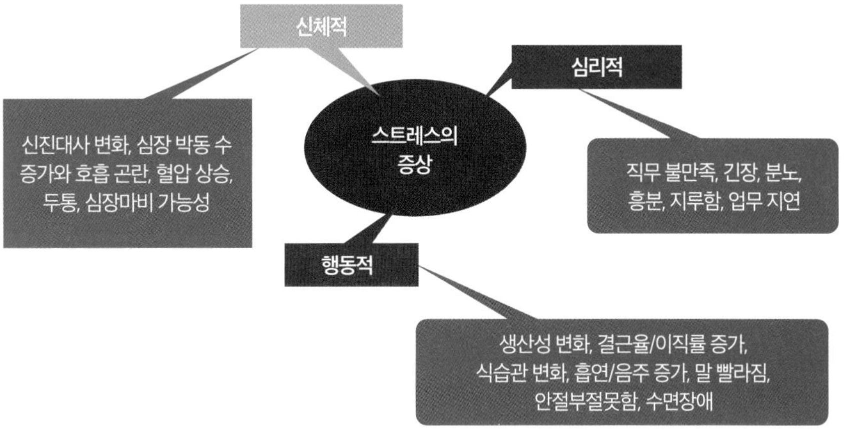
신체적
신진대사 변화, 심장 박동 수 증가와 호흡 곤란, 혈압 상승, 두통, 심장마비 가능성
스트레스의 증상
심리적
직무 불만족, 긴장, 분노, 흥분, 지루함, 업무 지연
행동적
생산성 변화, 결근율/이직률 증가, 식습관 변화, 흡연/음주 증가, 말 빨라짐, 안절부절못함, 수면장애

그림 5.3 스트레스의 증상

지나친 스트레스는 비참한 결과를 가져올 수 있다. 일본에는 '과로로 인한 죽음'을 의미하는 **과로사**(karoshi) 개념이 있다. 이 문제를 해결하기 위해 일본 회사들은 직원들이 너무 많은 시간을 일하지 않도록 하는 창의적인 방법을 시도하고 있다.[26]

과로사
과로로 인한 갑작스러운 죽음

2 무엇이 스트레스를 가져오는가? 스트레스 요인(stressor)

직무 관련 요인

밀레니얼 세대의 **3분의 2**는 직장에서 혹은 항상 스트레스를 받는다.[27]

- 예: 제한된 시간 내에 실수 없이 혹은 완벽하게 업무를 해야 하는 압력, 보고서 작성 방법의 변화, 불만족스러운 상사, 불편한 동료 등

  ❶ **과업 요구**: 종업원의 직무에 기인한 스트레스 – 직무 설계(자율성, 과업 다양성, 자동화의 정도), 작업 환경(온도, 소음 등), 물리적 작업 배치(혼잡한 장소, 끊임없이 업무가 중단되는 작업 위치, 너무 많은 업무 할당 등),[28] 높은 수준의 타인과의 과업 상호 의존성.

  ❷ **역할 요구**: 종업원에게 주어진 특정 역할에 기인한 스트레스
  - **역할 갈등**(role conflicts): 받아들이거나 만족시키기 어려운 기대
  - **역할 과다**(role overload): 허용된 시간보다 오래 걸릴 것으로 판단될 때 생김
  - **역할 모호성**(role ambiguity): 역할 기대가 분명하게 이해되지 않아서 종업원이 무엇을 해야 하는지 잘 모를 때 생김

스트레스 요인
스트레스를 유발하는 요인

역할 갈등
만족시키기 어려운 업무 기대

역할 과다
주어진 시간 내에 처리가 어려울 만큼 일이 많은 상황

역할 모호성
역할 기대를 명확하게 이해하기 어려운 상황

③ 대인관계 요구: 다른 종업원에 기인한 스트레스 — 동료로부터 전혀 혹은 거의 사회적 지원을 받지 못할 때, 좋지 않은 대인관계

④ 조직 구조: 과도한 규칙에 기인한 스트레스, 종업원의 의사결정 참여 기회 미흡

⑤ 리더십: 회사 간부들의 관리 스타일에 기인한 스트레스. 긴장, 두려움, 불안감 조성, 단기적으로 성과를 내라는 비현실적인 압박, 지나치게 강한 통제, 수시로 종업원을 해고하는 등의 문화에서 스트레스 발생

개인적 요인

삶의 요구, 억제, 기회

1 가정 문제, 경제 문제 등

무시할 수 없다. 경영자들은 이들 개인적 요소를 이해할 필요가 있다.[29]

2 종업원 성격: A형 성격과 B형 성격

- **A형 성격**(type A personality): 시간에 대한 절박감이 있으며, 과도한 경쟁의식을 갖고 있고, 여가시간을 제대로 즐기지 못한다. 스트레스 증상이 더 많이 나타난다.

- **B형 성격**(type B personality): 시간에 대한 절박감이나 조급함이 전혀 없다.

- A형 성격과 관련된 적의와 분노가 스트레스를 가져온다. 놀랍게도 B형 성격에도 스트레스를 만들어내는 요소가 존재한다.

A형 성격
시간에 대한 절박감이 있으며, 과도한 경쟁의식을 갖고 있는 사람

B형 성격
느긋하고 편안하며 변화를 쉽게 받아들이는 사람

Beyond Fotomedia GmbH/Alamy

스트레스를 어떻게 줄일 수 있는가?

1 일반적인 지침

- 스트레스를 완전히 없앨 수는 없다.

- 모든 스트레스가 나쁜 것은 아니다.

- 직무 관련 요인을 통제함으로써 역기능적 스트레스를 줄이고, 개인적 스트레스를
  줄이기 위한 도움을 주어야 한다.

2 직무 관련 요인

- **종업원 선발** – 현실적인 직무 소개를 하고, 종업원 능력과 직무 자격요건을 일치시
  킨다.

- **근무 중**(on-the-job) – 모호성을 줄이기 위해 조직 커뮤니케이션을 개선하고,
  MBO와 같은 성과계획 프로그램을 활용해 직무책임을 명확하게 한다. 분명한 성
  과목표를 제시하고, 피드백을 통해 모호함을 줄인다. 만약 스트레스가 지루함이나 업무 과다로 인해 발생한다면
  도전적인 업무를 늘리고 업무 부담을 줄이는 형태로 직무 재설계를 실시한다. 의사결정에 참여하게 하고 사회적
  지원을 강화하는 것 역시 스트레스를 줄이는 효과가 있다.[30]

3 개인적 요인

- 경영자가 직접 통제하는 것이 쉽지 않다.

- 윤리적 사항을 고려해야 한다.

경영자는 종업원의 사생활을 침해할 권리가 있는가?

- 만약 경영자가 생각하기에 윤리적이고 종업원이 받아들일
  수 있다면 고려할 수 있는 사항에는 종업원 지원 및 건강증
  진 프로그램이 있다.[31] 이러한 프로그램은 종업원이 겪는
  어려움(재정 계획, 법적 문제, 건강, 스트레스 등)을 도울
  수 있도록 설계된다.[32]

- **종업원 지원 프로그램**(employee assistance programs,
  EAPs)[33] – 도입 근거는 생산성 있는 종업원이 가능한 빨리
  직무로 돌아오도록 만들 수 있다는 점이다.

- **건강증진 프로그램**(wellness program) – 목표는 직원들
  을 건강하게 잘 살도록 하는 것이다.

Samantha Craddock/Alamy

종업원 지원 프로그램
종업원이 개인적 혹은 건강상의 문제를 극복하도록
돕기 위해 조직이 제공하는 프로그램

건강증진 프로그램
종업원의 건강 문제를 예방하도록 돕기
위해 조직이 제공하는 프로그램

3. **개인적 손실에 대한 걱정.** 우리는 가지고 있는 것을 잃는 것에 대해 두려워한다. 변화는 기존에 이루어진 투자를 위협한다. 현재 시스템에 투자를 많이 한 사람일수록 변화에 더 크게 저항한다. 왜 그런가? 그들은 지위, 돈, 권력, 우정, 개인적 편의, 자신이 가치를 두고 있는 다른 이익들을 잃는 것을 두려워한다. 근속연수가 많은 종업원이 신입사원보다 더 많이 저항한다. 일반적으로 근속연수가 많은 종업원은 현재의 시스템에 더 많은 투자를 했기 때문에 변화를 받아들임으로써 더 많이 잃을 수 있다.

4. **변화는 조직의 최고 관심사항이 아니다.** 우리는 변화가 조직의 목표 및 최상의 이해에 부합하지 않는다고 믿고 있다. 만약 어떤 종업원이 새롭게 제안된 직무 절차가 생산량 또는 품질을 낮춘다고 믿는다면 그 종업원은 변화에 저항할 것이다. 이런 유형의 저항을 긍정적으로 활용한다면 조직에 실질적인 도움을 줄 것이다.

변화에 대한 저항을 줄이기 위한 기법은 무엇인가?

연례 401(k) 퇴직연금 모임에서 노스 아메리칸 툴(North American Tool)의 대표이사는 최대의 투자를 하는 데 별 관심이 없는 종업원들에게 실망했다. 그는 큰 가방을 가지고 와 지퍼를 열고 테이블 위에 올려놓았다.[34] 그는 정확히 9,832달러의 현금을 테이블에 쏟아 놓았다. 이 금액은 전년도에 직원들이 신청하지 않았던 액수이다. 그는 돈을 가리키면서 이야기했다. "이 돈은 여러분의 돈입니다. 이 돈은 여러분의 호주머니에 있어야 합니다. 내년에 여러분은 이 돈이 테이블 위에 있기를 바랍니까, 아니면 호주머니에 있기를 바랍니까?" 401(k) 퇴직연금 양식이 배포되었고, 몇몇 사람이 사인을 했다. 사람들을 변화시키려면 그들의 관심을 이끌어내야 한다.

경영자가 변화에 대한 저항을 역기능으로 본다면 그것을 어떻게 다루어야 하는가? 변화에 대한 저항을 다루는 데 이용할 몇 가지 전략이 있다. 여기에는 교육과 커뮤니케이션, 참여, 촉진과 지원, 협상, 조작과 선출, 강압 등이 포함된다. 이러한 전술을 표 5.1에 요약했다. 경영자는 이 기법들을 도구로 보고 저항의 유형과 원천에 따라 가장 적합한 것을 활용해야 한다.

- 교육과 커뮤니케이션은 변화의 논리를 종업원들이 알게 함으로써 변화에 대한 저항을 줄이는 것이다. 물론 이 방법은 대부분의 저항이 잘못된 정보나 커뮤니케이션 부족 때문이라고

표 5.1   변화에 대한 저항을 줄이기 위한 기법

기법	사용 시기	장점	단점
교육과 커뮤니케이션	잘못된 정보에 의해 저항할 때	오해의 해소	서로 믿음과 신뢰가 없으면 효과 없음
참여	저항하는 사람이 전문가일 때	몰입과 수용의 증대	효과적이지 않은 결론의 도출로 시간 낭비
촉진과 지원	저항하는 사람이 두려움과 분노를 느낄 때	필요한 적응을 촉진할 수 있음	성공의 보장이 없으며, 많은 비용 발생
협상	힘 있는 집단이 서항할 때	참여를 유도할 수 있음	믾은 비용 빌생, 다른 사람들 역시 입력을 가할 수 있음
조작과 선출	힘 있는 집단의 승인이 필요할 때	지지를 얻기 위한 쉽고 저렴한 방법임	변화 추진자가 신뢰를 잃을 수 있음
강압	힘 있는 집단의 승인이 필요할 때	지지를 얻기 위한 쉽고 저렴한 방법임	불법일 수 있으며, 변화 추진자의 신뢰를 손상시킴

가정한다.

- 참여는 개인들을 변화 의사결정 프로세스 내에 직접 포함시키는 것이다. 종업원의 참여를 통해 종업원이 자신의 느낌을 표현하고, 프로세스의 품질을 향상하고, 최종 결정에 대한 몰입을 높이는 효과가 있다.
- 촉진과 지원은 종업원이 변화와 관련해 갖는 두려움과 분노를 줄이도록 돕는다. 여기에는 종업원 상담, 치료, 신기술 훈련, 단기 유급휴가 등이 포함된다.
- 협상은 거래를 말한다. 즉 변화에 대한 저항을 하지 않는 대신에 가치 있는 무언가를 대가로 주는 것이다. 이 방법은 저항이 강력한 근거를 갖고 있을 때 꽤 유용할 것이다.
- 조작과 선출(co-optation)은 변화에 대해 다른 사람에게 영향을 주는 것으로 은밀하게 이루어진다. 이 기법은 변화를 보다 매력적인 것으로 보이기 위해 사실을 변형 혹은 왜곡하는 것을 말한다.
- 강압은 변화에 대한 저항에 직접적인 위협 또는 힘을 사용하는 것이다.

경영자는 조직 내 혁신을 어떻게 촉진할 수 있는가?

5-4 혁신을 추진하는 기법을 토론한다.

> "혁신은 지속적 성공의 열쇠이다."
> "우리는 미래를 위해 오늘 혁신한다."

첫 번째 문장은 마스터카드의 최고경영자인 아제이 방가(Ajay Banga)가 한 말이고, 두 번째 문장은 제록스 혁신그룹의 기술 담당 임원인 소피 반데브록(Sophie Vandebroek)이 한 말이다.[35] 이 두 인용문은 오늘날 조직에 혁신이 얼마나 중요한지를 보여준다. 역동적이면서 혼돈의 글로벌 경쟁 상황에서 조직이 경쟁 우위를 확보하고자 한다면 새로운 제품 및 서비스를 만들어야 하며, 최신 기술을 받아들여야 한다.[36]

성공적인 혁신기업 하면 어떤 기업이 생각나는가? 아마도 멋진 업무용 기기와 엔터테인먼트 기기를 갖춘 애플이 떠오를지 모른다. 또 자동차, 로켓, 하이퍼루프(역주: 일론 머스크가 제안한 신개념의 고속 철도)와 연관된 테슬라가 떠오를 수 있다. 아마도 아마존은 다른 산업 분야로 그것의 영역을 혁신적으로 확장하기 위한 것일 것이다. 또는 심지어 '무통장' 또는 '금융소외계층(underbanked)'인 가구에 서비스를 제공하는 모바일 결제업체인 '스퀘어'를 떠올릴 수도 있다. 이 혁신 챔피언 기업들의 성공 비밀은 무엇인가?[37] 다른 기업의 경영자들은 자신의 회사를 보다 혁신적으로 만들기 위해서 무엇을 할 수 있는가? 이러한 질문에 답하기 위해 이제 혁신 뒤에 있는 여러 요인을 다루고자 한다.

창의성과 혁신은 어떤 관계인가?

- **창의성**(creativity)은 독특한 방법으로 아이디어를 결합하는 능력이다.[38] 창조적인 조직은 독특한 업무 방식 혹은 문제에 대한 기발한 해결책을 개발한다. 예를 들면 마텔(Mattel)은 '특별 프로젝트'를 시작했다. 이 특별 프로젝트 부서는 엔지니어링, 마케팅, 설계, 판매 등 회사 내 모든 부서에서 차출된 직원으로 구성했다. 이들에게 아이들의 놀이 패턴 뒤에 숨은 사회적·심리적 요인을 이해할 수 있는 교육을 함으로써 아동용 제품을 개발하는 데 필

창의성
독특한 방법으로 아이디어를 결합하거나 아이디어 간에 색다른 연계를 하는 능력

혁신
창의적 아이디어를 확보하고, 그 아이디어를 유용한 제품, 서비스, 작업 방식으로 전환하는 프로세스

요한 창의성을 개발하고자 했다. 즉 이들에게 창조적인 마인드와 아이디어를 갖도록 상상력 훈련, 단체로 소리 지르기, 토끼인형 던지기 등 다양한 활동과 교육을 실시했다. 토끼인형을 던지는 것과 창의성은 무슨 관계가 있는가? 2개의 공과 토끼인형을 저글링하는 것을 배우는 것은 저글링 교육 중 일부이다. 대부분의 사람이 2개의 공으로 저글링하는 것은 쉽게 배우지만 3개를 갖고 하는 것은 어려워한다. 창의성은 '토끼인형을 던지는' 저글링과 같다.[39] 하지만 창의성 그 자체로는 충분하지 않다.

- 창의적 프로세스는 유용한 제품이나 작업 방식의 결과물로 바뀌어야 한다. 우리는 이것을 **혁신(innovation)**이라고 부른다. 실제로 창의적 조직은 창의성을 유용한 제품으로 전환하는 능력을 갖고 있는 것이 특징이다. 경영자들이 조직을 보다 창의적으로 변화시키겠다고 이야기할 때 그들은 대개 혁신을 자극하고 확대하기를 원한다.

무엇이 혁신인가?

어떤 사람은 창의성을 타고나는 것이라고 믿는다. 또 어떤 사람은 훈련하면 누구나 창의성을 가질 수 있다고 믿는다. 후자는 창의성이 네 가지 과정으로 구성되어 있다고 본다.[40]

1. 인식은 우리가 사물을 바라보는 방식이다. 창의적이 된다는 의미는 독특한 관점으로 사물을 바라보는 것을 의미한다. 어떤 사람의 문제 해결 방안이 다른 사람에게는 전혀 해결 방안이 아닐 수도 있다. 그러나 현실에 대한 관점의 이동은 즉각적으로 일어나지 않는다.

2. 그 대신 아이디어는 심사숙고의 과정을 거친다. 때때로 종업원은 자신의 아이디어 결정을 늦출 필요가 있다. 그것은 아무것도 하지 않는 것을 의미하지 않는다. 이러한 심사숙고의 과정에도 종업원은 수많은 자료를 수집, 축적, 검색, 연구해야 하고, 마지막 단계에서 새로운 무언가를 만들어야 한다. 여기에는 보통 몇 년이 걸린다. 시험을 볼 때 우리가 답을 생각해내려고 애쓰던 상황을 기억해보라. 아무리 기억을 떠올리려고 해도 아무것도 생각나지 않는다. 그런데 갑자기 마치 불빛이 번쩍 하는 것처럼 답이 떠올랐다. 당신은 알아낸 것이다.

타코벨(Taco Bell)은 직원들의 창의력을 활용하는 혁신적인 조직인데, 계란 프라이 안에 감자, 치즈, 고기 등을 채워 만든 조식 아이템인 'Naked Egg Taco'와 같은 신제품을 지속적으로 출시하고 있다. 타코벨은 매장에서 새로운 타코를 출시하기 전에 손님들에게 Naked Egg를 맛볼 수 있는 기회를 제공하기 위해 이곳 뉴욕에서 열리는 'Bell and Breakfast' 시식행사를 개최했다.

3. 창조적 과정에서의 영감은 이와 비슷하다. 영감은 그동안의 모든 노력이 한순간에 성공적으로 떠오르는 그 순간이다. 영감이 행복감을 가져다주기는 하지만 업무를 성공적으로 완성시키지는 못한다. 거기에 혁신 노력이 요구된다.

4. 혁신은 영감을 경험한 후 그것을 유용한 상품, 서비스, 행동 방식으로 전환하는 것이다. 토머스 에디슨은 "천재는 1%의 영감과 99%의 노력으로 이루어진다"는 유명한 말을 했다. 그 99% 또는 혁신은 영감이 발견하고자 하는 그 무언가를 테스트하고 평가하고 다시 테스트하는 과정이다. 이 단계에서 개인은 자신이 했던 작업에 다른 사람을 참여시킨다. 이 과

오늘날 직장에서의 경영 기술

혁신을 높이는 방법

직원들은 자신의 일상적인 일을 하느라 바쁘다. 이러한 상황에서 어떻게 지속적으로 혁신이 일어날 수 있을까? 직무 성과를 직무 수행의 결과, 직무 수행의 방법, 직무 수행의 시기를 가지고 평가한다면, 혁신은 어떻게 일어날 수 있을까? 이러한 질문은 보다 혁신적이기를 원하는 조직들이 당면한 실질적인 문제이다. 하나의 해결책으로 사용되어 온 것은 직원에게 자신의 아이디어를 프로젝트에 적용할 수 있도록 권한을 주는 것이다.[41] 예를 들어 구글은 '20% 시간' 정책을 통해서 직원들이 자신의 직무가 아닌 다른 프로젝트에 20%의 시간을 들여 참여하도록 했다. 페이스북이나 애플, 링크드인, 3M, 휴렛팩커드 등도 이와 비슷한 정책을 실시했다. 음… 기본적으로 일주일에 하루는 다른 프로젝트에 참여해 회사 아이디어에 관여하는 것은 너무나 좋은 것으로 보인다. 하지만 보다 중요한 것은 그것이 정말로 혁신에 불을 붙일까? 실제로 효과가 있다. 구글의 단어자동완성 시스템(autocomplete system), 구글 뉴스, G메일, 애드센스(Adsense) 등이 20% 시간 정책에 의해 탄생했다. 하지만 그러한 '기업'의 정책은 좋아 보이지만, 현실에서는 커다란 장애에 직면할 수 있다. 그러한 도전들은 다음과 같다.

- 대부분의 직원이 자신들에게 주어진 일을 열심히 하는 것으로 만족하기 때문에 시간과 자원에 대해 지나치게 엄격한 직원 모니터링은 직원들로 하여금 억지로 그 시간을 사용하게 만든다.
- 보너스와 인센티브가 목표 달성률에 기반 할 때 직원들은 무엇에 시간을 투자할지 금방 이해한다.

- 직원들이 가지고 있는 아이디어에서 무슨 일이 생기는가?
- '한가한 날의 시간 허비'로 보는 지원적이지 않은 관리자와 동료들
- 기업의 관료주의로 인한 장애물

그렇다면 기업은 어떻게 해야 하는가? 제안은 이렇다. 최고경영자는 그러한 정책과 프로젝트를 적극적으로 지원할 필요가 있으며, 자신이 지원하고 있음을 알려야 한다. 관리자들은 개인적인 열정을 가지고 창조적인 일을 하려는 직원들이 자신의 아이디어를 펼칠 수 있도록 지원할 필요가 있다. 혁신(디자인 권리 등)에 대한 더 많은 인센티브를 제공한다. 마지막으로 중요한 것은 그것을 제도화하지 말라는 것이다. 창의성과 혁신은 본질적으로 위험과 보상을 포함하고 있다. 개인에게 창의성을 부여하는 것은 시행착오와 때로는 실패할 수도 있음을 허용하는 것이다.

토의문제

3 (a) 조직, (b) 개인을 위해 강제로 시간을 투입하는 것은 어떠한 긍정적인 측면이 있는가?

4 개인이 직면하는 장애는 무엇이며, 관리자는 이러한 장애를 극복할 수 있는가?

정에서 개인이 다른 사람과 효과적으로 커뮤니케이션하지 못하고 지원받지 못한다면 그동안 얻은 위대한 결과를 실천에 옮기지 못한다. 따라서 다른 사람의 참여는 무엇보다 중요한 단계이다.

경영자는 혁신을 어떻게 추진하는가?

시스템 모형(투입 → 변형 과정 → 결과물)은 조직이 어떻게 혁신적으로 되는지를 이해하는데 도움을 준다.[42] 만약 어떤 조직이 혁신적인 제품과 작업 방식(결과물)을 원한다면 투입물이 있어야 하고, 그것을 결과물로 변형해야 한다. 이때 투입물은 창의적인 사람이고 조직 내 집단이다. 하지만 앞서 언급했듯이 창의적인 사람만으로는 충분하지 않다. 변형 과정을 통해 이 투입물들이 혁신적인 제품과 작업 방식으로 바뀔 수 있는 좋은 환경을 만들어야 한다. '좋은' 환경이란 혁신을 자극하는 환경을 말하며 여기에는 조직 구조, 문화, 인적자원의 세 가지 변수가 포함된다(그림 5.4 참조).

구조 변수는 혁신에 어떠한 영향을 주는가? 구조 변수가 혁신에 미치는 영향을 다룬 연구들은 다음과 같은 다섯 가지 사실을 발견했다.[43]

1. 유기적 구조는 혁신에 긍정적인 영향을 준다. 왜냐하면 유기적 구조는 공식화, 집중화, 직무 전문화가 낮기 때문에 유연성이 높고 혁신에서 매우 중요한 유연성과 아이디어 공

그림 5.4 혁신 변수

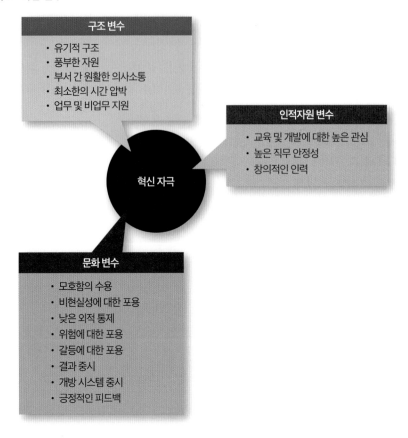

유를 촉진할 수 있기 때문이다. (7장에서 조직 구조의 한 형태인 유기적 조직에 대해 자세히 살펴볼 것이다.)

2. 풍부한 자원의 이용은 혁신 추진에 중요한 변수이다. 풍부한 자원은 경영진이 혁신을 채택하게 하고 혁신의 실시로 인한 비용을 감수하게 하며 실패의 충격을 완화한다.

3. 활발한 부서 간 의사소통은 혁신의 벽을 무너뜨리는 데 도움을 준다.[44] 교차 기능팀, 태스크포스, 기타 조직 설계들이 부서 간 교류를 촉진하기 위해 학습조직에서 널리 사용된다.

4. 혁신 조직은 급변하는 기업 환경에도 불구하고 창의적인 활동에 대한 시간 압박을 하지 않는다. 비록 시간 압박이 사람들을 더 열심히 일하도록 하고 창의적으로 만들 수도 있지만 연구 결과에 따르면 시간 압박은 사람들을 덜 창의적으로 만든다.[45]

5. 종업원의 창의적 성과는 조직 구조가 분명하게 창의성을 지지할 때 달성된다. 이러한 지원 방법에는 장려, 개방적 커뮤니케이션, 경청, 유용한 피드백 등이 포함된다.[46]

조직 문화는 혁신에 어떠한 영향을 주는가? 혁신적인 조직들은 서로 비슷한 문화를 갖고 있다.[47] 그들은 실험을 권장한다. 그들은 성공과 실패 모두에 보상한다. 그들은 실수에 대해서도 박수를 쳐준다. 혁신적인 문화는 다음의 특징을 갖고 있다.

• 모호함의 수용. 객관성을 지나치게 강조하는 것은 창의성에 반하는 것이다.

• 비현실성에 대한 포용. 비현실적인 제안을 하는 개인에 대해 비록 그가 어리석어 보이더라도

그의 의견을 무조건 무시해서는 안 된다. 처음에는 비현실적으로 보였던 것이 혁신적인 해결책이 되는 경우가 많다.

- 낮은 외적 통제. 규정, 규칙, 정책 등의 통제는 최소화한다.
- 위험에 대한 포용. 조직은 종업원이 실패할지 몰라도 이를 두려워하지 않고 실험할 것을 권장한다. 실수는 학습의 기회로 여긴다.
- 갈등에 대한 포용. 다양한 의견 개진을 권장한다. 개인 간 또는 부서 간 조화와 의견 일치는 높은 성과로 보지 않는다.
- 수단보다 결과 중시. 목표가 분명하지만, 개인들이 그 목표를 향해 가는 대안은 다양하다. 결과에 초점을 맞춘다는 것은 문제의 해결 방식이 여러 가지 있다는 것을 의미한다.
- 개방 시스템 중시. 조직은 환경을 철저히 모니터하고 조직에 영향을 미치는 여러 변화에 신속하게 대응한다. 예를 들어 스타벅스에서 제품 개발은 '고객과 트렌드를 보기 위해 직접 방문해 영감을 얻는' 방법에 의해 이루어지고 있다. 미셸 개스[Michelle Gass, 현재 콜스 코퍼레이션(Kohl's Corporation)의 고객 담당 임원]는 스타벅스의 마케팅을 책임졌는데, 그녀의 팀은 파리, 뒤셀도르프, 런던 등지의 현지 스타벅스와 다른 점포들을 방문해 '그 지역의 문화, 행동, 패션 등을 파악'했다.[48] 그녀의 논리는 무엇인가? 다른 아이디어와 다른 사고방식을 직접 보고 경험하는 것은 잡지나 이메일에서 읽은 것보다 훨씬 가치 있다는 것이다.
- 긍정적인 피드백 제공. 경영자들은 긍정적인 피드백을 주고 장려, 지지함으로써 종업원이 자신의 창조적인 아이디어가 주목받고 있다고 느끼도록 해야 한다. 예를 들면 블랙베리의 제조사인 리서치 인 모션(Research in Motion)의 사장 마이크 라자리디스(Mike Lazaridis)는 이렇게 말한다. "내 생각에 우리는 창조적인 문화를 갖고 있다. 엔지니어들은 나와 아주 가까이 있다. 나는 혁신을 촉진하려고 노력하는 삶을 살고 있다."[49]

어떤 인적자원 변수가 혁신에 영향을 주는가?　혁신적인 조직은 (1) 구성원이 시대에 뒤떨어지지 않도록 구성원의 훈련과 개발에 적극적이고, (2) 종업원이 실수를 범해 해고될지 모른다는 두려움을 갖지 않도록 확실하게 직무 안정성을 보장해주며, (3) 각 개인이 **아이디어 챔피언**(idea champions)이 될 것을 독려한다. 일단 새로운 아이디어가 떠오르면 아이디어 챔피언들은 그 아이디어를 적극적이고 열정적으로 발전시키고, 다른 사람들로부터 지지를 얻고, 저항을 극복하며, 혁신을 실행한다. 그러한 사람들에게는 공통적인 특징이 있다. 연구 결과 그들은 자신감이 많고, 어느 정도 고집이 있으며, 에너지가 넘치고, 위험을 무릅쓰려는 성향이 있다. 또한 챔피언들은 역동적인 리더십을 보여준다. 그들은 혁신의 비전과 미션에 강한 자신감을 갖고 있다. 그들은 다른 사람들에게 그 비전과 미션을 독려하고 실행하도록 북돋는다. 또한 혁신을 지지해줄 사람들로부터 쉽게 신뢰를 얻어낸다. 게다가 아이디어 챔피언들은 중요한 의사결정 재량권을 가진 직무를 수행한다. 이러한 자율성은 혁신을 도입하고 추진하는 데 큰 도움이 된다.[50]

디자인 사고는 혁신에 어떠한 영향을 주는가?

우리는 앞서 디자인 사고의 개념에 대해 살펴보았다. 의심의 여지없이 디자인 사고와 혁신은 강한 관계가 있다. "TQM이 품질 개선을 위한 혁신이듯이 디자인 사고는 혁신을 가져온

아이디어 챔피언
새로운 아이디어를 적극적이고 열정적으로 발전시키고, 다른 사람들로부터 지지를 얻고, 저항을 극복하며, 혁신을 실행하는 사람

Mike Hutchings/Reuters

에어비앤비의 공동 창업자인 브라이언 체스키와 조 게비아는 디자인 사고를 적용해 혁신적인 숙박 방식을 만들기 위해 여행자의 관심과 행동, 요구, 욕구에 초점을 맞추었다. 그들은 온라인으로 집을 빌려주고 싶은 사람과 머물 곳을 찾는 사람들을 연결시켜준다. 체스키는 이곳 남아프리카공화국의 케이프타운에서 침대와 아침 식사를 제공하는 주인을 방문하고 있다.

다."[51] TQM이 전사적으로 품질 개선을 위한 프로세스를 제공하듯이 디자인 사고 역시 존재하지 않는 것을 찾아내는 프로세스를 제공한다. 기업이 디자인 사고 방식으로 혁신을 추진할 때 중요한 것은 고객이 무엇을 원하는지 깊게 이해하는 것이다. 고객을 단지 판매 대상이나 인구 통계학적 데이터로 여기지 않고 진정으로 실제 문제를 가진 사람으로 인식하는 것이 무엇보다 중요하다. 이를 통해서 고객에 대한 통찰력이 실제 유용한 제품으로 전환된다. 예를 들어 터보택스(TurboTax) 소프트웨어를 제작한 인튜이트(Intuit)의 설립자 스콧 쿡(Scott Cook)은 '기업은 혁신에 뒤처지고 있다'고 느꼈다.[52] 그래서 그는 디자인 사고를 적용하기로 결정했다. 그는 이를 '즐거움을 위한 디자인'이라고 정하고, 고객에 대한 현장 연구를 통해 고객의 '불편사항'을 파악했다. 즉 고객이 회사나 가정에서 일하면서 가장 불만을 느끼는 것이 무엇인지 파악했다. 실제로 인튜이트 직원들은 브레인스토밍[그들은 여기에 '고통스토밍(painstorming)'이라는 별명을 붙였다]을 통해 '고객 문제에 접근하기 위한 다양한 솔루션과 최선의 대안을 찾기 위한 방법'을 논의했다. 예를 들어 인튜이트 직원들이 발견한 불편사항 중 하나는 고객들이 타이핑 오류를 줄이기 위해 세금용지를 사진으로 찍는다는 것이다. 젊은 고객들은 자신의 스마트폰으로 사진을 찍고 있었는데, 자신의 모바일 기기로 쉽게 세금업무를 처리할 수 없다는 사실에 불만을 품고 있었다. 이 문제를 해결하기 위해서 인튜이트는 스냅택스(SnapTax)라는 모바일 애플리케이션을 개발했다. 그 결과 2010년 애플리케이션 개발 이후 100만 건 이상의 다운로드가 이루어졌다. 이는 디자인 사고가 어떻게 혁신을 가져오는지 보여주는 좋은 사례라 할 수 있다.

파괴적 혁신은 무엇이며 혁신 관리가 왜 중요한가?

5-5 파괴적 혁신이란 무엇이며 혁신 관리가 왜 중요한지 설명한다.

25년 전, 미국의 모든 도심에는 서점이 있었다. 반스앤드노블(Barnes & Noble)이나 보더스(Borders) 같은 서점은 수백 개의 지점이 있었다. 게다가 가족 소유의 작은 서점들이 미국 전역에 수천 개 있었다. 그런데, 아마존닷컴이 등장했다. 아마존은 책 구매자들에게 수백만 권이상의 책을 초저가로 제공했고, 집을 벗어나지 않고도 읽고 싶은 책을 받아볼 수 있었다. 아마존은 혼자서 오프라인 소매 서점들에 지장을 주었다. 그리고 소매업, 의료건강산업, 트럭운송업, 심지어 은행업까지 계속해서 방해하고 있다.

파괴적 혁신이란 무엇인가?
파괴적 혁신(disruptive innovation)은 게임의 규칙을 획기적으로 변화시키는 제품, 서비스 프로세스의 혁신을 말한다.[53] 가끔 적은 자원을 가진 작은 회사가 기존 기업에 성공적으로 도전한다. 이들 소규모 기업들은 상대적으로 저렴한 가격으로 제품이나 서비스를 제공하는데,

그동안 간과되었던 잠재 소비자에게 서비스함으로써 혁신적인 모습을 보인다.[54] '파괴적 혁신'이라는 용어는 비교적 새로운 것이지만, 개념 자체는 오래전부터 있었다. 예를 들어 경제학자인 조지프 슘페터(Joseph Shumpeter)는 거의 80년 전에 자본주의가 어떻게 오래된 기술이 파괴되고 새로운 기술로 대체되는지를 설명하기 위해 '창조적 파괴'라는 용어를 사용한 바 있다.[55] 그것은 본질적으로 파괴적인 혁신이다. 실제로, 파괴적 혁신은 수 세기 동안 존재했다. 밴더빌트(Vanderbilt)의 철도는 항해 선박 사업에 타격을 주었다. 알렉산더 벨(Alexander Bell)의 전화는 웨스턴 유니언(Western Union)의 전신사업에 종말을 알렸다. 포드 등 자동차 회사는 말이 끄는 마차 제조업체들을 파괴했다. 표 5.2에서 보는 바와 같이 파괴적 혁신으로 고통을 받는 기업이 적지 않다.

파괴적인 혁신과 점진적인 혁신을 구분할 필요가 있다. 우리들 대부분은 혁신에 대해 생각할 때 HDTV, 자동차의 전후방 카메라, 스마트폰의 지문 기술, 심지어 오레오 쿠키와 같은 것들을 생각한다. 이것들은 현상유지의 성격이 강하기 때문에 **점진적 혁신**(sustaining innovation)의 예라고 할 수 있다. 이러한 점진적 혁신은 극적인 혁신이 아니라 기존 제품의 작고 점진적인 변화를 가져온다. 텔레비전 수상기는 라디오 산업을 파괴했지만, HDTV는 단지 TV 화질을 향상시켰을 뿐이다.

파괴적 혁신이 왜 중요한가?

흔히 '성공은 성공을 낳는다'고들 한다. 하지만 성공은 실패를 낳기도 한다. 어떻게? 파괴적인 아이디어에 의해 위협받는 상황에서 기업 내에 권력 구조를 구축함으로써 실패한다. 고착된 조직 문화와 가치관은 한편으로는 직원을 관리하는 데 중요하지만, 또 한편으로는 변화에 대한 제약요인이 된다. 실제로 파괴적 혁신은 기존의 많은 기업에게 위협이 되고 있으며, 점진적인 혁신으로 대응하는 것만으로는 충분하지 않다. 그러나 모든 '파괴적' 혁신이 늘 성공하는 것은 아니라는 사실을 인식할 필요가 있다. 예를 들어 세그웨이(Segway)의 '1인용 전동 이동수단'은 짧은 여행을 위한 자동차의 대체품이 될 것이라는 과대 광고가 있었다. 하지만 그런 일은 일어나지 않았다.

파괴적 혁신의 시사점은 무엇인가?

파괴적 혁신은 기업가, 관리자를 바꾸고, 심지어 당신의 경력 계획까지 바꿀 수 있는 잠재력이 있다. 각각에 대한 미래가 어떻게 펼쳐질지 살펴보도록 하자.

기업가 기회를 생각하라. 기업가는 변화와 혁신을 통해 성장한다. 의미 있는 파괴를 통해서 기존 사업 혹은 성숙 단계에 접어든 사업을 대체할 새로운 제품과 서비스가 등장할 수 있다. 잠재력이 큰 새로운 사업을 하고자 한다면 기존 사업 중에서 더 저렴하고, 단순하며, 더 작고, 더 편리한 대체 제품에 의해 파괴될 수 있는 사업을 찾아라. 우리는 '기업가 정신 모듈'에서

오늘날 직장에서의 윤리적 의사결정

뉴욕 양키스와 보스턴 레드삭스의 경쟁은 오래되었다. 한 팀이 다른 팀을 염탐하고 포수와 투수가 사용하는 사인을 훔쳐보고 다음에 어떤 종류의 투구가 나올지 미리 알아채려고 하는 관행도 오래되었다. 특별히 새로운 건 없었다. 하지만 보스턴 레드삭스가 뉴욕 양키스나 다른 팀들보다 먼저 첨단 기술을 활용하면서, 즉 보조 운동 트레이너가 애플 워치를 착용하면서 상황은 달라졌다.[56] 뉴욕 양키스 총감독이 메이저리그(MLB) 커미셔너(월드시리즈를 관장하고 선수와 양대 리그의 분쟁을 해소하며, 모든 사건의 제소를 받아들여 이에 대한 최종 판결을 내리는 역할을 담당하는 사람-역주)에게 불만을 제기했고, 커미셔너가 신속하게 조사했다. 결국 보스턴 레드삭스는 비공개 벌금형을 선고받았고, 메이저리그 30개 구단 모두 경기 중 간판을 훔쳐보기 위한 전자기기 사용 금지가 '명확하게' 통보되었다. 하지만 현실을 직시하자. 더 최신 기술 제품이 비슷한 형태로 사용되기까지 얼마나 걸릴까?

토의문제

5 당신은 이러한 첨단기기를 이용한 스파이 행위가 비윤리적이라고 생각하는가? 답변을 생각해보고 자신의 생각을 방어할 논리를 준비하라. '공격적인' 최첨단 장비를 갖춘 사람이 보조 운동 트레이너였다는 사실로 인해 당신의 생각이 달라지는지 토론하라.

6 스마트 워치나 피트니스 트래커(건강상태를 측정하기 위해 손목에 밴드형으로 착용하는 기기-역주)와 같은 첨단 제품을 업무 환경에서 사용할 때 관리자가 당면하는 문제는 무엇인가? 토론을 위해 소그룹을 만들어 윤리적 고려사항과 조직이 이러한 문제를 어떻게 해결할 수 있는지 브레인스토밍하라.

파괴적 혁신
게임의 규칙을 획기적으로 변화시키는 제품, 서비스, 프로세스의 혁신

점진적 혁신
극적인 혁신이 아니라 기존 제품의 작고 점진적인 변화를 가져오는 혁신

표 5.2   파괴적 혁신의 예

기존 사업	파괴자
CD	애플 아이튠즈
복사용 먹지	제록스 복사기
캔버스 테니스화	나이키 운동화
휴대용 라디오	소니 워크맨
소니 워크맨	애플 아이팟
타자기	IBM PC
주간 뉴스 잡지	CNN
TV 방송국	케이블 방송과 넷플릭스
지역 여행사	익스피디아
주식중개인	전자주식거래
여행자 수표	ATM과 비자 카드
백과사전	위키피디아
신문 안내 광고	크레이그 리스트(Craig's list)
AM/FM 라디오 방송	시리우스 XM
세무 대비 서비스	인튜이트 터보택스
전화번호부	구글
종이 지도	GPS
종이책	아마존 킨들
변호사	리걸 줌(Legal Zoom)
택시	우버

출처: Robbins, Stephen P., Coulter, Mary, *Management* (Subscription), 14th Ed., © 2018. Reprinted and electronically reproduced by permission of Pearson Education, Inc., New York, NY.

기업가적 프로세스에 대해 좀 더 자세히 살펴볼 것이다.

관리자   성공적인 대기업 관리자 입장에서는 파괴적인 혁신을 적절히 관리하는 것이 관건이다. 일반적인 통념과는 달리 이들 조직의 관리자들은 어느 정도의 권력을 가지고 있다. 그들은 스스로 파괴적인 혁신가가 될 수 있다. 그러나 사업의 주요 부서에서 혁신이 이루어지지 않고 물리적·구조적으로 떨어져 있는 별도의 그룹에 의해 수행되는 경우가 훨씬 많다. 어떻게? 처음부터 새로운 사업을 창출하거나 작은 회사를 인수해 기존 기업의 제약조건을 벗어나는 방식으로 추진한다.

**기업 리더의 47%는 파괴적인 변화에 대응하기 위한 인재의 확보 및 유지가
중요한 장애물이라고 말한다.** [57]

스컹크 웍스
큰 조직 내의 작은 집단으로 높은 수준의 자율성을 가지고 기업의 관료주의에 의해 방해받지 않으며, 임무는 주로 급진적 혁신을 목적으로 하는 프로젝트를 개발하는 것이다.

이러한 독립된 그룹은 **스컹크 웍스**(skunk works)(자율적으로 수행하는 부가적인 업무로 혁신적인 아이디어 촉진에 목적이 있음–역주)라고 불리기도 하는데, 높은 수준의 자율성을

부여받고 기업의 위계에 의해 통제받지 않으면서 급진적 혁신을 위해 프로젝트를 수행한다. 이러한 스컹크웍스는 사실상 대기업 내부에서 운영되는 기업가적 사업들이다. 작은 규모로 운영되면서 미션 달성에 열정적이며, 자신들의 노력의 결과를 확인할 수 있다. 이러한 그룹이 성공적이기 위해서는 모기업의 문화적 가치나 비용 문제로 방해받아서는 안 된다. 그들은 조직의 기존 프로젝트와 자원 경쟁을 할 필요가 없을 정도로 충분한 자율성을 가져야 한다.

개인 경력 계획　오늘날과 같은 파괴적인 경영 환경에서 어떠한 경력 조언을 해줄 수 있을까? 몇 가지 제안을 하면 다음과 같다.

- 한 회사에 안주하지 말라. 당신이 원하는 것을 얻으려면 한 조직에서만 평생 경력을 쌓을 수는 없다. 당신이 가장 충성해야 하는 것은 자기 자신이며, 자기 자신을 시장성 있게 만들어야 한다.
- 최신 기술을 배워라. 파괴적인 기술은 기존 직무와 직업을 쓸모없게 만들 것이다. 학교를 졸업했다고 배움이 끝나는 것은 아니다. 새로운 것을 배우는 데 지속적으로 관심을 가질 필요가 있다.
- 자신의 미래에 대한 책임은 자신에게 있다는 점을 명심하라. 회사가 당신의 장기적인 관심사를 돌봐줄 것이라고 생각하지 말라. 당신의 개인적인 기술 개발(힌트: 우리가 이 책에서 이야기하는 모든 고용 가능성 기술), 경력 성장, 은퇴 계획(그렇다 ⋯ 이제 이러한 것들을 고민하는 것이 그렇게 빠른 것은 아니다)에 대해 스스로 결정할 필요가 있다. 자신의 미래를 다른 사람에게 맡기지 말라. 스스로 경력을 적극적으로 관리할 필요가 있다.
- 젊었을 때 위험을 감수하라. 위험을 감수하지 않고 큰 성과를 거둔 사람은 거의 없다. 그들은 안정적인 직장을 그만두거나, 학교로 돌아가거나, 새로운 도시로 이사하거나, 새로운 사업을 시작했다. 위험이 항상 좋은 결과만 가져오는 것은 아니지만, 당신이 55세가 되었을 때보다 25세일 때 좌절이나 실패를 경험하는 것이 훨씬 낫다.

요약

5-1 조직 변화를 이해하고 변화 프로세스를 비교한다.

조직 변화는 조직 내 구성원, 구조, 기술의 변화이다. 변화의 '무풍항해' 비유는 사건이 일상적으로 흘러가는 상황에서 가끔 변화가 일어나기 때문에 레빈의 3단계 변화 프로세스(해빙, 변화, 재동결)를 사용해 변화를 계획하고 관리할 수 있다. 변화에 대한 '급류타기' 관점에서 변화는 항상 이루어지는 것이다. 변화를 관리하는 것은 지속적인 프로세스이다.

5-2 변화에 대한 저항을 어떻게 관리하는지 설명한다.

사람들은 변화에 저항한다. 왜냐하면 불확실성, 습관, 개인적 손실에 대한 걱정, 변화가 조직에게 최선의 이익을 가져다주는 것은 아니라는 신념 때문이다. 변화에 대한 저항을 관리하는 기법에는 교육과 커뮤니케이션(변화의 필요성에 대해 종업원을 교육하고 커뮤니케이션함), 참여(종업원을 변화 프로세스에 참여시킴), 촉진과 지원(종업원에게 변화를 실행하는 데 필요한 지원을 함), 협상(가치와 저항 감소를 교환함), 조작과 선출(부정적인 행동으로 영향력을 행사함), 강압(직접적인 위협과 힘을 사용함)이 있다.

5-3 종업원 스트레스에 관해 경영자가 무엇을 알아야 하는지 이해한다.

스트레스는 과도한 요구, 억제, 기회로부터 사람들이 극도의 압력을 받을 때 갖게 되는 부정적인 반응이다. 스트레스 증상은 육체적·심리적·행동적 측면에서 나타난다. 스트레스는 개인적 요인이나 직무 관련 요인에서 비롯된다. 종업원이 그들의 직무 관련 스트레스를 잘 처리하도록 돕기 위해서 경영자는 종업원의 능력에 맞는 직무를 배치하고, 조식 몰입도를 높이고, 성과계획 프로그램을 활용하며, 직무 재설계를 한다. 개인적 스트레스 요인을 다룬다는 것은 어려운 일이다. 하지만 경영자는 종업원 상담, 시간 관리 프로그램, 복지 프로그램을 제공할 수 있다.

5-4 혁신을 추진하는 기법을 토론한다.

창의성은 독특한 방식으로 아이디어를 결합하거나 아이디어들을 색다르게 연계하는 능력이다. 혁신이란 창의적인 프로세스 결과물을 유용한 제품이나 작업 방식으로 전환하는 것을 말한다. 혁신적 환경은 구조적, 문화적, 인적자원 변수를 아우른다.

중요한 구조적 변수들은 유기적 구조, 풍부한 자원, 부서 간 원활한 의사소통, 최소한의 시간 압박, 지원을 포함한다. 중요한 문화 변수에는 모호함의 수용, 비현실성에 대한 포용, 낮은 외적 통제, 위험에 대한 포용, 갈등에 대한 포용, 수단이 아닌 결과 중시, 개방 시스템 중시, 긍정적인 피드백 등이 포함된다. 중요한 인적자원 변수에는 훈련과 개발에 대한 높은 관심, 높은 직무 안정성, 그리고 개개인이 아이디어 챔피언이 되도록 촉진하는 것 등이 있다.

디자인 사고는 혁신에서 중요한 역할을 할 수 있다. 디자인 사고는 존재하지 않는 제품을 찾아내기 위한 프로세스를 제공한다.

5-5 파괴적 혁신이란 무엇이며, 혁신 관리가 왜 중요한지 설명한다.

파괴적인 혁신은 업계의 게임 규칙을 획기적으로 변화시키는 제품, 서비스, 프로세스의 혁신을 말한다. 파괴적 혁신이 중요한 이유는 기존 조직들이 자신들의 조직 문화와 가치관의 단점을 잘 모르고 또한 변화해야 하는 상황에서 변화를 막는 요인들을 제대로 파악하지 못할 때 파괴적 혁신을 통해 기존 조직을 앞설 수 있기 때문이다. 파괴적 혁신은 기업가, 관리자를 바꾸고, 심지어 당신의 경력 계획까지 바꿀 수 있는 잠재력이 있다.

토의문제

5-1 변화 관리가 왜 모든 관리자의 필수적인 업무가 되었는가?

5-2 변화에 대한 무풍항해와 급류타기 비유를 서로 비교하라. 당신의 현재 삶을 설명하는 데는 어떤 비유가 적절한가? 그렇게 선택한 이유는 무엇인가?

5-3 레빈의 3단계 변화 프로세스를 설명하라. 이것은 변화의 급류타기 비유에서 필요한 변화 프로세스와 어떻게 다른가?

5-4 기회, 억제, 요구가 스트레스와 어떻게 관련되어 있는가? 각각의 예를 제시하라.

5-5 일반적으로 조직이 받아들일 수 있는 변화의 정도에는 한계가 있다. 경영자로서 당신은 조직이 변화의 수용 능력을 초과하는 변화를 제안하기 위해 어떤 신호를 찾을 것인가?

5-6 모든 경영자는 변화를 다룬다. 이와 관련한 예를 제시하라. 이 상황에서 중간 경영자들은 조직 개발을 어떻게 계획하는가?

5-7 조직 내 혁신에 영향을 주는 것은 무엇인가?

5-8 보다 창의적인 사람이 되려면 어떻게 해야 하는가? 간단히 목록을 작성한 뒤 수업시간에 발표할 준비를 하라.

5-9 혁신적인 문화는 어떻게 조직을 보다 효과적으로 만드는가? 당신은 혁신적인 문화가 조직을 비효과적으로 만들 수도 있다고 생각하는가? 그 이유는 무엇인가?

5-10 조직과 개인이 파괴적 혁신으로부터 어떠한 도움을 받을 수 있는가? 그들이 파괴적 혁신의 희생자가 되지 않기 위한 방법은 무엇인가?

적용하기   직장생활을 위한 준비

경영자가 되기 위한 기술 | 스트레스 관리

과거 세대에 비해 오늘날 종업원들의 스트레스가 상대적으로 더 높다는 사실은 더 이상 비밀이 아니다. 과도한 업무량, 긴 근무시간, 지속적인 조직 개편, 직장과 사생활 간의 전통적 장벽을 허물어 버린 신기술 등장, 고용 안정성 감소 등은 종업원 스트레스를 높이는 요인들이다. 스트레스는 낮은 생산성, 높은 결근율, 직무 만족 저하, 높은 이직률로 이어진다. 스트레스가 지나치면 경영자들은 스트레스를 줄이는 방법을 알 필요가 있다.

기본 기술

직장에서 모든 스트레스를 없앤다는 것은 불가능하고 실제로 일어나지도 않는다. 스트레스는 피할 수 없는 삶의 결과들이다. 집중과 창의성 측면에서 볼 때 스트레스가 긍정적인 측면도 있다. 하지만 분노, 좌절, 공포, 불면 등을 일으킨다면 심각하게 다룰 필요가 있다.

많은 조직이 종업원의 스트레스 감소를 위한 방안을 마련하고 있다. 여기에는 유능한 인력의 선발 및 배치, 현실적인 목표 설정 지원, 시간 관리 교육, 직무 재설계, 의사결정 참여, 사회적 지원 네트워크 제공, 조직 커뮤니케이션 활성화, 건강 프로그램 제공 등이 있다. 하지만 만약 회사가 그러한 프로그램을 제공하지 않는다거나 스트레스를 좀 더 줄이고 싶다면 당신은 무엇을 할 수 있는가? 개인적인 실천 방안을 제시하면 다음과 같다.

- 시간 관리 기법을 실행하라. 모든 사람은 자신의 시간 활용 방식을 개선할 수 있다. 시간은 소비되고 절대 대체될 수 없는 특이한 자원이다. 사람들이 시간 절약에 대해 이야기하는 동안 현실에서는 시간이 절약될 수 없다. 만약 시간이 낭비되면 다시 회복할 수 없다. 좋은 소식은 그것이 모든 사람에게 똑같이 주어진다는 사실이다. 모든 사람은 하루에 24시간을 갖고 있고 일주일에 7일을 사용한다. 당신이 사용할 수 있는 시간을 초과해서 일해야 할 때 스트레스가 발생한다. 하지만 효과적인 시간 관리는 스트레스를 줄일 수 있다. 예를 들어 시간 관리 훈련은 중요성과 긴급성에 의해 업무를 우선순위화하고, 우선순위에 따라서 활동 계획을 세우고, 업무 수행에 따른 혼란을 피하도록 하고, 자신의 생산성 주기를 이해해 가장 필요한 일을 가장 능률이 높을 때 하도록

알려준다.

- 개인 목표를 만들어라. 목표를 설정하면 당신의 활동을 우선순위별로 나누어서 어떻게 해나갈지 잘 관리할 수 있다. 사실상 목표는 개인의 계획 도구이다. 예를 들어 장기 목표 설정이 일반적인 방향성을 제공한다면, 일주일 혹은 하루의 '해야 할' 목록을 적은 단기 목표는 중요한 활동이 누락될 가능성을 줄이고 당신의 시간 활용을 극대화하도록 돕는다.
- 운동하라. 일련의 증거들을 보면 경쟁하지 않는 육체 운동이 스트레스 상황에서 발생할 수 있는 긴장을 줄이는 데 도움이 된다. 이러한 운동에는 에어로빅, 걷기, 조깅, 수영, 자전거 타기 등이 있다. 운동은 심장을 좋게 하고, 휴식 때 심박수를 줄이고, 업무 압박으로부터 머리를 식혀주며, '울분을 발산하는' 수단을 제공한다.
- 이완훈련을 하라. 당신은 명상, 호흡운동, 상상력 훈련 등을 통해서 스스로 긴장을 줄일 수 있다. 이러한 훈련은 스트레스의 원천을 잊도록 만들고, 깊은 이완의 상태로 이끌며 몸의 긴장을 줄인다.
- 사회적 지원 네트워크를 확장하라. 함께 이야기할 수 있는 친구, 가족, 직장 동료들은 스트레스가 한계에 다다랐을 때 분출할 수 있는 수단이다. 따라서 사회적 지원 네트워크를 확대하는 것은 긴장 완화의 수단이 될 수 있다. 그 사람들은 당신의 문제를 들어 주고 그 상황에 대한 객관적인 관점을 제공한다.[58]

기술 연습

다음 시나리오를 읽고 마지막 부분의 지시문에 따르라.

데이나는 조지아주와 플로리다주에 22개의 서점을 보유하고 있는 회사인 테일러 북스(Taylor Books)에서 자신의 직무에 좌절했다. 마케팅 임원으로 13년간 일한 그녀는 새로운 도전이 필요하다는 것을 느꼈다. 탬파에 있는 댄서 애드버타이징에서 회계 담당 임원으로 오라는 제의를 받았고, 그녀는 좋은 기회라고 생각했다. 하지만 그녀는 새로운 직무로 옮긴 지 4개월이 되었으나 자신이 이직을 잘한 것인지 확신이 없다.

테일러 북스에서 그녀는 8시에 출근하고 5시에 퇴근했다. 그녀는 회사 생활도 책임감 있게 하면서 네 살과 일곱 살 난 두 아이의 엄마이자 아내로서 가정생활도 잘해 나갔다. 하지만 새로 옮긴 회사는 달랐다. 고객은 낮, 밤, 주말 할 것 없이 아무 때나 전화를 했다. 새 회사의 창조적인 부서 사람들은 그녀가 프로젝트에 지속적으로 참여해줄 것을 요구했다. 데이나의 상사는 그녀에게 현재의 고객을 만족시킬 뿐만 아니라 예산안 작성과 발표를 준비하고 참여해 신규 고객을 확보하는 데 기여할 것을 기대하고 있다. 지난달에 데이나는 혼자서 댄서 프로젝트에 자신이 투입한 시간을 계산해보았는데, 회사에서 근무한 시간이 67시간, 집에서 일한 것이 12시간이었다. 정신없이 바빠서 잠이 부족하고, 기진맥진해 가족과 보낼 시간이 없고, 다른 일을 할 시간이 없게 되었으며, 체중이 2kg 줄고, 온몸에 두드러기가 났다. 의사는 그녀에게 두드러기가 난 것은 스트레스 때문이라고 이야기했다. 그녀는 삶의 문제를 정리할 필요가 있다.

데이나는 회계 담당 임원으로서 자신의 직무를 좋아한다. 하지만 직무에서 요구하는 것이 너무 과하다고 느끼고 있다. 어제 그녀는 테일러 북스의 예전 상사에게 연락해서 다시 이전 직장으로 돌아가고 싶다고 이야기했다. 그의 대답은 이랬다. "데이나, 당신이 우리 회사로 돌아온다면 너무나 좋아요. 마케팅 분야에서 당신에게 맞는 일을 찾을 수 있을 거예요. 하지만 당신은 임원이 될 수는 없어요. 아마 임금도 적어도 3분의 1 정도 줄어들 거예요."

만약 당신이 데이나라면 어떻게 하겠는가? 구체적으로 생각해보라.

경험에 의한 문제 해결

창의성은 서구 사회와 대부분의 조직에서 높게 평가된다. 하지만, 대부분의 사람들은 그들 자신이 창의적이라고 생각하지 않는다. 당신은 어떠한가? 당신은 스스로를 창의적이라고 말할 수 있는가? 지능과 마찬가지로, 그것은 모든 사람이 어느 정도 가지고 있는 특성이다. 아래 과제를 수행하면서 창의성을 '연습'할 것이다. 하지만 우리는 당신 혼자서 과제를 해결하도록 강요하지 않을 것이다! 할당된 그룹과 함께 작업할 것이다. 과제는 다음과 같다.

- 2개의 친숙한 소비자 제품 중 하나를 선택하라.
- 원래 제품 사용 목적 이외에 다섯 가지 이상의 용도를 파악해 기재한다. 가능한 한 서술적으로 말하라.
- 대표적인 3개의 용도를 선택하고 수업시간에 공유할 수 있도록 준비하라.
- 창의적으로 되라! (그건 두말할 필요 없다!) 이것을 가지고 재미있게 노는 것은 어떨까!
- 팀원들과 함께 이 작업을 수행한 경험을 설명하는 문장을 작성하라. 어려웠는가? 아니면 꽤 쉬웠나? 어떤 기분이었는가? 스트레스를 받았는가, 아니면 편했는가? 창의성을 편안하게 발휘하는 것에 대해 무엇을 배웠는가? 창의성을 발휘하기 위해 접근 방법을 어떻게 바꾸었는가?

사례 적용 #1

시스템 격파

주제: 문화의 변화

역사상 최악의 기업 윤리 스캔들 중 하나가 발생했는데, 2015년 폴크스바겐(VW)이 디젤 차량에 이른바 임의조작장치를 장착해 수년 동안 정부의 배기가스 배출 시험을 의도적으로 피했다는 사실이 전 세계에 알려진 것이다.[59] 이 사건은 폴크스바겐이 자동차 산업에서 오랫동안 성공을 거둔 것을 감안할 때 많은 사람에게 충격이었다. 세계에서 가장 인정받는 브랜드 중 하나인 폴크스바겐은 1937년에 설립되었다. 독일에 본사를 둔 이 회사는 전 세계에서 50만 명 이상의 직원을 고용하고 있다. 전 세계적으로 폴크스바겐 그룹은 극적인 혁신을 거듭해 온 오랜 역사를 가지고 있다. 실리콘 밸리에 있는 ERL(Electronics Research Laboratory)에서 이 회사는 독일의 엔지니어링과 미국의 독창성을 결합했다.[60]

웨스트버지니아대학교의 연구원들이 클린디젤 엔진을 연구하기 시작했을 때 이 위반을 처음 발견했다. 폴크스바겐 차량의 성능을 시험해보니 노면 배출량이 정부 허용치를 40배

> **비윤리적인 관행은 변화를 가져올 수밖에 없다.**

가까이 초과한 것을 발견하고 깜짝 놀랐다. 미국환경보호청(EPA)의 추가 조사 결과 이 차량들은 배출가스 테스트를 기본적으로 '꼼수'로 할 수 있는 소프트웨어를 갖추고 있다는 것이 밝혀졌다. 디젤 엔진은 배기가스 배출 테스트 시기를 감지하고 테스트 결과를 개선하기 위해 차량 성능을 변경한다. 웨스트버지니아대학교 연구진이 발견한 바와 같이, 일단 도로를 주행하면 차량은 테스트 모드를 종료하고 과도한 질소산화물 오염 물질을 방출하게 된다.

미국환경보호청의 발견으로 미국에서만 판매된 약 50만 대의 자동차가 문제가 있는 것으로 알려졌다. 그러나 폴크스바겐은 후에 전 세계적으로 약 1,100만 대의 자동차가 이 소프트웨어를 장착했다고 인정했다. 폴크스바겐이 이번 윤리적 실수로부터 발생하는 모든 피해를 확인하려면 오랜 시간이 걸릴 것이다.

어떻게 그런 노골적인 윤리 위반이 일어날 수 있을까? 누가 잘못했는지 가려내려면 몇 년이 걸릴지도 모른다. 스캔들 때

문에 사임한 마르틴 빈터콘(Martin Winterkorn) 회장은 처음에 장치에 대해 모른다고 주장했다. 많은 고위 임원들이 정직되었지만, 누가 이 소프트웨어를 미리 알았는지, 권한을 승인했는지는 아무도 확신하지 못한다. 사실, 사람들은 어떤 한 사람보다 성과를 중시하는 문화가 더 비난받아야 한다고 생각한다.

독특한 문화를 강화한 빈터콘 회장은 혹독한 완벽주의자로 불렸는데, 그는 글로벌 자동차 회사 중 1위를 차지하는 데 집중했다. 그는 직원들을 공개적으로 비난하는 것으로 알려졌는데, 이는 직원들 사이에서 두려움과 함께 회사의 성공을 위해 필요한 모든 것을 해야 한다는 생각을 불러일으켰다. 그 회사의 문화는 '자신감 있고, 치열하며, 배타적인' 것으로 묘사되었다.[61] 결국 그러한 오만함이 폴크스바겐 관리자들로 하여금 미국 정부나 다른 기관들이 배출가스 테스트 오류를 발견하지 못할 것으로 믿게 했을 것이다.

더 큰 문제는 스캔들에 대한 폴크스바겐의 반응이었다. 처음에 회사는 자동차에 기술적인 문제가 있는 것처럼 이야기했지만, 결국 시스템을 속이기 위해 소프트웨어 장치를 설계했음을 인정했다. 그리고 처음에는 이 장치를 장착한 차량이 얼마 안 된다고 했지만, 나중에 세부 사항이 밝혀짐에 따라 이 장치를 장착한 차량이 더 많아졌고, 원래 발표했던 것보다 더 오랜 기간에 걸쳐 문제가 발생했다는 것을 인정할 수밖에 없었다.

현재 최고경영자인 마티아스 뮐러(Matthias Müller)는 회사가 빠르게 변화하기 위해 노력하고 있다고 말한다. 그는 직원들에게 자율주행, 전기차, '스마트' 엔진, 동영상 기능이 함께 제공되는 내비게이션 등 자동차 산업의 급격한 변화에 대비하라고 촉구하고 있다. 그는 2015년 최고경영자로 취임하면서부터 사업 관리 못지않게 윤리 위기를 관리하는 데 많은 시간을 할애하면서 변화를 모색했다.[62] 그리고 현대의 새로운 자동차 기술 변화를 주도할 뿐만 아니라 기업의 문화를 변화시킬 수 있었다. 뮐러는 폴크스바겐이 나아가야 할 미래 방향에 대한 명확한 비전을 가지고 꼭 필요한 결정을 내리려고 하지만, 관리자와 직원들의 저항에 직면하기도 한다. 하지만, 그것이

그가 폴크스바겐을 다시 승리자의 길로 나아가는 데 최선이라고 믿는 것들을 단념시키지는 않았다.[63]

참고: 2017년 3월, 폴크스바겐은 속임수에 따른 범죄 혐의에 대해 유죄 판결을 받았으며, 미국 폴크스바겐의 고위 임원은 징역 7년을 선고받았다. 이 점까지, 이 스캔들로 인해 회사는 200억 달러 이상의 벌금과 손실을 입었고 명성이 추락했다.[64] 여기에 폴크스바겐 브랜드 관리 책임을 마티아스 뮐러 회장에서 전 BMW 임원이었던 헤르베르트 디스(Herbert Diess)로 교체했다.[65] 디스는 그가 '진화(evolution)'에 전념하고 있지만 더 빠른 속도로 발전하고자 한다고 말한다.[66]

토의문제

5-11 위 사례에서 변화 요인은 외부 요인인가, 내부 요인인가, 아니면 둘 다인가? 폴크스바겐의 환경을 무풍항해로 표현할 것인지, 아니면 급류타기로 표현할 것인지 설명하라.

5-12 폴크스바겐은 변화가 필요하다. 이 장에서 변화를 조직의 인력, 구조, 기술의 변화로 정의했다. 폴크스바겐에서 이 중 어떤 것이 바뀌어야 하는가? 토론하라.

5-13 폴크스바겐에서 활용할 수 있는 조직 개발(OD) 방식은 무엇인가? 당신의 선택에 대해 설명하라. 관리자가 이러한 변화를 추진할 때 직면하게 될 과제는 무엇인가?

5-14 사람들이 변화에 저항하는 이유를 생각해보라. 폴크스바겐에서 어떤 일이 일어나고 있다고 생각하는가? 변화에 대한 저항을 극복하기 위해 어떤 접근 방식을 사용하는 것이 바람직하겠는가? 당신이 선택한 접근 방식의 논리를 제시하라.

5-15 혁신적인 문화는 항상 윤리적인 문화와 대립하는가? 아니면 혁신적이면서 동시에 윤리적인 문화가 가능한가? 이에 대한 생각을 정리한 뒤 할당된 소집단에서 의견을 제시하라. 당신의 결론이 왜 타당한지 논리를 제시하라.

사례 적용 #2

현재를 넘어선 더 큰 진전
주제: 조직 변화, 혁신적 문화

이 모든 것은 우수한 티셔츠를 만들기 위한 간단한 계획에서 시작되었다. 1990년대 중반 메릴랜드대학교 미식축구팀의 주장이었던 케빈 플랭크(Kevin Plank)는 경기 도중 땀에 젖어 무거워지는 면 티셔츠를 반복적으로 갈아입어야 하는 상황이 싫었다.[67] 그는 더 나은 대안이 있어야 한다는 것을 깨닫고 새 옷을 만들기 시작했다. 1년간의 직물 및 제품 테스트를 거친 후, 플랭크는 최초의 언더아머(Under Armour) 제품으로 유니폼이나 경기용 셔츠 아래에 두 번째 피부처럼 느껴지도록 입는 합성 셔츠를 선보였다. 이것은 즉각적으로 대히트를 쳤다! 플랭크에 따르면, 이 부드러운 천은 가볍고, 운동선수들로 하여금 더 빠르고 상쾌하게 느끼게 해주며, 그들에게 중요한 심리적인 안정감을 준다. 오늘날 언더아머는 혁신과 디자인을 끈질기게 추구함으로써 모든 선수의 경기력을 높이기 위해 지속적으로 노력하고 있다. 이 회사의 제품 디자인 스튜디오 문 너머에는 "아직 확실한 제품을 만들지 못했다"라고 회사의 철학이 명확히 담긴 문구가 적혀 있다.

혁신으로 우리 회사 지키기

오늘날 볼티모어에 본사를 둔 언더아머(UA)는 50억 달러 규모의 회사가 되었다. 22년 만에 대학의 스타트업 기업에서 '오리건주 비버턴, 거대 기업의 어마어마한 경쟁자(344억 달러 규모의 회사. 나이키로 더 잘 알려져 있다)'로 성장했다. 세분화된 미국 스포츠 의류 시장에서 UA는 셔츠, 반바지, 신발에서부터 속옷, 웨어러블 피트니스 기술, 모자 등의 제품을 판매한다. 게다가, 100개 이상의 대학이 UA 유니폼을 입는다. U와 A가 연결된 이 회사의 로고를 나이키 제품처럼 사람들이 알아보기 시작했다.

처음부터 플랭크는 그가 가진 유일한 장점인 운동선수 네트워크를 이용해 셔츠를 팔았다. 개인적인 선수 경험을 바탕으로 "그는 적어도 40명의 NFL 선수들을 알고 있었고 그들에게 그 셔츠를 제공할 수 있었다." 그는 메릴랜드대학교에서 라크로스(크로스라는 라켓을 사용해서 하는 하키와 비슷한 운동-역주) 선수를 하는 킵 펄크스(Kip Fulks)와 함께 했다. 펄크스는 라크로스 세계에서 관계 기반의 '6도 전략(six-degrees strategy, 세상 모든 사람은 6단계 이내 고리로 모두 연결될 수 있으며, 이를 활용한 전략-역주)'을 사용했다. 믿거나 말거나, 전략은 효과가 있었다. UA 판매가 급성장했다. 그러나 팀과 학교에 제품을 판매하는 것은 아직까지 사업이라고 하기 어려웠다. 그때 플랭크가 소비대중의 시장을 보기 시작했다. 2000년, 그는 딕스 스포팅 굿즈(Dick's Sporting Goods)에 인수된 대형 상점인 갤리언즈(Galyan's)와 첫 거래를 했다. 오늘날 UA의 매출의 66% 이상이 딕스와 같은 회사에 도매로 판매된다. 하지만 UA는 사업이 어디에서 시작되었는지 잊지 않고 있다. 회사는 많은 디비전 1 학교들과 전체 거래를 하고 있다. 비록 그것이 수익을 많이 내지는 않지만, 그러한 거래는 회사의 브랜드 정체성이라고 할 수 있다.

마케팅의 성공에도 불구하고, UA에서 혁신은 게임의 이름으로 계속되고 있다. 혁신이 이 회사의 심장과 정신에 얼마나 중요할까? 신제품 연구소에 들어가려면 무엇을 해야 하는지 살펴보자. "혈관의 정확한 패턴을 읽고 계산하는 최첨단 스캐너 안에 손을 넣으세요. 20명의 직원만 사용할 수 있는 패턴을 통과하면 연구소 안에 들어갈 수 있습니다. 하지만 그렇지 않으면 문은 꼼짝도 하지 않을 것입니다." 볼티모어 본사 캠퍼스에 있는 이 연구실에서 운동선수의 심박수를 측정할 수 있는 셔츠, 척추처럼 디자인된 운동화, 오리처럼 물기를 거의 없애주는 운동복 상의 등이 개발되고 있다. 또한 바이탈 사인(vital sign, 호흡, 체온, 심장 박동 등의 측정치-역주)을 측정해 신체에 적합한 온도를 유지해주는 셔츠를 만드는 작업이 진행되고 있다.

언더아머는 혁신에도 불구하고 최근 매출이 감소했다. 2017년은 회사에게 힘든 한 해였다. 케빈 플랭크 회장은 회사가 구조조정을 강화할 것이라고 말했다. 전체 인력의 약 2%에 해당하는 3명의 최고경영자가 해고되었다.[68] 또한 회사는 여성 고객을 확대하기 위한 방안을 찾고 있다.[69] 마지막으로, 회사는 ERP(전사적 자원 계획) 시스템을 구축한 후 '운영상의 어려움'을 겪었다. 시스템 실행의 문제가 워낙 심각해 회사의 재무 전망이 영향을 받았다.[70]

그렇다면 언더아머의 다음 목표는 무엇일까? 내 홈구장에서 절대로 승리를 내줄 수 없다는 회사의 모토와 함께 혁신은 계속 중요할 것이다. 운동선수에게 피부 다음으로 편안한 느낌의 옷을 만드는 것으로 유명기업이 되는 것은 쉽지 않다. 하지만 플랭크는 언더아머가 선수들에게 도움이 되도록 모든 제품에 어떠한 기술을 사용할지 방법을 찾는 데 주력하고 있다. 그는 "우리가 만들 수 없는 제품은 없다"고 말한다.

토의문제

5-16 혁신에 대한 UA의 접근 방식에 대해 어떻게 생각하는가? 운동복 회사에서 이런 종류의 혁신을 기대하는가?

자신의 생각을 설명하라.

5-17 혁신에 관한 UA의 문화는 어떨 것으로 생각하는가? (힌트: 사례 중에 제시한 목록을 참조하라.)

5-18 디자인 사고가 UA의 혁신 노력을 개선하는 데 어떻게 도움을 줄 수 있는가?

5-19 회사의 디자인 스튜디오 문 너머에 적힌 회사의 철학에 대해 당신은 어떻게 생각하는가? 혁신에 대해 무엇이라고 쓰여 있는가? 실제 관리자와 공유할 수 있는 UA의 혁신 접근 방식으로부터 관리자가 배울 수 있는 교훈을 목록화하라.

사례 적용 #3

변화해야 할 때?
주제: 하이테크 및 하이터치 서비스?

1898년 파리의 리츠 호텔 창립자인 스위스 호텔리어 세자르 리츠(César Ritz)가 '고객은 언제나 옳다'는 유명한 문구를 이야기했다. 투숙객의 온라인 리뷰를 지속적으로 처리해야 하는 현대의 호텔 매니저에게 이 말은 120년 전과 마찬가지로 오늘날에도 그대로 적용된다.

가족 휴가를 계획하다가 실패하는 경우가 많은 것을 보고 스티븐 카우퍼(Stephen Kaufer)는 2000년에 트립어드바이저(TripAdvisor)를 공동 설립하고 사람들이 더 나은 여행 계획을 세울 수 있게 돕고자 했다. 여행업계에서는 트립어드바이저와 같은 플랫폼이 고객의 협상력을 강화했다. 이제, 많은 여행사가 그 어느 때보다 고객으로부터 더 좋은 평가와 더 많은 예약을 받기 위해 기억할 만한 경험을 제공해야 한다는 과제를 안게 되었다. 일부 회사는 신기술에 투자했고, 일부 회사는 특정 팀을 고용해 개인 맞춤형 메시지로 온라인 리뷰에 대응하고 있는데, 휴먼터치(human touch)가 첨단 기술 세계의 환대 산업(hospitality industry)에서 경쟁 우위를 가져오기 때문이다.[72]

공급 측면에서는 디지털 기술이 더 치열한 경쟁을 불러왔다. 샌프란시스코의 아파트 임대료를 감당할 수 없었던 브라이언 체스키(Brian Chesky)와 조 게비아(Joe Gebbia)는 2007년에 아파트 거실에 매트리스를 깔고 그곳에서 잠도 자

고 아침식사도 했다. 그 후, 네이선 블레차르지크(Nathan Blecharchzyk)와 함께, 그들은 단기 생활 숙박 시설을 제공하는 웹사이트인 Airbedandbreakfast.com을 만들었다. 2009년, 이름을 줄여 Airbnb.com이 되었고, 성(城) 보트, 천막형 텐트, 이글루, 심지어 개인 섬까지 다양한 부동산으로 확장되었다. 시장조사업체인 STR에 따르면, 세계 최대의 호텔 회사들이 현재 380만 개 이상의 객실을 보유하고 있다고 한다. 그러나 이것은 에어비앤비가 제공하는 것보다 적다. 에어비앤비에서는 전 세계 400만 개 이상의 목록에서 클릭 한 번으로 예약이 가능하다.

호텔·음식점 안내책자, 현지 여행사, 민박, 호텔 등의 사업이 있지만, 에어비앤비나 트립어드바이저 같은 사이트는 이러한 사업들을 아우르고 있다. 오늘날 이들 기업은 익스피디아와 같은 온라인 여행사가 되었고 하우스트립(HouseTrip)과 같은 숙박 예약 포털을 인수했다.

트립어드바이저는 에어비앤비의 최대 경쟁사일 수도 있지만, 호텔의 다음 경쟁사는 전혀 다른 영역일 수도 있다. 하우스트립의 공동 설립자인 아르노 베르트랑(Arnaud Bertrand)은 다음 큰 위협이 자율주행 자동차라고 생각한다. 우리가 보통 호텔 방에서 하는 모든 것을 운전하면서도 할 수 있다. 사람들이 자율주행을 하면서 일하고, 자고, 즐거움을 느끼며 여행을

할 수 있기 때문이다.

토의문제

5-20 호텔이나 여행 같은 환대 산업의 파괴적 혁신을 주도하는 요인은 무엇인가?

5-21 어떤 혁신이 파괴적인 혁신이고, 어떤 혁신이 점진적인 혁신인가? 그러한 혁신들은 제품, 서비스, 프로세스, 조직, 마케팅 혁신인가? 이에 대해 토론하라.

5-22 에어비앤비나 트립어드바이저 설립자와 같은 기업가들이 파괴적인 혁신에서 어떤 역할을 수행했는가?

5-23 토론 그룹별로 환대 산업의 파괴적 혁신이 기존 호텔이나 레스토랑 기업에게 미치는 영향에 대한 보고서를 작성하도록 요청받았다고 가정하라. 이들 기업의 관리자가 파괴적 혁신을 비즈니스 기회로 전환할 수 있는 방안을 찾아서 제안하라.

미주

1. L. Du and Y. Takeo, "Automation's Bleeding Edge," *Bloomberg Businessweek,* March 12, 2018, pp. 3--33.
2. B. Mullin, "L.A. Times Chief Plots Change," *Wall Street Journal,* October 25, 2017, p. B5.
3. R. Winslow, "Mayo's Tricky Task: Revamp What Works," *Wall Street Journal,* June 3–4, 2017, pp. A1+.
4. S. Carey, "Southwest Pushes System Upgrade," *Wall Street Journal,* May 10, 2017, p. B3; and N. Ungerleider, "Southwest Airlines' Digital Transformation Takes Off," *Fast Company Online,* March 27, 2017.
5. K. Grzbowska, "The Social Aspect of Introducing Changes into the Organization," *International Journals of Human Resources Development and Management,* February 2, 2007, p. 67; and I. M. Jawahar and G. L. McLaughlin, "Toward a Descriptive Stakeholder Theory: An Organizational Life Cycle Approach," *Academy of Management Review,* July 2001, pp. 397–415.
6. E. Shannon, "Agent of Change," *Time,* March 4, 2002, p. 17; B. Kenney, "SLA Head Shaffer Resigns Abruptly: Did 'Change Agent' Move Too Fast in Aggressive Restructuring?" *Library Journal,* March 15, 2002, pp. 17–19; and T. Mudd, "Rescue Mission," *Industry Week,* May 1, 2000, pp. 30–37.
7. The idea for these metaphors came from P. Vaill, *Managing as a Performing Art: New Ideas for a World of Chaotic Change* (San Francisco: Jossey Bass, 1989).
8. K. Lewin, *Field Theory in Social Science* (New York: Harper & Row, 1951).
9. R. E. Levasseur, "People Skills: Change Management Tools—Lewin's Change Model," *Interfaces,* August 2001, pp. 71–74.
10. D. Lieberman, "Nielsen Media Has Cool Head at the Top," *USA Today,* March 27, 2006, p. 3B.
11. Classic Concepts in Today's Workplace box based on D. A. Wren and A. G. Bedeian, *The Evolution of Management Thought,* 6th ed. (Hoboken, NJ: John Wiley & Sons, 2009); "Biography and Quotes of Kurt Lewin," *About.com, psy-chology.about.com* (July 15, 2009); and K. T. Lewin, "The Dynamics of Group Action," *Educational Leadership,* January 1944, pp. 195–200.
12. L. S. Lüscher and M. W. Lewis, "Organizational Change and Managerial Sensemaking: Working through Paradox," *Academy of Management Journal,* April 2008, pp. 221–40; F. Buckley and K. Monks, "Responding to Managers' Learning Needs in an Edge-of-Chaos Environment: Insights from Ireland," *Journal of Management,* April 2008, pp. 146–63; and G. Hamel, "Take It Higher," *Fortune,* February 5, 2001, pp. 169–70.
13. L. Freifeld, "Paddle to Collaborate," *Training,* November–December 2010, p. 6.
14. S. Hicks, "What Is Organization Development?" *Training and Development,* August 2000, p. 65; and H. Hornstein, "Organizational Development and Change Management: Don't Throw the Baby Out with the Bath Water," *Journal of Applied Behavioral Science,* June 2001, pp. 223–27.
15. J. Wolfram and S. Minahan, "A New Metaphor for Organization Development," *Journal of Applied Behavioral Science,* June 2006, pp. 227–43.
16. See, for instance, H. B. Jones, "Magic, Meaning, and Leadership: Weber's Model and the Empirical Literature," *Human Relations,* June 2001, p. 753.
17. G. Akin and I. Palmer, "Putting Metaphors to Work for a Change in Organizations," *Organizational Dynamics,* Winter 2000, 67–79.
18. J. Grieves, "Skills, Values or Impression Management: Organizational Change and the Social Processes of Leadership, Change Agent Practice, and Process Consultation," *Journal of Management Development,* May 2000, p. 407.
19. M. McMaster, "Team Building Tips," *Sales & Marketing Management,* January 2002, 140; and "How To: Executive Team Building," *Training and Development,* January 2002, p. 16.
20. S. Shinn, "Stairway to Reinvention," *BizEd,* January–February 2010, p. 6; M. Scott, "A Stairway to Marketing Heaven," *BusinessWeek,* November 2, 2009, p. 17; and The Fun Theory, http://thefuntheory.com, November 10, 2009.
21. See, for example, J. Robison and D. Jones, "Overcoming the Fear of Change," *Gallup Management Journal Online,* January 7, 2011; J. D. Ford, L. W. Ford, and A. D'Amelio, "Resistance to Change: The Rest of the Story," *Academy of Management Review,* April 2008, pp. 362–77; A. Deutschman, "Making Change: Why Is It So Hard to Change Our Ways?" *Fast Company,* May 2005, pp. 52–62; S. B. Silverman, C. E. Pogson, and A. B. Cober, "When Employees at Work Don't Get It: A Model for Enhancing Individual Employee Change in Response to Performance Feedback," *Academy of Management Executive,* May 2005, pp. 135–47; C. E. Cunningham, C. A. Woodward, H. S. Shannon, J. MacIntosh, B. Lendrum, D. Rosenbloom, and J. Brown, "Readiness for Organizational Change: A Longitudinal Study of Workplace, Psychological and Behavioral Correlates," *Journal of Occupational and Organizational Psychology,* December 2002, pp. 377–92; M. A. Korsgaard, H. J. Sapienza, and D. M. Schweiger, "Beaten before Begun: The Role of Procedural Justice in Planning Change," *Journal of Management* 28, no. 4 (2002), pp. 497–516; R. Kegan and L. L. Lahey, "The Real Reason People Won't Change," *Harvard Business Review,* November 2001, pp. 85–92; S. K. Piderit, "Rethinking Resistance and Recognizing Ambivalence: A Multidimensional View of Attitudes Toward an Organizational Change," *Academy of Management Review,* October 2000, pp. 783–94; C. R. Wanberg and J. T. Banas, "Predictors and Outcomes of Openness to Changes in a Reorganizing Workplace," *Journal of Applied Psychology,* February 2000, pp. 132–42; A. A. Armenakis and A. G. Bedeian, "Organizational Change: A Review of Theory and Research in the 1990s," *Journal of Management* 25, no. 3 (1999), pp. 293–315; and B. M. Staw, "Counterforces to Change," in P.S. Goodman and Associates (eds.), *Change in Organizations* (San Francisco: Jossey-Bass, 1982), pp. 87–121.
22. A. Reichers, J. P. Wanous, and J. T. Austin, "Understanding and Managing Cynicism about Organizational Change," *Academy of Management Executive,* February 1997, pp. 48–57; P. Strebel, "Why Do Employees Resist Change?" *Harvard Business Review,* May–June 1996, pp. 86–92; and J. P. Kotter and L. A. Schlesinger, "Choosing Strategies for Change," *Harvard Business Review,* March–April 1979, pp. 107–09.
23. S. D'Mello, "Stress: The Global Economic Downturn Has Taken Its Toll on Employees. What's the Impact for Organizations?" A 2011/2012 Kenexa® High Performance Institute Worktrends™ Report, http://khpi.com/documents/KHPI-

WorkTrends-Report-Stress, 2011/2012; and "Stress: By the Numbers," *AARP The Magazine*, September/October 2011, p. 30.

24. Adapted from the UK National Work-Stress Network, www.work-stress.net.

25. R. S. Schuler, "Definition and Conceptualization of Stress in Organizations," *Organizational Behavior and Human Performance*, April 1980, p. 191.

26. G. Nishiyama and J. Fujikawa, "Japan, Home of Overwork, Wants Employees to Stop," *Wall Street Journal*, November 3, 2017, pp. A1+.

27. C. Coppel, "Learning, for When the Stress Ball Fails," *TD*, September 2017, p. 18.

28. See, for example, "Stressed Out: Extreme Job Stress: Survivors' Tales," *Wall Street Journal*, January 17, 2001, p. B1.

29. See, for instance, S. Bates, "Expert: Don't Overlook Employee Burnout," *HR Magazine*, August 2003, p. 14.

30. H. Benson, "Are You Working Too Hard?" *Harvard Business Review*, November 2005, pp. 53–58; B. Cryer, R. McCraty, and D. Childre, "Pull the Plug on Stress," *Harvard Business Review*, July 2003, pp. 102–07; C. Daniels, "The Last Taboo"; C. L. Cooper and S. Cartwright, "Healthy Mind, Healthy Organization—A Proactive Approach to Occupational Stress," *Human Relations*, April 1994, pp. 455–71; C. A. Heaney et al., "Industrial Relations, Worksite Stress Reduction and Employee Well-Being: A Participatory Action Research Investigation," *Journal of Organizational Behavior*, September 1993, pp. 495–510; C. D. Fisher, "Boredom at Work: A Neglected Concept," *Human Relations*, March 1993, pp. 395–417; and S. E. Jackson, "Participation in Decision Making as a Strategy for Reducing Job-Related Strain," *Journal of Applied Psychology*, February 1983, pp. 3–19. *Fortune*, October 28, 2002, pp. 137–144.

31. T. Barton, "Brave Face," *Employee Benefits*, January 2011, p. 41; and "Employee Assistance Programs," *HR Magazine*, May 2003, p. 143.

32. S. Barrett, "Employee Assistance Programs," *Employee Benefits*, January 2011, pp. 49–52; "EAPs with the Most," *Managing Benefits Plans*, March 2003, p. 8; and K. Tyler, "Helping Employees Cope with Grief," *HR Magazine*, September 2003, pp. 55–58.

33. N. Faba, "The EAP Problem," *Benefits Canada*, March 2011, p. 7; D. A. Masi, "Redefining the EAP Field," *Journal of Workplace Behavioral Health*, January–March 2011, pp. 1–9; R. M. Weiss, "Brinksmanship Redux: Employee Assistance Programs' Precursors and Prospects," *Employee Responsibilities & Rights Journal*, December 2010, pp. 325–43; and F. Hansen, "Employee Assistance Programs (EAPs) Grow and Expand Their Reach," *Compensation and Benefits Review*, March–April 2000, p. 13.

34. D. Heath and C. Heath, "Passion Provokes Action," *Fast Company*, February 2011, pp. 28–30.

35. A. Saha-Bubna and M. Jarzemsky, "MasterCard President Is Named CEO," *Wall Street Journal*, April 13, 2010, p. C3; and S. Vandebook, "Quotable," *IndustryWeek*, April 2010, p. 18.

36. R. M. Kanter, "Think Outside the Building," *Harvard Business Review*, March 2010, p. 34; T. Brown, "Change By Design," *BusinessWeek*, October 5, 2009, pp. 54–56; J. E. Perry-Smith and C. E. Shalley, "The Social Side of Creativity: A Static and Dynamic Social Network Perspective," *Academy of Management Review*, January 2003, pp. 89–106; and P. K. Jagersma, "Innovate or Die: It's Not Easy, but It Is Possible to Enhance Your Organization's Ability to Innovate," *Journal of Business Strategy*, January–February 2003, pp. 25–28.

37. "The World's 50 Most Innovative Companies, 2018," *Fast Company*, March/April 2018, pp. 20+.

38. These definitions are based on T. M. Amabile, *Creativity in Context* (Boulder, CO: Westview Press, 1996).

39. C. Salter, "Mattel Learns to 'Throw the Bunny,'" *Fast Company*, November 2002, p. 22; and L. Bannon, "Think Tank in Toyland," *Wall Street Journal*, June 6, 2002, pp. B1, B3.

40. C. Vogel and J. Cagan, *Creating Breakthrough Products: Innovation from Product Planning to Program Approval* (Upper Saddle River, NJ: Prentice Hall, 2002).

41. R. Tate, "Google Couldn't Kill 20 Percent Time Even If It Wanted To," wired.com, August 21, 2013; C. Mims, "Google Engineers Insist 20% Time Is Not Dead—It's Just Turned into 120% Time," qz.com, August 16, 2013; R. Neimi, "Inside the Moonshot Factory," *Bloomberg Businessweek*, May 22, 2013, 5 pp. 6–61; and A. Foege, "The Trouble with Tinkering Time," *Wall Street Journal*, January 19/20, 2013, p. C3.

42. R. W. Woodman, J. E. Sawyer, and R. W. Griffin, "Toward a Theory of Organizational Creativity," *Academy of Management Review*, April 1993, pp. 293–321.

43. T. M. Egan, "Factors Influencing Individual Creativity in the Workplace: An Examination of Quantitative Empirical Research," *Advances in Developing Human Resources*, May 2005, pp. 160–81; N. Madjar, G. R. Oldham, and M. G. Pratt, "There's No Place Like Home? The Contributions of Work and Nonwork Creativity Support to Employees' Creative Performance," *Academy of Management Journal*, August 2002, pp. 757–67; T. M. Amabile, C. N. Hadley, and S. J. Kramer, "Creativity Under the Gun," *Harvard Business Review*, August 2002, pp. 52–61; J. B. Sorensen and T. E. Stuart, "Aging, Obsolescence, and Organizational Innovation," *Administrative Science Quarterly*, March 2000, pp. 81–112; G. R. Oldham and A. Cummings, "Employee Creativity: Personal and Contextual Factors at Work," *Academy of Management Journal*, June 1996, pp. 607–34; and F. Damanpour, "Organizational Innovation: A Meta-Analysis of Effects of Determinants and Moderators," *Academy of Management Journal*, September 1991, pp. 555–90.

44. P. R. Monge, M. D. Cozzens, and N. S. Contractor, "Communication and Motivational Predictors of the Dynamics of Organizational Innovations," *Organization Science*, May 1992, pp. 250–74.

45. Amabile, Hadley, and Kramer, "Creativity Under the Gun."

46. Madjar, Oldham, and Pratt, "There's No Place Like Home? The Contributions of Work and Nonwork Creativity Support to Employees' Creative Performance."

47. See, for instance, J. E. Perry-Smith, "Social Yet Creative: The Role of Social Relationships in Facilitating Individual Creativity," *Academy of Management Journal*, February 2006, pp. 85–101; C. E. Shalley, J. Zhou, and G. R. Oldham, "The Effects of Personal and Contextual Characteristics on Creativity: Where Should We Go from Here?" *Journal of Management* 30, no. 6 (2004), pp. 933–58; Perry-Smith and Shalley, "The Social Side of Creativity: A Static and Dynamic Social Network Perspective"; J. M. George and J. Zhou, "When Openness to Experience and Conscientiousness Are Related to Creative Behavior: An Interactional Approach," *Journal of Applied Psychology*, June 2001, pp. 513–24; J. Zhou, "Feedback Valence, Feedback Style, Task Autonomy, and Achievement Orientation: Interactive Effects on Creative Behavior," *Journal of Applied Psychology* 83 (1998), pp. 261–76; T. M. Amabile, R. Conti, H. Coon, J. Lazenby, and M. Herron, "Assessing the Work Environment for Creativity," *Academy of Management Journal*, October 1996, pp. 1154–84; S. G. Scott and R. A. Bruce, "Determinants of Innovative People: A Path Model of Individual Innovation in the Workplace," *Academy of Management Journal*, June 1994, pp. 580–607; R. Moss Kanter, "When a Thousand Flowers Bloom: Structural, Collective, and Social Conditions for Innovation in Organization," in B. M. Staw and L. L. Cummings (eds.), *Research in Organizational Behavior*, vol. 10 (Greenwich, CT: JAI Press, 1988), pp. 169–211; and Amabile, *Creativity in Context*.

48. J. McGregor, "The World's Most Innovative Companies," *BusinessWeek*, April 24, 2006, p. 70.

49. Ibid.

50. J. Ramos, "Producing Change That Lasts," *Across the Board*, March 1994, pp. 29–33; T. Stjernberg and A. Philips, "Organizational Innovations in a Long-Term Perspective: Legitimacy and Souls-of-Fire as Critical Factors of Change and Viability," *Human Relations*, October 1993, pp. 1193–2023; and J. M. Howell and C. A. Higgins, "Champions of Change," *Business Quarterly*, Spring 1990, pp. 31–32.

51. J. Liedtka and T. Ogilvie, *Designing for Growth: A Design Thinking Tool Kit for Managers* (New York: Columbia Business School Press, 2011).

52. R. E. Silverman, "Companies Change Their Way of Thinking," *Wall Street Journal*, June 7, 2012, p. B8; and R. L. Martin, "The Innovation Catalysts," *Harvard Business Review*, June 2011, pp. 82–87.

53. See C. M. Christensen, *The Innovator's Dilemma: When New Technologies Cause Great Firms to Fail* (Boston: Harvard Business Review Press, 1997); and "What Disruptive Innovation Means: The Economist Explains," *The Economist Online*, www.economist.com, January 25, 2015.

54. C. M. Christensen, M. Raynor, and R. McDonald, "What Is Disruptive Innovation?," *Harvard Business Review*, December 2015, pp. 44–53.

55. J. Schumpeter, *Capitalism, Socialism, and Democracy* (New York: Harper & Row), 1942.

56. B. Witz, "Manfred Fines Red Sox Over Stealing Signs and Issues Warning to All 30 Teams," *New York Times Online*, September 15, 2017; J. Ward, S. Pecanha and S. Manchester, "How Red Sox Used Tech, Step by Step to Steal Signs From Yankees," *New York Times Online*, Septempber 6, 2017; M. S. Schmidt, "Boston Red Sox Used Apple Watches to Steal Signs Against Yankees," *New York Times Online*, September 5, 2017; and T. Kepner, "The Ancient Yankees-Red Sox Rivalry Gets a High-Tech Boost," *New York Times Online*, September 5, 2017.

57. "Keeping Pace with Change," *TD*, October 2017, p. 17.

58. Based on J. E. Newman and T. A. Beehr, "Personal and Organizational Strategies for Handling Job Stress,"

Personnel Psychology, Spring 1979, pp. 1–38; M. T. Matteson and J. M. Ivancevich, "Individual Stress Management Interventions: Evaluation of Techniques," *Journal of Management Psychology,* January 1987, pp. 24–30; and K. M. Richardson and H. R. Rothstein, "Effects of Occupational Stress Management Intervention Programs: A Meta-Analysis," *Journal of Occupational Health Psychology,* January 2008, pp. 69–93.

59. J. Ewing, "Engineering a Deception: What Led to Volkswagen's Diesel Scandal," *New York Times Online,* March 16, 2017.

60. "Innovation," http://update.vw.com/innovation/index.htm.

61. J. Ewing and G. Bowley, "The Engineering of Volkswagen's Aggressive Ambition," *New York Times Online,* December 13, 2015.

62. W. Boston, "VW Chief Contends With Scandal," *Wall Street Journal,* September 13, 2017, p. B9.

63. W. Boston, "VW's CEO Knows the Future Is Electric: His Company Isn't So Sure," *Wall Street Journal Online,* August 1, 2017.

64. M. Spector and M. Colias, "VW Manager Sentenced in Fraud," *Wall Street Journal,* December 7, 2017, p. B2.

65. W. Boston, "Volkswagen Prepares to Replace CEO," *Wall Street Journal,* April 11, 2018, pp. B1+.

66. W. Boston, "Volkswagen CEO Sets His Course," *Wall Street Journal,* April 14-15, 2018, p. B4.

67. S. Ember, "Under Armour Is Swinging for the Stars," *New York Times Online,* June 14, 2015; 2014 Annual Report, "Letter to the Shareholders," http://files.shareholder.com/downloads/UARM/165448209x0x816471/3BEBC664-8584-4F22-AC0B-844CB2949814/UA_2014_Annual_Report.PDF, January 31, 2015; B. Horovitz, "In Search of Next Big Thing," *USA Today,* July 9, 2012, pp. 1B+; Press Release, "Under Armour Reports Fourth Quarter Net Revenues Growth of 34% and Fourth Quarter EPS Growth of 40%," investor.underarmour.com, January 26, 2012; D. Roberts, "Under Armour Gets Serious," *Fortune,* November 7, 2011, pp. 153–62; E. Olson, "Under Armour Applies Its Muscle to Shoes," *New York Times Online,* August 8, 2011; M. Townsend, "Under Armour's Daring Half-Court Shot," *Bloomberg Businessweek,* November 1–7, 2010, pp. 24–25; and E. Olson, "Under Armour Wants to Dress Athletic Young Women," *New York Times Online,* August 31, 2010.

68. A. Prang, "Under Armour Steps Up Restructuring," *Wall Street Journal,* February 14, 2018, p. B3; and C. Jones, "Under Armour to Cut Job in Bid to Regain Footing," *USA Today,* August 2, 2017, p. 5B.

69. N. Bomey, "Under Armour Not Connecting with Female Customers," *USA Today-Springfield News-Leader,* November 1, 2017, p. 3B.

70. Ibid.

71. M. Dalton, "Time Runs Out for Swiss Watch Industry," *Wall Street Journal,* March 13, 2018, p. A8.

72. C. Martin-Rios and T. Ciobanu, "Hospitality Innovation Strategies: An Analysis of Success Factors and Challenges," *Tourism Management,* 70 (2018): 218–29, https://doi.org/10.1016/j.tourman.2018.08.018.

73. "Disruptive Innovation? What Disruptive Innovation?" *Hospitality Insights,* June 27, 2017 https://hospitalityinsights.ehl.edu/what-is-disruptive-innovation-hospitality.

기업가 정신 모듈
기업가적 벤처기업 관리

기업가 정신이란 무엇이며, 왜 중요한가?

대부분의 사람은 소프트웨어 창업을 생각할 때 스프레드시트, 프레젠테이션 소프트웨어, 커뮤니케이션 도구 등을 사용하는 지식 근로자에게 소프트웨어를 공급하는 것을 먼저 떠올릴 것이다. 그러나 모바일 기기를 위한 프로그램이 최근 급증하면서 블루칼라 근로자들을 위한 시장이 떠오르고 있다.[1] 그 시장은 믿을 수 없을 정도로 엄청나게 크다! 최근까지 데스크톱 프로그램이나 종이와 연필에 의존했던 약 1억 1,300만 명의 근로자가 이제 기술을 활용해 생산성을 높일 수 있게 되었다. 모바일 기반 소프트웨어 스타트업 기업들은 배관, 계약, 차고 문 설치, 기타 현장 서비스 직업을 가진 사람들을 목표로 하고 있다. 블루칼라 근로자를 위한 모바일 소프트웨어는 기업가 정신을 위한 유력 시장이다!

기업가 정신이란 무엇인가?

닉 길슨(Nick Gilson)은 기업가이다. 로드아일랜드에서 자란 그는 자주 아버지와 함께 항해를 했으며 아버지를 도와 쌍둥이 선체 설계로 전통적인 요트보다 빠른 카타마란(catamaran, 같은 형태의 선체 2개를 일정한 간격을 두고 갑판 위에서 결합한 배-역주)을 만들기도 했다. 닉은 스노보드에도 비슷한 디자인을 적용할 수 있을지 궁금했다. 그래서 10대 때 닉은 쌍둥이 선체 설계의 카타마란 디자인을 바탕으로 스노보드를 디자인하기로 결심했다. 2013년에 그는 길슨 보드(Gilson Boards)를 공동 설립했다. 이 스노보드에는 바닥에 2개의 날이 있어 다양한 눈 조건에서 보다 다양하게 제어할 수 있다. 2016년까지 이 회사는 1,000개 이상의 보드를 판매했으며 매출액은 100만 달러에 육박했다. 현재 길슨 보드에는 11명의 정규직 직원이 있으며, 회사 매출은 매년 200%씩 성장하고 있다. 스키 제품 라인에는 독특한 디자인으로 포인트를 주었다.[2] 닉 길슨은 **기업가 정신**(entrepreneurship)을 가지고 있는데, 왜냐하면 새로운 제품과 서비스의 변화, 혁신, 변혁, 신규 도입을 목적으로 새로운 사업에 출자했기 때문이다. 기업가는 새로운 기회와 충족되지 않은 욕구를 발견하면, 그러한 욕구를 충족시킬 수 있는 방법을 찾을 때까지 탐색하는 것을 멈추지 않는다.

많은 사람이 기업가적 벤처와 중소기업이 같다고 생각하지만 그렇지 않다. 기업가는 기회를 추구하고 혁신적 실천이라는 특징이 있으며, 성장과 수익성을 목표로 하는 조직인 **기업가적 벤처**(entrepreneurial ventures, EV)를 만든다. 반면에 **중소기업**(small business)은 직원이 500명 미만인 기업으로, 새롭거나 혁신적인 분야일 필요가 없으며 업계에 미치는 영향력이 상대적으로 적다. 기업 규모가 작다고 해서 중소기업이 반드시 기업가적인 것은 아니다. 기업가적이라는 것은 사업이 혁신적이고 새로운 기회를 추구하는 것을 의미한다. 비록 기업가적 벤처가 작은 규모로 시작할지라도, 그들은 성장을 추구한다. 일부 신규 중소기업이 성장할 수 있지만, 대부분의 중소기업은 스스로의 선택에 의해서 혹은 자연스럽게 중소기업으로 남아 있다.

우리가 기업가 정신이 무엇인지를 살펴볼 때, 기업가 정신이 아닌 것은 무엇인지를 설명함

기업가 정신
새로운 제품과 서비스의 변화, 혁신, 변혁, 신규 도입을 목적으로 새로운 사업을 시작해 기회를 활용하는 프로세스

기업가적 벤처
기회를 추구하고 혁신적 실천이라는 특징을 가지고 있으며, 성장과 수익성을 목표로 하는 조직

중소기업
직원 수가 500명 미만인 기업으로, 새롭거나 혁신적인 분야일 필요가 없으며 업계에 미치는 영향이 상대적으로 적음

으로써 그 개념이 명확해질 수 있다. 비록 기업가적 활동이 3세기 넘게 연구되었지만, 몇 가지 오해가 있다.[3]

1. **성공적인 기업가 정신은 좋은 아이디어만 있으면 된다.** 훌륭한 아이디어는 성공적인 기업가 정신을 구성하는 여러 요인 중 일부일 뿐이다. 성공적인 기업가 정신의 핵심 요소는 기업가적 프로세스를 구성하는 다양한 단계의 요구에 대한 이해, 기업가적 벤처 개발에 대한 조직적 접근, 기업가적 벤처 관리에서 발생하는 어려움에 대한 적절한 대응 등이다.

2. **기업가 정신은 쉽다.** 당신은 열정을 좇고 있고, 성공하고 싶은 강렬한 욕망이 있기 때문에 기업가 정신이 쉬울 것이라고 생각할지 모른다. 하지만 미리 알아두라! 기업가 정신은 쉽지 않다! 그것은 헌신, 결단력, 엄청난 노력이 필요하다. 그리고 여러분이 어떠한 자질을 가지고 있다고 할지라도, 노력하지 않으면 안 된다. 많은 기업가들이 어려움과 좌절을 겪는 경우가 많지만 성공한 기업가는 어려움 속에서도 끝까지 밀고 나가는 사람들이다.

3. **기업가 정신은 위험한 도박이다.** 일반적으로 기업가 정신은 새롭고 검증되지 않은 접근방법과 아이디어를 추구하기 때문에, 그것은 도박임에 틀림없다. 그럴까? 사실 그렇지 않다. 비록 기업가들이 위험 감수를 두려워하지 않지만, 기업가 정신은 불필요한 위험이 아니라 계산된 위험을 감수한다. 실제로, 성공적인 기업가 정신이란 경우에 따라서는 위험을 피하거나 최소화하는 것을 의미할 때가 있다.

4. **기업가 정신은 중소기업에서만 볼 수 있다.** 많은 사람이 기업가 정신은 소규모 조직에서만 나타날 수 있다고 잘못 생각하고 있다. 진실은 기업가 정신이 어떤 규모의 조직에서도 나타날 수 있다는 것이다. 반면에, 조직이 작다고 해서 자동적으로 기업가적인 것은 아니다.

5. **기업가적 벤처와 중소기업은 같다.** 이것은 우리가 앞서 다루었듯이 광범위하게 퍼져 있는 오해이다.

기업가 정신은 자영업과 다른가?

많은 사람이 기업가 정신을 자영업과 혼동한다. 똑같을까? 정답은 그럴 수도 있고 아닐 수도 있다. 자영업을 정의하는 것부터 시작하자.

　자영업(self-employment)은 자신이 직접 운영하는 사업, 직업, 거래 또는 농장에서 이윤이나 수수료를 위해 일하는 사람들을 말한다.[4] 이 형태는 전기 기술자, 회계담당자 또는 보험 대리인과 같은 직종에 초점을 맞춘다. 새로운 제품과 서비스의 변화, 혁신, 변혁, 신규 도입을 목적으로 새로운 사업에 출자하는 것을 기업가 정신으로 정의했던 것을 기억하라. 이제 두 가지를 비교해보자.

　첫째, 기업가와 자영업자 모두 시장의 요구를 이해한다. 예를 들어 헥터는 집 청소 서비스에 대한 요구가 있다는 것을 인식하고, 유료로 집 청소 사업을 시작하기로 결심했다. 집을 청소하는 것에 대해 혁신적인 것은 없다. 헥터는 자영업자이다. 반면에 독일 금융 서비스 스타트업 N26의 CEO인 발렌틴 슈탈프(Valentin Stalf)는 기업가다. 그는 다양한 서비스간 파트너십과 제휴를 활용해 개인의 모든 재무 생활(수많은 금융계정과 카드)을 단순하게 하나의 금융

자영업
자신이 직접 운영하는 사업, 직업, 거래 또는 농장에서 이윤이나 수수료를 위해 일하는 사람들

기술 기업가 드멧 무틀루(Demet Mutlu)는 트렌디올(Trendyol) 그룹의 설립자이자 최고경영자이다. 터키에서 온라인 소매업의 잠재력을 발견한 후, 그녀는 2009년 자신의 패션 포털을 개설하기 위해 30만 달러를 투자했고, 벤처 투자가들로부터 5,000만 달러 이상을 모금해 1,300만 명의 고객과 연간 90%의 성장률을 가진 터키 최대의 패션 전자상거래 회사로 성장시켰다.

서비스 플랫폼으로 결합하는 서비스를 만들었다.[5] 그는 고객들에게 금융 서비스를 보다 효율적이고 유용하게 만들 수 있는 기회를 발견했다. 시장의 요구에 부응하는 것은 헥터와 발렌틴 모두에게 서비스나 제품을 제공해 수익을 얻을 수 있는 기회를 제공한다.

둘째, 기업가는 자영업자이거나 창업한 회사의 직원이 될 수 있다. 예를 들어 알프레드(Alfred)의 공동 창업자인 최고경영자 마르셀라 사포네(Marcela Sapone)와 최고운영책임자인 제시카 벡(Jessica Beck)은 앱 기반의 주문형 개인 컨시어지 서비스(호텔에서 호텔 안내는 물론, 여행과 쇼핑까지 투숙객의 다양한 요구를 들어주는 서비스-역주)에 대한 아이디어를 사업화했다. 그들은 현재 직원이다. 최고 수준의 직원이다![6] 자영업자들은 항상 자신을 위해 일한다. 그들은 다른 회사의 급여를 받는 직원이 아니며, 자신들이 스스로 소득을 만들어내기 위해 주도적으로 일한다. 또한 자영업자들은 일이 어떻게 이루어지는지에 대한 모든 결정을 내린다. 마지막으로, 자영업은 1명 이상의 직원을 고용하는 것을 배제하지 않는다. 예를 들어 헥터는 청소 사업을 시작한 뒤, 자신이 모든 것을 처리할 수 없다는 것을 깨달았다. 그래서 그는 고객의 요구를 더 잘 충족시킬 수 있도록 두 사람을 고용했다.

셋째, 세법을 비롯한 여러 법에 의하면 기업가와 자영업자는 모두 법적으로 인정되는 형태의 조직을 설립해야 한다. 몇 가지 유형이 있으며, 이 장 뒷부분에서 다룬다. 헥터는 독립적 소유권을 가진 형태로 설립할 수 있고, 발렌틴은 기업 법인으로 등록될 것이다.

누가 기업가적 벤처를 시작하는가?

당신은 어떤가? 당신은 기업가가 되고 싶은가?

기업가가 누구인지를 설명하기 위해 수많은 학자와 경영 전문가들이 관심을 기울여 왔다. 우리는 **기업가**(entrepreneur)를 기업가적 벤처기업을 시작하고 운영하는 사람으로 정의한다.[7] 이 정의에 내재된 것은 기업가는 기업가적 벤처기업의 기초가 되는 기회를 식별했을 뿐만 아니라 실제로 기업가적 벤처를 운영하는 사람이다. 기업가는 벤처기업을 만들겠다고 '꿈꾸는 것'뿐만 아니라 벤처기업 운영을 '실행'하는 사람이다.

또 다른 유형으로 기업가를 묘사할 수 있는 방법이 있을까? 있다! 기업가 정신에 대한 우리의 초기 정의를 바탕으로, 우리는 앞서 **기회에 기초한 기업가**(opportunity-based entrepreneur)를 설명한 바 있다. 그들은 기회를 얻기 위해 기업가적 벤처를 시작하는 개인이다. 하지만 이 사람들만이 기업가적 벤처를 시작하는 것은 아니다. 이들은 **필요에 의한 기업가**(necessity entrepreneur)인데 흔히 우연한 기업가, 의도치 않은 기업가 또는 강요된 기업가라고 불린다. 이들은 필요(일반적으로 실직)에 의해 기업가적 벤처를 시작한다. 예를 들어 실업률이 두 자릿수이고, 기업 구조조정이 빈번하게 일어났을 때, 많은 기업에서 발생한 '난민'들이 기업가가 되었다. 이 사람들이 기업가 정신을 추구했다. 그들은 어떤 좋은 기회를 감

기업가
기업가적 벤처를 시작하고 적극적으로 운영하는 사람

기회에 기초한 기업가
기회를 얻기 위해 기업가적 벤처를 시작하는 개인

필요에 의한 기업가
필요에 의해 기업가적 벤처를 시작하는 개인

◄◄◄ 과거에서 현재까지 ►►►

오늘날 스타트업, 신생 벤처 팀, 기업가의 업적 등이 큰 주목을 끌고 있는 것이 사실이지만, 기업가 정신은 20세기나 21세기만의 현상이 아니다. 프랑스어인 *기업가*(Enterpreneur)는 18세기 초에 '중개자' 또는 '중간 거래자'를 표현하기 위해 사용되었다. 1700년대의 저명한 경제학자이자 저자인 리샤르 칸티용(Richard Cantillon)은 기업가라는 용어의 창시자로 여겨진다.[8] 그는 기회를 얻기 위해 적극적으로 위험을 부담하는 사람을 가리켜 기업가라는 용어를 사용했다. 이 개인(기업가)은 자본(돈)을 가지고 있지만 개인적으로 새로운 기회를 추구하지 않는 사람 사이의 가교 역할을 했다. 개인(또는 그룹)은 기회 추구를 하는 사람들에게 자금을 주고, 기업가는 중간에서 위험 감수자로서의 역할을 했다. 그림 EM.1은 기업가 정신 이론 개발에 있어 여러 가지 중요한 역사적 발전을 보여준다.

비록 이것은 기업가 정신의 길고 다채로운 과거 중에서 극히 일부에 불과하지만, 기업가 정신의 역사는 계속되고 있다는 것을 명심하라. 기업가 정신의 역사는 오늘날에도 여전히 쓰이고 있다. 이 장의 나머지 부분에서는 오늘날 기업가 정신에 대해 우리가 알고 있는 많은 내용을 다룰 것이다.

토의문제

1 기업가 정신의 역사를 아는 것이 오늘날 기업가 정신을 이해하는 데 어떤 도움을 주는가?

2 그림 EM.1에 제시된 기업가 정신의 과거 내용이 오늘날에도 여전히 유효한가? 하나씩 골라서 경영학 전공자가 아닌 친구에게 어떻게 설명할지 작성해보라.

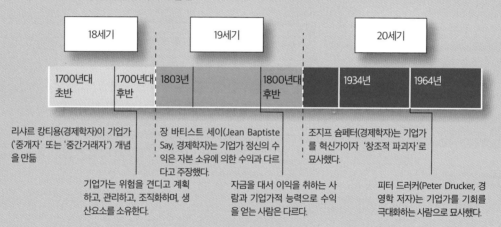

그림 EM.1   기업가 이론의 역사적 발전

출처: Robbins, Stephen P., Coulter, Mary, *Entrepreneurship in Action*, 1st Ed., © 2001. Reprinted and electronically reproduced by permission of Pearson Education, Inc., New York, NY.

지했기 때문이 아니라, 일자리가 없었기 때문이다. 또 다른 유형의 기업가는 기존의 사업을 매각 또는 철수하고, 다른 기업을 설립해 경영하다가 다시 사업을 매각 또는 철수하는 등 **기업가적 행동을 반복적으로 하는 사람**(serial entrepreneur)이다. **포트폴리오 기업가**(portfolio entrepreneur)도 있는데, 이들은 원래의 사업을 유지하면서 상속, 설립 또는 매수함으로써 기존 기업에 사업을 추가해 사업의 포트폴리오를 구축하는 사람이다.

기업가 정신이 왜 중요한가?

다양한 자료를 활용해 우리는 중소기업이 얼마나 많은지, 중소기업에 얼마나 많은 노동자가 근무하는지, 중소기업이 국가 경제 총생산량에서 얼마나 많은 부분을 책임지고 있는지에 대한 통계를 찾을 수 있다. 다양한 연구기관과 정부가 수집한 이들 통계 데이터를 보면 기업가적 벤처 관련 데이터뿐만 아니라 모든 중소기업의 경제 활동이 포함되어 있다. 우리는 중소기업과 기업가적 벤처가 다르다는 점을 강조했는데, 이들 통계는 기업가적 벤처의 전체 모습을 보여주지 못한다. 기업가 정신이 기여하는 바를 살펴보자. 질문은 이렇다. 기업가 정신의 중

기업가적 행동을 반복적으로 하는 사람
기존의 사업을 매각 또는 철수하고, 다른 기업을 설립해 경영하다가 다시 사업을 매각 또는 철수하는 기업가적 행동을 반복하는 개인

포트폴리오 기업가
원래의 사업을 유지하면서 상속, 설립 또는 매수함으로써 기존 기업에 사업을 추가해 사업의 포트폴리오를 구축하는 사람

기업가 정신이 중요한 이유는 제임스 롱크로프트(James Longcroft)가 츄스워터(Choose Water) 생수회사에서 개발한 새로운 친환경, 완전 생분해성 물병과 같은 혁신으로 이어지기 때문이다. 플라스틱 소재가 들어 있지 않은 일회용 병은 재활용 천연물질로 만들어져서 3주 안에 분해된다. 롱크로프트는 그의 혁신이 일회용 플라스틱 병을 대체하고 세계 해양의 플라스틱 폐기물 오염 증가를 막는 데 도움이 되기를 바라고 있다.

요성을 어떻게 측정할 수 있는가? 기업가 정신이 경제활력에 기여하는가? 그리고 어떻게 기여하는가?

기업가 정신은 미국 및 전 세계 모든 산업 부문에 중요하며, 앞으로도 중요하다. 그 중요성은 혁신, 신규 창업 수, 일자리 창출과 고용 등 3개 분야에서 나타난다.

혁신 5장 앞부분에서 논의한 바와 같이, 혁신은 창조, 변화, 실험, 변혁 및 혁명의 과정이다. 그리고 우리가 앞서 내린 정의에서 알 수 있듯이 혁신은 기업가 활동의 가장 큰 특징 중 하나이다. 혁신이라는 '창조적 파괴'의 과정이 기술 변화와 고용 성장을 이끈다.[9] 기업가적 기업은 새롭고 독특한 아이디어의 필수적인 원천을 제공함으로써 변화의 주체가 된다. 위험을 감수하려는 기업가의 열정적 추진력과 간절함으로 인해 제품과 프로세스의 새로운 방향을 설정하고 경제 활력에 중요한 혁신을 이끄는 일련의 의사결정이 이루어진다. 이러한 새로운 아이디어가 없다면 경제, 기술, 사회의 발전은 실제로 더딜 것이다.

신규 창업 수 기업가 정의에 부합하든 그렇지 않든 모든 기업은 처음에는 신생기업이었다. 경제 통계에서 기업가 정신이 수행하는 역할에 대한 가장 편리한 척도는 일정 기간 동안의 신생기업 수를 살펴보는 것이다. 카우프만 재단(Kauffman Foundation)의 기업가 활동 지수(Index of Entrepreneurial Activity)는 신생기업 설립률을 추적한다. 추이를 보면 2013년에 바닥을 쳤다. 하지만 2017년(가장 최근 제공된 데이터)까지 미국 40대 대도시 지역의 비율이 하락했는데, 스타트업 활동은 증가했다.[10] 스타트업에 대한 또 다른 연구는 1996년부터 2007년까지 전체 기업 수 대비 신규 기업의 비율이 9.6~11.2개 사이인 것으로 나타났고, 2017년 중반에는 그 비율이 7.8로 떨어졌다.[11] 신규 기업 등장이 왜 중요한가? 이러한 새로운 기업들이 제품 프로세스 혁신, 세수 증가, 사회적 개선, 일자리 창출과 같은 긍정적인 측면을 통해 경제 발전에 기여하기 때문에 중요하다.

일자리 창출 우리는 일자리 창출이 지역사회, 지역경제, 국가경제에 중요하다는 것을 알고 있다. 최근 한 연구보고서는 창업이 일자리 창출에 중요한 역할을 하지만 창업한 지 5년 이후에도 생존하는 기업이 전체 창업기업의 절반도 안 되기 때문에 시간이 지날수록 일자리 창출의 효과가 제한적이라는 연구 결과를 제시했다. 보고서는 또한 중소 스타트업 기업이 순일자리 창출에 미치는 영향은 기업 규모에 따라 차이가 있다고 지적했다. 20인 미만 스타트업은 순고용 창출 효과가 명확하지 않은 반면, 20~499인 스타트업은 고용 효과가 긍정적인 것으로 나타났다.[12] 그래서 우리는 기업가적 벤처가 일자리 창출에 중요하다고 말할 수 있다.

글로벌 기업가 정신 미국 이외에 기업가 활동은 어떠한가? 어떠한 영향을 주었는가? 글로벌 기업가 정신 모니터(Global Entrepreneurship Monitor, GEM)라고 불리는 글로벌 기업가 정신에 대한 연간 평가가 이루어지고 있는데, 여기서는 다양한 국가의 경제 성장에 대한 기업가 활동의 영향을 연구한다. 글로벌 기업가 정신 모니터 2017/18년 보고서는 경제 개발 단계에 따라 54개의 세계 경제를 3개의 클러스터, 즉 요소 중심 경제, 효율성 중심 경제, 혁신 중심 경제로 구분했다. 연구자들은 무엇을 발견했는가?[13]

- 북미 지역이 25~34세 연령 그룹에 대해 23.4%로 가장 높은 수준의 총기업가적 활동 (total entrepreneurial activity, TEA)을 보였다.
- 라틴 아메리카와 카리브해의 경제는 18~24세까지의 연령층이 16.5%, 35~44세 연령층 이 20.6%, 45~54세 연령층이 17.9%로 총기업가적 활동 수준이 높게 나타났다.
- 유럽은 모든 연령대에서 모든 지역 중 가장 낮은 총기업가적 활동을 보였다.

기업가는 무엇을 하는가?

기업가가 하는 일을 설명하는 것은 쉽거나 간단한 일이 아니다! 어떤 두 기업가의 활동을 비교하면 정확하게 같지 않다. 일반적으로 기업가는 새롭고 남다른 무언가를 창조한다. 그들은 변화를 추구하고, 변화에 대응하며, 변화를 이용한다.

잠재력 평가 및 창업   처음에, 기업가는 기업가적 벤처기업의 잠재력을 평가한 다음 창업 문제를 다룬다. 기업가적 상황을 탐색하면서 기업가는 정보를 수집하고, 잠재적 기회를 식별하며, 가능한 경쟁 우위를 찾아낸다. 이러한 정보들로 무장한 기업가는 다음으로 사업 아이디어 발굴, 경쟁업체 검토, 금융 대안 탐색 등 벤처기업의 실현 가능성을 파악한다.

벤처의 잠재력을 검토하고 성공적으로 추진할 수 있을지 가능성을 평가한 후, 기업가는 벤처 계획을 수립한다. 이 프로세스에는 실행 가능한 조직 미션 개발, 조직 문화 이슈 탐색, 심사숙고해 도출된 비즈니스 계획 수립 등의 활동이 포함된다. 이러한 계획이 이루어지면, 기업가는 회사의 법적 형태를 정하고, 특허나 저작권 검색과 같은 법적 문제에 대해 고심하게 되며, 업무 수행 방식을 구조화하기 위해 적절한 조직 설계를 해야 한다.

벤처기업 출범   이러한 스타트업 활동이 완료되어야 비로소 기업가는 실제로 벤처기업을 출범할 준비가 된 것이다. 회사를 출범하려면 목표와 전략을 수립하고, 기술 운영 방법, 마케팅 계획, 정보 시스템, 재무 회계 시스템 및 현금 흐름 관리 시스템을 수립해야 한다.

벤처 경영   일단 기업가적 벤처가 가동되면, 기업가의 관심은 벤처 경영으로 전환된다. 실제로 기업가적 벤처 경영과 관련된 것은 무엇일까? 벤처 경영에서 중요한 활동은 의사결정, 실행 계획 수립, 대내외 환경 분석, 성과 측정 및 평가, 변화 관리 등 다양한 프로세스를 관리하는 것이다. 또한 기업가는 선발과 채용, 평가와 교육훈련, 동기부여, 갈등 관리, 업무 위임, 효과적인 리더 육성 등 인력 관리와 관련된 활동을 수행해야 한다. 마지막으로 기업가는 벤처기업의 성장을 관리해야 하는데 여기에는 성장 전략 구축 및 설계, 위기 대처, 재무적 성장을 위한 다양한 방안 탐색의 활동 등이 포함되며, 기업가는 벤처기업의 가치를 높이기 위해 꾸준히 노력하고, 어쩌면 때로는 기업 활동을 그만두는 것도 고려해야 한다.

기업가가 직면한 사회적 책임과 윤리 문제는 무엇인가?

기업가들이 벤처기업을 시작하고 경영하게 되면 종종 어려운 사회적 책임과 윤리에 직면하게

기업가적 프로세스에서
어떤 일이 일어날까?

기업가적 벤처를 출범하고 경영하는 데는 다음 네 가지 주요 단계가 포함된다.

1

기업가적 상황 탐색

상황에는 현재의 경제적, 정치·법률적, 사회적 환경 및 업무 환경이 포함된다. 왜 이러한 것들이 중요한가? 기업가에게 도움이 되기 때문이다.

- 게임의 '규칙'과 성공으로 이어질 수 있는 의사결정과 행동을 정할 수 있게 한다.

- 기업가적 벤처를 명확히 하는 데 있어 매우 중요한 다음 단계를 인식하고 이에 대처하도록 도와준다… 2단계!

Viacheslav Iakobchuk/Alamy Stock Photo

2

기회 및 경쟁 우위 파악

자세한 내용은 175쪽의 계획 부분을 참조하라.

벤처 창업

다음 내용을 포함해 아이디어를 실현한다!

- 벤처기업 타당성 조사
- 벤처기업 계획 수립
- 벤처기업 조직
- 벤처기업 출범

벤처 관리 방법

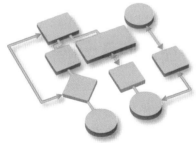

프로세스 관리

인력 관리

성장 관리

사회적 기업가
실용적이고 헌신적이며, 지속가능한 접근 방식을 사용해 사회를 개선할 기회를 찾는 개인 또는 집단

된다.

중소기업의 95%는 그들이 사업을 하는 지역사회에서 긍정적인 평판과 좋은 관계를 발전시키는 것이 사업 목표를 달성하는 데 중요하다고 생각한다.[14]

기업시민의 위치를 갖는 것이 중요하지만, 중소기업의 절반 이상이 공동체의 연결을 위한 공식적인 프로그램을 갖추고 있지 않다. 실제로 70%의 기업이 사업 계획을 세울 때 공동체의 목표를 고려하지 않았다고 인정했다. 앞 장에서 우리는 왜 조직이 사회적인 문제에 관심을 가져야 하는지에 대해 논의했다. 기업가들은 언제, 어디서, 어떻게 사회적 책임을 질 것인가에 대해 충분히 생각하는 것이 중요하다.

사회적 책임과 사회적 기업가   일부 기업가는 그들의 사회적 책임을 진지하게 받아들인다. 전 세계적으로 사회적 문제들은 많고, 실행 가능한 해결책들은 적다. 하지만 수많은 사람과 조직들이 무언가를 하려고 노력하고 있다. 우리는 이러한 개인들을 '사회적 기업가'라는 용어로 표현한다. **사회적 기업가**(social enterpreneur)는 실용적이고 혁신적이며 지속 가능한 접근 방식을 사용해 사회를 개선할 기회를 찾는 개인 또는 조직이다. 예를 들어 딘 키르히너(Deane Kirchner), 조지 왕(George Wang), 키아 윌리엄스(Kiah Williams)는 시리엄(SIRIUM)을 공동 설립했는데, 시리엄은 사용되지 않은 의약품을 재배포하기 위한 단체이다. 이 단체는 수십억 달러 상당의 미사용 의약품이 폐기되는 반면 자금이 부족한 병원은 저소득 환자를 위한 의약품을 구입할 수 없다는 사실에 주목했다. 키르히너와 그녀의 팀은 병원과 의원의 디지털 플랫폼을 사용해 시리엄이 가장 필요한 곳으로 약을 배송한다. "우리의 목표는 사용하지 않는 약을 구함으로써 생명을 구하는 것이다"라고 키르히너는 말한다. "우리는 잉여와 수요 사이의 격차를 해소하기 위해 기술을 사용할 수 있다고 생각했다."[15]

또 다른 기업가들은 지구 환경을 보호하는 제품과 서비스를 통해 기회를 추구했다. 예를 들어 매사추세츠주 워번의 퍼포즈에너지(PurposeEnergy)는 맥주 양조업에서 폐기물 부산물을 재생 천연가스, 처리수, 유기비료로 바꾸는 기술을 개발했다. 또 다른 회사인 캐나다 토론토의 보틀(Botl)은 생분해성 휴대용 물 필터를 판매한다. 설립자인 에밀리 윌킨슨(Emily Wilkinson)은 쓰레기 매립지로 들어가는 플라스틱 쓰레기의 양을 줄임으로써 환경을 보호하고자 했다. 여과된 생수가 담긴 플라스틱 용기를 사용하고 버리는 대신, 소비자들은 어떤 용기든 필터를 용기에 넣고 흔들어 수돗물을 빠르게 걸러낼 수 있다.

우리는 사회적 기업가들로부터 무엇을 배울 수 있는가? 많은 기업이 윤리적이고 책임감 있게 사업을 해 왔지만, 사회적 기업가들이 보여주듯이, 아마도 기업이 할 수 있는 일은 더 많을 것이다. 그것은 어쩌면 단지 사회적 문제를 해결하기 위해

사회적 기업가 켈러 리나도(Keller Rinaudo)는 캘리포니아 소재 로봇기업 집라인(Zipline)의 공동 창업자이자 최고경영자인데, 그는 '집스(Zips)'라고 불리는 드론을 만들어 르완다의 병원과 보건소에 백신, 의약품, 수혈용 혈액 등을 전달한다. 집라인의 미션은 '지구상에서 가장 도달하기 어려운 곳에 생명을 구하는 약을 가져다주는 것'이다. 이 미션을 달성하기 위해 집라인은 전 세계로 서비스를 확대할 계획이다.

James Akena/Reuters

공공 단체나 비영리 단체와 협력하는 것일 수도 있다. 또는 서비스와 제품이 필요하지만 부족한 곳에 서비스와 제품을 제공하는 것일 수도 있다. 또는 세상을 더 나은 곳으로 만들 수 있고 이를 위해 조직의 지원이 필요하다는 것을 확고히 믿는 열정적인 사람들을 육성하는 것도 포함될 수 있다.

기업가적 윤리   윤리적 문제는 기업가들의 의사결정 및 행동에 중요한 역할을 한다. 기업가들은 그들이 하는 일의 윤리적 결과를 인식할 필요가 있다. 특히 직원들을 위해 기준으로 제시한 본보기는 구성원들의 행동에 큰 영향을 미친다.

윤리가 중요하다면, 기업가들은 그 일을 잘 하고 있을까? 아쉽지만, 그렇지 않다! 다양한 규모의 기업체 직원을 대상으로 회사가 윤리적인지에 대해 설문조사한 결과, 99인 이하 기업체 직원의 20%가 윤리적이지 않다고 응답했다.[16] 기업가는 조직 관리자와 마찬가지로 윤리적으로 사업을 수행하고 윤리적인 기업 환경을 만듦으로써 윤리적 의사결정과 행동을 장려해야 한다.

새로운 벤처기업을 계획할 때 무엇에 몰입해야 하는가?

비록 시리얼을 그릇을 따르는 것이 간단한 일처럼 보일지 모르지만, 가장 깨어 있고 정신없는 아침형 인간조차도 아마도 바닥에 시리얼을 흘리는 일이 많을 것이다. (당신은 그런 적이 없나?) 벨기에 에르페메러(Erpe-Mere)에 본사를 둔 제품 디자이너인 필립 미어트(Philippe Meert)가 이러한 문제를 해결할 방법을 생각해냈다. 미어트는 시리얼 박스의 디자인 결함을 바로잡을 기회를 감지하고 시리얼 박스 크기에 맞게 조정해 끼울 수 있는 플라스틱 뚜껑인 시리얼탑을 개발했다.[17]

필립 미어트 같은 기업가들이 가장 먼저 해야 할 일은 기회와 경쟁 우위를 파악하는 것이다. 일단 기회를 포착하면, 그들은 그것의 실현 가능성을 조사하고 제품이나 서비스 출시를 계획함으로써 벤처 사업을 시작할 준비를 한다.

기업가가 해야 할 초기 노력은 무엇인가?

제프 베이조스가 인터넷 사용량이 한 달에 2,300%씩 증가하는 것을 처음 보았을 때, 그는 극적인 일이 일어나고 있다는 것을 알았다. 믿을 수 없을 정도로 빠르게 성장하는 것을 보면서 베이조스는 해당 분야에서 사업을 하기로 결심했다. 그는 월스트리트에서 증권 시장 조사자이자 헤지 펀드 매니저로서 성공적인 경력을 쌓고 있었지만 그 일을 그만두고 온라인 소매업에서 자신의 비전을 실현하고자 했으며, 현재의 아마존닷컴(Amazon.com)을 설립했다.[18]

만약 당신이 2,300%와 같은 그런 종류의 숫자를 어디선가 보았다면 어떻게 했을까? 무시했을까? 운이라고 보았을까? 이것은 환경적 기회를 파악하는 대표적인 예다. (6장에서 기회를 외부 환경의 긍정적인 트렌드로 정의함을 기억하라.) 이러한 트렌드는 혁신과 가치 창출을 위한 독특하고 뚜렷한 가능성을 제공한다. 기업가는 변화하는 상황이 제공하는 이러한 기회들을 정확히 찾아낼 수 있어야 한다. 결국, "조직은 기회를 보지 못하고 개인이 기회를 본다."[19] 그리고 기회가 사라지거나 다른 사람들이 그러한 기회를 발견하기 전에, 특히 역동적인 환경에서는 신속하게 실행에 옮겨야 한다.[20]

최근의 한 연구에 따르면 작은 변화들(마이크로트렌드)이
시장의 새로운 요구를 충족할 수 있는 기회를 정확히 포착하는 데 있어
커다란 사회적·경제적 변화만큼이나 중요할 수 있다.[21]

유명한 경영학 저자인 피터 드러커는 기업가들이 외부 상황에서 발견할 수 있는 일곱 가지 잠재적인 기회 출처를 제시했다.[22] 잠깐 살펴보자.

1. **뜻밖의 일.** 예상치 못한 상황과 사건에서 기회를 찾을 수 있다. 이때의 사건은 예상치 못한 성공(긍정적 뉴스) 또는 예상치 못한 실패(나쁜 뉴스)일 수 있다. 어느 쪽이든, 그것은 기업가에게 기회를 줄 수 있다.

2. **부조화.** 어떤 것이 부조화하면, 모순과 양립 불가능성의 형태로 나타난다. 현상이 어떤 방식으로 '그렇게 되어야' 하지만 실제로는 그렇지 않을 수 있다. 어떤 이유인지는 모르지만, 그동안의 통념이 진실이 아닐 때 기회가 존재한다. '고정관념을 버리는', 즉 기존의 접근 방식을 뛰어넘어 생각하는 기업가는 잠재적 수익이 있는 곳을 찾을 수 있다.

3. **프로세스 개선 요구.** 기술이 어떤 제품 또는 서비스의 특성을 근본적으로 변화시킬 '커다란 발견'을 가져오지 못할 경우 어떤 일이 벌어질까? 연구자, 과학자, 기술자가 획기적인 발전을 위해 지속적으로 노력함으로써 프로세스의 다양한 단계에서 기업가적 기회가 출현하게 된다. 완전한 도약이 쉽지 않기 때문에, 작은 단계들에서 많은 기회가 있다.

4. **산업 및 시장 구조.** 기술의 변화가 산업과 시장의 구조를 변화시킬 때, 기존 기업들이 변화에 적응하지 못하거나 변화를 원하지 않는다면 뒤처질 수밖에 없다. (앞에서 다룬 혁신에 대한 우리의 논의를 기억하라.) 사회적 가치와 소비자 취향의 변화도 산업 및 시장 구조를 바꿀 수 있다. 이렇듯 시장과 산업은 민첩하고 똑똑한 기업가에게는 공개된 타깃이다.

5. **인구 통계적 특성.** 세계 인구의 특성이 변하고 있다. 이러한 변화는 원하는 제품과 서비스의 종류와 수량, 고객의 구매력을 변경시킴으로써 산업과 시장에 영향을 미친다. 인구 통계학적 추세(미국 인구의 고령화에 따라 어떤 제품과 서비스가 필요한지 생각해보라)에 주의한다면 이러한 변화 중 많은 부분이 상당히 예측 가능하다. 하지만 그렇게 명백하지 않은 것도 많다. 어떻든, 인구 변화로 인한 요구를 예측하고 충족함으로써 의미 있는 기업가적 기회를 얻을 수 있다.

6. **인식의 변화.** 인식은 현실에 대한 관점이다. 인식의 변화가 일어나면 사실이 달라지지 않더라도 그 의미는 변한다. 인식의 변화는 사람들이 무엇을 중시하고, 무엇을 믿으며, 무엇에 관심을 갖는지 등 사람들의 심리적 모습을 보여준다. 태도와 가치의 변화는 기민한 기업가들에게 잠재적인 시장 기회를 제공한다.

7. **새로운 지식.** 새로운 지식은 기업가적 기회의 중요한 원천이다. 지식 기반 혁신이 늘 중요한 것은 아니지만, 새로운 지식은 기업가적 기회의 원천들 중에서 상당히 높은 순위를 차지한다! 하지만 새로운 지식을 얻는 것 이상의 것이 필요하다. 기업가는 그러한 지식으로 무언가를 할 수 있어야 하고 중요한 독점 정보를 경쟁자들로부터 보호할 수 있어야 한다.

기회를 중시하는 것은 기업가의 초기 노력의 일부일 뿐이다. 경쟁 우위도 이해해야 한다. 6장에서 논의한 바와 같이, 조직이 경쟁 우위를 점해야 다른 경쟁업체가 가지지 못한 것을 가지고, 다른 조직보다 더 나은 것을 하거나, 다른 기업이 할 수 없는 것을 할 수 있다. 경쟁 우위는 기업가적 벤처의 장기적인 성공과 생존에 필수 요소이다. 경쟁 우위를 확보하고 유지하는 것은 어렵다. 다만 기업가들이 벤처기업의 타당성 조사를 시작하면서 반드시 고려해야 할 사항이다.

기업가는 벤처의 실현 가능성을 어떻게 연구해야 하는가?

기업가는 비즈니스 아이디어를 창출하고 평가해 벤처의 실현 가능성을 연구하는 것이 중요하다. 기업가적 벤처는 아이디어에 의존한다. 아이디어 창출은 혁신적이고 창의적인 과정이다. 또한 아이디어 창출은 기업가적 벤처의 초기 단계뿐만 아니라 기업의 생애 전반에 걸쳐 나타날 수 있다. 아이디어는 어디에서 오는가?

기업가들은 사업 아이디어를 어디에서 얻었다고 하는가?[23]

- 34.35%가 갑작스러운 통찰력/우연한 기회라고 말했다.
- 23.5%가 열정을 따랐다고 말했다.
- 11.8%가 제안 또는 협업이라고 답했다.
- 10.8%가 시장 조사라고 말했다.
- 7.8%가 '기타'라고 답했다.

아이디어 창출 기업가들은 독특하고 다양한 출처를 활용해서 아이디어를 얻는다. 또 다른 조사에서는 응답자의 60%가 '같은 산업에서 일한 것'이 기업가적 벤처 아이디어의 주요 원천이라고 답했다. 다른 응답자들은 개인의 관심사나 취미, 친숙하거나 혹은 낯선 제품과 서비스, 외부 환경 분야에서의 기회 등을 꼽았다.[24]

다음은 아이디어 원천을 탐색하면서 기업가가 살펴보아야 할 사항이다 — 현재 사용하고 있는 것의 한계, 새롭고 색다른 접근 방식, 진전과 돌파, 채워지지 않은 틈새, 추세와 변화 등.

아이디어 평가 기업가적 아이디어 평가는 개인 및 시장의 여러 요인을 대상으로 이루어진다. 이러한 각각의 평가는 기업가에게 아이디어의 잠재력에 대한 의미 있는 정보를 제공할 것이다. 표 EM.1은 잠재적 아이디어를 평가할 때 기업가가 물어볼 수 있는 몇 가지 질문을 보여준다.

기업가가 사용하고 싶어 하는 보다 구조화된 평가 방식은 **타당성 조사**(feasibility)이다. 이는 실현 가능성을 결정하기 위해 설계된 기업가적 벤처의 다양한 측면에 대한 분석이다. 잘 준비된 타당성 조사는 기업가적 아이디어가 잠재적으로 성공적인 아이디어인지 여부를 결정하는 효과적인 평가 도구일 뿐만 아니라, 모든 중요한 사업 계획의 기초가 될 수 있다. 그림 EM.2는 타당성 연구에 대한 전반적인 개요를 보여주고 있다. 그렇다. 그것은 많은 영역을 포괄하며, 준비하는 데 상당한 시간과 에너지, 노력이 필요하다. 그러나 기업가가 미래에 성공하기 위해서는 그러한 투자가 가치가 있다.

타당성 조사
실현 가능성을 결정하기 위해 설계된 기업가적 벤처의 다양한 측면에 대한 분석

표 EM.1   잠재적 아이디어의 평가

개인 고려사항	시장 고려사항
• 선택한 일들을 수행할 수 있는 능력이 있는가? • 기업가가 될 준비가 되었는가? • 기업가로서 스트레스와 여러 도전에 대처할 수 있는 정서적인 준비가 되어 있는가? • 거절과 실패에 대처할 준비가 되어 있는가? • 열심히 일할 준비가 되었는가? • 벤처의 잠재력에 대한 현실적인 그림을 가지고 있는가? • 자금 조달 문제에 대해 스스로 학습했는가? • 지속적인 재무 및 기타 유형의 분석을 수행할 의향이 있으며 준비가 되어 있는가?	• 아이디어의 잠재 고객은 누구이며, 어디에 있고, 얼마나 되는가? • 제안한 아이디어가 현재 시판 중인 제품과 비교할 때 무엇이 비슷하고, 무엇이 다른가? • 잠재 고객이 제품을 어떻게, 어디서 구매할 예정인가? • 가격 문제를 고민했는가? 그리고 책정된 가격이 벤처기업의 생존과 성장에 얼마나 도움이 되는가? • 기업가적 벤처를 촉진하고 홍보하기 위해 어떻게 해야 할지 생각해 보았는가?

출처: Robbins, Stephen P., Coulter, Mary, *Management* (Subscription), 14th Ed., © 2018. Reprinted and electronically reproduced by permission of Pearson Education, Inc., New York, NY.

경쟁사 '뒷조사하기'   기업가적 벤처의 타당성 조사 중 일부는 잠재적 경쟁자를 조사하는 것이다. 다음은 기업가가 정보를 얻는 데 도움이 될 수 있는 몇 가지 질문이다.

- 경쟁업체는 어떤 유형의 제품 또는 서비스를 제공하는가?
- 경쟁업체 제품 또는 서비스의 주요 특성은 무엇인가?
- 자사 제품의 강점과 약점은 무엇인가?
- 경쟁업체의 마케팅, 가격 및 유통이 어떻게 이루어지고 있는가?
- 경쟁업체는 다른 경쟁업체와 달리 무엇을 시도하고 있는가?
- 경쟁업체가 성공적인 것으로 보이는가? 왜 그런가? 왜 그렇지 않은가?
- 경쟁업체가 잘하는 것은 무엇인가?
- 경쟁업체는 어떤 경쟁 우위를 확보하고 있는가?
- 경쟁업체가 잘하지 못하는 것은 무엇인가?
- 경쟁업체는 어떠한 경쟁 열위가 있는가?
- 경쟁업체의 규모와 수익성은 어느 정도인가?

기업가가 이 정보를 입수하고 나면, 기업가적 벤처가 이 경쟁 분야에 얼마나 '적합'할 것인지를 평가해야 한다. 기업가적 벤처가 성공적으로 경쟁할 수 있을까? 이러한 유형의 경쟁업체 분석은 타당성 조사 및 사업 계획의 중요한 부분이다. 이 모든 분석이 끝난 후, 상황이 긍정적으로 판단된다면, 벤처의 실현 가능성을 연구하는 마지막 단계는 다양한 금융 대안을 살펴보는 것이다. 이 단계는 단지 다양한 자금 조달 대안에 대한 정보를 수집하는 것이며, 벤처가 얼마나 많은 자금을 필요로 할 것인지 또는 이 자금을 어디서 공급할 것인지를 결정하는 것은 아니다.

자금 지원받기   돈 많은 친척이 주머니를 털어놓지 않는 한, 자금 지원을 받는 것은 쉽지 않다. 벤처 창업에 자금이 필요하기 때문에, 기업가는 다양한 금융 대안을 연구해야 한다. 기업가가 이용할 수 있는 금융 대안은 표 EM.3에 나타나 있다.

표 EM.2   타당성 연구

A. **제품 또는 서비스에 대한 소개, 이력, 설명**
  1. 기업가적 벤처에 대한 간략한 설명
  2. 업계의 간략한 역사
  3. 경제와 중요 동향에 대한 정보
  4. 제품 또는 서비스 현황
  5. 제품 또는 서비스 생산 방법
  6. 제공될 제품 또는 서비스의 전체 목록
  7. 사업의 장단점
  8. 경쟁업체 분석을 포함한 업계 진입 장벽

B. **회계 고려사항**
  1. 대차대조표 작성
  2. 손익계산서 작성
  3. 예상현금흐름 분석

C. **경영상의 고려사항**
  1. 인력의 전문성 – 장단점
  2. 제안된 조직 설계
  3. 잠재적인 인력 충원 자격
  4. 재고 관리 방법
  5. 생산 및 운영 관리 문제
  6. 장비 수요

D. **마케팅 고려사항**
  1. 제품에 대한 상세 설명
  2. 대상 시장 파악(누구를 대상으로, 어디에서, 몇 명을 대상으로)
  3. 제품 유통장소 설명(위치, 교통, 크기, 유통채널 등)
  4. 가격 결정(경쟁 상황, 가격표 등)
  5. 홍보계획(개인판매, 광고, 판매촉진 등)

E. **재무적 고려사항**
  1. 창업비용
  2. 운영에 필요한 자금 수요
  3. 지분 관련 사항
  4. 대출-금액, 유형, 조건
  5. 수익성 분석
  6. 담보물
  7. 신용 조회
  8. 장비 및 건축 자금 조달 비용 및 방법

F. **법적 고려사항**
  1. 사업 구조(형태/제약조건, 계약조건, 부채, 책임/보험 가입/인수 및 승계 문제)
  2. 계약, 라이선스 및 기타 법률 문서

G. **세금 고려사항: 매출/부동산/인건비, 연방, 주 및 지방**

H. **부록: 차트/그래프, 다이어그램, 배치 레이아웃, 이력서 등**

표 EM.3 가능한 자금 조달 방법

- 기업가 개인 자원(개인 저축, 주택 지분, 개인 대출, 신용카드 등)
- 금융기관(은행, 저축 · 대출기관, 정부 보증 대출, 신용조합 등)
- 벤처 투자가 — 전문적으로 관리되는 투자자금에서 제공되는 외부 지분 투자
- 엔젤 투자자 — 기업가적 벤처에 대한 재정적 후원을 제공하는 개인 투자자(또는 개인 투자자 그룹)
- 기업주식공개(IPO) — 기업 주식의 최초 공개 등록 및 판매
- 국가, 주 및 지방정부 비즈니스 개발 프로그램
- 텔레비전 쇼, 우수기업 경쟁심사, 크라우드 펀딩, 창업보육 프로그램 등 기타 원천

출처: Robbins, Stephen P., Coulter, Mary, *Management* (Subscription), 14th Ed., © 2018. Reprinted and electronically reproduced by permission of Pearson Education, Inc., New York, NY.

기업가는 어떠한 계획을 수립하는가?

16% ⋯ 공식적인 계획을 수립하는 기업가의 생존 가능성이 높은 정도[25]

그렇다. 계획은 성공 확률을 높일 수 있기 때문에 기업가적 벤처기업에게 중요하다. 일단 벤처의 실현 가능성을 철저히 연구한 다음, 기업가는 벤처 계획을 검토해야 한다. 기업가가 벤처 계획을 수립할 때 가장 중요한 일은 **사업 계획서**(business plan)를 개발하는 것이다. 사업 계획서는 사업 기회를 요약하고 식별된 기회를 어떻게 붙잡아서 이용할 것인지를 정의하고 설명하는 서면 문서이다.

많은 예비 기업가에게 사업 계획서를 개발하고 작성하는 것은 어려운 과제처럼 보인다. 그러나 좋은 사업 계획서는 그만한 가치가 있다. 그것은 기업가가 가지고 있는 비전의 모든 요소를 하나의 일관성 있는 문서로 통합한 것이다. 사업 계획은 신중한 계획과 창의적인 사고를 필요로 한다. 잘만 작성된다면, 그것은 많은 기능을 제공하는 설득력 있는 문서가 될 수 있다. 비즈니스 운영을 위한 청사진과 로드맵의 역할을 한다. 그리고 사업 계획은 단순히 시작 단계에 그치지 않고 비즈니스 전반에 걸쳐 조직의 결정과 행동을 안내하는 '살아 있는' 문서이다.

사업 계획서는 기본적인 것만 담은 것부터 세부사항을 철저하게 담은 것까지 다양하다. 가장 기본적인 유형의 사업 계획서에는 단순히 요약문만 포함되어 있다. 2페이지가 넘지 않는 간략한 사업 계획서 같은 것이다. 세부사항을 모두 담은 사업 계획서는 전통적인 사업 계획서로서 아래에서 이와 관련한 내용을 다루고자 한다.

기업가가 타당성 조사를 완료한 경우, 여기에 포함된 많은 정보가 사업 계획의 기초가 된다. 좋은 사업 계획서에는 여섯 가지 주요 영역, 즉 요약문, 기회 분석, 상황 분석, 사업 설명, 재무 데이터 및 추정치, 지원 문서 등이 포함된다.

요약문 요약문은 기업가적 벤처 사업에 대해 기업가가 생각하는 핵심 사항을 요약한다. 여기에는 간단한 직무 기술서, 주요 목표, 기업가적 벤처기업의 간략한 연혁, 벤처와 관련된 주요 인력, 사업 특성, 제품 또는 서비스에 대한 간략한 설명, 틈새 시장, 경쟁업체 및 경쟁 우위에 대한 간략한 설명, 전략, 주요 재무 정보 등이 포함될 수 있다.

기회 분석 사업 계획서의 이 부분에서 기업가는 기회 인식의 세부사항을 제시하는데, 여기에는 (1) 목표 시장의 인구 통계를 기술해 시장 규모를 보여주고, (2) 산업 동향을 기술하고 평가하며, (3) 경쟁자를 식별하고 평가하는 것이 포함된다.

사업 계획서
사업 기회를 요약하고 식별된 기회를 어떻게 붙잡아서 이용할 것인지를 정의하고 설명하는 서면 문서

　상황 분석　　기회 분석이 특정 산업과 시장의 기회에 초점을 맞추는 반면, 상황 분석은 훨씬 더 광범위한 관점을 가지고 있다. 여기에서 기업가는 경제적 환경, 정치적 · 법률적 환경, 기술 환경, 글로벌 환경에서 발생하는 광범위한 외부 변화와 추세를 설명한다.

　사업 설명　　기업가는 사업 설명 부분에서 기업가적 벤처가 어떻게 조직, 출범, 관리되는지를 설명한다. 여기에는 미션기술서에 대한 자세한 설명, 원하는 조직 문화에 대한 설명, 전반적인 마케팅 전략, 가격정책, 판매 전술, 서비스 · 보증 정책, 광고 및 홍보 전술 등 마케팅 계획이 포함된다. 또한 제품 개발 현황, 과업, 난이도와 위험, 예상 비용 등이 포함되는 제품개발 계획, 회사의 지리적 위치, 시설 및 개선이 필요한 사항, 장비 및 업무 흐름 등이 포함되는 운영계획, 그리고 주요 경영진 명단, 이사회 구성 및 이사들의 배경 경험 및 기술, 현재 및 미래 인력 수요, 보상 및 복리후생, 교육 요구, 업무추진 일정 계획 등 인적자원 계획이 포함된다.

　재무 데이터 및 추정치　　모든 효과적인 사업계획서에는 재무 데이터와 추정치가 포함되어 있다. 계산과 해석이 어려울 수 있지만 재무 데이터와 추정치는 결정적으로 중요하다. 재무 정보 없이는 어떤 사업 계획도 완성되지 않는다. 재무 계획은 최소 3년간을 기준으로 작성되어야 하며 예상 손익계산서, 미래 현금흐름분석(첫 1년차 월별 및 다음 2년차 분기별), 대차대조표, 손익분기점 분석 및 비용 관리를 포함해야 한다. 주요 장비 구입이나 자본금 조달이 예상되는 경우 품목, 비용 및 사용 가능한 담보물을 기재해야 한다. 모든 재무 추정치와 분석은 특히 데이터가 이해하기 어렵거나 의심스러운 경우 주석을 달아주어야 한다.

　지원 문서　　이는 효과적인 사업 계획의 중요한 구성요소이다. 기업가는 차트, 그래프, 표, 사진 또는 기타 시각적 도구로 자신의 설명을 뒷받침해야 한다. 또한 기업가적 벤처에 참여하는 주요 인물에 대한 정보(개인 및 업무 관련)를 포함하는 것이 중요할 수 있다.

　기업가적 벤처를 시작하기 전에 아이디어가 싹트기 위해 시간이 걸리는 것처럼, 좋은 사업 계획서 작성에도 시간이 걸린다. 사업가가 사업 계획을 진지하게 생각하고 고려하는 것은 중요하다. 그것은 쉬운 일이 아니다. 그러나 작성된 사업 계획서는 현재 및 향후 계획 수립 시에 가치가 있을 것이다.

기업가가 해결해야 할 추가적인 계획 관련 고려사항은 무엇인가?

새로운 기업가적 벤처기업을 출범하기 전에, 기업가는 새로운 벤처기업에서 자신이 원하는 조직의 가치, 비전과 미션, 조직 문화를 진지하게 생각해야 한다. 왜 그럴까? 왜냐하면 이러한 것들이 무엇을 어떻게 결정할 것인지와 기업가적 벤처의 무슨 업무가 어떻게 실행될지를 규정하기 때문이다. 각각에 대해 간단히 살펴보자.

조직 가치, 비전, 미션　　조직의 비전은 기업가가 자신의 조직이 어떤 조직이 되기를 바라는지에 대한 광범위한 그림이다. 조직 비전은 미래에 대한 활기차고 매력적인 그림을 제공하며 기업가적 벤처가 무엇을 할 것인지에 대한 관점을 제시한다. 비전은 기업가의 꿈에 대한 진술이다. 조직 리더(이 경우 기업가)가 뚜렷한 비전을 제시하는 경우, 현재와 미래의 모든 결정과 행동은 이 비전에 의해 이루어질 것이다. 비전을 명확히 제시함으로써 기업가는 기업가적 벤처가 미래에 어디에 있기를 바라는지 전반적인 그림을 보여줄 수 있다. 조직 비전은 기업가의 가치에 기초한다. 기업 소유자가 사업을 수행하고 고객, 직원, 품질, 윤리, 성장, 진실성, 혁

파타고니아(Patagonia)의 창업자인 이본 쉬나르(Yvon Chouinard)가 자신의 아웃도어 의류회사를 위해 수립한 조직 문화는 그의 저서 '파도가 칠 때는 서핑을'이라는 제목에 그대로 반영되어 있다. 파타고니아의 직원들은 자신의 업무, 제품의 품질, 환경을 배려하는 열정을 가지고 있으며, 사무실에서 보드와 수트를 집어들고 점심시간에 서핑을 즐길 수 있는 유연한 일터에서 일하고 있다.

신, 유연성 등을 다루는 데 있어 어떤 신념을 가지고 있는가? 기업가가 중시하는 것이 조직 비전의 기초가 될 뿐만 아니라 직원들이 자신의 일을 어떻게 하는가에 대한 기초가 될 것이다. 예를 들어 뛰어난 고객 서비스가 가치 있다는 것을 직원들이 알고 있다면, 고객서비스는 직원들이 의사결정을 내리는 방법에 반영되고, 직원들은 고객 서비스를 강화하는 방식으로 행동할 것이다.

조직의 비전이 기업가적 벤처의 전체적인 그림을 제공하지만, 미션은 기업가적 벤처가 무엇을 해야 하는지에 대해 보다 구체적인 정의를 담고 있다. 우리는 6장에서 미션의 개념을 소개하고 그것을 조직의 목적에 대한 진술로 정의한다. 미션 기술서는 모든 직원들에게 지침 역할을 하며, 그들이 무슨 일을 해야 하는지, 그리고 직원이 자신들이 하는 직무수행의 이유를 전혀 알지 못한 채 '목표 없이 방황하는' 것을 막는다.

조직 문화   특정 기업에서 근무한다면 당신은 그 기업에서 중시하는 것이 무엇이고, 기업의 일하는 방식에 대해 어떤 인상을 받는가? 직원들이 자신의 업무를 신나서 일하고 동기부여된 것 같은가, 아니면 급여 때문에 그저 회사를 계속 다니고 있는 것 같은가? 고객이 중요하고 가치가 있는 것 같은가, 아니면 고객이 업무 수행을 방해하는 존재로 보이는가? 따뜻하고, 편안하고, 개방적인 조직 느낌인가, 아니면 공식적이고, 구조화되고, 규정 중심의 조직 느낌을 받는가? 개인이 개성을 가지고 있는 것처럼 조직도 개성을 가지고 있다. 이러한 개성을 문화라고 부르는데, 우리는 4장에서 조직 문화를 다룬 바 있다. 조직 문화의 원천(공유가치, 신념 및 행동 규범)이 설립자의 신념, 가치 및 비전을 반영한다는 점에서 여기에서 다시 언급하고자 한다. 설립자(기업가)가 독창적인 아이디어를 가지고 있기 때문에, 그는 아이디어 창출에 대한 특정한 믿음과 편견을 가질 수 있다. 설립자는 조직이 어떠해야 하는지에 대한 이미지를 가지고 조직의 초기 문화를 확립한다. 작은 규모의 스타트업은 창업자가 조직 구성원에게 가치와 비전을 심어주는 데 도움이 된다. 이들 창업자들은 문화를 '구매'하거나 어떤 문화를 가진 조직과 연결되지 않는다. 문화는 이야기, 의식, 물질적 상징, 언어를 통해 학습되는데, 이를 통해 문화를 살아있게 만든다. 이러한 것들은 직원들이 조직의 문화를 보고, 경험하고, 배우는 방법이다. 심지어 물리적 업무 공간도 문화를 반영하고 강화하는 역할을 한다. 예를 들어 직원들 간의 협업이 중요하고 가치가 있다면, 업무 공간은 공개 토론을 지원하고 촉진할 수 있도록 배치되어야 한다. 또는 혁신성이 회사의 중요 가치라면, 업무 공간은 사람들이 실험하고 창의적일 수 있도록 지원해야 한다.

기업가적 벤처기업의 조직화와 관련된 것은 무엇인가?

샌프란시스코의 트윌리오(Twilio)의 최고운영책임자인 로이 응(Roy Ng)은 자신의 조직을 직원 중심의 회사로 탈바꿈시킴으로써 조직 구조를 재설계했다. 그는 직원들이 자신의 노력에 대해 책임지도록 조직의 권한을 축소하기로 했다. 한 가지 방법은 특정 프로젝트를 담당할 직원팀을 만드는 것이었다. 이러한 소규모 팀은 빠르고 독립적으로 일할 수 있으며, 직원들이 초기 스타트업의 특징과 같은 수준의 열정, 지략, 생산성을 발휘할 수 있는 수단을 제공한다.[26]

일단 기업가적 벤처의 출범과 계획 활동이 이루어지면, 기업가는 기업가적 벤처기업의 구조화를 시작할 준비가 된 것이다. 기업이 반드시 해결해야 하는 조직화의 주요 문제는 조직의 법적 형태, 조직 설계 및 구조, 인적자원 관리 등이다.

기업가적 벤처기업을 위한 법적 조직 형태에는 무엇이 있는가?

기업가가 내려야 하는 첫 번째 조직화 의사결정은 중요하다. 그것은 벤처기업에 대한 법적 소유권의 형태이다. 이 결정에 영향을 미치는 두 가지 주요 요인은 세금과 법적 책임이다. 기업가는 이러한 두 요인의 영향을 최소화하고자 한다. 올바른 선택을 한다면 기업가를 법적 책임으로부터 보호할 수 있을 뿐만 아니라 단기적으로나 장기적으로 세금도 절약할 수 있다.

기업가적 벤처를 구조화하는 세 가지 기본 방법은 독점적 소유권, 파트너십, 기업이다. 그러나 이러한 기본적인 조직 대안을 변형하는 방법을 포함하면 여섯 가지 가능한 대안이 있다. 각각의 대안에는 세금 문제, 법적 책임 문제, 장단점이 있다. 이러한 여섯 가지 대안은 독점적 소유권, 일반 파트너십, 유한 책임 파트너십(LLP), C기업, S기업, 유한 책임 회사(LLC)이다. 표 EM.4는 각 조직 대안에 대한 기본 정보를 요약한 것이다.

조직의 법적 형태에 관한 결정은 중요한데, 그 이유는 세금과 법적 책임에 중대한 영향을 미치기 때문이다. 법적인 조직 형태가 바뀔 수 있지만, 그렇게 하기가 쉽지는 않다. 기업가는 최상의 조직을 선택하는 데 있어 특히 유연성, 세금 및 개인의 법적 책임 측면에서 무엇이 중요한지 신중하게 생각해야 한다.

기업가적 벤처는 어떤 형태의 조직 구조를 사용해야 하는가?

적절한 조직 구조의 선택 역시 기업가적 벤처를 조직화할 때 중요한 의사결정이다. 어느 순간, 성공적인 기업가들은 자신이 모든 것을 할 수 없다는 것을 알게 된다. 그들은 사람이 필요하다. 기업가는 조직 활동을 효과적이고 효율적으로 수행하기 위해 가장 적절한 구조적 배치를 해야 한다. 적절한 형태의 조직 구조가 만들어지지 않는다면, 기업가적 벤처는 곧 혼란스러운 상황에 빠지게 될 것이다.

많은 소규모 기업에서 기업가가 어떤 의도를 가지고 심사숙고하면서 계획하지 않은 채 조직 구조가 형성되는 경향이 있다. 대부분의 경우에 조직 구조는 매우 간단해 한 사람이 필요한 것 모두를 할 수 있는 구조이다. 기업가적 벤처가 성장하고 기업가가 혼자 하는 것이 점점 더 어려워짐에 따라, 직원들은 기업가가 감당할 수 없는 특정한 기능이나 의무를 수행하기 위해 역할을 나눠 가진다. 회사가 성장함에 따라 직원들은 동일한 기능을 수행하는 경향이 있다. 결국 각 기능 영역에는 다수의 관리자와 직원이 필요하게 된다.

놓아주는 것은 … 기업가에게는 어려울 수 있다.

벤처가 보다 신중한 구조로 발전함에 따라, 기업가는 완전히 새로운 일련의 도전에 직면한

표 EM.4 기업 조직의 법적 형태

구조	소유주 자격요건	세금 문제	법적 책임	장점	단점
독점적 소유권	1명의 소유주	손익은 소유자에게 '부과'되며 개인 요율로 과세됨	무한 책임	낮은 창업 비용 / 소유주가 직접 통제했을 때 겪는 모든 규제로부터 자유로움 / 모든 수익은 소유주에게 감 / 사업 철수가 쉬움	무한 책임 / 리스크 상황에서 개인적인 자금 조달 / 법인세 공제 누락 / 책임감 부담 / 자금 조달에 어려움이 있음
일반 파트너십	2명 이상의 소유주	손익은 파트너에게 '부과'되고 개인 요율로 과세됨, 손익은 파트너에게 유연하게 배분됨	무한 책임	정보의 용이성 / 인재를 풀 활용 / 자원 풀 활용 / 자금 조달에 대한 접근성 용이 / 세금 혜택	무한 책임 / 권한과 의사결정의 분산 / 갈등 가능성 / 소유권의 이전 지속성
유한 책임 파트너십(LLP)	2명 이상의 소유주	손익은 파트너에게 '부과'되고 개인 요율로 과세됨, 손익은 파트너에게 유연하게 배분됨	유한 책임이나 1명의 파트너는 무한의 책임을 짐	유한 책임 파트너로부터 자금 확보 용이	조직 구성 비용 및 복잡성 높음 / 유한 책임 파트너들이 명확한 책임 범위를 정하지 않으면 경영에 참여할 수 없음
C기업	주주의 수에 제한 없음, 주식 형태나 투표권에 제한 없음	배당소득은 법인 및 개인 수준에서 과세됨, 손실과 공제는 법인에게 해당됨	유한 책임	유한 책임 / 소유권 이전 용이 / 기업 지속 / 자원 접근 용이	창업 비용이 많이 듦 / 규제가 많음 / 법인 소득 및 주주에 대한 배당에 대해 이중 과세 / 보고서 보관비용이 많이 듦 / 기업환경에 제약이 있음
S기업	최대 75명 주주, 주식 형태나 투표권에 제한 없음	손익은 파트너에게 '부과'되고 개인 요율로 과세됨, 손익은 파트너에게 유연하게 배분됨	유한 책임	창업이 용이함 / 파트너십의 제한된 책임 보호 및 세금 혜택 제공 / 비과세 실체를 주주로 보유할 수 있음	어떤 요구를 충족해야만 함 / 미래 자금 조달 대안이 제한적임
유한 책임 회사(LLC)	'회원' 수에 제한 없음, 투표권과 소득에 있어 융통성 있는 멤버십	손익은 파트너에게 '부과'되고 개인 요율로 과세됨, 손익은 파트너에게 유연하게 배분됨	유한 책임	높은 유연성 / C기업 및 S기업에 대한 규제의 제약을 받지 않음 / 법인세가 아닌 파트너십으로 과세됨	단일 양식으로의 전환 비용이 높을 수 있음 / 운영계약 체결 시 법적, 재무적 조언 필요

출처: Robbins, Stephen P., Coulter, Mary, *Management* (Subscription), 14th Ed., © 2018. Reprinted and electronically reproduced by permission of Pearson Education, Inc., New York, NY.

다. 갑자기, 기업가는 의사결정과 운영 책임을 공유해야 하는데, 이는 일반적으로 기업가가 하기 가장 어려운 일, 즉 다른 사람이 결정을 내릴 수 있도록 하는 것이다. 결국 기업가는 '나만큼 이 사업을 잘 아는 사람이 어디 있겠는가'라고 생각한다. 또한 조직 규모가 작았을 때 잘 작동했던 상당히 비공식적이고 느슨하고 유연한 분위기가 더 이상 효과적이지 않을 수 있다. 많은 기업가들은 기업이 성장하고 더 구조화된 형태로 발전하는 동안에도 '작은 회사' 때의 분위기를 유지하는 것에 대해 크게 우려하고 있다. 그러나 구조화된 조직이 반드시 유연성, 적응성 및 자율을 포기하는 것은 아니다. 사실 조직 구조 설계는 기업가가 편안하다고 느낄 만큼 유동적일 필요가 있으며, 기업을 효율적으로 운영하기 위해 어느 정도의 경직성을 가지는 것이 바람직하다.

기업가적 벤처기업에서의 조직 설계 의사결정은 7장에서 조직 구조의 여섯 가지 요소, 즉 업무 전문화, 부문화, 명령계통, 통제의 범위, 집중화-분권화, 공식화 정도에 대해 논의하게 될 것이다. 이 여섯 가지 요소는 기업가가 더 전통적인 설계를 하고 있는지 더 유연한 설계를 하고 있는지를 결정할 것이다.

기업가가 직면할 인적자원 관리 문제는 무엇인가?

기업가적 벤처가 성장하면 늘어난 업무를 처리하기 위해 추가 직원을 고용해야 한다. 직원 고용에 따라 중요한 두 가지 인적자원 관리(HRM) 문제가 발생하는데 직원 채용과 직원 유지가 그것이다.

직원 채용   기업가는 능력 있는 인재를 확보하고자 한다. 신입사원 채용은 기업가들이 직면한 가장 큰 과제 중 하나다. 사실, 적절한 직원을 성공적으로 채용할 수 있는 능력은 중소기업의 성공에 영향을 미치는 가장 중요한 요소 중 하나로 알려져 있다.

특히 기업가들은 벤처기업의 다양한 성장 단계에서 여러 가지 역할을 수행할 수 있는 능력 있는 사람들을 찾는다. 이들은 벤처기업의 기업가적 문화를 '받아들이는' 개인, 즉 사업에 열정을 가진 개인을 찾는다. 경쟁업체들은 흔히 사람을 직무 요건에 맞춰 일을 시키지만, 기업가들은 중요한 기술 격차를 메우는 데 초점을 맞춘다. 그들은 특별히 유능하고 스스로 동기부여되어 있으며, 유연하고, 다재다능한 사람들을 찾고 있으며, 기업가적 벤처를 성장시키는 데 도움을 줄 수 있는 사람들을 찾고 있다. 일반적인 기업의 경영자들은 전통적인 인적자원 관리 관행과 기법을 사용하는 경향이 있지만, 기업가들은 조직의 가치와 문화에 개인의 특성을 맞추는 것에 더 신경을 쓴다. 즉 그들은 사람을 조직에 맞추는 것에 초점을 맞춘다.

직원 유지   유능하면서 자격을 갖춘 인재를 벤처기업에 영입하는 것은 인적자원을 효과적으로 관리하기 위한 첫 번째 단계일 뿐이다. 기업가는 채용해서 훈련시킨 사람들이 회사에 계속 머무르기를 원한다. 매사추세츠주 뉴버리포트에 본사를 둔 홍보회사인 매터 커뮤니케이션스(Matter Communications)의 설립자이자 최고경영자인 스콧 시그노어(Scott Signore)는 좋은 사람들을 채용해서 다른 사람들과 차별되는 건강하고 활기차고 재미있는 문화를 만드는 것의 중요성을 이해하고 있다. 이 회사의 재미있는 문화는 3년 연속 보스턴 글로브(Boston Globe)의 가장 일하기 좋은 직장에 오르게 하는 데 도움을 주었다.[34]

직원 유지 문제 중 기업가가 다루어야 할 중요한 문제는 보상이다. 전통적인 조직은 보상을

오늘날 직장에서의 경영 기술

스타트업 아이디어: 기술에 대한 현금화

여기에서는 조금 색다른 접근을 할 예정이다. 우리는 최근 뉴스 기사에서 흥미진진한 스타트업 아이디어를 보는 것이 재미있을 것이라고 생각했다.

- 스포일러 얼러트(Spoiler Alert)는 미국 내 식당, 식료품점 및 상업용 주방에서 발생하는 570억 달러의 음식물 쓰레기를 처리하기 위해 시작되었다. 이 스타트업은 식품 제조업체와 도매 유통업체가 남은 재고를 관리하고, 푸드뱅크와 다른 커뮤니티 프로그램에 기부를 늘릴 수 있도록 돕는다.[27]
- 워싱턴 DC의 유명한 지중해 레스토랑인 카바메즈(Cava Mezze)가 카바그릴(Cava Grill) 레스토랑 체인으로 확장을 결정했을 때, 사랑스러운 이름의 '라즈베리 파이(Raspberry Pi)'라고 불리는 비밀 재료를 사용했다. 라즈베리 파이는 카바(Cava)가 후방 작동과 소음 수준에서부터 고객 대기 시간, 식품 안전 관행에 이르기까지 모든 것을 감시하기 위해 사용하는 센서 시스템의 배후 기술이다.[28]
- 가을에 옥수수 미로를 통과하는 즐거움을 느껴본 적이 있는가? 메이즈 퀘스트(Maize Quest)는 펜실베이니아에 있는 기업인데, 정교한 옥수수 미로를 만들기 위해 첨단 디지털 기술을 사용하고 GPS 유도 트랙터를 프로그램해 옥수수 밭에 빠르게 미로를 새긴다.[29]
- 하리 마리(Hari Mari)는 슬리퍼를 더 스마트하게 만들고 있다. 다른 소매점을 통해 판매하는 여타 브랜드와 마찬가지로, 하리마리도 고객에 대한 데이터를 수집하기가 어렵다는 것을 알게 되었다. 이 회사는 미국 내셔널 풋볼 리그(NFL) 프로 에밋 스미스(Emmitt Smith)에게 눈을 돌

렸다. 회사는 제품에 내장 칩을 설계했다. 칩이 내장되어 있는 슬리퍼를 통해 고객들은 앱 다운로드가 가능하며, 할인 혜택에 접근할 수 있고 회사와 직접 소통할 수 있게 되었다.[30]
- 인섹트(Ÿnsect, In-sect로 발음)의 공동 창업자 겸 최고경영자인 앙투안 위베르(Antoine Hubert)는 글로벌 식량 위기 해결 방안으로 식용곤충 밀웜 사업을 하고 있습니다. '곤충'은 소, 닭, 물고기, 돼지에게 먹일 수 있는 초고단백질 제품으로 변한다.[31]
- 스텝앤풀(StepNpull)은 일종의 발걸이로 욕실 사용자가 손을 씻고 난 뒤에 손을 더러운 문 손잡이를 잡지 않고도 문을 열 수 있는 간단한 장치이다. 이 제품은 2007년에 출시되었으며, 고객은 NASA와 이케아에서부터 미국 해군과 버팔로 와일드 윙스(Buffalo Wild Wings)에 이르기까지 다양하다.[32]
- 다이아몬드 파운드리(Diamond Foundry)는 다이아몬드 산업을 교란시키고 있다. 샌프란시스코에 본사를 둔 이 회사는 R. 마틴 로센(R. Martin Roscheisen), 제레미 숄츠(Jeremy Scholz), 카일 가자(Kyle Gazay)가 공동창업한 회사로 작은 다이아몬드 조각을 원석으로 바꾸기 위해 플라즈마 원자로를 사용한다. 이 다이아몬드들은 놀랍게 생겼고 광산에서 채취한 다이아몬드보다 더 낮은 가격에 팔리는 경향이 있다.[33]

토의문제

3 당신은 이 중 어느 것에 투자할 것인가? 이유는 무엇인가?
4 창업자에게 비즈니스에 대해 묻고 싶은 질문 목록을 작성해보라.

금전적 보상(기본급, 복리후생, 인센티브)의 관점에서 보는 경향이 높지만, 소규모 기업가적 기업은 보상을 총보상 관점에서 보는 경향이 크다. 이러한 기업의 보상에는 금전적 보상(기본급과 인센티브) 외에 심리적 보상, 학습 기회 및 인정 등이 포함된다.

기업가적 벤처를 이끄는 데 어떠한 리더십을 발휘해야 하는가?

소프트웨어 회사인 클리어컴퍼니(ClearCompany)의 직원들은 유연해야 한다. 모든 사람이 아이디어를 제공할 것으로 예상된다. 최고경영자이자 공동 창업인 앙드레 르보에(Andre Levoie)는 "직원들의 일하는 방식에 좀 더 [창의적인] 자유를 주는 한 가지 방법은 업무목록과 마감 시한 대신 목적과 목표로, 즉 양에서 질로 초점을 전환하는 것이다"라고 말했다. 다시 말해 르보에는 직원들에게 상당한 자유를 주는 지원적인 리더이다.

리더 역할을 한다는 것은 …

지휘는 기업가의 중요한 기능이다. 기업가적 벤처가 성장하고 사람들이 늘어남에 따라 기업가는 리더로서의 새로운 역할을 맡게 된다. 아래에서 이와 관련된 내용을 살펴보고자 한다.

먼저 기업가들의 독특한 성격 특성에 대해 알아본다. 그런 다음 기업가가 권한 부여를 통해 직원들을 동기부여하고 벤처기업과 직원 팀을 이끌 때 해야 하는 중요한 역할에 대해 논의하고자 한다.

기업가는 어떤 성격적 특성이 있는가?

당신이 알고 있는 기업가를 생각해보라. 테슬라와 스페이스X의 일론 머스크나 마이크로소프트의 빌 게이츠처럼 잘 알려진 사람일 수도 있고 책에서 읽은 사람일 수도 있다. 그 사람의 성격을 어떻게 설명하겠는가? 기업가 정신에서 가장 많이 연구된 분야 중 하나는 기업가가 공통적으로 가지고 있는 심리적 특성, 비기업가와 구별할 수 있는 성격적 특성 유형, 어떤 성격을 가진 기업가가 성공적인 기업가가 될 것인지를 예측하는 것이다.

스포티파이(Spotify)의 공동 창업자이자 최고경영자인 스웨덴 기업가 다니엘 엑은 적극적이고, 자신감 있고, 집요하며, 의욕이 강하고, 자기주도적이고, 지략이 풍부하며, 인내심이 있고, 일에 열정적이다. 이러한 특징들은 엑이 회사를 설립하고, 투자자들에게 그의 음악 사업이 좋은 투자였다는 것을 확신시키고, 스포티파이의 빠른 성장을 이끌어 세계 최대의 음악 스트리밍 서비스가 되는 데 기여했다.

고전적인 '기업가적 성격'이 있는가? 모든 기업가가 공유하는 구체적인 성격 특성을 정확히 파악하는 것은 무리다. 하지만, 기업가 정신 연구자들이 일반적인 특징을 나열하기 위해 끊임없이 연구했다. 예를 들어 성격 특징으로 제안되는 것들에는 높은 수준의 동기부여, 넘치는 자신감, 장기적으로 몰입할 수 있는 능력, 높은 에너지 수준, 지속적인 문제 해결자, 높은 수준의 주도력, 목표 설정 능력, 중간 정도의 위험 감수자 등이 포함된다. '성공한' 기업가들의 또 다른 특징에는 높은 에너지 수준, 높은 집요함, 지략, 자기주도적 욕망과 능력, 상대적으로 높은 자율성 욕구 등이 있다.

기업가적 성격 특성을 정의하는 또 다른 접근은 개인의 기업가적 벤처 추구 가능성을 예측하는 주도적 성격 척도이다. **주도적 성격**(proactive personality)은 자신의 환경에 영향을 미치기 위해 행동을 더 자주 취하는 사람, 즉 더 능동적인 사람을 묘사하는 성격 특성이다. 분명히, 기업가는 기회를 찾고 그러한 기회를 이용하기 위해 행동함에 따라 상황을 앞서서 주도하는 모습을 보인다. 주도적 성격 척도의 다양한 항목은 성별, 교육, 기업가적 부모 보유, 주도적 성격 보유 등으로 개인이 기업가가 될 가능성을 보여주는 좋은 지표이다. 게다가 연구에 따르면 기업가들이 관리자들보다 더 큰 위험 감수 성향을 가지고 있는 것으로 나타났다. 그러나 이러한 성향은 기업가의 1차 목표에 의해 조절된다. 가족 소득 창출에 중점을 둔 기업인에 비해 성장이 주요 목표인 기업인의 위험 감수 성향이 더 크다.

기업가가 직원들에게 어떻게 동기부여할 수 있는가?

기술 마케팅 및 컨설팅 회사인 세이피언트 코퍼레이션(Sapient Corporation)의 공동창업자인 제리 그린버그(Jerry Greenberg)와 스튜어트 무어(J. Stuart Moore)는 직원의 동기부여가 회사의 성공에 매우 중요하다는 것을 인정했다.[36] 그들은 개별 직원이 하나의 작은 프로젝트가 아니라 전체 프로젝트의 산업별 팀의 일원이 되도록 조직을 설계했다. 이러한 조직 설계의 논리는 사람들이 잘게 쪼개진 일을 할 때 좌절감을 느끼며 프로젝트의 처음부터 끝까지 모든 과정을 볼 수 없다는 것이었다. 그들은 직원들이 프로젝트의 모든 단계에 참여할 수 있는 기회가 주어진다면 더 많은 의욕과 생산성을 발휘할 것이라고 생각했다.

주도적 성격
자신의 환경에 영향을 주기 위해 행동을 취하는 경향이 있는 개인을 설명하는 성격 특성 여러분이 어떤 일을 하고 싶다는 의욕이 생길 때, 신이 나서 열심히 할 수 있는 에너지와 의지를 가지게 되는 것을 발견하지 않는가? 벤처기업의 모든 직원이 활기차고 신나게 자신들의 일을 열심히 한다면 좋지 않을까? 동기부여된 직원을 보유하는 것은 모든 기업가에게 중요한 목표이며, 직원에 대한 권한 부여는 기업가가 사용할 수 있는 중요한 동기부여 수단이다.

기업가에게 쉬운 일은 아니지만, 직원 스스로 의사결정을 해서 행동하도록 의사결정 권한을 부여하는 **권한 위임**(employee empowerment)은 중요한 동기부여 방식이다. 그 이유는 무엇일까? 성공적인 기업가적 벤처는 신속하고 민첩해야 하고, 기회를 잡을 준비가 되어 있어야 하며, 새로운 사업으로 갑자기 방향을 바꾸어야 하기 때문이다. 권한이 부여된 직원은 이러한 유연성과 속도를 제공할 수 있다. 직원들이 권한을 부여받으면, 그들은 종종 더 강한 업무 동기부여, 더 나은 업무 품질, 더 높은 직무 만족도, 더 낮은 이직률을 보인다.

당신은 어떤가? 당신은 당신이 장악하고 있는 것들을 다른 사람들이 하도록 하는 것이 쉽다고 생각하는가?

권한 부여는 기업가들이 '받아들여야' 하는 철학적 개념이다. 그것은 쉽게 오지 않는다. 사실 많은 기업가들이 그렇게 하기가 어렵다. 그들의 삶은 사업에 단단히 묶여 있다. 기업가들은 밑바닥부터 사업을 일군 사람들이다. 그러나 기업가적 벤처를 계속 성장시키려면 결국 직원들에게 더 많은 책임을 넘겨야 할 것이다. 기업가가 직원들에게 어떻게 권한을 부여할 수 있는가? 많은 기업인들에게 이것은 점진적인 과정이다.

기업가는 ❶ 직원들이 의사결정에서 의견을 내도록 함으로써 참여적 의사결정을 활용할 수 있다. 직원들을 의사결정에 참여시킨다고 해서 직원들이 완전한 권한부여를 받는 것은 아니다. 하지만 적어도 직원들의 재능, 기술, 지식 및 능력 등을 활용하기 시작하는 방법이다.

직원들에게 권한을 부여하는 또 다른 방법은 ❷ 위임으로 어떤 의사결정이나 특정 직무에 대한 의무를 직원에게 부여하는 것이다. 의사결정과 의무를 위임함으로써, 기업가는 직원이 의사결정과 의무를 이행하는 책임을 지도록 한다.

기업가가 마침내 직원에 대한 권한부여를 편안하게 받아들일 때 완전한 권한을 부여하는데 이는 곧 ❸ 직원들이 재량권을 가지고 업무를 수행하는 방법을 정하도록 재설계하는 것을 의미한다. 재량권 부여를 통해서 직원들이 창의력, 상상력, 지식 및 기술을 활용해 업무를 효과적이고 효율적으로 수행할 수 있도록 지원한다.

만약 기업가가 직원에게 적절히 권한부여를 하면(즉 프로그램에 대한 완전하고 전체적인 헌신과 함께 적절한 직원 훈련이 이루어지면), 그 결과는 기업가적 벤처와 권한이 부여된 직

권한 위임
직원들이 스스로 의사결정해서 행동하도록 의사결정 권한 부여

원 모두에게 인상적일 수 있다. 기업은 커다란 생산성 향상, 품질 향상, 고객 만족도 향상, 직원 동기부여 증가 및 사기 향상을 얻을 수 있다. 직원들은 보다 흥미롭고 도전적인 업무를 더 다양하게 수행할 수 있는 기회를 누릴 수 있다.

기업가는 어떻게 리더가 될 수 있는가?

마지막으로 논의할 주제는 리더로서의 기업가 역할이다. 이 역할에서, 기업가는 벤처기업을 이끌고 여러 부서를 이끄는 데 있어 리더십 책임을 진다.

오늘날 성공한 기업가는 즉흥 연주, 혁신, 창조성으로 유명한 재즈 합주단의 리더와 같아야 한다. 대표적인 사무용 가구 제조업체인 허먼 밀러(Herman Miller)의 전 대표인 맥스 드 프리(Max DePree)는 혁신적인 리더십을 발휘한 것으로 잘 알려졌는데, 그의 저서 『리더십 재즈』에서 "재즈 밴드의 리더는 음악을 선택하고, 올바른 음악가를 찾고, 공연을 해야 한다"고 말했다. 그러나 그 공연의 효과는 너무나 많은 것에 달려 있다. 연주 환경, 밴드를 연주하는 자원봉사자들, 개인 및 그룹으로 연주하는 모든 사람의 욕구, 밴드 멤버들에 대한 리더의 절대적인 의존도, 연주자들이 잘 연주하는 것 등에 따라 공연의 효과가 달라진다. 재즈 밴드의 리더는 여러 음악가 중 최고를 뽑을 수 있는 근사한 기회를 가지고 있다. 재즈 밴드 리더들에게서 배울 점이 많은데, 재즈는 리더십과 마찬가지로 미래의 예측 불가능성과 개인의 재능을 결합해야 하기 때문이다.

기업가가 벤처기업을 이끄는 방식은 재즈 리더와 매우 유사하다. 즉 상황의 예측 불가능성을 제외하더라도 여러 사람 중에서 최고의 사람을 끌어당겨야 한다. 기업가가 이것을 하는 한 가지 방법은 조직을 위해서 만든 비전을 통해서이다. 사실, 기업가적 벤처의 초기 단계 원동력은 기업가적 리더십이다. 미래에 대한 일관되고 고무적이며 매력적인 비전을 분명하게 표현하는 기업가의 능력은 기업가 리더십의 핵심이다. 만약 기업가가 이것을 할 수 있다면, 그 결과는 엄청나다. 비전이 있는 기업과 비전이 없는 기업을 비교한 연구에 따르면 비전이 있는 기업이 일반 재무 성과 측면에서 비전이 없는 기업보다 6배 높았고, 그들의 주식은 일반 시장의 15배인 것으로 나타났다.

많은 조직(기업가적 조직 및 기타 조직)은 업무 부서들이 조직 과업을 수행하고, 새로운 아이디어를 창출하며, 문제를 해결하고 있다. 기업가적 벤처기업에서 가장 일반적인 세 가지 유형의 업무 부서는 권한 부여팀(프로세스 개선을 계획하고 실행할 권한을 가지고 있는 팀), 자기주도팀(거의 자율적이고 많은 경영 활동을 책임지는 팀), 교차기능팀(다른 업무를 하는 다양한 전문가가 모여 이룬 팀) 등이다.

기술 및 시장 수요가 기업가적 벤처들로 하여금 제품을 더 빠르고, 더 저렴하고, 더 나은 제품으로 만들도록 강요하고 있기 때문에 팀을 만들어 이용하는 것이 필요하다. 벤처기업 직원들의 집단적 지혜를 활용하고 그들이 결정을 내릴 수 있도록 권한을 부여하는 것이 변화에 적응하는 가장 좋은 방법 중 하나이다. 또한 팀 문화는 전반적인 직장 환

미디어 기업가인 로버트 존슨(Robert Johnson)은 미국 최초의 흑인 시장 공략 네트워크인 블랙 엔터테인먼트 텔레비전(BET)을 공동 설립했다. BET의 성장에 있어서 존슨의 가장 중요한 과제 중 하나는 광고주와 투자자들이 네트워크의 방송 시간을 하루 2시간에서 24시간으로 확대하는 것을 지지하도록 하는 것이었다. BET는 재정 지원을 확보해 케이블 업계에서 가장 부유한 프랜차이즈 업체 중 하나로 성장했다.

Joe Murphy/National Basketball Association/Getty Images

경과 사기를 높일 수 있다. 그러나 팀이 효과적으로 운영되려면 기업가는 기존의 지휘와 통제 방식에서 코칭과 협업 방식으로 전환해야 한다.

기업가적 벤처의 통제와 관련된 것은 무엇인가?

필립 맥칼렙(Philip McCaleb)은 시카고에 본사를 둔 제뉴인 스쿠터 컴퍼니(Genuine Scooter Company)에서 만든 스쿠터를 타는 것에 아직도 재미를 느끼고 있다. 하지만 사업을 키우면서 맥칼렙은 자신의 한계를 인정해야 했다. 그는 스스로를 '아이디어맨'으로 묘사하는데, 이제는 다른 사람이 최종 제품이 제대로 만들어졌는지, 제품이 있어야 할 곳에 제대로 있는지, 제품이 있어야 할 때에 제대로 있는지를 확인할 필요가 있다.[39]

기업가들은 단기적으로나 장기적으로 생존하고 번영하기 위해 벤처기업의 운영이 어떻게 통제되고 있는지 알아야 한다. 기업가가 직면한 일반적인 통제의 문제에는 성장 관리, 침체 관리, 벤처 정리, 개인 생활 선택 및 도전 관리 등이 포함된다.

성장 관리를 어떻게 하는가?

성장은 기업가적 벤처에게 자연스럽고 바람직한 결과이다. 성장은 기업가적 벤처를 구분짓는 것이다. 기업가적 벤처는 성장을 추구한다. 천천히 성장하는 것을 성공적이라고 할 수 있지만, 빠른 성장도 가능하다.

성공적으로 성장하는 것은 우연하게 또는 운에 의해 발생하는 것이 아니다. 성공적으로 성장하기 위해서는 일반적으로 기업가가 성장을 위한 계획, 조직 및 통제를 수반하는 성장과 관련된 모든 문제를 관리해야 한다.

침체 관리를 어떻게 하는가?

비록 조직 성장이 기업가적 벤처에게 바람직하고 중요한 목표지만, 성장 전략이 의도한 결과를 내지 않고 사실상 성과 저하를 초래해 계획한 대로 진행되지 않을 때는 어떻게 할까? 경기 침체를 관리하는 것은 어려운 일이다.

아무도 실패하는 것을 좋아하지 않는다. 특히 기업가들은 더 그렇다. 그러나 기업가적 벤처가 어려움에 직면했을 때 무엇을 할 수 있을까? 어떻게 기업 침체를 성공적으로 관리할 수 있을까? 가장 먼저 해야 할 일은 위기가 발생하고 있음을 인식하는 것이다. 기업가는 어려움에 처한 사업의 경고신호에 경각심을 가져야 한다. 잠재적인 성과 감소의 신호에는 불충분하거나 부정적인 현금 흐름, 과도한 직원 수, 불필요하고 번거로운 행정 절차, 갈등과 위험 감수에 대한 두려움, 업무 무능력에 대한 내성, 명확한 미션이나 목표의 부재, 조직 내 비효율적이거나 열악한 의사소통 등이 포함된다.

비록 기업가가 조직의 침체, 쇠퇴 또는 위기에 직면하지 않기를 바라지만, 이러한 상황은 실제로 일어난다. 결국, 아무도 상황이 나빠지거나 안 좋아지는 것에 대해 생각하려고 하지 않는다. 그러나 이것이 바로 기업가가 해야 할 일이다. 문제가 일어나기 전에 생각하라(이와 관련해 14장에서 사전통제에 대해 논의할 것이다). 위기 상황에 대처하기 위해 계획을 새롭게 마련하는 것이 중요하다. 화재에 대비해 집에서 나가는 출구 지도를 확보하는 것과 같다. 기업가는 비상사태가 닥치기 전에 준비를 하고 싶어 한다. 이 계획은 자금 흐름, 매출채권, 원가 및 부채 등 가장 기본적이고 중요한 측면을 통제하기 위해 구체적인 세부 사항을 마련하는 데 중점을 두어야 한다. 벤처기업의 주요 유입과 유출을 통제하기 위한 계획을 갖는 것 외에, 비용 절감과 구조조정 등의 전략을 검토할 필요가 있다.

수확
벤처에 투자했던 자금을 회수하기를 원할 때 벤처를 정리하는 것

벤처 정리를 위해 무엇을 할 것인가?

기업가적 벤처에서 벗어나는 것은 기업가들이 하기에 이상한 일처럼 보일 수 있다. 하지만, 기업가가 떠나야 할 때라고 결정하는 시점에 이를 수 있다. 이러한 결정은 기업가가 벤처에 투자했던 자금을 회수하기를 원할 때, 소위 **수확**(harvesting)을 원할 때, 또는 기업가가 심각한 조직 성과 문제에 직면해 경영을 그만두기를 원할 때, 또는 다른 (개인적 또는 사업 측면에서) 기회를 찾고자 할 때 이루어진다. 벤처 정리를 위해서는 적절한 기업 평가 방법을 선택하고, 기업을 양도하는 과정에 필요한 것들을 알아야 한다.

비록 벤처기업 정리를 준비할 때 가장 어려운 부분이 벤처기업의 가치를 평가하는 것이지만, 다른 요소들도 중요하다. 여기에는 정리 준비, 사업체 매각 대상자 결정, 세금 문제 고려, 잠재적 매수자 심사, 매각 전후에 직원들에게 통보 여부 결정 등이 포함된다. 벤처기업 정리 과정은 창업 과정만큼 신중하게 접근해야 한다. 만약 기업가가 긍정적인 상황에서 벤처기업을 매각한다면, 기업가는 기업에 축적된 가치를 회수하기를 바란다. 실적이 감소해 벤처기업을 정리하는 경우, 기업가는 잠재적 수익을 극대화하고자 한다.

기업가로서 개인적인 도전들을 관리하는 것을 왜 중요하게 생각하는가?

기업가가 되는 것은 매우 흥미롭고 성취감을 주지만, 매우 힘든 일이다. 그것은 긴 시간이 필요하고 부담이 크며 스트레스가 많은 일이다. 하지만, 그에 걸맞게 많은 보상이 뒤따를 수 있다. 여기에서는 기업가가 이를 어떻게 실현할 수 있는지, 즉 어떻게 성공적이고 효과적으로 업무와 개인 생활을 균형 있게 하는지 알아보고자 한다.

기업가들은 특별한 집단이다. 그들은 집중력이 있고, 끈질기며, 열심히 일하고, 똑똑하다. 그들은 기업가적 벤처를 시작하고 성장시키기 위해 너무나 많은 노력을 기울였기 때문에, 많은 경우 개인적인 삶을 소홀히 하는 경우가 있다. 기업가들은 종종 기업가로서의 꿈을 이루기 위해 개인적인 희생을 해야 한다. 하지만, 그렇지 않을 수도 있다. 그들은 일과 개인 생활의 균형을 맞출 수 있다. 어떻게 가능할까?

기업가가 할 수 있는 가장 중요한 일 중 하나는 좋은 시간 관리자가 되는 것이다. 수행해야 할 업무의 우선순위를 정한다. 일정표(일별, 매주, 매월)를 사용해 우선순위를 정할 수 있다. 일부 기업가들은 시간을 들여 계획을 세우거나 우선순위를 정하는 것을 좋아하지 않거나, 그것이 터무니없는 시간 낭비라고 생각한다. 그러나 반드시 해야 할 일을 식별하고, 덜 중요한 일을 구별하는 것은 실제로 기업가를 더 효율적이고 효과적으로 만든다. 또한, 좋은 시간관리자가 되는 것은 기업가가 개인적으로 관여할 필요가 없는 결정과 행동을 신뢰할 수 있는 직원들에게 위임하는 것이다. 비록 항상 해 왔던 일들 중 일부를 놓는다는 것이 어려울지 몰라도, 효과적으로 위임하는 기업가들은 자신의 개인적인 생산성이 높아지는 것을 보게 될 것이다.

균형을 찾기 위한 또 다른 방법은 도움이 필요한 경영 분야에서 전문가의 조언을 구하는 것이다. 비록 기업가들이 늘 부족해 보이는 자금을 쓰는 것을 꺼릴지 모르지만, 시간과 에너지 절약, 잠재적인 문제들을 장기적으로 피할 수 있게 만든다는 점에서 투자 가치가 충분하다. 유

능한 전문가는 기업가가 보다 현명한 결정을 내릴 수 있는 정보를 제공함으로써 조언자의 역할을 한다. 또한 직장-가정 갈등에서 발생하는 다양한 갈등에 대처하는 것이 중요하다. 만약 기업가가 갈등을 제대로 처리하지 않는다면, 부정적인 감정이 쌓여 의사소통의 붕괴로 이어질 것이다. 소통이 제대로 이루어지지 않으면 중요한 정보가 사라지고, 사람들(직원과 가족)이 최악의 상황을 가정할 수 있다. 이러한 일이 계속되면 악몽 같은 상황으로 변할 수 있다. 가장 좋은 전략은 드러난 갈등을 처리하는 것이다. 말하고, 토론하고, 논쟁해야 하며, 기업가는 갈등을 피하거나 갈등이 없는 것처럼 행동해서는 안 된다.

일과 개인 생활 사이의 균형을 이루기 위한 또 다른 방안은 신뢰할 수 있는 친구들과 동료들의 네트워크를 개발하는 것이다. 함께 이야기할 수 있는 사람들이 있다면 기업가가 문제와 이슈들을 잘 헤쳐 나갈 수 있다. 이러한 사람들이 제공하는 지원과 격려는 기업가에게 매우 귀중한 힘의 원천이 될 수 있다.

마지막으로, 스트레스 수준이 너무 높을 때 이를 인정하라. 기업가는 성취한 사람이다. 그들은 일을 성사시키는 것을 좋아한다. 그들은 열심히 일하는 것을 즐긴다. 하지만, 지나친 스트레스는 중요한 신체적, 정서적 문제로 이어질 수 있다(5장 앞부분에서 관련 내용을 다루었다). 기업가들은 스트레스가 많을 때 그것을 알아채고, 스트레스를 줄이기 위해 뭔가를 해야 한다. 결국, 기업가적 벤처를 성장시키고 건설한다고 해도 그것을 즐길 수 없다면 무슨 의미가 있는가?

기본 기술

근성은 개발할 수 있다. 아래의 단계들은 이 기술을 연습하는 데 도움이 된다.

- 복원력을 연습하라. 복원력은 회복하는 능력이다. 당신이 학교에서 장애물에 직면했을 때, 혹은 회사에 들어가 직장에서 장애물에 직면했을 때 그러한 도전에 대한 당신의 반응을 살펴보라. 포기할 것인가? 그렇다면, 당신은 복원력을 길러야 한다. 실수를 통해 배우고, 포기하지 말고 한 번 더 시도하라.
- 열정을 추구하라. 당신이 삶에서 열정을 가지고 있는 분야가 무엇인지 알아내 그것을 추구하라. 우리의 열정은 우리에게 영감을 주고 계속 전진할 수 있는 내적 추진력을 제공한다. 열정을 확인하고 추구하면 끈기를 기르는 데 도움이 될 수 있다.
- 긍정적으로 자기 자신과 대화하라. 근성은 당신이 자신에 대해 강한 믿음을 가지고 있다는 것을 의미한다. 자기 자신과 긍정적으로 대화함으로써, 당신은 장애물에 직면하더라도 계속 전진하려는 내적 동기를 개발할 수 있다. 자신의 능력을 상기하고 자신의 가장 큰 치어리더가 되어라. 당신이 직면하는 모든 도전을 받아들이며, 긍정적인 태도로 계속 전진하도록 당신 자신을 격려하라.
- 연습 시간을 가져라. 인생에서 당신이 성취할 중요한 것들은 시간과 노력이 필요하다는 것을 이해하라. 목표를 향해 나아갈 때, 당신은 자신이 성취하고자 하는 것이 무엇이든 어떻게 연습할 수 있는지를 고려해야 한다. 예를 들어 만약 당신이 식당을 차리겠다는 꿈을 가지고 있다면, 사업에 뛰어들기 전에 다른 레스토랑에서 일을 하는 시간을 가져라.
- 지원팀과 함께 하라. 믿을 수 있는 친구들을 찾아 당신이 근성을 기르고 있다는 것을 그들에게 알려라. 당신의 미래 목표와 당신이 무엇을 위해 일하려 하는지 그들과 공유하라. 당신이 스스로를 의심하고 있을 때 그들에게 당신을 격려해 달라고 요청하라. 포기하고 싶은 기분이 들 때는 반드시 그들에게 전화를 걸어 지원을 요청하라.

기술 연습

달성하고자 하는 도전적인 목표를 설정하라. 작아도 좋으니 여러분의 능력을 시험할 수 있는 무엇인지 확실히 설정하라. 당신이 인내심과 열정을 기르려고 노력하고 있다는 것을 기억하라! 예를 들어 당신은 5킬로미터 달리기를 하는 것을 목표로 설정한 적이 있는가? 다음 통계학 강의에서 A를 받는 것이 목표인가? 당신이 성취하고 싶은 중요한 것은 무엇인가? 일단 목표를 설정하고 나면 목표를 향해 일할 때 위의 단계를 이용하라. 일단 목표를 달성하고 나면, 새로운 목표를 향해 나아가라. 그동안 어려움을 극복하면서, 당신은 근성을 기르고 있는 자신을 발견할 것이다. 그리고 나면, 당신은 무엇이든 이룰 수 있다!

경험에 의한 문제 해결

기업가 정신은 전 세계적으로 높이 평가되고 있다. 하지만, 만약 기업가적 벤처를 추구하는 것이 당신을 위한 것이 아니라면 어떨까? 당신은 이 장을 읽고 공부하면서 시간을 낭비한 것은 아닌가? 아니길 바란다! 심지어 기업가적 벤처가 아닌 환경에서도 기업가적으로 생각하는 것은 당신의 경력에 큰 도움이 될 것이다. 이 장에서는 '더 기업가적으로 되기 위해' 경력을 쌓는 데 사용할 수 있는 몇 가지 사항을 이야기했다. 이번 경험에 의한 문제 해결에서는 조별로 일곱 가지 기업가적 경력 교훈을 마련하게 된다. 이 장에서 당신이 생각하는 기업가 정신 측면에서 혹은 당신의 경력에 도움이 될 만한 것을 일곱 가지 생각해보라. 그것들을 적고, 왜 당신이 그것들을 중요하게 생각하는지 토론하고, 그것들이 당신의 경력에 어떻게 적용될 수 있는지 설명하라.

미주

1. D. Gage, "Software for the Blue-Collar Workforce," *Wall Street Journal Online,* March 9, 2018.

2. K. Angel, "The Soft Edge That's Landing Solid Sales," *Bloomberg Businessweek,* August 28, 2017, pp. 39–40.

3. J. Chun, "To Tell the Truth," *Entrepreneur,* April 1998, pp. 106–113; and D. Kansas, "Don't Believe It," *Wall Street Journal,* October 15, 1993, p. R8.

4. U.S. Bureau of Labor Statistics, "Glossary," **www.bls.gov**, accessed March 26, 2018.

5. S. Narayanan, "How Can a Fintech Company Win 20 Million Customers?" *Stratey+Business Online,* March 14, 2018.

6. "The World's 50 Most Innovative Companies," *Fast Company,* March 2018, p. 86.

7. J. Cunningham and J. Lescheron, "Defining Entrepreneurship," *Journal of Small Business Management,* January 1991, pp. 45–61.

8. R. D. Hisrich and M. P. Peters, *Entrepreneurship* (Boston, MA: Irwin McGraw-Hill, 1998), p. 7.

9. "The Third Millennium: Small Business and Entrepreneurship in the Twenty-First Century," Office of Advocacy, U.S. Small Business Administration, www.sba.gov.

10. 2017 The Kauffman Index of Startup Activity, Kauffman Foundation, www.kauffman.org/kauffman-index.

11. M. J. Kravis, "The Great Productivity Slowdown," *Wall Street Journal,* May 5, 2017, p. A15.

12. R. J. Dilger, "Small Business Administration and Job Creation," Congressional Research Service, fas.org, February 2, 2018.

13. Global Report, 2017/18, Global Entrepreneurship Research Association, www.gemconsortium.org/report, 2018.

14. W. Royal, "Real Expectations," *Industry Week,* September 4, 2000, pp. 31–34.

15. D. Bornstein, "Recycling Unused Medicines to Save Money and Lives," *New York Times Online,* March 20, 2015.

16. C. Sundlund, "Trust Is a Must," *Entrepreneur,* October 2002, pp. 70–75.

17. B. I. Koerner, "Cereal in the Bowl, Not on the Floor," *New York Times* online, June 18, 2006.

18. G. B. Knight, "How Wall Street Whiz Found a Niche Selling Books on the Internet," *Wall Street Journal,* May 15, 1996, pp. A1+.

19. N. F. Krueger Jr., "The Cognitive Infrastructure of Opportunity Emergence," *Entrepreneurship Theory and Practice,* Spring 2000, p. 6.

20. D. P. Forbes, "Managerial Determinants of Decision Speed in New Ventures," *Strategic Management Journal,* April 2005, pp. 355–366.

21. M. Penn, "Small Trends Can Be Big," *Wall Street Journal,* March 17–18, 2018, p. C4.

22. P. Drucker, *Innovation and Entrepreneurship* (New York: Harper & Row, 1985).

23. P. Reikofski, "Where 'Aha' Comes From," *Wall Street Journal,* April 29, 2013, p. R2.

24. S. Greco, "The Start-Up Years," *Inc.500,* October 21, 1997, p. 57.

25. F. J. Greene and C. Hopp, "Are Formal Planners More Likely to Achieve New Venture Viability? A Counterfactual Model and Analysis," *Strategic Entrepreneurship Journal,* 2017, cited in *Harvard Business Review,* November–December 2017, p. 26.

26. C. Forrest, "How to Structure Your Startup as the Company Grows," *Tech Republic Online,* www.techrepublic.com, September 22, 2015.

27. H. Haddon, "Startups Serve Leftover Food to Market," *Wall Street Journal,* November 10, 2017, p. B4.

28. B. Paynter, "Made to Order," *FastCompany.com,* April 2017, p. 42.

29. S. Melendez, "Inside the Surprisingly High-Tech World of Corn Mazes," *FastCompany online,* December 1, 2017.

30. E. Segrano, "It Only Took 5,000 Years, But the Flip-Flop Is Finally Getting Smarter," *FastCompany online,* March 28, 2017.

31. V. Walt, "A Very Grubby Business," *Fortune,* April 1, 2018, pp. 27–29.

32. A. Zhu, "Springfield's StepNpull's Newest Customer is NASA," *Springfield, Missouri News-Leader,* April 1, 2018, p. 4A.

33. S. Mariker, "Disrupting DeBeers," *Fortune,* April 1, 2018, pp. 15–16.

34. "The Boston Globe Names PR Agency Matter Communications A Top Place to Work for 2015," *BusinessWire Online,* www.businesswire.com, November 16, 2015.

35. A. Levoie, "The Top Thing Employees Want from Their Bosses, and It's Not a Promotion," *Entrepreneur Online,* March 31, 2015.

36. S. Herrera, "People Power," *Forbes,* November 2, 1998, p. 212.

37. P. Rudegeair and R. Copeland, "Startup's Founder Is Accused of Fraud," *Wall Street Journal,* April 3, 2018, p. B10.

38. J. Carreyrou, "Theranos and CEO Punished in Fraud," *Wall Street Journal,* March 15, 2018, pp. A1+.

39. T. Siegel Bernard, "Scooter's Popularity Offers a Chance for Growth," *Wall Street Journal,* September 20, 2005, p. B3.

경영학의
신화
잘못된

계획을 하는 것은 시간낭비다. 누구도 미래를 예측할 수 없기 때문이다.

ESB Professional/Shutterstock

경영학의
신화 바로잡기!
잘못된

미래는 예측할 수 없다고 한다. 아무리 계획을 잘해도

늘 의외의 일이 일어난다. 경쟁업체가 새롭고 혁신적인 제품을

출시하거나 핵심 고객이 떠나가거나 오랫동안 준비한 사업이

제대로 진행되지 않으면 기업은 큰 낭패를 보게 된다.

이 논리에 따르면 계획 활동은 시간낭비라는 결론에 이를 수 있다.

하지만 그렇지 않다. 계획은 경직된 것이 아니며,

그럴 필요도 없다. 복수의 시나리오를 가정해 수립한

유연한 계획은 불확실성을 제거해 기업이

다양한 상황에 대처할 수 있게 해준다.

앞서 1장에서 다루었듯이 조직에는 목표와 사람이 있다. 그리고 사람들이 목표를 달성할 수 있도록 구조를 가지고 있다. 조직에서 경영자들은 조직 목표를 성공적으로 달성하기 위해서 목표, 계획, 전략을 수립한다. 예를 들어 토요타 자동차의 사장은 2030년까지 하이브리드 자동차와 전기 자동차가 회사의 전 세계 판매량의 절반을 차지할 것이라고 말했다.[1] 이 목표를 달성하기 위해 경영자들은 계획과 전략을 수립할 것이다. 그리고 이러한 계획 및 전략 실행의 결과를 평가한 후, 여건이 변화함에 따라 방향을 변경해야 할지도 모른다. 하지만 모든 것은 계획에서 시작된다. 이 장에서는 계획 활동의 기초를 살펴본다. 우리는 계획 활동이 무엇인지, 경영자들이 전략경영을 어떻게 활용하는지, 목표와 계획을 어떻게 수립하는지 배우게 될 것이다. 마지막으로 경영자들이 직면하고 있는 최근의 계획 활동 이슈를 살펴본다. ●

학습목표

6-1 계획 활동의 성격과 목적을 토론한다.

6-2 경영자들이 전략경영 프로세스에서 무엇을 하는지 설명한다.

6-3 목표 설정과 계획 활동의 접근 방법들을 비교한다.

6-4 계획 활동과 관련된 현재 이슈를 토론한다.

계획 활동은 무엇이고, 경영자들은 왜 계획을 해야 하는가?

6-1 계획 활동의 성격과 목적을 토론한다.

> 모든 경영자는 계획한다. 비록 경영자가 아니더라도 당신은 언제 어디서 어떻게 업무를 할 것인지 계획을 세워야 할 가능성이 높다.

계획 활동은 흔히 첫 번째 경영 기능이라 불린다. 왜냐하면 계획은 경영자들이 하는 조직, 지휘, 통제 등 다른 모든 관리 활동의 기초가 되기 때문이다. 계획 활동이라는 단어의 뜻은 무엇일까? 1장에서 언급한 바와 같이 계획 활동은 조직의 목적과 목표를 규명하고, 이들 목표를 달성하기 위한 전사적 전략을 수립하고, 활동들을 통합하고 조정하기 위해 포괄적이고 여러 수준의 계획을 개발하는 것이다. 그것은 수단(어떻게 이루어져야 하는지)뿐만 아니라 결과(무엇이 되어야 하는지)와 관련된다.

계획 활동은 공식적이냐 비공식적이냐에 의해 구분할 수 있다. 모든 경영자는 비록 비공식적이더라도 계획을 한다. 비공식적 계획을 하는 경우 계획을 글로 적는 경우는 거의 없다. 무엇이 이루어지느냐는 계획을 한 사람의 머릿속에 있다. 게다가 조직 목표는 거의 언급되지 않는다. 비공식적 계획 활동은 일반적으로 많은 소기업에서 일어난다. 소유 경영자는 어디로 어떻게 갈 것인지를 머릿속으로 생각한다. 계획 활동은 일어나지만 연속성은 부족하다. 물론 일부 대기업에서 비공식적 계획 활동을 볼 수 있고, 일부 소기업에서 정교한 공식적 계획 활동이 이루어지기도 한다. (소규모 혹은 신생 조직에서의 계획 활동에 대한 보다 자세한 정보는 '기업가 정신 모듈'을 참조하라.)

우리가 이 책에서 사용하는 계획 활동은 공식적 계획 활동을 의미한다. 공식적 계획 활동은 (1) 특정 기간 동안의 구체적인 목표를 설정함, (2) 목표를 명시적으로 적어서 조직 구성원이 실행할 수 있도록 준비함, (3) 이러한 목표를 활용해서 조직이 원하는 방향이 무엇인지 명확하게 알려주는 구체적인 계획을 세움을 의미한다.

경영자들은 왜 공식적으로 계획을 세워야 하는가?

전 세계적으로 11,700개 이상의 매장을 보유한 세계 최대 소매업체인 월마트는 거대 온라인 기업인 아마존과 경쟁하기를 바라는가? 월마트는 다른 대형 마트와 마찬가지로 온라인 변화를 즉각적으로 인정하지 않았다. 회사는 아마존과 경쟁할 계획을 마련하기 위해 고군분투했다. 온라인 쇼핑객을 잡기 위한 몇 년간의 시도가 실패로 돌아간 끝에, 월마트는 전자상거래에서 승리하기 위한 새로운 계획을 세웠다. 업계 거대 기업(아마존)을 상대하는 것이 어려웠지만, 월마트닷컴은 이제 미국에서 두 번째로 유명한 전자상거래 회사가 되었다.[2] 또한 기업 경영에서 개별 상점 운영에 이르기까지 월마트의 관리자들은 계획 활동이 오프라인 소매와 온라인 쇼핑 분야에서 지속적으로 성공을 거두는 데 필수적임을 알고 있다.[3]

경영자는 적어도 네 가지 이유 때문에 계획을 세워야 한다(그림 6.1 참조). 첫째, 계획 활동은 협력을 이끌어낸다. 계획은 경영자와 비관리직 구성원들에게 방향을 제시한다. 모든 조직 구성원이 우리 회사가 어디로 가고 있고, 그 목표에 도달하기 위해 기여해야 하는 것이 무엇인지를 이해할 때 그들은 서로의 행동을 조정하기 시작할 것이며, 실제로 팀워크와 협력이 증진될 것이다. 다른 한편으로 계획 활동이 부족하면 조직 구성원 혹은 부서들은 서로 부딪히게 되고, 조직이 목표를 향해 효과적으로 나아가지 못할 것이다.

둘째, 계획 활동은 경영자들이 앞을 내다보게끔 만들고, 변화를 예견하고, 변화의 영향에 대해 생각하게 만들고, 적절한 대응 방안을 개발하도록 함으로써 미래의 불확실성을 줄인다. 또

그림 6.1 계획 활동을 하는 이유

한 경영자가 변화에 대응하기 위한 행동들의 결과를 명확하게 보여준다. 즉 계획 활동은 변화하는 환경에서 경영자가 무엇을 해야 하는지 정확하게 알려준다.

셋째, 계획 활동은 중복되고 낭비적인 활동을 줄인다. 사전 조정으로 낭비와 중복을 줄일 수 있고, 방법과 목표가 분명하면 비효율성이 명확해진다.

넷째, 계획 활동은 통제를 촉진하는 목표와 기준을 수립한다. 만약 조직 구성원들이 스스로 무엇을 해야 하는지 모른다면 그들의 성과를 어떻게 평가할 수 있겠는가? 경영자들은 계획을 세울 때 목표와 세부 계획을 함께 세운다. 통제를 할 때 경영자들은 계획대로 진행되었는지, 목표가 충족되었는지 살펴본다(14장에서 통제 활동을 깊이 있게 다룰 것이다). 만약 심각한 편차가 발견된다면 이를 수정할 수 있다. 계획이 없다면 업무 노력을 측정하거나 평가할 수 있는 목표도 없다.

공식적 계획 활동에 어떤 비판이 있으며, 경영자들은 어떻게 대응하는가?

기업이 목표와 방향성을 설정하는 것은 상식적인 일이다. 하지만 계획 활동의 기본 가정에 몇 가지 비판이 있다.[4]

비판: 계획 활동은 경직성을 가져올 수 있다. 공식적 계획 활동으로 조직들이 정해진 시간 내에 달성해야 하는 구체적인 목표에 얽매일 수 있다. 어떤 목표는 환경이 변하지 않을 것이라는 가정하에 수립될 수 있다. 환경이 급변하고 예측 불가능할 때 계획대로 행동하는 것은 재앙을 가져올 수 있다.

경영자의 대응: 경영자들은 유연할 필요가 있다. 계획이었다는 이유로 사전에 정해진 대로 따라가서는 안 된다.

비판: 공식적 계획은 직관과 창의성을 대체할 수 없다. 조직의 성공은 일반적으로 어떤 사람이 제시한 비전의 결과이다. 비전은 조직이 발전하면서 공식화된다. 만약 공식적인 계획 활동이 비전과 어긋난다면 역시 재앙을 맞을 것이다.

경영자의 대응: 계획 활동은 직관과 창의성을 증진하는 데 도움이 되어야 한다. 계획 활동이 직관과 창의성을 대체할 수는 없다.

비판: 계획 활동은 경영자들로 하여금 내일의 생존이 아닌 오늘의 경쟁에 관심을 갖도록 한다. 공식적인 계획 활동, 특히 전략적 계획(이 장에서 간단히 다룰 예정임)은 현재의 사업기회를 산업 내에서 어떻게 가장 잘 자본화할 것인지에 초점을 맞춘다. 경영자들은 산업을 재창조하거나 새롭게 만드는 방법을 찾지 않을 것이다.

경영자의 대응: 계획을 세울 때 경영자들은 기회가 있다면 미지의 영역을 개척하는 것을 두려워해서는 안 된다.

비판: 공식적인 계획 활동은 성공이 아닌 실패로 이끌 것이다. 미국의 전통을 보면 성공이 성공을 낳았다. 결국 망가지지 않았으면 고치지 말아야 한다. 그런가? 아마도 그렇지 않을 것이다. 실제로 성공은 어떤 불확실한 환경에서 실패를 불러오기도 한다. 성공적인 계획을 변경하거나 버리는 것은—알려지지 않은 불확실성과 걱정하에서 익숙한 업무 방식을 버리는 것은—어려운 일이다.

경영자의 대응: 경영자들은 알려지지 않은 상황에 대처해야 하며, 보다 성공적이기 위한 새로운 방법을 찾아야 할 것이다.

공식적 계획 활동은 조직 성과를 높이는가?

계획을 꼭 해야 하는가?

계획을 꼭 해야 하는가? 또는 계획 활동에 대한 비판이 옳은가? 이에 대해 살펴보자.

계획 활동에 대한 비판과 다르게 연구 결과들은 대부분 조직이 공식적 계획을 해야 한다는 입장을 지지한다. 비록 계획 활동과 성과의 관계를 다룬 대다수 연구들이 이들 간의 긍정적 관계를 나타내고 있지만, 공식적으로 계획을 세우는 조직들이 그렇지 않은 조직들에 비해 항상 성과가 높다고 주장하는 것은 정확하지 않다.[5] 이와 관련해 우리는 어떤 결론을 내릴 수 있는가?

- 공식적인 계획 활동은 일반적으로 높은 수익, 높은 자산수익률, 기타 긍정적인 재무적 결과를 가져온다.
- 계획 활동의 품질과 그 계획의 적절한 실행은 높은 성과를 가져올 것이다.
- 환경이 급변하는 경우 공식적 계획 활동이 높은 성과를 가져오지 않을 수 있다. 예를 들어 정부 규제, 예기치 않은 경제 위기 등으로 인해 조직 성과에 대한 계획의 영향은 줄어들게 된다. 왜 그럴까? 그 이유는 환경적 제약으로 경영자들이 다양한 대안을 갖고 있지 않기 때문이다.

조직의 공식적 계획 활동 중 중요한 것이 전략적 계획이다. 경영자는 전략경영 프로세스를 따라 행동한다.

경영자들은 전략경영에 대해 무엇을 알아야 하는가?

6-2 경영자들이 전략경영 프로세스에서 무엇을 하는지 설명한다.

- 맥도날드는 가공식품의 양을 줄여달라는 고객들의 요구를 충족하기 위해 쿼터 파운더 햄버거에 신선한 쇠고기를 사용하기 시작했다. 이번 조치로 미국 내 14,000여 개 점포의 공급망 운영이 복잡해질 전망이다.[6]
- IBM은 날씨 데이터를 공급받아 배포하는 것에 대해 웨더 컴퍼니(Weather Company)와 합의했다. 날씨 데이터 공급 파트너를 구하는 것은 IBM의 장기 전략의 일부분이다.[7]
- 일본은 코카콜라의 매우 중요한 시장이기 때문에 매년 100개 이상의 신제품이 등장한다. 가장 최근의 것은 일본에서 츄하이로 불리는 코카콜라의 첫 번째 알코올 음료로, 콜라에 알코올이 들어간 것이다.[8]
- 플라스틱 벽돌을 만드는 친숙한 덴마크 업체인 레고는 비디오 게임과 다른 기기들의 유혹 속에서 어린이들의 관심을 지속적으로 끌기 위해 장난감 회사들과 경쟁하고 있다.[9]
- 애플의 현금 잔고가 2,500억 달러를 넘어섰다. 회사는 이 자원을 어떻게 최적으로 사용할지 전략을 고민하고 있다.[10]
- 아메리칸 익스프레스의 최고경영자는 밀레니얼 세대에게 경쟁 우위를 확보하고 기존 카드 사용자를 유지하기 위한 전략을 모색하고 있다.[11]

소호 차이나(SOHO China)의 설립자이자 경영자인 장신(Zhang Xin)이 자기 회사가 베이징에 지은 고층빌딩들 앞에서 포즈를 취하고 있다. 장신과 그녀의 남편은 소호를 설립해 고도로 집중화되고 성공적인 전략으로 베이징과 상하이의 좋은 자리에 상업용 택지를 개발했다.

- 타겟(Target)의 최고경영자는 회사의 "전략이 효과가 있다"고 분명히 말한다. 암울한 해가 지난 후, 점포와 디지털 능력을 개선하기 위해 회사가 추진한 수백만 달러짜리 계획은 성과를 거두고 있는 것으로 보인다.[12]
- 파파존스의 경영자들은 북적이는 피자 시장에서 두각을 나타내기 위한 전략을 모색하고 있다.[13]
- 아마존은 월마트의 목표 시장을 직접 겨냥해 프라임 프로그램을 통한 할인 서비스를 확대하고 있다고 발표했다.[14]

이상은 매일은 아니더라도 비즈니스 뉴스에서 자주 볼 수 있는 회사 전략에 대한 몇 가지 이야기다. 보다시피 전략경영은 경영자가 수행하는 업무에서 매우 중요한 부분이다.

전략경영이란 무엇인가?

전략경영(strategic management)이란 경영자들이 조직 전략을 개발하기 위해서 행동하는 것을 말한다. 그렇다면 조직의 **전략**(strategy)이란 무엇인가? 전략이란 조직이 무엇을 할 것인지, 어떻게 성공적으로 경쟁할 것인지, 조직 목표를 달성하기 위해서 고객을 어떻게 유인하고 만족시킬 것인지에 대해 계획을 세우는 것이다.

전략경영은 왜 중요한가?

다른 대형 마트와 마찬가지로 베스트바이(Best Buy)도 아마존에 의해 완전히 붕괴된 소매 환경에서 입지를 확보하기 위해 고군분투했다. 그리고 많은 소매업체들과 마찬가지로 베스트바이는 아마존으로부터 스스로를 방어하는 방법뿐만 아니라 발전할 수 있는 방법을 찾아야 했다. 긍정적이고 쾌활한 프랑스인인 이 회사의 최고경영자 위베르 졸리(Hubert Joly)는 회사를 호전시키기 위한 전략에는 회사 사업의 거의 모든 부분을 재정비하는 것이 포함된다고 말했다. 위에서 아래까지, 회사 사업 모델의 모든 측면이 재구조화되었다. 그리고 회사 수익은 지난 7분기 중 6분기가 월스트리트의 예상치를 뛰어넘었다.[15] 이 회사의 경영자들은 전략경영이 왜 중요한지 명확하게 이해하고 있다.

왜 전략경영이 그렇게 중요한가? 첫 번째 이유는 조직이 업무를 얼마나 잘 수행하는지와 관련해 차별성을 주기 때문이다. 동일한 환경 조건에 직면했을 때 왜 어떤 사업은 성공하고 어떤 사업은 실패하는가? 연구 결과 전략적 계획 활동과 성과 간에 긍정적인 관계가 발견되었다.[16] 전략적으로 계획하는 기업들은 그렇지 않은 기업들보다 재무적 성과가 상대적으로 높다.

전략경영이 중요한 두 번째 이유는 모든 형태와 규모의 조직 내 경영자들이 지속적으로 변화하는 환경에 직면해 있다는 사실이다(4장 참조). 경영자들은 미래 활동을 계획하는 데 적합한 요인들을 검검하는 전략경영 프로세스를 활용해 불확실성에 대처한다.

세 번째로, 전략경영은 조직들이 복잡하고 다양하기에 중요하다. 각각의 부분들이 함께 해야만 조직의 목표를 달성할 수 있는데, 전략경영은 이를 돕는다. 예를 들어 전 세계 다양한 부서와 점포에서 230만 명 이상의 종업원이 일하고 있는 월마트는 전략경영을 활용해서 종업원들이 중요한 부분에 노력하도록 집중시키고 상호 협동하도록 하고 있다.

전략경영
경영자들이 조직 전략을 개발하기 위해서 행동하는 것

전략
조직이 무엇을 할 것인지, 어떻게 성공적으로 경쟁할 것인지, 조직 목표를 달성하기 위해서 고객을 어떻게 유인하고 만족시킬 것인지에 대해 계획을 세우는 것 전략경영은 영리 조직에만 해당하는 것이 아님을 아는 것이 중요하다. 정부 조직, 병원, 교육기관, 사회단체와 같은 조직 역시 전략경영이 필요하다. 예를 들어 치솟는 대학 교육 비용, 대안적인 교육을 제공하는 기업들의 경쟁, 수입 감소로 인해 대폭 줄어든 주 교육예산, 학생들과 연구에 대한 연방정부의 지원 삭감 등으로 인해 많은 대학 행정가들은 자기 대학의 포부를 재평가하고, 대학이 생존하고 번영할 수 있는 틈새시장을 찾고 있다.

전략경영 프로세스
전략의 계획, 실행, 평가와 관련된 6단계 과정

미션
조직의 목적을 적은 것

전략경영 프로세스에는 어떤 단계가 있는가?

전략경영 프로세스(strategic management process, 그림 6.2 참조)에는 6단계가 있으며 전략 계획, 실행, 평가 등으로 구성된다. 비록 처음 네 단계가 계획 활동이지만, 실행과 평가 역시 매우 중요하다. 경영진이 그 전략을 실행하거나 평가하지 않는다면 최선의 전략이라 할지라도 실패할 것이다.

1단계: 조직의 현재 미션, 목표, 전략을 규명하라. 모든 조직에는 **미션**(mission)이 필요하다. 미션은 조직의 목적을 적은 것이다. 미션을 규명함으로써 경영자들은 회사에서 무엇을 해야 하는지 알 수 있다. 예를 들어 에이본(Avon)의 미션은 '글로벌 시장에서 제품, 서비스, 여성의 자기만족감을 가장 잘 이해하고 만족시키는 기업이 되자'이다. 페이스북의 미션은 '어떤 사람과 그 사람 주위에 있는 사람들을 연결하는 사회적 유틸리티'이다.[17] 호주국립심장재단의 미션은 '호주에서 심장, 뇌졸중, 혈관계 질환으로부터의 고통과 사망을 줄이자'이다. 이 표현들은 조직이 자신의 존재 목적을 무엇이라고 보는지 단서를 제공한다. 미션 기술서에는 무엇이 포함되어야 하는가? 그림 6.3에 전형적인 구성 요소를 제시했다.

경영자들이 현재의 목표와 전략을 규명하는 것 또한 중요하다. 그래야만 경영자들은 자신들이 무엇을 해야 하고 무엇에 의해 평가받는지 알 수 있다.

2단계: 외부 분석을 하라. 우리는 4장에서 외부 환경을 다루었다. 환경을 분석하는 것은 전략경영 프로세스에서 결정적으로 중요한 단계이다. 경영자들은 외부 분석을 통해 이를테면 어떤 경쟁이 있는지, 심의 중인 법률이 조직에 어떤 영향을 주는지, 지역의 노동 공급 상황은 어떤지 등을 알 수 있다. 외부 분석을 할 때 경영자들은 추세와 변화를 파악하기 위해 환경의 모든 요소(경제적, 인구 통계적, 정치적/법률적, 사회문화적, 기술적, 글로벌)를 살펴보아야 한다.

그림 6.2 전략경영 프로세스

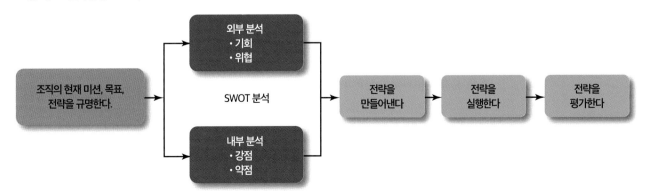

그림 6.3　미션 기술서에 포함해야 할 사항

고객	누가 회사의 고객인가?
시장	기업은 지역적으로 어디에서 경쟁하는가?
생존, 성장, 수익성에 대한 관심	기업은 성장과 재무적 안정성에 전념하고 있는가?
철학	회사의 기본적인 신념, 가치, 윤리적 우선순위는 무엇인가?
대중적 이미지에 대한 관심	기업은 사회적·환경적 문제에 어떻게 대처하는가?
제품 또는 서비스	기업의 주요 제품 또는 서비스는 무엇인가?
기술	기업은 기술적으로 앞서 있는가?
자아개념	기업의 주요 경쟁 우위와 핵심 경쟁력은 무엇인가?
종업원에 대한 관심	종업원은 기업의 가치 있는 자산인가?

출처: Robbins, Stephen P., Coulter, Mary, *Management*, 13th Ed., © 2016, p. 238. Reprinted and electronically reproduced by permission of Pearson Education, Inc., New York, NY.

환경을 분석하고 나면 경영자들은 조직이 활용할 수 있는 기회들과 대처하거나 완화해야 하는 위협을 정확히 찾아내야 한다. **기회**(opportunity)는 외부 환경에서 긍정적인 추세이고, **위협**(threat)은 부정적인 추세를 말한다.

3단계: 내부 분석을 하라. 이제 내부 분석을 해야 한다. 내부 분석은 조직의 구체적인 자원과 역량에 대한 중요한 정보를 제공한다. 조직의 **자원**(resource)은 고객에 대한 제품 개발, 제조, 전달에 활용되는 자산을 말하는데, 여기에는 재무적·물리적·인적·무형적 자산 등이 포함된다. 자원들은 조직이 갖고 있는 그 '무엇'이다. 반면에 **역량**(capability)은 회사에서 필요한 업무 활동을 할 때 사용하는 기술과 능력을 말한다. 즉 업무를 '어떻게' 하는지와 관련된다. 기업의 주요 가치 창출 역량은 흔히 **핵심 역량**(core competence)으로 알려져 있다.[18] 자원과 핵심 역량은 모두 조직의 경쟁 무기를 결정한다.

내부 분석을 완료한 이후 경영자들은 조직의 강점과 약점을 규명할 수 있어야 한다. 조직이 잘하고 있는 활동 또는 독특한 자원들을 우리는 **강점**(strength)이라 부른다. **약점**(weakness)은 조직이 잘하지 못하는 것 또는 필요하지만 보유하고 있지 않은 자원을 말한다.

외부 분석과 내부 분석을 합친 것을 **SWOT 분석**(SWOT analysis)이라 부른다. SWOT이라고 하는 이유는 조직의 강점(strength), 약점(weakness), 기회(opportunity), 위협(threat)의 영문 표기 첫 글자들을 모으면 SWOT이 되기 때문이다. SWOT 분석을 마치면 경영자들은 적절한 전략을 세울 준비를 한다. 즉 (1) 조직의 강점과 외부 기회를 활용하고, (2) 외부 위협을 완충하거나 위협으로부터 조직을 보호하고, (3) 핵심 약점을 보완한다.

4단계: 전략을 만들라. 경영자들은 실질적인 외부 환경 및 가용한 자원과 역량을 고려해서 조직이 목표를 달성하는 데 도움이 되는 전략을 설계한다. 경영자들이 선택할 수 있는 전략 유형은 크게 세 가지로 기업 전략, 경쟁 전략, 기능 전략이다. 우리는 이들 각각을 간단

기회
긍정적인 외부의 환경적 요인

위협
부정적인 외부의 환경적 요인

자원
제품의 개발, 제조, 전달에 사용되는 조직 자산

역량
회사에서 필요한 업무 활동을 할 때 사용되는 기술과 능력

핵심 역량
기업의 주요 가치 창출 역량

강점
조직이 잘하고 있는 활동 또는 독특한 자원

약점
조직이 잘하지 못하는 것 또는 보유하고 있지 않은 자원

SWOT 분석
외부 분석과 내부 분석을 조합한 것

207쪽에서 계속

경영자들은 어떤 전략을
사용하는가?

그림 6.4 전략경영 프로세스

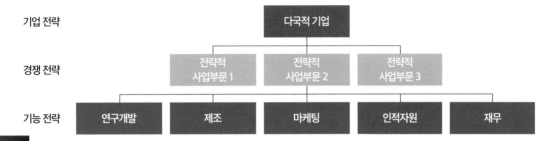

기업 전략	다국적 기업		
경쟁 전략	전략적 사업부문 1	전략적 사업부문 2	전략적 사업부문 3
기능 전략	연구개발 · 제조 · 마케팅 · 인적자원 · 재무		

1 기업 전략 다국적 기업

어떤 사업이 있는지, 그들 사업과 어떤 관계가 있는지 구체화한다.

▶▶▶ 세 가지 기업 전략

① **성장 전략.** 현재의 사업 혹은 새로운 사업을 통해 조직이 제품이나
시장의 숫자를 확대한다.

성장의 방법

- **집중화**: 주요 직종에 초점을 맞추거나 주요 직종 내에
  서 제품과 시장을 늘려 나감으로써 성장하는 방법
- **수직적 통합** : 투입이나 산출 또는 둘 다를 통제함으로써
  성장하는 방법
  - 후방 수직적 통합: 기업이 스스로 공급업체가 됨으로써 투입을
    통제한다.
  - 전방 수직석 통합: 기업이 스스로 유통업체가 됨으로써 산출을 통제한다.
- **수평적 통합**: 경쟁업체와 결합함으로써 성장하는 방법
- **다각화**: 상이한 산업으로 이동함으로써 성장하는 방법
  - 관련 다각화: 상이하지만 관련 있는 산업. '전략적 적합성'
  - 비관련 다각화: 상이하면서 관련성이 없는 산업. '전략적 적합성 없음'

② **안정화 전략.** 불확실성의 시기 동안 조직은 현재 하고 있는 것을 계속하려고 하며, 자신들의 상황을 유지
하려고 한다.

- **사례**: 동일한 고객에게 동일한 제품과 서비스를 계속 제공하는 것, 시장 점유율을 유지하는 것, 현재의
  사업 운영 방식을 그대로 유지하는 것

기업은 성장하지 않지만 그렇다고 뒤처지지도 않는다.

Jojje11/Fotolia

③ <u>쇄신 전략.</u> 조직이 어려움을 겪고 있어 줄어드는 성과에 대해 고심할 필요가 있다.

- **긴축 전략**: 경미한 성과 문제가 있을 때 운영을 안정시키고, 조직 자원과 역량을 새롭게 활성화하고, 다시 한 번 경쟁할 수 있는 준비를 하는 것이다.
- **전환 전략**: 훨씬 심각한 성과 문제가 있을 때 과감한 행동을 취한다.

쇄신 전략을 사용할 때 경영자들은 **(1) 원가 절감**과 **(2) 조직 운영을 재구조화**할 수 있다. 하지만 전환 전략을 쓸 때 이러한 조치가 더 대규모로 일어난다.

---

2 경쟁 전략

| 전략적 사업부문 1 | 전략적 사업부문 2 | 전략적 사업부문 3 |

기업이 해당 사업 분야에서 어떻게 경쟁할 것인가.

- 단 하나의 사업을 하는 소기업이나 제품과 시장이 다각화되지 않은 대기업의 경우, 경쟁 전략은 핵심 시장에서 어떻게 경쟁할 것인가를 말한다.
- 다양한 사업을 하는 조직들의 경우 개별 사업은 나름의 경쟁 전략을 가지고 있다.
  - 독립적이고 자체적인 경쟁 전략을 가지고 있는 단일 사업들을 개별 **전략사업단위**(strategic business units, SBUs)라고 부른다.

경쟁 우위의 주요 역할

▶ 효과적인 경쟁 전략을 개발하기 위해서는 **경쟁 우위**(competitive advantage)를 이해해야 한다. 경쟁 우위는 조직을 다른 조직과 뚜렷이 구분되도록 만드는데 이는

- 다른 조직이 따라 할 수 없거나 다른 조직보다 더 나은 조직의 핵심 역량으로부터 나온다.
- 기업 자원: 다른 기업이 가지지 못한 것

▼ 경쟁 전략 유형

포터의 경쟁 전략 프레임워크[19]

① 비용 우위 전략	② 차별화 전략	③ 집중화 전략	④ 어중간한 상태
산업 내에서 가장 낮은 원가로 제품을 생산하면서 많은 시장 확보를 목표로 하고 있다. • 고도로 효율적이다. • 간접비를 최소화한다. • 가능한 한 모든 것에서 비용을 줄인다. • 회사의 제품은 경쟁업체가 공급하는 제품에 비해 결코 품질이 뒤지지 않으며, 구매자들이 선호하는 제품을 내놓는다.	고객에게 가치 있고 독특한 제품을 공급함으로써 경쟁 우위를 확보한다. • 제품 차별화: 높은 품질, 탁월한 서비스, 혁신적인 디자인, 기술적 역량, 매우 긍정적인 브랜드 이미지	세분화된 영역 및 틈새시장에서 비용 우위(원가 집중) 혹은 차별화 우위(차별화 집중)를 확보하는데, 이는 제품 다양성, 고객 유형, 유통 채널, 지역적 위치 선정에 의해 가능하다. Artursfoto/Fotolia	만약 어느 조직이 비용 우위나 차별화 우위를 개발하지 못한다면 그 조직은 좋지 않은 상황에 처할 것이다.

 지속가능한 경쟁 우위를 가지려면 전략경영을 활용하라.

---

3 기능 전략

| 연구개발 | 제조 | 마케팅 | 인적자원 | 재무 |

기능 전략은 조직의 다양한 기능 부서(마케팅, 운영, 재무/회계, 인적자원 등)에 의해 활용되며, 경쟁 전략과 연계된다.

하게 다룰 것이다.

5단계: 전략을 실행하라. 일단 전략이 만들어지면 전략을 실행해야 한다. 조직이 아무리 효과적으로 전략을 계획한다고 하더라도 계획이 적절히 실행되지 않는다면 성과가 나타나지 않을 것이다.

6단계: 결과를 평가하라. 전략경영 프로세스의 마지막 단계는 결과를 평가하는 것이다 — 전략이 조직의 목표를 달성하기 위해 얼마나 효과적으로 도움이 되었는가? 어떤 조정이 필요한가? 자산을 확보해야 하는가? 처분해야 하는가? 조직을 재설계할 필요가 있는가?

경영자들이 갖고 있는 전략적 무기는 무엇인가?

크리스마스나 휴가 시즌이고 당신이 25~54세 사이의 여성이라면, 당신은 어디에서 기분 좋게 휴일 영화를 볼 수 있는지 알고 있다. 그렇다. 홀마크 채널 중 하나이다. 2018년 10월부터 다음 해 1월까지 홀마크 브랜드 채널을 소유한 회사(Crown Media Family Network)는 34편의 새롭고 독창적인 휴일 영화를 상영했다. 매년 오리지널(또는 재상영) 영화들은 성공을 위한 확실한 공식이 있다. "운치 있는 작은 마을, 잘 꾸며진 나무 장식, 그리고 눈." 전략은 성공적이었다! 50세 이하 성인 시청자들의 시청률은 계속 증가하고 있다. 회사 임원들은 오늘날의 엔터테인먼트 환경에서 다양한 전략을 성공적으로 관리하는 방법을 잘 알고 있다.[20]

오늘날 극심한 경쟁과 혼란한 시장 환경 속에서 조직은 경영 목표를 달성하기 위해 활용 가능한 '무기'가 무엇인지 찾고 있다. 오늘날과 같은 경영 환경에서는 여섯 가지 전략적 '무기'가 중요한데, 그것은 ❶ 고객 서비스, ❷ 종업원 기술과 충성심, ❸ 혁신, ❹ 품질, ❺ 소셜 미디어, ❻ 빅데이터이다. 우리는 앞 장에서 고객 서비스를 다루었으며, 8~13장에서 종업원 관련 문제를 토론할 것이다. 우리는 앞서 혁신을 다룬 바 있고, 특히 5장에서 파괴적 혁신을 다루었다. 나머지 품질, 소셜 미디어, 빅데이터는 아래에서 다루고자 한다.

전략적 무기로서 품질   켈로그(W. K. Kellogg)는 1906년에 콘플레이크 시리얼을 만들기 시작했다. 그의 목표는 고객에게 고품질의 영양가 높은 제품을 공급해 고객들이 맛있게 먹을 수 있도록 하는 것이었다. 오늘날에도 품질은 아무리 강조해도 지나치지 않다. 모든 켈로그 종업원은 높은 품질의 제품을 유지할 책임이 있다.

많은 조직이 경쟁 우위를 확보하고 충성심 높은 고객들을 유인하고 유지하기 위해 다양한 품질 관행을 가지고 있다. 품질관리가 제대로 된다면 조직은 지속가능한 경쟁 우위를 창출할 수 있을 것이다.[21] 만약 어느 회사가 지속적으로 제품의 품질과 신뢰성을 개선할 수만 있다면 경쟁 우위를 지속적으로 유지할 것이다.[22] 꾸준한 개선 활동은 조직의 운영을 통합하는 역할을 하고 커다란 경쟁 우위를 가져올 수 있다.

벤치마킹이 최선이다!

건강 산업, 교육, 금융 서비스 등 다양한 산업의 경영자들은 오랫동안 인정받고 있는 기업을 찾아 벤치마킹한다. **벤치마킹**(benchmarking)의 이점은 경쟁자든 아니든 탁월한 성과를 내는 기업들이 가지고 있는 베스트 프랙티스가 무엇인지 찾아내는 것이다. 벤치마킹의 기본적인 아이디어는 다양한 영역에서 앞서 가는 기업들을 분석하고 따라 함으로써 품질을 개선

기업 전략
기업이 어떤 사업을 하고 있는지, 어떤 사업을 하고 싶은지, 사업과 관련해서 무엇을 해야 하는지를 구체화하는 조직 전략

성장 전략
현재의 사업 혹은 새로운 사업을 통해 조직이 제품이나 시장의 숫자를 확대하는 기업 전략

안정화 전략
조직이 현재 하고 있는 것을 계속하려는 기업 전략

쇄신 전략
줄어드는 성과를 다루기 위한 전략

경쟁 전략
기업이 해당 사업 분야에서 어떻게 경쟁할 것인가와 관련된 조직 전략

전략사업단위(SBUs)
자체적인 경쟁 전략을 세워서 독립적으로 운영하는 단일 사업 부서

경쟁 우위
다른 조직과 뚜렷이 구분되는 것

비용 우위 전략
산업 내에서 가장 낮은 비용으로 경쟁하는 전략

차별화 전략
고객에게 가치를 주는 독특한 제품을 공급함으로써 경쟁하는 전략

집중화 전략
세분화된 영역 및 틈새에서 비용 우위 또는 차별화 우위를 점하고자 하는 전략

기능 전략
조직의 다양한 기능에 의해 활용되고, 경쟁 전략과 연계된 전략

벤치마킹
경쟁업체든 경쟁업체가 아니든 간에 아주 뛰어난 성과를 내고 있는 기업의 최고의 관행을 찾는 것

할 수 있다는 것이다.

벤치마킹의 뒷이야기

- 무엇: 어느 한 미국 기업에 의해 이루어진 벤치마킹 노력으로 처음 알려짐
- 언제: 1979년
- 누가: 제록스
- 어떻게: 일본의 복사기 경쟁업체들이 서로 무엇을 하고 있는지 살펴보고, 도움이 될 만한 것들을 공격적으로 베껴서 자신의 기업에 적용했다. 제록스 경영자들은 어떻게 일본 제조업체들이 제록스보다 낮은 생산원가로 미국에 복사기를 수출할 수 있었는지 이해할 수 없었다.
- 제록스의 생산 담당 임원은 경쟁업체들의 원가와 생산공정을 자세하게 살펴보도록 일본에 팀을 파견했다. 놀라운 사건이 발생했다. 파견팀은 일본의 경쟁업체들이 효율성 측면에서 제록스보다 훨씬 앞서 있다는 것을 발견했다.
- 제록스는 일본 기업들의 효율성을 벤치마킹했으며, 복사기 시장에서 전략적인 전환을 시작했다.
- 제록스의 역사는 바로 벤치마킹에 의해 이루어졌다.

오늘날 많은 조직이 벤치마킹 방법을 사용한다. 예를 들어 미국의학협회는 100개 이상의 표준성과지표를 개발했다. 닛산은 월마트의 구매, 운송, 물류를 벤치마킹했다. 사우스웨스트 항공은 인디 500(Indy 500) 자동차 경주에서 15초 이내에 경주차의 바퀴를 바꾸는 피트크루(pit crew, 자동차 경주에서 출전 차량의 급유와 정비를 담당하는 작업원-역주)를 연구함으로써 게이트 승무원들이 얼마나 빠르게 비행기 화물 및 승객의 적재와 재적하를 할 수 있는지 살펴보았다.[23]

전략적 무기로서 소셜 미디어　레드 로빈 고메 버거(Red Robin Gourmet Burger)가 태번 더블(Tavern Double) 버거 라인을 처음 만들었을 때, 라인 도입과 관련된 모든 것은 전적으로 목표를 달성하는 데 초점을 맞추었다. 기업 경영진은 무엇을 했는가? 그들은 소셜 미디어를 활용했다.[24] 페이스북과 유사한 내부 소셜 네트워크를 활용해 500여 개 레스토랑에 있는 경영자들은 레시피로부터 햄버거를 효율적으로 만드는 팁까지 배울 수 있었다. 그러한 내부 네트워크는 중요한 피드백 도구가 되었다. 기업의 셰프들은 고객 피드백과 점포 경영자들로부터의 제안을 듣고 레시피를 일부 변경하기도 했다.

성공적인 소셜 미디어 전략은 (1) 조직 내와 조직 외 사람들을 연결하도록 도와야 하고, (2) 원가를 줄이거나 수익을 높이거나 또는 둘 다 해야 한다. 경영자들이 소셜 미디어를 어떻게 전략적으로 사용할지를 살펴볼 때 목표와 계획을 수립하는 것이 중요하다.

52%의 경영자가 소셜 미디어가 중요하며, 사업에서도 중요하다고 응답했다.

조직이 소셜 미디어 전략을 채택하는 것이 단지 사회적 연계를 위한 것만은 아니다. 많은 조직이 소셜 미디어 도구가 생산성을 높일 수 있다는 사실을 알게 되었다.[25] 예를 들어 의사들은 온라인 포스팅을 통해 친구가 되고 매일 일어나는 일상을 이야기하면서 기술을 공유한

다. 동료와 전문가들 간 협력은 환자 치료의 속도와 효율성을 높이는 데 도움이 된다. 트렁크클럽(Trunk Club)은 온라인으로 남성 의류를 파는 회사로, 고객이 주문하는 새로운 의류상품을 배송해준다. 이 회사 최고경영자는 채터라고 불리는 소프트웨어 도구를 사용해 기업의 퍼스널 쇼퍼(personal shopper, 고객의 쇼핑 편의를 위해 각 고객의 취향 등에 맞는 맞춤형 쇼핑을 도와주는 사람-역주)에게 새로운 구두와 옷의 수송에 대해 알려준다. 최고경영자는 관련 정보를 채터에 올리면 퍼스널 쇼퍼들이 고객 '트렁크'에 개별 품목들을 담는 것을 즉각적으로 알 수 있다고 이야기한다.[26] 관리자가 환경 탐색을 위해 소셜 미디어

Mark Elias/Bloomberg/Getty Images

아메리칸 항공의 관리자들은 빅데이터와 디지털 도구를 고객 판매를 높이고 서비스 직원 및 승무원의 업무를 개선하는 전략적인 무기로 활용하고 있다. 빅데이터와 디지털 도구는 중요한 전략적 무기로서, 항공 산업에서 가장 안전하고 신뢰할 수 있으며 가장 친절한 서비스를 승객들에게 제공한다는 목표를 달성하도록 돕는다.

를 어떻게 사용할 수 있는지에 대해 이 장의 '오늘날 직장에서의 윤리적 의사결정'에서 좀 더 자세히 알아보고자 한다. 전략적으로 사용한다면, 소셜 미디어는 빅데이터 및 기타 디지털 도구와 마찬가지로 강력한 무기가 될 수 있다!

전략적 무기로서 빅데이터와 디지털 도구 빅데이터는 소셜 미디어를 통해서 만들어지는 정보 교환에 대한 효과적인 대응책이다. 고객, 경쟁회사, 종업원, 시장, 기타 정량화할 수 있는 것들로부터 모은 엄청난 양의 데이터를 활용해 이해관계자들의 요구에 대응할 수 있다. 빅데이터를 활용해 경영자들은 사업을 측정하고 사업에 대해 더 잘 알 수 있으며, "빅데이터로부터 얻은 지식을 의사결정 개선과 성과 창출로 전환할 수 있다."[27] 좋은 예로서 월마트가 대규모 데이터베이스를 분석한 결과, 허리케인이 예보되었을 때 손전등과 배터리 판매가 늘 뿐만 아니라 팝 타르트 매출도 증가한다는 것을 알았다. 이제 허리케인이 몰려올 때면 폭풍우에 대비하기 위한 물품과 함께 가게 입구에 팝 타르트를 진열해 놓는다. 이는 더 나은 고객 서비스와 매출 향상에 도움을 준다.[28] 개별 기업이 무엇을 해야 하는지 알려주고, 목표를 달성하기 위해 고객을 유인하고 만족시킬 수 있도록 돕는다는 점에서 빅데이터는 결정적인 전략적 무기이다.

관리자는 방대한 양의 데이터를 어떻게 이해하는가? 그들은 **디지털 도구**(digital tool)(기술, 시스템, 소프트웨어)를 사용해 데이터를 수집, 시각화, 이해, 분석할 수 있다. 디지털 도구의 구체적인 예로는 마이크로소프트 엑셀과 같은 소프트웨어, 구글 애널리틱스와 같은 온라인 서비스, 또는 앞서 소셜 미디어 부분에서 설명한 것처럼 컴퓨터와 사람을 연결하는 네트워크를 들 수 있다.

점점 더 많은 디지털 도구를 통해 관리자는 다양한 정량적 정보(빅데이터)에 대한 의사결정을 할 수 있다. 그러나 관리자들은 또한 내부(강점과 약점) 및 외부(기회와 위협) 요소를 비롯한 정성적 정보에 대한 이해를 바탕으로 계획을 수립한다. 디지털 도구가 점점 더 중요해지고 있지만, 디지털 도구는 현재의 계획 활동 접근 방식을 보완하는 형태지 대체하는 것은 아니다. 오늘날 널리 사용되고 있는 세 가지 디지털 도구를 간략하게 살펴보자.

디지털 도구
사용자가 데이터를 수집, 시각화, 이해, 분석할 수 있도록 하는 기술, 시스템, 소프트웨어

오늘날 직장에서의 윤리적 의사결정

당신은 쇼핑을 하는가? '이 무슨 어리석은 질문인가'라고 생각할지 모른다. 당연히 우리는 쇼핑을 한다. 하지만 이렇게 달리 물어보자. 당신이 쇼핑을 할 때 소매점들이 당신을 몰래 염탐하고 있다는 것을 알고 있는가?[29] 우리 대부분은 온라인으로 쇼핑할 때 온라인업체가 요구하는 쿠키들을 설치하고 있으며, 우리가 무엇을 찾고 클릭하는지에 대해 온라인업체가 추적하는 것을 '허용'하고 있다는 사실을 '받아들이고 있다'. 오늘날 물리적인 소매 환경에서 기술이 매우 다양하게 활용되고 있다. 카메라는 과거보다 우리를 더 많이 관찰한다. 많은 소매점이 휴대전화 위치 추척 기술을 사용해 맞춤형 광고를 하며, 스파이캠을 활용하고 있다. 그 이유는 무엇인가? 당신의 행동을 추적해 더 많은 물건을 사도록 하기 위해서이다. 최근에 이루어진 설문조사 결과에 따르면 80%의 고객은 스마트폰에 의해 행동을 추적하는 것을 원치 않는다. 44%의 고객은 그러한 추적 프로그램이 있다면 해당 점포에서 쇼핑하지 않을 것이라고 응답했다.

토의문제

1 소매 고객을 추적하는 전략을 사용할 때 발생할 수 있는 윤리적 딜레마는 무엇인가? (이러한 의사결정에 영향을 받을 수 있는 다양한 이해관계자에 대해 생각해보라.)

2 이러한 전략을 사용하기로 한 기업의 결정에 어떤 요소가 영향을 미치겠는가? 윤리적인 측면의 고려가 다른 요인보다 더 중요한가? 의사결정자는 윤리적 요인을 중요하게 여기는가? 토론집단에서 이러한 문제에 대해 논의해보라.

데이터 시각화 도구 파이 차트, 막대 그래프, 추세선의 공통점은 무엇인가? 시각적 표현을 위해 데이터를 구조화하고 요약하는 방법이다. 예를 들어 관리자는 막대 그래프 또는 추세선을 사용해 몇 년간의 제품이나 기업 또는 산업의 수익을 표시할 수 있다.

클라우드 컴퓨팅 클라우드 컴퓨팅(cloud computing)은 컴퓨터의 하드 드라이브나 회사의 네트워크가 아닌 인터넷에 데이터를 저장하고 접근하는 것을 말한다. 클라우드는 단지 인터넷을 비유적으로 표현한 것이다. 관리자는 클라우드 컴퓨팅을 사용해 값비싼 하드웨어에 투자할 필요 없이 방대한 양의 데이터를 효율적이고 효과적으로 활용할 수 있다.

사물 인터넷(IoT) 우리는 4장에서 이 개념을 소개한 바 있다. 사물 인터넷(IoT)은 매일 '사물'이 자신의 성능에 대한 데이터를 생성하고 저장하며 인터넷을 통해 정보를 공유할 수 있게 해준다.

전략적 무기로서, 관리자는 이러한 다양한 형태의 디지털 도구를 사용해 생성되는 모든 데이터를 이해할 수 있다. 하지만 이 도구들은 단지 도구일 뿐이다. 이들은 계획 활동 접근 방법을 보완할 뿐 대체하지는 못한다. 조직 전략을 수립했다면 전략을 실행하기 위해 목표를 수립하고 계획을 개발해야 한다.

경영자들은 목표와 계획을 어떻게 수립하는가?

6-3 목표 설정과 계획 활동의 접근 방법들을 비교한다.

계획 활동 = 목표 + 계획

계획 활동은 목표와 계획이라는 두 가지가 중요하다. **목표**(goal, 목적)는 원하는 결과 또는 표적이다. 목표는 경영자들의 의사결정을 이끌고 업무 결과를 측정하는 기준을 제시한다. **계획**(plan)은 목표를 어떻게 충족시킬 것인지에 대해 윤곽을 제시하는 문서이다. 계획은 자원 할당, 예산, 일정, 기타 목표를 달성하는 데 필요한 행동을 포함한다. 경영자들이 계획 활동을 한다고 할 때는 목표와 계획 모두를 개발하는 것이다.

목표의 유형에는 무엇이 있으며, 그 목표를 어떻게 세우는가?

영리 조직이든 비영리 조직이든 조직의 필요성을 충족시키기 위해서 어떤 조직들은 단 하나의 목표를 갖고 있는 것처럼 보이지만, 조직의 성공은 단 하나의 목표에 의해 결정될 수 없다. 현실에서 모든 조직은 복수의 목표를 갖는다. 예를 들어 기업들은 시장 점유율을 높이려 하고, 종업원들을 동기부여하고, 보다 지속가능한 관행을 갖고 싶어 한다. 그리고 교회의 경우 종교적인 활동을 위한 장소를 제공하지만, 또한 공동체 내의 경제적으로 어려운 개인들을 돕고, 교회 구

클라우드 컴퓨팅
컴퓨터의 하드 드라이브나 회사의 네트워크가 아닌 인터넷에 데이터를 저장하고 접근하는 것

목표(목적)
원하는 결과 또는 표적

계획
목표를 어떻게 충족시킬 것인지에 대해 윤곽을 제시하는 것

성원을 위한 사회적 모임 장소이기도 하다.

목표의 유형 대부분의 기업 목표는 전략적이거나
재무적인 것으로 분류될 수 있다. 재무적 목표들은
조직 내 재무 성과와 관련되는 반면 전략적 목표들
은 조직 성과의 나머지 모든 영역과 관련된다. 예를
들어 맥도날드의 재무적 목표는 연평균 3~5%의 매
출 및 수익 성장률을 올리는 것이며, 영업수익 성장
은 6~7% 수준을 올리는 것이다.[30] 전략적 목표의 사
례로는 닛산의 최고경영자가 GT-R 슈퍼카를 포르
쉐 911 터보의 성과보다 높이라고 지시한 것을 들 수
있다.[31] 이러한 목표들을 **공표된 목표**(stated goal)라

Amber Miller/Newscom

솔 테크놀로지(Sole Technology)의 설립
자이자 최고경영자인 피에르-앙드레 세니저그
(Pierre-Andre Senizergues)는 2020년까
지 탄소중립(이산화탄소를 배출한 만큼 이산화
탄소를 흡수하는 대책을 세워 이산화탄소의 실
질적인 배출량을 0으로 만든다는 개념-역주)을
최초로 실천하는 스포츠 기업이 되겠다는 목표
를 세웠다. 사진은 나무를 심고 있는 모습으로,
그는 목표 달성을 위해 물 사용량을 줄이는 것
부터 녹색제품을 만드는 것까지 여섯 가지 계획
을 수립했다.

고 한다. 공표된 목표란 조직이 말하고자 하는 바를 공식적으로 언급한 것으로 주주들에게 공
식적으로 제시하는 목표이다. 공표된 목표가 선언문, 연차 보고서, 홍보 안내문, 공적인 문서
등에서 발견되기는 하지만 다양한 이해관계자가 조직에게 바라는 것들에 의해 영향을 받거나
갈등이 생기기도 한다. 그러한 공표 문구는 조직이 실제로 수행해야 하는 것을 담기보다 경영
진의 홍보기술에 의해 표현되거나 다소 애매할 수 있다. 따라서 조직이 공표한 목표가 실제
수행되는 것과 차이가 있는 것에 놀랄 필요 없다.[32]

공표된 목표 vs. 실제 목표

만약 우리가 어떤 조직이 실제로 추구하는 목표인 **실제 목표**(real goal)를 알고 싶다면 조직
구성원이 어떻게 행동하는지를 관찰해야 한다. 행동들은 우선순위를 반영한다. 실제 목표와 공
표된 목표가 다를 수 있음을 아는 것은 중요하다.

목표 설정 앞서 언급했듯이 목표들은 모든 경영 의사결정과 행동의 방향을 제공하며, 실제
업적이 측정되는 기준이 된다. 조직 구성원이 해야 하는 모든 것은 목표를 달성하는 방향이어
야 한다. 이들 목표는 전통적인 목표 설정 프로세스를 통해서 혹은 목표 관리를 사용해서 수
립된다.

전통적인 목표 설정 전통적인 목표 설정(traditional goal setting)에서 목표는 최고경영자에 의
해 수립되고 조직을 따라서 내려와 각 조직 분야의 하위 목표가 결정된다(그림 6.5 참조). 이
러한 전통적인 관점은 최고경영진이 '큰 그림'을 보기 때문에 무엇이 최선인지를 잘 알고 있
다고 가정한다. 그리고 조직 계층을 따라서 내려간 목표들은 개별 종업원들이 부여된 목표를
달성하기 위해 일하도록 이끌어 가는 역할을 한다. 제조업의 예를 들어보자. 사장이 생산 담
당 부사장에게 내년도 제조비용에 대한 기대를 이야기하고, 마케팅 담당 부사장에게 내년도
매출 기대 수준을 이야기한다. 이들 목표는 다음 조직 계층에 전달되면서 그 계층의 책임을
반영하도록 글로 표현된다. 이런 식으로 다음 계층으로 또 전달된다. 어느 시기에 이르면 할
당된 목표가 달성되었는지 여부에 대해 성과 평가가 이루어진다. 대개는 이렇게 이루어지지

공표된 목표
조직이 말하고자 하는 바를 공식적으로 언급
한 것으로, 주주들에게 공식적으로 제시하는
목표

실제 목표
조직 구성원들의 행동에서 드러나는 조직의
실제 추구 목표

전통적인 목표 설정
최고경영자에 의해 목표가 수립되며, 조직을
따라서 내려와 각 조직 분야의 하위 목표가 결
정됨

그림 6.5   전통적인 목표 설정

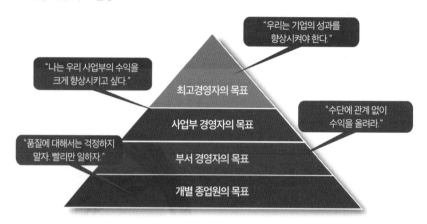

만 실제로 항상 그런 것은 아니다. 광범위한 전략 목표가 부서, 팀, 개인에게 제대로 전달되는 것은 어렵고 실망스러운 프로세스가 될 수도 있다.

전통적 목표 설정의 또 다른 문제점은 최고경영진이 조직 목표를 '충분한' 수익 달성 혹은 '마켓 리더십' 증가와 같이 광범위한 개념으로 표현했을 때이다. 이러한 애매한 목표는 조직을 따라 아래로 내려가면서 보다 구체적으로 만들어야 한다. 각각의 계층에서 경영자들은 보다 구체적인 목표를 설정해야 하는데 여기에 나름대로의 해석과 편견이 작용할 수 있다. 조직의 최고 계층에서 하위 계층으로 내려오다 보면 명확한 전달이 이루어지지 않을 수 있다. 하지만 다른 사례도 존재한다. 멕시코 티후아나에 있는 정형외과에서 종업원들은 일상의 업무가 조직 목표에 주는 영향을 잘 알고 있다. 회사의 인적자원 경영자는 이렇게 말한다. "사람들이 매일 무엇을 해야 하는지 알고, 목표를 달성하기 위해 어떻게 해야 하는지 알 때 기업과 종업원의 직무는 강하게 연계된다."[33]

조직 목표가 아래 계층에 명확하게 전달될 때 통합적인 목표 네트워크 또는 **수단-목표 체인**(means-ends chain)이 형성된다. 보다 높은 수준의 목표들은 낮은 수준의 목표와 연결된다. 낮은 수준의 목표들은 높은 수준의 목표를 달성하는 수단의 역할을 한다. 다시 말해서 낮은 수준에서 달성되는 목표들은 그 윗단계의 목표에 도달하기 위한 수단이다. 각 단계에서 목표를 달성하는 것은 다음 단계의 수단이 되고 계속해서 또 다른 조직 계층을 통해 위로 연계된다. 이것이 전통적 목표 설정 방식이다.

목표 관리   전통적인 목표 설정을 사용하지 않고 많은 조직은 **목표 관리**(management by objectives, MBO)를 사용한다. 목표에 의한 관리는 상호 협의를 통해서 목표를 설정하고 이 목표를 기준으로 종업원 성과를 평가하는 일련의 프로세스를 말한다. 만약 어떤 경영자가 이 접근 방법을 사용한다면 경영자는 각각의 팀 구성원들과 마주 앉아서 목표를 세우고 정기적으로 목표 달성을 향해서 일이 잘 진행되는지 검토할 것이다. 목표 관리 프로그램은 네 가지 요소가 있다―❶ 목표의 구체성, ❷ 참여적 의사결정, ❸ 명확한 일정, ❹ 성과 피드백.[34] 목표 관리는 종업원들이 무엇을 해야 하는지 명확하게 하는 것으로 목표를 사용하기보다 종업원들에게 동기를 부여하기 위해 목표를 사용한다. 여기서는 종업원들이 자신이 관여한 목표를 달성하기 위해 일한다는 것에 초점을 두고 있다(MBO에 대한 보다 자세한 정보는 '과거에서 현재까지' 참조).

수단-목표 체인
높은 수준의 목표는 낮은 수준의 목표와 연결되며, 낮은 수준의 목표는 높은 수준의 목표를 달성하는 수단으로서 역할을 함

목표 관리(MBO)
상호 협의를 통해 목표를 설정하고 이 목표를 기준으로 종업원 성과를 평가하는 일련의 프로세스

◂◂◂ 과거에서 현재까지 ▸▸▸

모든 사람은 MBO를 알아야 한다!

목표 관리(MBO)는 새로운 것이 아니다. 목표 관리는 1960년대와 1970년대에 많은 기업이 사용한 대중적인 관리 방식이다. 그 개념은 1954년 피터 드러커가 『경영의 실제(The Practice of Management)』라는 책을 출간했을 때로 거슬러 올라간다.[35] 목표 관리는 회사 전체의 목표를 조직 단위별 그리고 개인 구성원별 상세 목표로 전환해주는 것을 강조한다.

MBO는 어떻게 활용되는가?

- MBO는 목표를 실행 가능하고 운영할 수 있는 형태로 만들어준다. 이를 위해서는 조직을 따라서 '캐스케이딩(cascading)'되어야 한다.
- 전사 차원의 광범위한 목표는 개별 조직 단위(사업부, 부서, 개인)별 구체적인 목표로 전환된다.
- 결과: 하나의 단계에서 다음 단계로 목표를 연계하는 계층 구조
- 모든 구성원이 목표를 달성하면 부서의 목표가 달성된다. 만약 모든 부서의 목표가 달성되면 사업부의 목표가 달성되고, 결국 조직의 전사 목표가 달성된다.

MBO가 효과적인가?

- 목표 관리의 효과성을 평가하는 것은 쉬운 일이 아니다.
- 목표 설정 연구 결과

\+ MBO에서 중시하는 구체적이고 달성하기 어려운 목표를 수립하는 것이 목표가 없는 경우나 '최선을 다하라'와 같은 일반화된 목표를 수립하는 경우보다 더 높은 성과를 낸다.

\+ MBO에서 중요한 부분인 피드백은 성과에 긍정적인 영향을 주는데, 왜냐하면 사람들이 자신의 노력 수준이 충분한지 혹은 더 투입해야 하는지를 알게 해주기 때문이다.

\- MBO와 밀접한 관계가 있는 것으로 알려진 참여는 성과와 일관된 관련성을 보여주지 못한다.

MBO 프로그램에서 결정적으로 중요한 것

최고경영자의 관심. 만일 최고경영자가 목표 관리에 관심을 갖고 목표 관리의 실행 과정에 개인적으로 몰입했다면, 관심이 없는 경우보다 생산성이 높게 나타난다.

토의문제

3 경영진의 몰입이 MBO 프로그램의 성공에 왜 그렇게 중요하다고 생각하는가?

4 당신의 개인적인 목표를 위해 MBO를 사용할 수 있는가? 설명하라. 그렇다면, 왜 그런가? 그렇지 않다면, 왜 그렇지 않은가?

목표 관리 프로그램에 대한 연구 결과, 목표 관리는 종업원 성과와 조직 생산성을 높이는 것으로 나타났다. 예를 들어 목표 관리 프로그램을 연구한 한 연구에 따르면 모든 목표 관리 프로그램에서 생산성이 향상되었다.[36] 하지만 목표 관리가 현대 조직에 적합할까? 만약 목표 설정의 한 방법으로 검토된다면 그렇다고 할 수 있다. 왜냐하면 연구 결과들이 목표 설정은 종업원에게 동기를 부여하는 효과적인 방법이라고 제시하고 있기 때문인데 이와 관련해서는 11장에서 다룰 예정이다.[37]

잘 작성된 목표들의 특성 어떤 접근 방법이 사용되더라도 목표는 글로 작성되어야 한다. 그리고 목표는 기대되는 결과가 무엇인지 명확하게 나타나야 한다. 경영자들은 잘 작성된 목표를 개발해야 한다. 그림 6.6은 이런 특성을 적은 것이다.[38] 이런 특성을 잘 기억해 경영자들은 지

그림 6.6 잘 작성된 목표

- 행동보다 결과를 표현함
- 측정 가능하고 정량적임
- 일정이 명확함
- 도전적이지만 달성 가능함
- 글로 씀
- 필요한 모든 조직 구성원과 커뮤니케이션함

출처: Robbins, Stephen P., Coulter, Mary, *Management*, 13th Ed., © 2016, p. 222. Reprinted and electronically reproduced by permission of Pearson Education, Inc., New York, NY.

금 당장 목표를 실제로 수립해보는 것이 좋다.

목표 설정의 단계 경영자들은 목표를 설정할 때 다음 여섯 단계를 따라야 한다.

1. 조직의 미션과 종업원의 핵심 직무를 검토하라. 조직의 미션 기술서는 조직 구성원에게 무엇이 중요한지에 대해 전반적인 지침을 제공할 것이다. 경영자들은 목표를 쓰기 전에 미션을 검토해야 한다. 왜냐하면 목표는 미션을 반영해야 하기 때문이다. 그 외에 종업원이 수행하기를 원하는 것을 규정하는 것이 중요하다.

2. 가용한 자원을 평가하라. 주어진 자원을 활용해 달성하기 어려운 목표를 세워서는 안 된다. 목표가 도전적이어야 하지만 현실적이어야 한다. 만약 자원 때문에 아무리 노력해도 목표를 달성하기 어려울 때에는 그 목표를 설정해서는 안 된다.

3. 목표를 개별적으로 결정하거나 외부의 투입을 고려해 정하라. 목표는 원하는 결과물을 반영해 책정하는 것이 바람직하며, 다른 조직 부문의 미션, 목표와 같은 방향성을 가져야 한다. 이들 목표는 측정 가능해야 하고, 구체적이어야 하며, 달성 기간이 정해져 있어야 한다.

4. 목표를 잘 기록하고 필요한 사람들과 목표에 대해 커뮤니케이션하라. 목표를 기록하고 커뮤니케이션함으로써 사람들이 목표에 대해 생각하게 만든다. 기록된 목표는 어떤 일이 중요한지를 보여주는 가시적인 증거가 될 수 있다.

5. 목표 진척사항을 평가하기 위한 피드백 메커니즘을 구축하라. 만약 목표가 달성되지 못하면 필요에 따라 목표를 변경하라.

6. 목표 달성과 보상을 연계하라. 종업원들이 "나에게 무슨 도움이 되나?"라는 질문을 하는 것은 자연스러운 일이다. 목표 달성을 보상과 연계하는 것은 위의 질문에 답하는 데 도움을 줄 것이다.

일단 목표가 수립되고 기록되고 커뮤니케이션되면 경영자들은 목표를 추구하기 위한 계획들을 개발해야 한다.

경영자는 어떤 계획 유형을 사용하고, 그러한 계획을 어떻게 개발하는가?

경영자는 목표가 명확하고 구체적으로 어떻게 달성될지 계획을 세울 필요가 있다. 우선 경영자가 사용할 수 있는 계획 유형을 살펴보자.

계획 유형 계획을 설명하는 가장 일반적인 방법은 범위(전략 대 전술), 시간 프레임(장기 대 단기), 구체성(방향 제시적 대 구체적), 사용 빈도(일회성 대 지속적)의 측면에서 구분하는 것이다. 표 6.1에서 보는 바와 같이 이들 계획 유형은 상호 독립적이지 않다. 즉 전략적 계획은 대개 장기적, 방향 제시적, 단일 사용 빈도이다. 각 계획 유형을 살펴보자.

전략계획
전체 조직에 적용되고 조직의 전반적 목표를 포함하는 계획

전술계획
전반적인 목표들이 어떻게 달성되는지 세부사항을 구체화한 계획

범위 **전략계획**(strategic plan)은 전체 조직에 적용되고 조직의 전반적 목표를 포함한다. **전술계획**(tactical plan, 때로 실행계획이라고 함)은 전반적인 목표들이 어떻게 달성되는지 세부사항을 구체화하는 것이다. 맥도날드가 자회사인 레드박스에서 키오스크(공공장소에 설치된 터치스크린 방식의 정보 전달 시스템-역주) 사업을 하기로 한 것은 전략계획의 결과이다. 언

제, 어디서, 어떻게 사업을 실제로 할지를 결정하는 것은 마케팅, 물류, 재무 등의 영역에서 전략계획을 수립한 결과이다.

시간 프레임 환경 불확실성으로 인해 단기 계획과 장기 계획을 결정하는 기준연도가 크게 줄어들었다. 장기는 보통 7년 이상을 의미했다. 당신이 7년 동안 해야 할 일을 상상해보라. 너무 먼 일로 느껴질 것이다. 오늘날 경영자들이 먼 미래를 계획한다는 것이 얼마나 어려운 일인지 알 수 있다. 따라서 **장기 계획**(long-term plan)은 3년 이상의 시간 동안 할 일을 계획하는 것이고, **단기 계획**(short-term plan)은 1년이나 그 이하를 대상으로 계획하는 것이다.

Robert F. Bukaty/AP Images

엘엘빈(L.L. Bean)의 최고경영자인 스티브 스미스(Steve Smith)는 카탈로그와 온라인 판매를 늘리고 신규 점포를 여는 데 더 집중하며, 매장 내 구매를 지원하기 위해 광고비를 3배로 늘리는 등 회사의 고객 기반을 확대할 계획이다. 이러한 전술계획은 회사의 실적 및 수익률 개선에 도움을 줄 것이다.

구체성 누구나 구체적인 계획을 방향 제시적인 계획이나 혹은 느슨하게 구성된 계획보다 선호할 것이다. **구체적 계획**(specific plan)은 분명하게 정의되고 해석의 여지가 없는 계획이다. 예를 들어 부서의 결과물을 향후 1년 동안 8% 향상시키기 원하는 경영자는 구체적인 절차, 예산 할당, 목표 달성을 위해 필요한 활동들의 일정계획을 세울 것이다. 하지만 불확실성이 높을 때 경영자들은 예기치 않은 변화에 대응하기 위해서 유연해야 한다. 이때는 유연한 계획과 일반적인 지침을 수립하는 **방향 제시적 계획**(directional plan)을 사용할 가능성이 높다. 예를 들어 모타운 레코드(Motown Records)의 사장인 실비아 론(Sylvia Rhone)은 '위대한 아티스트와 계약한다'는 단순한 목표를 갖고 있다.[39] 그녀는 올해 새로운 아티스트와 10개의 앨범을 제작한다는 구체적 계획을 세울 수 있다. 또는 전 세계에 있는 사람들과의 네트워크를 활용해서 장래가 촉망되는 재능 있는 사람들을 발견하겠다는 방향 제시적 계획을 수립할 수 있다. 그래서 아티스트와의 계약 건수를 계획했던 것보다 늘릴 수도 있다. 실비아뿐만 아니라 계획에 참여하는 경영자들은 구체적인 계획이 명확하긴 하지만 그 명확성이 갖는 단점을 극복하기 위해서 방향 제시적 계획의 유연성을 중시했다.

유연성 ↔ 명확성

사용 빈도 경영자들이 개발하는 어떤 계획들은 지속적이다. 반면에 또 어떤 것들은 한 번만 사용되는 것이다. **일회성 계획**(single-use plan)은 특정 상황의 필요성을 충족하기 위해 구체적으로 설계된 계획이다. 예를 들면 델에서 포켓용 인터넷 접속 기기를 개발하기 시작했을 때

장기 계획
3년 이상의 시간 동안 할 일을 계획하는 것

단기 계획
1년이나 그 이하를 대상으로 계획하는 것

구체적 계획
명확하게 정의되고 해석의 여지가 없는 계획

방향 제시적 계획
유연하고 일반적인 지침을 수립하는 계획

일회성 계획
특정 상황의 필요성을 충족하기 위해 구체적으로 설계된 계획

표 6.1 계획의 유형

범위	시간 프레임	구체성	사용 빈도
전략적	장기	방향 제시적	일회성
전술적	단기	구체적	지속성

지속성 계획
조직 내에서 반복적으로 수행되는 행동을 위한 지침을 제공하는 계획

몰입 개념
계획을 개발할 때 충분히 몰입할 수 있을 만큼의 기간으로 계획되어야 한다는 것

경영자들은 자신들의 의사결정에 도움을 줄 수 있는 일회성 계획을 수립했다. 반대로 **지속성 계획**(standing plan)은 조직 내에서 반복적으로 수행되는 행동을 위한 지침을 제공한다. 예를 들면 다음 학기 수강 신청을 할 때 단과대학 혹은 대학 차원에서 수강 신청을 위해 표준화된 등록 계획을 사용한다. 시간이 지나도 그 프로세스는 매 학기 동일하게 운영된다.

계획의 개발   계획을 개발하는 프로세스는 세 가지 상황 요인과 계획 활동 프로세스에 영향을 받는다.

계획 활동에서의 상황 요인   어떤 계획을 선택할 것인지에 영향을 주는 세 가지 상황 요인은 (1) 조직 계층, (2) 환경 불확실성의 정도, (3) 미래 몰입의 길이이다.[40]

그림 6.7은 조직 내 경영자 계층과 계획 유형의 관계를 보여준다. 대부분의 경우 낮은 계층의 경영자들은 운영(또는 전술)계획을 하고 상위 계층의 경영자들은 전략계획을 한다.

두 번째 상황 요인은 환경 불확실성이다. 불확실성이 높을 때 계획은 구체적이지만 유연해야 한다. 경영자들은 변화를 준비해야 하고 실행 과정에서 계획을 수정해야 한다. 예를 들어 콘티넨털 항공(현재 유나이티드 항공의 계열사)의 전임 CEO와 경영팀은 높은 불확실성과 경쟁 상황에 있는 항공 산업 내에서 보다 경쟁력을 갖추기 위해 고객들이 가장 원하는 정시 비행을 구체적인 목표로 수립했다. 불확실성 때문에 경영팀은 '비행계획이 아니라 목적지가 중요하다'는 사실을 발견하고 정시 서비스 목표를 달성하기 위해 필요한 계획을 변경했다.

세 번째 상황 요인은 시간 프레임과 관련이 있다. **몰입 개념**(commitment concept)은 계획을 개발할 때 충분히 몰입할 수 있을 만큼의 기간으로 계획되어야 한다는 것을 말한다. 계획이 너무 길거나 짧으면 비효율적이고 비효과적이다. 예를 들어 조직이 종업원들의 컴퓨터 활용 능력을 향상시키려고 할 때의 사례를 보면 몰입 개념의 중요성을 알 수 있다. 기업의 컴퓨터가 모여 있는 데이터 센터에 가보면 '전력을 잡아먹는 컴퓨터들'이 뜨거운 열기를 내뿜고 있다. 그 열기를 식히기 위해 에어컨을 많이 사용해 전기료가 엄청나게 나온다.[41] 이 사례에서 몰입 개념은 무엇일까? 조직의 컴퓨터 활용기술이 높아짐에 따라서 미래의 비용이 얼마나 줄어들지에 대해 '몰입'한다.

38%의 리더가 다음 해를 위한 계획 활동이 도전적이라고 응답했다.[42] 당신은 어떠한가?
내년도 계획을 도전적으로 하는가? 계획 활동을 보다 잘 하려면 어떻게 해야 하는가?

그림 6.7 계획 활동과 조직 계층

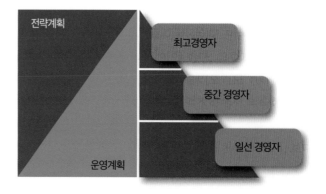

계획 활동에 대한 접근 스위스컴(Swisscom)은 화웨이 등 핵심 협력사와 긴밀히 협력해 통신 서비스 개선을 위한 신기술 공동 기획에 나선다. 직원 소유의 영국 소매업체인 존 루이스(John Lewis)의 최고경영자들은 15명의 직원으로 구성된 파트너십 이사회에서 주요 계획 및 정책을 논의한다. 인디텍스(Inditex)는 자라(Zara)와 성장세에 있는 몇몇 소매 체인들의 스페인 모회사로, 이 회사의 임원들은 소규모 직원 그룹들에게 의견을 구하는데, 특히 신제품 디자인 및 출시와 같은 계획 단계 때 점포 관리자의 말을 주의 깊게 듣는다. 그 과정에서 계획이 약간씩 수정되기도 한다. [43]

전통적인 접근에서 계획 활동은 전적으로 최고경영진에 의해 이루어진다. 가끔 **공식적인 계획 부서**(formal planning department)에 의해 지원을 받는데, 이 부서는 계획 전문가들의 그룹이다. 계획 전문가들의 유일한 책임은 다양한 조직계획을 수립하는 것이다. 이러한 접근 하에서 최고경영진에 의해 개발된 계획들은 다른 조직 계층으로 흘러 내려간다. 이러한 과정은 목표 설정에 대한 전통적인 접근과 유사하다. 조직을 따라 내려가다 보면 그 계획은 조직 내 각 계층의 필요에 따라 조정된다. 비록 이러한 접근이 관리계획을 철저하고 체계적이며 조정된 형태로 만들긴 하지만, 가끔은 의미 없는 정보로 가득한 '계획을 위한 계획' 책자가 되기도 한다. 그 책자는 책장에 꽂혀 있을 뿐 아무도 업무의 지침이나 조정으로 사용하지 않는다.

**경영자를 대상으로 상의하달식 계획 활동에 대해 설문조사를 한 결과,
75%가 회사의 계획 활동에 불만족하고 있는 것으로 나타났다.[44]**

공통적인 불만은 '계획은 기업의 계획 부서원들을 위해 준비된 것이며 조만간 잊힐 서류'일 뿐이라는 것이다.[45] 비록 이러한 전통적인 상의하달 계획 접근이 많은 조직에서 이루어지고 있지만, 구성원들이 실제로 사용할 수 있는 서류를 만드는 것이 얼마나 중요한지를 경영자들이 깨달을 때 이 접근은 성공할 수 있다.

계획 활동의 또 다른 접근은 계획 프로세스에 많은 구성원을 참여시키는 것이다. 이 접근 방법에 따르면 계획은 어느 부서에서 다음 부서로 내려오는 것이 아니다. 오히려 다양한 계층과 부서의 구체적 요구를 반영할 수 있도록 많은 구성원이 함께 개발한다. 예를 들어 델에서 생산, 공급 관리, 유통 관리에서 모인 종업원들은 매주 회의를 해 현재의 제품 수요와 공급에 기반 한 계획을 세운다. 게다가 작업팀은 자체 일정을 수립하고 일정 대비 진척도를 점검한다. 만약 어느 팀이 늦어지면 팀 구성원들은 스케줄을 맞출 수 있는 '회복' 계획을 개발한다.[46] 조직 구성원들이 계획 활동에 적극적으로 참여할 때 그들은 계획을 단순한 서류로 보지 않고 업무 수행의 방향을 잡고 서로 조정하는 데 활용할 것이다.

Richard Lautens/Newscom

버지니아 폴리(Virginia Poly)는 폴리 플레이스먼츠(Poly Placements)의 설립자이자 최고경영자이다. 이 회사는 채용기업으로 임시고용 근로자들을 고객사에 파견한다. 사업을 성공시키기 위해 그녀는 근로자가 고객사에서 장기간 관계를 유지하는 데 중점을 두고, 거래 기반 판매원보다는 컨설턴트로서 역할을 하도록 계획을 수립했다.

경영자가 직면하고 있는 현대의 계획 활동 이슈는 무엇인가?

6-4 계획 활동과 관련된 현재 이슈를 토론한다.

현대자동차 본사 21층에는 GCCC(Global Command and Control Center)가 있는데, 하루 24시간 내내 활기가 넘친다. 그곳에는 CNN 뉴스가 끝난 뒤 보이는 화면처럼 많은 컴퓨터 스크린이 있는데, 스크린에는 '현대자동차가 전 세계에서 어떻게 운영되고 있는지를 한눈에 볼 수 있는 영상과 데이터'들이 나온다. 경영자들은 공급업체에서 공장으로 부품이 선적되어 이동하는 정보를 얻는다. 카메라가 이동조립장치를 보여주고, 세계에서 가장 거대한 통합 자동화 공장인 현대 울산공장을 철저히 감시함으로써 경쟁업체의 스파이가 있는지, 노동 불안의 요인은 없는지 살펴본다. GCCC는 기업의 유럽, 일본, 북미의 R&D 활동을 확인하기도 한다. 현대자동차는 문제를 발견하면 즉각적이고 신속하게 반응한다. 이 기업은 항상 공격적이고 빠르며, 21세기 기업이 어떻게 계획 활동을 해야 하는지를 성공적으로 보여준다.[47]

이 장을 마무리하면서 계획 활동에 대한 두 가지 현재 이슈를 다루고자 한다. 구체적으로 ❶ 역동적인 환경과 위기 상황에서 효과적으로 계획을 찾아야 하고, ❷ 경영자들이 환경 탐색, 특히 경쟁지능을 어떻게 활용할 수 있는지를 다룬다.

역동적인 환경에서 경영자들은 어떻게 효과적으로 계획을 할 수 있는가?

역동적 환경 = 도전적 계획 수립

4장에서 살펴보았듯이 외부 환경은 지속적으로 변하고 있다. 경영자들은 외부 환경이 이처럼 지속적으로 변화할 때 어떻게 효과적으로 계획할 수 있을까? 우리는 이미 불확실한 환경이 경영자들의 계획 개발 유형에 영향을 미치는 상황 요인 중 하나임을 알고 있다. 역동적인 환경은 이제 이례적인 것이 아니라 일반적인 상황이다. 따라서 역동적 환경에서 효과적으로 계획할 수 있는 방법을 살펴볼 필요가 있다. 또한 위기에 대응하기 위해서 경영자들이 어떻게 조직에 도움을 주는지를 간단히 살펴볼 필요가 있다.

역동적 환경   불확실한 환경에서 경영자들은 구체적이면서 유연한 계획을 개발해야 한다. 모순된 이야기처럼 보이지만 그렇지 않다. 유용한 계획이 되기 위해서는 구체적이어야 한다. 그러나 그 계획이 변경 불가능해서는 안 된다. 경영자들은 계획 활동이 지속적인 프로세스라는 점을 깨달을 필요가 있다. 계획은 로드맵의 역할을 한다. 하지만 그 종착 지점은 역동적인 시장 상황에 따라 변경될 수 있다. 유연성은 계획이 실행될 때 특히 중요하다. 경영자들은 실행에 영향을 미치는 환경 변화를 경계해야 하며 언제든 그에 대응할 수 있어야 한다. 명심할 것은 환경이 아무리 급변한다고 해도 조직 성과에 어떤 영향을 주는지 알 수 있도록 공식적인 계획을 유지하는 것이 중요하다는 점이다. 계획을 지속하는 것은 성과 개선에 도움을 준다. 왜 그럴까? 대부분의 활동에서 경영자들은 '계획을 통해 학습'하며, 공식적 계획을 지속하면서 계획 활동의 품질은 개선된다.[48] 마지막으로 조직 계층을 수평적으로 만드는 것이 역동적 환경에서 효과적으로 계획하는 방법이다. 수평적 계층은 낮은 조직 계층에서 목표를 수립하고 계획하는 것을 허용한다는 것을 의미하며, 최고 계층에서 아래로 목표와 계획이 흘러가는 경우는 거의 없다. 경영자들은 종업원들에게 목표와 계획을 수립하는 방법을 가르치며, 그것을 통해서 그들을 신뢰하게 된다. 좀 더 효과적으로 이해하기 위해서 우리는 인도의 방갈로르에 있는 한 회사를 주의 깊게 지켜볼 필요가 있다. 위프로(Wipro)는 몇 년 전만 해도 '주로 인도에서 식용 기름과 개인 컴퓨터를 팔고 있는 잘 알려지지 않은 대기업'이었다. 그러나 지금은 사업의 대부분이 정보기술 서비스인 연매출 85억 달러의 글로벌 기업으로 성장했다.[49] 액센츄어, EDS, IBM과 대형 미국 회계 법인들은 위프로가 얼마나 위협적인 경쟁자인지 잘 알고 있다. 위프로의 종업원은 인건비가 저렴할 뿐만 아니라 지식도 많고 기술도 뛰어나다. 그들은 기업의 계획 활동에 중요한 역할을 하고 있다. 정보 서비스 산업이 지속적으로 변화하면서 종업원들은 상황을 분석하는 법을 배웠으며, 최고의 솔루션을 제공하기 위해 고객 문제의 척도와 범위를 정하는 법을 배웠다. 이들 종업원은 고객과 직접 만나는 일선 근로자들로 스스로 무엇을 어떻게 할지를 정하는 것이 바로 자신의 책임이다. 산업이 얼마나 변하든 간에 위프로의 성공을 가져오는 것은 바로 이러한 접근 때문이다.

위기 상황 2010년 2월 27일 칠레에서 역대 5번째로 강한 지진이 발생했다. 너무 강한 지진이어서 나사는 지구의 축을 3인치 기울인 것으로 추정했다.[50] 2017~2018년에는 독감이 예상보다 심해 많은 병원이 막대한 수의 환자들을 진료하기 위해 시설, 프로세스, 절차를 조정해야 했다.[51] 허리케인 하비는 2017년 8월 말 휴스턴을 강타했고 엄청난 홍수가 발생했다.[52] 또한 주요 기업, 정부 부처, 기타 기관에 대한 사이버 공격이 점점 더 빈번해지고 있다. 이 모든 것이 위기 상황의 예이며, 관리자는 일상적인 계획 과제 이외에 역동적 환경 변화에 대비해야 한다. 어떻게 해야 할까? 위기를 대비해 계획할 때 가장 먼저 기억해야 할 것은 위기가 발생할 때까지 기다려서는 안 된다는 것이다. 종합적인 위기 대응 계획을 준비하고 마련해야 한다. 전문가들은 위기 대응 계획에 사람, 준비성, 테스트의 세 가지 중요한 차원이 포함되어야 한다고 말한다.[53] 위기가 닥치면, 조직 구성원은 어떻게 대응해야 하는지 알아야 한다. 이를 위해서는 위기 대응을 미리 준비(준비성)하고 모의 위기 훈련(테스트)을 실시해야 한다. 이 모든 것은 강력하고 의도적인 계획을 필요로 한다. 그럴 만한 가치가 있는가? 당연하다!

경영자는 환경 탐색을 어떻게 할 수 있는가?

경영자가 외부 환경을 분석할 때 **환경 탐색**(environmental scanning)을 사용하는 것이 바람직하다. 환경 탐색이란 최근의 흐름을 파악하기 위해 많은 양의 정보를 탐색하는 것을 말한다. 가장 빠르게 성장하고 있는 환경 탐색의 형태는 **경쟁지능**(competitive intelligence)이다. 경쟁지능은 경쟁자에 관한 정밀한 정보를 말하는데, 경쟁지능을 활용해 경영자들은 경쟁자들에 대해 단순히 반응하는 것이 아니라 경쟁자의 행동을 예측할 수 있다.[54] 경쟁자에 대한 기본적인 정보는 그들이 누구인지, 그들은 무엇을 하고 있는지, 우리에게 영향을 줄 어떤 행동을 할 것인지 등이다.

경쟁지능을 연구하는 많은 사람들은 중요한 전략적 의사결정을 하기 위해서 조직이 필요로 하는 경쟁자 관련 정보의 많은 부분이 이용 가능하고 일반인들이 접근할 수 있다고 제시한다.[55] 다시 말해서 경쟁지능은 조직적 스파이 활동이 아니다. 광고, 판촉물, 언론 배포물, 정부 정보기관이 작성한 보고서, 연간 보고서, 구인광고, 신문 칼럼, 인터넷상의 정보, 산업 연구들이 쉽게 접근 가능한 정보 원천이다. 조직과 산업에 대한 구체적인 정보들은 전자 데이터베이스를 통해서 널리 확산되고 있다. 경영자들은 데이터베이스를 구매함으로써 말 그대로 풍부한 경쟁정보에 다가갈 수 있다. 전시회와 회사 영업사원의 보고는 경쟁자들에 대한 정보의

환경 탐색
최근의 흐름을 파악하기 위해 많은 양의 정보를 탐색하는 것을 포함한 외부 환경의 분석

경쟁지능
경쟁자에 관한 정밀한 정보로 경영자에게 제공하는 환경 탐색의 한 형태

오늘날 직장에서의 경영 기술

환경 탐색을 위한 소셜 미디어 활용

대부분의 기업이 마케팅 목적으로 소셜 미디어를 이용하는 전략을 가지고 있지만, 또한 많은 기업이 조직의 계획 활동을 지원하기 위해 소셜 미디어를 사용하고 있다.[56] 점점 더 많은 수의 소셜 미디어 사이트들이 기업의 환경 탐색 노력을 지원하기 위해 실시간 정보를 제공한다.

소셜 미디어는 특히 경쟁사의 정보인 경쟁지능을 수집하는 데 유용하다. 기업은 소셜 미디어에서 이루어지는 온라인 대화 및 기타 정보를 모니터링해 새로운 트렌드를 파악할 수 있다. 예를 들어 링크드인(LinkedIn)을 통해 경쟁업체에 새로 입사한 사람들의 프로필이 업데이트됨에 따라 경쟁사가 특정 부문을 확장하고 있다는 사실을 알 수 있다. 또는 경쟁업체의 비즈니스 변화를 반영하는 전략적 승진이나 채용을 파악할 수 있다.

소셜 미디어를 모니터링하는 것이 어려운 일처럼 보이지만, 기업은 새로운 소프트웨어 도구와 분석 기법을 사용해 경쟁업체, 공급업체 및 고객 정보를 얻을 수 있다. 예를 들어 소프트웨어를 활용해 '버즈 볼륨(온라인상 입

> 소셜 미디어는
> 기업의 환경 탐색에
> 얼마나 중요한가?

소문-역주)'을 계산할 수 있으며, 이는 온라인상에서 특정 회사의 브랜드 관련 정보를 파악할 수 있다.

소셜 미디어에서 기업 정보를 효과적으로 수집하려면 조직이 전략적 접근을 해야 한다. 그렇지 않으면 엄청나게 많은 정보에 매몰되기 쉽다. 매순간 계속 생성되는 정보에 접근하기 위해서는 기업이 계획 수립 방식을 바꿔야 한다. 관리자는 소셜 미디어 검색을 통해 파악된 동향 또는 기타 정보에 따라 신속하게 계획을 전환할 수 있어야 한다.

토의문제

5 소셜 미디어를 통해 제공되는 많은 정보 중에서 기업은 어떻게 필요한 정보를 골라낼 수 있는가?

6 소셜 미디어로부터 수집된 정보 중에서 신뢰할 수 있고 가짜가 아닌 정보는 무엇인가? 어떻게 알 수 있는가? 토론 그룹별로 이야기해보라.

좋은 원천일 수 있다. 그외에 많은 조직이 심지어 정기적으로 경쟁사 제품을 구입하고 새로운 기술혁신에 대해 학습하기 위해 구입한 경쟁사의 제품들을 자사의 종업원이 평가하도록 한다.[57]

변화하는 글로벌 경영 환경에서 환경 탐색과 경쟁지능의 획득은 꽤나 복잡할 수 있다. 특히 그 정보가 전 세계에서 수집된다면 더욱 그렇다. 그러나 경영자들은 전 세계 신문이나 잡지를 정리해주는 뉴스 서비스를 구독할 수 있으며, 그 요약본을 고객 기업에게 제공할 수도 있다.

경영자들이 정보, 특히 경쟁지능을 수집할 때 주의해야 할 사항은 그것이 법적 혹은 윤리적으로 문제가 없는지를 살피는 것이다. 예를 들어 스타우드 호텔은 최근 힐튼 호텔을 고소했다. 2명의 전직 종업원이 거래 비밀을 훔쳐 힐튼에 넘김으로써 힐튼이 새로운 럭셔리 라인을 개발하고 젊은 층을 대상으로 한 첨단 호텔을 만드는 데 도움을 주었다는 혐의로 고소한 사건이다.[58] 법원은 "이것은 명백한 기업 스파이라고 생각할 수 있으며, 거래 비밀 절도, 불공정 경쟁, 컴퓨터 사기에 해당한다"고 판결했다. 어떤 수단으로 거래 비밀이나 소유권이 있는 물건을 절도했다면 그때의 경쟁지능은 불법적인 기업 스파이 행위가 될 수 있다. 미국의 경제 스파이법은 경제 스파이와 거래 비밀을 훔치는 행위를 범죄로 규정하고 있다.[59] 경쟁지능은 합법이면서 윤리적인 행위와 합법이지만 비윤리적인 행위 사이에 있는 경우가 많아 의사결정이 어렵다. 비록 경쟁지능을 갖고 있는 최고경영자가 수집된 지능의 99.9%가 합법이라고 주장하더라도 어떤 사람 혹은 기업이 경쟁자에 대한 정보 수집이 비윤리적이라고 주장할 수 있다는 점을 명심해야 한다.[60]

요약

6-1 계획 활동의 성격과 목적을 토론한다.

계획 활동은 일차적인 경영 활동으로 경영자들이 해야 할 다른 모든 활동의 기본이다. 우리가 관심을 갖고 있는 계획 활동은 공식적 계획 활동이다. 공식적 계획 활동은 특정 기간 동안 달성해야 할 구체적인 목표들을 정해 글로 쓰고 이들 목표를 달성하기 위한 구체적인 계획을 개발하는 것이다. 경영자가 계획을 세워야 하는 이유는 네 가지다—(1) 조정된 노력을 수립한다. (2) 불확실성을 없애준다. (3) 중복되고 낭비적인 활동을 줄인다. (4) 업무를 통제하는 목표와 기준을 수립한다. 비록 계획 활동에 대한 비판이 있긴 하지만 일반적으로 공식적 계획 활동은 조직에 도움을 준다고 알려져 있다.

6-2 경영자들이 전략경영 프로세스에서 무엇을 하는지 설명한다.

경영자들은 전략경영 프로세스를 통해서 조직의 전략을 개발한다. 여기에는 6단계가 있다—(1) 조직의 현재 미션, 목표, 전략을 규명한다. (2) 외부 분석을 한다. (3) 내부 분석을 한다. 2단계와 3단계를 합쳐 SWOT 분석이라고 한다. (4) 전략을 만든다. (5) 전략을 실행한다. (6) 결과를 평가한다. 이 프로세스의 최종 결과는 기업 전략, 경쟁 전략, 기능 전략으로, 이들 전략은 조직이 무엇을 하고 있고 목표를 달성하기 위해 무엇을 해야 하는지를 알려준다. 고객 서비스, 종업원 기술과 충성심, 혁신, 품질, 소셜 미디어, 빅데이터 등 여섯 가지 전략적 무기는 오늘날 환경에서 매우 중요하다.

6-3 목표 설정과 계획 활동의 접근 방법들을 비교한다.

대부분의 기업 목표들은 전략적 혹은 재무적인 목표이다. 또한 목표를 공표된 목표와 실제 목표로 나눌 수 있다. 전통적인 목표 설정에서 최고경영진에 의해 수립된 목표는 조직을 따라 아래로 내려오고, 각 조직 영역별 하위 목표가 된다. 조직들은 또한 목표 관리를 사용하는데, 목표 관리는 목표에 대해 상호 협력하고 종업원 성과 평가 시 설정된 목표를 활용한다. 계획은 범위, 시간 프레임, 구체성, 사용 빈도 등으로 표현될 수 있다. 계획은 공식적인 계획 부서 혹은 구성원들의 참여로 개발된다.

6-4 계획 활동과 관련된 현재 이슈를 토론한다.

현대적 계획 활동 이슈는 역동적인 환경에서 계획을 해야 한다는 것이며, 이를 위해서는 구체적이지만 유연성이 있는 계획을 개발할 필요가 있다. 또한 환경이 매우 불안정하더라도 지속적인 계획 활동을 하는 것이 무엇보다 중요하다. 마지막으로 역동적인 환경에서는 목표와 계획이 최고경영진으로부터 아래로 흘러갈 시간적 여유가 없기 때문에 하위 조직 계층이 직접 목표를 세우고 계획을 개발하도록 하는 것이 바람직하다. 또 다른 현대 계획 활동 이슈는 외부 환경을 보다 잘 분석하기 위해 환경 탐색을 하는 것이다. 환경 탐색의 한 형태인 경쟁지능은 전통적인 방법으로 또는 소셜 미디어와 같은 기술을 이용해 경쟁자들이 무엇을 하고 있는지 발견하는 데 특히 도움을 줄 것이다.

토의문제

6-1 공식적 계획이 왜 생기는가?

6-2 계획 활동이 왜 이로운지 토론하라.

6-3 6단계 전략경영 프로세스를 구체적으로 설명하라.

6-4 SWOT 분석은 내부적·외부적으로 전략경영 프로세스를 어떻게 강화하는가?

6-5 "계획에 실패한 조직은 계획 활동도 실패한 것이다." 이 말에 동의하는가, 동의하지 않는가? 당신의 입장을 설명하라.

6-6 경영자는 모든 종업원에게 권한을 위임할 수 없다. 이 상황에서 목표 관리가 어떻게 효과적일 수 있는지 설명하라.

6-7 오늘날 역동적인 환경에서 관리자들이 어떻게 계획할 수 있는지 설명하라.

6-8 개인적 삶에 대한 계획 활동의 유형에는 어떤 것이 있는가? (a)전략적/운영적, (b) 단기/장기, (c) 구체적/방향 제

시적, (d) 일회성/지속성 등의 분류 기준을 활용해 삶에 대한 계획을 설명하라.

6-9 개인적인 SWOT 분석을 실시하라. 당신의 개인적인 강점과 약점(기술, 재능)을 평가하라. 긍정적인 면은 무엇이고, 부정적인 면은 무엇인가? 그것을 활용하고 있는가, 활용하고 있지 않은가? 그리고 나서 당신이 관심을 갖고 있는 산업의 향후 전망을 연구함으로써 경력 기회

와 위험을 규명하라. 향후 추세를 예상하라. 직무 전망에는 미국 노동통계국의 정보를 활용할 수 있다. 정보를 얻었으면 구체적인 경력 활동 계획을 작성하라. 5년 뒤 경력 목표를 설정하고 목표를 달성하기 위해 필요한 것을 작성하라.

6-10 기술이 계획 활동에 어떤 역할을 하고 있고, 해야 한다고 생각하는가?

적용하기 · 직장생활을 위한 준비

경영자가 되기 위한 기술 | 바람직한 목표 설정자 되기

'어디로 가고 있는지도 모른다면 어떤 길이든 상관없다'는 말이 있다. '두 점 사이의 가장 짧은 거리는 직선'이라는 말도 있다. 이두 가지 '속담'은 모두 목표의 중요성을 강조하는 것이다. 경영자의 능력은 일반적으로 목표를 달성할 수 있는 능력에 좌우된다. 만약 개인이나 부서의 목표가 명확하지 않다면 방향성도 없을 것이고 통일된 노력도 없을 것이다. 따라서 성공적인 경영자는 스스로 목표를 설정하고 다른 사람들로 하여금 목표를 수립하도록 돕는다.

기본 기술

자기 스스로 목표에 초점을 두는 것 이외에 종업원들은 자신들이 무엇을 달성해야 하는지 명확하게 알고 있어야 한다. 경영자는 목표를 설정함으로써 종업원이 무엇을 해야 하는지 도와줄 책임이 있다. 다음 여덟 가지 제안을 따라서 목표를 설정한다면, 당신은 효과적으로 목표를 설정할 수 있다.

- 종업원의 핵심 직무 과업을 규명하라. 목표 설정은 종업원이 무엇을 해야 하는지를 정의함으로써 시작된다. 관련 정보를 얻는 가장 좋은 원천은 종업원의 직무 기술서이다.
- 각각의 핵심 과정에 대해 측정 가능하고 구체적이며 도전적인 목표를 설정하라. 개별 종업원들에게 기대되는 성과 수준을 규명하라. 종업원들이 일해서 얻어야 하는 목표를 구체화하라.
- 개별 목표의 마감일을 정하라. 개별 목표의 마감일을 정하면 불확실성이 줄어든다. 하지만 마감일을 임의로 정해서는 안 된다. 오히려 과업이 완료되는 데 필요한 현실적인 기간을 설정해야 한다.
- 종업원의 적극적인 참여를 허용하라. 종업원이 목표 설정에 참여할 때 그들은 목표를 그냥 수용할 가능성이 많다. 하지만 진정으로 참여하도록 해야 한다. 즉 종업원이 기계적으로

참여하는 것이 아니라 자신의 의견을 충분히 제시할 수 있다는 느낌이 들도록 해야 한다.

- 목표의 우선순위를 두어라. 누구에게 하나 이상의 목표를 줄 때는 중요성을 기준으로 목표를 서열화해야 한다. 우선순위를 두는 것은 중요성에 따라서 각각의 목표에 대한 종업원들의 행동과 노력을 유도하기 위해서이다.
- 난이도와 중요성으로 목표를 평가하라. 목표 설정 과정에서 사람들이 쉬운 목표를 선택하도록 허용해서는 안 된다. 대신에 난이도와 중요성에 의해 목표를 평가해야 한다. 목표가 평가될 때 개인들은 자신들이 어려운 목표에 도전하게 된다는 신뢰를 갖게 되는데, 경우에 따라서는 성과를 완전히 달성하지 못할 수도 있다.
- 목표 달성 과정을 평가할 수 있는 피드백 체계를 구축하라. 피드백을 통해 종업원들은 현재의 노력이 목표를 달성하기에 충분한지 알 수 있다. 피드백을 할 때는 종업원이 스스로 평가하는 것과 상사에 의한 평가를 함께 하는 것이 바람직하며, 자주 반복적으로 이루어져야 한다.
- 목표 달성을 보상과 연계하라. 종업원들이 "그게 나에게 무슨 이익을 가져다줄까요?"라고 묻는 것은 당연하다. 목표 달성과 보상을 연계하는 것은 이러한 질문에 답을 주는 데 도움

이 될 것이다.

출처: E. A. Locke and G. P. Latham, *Goal-Setting: A Motivational Technique That Works!* (Upper Saddle River, NJ: Prentice Hall, 1984); E. A. Locke and G. P. Latham, "Building a Practically Useful Theory of Goal Setting and Task Motivation," *American Psychologist*, September 2002, pp. 705–17.

기술 연습

아래 시나리오를 읽고 마지막 부분의 지시문에 따르라.

당신은 대학기간 동안 푸드타운(Food Town) 슈퍼마켓 체인에서 파트타임 업무를 했다. 당신은 식품 산업에서 일하는 것을 좋아했고, 졸업 후 푸드타운에 입사해 관리자 교육을 받았다. 3년이 지났고, 당신은 식료품 산업과 대형 슈퍼마켓 운영 경험을 쌓았다. 몇 개월 전, 당신은 점포 매니저로 승진했다. 당신이 푸드타운을 좋아하는 이유는 점포 운영에 있어 자율성을 크게 부여한다는 점 때문이다. 회사는 점포 관리자에게 매우 일반적인 가이드라인을 제시한다. 최고경영진은 결과에만 관심이 있을 뿐 점포 운영은 대부분 당신에게 달려 있다. 매장 관리자가 된 당신은 점포에 MBO 프로그램을 시행하고자 한다. 당신은 모든 사람이 명확한 업무 목표를 가지고 목표를 기준으로 평가하는 MBO 방식을 좋아한다.

점포에는 관리자를 제외하면 70명의 직원이 있는데, 대부분 일주일에 20~30시간 일한다. 당신에게 보고하는 사람은 부매니저, 주말 매니저, 잡화, 농산물, 정육점, 제과점 매니저 등 총 6명이다. 고도로 훈련된 직무는 엄격한 훈련과 규제 지침을 가진 정육점 업무뿐이다. 현금출납원, 물건을 채워 넣는 사람, 유지관리 업무를 하는 사람, 식료품을 담는 사람들이 하는 업무는 모두 숙련이 크게 필요하지 않다.

당신은 새로운 직위에서 목표 설정을 어떻게 할 것인지 구체적으로 제시하라. 특히 정육 업무, 현금출납원, 제과점 관리자의 목표를 포함해 설명하라.

경험에 의한 문제 해결

어떤 유형의 조직이든, 어떤 규모의 조직이든 모든 조직에는 미션이 있어야 한다. 당신의 대학도 미션이 있을 것이고, 학과에도 미션 또는 비전이 있을 것이다. 미션은 관리자와 의사결정자들에게 자신의 존재 이유를 알려주기 때문에 중요하다. 우리 조직이 왜 존재하는가? 우리 조직의 목적은 무엇인가? 앞서 말했듯이, 미션을 아는 것은 계획 활동에 중요하다.

개인적인 미션 기술서(mission statements)는 어떠한가? 개인적인 미션 기술서를 갖는 것이 유용할까? 전문가들의 답은 그렇다이다.[61] 개인적인 미션 기술서는 당신이 미래의 직업을 준비할 때 개인적 발전과 리더십 개발의 중요한 요소가 될 수 있다. 자, 이제 당신은 미션 기술서를 쓰게 될 것이다. 이것이 간단한 일처럼 들릴지 모르지만, 사실 간단하거나 쉽지 않은 일이다. 우리는 당신이 미션 기술서를 간직하고, 활용하고, 필요할 때 수정하기를 바란다. 그것은 당신이 되고 싶은 사람이 되도록 돕고, 당신이 살고 싶은 삶을 살 수 있도록 도와줄 것이다.

우리는 개인적인 미션 기술서에 대해 조사할 것을 추천한다. 당신의 개인적인 미션 기술서는 한 문장이 될 수도 있고 열 문장이 될 수도 있는데, 당신의 핵심 가치, 목표, 당신에게 중요한 것이 무엇인지 적어야 한다. 당신을 안내할 수 있는 몇 가지 훌륭한 웹 자료가 있다. 행운을 빈다! 개인 미션 기술서를 작성하고 나면 강사가 이후에 무엇을 어떻게 해야 할지 알려줄 것이다.

사례 적용 #1

패스트 패션
주제: 프라이마크는 목표를 명중시켰다.

다양한 의류 제품을 판매하고 있는 의류 소매업체인 프라이마크(Primark)는 버버리(Burberry), 알렉산더 맥퀸(Alexander McQueen)과 같이 유명 디자이너의 상표가 붙은 상품들과 경쟁하고 있다. 프라이마크는 1969년 아일랜드 수도인 더블린에서 페니스(Penney's)로 시작했다. 1971년 말에 아일랜드에 11개의 점포가 있었다. 프라이마크는 1973년부터 그 이듬해 말까지 영국에서 크게 유행했으며, 점포가 22개로 늘어났다. 지속적인 성장과 인수를 거듭한 결과 2000년까지 점포 수는 108개로 늘어났다. 2006년에는 스페인으로 시장을 확대했고, 2008년에는 네덜란드, 2009년에는 포르투갈, 독일, 벨기에, 2012년에는 오스트리아, 2013년에는 프랑스, 2015년에는 미국으로 진출했다. 프라이마크는 여전히 유럽에서 가장 빠르게 성장하는 회사 중 하나이다. 이 회사는 287개의 점포가 있고, 거의 1,100만 제곱피트의 소매 공간을 가지고 있으며, 전 세계 54,000명 이상의 직원을 고용하고 있다.

이러한 성장은 프라이마크의 광범위한 계획과 목표 설정 덕분에 가능했다. 매일매일을 기준으로 프라이마크는 종업원들 스스로 개인목표를 설정하도록 했으며, 종업원 훈련 프로그램을 제공했다.

프라이마크는 고객이 가장 많이 찾는 소매업체 중 하나가 되었다. 회사에 입사하고자 하는 수많은 지원자가 지속적으로 몰려들었다. 다른 회사와 마찬가지로 프라이마크는 회사 목표를 달성하도록 유도하기 위해 회사 목표와 직원, 조직 구조를 가지고 있다. 고객 만족에 자부심을 가지고 있는 이 회사는 소매업계에서 가장 높은 임금을 직원들에게 주고 있으며, 소매업 경력을 갖춘 가장 능력 있는 종업원을 채용하고 있다.

종업원에 의한 목표 설정은 경영진이 중요하게 여기는 조직 관리기술이다. 프라이마크의 경영훈련 프로그램은 졸업생을 겨냥하고 있다. 이 프로그램은 상품 구매와 관련한 교육이 핵심인데, 왜냐하면 프라이마크가 전 세계로부터 상품을 공급받고 있기 때문이다. 흥미롭게도 프라이마크는 온라인 판매를 거의 하지 않는다. 회사는 (이베이, 아마존, ASOS와 같은 온라인 소매업체와 거래하지만) 전자상거래 사이트가 필요 없다고 생각한다. 계획 활동과 의사결정 측면에서 볼 때 전자상거래 사이트를 개설하지 않기로 한 것은 아주 타당한 조치이다. 많은 패스트 패션 의류제품들이 4달러라는 적은 금액부터 시작한다는 점을 감안할 때, 초기비용을 상쇄하기 위해서는 대규모 판매가 뒷받침되어야 한다.

프라이마크는 또한 광고를 하지 않는다. 광고 대신에 홍보와 구전, 핵심 점포의 전략적인 위치 선정에 의존한다. 프라이마크의 계획 활동은 가장 낮은 가격에 패스트 패션 제품을 공급하는 능력에 초점을 두고 있다. 동시에 윤리적으로 회사를 운영하기 위해 노력한다. 프라이마크는 윤리적인 사업 이니셔티브(Ethical Trading Initiative, ETI)의 일원으로 가입되어 있다. 여기에서는 지역의 자선단체와 지역공동 프로젝트를 지원한다. 또한 비닐 쇼핑백을 종이백으로 바꾸는 프로세스를 마련했다.

2000년대 초반에 아시아권 공장에서 생산된 것을 원자재로 사용하는 것에 많은 비판이 있은 이후 프라이마크는 윤리적인 사업을 하기로 결정했다. 2014년 이후 프라이마크는 중국 공급기업들의 노동 기준을 지속적으로 개선하고 있다. 이러한 활동의 목표는 임금 인상, 생산성 향상 지원금 지급, 장기적이고 지속적인 개선 등이다. 프라이마크는 이러한 목표를 달성하기 위해 사람을 채용했다. 일련의 과정은 고무적이었으며, 기본적인 문제들이 해결되면서 커다란 성공으로 이어졌다.

프라이마크의 계획 활동은 명확하게 작동하고 있다. 연구에 따르면 고객 의사결정의 75%는 판매 시점에서 단 3초 만에 결정된다고 한다. 프라이마크는 이 점에 초점을 맞추어 고객들이 즉각적으로 관심을 보이는 가게 진열, 상품 배치, 시각 판촉 등에 주의를 기울이고 있다. 미래를 위한 프라이마크의 계획 활동은 잘 진행되고 있다.[62]

토의문제

6-11 프라이마크가 전자상거래를 고려하지 않고 있는 것에 대해 이야기를 나누어보라.

6-12 프라이마크의 마케팅 노력이 다른 회사와 다른 점을 이야기해보라.

6-13 한국의 경우 어떤 패스트 패션 체인 기업들이 있는가?

이 기업들은 프라이마크와 같이 성장하는 소매업체들과 어떻게 경쟁해야 하는가?

6-14 이 사례에서 드러난 계획 활동 및 목표 설정의 유형은 구체적으로 무엇인가? 프라이마크의 미래 기업 운영과 지속적인 성장 측면에서 목표 설정과 계획 활동이 어떤 역할을 하고 있는가?

사례 적용 #2

새 방향 매핑
주제: 식료품 가게에서 왕국으로

테스코는 2017년 현재 약 50만 명의 직원 및 550억 파운드가 넘는 연간 수익을 내는[63] 영국 최대의 다국적 식료품 소매업체이다. 이 회사는 영국의 많은 지역에 3,400개 이상의 점포를 가지고 있으며 전 세계 11개국에서 운영하고 있다. 테스코는 1919년 잭 코헨(Jack Cohen)이 설립했는데, 처음에 그는 런던의 이스트 엔드에 있는 노점에서 식료품을 팔기 시작했다. 그는 1929년 북런던의 에지웨어에 테스코 상점을 열었고, 불과 몇 년 만에 다른 지역으로 확장했다.

오늘날까지 테스코는 항상 매장 위치로 적합한 최적의 장소를 찾았으며,[64] 2002년 T&S의 850개 편의점을 대량으로 매입하는 등 수년간 경쟁사들을 인수했다.[65] 오늘날, 영국에서의 공격적이면서도 잘 계획된 확장 덕분에, 테스코는 식료품 부문의 시장 점유율이 30%에 육박하면서 최고의 식료품 회사가 되었다. 테스코의 확장 전략은 현장에서 강력하고 막강한 입지를 구축하는 데 도움이 되었고, 중요한 것은 영국 전역의 고객들에게 제품을 공급하고 있다는 점이다.

공격적 확장이라는 데스코의 목표를 뒷받침하는 것은 견고한 비즈니스 인텔리전스 시스템인데, 소매업체가 데이터를 사용해 최적의 입지를 선택하고 고객의 니즈를 정확하게 파악할 수 있다.[66] 강력한 비즈니스 인텔리전스 역량을 갖춘[67] 테스코는 1993년 가격에 민감한 고객을 위해 출시된 저가의 테스코 '밸류(value)' 제품부터 1998년 상류층 고객을 위해 출시된 고가의 테스코 '파이니스트(finest)' 제품까지 다양한 종류의 고객 요구를 충족할 수 있도록 고객 맞춤형 제품 및 가격을 제공했다. 실제로 고객들의 요구가 까다로워지고, 지속적으로 낮은 가격의 제품을 맞추다 보니 기업 수익이 낮아지는 등 초기부터 매장에 적용되었던 낡은 전략은 회사에 손해를 입혔다. 따라서, 테스코는 기존의 수익 창출 전통을 유지하면서 동시에 고객 서비스와 품질을 강조함으로써 브랜드를 재창조했다.

창의성은 또한 테스코의 성공에 기여하는 또 다른 요소였다. 이 거대 소매업체는 업계에서 가장 혁신적인 기업으로 알려져 있다. 테스코의 제품 구성을 보면 처음에는 식료품을 파는 가게에서 이제는 전자제품, 홈웨어, 의류, 미용·제품, 휴대전화 등 사실상 모든 것을 살 수 있는 슈퍼 스토어로 성장했다. 1973년에 주유소 사업을 시작했고, 커피전문점, 은행, 전자제품 등 다양한 종류의 사업에 진출했다. 다양한 제품 구성 외에도, 테스코는 2000년에 전자상거래 웹사이트를 개설했는데, 현재 매주 50만 명 이상의 고객을 대상으로 서비스하는 덕분에 온라인상에서도 선두를 달리고 있다.[68] 마지막으로, 테스코는 점포 콘셉트에서도 혁신적인데, 다양한 시장 수요에 맞게 (테스코 익스프레스와 같은) 다양한 형태의 점포를 열었다.

그러나 이 거대한 소매기업에게 항상 장밋빛만 있었던 것은 아니었다. 2014년, 테스코는 세전 64억 파운드라는 역사상 가장 큰 손실을 기록했다.[69] 분석가들은 그 원인을 국내시장에서 국제시장으로 진출하는 과정에서 과욕을 부려 원가에 큰 부담을 주었기 때문이라고 했다. 게다가 테스코는 알디(Aldi)나 리들(Lidl) 같은 저가 체인점들과 지역 시장에서 경쟁해야 했다.[70] 이러한 문제에 대응하기 위해 테스코는 국내외 실적이 저조한 사업체의 매각 및 대규모 구조조정 등으로 저비용 대책을 마련했다. 또한 많은 매장에서의 고객 서비스 경험을 개선하고 가격을 재검토했다. 그러한 노력이 드디어 결실을 맺었다. 2018년, 테스코는 7년 만에 가장 높은 성장률을 기록했고, 13억 파운드의 세전 이익을 보고했다. 게다가 새로운 계획의 일환으로 테스코는 영국에서 가장 큰 식품 도매기업인 부커 그룹(Booker Group)을 인수해 새로운 고객 확보 및 시장 점유율 상승의 가능성이 높아졌다.[71]

토의문제

6-15 사례에서와 같이 계획하면 효과가 있을까? 이 경우 전략적 관리 프로세스의 어떤 부분이 주로 설명되었는가?

6-16 이 장에서 배운 내용을 토대로, 테스코가 의존하고 있는 전략적 무기는 무엇인가?

6-17 테스코가 시장에서 승리하기 위해서는 정보 수집이 중요하다고 생각하는가? 왜 그런가? 아니라면 그 이유는 무엇인가?

6-18 테스코의 쇄신 전략을 어떻게 설명할 것인가? 변경이 필요한 부분이 있는가?

사례 적용 #3

셀 피자의 기술 활용
주제: 미래 개조

스웨덴의 가구업체인 이케아에 대해 들어본 적 없는 사람이 있는가? 1943년 우편 카탈로그를 통해 가구를 판매한 17세 목수 잉그바르 캄프라드(Ingvar Kamprad)가 설립한 이 회사는 52개 시장에 424개 이상의 매장을 가지고 있으며, 2018년 388억 유로의 매출을 올리는 세계 최대 가구 브랜드로 성장했다.[72] 이케아의 비전은 고객의 일상을 개선하는 것이며, 회사는 잘 디자인되고 기능이 뛰어난 다양한 가정용 가구들을 매우 합리적인 가격에 제공하고 있다. 이케아는 비전과 목표에 맞춰 독특한 제품 디자인과 저렴한 가격으로 수백만 명을 매장으로 끌어들이는 데 성공함으로써 세계 최대의 소매 가구 기업으로 자리 잡았다.[73] 이 회사는 고객에게 더 낮은 가격을 제공하기 위해 몇 가지 비용 절감 전략을 활용하고 있는데, 여기에는 회사의 배송비를 낮추는 조립 가능 패키지가 포함된다.

이케아는 2016년에 42억 유로의 기록적인 수익을 달성했다.[74] 하지만 2017년부터 회사 수익이 급격히 줄어들기 시작해 2018년 8월 말까지 수익이 절반 가까이 줄었다.[75] 이는 다만 온라인 기술과 비즈니스 변화에 공격적으로 투자한 결과 일시적으로 비용이 늘어난 것이며,[76] 오는 2022년까지 수익이 반등할 것으로 보고 있다는 입장이다.[77]

이케아는 온라인 혁명에 적응하는 속도가 매우 느렸다. 실제로 최근까지 이케아는 2017년 호주를 비롯한[78] 다수의 시장에서 온라인 거래를 하지 않았다.[79] 회사는 수십 년 동안 오래된 사업 모델에 의존해 왔는데, 이것은 독특한 저가 가구를 진열하는 거대한 상점으로 고객을 끌어들이는 것이다. 이케아가 온라인 판매를 통한 잠재적 성장 기회를 놓치는 동시에 온라인 회사들과 치열한 경쟁에 직면하자, 세계 최대의 가구회사는 대대적인 기술 변혁에 착수해야 했다. 이러한 급박한 상황을 보여주는 것은 이케아의 최근 매출 수치로, 2017년 매출이 전년도의 7%에 훨씬 못 미치는 2% 증가에 그쳤다.[80]

커다란 전략 변화가 일어났다. 회사는 28억 유로를 사업 변혁에 투자했으며, 그중 대부분은 온라인 사업을 위한 14개의 새로운 물류 센터를 마련하는 데 사용되었다.[81] 이케아는 3년 안에 모든 시장에서 온라인 솔루션을 갖추기 위한 새로운 전략을 시행하는 것으로 알려져 있다.[82]

게다가 이케아는 온라인 쇼핑과 배송을 개선하기 위해 투자하고 있으며, 상품 배송 시간을 24시간으로 단축했다.[83] 온라인 쇼핑객들은 제품 조립 서비스를 선택할 수도 있는데,[84] 이는 고객 조립에 의존했던 과거의 전략과는 확연히 다른 것이다. 이케아는 최근 고객과 고객의 제품을 조립할 개인을 연결해주는 온라인 플랫폼인 '태스크래빗(TaskRabbit)'을 인수했다.

이케아는 또한 미래의 가구 소매업체로 탈바꿈할 다양한 혁신 기술에 투자하고 있다.[85] 이케아 플레이스 앱(IKEA Place App)은 고객들이 제품을 구입하기 전에 집에서 제품을 '체험'할 수 있는 증강현실 쇼핑 경험을 제공한다. 앱으로 원격 조종이 가능한 미래형 스마트 제품도 개발·제공하고 있다.

토의문제

6-19 당신이 판단하기에, 이케아가 직면한 환경은 얼마나 도전적인가? 이케아가 그러한 도전적인 환경을 극복하는 데 계획 활동이 어떻게 도움을 주는가?

6-20 기술 분야로의 확장을 위해 이케아는 어떤 회사를 벤치마킹해야 하는가? 설명해보라.

6-21 최근 소셜 미디어에서 이케아가 후원하는 광고, 설문조

사, 뉴스를 본 적이 있는가? 이케아가 새로운 계획을 성 공적으로 이행하기 위한 전략적인 무기로 소셜 미디어 를 어떻게 활용할 수 있는가?

6-22 조별로 다음 사항을 토의하라. 온라인 쇼핑을 강화하기 위한 이케아의 투자가 너무 늦었다고 생각하는가? 어떤 기회와 과제가 있다고 생각하는가?

미주

1. C. Tsuneaoka, "Toyota Sees Half of Sales Coming from Hybrids, EVs," *Wall Street Journal Online,* December 13, 2017.
2. M. Jenks, "Amazon Won't Know What Hit 'Em!" *Bloomberg Businessweek,* May 5–14, 2017, pp. 42–47.
3. M. Wilson, "How Walmart Could Make You Ditch Amazon: Hearsay or Just Good Design?" *Fast Company Online,* September 25, 2017.
4. M. C. Mankins and R. Steele, "Stop Making Plans—Start Making Decisions," *Harvard Business Review,* January 2006, pp. 76–84; L. Bossidy and R. Charan, *Execution: The Discipline of Getting Things Done* (New York: Crown/Random House, 2002); P. Roberts, "The Art of Getting Things Done," *Fast Company,* June 2000, p. 162; H. Mintzberg, *The Rise and Fall of Strategic Planning* (New York: Free Press, 1994); G. Hamel and C. K. Prahalad, *Competing for the Future* (Boston: Harvard Business School Press, 1994); and D. Miller, "The Architecture of Simplicity," *Academy of Management Review,* January 1993, pp. 116–38.
5. See, for example, F. Delmar and S. Shane, "Does Business Planning Facilitate the Development of New Ventures?" *Strategic Management Journal,* December 2003, pp. 1165–85; R. M. Grant, "Strategic Planning in a Turbulent Environment: Evidence from the Oil Majors," *Strategic Management Journal,* June 2003, pp. 491–517; P. J. Brews and M. R. Hunt, "Learning to Plan and Planning to Learn: Resolving the Planning School/Learning School Debate," *Strategic Management Journal,* December 1999, pp. 889–913; C. C. Miller and L. B. Cardinal, "Strategic Planning and Firm Performance: A Synthesis of More Than Two Decades of Research," *Academy of Management Journal,* March 1994, pp. 1649–85; N. Capon, J. U. Farley, and J. M. Hulbert, "Strategic Planning and Financial Performance: More Evidence," *Journal of Management Studies,* January 1994, pp. 22–38; D. K. Sinha, "The Contribution of Formal Planning to Decisions," *Strategic Management Journal,* October 1990, pp. 479–92; J. A. Pearce II, E. B. Freeman, and R. B. Robinson Jr., "The Tenuous Link between Formal Strategic Planning and Financial Performance," *Academy of Management Review,* October 1987, pp. 658–75; L. C. Rhyne, "Contrasting Planning Systems in High, Medium, and Low Performance Companies," *Journal of Management Studies,* July 1987, pp. 363–85; and J. A. Pearce II, K. K. Robbins, and R. B. Robinson Jr., "The Impact of Grand Strategy and Planning Formality on Financial Performance," *Strategic Management Journal,* March–April 1987, pp. 125–34.
6. P. McGroarty, "McDonald's Freshens Burgers," *Wall Street Journal Online,* wsj.com. March 7, 2018, pp. B1+.
7. S. Lohr, "IBM Scores Weather Data Deal and Starts Internet of Things Unit," *New York Times Online,* March 31, 2015.
8. T. Hsu and H. Ueno, "Coca-Cola's Move to Juice Up Sales in Japan: Add a Splash of Booze," *New York Times Online,* March 7, 2018.
9. D. Chopping and S. Chaudhuri, "Lego Struggles to Pick Itself Up," *Wall Street Journal,* March 7, 2018, p. B10.
10. T. Mickle, "Apple's Mountain of Cash Is Set to Top $250 Billion," *Wall Street Journal,* May 1, 2017, pp. A1+.
11. A. Andriotis, "AmEx Chief's Mission: Get Millennials, Keep the Rich," *Wall Street Journal Online,* October 20, 2017.
12. K. Safdar, "Target CEO: 'Strategy Is Working,'" *Wall Street Journal,* March 7, 2018, p. B3.
13. J. Jargon, "Papa John's Seeks New Marketing Recipe," *Wall Street Journal,* March 8, 2018, p. B6.
14. L. Stevens, "Amazon Targets Walmart's Market," *Wall Street Journal,* March 8, 2018, p. B2.
15. K. Roose, "Best Buy's Secrets for Thriving in the Age of Amazon," *New York Times Online,* September 18, 2017.
16. M. Gruber, F. Heinemann, M. Brettel, and S. Hungeling, "Configurations of Resources and Capabilities and Their Performance Implications: An Exploratory Study on Technology Ventures," *Strategic Management Journal,* December 2010, pp. 1337–56; T. H. Poister, "The Future of Strategic Planning in the Public Sector: Linking Strategic Management and Performance," *Public Administration Review,* December 2010, pp. S246–S254; J. González-Benito and Isabel Suárez-González, "A Study of the Role Played by Manufacturing Strategic Objectives and Capabilities in Understanding the Relationship between Porter's Generic Strategies and Business Performance," *British Journal of Management* 21 (2010), pp. 1027–43; J. A. Parnell and E. B. Dent, "The Role of Luck in the Strategy-Performance Relationship," *Management Decision* 47, no. 6 (2009), pp. 1000–21; H. J. Cho and V. Pucik, "Relationship between Innovativeness, Quality, Growth, Profitability, and Market Value," *Strategic Management Journal,* June 2005, pp. 555–75; W. F. Joyce, "What Really Works," *Organizational Dynamics,* May 2005, pp. 118–129; M. A. Roberto, "Strategic Decision-Making Processes," *Group & Organization Management,* December 2004, pp. 625–58; A. Carmeli and A. Tischler, "The Relationships between Intangible Organizational Elements and Organizational Performance," *Strategic Management Journal,* December 2004, 1257–78; D. J. Ketchen, C. C. Snow, and V. L. Street, "Improving Firm Performance by Matching Strategic Decision-Making Processes to Competitive Dynamics," *Academy of Management Executive,* November 2004, pp. 29–43; E. H. Bowman and C. E. Helfat, "Does Corporate Strategy Matter?" *Strategic Management Journal* 22 (2001), pp. 1–23; P. J. Brews and M. R. Hunt, "Learning to Plan and Planning to Learn: Resolving the Planning School-Learning School Debate," *Strategic Management Journal* 20 (1999), pp. 889–913; D. J. Ketchen Jr., J. B. Thomas, and R. R. McDaniel Jr., "Process, Content and Context; Synergistic Effects on Performance," *Journal of Management* 22, no. 2 (1996), pp. 231–57; C. C. Miller and L. B. Cardinal, "Strategic Planning and Firm Performance: A Synthesis of More Than Two Decades of Research," *Academy of Management Journal,* December 1994, pp. 1649–65; and N. Capon, J. U. Farley, and J. M. Hulbert, "Strategic Planning and Financial Performance: More Evidence," *Journal of Management Studies,* January 1994, pp. 105–10.
17. From vision statement of Avon Products Inc. Copyright © by Avon Products Inc. Reprinted by permission.
18. C. K. Prahalad and G. Hamel, "The Core Competence of the Corporation," *Harvard Business Review,* May–June 1990, pp. 79–91.
19. C. H. Green, "Competitive Theory and Business Legitimacy," *BusinessWeek Online,* June 23, 2010; S. Parthasarathy, "Business Strategy" *Financial Management,* June 2010, pp. 32–33; M. E. Porter, *On Competition, Updated and Expanded Edition* (Boston: Harvard Business School, 2008); O. Ormanidhi and O. Stringa, "Porter's Model of Generic Competitive Strategies," *Business Economics,* July 2008, pp. 55–64; M. E. Porter, "The Five Competitive Forces That Shape Strategy," *Harvard Business Review,* January 2008, pp. 78–93; N. Argyres and A. M. McGahan, "Introduction: Michael Porter's Competitive Strategy," *Academy of Management Executive,* May 2002, pp. 41–42; and N. Argyres and A. M. McGahan, "An Interview with Michael Porter," *Academy of Management Executive,* May 2002, pp. 43–52.
20. D. Snierson, "Hallmark to Debut 34 New Christmas Movies in 2018," **ew.com**. March 21, 2018; and J. Jurgensen, "On Hallmark, It's Always Christmas," *Wall Street Journal,* November 9, 2017, p. A11.
21. Managing Technology in Today's Workplace box based on D. McGinn, "From Harvard to Las Vegas," *Newsweek,* April 18, 2005, pp. E8–E14; G. Lindsay, "Prada's High-Tech Misstep," *Business 2.0,* March 2004, pp. 72–75; G. Loveman, "Diamonds in the Data Mine," *Harvard Business Review,* May 2003, pp. 109–13; and L. Gary, "Simplify and Execute: Words to Live by in Times of Turbulence," *Harvard Management Update,* January 2003, p. 12.

22. N. A. Shepherd, "Competitive Advantage: Mapping Change and the Role of the Quality Manager of the Future," *Annual Quality Congress*, May 1998, pp. 53–60; T. C. Powell, "Total Quality Management as Competitive Advantage: A Review and Empirical Study," *Strategic Management Journal*, January 1995, pp. 15–37; and R. D. Spitzer, "TQM: The Only Source of Sustainable Competitive Advantage," *Quality Progress*, June 1993, pp. 59–64.

23. R. Pear, "A.M.A. to Develop Measure of Quality of Medical Care," *New York Times Online*, February 21, 2006; and A. Taylor III, "Double Duty," *Fortune*, March 7, 2005, pp. 104–10.

24. T. Mullaney, "'Social Business' Launched This Burger," *USA Today*, May 17, 2012, pp. 1A+.

25. B. Acohido, "Social-Media Tools Boost Productivity," *USA Today*, August 13, 2012, pp. 1B+.

26. Ibid.

27. A. McAfee and E. Brynjolfsson, "Big Data: The Management Revolution," *Harvard Business Review*, October 2012, p. 62.

28. K. Cukier and V. Mayer-Schönberger, "The Financial Bonanza of Big Data," *Wall Street Journal*, March 8, 2013, p. A15.

29. K. Safdar, "Retailers Crack Down on Serial Returners," *Wall Street Journal*, March 14, 2018, pp. A1+; K. Draper, "Madison Square Garden Has Used Face-Scanning Technology on Customers," *New York Times Online*, March 13, 2018; "In-Store Cell Phone Tracking Pits Consumers against Retailers: Transparency Is Vital if Retailers Want to Build Trust with Customers," adage.com, April 17, 2014; "New Study: Consumers Overwhelmingly Reject In-Store Tracking by Retailers," www.prweb.com, March 27, 2014; A. Farnham, "Retailers Snooping on Holiday Shoppers Raises Privacy Concerns," abcnews.go.com/Business/, December 10, 2013; V. Kopytoff, "Stores Sniff out Smartphones to Follow Shoppers," *MIT Technology Review*, www.technologyreview.**com**, November 12, 2013; "How Stores Spy on You," **www.consumerreports.org**, March 2013; J. O'Donnell and S. Meehan, "Retailers Want to Read Your Mind," *USA Today*, March 2, 2012, 1B+; and C. Duhigg, "How Companies Learn Your Secrets," *New York Times Online*, February 16, 2012.

30. McDonald's Annual Report 2007, **www.mcdonalds.com** (April 21, 2008).

31. S. Zesiger Callaway, "Mr. Ghosn Builds His Dream Car," *Fortune*, February 4, 2008, 56–58.

32. See, for instance, J. Pfeffer, *Organizational Design* (Arlington Heights, IL: AHM Publishing, 1978), pp. 5–12; and C. K. Warriner,

"The Problem of Organizational Purpose," *Socio-gical Quarterly*, Spring 1965, pp. 139–46.

33. D. Drickhamer, "Braced for the Future," *Industry Week*, October 2004, pp. 51–52.

34. P. N. Romani, "MBO by Any Other Name Is Still MBO," *Supervision*, December 1997, pp. 6–8; and A. W. Schrader and G. T. Seward, "MBO Makes Dollar Sense," *Personnel Journal*, July 1989, pp. 32–37.

35. Classic Concepts in Today's Workplace box based on P. F. Drucker, *The Practice of Management* (New York: Harper & Row, 1954); J. F. Castellano and H. A. Roehm, "The Problem with Managing by Objectives and Results," *Quality Progress*, March 2001, pp. 39–46; J. Loehr and T. Schwartz, "The Making of a Corporate Athlete," *Harvard Business Review*, January 2001, pp. 120–28; A. J. Vogl, "Drucker, of Course," *Across the Board*, November–December 2000, p. 1. For information on goals and goal setting, see, for example, E. A. Locke, "Toward a Theory of Task Motivation and Incentives," *Organizational Behavior and Human Performance*, May 1968, pp. 157–89; E. A. Locke, K. N. Shaw, L. M. Saari, and G. P. Latham, "Goal Setting and Task Performance: 1969–1980," *Psychological Bulletin*, July 1981, pp. 12–52; E. A. Locke and G. P. Latham, *A Theory of Goal Setting and Task Performance* (Upper Saddle River, NJ: Prentice Hall, 1990); P. Ward and M. Carnes, "Effects of Posting Self-Set Goals on Collegiate Football Players' Skill Execution During Practice and Games," *Journal of Applied Behavioral Analysis*, Spring 2002, pp. 1–12; D. W. Ray, "Productivity and Profitability," *Executive Excellence*, October 2001, p. 14; D. Archer, "Evaluating Your Managed System," *CMA Management*, January 2000, pp. 12–14; and C. Antoni, "Management by Objectives: An Effective Tool for Teamwork," *International Journal of Human Resource Management*, February 2005, pp. 174–84. For information on participation in goal setting, see, for example, T. D. Ludwig and E. S. Geller, "Intervening to Improve the Safety of Delivery Drivers: A Systematic Behavioral Approach," *Journal of Organizational Behavior Management*, April 4, 2000, pp. 11–24; P. Latham and L. M. Saari, "The Effects of Holding Goal Difficulty Constant on Assigned and Participatively Set Goals," *Academy of Management Journal*, March 1979, pp. 163–68; M. Erez, P. C. Earley, and C. L. Hulin, "The Impact of Participation on Goal Acceptance and Performance: A Two Step Model," *Academy of Management Journal*, March 1985, pp. 50–66; and G. P. Latham, M.

Erez, and E. A. Locke, "Resolving Scientific Disputes by the Joint Design of Crucial Experiments by the Antagonists: Application to the Erez Latham Dispute Regarding Participation in Goal Setting," *Journal of Applied Psychology*, November 1988, pp. 753–72. For information on effectiveness of MBO, see, for example, F. Dahlsten, A. Styhre, and M. Williander, "The Unintended Consequences of Management by Objectives: The Volume Growth Target at Volvo Cars," *Leadership & Organization Development Journal*, July 2005, pp. 529–41; J. R. Crow, "Crashing with the Nose Up: Building a Cooperative Work Environment," *Journal for Quality and Participation*, Spring 2002, pp. 45–50; and E. C. Hollensbe and J. P. Guthrie, "Group Pay-for-Performance Plans: The Role of Spontaneous Goal Setting," *Academy of Management Review*, October 2000, pp. 864–72.

36. R. Rodgers and J. E. Hunter, "Impact of Management by Objectives on Organizational Productivity," *Journal of Applied Psychology*, April 1991, pp. 322–36.

37. G. P. Latham, "The Motivational Benefits of Goal-Setting," *Academy of Management Executive*, November 2004, pp. 126–29.

38. For additional information on goals, see, for instance, P. Drucker, *The Executive in Action* (New York: HarperCollins Books, 1996), pp. 207–14; and E. A. Locke and G. P. Latham, *A Theory of Goal Setting and Task Performance* (Upper Saddle River, NJ: Prentice Hall, 1990).

39. J. L. Roberts, "Signed, Sealed, Delivered?" *Newsweek*, June 20, 2005, pp. 44–46.

40. Several of these factors were suggested by R. K. Bresser and R. C. Bishop, "Dysfunctional Effects of Formal Planning: Two Theoretical Explanations," *Academy of Management Review*, October 1983, pp. 588–99; and J. S. Armstrong, "The Value of Formal Planning for Strategic Decisions: Review of Empirical Research," *Strategic Management Journal*, July–September 1982, pp. 197–211.

41. K. Garber, "Powering the Information Age," *U.S. News & World Report*, April 2009, pp. 46–48; and S. Hamm, "It's Too Darn Hot," *BusinessWeek*, March 31, 2008, pp. 60–63.

42. "As Q4 Approaches, Which of the Following Is Most Challenging for You as a Leader?" SmartBrief on Leadership, **smartbrief.com/**leadership, October 15, 2013.

43. Nye Longman, "Swisscom: How to Transform a Telco," *Business Review Europe*, December 22, 2016, http://www.businessrevieweurope.eu/Swisscom-Ltd/profiles/227/Swisscom:-how-to-transform-a-telco (accessed December 22, 2016);

Michael Skapinker and Andrea Felsted, "John Lewis: Trouble in Store," *Financial Times*, October 16, 2015, https://www.ft.com/content/92c95704-6c6d-11e5-8171-ba1968cf791a (accessed December 22, 2016); "The Management Style of Amancio Ortega," *The Economist*, December 17, 2016, http://www.economist.com/news/business/21711948-founder-inditex-has-become-worlds-second-richest-man-management-style-amancio (accessed December 22, 2016); Patricia Kowsmann, "Fast-Fashion Leader Inditex Charts Own Path," *Wall Street Journal*, December 6, 2016, http://www.wsj.com/articles/fast-fashion-leader-inditex-charts-own-path-1481020202 (accessed December 22, 2016).

44. A. Campbell, "Tailored, Not Benchmarked: A Fresh Look at Corporate Planning," *Harvard Business Review Online*, https://hbr.org/1999/03/tailored-not-benchmarked-a-fresh-look-at-corporate-planning, April 1999.

45. Ibid.

46. J. H. Sheridan, "Focused on Flow," *IW*, October 18, 1999, pp. 46–51.

47. A. Taylor III, "Hyundai Smokes the Competition," *Fortune*, January 18, 2010, pp. 62–71.

48. Brews and Hunt, "Learning to Plan and Planning to Learn: Resolving the Planning School/Learning School Debate."

49. R. J. Newman, "Coming and Going," *U.S. News and World Report*, January 23, 2006, pp. 50–52; T. Atlas, "Bangalore's Big Dreams," *U.S. News and World Report*, May 2, 2005, pp. 50–52; and K. H. Hammonds, "Smart, Determined, Ambitious, Cheap: The New Face of Global Competition," *Fast Company*, February 2003, pp. 90–97.

50. M. Useem and H. Singh, "The Best Management Is Less Management," *Strategy+Business Online*, January 3, 2018.

51. S. Toy, "Bad Flu Season Reshapes Hospitals," *Wall Street Journal*, February 2, 2018, p. A3.

52. S. Norton and A. Loten, "Technology Aids the Houston Relief Effort," *Wall Street Journal*, September 1, 2017, p. B4.

53. M. Butler, S. Menkes, and M. Michel, "Being Ready for a Crisis," *Strategy+BusinessOnline*, May 18, 2017.

54. See, for example, P. Tarraf and R. Molz, "Competitive Intelligence," *SAM Advanced Management Journal*, Autumn 2006, pp. 24–34; W. M. Fitzpatrick, "Uncovering Trade Secrets: The Legal and Ethical Conundrum of Creative Competitive Intelligence," *SAM Advanced Management Journal*, Summer 2003, pp. 4–12; L. Lavelle, "The Case of the Corporate Spy," *BusinessWeek*, November 26, 2001, pp. 56–58; C. Britton,

"Deconstructing Advertising: What Your Competitor's Advertising Can Tell You about Their Strategy," *Competitive Intelligence*, January/February 2002, pp. 15–19; and L. Smith, "Business Intelligence Progress in Jeopardy," *Information Week*, March 4, 2002, p. 74.

55. S. Greenbard, "New Heights in Business Intelligence," *Business Finance*, March 2002, pp. 41–46; K. A. Zimmermann, "The Democratization of Business Intelligence," *KN World*, May 2002, pp. 20–21; and C. Britton, "Deconstructing Advertising: What Your Competitor's Advertising Can Tell You about Their Strategy," *Competitive Intelligence*, January–February 2002, pp. 15–19.

56. J. Song, S. Shin, L. Jia, C. Cegielski, and R. Rainer, "The Effect of Social Media on Supply Chain Sensing Capability: An Environmental Scanning Perspective," 21st Americas Conference on Information Systems, August 2015, Puerto Rico, pp. 1–13; "Competitive Intelligence Becomes Even More Important," *Trends E-Magazine*, March 2015, pp. 1–5; M. Harrysson, E. Metayer, and H. Sarrazin, "How 'Social Intelligence' Can Guide Decisions," *McKinsey Quarterly*, 2012, no. 4, pp. 81–89; and M. Ojala, "Minding Your Own Business: Social Media Invades Business Research," *Online*, July/August 2012, pp. 51–53.

57. C. Hausman, "Business-Ethics News Featured in World-Press Reports," *Ethics Newsline*, March 14, 2011; and L. Weathersby, "Take This Job and ***** It," *Fortune*, January 7, 2002, p. 122.

58. P. Lattiman, "Hilton and Starwood Settle Dispute," *New York Times Online*, December 22, 2010; "Starwood vs. Hilton," *Hotels' Investment Outlook*, June 2009, 14; R. Kidder, "Hotel Industry Roiled by Corporate Espionage Claim," *Ethics Newsline*, www.globalethicslorg/news-line; Reuters, "Hilton Hotels Is Subpoenaed in Espionage Case," *New York Times Online*, April 22, 2009; T. Audi, "U.S. Probes Hilton over Theft Claims," *Wall Street Journal*, April 22, 2009, p. B1; and T. Audi, "Hilton Is Sued over Luxury Chain," *Wall*

Street Journal, April 17, 2009, p. B1.

59. B. Rosner, "HR Should Get a Clue: Corporate Spying Is Real," *Workforce*, April 2001, pp. 72–75.

60. K. Western, "Ethical Spying," *Business Ethics*, September–October 1995, pp. 22–23.

61. C. Bjork, "Zara Builds Its Business around RFID," *Wall Street Journal*, September 17, 2014, pp. B1+; D. Roman and W. Kemble-Diaz, "Owner of Fast-Fashion Retailer Zara Keeps up Emerging-Markets Push," *Wall Street Journal*, June 14, 2012, p. B3; Press Releases, "Inditex Achieves Net Sales of 9,709 Million Euros, an Increase of 10 percent," www.inditex.com, February 22, 2012; C. Bjork, "'Cheap Chic' Apparel Sellers Heat up U.S. Rivalry on Web," *Wall Street Journal*, September 6, 2011, pp. B1+; A. Kenna, "Zara Plays Catch-up with Online Shoppers," *Bloomberg Business Week*, August 29–September 4, 2011, pp. 24–25; K. Girotra and S. Netessine, "How to Build Risk into Your Business Model," *Harvard Business Review*, May 2011, pp. 100–05; M. Dart and R. Lewis, "Break the Rules the Way Zappos and Amazon Do," *Bloomberg Business Week Online*, April 29, 2011; K. Cappell, "Zara Thrives by Breaking All the Rules," *Business Week*, October 20, 2008, p. 66; and C. Rohwedder and K. Johnson, "Pace-Setting Zara Seeks More Speed to Fight Its Rising Cheap-Chic Rivals," *Wall Street Journal*, February 20, 2008, pp. B1+.

62. Associated British Foods Plc, www.abf.co.uk; Primark, www.primark.co.uk; R. Baker, "Primark Boldly Does Not Go Online," *Marketing Week*, August 25, 2011, www.marketingweek.co.uk; and M. Sheridan, C. Moore, and K. Nobbs, "Fast Fashion Requires Fast Marketing: The Role of Category Management in Fast Fashion Positioning," *Journal of Fashion Marketing and Management*, 10, 2006.

63. Tesco PLC, "Preliminary Results 2017/18," news release, https://www.tescoplc.com/news/news-releases/2018/preliminary-results-201718/.

64. Tim Clark and Szu Ping Chan, "A History of Tesco: The Rise of

Britain's Biggest Supermarket," *The Telegraph*, October 4, 2014, https://www.telegraph.co.uk/finance/markets/2788089/A-history-of-Tesco-The-rise-of-Britains-biggest-supermarket.html.

65. Hannah Liptrot, "Tesco: Supermarket Superpower," *BBC News*, June 3, 2005 http://news.bbc.co.uk/2/hi/business/4605115.stm.

66. David Pollitt, "Retail Insights: Autumn 1998," *International Journal of Retail & Distribution Management* 26(7), 1998, pp. 1–17.

67. "Customer Intelligence: The Secret of Tesco's Success," *MoneyWeek*, May 9, 2007, https://moneyweek.com/31267/how-tesco-became-britains-top-supermarket/.

68. Tesco PLC, "History: About Us," https://www.tescoplc.com/about-us/history/.

69. Lauren Davidson and Graham Ruddick, "Tesco Reveals £6.4bn Loss: As It Happened," *The Telegraph*, April 22, 2015, https://www.telegraph.co.uk/finance/newsbysector/retailandconsumer/11553126/Tesco-reveals-6.4bn-loss.html.

70. Daniel Thomas, "Tesco Profits Rebound as Turnaround Continues," *BBC News*, April 11, 2018, https://www.bbc.com/news/business-43722494.

71. Sharon Marris, "Shareholders Back Tesco's £3.7bn Takeover of Booker," February 28, 2018, https://news.sky.com/story/shareholders-back-tescos-37bn-takeover-of-booker-11270932.

72. "IKEA Facts and Figures 2018," IKEA, https://highlights.ikea.com/2018/facts-and-figures/home/.

73. Harry Wallop, "Ikea: 25 Facts," *The Telegraph*, https://www.telegraph.co.uk/finance/newsbysector/retailandconsumer/9643122/Ikea-25-facts.html.

74. "IKEA's FY16 Profit Rises by 20%," *The Economist*, December 8, 2016, http://www.eiu.com/industry/article/354898619/ikeas-fy16-profit-rises-by-20/2016-12-08.

75. See https://www.ft.com/content/6ad34964-f2fa-11e8-ae55-df4bf40f9d0d

76. See https://www.ft.com/content/1a66c838-3cc1-11e8-b7e0-52972418fec4

77. Ben Stevens, "Ikea Says 40% Profit

Drop Is All Part of the Plan," *Retail Gazette*, https://www.retailgazette.co.uk/blog/2018/11/ikea-says-40-profit-drop-part-plan/.

78. Sue Mitchell, "Ikea Australia to Test Online Store—Finally," *The Sydney Morning Herald*, June 8, 2016, https://www.smh.com.au/business/companies/ikea-australia-to-test-online-store--finally-20160606-gpcvqh.html.

79. "IKEA Posts Record Profit, Sees Consumer Recovery Worldwide," *The Star Online*, https://www.the-star.com.my/business/business-news/2014/01/28/ikea-posts-record-profit/.

80. Angela Monaghan, "Ikea to Cut 350 UK Jobs as It Refocuses on Small Outlets and Online," *The Guardian*, November 21, 2018, https://www.theguardian.com/business/2018/nov/21/ikea-to-cut-350-uk-jobs-as-it-refocuses-on-small-outlets-and-online.

81. Sarah Butler, "Ikea Profits Plunge as Revamp Takes Toll," *The Guardian*, November 28, 2018, https://www.theguardian.com/business/2018/nov/28/ikea-profits-revamp-takes-toll.

82. See https://www.ft.com/content/1a66c838-3cc1-11e8-b7e0-52972418fec4.

83. Angela Monaghan, "Ikea to Cut 350 UK Jobs as It Refocuses on Small Outlets and Online," *The Guardian*, November 21, 2018, https://www.theguardian.com/business/2018/nov/21/ikea-to-cut-350-uk-jobs-as-it-refocuses-on-small-outlets-and-online.

84. "IKEA Group Profit Falls as Invests in Online and City-Center Stores," *Reuters*, November 28, 2018, https://www.reuters.com/article/us-ikea-group-results/ikea-group-profit-falls-as-invests-in-online-and-city-center-stores-idUSKCN1NX0P5.

85. Bernard Marr, "The Digital Transformation to Keep IKEA Relevant: Virtual Reality, Apps and Self-Driving Cars," *Forbes*, October 19, 2018, https://www.forbes.com/sites/bernardmarr/2018/10/19/the-amazing-digital-transformation-of-ikea-virtual-reality-apps-self-driving-cars/#ba630d-176bed.

조직 구조와 설계

7

경영학의
신화
잘못된

관료제는
비효율적이다.

경영학의

신화 바로잡기!

잘못된

보통 관료제는 비효율적이라고 여기는 경우가 많다.

비평가들은 이러한 조직들이 느리고, 규칙에 얽매여 있으며,

너무 많은 '형식주의'를 가지고 있다고 주장한다.

미디어는 관료제가 자율적 업무팀과 느슨하고 적응력이 뛰어난

구조의 조직으로 대체되어 사라졌다고 생각하게 만든다.

오늘날 많은 기관이 그런 듯 보이지만,

사실 관료제는 여전히 살아있다. 대부분의 중견기업과 대기업은

전문화, 공식 규칙 및 규정, 명확한 명령 체계, 부서별 구성 등의

특성이 인력과 업무를 효율적으로 구조화하는 데

도움이 되기 때문에 관료제로 구조화되어 있다.

21세기 조직 구조와 설계의 매혹적인 세계에 온 것을 환영한다! 월 스트리트저널에서는 광범위한 편집부 조직 개편을 통해 신문을 모바일 우선 뉴스 운영으로 전환한다는 목표로 새로운 리더십 구조를 만들었다.[1] 대형 패션 하우스의 상당수는 사회적 의식이 있는 젊은 소비자에 대응해 환경 전문가를 고용하고 지속가능성 부서의 역할을 강화하고 있다.[2] 이는 활동적으로 조직하는 것의 예시이다. 이 장에서는 경영에 있어 조직 기능의 기본 사항을 설명한다. 개념과 그 핵심 구성요소를 정의하고, 관리자가 이를 사용해 조직 구성원이 효율적이고 효과적으로 업무를 수행할 수 있는 구조화된 환경을 만드는 방법을 정의한다. 조직의 목표, 계획 및 전략이 수립되면 관리자는 목표 달성을 촉진하고 사람들이 가장 잘 일할 수 있는 방법을 제공하는 구조를 개발해야 한다. ●

학습목표

7-1 조직 설계의 여섯 가지 핵심 요소를 설명한다.

7-2 조직 설계의 기계적 모델 또는 유기적 모델이 적절한 상황 요인을 알아본다.

7-3 전통적 조직 설계와 현대적 조직 설계를 비교 분석한다.

7-4 오늘날의 조직이 당면한 조직 설계 과제를 논의한다.

조직 설계의 여섯 가지 핵심 요소는 무엇인가?

7-1 조직 설계의 여섯 가지 핵심 요소를 설명한다.

오클라호마주 매캘러스터 남쪽에서 가까운 거리에 있는 거대한 공장 단지에서 근무하는 직원들은 완벽해야만 하는 제품을 만든다. 이들은 매우 능숙하고 오랜 시간 동안 그것을 생산했기 때문에 시장 점유율이 100%다.[3] 그들은 미군에게 폭탄을 납품하는데, 이는 지루하고, 구조화되어 있고, 훈련받은, 높은 위험과 감정 수준의 조화를 이루는 흥미로운 작업 환경이 필요하다. 이곳에서는 생산 업무가 효율적이고 효과적으로 처리된다. 샌디에이고에 기반을 둔 비디오 게임 제조업체인 사이오닉스(Psyonix Inc.)에서도 폭탄 생산만큼 체계적이고 형식적이지는 않지만 효율적이고 효과적인 방식으로 작업이 이루어진다. 많은 비디오 게임 제작자들과 마찬가지로, 사이오닉스의 직원들은 가장 중요한 일을 하면서 전 세계에 흩어져 있는 독립 계약자들의 네트워크를 관리한다.[4] 사이오닉스에서는 비디오 게임 개발에 종사하는 사람들 중 거의 40%가 정규직이 아닌 계약직이다. 이 두 조직은 각각 다른 구조를 사용해 필요한 작업을 수행한다.

효율적이고 효과적인 작업 수행

조직화
조직 구조를 창출하는 관리 기능

조직 설계
조직 구조를 개발 혹은 변화시키는 과정

그것이 조직화의 전부이다! 1장에서는 **조직화**(organizing)를 무엇이 필요한지, 어떻게 할 것인지, 누가 할 것인지를 결정하는 관리의 기능이라고 정의했다. 다시 말해 조직의 구조를 만드는 기능이다. 관리자는 조직의 구조를 개발하거나 변경할 때 **조직 설계**(organization design)에 관여한다. 이 과정에는 직무가 얼마나 전문화되어야 하는지, 직원들의 행동을 이끄는 규칙, 어떤 수준의 결정을 내려야 하는지에 대한 결정이 포함된다. 조직을 설계하는 결정은 일반적으로 최고 수준의 관리자가 하지만, 관련된 모든 사람이 프로세스를 이해하는 것이 중요하다. 그 이유는 무엇일까? 우리는 모두 어떤 형태의 조직 구조에서 일을 하기 때문이다. 그리고 우리는 일이 어떻게 그리고 왜 이루어지는지 알아야 한다. 또한 변화하는 환경과 조직이 적응해야 할 필요성에 따라 향후에는 어떤 구조일지 알아야 한다—그 안에서 당신이 일을 할 것이기 때문이다.

지난 몇 년 동안 조직과 조직 구조만큼 많은 변화를 겪은 경영 주제는 거의 없었다. 관리자들은 전통적인 접근 방식을 재평가하고 조직의 업무를 수행하는 직원들을 가장 잘 지원하는 새로운 구조 설계, 즉 효율적이면서도 유연한 설계를 검토하고 있다.

앙리 페욜(Henri Fayol)과 막스 베버(Max Weber) 등 경영학자들에 의해 정립된 조직 설계의 기본적인 개념은 관리자들이 따를 구조적 원칙들을 제공했다. (30쪽 '경영학의 역사'를 참조하라). 이러한 원칙 중 많은 것이 원래 제안된 이후 95년이 넘었다. 그 긴 시간과 그동안 일어난 변화들을 생각하면, 그 원칙들이 오늘날에는 대부분 쓸모없을 것이라고 생각할 수 있다. 하지만 놀랍게도 그렇지 않다. 이 원칙들은 여전히 효과적이고 효율적인 조직 설계에 귀중한 통찰력을 제공한다. 물론 우리는 지난 몇 년 동안 그 원칙들의 한계에 대해서도 많이 알게 되었다. 다음 절에서는 여섯 가지 조직 구조, 즉 업무 전문화, 부문화, 권한과 책임, 통제 범위, 집중화와 탈집중화, 공식화의 기본 요소를 논의한다.

1 업무 전문화란 무엇인가?

전통적인 관점 오하이오주 에이다(Ada)에 있는 윌슨 스포팅 굿즈(Wilson Sporting Goods) 공장에서 근로자들은 내셔널 풋볼 리그(NFL)와 대부분의 대학과 고등학교 미식축구 경기에 사용되는 모든 미식축구공을 만든다. 일일 생산 목표를 달성하기 위해 작업자는 주조, 스티치 및 봉제, 레이싱 등과 같은 작업을 전문적으로 하게 된다.[5] 이는 업무를 별도의 작업들로 구분하는 **업무 전문화**(work specialization)의 한 사례다.(그래서 분업이라고도 한다.) 개별 직원은 업무 생산량을 늘리기 위해 전체 활동이 아닌 활동의 일부를 '전문'적으로 하게 된다.

업무 전문화를 통해 조직은 근로자가 가진 다양한 기술을 효율적으로 사용할 수 있다. 대부분의 조직에서 어떤 업무는 고도로 발달된 기술을 필요로 하지만, 어떤 업무는 기술 수준이 낮은 직원도 수행할 수 있다. 만약 모든 근로자가 제조 공정의 모든 단계(작업)에 종사한다면, 모든 근로자가 가장 까다로운 일과 덜 까다로운 일을 동시에 수행하는 데 필요한 기술을 모두 필요로 할 것이다. 따라서 가장 숙련되거나 매우 정교한 작업을 수행할 때를 제외하면, 직원들은 자신의 기술 수준보다 낮은 수준으로 작업하게 될 것이다. 임금은 노동자의 기술 수준을 반영하는 경향이 있는데, 만약 노동자들이 전문화 없이 모든 일을 하게 된다면, 이들에게 최고 수준의 기술에 해당하는 임금을 지급해야 하므로 자원의 비효율적인 사용이 된다. 수술을 마친 심장외과 의사가 직접 수술 부위를 봉합하지 않고 기술을 배우는 외과 레지던트가 봉합을 맡는 것 또한 이 개념을 통해 설명될 수 있다.

업무 전문화의 초기 지지자들은 그것이 생산성의 큰 증가를 이끌 수 있다고 믿었다. 20세기 초에는 그러한 일반화가 합리적이었다. 전문화가 널리 행해지지 않았기 때문에, 전문화의 도입은 거의 항상 더 높은 생산성을 창출했다. 하지만 좋은 것도 과하면 독이 될 수 있는 법이

업무 전문화
작업 활동을 과업으로 잘게 나눈 것

그림 7.1 일의 경제와 비경제

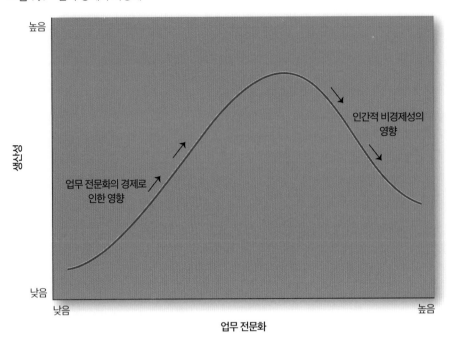

다. 언젠가부터 지루함, 피로, 스트레스, 낮은 생산성, 낮은 품질, 늘어난 부재, 높은 이직률 등의 단점이 전문화의 경제적 이점을 능가하게 되었다(그림 7.1 참조).[6]

오늘날의 관점 오늘날 대부분의 관리자들은 업무 전문화가 직원들의 업무 효율을 높이는 데 도움이 되기 때문에 이를 중요한 조직 메커니즘으로 보고 있다. 예를 들어 맥도날드는 고도의 전문화를 통해 제품을 만들어 효율적으로 고객에게 제공한다. 그러나 관리자들은 그것의 한계 또한 인식해야 한다. 에이버리 데니슨(Avery-Dennison), 포드 오스트레일리아(Ford Australia), 홀마크(Hallmark), 아메리칸 익스프레스 등의 기업들이 최소한의 업무 전문화를 활용하고 대신 직원들에게 다양한 업무를 부여하는 것도 이 때문이다. 당신이 구직 활동을 하고 있다고 생각해보라. 고도로 전문화된 직업이 좋을까, 아니면 다양한 일을 할 수 있는 직업이 더 좋을까?

2 부문화란 무엇인가?

전통적인 관점 초기 경영 전문가들은 누가 무엇을 할지 결정한 뒤 공통 업무 활동을 다시 묶어 협력적이고 통합된 방식으로 일할 필요가 있다고 주장했다. 일자리가 함께 묶이는 방식을 **부문화**(departmentalization)라고 한다. 부문화에는 다섯 가지 일반적인 형태(표 7.1 참조)가 있지만, 조직에 따라 고유한 분류 방식을 사용하기도 한

끈으로 묶는 작업은 윌슨 스포팅 굿즈에서 미식축구공을 만드는 13가지 수작업 중 하나이다. 기업은 개별 직무들에 대해 직무 전문화를 활용함으로써 작업자가 가지고 있는 다양한 기술을 효율적으로 사용해 생산성을 높일 수 있는 메커니즘으로 구조화했다.

AFP/Newscom

표 7.1 부문화의 유형

• **기능별 부문화**	수행하는 작업(예: 엔지니어링, 회계, 정보 시스템, 인적자원)을 기준으로 직원을 그룹화한다.
• **제품별 부문화**	회사의 주요 제품 영역(예: 여성 신발, 남성 신발, 의류 및 액세서리)을 기준으로 직원을 그룹화한다.
• **고객별 부문화**	고객의 문제 및 요구에 따라 직원을 그룹화한다(예: 도매, 소매, 정부).
• **지역별 부문화**	근무지를 기준으로 직원을 그룹화한다(예: 북부, 남부, 중서부, 동부).
• **프로세스별 부문화**	업무 또는 고객 흐름에 따라 직원을 그룹화한다(예: 테스트, 지불).

다. 초기 경영학자들은 어떠한 방법의 부문화도 지지하지 않았다. 사용된 부문화 방법 또는 방법들은 조직과 개별 단위의 목표 달성에 가장 크게 기여할 수 있는 방식을 반영한 것일 것이다.

활동을 어떻게 그룹화하는가?

1. 활동을 그룹화하는 가장 일반적인 방법 중 하나는 수행하는 기능별로 그룹화하는 **기능별 부문화**(functional departmentalization)이다. 관리자는 엔지니어링, 회계, 정보 시스템, 인사 및 구매 전문가를 부문별로 구분해 작업장을 구성할 수 있다. 기능별 부문화는 모든 유형의 조직에서 사용할 수 있다. 조직의 목표와 활동에 맞게 기능만 변경될 뿐이다. 기능별 부문화의 가장 큰 장점은 공통적인 기술과 전문성을 가진 사람들을 공통의 단위로 배치함으로써 규모의 경제를 얻을 수 있는 것이다.

2. **제품별 부문화**(product departmentalization)는 회사의 주요 제품 분야에 초점을 맞춘다. 각 제품은 자신의 제품군과 관련된 모든 것을 전문적으로 담당하는 선임 관리자의 권한하에 있다. 제품 부문화를 이용하는 회사의 예로 나이키가 있다. 나이키의 조직 구조는 운동복/캐주얼 신발, 스포츠 의류/액세서리, 퍼포먼스 장비 등 다양한 제품군에 기반을 두고 구성되어 있다. 조직의 활동이 제품과 관련된 것이 아니라 서비스와 관련된 것이라면, 각 서비스에 따라 자율적으로 그룹화가 이루어질 것이다. 제품별 부문화의 장점은 특정 제품과 관련된 모든 활동이 단일 관리자의 지시하에 있기 때문에 제품의 성능에 대한 책임이 증가한다는 것이다.

3. 조직이 접근하고자 하는 특정 유형의 고객도 직원 그룹화에 영향을 미칠 수 있다. 예를 들어 사무용품 회사의 판매 활동은 소매업, 도매업, 정부 고객을 서비스하는 3개의 부서로 나눌 수 있다. 대형 법률 사무소의 경우는 기업 또는 개인 고객을 대상으로 서비스를 제공하는지에 따라 직원을 나눌 수 있다. **고객별 부문화**(customer departmentalization)의 기본적인 가정은 각 부서의 고객이 전문가에 의해 가장 잘 충족될 수 있는 일련의 공통적인 문제와 요구가 있다는 것이다.

4. 부문화를 하는 또 다른 방법은 지역에 따라 구분하는 **지역별 부문화**(geographic departmentalization)이다. 판매 기능이 서부, 남부, 중서부 및 동부 지역을 포함할 수 있다. 조직의 고객이 넓은 지역에 분권화되어 있는 경우 이러한 형태의 부문화가 좋은 방법이 될 수 있다. 예를 들어 코카콜라의 조직 구조는 북미 부문과 국제 부문(태평양

부문화
직무들을 서로 묶는 방법

기능별 부문화
수행되는 기능에 의해 활동을 집단화함

제품별 부문화
주요 제품에 의해 활동을 집단화함

고객별 부문화
주요 고객에 의해 활동을 집단화함

지역별 부문화
지역을 기반으로 활동을 집단화함

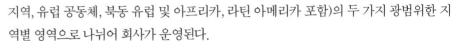

프로세스 부문화
작업 흐름이나 고객 흐름을 기반으로 활동을 집단화함

다기능 협업팀
다양한 전통적인 부서에서 근무하는 사람들이 모여서 만들어진 하나의 팀

명령의 사슬
조직의 상위 계층에서 하위 계층으로 내려가는 권한 라인으로 누가 누구에게 보고해야 하는지를 명확하게 해줌

권한
경영자의 지위에서 비롯된 권리로 상사가 명령을 내리면 부하는 복종하는 것을 전제함

지역, 유럽 공동체, 북동 유럽 및 아프리카, 라틴 아메리카 포함)의 두 가지 광범위한 지역별 영역으로 나뉘어 회사가 운영된다.

5. 부문화의 마지막 형태는 **프로세스 부문화**(process departmentalization)라고 하며, 이는 많은 관공서나 의료 진료소에서 행하는 것과 같이 업무 또는 고객 흐름에 따라 활동을 그룹화한다. 직원 유닛은 특정 프로세스를 완료하는 데 필요한 공통 스킬을 중심으로 구성된다. 운전면허를 취득하기 위해 정부 기관에 가 본 적이 있다면 프로세스별 분리를 경험했을 것이다. 고객은 지원, 시험, 정보 및 사진 처리, 결제 수집 등을 처리할 수 있는 별도의 부문을 순차적으로 흐르듯 통과해 운전면허를 취득하게 된다.

오늘날의 관점 대부분의 대기업은 초기 경영학자들이 제안한 부서별 그룹의 대부분 또는 전부를 계속 사용하고 있다. 예를 들어 블랙앤데커(Black & Decker)는 기능 라인을 따라 사업부를 구성하고, 제조 유닛은 프로세스를 중심으로 구성하며, 판매 단위는 지역을 중심으로 하고, 영업 영역은 고객 그룹을 중심으로 구성한다. 그러나 많은 조직에서는 과거의 개념을 탈피하는 여러 부서의 직원들로 이루어진 **다기능 협업팀**(cross-fuctional team)을 사용한다. 이러한 팀은 최근 더욱 복잡해지고 다양한 기술을 요구하는 업무에 유용하게 활용되고 있다.[7]

또한 오늘날의 경쟁 환경은 경영진의 관심을 고객에게 다시 집중시키고 있다. 고객의 요구를 더 잘 모니터링하고 이러한 요구의 변화에 대응할 수 있도록 많은 조직이 고객별 부문화에 더욱 주안점을 두고 있다.

3 권한과 책임이란 무엇인가?

전통적인 관점 권한과 책임을 이해하려면 상위 조직 계층에서 하위 조직으로 확장되는 권한의 계층인 **명령의 사슬**(chain of command)을 알아야 한다. 이 사슬은 누가 누구에게 보고하는지 명확하게 정의한다. '누구에게 보고해야 하는가' 혹은 '문제가 생기면 누구에게 가야 하는가' 등의 질문이 생겼을 때 직원들에게 도움이 되기 때문에 관리자들은 업무를 조직할 때 이 부분을 고민할 필요가 있다. 그렇다면, 권한과 책임은 무엇일까?

권한은 사람이 아니라 위치에서 나온다.

권한(authority)은 명령을 내리고 명령에 복종할 것을 기대할 수 있는 관리직 고유의 권리를 말한다. 권한은 초창기 경영학자들이 조직을 하나로 묶는 접착제로 보고 논의한 주요 개념이었다.[8] 이는 하급 관리자에게 제한된 범위 내에서 행사할 수 있는 일정한 권리를 위임하는 것이었다. 각 관리직의 재직자는 직급이나 직함으로부터 취득한 고유의 특정 권리를

할리 데이비슨은 오토바이 콘셉트와 디자인부터 생산 및 제품 출시까지 다기능 협업팀을 활용한다. 할리의 구매 담당, 공급 담당, 마케팅 담당, 운영 담당, 엔지니어 등 다양한 부서에서 온 사람들은 높은 품질의 제품을 고객에게 제공하기 위해서 함께 일한다.

그림 7.2　명령계통과 라인 권한

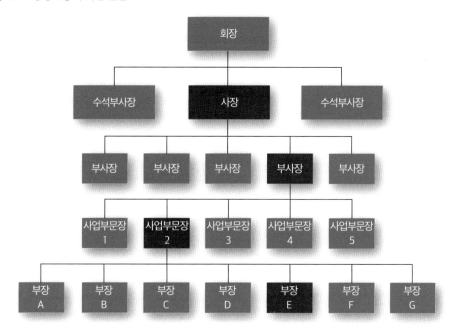

가지고 있었다. 따라서 권한은 조직 내에서 자신의 위치와 관련이 있으며, 개별 관리자의 개인적 특성과는 아무런 관련이 없다. 직위가 비워지면 그 직위를 떠난 사람은 더 이상 아무런 권한이 없다. 그 권한은 그 직책에 배정된 새로운 현직자에게 남게 된다.

　관리자가 권한을 위임할 때, 그들은 그에 상응하는 **책임**(responsibility)을 할당해야 한다. 즉 종업원에게 권리가 주어질 때, 그들은 또한 그에 상응하는 수행 의무를 지게 된다. 그리고 그들은 그들의 성과에 책임을 져야 한다! 책임 없이 권한을 할당하면 악용할 여지가 있다. 마찬가지로, 누구도 권위가 없는 것에 대해서는 책임을 져야 해서는 안 된다.

권한 관계의 유형에는 어떤 것들이 있는가?　초기 경영학자는 두 가지 형태의 권한, 즉 라인 권한과 직원 권한을 구분했다. **라인 권한**(line authority)은 관리자에게 직원의 업무를 지시할 권한을 부여한다. 이는 그림 7.2에 나타낸 것과 같이 명령의 사슬에 따라 조직의 최상위에서 최하위 계층으로 확대되는 고용자와 피고용자의 권한 관계이다. 명령의 사슬의 연결고리로서 라인 권한을 가진 관리자는 직원의 업무를 지시하고, 누구와도 상의하지 않고 일정한 결정을 내릴 권리가 있다. 물론 명령의 사슬에서 모든 관리자는 상사의 지시를 받기도 한다.

　간혹 라인이라는 용어가 라인 관리자와 직원 관리자를 구별하기 위해 사용된다는 점을 기억하라. 이러한 맥락에서 라인은 조직 기능이 조직 목표 달성에 직접 기여하는 관리자를 지칭한다. 제조 회사에서 라인 관리자는 일반적으로 생산 및 판매 기능에 종사하는 반면, 인사 및 급여 관리자는 직원 권한을 가진 직원 관리자로 간주된다. 관리자의 기능이 라인 또는 직원으로 분류되는지는 조직의 목표에 따라 달라진다. 예를 들어 임시직 직원 공급사인 스태프 빌더(Staff Builders)에서 면접관에게는 라인 기능이 있다. 마찬가지로, 급여 지불 서비스 업체인 ADP에서는 급여가 라인 기능이다.

　조직이 점점 더 커지고 복잡해짐에 따라, 라인 관리자는 업무를 효과적으로 수행할 수 있는 시간, 전문 지식 또는 자원이 부족해질 수 있다. 이 문제를 해결하기 위해 그들은 새로운 **스태**

책임
권한을 부여받았을 때 그에 상응하는 의무

라인 권한
경영자가 종업원의 업무를 직접 지시할 수 있는 자격을 부여받는 것

스태프 권한
라인 경영자들을 지원하고 도와주고 조언해주는 권한을 가진 직위

그림 7.3　라인 권한 대 스태프 권한

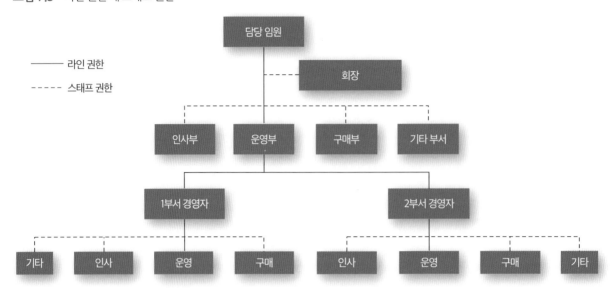

프 권한(staff authority) 기능을 만든다. 병원이 필요로 하는 모든 물자의 구매를 효과적으로 처리할 수 없는 병원 관리자는 구매 부서인 스태프 부서를 만든다. 물론 구매 부서의 부서장은 자신을 위해 일하는 구매 대행자에 대한 라인 권한이 있다. 병원 관리자 역시 과중한 업무 부담을 느끼고 조수가 필요하다는 것을 느끼고 스태프 자리를 만들 수 있다. 그림 7.3은 라인과 스태프 권한을 보여준다.

명령 통일이란 무엇인가?　둘 이상의 상사에게 보고해야 하는 직원은 상충되는 요구나 우선순위에 대처해야 하는 상황에 놓일 수 있다.[9] 이에 따라 초기 경영학자들은 각 직원이 **명령 통일**(unity of command)로 1명의 관리자에게만 보고해야 한다고 주장했다. 명령 통일이 이루어질 수 없는 드문 경우에서는 항상 활동이 명확히 구분되고 각각의 책임자가 명시적으로 지정되었다.

한 명 혹은 여러 명의 상사?

조직이 비교적 단순할 때는 명령 통일이 논리적이었다. 어떤 상황에서 명령 통일은 여전히 유효한 조언이고 조직들은 그것을 계속 고수하고 있다. 그러나 예를 들어 기술의 발전으로 한때 상위 관리자만 접근할 수 있었던 조직의 정보에 접근할 수 있게 되었다. 또한 직원들은 공식적인 지휘 체계를 거치지 않고도 조직의 다른 사람들과 상호작용할 수 있다. 따라서 어떤 경우에는 명령의 통합을 지나치게 엄격하게 준수하는 것이 조직을 경직시켜 조직의 성과와 변화하는 환경에의 적응에 방해가 될 수 있다.

오늘날의 관점　초기 경영학자들은 권한의 개념을 좋아했다. 그들은 조직에서 자신의 공식적인 지위에 내재된 권리가 유일한 영향의 원천이라고 가정했고, 그들은 관리자들이 전능하다고 믿었다. 이 가정은 60년 전, 아니 30년 전만 하더라도 사실이었을지 모른다. 당시에는 조직이 더 단순하고 직원들이 덜 중요했기 때문이다. 관리자들은 기술 전문가들에게 최소한의

명령 통일
누구도 1명 이상의 상사에게 보고하지 않도록 하는 경영 원칙

그림 7.4 권한과 권력

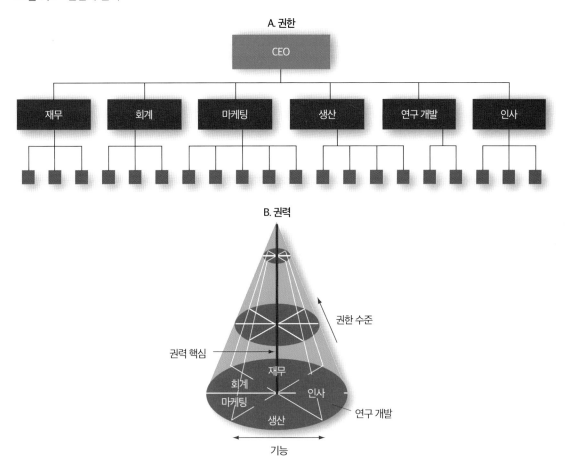

의존만 했다. 그러한 조건하에서 영향력은 권한과 같다. 그리고 조직에서 관리자의 지위가 높을수록 행사할 수 있는 영향력이 커졌다. 그러나 이러한 조건은 더 이상 존재하지 않는다. 이제 경영의 연구자들과 실무자들은 권한을 갖기 위해 관리자가 될 필요가 없고, 권한이 조직 내 자신의 지위와 완전히 상관관계가 있는 것이 아님을 인식하기 때문이다.

조직에서 권한은 중요한 개념이지만 권한에만 집중하는 것은 영향에 대해 편협하고 비현실적인 관점을 초래한다. 오늘날, 우리는 권한이 권력이라는 큰 개념의 한 요소일 뿐이라는 것을 인식하고 있다.

권한과 권력은 어떻게 다른가? 권한과 권력은 흔히 같은 것으로 여겨지지만, 그렇지 않다. 권한은 권리이자 합법성이며, 이는 조직 내 직위에서 비롯된다. 권한은 직무(job)에 관련된 개념이다. 반면 **권력**(power)은 결정에 영향을 미칠 수 있는 개인의 능력을 의미한다. 권한은 권력이라는 더 큰 개념의 일부이다. 즉 조직에서 개인의 지위와 함께 부여되는 공식적인 권리는 개인이 의사결정 과정에 영향을 미칠 수 있는 하나의 수단일 뿐이다.

그림 7.4는 권한과 권력의 차이를 시각적으로 묘사한다. A에서 박스의 2차원 배치는 권한을 묘사한다. 권한이 적용되는 영역은 수평 차원으로 정의된다. 각 수평 그룹은 기능 영역을 나타낸다. 조직에 미치는 영향은 구조의 수직적 차원에 의해 정의된다. 조직에 있는 사람이 많을수록 권한이 높아진다.

권력
의사결정에 영향을 주는 개인의 능력

미국 NBA의 부회장인 멜리사 브레너 (Melissa Brenner)는 전문적 권력을 가지고 있다. 페이스북, 인스타그램 등 다양한 소셜 미디어에서 혁신적인 방법으로 소통하는 그녀의 전문성은 NBA가 전 세계적으로 팬들의 관심과 흥미를 높이겠다는 목표를 달성하는 데 도움을 주고 있다.

반면, 권력은 3차원 개념이다(그림 7.4의 B에 있는 원뿔). 기능적, 계층적 차원뿐만 아니라 중심성이라고 불리는 제3차원을 포함한다. 권한은 계층에서 자신의 수직적 위치에 의해 정의되지만, 권력은 자신의 수직적 위치와 조직의 권력 핵심 또는 중심으로부터의 거리 둘 다로 구성된다.

그림 7.4의 원뿔을 하나의 조직으로 생각해보자. 원뿔의 중심은 권력 핵심이다. 권력 중심에 가까울수록 결정에 더 많은 영향을 미친다. 사실 권력 중심의 존재는 그림 7.4의 A와 B 사이의 유일한 차이다. A의 수직 계층 차원은 원뿔의 바깥쪽 가장자리에 있는 계층에 불과하다. 원뿔의 맨 위는 계층의 맨 위, 원뿔의 가운데는 계층의 가운데에 해당하는 식이다. 마찬가지로, A의 기능 그룹은 원뿔의 쐐기가 된다. 각 쐐기는 기능 영역을 나타낸다.

원뿔 그림은 두 가지 사실을 명시적으로 인정하는데, (1) 조직에서 더 높은 위치로 움직일수록(권한의 증가) 권력 핵심에 가까워지고, (2) 권력이 위로 올라가지 않고 수평으로 권력 핵심을 향해 움직일 수 있기 때문에 권력을 휘두르기 위해 권한을 가질 필요는 없다는 것이다. 예를 들어 비서는 권한이 거의 없음에도 불구하고 종종 회사에서 권력을 가진다. 상사의 문지기로서 비서는 상사가 누구를 보고 언제 그들을 보는지에 대해 상당한 영향력을 가지고 있다. 게다가 그들은 상사에게 정보를 전달하는 데 정기적으로 관여하기 때문에 상사가 듣는 것을 어느 정도 통제할 수 있다. 연봉 105,000달러짜리 중간 관리자가 사장의 연봉 45,000달러짜리 비서를 화나게 하지 않기 위해 조심스럽게 걷는 것은 드문 일이 아니다. 왜 그럴까? 왜냐하면 비서는 권력이 있기 때문이다. 비서는 권한 계층은 낮지만 권력 중심에 가까울 수 있다.

마찬가지로 높은 곳에 친척, 친구, 동료가 있는 하위 직급 직원들도 권력 중심에 가까울 수 있다. 희소하고 중요한 기술을 보유한 직원들도 마찬가지이다. 한 회사에서 20년 경력을 가진 지위가 낮은 생산 엔지니어는 그 회사에서 오래된 생산 기계의 내막을 알고 있는 유일한 사람일 수 있다. 이 오래된 장비의 조각들이 부서질 때, 오직 그 기술자만이 장비들을 고치는 방법을 알고 있다. 이런 경우 갑자기 엔지니어의 영향력은 수직 계층에서 나타나는 것보다 훨씬 더 커지게 된다. 이 예시들은 권력에 대해 우리에게 무엇을 말해주는가? 권력이 다른 영역에서 나올 수 있다는 것을 말해준다. 프렌치(J. R. P French)와 레이븐(B. Raven)은 강압적 권력, 보상 권력, 합법적 권력, 전문적 권력, 준거 권력 이 다섯 가지 권력의 출처 또는 기반을 정의했고[10] 이는 표 7.2에 요약되어 있다.

4 통제 범위란 무엇인가?

전통적인 관점   관리자가 효율적이고 효과적으로 감독할 수 있는 직원은 몇 명인가? 초기 경영학자들은 **통제 범위**(span of control)에 대한 이 문제에 많은 관심을 두었다. 비록 그들이 특정한 숫자에 대해서는 합의점을 찾지 못했지만, 대부분 긴밀한 통제력을 유지하기 위해

통제 범위
경영자가 효과적이고 효율적으로 관리할 수 있는 종업원의 수

표 7.2　권력의 유형

강압적 권력	두려움에 기반 한 힘
보상 권력	다른 사람이 소중하게 여기는 것을 분배할 수 있는 능력을 바탕으로 한 힘
합법적 권력	공식적인 서열에서 자신의 위치에 따른 권력
전문적 권력	전문성, 특별한 기술 또는 지식을 바탕으로 한 힘
준거 권력	바람직한 자원이나 개인적 특성을 가진 사람과의 동일성에 기반을 둔 권력

6명 이하의 작은 범위를 선호했다.[11] 그러나 몇몇 경영학자들은 조직 내 계층을 상황 변수로 인식했다. 이들은 관리자가 조직에서 부상(浮上)함에 따라 구조화되지 않은 문제를 더 많이 처리해야 하기 때문에 최고 관리자는 중간 관리자보다 적은 범위를, 중간 관리자는 감독자보다 적은 범위를 필요로 한다고 주장했다. 하지만 지난 10년 동안 우리는 효과적인 통제 범위에 대한 이론에서 어느 정도의 변화를 보았다.[12]

오늘날의 관점　많은 조직이 관리 범위를 늘리고 있다. 제너럴 일렉트릭(General Electric)과 카이저 알루미늄(Kaiser Aluminum) 같은 회사에서는 관리자 범위가 지난 10년 동안 크게 확대되었다. 또한 연방정부에서도 확대되었으며, 통제 범위를 증가시키기 위한 노력은 의사결정에 있어 시간을 절약하기 위해 구현되고 있다.[13] 상황 변수를 살펴봄으로써 가장 효과적이고 효율적인 통제 범위가 점점 더 밝혀지고 있다.

얼마나 많은 사람을 효과적이고 효율적으로 관리할 수 있을까?

가장 효과적이고 효율적인 범위는 다음 사항에 의해 결정된다.

- 직원 관리 경험 및 교육(더 많을수록 더 큰 범위를 가진다)
- 직원 업무 유사성(유사성이 높을수록 더 큰 범위를 가진다)
- 작업의 복잡성(더 복잡할수록 더 작은 범위를 가진다)
- 직원의 물리적 근접성(더 근접할수록 더 큰 범위를 가진다)
- 표준화된 절차의 양 및 종류(표준화될수록 더 큰 범위를 가진다)
- 조직의 관리 정보 시스템의 정교화(더 정교할수록 더 큰 범위를 가진다)
- 조직의 가치체계 강도(가치체계가 강할수록 더 큰 범위를 가진다)
- 관리자의 선호 경영 스타일[14](개인의 선호에 따라 관리 직원의 많고 적음이 결정된다)

---

5 집중화와 탈집중화는 어떻게 다른가?

전통적인 관점　조직화를 할 때 고려해야 할 것 중 하나는 '어떤 수준에서 결정이 이루어지는가'이다. **집중화**(centralization)는 의사결정이 조직의 상위 수준에서 이루어지는 정도이다. **탈집중화**(decentralization)는 하위 수준 관리자가 조언을 제공하거나 실제로 의사결정을 내리는 정도이다. 집중화, 탈집중화는 양자택일의 개념이 아니다. 오히려 정도의 문제다. 어떤 조직도 완전히 집중화되거나 완전히 탈집중화되지는 않는다는 것이다. 모든 의사결정이 선택된 소수의 사람에 의해 이루어진 경우(집중화) 또는 모든 의사결정이 문제에 가장 가까운 수준까지 내려간 경우(탈집중화) 효과적으로 기능할 수 있는 조직은 거의 없다. 그러면 초기 경영학

집중화
의사결정이 조직 내 상위 계층에서 이루어지는 정도

탈집중화
낮은 계층의 경영자들이 투입물을 제공하거나 실질적인 의사결정을 하는 정도

자들이 집중화를 어떻게 보았는지, 그리고 그것이 현재 어떻게 존재하는지 살펴보도록 하자.

초기 경영학자들은 조직의 집중화는 상황에 달려 있다고 주장했다.[15] 그들의 목표는 직원들의 최적화와 효율적인 활용이었다. 전통적인 조직들은 피라미드 형태로 구조화되었고, 권력과 권위가 조직의 꼭대기에 집중되었다. 이러한 구조를 고려할 때 역사적으로 중앙 집중식 의사결정이 가장 두드러졌지만, 오늘날 조직은 환경의 역동적인 변화에 더욱 복잡하고 신속하게 대응하고 있다. 따라서 많은 관리자들은 조직 수준에 관계없이 문제에 가장 가까운 개인에 의해 결정이 이루어져야 한다고 생각한다. 사실 적어도 미국과 캐나다 조직에서는 지난 수십 년 동안 조직의 탈집중화를 향한 추세가 이어졌다.[16]

오늘날의 관점 오늘날 관리자들은 결정을 가장 잘 이행하고 조직 목표를 달성할 수 있는 정도로 집중화 또는 탈집중화의 양을 선택하는 경우가 많다.[17] 그러나 한 조직에서 작동하는 것이 다른 조직에서도 반드시 작동하지는 않으므로 관리자는 각 조직과 해당 조직 내의 부서별로 탈집중화의 양을 결정해야 한다. 관리자가 직원들에게 권한을 부여하고, 직원들에게 업무에 영향을 미치는 결정을 내릴 수 있는 권한을 위임하고, 그들이 생각하는 업무 방식을 바꿀 수 있는 권한을 위임하는 것이 바로 탈집중화이다. 그러나 최상위 관리자가 더 이상 결정을 내리지 않는다는 의미는 아니다.

6 공식화란 무엇인가?

전통적인 관점 공식화(formalization)란 조직의 업무가 얼마나 표준화되어 있는지, 직원 행동이 규칙과 절차에 의해 안내되는 정도를 말한다. 고도로 정형화된 조직에는 명확한 직무 설명, 수많은 조직 규칙 및 업무 프로세스를 다루는 명확한 절차가 있다. 직원들은 어떤 일을 언제, 그리고 어떻게 해야 하는지에 대해 거의 재량권을 가지고 있지 않다. 그러나 공식화가 낮은 곳에서는 직원들이 업무를 수행하는 방식에 대해 더 많은 재량권을 가진다. 초기 경영진은 공식화가 관료주의 스타일의 조직과 함께 진행되었기 때문에 조직이 상당히 공식화되기를 기대했다.

오늘날의 관점 일관성 및 통제를 위해 일부 공식화가 필요하지만, 오늘날 많은 조직은 직원 행동을 안내하고 규제할 때 엄격한 규칙과 표준화에 덜 의존한다. 예를 들어 다음 상황을 생각해보자.

한 고객이 대형 전국 택배 체인점으로 들어와 매장 마감시간 37분이 지나고 당일 배송을 위해 패키지를 맡긴다. 카운터 직원은 자신이 규칙을 따라야 한다는 것을 알고 있지만, 동시에 소포를 아무 문제없이 처리하고 발송할 수 있다는 것을 알고 고객의 소포를 받아주고 싶어 한다. 그래서 그는 그 소포를 받아들였고 그의 매니저가 그것을 발견하지 않기를 바란다.[18] 이 직원의 행동은 잘못된 것인가? 직원은 규칙을 어겼다. 하지만 규칙을 어김으로써 그는 실제로 수익을 올렸고 좋은 고객 서비스를 제공했다.

공식화
조직의 직무를 어떻게 표준화할 것인지와 종업원의 행동을 어느 정도 규칙과 절차로 규정할 것인지의 정도

규칙이 너무 제한적일 수 있는 여러 가지 상황이 있다는 점을 고려할 때, 많은 조직은 직원들에게 어느 정도 관용을 허용해, 그들이 그 상황에서 가장 좋다고 느끼는 결정을 내릴 수 있는 충분한 자율권을 주었다. 직원들이 지켜야 할 중요한 규칙이 항상 있기 때문에 모든 조직 규

구조 선택에 영향을 미치는 상황 변수는 무엇인가?

7-2 조직 설계의 기계적 모델 또는 유기적 모델이 적절한 상황 요인을 알아본다.

최고경영자들은 일반적으로 어떤 구조가 가장 잘 작동할지 숙고한다.

Adamkaz/E+/getty images

상황 요인에 따라 가장 적합한 조직 구조가 있다.

적합한 조직 구조 (그림 7.5 참조)

기계적 조직 구조

☐ 엄격한 계급 관계
☐ 고정된 업무
☐ 많은 규칙
☐ 공식화된 소통 창구
☐ 집중화된 의사결정 권한
☐ 위아래가 긴(높은) 구조

유기적 조직 구조

☐ 협업(수평적, 수직적)
☐ 조정 가능한 업무
☐ 적은 규칙
☐ 비공식적 소통
☐ 탈중앙화된 의사결정 권한
☐ 평탄한 구조

그림 7.5 기계적 조직 구조와 유기적 조직 구조

기계적 조직 구조와 유기적 조직 구조[19]

기계적 조직 구조 (또는 관료제)

- 경직적이고 엄격하게 통제된 구조
- 조직 구조의 여섯 가지 요소 모두의 전통적인 측면을 결합한다.

  - 고도의 전문화
  - 경직된 부서 구분
  - 명확한 명령의 사슬

  - 제어 범위가 좁아서 위아래가 긴(높은) 구조로 이어짐
  - 집중화
  - 높은 공식화

기계적 조직 구조

유기적 조직 구조

- 적응성과 유연성이 뛰어난 구조
- 협업(수직적, 수평적 모두)
- 적응성 직무
- 적은 규칙
- 느슨한 구조로 신속한 변경 가능[20]

유기적 조직 구조

- 비공식적인 의사소통
- 탈집중화된 의사결정 권한
- 더 넓은 제어 범위로 평탄한 구조로 이어짐

적합한 조직 구조를 결정하는 **네** 가지 상황 변수

① 전략 → 구조

- 앨프리드 챈들러(Alfred Chandler)의 연구 기준[21]
- 목표는 조직 전략의 중요한 부분이며, 구조는 목표 달성을 촉진한다.
- 간단한 전략 → 간단한 구조
- 정교한 전략 → 보다 복잡한 구조
- 특정 구조 설계는 특정 조직 전략과 함께 가장 잘 작동한다.[22]
  - 혁신에 대한 열정적인 추구 → 유기적
  - 비용 제어에 대한 열정적인 추구 → 기계적

Coloures-pic/Fotolia

기계적 조직 구조
관료적 조직이라고도 하며, 전문화·공식화·집중화가 높은 구조

유기적 조직 구조
전문화·공식화·집중화가 낮은 구조

❷ 크기 → 구조

- 규모(직원 수)가 구조에 영향을 미친다는 상당한 증거[23]

- 기준이 되는 직원의 수는 2,000명으로 보인다.

- 대규모 조직(직원 수 2,000명 이상) – 기계적 조직 구조

- 조직이 이 수에 도달하면 *규모의 영향력이 감소한다*. 이미 상당히 기계적인 구조이기 때문에 직원의 추가는 거의 영향을 미치지 않는다.

유기적 조직 구조

2,000명 이하는
유기적 조직

기계적 조직 구조

2,000명 이상은
기계적 조직

유기적 조직 구조를 가진 작은 규모의 조직들에 상당한 수의 직원들이
추가될 경우 기계적 조직 구조로 바뀌게 된다.

---

❸ 기술 → 구조

- 기술은 입력을 산출물로 전환하기 위해 모든 조직에 의해 사용된다. (246쪽 표 7.3을 참조하라.)

스마트폰이나 태블릿
(표준화된 조립 라인)

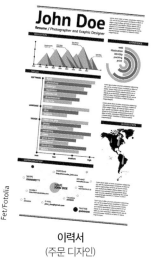

이력서
(주문 디자인)

소염진통제 병
(연속 생산 공정)

❹ 환경 → 구조

- 환경은 경영진의 재량권에 대한 제약이다.

- 환경은 조직의 구조에도 큰 영향을 미친다.

  – 안정된 환경: 기계적 구조

  – 동적/불확실한 환경: 유기적 구조

- 오늘날 수많은 관리자가 왜 조직을 날씬하고, 빠르고, 유연하게 재구성했는지 설명이 된다.[24]

◀◀◀ 과거에서 현재까지 ▶▶▶

- 조앤 우드워드(Joan Woodward)가 수행한 기술 → 구조에 대한 초기 연구[25]
- 영국의 경영학자인 우드워드는 구조 설계 요소가 조직의 성공과 관련된 정도를 결정하기 위해 영국 남부의 소규모 제조 회사를 연구했다.[26]
- 회사들이 복잡성과 정교성이 증가하는 세 가지 별개의 기술로 나뉘기 전까지는 일관된 패턴이 발견되지 않았다.
  - 가장 덜 복잡하고 정교한 것: 단위 생산(unit production)—단위 또는 소단위로 품목을 생산하는 것
  - 대량 생산(mass production)—대량으로 제조하는 것
  - 가장 복잡하고 정교한 것: 프로세스 생산(process production)—지속적인 프로세스 생산
- 가장 초기의 상황적 연구 중 하나
- 그것이 '무엇에 달려 있는지'의 질문에 대한 우드워드의 대답: 적절한 조직 설계는 조직의 기술이 무엇인지에 달려 있다. 이러한 설계 결정은 조

직의 지속가능성 노력에 영향을 미칠 수 있다.
- 보다 최근의 연구에 따르면 조직은 투입을 산출물로 변환하는 *기술이 얼마나 일상적인지*(routine)에 따라 조직 구조를 기술에 적응시키는 것으로 나타났다.
  - 기술이 일상적일수록 조직은 기계적 구조를 가질 가능성이 더 높다.
  - 기술이 일상적이지 않을수록 조직은 유기적인 구조를 가질 가능성이 더 높다.

> 기술은 어떻게 조직 설계에 영향을 미치는가?

토의문제

1 일상적인 기술을 가진 조직에는 (a) 기계적인 구조가, 비일상적인 기술을 가진 조직에는 (b) 유기적인 구조가 더 적합한 이유는 무엇인가
2 우드워드의 체계는 여전히 오늘날의 조직에 적용되는가? 왜 그렇게 생각하는가? 만약 아니라면 왜 그렇게 생각하는가?

표 7.3 기술과 구조에 대한 우드워드의 연구 결과

	단위 생산	대량 생산	프로세스 생산
구조 특성	낮은 수직적 분화	보통의 수직적 분화	높은 수직적 분화
	낮은 수평적 분화	높은 수평적 분화	낮은 수평적 분화
	낮은 공식화	높은 공식화	낮은 공식화
가장 효과적인 구조	유기적 조직	기계적 조직	유기적 조직

칙을 버리는 것은 아니다. 직원들이 규칙을 준수하는 것이 왜 중요한지 이해할 수 있도록 이러한 규칙을 설명해야 한다. 하지만 다른 규칙들을 위해서, 직원들은 약간의 여유를 가질 수도 있는 것이다.[27]

일반적인 조직 설계는 무엇인가?

7-3 전통적 조직 설계와 현대적 조직 설계를 비교 분석한다.

구조적인 결정을 내릴 때, 관리자는 전통적인 조직 설계와 현대적인 조직 설계 같이 선택할 수 있는 몇 가지 일반적인 방식이 있다. 그중 일부를 살펴보자.

관리자가 사용할 수 있는 전통적인 조직 설계는 무엇인가?

구조를 설계할 때 관리자는 전통적인 조직 설계 중 하나를 선택할 수 있다. 이러한 구조(단순, 기능별, 사업부제)는 본질적으로 더 기계적인 경향이 있다. (각각의 강점과 약점에 대한 요약은 그림 7.6을 참조하라.)

그림 7.6　전통적인 조직 설계

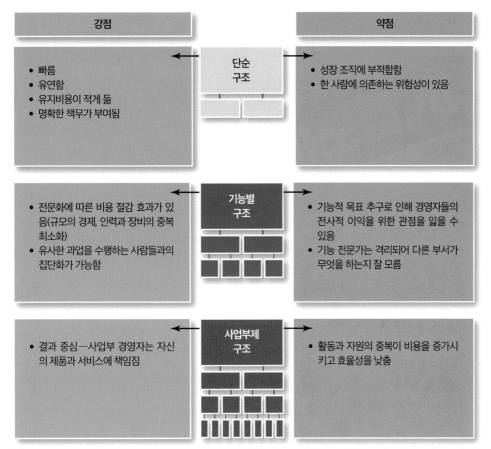

출처: Robbins, Stephen P., Coulter, Mary, *Management*, 13th Ed., © 2016, p. 304. Reprinted and electronically reproduced by permission of Pearson Education, Inc., New York, NY.

단위 생산
단위 또는 소단위로 품목을 생산하는 것

대량 생산
대량으로 제조하는 것

프로세스 생산
지속적인 흐름 또는 프로세스 생산

단순 구조
부서별 구성이 낮은 조직 설계. 광범위한 통제, 단일 인물에 집중화된 권한, 거의 공식화되지 않은 조직 설계

기능별 구조
서로 유사하거나 연관된 분야의 전문가들을 묶는 조직 설계

단순 구조란 무엇인가?　대부분의 기업은 낮은 부서화, 넓은 통제 범위, 단일 개인에 집중화된 권한, 거의 공식화되지 않은 조직적 설계를 사용하는 **단순 구조**(simple structure)를 사용해 벤처기업으로 시작한다.[28] 단순 구조는 중소기업에서 가장 널리 사용되고 그 강점은 다음과 같이 명확하다. 단순 구조는 빠르고 유연하며 유지보수 비용이 저렴하고 책임도 명확하다. 그러나 운영을 이끄는 정책이나 규칙이 거의 없고 집중화가 높으면 정보 과부하가 발생하기 때문에 조직이 성장함에 따라 점점 더 부적절해진다. 규모가 커짐에 따라 의사결정 속도가 느려지고 모든 의사결정을 계속하려고 하는 임원 한 명이 결국 난관에 봉착할 수 있다. 구조를 바꾸지 않고 규모에 맞게 조정하면 추진력을 상실할 수 있고 결국 실패할 가능성이 높다. 단순 구조의 또 다른 약점은 모든 것이 한 사람에게 달려 있기에 위험하다는 것이다. 오너 경영인에게 무슨 일이 생기면 조직의 정보 및 의사결정 센터가 없어진다. 그러나 직원이 늘어나면서 대부분의 중소기업은 단순한 구조로 남아 있지 않고, 더욱 전문화되고 공식화되는 경향이 있다. 규칙과 규정이 도입되고, 업무가 전문화되고, 부서가 생기고, 관리 수준이 추가되며, 조직은 점점 더 관료적으로 변하게 된다. 가장 인기 있는 두 가지 관료주의적 설계 옵션은 기능 부서와 제품 부서로부터 성장했으며 기능별 구조와 사업부제 구조라고 한다.

기능별 구조는 무엇인가?　**기능별 구조**(functional structure)는 유사하거나 관련된 직업 특성

사업부제 구조
독립적인 부서 혹은 부문으로 구성된 조직 구조

을 함께 분류하는 조직 설계이다. 이 구조는 조직 전체에 적용되는 기능별 부서화라고 생각할 수 있다. 예를 들어 레블론(Revlon Inc.)은 운영, 재무, 인사 및 제품 연구 개발의 기능을 중심으로 구성되어 있다.

기능별 구조의 강점은 업무 전문화로 인해 발생하는 장점에 있다. 전문 기술을 결합하면 규모의 경제성이 생기고, 인력과 장비의 중복을 최소화하며, 직원들이 동료들과 같은 언어를 구사할 수 있는 기회를 제공하므로 직원들이 편안하고 만족하게 된다. 그러나 기능별 구조의 가장 분명한 약점은 조직이 기능별 목표를 추구하는 것의 결과로 조직의 최대 관심사를 놓치는 경우가 많다는 것이다. 어떤 기능이 결과에 대해 전적으로 책임을 지지 않기 때문에 개별 기능별 부서 내의 구성원들은 단절되고 다른 기능별 부서 사람들이 무엇을 하고 있는지 거의 이해하지 못한다.

사업부제 구조는 무엇인가?   사업부제 구조(divisional structure)는 개별 부서나 유닛들로 구성된 조직 구조이다.[29] 이 구조에서는 부서별로 자율성을 제한하고 있으며, 소속 부서에 대한 권위를 갖고 실적을 책임지는 부서장이 있다. 그러나 사업부제 구조에서 모기업은 일반적으로 다양한 분업을 조정하고 통제하는 외부 감독자 역할을 하며, 종종 재정, 법률과 같은 지원 서비스를 제공한다. 예를 들어 거대 의료 회사인 존슨앤드존슨은 제약, 의료 기기 및 진단, 소비자 제품의 3개 부문을 가지고 있다. 또한 다양한 건강관리 제품을 제조하고 마케팅하는 여러 자회사를 보유하고 있다.

사업부제 구조의 주요 장점은 결과에 초점을 둔다는 것이다. 부서장은 제품이나 서비스에 책임을 진다. 또한 본사 직원은 일상적인 운영에 대해 신경 쓰지 않고 장기 전략에 집중한다. 사업부제 구조의 주요 단점은 활동과 자원의 중복 문제이다. 예를 들면 개별 사업부 각각은 마케팅 조사 부서를 갖고 있다. 만약 개별 사업부가 없다면 조직의 모든 마케팅 조사 기능은 하나의 마케팅 조사 부서로 집중화되고 비용을 줄일 수 있을 것이다. 따라서 사업부제 형식의 기능 중복은 조직의 비용을 증가시키고 효율성을 감소시킨다.

관리자가 사용할 수 있는 현대적 조직 설계는 무엇인가?

린(lean)하고, 유연하며, 혁신적인.

홀푸드마켓의 팀 기반 구조는 자연 식품과 유기농 식품 분야에서 세계 최고의 소매업체가 되기 위한 성공적인 성장의 열쇠이다. 각 매장은 이 사진에 나와 있는 제품, 육류, 계산대, 준비된 음식 등 부서별로 팀을 이루어 구성되어 있다. 회사 전체가 매장 리더, 지역 사장, 기업 임원 등 팀을 중심으로 구성된다.

관리자들은 기존의 조직 설계가 오늘날의 점점 더 역동적이고 복잡한 환경에 적합하지 않다는 사실을 깨닫고 있다. 대신, 조직은 단순하고 유연하며 혁신적이어야 한다. 즉 보다 유기적인 조직이어야 하는 것이다. 따라서 관리자들은 팀 기반 구조, 매트릭스 및 프로젝트 구조, 경계 없는 구조 등의 조직 설계를 사용해 작업을 구조화하고 조직하는 창의적인 방법을 찾고 있다.[30] (이러한 조직 설계의 요약은 그림 7.7을 참조하라.)

팀 구조란 무엇인가?   래리 페이지(Larry Page)와 구글의 공동 창업자인 세르게이 브린(Sergey Brin)은 '대부

그림 7.7　현대적인 조직 설계

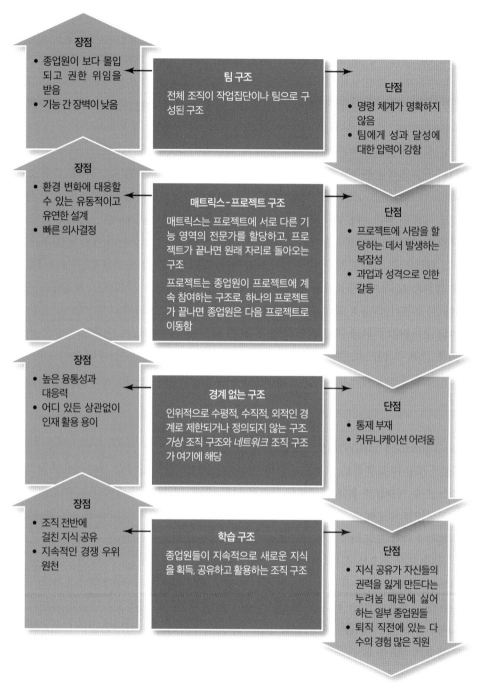

분의 큰 프로젝트를 촘촘히 집중된 소규모 팀에서 처리하는' 기업 구조를 만들었다.[31] **팀 구조** (team structure)는 조직 전체가 조직의 업무를 수행하는 업무팀들로 구성되는 구조이다.[32] 이 구조에서는 직원 권한 부여가 매우 중요하다. 이런 구조에서는 위에서 아래로 관리 권한이 줄지어 있지 않기 때문에 직원 권한 부여가 중요하다. 오히려 직원팀들은 자신이 가장 좋다고 생각하는 방식으로 설계하고 업무를 수행하지만, 각 분야의 모든 업무 성과 결과에 대한 책임도 진다. 대규모 조직의 경우, 팀 구조는 일반적으로 기능별 또는 사업부제 구조를 보완한다.

매트릭스 구조
서로 다른 기능 부서에 있는 전문가를 1명의 프로젝트 관리자가 이끄는 프로젝트에서 일하도록 함

프로젝트 구조
종업원이 지속적으로 프로젝트에 참여하는 조직 구조

이를 통해 조직은 팀에 유연성을 제공하는 동시에 관료주의의 효율성을 가질 수 있다. 예를 들어 아마존, 보잉, 휴렛팩커드, 루이비통, 모토롤라, 제록스와 같은 회사는 생산성을 향상시키기 위해 직원팀을 광범위하게 사용한다.

팀 구조가 긍정적이긴 하지만 단순히 직원을 팀으로 배치하는 것만으로는 충분하지 않다. 직원들은 팀에서 일하고, 교차 기능 기술 교육을 받고, 그에 따른 보상을 받도록 교육받아야 한다. 팀 기반 급여 계획을 제대로 이행하지 않으면 팀 구조의 많은 이점이 상실될 수 있다.[33] 우리는 9장에서 팀을 더 철저히 다룰 것이다.

매트릭스와 프로젝트 구조는 무엇인가? 팀 기반 구조 외에 다른 인기 있는 현대 조직 설계는 매트릭스와 프로젝트 구조이다. **매트릭스 구조**(matrix structure)는 다른 기능 부서의 전문가를 프로젝트 관리자가 이끄는 프로젝트에 할당하는 것이다. 직원들은 할당된 프로젝트에 대한 작업을 마치면 기존 업무 부서로 돌아간다. 이 조직 설계 방식의 한 가지 독특한 점은 매트릭스 조직의 직원들은 그들의 기능 영역 매니저와 그들의 제품 또는 프로젝트 매니저, 2명의 매니저가 권한을 공유하기 때문에 이중 명령 사슬을 만든다는 것이다(그림 7.8 참조). 프로젝트 관리자는 프로젝트 목표와 관련된 영역에서 자신의 프로젝트팀에 속한 기능 구성원에 대한 권한을 가진다. 그러나 일반적으로 승진, 급여 권고 및 연례 검토에 대한 결정은 기능 관리자의 책임으로 남아 있다. 효과적으로 일하기 위해서는 두 관리자가 정기적으로 소통하고, 직원들에 대한 업무 요구를 조정하고, 갈등을 함께 해결해야 한다.

미국 근로자의 84%가 매트릭스 형태의 조직에서 일하고 있다.[34]

매트릭스의 주요 강점은 각 기능별 전문가들을 그룹화해 경제성을 유지하면서도 복잡하고 상호 의존적인 여러 프로젝트의 협력을 촉진할 수 있다는 것이다. 매트릭스의 주요 단점은 매트릭스가 만들어내는 혼란과 권력투쟁을 조장하는 성향이다. 명령의 사슬과 명령 원칙의 통일을 사용하지 않으면 모호성이 크게 증가한다. 누가 누구에게 보고하는지 혼란이 생길 수 있다. 혼란과 모호함이 차례로 권력투쟁의 도화선이 된다.

매트릭스 구조 대신 직원들이 지속적으로 프로젝트를 진행하는 **프로젝트 구조**(project structure)를 활용하는 조직도 많다. 매트릭스 구조와 달리 프로젝트 구조에는 프로젝트 완료 시 직원이 복귀하는 공식 부서가 없다. 대신, 직원들은 자신의 특정한 기술, 능력, 경험을 통해 다른 프로젝트를 수행한다. 또한 프로젝트 구조의 모든 작업은 직원들로 구성된 팀에 의해 수행된다. 예를 들어 설계 회사 IDEO에서는 프로젝트 팀이 작업이 필요한 대로 구성, 해체, 다시 구성된다. 직원들은 프로젝트에 필요한 기술과 능력을 가지고 오기 때문에 프로젝트 팀에 '가입'한다. 그러나 프로젝트가 완료되면 다음 프로젝트로 이동한다.[35]

프로젝트 구조는 보다 유연한 조직 설계를 갖는 경향이 있다.

- 장점
  - 직원을 신속하게 배치해 환경 변화에 대응할 수 있음
  - 의사결정이나 행동을 늦출 부서화 또는 엄격한 조직 계층 없음
  - 관리자는 촉진자, 멘토, 코치의 역할을 하며 조직의 장애물을 제거 또는 최소화하고 팀

그림 7.8 단순 매트릭스 조직 구조

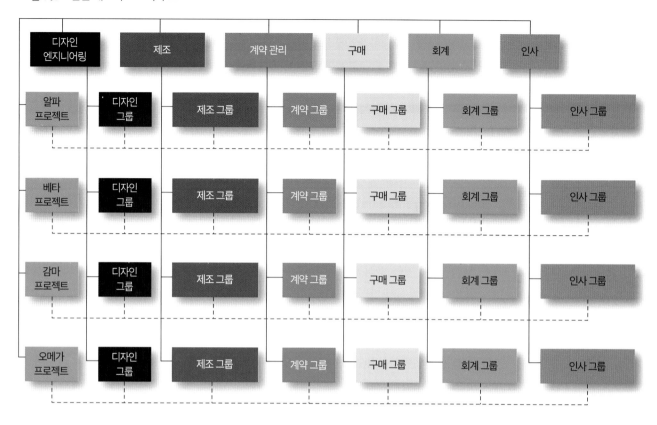

이 업무를 효과적이고 효율적으로 완료하는 데 필요한 자원을 확보하도록 보장함

- 단점
  - 프로젝트에 인력을 할당해야 하는 복잡성
  - 불가피하게 발생하는 업무 및 성격 충돌

경계(벽) 없는 조직이란 무엇인가? 또 다른 현대 조직 설계는 **경계 없는 조직**(boundaryless organization)으로, 미리 정의된 구조에 의해 부과된 수평적, 수직적 또는 외부적 경계에 의해 설계가 정의되지 않거나 제한되지 않는 조직이다.[36] 잭 웰치(Jack Welch) 전 GE 회장은 GE 내에서 수직적, 수평적 경계를 없애고 회사와 고객 및 공급업체 간의 외부 장벽을 허물고 싶어 이 용어를 만들었다. 경계를 제거하는 아이디어는 이상하게 보일 수 있지만, 오늘날 가장 성공적인 조직 중 많은 수가 유연성과 비정형성을 유지함으로써 가장 효과적으로 운영할 수 있다는 것을 깨닫고 있다. 이러한 조직을 위한 이상적인 구조는 엄격하고 제한적이며 사전 정의된 구조를 갖지 않는다는 것이다.[37]

'경계'란 무슨 뜻인가? 두 가지 유형이 있다—(1) 내재적—작업 전문화와 부서화에 의해 부과되는 수평적인 경계와 직원들을 조직적 지위와 계층으로 나눠 놓는 수직적 경계, (2) 외재적—조직을 소비자, 공급자, 주주들로부터 분리하는 경계.

가상 조직(virtual organization)은 프로젝트 작업에 필요한 경우 임시로 고용된 외부 전문가 및 정규직 직원으로 구성된 소규모 핵심 조직으로 구성된다.[38] 예를 들면 다채로운 온라인 아바타의 가상 세계를 창조하는 회사인 세컨드라이프가 소프트웨어를 만들고 있을 때이다. 설

경계 없는 조직
사전에 정해진 조직 구조로 인한 경계가 없는 구조

가상 조직
소수의 핵심 정규직 종업원과 특정 프로젝트 수행을 위해 고용된 외부의 임시직 전문가로 구성된 조직

네트워크 조직
자사 종업원에게 업무를 줌과 동시에 필요한 제품 부품이나 업무 프로세스를 제공하는 외부의 공급업체 네트워크를 활용하는 조직

립자인 필립 로즈데일(Philip Rosedale)은 전 세계 프로그래머들을 고용해 '데이터베이스 설정부터 버그 수정까지' 약 1,600개의 개별 작업으로 작업을 나누었다. 이 프로세스가 매우 잘 진행되어서 모든 종류의 작업에 사용되었다.[39] 또 다른 예는 오스틴, 덴버, 뉴욕 및 포틀랜드에 있는 100명의 직원이 근무하는 내슈빌에 본사를 둔 이메일 마케팅 회사인 엠마(Emma Inc.)이다. 그들의 가장 큰 도전은 '가상' 문화를 만드는 것이었는데, 가상의 조직이었다는 점에서 더 어려운 일이었다. 이러한 구조적인 접근에 대한 영감은 영화 산업으로부터 온다. 영화 산업에서는 사람들이 기본적으로 필요에 따라 연출, 재능 캐스팅, 의상, 메이크업, 세트 설계 등 자신의 기술을 가지고 프로젝트에서 프로젝트로 이동하는 '자유로운 에이전트'이다.

조직 경계를 최소화하거나 제거하려는 관리자를 위한 또 다른 구조적 옵션은 **네트워크 조직**(network organization)이다. 네트워크 조직은 자신의 직원을 사용해 필요한 다른 제품 구성요소 또는 작업 프로세스를 제공하기 위해 외부 공급업체의 네트워크와 일부 작업을 수행하는 조직이다.[41] 이 조직 형태는 때때로 제조 회사들에 의해 모듈형 조직이라고도 불린다.[42] 이러한 구조적 접근 방식을 통해 조직은 해당 활동을 가장 잘 수행하는 회사에 다른 활동을 계약함으로써 자신이 가장 잘하는 일에 집중할 수 있다. 많은 기업이 특정 조직 업무 활동에 이러한 접근 방식을 사용하고 있다. 예를 들어 보잉 787 항공기의 개발 책임자는 수천 명의 직원과 100여 개의 공급업체를 서로 다른 나라에 있는 100개 이상의 사이트에서 관리하고 있다.[43] 스웨덴의 에릭슨(Ericsson)은 제조 및 연구 개발의 일부를 뉴델리, 싱가포르, 캘리포니아 및 기타 글로벌 지역에 있는 보다 비용 효율적인 계약업체와 계약한다.[44] 펜스케 트럭 리스(Penske Truck Leasing)에서는 인허가 및 직함 확보, 운전자 로그 데이터 입력, 세금 신고 및 회계 데이터 처리 등 수십 가지 비즈니스 프로세스를 멕시코와 인도에 아웃소싱한다.[45]

오늘날 조직 설계의 당면 과제는 무엇인가?

7-4 오늘날의 조직이 당면한 조직 설계 과제를 논의한다.

작업 방식의 변경

관리자들은 직원들이 업무를 효율적이고 효과적으로 수행할 수 있도록 가장 잘 지원하는 조직 설계를 찾고 있기 때문에 해결해야 할 몇 가지 과제가 있다. 여기에는 직원들 간의 연결성 유지, 글로벌 구조 문제 관리, 학습 조직 구성, 유연한 작업 계획 등이 포함된다.

직원들 간의 연결성 유지 방법

많은 조직 설계 개념은 20세기 동안 개발되었는데, 작업은 상당히 예측 가능하고 일정했으며, 대부분의 작업은 정규직이었고, 무기한 계속되었다. 그리고 작업은 관리자의 감독하에 고용주의 사업장에서 이루어졌다.[46] 가상 및 네트워크 조직에 대한 이전 논의에서 보았듯이 오늘날의 많은 조직은 이와 같지 않다. 관리자의 주요 구조 설계 과제는 널리 분권화되어 있고 유동적인 직원들이 조직에 계속 연결될 수 있는 방법을 찾는 것이다.

세계적 차이점들이 조직 구조에 어떤 영향을 미치는가?

조직 구조에서 세계적 차이가 있는가? 호주 조직들은 미국과 같은 구조인가? 독일 조직들은

프랑스나 멕시코 조직과 같은 구조인가? 오늘날 비즈니스 환경의 글로벌 특성을 고려할 때, 이는 관리자들이 친숙해져야 하는 문제이다. 연구원들은 전 세계 조직의 구조와 전략은 비슷하지만, "그들 내부의 행동은 문화적 고유성을 유지하고 있다"고 결론지었다.[47] 이것이 효과적이고 효율적인 구조를 설계하는 데 무엇을 의미할까? 구조를 설계하거나 변경할 때, 관리자는 특정 설계 구성요소의 문화적 의미를 생각할 필요가 있을 수 있다. 예를 들어 한 연구는 규칙과 관료적 메커니즘 같은 공식화가 경제적으로 덜 발전한 국가에서는 더 중요할 수 있고, 직원들이 더 높은 수준의 전문 교육과 기술을 가질 수 있는 경제적으로 더 발전한 국가에서는 덜 중요할 수 있다는 것을 보여주었다.[48] 다른 구조적 설계 요소들 또한 문화적 차이에 영향을 받을 수 있다.

학습 조직은 어떻게 구축하는가?

경쟁이 치열한 글로벌 환경에서 사업을 하면서, 영국의 소매업체인 테스코는 매장들이 막후에서 잘 운영되는 것이 얼마나 중요한지 깨달았다. 이를 위해 테스코는 Tesco in a Box라는 검증된 '도구'를 사용해 운영의 일관성을 높이고 혁신을 공유한다. 테스코는 **학습 조직**(learning organization)의 한 예로서, 지속적으로 학습하고 적응하며 변화할 수 있는 능력을 발전시킨 조직이다.[50] 학습 조직의 개념은 특정 조직 설계 자체를 수반하는 것이 아니라 중요한 설계 의미를 갖는 조직적 사고방식이나 철학을 설명한다. 학습 조직에서는 직원들이 새로운 지식을 지속적으로 습득하고 공유함으로써 지식 관리를 실천하고 있으며, 의사결정이나 업무 수행에 이러한 지식을 기꺼이 적용한다. 일부 조직 설계 이론가들은 심지어 조직의 업무를 수행하면서 학습하고 이를 적용하는 조직의 능력이 경쟁 우위의 지속가능한 유일한 원천이 될 수 있다고까지 말한다.

학습 조직은 어떻게 생겼을까? 그림 7.9에서 볼 수 있듯이, 학습 조직의 중요한 특성은 (1) 조직 설계, (2) 정보 공유, (3) 리더십, (4) 문화에 관한 것이다.

1. 학습에 필요한 조직 설계 구성요소는 무엇인가? 학습 조직에서는 구성원들이 기존의 구조 및 물리적 경계를 최소화 또는 제거해 조직 전체에 걸쳐 다양한 기능적 특수성과 조직 수준에서 정보를 공유하고 작업 활동에 대해 협업하는 것이 매우 중요하다. 이러한 경계 없는 환경에서 직원들은 자유롭게 함께 일하고 협업해 조직의 업무를 최선을 다해 수행하고 서로에게서 배울 수 있다. 이러한 협업의 필요성 때문에, 팀은 학습 조직 구조 설계의 중요한 특징이기도 하다. 직원들은 어떤 활동이 되었든 팀별로 작업을 하며, 이러한 직원팀들은 업무를 수행하거나 문제를 해결할 수 있는 의사결정을 내릴 수

학습 조직
지속적으로 학습하고 적응하며 변화하는 역량을 개발하는 조직

장루이민(張瑞敏)은 중국 가전업체인 하이얼(Haier) 그룹의 회장 겸 CEO로 낙후된 냉장고 공장을 인수해 고객 니즈별 양질의 제품 생산에 주력하는 부서별 프로젝트팀으로 회사를 개편했다. 새로운 구조는 하이얼의 수익성을 회복하고 세계적으로 경쟁하며, 판매량에 따라 주요 가전제품의 세계 선두주자가 되도록 도왔다.

VCG/Getty images

그림 7.9 학습 조직의 특징

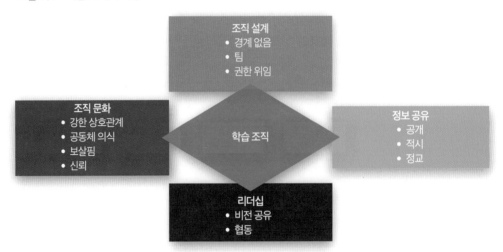

출처: P. M. Senge, *The Fifth Discipline: The Art and Practice of Learning Organizations* (New York: Doubleday, 1990); R. M. Hodgetts, F. Luthans, and S. M. Lee, "New Paradigm Organizations: From Total Quality to Learning to World Class," *Organizational Dynamics*, Winter 1994, pp. 4-19.

있다. 권위를 가진 직원과 팀은 지휘하고 통제하는 '상사'를 필요로 하지 않는다. 대신, 매니저는 직원팀의 촉진자, 지지자의 역할을 수행한다.

2. 배움은 정보 없이 이루어질 수 없다. 학습 조직이 '학습'하려면 구성원이 정보를 공유해야 한다. 즉 조직의 직원은 정보를 공개적이고 시기적절하며 가능한 정확하게 공유함으로써 지식 관리에 참여해야 한다. 학습 조직에는 구조적, 물리적 장벽이 거의 없기 때문에 환경은 개방적인 커뮤니케이션과 광범위한 정보 공유에 도움이 된다.

3. 리더십은 조직이 학습 조직이 될 수 있는 중요한 역할을 한다. 리더는 학습 조직에서 무엇을 해야 하는가? 이들의 가장 중요한 기능 중 하나는 조직의 미래에 대한 공유된 비전 작성을 촉진하고 조직 구성원들이 그 비전을 향해 일하도록 하는 것이다. 또한 리더는 학습에 중요한 협업 환경을 지원하고 장려해야 한다. 조직 전체에 걸쳐 강력하고 헌신적인 리더십이 없다면 학습 조직이 되기는 매우 어려울 것이다.

4. 학습 조직이 되기 위해서는 그 조직의 문화가 중요하다. 학습 문화에서는 모두가 공유된 비전에 동의하고 조직의 프로세스, 활동, 기능 및 외부 환경 간의 고유한 상호관계를 인식한다. 또한 강한 공동체 의식을 갖고, 서로를 배려하며 신뢰감을 키워준다. 학습 조직에서 직원들은 비판이나 처벌을 두려워하지 않고 자유롭게 소통하고, 공유하고, 실험하고, 배울 수 있는 자유를 느끼게 된다.

관리자는 효율적이고 효과적인 유연한 작업 계획을 어떻게 설계할 수 있는가?

액센츄어의 컨설턴트인 케유르 파텔(Keyur Patel)의 업무 방식은 예외적인 것이 아니라 일반적인 것이 되고 있다.[51] 최근의 컨설팅 과제 동안 그는 3개의 시계를 책상 위에 두고 각각 마닐라, 방갈로르, 샌프란시스코 시각으로 맞추었다. 그는 샌프란시스코에서 주요 소매업체가 IT 시스템을 구현해 매출을 추적하고 개선하는 데 도움을 주기 위해 주 4일을 투자한다. 그리고 그의 휴대전화는 그의 집인 애틀랜타에서 목요일 저녁 그가 향하는 시간을 기록했다.

이 새로운 종류의 전문가들에게 삶은 가정과 사무실, 일과 여가의 혼합이다. 기술 덕분에 이제 작업은 언제 어디서나 할 수 있다. 조직이 구조 설계를 이러한 새로운 현실에 맞게 조정함에 따라 보다 많은 조직이 유연한 작업 방식을 채택하고 있다. 이러한 방식은 기술의 힘을 활용할 뿐만 아니라 조직이 필요할 때 필요한 곳에 직원을 배치할 수 있는 유연성을 제공한다. 이 절에서는 재택근무, 압축된 주 근무제, 유연 근무제, 일자리 공유, 임시직 등 몇 가지 다양한 유형의 탄력적 업무 배치를 살펴본다. 업무가 어디에서 가장 효율적이고 효과적으로 이루어지는지—사무실, 집, 혹은 둘의 혼합—는 중요한 문제이다. 경영상 중요한 세 가지 고려 사항은 생산성, 혁신 및 협업이다. 유연한 배치로 인해 생산성이 향상되는가 아니면 혁신과 협업에 방해가 되는가? 또 다른 걱정거리는 직원들, 특히 젊은 사람들이 원격으로 일할 수 있기를 기대하는 것이다. 작업장의 유연성이 향상되는 추세지만 이러한 유연성이 원격 근무자의 게으르며 비생산적인 인력으로 이어지는가? 이러한 것들이 작업 구조 설계 시 해결해야 할 과제이다. 우리가 살펴본 다른 구조적 옵션과 마찬가지로, 관리자들은 의사결정, 커뮤니케이션, 권한 관계, 업무 수행 등에 미치는 영향을 고려해 이러한 옵션을 평가해야 한다. 예를 들어 IBM은 최근 원격 작업 전략을 재평가하고 변화를 만드는 것이 회사의 가장 큰 이익이라고 판단했다. 미국에 있는 수천 명의 IBM 원격 작업자들은 재택근무를 포기하거나 회사를 떠나거나 둘 중 하나를 선택해야 했다.[52] 그러나 다른 많은 기업들은 여전히 실행 가능한 원격 인력을 유지하고 있다.

원격 작업이나 재택근무는 어떤 것과 관련이 있는가?   정보 기술은 원격 작업과 재택근무를 가능하게 했고 외부 환경 변화로 인해 많은 조직이 이를 필요로 하고 있다. **원격 작업**(remote work)은 이동 중에 수행되는 작업이나 가정에서 수행되는 작업 등 모든 원격 위치에서 가상 장치를 통해 작업을 수행하는 것이다. 특히 **재택근무**(telecommuting)는 직원들이 집에서 일을 하고, 가상 기기에 의해 작업장과 연결되는 원격 작업 배치이다. 당연히, 모든 직업이 원격 작업이나 재택근무에 적합하지는 않다. 하지만 많은 직업이 적합하기도 하다.

재택근무를 하는 것은 운이 좋은 일부 직원에게 주어지는 '편리한 특권'으로 여겨지곤 했고, 재택근무 방식이 자주 허용되지는 않았다. 오늘날에는 많은 기업이 재택근무를 비즈니스의 필수요소로 보고 있다. 예를 들어 스캔 헬스 플랜(SCAN Health Plan)에서 회사의 최고 재무책임자는 더 많은 직원을 재택근무를 하게 하는 것이 회사에게 사무실 건물, 장비 또는 주차장과 같은 추가적인 고정 비용을 부담시키지 않고 성장할 수 있는 방법을 제공했다고 말했다.[53] 또한, 일부 회사는 이 제도를 고유가에 대항하고 업무에 대해 더 많은 자유와 통제를 원하는 재능 있는 직원들을 끌어들이기 위한 방법이라고 여긴다.

이런 매력에 불구하고 많은 관리자들은 직원들이 '노트북 떠돌이 일꾼'이 되는 것을 꺼린다.[54] 그들은 직원들이 일하는 대신 인터넷 서핑이나 온라인 게임을 하는 데 시간을 낭비하고, 고객을 무시하며, 직장의 동지애와 사회적 교류를 놓칠 수 있다고 주장한다. 또한 관리자들은 이러한 직

원격 작업
원격 위치에서 가상 장치를 통해 작업을 수행하는 것

재택근무
집에서 일하면서 필요한 업무는 회사와 연결된 컴퓨터로 처리하는 방식

토드 호튼(Todd Horton)은 기업들이 직원들에게 성과상을 보낼 수 있도록 돕는 인력 소프트웨어 회사인 캉고기프트(KangoGift)의 설립자이자 CEO이다. 캉고기프트에는 보스턴에서 함께 일하는 직원 4명과 유럽과 인도에서 재택근무로 일하는 원격 직원 6명이 있다. 사진은 호튼이 인턴 김민지와 함께 스카이프를 통해 직원 회의를 개최하는 협업 공간을 보여주고 있다.

Michael Dwyer/AP Images

오늘날 직장에서의 경영 기술

변화하는 업무의 세계

업무의 세계는 결코 10년 전과 같지 않을 것이라고 말하는 것이 바람직할 것이다.[57] IT는 직원들이 파타고니아처럼 외진 곳이나 시애틀 도심 한복판에서 업무를 수행할 수 있는 새로운 가능성을 열어 놓았다. 조직에는 항상 멀리 있는 기업 현장으로 출장을 가는 직원들이 있었지만, 이러한 직원들은 더 이상 어떤 문제가 발생했는지 확인하기 위해 가까운 공중전화를 찾거나 '사무실'로 돌아가기를 기다릴 필요가 없다. 대신, 모바일 컴퓨팅과 통신은 조직과 직원들에게 연결 상태를 유지하고, 생산성을 높이고, 보다 환경 친화적인 방법을 제공한다. 작업 방식을 변화시키는 몇 가지 기술을 살펴보자.

- 전자 메일, 캘린더 및 연락처가 있는 휴대용 장치는 무선 네트워크가 있는 곳 어디에서나 사용할 수 있다. 그리고 이 장치들은 회사 데이터베이스와 회사 인트라넷에 로그인하는 데 사용될 수 있다.
- 직원은 광대역 네트워크와 웹캠을 사용해 화상 회의를 할 수 있다.
- 많은 기업이 인터넷에 연결된 모든 컴퓨터에서 회사 네트워크에 로그온해 전자 메일 및 회사 데이터에 접속할 수 있도록 지속적으로 변경되는 암호화 코드가 포함된 키팝(key fobs)을 직원들에게 제공하고 있다.
- 휴대전화는 셀룰러 네트워크와 회사 Wi-Fi 연결 간에 원활하게 전환

된다.

언제 어디서나 작업을 수행할 때 가장 큰 문제는 보안이다. 기업은 중요하고 민감한 정보를 보호해야 한다. 그러나 소프트웨어 및 기타 비활성화 장치는 보안 문제를 상당히 최소화했다. 심지어 보험사들도 모바일 직원들에게 정보에 대한 접근권을 주는 것이 더 편하다. 예를 들어 헬스넷(HealthNet Inc.)은 블랙베리를 여러 관리자에게 제공해 어디서든 고객 기록을 이용할 수 있도록 했다. 한 기술 회사 CEO는 모든 유형의 조직이 직원들이 업무를 보다 효율적이고 효과적으로 수행하는 데 사용할 수 있는 혁신적인 애플리케이션을 식별하고 만드는 방법을 고민하기 시작해야 한다고 말했다.

토의문제

5 (a) 언제 어디서나 작업을 수행할 수 있는 경우 어떤 이점이 있는가? (조직과 조직의 인적자원에 대한 편익의 관점에서 생각해보라.) (b) 언제 어디서나 일을 할 수 있다는 것에 대해 개인적으로 어떻게 생각하는가?
6 보안 외에 언제 어디서나 작업을 수행할 수 있는 경우 다른 문제는 무엇인가? (이번에도, 조직과 직원을 위해 생각해보라.)

원들을 어떻게 '관리'할지 걱정한다. 직원이 물리적으로 존재하지 않을 때 직원과 어떻게 소통하고 신뢰를 얻을 수 있는가? 그리고 그들의 업무 성과가 수준 미달이면 어떡할 것인가? 개선을 위한 어떤 방법이 있는가? 또 다른 중요한 과제는 직원들이 집에서 근무할 때 회사 정보가 안전하게 유지되도록 하는 것이다.

직원들은 종종 원격 근무에 대해 같은 우려를 표명하는데, 특히 '사무실에서 일을 하는 것'이 아닐 경우 더욱 그렇다. 직원들이 전 세계에 흩어져 있는 액센츄어에서 최고인사담당자는 그러한 직속 부대를 유지하는 것이 쉽지 않다고 말한다.[55] 그러나 회사는 웹 회의 도구를 포함해 직원들에게 소속감을 창출하기 위해 많은 프로그램과 프로세스를 배치했다. 분기별 커뮤니티 이벤트를 사무실에서 개최하고 있다. 게다가, 재택근무 직원은 직장과 가정 사이의 경계가 더욱 흐려져 스트레스를 받을 수 있다는 것을 알게 될 수도 있다.[56] 이것들은 중요한 조직상의 문제이며 관리자와 조직들이 재택근무로 전환할 때 다루어야 할 문제이다.

조직이 압축된 주 근무제, 유연 근무제, 일자리 공유를 어떻게 사용할 수 있을까? 소매업 조직은 불규칙한 근무 일정이 서비스 직원들의 복지를 해칠 수 있다는 것을 알고 있지만, 안정적인 직원 근무 시간을 깊는 것은 너무 비용이 많이 든다고 생각했기 때문에 계속 사용하고 있다. (당신 중 일부는 소매업에서 일해 본 경험이 있다면 이것을 직접 알고 있을 수도 있다.) 갭(Gap)은 안정적인 시간, 즉 보다 일관된 시작 및 정지 시간이 어떤 영향을 미칠지 확인하기로 했다.[58] 최근 완료된 24개 이상의 갭 소매점에서 이루어진 연구에서 몇 가지 놀라운 결과가 발견되었다. 이 연구는 직원들의 예측 가능하고 일관된 근무 시간이 근로자들에게 도움

이 될 뿐만 아니라 가게 수익에도 긍정적인 영향을 미친다는 것을 보여주었다. 다음은 조직이 변화하는 환경에서 조직 구조를 어떻게 조정했는지를 보여주는 또 다른 예이다. 영국의 가장 최근의 경제 위기 동안, 회계법인 KPMG는 비용을 줄일 필요가 있었고 그렇게 하기 위한 방법으로 유연한 노동 옵션을 사용하기로 결정했다.[59] 회사의 프로그램은 직원들에게 선택할 수 있는 네 가지 옵션을 제공했다—20%의 급여를 삭감하는 주 4일 근무제, 급여의 30%를 지급하는 2~12주의 안식일 근무제, 두 가지 옵션 모두, 기존 근무제. 영국 직원의 약 85%가 주 단위 근로 시간 단축 계획에 동의했다. 워낙 많은 사람들이 유연 근무제에 동의했기 때문에 KPMG는 대부분의 경우 연봉 인하폭을 한 해 약 10%로 상쇄할 수 있었다. 하지만 가장 좋았던 것은 이 계획의 결과로 KPMG는 대규모 직원 해고를 할 필요가 없었다는 것이다.

이 예에서 알 수 있듯이, 조직은 다른 형태의 유연한 업무 방식을 사용해 업무를 재구성해야 하는 경우가 있다. (1) 한 가지 접근 방식은 직원이 하루에 더 오래 일하지만 주당 더 적은 일수를 근무하는 **압축된 주 근무제**(compressed workweek)이다. 가장 일반적인 배열은 4일의 10시간(4-40개의 프로그램)이다. (2) 또 다른 대안으로는 **유연 근무제**[flextime, 유연한 근무 시간(flexible work hours)이라고도 함]이 있는데, 이는 직원들이 주당 특정 시간을 근무해야 하지만 일정 한도 내에서 자유롭게 근무 시간을 변경할 수 있는 스케줄링 시스템이다. 유동 시간 스케줄에서 대부분의 기업은 모든 직원이 업무를 수행해야 하는 특정 공통 핵심 시간을 지정하지만 시작, 종료 및 점심 식사 시간은 유연하다. (3) 다른 유형의 작업 스케줄링을 **일자리 공유**(job sharing)라고 한다. 즉 하나의 정규직 일자리를 2명 이상의 사람이 나눠 맡는 것이다. 조직은 일은 하고 싶지만 정규직 일자리의 요구와 번거로움을 원치 않는 전문가들에게 일자리를 나누어 제공할 수 있다. 예를 들어 언스트앤드영(Ernst & Young)의 경우, 회사의 많은 위치에 있는 직원들은 일자리 공유를 포함한 다양한 유연한 업무 배치 중에서 선택할 수 있다. 많은 기업이 직원 해고를 피하기 위해 경기 침체기에 일자리 공유를 사용한다.[60]

임시직이란 무엇인가? "줄리아 리가 통걸(Tongal)에 대해 처음 들었을 때, 그녀는 이것이 사기라고 생각했다. 통걸은 마텔, 올스테이트(Allstate), 팝칩스(Popchips) 같은 기업을 위한 온라인 비디오를 만들도록 좋은 아이디어를 가진 사람이라면 누구에게나 돈을 지불한다."[61] 통걸은 프로젝트를 단계로 나누고 상위 5개 아이디어에 대해 현금을 지불한다. 겨우 세 시간밖에 걸리지 않은 줄리아 리의 첫 번째 제출 서류에서 그녀는 1,000달러를 받았다. 다음번에는 4,000달러를 벌었다. 1년 동안 그녀는 약 100시간의 노동으로 약 6,000달러를 벌었다. 통걸만이 이 방식을 사용하는 것은 아니다. 일자리를 작은 조각으로 쪼개고 인터넷을 사용해 그 일을 할 노동자들을 찾는 아이디어는 라이브옵스(LiveOps)가 개척했고, 아마존닷컴의 메커니컬 터크(Mechanical Turk)와 다른 많은 기업들이 그 뒤를 따랐다.

스위치 켜기, 스위치 끄기

"기업들은 필요에 따라 전환하거나 해제할 수 있는 인력을 원한다."[62] 이 인용구가 당신을 놀라게 할 수도 있지만, 사실 노동력은 이미 전통적인 정규직에서 임시직, 프리랜서 또는 그들의 서비스에 대한 수요에 따라 고용이 결정되는 계약직 근로자와 같은 **임시직 근로자**(contingent work)로 전환하기 시작했다. 오늘날 경제에서는 많은 기관이 정규직 일자리를

압축된 주 근무제
직원이 하루에 더 긴 시간을 일하지만 주당 일수는 더 적은 주 단위 근무제

유연 근무제
직원이 주당 특정 시간을 일해야 하지만, 특정 시간에 근무할 경우 달라질 수 있는 작업 스케줄링 시스템

일자리 공유
전일제 근무를 2명 이상의 직원이 나눠 맡는 것

임시직 근로자
프리랜서, 또는 계약직 근로자(서비스에 대한 요구가 있을 때 고용)

임시직으로 전환하고 있다. 향후 10년 내에 임시직 직원의 수가 약 40%로 증가할 것으로 예측된다. (오늘날은 30%에 달한다.)[63] 한 보상 및 복리후생 전문가는 "점점 더 많은 수의 근로자가 이 모델에 따라 경력을 쌓아야 할 것"이라고 말한다.[64] 당신도 그 근로자 중 한 명이 될 가능성이 높다!

관리자와 조직에 미치는 영향은 무엇일까? 임시직 직원들은 전통적인 의미에서 '직원'이 아니기 때문에, 그들을 관리하는 것은 그것만의 어려움과 요구되는 사항들이 있다. 관리자는 임시직 근로자가 정규직 직원의 안정성과 보안이 결여되어 있기 때문에 조직에 동화되거나 헌신적이거나 동기부여를 받지 못할 수 있다는 점을 인식해야 한다. 관리자들은 임시직 근로자들을 관행과 정책 면에서 다르게 대우해야 할 수도 있다. 그러나 우수한 커뮤니케이션과 리더십을 발휘한다면, 조직의 임시 직원들은 정규직 직원만큼이나 조직에 소중한 자원이 될 수 있다. 오늘날의 관리자들은 전체 직원, 정규직 및 임시직 근로자에게 동기를 부여하고 좋은 일을 하는 데 헌신하는 것이 그들의 책임임을 알아야 한다.[65]

구조 설계 관리자가 조직을 위해 어떤 선택을 하던 간에, 직원들이 할 수 있는 최선의, 가장 효율적이고 효과적인 방법으로 업무를 수행할 수 있도록 도와야 한다. 그 구조는 조직 구성원들이 조직의 업무를 수행하는 것을 방해하지 않고 도울 필요가 있다. 결국, 그 구조는 단지 목적을 위한 수단일 뿐이다.

요약

7-1 조직 설계의 여섯 가지 핵심 요소를 설명한다.

첫 번째 요소인 업무 전문화는 업무 활동을 별개의 작업으로 나누는 것을 말한다. 두 번째 부문화는 기능, 제품, 고객, 지역, 프로세스의 다섯 가지 유형 중 하나가 될 수 있는 업무 그룹화 방법이다. 세 번째 권한, 책임 및 권력은 조직에서 업무를 수행하는 것과 관련이 있다. 권한은 명령을 내리고 이러한 명령이 준수되기를 기대할 수 있는 관리자 직위에 내재된 권리를 말한다. 책임이란 권한이 위임되었을 때 수행해야 하는 의무를 말한다. 권력은 의사결정에 영향을 미치는 개인의 능력이며 권한과 다르다. 네 번째 통제 범위는 관리자가 효율적이고 효과적으로 관리할 수 있는 직원 수를 말한다. 다섯 번째, 집중화와 탈집중화는 상위 조직 수준에서 또는 하위 수준 관리자로 내려가는 대부분의 의사결정을 다룬다. 여섯 번째 공식화에서는 조직의 업무가 얼마나 표준화되었는지, 그리고 직원의 행동이 규칙과 절차에 의해 안내되는 정도를 설명한다.

7-2 조직 설계의 기계적 모델 또는 유기적 모델이 적절한 상황 요인을 알아본다.

기계적 조직 설계는 관료적인 반면 유기적 조직 설계는 더 유동적이고 유연하다. 조직이 구조를 결정하는 요인에서 보면 조직은 단일 제품에서 다양한 제품으로 변화하면서 유기적 조직 구조에서 기계적 조직 구조로 변화하게 된다. 조직의 **규모**가 커짐에 따라 보다 기계적인 구조의 필요성도 커진다. 비일상적인 기술일수록 유기적인 구조가 더 많아져야 한다. 마지막으로, 안정된 환경은 기계적인 구조와 더 잘 어울리지만, 동적인 환경은 유기적인 구조와 더 잘 어울린다.

7-3 전통적 조직 설계와 현대적 조직 설계를 비교 분석한다.

전통적인 구조 설계에는 단순 구조, 기능별 구조, 사업부제 구조가 포함된다. 단순 구조는 낮은 부서 구분, 광범위한 통제, 단일 인물에 집중화된 권한, 거의 공식화되지 않은 구조이다. 기능별 구조는 유사하거나 관련된 직업적 특수성을 하나로 묶는 구조이다. 사업부제 구조는 개별 사업부 또는 사업부로 구성된 구조이다. 현대의 구조 설계에는 팀 구조(조직 전체가 작업 팀으로 구성됨), 매트릭스-프로젝트 구조(직원이 짧은 시간 또는 지속적으로 프로젝트를 수행하는 경우), 경계 없는 구조(구조 설계가 부과된 경계가 없는 경우)가 포함된다. 경계 없는 조직은 가상 또는 네트워크 조직을 포함한다.

7-4 오늘날의 조직이 당면한 조직 설계 과제를 논의한다.

한 가지 설계 과제는 정보 기술을 사용해 달성할 수 있는 직원들의 연결성 유지에 있다. 또 다른 과제는 조직 구조에 영향을 미치는 세계적 차이를 이해하는 것이다. 전 세계 조직의 구조와 전략은 비슷하지만, 조직 내부의 행동은 서로 다르므로 특정 설계 요소에 영향을 미칠 수 있다. 또 다른 과제는 학습 조직이라는 사고방식을 중심으로 구조를 설계하는 것이다. 마지막으로, 경영자들은 효율적이고 효과적인 유연한 업무 배치를 가진 조직 설계를 찾고 있다. 그들은 원격 작업, 재택근무, 압축된 주 근무제, 유연 근무제, 일자리 공유, 임시직과 같은 방법들을 사용하고 있다.

토의문제

7-1   조직 설계를 정의하는 여섯 가지 핵심 개념을 논의하라.

7-2   전통 및 현대 조직 설계의 개념은 무엇인가? 이러한 설계는 경영진과 환경에 따라 다르게 영향을 받을 수 있는가?

7-3   기능별 구조의 장점과 단점에 비해 단순 구조의 장점과 단점은 무엇인가?

7-4   경계 없는 조직과 구조화되지 않은 조직의 설계를 비교하라. 예제와 대조되는 점을 설명하라.

7-5   기계적 조직과 유기적 조직을 비교하라.

7-6   조직 설계에 영향을 미치는 상황 요인을 설명하라.

7-7   언제 어디서나 업무를 수행할 수 있는 정보 기술의 가용성과 함께 조직화가 여전히 중요한 관리 기능인가? 이유

와 함께 이야기해보라.

7-8 연구자들은 업무 간소화를 위한 노력이 실제로 회사와 직원 모두에게 부정적인 결과를 가져온다고 말하고 있다. 이에 대해 동의하는지 여부와 함께 이유를 이야기해보라.

7-9 "경계 없는 조직은 우리가 일하는 방식에 큰 변화를 일으킬 수 있는 잠재력이 있다." 당신은 이 진술에 동의하

는지 여부와 함께 이유를 이야기해보라.

7-10 친숙한 조직(직장, 소속 학생 조직, 대학 또는 대학교 등)의 조직도를 그려보라. 부서(또는 그룹)를 표시할 때 매우 주의하고 특히 명령의 사슬이 정확하도록 주의하라. 그리고 당신의 차트를 학급과 공유할 준비를 하라. 구직 면접을 볼 때, 조직도를 통해 얻을 수 있는 정보는 무엇인가?

적용하기   직장생활을 위한 준비

경영자가 되기 위한 기술 | 역량 강화

관리직에는 권한이 따른다. 하지만 때때로 그 권한이 일을 성사시키기에 충분하지 않다. 그리고 때로는 공식적인 권한을 사람들이 자신이 원하는 것을 하도록 하는 수단으로 사용하고 싶지 않을 수도 있다. 예를 들어 당신은 직위의 힘보다는 설득력을 발휘하고 싶을 수도 있다. 따라서 효율적인 관리자는 여러 가지 영향력 있는 요소를 개발해 권한을 증가시킨다.

기본 기술

세력 기반을 만드는 방법을 배우면 조직에서 살아남고 번창할 가능성을 높일 수 있다. 당신이 힘을 가지고 있다는 것이 반드시 그것을 사용해야 한다는 것을 의미하지는 않는다. 하지만 필요할 때 그 힘을 사용할 수 있다는 것은 좋은 일이다. 네 가지 힘의 원천은 당신의 직업에서 얻을 수 있다. 또 다른 세 가지 힘의 원천은 개인별 특성에 기반 한다.

- 모든 관리 직무는 강압하거나, 보상하거나, 권한을 부여할 수 있는 권력을 갖게 된다. 강압적인 권력은 두려움에 기초한다. 만약 당신이 해고, 정지, 강등, 불쾌한 업무들을 배정하거나 누군가에게 부정적인 수행 보고서를 쓸 수 있다면, 당신은 그 사람에 대한 강압적인 권력을 쥐고 있다. 반대로, 누군가에게 통제, 급여 인상, 상여금, 승진과 같은 긍정적인 가치를 부여하거나 업무 할당과 같은 부정적인 가치를 제거할 수 있다면, 보상 권력을 갖게 된다. 그리고 모든 관리직은 부하 직원들에게 행사할 수 있는 어느 정도의 권한을 제공한다. 그것들이 특정 한계 안에서만 가능하지만 말이다. 만약 당신이 다른 사람들에게 무언가를 하라고 말할 수 있고 그들이 이것을 당신의 직무 내용 중 하나로 보게 된다면, 당신은 그들에 대한 권한 권력을 갖고 있는 것이다.

- 강압적, 보상적, 권한적 권력 외에도 많은 관리직들이 정보에 대한 접근과 통제로부터 오는 정보 권력을 가지고 있다. 다른 사람이 필요로 하는 데이터나 지식을 가지고 있고 자신만이 접근할 수 있는 데이터나 지식을 가지고 있다면, 그것은 당신에게 권력을 준다. 물론 정보력을 갖기 위해 경영자를 할 필요는 없다. 많은 직원들은 중요한 지식이 다른 사람의 손에 들어가지 않도록 하기 위한 목적으로 비밀리에 운영하거나 기술적 단점을 숨기거나 다른 사람의 행동을 정확하게 보여주지 않는 데 상당히 능숙하다.

- 조직에서 권한을 갖기 위해 반드시 관리자가 되거나 정보를 통제해야만 하는 것은 아니다. 당신의 전문성, 다른 사람들이 당신을 향해 갖는 동경심, 카리스마적인 자질을 바탕으로 영향력을 행사할 수 있다. 조직의 다른 사용자가 의존하는 특별한 기술이나 고유한 지식을 보유하고 있다면 전문가적 권력을 갖게 된다. 오늘날과 같은 전문화 시대에 이러한 힘의 원천은 점점 더 강력해지고 있다. 다른 사람들이 당신을 만족시키고 싶을 정도로 당신을 존경한다면, 당신은 준거적 권력을 갖게 된다. 그것은 감탄과 다른 사람처럼 되고 싶은 욕망에서 발전한다. 마지막 영향력은 준거적 권력의 연장인 카리스마적 권력이다. 만약 다른 사람들이 당신의 영웅적 자질을 존경하기 때문에 당신을 따른다면, 당신은 그들

에 대한 카리스마적 권력을 가지고 있는 것이다.

- 이러한 힘의 원천을 바탕으로 (1) 경영상의 책임을 맡고, (2) 중요한 정보에 대한 접근권을 확보하고, (3) 조직이 필요로 하는 전문지식을 개발하거나, (4) 타인이 동경하는 개인적 특성을 보여줌으로써 조직의 역량을 높일 수 있다.

출처: J. R. P. French Jr. and B. Raven, "The Bases of Social Power," in D. Cartwright (ed.), *Studies in Social Power* (Ann Arbor: University of Michigan Institute of Social Research, 1959), pp. 150–67; B. H. Raven, "The Bases of Power: Origin and Recent Developments," *Journal of Social Issues* 49 (1993), pp. 227–51; E. A. Ward, "Social Power Bases of Managers: Emergence of a New Factor," *Journal of Social Psychology*, February 2001, pp. 144–47; and B. H. Raven, "The Bases of Power and the Power/Interaction Model of Interpersonal Influence," *Analyses of Social Issues and Public Policy*, December 2008, pp. 1–22.

기술 연습

다음 시나리오를 읽고 마지막 부분의 지시문에 따르라.

마거릿은 대형 의류 소매업체의 온라인 판매부서 관리자이다. 그녀는 자신이 회사에 헌신적이며 그곳에서 경력을 쌓을 계획이라고 말했다. 마거릿은 근면하고 믿음직하며, 추가 프로젝트에 자원했고, 사내 개발 과정을 이수했으며, 직원 안전 개선을 위해 일하는 위원회에 참여했다. 그녀는 부서장의 인체공학 사무용 가구를 조사하는 임무를 맡았고, 그녀의 보고서에 대해 인사부장과 상의하기 위해 점심시간을 포기했다. 마거릿은 보고서를 늦게 제출했지만, 그녀의 조수가 주말에 다시 작성해야 했던 몇 페이지를 잃어버렸다고 말하면서 늦은 이유를 설명했다. 그 보고서는 호평을 받았고, 일부 마거릿의 동료들은 그녀가 다음 번 개업할 때 승진해야 한다고 생각한다. 마거릿의 세력 기반 구축 기술을 평가해보자. 그녀가 자신의 목표를 달성하는 데 도움이 되는 어떤 행동을 취했는가? 그녀가 다르게 행동했어야 할 점이 있었는가?

경험에 의한 문제 해결

당신은 집에서 원격으로 일할 수 있도록 상사를 설득하고 싶다. 우선, 당신의 고용주와 당신 자신을 위한 장점과 단점들로 이루어진 목록을 만들어보라. 그런 다음, 이 새로운 업무 배치에서 효과적이고 효율적인 직원이 되겠다는 의지를 어떻게 보여줄 수 있는지 생각해보라. 당신은 당신이 사무실에서 열심히 일하는 직원이라는 것을 매니저에게 어떻게 보여줄 것인가? 먼저, 당신만의 아이디어를 생각해보라. 그것을 구체적으로 말해보자. 그런 다음, 배정된 그룹에서 각자의 아이디어를 이야기하고 사무실에서처럼 집에서 일하는 동안 업무를 효율적이고 효과적으로 수행하겠다는 의지를 가장 잘 보여줄 수 있는 다섯 가지 방법을 작성하라. 그리고 강사와 반 친구들을 설득할 준비를 하라.

사례 적용 #1

유나이티드 항공의 난기류
주제: 조직 구조, 직원 행동

2017년은 유나이티드 항공의 홍보에 있어 끔찍한 해였다. 유나이티드 항공 직원들이 고객과의 상호작용에서 다양한 규칙, 규정, 프로토콜을 시행하는 것과 관련된 몇 가지 사건은 국제적인 반발을 불러일으켰다. 첫 번째로 지난 3월, 미니애폴리스에서 덴버로 가는 비행기에서 레깅스를 입은 2명의 십대가 게이트 요원에 의해 제지당했고, 유나이티드 항공 여행 특전 프로그램을 위반했다는 이유로 탑승이 허락되지 않았다. 여행 특전 티켓을 이용하는 개인은 무료 또는 많이 할인된 요금으로 비행하기 때문에 일반 승객보다 더 엄격한 복장 규정을 따라야 한다. 가족 및 투숙객을 위한 무료 여행권을 포함한 항공사 직원의 특권을 누리는 사람들은 항공사를 잘 대표하는 방식으로 자신을 나타내야 한다. 따라서 더 엄격한 복장 규정(모든 직원이 알고 있는 서면 규정)의 의도는 항공사가 긍정적이고 호의적인 관점에서 자신을 표현하기를 원한다는 것이다. 유나이티드 항공은 트위터를 통해 '레깅스는 특전 티켓 승객으로 여행하는 경우를 제외하고는 부적절한 복장이 아니다'[66]라고 자신의 결정을 관철했다.

두 번째로, 더 심각한 사건은 다음 날 아침 환자를 진찰해야 했던 의사 데이비드 다오가 4월 시카고에서 루이빌행 비행기에 탑승했을 때 일어났다.[67] 비행기는 만석이었지만, 4명의 유나이티드 항공 직원이 마지막 순간에 루이빌행 비행기에 탑승해야 했다. 곧 그 4명이 탑승해야 하며 좌석을 양보하지 않으면 비행이 취소될 것이라는 안내방송이 나왔다. 아무도 자원하지 않자 게이트 요원들은 항공사의 비자발적인 탑승 거부 절차를 발동했다. 이는 가장 낮은 요금을 지불하고, 다른 항공편과 연결되지 않으며, 마지막으로 탑승 수속을 마친 고객이 대상 1순위에 있었다는 것을 의미한다. 고객의 상용 신분도 고려 사항이었다. 유나이티드 항공 관계자들은 이것이 다오 박사와 그의 아내, 그리고 다른 부부를 비행기에서 내리도록 선발하기 위해 따랐던 절차라고 말한다. 다오 박사가 떠나는 것을 거절하자, 유나이티드 항공 관계자들은 시카고 항공 경찰에게 전화를 걸어 그가 떠나도록 설득했다. 하지만 다오 박사는 경찰관들이 그를 자리에서 끌어내리지 못하게 했고, 이후 강제로 비행기에서 내렸다. 일부 승객이 이 사건을 휴대전화로 촬영했고, 영상이 곧 퍼지기 시작했다. 다오는 팔걸이에 머리를 부딪쳐 코뼈가 부러지고 뇌진탕 증세를 보였다. 유나이티드 항공의 정책은 비자발적으로 비행에서 승객을 제외하는 것을 허용했다. 비록 이번에는 유나이티드 항공이 그렇게 방어적이지는 않았지만 말이다. 이후 다오는 소송을 제기했다.[68] 소송은 4월 말에 해결되었다. 그리고 시카고 공항 보안요원 중 2명은 이 사건으로 해고되었다.[69]

그 후, 4월 말에 세 번째 사건이 휴스턴에서 곧 결혼할 커플에게 일어났다.[70] 마이클과 앰버는 그들의 결혼식을 위해 코스타리카로 향했다. 비행기에 탑승했을 때, 그들은 자신들의 자리가 배정된 줄에서 자고 있는 한 남자를 발견했다. 그를 방해하지 않고, 그들은 3줄 떨어진 곳에 있는 몇몇 좌석을 발견했고 그 대신 거기에 앉았다. 한 승무원이 그들에게 자리로 돌아가라고 요청했고, 그들은 그렇게 했다. 하지만, 곧 한 요원이 그들에게 다가와 비행기에서 그들을 쫓아냈다. 유나이티드 항공의 성명에 따르면, 이 커플은 '반복적으로' 업그레이드된 좌석에 앉으려 했고 승무원의 지시에 따르지 않았으며, 따라서 고객을 쫓아낼 수 있는 권한도 갖췄다고 한다.

그러던 중 2018년 3월, 애완견 캐리어에 들어 있던 한 승객의 개가 머리 위 짐칸에서 죽었다.[71] 그 승객은 승무원의 지시를 받아 탑승 직후 그곳에 개를 두었다. 승객은 그렇게 하고 싶지 않다고 강력하게 주장했지만, 승무원은 반려견 캐리어가 안전상 위험하니 계속 규정에 응해줄 것을 요청했다. 결국 반려견 주인은 규정을 따라야 했다. 비행기가 목적지에 도착했을 때, 주인은 자신의 반려견이 죽은 것을 확인했다. 유나이티드 항공은 동물을 머리 위 짐칸에 넣는 것은 정책이 아니라고 응답했다. 항공사 측은 누가 개를 머리 위 짐칸에 두었고 왜 그 개를 그곳에 두었는지 조사 중이라고 말했다.

직원들에게 유연성(대처능력)은 얼마나 필요할까?

이러한 사고는 직원들이 일상적인 정책 문제를 처리할 때 관용도나 유연성을 크게 갖지 못한다는 것을 시사한다. 항공사들이 비용을 최소화하고 효율성을 높이기 위해 노력함에 따라, 아마도 조직 구조는 고객에게 서비스를 제공하기보다는 규칙을 따르는 데 더 초점을 맞췄을 것이다. 많은 사람들은 이러한 융통성이 없는 것이 유나이티드 항공 경영자들에 의해 만들어진 관료주의 이후의 엄격한 규칙 때문이라고 생각한다.[72] 그러한 환경에서, 직원들은 특히 규칙을 어긴 사람은 누구나 해고에 직면할 것을 암시하는 전례를 알고 있기 때문에, 그 규칙으로부터 벗어나는 것을 꺼릴 수 있다.

토의문제

7-11 유나이티드 항공이 이러한 각 사고를 어떻게 처리했는지 평가해보자. 유나이티드 항공이 직원들과 같은 방식으로 대응할 수 있다고 생각하는가?

7-12 공식화에 대한 유나이티드 항공의 견해를 어떻게 설명할 수 있는가? 그것이 적절하다고 생각하는가? 설명해 보라.

7-13 조직 설계의 기계적 또는 유기적 모델에 유리한 상황적 요인에 대한 장의 정보를 이용해, 유나이티드 항공의 조직 구조는 어떻게 설계되어야 한다고 생각하는가? 효율성 및 효과 면에서 이 점에 대해 생각해보라.

7-14 유나이티드 항공이 미래에 무엇을 해야 한다고 생각하는가? 조직 구조에 대해 어떤 제안이나 개선 사항이 있는가?

7-15 직원의 행동이 조직의 책임과 윤리적 태도를 어떻게 반영하고 있는가? 유나이티드의 경영자들은 규칙을 따르면서도 직원들이 더 책임감 있고 윤리적으로 행동할 수 있도록 어떻게 유도할 수 있는가?

사례 적용 #2

이륙

주제: 학습 조직, 지식 자원

수년 동안, 나사(NASA)는 닐 암스트롱의 달에서의 첫 걸음부터 멀리 떨어진 별과 은하를 찍은 허블 망원경의 매혹적인 사진까지 몇 가지 멋진 순간을 제공했다. 나사의 전략 계획에서 언급했듯이, 나사의 비전은 '새로운 높이에 도달하고 인류의 이익을 위해 미지의 것을 드러내는 것'이다. 그리고 그 임무는 '지식, 교육, 혁신, 경제 활력, 그리고 지구의 책임감을 높이기 위해 과학, 기술, 항공, 우주 탐사 발전을 촉진하는 것'이다.[73] 이것들은 프로젝트, 임무, 프로그램에 대한 결정이 내려짐에 따라 관리팀을 계속 이끌었다. 우주왕복선 프로그램이 2011년에 종료되었을 때 조직은 목적과 정체성으로 인해 한동안 어려움을 겪었다. 사실, 그 당시 한 기관 프로그램 매니저는 나사의 미래를 불확실성이라고 묘사했다. 하지만 애매모호함에도 불구하고 나사의 지도자들은 새로운 궤도를 세웠다. 새로운 목표에는 2025년까지 소행성에 도달하는 것과 2030년까지 화성에 우주 비행사를 보내는 것이 포함된다. (화성은 지구로부터 225,300,000km 떨어져 있다.) 또한 이러한 목표를 달성하기 위해서는 복잡한 기술 조직을 이끌고 미래에 매우 중요한 다양한 지식 자원을 가장 잘 관리할 수 있는 방법을 모색해야 한다.

1958년 7월 29일 미국 항공우주법에 의해 설립된 나사는 아폴로 달 착륙 임무, 스카이랩 우주 정거장, 재사용 가능한 유인 우주선을 포함한 우주 탐사에 있어 미국의 노력을 주도했다. 나사는 장비 비용이 수백만 달러에 달하고 사람들의 목숨이 위태로울 수 있는 독특한 조직이다. 수년간 나사는 많은 성공적인 노력을 했다. 사람을 달에 착륙시킨 것은 단 한 번이 아니라 여섯 번으로, 다른 어떤 나라보다 훨씬 뛰어난 기술력을 자랑한다. 우주왕복선과 함께 우주로 로켓을 쏘아 올릴 수 있는 것은 나사가 보유한 놀랍도록 재능 있고 해박한 직원들 덕분이다. 이제 나사는 우주 비행사를 우주로 더 보낼 새로운 기술과 능력을 개발하기 위한 첫 단계를 밟고 있다. 2014년 12월 초, 초장거리 여행을 위해 고안된 우주선 오리온의 시험 비행이 성공하면서 중요한 이정표를 세웠다. 이러한 성과는 오직 그들의 지식, 재능, 기술, 창의력을 그 조직에 가져다주는 나사의

나사의 지식 자원 관리

직원들 덕분에 가능하다. 그리고 이러한 사람들을 '관리'하는 것은 지식 공유를 허용하고, 개선하고, 장려하는 '조직' 구조를 필요로 한다. 그것을 설계하는 것은 쉽지 않다.

나사의 조직 환경을 적절하게 설명하는 한 단어는 바로 복잡성이다. 기술적 복잡성이 있을 뿐만 아니라(그렇다, 우리는 로켓 과학을 이야기하고 있다!) 수많은 프로젝트가 진행 중이고, 변화는 이미 일어나고 있는 현실이며, 조직 안팎에서 수많은 이해관계자로부터 요구사항이 발생한다. 이와 같은 복잡함 속에서 과제는 프로젝트 팀 내에서 그리고 조직 전체에 걸쳐 엄청난 양의 지식을 공유할 수 있는 방법을 찾는 것이다. 나사는 이것을 어떻게 하고 있을까?

조직의 방대한 지식 자원을 관리하는 것이 얼마나 중요한지 알고 있는 나사는 현재 사용되고 있는 지식 공유 활동과 필요한 다른 활동들을 확인했다. 이들 중 일부는 다음과 같다―협업 및 공유 사이트, 비디오 라이브러리, 포털 등과 같은 온라인 도구, 태그 지정과 분류를 허용하는 검색 엔진(분류 체계), 검색 가능한 사례 연구 및 출판 라이브러리, 정의된 프로세스 또는 '학습된 교훈'의 색인, 위치 '전문가'의 지식 네트워크, 협업 활동, 협업 작업 공간, 사람들을 하나로 모으는 포럼, 워크숍 및 기타 사회적 교류. 나사 관리자들은 지식 관리 노력을 통해 조직의 구조가 지식 자원을 효율적이고 효과적으로 관리하는 데 기여하는 것이 얼마나 중요한지를 이해하고 있음을 보여주고 있다.

토의문제

7-16 나사를 학습 조직이라고 부를 수 있는가? 이유와 함께 설명해보라.

7-17 나사의 조직 환경은 어떤 면에서 복잡한가?

7-18 복잡성이 구조 선택에 어떤 영향을 미치는가?

7-19 그림 7.12를 사용해 나사의 관리자에게 학습 조직이라는 것에 대해 어떤 제안을 할 것인가? 유인물로 배포할 수 있는 글머리표 목록 형식으로 제안서를 작성해보라.

사례 적용 #3

새로운 종류의 구조
주제: 가상의 비서

인정하자. 때때로 당신이 하고 있는 프로젝트(학교, 직장 또는 둘 다)는 꽤 지루하고 단조로울 수 있다. 다른 사람이 지루하고 시간이 많이 걸리는 일을 하도록 하기 위해 누를 수 있는 마법의 버튼이 있으면 좋지 않을까? 화이자에서는 그 '마법 버튼'이 많은 직원에게 현실로 존재한다.

글로벌 제약사로서 화이자는 지속적으로 직원들이 보다 효율적이고 효과적으로 일할 수 있는 방안을 모색하고 있다. 이 회사의 조직 효과 담당 선임 이사는 "우리가 전략과 혁신을 만들기 위해 고용한 하버드 MBA 학생들이 인터넷 검색을 하고 파워포인트를 만들고 있었다"고 말했다. 실제로, 그들의 귀중한 재능이 얼마나 많은 시간을 수식적인 일에 소비하고 있는지를 알아내기 위해 진행한 내부 연구 결과는 놀라웠다. 평균적으로 화이자 직원은 지원 업무(문서 작성, 노트 타이핑, 연구, 데이터 조작, 회의 일정 수립)에 시간의 20~40%를 사용하고 있었고 지식 업무(전략, 혁신, 네트워킹, 협업, 비판적 사고)에 사용하는 시간은 60~80%에 불과했다. 그리고 문제는 단지 하위 계층에 있는 것이 아니었다. 심지어 최고위급 직원들도 그것의 영향을 받았다. 글로벌 엔지니어링 전무이사인 채즈(Chaz)를 예로 들 수 있다. 그는 환경적 부동산 리스크를 평가하고, 시설을 관리하며, 수백만 달러의 예산을 관리하는 등 자신의 일을 즐기고 있다. 그러나 그는 엑셀 스프레드시트를 살펴보고 파워포인트를 만드는 것을 별로 좋아하지 않았다. 그러나 이제 화이자의 '마법 버튼'을 통해 이러한 작업은 조직 외부의 개인에게 전달된다.

이 '마법 버튼'은 무엇일까? 원래 OOF(Office of the Future)라고 불리던 화이자웍스(PfizerWorks)는 직원들이 컴퓨터 바탕화면에서 버튼 하나만 클릭해도 지루하고 시간이 많이 걸리는 업무를 바꿀 수 있게 해준다. 그들은 그들이 필요로 하는 것을 온라인 양식에 기술하고, 그다음에 2개의 인도 서비스 아웃소싱 회사 중 한 곳으로 보낸다. 요청이 들어오면 인도의 팀원이 화이자 직원에게 전화를 걸어 필요한 사항과 시기를 구체화한다. 그런 다음 팀 구성원은 요청한 작업에 대한 비용 견적을 이메일로 전송한다. 화이자 직원이 진행하기로 결정하면 관련 비용은 직원 부서에 청구된다. 이 독특한 배치에 대해 케인은 그가 '개인 컨설팅 조직'이라고 부르는 것과 일하는 것을 즐긴다고 말했다.

66,500이라는 숫자는 화이자웍스가 그 회사에 얼마나 도움이 되었는지를 보여준다. 이는 화이자웍스를 사용한 직원들이 절약한 것으로 추정되는 작업시간이다. 그 밖의 결과로는 프로젝트 관련 비용 절감, 직원 생산성 증가, 프로젝트 소요 시간 감소, 화이자 직원의 폭넓은 수용 등이 있다. 채즈의 경험은 어땠을까? 그가 가상보조업체 팀에게 회사 시설 통합 시 효과가 있는 전략적 조치를 연구하는 복잡한 프로젝트를 맡겼을 때, 그 팀은 한 달 만에 보고서를 정리했는데, 만약 채즈가 혼자 했다면 완성하는 데 6개월이 걸렸을 것이다. 그는 "화이자는 내가 전략적으로 일할 수 있도록 비용을 지불해준다"고 말한다.

> 지루하고 싫증 난 작업을 다른 사람에게 맡길 수 있는 마법 버튼 을 좋아하지 않으시나요?[74]

토의문제

7-20 화이자웍스에서 화이자가 무엇을 하고 있는지 기술하고 평가해보라.

7-21 이 접근법이 갖는 구조적 영향(좋은 점과 나쁜 점)은 무엇인가? (여섯 가지 조직 설계 요소를 생각해보라.)

7-22 이 방식이 다른 유형의 조직에도 효과가 있다고 생각하는가? 이유와 함께 대답해보라. 또한 어떤 유형의 조직에서 사용할 수 있는가?

7-23 조직의 효율성과 효과성에서 조직 구조가 어떤 역할을 한다고 생각하는가? 할당된 그룹과 함께 이 문제에 대해 토론해보라.

미주

1. L. I. Albert, "The Wall Street Journal Reorganizes Newsroom, Creates Senior Roles," *Wall Street Journal online,* July 13, 2017.
2. R. A. Smith, "The Most Creative New Job in Fashion," *Wall Street Journal,* March 14, 2018, pp. A11+.
3. B. Fenwick, "Oklahoma Factory Turns Out US Bombs Used in Iraq," *Planet Ark* www.-planetark.com, November 4, 2003; A. Meyer, "Peeking inside the Nation's Bomb Factory," *KFOR TV,* www.kfor.com, February 27, 2003; G. Tuchman, "Inside America's Bomb Factory," *CNN,* cnn.usnews.com, December 5, 2002; and C. Fishman, "Boomtown, U.S.A.," *Fast Company,* June 2002, pp. 106–14.
4. L. Weber, "For Videogame Makers, Hiring Is a Last Resort," *Wall Street Journal,* April 11, 2017, pp. A1+.
5. M. Boyle, "Super Bucks," *Fortune,* February 4, 2008, pp. 8–9; and M. Hiestand, "Making a Stamp on Football," *USA Today,* January 25, 2005, pp. 1C+.
6. S. E. Humphrey, J. D. Nahrgang, and F. P. Morgeson, "Integrating Motivational, Social, and Contextual Work Design Features: A Meta-Analytic Summary and Theoretical Expansion of the Work Design Literature," *Journal of Applied Psychology,* September 2007, pp. 1332–56.
7. E. Kelly, "Keys to Effective Virtual Global Teams," *Academy of Management Executive,* May 2001, pp. 132–33; and D. Ancona, H. Bresman, and K. Kaeufer, "The Comparative Advantage of X-Team," *MIT Sloan Management Review,* Spring 2002, pp. 33–39.
8. R. S. Benchley, "Following Orders," *Chief Executive,* March 2002, p. 6.
9. R. Preston, "Inside Out," *Management Today,* September 2001, p. 37; and R. D. Clarke, "Over Their Heads," *Black Enterprise,* December 2000, p. 79.
10. See J. R. P. French and B. Raven, "The Bases of Social Power," in D. Cartwright and A. F. Zander (eds.), *Group Dynamics: Research and Theory* (New York: Harper & Row, 1960), pp. 607–23.
11. L. Urwick, *The Elements of Administration* (New York: Harper & Row, 1944), pp. 52–53. See also, J. H. Gittel, "Supervisory Span, Relational Coordination, and Flight Departure Performance: A Reassessment of Post-Bureaucracy Theory," *Organizational Science,* July–August 2001, pp. 468–83.
12. S. Harrison, "Is There a Right Span of Control? Simon Harrison Assesses the Relevance of the Concept of Span of Control to Modern Businesses," *Business Review,* February 2004, pp. 10–13.
13. P. C. Light, "From Pentagon to Pyramids: Whacking at Bloat," *Government Executive,* July 2001, p. 100.
14. See, for instance, D. Van Fleet, "Span of Management Research and Issues," *Academy of Management Journal,* September 1983, pp. 546–52; and S. H. Cady and P. M. Fandt, "Managing Impressions with Information: A Field Study of Organizational Realities," *Journal of Applied Behavioral Science,* June 2001, pp. 180–204.
15. Henri Fayol, *General and Industrial Management,* trans. C. Storrs (London: Pitman Publishing, 1949), pp. 19–42.
16. J. Zabojnik, "Centralized and Decentralized Decision Making in Organizations," *Journal of Labor Economics,* January 2002, pp. 1–22.
17. See P. Kenis and D. Knoke, "How Organizational Field Networks Shape Interorganizational Tie-Formation Rates," *Academy of Management Review,* April 2002, pp. 275–93.
18. E. W. Morrison, "Doing the Job Well: An Investigation of Pro-Social Rule Breaking," *Journal of Management,* February 2006, pp. 5–28.
19. T. Burns and G. M. Stalker, *The Management of Innovation* (London: Tavistock, 1961).
20. D. Dougherty, "Re-imagining the Differentiation and Integration of Work for Sustained Product Innovation," *Organization Science,* September–October 2001, pp. 612–31.
21. A. D. Chandler Jr., *Strategy and Structure: Chapters in the History of the Industrial Enterprise* (Cambridge, MA: MIT Press, 1962).
22. See, for instance, L. L. Bryan and C. I. Joyce, "Better Strategy through Organizational Design," *McKinsey Quarterly* no. 2 (2007), pp. 21–29; D. Jennings and S. Seaman, "High and Low Levels of Organizational Adaptation: An Empirical Analysis of Strategy, Structure, and Performance," *Strategic Management Journal,* July 1994, pp. 459–75; D. C. Galunic and K. M. Eisenhardt, "Renewing the Strategy-Structure-Performance Paradigm," in B. M. Staw and L. L. Cummings (eds.), *Research in Organizational Behavior,* vol. 16 (Greenwich, CT: JAI Press, 1994), pp. 215–55; R. Parthasarthy and S. P. Sethi, "Relating Strategy and Structure to Flexible Automation: A Test of Fit and Performance Implications," *Strategic Management Journal* 14, no. 6 (1993), pp. 529–49; H. A. Simon, "Strategy and Organizational Evolution," *Strategic Management Journal,* January 1993, pp. 131–42; H. L. Boschken, "Strategy and Structure: Re-conceiving the Relationship," *Journal of Management,* March 1990, pp. 135–50; D. Miller, "The Structural and Environmental Correlates of Business Strategy," *Strategic Management Journal,* January–February 1987, pp. 55–76; and R. E. Miles and C. C. Snow, *Organizational Strategy, Structure, and Process* (New York: McGraw-Hill, 1978).
23. See, for instance, P. M. Blau and R. A. Schoenherr, *The Structure of Organizations* (New York: Basic Books, 1971); D. S. Pugh, "The Aston Program of Research: Retrospect and Prospect," in A. H. Van de Ven and W. F. Joyce (eds.), *Perspectives on Organization Design and Behavior* (New York: John Wiley, 1981), pp. 135–66; and R. Z. Gooding and J. A. Wagner III, "A Meta-Analytic Review of the Relationship between Size and Performance: The Productivity and Efficiency of Organizations and Their Subunits," *Administrative Science Quarterly,* December 1985, pp. 462–81.
24. See, for example, H. M. O'Neill, "Restructuring, Reengineering and Rightsizing: Do the Metaphors Make Sense?" *Academy of Management Executive* 8, no. 4 (1994), pp. 9–30; R. K. Reger, J. V. Mullane, L. T. Gustafson, and S. M. Demarie, "Creating Earthquakes to Change Organizational Mindsets," *Academy of Management Executive* 8, no. 4 (1994), pp. 31–41; and J. Tan, "Impact of Ownership Type on Environment–Strategy Linkage and Performance: Evidence from a Transitional Company," *Journal of Management Studies,* May 2002, pp. 333–54.
25. J. Woodward, *Industrial Organization: Theory and Practice* (London: Oxford University Press, 1965).
26. From the Classic Concepts in Today's Workplace box based on J. Woodward, *Industrial Organization: Theory and Practice.* Also, see, for instance, C. Perrow, "A Framework for the Comparative Analysis of Organizations," *American Sociological Review,* April 1967, pp. 194–208; J. D. Thompson, *Organizations in Action* (New York: McGraw-Hill, 1967); J. Hage and M. Aiken, "Routine Technology, Social Structure, and Organizational Goals," *Administrative Science Quarterly,* September 1969, pp. 366–77; C. C. Miller, W. H. Glick, Y. D. Wang, and G. Huber, "Understanding Technology-Structure Relationships: Theory Development and Meta-Analytic Theory Testing," *Academy of Management Journal,* June 1991, pp. 370–99; D. M. Rousseau and R. A. Cooke, "Technology and Structure: The Concrete, Abstract, and Activity Systems of Organizations," *Journal of Management,* Fall–Winter 1984, pp. 345–61; and D. Gerwin, "Relationships between Structure and Technology," in P.C. Nystrom and W. H. Starbuck (eds.), *Handbook of Organizational Design,* vol. 2 (New York: Oxford University Press, 1981), pp. 3–38.
27. *Ibid.*
28. H. Mintzberg, *Structure in Fives: Designing Effective Organizations* (Upper Saddle River, NJ: Prentice Hall, 1983), p. 157.
29. D. A. Garvin and L. C. Levesque, "The Multiunit Enterprise," *Harvard Business Review,* June 2008, pp. 106–17; and R. J. Williams, J. J. Hoffman, and B. T. Lamont, "The Influence of Top Management Team Characteristics on M-Form Implementation Time," *Journal of Managerial Issues,* Winter 1995, pp. 466–80.
30. See, for example, R. Greenwood and D. Miller, "Tackling Design Anew: Getting Back to the Heart of Organization Theory," *Academy of Management Perspectives,* November 2010, pp. 78–88; G. J. Castrogiovanni, "Organization Task Environments: Have They Changed Fundamentally Over Time?" *Journal of Management* vol. 28, no. 2 (2002), pp. 129–50; D. F. Twomey, "Leadership, Organizational Design, and Competitiveness for the 21st Century," *Global Competitiveness,* Annual 2002, pp. S31–S40; M. Hammer, "Processed Change: Michael Hammer Sees Process as 'the Clark Kent of Business Ideas'—A Concept That Has the Power to Change a Company's Organizational Design," *Journal of Business Strategy,* November–December 2001, pp. 11–15; T. Clancy, "Radical Surgery: A View from the Operating Theater," *Academy of Management Executive,* February 1994, pp. 73–78; I. I. Mitroff, R. O. Mason, and C. M. Pearson,

"Radical Surgery: What Will Tomorrow's Organizations Look Like?" *Academy of Management Executive*, February 1994, pp. 11–21; and R. E. Hoskisson, C. W. L. Hill, and H. Kim, "The Multidivisional Structure: Organizational Fossil or Source of Value?" *Journal of Management* 19, no. 2 (1993), pp. 269–98.

31. Q. Hardy, "Google Thinks Small," *Forbes*, November 14, 2005, pp. 198–202.

32. See, for example, D. R. Denison, S. L. Hart, and J. A. Kahn, "From Chimneys to Cross-Functional Teams: Developing and Validating a Diagnostic Model," *Academy of Management Journal*, December 1996, pp. 1005–23; D. Ray and H. Bronstein, *Teaming Up: Making the Transition to a Self-Directed Team-Based Organization* (New York: McGraw Hill, 1995); J. R. Katzenbach and D. K. Smith, *The Wisdom of Teams* (Boston: Harvard Business School Press, 1993); J. A. Byrne, "The Horizontal Corporation," *BusinessWeek*, December 20, 1993, pp. 76–81; B. Dumaine, "Payoff from the New Management," *Fortune*, December 13, 1993, pp. 103–10; and H. Rothman, "The Power of Empowerment," *Nation's Business*, June 1993, pp. 49–52.

33. C. Garvey, "Steer Teams with the Right Pay," *HR Magazine*, May 2002, pp. 70–78.

34. A. Moore, "Managing the Matrix," *TD*, May 2017, p. 16.

35. P. Kaihla, "Best-Kept Secrets of the World's Best Companies," *Business 2.0*, April 2006, p. 83; C. Taylor, "School of Bright Ideas," *Time Inside Business*, April 2005, pp. A8–A12; and B. Nussbaum, "The Power of Design," *BusinessWeek*, May 17, 2004, pp. 86–94.

36. See, for example, G. G. Dess, A. M. A. Rasheed, K. J. McLaughlin, and R. L. Priem, "The New Corporate Architecture," *Academy of Management Executive*, August 1995, pp. 7–20.

37. For additional readings on boundaryless organizations, see S. Rausch and J. Birkinshaw, "Organizational Ambidexterity: Antecedents, Outcomes, and Moderators," *Journal of Management,* June 2008, pp. 375–409; M. F. R. Kets de Vries, "Leadership Group Coaching in Action: The Zen of Creating High Performance Teams," *Academy of Management Executive*, February 2005, pp. 61–76; J. Child and R. G. McGrath, "Organizations Unfettered: Organizational Form in an Information-Intensive Economy," *Academy of Management Journal*, December 2001, pp. 1135–48; M. Hammer and S. Stanton, "How Process Enterprises Really Work," *Harvard Business Review*,

November–December 1999, pp. 108–18; T. Zenger and W. Hesterly, "The Disaggregation of Corporations: Selective Intervention, High-Powered Incentives, and Modular Units," *Organization Science* 8 (1997), pp. 209–22; R. Ashkenas, D. Ulrich, T. Jick, and S. Kerr, *The Boundaryless Organization: Breaking the Chains of Organizational Structure* (San Francisco: Jossey-Bass, 1997); R. M. Hodgetts, "A Conversation with Steve Kerr," *Organizational Dynamics*, Spring 1996, pp. 68–79; and J. Gebhardt, "The Boundaryless Organization," *Sloan Management Review*, Winter 1996, pp. 117–19. For another view of boundaryless organizations, see B. Victor, "The Dark Side of the New Organizational Forms: An Editorial Essay," *Organization Science*, November 1994, pp. 479–82.

38. See, for instance, Y. Shin, "A Person-Environment Fit Model for Virtual Organizations," *Journal of Management*, December 2004, pp. 725–43; D. Lyons, "Smart and Smarter," *Forbes*, March 18, 2002, pp. 40–41; W. F. Cascio, "Managing a Virtual Workplace," *Academy of Management Executive*, August 2000, pp. 81–90; Dess, Rasheed, McLaughlin, and Priem, "The New Corporate Architecture"; H. Chesbrough and D. Teece, "When Is Virtual Virtuous? Organizing for Innovation," *Harvard Business Review*, January–February 1996, pp. 65–73; and W. H. Davidow and M. S. Malone, *The Virtual Corporation* (New York: Harper Collins, 1992).

39. Q. Hardy, "Bit by Bit, Work Exchange Site Aims to Get Jobs Done," *New York Times Online,* November 6, 2011.

40. M. V. Rafter, "Cultivating a Virtual Culture," *Workforce Management Online*, April 5, 2012.

41. R. E. Miles, C. C. Snow, J. A. Matthews, G. Miles, and H. J. Coleman Jr., "Organizing in the Knowledge Age: Anticipating the Cellular Form," *Academy of Management Executive*, November 1997, pp. 7–24; C. Jones, W. Hesterly, and S. Borgatti, "A General Theory of Network Governance: Exchange Conditions and Social Mechanisms," *Academy of Management Review*, October 1997, pp. 911–45; R. E. Miles and C. C. Snow, "The New Network Firm: A Spherical Structure Built on Human Investment Philosophy," *Organizational Dynamics*, Spring 1995, pp. 5–18; and R. E. Miles and C. C. Snow, "Causes of Failures in Network Organizations," *California*

Management Review vol. 34, no. 4 (1992), pp. 53–72.

42. G. Hoetker, "Do Modular Products Lead to Modular Organizations?" *Strategic Management Journal*, June 2006, pp. 501–18; C. H. Fine, "Are You Modular or Integral?" *Strategy & Business*, Summer 2005, pp. 44–51; D. A. Ketchen Jr. and G. T. M. Hult, "To Be Modular or Not to Be? Some Answers to the Question," *Academy of Management Executive*, May 2002, pp. 166–67; M. A. Schilling, "The Use of Modular Organizational Forms: An Industry-Level Analysis," *Academy of Management Journal*, December 2001, pp. 1149–68; D. Lei, M. A. Hitt, and J. D. Goldhar, "Advanced Manufacturing Technology: Organizational Design and Strategic Flexibility," *Organization Studies* 17 (1996), pp. 501–23; R. Sanchez and J. Mahoney, "Modularity Flexibility and Knowledge Management in Product and Organization Design," *Strategic Management Journal* 17 (1996), pp. 63–76; and R. Sanchez, "Strategic Flexibility in Product Competition," *Strategic Management Journal* 16 (1995), pp. 135–59.

43. C. Hymowitz, "Have Advice, Will Travel," *Wall Street Journal*, June 5, 2006, pp. B1+.

44. S. Reed, A. Reinhardt, and A. Sains, "Saving Ericsson," *BusinessWeek*, November 11, 2002, pp. 64–68.

45. P. Engardio, "The Future of Outsourcing," *BusinessWeek*, January 30, 2006, pp. 50–58.

46. C. E. Connelly and D. G. Gallagher, "Emerging Trends in Contingent Work Research," *Journal of Management*, November 2004, pp. 959–83.

47. N. M. Adler, *International Dimensions of Organizational Behavior*, 5th ed. (Cincinnati, OH: South-Western, 2008), p. 62.

48. Managing Technology in Today's Workplace box based on R. Cheng, "So You Want to Use Your iPhone for Work? How the Smartest Companies Are Letting Employees Use Their Personal Gadgets to Do Their Jobs," *Wall Street Journal*, April 25, 2011, pp. R1+; B. Roberts, "Mobile Workforce Management," *HR Magazine*, March 2011, pp. 67–70; D. Darlin, "Software That Monitors Your Work, Wherever You Are," *New York Times Online* www.nytime-sonline.com (April 12, 2009); D. Pauleen and B. Harmer, "Away from the Desk … Always," *Wall Street Journal*, December 15, 2008, p. R8; J. Marquez, "Connecting a Virtual Workforce," *Workforce Management Online* www.work-force.com (September 22, 2008); R. Yu, "Work Away from Work

Gets Easier with Technology," *USA Today*, November 28, 2006, p. 8B; M. Weinstein, "Going Mobile," *Training*, September 2006, pp. 24–29; C. Cobbs, "Technology Helps Boost Multitasking," *Springfield, Missouri News-Leader*, June 15, 2006, p. 5B; C. Edwards, "Wherever You Go, You're on the Job," *BusinessWeek*, June 20, 2005, pp. 87–90; and S. E. Ante, "The World Wide Work Space," *BusinessWeek*, June 6, 2005, pp. 106–08.

49. J. Zumbrun, "Is Your Job Routine? If So, It's Probably Disappearing," *Wall Street Journal Online*, April 8, 2015.

50. P. Olson, "Tesco's Landing," *Forbes*, June 4, 2007, pp. 116–18; and P. M. Senge, *The Fifth Discipline: The Art and Practice of Learning Organizations* (New York: Doubleday, 1990).

51. J. Marquez, "Connecting a Virtual Workforce," *Workforce Management Online*, February 3, 2009.

52. J. Simons, "IBM Says No to Home Work," *Wall Street Journal*, May 19, 2017, pp. A1+.

53. M. Conlin, "Home Offices: The New Math," *BusinessWeek*, March 9, 2009, pp. 66–68.

54. Ibid.

55. Marquez, "Connecting a Virtual Workforce."

56. S. Jayson, "Working at Home: Family-Friendly," *USA Today*, April 15, 2010, pp. 1A+; T. D. Hecht and N. J. Allen, "A Longitudinal Examination of the Work-Nonwork Boundary Strength Construct," *Journal of Organizational Behavior*, October 2009, pp. 839–62; and G. E. Kreiner, E. C. Hollensbe, and M. L. Sheep, "Balancing Borders and Bridges: Negotiating the Work-Home Interface via Boundary Work Tactics," *Academy of Management Journal*, August 2009, pp. 704–30.

57. P. B. Smith and M. F. Peterson, "Demographic Effects on the Use of Vertical Sources of Guidance by Managers in Widely Differing Cultural Contexts," *International Journal of Cross Cultural Management*, April 2005, pp. 5–26.

58. N. Scheiber, "A Find at Gap: Steady Hours Can Help Workers, and Profits," *New York Times online*, March 28, 2018; and R. Abrams, "Gap Says It Will Phase Out On-Call Scheduling of Employees," *New York Times Online*, August 26, 2015.

59. J. T. Marquez, "The Future of Flex," *Workforce Management Online*, January 2010.

60. S. Greenhouse, "Work-Sharing May Help Companies Avoid Layoffs," *New York Times Online*, June 16, 2009.

61. R. King, "Meet the Microworkers," *Bloomberg BusinessWeek Online*, February 1, 2011; and R. King,

"Mechanical Serfdom Is Just That," *Bloomberg BusinessWeek Online*, February 1, 2011.

62. K. Bennhold, "Working (Part-Time) in the 21st Century," *New York Times Online*, December 29, 2010; and J. Revell, C. Bigda, and D. Rosato, "The Rise of Freelance Nation," *CNNMoney*, cnnmoney.com, June 12, 2009.

63. Revell, Bigda, and Rosato, "The Rise of Freelance Nation."

64. Ibid.

65. H. G. Jackson, "Flexible Workplaces: The Next Imperative," *HR Magazine*, March 2011, p. 8; E. Frauenheim, "Companies Focus Their Attention on Flexibility," *Workforce Management Online*, February 2011; P. Davidson, "Companies Do More with Fewer Workers," *USA Today*, February

23, 2011, pp. 1B+; M. Rich, "Weighing Costs, Companies Favor Temporary Help," *New York Times Online*, December 19, 2010; and P. Davidson, "Temporary Workers Reshape Companies, Jobs," *USA Today*, October 13, 2010, pp. 1B+.

66. Twitter.com, United Airlines, @united, March 26, 2017.

67. D. Victor and M. Stevens, "United Airlines Passenger Is Dragged from an Overbooked Flight," *New York Times Online*, April 10, 2017.

68. C. Drew, "United Takes Added Steps to Win Back Customers and Avoid More Ugly Events," *New York Times Online*, April 27, 2017.

69. M. Salam, "Security Officers Fired for United Airlines Dragging Episode," *New York Times Online*, October 17, 2017.

70. H. Baskas, "A Couple Headed

to Their Wedding Says United Kicked Them Off the Plane," www.nbcnews.com, April 17, 2017.

71. L. Stack, "United Airlines Apologizes after Dog Dies in Overhead Compartment," *New York Times Online*, March 13, 2018.

72. A. Hartung, "Why United Airlines Abuses Customers: The Risks of Operational Excellence," *Forbes Online*, April 10, 2017.

73. M. Locker, "Making America Great Again in Space Won't Just Be a Job for NASA," *Fast Company Online*, January 3, 2018; and NASA Strategic Plan 2014, https://www.nasa.gov/sites/default/files/files/FY2014_NASA_SP_508c.pdf.

74. S. Silbermann, "How Culture and Regulation Demand New Ways to Sell," *Harvard Business Review*,

July/August 2012, pp. 104–05; P. Miller and T. Wedell-Wedellsborg, "How to Make an Offer That Managers Can't Refuse?" *IESE Insight*, second quarter, no. 9 (2011), pp. 66–67; S. Hernández, "Prove Its Worth," *IESE Insight*, second quarter, no. 9 (2011), p. 68; T. Koulopoulos, "Know Thyself," *IESE Insight*, second quarter, no. 9 (2011), p. 69; M. Weinstein, "Retrain and Restructure Your Organization," *Training*, May 2009, p. 36; J. McGregor, "The Chore Goes Offshore," *BusinessWeek*, March 23 & 30, 2009, pp. 50–51; "Pfizer: Making It 'Leaner, Meaner, More Efficient,'" *BusinessWeek Online*, March 2, 2009; and A. Cohen, "Scuttling Scut Work," *Fast Company*, February 2008, pp. 42–43.

8

경영학의

신화

잘못된

회사가
대졸 신입사원을
뽑을 때 가장 중요한
것은 학점이다.

경영학의
신화 바로잡기!
잘못된

졸업 후에 좋은 직장을 얻는 것은 쉽지 않다.

그러나 연구 결과에 따르면 좋은 직장을 얻는 것이

어렵지 않을 수 있다. 좋은 성적을 받고 인턴십을 많이 하면 된다.[1]

좋은 성적이 중요하지만, 기업이 대학 졸업생에게

원하는 유일한 요소가 좋은 성적만은 아니기 때문에

열심히 숙제하고 공부하지 않아도 될 거라는 당신의 생각은

일부 옳을지도 모른다. 당신은 무엇을 해야 할까?

입사 지원에 도움을 줄 수 있는 인턴십 기회를 적극적으로

찾는 동시에 학점에 신경을 써야 한다.

채용 담당자들은 어떤 역량을 갖춘 사람을 찾는가?[2] 그들은 문제 해결 능력, 팀에서 함께 일할 수 있는 능력, 서면 의사소통 능력, 리더십, 강한 직업윤리, 분석적/계량적 능력, 구두 의사소통 능력, 진취성, 꼼꼼함, 유연성/적응력, 기술력, 대인관계 기술 등 우리가 중요하다고 강조하는 능력들을 갖춘 사람을 찾을 것이다. 기업은 비즈니스에서 성공하기 위해 인재를 필요로 한다. 일단 조직 구조가 마련되면, 기업은 새로운 직무 혹은 공석이 된 직무를 수행할 사람을 찾는다. 바로 이때 인적자원 관리 (human resource management, HRM)가 필요하다. 인적자원 관리는 적시적소에 적정한 인원을 배치하는 것과 관련된 중요한 업무이다. 이 장에서는 관리자가 인적자원 관리를 수행하는 데 사용하는 프로세스(취업 지원자 모집, 면접 및 평가, 신입사원 적응 지원, 교육훈련, 직원 성과 평가 등)를 살펴본다. 또한 관리자가 당면한 오늘날 인적자원 관리 문제들과 더불어 다양성과 포용이 인적자원 관리 프로세스에 어떤 영향을 미치는지 살펴본다. ●

학습목표

8-1 인적자원 관리 프로세스의 핵심 구성요소와 영향 요인을 이해한다.

8-2 인재에 대한 규정 및 선발과 관련한 과업에 대해 토의한다.

8-3 종업원이 필요한 기술과 지식을 어떻게 공급받는지 설명한다.

8-4 유능하고 성과가 높은 종업원을 유지하기 위한 전략을 이해한다.

8-5 최근의 인적자원 관리 문제를 토의한다.

8-6 인력 다양성과 포용이 무엇이며, 인적자원 관리 프로세스에 어떠한 영향을 주는지 설명한다.

인적자원 관리 프로세스와 영향 요인은 무엇인가?

8-1 인적자원 관리 프로세스의 핵심 구성요소와 영향 요인을 이해한다.

식료품 체인점들은 아마존닷컴(그리고 홀푸드마켓 구매)과의 경쟁이 치열해지면서 경쟁력을 유지할 수 있는 방법을 찾고 있다. 예를 들어 크로거(Kroger Co.)는 2,800개의 슈퍼마켓에서 고객 서비스와 효율성을 높이기 위해 11,000명의 직원을 고용하고 있다.[3] 전략? 사람들에게 투자해야 아마존과 더 나은 경쟁을 할 수 있다.

조직의 품질은 넓은 의미에서 조직이 고용하는 사람들의 품질에 의해 결정된다. 조직의 성공은 회사의 전략적 목표 달성에 필요한 업무를 성공적으로 수행할 수 있는 기술을 가진 종업원을 확보하는 데 달려 있다. 충원과 인적자원 관리 의사결정은 인재를 확보하고 유지하는 데 영향을 주기 때문에 매우 중요하다.

이를 실행하는 것이 바로 **인적자원 관리**(human resource management, HRM)이다. 그림 8.1에는 8개의 활동 혹은 단계(초록색 상자)가 있는데, 이 모든 단계가 적절히 실행된다면 조직은 오랫동안 지속적인 성과를 낼 수 있는 유능한 고성과 인력을 확보할 수 있다.

조직의 전략이 수립되고 조직 구조가 설계되었다면, 이제 인재를 확보해야 한다. 그것은 인적자원 관리가 수행해야 하는 가장 중요한 역할이고 왜 인적자원 관리가 조직에서 중요한지를

인적자원 관리
유능한 종업원의 확보, 교육·훈련, 동기부여

그림 8.1   인적자원 관리 프로세스

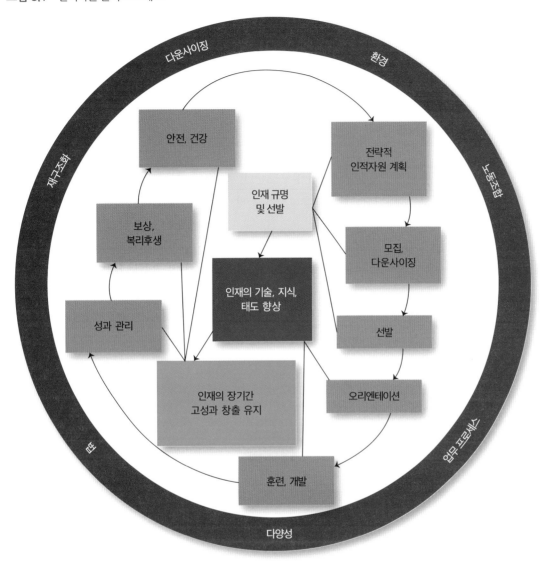

보여준다. 인적자원 관리의 첫 단계는 고용계획으로 여기에는 세 가지 활동, 즉 모집을 통한 인력 확보, 다운사이징을 통한 인력 감축, 선발이 있다. 이들 활동이 적절히 이루어지면 경쟁력 있는 종업원을 규명하고 선발함으로써 조직의 전략적 목표를 달성할 수 있을 것이다.

일단 조직이 원하는 사람을 선발했다면 그들이 조직에 적응하도록 도울 필요가 있고 그들의 직무기술과 지식을 활용할 수 있도록 도와주어야 한다. 이를 위해 오리엔테이션과 훈련, 개발이 필요하다. 인적자원 관리 프로세스의 마지막 단계는 성과목표를 설정하고, 종업원이 높은 성과를 유지하도록 돕는 것이다. 성과 평가, 보상, 복지후생 등이 여기에 포함된다. (인적자원 관리는 안전과 건강 이슈를 포함하지만, 안전과 건강 문제는 여기에서 다루지 않기로 한다.) 이러한 활동이 적절히 이루어진다면 오랫동안 높은 성과를 유지할 수 있는 능력 있는 고성과 인력을 충원할 수 있을 것이다.

인적자원 관리＝능력 있는 인재를 적재·적소·적시에 배치하는 것

그림 8.1에서 보듯이 전체 고용 프로세스는 외부 환경에 의해 영향을 받는다. 기업 경영에 직접적으로 영향을 미치는 많은 요인을 4장에서 다루었다. 그러한 요인은 인적자원의 관리에도 커다란 영향을 미친다. 왜냐하면 조직에 어떤 일이 일어난다는 것은 곧 종업원에게 어떤 일이 일어나는 것이기 때문이다. 그래서 인적자원 관리 프로세스를 다루기 전에 그러한 프로세스에 영향을 주는 외적 요인인 법적 환경을 살펴보고자 한다.

인적자원 관리의 법적 환경은 무엇인가?

인적자원 관리는 각국마다 다른 법적인 제약을 받고 있다. 국가, 시, 도, 특정 지역의 규제는 국가별로 마련된 구체적인 관행에 영향을 준다. 결국 법적 환경과 관련된 모든 정보를 확보할 수는 없다. 다만 경영자로서 법적으로 무엇을 할 수 있고 무엇을 할 수 없는지 아는 것이 중요할 것이다.

미국의 주요 법들은 인적자원 관리에 어떤 영향을 주는가?   1960년대 중반부터 미국 연방정부는 수많은 법과 규제를 제정함으로써 인적자원 관리에 대한 영향력을 확대했다(그림 8.2 참조). 비록 최근에는 연방정부가 많은 법률을 제정하지는 않지만, 많은 주에서 연방법률 조항에 추가하는 법률이 통과되었다. 예를 들어 오늘날 많은 주가 성별을 기준으로 차별하는 것을 불법으로 규정했다. 기업은 입사 지원자와 직원에게 균등한 고용기회를 보장해야 한다. 누구를 채용할지, 어떤 종업원을 경영교육 프로그램에 선발할지에 대한 의사결정은 인종, 성별, 종교, 나이, 피부색, 민족, 장애 여부와 상관없이 이루어져야 한다. 특별한 상황만 예외가 인정될 수

그림 8.2   미국의 주요 인적자원 관리 관련 법률

법률/규제	연도	내용
고용기회 평등과 차별		
■ 동일임금법	1963년	성별을 기준으로 동일 직무에 대해 임금 차별을 금지함
■ 시민권법 제7조	1964년(1972년 개정)	인종, 피부색, 종교, 민족, 성별에 근거한 차별을 금지함
■ 연령 차별 금지법	1967년(1978년 개정)	40세 이상의 종업원에 대한 연령 차별을 금지함
■ 재활법	1973년	육체적·정신적 장애를 근거로 한 차별을 금지함
■ 미국 장애인법	1990년	신체적·정신적 장애나 만성 질병을 가졌지만 기본적으로 자격을 갖춘 개인들에 대한 차별을 금지함
보상/복리후생		
■ 근로자의 조정 및 재훈련통지법	1990년	100명 이상의 근로자가 있는 회사는 고용주가 직장 폐쇄 또는 대량 해고할 때 60일 전에 사전 공고하도록 함
■ 가족 및 의료 휴가법(FMLA)	1993년	50인 이상 근로자를 고용한 회사는 가정생활과 건강상의 이유가 있을 경우 매년 12주의 무급 휴가를 줌
■ 건강보험 양도 및 책임에 관한 법	1996년	종업원의 보험을 다른 사람에게 양도하는 것을 허용함
■ 릴리 레드베터 평등임금법	2009년	임금 차별을 받은 근로자들이 소송을 제기할 수 있는 기간을 임금 결정 뒤 180일 이내로 단축함
■ 환자보호 및 부담적정보험법(PPACA)	2010년	포괄적인 건강보험 개혁을 실시하는 의료 서비스 규제
건강/안전		
■ 직업안전 및 보건법(OSHA)	1970년	모든 조직은 건강 기준을 수립하도록 의무화함
■ 사생활 보호법	1974년	종업원에게 자신과 관련된 추천서를 검토할 권리를 부여함
■ 총괄예산조정법(COBRA)	1985년	퇴직 이후에도 회사가 직원의 건강보험을 일정 기간 유지해야 함

출처: Robbins, Stephen P., Coulter, Mary, *Management*, 13th Ed., © 2016, p. 341. Reprinted and electronically reproduced by permission of Pearson Education, Inc., New York, NY.

있다. 예를 들면 소방관을 채용할 때 휠체어를 탄 지원자를 거부할 수 있다. 하지만 같은 사람이 소방서 차량 배치 담당 업무 같은 사무직에 지원한다면 신체장애가 고용 거부의 이유가 될 수 없다. 하지만 이와 관련한 이슈들은 명쾌하지 않은 경우가 많다. 예를 들면 고용법은 어떤 종업원이 종교적 신념으로 특정 스타일의 옷—예복, 긴 셔츠, 긴 머리 등—을 입는 것을 허용하도록 법적으로 보호하고 있다. 하지만 특정 스타일의 옷이 작업(예: 기계를 다루는 작업)에 위험하다면 회사는 안전한 옷을 입을 것을 요구할 수 있고, 이를 받아들이지 않는 개인을 채용하지 않을 수 있다.

'해야 한다와 해서는 안 된다' 간의 법적 균형을 잡는 문제가 가끔 **차별 철폐 프로그램**(affirmative action program)의 영역에서 발생한다. 미국의 기업은 소수민족이나 여성과 같은 보호집단 구성원의 고용, 승진, 유지를 보장하기 위한 차별 철폐 프로그램이 있다. 기업은 차별을 금지하고 보호집단 구성원의 지위를 실질적으로 높일 방법을 찾고 있다.

법적 제약을 준수해야 하기 때문에 미국의 경영자는 누구를 채용하고 승진시키고 해고할지 선택할 때 완전히 자유롭게 의사결정을 할 수 없다. 이러한 규제가 고용 차별과 불공정한 고용 관행을 줄이는 데 큰 도움이 되긴 하지만 동시에 경영진의 인적자원 의사결정의 자율성을 감소시킨다.

인적자원 관리 법률은 전 세계적으로 동일한가? 그렇지 않다. 각 지역마다 적용되는 법률과 규제를 알 필요가 있다. 게다가, 다국적 기업 관리자들은 지사가 있는 모든 나라의 직원들에게 적용되는 다양한 법을 이해해야 한다. 예를 들어 아일랜드에 본부를 둔 라이언에어(Ryanair)는 일반적으로 조종사 및 객실 승무원을 고용할 때 그들이 어디에 살든 아일랜드 노동계약에 따른다. 결과적으로, 라이언에어의 관리자들은 다양한 국가에서 아일랜드 노동계약에 맞는 업무를 수행해야 한다. 2014년, 아일랜드 근로계약을 기준으로 고용한 프랑스 근로자들에 대한 사회보장 및 연금 지급과 관련해 법원 항소심에서 패소했고, 프랑스에 막대한 벌금을 지불했다. 라이언에어는 아일랜드 근로계약을 기준으로 모든 사회적 대금을 지불했지만, 프랑스 법에 따른 사회적 대금에 비해 그 금액이 적어 법정 싸움에 휘말리게 되었다.

국가들은 서로 법률이 크게 다를 뿐만 아니라 기존 법률도 수시로 갱신되거나 변경된다. 스

차별 철폐 프로그램
보호집단 구성원의 고용, 승진, 유지를 높이는 의사결정과 관행을 보장하는 프로그램

◄◄◄ 과거에서 현재까지 ►►►

과학적인 작업장 연구

휴고 뮌스터버그(Hugo Munsterberg)는 산업심리학 분야의 선구자로 '이 분야를 개척했다'고 할 수 있다.[4] 프레더릭 테일러와 과학적 관리 운동의 홈모자로서 뮌스터버그는 '테일러는 산업 세계가 간과할 수 있었던 가장 가치 있는 제안들을 한 사람'이라고 이야기했다. 테일러의 업적을 설명하면서 뮌스터버그는 '경제적 생산을 위해서 작업자들을 효율적으로 활용하는 것의 중요성'을 강조했다. 성과를 높이고 근로자의 행복을 위해 조직이 가야 할 길을 보여주고 있는 그의 연구와 업적은 1900년대 초 새롭게 등장했던 경영학 영역에 기초가 되었다.

오늘날 산업조직심리학은 작업장에서의 과학적 연구로 정의된다. 산업조직심리학자들은 작업장 문제에 대한 지식을 얻을 때 과학적 원리 및 연구를 기초로 사용한다. [산업조직심리학회(www.siop.org)를 참조하라.)]

그들은 직무 성과, 직무 분석, 성과 평가, 보상, 직장-생활 균형, 작업표본 검사, 종업원 훈련, 고용법, 인력 모집 및 선발 등의 조직 문제를 연구한다. 그들의 연구는 우리가 인적자원 관리라고 부르는 분야에 큰 기여를 하고 있다. 이들 연구는 뮌스터버그에 의해 이루어진 초기 연구에서 비롯되었다.

토의문제

1 과학적으로 작업장을 연구하는 것이 왜 중요한가?

2 오늘날 과학적으로 작업장을 연구하는 것이 뮌스터버그 시대에 연구하는 것보다 더 쉽다고 생각하는가? 그 이유는 무엇인가?

제너럴 일렉트릭(GE)은 전 세계 130개국에서 경영 활동을 하기 때문에 서로 다른 노동법을 준수해야 하는 다국적 기업이다. 사진에서 보듯이 GE는 베트남에서 풍력발전용 터빈 공장을 운영하면서 베트남 근로자를 고용하고 있다. 베트남은 1994년에 최초로 노동법이 제정되었는데, 이 법에는 종업원들에 대한 강력한 보호가 담겨 있다.

웨덴에서는 남성들의 육아휴직을 장려하기 위해 남성 유급 육아휴직 금액이 수년간 증가했다. 현재 부부가 함께 사용할 수 있는 유급 육아휴직 일수는 480일이다. 또 하나의 변화는 기업의 내부 고발자에 대한 보호를 강화해 기업이 내부 고발 직원에게 보복을 해서는 안 된다는 것이다. 또한 기업은 직원들이 내부적으로 위반 사항을 보고할 수 있도록 내부 시스템을 구축해야 한다. 스웨덴에서 사업을 하는 기업 경영자들은 이러한 변화에 대해 잘 알고 있어야 문제가 발생했을 때 즉각적인 조치를 취할 수 있다.

싱가포르 노동부는 고용법, 퇴직 및 재취업법 등 법률이 정하는 인적자원 관리 관행을 규제하고 감독한다. 이들 법률은 근로자의 최저 연령, 고용 조건, 세부 급여 항목, 육아휴직, 정년 및 고령 근로자의 급여를 결정한다. 싱가포르에서는 정년퇴직 연령을 연장하는 법이 통과되었는데 이는 직원들이 나이가 들어도 계속 일하기를 원하고, 일할 능력이 있으며, 회사는 이들 근로자의 지식, 경험 및 기술을 활용할 필요성이 있음을 반영한 것이다.

호주의 노동 및 산업관계법은 생산성을 높이고 노동조합의 힘을 줄이기 위해 20년 전에 정비되었다. 직장관련법은 회사가 급여, 근로시간 및 복리후생에 대해 직원과 직접 협상할 수 있도록 많은 유연성을 제공한다. 또한 노사관계와 관련된 연방 규제를 단순화했다. 2015년 공정근로법 개정안은 유급가족휴가를 확대했다. 이 법은 근로자가 무급 육아휴직 연장 요청을 했을 때 회사가 근로자와 이 문제를 논의할 수 있는 합리적인 기회를 주지 않는 한 근로자가 요청한 무급 육아휴직 연장을 거부할 수 없다고 규정했다.[5]

인재를 어떻게 규정하고 선발하는가?

8-2 인재에 대한 규정 및 선발과 관련한 과업에 대해 토의한다.

엔진 및 장비 부품 제조 회사인 우드워드(Woodward Inc.)는 '부모의 밤'을 열어 이들 부모의 자녀들에 대한 취업기회를 알림으로써 젊은 직원을 확보하고자 했다. 다른 많은 제조회사들과 마찬가지로 우드워드도 앞 다투어 인력 확보에 열을 올렸다.[6]

모든 조직에는 일이 있고, 그 일을 해야 할 사람이 필요하다. 조직은 일할 사람을 어떻게 확보할까? 보다 중요한 것은 어떻게 유능한 인재를 확보할 수 있을까? 인적자원 관리의 첫 번째 프로세스에는 세 가지 과업이 있는데, (1) 고용계획, (2) 모집과 다운사이징, (3) 선발이 그것이다.

1 고용계획이란?

**공급과 수요는 꼭 경제학적 용어만은 아니다 –
인적자원 관리에서도 중요한 개념이다.**

- 페이스북, 트위터, 구글과 같이 먼저 자리를 잡은 기업들이 지속적인 사업 성장을 위해서 인력을 늘려 나가는 것처럼 실리콘 밸리의 인터넷 창업 기업들 역시 앞 다투어 인재를 확보하기 위해 치열한 경쟁을 벌인다.
- 최근의 경기 침체기 동안 보잉은 민간여객기 부문에서 3,000개 이상의 일자리를 줄였다. 같은 기간에 방위산업 부문 인력을 106명 늘렸으며, 수백 명을 더 채용하고자 한다.[7]

많은 기업이 인적자원의 수요–공급을 균형 있게 맞추기 위해 많은 노력을 기울이고 있다.

고용계획(employment planning)은 적절한 수의 인재를 적재·적소·적시에 배치하는 프로세스이다. 고용계획을 통해 배치된 인재는 전사적인 조직 목표 달성에 필요한 업무들을 효과적이고 효율적으로 수행할 능력을 갖고 있다. 따라서 고용계획이란 조직의 사명과 목표를 개인적인 계획으로 바꾸어주는 것이다. 고용계획은 두 단계, 즉 (1) 현재 인적자원과 미래 인적자원 수요의 평가와 (2) 인적자원 수요를 충족하기 위한 계획의 개발로 요약된다.

종업원 평가를 어떻게 하는가?　경영진은 먼저 현재의 인적자원 상황을 자세히 살펴보아야 한다. 이러한 검토를 위해 대부분의 경우 **인적자원 목록**(human resource inventory)을 만든다. 정교한 컴퓨터 시스템을 활용하는 시대를 맞이해 인적자원 목록을 정리하는 것은 그리 어려운 작업이 아니다. 이 목록을 만들기 위해서 종업원이 특정 양식에 자신의 정보를 입력한다. 목록에 포함되는 내용은 이름, 학력, 이수한 훈련, 전 직장, 사용 가능 언어, 역량, 전문기술 등이다. 이 목록은 경영진이 종업원의 어떤 재능과 기술을 사용할 수 있는지 평가할 수 있도록 정보를 제공한다.

평가의 또 다른 방법은 **직무 분석**(job analysis)이다. 인적자원 목록은 경영자에게 종업원이 무엇을 할 수 있는지를 말해주는 것이다. 반면에 직무 분석은 더 근본적인 정보를 준다. 직무 분석은 업무 흐름을 분석해 업무 수행에 필요한 기술과 행동을 규명하는 것이다. 예를 들어 월스트리트저널에서 일하는 국제부 기자는 무슨 일을 하는가? 그 일을 제대로 수행하기 위해 필요한 최소한의 지식, 기술, 능력은 무엇인가? 국제부 기자의 직무 수행 자격요건은 국내 뉴스 취재기자 또는 신문 편집자와 어떻게 다른가? 직무 분석은 이 질문에 답을 제공할 수 있다. 궁극적으로 직무 분석의 목적은 각 직무의 성공적인 수행을 위해 필요한 지식, 기술, 태도를 규명하는 데 있다. 이러한 정보는 직무 기술서와 직무 명세서를 개발하거나 수정하는 데 사용된다.

고용계획
적절한 수의 인재를 적재·적소·적시에 배치하는 프로세스

인적자원 목록
이름, 학력, 이수한 훈련, 기술, 사용 가능 언어 등 종업원에 대한 중요한 정보를 담은 보고서

직무 분석
직무를 정의하고 직무를 수행하는 데 필요한 행동을 평가하는 것

직무 기술서
직무를 묘사한 서면 양식

직무 명세서
재직자가 주어진 직무를 성공적으로 수행하기 위해 반드시 갖춰야 하는 최소한의 자격을 규정한 것

모집
유능한 지원자를 발굴·식별해 지원하도록 유도하는 것

직무 분석이 왜 중요한가?

직무 분석의 결과물: 직무 기술서 → 직무에 대한 묘사

직무 명세서 → 사람에 대한 묘사

직무 기술서(job description)는 직무 수행자가 무엇을, 어떻게, 왜 그 일을 하는지에 대해 쓴 진술서이다. 여기에는 직무 내용, 고용 환경과 상황이 묘사되어 있다. **직무 명세서**(job specification)는 재직자가 주어진 직무를 성공적으로 수행하기 위해서 반드시 갖춰야 하는 최소한의 자격을 규정하고 있다. 여기에는 직무를 효과적으로 수행하는 데 필요한 지식, 기술, 태도가 표현되어 있다. 직무 기술서와 명세서는 경영자가 모집과 선발을 시작할 때 활용하는 중요한 문서이다. 예를 들어 직무 기술서는 지원자가 해야 할 직무가 무엇인지 파악할 때 이용할 수 있다. 직무 명세서는 재직자가 직무를 수행하는 데 필요한 자격조건이 무엇인지를 경영자에게 알려주고, 지원자가 그 자격을 갖추었는지를 판단하는 기준이 된다. 그러므로 이들 두 문서에 포함된 정보에 기초해서 고용이 이루어진다면 고용 과정에서의 차별 문제가 발생하지 않는다.

미래의 종업원 수요를 어떻게 결정하는가?   미래의 인적자원은 조직의 전략적 방향성에 의해 결정된다. 인적자원 수요는 조직의 제품과 서비스의 수요에 대한 결과이다. 즉 총수익의 추정치에 기초해 경영진은 그 수익을 얻기 위해 어떤 인적자원을 얼마나 확보할지를 결정한다. 그러나 어떤 경우에는 수익이 인적자원 수요를 결정한다기보다 인적자원의 상황이 수익을 결정할 때도 있다. 특정 기술이 필요하고 공급이 적은 상황에서는 얼마나 적절하게 인적자원을 운용하는가 하는 것으로 수익이 결정된다. 예를 들어 풍부한 비즈니스 기회를 가진 고급 노인 보호시설 체인의 관리자들은 시설 거주자의 요구를 충분히 충족할 수 있는 자격 있는 간호 인력을 고용할 수 있느냐 없느냐에 따라 수익이 결정된다. 하지만 대부분의 경우 전사적인 조직 목표와 수익은 조직의 인적자원 요구를 결정하는 중요한 요소이다.

현재의 역량과 미래의 요구를 모두 평가한 후에 경영진은 모자라는 인력 숫자와 유형을 추정하고 아울러 인력이 불필요하게 많은 부분이 어디인지를 발견한다. 그다음에는 미래 인력 공급 예측에 부합하도록 프로그램을 준비한다. 고용계획을 통해서 현재의 충원 요구에 대한 지침을 제공할 뿐만 아니라 미래 종업원 요구와 활용 가능성을 설계할 수 있다.

2A 종업원 모집을 어떻게 하는가?

경영자가 종업원의 수준이 지나치게 높은지, 지나치게 낮은지를 알게 되었다면 이제 무언가를 해야 할 것이다. 만약 빈자리가 하나 혹은 그 이상 있다면 직무 분석을 통해 모은 정보를 활용해 **모집**(recruitment) 활동에 나서야 한다. 반면에 고용계획 인력이 초과 상태라면 경영진은 노동 공급을 줄이기를 원하며, 다운사이징이나 해고 활동을 시작할 것이다.

탁월한 인재가 필요하다!

그렇다면…인재를 어떻게 확보하는가?

어디에서 지원자를 모집하는가?   여러 가지 모집 방법이 있지만, 인터넷은 구직자를 모집하는

표 8.1 모집 원천

원천	장점	단점
인터넷/소셜미디어	다수의 지원자 확보, 즉각적인 피드백 모집자의 92%는 잠재적 지원자를 찾을 때 소셜 미디어를 활용함[10]	다수의 미자격자 지원
종업원 추천	현직 종업원에 의한 지식 제공, 추천자를 심사숙 고해 추천하기 때문에 훌륭한 지원자 확보	종업원의 다양성 확보 어려움
기업 웹사이트	광범위한 홍보	다수의 미자격자 지원
대학 리크루팅	대규모 집중화된 지원자 집단 활용	신입사원 직위로 제한
전문 직업소개소	산업 특성과 요구에 대한 이해 수준 높음	특정 기업에 대한 몰입도 낮음

출처: Robbins, Stephen P., Coulter, Mary, *Management*, 13th Ed., © 2016, p. 346. Reprinted and electronically reproduced by permission of Pearson Education, Inc., New York, NY.

인기 있는 방법이 되었다. 표 8.1에 몇 가지 가이드라인이 나와 있다. 모집 원천은 지역 노동 시장, 직위 형태와 수준, 조직의 규모 등을 반영한다.

특정 모집 원천이 우수한 지원자를 모집하는가? 대부분의 연구는 종업원 추천이 가장 적합한 지원자를 찾는 방법이라고 주장한다.[11] 이유가 무엇인가? 첫째, 현직 종업원의 추천이므로 일차적으로 현직 종업원에 의한 지원자의 사전 심사가 가능하다. 추천인은 피추천인의 직무 및 인간적 측면에 대해 잘 알고 있기 때문에 양질의 지원자를 추천할 수 있다.[12] 둘째, 현직 종업원은 추천이 조직 내 자신에 대한 평판에 큰 영향을 준다고 느끼기 때문에, 그들은 추천으로 인해 자신에게 나쁜 영향이 있지 않을 것이라고 확신할 때만 추천한다. 그러나 회사가 언제나 종업원 추천 지원자를 선택하는 것은 아니다. 왜냐하면 종업원 추천은 종업원의 다양성을 높이는 데 도움이 되지 않기 때문이다.

2B 경영자는 해고 문제를 어떻게 다루는가?

코카콜라는 1,600~1,800명가량의 인력을 해고했다.[13] 아메리칸 익스프레스는 중·장기 수익 성장률 목표를 달성하지 못해 4,000명을 해고했으며,[14] 이베이는 경영 환경 변화에 적응하기 위해 전 직원의 7%에 달하는 2,400명을 해고했다.[15]

지난 10년 동안 정부 조직과 중소기업을 포함한 많은 글로벌 조직이 인력 규모를 줄이거나 조직 내 기술 구성을 재구조화했다. 즉 다운사이징은 급변하는 환경의 요구에 대응하는 적절한 수단이 되었다.

다운사이징 대안은 무엇인가? 해고가 하나의 대안이긴 하지만, 다른 선택 대안이 조직에 더 유익할 수도 있다. 표 8.2는 경영자의 다운사이징 선택 대안을 요약한 것이다. 주목할 점은 어떤 방법을 선택하더라도 종업원은 괴로울 것이라는 사실이다. 이 장의 뒷부분에서 다운사이징의 희생자와 생존자에 대해 보다 자세히 논의할 것이다.

3 선발을 어떻게 하는가?

일단 모집 노력을 통해 지원자 풀을 확보하면 다음 단계는 누가 직무 수행에 가장 적합한 자

선발 과정
가장 적합한 지원자가 고용되도록 직무 지원자를 가려내는 활동

표 8.2 다운사이징 선택 대안

대안	설명
해고	영구적인 비자발적 퇴직
일시해고	일시적인 비자발적 퇴직으로 며칠 또는 몇 년간 지속됨
자연 감소	자발적인 사직이나 정상적인 은퇴에 의해 발생한 빈자리를 채우지 않음
이전	종업원을 수평 또는 하향 이동시킴. 비용이 감소하지는 않지만 조직 간 수요-공급 불균형을 줄일 수 있음
근무시간 단축	주당 근무시간을 줄이고, 직무를 공유하고, 파트타임으로 직무를 수행함
조기퇴직	연장자 또는 장기 근무자에게 정년 이전 퇴직 시 인센티브를 줌
일자리 공유	2명의 파트타임 직원이 1명의 정규직 업무를 수행함

격을 가졌는지 결정하는 것이다. 기본적으로 **선발 과정**(selection process)은 예측 활동이다. 그것은 어느 구직자가 채용 후 '성공적'일지 예언하는 것이다. 즉 어떤 지원자가 조직이 사용하고 있는 종업원 평가 방식하에서 좋은 평가를 받을지를 예측하는 것이다. 예를 들어 네트워크 관리자를 선발하는 과정을 살펴보면 그것은 컴퓨터 네트워크를 적절하게 초기화하고, 오류를 찾아 해결하는 등 조직의 컴퓨터 네트워크를 누가 잘 관리할 수 있는지를 예측하는 과정이다. 판매사원을 선발하기 위해서는 어느 지원자가 가장 판매를 잘할지 예측해야 한다. 잠시 그림 8.3의 네 가지 결과를 가져오는 선발 과정은 무엇인지 생각해보자. 네 가지 결과물 중 2개는 올바른 결정이고, 2개는 잘못된 선택이다.

올바른 결정은 (1) 지원자가 성공적으로 직무를 수행할 것으로 예측해서 선발했는데 고용 후 직무 수행 역시 성공적인 것으로 판명되거나 (2) 구직자가 성공적으로 직무 수행을 하지 못할 것으로 예측되어 탈락시켰는데 실제로 직무를 제대로 수행하지 못한 경우이다. 전자의 경우 우리는 성공적으로 채택한 것이고, 후자의 경우 성공적으로 기각한 것이다. 그러나 채용하면 성공적으로 일할 사람을 탈락시켰거나(기각 오류), 고용한다면 직무를 잘 못할 사람을 채용한 경우(채택 오류)에 문제가 발생한다. 이러한 문제는 심각한 결과를 가져올 수 있다. 30여 년 전에는 기각 오류가 선발 과정에 지출한 비용의 문제 정도로 여겨졌다. 그러나 오늘날에는 기각 오류를 범한 기업, 특히 소외집단의 지원자를 타당한 이유 없이 거부한 기업은 고용차별의 법적 책임을 지게 된다. 반면에 채택 오류는 조직에게 상당한 비용을 야기한다. 종업원의

그림 8.3 선발 의사결정 결과

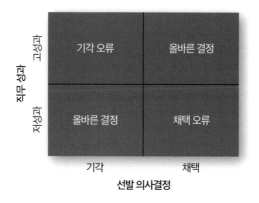

무능함으로 인한 종업원 교육비용을 포함한 추가비용이 발생하고 기업 이익이 줄어든다. 추가 모집과 선발 과정의 비용 역시 발생한다. 따라서 선발 활동의 요점은 기각 오류와 채택 오류를 줄이고 올바른 의사결정에 주력하는 데 있다. 어떻게? 신뢰성 있고 타당성 있는 선발 프로세스를 활용해야 한다.

신뢰성이란 무엇인가? 신뢰성 (reliability)은 선발 도구가 동일한 특성을 일관되게 측정하는지 여부를 말한다. 예를 들어 어떤 테스트가 신뢰성이 있으려면 그 대상을 측정한 개인의 점수는 반복적으로 같은 결과가 나와야 한다. 신뢰성의 중요성은 자명하다. 신뢰성이 낮다면 어떤 선발 도구도 효과적이지 않다. 신뢰성이 낮은 도구를 사용하면 매일 몸무게를 재도 그 결과를 믿을 수 없다. 매번 몸무게를 잴 때마다 5~7kg씩 차이가 난다면 그 저울을 믿을 수 없다. 올바른 예측 도구가 되기 위해서는 선발 도구가 일관성 있어야 한다.

독일 루프트한자 항공은 온라인 포털을 통한 공지 외에 2,800명의 승무원을 신규 채용하기 위해 '캐스팅' 행사를 벌였다. 사진은 한 베테랑 승무원이 캐스팅 세션에서 지원자에게 루프트한자 모자를 씌워주고 있는 모습이다. 이 행사는 약 4,000명의 지원자가 몰려 뜨거운 반응을 보였고, 항공사는 거의 3명당 1명에게 일자리를 제공했다.

Andreas Arnold/AP Images

타당성이란 무엇인가? 지원양식, 시험, 면접, 신체검사 등의 선발 도구는 **타당성**(validity)이 있어야 한다. 예를 들어 휠체어를 탄 사람은 소방관 지원 자격에서 제한받을 수 있다. 소방관 직무를 수행하기 위한 신체적 자격요건 때문에 휠체어를 탄 사람은 신체 지구력 테스트를 통과할 수 없다. 이 경우 고용을 거부하는 것은 타당하다고 할 수 있다. 하지만 운송 업무에서 동일한 신체 지구력 테스트를 하는 것은 직무와 관련이 있다고 볼 수 없다. 실제로 법에서는 성공적이 직무 수행과 직접적인 관련이 없는 선발 도구를 사용하는 것을 금지하고 있다. 결국 회사는 지원자를 차별화하는 데 사용하는 선발 도구가 직무 성과와 관련이 있다는 것을 입증해야 한다.

시험…학교에서만 보는 것이 아니다!

선발 도구로서 시험과 면접이 효과적인가? 경영자는 채택 오류와 기각 오류를 줄이기 위한 수많은 선발 도구를 사용한다. 가장 잘 알려진 도구는 필기시험과 성과 시뮬레이션 시험, 면접이다. 이들 선발 도구를 간단히 살펴보고자 하는데, 특히 직무 성과를 예측하는 타당성을 중심으로 살펴보고자 한다.

일반적인 필기시험은 지능, 적성, 능력, 흥미도를 검사한다. 시험은 시대에 따라 실시하는 빈도의 차이는 있었지만, 오랫동안 선발 도구로 사용되어 온 것은 틀림없다. 필기시험은 제2차 세계대전 이후 광범위하게 사용되었다. 그러나 1960년대 후반부터 선호되지 않았다. 필기

신뢰성
선발 도구가 동일한 특성을 일관되게 측정하는지의 정도

타당성
선발 도구와 적정 기준의 입증된 관계

시험은 종종 차별적인 시험이라는 비판을 받았으며, 많은 조직에서 직무 관련 타당성이 없는 것으로 여겨졌다. 최근 들어 필기시험이 다시 유행했다. 많은 필기시험이 인터넷을 통해 실시되고 있다.[16] 전문가들은 온라인 성격 테스트가 성격, 기술, 인지 능력, 기타 개인 특성 등을 60~70%가량 평가할 수 있다고 보고 있다.[17] 경영자는 잘못된 고용 의사결정이 많은 비용이 든다는 것을 깨달았으며, 잘 설계된 시험이 그런 잘못된 의사결정의 가능성을 줄일 수 있음을 알게 되었다. 게다가 특정 업무를 위한 타당성 있는 필기시험 문제를 개발하는 비용이 현저하게 줄어들었다.

관련 연구에 따르면 지적 능력, 공간 지각 능력, 기계 조작 능력, 인지 능력, 운동 능력 등의 시험은 산업 조직 내 많은 반숙련·미숙련 운영업무의 타당한 예측치로 나타났다.[18] 그러나 지적 능력 등에 대한 측정이 실제 업무 성과와 동떨어질 수 있다는 비판이 계속되었다.[19] 예를 들어 지능시험에서 높은 점수를 획득한 사람이 컴퓨터 프로그래머로서의 업무를 잘 수행해낼 수 있을지는 의문이다. 이러한 비판으로 인해 성과 시뮬레이션 시험이 활용되었다.

애플에서 기술적 서류작업을 해야 하는 지원자를 뽑을 때 그 일에 대해서 말로 묻기보다 기술적 서류작업을 직접 해보는 것이 더 낫지 않은가? 이것이 바로 **성과 시뮬레이션 시험**(performance-simulation test)에 관심이 많아지는 이유이다. 이 시험은 직무 분석 자료에 근거하기 때문에 의심의 여지없이 필기시험보다 직무 관련 자격요건을 충족하는 지원자를 파악하는 데 적합하다. 성과 시뮬레이션은 다른 어떤 대안보다 실제 직무행동과 관련되어 있다. 가장 잘 알려진 성과 시뮬레이션 시험은 작업표본법(직무의 축소 복사판에 의한 평가)과 평가센터법(직무에서 부딪히는 실제 문제의 시뮬레이션)이다. 전자는 일상 업무를 수행하는 사람에게 적합하고, 후자는 관리직 인력에게 적합하다.

성과 시뮬레이션은 전통적인 시험 방법보다 분명히 장점이 있다. 성과 시뮬레이션의 내용이 근본적으로 업무 내용과 동일하기 때문에 단기 업무 성과에 대한 예측을 잘할 수 있다. 또한 고용차별 논란을 없앨 수 있다. 잘 구성된 성과 시뮬레이션 시험은 타당성이 높은 예측 도구이다.

지원서와 함께 면접은 거의 전 세계적으로 사용되는 선발 도구이다. 한 번 또는 그 이상의 면접을 하지 않고 회사에 들어간 사람은 거의 없다. 의아한 것은 그럼에도 불구하고 선발 도구로서 면접의 가치에 대한 논란이 꾸준히 제기되었다는 사실이다.[20]

면접은 신뢰할 수 있고 타당한 선발 도구라고 할 수 있지만, 그렇지 못한 경우도 많이 있다. 면접이 효과적인 예측 도구가 되기 위해서는 아래의 조건이 충족되어야 한다.

- 구조화되어야 한다.
- 잘 조직화되어야 한다.
- 면접자가 적절한 질문을 해야 한다.[21]

그러나 많은 면접에서 이러한 조건이 갖추어지지 않는다. 흔히 지원자가 받는 질문 중에는 면접자가 생각나는 대로 던지는 질문도 있기 때문에 가치 있는 정보를 얻는 데 별로 도움이 되지 않는 경우도 있다. 면접이 잘 구조화되고 표준화되지 않는다면 면접 과정에서 수많은 오류가 발생한다.

그동안의 연구 결과를 정리하면 다음과 같다.

- 지원자에 대한 사전 지식은 면접자의 평가 오류를 가져온다.
- 면접자는 '좋은 지원자란 어떤 사람이다'라는 고정관념을 갖고 있다.
- 면접자는 자신이 갖고 있는 태도와 유사한 지원자에게 점수를 더 준다.
- 지원자가 면접하는 순서는 평가에 영향을 줄 수 있다.
- 면접이 진행되는 동안 정보를 끌어내는 순서는 평가에 영향을 미친다.
- 부정적인 정보에 지나치게 높은 가중치가 부여된다.
- 면접관은 면접의 첫 4~5분 내에 지원자의 적합성 여부에 관한 결정을 한다.
- 면접관은 결정을 한 이후의 면접 내용 중 많은 부분을 잊어버릴 것이다.
- 면접은 지원자의 지성, 동기부여의 정도, 대인관계 능력 등을 파악하는 데 가장 적합한 방법이다.
- 구조화되고 잘 조직된 면접은 비구조화, 비조직화된 것에 비해 훨씬 믿을 만하다.[22]

어떻게 훌륭한 면접자가 될 수 있을까?

경영자를 위한 팁(tip): 더욱 타당성 있고 신뢰성 있게 면접하는 방법

1. 지원자를 평가할 때 도움이 되는 직무 기술서와 직무 명세서를 검토하라.
2. 모든 지원자에게 질문할 구조화된 설문항목을 준비하라.
3. 지원자를 만나기 전에 지원자의 입사 지원서와 이력서를 검토하라.
4. 질문한 후에는 지원자의 대답을 경청하라. 면접을 한 직후에 지원자에 대한 평가서를 작성하라.
5. 인터뷰 내용이 생생하게 기억날 때 지원자에 대한 평가 내용을 기록하라.

최근 현대 조직에서 가장 인기 있는 면접 방식 중 하나는 행동면접 혹은 상황면접이다.[23] 이 유형의 면접에서는 지원자가 무슨 말을 하는지뿐만 아니라 어떤 행동을 하는지도 관찰한다. 먼저 지원자에게 어떤 상황이 제시된다. 때로는 역할연기를 포함한 복잡한 문제 상황이 주어지는데 이때 지원자는 그러한 상황에 적절히 대응해야 한다. 이런 면접 방식은 면접자가 미래의 종업원이 어떻게 행동하고 스트레스 상황에서 어떻게 반응하는지를 볼 수 있게 한다. 행동면접은 지원자가 면접자에게 자신이 한 일에 대해 단순히 말하는 것이 아니라 지원자 자신의 성과를 드러낼 수 있는 프로세스로 구성되어 있다. 실제로 이 분야의 연구는 행동면접이 성공적인 직무 성과를 예측하는 데 다른 방식보다 거의 8배가량 효과적이라고 주장한다.[24]

채용을 '성공적으로 마무리'하려면 어떻게 해야 할까?   면접자가 지원자에게 조직의 좋은 면만 이야기한다면 지원자가 입사한 후 조직에 실망하고 이직할 수도 있다.[25]

거래 마무리하기!

채용 과정 동안 모든 지원자는 회사에 관해 그리고 업무에 관해 기대를 갖게 된다. 지원자에게 지나치게 부풀려진 정보가 제공된다면 회사에 부정적인 영향을 주는 많은 일이 일어날 수 있다—(1) 지원자가 조직에 맞지 않음에도 선발 과정에서 입사를 포기하지 않는다. (2) 부풀려진 정보로 인한 비현실적 기대 때문에 신입사원이 단시간 내에 불만족하고 조기 퇴사하는 일이 생길 수 있다. (3) 신입사원이 예상치 못했던 힘든 업무 현실에 직면했을 때 환멸을

현실적인 직무 소개(RJP)
직무와 회사에 대한 긍정적·부정적 정보를 모
두 제공하는 직무에 대한 간단한 소개

오리엔테이션
신입사원에게 직무와 회사에 대해 소개함

느끼고 조직에 몰입하지 않는 성향을 보인다. (4) 많은 경우 채용 과정에서 자신이 속았다고 생각하고 회사가 자신에게 잘못된 정보를 주었다고 생각한다. 그 결과 문제사원이 되고 만다.

종업원의 직무 만족을 높이고 이직률을 줄이기 위해 **현실적인 직무 소개**(realistic job preview, RJP)를 제공할 필요가 있다.[26] 현실적인 직무 소개에는 직무와 회사에 대한 긍정적, 부정적 정보가 모두 포함되어 있다. 즉 지원자는 면접 중 직무와 회사에 대한 좋은 이야기뿐만 아니라 좋지 않은 것에 대해서도 알게 된다. 예를 들면 근무시간 중 동료와 이야기할 수 없다든지 승진기회가 적은 편이라든지 업무시간이 불규칙해서 종업원이 야근이나 주말 근무를 할 때도 있다는 정보를 얻는다. 연구 결과에 따르면 현실적인 직무 소개를 받은 종업원은 과대정보를 가진 종업원보다 비교적 현실적이고 낮은 직무기대를 하기 때문에 더 나은 업무 수행이 가능하며 좌절할 수 있는 상황에서도 잘 대처해 나가는 경향이 있다. 신입사원의 예기치 않은 퇴직 역시 줄어드는 경향을 보였다. 현실적인 직무 소개는 인적자원 관리에서 너무나 중요한 프로세스이다.

업무의 긍정적인 면만을 소개받은 지원자는 처음에는 조직과 잘 어울리는 것처럼 보인다. 그러나 그 지원자와 조직의 관계는 금방 깨지고, 남는 것은 후회뿐이다.

신입사원을 채용하는 것만큼 인재를 유지하는 것이 중요하다.

종업원에게 필요한 기술과 지식을 어떻게 공급하는가?

8-3 종업원이 필요한 기술과 지식을 어떻게 공급받는지 설명한다.

모집과 선발이 적절히 이루어졌다면 성공적으로 직무를 수행할 수 있는 능력 있는 사람을 채용한 것이다. 하지만 성공적으로 직무를 수행하려면 특정 기술을 보유하는 것 이상이 필요하다. 신입직원은 조직 문화에 적응해야 하고, 조직 목표를 달성하는 데 직무 수행 지식을 습득하고 교육받아야 한다. 이를 위해서 HRM은 오리엔테이션과 교육훈련을 실시한다.

신입사원에게 조직을 어떻게 소개하는가?

신입사원이 선발되면 그에게 직무와 조직을 소개한다. 이러한 소개를 **오리엔테이션**(orientation)이라고 한다.[27] 오리엔테이션의 주목적은 다음과 같다.

• 모든 신입사원이 새로운 업무를 처음 시작할 때 느끼는 불안감을 줄인다.
• 신입사원이 직무, 부서, 회사와 익숙해진다.
• 외부인에서 내부인으로 입장과 생각이 바뀐다.

직무 오리엔테이션: (1) 모집과 선발 단계에서 종업원이 얻은 정보를 확장하는 것이다. (2) 신입사원은 자신에게 주어진 의무와 책임을 명확히 알게 되고 자신의 성과가 어떻게 평가받을지에 대해서도 알게 된다. (3) 신입사원이 업무에 대해 갖고 있을지도 모르는 비현실적인 기대를 수정하는 시간이다.

부서 오리엔테이션: (1) 신입사원이 부서 목표에 익숙하도록 만든다. (2) 신입사원이 부서 목표 달성에 어떻게 기여해야 하는지 명확하게 알려준다. (3) 함께 일할 동료들을 소개한다.

오늘날 직장에서의 경영 기술
소셜과 디지털 HR

HR은 소셜(social)과 디지털 방향으로 흘러갔다.[28] 모바일 기기 사용이 늘면서 비디오나 게임을 활용한 교육이 이루어진다. 예를 들어 75,000명 이상의 회원을 보유하고 있는 부동산 회사인 켈러 윌리엄스(Keller Williams)는 스마트폰과 태블릿을 활용해 2~3분짜리 비디오 자료로 판매나 고객 서비스를 교육한다. 소수의 기술 선도 마케팅 기업은 전통적인 이력서와 직무 인터뷰보다 트윗을 활용하고 있다. '트위터뷰'는 인재 선발 때 사용된다. 어떤 사람은 "웹이 당신의 이력서이다. 소셜 네트워크는 당신에 대한 많은 사람들의 평판이다"라고 말했다. 많은 기업이 소셜 미디어를 인력 모집의 수단으로 활용한다. 소셜 미디어는 기업이 지원자 모집을 위해 사용할 뿐만 아니라 종업원들이 파일, 이미지, 서류, 비디오 등 다양한 자료를 공유하기 위해 사용되고 있다.

디지털 측면에서 볼 때 모집, 선발, 오리엔테이션, 훈련, 성과 평가, 종업원 정보의 저장과 검색 등 기본적인 인적자원 프로세스를 자동화한 소프트웨어를 사용함으로써 인적자원 부서는 비용을 줄이면서 최적화된 서비스를 제공하고 있다. 예를 들어 클리블랜드의 지역은행인 키뱅크(KeyBank)는 입사 후 90일 이내 퇴직률을 줄이고 보다 일관성 있게 구인 의사결정을 하기 위해 가상 '직무적성 시뮬레이션'을 실시했다. 이 시뮬레이션은 쌍방향의 멀티미디어를 활용해 고객에 대한 서비스 제공, 변화에 대한 적응, 팀원에 대한 지원, 절차 준수, 효율적인 업무 수행 등의 역량을 측정한다. 이러한 가상평가를 하기 전에 키뱅크는 신입 텔러가 90일 이내에 퇴사하는 비율이 13%였다. 하지만 가상평가를 실시한 이후 4% 수준까지 떨어졌다.

정보 기술이 가장 의미 있는 영향을 미치는 분야는 교육훈련이다. 미국 교육개발학회에서 실시한 설문조사에 따르면 응답 기업의 95%가 이러닝(e-learning)을 사용하고 있다. 필요한 지식, 기술, 태도를 전달하기 위해 기술을 활용하는 것은 많은 이점이 있다. 일부 연구자가 지적했듯이 이러닝은 훈련비용을 줄인다. 하지만 더 중요한 것은 조직이 사업을 하는 방식을 개선하는 데 있다. 많은 예에서 볼 수 있듯이 실제로 그렇다. 휴렛팩커드에서 단순한 강의실 교육이 아니라 이러닝과 다른 교육 방법을 혼합한 교육이 고객 서비스에 어떠한 영향을 주었는지 예를 들어보자. 교육의 결과 "영업 부서는 고객의 질문에 더 빠르고 정확하게 답할 수 있게 되었으며, 고객과 서비스 제공자의 관계가 개선되었다". 그리고 유니레버는 영업사원들에 대한 이러닝 훈련 이후 매출이 수백만 달러 증가했다.

토의문제

5 HR은 '인간 중심적인' 직무라고 할 수 있는데, 정보 기술의 활용이 인간 중심적 접근을 줄이는가? 그렇게 생각하는/그렇게 생각하지 않는 이유를 제시하라.

6 당신은 대학을 졸업한 뒤 직장에 들어가고 싶어 한다. 온라인 모집과 선발 과정을 거치게 될 텐데, 그때 당신 스스로를 돋보이게 하려면 어떤 준비를 해야 하는가? 당신만의 아이디어를 도출한 뒤 소그룹에서 아이디어를 공유하라. 우선순위로 3개를 골라서 수업시간에 공유할 준비를 하라.

회사 오리엔테이션: (1) 신입사원에게 조직의 목표, 역사, 철학, 절차, 규칙을 알려준다. (2) 근무시간, 임금, 초과근무, 복리후생 등 인적자원 정책을 알려준다. (3) 회사를 돌아다니면서 시설과 공간을 알려준다.

회사는 가능하면 신입사원이 불안해하지 않고 원활하게 조직과 융화될 수 있도록 노력해야 한다. 공식적 혹은 비공식적 오리엔테이션을 통해서 얻는 것은 다음과 같다.

• 신입사원이 편안하게 잘 적응했을 때 외부인에서 내부인으로 바뀌게 된다.
• 낮은 성과를 낼 가능성이 줄어든다.
• 1~2주 만에 갑작스럽게 사표를 내는 신입사원이 생기지 않는다.[29]

종업원 훈련은 어떻게 이루어지는가?

항공사고의 원인은 대체로 비행기가 아니라 사람이다. 대부분의 충돌, 불시착, 기타 항공 재난의 약 4분의 3이 기장이나 항공 관제사의 실수 또는 정비 불량 때문이다. 나머지는 대부분 날씨나 구조적 결함 때문이다.[30] 항공 산업에서 훈련의 중요성을 강조하기 위해 이런 통계를 가끔 인용하곤 한다. 교육훈련의 개선을 통해서 그러한 정비 및 인적 문제로 인한 사고를 예방하거나 큰 폭으로 줄일 수 있다. 10여 년 전에 US 에어웨이 1549편 항공기가 허드슨강에

급작스럽게 불시착했지만 단 한 명의 인명피해도 없었다. 이 비행기의 기장이었던 체슬리 설렌버거(Chesley Sullenberger)는 다행스러웠던 결과의 원인에 대해 모든 조종사와 승무원이 광범위하고 집중적인 교육을 잘 받았기 때문이라고 말했다.[31]

종업원 훈련(employee training)은 업무 수행 능력을 향상시킴으로써 종업원에게 안정적이고 영속적인 변화를 가져다주는 학습 경험이다. 훈련은 기술, 지식, 태도, 행동의 변화를 의미한다.[32] 이러한 변화는 종업원이 무엇을 알아야 하고, 어떻게 일해야 하며, 직무, 동료, 경영자, 조직에 어떤 태도를 가져야 하는지 등의 변화를 포함한다. 예를 들면 미국 기업은 종업원 개발을 위한 공식 과

빌라 벤처 노인주거공동체에서 근무하는 종업원들은 가상치매투어 교육의 인지 활동에 참여하고 있다. 가상치매투어란 알츠하이머 질병과 기타 치매 유형을 이해하기 위해 만든 교육 도구이다. 이 투어는 치매 환자들에 대한 종업원들의 간호 능력을 개선하기 위해 만들어진 훈련이다.

정과 훈련 프로그램에 매년 수십억 달러를 투자한다.[33] 물론 경영진은 언제 종업원을 훈련할지, 어떤 형태의 훈련을 할 것인지를 결정할 책임이 있다.

훈련의 필요성을 결정하려면 몇 가지 질문에 답해야 한다. 만약 이 질문들이 익숙하게 들린다면 당신은 이미 많은 관심을 갖고 있다고 볼 수 있다. 이것은 경영자가 조직의 전략적 목표를 달성하기 위해 조직 구조를 개발할 때 사용하는 정교한 분석 방법이지만, 지금 논의의 초점은 사람에 있다.[34]

언제 훈련이 필요한가?

그림 8.4에 있는 질문은 훈련이 필요한 시기를 알려주는 몇 가지 신호이다. 그 질문의 특징은 조직 성과와 직접적으로 연관된다는 것이다. 직무 성과가 낮다는 것은 생산량의 감소, 낮은 품질, 사고의 증가, 불량품의 증가 등을 의미한다. 직무 성과가 낮으면 종업원의 기술을 조절해야 한다. 경영자는 작업 현장을 끊임없이 발전시키기 위해서 반드시 훈련이 필요하다는 것을 알아야 한다. 직무 재설계 또는 기술혁신을 위해서도 훈련이 필요하다.

종업원은 어떻게 훈련받는가? 대부분 훈련은 업무상에서 일어난다. 왜 그럴까? OJT가 널리 행해지는 것은 단순함과 낮은 비용 때문이다. 그러나 OJT 훈련이 이루어지는 동안 작업장이 혼란스러워지고 훈련 과정상의 실수도 많이 발생한다. 또한 어떤 기술훈련은 업무 현장에서 학습하기 곤란하고 외부에서 학습할 수밖에 없다.

많은 형태의 유용한 훈련 방법이 있다. 그러나 대부분의 경우는 전통적인 훈련 방법과 기술 기반 훈련 방법으로 분류할 수 있다(표 8.3 참조).

훈련이 효과적이라는 것을 어떻게 알 수 있는가? 새로운 훈련 프로그램을 만드는 것은 쉬운 일이다. 그러나 만들어지고 실행된 훈련 프로그램은 적절한 방식으로 평가되어야 한다. 닐 허프만 자동차 그룹(Neil Huffman Auto Group)은 교육훈련 투자수익을 자랑스럽게 여기고 있다. 그들은 훈련에 쓰인 1달러당 230달러의 생산성 증가가 일어났다고 주장한다.[35] 그러나 그

종업원 훈련
업무 수행 능력을 향상시킴으로써 종업원에게 안정적이고 영속적인 변화를 가져다주는 학습 경험

그림 8.4 교육 필요성 결정

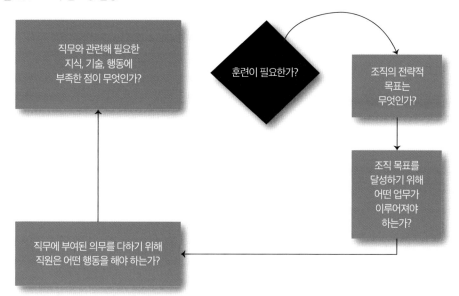

러한 주장은 훈련에 대한 적절한 평가 없이는 불가능했을 것이다.

훈련 프로그램은 어떻게 평가될 수 있는가? 일반적으로 현업 관리자들과 인적자원 관리자, 최근에 훈련 프로그램을 이수한 사람은 훈련에 대한 자신의 의견을 제시하도록 요구받는다. 만약 훈련에 대한 평가가 대체로 긍정적이면 그 프로그램은 호의적인 평가를 얻게 될 것이고 다른 결정이 있을 때까지 조직은 프로그램을 유지할 것이다.

참가자 또는 경영자의 반응으로 훈련을 평가하는 것은 쉬운 일이지만, 그 타당성은 낮다. 그들의 의견은 훈련의 효과와 거의 관계없는 요소라고 할 수 있는 훈련 내용의 난이도, 오락성, 강사의 개인적 특성 등에 의해 크게 영향을 받는다. 그러나 훈련에 대한 참가자의 반응은 사실상 참가자가 그 훈련을 얼마나 가치 있는 일로 여기고 있는지에 대한 피드백을 제공한다

표 8.3 훈련 방법

전통적인 훈련 방법

OJT ─ 입사해 직무 소개를 받은 뒤 직접 업무를 수행함으로써 과업 수행 방식을 학습함

직무 순환 ─ 다양한 과업을 수행할 수 있는 기회를 주면서 여러 가지 직무를 교체 수행함

멘토링과 코칭 ─ 경험 많은 사원과 함께 일하면서 정보와 지원, 격려를 받음. 어떤 산업에서는 도제 제도라고도 부름

경험 훈련 ─ 역할연기, 시뮬레이션, 대면 훈련 등에 참여함

워크북/매뉴얼 ─ 훈련 워크북이나 매뉴얼을 통해 정보를 습득함

강의실 교육 ─ 특정 정보를 전달하기 위해 설계된 강의에 참여함

기술 기반 훈련 방법

CD-ROM/DVD/비디오테이프/오디오테이프/팟캐스트 ─ 정보와 기술을 전달하는 매체를 시청하거나 청취함

화상회의/통신회의/위성 TV ─ 정보 전달이나 기술 설명을 위해 개최되는 원격회의에 참여하거나 시청함

이러닝 ─ 시뮬레이션이나 상호작용 방식을 포함한 인터넷 기반 학습에 참여함

모바일 러닝 ─ 모바일 기기를 통해 학습 활동에 참여함

출처: Robbins, Stephen P., Coulter, Mary, *Management*, 13th Ed., © 2016, p. 353. Reprinted and electronically reproduced by permission of Pearson Education, Inc., New York, NY.

유능한 인재 유지: 두 가지 방법

1

성과관리 시스템

- 조직과 경영자가 종업원에게 요구하는 성과 수준

- 경영자에 의해 측정/평가되는 실질적인 종업원 성과 수준

- **성과관리 시스템**(performance management system)이라고 부름

직장인의 61%는 상사가 성과 평가를 할 때 호의적으로 행동한다고 느낀다.[36]

직원들은 다른 사람들과 비교되거나 성과 기준으로 평가되어야 하는가?

성과관리 시스템
성과 표준을 설정하고 성과를 평가하는
시스템

286

Chris Zuppz/ZUMAPress/Newscom

표 8.4   성과 평가 방법

방법	장점	단점
(a) 서면 보고서 — 종업원의 강점과 약점을 서술	사용이 편리함	종업원의 실제 성과보다는 평가자의 서류 작성 기술에 좌우됨
(b) 중요사건 기술법 — 특별히 효과적이거나 비효과적인 중요 행동을 목록화	풍부한 사례 제공, 행동을 기준으로 평가함	시간이 많이 걸림, 정량화가 어려움
(c) 형용사 평가법 — 서술형 성과요소(작업의 양과 질, 지식, 협동, 충성심, 참석률, 정직, 추진력 등)를 목록화한 뒤 점수화	정량적 데이터 제공, 다른 방법보다 시간 소요가 적음	깊이 있는 직무행동을 평가하기 어려움
(d) BARS(행동기준평가법) — 평가척도 + 실제 직무행동 사례[37, 38]	구체적이고 측정 가능한 직무행동에 초점을 둠	시간이 많이 걸림, 척도 개발이 어려움
(e) MBO — 특정 목표 수행에 대한 평가	궁극적인 목표에 초점을 둠, 결과 지향적임	시간이 많이 걸림
(f) 360도 피드백(360-degree appraisal)[39] — 종업원이 접촉하는 모든 사람으로부터의 피드백	다양한 측면을 평가함	시간이 많이 걸림
(g) 대인 비교법 — 작업집단 구성원의 비교 평가	종업원 서로에 대한 비교	종업원 수가 많으면 실행이 어려움

- 표 8.4에서 (a)~(f)는 사전에 설정된 성과 표준이나 절댓값을 기준으로 종업원 성과를 평가하는 방법이다.
- 표 8.4에서 (g)는 성과를 한 사람 혹은 다른 사람과 비교하기 때문에 절대평가가 아닌 상대적인 측정 방법이다.

대인 비교법의 세 가지 방법

1 집단 순위 서열법
종업원을 분류해 평가하는 방법으로 예를 들면 '상위 5명', '두 번째 5명' 혹은 '상위 3명', '중간 3명', '하위 3명' 등으로 집단을 분류한다. (주의할 점: 각 집단을 구분할 때 가능하면 피평가자 수가 동일한 것이 바람직하다.)

2 개인 서열법
종업원을 1등부터 꼴등까지 순서대로 정해 평가자가 목록을 작성한다. (주의할 점: 단 한 사람만 '최고'가 될 수 있다. 종업원 수가 얼마든 상관없이 1등과 2등의 차이는 다른 등수 간 차이와 동일하다. 이 평가 방법에서 '동점'은 허용되지 않는다.)

3 쌍대 비교법
각 종업원이 비교 집단 내의 모든 종업원과 비교되며, 비교대상자보다 우위인지 열위인지를 평가한다. (주의할 점: 개별 종업원은 자신이 획득한 우위점수에 의해 최종서열을 획득한다. 개별 종업원은 모든 다른 종업원과 비교되기 때문에 다수의 종업원을 평가한다면 힘든 작업이 될 수밖에 없다.)

360도 피드백
다양한 원천으로부터 피드백을 받는 평가 도구

다운사이징: 경영자는 많은 부하를 관리하고 있기 때문에 개개인의 성과에 대한 광범위한 지식을 가지고 있지 않다.

프로젝트팀과 종업원 몰입: 경영자가 아닌 사람들이 더 정교한 평가를 할 수도 있다.[41]

Lasse Kristensen/Alamy Stock Photo

Trevor Chriss/Alamy Stock Photo

언제 종업원 성과가 평균 이하인가?

원인		해결 방안
직무의 미스매치(채용 오류)	→	적합한 직무로 재배치
불충분한 교육훈련	→	교육훈련 제공
직무 수행 의지 부족 [**규율**(discipline) 문제]		종업원이 성과 관련 문제점을 극복하도록 돕기 위해 **종업원 상담**(employee counseling) 실시, 종업원이 생산성 있게 일할 의욕이나 능력이 줄어든 이유 규명, 또는 (구두와 서면 경고, 정직, 해고와 같은) 징계/처벌 실시

2

보상: 임금과 복리후생

보상-업무 수행에 대한 임금 지급

효과적이고 적절한 보상 시스템[42]은

- 능력 있고 재능 있는 개인을 유인하고 유지하는 데 도움이 된다.
- 전략적 성과에 영향을 준다.[43]
- 종업원에게 동기부여한다.

대부분의 사람은 돈을 벌기 위해 일한다.

규율	종업원 상담
경영자가 조직의 기준과 규정을 강요하는 행동	성과 관련 문제를 극복하는 것을 도와주기 위해 설계된 프로세스

Artpartner-images.com/Alamy Stock Photo

보상 시스템은 일과 직장의 변화를 반영해야 한다.

- 임금 수준의 결정이 쉽지 않지만, 종업원은 적정 수준의 임금을 기대하고 있다.

서로 다른 직무들은

- 지식, 기술, 능력(KSA)의 종류와 수준이 다르다. 이들 지식, 기술, 능력은 조직별로 그 가치가 다르다.
- 책임과 권한의 수준이 다르다.

KSA가 높을수록, 권한과 책임이 높을수록 임금이 높다.

보상을 결정하기 위한 대안적인 접근 방법

- **기술급 시스템**(skill-based pay system): 직무 기술이나 역량에 대해 보상하는 것이다.[44] 직책은 임금을 결정하지 못하며, 기술이 기준이 된다. 이러한 임금 시스템 형태는 서비스업체나 기술혁신을 추진하는 조직보다 제조업체에서 보다 성공적이다.[45]
- **변동급 시스템**(variable pay system): 개인의 보상은 성과와 연계된다.

90%

의 미국 기업은 변동급 시스템을 운영한다.[46]

그림 8.5에서 보는 바와 같이 보상과 복리후생 패키지에 영향을 주는 다양한 요인이 있다.

가장 중요한 임금 결정 요인

기술급 시스템
직무기술을 기준으로 종업원에게 보상을 주는 임금 시스템

변동급 시스템
개인의 보상이 성과에 달려 있는 임금 시스템

그림 8.5   임금과 복리후생의 결정 요인

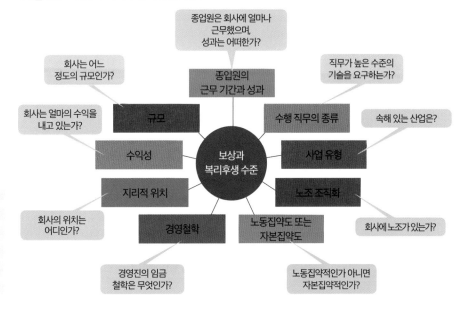

보상-종업원 복리후생: 기업이 제공하는 비현금성 보상

- 보상 패키지 > 시급 또는 연봉

- 종업원 복리후생을 포함한다. **종업원 복리후생**(employee benefits)은 종업원의 삶을 풍요롭게 만드는 중요하면서 다양한 비재무적 보상이다.

- 복리후생 패키지는 매우 다양하게 제공되며, 기업은 개별 종업원이 가치 있게 여기는 것들을 공급하기 위해 노력한다.

- 사회보장, 근로자와 실업자에 대한 보상 등 몇 가지 복지 프로그램은 법적인 요구에 따라야 하지만 조직은 휴직수당, 생명보험, 장애보험, 퇴직 프로그램, 건강보험 등 다양한 복지를 제공한다.[47]

J.R. Bale/Alamy Stock Photo

> **종업원 복리후생**
> 종업원의 생활을 풍요롭게 하기 위해 설계된 비재무적 보상

는 점에 의의가 있다. 하지만 교육에 대한 반응을 넘어 교육생이 그 기간 동안 얼마나 많이 학습했는지를 평가해야 한다. 직무에서 새로 배운 기술을 얼마나 활용하고 있고 어떻게 행동이 변화했는지, 그리고 교육 프로그램이 이직률, 고객 서비스와 같은 사항에 바람직한 결과를 가져왔는지 평가해야 한다.[48]

인적자원 관리의 최근 이슈는 무엇인가?

8-5 최근의 인적자원 관리 문제를 토의한다.

오늘날 경영자가 직면하고 있는 인적자원 이슈에는 다운사이징, 인력 다양성, 성희롱, 인적자원 비용 등이 포함된다.

다운사이징을 어떻게 관리하는가?

다운사이징(downsizing)은 조직 내 직무를 계획적으로 줄이는 것이다. 다운사이징은 전형적으로 인력 감축을 포함하기 때문에 인적자원 관리에서 중요한 이슈이다. 회사가 너무 많은 종업원을 보유하고 있을 때 수익성을 개선하는 하나의 대안은 과잉인력을 줄이는 것이다. 특히 경기침체에 직면했거나 시장 수익률이 곤두박질칠 때, 관리를 잘못했을 때 다운사이징을 더 고려한다. 불과 몇 년 사이에 잘 알려진 많은 기업이 몇 차례의 다운사이징을 경험했다. 예를 들면 아메리칸 익스프레스, 보잉, 맥도날드, 폴크스바겐, IBM, AT&T, 월마트, 포드자동차, 펩시코, 제이씨페니, 아마존, 컴캐스트 등이다. 구조 조정된 인력을 어떻게 관리하는 것이 최선일까?

다운사이징을 하면 회사 생활과 종업원 개인의 삶이 붕괴될 수 있다. 그로 인해 해고자와 잔류자 모두에게 나타나는 반응은 스트레스, 좌절, 근심, 분노 등이다. 희생자와 생존자 모두

> **다운사이징**
> 조직 내 직무를 계획적으로 줄이는 것

표 8.5 다운사이징 관리를 위한 팁

잔류자 해고증후군
구조 조정에서 살아남은 잔류 종업원의 태도, 인식, 행동

- 공개적이고 솔직하게 커뮤니케이션한다.
  - 퇴직하게 된다는 사실을 가급적 빨리 알려준다.
  - 잔류 종업원들에게 새로운 목표와 기대에 대해 이야기한다.
  - 해고의 영향을 설명한다.
- 임금 혹은 복리후생의 중단과 관련해 해당 법률을 준수한다.
- 잔류 종업원을 위한 지원과 자문을 실시한다.
- 개개인의 재능과 배경에 따라 역할을 재할당한다.
- 사기 진작에 초점을 둔다.
  - 개인별로 안심시킨다.
  - 일대일 커뮤니케이션을 지속적으로 한다.
  - 지속적으로 몰입하도록 한다.

이러한 감정을 느낀다는 것은 놀라운 사실이다.[49] 많은 조직은 해고의 희생자를 위한 여러 제도를 마련하고 있다. 즉 다양한 직무 지원 서비스, 심리상담, 퇴직수당, 건강보험 혜택의 연장, 심층상담 등이 그것이다. 어떤 사람은 해고된 것에 부정적인 반응을 보인다. 최악의 경우는 지난번 직장으로 되돌아가거나 폭력적인 행동을 저지르기도 한다. 하지만 조직은 지원 프로그램을 통해 해고된 종업원에게도 조직이 큰 관심을 갖고 있음을 알려주어야 한다. 불행하게도 해고에서 '살아남은' 잔류 직원을 위한 지원정책과 제도는 거의 없는 것이 현실이다. **잔류자 해고증후군**(layoff-survivor sickness)이라는 새로운 증상이 나타나고 있는데, 이는 구조 조정에서 살아남은 잔류 종업원의 태도, 인식, 행동을 말한다.[50] 그 증상으로는 직무 불안정성, 불공정성 인식, 죄의식, 우울함, 업무량 증가에 따른 스트레스, 변화에 대한 두려움, 충성심과 몰입의 감소, 노력 감소, 복지부동 등이 있다.

잔류자에게 관심을 표현하기 위해 경영자는 종업원의 죄책감, 분노, 불안에 대해 상담할 필요가 있다.[51] 집단토의는 잔류 직원이 자신의 감정을 배출할 기회를 줄 수 있다. 몇몇 조직에서는 권한 부여와 자율작업팀 운영과 같은 종업원 참여 프로그램을 늘렸다. 요약하면, 잔류 종업원의 사기와 생산성을 높이려면 그들이 조직에서 얼마나 가치 있고 유용한 자원인지를 알도록 해야 한다. 표 8.5는 경영자가 다운사이징과 관련된 정신적 충격을 줄일 수 있는 방법을 요약한 것이다.

무엇이 성희롱인가?

성희롱은 심각한 문제이다.

최근 공공부문과 민간기업 고위직들의 여러 혐의를 보면 성희롱이 얼마나 만연해 있는지를 알 수 있다. #미투(#MeToo) 운동은 많은 사람을 놀라게 했는데, 왜냐하면 우리가 생각했던 것보다 훨씬 더 성희롱이 만연해 있기 때문이다.[52] 오늘날 많은 조직의 리더들이 성희롱을 예방하고 해결하기 위한 전략을 검토하고 있다.

명백한 성희롱이 자주 발생하지만 매년 미연방고용기회균등위원회(EEOC)에 접수된 민원은 6,500~8,000건에 불과하다.[53] 이 중 남성이 제기한 민원이 16%가 넘는다.[54] 이러한 소송을 해결하기 위해 회사는 많은 비용을 지불한다. 그것은 오늘날 회사들이 직면한 단일 규모로

는 가장 큰 재무적 위험으로 추정된다. 소송의 결과 회사 주식 가치가 30% 이상 떨어지는 경우도 있다.[55] 예를 들어 미쓰비시는 성희롱 문제로 인해 300명의 여성에게 3,400만 달러를 지불했다.[56] 그러나 성희롱은 단지 배심원 판단의 문제뿐만 아니라 그 이상의 문제를 야기한다. 성희롱은 결근, 낮은 생산성, 이직으로 인해 수백만 달러의 손실을 낳는다.[57] 게다가 성희롱 문제는 미국만의 현상이 아닌 범세계적인 문제이다. 예를 들어 글로벌 설문조사 결과 성희롱을 당한 경험이 있다는 응답이 약 10%가량 되었다. 설문조사 대상 국가는 인도, 중국, 사우디아라비아, 스웨덴, 프랑스, 벨기에, 독일, 영국, 폴란드 등이다.[58] 성희롱 소송은 주로 법정이 부과하는 엄청난 벌금 판정에 집중되어 있지만, 종업원들에게 또 다른 문제를 야기한다. 성희롱으로 인해 근무 환경이 나빠지고, 그 결과 종업원의 직무 성과가 떨어진다. 그렇다면 성희롱이란 무엇인가?

성희롱(sexual harassment)이란 직장 내의 지위를 이용하거나 업무와 관련해 다른 근로자에게 성적인 언동 등으로 성적 굴욕감 또는 혐오감을 느끼게 하거나 성적 언동, 그 밖의 요구 등에 대한 불응을 이유로 고용상의 불이익을 주는 것을 말한다.[59] 성희롱 금지를 법으로 규정하고 있지만 최근에도 자주 발생하고 있다. 1980년대 중반 이전에는 성희롱 사건이 일반적으로 단독사건으로 여겨졌다. 즉 개인이 저지른 행위이므로 그 행동에 대해 개인이 단독으로 책임을 져야 한다는 것이다.[60] 그러나 오늘날 성희롱에 대한 책임은 사회적 문제로 드러나고 있다.

여성의 48%는 직장에서 성적, 언어적, 육체적 괴롭힘을 당했다고 한다.[61]

성희롱과 관련된 많은 문제는 무엇이 위법 행동을 결정하는지를 포함한다.[62] EEOC는 성희롱으로 판단할 수 있는 상황들을 제시했다. 여기에는 성희롱이나 원치 않는 성적 접근, 성행동 요구, 기타 언어 혹은 신체적인 성적 괴롭힘이 포함된다. 그러나 성희롱은 성본능 자체를 말하는 것이 아니라 한 개인의 성에 대한 공격적 표현이 해당된다. 단순한 괴롭힘이나 퉁명스러운 말, 심각하지 않은 일시적인 사건 등은 그것이 반복되지 않거나 적대적 혹은 공격적인 근무 환경을 만들어낼 만큼 심각하지 않거나 (강등이나 해고 등) 불리한 고용 의사결정으로 연결되지 않는다면 성희롱이라고 할 수 없다.[63]

동료 직원을 불편하게 만드는 행동을 해서는 안 된다.

많은 기업이 문제가 될 만한 공격적이거나 혹은 적대적인 직장 환경의 문제를 가지고 있다.[64] 관리자들은 그러한 환경이 만들어지는 요인을 파악할 필요가 있다. 공격적인지 아닌지를 어떻게 알 수 있는가? 예를 들어 사무실에서 음담패설을 하면 적대적인 환경이 만들어지는가? 남자나 여자 누드가 그려진 고전작품은 어떤가? 답은 그럴 수 있다! 핵심은 무엇이 동료 직원들을 불편하게 만드는지를 아는 데 있다. 판단이 안 설 때는 물어봐야 한다.[65] 또한 관리자들은 성희롱의 희생자가 반드시 성희롱을 당한 사람만은 아니며, 그러한 공격적인 행동에 영향을 받는 어떤 사람도 희생자가 될 수 있음을 이해해야 한다.[66]

종업원들이 회사 내의 다른 사람에게 얼마나 민감한지가 그 조직의 성공을 좌우한다. 예를 들어 듀퐁에서는 모든 개인에 대한 관심과 존중을 통해 성희롱을 없애기 위한 조직 문화와 다

성희롱
성을 이유로 개인의 고용, 성과, 근무 환경에 명백하게 혹은 암묵적으로 영향을 주는 행동이나 활동

양한 프로그램이 갖추어져 있다.[67] 그것은 상호 이해를 의미하며 가장 중요한 것은 다른 사람의 권리를 존중하는 것이다. 비슷한 프로그램이 페덱스, 제너럴 밀스, 리바이스 등 여러 회사에 존재한다.

만약 성희롱이 조직에게 잠재적 비용을 가져온다면 회사가 스스로를 보호할 수 있는 방법은 무엇일까?[68] 법정은 두 가지를 알리고 싶어 하는데, 첫째는 의심스러운 행동을 조직이 알고 있었는지이고, 둘째는 그것을 멈추기 위해 회사가 무엇을 했는지다.[69] 보상에 많은 돈이 들어가기 때문에 현대 조직은 모든 종업원에게 성희롱 교육을 실시하고, 종업원을 감시할 수 있는 유용한 방법을 갖추려고 노력한다. 그 외에 기업들은 성희롱을 고소한 사람에 대해 근무시간 단축이나 휴식 없는 계속근무 등 보복행위가 없음을 보장할 필요가 있다. 보복의 기준은 미국 대법원에 의해 광범위하게 정해져 있다.[70]

미국 조직의 98%는 성희롱 정책을 가지고 있다.
문제는 정책이 없다는 것이 아니다… 문제는 문화이다.[71]

성희롱 문제가 생길 때마다 경영자는 가해자라고 여겨지는 사람도 권리를 갖고 있음을 명심해야 한다.[72] 조사를 통해 결론이 날 때까지는 누군가에게 불리한 대우를 해서는 안 된다. 사실이 입증되기 전까지는 쉽게 단언해서는 안 되며, 독립적이고 객관적인 사람에 의해 조사가 이루어져야 한다. 의심스러운 가해자가 원한다면, 반대되는 자신의 주장을 할 수 있는 기회가 주어져야 하고, 징계에 대해서도 대응할 수 있는 기회가 주어져야 한다. 더불어 의심스러운 가해자가 이의를 제기한다면 최고경영진이 그의 이야기를 신중하게 들어야 한다.

조직과 관리자가 변화하는 인력에 어떻게 적응하는가?

조직은 직원이 없으면 현재 업무를 수행할 수 없기 때문에 직원의 변화에 잘 적응해야 한다. 조직은 일-가정 균형 프로그램 및 임시직 운영과 같은 인력 관리 방식으로 대응하고 있다.

일-가정 균형 프로그램 1960년대나 1970년대의 일반적인 직원은 월요일부터 금요일까지 직장에 나와 8~9시간 동안 일을 했다. 근무 장소와 근무 시간도 명확하게 정해져 있었다. 인력이 많은 조직에서 이러한 현상은 더는 나타나지 않는다. 근무 시간과 비근무 시간의 경계가 모호해져 개인적인 갈등과 스트레스가 발생했다는 직원들의 불만이 커지고 있다.[73] 일과 개인생활 사이를 불분명하게 하는 몇 가지 원인이 있다. 하나는 글로벌 비즈니스 세계에서 일이 끝나지 않는다는 것이다. 예를 들어 수천 명의 캐터필라(Caterpillar) 직원들은 회사 공장 어디에선가 늘 일하고 있다. 8~10시간 거리에 있는 동료나 고객과 상담해야 하는데 이는 글로벌 기업

가상화, 네트워킹, 클라우드 컴퓨팅 기술 분야의 선두 공급업체인 시트릭스 시스템즈(Citrix Systems) 직원들은 유연한 작업 일정으로 일과 가정생활의 균형을 유지한다. 시트릭스 직원들은 업무 수행 방법, 시기, 장소를 자유롭게 결정할 수 있으며, 가정이나 사무실에서 업무를 수행할 때 자신의 기기를 사용할 수 있다.

Charles Trainor Jr./Miami Herald/MCT/Newscom

의 많은 직원들이 24시간 '당직 근무'를 하고 있음을 의미한다. 또 다른 요인은 통신기술인데, 통신기술 때문에 직원들은 집, 차, 타히티의 해변에서 업무를 수행할 수 있다. 이 기능은 기술직과 전문직 종사자들이 언제 어디서나 업무를 수행할 수 있도록 해주지만, 또한 업무에서 벗어날 수 없음을 의미한다. 또 다른 요인은 경기침체로 많은 조직이 직원을 해고했기 때문에, '생존' 직원들은 자신이 더 오랜 시간 일하고 있음을 알게 된다는 것이다. 직원들이 일주일에 45시간 이상 일하고, 어떤 직원들은 50시간 이상 일하는 것은 드문 일이 아니다. 마지막으로, 오늘날 외벌이 가정이 줄어들고 있다. 오늘날 결혼한 직원은 일반적으로 맞벌이인 경우가 많아 기혼 직원들은 가정, 배우자, 자녀, 부모 및 친구와의 약속을 어기는 경우가 점점 더 많아지고 있다.[74]

점점 더 많은 직원들이 일이 자신의 개인적인 삶을 압박하고 있다는 것을 인식하고 있으며, 그로 인해 행복하지 않다. 오늘날 앞서가는 회사들은 다양한 인력의 다양한 요구를 받아들이고 있다. 많은 회사가 **가족 친화적 복리후생**(family-friendly benefit), 즉 업무의 유연성을 높이고 일-가정 균형에 대한 요구를 수용할 수 있는 다양한 근무시간 대안을 제공하는 복지혜택을 제공한다. 기업은 직장보육, 여름방학 캠프, 유연 근무제, 일자리 나누기, 학업을 위한 휴직, 재택근무, 시간제 근무와 같은 프로그램을 도입했다. 예를 들어 마이크로소프트, 블랙스톤 그룹 LP, 크레디트 스위스 그룹 AG와 같은 조직들은 직원들이 출산 후 신생아를 돌볼 수 있도록 휴가를 주기 위해 유급 휴가 정책을 시행했다.[75] 특히 젊은 세대는 직장보다 가정에 더 높은 우선순위를 두고 자신들에게 더 많은 업무 유연성을 주는 조직을 선호한다.[76] 직원들에게 유급 휴가를 주는 기업은 어떤가. 시애틀에 있는 소프트웨어 회사인 모즈(Moz)의 직원들은 3주간의 유급 휴가를 받지만 휴가 관련 경비로 연간 3,000달러도 받는다.[77] 이 회사는 일-가정 균형에 대한 중요성을 인식하고 있다.

임시직   앞 장에서 효율적이고 효과적인 탄력적인 직무 설계를 다루면서 유연 근무와 임시직의 개념을 살펴보았다. 우리는 노동력이 기존의 정규직에서 임시직, 즉 필요에 따라 고용 가능한 시간제 근무, 한시적 근무, 계약직 등으로 옮겨 가고 있다는 것을 알고 있다. 많은 조직이 정규직 일자리를 임시직으로 전환했다. 그것은 조직이 노동력의 수급을 통제할 수 있는 한 가지 방법이다.

관리자와 조직에게 인적자원 관리의 시사점은 무엇인가? 임시직 직원들은 전통적인 의미에서 '직원'이 아니기 때문에, 그들을 관리하는 것은 쉬운 일이 아니다. 관리자는 임시직 근로자는 정규직 사원처럼 고용안정이 보장되지 않기 때문에 조직과 동일시하거나 헌신적으로 동기부여되지 않을 수 있음을 알아야 한다. 회사는 임시직 근로자 대상 관행과 정책을 정규직과 다르게 만들어야 할 수도 있다. 그러나 소통을 잘 하고 리더십을 잘 발휘하면 임시직 직원들도 정규직 직원만큼 조직에 귀중한 자원이 될 수 있다. 오늘날의 바람직한 관리자는 전체 직원, 정규직이든 임시직이든 전 직원을 동기부여하고 업무에 몰입할 수 있도록 하는 것이 자신의 책임이라는 것을 인식해야 한다.

인력 다양성과 포용은 어떻게 관리될 수 있을까?

8-6 인력 다양성과 포용이 무엇이며, 인적자원 관리 프로세스에 어떠한 영향을 주는지 설명한다.

> 엠지엠 미라지 호텔 로비에서
> 다양한 언어가 사용되는 것을 들으면 놀랍다.
> 전 세계에서 손님이 오기 때문에, 회사는 그 다양성을
> 일터에 반영하기 위해 최선을 다하고 있다.

인력 다양성
성별, 나이, 인종, 성적 지향, 민족, 문화적 배경, 신체 능력, 장애에 따라 직원들을 서로 다르게 혹은 유사하게 관리하는 방식

엠지엠 미라지(MGM Mirage)는 회사의 모든 직원이 조직 구성원임을 느낄 수 있는 프로그램을 만들었다.[78] 그러한 다양성은 국내외 많은 기업에서 찾을 수 있으며, 기업 관리자들은 그러한 다양성을 가치 있게 여기고 발전시킬 방법을 찾고 있다.

인력 다양성이란?

교실이나 직장 주변을 둘러보라. 당신은 젊은/나이 든, 남성/여성, 키 큰/키 작은, 금발머리/흑갈색 머리, 파란색 눈/갈색 눈, 다양한 인종, 다양한 스타일의 옷을 볼 수 있다. 당신은 수업 시간에 큰 소리로 말하는 사람과 노트 필기에 집중하거나 공상하는 사람을 볼 수 있다. 당신은 지금 당신이 있는 곳에서 작은 다양성의 세계를 알아챘는가? 당신은 다양한 사람이 섞여 있는 환경에서 자랐을 수도 있지만, 어떤 사람들은 그러한 경험을 하지 못했을 수도 있다. 우리는 직장의 다양성에 초점을 맞추고자 한다. 우선 그것이 무엇인지 살펴보자.

　다양성은 "지난 20년 동안 가장 인기 있는 경영 관련 주제 중 하나였다. 그것은 품질, 리더십, 윤리와 같은 주제들과 어깨를 나란히 한다. 이런 인기에도 불구하고, 가장 논란이 많고 이해도가 떨어지는 주제 중 하나이기도 하다".[79] 민권법(Civil Rights Act)과 사회 정의에 기반을 두고 있는 '다양성'이라는 단어는 자주 사람들에게 다양한 태도와 감정적 반응을 불러일으킨다. 다양성은 전통적으로 공정 채용 관행, 차별, 불평등과 관련해 인사부에서 사용하는 용어로 여겨졌다. 그러나 오늘날의 다양성은 훨씬 더 많은 의미로 사용된다.

　우리는 **인력 다양성**(workforce diversity) 개념을 서로 다른 곳에서 온 사람들이 서로 비슷해지는 방식으로 정의한다. 우리의 개념 정의가 직원 간 차이뿐만 아니라 유사성에 초점을 맞추고 있다는 것에 주목하라. 관리자와 조직은 직원 간 차이점뿐만 아니라 공통의 자질을 가진 존재로 직원을 보아야 한다. 이는 직원 간 차이점이 덜 중요하다는 것이 아니라, 관리자들이 전체 직원 간 유대관계를 강화하고 업무에 헌신하도록 만드는 데 초점을 맞추어야 한다는 것이다.

어떤 유형의 다양성이 있는가?

다양성은 오늘날 기업에게 큰 이슈이고, 중요한 문제이다. 회사에서 우리는 어떤 유형의 다양성을 발견할 수 있을까? 그림 8.6에는 다양성의 여러 유형이 제시되어 있다.

1,200만 달러… 이 금액은 텍사스 로드하우스가 연령차별 소송 때문에 지불한 금액이다.[80]

나이　고령화는 중요한 인력 변화 중 하나이다. 8,500만 명에 가까운 베이비부머 중 많은 사람이 여전히 고용되어 일하고 있기 때문에, 회사는 그 직원들이 나이 때문에 차별받지 않도록

인종
사람들이 자신을 식별하기 위해 사용하는 (피부색이나 관련 특성 같은) 생물학적 유산

민족
문화적 배경이나 충성심 같이 사람들에 의해 공유되는 사회적 특성

해야 한다. 1964년 민권법 제7조와 1967년 연령차별법은 모두 연령차별을 금지하고 있다. 연령차별법은 특정 연령에서의 정년퇴직을 제한하고 있다. 이러한 법률을 준수하는 것 외에도, 조직은 고령 인력을 공정하고 동등하게 대우하는 프로그램과 정책을 갖추어야 한다.

성 여성(46.8%)과 남성(53.2%)이 각각 노동력의 거의 절반을 차지하고 있다.[81] 하지만, 젠더(gender) 다양성은 여전히 많은 조직에서 문제가 되고 있다. 임금 격차, 경력 시작과 승진, 여성이 남성만큼 일을 잘 해내는지와 관련된 잘못된 인식 등이 쟁점이다. 관리자와 조직은 여성과 남성이 조직에 어떠한 강점을 가져오는지와 그들이 조직에 기여하는 것을 방해하는 장애물이 무엇인지를 파악하는 것이 중요하다.

인종과 민족 최근 여러 사건이 보여주듯이, 사람들이 다른 인종에 어떻게 반응하고 대하는지와 관련해 미국을 비롯한 전 세계에서 역사적으로 오랫동안 논란이 이어졌다. 인종과 민족은 조직에서 중요한 다양성 유형이다. 우리는 **인종**(race)을 사람들이 자신을 식별하기 위해 사용하는 (피부색이나 관련 특성 같은) 생물학적 유산으로 정의하고자 한다. 대부분의 사람들은 자기 자신을 인종 집단의 일부로 인식하는데, 이러한 인종 분류는 한 나라의 문화적, 사회적, 법률적 환경의 중요한 부분이다. **민족**(ethnicity)은 인종과 관련이 있지만, 문화적 배경이나 충성심과 같이 사람들에 의해 공유되는 사회적 특성을 의미한다.

미국 인구의 인종적, 민족적 다양성이 증가하고 있으며 그 속도는 기하급수적이다. 이러한 현상은 인력 구성에서도 나타난다. 기업과 관련된 인종 및 민족에 대한 연구들은 대부분 채용 의사결정, 성과 평가, 급여, 직장 차별을 다루고 있다. 관리자와 조직은 인력 다양성을 효과적으로 관리하기 위해 인종 및 민족 문제를 깊이 있게 다루어야 한다.

장애/능력 장애인에게 1990년은 의미 있는 분수령이라고 할 수 있는데, 왜냐하면 미국장애인법(ADA)이 제정된 해이기 때문이다. 미국장애인법은 장애인에 대한 차별을 금지했는데,

그림 8.6 직장 내 다양성 유형

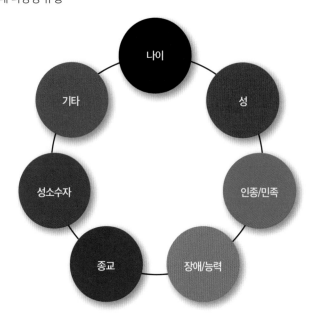

고용주가 신체적 또는 정신적 장애가 있는 사람들이 회사에서 일할 수 있도록 장애인에게 적합한 숙소를 제공해야 하며, 장애인들이 일을 효과적으로 수행할 수 있도록 뒷받침할 것을 요구했다. 이 법이 제정되면서, 장애를 가진 사람들은 미국의 더 대표적이고 필수적인 노동력의 일부분이 되었다.

장애인이 포함된 회사 직원들을 효과적으로 관리하기 위해서 관리자는 장애인을 수용할 수 있는 환경을 조성하고 유지해야 한다. 장애인이 근무하는 공간은 법적으로 장애가 있는 직원이 자신의 업무를 수행할 수 있도록 도와야 하지만, 장애인이 아닌 직원들도 공평하다고 인식할 수 있어야 한다. 관리자들은 이와 같이 균형감 있게 행동해야 한다.

종교   대학 2학년인 하니 칸(Hani Khan)은 샌프란시스코의 홀리스터(Hollister) 옷가게에서 3개월 동안 재고 관리 직원으로 일했다.[82] 어느 날 그녀는 이슬람교도들이 착용하는 머리 스카프(히잡)를 했는데, 상사가 회사의 '외모 방침'(직원들의 의상, 헤어스타일, 메이크업, 액세서리 등) 위반이라는 이유로 히잡을 벗으라는 지시를 받았다. 그녀는 종교적인 이유로 거절했고 일주일 후에 해고당했다. 다른 무슬림 여성들과 마찬가지로, 그녀는 연방 법원에 차별 소송을 제기했다. 홀리스터의 모회사인 애버크롬비앤피치(Abercrombie & Fitch) 대변인은 "만약 애버크롬비 계열사가 애버크롬비 정책과 관련해 종교적 갈등이 있다면, 회사는 종교를 수용하는 방향으로 문제를 해결할 것"이라고 말했다.

민권법 제7조는 인종/민족, 출신 국가, 성별뿐만 아니라 종교에 근거한 차별을 금지하고 있다. 하지만 당신은 아마도 미국에서 종교 차별로 인한 소송이 증가하고 있음을 알고 있을 것이다.[83] 종교적 다양성을 수용함에 있어, 관리자들은 특정 종교의 안식일이 언제인지에 특별한 관심을 기울이고, 여러 종교와 종교적 신념을 인식하고 파악할 필요가 있다. 기업은 가능하면 종교적 이유로 어떠한 요청을 하는 직원들을 배려할 필요가 있는데, 가급적이면 다른 직원들이 이를 '특별 대우'로 보지 않도록 관리하는 것이 바람직하다.

성소수자 – 성적 지향과 성 정체성   성소수자를 의미하는 LGBTQ(레즈비언, 게이, 양성애자, 트랜스젠더, 퀴어를 가리키는 약어)라는 용어가 자주 사용되고 있는데, 이는 성적 지향과 성 정체성의 다양성과 관련이 있다.[84] 성적 지향은 '가장 받아들이기 어려운 성향'으로 여겨졌다.[85] 우리 사회는 아직 이러한 관점을 용인하고 있지 않다는 것을 강조하고 싶다. 불행하게도 동성애자나 레즈비언을 경멸하는 발언을 듣는 것은 드문 일이 아니다. 전체 인구에서 성소수자가 차지하는 비율은 얼마일까? 정확히 알기는 어렵다. 일부 국가에서 국가 인구 조사 양식에 성적 정체성에 대한 질문을 포함시킴으로써 이를 파악하려고 노력하고 있다. 일부 추정치가 확인되고 있다. 예를 들어 영국 통계청에 의하면 전체 인구의 1.7%가 레즈비언, 게이, 양성애자이며, 그들 중 대부분은 16~24세의 연령대였다.[86]

로히니 아난드(Rohini Anand)는 세계적인 식품 및 단체급식 회사인 소덱소(Sodexo)의 글로벌 다양성 담당 임원이다. 그녀는 모든 직원이 나이, 성별, 국적, 문화 또는 성적 지향, 종교, 능력, 장애와 같은 개인적인 특징에 관계없이 가능한 최고의 일-가정 균형의 경험을 할 수 있도록 소덱소의 다양성 정책을 지시하고 실행할 책임이 있다.

Mark Kauzlarich/Bloomberg/Getty Images

Charles Rex Arbogast/AP Images

타겟에서 다양성 관리는 멘토링을 통해서 종업원의 능력을 개발하는 것을 포함한다. 사진에서 보듯이 타겟은 중역 팀 리더인 셔널과 같은 종업원에게 집단, 가상(virtual) 혹은 동료 멘토링을 제공한다. 고참 리더는 자신보다 급여 등급이 낮은 팀 구성원들을 멘토링한다.

점점 더 많은 나라가 성소수자에 대한 차별을 금지하는 법률을 채택하고 있다. 예를 들어 유럽연합에서 고용평등법은 모든 회원국이 성적 지향에 따라 근로자를 차별하는 것을 불법으로 하는 법안을 도입하도록 요구하고 있다.[87] 이러한 변화에도 불구하고, 해야 할 일들이 많이 있다. 한 연구에 따르면 40% 이상의 동성애자와 레즈비언 직원들이 성적 지향 때문에 부당한 대우를 받거나 승진을 거부당하거나 직장을 그만두어야만 했다.[88] 또 다른 연구에서는 직장에서 고립감을 느낀 '커밍아웃하지 않은' LGBT가 '커밍아웃한' 근로자보다 3년 이내에 직장을 떠날 가능성이 73% 더 높았다.[89] 이 통계는 세 번째 연구 결과에 비추어보면 놀라운 것이 아니다. 성소수자의 3분의 1 이상이 직장에서 자신의 사생활에 대해 거짓말을 해야 한다고 느꼈으며, 성 정체성을 숨기기 위해 소요되는 시간과 에너지로 인해 거의 비슷한 퍼센트가 고갈되었다고 느꼈다.[90]

기업들은 성소수자를 고용하는 데 서로 다른 접근 방식을 취한다. 때로는 최근 일본에서 그랬던 것처럼 일부 회사들이 변화를 추진하기 위해 함께 뭉치기도 한다. 파나소닉, 소니, 다이이치생명 등 30개 기업은 성소수자 직원이 일본 기업에서 더 환영받을 수 있도록 개별 기업들이 사용할 수 있는 표준을 공동 개발했다.[91] 또 다른 접근 방식은 다양성을 높이고, 성소수자를 늘리기 위해 성소수자 취업자 수 확대 목표를 설정하는 경우도 있다. 예를 들어 영국 방송사인 BBC는 성소수자 직원이 몇 년 안에 전체 직원의 8%를 차지하도록 하겠다는 목표를 제시했다. BBC의 다양성 목표에는 여성의 비율을 50%로 늘리고 장애인의 비율을 8%로 늘리는 것도 포함되어 있다.[92] 다른 기업들은 인사정책과 관행을 통해 성소수자 직원들을 지원하고 있다. 스웨덴의 통신기술 대기업인 에릭슨(Ericsson)은 성소수자들에게 고용 및 전문성 교육에서 동등한 기회를 제공할 뿐만 아니라, 성소수자 네트워킹 그룹을 마련해 그들 간의 더 깊은 유대감을 조성하도록 했다. 에릭슨은 회사가 운영하는 다양성 협의회와 각 지역별 다양성 협의회를 합해서 글로벌 다양성 협의회를 운영하고 있다. 이들 협의회는 성소수자 직원들이 직장에서 편견이 아닌 포용과 이해로 받아들여질 수 있도록 프로그램을 운영하는데 여기에 성소수자를 직접 참여시키고 있다.[93]

기타 다양성   앞에서 말했듯이, 다양성은 일터에 존재할 수 있는 모든 비유사성이나 차이점을 말한다.

관리자가 직면할 수 있고 다루어야 하는 또 다른 유형의 직장 다양성에는 사회경제적 배경(사회 계층 및 소득 관련 요인), 서로 다른 직종이나 부서에서의 근무, 신체적 매력, 비만/왜소함, 연공서열, 지적 능력 등이 있다. 이러한 유형의 다양성 또한 직원들이 직장에서 어떻게 대우받는지에 영향을 미칠 수 있다. 다시 말해 관리자는 유사성이나 차이점에 관계없이 모든 직원을 공정하게 대우하고 최선을 다해 업무를 수행할 수 있는 기회를 주고 지원해야 한다.

직원의 다양성과 다양성 포용이 인적자원 관리에 어떠한 영향을 주는가?

기업 인력 다양성을 받아들이면 채용, 선발, 오리엔테이션, 교육, 성과관리 및 보상/급여와 같

은 기본적인 인적자원 관리 활동 전반에 영향을 준다.[94]

인력 다양성의 증가로 인해 모집 원천이 확장되었다. 예를 들어 신규 지원자를 뽑을 때 가장 많이 사용하는 방법이 현직 종업원 추천으로, 이는 현직 종업원의 특징과 비슷한 사람을 채용하는 것이다. 이제는 예전에는 살펴보지 않았던 곳에서 지원자를 찾아야 한다. 다양성을 증가시키기 위해 경영자는 여성 구직 네트워크, 고령자단체, 장애인 훈련센터, 소수민족 신문, 동성애자 인권단체와 같은 비전통적인 모집 원천을 통한 채용에 관심을 갖게 되었다. 이렇게 모집 원천이 확대되면 조직은 더 넓은 지원자 풀을 확보할 수 있을 것이다.

지원자가 다양해질수록 선발 절차는 차별적이지 않아야 한다. 그리고 지원자가 조직 문화를 편안하게 느끼도록 만들고 회사가 그들의 요구를 수용할 의지가 있음을 알게 해야 한다. 예를 들어 TGI 프라이데이에서는 다양한 인력을 위한 근무조건 개선을 하고 있다. 이러한 노력은 소텍소, 존슨앤드존슨, EY, 마스터카드 월드와이드, P&G 등 다른 회사들도 하고 있다.[95]

여성과 소수민족 종업원을 위한 오리엔테이션은 때로는 어려운 일이다. 로터스(Lotus Development)와 휴렛팩커드 같은 많은 회사들이 다양성 이슈를 주제로 한 신입사원 교육뿐만 아니라 현직 종업원 사이에서 다양성 인식을 확산하기 위해 별도의 워크숍을 진행하고 있다. 이러한 노력의 취지는 회사 내 다양한 인력 간의 개인적 차이점에 대한 이해를 증가시키는 것이다. 또한 많은 회사들이 하위직 여성과 소수민족 경영자가 동일시할 만한 역할모델이 현실적으로 적다는 점을 고려해 특별 멘토링 프로그램을 운영하고 있다.[96]

마지막으로, 조직은 다양성 인력에게 적절한 교육, 성과 관리, 보상/복리후생을 제공해야 한다. 분명한 것은 이러한 접근이 모든 사람을 동일하게 대우하는 것을 의미하는 것이 아니라, 다양한 직원들의 요구를 고려한다는 것을 의미한다.

포용이란 무엇인가?

인력의 다양성을 추구하는 것은 큰 그림의 일부분일 뿐이다. 한 인사 전문가가 말했듯이 다양성은 서로 다른 음악적 배경, 보컬 재능과 능력을 가진 합창단원을 찾는 것과 비슷하다. 그러나 최고의 합창단을 만들기 위해서는 '서로 다른 목소리를 잘 듣고 소중하게 여기며 공연에 기여하도록' 해야 한다.[97] 그게 바로 다양성과 포용의 이면에 있는 아이디어이다. **포용**(inclusion)은 '모든 개인이 공정하게 존중받고, 공평한 기회와 자원을 가지고 조직의 성공에 완전히 기여할 수 있는 작업 환경을 만드는 것'으로 정의된다.[98] 따라서 이것은 다양한 사람을 확보하는 것으로 끝나는 게 아니라 그들이 기여할 수 있는 기회를 주는 것이며, 그들의 기여가 얼마나 가치 있고 조직에게 중요한 것인지를 보여주는 것이다. 조직의 리더들은 이러한 일들을 해야 할 책임을 지고 있다.[99]

포용
모든 개인이 공정하게 존중받고, 공평한 기회와 자원을 가지고 조직의 성공에 완전히 기여할 수 있는 작업 환경을 만드는 것

요약

8-1 인적자원 관리 프로세스의 핵심 구성요소와 영향 요인을 이해한다.

인적자원 관리 프로세스는 오랫동안 높은 성과를 유지할 수 있는 유능한 종업원을 확보하기 위해 총 8개의 활동으로 구성된다. 첫 번째 단계의 세 가지 인적자원 활동은 고용계획에 포함되는 모집, 다운사이징, 선발이다. 다음 단계는 종업원이 조직에 적응하고 자신의 기술과 지식을 발휘할 수 있도록 오리엔테이션과 훈련을 시키는 것이다. 마지막 단계는 성과목표 설정, 성과 문제의 해결, 고성과를 유지하도록 지원하는 것이다. 이를 위해 성과 평가, 보상과 복리후생, 안전과 건강관리 등이 이루어진다. 인적자원 관리 프로세스에 주로 영향을 주는 것은 재구조화, 다운사이징, 다양성, 기타 요인 등 다양한 환경 조건이다.

8-2 인재에 대한 규정 및 선발과 관련한 과업에 대해 토의한다.

첫 번째 과업은 고용계획으로 여기에는 직무 분석과 함께 직무 기술서 및 직무 명세서의 작성이 포함된다. 직무가 정해지면, 잠재력 있는 직무 지원자를 확보하기 위해 모집 활동이 이루어진다. 다운사이징은 노동 공급을 줄이기 위해 활용된다. 선발은 직무에 가장 적합한 능력 있는 사람을 결정하는 것이다. 선발 도구는 신뢰성과 타당성이 중요하다. 경영자는 잠재적 종업원에게 현실적인 직무 소개를 해줄 필요가 있다.

8-3 종업원이 필요한 기술과 지식을 어떻게 공급받는지 설명한다.

신입사원은 조직 문화에 적응해야 하며, 조직의 목표와 일치하는 방식으로 직무에 대한 지식을 습득해야 한다. 오리엔테이션은 직무, 부서, 회사 전체적으로 각각 이루어지는데 신입사원에게 직무에 대한 정보를 소개하는 것이다. 훈련은 종업원이 직무 수행에 필요한 능력을 향상시키는 것이다.

8-4 유능하고 성과가 높은 종업원을 유지하기 위한 전략을 이해한다.

두 가지 인적자원 관리 활동이 중요한 역할을 하는데, 하나는 종업원 성과를 관리하는 것이고 다른 하나는 적절한 보상과 복리후생 프로그램이다. 종업원 성과관리를 위해 성과기준을 설정하고 그 기준을 충족시키는지 살펴보기 위해 성과를 평가한다. 경영자는 다양한 성과 평가 기법을 사용한다. 만약 종업원의 성과가 평균에 못 미치면 경영자가 그 이유를 평가하고 조치를 취한다. 보상과 복리후생 프로그램은 유능하고 재능 있는 개인을 유인하고 유지하는 데 도움을 줄 수 있다. 경영자들은 누가 얼마를 받을지, 어떤 복리후생을 제공할지 결정해야 한다.

8-5 최근의 인적자원 관리 문제를 토의한다.

다운사이징은 직무를 계획적으로 줄이는 것이며, 해고 희생자와 직무 잔류자의 관점에서 관리되어야 한다. 인력 다양성은 모집, 선발, 오리엔테이션을 포함한 인적자원 관리 전 분야에서 관리되어야 한다. 성희롱은 조직과 경영자에게 중요한 관심사항이며, 모든 종업원에게 이와 관련한 교육을 실시해야 한다. 마지막으로 조직은 인적자원비용을 통제할 수 있는 방법을 찾아야 하는데, 특히 건강관리비용과 연금비용에 관심을 두어야 한다.

8-6 인력 다양성과 포용이 무엇이며, 인적자원 관리 프로세스에 어떠한 영향을 주는지 설명한다.

인력 다양성은 직원들이 성, 연령, 인종, 성적 지향, 민족성, 문화적 배경, 신체적 능력과 장애 등에서 서로 비슷하거나 다른 것을 의미한다. 포용이란 모든 개인이 공정하게 존중받는 것이며, 공평한 기회와 자원을 가지고 조직의 성공에 완전히 기여할 수 있는 작업 환경을 만드는 것을 말한다. 다양성과 포용은 채용, 선발, 오리엔테이션, 성과관리, 보상/복리후생과 같은 인적자원 관리의 기본 활동에 영향을 미친다.

토의문제

8-1 인적자원 관리는 모든 경영자에게 어떤 영향을 주는가?

8-2 인적자원 관리 프로세스에 가장 직접적으로 영향을 주는 외부 환경 요인에 대해 토론해보라.

8-3 기업의 인적자원 부서들이 이제는 유용성이 다 되었으며, 또한 종업원들을 지지하는 것보다 법적 문제로부터 조직을 방어하는 역할을 하고 있다는 비판이 있다. 이러한 비판에 대해 어떻게 생각하는가? 공식적인 인적자원 관리 프로세스를 갖고 있다는 것은 어떤 장점이 있는가? 또한 어떤 단점이 있는가?

8-4 면접, 시험, 개인적 배경 조사를 통해서 지원자의 인생을 파헤치는 것은 윤리적인가? 페이스북이나 개인 블로그를 통해서 조사하는 것은 어떤가? 자신의 입장을 제시해보라.

8-5 다양한 모집 원천의 장점과 단점에 대해 토론해보라.

8-6 선발 도구에 문제가 있는가? 그 이유를 제시하고, 다양한 선발 도구의 장점과 단점을 설명해보라.

8-7 현실적인 직무 소개의 긍정적인 측면과 부정적인 측면은 무엇인가? (조직 관점과 지원자 관점에서 이 문제를 다루어보라.)

8-8 인재를 유지하기 위해 기업이 적용할 수 있는 전략은 무엇인가?

8-9 성희롱에 해당한다고 보는가? 기업이 직장 내 성희롱을 최소화할 수 있는 방법을 설명해보라.

8-10 조직에서 발견되는 여섯 가지 유형의 다양성을 제시하고, 조직이 다양한 인력에 대해 어떠한 인적자원 관리를 해야 하는지 설명해보라.

적용하기 · 직장생활을 위한 준비

경영자가 되기 위한 기술 | 좋은 피드백 제공하기

누구나 피드백이 필요하다. 사람들이 최선을 다하기를 원한다면, 그들이 잘하고 있는 일과 더 잘할 수 있는 일을 알아야 한다. 그렇기 때문에 피드백을 제공하는 것은 중요한 기술이다. 그러나 피드백을 효과적으로 해주는 것은 까다로운 일이다. 그래서 우리는 종종 관리자들이 (1) 피드백을 해주고 싶지 않거나 (2) 긍정적인 결과를 가져오지 않는 방식으로 피드백을 해주는 것을 보곤 한다.

기본 기술

다음과 같은 구체적인 제안을 사용하면 피드백을 제공할 때 보다 편안하게 느낄 수 있고 더 효과적일 것이다.

1. 구체적인 행동에 초점을 맞추어 직설적으로 말하라. 피드백은 일반적이기보다 구체적이어야 한다. "너는 태도가 나빠" 또는 "나는 네가 한 일에 정말로 감명 받았어" 같은 말을 하지 말라. 그것들은 모호하다. 정보를 제공하기는 하지만 그런 말들은 듣는 사람에게 '나쁜 태도'를 교정할 만큼 충분한 것을 전달하지 못한다. 또한 '좋은 일'이라고 판단한 근거가 명확하지 않기 때문에 듣는 사람이 어떤 행동을 반복해야 하고, 어떤 행동을 하지 말아야 하는지를 분명하게 전달하지 못한다.

2. 현실적이어야 한다. 바꿀 수 있는 것에 초점을 두고 피드백해야 한다. 사람들은 자신이 통제할 수 없는 것에 대해 듣게 되면 좌절할 수 있다.

3. 피드백할 때 냉정함을 유지하라. 특히 부정적인 피드백은 판단이나 평가가 아니라 설명을 해야 한다. 아무리 화가 났어도 직무와 관련된 행동에 초점을 맞추어 피드백을 하고, 절대 부적절한 행동으로 개인적인 비난을 하지 않는다.

4. 목표 지향적으로 피드백하라. 피드백은 일차적으로 다른 사람에게 '분풀이'하거나 '책임을 떠넘기는 것'이 아니다. 부정적인 이야기를 해야 할 경우, 수신자의 목표를 향해야 한다. 피드백이 누구에게 도움이 되는지 스스로 물어보라. 대답이 당신이라면, 하고 싶은 말이 있더라도 이를 악물고 참아라. 이러한 피드백은 당신에 대한 신뢰를 약화시키고 향후 피드

백의 의미와 영향력을 줄일 것이다.

5. 언제 피드백을 줄 것인지 타이밍을 잘 잡아라. 피드백은 어떤 행동이 발생했을 때 그 행동과 피드백 제공 기간이 매우 짧을 때 듣는 사람에게 커다란 의미가 있다. 상대방의 행동 변화에 관심이 있을 경우, 바람직하지 않은 행동에 대한 피드백이 늦어지면 피드백을 통해서 바람직한 행동으로의 변화 가능성은 줄어든다. 물론 정보가 충분하지 않거나, 화가 났거나, 정서적으로 속이 상한 상태라면 신속하게 피드백하는 것은 역효과를 낳을 수 있다. 그러한 경우, '좋은 타이밍'은 '나중에 이야기하는 것'이다.

6. 이해를 확인하라. 수신자가 당신의 말을 명확하고 충분히 이해할 수 있도록 피드백이 간결하고 완전한지 확인하라. 수신자가 당신의 의도를 완전히 파악했는지 확인하기 위해 피드백의 내용을 다시 한 번 더 정리해서 말해주는 것이 도움이 될 수 있다.

7. 보디랭귀지, 목소리 톤, 표정을 조심하라. 보디랭귀지와 목소리는 단어보다 더 큰 의미를 가질 수 있다. 무엇을 말할 것인지 생각하고, 메시지에 도움이 되는 보디랭귀지를 사용하라.

출처: A. Tugend, "You've Been Doing a Fantastic Job. Just One Thing …," *New York Times Online*, April 5, 2013; C. R. Mill, "Feedback: The Art of Giving and Receiving Help," in L. Porter and C. R. Mill (eds.), The Reading Book for Human Relations Training (Bethel, ME: NTL Institute for Applied Behavioral Science, 1976), pp. 18–19; S. Bishop, The Complete Feedback Skills Training Book (Aldershot, UK: Gower Publishing, 2000).

기술 연습

다음 시나리오를 읽고 마지막 부분의 지시문에 따르라.

크레이그는 전문성과 생산성이 높아 항상 기대치를 충족하거나 능가하는 뛰어난 직원이다. 그러나 최근에는 광고팀의 다른 팀원들이 제대로 일을 하지 못할 정도로 문제를 어렵게 만들고 있다. 그의 동료들처럼 크레이그는 광고 대행사 고객을 대상으로 언론 보도 비용을 조사하고 계산한다. 이 작업은 각 라디오 또는 TV 방송국과 시간대별 정확한 기본 가격 및 추가 요금을 찾고, 실제 비용을 계산하고, 컴퓨터화된 스프레드시트로 결과를 처리하기 위해 대규모 참고도서들을 일일이 검토해야 하는 힘든 작업이다. 작업을 보다 효율적이고 편리하게 하기 위해 항상 팀원들은 필요할 때 자신의 책상에 참고도서를 가져다 놓을 수 있다. 그러나 최근에 크레이그는 며칠 동안, 때로는 몇 주 동안 자기 주위에 책을 쌓아 놓고 있다. 쌓여 있는 책들은 업무흐름을 방해하고, 다른 사람들은 크레이그의 책상에 있는 책 더미에서 필요한 책을 꺼내기 위해 자신의 업무 도중에 크레이그에게 가야 한다. 이제 크레이그와 이야기할 시간이다.

이 문제를 해결하기 위해 크레이그에게 어떻게 말할지 준비하라. 기본 기술의 제안 사항을 활용해 어떻게 행동하고 말할 것인지 가급적 구체적으로 생각하라. 교수님이 동의할 경우, 수업시간에 몇 가지 역할 연기를 실시하라.

경험에 의한 문제 해결

여기에서, 우리는 당신이 가장 일반적으로 접하게 되는 면접 질문을 찾아 질문하고 그 질문에 대한 당신의 반응을 연습하도록 할 수 있다. (누가 알겠는가 … 당신이 직접 연습하는 게 좋을 수도 있다) 하지만 안 된다! 우리는 당신에게 조금 더 도전적인 사례로 사무실에서 일어날 수 있는 현실적인 문제 중 하나인 사내 연애를 다루기로 결정했다. 그렇다, 그런 일이 있어날 수 있다. 대부분의 직원들은 매주 많은 시간을 직장에서 보낸다. 사실 사내 연애에 대한 설문조사에서 응답자의 25%는 자신이 동료와 연애를 한 적이 있다고 말했다.[100] 하지만 기업들은 권력의 문제와 잠재적인 성희롱 문제를 우려하고 있기 때문에 직장 내 관계를 점점 더 면밀히 조사하고 있다.[101]

이 과제를 재미있게 다루되, 진지하게 임하라. 이 문제는 당신이 직접 당사자로서 혹은 관리자로서 혹은 둘 다로서 직장생활을 하는 동안 다루게 될 가능성이 높다. 소집단에서 다음 사항에 대해 토론하고 답하라.

(1) 동료가 사내 연애를 할 때 발생할 수 있는 잠재적인 문제는 무엇인가? (이것을 관계 시작부터 잠재적 결별까지 생각해보라.)

(2) 조직은 동료 간 연애를 금지해야 하는가? 상사와 부하의 관계인 경우는 어떠한가? 설명해보라.

(3) 조직은 어떠한 사내 연애 정책을 만들어야 하는가? 특히 위 질문 1과 2에 대한 토론을 통해서 중요하다고 생각되는 광범위한 지침을 작성하라. 현재 회사를 다닌다면, 어떤 지침이 있는지 회사에 확인해보는 것이 좋을 것이다.

사례 적용 #1

인종 관계
주제: 무의식적(암묵적) 편견, 인종 편견 훈련

수십 년간의 차별 금지, 다양성 교육, 포용정책이 있었기 때문에 당신은 편견(인종, 성, 나이, 그 외에 뭐든 간에)이 해결되었을 것이라고 생각할지 모른다. 그러나 거의 모든 사람이 직장에서 편견을 관찰했다. 특정 집단의 사람들에 대한 농담, 상사와 친한 사람이나 동료가 어떻게 중요한 프로젝트에 참여하게 되었는지 등. 불행하게도 여전히 거의 매일 조직에서 발생하고 있는 명백한 직장 내 편견이 있고, 더 미묘하고 인지하기 어려울 수 있는 무의식적 편견도 있다. 이들 편견이 조직에 문제를 일으킨다.[102] 당신은 명백한 편견의 문제를 알고 있다. 하지만 무의식적인 편견은 어떨까? 예를 들어 누군가를 판단할 때 그 사람의 몸무게로 판단했는가? (음, 저 사람들은 관리자처럼 보이지 않는다, 그래서 관리자 교육 프로그램의 좋은 후보자가 될 수 없을 거야) 또는 그들이 다녔던 학교로 판단했는가?(음, 저 사람들은 지방 대학을 졸업했기 때문에 아마도 최신 기술을 배우거나 최고의 교육을 받을 수 없을 거야) 또는 내향적 성격으로 판단했는가?(음, 저 사람들은 회의에서 절대 이야기하지 않아. 그래서 분명 대안을 가지고 있지 않을 거야) 스타벅스는 이러한 측면에 대해 직원들에게 주의를 촉구했다.

최근 2명의 흑인 청년이 필라델피아 도심에 있는 스타벅스 매장에서 몇 달 동안 진행해 온 부동산 거래에 대해 논의하기 위해 만났다. 한 사람이 화장실을 이용하고자 했으나, 매니저로부터 화장실을 사용하려면 비용을 지불해야 한다는 말을 들었다. 매니저에게 음료 주문 여부를 문의받은 후 화장실 사용을 거부당했는데, 뒤이어 경찰이 출동해 이 두 사람을 주거침입 혐의로 체포했다. 스타벅스는 기소하지 않고, 그들은 석방되었다. 온라인에 올라온 한 고객의 휴대전화 영상에는 스타벅스에 있던 여러 손님이 두 젊은 남성에게 아무런 잘못이 없는데 왜 체포하냐며 항의하는데도 경찰 여러 명이 수갑을 채우는 모습이 그대로 담겨 있었다.[103] 이 영상이 소셜 미디어에서 큰 화제가 된 이후, 스타벅스 최고경영자인 케빈 존슨(Kevin Johnson)은 트위터와 TV 뉴스 프로그램에서 이 사건에 대해 사과했다. 그리고 경찰에 신고한 직원은 더 이상 스타벅스에서 일할 수 없게 되었다. 케빈 존슨은 "무엇이 일어났고 왜 그런 일이 생겼는지 이해하고 반드시 고쳐 나가는 것이 자신의 책임"이라고 말했다.[104]

그렇다면, 스타벅스는 이러한 문제를 어떻게 '해결'하고 있을까? 첫 단계는 전 세계에 흩어져 있는 28,000개 점포 사이에 서로 다른 회사 가이드라인에 대한 점검이었다. 한편으로 가장 극적인 것은 무의식적 편견 교육에 대한 투자였다.[105] 스타벅스는 이 교육을 실시하기 위해 미국 내 8,000여 개 매장을 하루 동안 모두 폐쇄하고 편견 퇴치 교육을 실시했다. 스타벅스 직원 175,000여 명은 '잘못된 고정관념을 제대로 인지하지 못한 채 고정관념에 따라 의사결정을 내린다'는 무의식적 또는 암묵적 편견에 대한 교육을 받았다.[106] 무의식적 편견을 연구한 학자들은 교육이 직원들이 그것을 인식하고 편견을 최소화할 수 있는 방법을 구별하는 데 도움을 줄 수 있다고 말한다. 다른 전문가들은 편견 퇴치 훈련이 효과적일 수도 있지만 완전히 실패할 수도 있다고 말한다. 그러나 한 인사 전문가는 '교육만으로 암묵적 편견 문제를 완전히 해결하지는 못할 것'이라고 지적했다.[107]

> 편견 방지 교육,
> 효과가 있을까?

토의문제

8-11 스타벅스 직원을 위한 교육은 무엇에 초점을 두었는가? 이 훈련이 왜 중요한가?

8-12 무의식적인(암묵적인) 인종 편견이란 무엇인가? 왜 그것이 조직에 문제인가?

8-13 이러한 집중적인 매장 교육을 넘어서 스타벅스가 보다 감수성 있는 매장 환경을 조성하기 위해 다른 무엇을 할 수 있는가?

8-14 위 사례에서 (a) 개인적으로 그리고 (b) 전문적으로 당신은 무엇을 배울 수 있는가?

8-15 암묵적 편견은 윤리적 책임 문제인가, 사회적 책임 문제인가? 당신의 입장을 정하고, 그 이유를 설명해보라.

사례 적용 #2

이력서 유감
주제: 지원자 선발 딜레마

프로티비티(Protiviti)는 리스크, 자문 및 조직 혁신과 인적 자본 컨설팅을 전문으로 하는 글로벌 비즈니스 컨설팅 및 내부 감사 전문 회사이다. 프로티비티는 자문 서비스의 일환으로 고객의 인재 선발에 대해 자문해주고 있다.[108]

회사가 수행했던 자문 중 하나는 고객사가 핵심 리더의 자리에 적합한 후보를 선정하는 데 어려움을 겪었을 때 자문한 것이다. 고객은 오만(Oman)에 본사를 둔 신생 보험회사로, 공격적인 성장 계획을 가지고 있었다. 그 보험회사는 소비자들이 집에서 편안하게 거래할 수 있는 편리한 서비스를 제공할 수 있는 기술을 활용해서 차별화하고자 했다. 신생기업이었던 이 회사는 이러한 비전을 뒷받침할 수 있는 명확한 IT 전략을 가지고 있지 않았다.

기존 IT 부서는 어느 정도 능력이 있는 팀으로서, 팀원 중 일부는 3년 전 회사 창립 때부터 함께한 사람들이었지만, 이 팀은 주로 일상적인 운영, 검색요청 처리 및 시스템 개선을 위한 비즈니스 요구사항 수집 등의 업무를 했다. IT 부서가 보험 산업 환경의 역동적인 특성과 그 안에서 변화하는 소비자의 요구를 파악하고 적절히 충족하지 못한다는 인식이 있었다. 팀들은 프로세스 지향적이었는데, 고객 접점 부서의 요청이 체계적이지 않고 임시방편식으로 이루어진다고 느꼈다.

이러한 상황에서 고객사는 CIO(최고정보책임자)의 핵심 리더 직위를 충원하고자 했다. 회사는 프로티비티에게 해당 직위에 가장 적합한 후보를 평가 및 식별하도록 요청했으며, 결국 4명의 후보자로 좁혀졌다. 프로티비티는 기업 상황을 연구하고, 직무명세서를 명확하게 설정했으며, 지원자의 기술 능력 및 리더십 역량에 대한 예비 평가를 수행했다. 2명의 상위 후보자에 대한 관찰 결과는 다음과 같다.

A후보자는 매우 자신감 있고 자기주장이 강한 사람으로, 현재 매우 크고 오래된 국내 보험회사의 IT 부서를 이끌고 있다. 그는 100명 이상의 직원이 있는 팀을 이끌고 있으며, 이사회가 위임한 IT 전략 개발에 적극적으로 참여하고 있지만, 보험 업계에서 일한 경험은 3년에 불과하고 나머지 12년은 통신산업과 석유 및 가스산업에서 일한 경험이 있다. 그는 큰 그림을 보고, 많은 업무를 팀에 위임하는 것을 선호한다. 이해관계자 관리에 익숙하고 의견 충돌이 있는 상황을 해결하는 데 능숙하다. 이 지원자는 보험, 은행, 기술 및 관련 산업의 최신 글로벌 추세를 잘 이해하면서 따라가고 있다.

B후보자는 IT 부서에서 팀을 이끌고 있는 내부 지원자이다. 그는 체계적이고 계획적이며 조직적인 사람이다. 그는 3년 전 그 회사를 설립할 때부터 근무해 왔으며 보험 업계에서만 14년 이상의 경력이 있다. 그는 규제 및 규정 준수와 관련된 내용 이외에도 보험회사 내 IT의 업무 환경, 리더에 대한 기대치, 성장 계획 및 운영에 대해 잘 알고 있다. 그는 내부 후보자로서 현재 부서에서 직면하고 있는 모든 문제를 잘 알고 있으며, CIO 직책을 맡는다면 잘 짜여진 IT 부서 계획을 수립할 것이다. 소통 능력은 만족스럽지만 이해관계자의 요구와 그들의 기대를 관리하는 역량을 다듬어야 할 것으로 보인다.

토의문제

8-16 채용 단계에서 평가되어야 하는 기술 능력 및 리더십 역량은 무엇이고 그 이유는 무엇인가?

8-17 어떤 지원자에게 그 직위를 제안해야 하며, 그 이유는 무엇인가?

8-18 A후보자가 해당 직위를 맡았을 때 팀에 어떤 영향을 미치는가? 그 이유를 설명하라.

8-19 B후보자는 해당 직위를 맡았을 때 팀에 어떤 영향을 미치는가? 그 이유를 설명하라.

사례 적용 #3

인재 발견
주제: 홍콩 경찰의 인적자원 관리

홍콩 경찰(HKPF)은 1841년에 창설되었으며, 현재 4만여 명의 인력을 보유하고 있다. 홍콩 경찰은 경위와 순경의 역할을 하게 될 '능력이 뛰어난' 사람들을 고용하기 위해 연중 상시 채용하고 있다. 2006년 1월 설립된 홍콩경찰대학은 9개월 과정을 운영해 경감급 후보자를 대상으로 종합적인 교육을 실시한다.[109]

더 많은 경찰들이 필요해서 지속적으로 채용을 하고 있지만, 홍콩 경찰에 선발되는 것은 매우 까다롭다. 인력이 가장 중요한 자산이라고 믿고 있으며, 승진 교육뿐만 아니라 경찰 복무 기간 중에도 전문 교육 프로그램을 받는다. 중간 계급 이상의 경찰 간부들은 리더십 교육과 중대 사건 지휘 훈련을 받는다. 경찰 간부들은 그들의 성과가 만족스럽거나 더 나은 것으로 간주될 경우에만 임금 인상이 된다.

'사람이야말로 가장 위대한 자산'이라 믿고 있는 홍콩 경찰(홍콩 경무처)은 경찰관 확보와 개발을 위해 매우 많은 자원과 노력을 투입하고 있다. 홍콩 경찰은 민간 기업과의 인재전쟁에서 승리하기 위해 세련된 인적자원 관리 관행을 갖고 있다.

인재 확보는 하급 직위 모집과 선발로부터 시작한다. 인적자원 부서는 고등학교와 대학을 포함해 다양한 매체를 사용해 모집 프로그램을 적극적으로 홍보한다. 경찰 멘토십 프로그램은 대학 재학생에게 직무를 수행하도록 하면서 긴밀한 멘토-멘티 관계를 형성해 경찰에 대한 흥미를 유발한다. 경찰 멘토십 프로그램에 참여한 사람들은 다른 모집 방식을 통해 입사한 사람들에 비해 정규직으로 입사할 확률이 더 높게 나타났다.

경찰 선발 프로세스는 엄격하다. 커뮤니케이션, 판단력, 자신감, 리더십 등 다양한 핵심 역량이 규정되었다. 경찰의 경위 직위 지원자는 필기시험을 통과해야만 한다. 필기시험은 영어와 중국어 능력시험, 적성검사, 법률시험 등이 있다. 2010년에는 지원자의 성격을 평가하기 위해 정신심리 테스트가 도입되었다. 집단 토의, 프레젠테이션, 관리와 리더십 활동을 요구하는 심층 면접(또는 평가센터)을 실시하는데 여기에서도 역시 커뮤니케이션, 판단력, 자신감, 리더십, 참모 역할, 자원 관리와 같은 역량을 측정한다. 그리고 나서 패널 인터뷰, 체력 테스트, 성실성 체크, 건강검진 등을 실시한다.

경찰대학은 신입생을 훈련하고 개발하는 책임을 맡고 있다.

대학 내 기초교육센터는 경찰관으로서 가장 필요한 지식과 기술을 기준으로 엄격한 모집 훈련 프로그램을 운영하고 있다. 이 프로그램은 법과 절차, 실전 연습, 경찰 전술, 무기, 가두행진, 응급처치, 공공질서 등을 포함한다. 훈련 프로그램은 또한 경찰의 비전, 목적, 가치를 설명한다. 이러한 프로그램 외에도 대학의 직업개발학습센터는 일정 기간 업무를 수행하거나 승진한 하위직 경찰, 경위, 경찰서장 등에게 다양한 교육과정을 제공한다. 해외 연수의 기회도 제공될 수 있다.

업무의 난이도가 높은 홍콩의 경찰관은 다른 부서의 공무원보다 약간 더 많은 보수를 받는다. 신규 채용된 순경은 31,000~34,000홍콩달러(약 3,999~4,387달러)를 받고, 경찰시험을 통과한 신임 경위와 경감은 67,000~76,000홍콩달러(약 8,645~9,806달러)를 받는다.

경찰대학을 졸업하면 경찰관은 특정 부서나 조직에서 몇 년간 근무한다. 그리고 나서 정기적으로 순환하면서 다른 부서나 지역에서 근무한다. 이러한 순환근무는 경찰, 행정, 인적자원 문제 등 다양한 많은 경험을 할 수 있기 때문에 조직뿐만 아니라 개인에게도 도움이 된다고 여겨지고 있으며, 실제로 더 나은 경력개발 기회를 얻을 수 있다. 그들은 많은 관계를 구축하고, 직무에 대한 강한 자신감을 갖게 되며, 조직에 대한 전체적인 관점을 가진다. 경찰조직은 더 나은 협력, 승계계획을 갖게 되고, 지역 공동체 내의 부패로부터 덜 고통 받는다.

결과적으로 홍콩 경찰조직의 전략적 인적자원 관리 프레임워크에서 가장 중요한 요인인 학습문화가 개발된다.

토의문제

8-20 홍콩 경찰조직에서 현재 다양한 인적자원 관리 관행의 개발에 영향을 주는 환경적 요인을 제시하라.

8-21 미래 지원자를 위한 경찰 멘토링 프로그램의 장점 혹은 단점은 무엇인가?

8-22 경찰관 선발에서 사용되는 필기시험의 신뢰성과 타당성을 평가하라.

8-23 홍콩 경찰은 조직 내 학습문화를 성공적으로 확산하고 있다. 문화 형성에 도움을 주는 다양한 훈련과 개발 활동을 제시하라.

미주

1. B. Busteed and Z. Auter, "Why College Should Make Internships a Requirement," Gallup News Online, November 27, 2017; and K. Gee, "Landing A Job After College," *Wall Street Journal*, October 5, 2017, p. B6.

2. NACE Job Outlook 2018, National Association of Colleges and Employers, www.naceweb .org, November 2017.

3. H. Haddon, "Kroger to Bulk Up Store Staffing," *Wall Street Journal*, April 11, 2018, p. B3.

4. Classic Concepts in Today's Workplace box based on D. A. Wren and A. G. Bedeian, *The Evolution of Management Thought*, 6th ed. (Hoboken, NJ: John Wiley & Sons, 2009), pp. 198–200; "Building Better Organizations: Industrial-Organizational Psychology in the Workplace," *Society for Industrial and Organizational Psychology*, www.siop.org, July 13, 2009; M. Munsterberg, *Hugo Munsterberg: His Life and Work* (New York: Appleton-Century-Crofts, 1922); and H. Munsterberg, *Psychology and Industrial Efficiency* (Boston: Houghton Mifflin Company, 1913).

5. Chris Cook, "Global Employers: Can an Employer Choose Which Country's Laws Apply to Its Employment Contracts?" *Personnel Today*, December 4, 2014, http://www.personneltoday. com/hr/global-employers-can-employer-choose-coun-trys-laws-apply-employment-con-tracts/ (accessed January 11, 2017); Carol Matlack, "Ryanair Clashes with Denmark over Labor Laws," *Bloomberg*, June 22, 2015, https:// www.bloomberg.com (accessed January 11, 2017); Marcus Hoy, "Sweden: New Law Strengthens Hand of Whistleblowers," *Bloomberg BNA*, July 22, 2016, https://www.bna.com/swe-den-new-law-n73014445180?pro-gramid=2054&artikel=6507934 (accessed January 11, 2017); Maddy Savage, "The Truth about Sweden's Short Working Hours," *BBC News*, November 2, 2015, http://www.bbc.com (accessed January 11, 2017); "Swedish Fathers to Get Third Month of Paid Paternity Leave," *The Guardian*, May 28, 2015, https:// www.theguardian.com; and Felicity Alexander, "Singapore Employment Law: What Changes Are Coming in 2017?" *Personnel Today* (accessed January 11, 2017).

6. J. Levitz, "Factories Tap Parents to Recruit Workers," *Wall Street Journal*, December 18, 2017, p.

7. P. W. Tam and S. Woo, "Talent War Crunches Start-Ups," *Wall Street Journal*, February 28, 2011, pp. B1+; and C. Tuna, "Many Companies Hire as They Fire," *Wall Street Journal*, May 11, 2009, p. B6.

8. Being Ethical: A Critical 21st-Century Skill box based on "State Marijuana Laws in 2018 Map," www.governing.com, April 16, 2018; and L. Nagele-Piazza, "The Haze of Marijuana Laws," *HR Magazine*, February 2017, pp. 69–70.

9. L. Nagele-Piazza, "Marijuana Laws, Opioid Crisis Prompt Workplace Policy Updates," *SHRM Online*, March 13, 2018.

10. Aon Hewitt Stat of the Week, February 28, 2017.

11. J. J. Salopek, "Employee Referrals Remain a Recruiter's Best Friend," *Workforce Management Online*, December 2010; L. G. Klaff, "New Internal Hiring Systems Reduce Cost and Boost Morale," *Workforce Management*, March 2004, pp. 76–79; M. N. Martinez, "The Headhunter Within," *HR Magazine*, August 2001, pp. 48–55; "Even Non-Recruiting Companies Must Maintain Hiring Networks," *HR Focus*, November 2001, p. 8; and L. Greenhalgh, A. T. Lawrence, and R. I. Sutton, "Determinants of Work Force Reduction Strategies in Declining Organizations," *Academy of Management Review*, April 1988, pp. 241–54.

12. Salopek, "Employee Referrals Remain a Recruiter's Best Friend"; "Employee Referral Programs: Highly Qualified New Hires Who Stick Around," *Canadian HR Reporter*, June 4, 2001, p. 21; and C. Lachnit, "Employee Referral Saves Time, Saves Money, Delivers Quality," *Workforce*, June 2001, pp. 66–72.

13. B. Horovitz, "Layoffs Sting Icons Coca-Cola and McDonalds," *USA Today*, January 9, 2015, p. 5B.

14. B. Tuttle, "Why These 5 Companies Are Laying Off Thousands of Workers," http:// time.com/money/3678511/ebay-amex-baker-hughes-layoffs/, January 22, 2015.

15. Ibid.

16. J. Mooney, "Pre-Employment Testing on the Internet: Put Candidates a Click Away and Hire at Modem Speed," *Public Personnel Management*, Spring 2002, pp. 41–52.

17. L. Weber and E. Dwoskin, "As Personality Tests Multiply, Employers Are Split," *Wall Street Journal*, September 30, 2014, pp. A1+.

A3.

18. See, for instance, R. D. Arvey and J. E. Campion, "The Employment Interview: A Summary and Review of Recent Research," *Personnel Psychology*, Summer 1982, pp. 281–322; M. M. Harris, "Reconsidering the Employment Interview: A Review of Recent Literature and Suggestions for Future Research," *Personnel Psychology*, Winter 1989, pp. 691–726; J. H. Prager, "Nasty or Nice: 56-Question Quiz," *Wall Street Journal*, February 22, 2000, p. A4; and M. K. Zachary, "Labor Law for Supervisors," *Supervision*, March 2001, pp. 23–26.

19. See, for instance, G. Nicholsen, "Screen and Glean: Good Screening and Background Checks Help Make the Right Match for Every Open Position," *Workforce*, October 2000, p. 70.

20. R. A. Posthuma, F. P. Morgeson, and M. A. Campion, "Beyond Employment Interview Validity: A Comprehensive Narrative Review of Recent Research and Trends Over Time," *Personnel Psychology*, Spring 2002, pp. 1–81.

21. A. I. Huffcutt, J. M. Conway, P. L. Roth, and N. J. Stone, "Identification and Meta-Analysis Assessment of Psychological Constructs Measured in Employment Interviews," *Journal of Applied Psychology*, October 2001, pp. 897–913; and A. I. Huffcutt, J. A. Weekley, W. H. Wiesner, T. G. Degroot, and C. Jones, "Comparison of Situational and Behavioral Description Interview Questions for Higher-Level Positions," *Personnel Psychology*, Autumn 2001, pp. 619–44.

22. See C. H. Middendorf and T. H. Macan, "Note-Taking in the Employment Interview: Effects on Recall and Judgments," *Journal of Applied Psychology*, April 2002, pp. 293–303; D. Butcher, "The Interview Rights and Wrongs," *Management Today*, April 2002, p. 4; P. L. Roth, C. H. Can Iddekinge, A. I. Huffcutt, C. E. Eidson, and P. Bobko, "Corrections for Range Restriction in Structured Interview Ethnic Group Differences: The Value May Be Larger Than Researchers Thought," *Journal of Applied Psychology*, April 2002, pp. 369–76; and E. Hermelin and I. T. Robertson, "A Critique and Standardization of Meta-Analytic Coefficients in Personnel Selection," *Journal of Occupational and Organizational Psychology*, September 2001, pp. 253–77.

23. See J. Merritt, "Improv at the Interview," *BusinessWeek*, February 3, 2003, p. 63; P. J. Taylor

and B. Small, "Asking Applicants What They Would Do versus What They Did Do: A Meta-Analysis Comparison of Situation and Past Behavior Employment Interview Questions," *Journal of Occupational and Organizational Psychology*, September 2002, pp. 277–95; S. D. Mauer, "A Practitioner-Based Analysis of Interviewer Job Expertise and Scale Format as Contextual Factors in Situational Interviews," *Personnel Psychology*, Summer 2002, pp. 307–28; and J. M. Barclay, "Improving Selection Interviews with Structure: Organizations' Use of Behavioral Interviews," *Personnel Review* 30, no. 1 (2001), pp. 81–95.

24. Merritt, "Improv at the Interview," 63.

25. S. H. Applebaum and M. Donia, "The Realistic Downsizing Preview: A Management Intervention in the Prevention of Survivor Syndrome (Part II)," *Career Development International*, January 2001, pp. 5–19.

26. D. Zielinski, "Effective Assessments," *HRMagazine*, January 2011, pp. 61–64; W. L. Gardner, B. J. Reithel, R. T. Foley, C. C. Cogliser, and F. O. Walumbwa, "Attraction to Organizational Culture Profiles: Effects of Realistic Recruitment and Vertical and Horizontal Individualism-Collectivism," *Management Communication Quarterly*, February 2009, pp. 437–72; and S. L. Premack and J. P. Wanous, "A Meta-Analysis of Realistic Job Preview Experiments," *Journal of Applied Psychology*, November 1985, pp. 706–20.

27. C. Garvey, "The Whirlwind of a New Job," *HR Magazine*, June 2001, pp. 110–18.

28. Managing Technology in Today's Workplace based on D. Zielinski, "Is HR Ready for Blockchain?" *HR Magazine*, March 2018, pp. 62–63; S. F. Gale, "Robots Ratchet Up Recruiting Process," www. workforce.com, October 23, 2017; L. Dishman, "Can Gamifying the Hiring Process Make It More Effective?" *Fast Company Online*, May 19, 2017; D. Zielinski, "Referral Booster," *HR Magazine*, March 2013, pp. 63–65; B. Horovitz, "Tweet for This Job—And It Could Be Yours," *USA Today*, February 18, 2013, p. A 4; "Action Items," *HR Magazine*, January 2013, pp. 33–35; B. Roberts, "From E-Learning to Mobile Learning," *HR Magazine*, August 2012, v61–65; D. Zielinski, "Effective Assessments"; R. E. DeRouin, B. A. Fritzsche,

and E. Salas, "E-Learning in Organizations," *Journal of Management*, December 2005, pp. 920–40; K. O'Leonard, *HP Case Study: Flexible Solutions for Multi-Cultural Learners* (Oakland: CA: Bersin & Associates, 2004); S. Greengard, "The Dawn of Digital HR," *Business Finance*, October 2003, pp. 55–59; and J. Hoekstra, "Three in One," *Online Learning* 5 (2001), pp. 28–32.

29. B. P. Sunoo, "Results-Oriented Customer Service Training," *Workforce*, May 2001, pp. 84–90.

30. See, for instance, E. G. Tripp, "Aging Aircraft and Coming Regulations: Political and Media Pressures Have Encouraged the FAA to Expand Its Pursuit of Real and Perceived Problems of Older Aircraft and Their Systems. Operators Will Pay," *Business and Commercial Aviation*, March 2001, pp. 68–75.

31. "A&S Interview: Sully's Tale," *Air & Space Magazine*, www.airspace-mag.com, February 18, 2009; A. Altman, "Chesley B. Sullenberger III," *Time*, www.time.com, January 16, 2009; and K. Burke, P. Donohue, and C. Siemaszko, "US Airways Airplane Crashes in Hudson River—Hero Pilot Chesley Sullenberger III Saves All Aboard," *New York Daily News*, www.nydailynews.com, January 16, 2009.

32. C. S. Duncan, J. D. Selby-Lucas, and W. Swart, "Linking Organizational Goals and Objectives to Employee Performance: A Quantitative Perspective," *Journal of American Academy of Business*, March 2002, pp. 314–18.

33. "Training Expenditures," *Training*, November–December 2010, p. 19.

34. R. Langlois, "Fairmont Hotels: Business Strategy Starts with People," *Canadian HR Reporter*, November 5, 2001, p. 19.

35. M. Dalahoussaye, "Show Me the Results," *Training*, March 2002, p. 28.

36. J. Yang and V. Bravo, "Feeling Unfair," *USA Today-Springfield, Missouri News-Leader*, February 15, 2017, p. 4B.

37. A. Tziner, C. Joanis, and K. R. Murphy, "A Comparison of Three Methods of Performance Appraisal with Regard to Goal Properties, Goal Perception, and Rate Satisfaction," *Group and Organization Management*, June 2000, pp. 175–90; and T. W. Kent and T. J. Davis, "Using Retranslation to Develop Operational Anchored Scales to Assess the Motivational Context of Jobs," *International Journal of Management*, March 2002, pp. 10–16.

38. See also C. A. Ramus and U. Steger, "The Roles of Supervisory Support Behaviors and Environmental Policy in Employee 'Ecoinitiatives' at Leading-Edge European Companies," *Academy of Management Journal*, August 2000, pp. 605–26.

39. See R. de Andrés, J. L. Garcia-Lapresta, and J. GonzálezPachón, "Performance Appraisal Based on Distance Function Methods," *European Journal of Operational Research*, December 2010 pp. 1599–607; and L. Atwater and J. Brett, "Feedback Format: Does It Influence Manager's Reaction to Feedback," *Journal of Occupational and Organizational Psychology*, December 2006, pp. 517–32.

40. M. A. Peiperl, "Getting 360 Feedback Right," *Harvard Business Review*, January 2001, pp. 142–47.

41. T. J. Maurer, D. R. D. Mitchell, and F. G. Barbeite, "Predictors of Attitudes Toward a 360-Degree Feedback System and Involvement in Post-Feedback Management Development Activity," *Journal of Occupational and Organizational Psychology*, March 2002, pp. 87–107.

42. This section based on R. I. Henderson, *Compensation Management in a Knowledge-Based World*, 9th ed. (Upper Saddle River, NJ: Prentice Hall, 2003).

43. M. P. Brown, M. C. Sturman, and M. J. Simmering, "Compensation Policy and Organizational Performance: The Efficiency, Operational and Financial Implications of Pay Levels and Pay Structure," *Academy of Management Journal*, December 2003, pp. 752–62; J. D. Shaw, N. P. Gupta, and J. E. Delery, "Pay Dispersion and Workforce Performance: Moderating Effects of Incentives and Interdependence," *Strategic Management Journal*, June 2002, pp. 491–512; E. Montemayor, "Congruence between Pay Policy and Competitive Strategy in High-Performing Firms," *Journal of Management* 22, no. 6 (1996), pp. 889–908; and L. R. Gomez-Mejia, "Structure and Process of Diversification, Compensation Strategy, and Firm Performance," *Strategic Management Journal* 13 (1992), pp. 381–97.

44. J. D. Shaw, N. Gupta, A. Mitra, and G. E. Ledford Jr., "Success and Survival of Skill-Based Pay Plans," *Journal of Management*, February 2005, pp. 28–49; C. Lee, K. S. Law, and P. Bobko, "The Importance of Justice Perceptions on Pay Effectiveness: A Two-Year Study of a Skill-Based Pay Plan," *Journal of Management* 26, no. 6 (1999), pp. 851–73; G. E. Ledford, "Paying for the Skills, Knowledge and Competencies of Knowledge Workers," *Compensation and Benefits Review*, July–August 1995, pp. 55–62; and E. E. Lawler III, G. E. Ledford Jr., and L. Chang, "Who Uses Skill-Based Pay and Why," *Compensation and Benefits Review*, March–April 1993, p. 22.

45. Shaw, Gupta, Mitra, and Ledford Jr., "Success and Survival of Skill-Based Pay Plans."

46. Information from Hewitt Associates Studies: "As Fixed Costs Increase, Employers Turn to Variable Pay Programs as Preferred Way to Reward Employees," August 21, 2007; "Hewitt Study Shows Pay-for-Performance Plans Replacing Holiday Bonuses," December 6, 2005; "Salaries Continue to Rise in Asia Pacific, Hewitt Annual Study Reports," November 23, 2005; and "Hewitt Study Shows Base Pay Increases Flat for 2006 with Variable Pay Plans Picking up the Slack," Hewitt Associates, LLC, www.hewittassociates.com, August 31, 2005.

47. "Mandated Benefits: 2002 Compliance Guide," *Employee Benefits Journal*, June 2002, p. 64; and J. J. Kim, "Smaller Firms Augment Benefits, Survey Shows," *Wall Street Journal*, June 6, 2002, p. D2.

48. See, for example, R. E. Catalano and D. L. Kirkpatrick, "Evaluating Training Programs: The State of the Art," *Training and Development Journal*, May 1968, pp. 2–9.

49. P. P. Shah, "Network Destruction: The Structural Implications of Downsizing," *Academy of Management Journal*, February 2000, pp. 101–12.

50. See, for example, K. A. Mollica and B. Gray, "When Layoff Survivors Become Layoff Victims: Propensity to Litigate," *Human Resource Planning*, January 2001, pp. 22–32.

51. S. Berfield, "After the Layoff, the Redesign," *Business Week*, April 14, 2008, pp. 54–56; L. Uchitelle, "Retraining Laid-off Workers, but for What?" *New York Times Online*, March 26, 2006; D. Tourish, N. Paulsen, E. Hobman, and P. Bordia, "The Downsides of Downsizing: Communication Processes and Information Needs in the Aftermath of a Workforce Reduction Strategy," *Management Communication Quarterly*, May 2004, pp. 485–516; J. Brockner, G. Spreitzer, A. Mishra, W. Hochwarter, L. Pepper, and J. Weinberg, "Perceived Control as an Antidote to the Negative Effects of Layoffs on Survivors' Organizational Commitment and Job Performance," *Administrative Science Quarterly*, 49 (2004), pp. 76–100; and E. Krell, "Defusing Downsizing," *Business Finance*, December 2002, pp. 55–57.

52. J. Kantor, "#MeToo Called for an Overhaul. Are Workplaces Really Changing?" *New York Times Online*, March 23, 2018.

53. U.S. Equal Employment Opportunity Commission, "Charges Alleging Sexual Harassment: FY 2010–FY 2017," www.eeoc.gov, April 18, 2018.

54. Ibid.

55. N. F. Foy, "Sexual Harassment Can Threaten Your Bottom Line," *Strategic Finance*, August 2000, pp. 56–57.

56. "Federal Monitors Find Illinois Mitsubishi Unit Eradicating Harassment," *Wall Street Journal*, September 7, 2000, pp. A8.

57. L. J. Munson, C. Hulin, and F. Drasgow, "Longitudinal Analysis of Dispositional Influences and Sexual Harassment: Effects on Job and Psychological Outcomes," *Personnel Psychology*, Spring 2000, p. 21.

58. B. Leonard, "Survey: 10% of Employees Report Harassment at Work," *HR Magazine*, October 2010, p. 18.

59. "Nichols v. Azteca Restaurant Enterprises," *Harvard Law Review*, May 2002, p. 2074; A. J. Morrell, "Non-Employee Harassment," *Legal Report*, January–February 2000, p. 1. See also S. Lim and L. M. Cortina, "Interpersonal Mistreatment in the Workplace: The Interface and Impact of General Incivility and Sexual Harassment," *Journal of Applied Psychology*, May 2005, pp. 483–96.

60. Although the male gender is referred to here, it is important to note that sexual harassment may involve people of either sex or the same sex. (See, for instance, *Oncale v. Sundowner Offshore Service, Inc.*, 118 S. Ct. 998.)

61. *HR Magazine*, December 2017/January 2018, p. 8.

62. See also A. M. O'Leary-Kelly, L. Bowes-Sperry, C. A. Bates, and E. R. Lean, "Sexual Harassment at Work: A Decade (Plus) of Progress," *Journal of Management*, June 2009, pp. 503–36; M. Rotundo, D. H. Nguyen, and P. R. Sackett, "A Meta-Analytic Review of Gender Differences in Perceptions of Sexual Harassment," *Journal of Applied Psychology*, October 2001, pp. 914–22.

63. "Sexual Harassment," http://www.eeoc.gov/laws/types/sexual_harassment.cfm, April 24, 2015.

64. R. L. Wiener and L. E. Hurt, "How Do People Evaluate Social Sexual Conduct at Work? A Psychological Model," *Journal of Applied Psychology*, February 2000, pp. 75.

65. A. R. Karr, "Companies Crack Down on the Increasing Sexual Harassment by E-Mail," *Wall Street Journal*, September 21, 1999, p. A1; and A. Fisher, "After All This Time, Why Don't People Know What Sexual Harassment Means?"

Fortune, January 12, 1998, p. 68.
66. Ibid.
67. "You and DuPont: Diversity," DuPont Company Documents (1999–2000), http://www.dupont.com/careers/you/diverse.html; and "DuPont Announces 2000 Dr. Martin Luther King, Days of Celebration," DuPont Company Documents, http://www.dupont.com/corp/whats-news/releases/00/001111.html, January 11, 2000.
68. It should be noted here that under the Title VII and the Civil Rights Act of 1991, the maximum award that can be given, under the federal act, is $300,000. However, many cases are tried under state laws that permit unlimited punitive damages.
69. J. W. Janove, "Sexual Harassment and the Big Three Surprises," *HR Magazine*, November 2001, pp. 123–30; and L. A. Baar and J. Baar, "Harassment Case Proceeds Despite Failure to Report," *HR Magazine*, June 2005, p. 159.
70. S. Shellenbarger, "Supreme Court Takes on How Employers Handle Worker Harassment Complaints," *Wall Street Journal*, April 13, 2006, p. D1.
71. J. C. Taylor Jr., "#MeToo: Where Was HR?" *HR Magazine*, February 2018, p. 4.
72. See, for instance, P. W. Dorfman, A. T. Cobb, and R. Cox, "Investigations of Sexual Harassment Allegations: Legal Means Fair—Or Does It?" *Human Resources Management*, Spring 2000, pp. 33–39.
73. See, for instance, P. Cappelli, J. Constantine, and C. Chadwick, "It Pays to Value Family: Work and Family Trade-Offs Reconsidered," *Industrial Relations*, April 2000, pp. 175–98; R. C. Barnett and D. T. Hall, "How to Use Reduced Hours to Win the War for Talent," *Organizational Dynamics*, March 2001, p. 42; and M. A. Verespej, "Balancing Act," *Industry Week*, May 15, 2000, pp. 81–85.
74. M. Conlin, "The New Debate over Working Moms," *Business Week*, November 18, 2000, pp. 102–03.
75. R. Feinzeig, "Paid Parental Leave Gains Momentum," *Wall Street Journal*, June 7, 2017, p. B7.
76. M. Elias, "The Family-First Generation," *USA Today*, December 13, 2004, p. 5D.
77. D. Braff, "Reimaging Time Off," *HR Magazine*, April 2018, pp. 46–53.
78. S. Caminiti, "The Diversity Factor," *Fortune*, October 19, 2007, pp. 95–105; and B. Velez, "People and Places," *DiversityInc Online*, www.diversityinc.com, October 2006.
79. R. Anand and M. Frances Winters, "A Retrospective View of Corporate Diversity Training from 1964 to the Present," *Academy of Management Learning & Education*, September 2008, pp. 356–72.
80. L. Nagele-Piazza, "Texas Roadhouse Agrees to $12 Million Age Bias Settlement," www.shrm.org., April 17, 2017.
81. R. Fry, "Women May Never Make Up Half of the U.S. Workforce," Pew Research Center, www.pewresearch.org, January 31, 2017.
82. M. Bello, *USA Today*, "Controversy Shrouds Scarves," *Springfield, Missouri News-Leader*, April 17, 2010, p. 8A.
83. "Facts & Figures: Number of Religious Discrimination Complaints Received," *DiversityInc*, November–December 2009, p. 52.
84. P. Wang and J. L. Schwartz, "Stock Price Reactions to GLBT Nondiscrimination Policies," *Human Resource Management*, March–April 2010, pp. 195–216.
85. L. Sullivan, "Sexual Orientation—The Last 'Acceptable' Bias," *Canadian HR Reporter*, December 20, 2004, pp. 9–11.
86. "Statistical Bulletin: Sexual Identity, UK: 2015," Office for National Statistics (UK), 2015, https://www.ons.gov.uk/peoplepopulationandcommunity/culturalidentity/sexuality/bulletins/sexualidentityuk/2015 (accessed December 15, 2016).
87. F. Colgan, T. Wright, C. Creegan, and A. McKearney, "Equality and Diversity in the Public Services: Moving Forward on Lesbian, Gay and Bisexual Equality?" *Human Resource Management Journal*, 19(3), 2009: 280–301.
88. J. Hempel, "Coming Out in Corporate America," *Business-Week*, December 15, 2003, pp. 64–72.
89. S.A. Hewlett and K. Sumberg, "For LGBT Workers, Being 'Out' Brings Advantages," *Harvard Business Review*, July–August 2011, https://hbr.org/2011/07/for-lgbt-workers-being-out-brings-advantages.
90. "The Cost of the Closet and the Rewards of Inclusion," Human Rights Campaign Foundation, www.hrc.org, May 2014.
91. Kentaro Todo and Kunio Endo, "Japanese Workplaces Inching toward LGBT Inclusion," *Nikkei Asian Review*, June 22, 2016, http://asia.nikkei.com/Business/Trends/Japanese-workplaces-inching-toward-LGBT-inclusion (accessed December 15, 2016).
92. "BBC Pledges Half of Workforce Will Be Women by 2020," *BBC*, April 23, 2016, www.bbc.com/news/entertainment-arts-36120246 (accessed December 15, 2016).
93. Namrata Singh, "We Are Trying to Get People to Think about Unconscious Bias: Maria Angelica Pérez," *The Times of India*, November 19, 2016, http://timesofindia.indiatimes.com/business/india-business/We-are-trying-to-get-people-to-think-about-unconscious-bias-Maria-Angelica-Prez/articleshow/55516351.cms (accessed December 15, 2016); www.ericsson.com.
94. A. Joshi, "Managing the Organizational Melting Pot: Dilemmas of Workplace Diversity," *Administrative Science Quarterly*, December 2001, pp. 783–84.
95. L. Dishman, "These Are the Companies Winning the Race to Increase Diversity," http://www.fastcompany.com/3045438/these-are-the-companies-winningthe-race-to-increase-diversity, April 25, 2015.
96. See, for instance, K. Iverson, "Managing for Effective Workforce Diversity," *Cornell Hotel and Restaurant Administration Quarterly*, April 2000, pp. 31–38.
97. K. Gurchiek, "Get D&I Right," *HR Magazine*, April 2018, p. 39.
98. SHRM, www.shrm.org, April 18, 2018.
99. Ibid.
100. J. Yang and P. Trap, "Romance At Workplace," *USA Today-Springfield, Missouri News-Leader*, July 23, 2017, p. 4B.
101. Y. Koh and R. Feintzeig, "Your Heart, Your Job, an Dating a Co-Worker," *Wall Street Journal*, February 7, 2018, pp. B1+.
102. D.Wilkie, "Hidden Bias More Subtle and Difficult to Recognize than Bias of Decades Past," www.shrm.org, April 25, 2017.
103. C. Hauser, "Men Arrested at Starbucks Hope to Ensure 'This Situation Doesn't Happen Again,'" *New York Times Online*, April 19, 2018; and J. Jargon and L. Weber, "Starbucks to Shut Stores for Antibias Training," *Wall Street Journal*, April 18, 2018, pp. B1+.
104. C. Hauser, "Starbucks Employee Who Called Police on Black Men No Longer Works There, Company Says," *New York Times Online*, April 16, 2018.
105. Ibid.
106. N. Scheiber and R. Abrams, "Can Training Eliminate Biases? Starbucks Will Test the Thesis," *New York Times Online*, April 18, 2018.
107. K. Gurchiek, "Experts Weigh In on Starbucks' Racial-Bias Training," www.shrm.org, April 19, 2018.
108. Protiviti website, www.protiviti.com.
109. Based on interviews with Hong Kong police officers; Hong Kong Police Force website, www.police.gov.hk; J. Brennan, "HK Police Force Seeks Recruits to Rise to the Challenge," http://www.cpjobs.com/hk/article/hk-police-force-seeks-recruits-to-rise-to-the-challenge, March 21, 2015; A. Y. Jiao, "The Police in Hong Kong: A Contemporary View," Lanham, University Press of America, November 27, 2006; Hong Kong Police Force, Police Mentorship Program, http://www.police.gov.hk/ppp_en/15_recruit/pmp.html.

전문성 모듈
전문성과 고용 가능성

전문성이란 무엇인가?

당신은 직장에서 '전문적으로' 행동하는 것이 중요하다는 말을 들어보았을 것이다. 그게 무슨 의미일까? 직장에서 진지하게 임하고, 승진 기회를 얻고, 상사가 당신을 팀(및 조직)의 자산으로 인식하기를 원한다면, 전문적인 방식으로 업무를 수행하는 것이 매우 중요하다. 이 전문성 모듈에서 팀과 아이디어를 공유함으로써 어떤 의미가 있는지 알아보는 것이 매우 중요하다.

그렇다면 **전문성**(professionalism)이란 무엇인가? 간단히 말해 전문성은 당신의 태도, 행동 등 직장에서 어떻게 행동하는지를 의미한다. 전문성은 단순히 전문직만을 위한 것이 아니다. 의사, 변호사, 엔지니어 등 다른 사람에게 고용된 모든 사람을 위한 것이다. 당신을 전문적으로 만드는 것은 직책이 아니라 당신과 당신이 직장에서 하는 행동, 그리고 동료 및 고객들과 어떻게 소통하느냐에 달렸다. 계산원, 음식 서비스 직원, 정비사 등의 종사자도 전문성을 발휘할 수 있다. 대학을 갓 졸업한 당신이 직업과 직업에 대한 전문성을 가지고 접근한다면 좋은 출발을 했다고 할 수 있다.

펜실베이니아 요크대학 전문성 센터가 진행한 전문성과 최근 대학 졸업생들에 대한 연구는 젊은이들의 전문성 수준에 대한 몇 가지 흥미로운 점을 강조했다.[1] 첫째, 설문 응답자들은 젊은 직원이 전체 직원보다 전문성을 보일 가능성이 낮다고 생각하는 경향이 있다.[2] 둘째, 최근 대졸자들에게 가장 부족한 전문성으로 사회적 소통 능력, 직업 윤리 등이 있다. 이 연구에서 진행한 또 다른 설문조사는 전문가로서의 자질 또는 행동과 가장 관련이 있는 것은 무엇이고, 전문가답지 못한 태도와 가장 관련이 있는 것은 무엇인지다. 설문조사 결과는 다음과 같다.[3]

전문가로서의 자질 또는 행동과 가장 관련이 있는 것
- 집중
- 시간 엄수/배려
- 겸손함
- 부지런함
- 의사소통기술

전문가답지 못한 태도와 가장 관련이 있는 것
- 무례함
- 무책임함
- 야심이 없음
- 지각/불출석
- 의사소통기술 부족

이 연구에서 보고된 다른 부문에는 대학 졸업생들의 특권의식, 정보기술 에티켓, 조정 없는 행동, 복장 및 외모, 복장 규정, 문신, 일에 대한 태도 등이 포함되어 있다. 이 연구 보고서는 전문성(전문성 결여)이 어떻게 평가되는지 한눈에 볼 수 있는 기회를 제공한다.

전문성을 발휘하는 방법

전문성을 보이는 것은 비전문성을 피하는 것 그 이상이다. 당신의 일을 잘만 한다면 누가 당신의 태도를 신경 쓰겠는가? 하지만 만약 당신이 항상 일이나 프로젝트를 늦게 끝낸다면, 회의에 참석할 때 준비가 되어 있지 않다면, 사람들을 무례하게 대한다면, 다른 사람들의 아이디어를 그들에게 공로를 돌리지 않고 사용한다면, 말만 하고 완전히 반대되는 행동을 한다면, 걸핏하면 약속을 어긴다면 비전문가로 분류될 것이다. 전문성을 발휘한다는 것은, 당신의 기술, 태도와 더불어 당신을 신뢰할 수 있고 존경할 수 있고 당신이 유능하다는 것을 다른 사람에게 보여주기 위해 필요한 일을 하는 것을 의미할 수 있다.

기술.   고용주들은 어떤 기술이 중요하다고 하는가? 가장 중요한 세 가지 기술은 의사소통, 비판적 사고, 윤리/성실성이다. 우리는 비판적 사고, 윤리/성실성, 의사소통뿐만 아니라 협업, 지식 어플리케이션 및 분석까지 기술의 영역을 확대했다. 이런 기술들을 학창 시절 동안 연습하고 사용하는 것이 당신의 전문성을 높이는 한 방법이 될 수 있다. 그렇지만 기술은 관리자와 고용주에게 전문가로 비춰지기 위해서 적절한 태도와 행동도 필요로 한다.

태도 및 행동.   프로가 되기 위해 어떤 태도와 행동이 중요한가? 여러 가지를 공유하겠다. 물론 전부는 아니지만, 이는 당신의 전문성을 보여주기 위해 중요한 단계일 수 있다.

- 신뢰할 수 있게 행동하라. 다른 사람들에게 당신이 거기에 있고, 당신이 하겠다고 말한 것을 할 수 있고, 당신이 마감일에 주의를 기울일 수 있다는 것을 보여주어라. HR 전문가의 78%는 신뢰성이 가장 중요한 행동 중 하나라고 말한다.[4]
- 진실하라. 솔직하게 이야기하라. 마감일을 맞추지 못할 것 같다면 팀장이나 매니저에게 솔직하게 말하는 것이 좋다. 누군가 당신의 의견을 묻는다면 솔직하게 대답하라. 당신이 진실을 말한다면 동료들도 당신을 믿을 수 있는 사람이라 생각하게 될 것이다.
- 진실성을 가지고 행동하라. 원칙을 지키며 살아가고 당신이 생각하는 원칙이 조직의 원칙과 일치하는 조직에서 함께 하라.
- 타인을 존중하라. 직장 안팎의 모든 다른 사람들을 존중하라. 사람들은 그들이 중요하다는 것을 알고 싶어 한다. 존중하는 것의 큰 부분은 시간을 지키는 것을 우선시 하는 것이다. 직장에 늦게 도착하거나 회의에 늦으면 사람들에게 직장이나 그들의 일정에 대해 신경 쓰지 않는다는 인상을 줄 수 있다.
- 좋은 직업윤리를 보여주어라. 당신은 일을 잘해서 돈을 받고 있다. 그럼 계속 그렇게 하면 된다. 그러나 개선할 여지가 있는 어떤 일을 발견하고도 입을 다물고 있어야 한다는 뜻은 아니다. 직업윤리를 보여주어라! 조직이 잘되면 다 잘되는 것이다.
- 비난을 회피하지 말라. 항상 "그건 내 일이 아니야"라고 말하는 사람이 되지 말라. 그건 네

일이야! 말 그대로 업무 설명에 나와 있지 않더라도 책임을 져라. 당신의 팀과 조직을 돕기 위해 기꺼이 나서라. 그리고 만약 당신이 잘못했거나 망쳤다면, 인정하라!

- **좋은 경청자가 되어라.** 업무 관계를 좋은 쪽으로 발전시키기 위해서는 다른 사람의 말을 잘 경청하고 그에 대응하는 능력이 중요하다. 그리고 경청하는 사람이 되기 위해 노력해야 한다. 우리는 상대방이 말하는 것을 정말로 듣기보다는 어떻게 대답만 할지 생각하는 경향이 있다.

- **감정을 관리하라.** 고압적인 상황에서 압력을 잘 다루고 잘 기능하려면 감정을 관리할 수 있는 능력이 필요하다. 쉽지는 않지만, 높은 수준의 전문성을 가진 사람은 논쟁과 의견 충돌, 그리고 앞서 말한 것처럼 공손하게 행동할 수 있는 방법을 배웠다.

- **나쁜 태도를 취하지 말라.** 그렇다. 우리 모두는 나쁜 태도로 삶을 살아가는 사람을 알고 있다.(부디 이것이 당신을 묘사한 것이 아니길 바란다.) 나쁜 태도를 가진 사람은 냉소적이고 부정적이다. 이러한 사람들은 혜택이나 해결책을 찾기 전에 모든 사람과 모든 것에 트집부터 잡는 경향이 있다.

- **기꺼이 변화하라.** 그렇다. 우리는 변화가 어렵다는 것을 알고 있다. 우리는 익숙한 편안함을 좋아한다. 하지만 때론 변화도 필요하다. 다른 사람들이 당신을 있는 그대로 받아들이기를 기대하고 새로운 접근방식을 시도하는 데 시간을 끌지 말라.

- **불량배처럼 굴지 말라!** 그렇다. 우리 모두 기분이 좋지 않은 날이 있다. 하지만 당신의 기분이 나쁜 것은 문 앞에 놔두라. 동료, 상사, 특히 고객에게 화풀이하지 말라. 기분이 안 좋은 이유가 일 때문이라면, 다른 직업을 찾는 것에 대해 생각해볼 때일지도 모른다.

성공적으로 경력을 쌓는 방법

경력이라는 용어는 여러 가지 의미가 있다. 일반적인 용어로는 승진("그녀는 경영 경력을 쌓고 있다"), 전문직("회계 경력을 쌓고 있다"), 또는 평생직업 순서("그의 경력에는 4개의 직종에 8개의 직업이 포함된다")를 의미할 수 있다. 우리의 목적을 위해, 우리는 **경력**(career)을 한 사람이 일생 동안 가지고 있는 일의 순위로 정의한다. 이 정의를 사용하면, 우리 모두가 경력을 쌓거나 가질 것이 분명하다. 더욱이 이 개념은 소프트웨어 설계자나 의사만큼 숙련되지 않은 노동자와 관련이 있다. 하지만 경력 개발은 예전 같지 않다!

경력 개발이 경영 과정에서 몇 년째 중요한 화두였지만, 그 개념에서 극적인 변화가 일어나고 있다. 경력 개발 프로그램은 직원들이 특정 조직 내에서 직장 생활을 발전시키는 데 도움을 주기 위해 설계되었다. 이러한 프로그램의 초점은 직원들이 자신의 직업 목표를 실현하는 데 필요한 정보, 평가 및 훈련을 제공하는 것이었다. 경력 개발은 조직이 우수한 인재를 유치하고 유지하는 한 방법이기도 했다. 이러한 접근 방식은 오늘날의 직장에서는 거의 사라졌다. 이제 그러한 전통적인 직업 프로그램이 있는 조직들은 드물고 멀리 떨어져 있다. 다운사이징, 구조 조정 및 기타 조직 조정은 경력 개발에 대한 하나의 중요한 결론에 도달했다. 당신 자신이 스스로의 경력을 설계, 지도 및 개발할 책임이 있다는 것이다. 경력에 대한 개인적인 책임감이 증가한다는 이 생각은 **경계 없는 경력**(boundaryless career)이라고 한다.[5] 한 가지 어려운 점은 당신을 안내할 수 있는 엄격한 규칙들이 거의 없다는 것이다.

당신이 가장 먼저 결정해야 할 것은 직업을 선택하는 것이다. 최적의 선택은 당신이 삶에

경력
한 사람이 일생 동안 가지고 있는 일의 순위

경계 없는 경력
개인이 자기 자신의 경력에 개인적인 책임을 지는 것

서 원하는 것과 당신의 관심사, 능력과 성격, 시장 기회 사이에서 가장 잘 맞는 것을 고르는 것이다. 좋은 직업 선택은 당신에게 좋은 기회를 주고 경력을 쌓으며 유지할 수 있도록 해줄 것이다. 또한 이것은 매우 만족스러운 업무로 이어지고 일과 생활 사이의 적절한 균형을 제공할 것이다. 좋은 경력 매칭은 긍정적 자아개념 개발과 중요하다고 생각하는 일을 하며, 원하는 삶을 영위할 수 있다는 것을 의미한다. 한 설문조사에서 대학 졸업생의 66%는 종합적인 복리후생제도(예: 의료, 보육 등)가 직업 선택에서 가장 중요한 요소라 답변했다. 초봉은 64%로 2위, 직장은 60%로 3위를 차지했다. 오늘날의 대학 졸업생들은 또한 그들의 자원봉사와 자선 활동에 대한 보상이나 보상을 받고 싶어 한다.[6]

직업 선택을 확인했으면 이제 구직 활동을 시작할 때다. 하지만, 우리는 구직, 이력서 작성, 면접의 세부사항에 대해서는 자세히 다루지 않을 것이다. 이 모든 것을 빠르게 진행해 구직에 성공했다고 가정해보자. 일하러 갈 시간이다! 당신은 어떻게 살아남고 당신의 경력에서 뛰어날 것인가? 여기 몇 가지 팁이 있다.

당신의 개인적 강점과 약점을 평가하라

타고난 재능은 어디에 있는가? 경쟁 우위를 확보할 수 있는 방법은 무엇인가? 당신은 특히 숫자에 능한가? 사람과의 관계에 강한 기술을 보유하고 있는가? 손재주가 좋은가? 다른 사람들보다 글을 잘 쓰는가? 모든 사람은 다른 사람들보다 잘하는 것과 반대로 잘하지 못하는 것이 있다. 자신의 강점을 발휘해보라.

시장 기회 파악

미래의 일자리 기회는 어디에 있는가? 당신의 강점과 관계없이 은행원, 소농인, 영화 기사, 여행사 비서 등 특정 직업군들은 앞으로 감소 추세로 갈 전망이다. 반대로 점점 더 고령화되는 사회, 기술에 대한 지속적인 강조, 교육과 훈련에 대한 지출 증가, 개인 보안에 대한 우려에 의해 노인학 상담, 네트워크 관리, 교육 컨설턴트, 보안 경보 설치자 등은 일자리 창출의 기회가 많을 것으로 보인다.

자신의 경력 관리에 책임지기

역사적으로 기업은 직원의 경력에 책임을 지는 경향이 있었다. 오늘날, 이것은 규칙이라기보다는 예외이다. 점점 더 직원들이 자신의 직업에 책임을 질 것으로 기대된다.

당신의 경력을 당신의 사업이라고 생각하라. 당신이 그것의 최고경영자이다. 살아남기 위해서는 시장의 힘을 감시하고 경쟁사를 따돌리고 기회를 포착할 준비를 해야 한다. 당신은 당신의 경력을 위해로부터 보호하고 환경의 변화로부터 이익을 얻을 수 있도록 스스로를 배치해야 한다.

대인관계기술 개발

대인관계기술, 특히 의사소통 능력은 거의 모든 고용주의 '필수' 기술 중 1위를 차지한다. 새로운 직장을 얻든 승진하든 간에, 강한 대인관계기술은 당신에게 경쟁력을 줄 것이다.

연습이 완벽함을 만든다

엄청난 성취를 이룬 사람들이 우리와 근본적으로 다르지 않다는 것을 보여주는 증거의 양이 늘어나고 있다. 오프라 윈프리, 모차르트, 빌 게이츠와 같은 사람들이 음악, 스포츠, 체스, 과학, 비즈니스 분야에서 세계적으로 유명한 사람이 되기까지 10,000시간(혹은 10년)을 들였다는 것이 연구를 바탕으로 발견되었다. 어떤 분야든 탁월하고 싶다면 능력의 수준을 넘어 성능을 향상시킬 수 있도록 반복적인 활동에 지속적으로 참여하면서 연습해야 한다.

최신 정보

오늘날의 역동적인 세계에서는 기술이 빠르게 폐기될 수 있다. 경력을 쌓기 위해 당신은 평생 배움에 전념해야 한다. 계속해서 학교를 다니고 책을 꾸준히 읽어야 한다.

네트워크

네트워킹은 목표를 달성하기 위해 다른 사람들과 유익한 관계를 만들고 유지하는 것을 말한다. 높은 자리에 친구들이 있는 것이 도움이 될 수 있다. 또한 조직과 업계에서 진행 중인 변경 사항을 지속적으로 알려줄 수 있는 담당자가 있다면 도움이 된다. 컨퍼런스에 참석하라. 예전 대학 친구 및 동창들과 지속적으로 연락하거나 커뮤니티 활동에 참여하는 것도 좋다. 광범위한 관계를 형성하라. 오늘날처럼 상호 연결이 점점 더 중요한 세상에서는 온라인 네트워킹 그룹에 가입하는 것도 좋다.

가시성 유지

네트워킹은 가시성을 높일 수 있다. 따라서 전문 저널에 글을 쓰거나 수업을 하거나 전문 영역에서 연설을 하거나 컨퍼런스나 전문가 회의에 참석하면 자신의 성과가 제대로 홍보되도록 하는 데 도움이 된다. 가시성을 유지하며 시장에서 가치를 높여라.

멘토 탐색

멘토와 함께 하는 직원은 유동성을 강화하고, 조직의 내부 업무에 대한 지식을 늘리며, 고위 임원에 대한 접근성을 높이고, 만족도를 높이고, 가시성을 높일 수 있다. 여성과 소수민족의 경우, 멘토가 있는 것이 경력의 발전과 성공을 촉진하는 데 특히 도움이 되는 것으로 나타났다.

경쟁 우위

개발 기술을 활용해 시장에서 경쟁 우위를 확보할 수 있다. 특히 고용주에게 중요한 기술, 부족한 기술, 제한된 경쟁이 있는 분야에 집중한다. 최악의 시나리오는 피하라. 당신은 누구나 30분 안에 배울 수 있는 직업을 가지고 있다. 당신이 높은 가치를 지닌 기술을 배우고 개발하는 것이 어려울수록, 다른 사람들도 그것을 습득하기가 어렵다는 것을 기억하라. 일반적으로, 일을 하는 데 필요한 훈련이 많을수록, 그리고 그 훈련을 받은 사람이 적을수록 당신의 보안과 영향력이 더 커진다.

다음 내용은 학생 및 교수로서 오랜 세월 동안 축적된 통찰이다 — 학교에서 성공하려면, 당신은 일반론자가 되어야 하고 모든 것에 뛰어나야 한다. 예를 들어 4.0의 평점을 얻기 위해서는 영어, 수학, 과학, 지리, 언어 등에서 스타가 되어야 한다. 반면에, '실제 세계'는 전문화를 보상한다. 모든 것을 잘할 필요는 없다. 다른 사람들이 잘하지 못하는 것과 사회가 중요시하는 것을 잘하면 된다. 당신은 수학이나 과학에서 형편없을 수 있지만 여전히 매우 성공적인 오페라 가수, 예술가, 판매원, 혹은 작가가 될 수 있다. 컴퓨터 프로그래머나 전기기사가 되기 위해 영어를 잘할 필요는 없다. 인생의 성공 비결은 당신의 비교우위를 파악하고 그것을 발전시키는 것이다. 앞서 언급했듯이, 최적의 숙련도를 달성하기 위해서는 약 10,000시간을 투자해 기술을 연마해야 한다.

위험을 피하지 말라

특히 당신이 젊고 잃을 것이 많지 않을 때 위험을 감수하는 것을 두려워하지 말라. 학교로 돌아가거나, 새로운 주나 국가로 이주하거나, 자신의 사업을 시작하기 위해 직장을 그만두는 것은 당신의 삶을 완전히 새로운 방향으로 설정하는 결정일 수 있다. 위대한 업적은 거의 항상 여행을 덜 하는 길을 택해야 하고, 아무데도 갈 수 없는 길은 미지의 것에 대한 두려움으로 포장되어 있다.

직업을 바꿔도 괜찮다

과거 세대는 '좋은 직장은 떠나지 않는다'고 믿었다. 하지만 그 충고는 이제 적용되지 않는다. 급변하는 오늘날의 취업 시장에서, 자리를 지킨다는 것은 당신이 뒤처져 있다는 것을 의미할 뿐이다. 고용주는 더 이상 장기적인 충성심을 기대하지 않는다. 그리고 당신의 기술을 신선하고, 수입이 증가하며, 직업의 흥미로움을 유지하기 위해서, 당신이 고용주를 바꿀 필요가 점점 더 많아질 것이다.

기회, 준비, 행운=성공

사람들은 일반적으로 야심 차고 똑똑하며 열심히 일한다. 하지만 그들은 또한 운이 좋다. 마이크로소프트의 빌 게이츠와 폴 앨런, 애플의 스티브 잡스, 썬 마이크로시스템즈의 스콧 맥닐리, 노벨의 에릭 슈미트, 구글과 같은 수많은 위대한 기술 성공 사례들이 1953년 6월부터 1956년 3월까지 3년이라는 짧은 기간에 탄생한 것은 우연이 아니다. 그들은 똑똑했다. 그들은 컴퓨터와 기술에 관심이 있었다. 하지만 그들은 운도 좋았다. 그들은 개인용 컴퓨터 시대가 시작된 1975년에 10대와 20대 초반에 도달했다. 비슷한 관심과 재능이 있지만 1940년대 중반에 태어난 이들은 대학을 졸업한 뒤 IBM 같은 회사에 입사해 메인프레임 컴퓨터에 매료되었을 가능성이 높다. 1960년대 초에 태어났더라면, 그들은 혁명의 1층에 들어가는 것을 놓쳤을 것이다.

성공은 기회, 준비, 운을 맞추는 문제이다. 우리 중 몇 명만이 일생 동안 특별한 기회를 얻을 수 있다고 한다. 운이 좋으면 그런 기회들을 인식하고 적절한 준비를 한 다음 그것에 따라 행동하게 될 것이다.

언제 태어났는지, 어디서 태어났는지, 부모님의 재정 상태 등은 통제할 수 없다. 이런 것들이 행운의 요인이다. 하지만 당신이 통제할 수 있는 것은 당신의 준비와 기회가 왔을 때 기꺼이 행동하는 것이다.

미주

1. 2015 National Professionalism Survey: Recent College Graduates Report, Center for Professional Excellence, York College of Pennsylvania, www.ycp.edu, 2015.

2. Ibid, p. 9.

3. Ibid, p. 12.

4. "The Numbers," *Relevant*, January–February 2017, p. 30.

5. M. B. Arthur and D. M. Rousseau, *The Boundaryless Career: A New Employment Principle for a New Organizational Era* (New York: Oxford University Press, 1996).

6 "Capital One Survey Highlights What Today's College Graduates Want from Employers," www.businesswire.com (June 10, 2008).

집단에 대한 이해와 작업팀 관리

9

경영학의 **신화** 잘못된

팀은 개인보다 언제나 더 좋은 성과를 낸다.

경영학의

신화 바로잡기!

잘못된

기업 관련 정기간행물의 보고에 의하면 모든 조직은 팀 활동을

중심으로 재편성했다고 생각할지 모른다. 팀 중심으로 이루어진

조직은 개인으로 이루어진 전통적인 조직보다 언제나

더 높은 성과를 낼 것이라는 신조가 생기기까지 한 것 같다.

이 장에서 볼 수 있듯이, 팀 활동은 과업을 해결할 때

매우 효율적이다. 하지만 팀이 모든 것을 해결해줄 수는 없다.

창의적인 생각을 요하는 직무에서는 팀보다는 개인이 더 좋은

성과를 내기 쉽다. 또한 팀 활동은 책임을 분산시켜

필요 이상으로 큰 위기를 만들거나,

위기 제공자는 다른 구성원 뒤에 숨기 급급하기도 한다.

오늘날 경영자들은 팀 조직이 판매를 증가시키고 보다 좋은 상품을 더 빠르고 낮은 비용으로 생산할 수 있게 한다고 여긴다. 비록 팀을 구축하려는 노력이 언제나 성공적이지는 않지만, 잘 설계된 팀은 생산성을 활성화하고 급변하는 환경에 대처할 수 있도록 조직의 포지셔닝을 돕는다. 예를 들어 미국 최대 석유화학업체인 브라스켐(Braskem)의 폴리프로필렌팀은 이미 실적이 높았지만 팀장은 더욱 강한 팀이 될 수 있다고 믿었다. 해결책은 지속적인 전문팀 구성 및 교육이었다.[1] 그리고 그 팀은 단지 일을 하는 것에 그치는 것이 아니라 '함께' 일했기 때문에 더 강해졌다.

당신은 프로젝트팀, 운동팀, 모금 운동팀, 직장 내 영업팀 등 집단에서 활동해본 경험이 많을 것이다. 작업팀은 오늘날 역동적인 글로벌 환경에서 실제로 존재하는 도전과제 중 하나이다. 많은 조직이 개인보다 팀 위주로 업무 구조를 재편성하고 있다. 왜일까? 이들 팀은 어떻게 보일까? 경영자들은 어떻게 효과적인 팀을 조직할 수 있을까? 이에 대한 답을 이 장에서 찾아야 할 것이다. 팀을 이해하기에 앞서, 집단 및 집단행동에 관한 몇 가지 기본적인 내용을 이해할 필요가 있다. ●

학습목표

9-1 집단을 정의하고 집단의 발전 단계를 설명한다.

9-2 집단행동의 주요 개념을 설명한다.

9-3 집단이 어떻게 효과적인 팀으로 변화하는지 토론한다.

9-4 작업팀 관리에 대한 현행 이슈를 토론한다.

집단이란 무엇이며, 어떤 단계를 통해 발전하는가?

9-1 집단을 정의하고 집단의 발전 단계를 설명한다.

집단 내 각 개인은 부여된 역할이 있다. 관측수, 배후 관측수, 우람한 덩치, 큰 손. 10년 동안 MIT 학생들로 구성된 이 비밀 블랙잭 클럽은 그들의 뛰어난 수학적 능력과 전문가 훈련, 팀워크, 대인관계기술을 이용해 미국 주요 카지노에서 수백만 달러를 벌었다.[2] 대부분의 집단이 이처럼 부정한 목적으로 형성되지는 않음에도, 블랙잭 클럽의 성공은 인상적이었다. 경영자들은 그들의 작업집단이 성공적으로 업무를 수행하기를 바란다. 그 첫 번째 단계는 집단이란 무엇이며, 어떤 단계로 발전하는지를 이해하는 것이다.

집단이란 무엇인가?

집단(group)은 특정한 목적 달성을 위해 모인 둘 또는 그 이상의 상호작용하고 상호 의존적인 개인들이다. 공식 집단은 조직 구조에 의해 정의되며, 조직 목적 달성을 위해 부여된 과업과 특정 업무를 가진 집단이다. 표 9.1에 몇 가지 예가 있다. 비공식 집단은 사회적 집단이다. 이들 집단은 직장에서 자연스럽게 생겨나 우정과 공통 관심사를 형성하는 경향이 있다. 각기 다른 부서의 종업원 5명이 정기적으로 모여 점심을 먹는 경우가 비공식 집단의 예다.

집단
특정 목적 달성을 위해 모인 둘 또는 그 이상의 상호작용하고 상호 의존적인 개인들

표 9.1　공식적인 작업집단의 예

- **명령집단**: 조직도에 의해 결정되고 특정 경영자에게 직접 보고하는 개인들로 구성
- **과업집단**: 특정 직무를 완수하기 위해 모인 개인들로 구성. 해당 직무 완료 후 해체되므로 한시적임
- **다기능팀**: 각기 다른 직무 수행을 위해 교육받은 구성원들로 구성되어 다양한 업무 분야나 집단의 지식이나 기술을 보유
- **자율관리팀**: 각자 과업뿐 아니라 채용이나 계획, 스케줄링, 성과 평가와 같은 종래의 경영상 책임도 지는 독립적인 집단

형성기
사람들이 집단에 가입하고, 집단의 목표, 구조, 리더십을 규정하는 집단 발전의 첫 번째 단계

혼돈기
집단 내 갈등에 의해 구성되는 집단 발전의 두 번째 단계

규범 형성기
밀접한 관계와 응집성을 보이는 집단 발전의 세 번째 단계

집단의 발전 단계는 어떠한가?

집단 발전의 5단계

연구에 의하면 집단은 5단계로 발전한다.[3] 그림 9.1에서 볼 수 있듯이, 5단계는 형성기, 혼돈기, 규범 형성기, 실현기, 종료기로 나뉜다.

　형성기(forming stage)는 두 가지 시기를 거친다. 먼저 사람들이 집단에 가입한다. 공식 집단에서 사람들은 업무 배정 때문에 가입한다. 가입과 동시에 집단의 목적, 구조, 리더십을 규정하는 두 번째 시기가 시작된다. 여기에는 구성원들이 어떤 행동 유형을 수용할 것인지 결정하기 위해 상황을 살펴보기 때문에 엄청난 불확실성을 내포한다. 이 단계는 구성원들이 자신을 팀의 일원으로 생각하기 시작하면 완료된다.

　혼돈기(storming stage)는 일종의 집단 내 갈등이다. 누가 팀을 통제할 것인지, 집단이 무엇을 해야 하는지에 대한 갈등이 발생한다. 이 단계가 완료되면 상대적으로 팀 내 명확한 리더십의 위계와 집단의 방향성에 대한 의견일치가 명확해질 것이다.

　규범 형성기(norming stage)에서는 구성원들이 밀접한 관계로 발전해 응집성을 보인다. 강한 팀 정체성과 동료애가 나타난다. 이 단계는 팀 구조가 견고해지고 구성원들의 행동에 대한 공통적인 기대(혹은 규범)에 동화될 때 완료된다.

그림 9.1　집단 발전의 단계

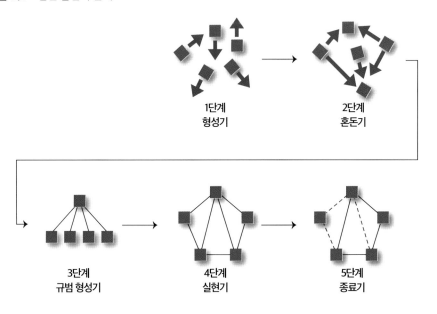

1단계
형성기

2단계
혼돈기

3단계
규범 형성기

4단계
실현기

5단계
종료기

Hemant Mishra/Mint/Hindustan Times/Getty Images

아슈위니 아소칸(Ashwini Asokan, 사진의 오른쪽)은 인도 첸나이에서 2013년 출범한 컴퓨터 비전[computer vision, 인공 지능(AI)의 한 분야로 컴퓨터를 사용해 인간의 시각적인 인식 능력을 재현하는 연구 분야–역주] 및 인공지능 기업인 매드 스트리트 덴 시스템즈(Mad Street Den Systems)의 공동 창업자이자 최고경영자이다. 현재 실현기에 있는 아소칸과 회사 직원들은 온라인 패션 소매점을 위한 비주얼 검색 기술 및 AI 지원 툴 설계 과제에 집중하고 있는데, 이는 소비자 데이터를 분석하고, 수요를 예측하며, 쇼핑객의 구매 경험을 개선하는 것이다.

네 번째 단계는 **실현기**(performing stage)이다. 집단 구조가 자리를 잡고 집단 구성원들에게 수용된다. 집단 구성원들은 서로 알아 가고 이해하는 것으로부터 집단의 과업을 수행하는 것으로 에너지를 쏟는다. 영구적인 과업집단은 실현기가 그들의 마지막 발전 단계이다. 하지만 프로젝트팀, 태스크포스, 제한된 업무를 수행하는 이와 유사한 한시적 집단들은 **종료기**(adjourning stage)가 마지막 단계이다. 이 단계에서 팀은 해산을 준비한다. 업무 수행 대신 활동을 마무리하는 데 관심을 기울인다. 집단 구성원은 각기 다른 방식으로 반응한다. 낙관적인 사람은 집단의 성취에 흥분한다. 어떤 사람은 동료애와 우정의 상실에 슬퍼할 수도 있다.

많은 사람이 수업의 집단 프로젝트를 수행하면서 이러한 단계들을 경험해보았을 것이다. 집단 구성원들은 뽑히거나 혹은 배정되어 처음으로 만나게 된다. 이때 집단이 무엇을 할 것인지, 그 일을 어떻게 해낼 것인지를 '떠본다'. 다음으로 주로 누가 책임을 질 것인지와 같은 통제를 위한 다툼이 뒤따른다. 이 문제가 해결되고 '위계'가 합의되면 집단은 수행해야 하는 특정 업무와 각 부문을 누가 담당할 것인지, 맡은 업무를 언제까지 완료해야 하는지 등을 명시하며, 일반적인 기대가 나타난다. 달성해야 하는 것에 대한 기본적인 의사소통은 프로젝트가 성공하도록 집단 노력을 조직화할 것이다. 프로젝트가 끝나고 결과를 얻게 되면 그 집단은 해산한다. 물론 어떤 집단들은 형성기나 혼돈기 단계로 넘어가지 못할 수도 있다. 이들 집단은 대인관계가 심각한 갈등을 빚거나, 결과가 실망스럽거나, 낮은 등급을 받았을 것이다.

그래서, 앞선 네 단계를 거치면 집단은 보다 효과적으로 변하는가? 어떤 연구자들은 그렇다고 했으나, 간단한 문제가 아니다.[4] 비록 이러한 가정이 대체적으로 참일 수 있지만 효과적인 팀을 구축하는 것은 복잡한 문제이며, 다음과 같은 이유를 들 수 있다.

실현기
집단 발전의 네 번째 단계로 집단이 완전히 제 기능을 발휘하고, 집단 과업이 제대로 수행되는 단계

종료기
임시 집단의 집단 발전 마지막 단계로 집단이 해산할 준비를 하는 기간

오늘날 직장에서의 윤리적 의사결정

팀 프로젝트 시 동료와 긴밀하게 작업할 때 너무 많은 정보가 있지는 않은가?[5] 한 회사에서, 지금 막 중요한 프로젝트를 마치고 이를 축하하기 위해 점심식사를 하러 갔다. 식사 동안 한 동료는 그가 30km의 자전거 경주를 위한 교육을 받았다고 말했다. 거기에 더해 그의 새로운 헬멧과 라이크라 반바지에 대해 언급하며, 공기 저항을 줄이기 위해 전신을 면도하는 사람 이야기도 꺼냈다. 그 후, 또 다른 구성원이 그런 정보를 친구가 아닌 직장 동료에게서 듣고 싶지는 않다며 이런 내용을 굳이 작업팀 내에서 이야기할 필요가 있냐고 했다. 다른 회사에서는 경영자들이 젊은 Y세대 종업원들이 퇴근 후나 주말에 지나치게 파티를 연다거나 이직을 생각하고 있다는 등 이상하고 미심쩍은 이야기를 접할 때가 많다. 또 다른 회사에서는 어느 직원이 동료들과 임금 인상에 대한 정보를 공유함으로써 팀의 사기를 떨어뜨리는 문제를 일으켰다.[6]

토의문제

1 팀에 TMI[*너무 과한 정보(Too Much Information)*의 준말로, 달갑지 않은 정보, 굳이 알고 싶지 않은 이야기를 듣게 되는 경우 사용됨–역주] 같은 것이 있는가? 이러한 정보를 공유함으로써 생기는 팀 차원의 장단점은 무엇인가?

2 이 같은 직장 내 개인정보 공유는 어떠한 윤리적 함의를 갖는가? 팀 리더는 이러한 상황을 어떻게 관리해야 하는가?

325쪽에서 계속

집단행동의 다섯 가지 주요 개념

1

역할

한 사회적 단위에서 주어진 지위의 사람들에게 영향을 미치는 기대 행동 패턴

- 개인은 그들이 속한 집단에서 자신의 **역할**(role)을 조정한다.

- 조직에서 종업원은 자신에게 기대되는 행동이 무엇인지 결정하고자 한다. 이들은 직무 기술서를 읽고, 상사로부터 제안을 받으며, 동료가 무엇을 하는지 살핀다.

  - 일치하지 않는 역할 기대에 직면한 개인은 역할 갈등을 겪는다.

Kwest/Shutterstock

2ª

규범

모든 집단 구성원에 의해 공유되는 수용 가능한 기준

*각 집단이 독특한 **규범**(norm)을 가지고 있더라도, 대부분의 조직에서 공통적으로 적용되는 규범도 있다.*

- 노력과 성과

  - 가장 널리 알려진 규범일 것이다.

  - 개인의 성과에 강하게 영향을 미친다.

- 복장 규정(일터에서 규정하는 복장)

mogen creative/Shutterstock

역할	규범
한 사회적 단위에서 주어진 지위의 사람들에게 영향을 미치는 기대 행동 패턴	집단 구성원이 받아들이고 공유하는 기준이나 기대치

관습

집단의 규범에 맞추기 위해 개인의 행동을 조정하는 것

- 우리는 모두 소속된 집단에 받아들여지기 바라기 때문에 **관습**(conformity)의 압박에 민감할 수밖에 없다.

- '과거에서 현재까지'의 솔로몬 애쉬의 연구[7]를 참조하라.

Kjpargeter/Shutterstock

35%

애쉬의 연구에 따르면 35%의 참여자들은 집단행동의 관습에 따르거나 '대다수의 의견을 따랐다'.

3

지위 체계

한 집단 내 위신의 등급, 위치 또는 계급을 일컬으며 행동을 이해하는 데 중요한 요인

- 인간의 집단화에는 매번 **지위**(status) 계급이 존재했다.

- 지위는 개인이 스스로 인식하는 지위와 타인이 인식하는 것과의 간격이 발생할 때 행동의 결과를 유발할 수 있는 중요한 동기이다.

- 구성원이 인정하고 동경한다면 그 어떤 것이든 지위를 가질 수 있다.

- 조직원들은 종업원들을 지위에 따라 분류하는 것에 문제 제기를 하지 않으며, 누가 상위에 있고 하위 및 중간에 있는지가 동의하에 이루어진다.

- 종업원들이 자신의 조직 내 공식적 지위 체계가 적절하다고 믿는 것이 중요하다. 개인이 인식하는 순위와 조직으로부터 부여받은 상징적 지위가 공정해야 한다.

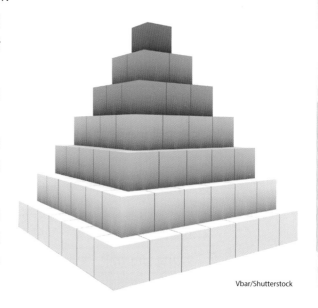

Vbar/Shutterstock

관습	지위
집단의 규범에 맞추기 위해 개인의 행동을 조정하는 것	한 집단 내 위신의 등급, 위치 또는 계급

4

집단 크기

집단의 크기는 집단행동에 영향을 미친다. 하지만 그 효과는 우리가 바라보는 기준에 따라 다르다.[8]

소집단의 장점

(5~7명의 구성원)

Lantapix/Shutterstock

- 빠른 업무 처리
- 빠른 업무 파악
- 신속한 업무 해결

대집단의 장점

(12명 이상의 구성원)

Lantapix/Shutterstock

- 문제 해결
- 사실 확인
- 다양한 자원 구비

대집단의 단점

- 개별적으로 일할 때보다 집단으로 일할 때 각 개인의 노력이 감소하는 경향인 **사회적 태만**(social loafing)[9]으로 인해 책임이 분산되고 일을 대충하는 개인이 생기게 된다.

> 대집단으로 업무를 처리할 때,
> 경영자는 개개인의 노력을
> 알아줄 수 있는 척도를 구상해야 한다.

  - 집단의 결과를 각 개인의 노력으로 돌릴 수 없다면, 개인들의 투입과 집단의 산출 간 관계는 모호해진다. 이러한 상황에서 개인은 '무임승차'해 집단의 노력에 얹혀 가려 한다.

5

집단 응집력

어떤 집단의 구성원이 서로에게 관심을 가지고 집단의 목표를 공유하는 정도

- 많은 내적 불일치와 단결의 부재를 경험한 집단은 대체적으로 동의하고, 협력하고, 서로 호감을 가지는 집단보다 성과가 좋지 않을 것이다.
- 구성원들이 서로에게 더 많은 관심을 가지고, 집단의 목표와 개인의 목표를 일치시킬수록 집단의 응집력은 커진다.
- 일반적으로 높은 **집단 응집력**(group cohesiveness)을 가진 집단이 낮은 집단 응집력을 가진 집단보다 더 효과적이다.

하지만, 응집력과 그 효과의 관계는 생각보다 복잡하다.[10]

사회적 태만
개별적으로 일할 때보다 집단으로 일할 때 각 개인의 노력이 감소하는 경향

집단 응집력
어떤 집단의 구성원들이 서로 관심을 가지고 집단의 목표를 공유하는 정도

– 주요한 조절변수는 집단의 태도와 공식적 목적 혹은 더 큰 조직의 목적과 일치하는 정도이다.[11] 그림 9.2를 참조하라.

그림 9.2　집단 응집력과 생산성의 관계

응집력

	높음	낮음
집단과 조직의 목적 일치 　높음	높은 생산성 증가	보통 수준의 생산성 증가
낮음	생산성 감소	생산성에 관한 효과 없음

– 응집력이 강한 집단은 목적을 더 잘 따를 것이다. 만약 이러한 목적이 선호된다면, 응집력 있는 집단이 그렇지 않은 집단보다 더 생산적일 것이다.

– 만약 응집력이 높은 반면 태도가 비우호적이라면 생산성은 감소할 것이다.

– 만약 응집력이 낮지만 목적이 지지를 받는다면, 생산성은 증가하나 응집력과 목적에 대한 지지가 모두 높을 때만큼은 아니다.

– 응집력이 낮고 목적도 지지되지 않는다면, 응집력은 생산성에 아무런 유의미한 영향을 미치지 않는다.

- 어떠한 상황에서는 높은 수준의 갈등이 뛰어난 집단 성과를 가져온다. 규범기나 실현기보다 혼돈기의 집단이 더 나은 성과를 보이는 경우도 있을 수 있다.
- 집단이 연속적으로 한 단계에서 그다음 단계로 진행하지는 않는다. 때로는 혼돈기와 실현기를 동시에 겪기도 하고, 어떤 집단은 이전 단계로 돌아가기도 한다.
- 따라서 모든 집단이 정확히 이러한 발전 단계를 따른다거나, 실현기를 무조건 가장 바람직하다고 여겨서는 안 된다.

집단은 역동적인 개체이며, 집단이 어느 단계에 있는지 경영자가 알 수 있도록 도와줌으로써 경영자가 외면에 드러나는 문제들을 잘 이해할 수 있도록 해주는 일반적인 틀로 생각하라.

◀◀◀ 과거에서 현재까지 ▶▶▶

- 집단에 대해 또 알아야 할 것으로 무엇이 있는가? 집단행동의 주요 측면을 살펴보자.
- 집단의 일원으로 인정받고자 하는 바람은 집단 규범에 동조하도록 하는가?

집단은 구성원의 태도와 행동을 바꾸기 위해 압력을 가하는가? 솔로몬 애쉬(Solomon Asch)의 연구에 따르면 그 답은 '그렇다'이다.[12]

애쉬의 연구

- 애쉬의 연구는 강의실 내 7, 8명으로 구성된 집단에게 2개의 카드를 비교 관찰하게 하는 것이었다. 관찰자는 3개의 선 중 하나가 다른 1개의 선과 일치한다고 큰 소리로 공표한다.
- 한 카드에는 1개의 줄이 그어져 있다. 다른 카드에는 다양한 길이의 줄이 3개 그어져 있다. 그림 9.3에서 보듯이 3개의 선 중 하나는 하나의 선이 그어진 카드의 선 길이와 같다. 선의 길이 차이는 매우 뚜렷하다.
- 보통 상황에서 관찰자는 1% 미만의 오류를 범한다.

> **관습에 따르라고 압박을 받은 적이 있는가?**

하지만… 집단의 모든 구성원이 틀린 답을 제시한다면 어떻게 될까?

그림 9.3 애쉬의 연구에 사용한 카드의 예

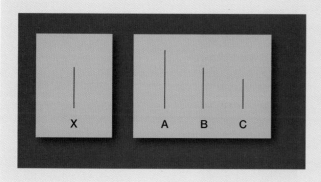

이상한 낌새를 눈치채지 못한 대상(USS)을 자극하는 동조 압력은 다른 사람들의 대답과 일치하도록 자신의 대답을 바꾸게 했는가?

- 자리는 USS가 자신의 의견을 가장 나중에 발언하도록 사전에 배치했다.
- 실험은 실험군과 대조군으로 실시되었고 모든 대상자는 정답을 말했다.
- 세 번째 실험군에서 첫 번째 응답자가 완전히 오답을 말했다. 예를 들어 그림 9.3에서 C라고 말한 것이다. 다음 대상자도 똑같이 틀린 답을 말했고, USS 차례가 될 때까지 나머지도 마찬가지였다.
- 그는 'X'와 같은 것이 'B'임을 알고 있었으나, 다른 모든 사람이 'C'라고 답했다.
- USS는 다음과 같은 결정사항에 직면하게 된다—당신은 공공연히 다른 사람이 먼저 말한 것과 다른 생각을 밝힐 것인가? 아니면 다른 집단 구성원들에게 동조하기 위해 오답을 확신하는 답을 말할 것인가?
  - 애쉬의 실험 대상자들은 수차례의 실험과 시도 속에서 약 35%가 동조를 보였다. 대상자들은 그들이 틀렸다는 것을 알았지만 다른 집단 구성원과 일치하는 대답을 했다.

경영자의 역할

- 애쉬의 연구는 집단행동에 대한 중요한 시사점을 제공한다. 애쉬가 보여준 것과 같이 개인 구성원들은 무리 지어 움직이는 경향이 있다는 점이다. 동조의 부정적 측면을 없애기 위해, 경영자들은 종업원이 보복에 대한 두려움 없이 문제점을 자유롭게 토론할 수 있는 개방적인 분위기를 조성해야 한다.

토의문제

3 한 집단의 일원으로 받아들여지기를 바라는 마음은 집단의 규범에 동조하게 하는가? 집단은 구성원의 태도와 행동을 바꾸기 위해 압력을 가하는가? 당신의 생각은 어떠한가?

4 이 논의를 통해 보다 훌륭한 경영자가 되기 위해서 활용할 수 있는 방법은 무엇인가?

집단이 어떻게 효과적인 팀으로 변하는가?

9-3 집단이 어떻게 효과적인 팀으로 변화하는지 토론한다.

W. L. 고어, 볼보, 크래프트 푸드와 같은 회사들이 그들의 생산 과정에 팀을 도입했을 당시만 하더라도 아무도 그러한 제도를 시행하고 있지 않을 때여서 기삿거리가 되었다. 오늘날 상황은 정반대이다. 팀을 활용하지 않는 조직이 오히려 이목을 끈다. 포춘 500대 기업 중 약 80%가 적어도 종업원 수의 절반을 팀 단위로 운영하는 것으로 추정된다. 실제로 미국의 제조업체 중 70% 이상이 작업팀을 운영한다.[13] 팀제는 앞으로도 인기가 있을 것이다. 이유는 무엇인가? 다양한 기술과 판단, 경험이 요구되는 작업 시 개인보다 팀이 성과가 뛰어나다는 것을 보여주는 연구가 있다.[14] 조직들은 전통적인 부서나 영구적인 작업집단의 형태보다 변화하는 환경에 더욱 유연하고 민감하다는 것을 알기 때문에 팀제 구조를 쓰고 있다. 팀은 빠르게 구성되고 배치된 뒤 재조명하고 해산한다. 여기서는 작업팀이 무엇이며, 조직이 이용할 수 있는 다양한 팀의 형태와 작업팀을 어떻게 발전시키고 다루어야 할지 알아본다.

작업집단＝작업팀?

작업집단과 작업팀은 같은가?

여기서 의문이 들 것이다. 팀과 집단은 같은 것인가? 아니다. 이 절에서는 작업집단과 작업팀의 차이를 명확히 구분한다.[15]

조직적인 스포츠 경기를 관람하거나 참여해보았다면 팀에 친숙할 것이다. 작업팀은 작업집단과 다르며 각각의 특징이 있다(그림 9.4 참조). 작업집단은 주로 집단 구성원들 각자의 업무를 수행하는 데 도움이 되는 정보를 공유하고 의사결정에 상호작용한다. 작업집단은 공동의 노력을 필요로 하는 단체 작업에 참여할 필요나 기회가 전혀 없다. 반면에 **작업팀**(work team)은 구성원들이 긍정적인 시너지, 개인과 상호 간의 신뢰, 상호 보완적인 기술을 통해 무언가 특별한 공동의 목적에 강하게 집중한다.

이는 왜 많은 조직이 팀에 관한 작업 공정을 재구성하는지를 명확히 설명해준다. 경영자는 조직의 성과를 향상시키는 긍정적인 시너지를 원한다.[16] 조직은 팀을 잘 활용하면 투입을 증가시키지 않고(심지어 더 줄여서) 더 나은 결과를 만들어낼 수도 있다. 예를 들어 경제 불황이 오기 전 와코비아(Wachovia) 자산관리 부서(현 웰스파고 & 컴퍼니 소속)의 투자팀들은 투자

그림 9.4 집단 대 팀

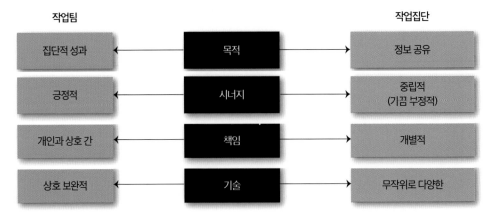

작업팀
구성원들이 긍정적인 시너지, 개인과 상호 간의 신뢰, 상호 보완적 기술을 통해 특별한 공동의 목적에 강하게 집중해 일하는 집단

성과를 상당히 개선할 수 있었으며, 결과적으로 이들 팀 덕분에 은행은 모닝스타 재무등급이 상향 조정되었다.[17]

하지만 이러한 증가는 어디까지나 '잠재적'임을 유념하라. 본질적으로 작업팀의 탄생만으로 이러한 긍정적 시너지와 동반 상승하는 생산성이 보장되지는 않는다. 집단을 팀으로 부른다고 해서 자동적으로 성과가 향상되지는 않는다.[18] 이 장의 뒷부분에서 보겠지만 성공했거나 고성과 작업팀에는 공통적인 특징이 있다. 만약 경영자가 와코비아처럼 조직의 성과를 향상시키고자 한다면 팀들이 그러한 특징이 있는지 눈여겨볼 필요가 있을 것이다.

Mark Blinch/Reuters

팀 위주로 작업을 하는 방법은 구글의 성공 비결이기도 하다. 회사 내에서 여러 기술 능력을 가진 소규모 팀들은 특정 목표를 위해 시너지를 발휘한다. 위 사진은 토론토에 위치한 구글의 취사팀 모습이다. 그들의 목표는 동료 직원들에게 영양가 있고 맛있는 음식을 만들어줄 계획을 짜고 실행에 옮기는 것이다.

작업팀에는 어떤 종류가 있는가?

팀은 다양한 일을 할 수 있다. 제품을 설계하고, 서비스를 제공하고, 거래를 협상하고, 프로젝트를 조정하며, 조언을 하고, 결정을 내린다.[19] 예를 들어 노스캐롤라이나주에 있는 록웰 오토메이션(Rockwell Automation) 공장의 팀은 작업공정 최적화 프로젝트에 활용되고 있다. 아칸소주에 소재한 액시엄 코퍼레이션(Acxiom Corporation)은 인적자원 전문가팀이 문화적 변화를 기획하고 실행했다. 매년 여름, 주말마다 NASCAR 경주를 통해 선수들이 피트에 머무르는 동안 작업팀의 활약을 볼 수 있다.[20] 작업팀에 있어 가장 일반적인 네 가지 형태는 문제 해결팀, 자율관리팀, 교차 기능팀, 가상팀이다.

1. 작업팀이 처음으로 주목받을 당시에는 대부분의 형태가 **문제 해결팀**(problem-solving team)으로 작업 활동을 향상시키거나 특정 문제를 해결하는 데 연관된 같은 부서나 기능직에서 유래한 것이었다. 구성원들은 작업공정과 방식이 어떻게 개선될 수 있는지에 관해 아이디어를 공유하거나 제안을 한다. 그러나 이들 팀에는 그들의 제안사항을 실행할 수 있는 아무런 권한이 없다.

2. 비록 문제 해결팀이 유용하나, 이는 종업원들을 작업 관련 결정이나 과정에 참여시키지는 못한다. 때문에 **자율관리팀**(self-managed work team)이 생겨났는데, 이는 경영자 없이 운영하며, 작업공정이나 부문을 완성시킬 책임을 가진 종업원들로 구성된 공식적 집단이다. 자율관리팀은 작업을 완료하고 스스로를 관리할 책임을 진다. 이는 대개 작업계획과 일정 관리, 구성원에 대한 업무 부여, 일의 속도에 대한 전반적인 관리, 의사결정, 문제에 대한 행동을 취하는 것을 포함한다. 예를 들어 코닝(Corning)의 팀들은 경영자 없이 생산라인 문제를 해결하며, 기한과 배송을 조정하기 위해 제조 부서와 긴밀히 업무를 수행한다. 그들은 결정사항을 실행하며, 프로젝트를 마무리 짓고, 문제점에 관한 발언을 할 권한이 있다.[21] 제록스, 보잉, 펩시코, 휴렛팩커드 같은 조직들도 자율관리팀을 운영한다. 미국 내에서는 이미 30%가 넘는 활용도를 보이고 있고 큰 회사들 같은 경우에는 50% 가까이 된다.[22] 자율관리팀을 활용하는 대부분의 조직들은 이 방식이 효과적이라고 생각한다.[23]

3. 세 번째 형태는 **교차 기능팀**(cross-functional team)으로 7장에서 개인과 다양한 전문

문제 해결팀
작업 활동을 향상시키거나 특정 문제를 해결하는 데 연관된 같은 부서나 기능직에서 유래한 팀

자율관리팀
경영자 없이 운영되며, 작업공정이나 부문의 완성에 책임을 지는 작업팀

교차 기능팀
다양한 전문가로 구성된 작업팀

가상팀
공동 목적 달성을 위해 물리적으로 분산된 구성원들이 기술을 통해 연결된 팀

가로 구성된 작업팀이라고 소개한 바 있다. 많은 조직이 교차 기능팀을 활용한다. 예를 들어 세계에서 가장 큰 철강 회사인 아르셀로미탈(ArcelorMittal)에서는 과학자, 공장 경영자, 영업사원들로 구성된 교차 기능팀이 제품 혁신을 검토하고 감시한다.[24] 교차 기능팀의 개념은 건강관리 분야에까지 적용된다. 예를 들어 세계적인 제약회사인 노바티스는 매년 국제 바이오 캠프를 후원하면서 대학생들이 교차 기능적인 팀워크를 발휘하도록 하고 있다. 18개국 60명의 학생이 팀을 이루어 3일 동안 생물, 기술, 기타 전문 분야의 교차 기능적 전문지식을 활용해 주어진 문제를 해결한다. 최근의 한 가지 과제는 사람들이 약을 제때 복용하도록 상기시키는 디지털 기기를 개발하는 것이었다. 노바티스는 창조적인 성과를 낸 최고의 팀들을 표창하고 개인적인 리더십을 발휘한 사람에게 상을 수여한다.[25]

4. 네 번째 형태는 **가상팀**(virtual team)으로, 이는 공동 목표를 성취하기 위해 물리적으로 분산된 구성원들을 연결하는 기술을 활용하는 팀이다. 예를 들어 보잉-로켓다인(Boeing-Rocketdyne)의 가상팀은 신제품을 신속히 개발하는 데 중추적인 역할을 한다.[26] 또 다른 회사인 디시전 렌즈(Decision Lens)는 창의적인 아이디어를 생성하고 평가하기 위해 가상팀 환경을 조성한다.[27] 가상팀에서 구성원들은 광역 네트워크, 화상회의, 팩스, 이메일, 온라인 회의를 열 수 있는 웹사이트 등을 사용해 온라인상에서 협력할 수 있다.[28] 가상팀은 정보 공유, 의사결정, 과업 수행처럼 다른 팀이 하는 모든 것을 할 수 있다. 하지만 그들은 일상적으로 대면해서 주고받는 토론이 부족하다. 이것이 특히 구성원들이 한 번도 만난 적이 없는 경우의 가상팀이 업무 지향적인 경향을 갖는 이유이다.

무엇이 팀을 효과적으로 만드는가?

효과적인 팀 만들기

효과적인 팀을 만들기 위한 많은 연구가 진행되었다.[29] 그중 우선 효과적인 팀이 무엇인지 살펴보자.[30] 그림 9.5는 우리가 이미 알고 있는 팀을 효과적으로 만드는 요소들을 정리해둔 것이다. 이 모델에서는 두 가지를 기억하라. ❶ 각 팀은 형태와 구조가 다르다. 이 모델은 모든 팀에 일반화할 수 있으며, 가이드로서만 활용해야 할 것이다.[31] ❷ 이 모델은 경영자들이 이미 작업팀을 개별 작업보다 더 낫다고 결론짓고 있다고 가정한다. 개별 작업이 더 나은 상황에서, '효과적인' 팀을 만드는 것은 헛된 노력일 수 있다.

이 모델을 살펴보기 전에 팀 효과성이 무엇인지를 분명히 할 필요가 있다. 일반적으로 팀 효과성은 다음 내용을 포함한다.

- 팀 생산성에 대한 객관적인 측정
- 팀 성과에 대한 관리자 혹은 팀 리더의 평가
- 구성원들의 만족에 대한 종합적인 측정

이 모델에서 볼 수 있듯이 효과적인 팀의 네 가지 주요 변수에는 상황, 팀의 구성, 업무 설계, 절차의 변수가 있다.

오늘날 직장에서의 경영 기술
연결되어 있기: IT와 팀

관리자의 30%는 담당 작업팀이 전자기기에 유능하며 새로운 전자 매체를 사용해 소통을 아주 잘할 수 있다고 말한다.[32] 작업팀은 일을 수행하기 위한 정보가 필요하다. 가끔씩 떨어져 있는 것이 아니라, 항상 서로 떨어져 있는 팀 구성원들이 의사소통하고 협력할 수 있도록 하는 것은 매우 중요한 일이다. 이것이 IT가 필요한 이유이다. 기술은 모든 형태의 팀에게 활발한 온라인 의사소통과 협력을 가능하게 했다.[33]

기술적으로 처방된 협력의 아이디어는 사실 온라인 검색엔진으로부터 발생했다. 인터넷은 초기에 과학자와 연구자들이 정보를 공유하기 위해 사용되었다. 그러면서 더 많은 정보들이 '웹'에 올려졌고, 사용자들은 그들이 정보를 찾게 도와주는 다양한 검색엔진에 의존했다. 현재 우리는 위키 페이지와 블로그, 가상현실게임의 멀티플레이어와 같은 협력적 기술의 예들을 접하고 있다.

오늘날 온라인 협력 도구는 작업팀이 보다 효율적이고 효과적인 방식으로 업무 수행을 하도록 한다. 예를 들어 토요타의 기술자들은 공정의 향상과 혁신을 공유하기 위해 협력적 의사소통 도구를 사용한다. 그들은 '널리 보급되고 집단적으로 소유한 상식의 집합체'를 개발했는데, 이는 다른 회사 시스템들과는 비교도 안 될 정도로 단숨에 혁신을 이끌었으며, 토요타의 성공에는 반론의 여지가 없었다. 경영자들은 어디서나 작업팀의 업무 수행을 개선하는 데 도움이 되는 IT의 힘에 주목해야 할 것이다.

토의문제

5 IT에 의존해 의사소통하는 팀을 관리할 때, 경영자가 직면한 과제는 무엇인가?

6 그림 9.5를 사용해 팀 유효성의 네 가지 주요 요인이 팀 내 IT 사용에 얼마나 영향을 주고받는지 논의해보라.

그림 9.5 팀 효과성 모델

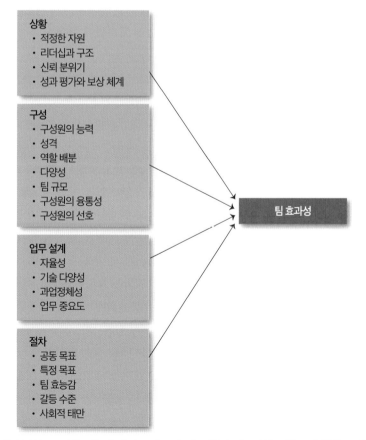

특정 상황의 요인들이 팀을 효과적으로 만드는가?   팀 성과에 가장 중요하게 관련된 네 가지 상황적 요인은 적정한 자원, 리더십과 구조, 신뢰 분위기, 성과 평가와 보상 체계이다.

조직 시스템에서 큰 부분을 차지하는 팀은 지속가능하기 위해 외부 자원에 의존한다. 만약 적정한 자원이 없다면 팀의 효과적인 업무 수행 능력은 감소한다. 이 요소는 팀 성과에서 매우 중요한데, 한 연구는 효과적인 작업집단의 가장 중요한 특징은 해당 집단이 조직으로부터 받는 지원일 것이라고 결론지었다.[34] 자원은 시의적절한 정보, 제대로 된 장비, 격려, 적절한 채용, 행정 지원을 포함한다.

어떤 팀에서 누가 무엇을 해야 할지에 대해 동의하지 못한다든지 혹은 모든 구성원이 똑같이 업무를 분담해 기여하는 데 동의할 수 없다면 팀은 제 기능을 발휘하지 못할 것이다. 업무 특성과 팀 구성원들의 개별 기술이 부합하는지에 대한 합의에는 팀 리더십과 구조가 요구된다. 이것은 조직 혹은 팀 자체에서 유래한다. 자율관리팀에서조차 경영자는 팀의 노력을 지원함으로써, 그리고 팀의 외부(내부보다는)를 관리함으로써 코치로서의 역할을 수행한다.

효과적인 팀 구성원들은 서로 신뢰하고 그들의 리더도 신뢰한다.[35] 신뢰는 왜 중요한가? 신뢰는 협력을 촉진하고 서로의 행동을 감시하지 않아도 되며, 다른 팀원이 자신들을 이용하지 않을 것이라는 믿음을 통해 구성원들을 묶어준다. 팀 리더를 신뢰하는 것 또한 중요하다. 왜냐하면 그것은 팀이 리더의 목표와 결정을 따르고 기꺼이 헌신할 것임을 뜻하기 때문이다.

마지막 상황적 요소는 성과 평가와 보상 체계이다. 팀 구성원들은 개인적 · 집단적으로 책임을 져야 한다. 따라서 경영자는 종업원들의 개인적 헌신에 대한 평가와 보상뿐만 아니라 집단별 평가, 이익 공유, 팀 노력과 헌신을 강화하는 다른 방법을 고려해야 한다.

팀 효과성을 위한 팀의 구성요소는 무엇인가?   팀 효과성의 요인에는 팀 구성원의 능력, 성격, 역할 배분, 다양성, 팀의 규모, 구성원의 융통성, 구성원의 선호가 있다.

팀 성과의 일부는 구성원의 지식, 기술, 능력에 달려 있다.[36] 어떤 연구 결과는 효과적인 수행을 위해 팀은 세 가지 기술이 필요하다고 했다. 첫째로, 기술적 전문지식을 가진 사람이 필요하다. 다음으로, 문제 해결과 의사결정기술이 있는 사람을 필요로 한다. 마지막으로 대인관계 기술이 있는 사람이 필요하다. 팀이 위의 기술들을 갖고 있지 않거나 개발할 수 없다면 잠재적인 성과를 달성할 수 없다. 이러한 기술들이 제대로 섞이는 것도 중요하다. 한 가지에 너무 많은 비용을 써버리면 팀 성과는 낮아질 것이다. 팀이 모든 기술을 즉각적으로 필요로 하는 것은 아니다. 팀 구성원들이 그 팀에 부족한 기술을 학습하도록 하는 경우는 흔한 일이다. 이를 통해 팀은 모든 잠재력을 확보할 수 있다.

다음 장에서 자세히 살펴보겠지만, 성격은 개인의 행동에 중요한 영향을 미친다. 팀 행동에도 마찬가지다. 어떤

뉴욕시의 광고 대행사 드래고5(Draog5)의 크리에이티브 디렉터인 섀년 워싱턴(Shannon Washington, 사진의 가운데)이 커버걸(CoverGirl)의 광고 캠페인 팀 멤버들과 이야기를 나누고 있다. 크리에이티브 디렉터, 카피라이터, 아트 디렉터와 아티스트, 디자인 디렉터, 웹 디자이너, 개발자 등 모든 구성원의 지식과 기술, 능력으로 화장품 캠페인을 성공적으로 수행하는 성과를 거두었다.

Kathy Willens/AP Images

연구는 5요인 모델 중 세 가지 요인이 팀 효과성과 관련이 있다는 결과를 제시했다.[37] 예를 들어 성실성과 경험에 대한 개방성의 높은 수준은 팀 성과를 높일 수 있다. 친화성 또한 중요하다. 그리고 친화성이 부족한 구성원이 한두 명 있는 팀은 성과가 좋지 않다. 아마 당신은 집단 프로젝트를 하면서 좋지 않은 경험을 했을 것이다.

9개의 잠재적인 팀 역할이 그림 9.6에 나와 있다. 수행 능력이 뛰어난 작업팀은 모든 역할을 완수할 종업원이 있으며, 이들은 기술과 선호에 따라 각 역할들을 선정했다.[38] 많은 팀에서 개인은 다양한 역할을 수행한다. 경영자들에게는 이러한 역할들을 충족하기 위해 팀에 가져다줄 개인별 강점을 파악하는 것과 그런 강점을 가진 팀 구성원들을 선정하는 것이 굉장히 중요하다.

팀 다양성은 팀의 효과성에 영향을 미치는 또 다른 요인이다. 많은 사람들이 다양성이 바람직하다는 긍정적인 견해를 갖고 있음에도 불구하고 한 연구는 반대의 결과를 보여준다. 한 검토에서 "지난 50년간 팀 다양성에 관한 연구는 인종/민족성, 성, 나이와 같은 표면적인 사회적 범주의 차이가 성과에 부정적인 영향을 갖고 있는 것"으로 나타났다.[39] 다양성의 파괴적 영향력은 시간이 지남에 따라 감소한다는 연구 결과도 있으나, 다양성을 지닌 팀들이 결과적으로 우수한 성과를 거둔다고 확신할 수 없다는 견해도 있다.

효과적인 작업팀의 규모는 어떠해야 하는가? 아마존의 작업팀은 아이디어를 혁신하고 조사하기 위한 상당한 자율권을 갖고 있다. 그리고 설립자이자 CEO인 제프 베이조스는 '피자 2판'의 철학을 활용한다. 즉 하나의 팀은 피자 2판으로 충분히 먹을 수 있을 정도로 작아야 한다는 것이다. 이 '피자 2판'의 철학은 팀원들의 입맛에 따라 보통 한 집단을 5~7명으로 제한한다.[40] 일반적으로 대부분의 효과적인 팀은 5~9명 정도로 구성되며, 전문가들은 일을 할 수 있는 최소한의 인원만 사용할 것을 권고한다.

그림 9.6 팀 구성원 역할

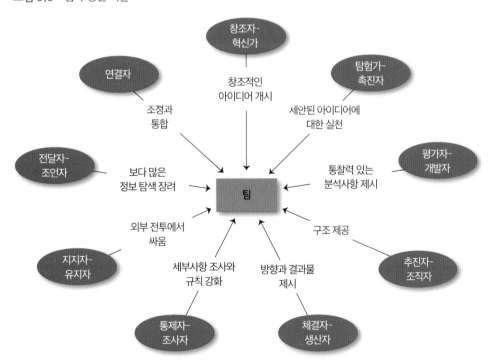

출처: C. Margerison and D. McCann, *Team Management: Practical New Approaches* (London: Mercury Books, 1990).

팀 구성원의 선호도 고려할 필요가 있다. 왜? 어떤 사람들은 특별한 이유 없이 팀 단위로 일하는 것을 선호하지 않는다. 선택이 가능하다면 많은 사람들은 팀의 일원이 되지 않는 것을 택할 것이다. 혼자 일하는 것을 선호하는 사람들이 팀에 들어가도록 강요받는다면 팀의 사기와 개인의 만족에 직접적인 위협이 될 것이다.[41]

업무 설계가 팀 효과성에 어떠한 영향을 미치는가? 효과적인 팀은 함께 일하고 업무 완수에 공동의 책임을 져야 할 필요가 있다. 효과적인 팀은 '말로만 팀'이 되어서는 안 된다.[42] 업무 설계의 주요 구성요소에는 자율성, 다양한 기술의 활용, 전체적이고 확인 가능한 업무나 제품 완수 능력, 그리고 다른 사람들에게 중요한 영향을 미치는 과업이나 프로젝트에 착수함이 있다. 한 연구는 이런 특성들이 팀 구성원의 동기를 강화하고 팀 효과성을 증가시킴을 보여준다.[43]

팀 효과성과 관련된 팀 절차에는 어떤 것들이 있는가? 팀 절차의 다섯 가지 변수는 팀 효과성에 관계가 있는 것으로 보인다. 이들은 공동 목표, 특정 팀 목표, 팀 효능감, 갈등 관리, 최소의 사회적 태만을 포함한다.

효과적인 팀은 공동 계획과 목표를 갖고 있다. 이 공동 목표는 구성원들로 하여금 방향성과 탄력성을 제공하며, 헌신하게 한다.[44] 성공적인 팀의 구성원들은 토론, 형성, 개인과 팀의 공동 목표의 합의에 많은 시간과 노력을 들인다.

또한 팀은 특정 목표를 필요로 한다. 이런 목표는 명확한 의사소통을 촉진하고 팀이 결과를 성취하는 데 초점을 맞추도록 한다.

팀 효능감은 팀이 스스로를 믿으며, 팀이 성공할 수 있다고 믿을 때 나타난다.[45] 효과적인 팀은 팀과 구성원들에게 확신을 갖는다.

팀 관리자 중 63.5%는 자신이 갈등 해결에 어느 정도 능숙하다고 말한다.[46]

효과적인 팀에는 어느 정도의 갈등도 필요하다. 팀 내의 갈등이 반드시 나쁜 것은 아니며, 실제로 팀 효과성을 향상시킬 수도 있다.[47] 하지만 이는 올바른 종류의 갈등이어야 한다. 대인 간 부적합성, 긴장, 타인에 대한 자율성 등의 관계 갈등은 거의 늘 역기능을 한다. 그러나 과업의 내용과 관련한 의견 충돌로 인한 업무 갈등은 토론을 자극하고 문제와 대안에 관한 비판적 평가를 고취해 보다 나은 팀의 결정을 가능케 하므로 유익하다.

학교 수업 들으면서 몇몇 팀원들이 자신의 책임을 다하지 않았음에도 불구하고 다른 팀원들과 같은 점수를 받은 적이 있는가? 기분이 어땠나? 그 집단 내에서 갈등이 일어났고, 과정과 결과가 불공평하다고 느꼈는가? 최근 연구에 따르면 조직의 정의 또는 공정성이 집단 갈등을 관리하는 데 중요하다.[48] 집단 구성원들이 집단 내부 및 외부인들에 의해 어떻게 대우받고 있는지에 대해 본인 스스로 어떻게 느끼는지가 그들의 업무 태도와 행동에 영향을 준다. 공정성을 높이기 위해서, 집단 리더는 공정과 공평을 바탕으로 강한 공동체 의식을 구축하는 것이 중요하다.

마지막으로 효과적인 팀은 이전 장에서 살펴본 사회적 태만을 최소화하기 위해 노력한다. 성공적인 팀은 구성원들로 하여금 개인적으로든 팀으로든 팀의 목적, 목표, 처리 방식에 대한 책임을 지도록 한다.[49]

경영자는 어떻게 팀 행동을 형성하는가?

경영자는 적절한 채용, 종업원 훈련, 바람직한 팀 행동에 관한 보상을 포함한 팀 관련 행동을 조성하기 위해 여러 가지 방법을 사용한다. 이에 관해 살펴보자.

채용은 어떠한 역할을 수행하는가?   어떤 개인은 효과적인 팀 플레이어가 되기 위한 대인관계 기술을 이미 갖고 있다. 경영자는 팀 구성원을 고용할 때 지원자가 과업을 성공적으로 수행하는 데 필요한 기술적 능력을 갖고 있는지 여부와 함께 팀 역할을 수행할 수 있는지도 확인해야 한다.

어떤 지원자는 개인 공헌자로서 사회화되어 결과적으로 팀 능력이 부족한데 조직 내 재구성 때문에 팀으로 이동해야 할 수도 있다. 이런 상황에서 경영자는 여러 방법을 취할 수 있다. 첫 번째로 가장 확실한 것은 만약 팀 기술이 심각하게 부족하다면, 해당 지원자를 뽑지 않는 것이다. 성공적인 성과가 상호작용을 필요로 한다면 그 지원자를 뽑지 않는 것이 낫다. 아니면 몇 가지 기본 기술을 가진 지원자를 고용해 그를 팀의 일원으로 훈련시킬 수도 있다. 기술을 배우거나 연마하지 못한 개인은 그만두어야 할 것이다.

57%의 팀 리더는 집단 내에서 업무를 싫어하는 사람이 있다면 다른 직업을 찾도록 장려하겠다고 한다. 오직 7%만이 그들의 역할을 바꾸어 그들이 업무에 만족할 수 있게 하겠다고 한다.[50]

개인을 팀 플레이어로 훈련시킬 수 있는가?   팀에서 업무를 잘 수행하려면 일련의 행동에 가담해야 한다.[51] 이전 장에서 논의한 것처럼, 새로운 행동은 학습될 수 있다. 심지어 개인적 성과가 중요하다고 여기는 사람도 팀 플레이어가 되도록 훈련받을 수 있다. 훈련 전문가들은 종업원들이 팀워크에 관한 모든 것을 경험할 수 있도록 실습한다. 워크숍에서 팀 문제 해결, 의사소통, 협상, 갈등 해결, 코칭기술과 같은 주제를 다룬다. 개인들에게 앞에서 다루었던 팀 발전 단계를 체험하는 것은 특별한 것이 아니다.[52] 예를 들어 버라이즌 커뮤니케이션즈의 교육생들은 팀이 조직의 고착화 이전에 어떻게 다양한 단계를 겪는지 상기한다. 또한 의사결정처럼 팀이 혼자보다 오랜 시간이 소요되는 경우도 있으므로 인내의 중요성도 숙지해야 한다.[53]

팀 플레이어를 만드는 데 보상은 어떤 역할을 하는가?   조직의 보상 체계는 경쟁보다 협력적 노력을 장려할 필요가 있다. 예를 들어 록히드 마틴(Lockheed Martin)의 항공 부서는 2만 명 이상의 종업원을 팀으로 조직했다. 보상은 팀의 성과 목표 달성을 기준으로 팀 구성원들에게 순이익 상승 비율만큼 지급되도록 짜였다.

효과적이고 협력적인 팀 구성원들에게는 승진, 급여 인상, 인정의 다른 유형들도 주어져야 한다. 이러한 방식은 개인적 기여를 무시하고 오히려 팀에 대한 이타적인 헌신으로 균형을 맞춘다는 의미가 아니다. 보상해야 하는 행동들로는 신입직원 훈련, 팀 동료와 정보 공

컨테이너 스토어의 경영자인 제이미 묄러(Jaimie Moeller, 사진 왼쪽)는 팀이 하루 일과를 시작하기 전에 종업원들을 모두 부른다. 고객을 상대할 때 종업원들은 팀으로 일하기 때문에 경영자도 입사 지원자를 인터뷰할 때 집단의 태도를 형성하고 팀 중심 환경을 선호하는 소수의 인원만을 고용한다.

유, 팀 갈등 해결 지원, 팀에 부족한 새로운 기술 마스터하기가 있다.[54] 끝으로 팀 작업을 통해 종업원들이 부여받는 고유의 보상을 잊어서는 안 된다. 작업팀은 동료애를 가져다준다. 성공적인 팀의 중요한 일원이 되는 것은 흥분되고 만족스러운 일이다. 개인적인 개발에 참여하면서 팀 동료의 성장을 도울 수 있는 기회는 종업원들에게 만족스럽고 가치 있는 경험이 될 수 있다.[55]

경영자들이 직면하는 작업팀 관리에 대한 현행 이슈들에는 어떤 것이 있는가?

9-4 작업팀 관리에 대한 현행 이슈를 토론한다.

작업팀을 많이 활용함으로써 조직의 일들이 어떻게 수행되는지에 대한 동향은 미미하다. 혼자 일하는 것으로부터 팀 단위로 일하는 것으로의 이동에는 종업원 간 협력과 정보 공유, 차이 극복, 개인의 관심을 팀의 이익으로 전환하는 것이 필요하다. 경영자들은 무엇이 성과와 만족에 영향을 미치는지 이해함으로써 효율적인 팀을 만들 수 있다. 경영자는 팀을 관리할 때 몇 가지 난제에 부딪히기도 하는데, 글로벌팀이나 팀이 해결책이 되지 못하는 경우 등이 있다.

글로벌팀 관리에는 무엇이 수반되는가?

오늘날 조직에는 두 가지 특성이 명확하게 드러난다. 글로벌화와 팀 작업이 증가한다는 것이다. 이것은 어떤 경영자라도 글로벌팀을 관리하게 될 수 있음을 뜻한다. 글로벌팀 관리에 대해 알고 있는가? 표 9.2는 글로벌팀의 장단점을 나타내고 있다. 글로벌팀 관리와 관련해 어떠한 도전과제가 있는가?

팀 구성 요인이 글로벌팀 관리에 어떻게 영향을 미치는가? 글로벌 조직에서 팀 효과성과 팀 구성의 관계를 이해하는 것은 글로벌팀 구성원들의 독특한 문화적 특성으로 인해 조금 어려운 과제이다. 경영자들은 팀 구성원들의 능력, 기술, 지식, 성격을 인식하고 집단의 문화적 특성과 그들이 관리하는 집단 구성원들을 명확히 이해하고 친숙해질 필요가 있다.[56] 예를 들어 높은 불확실성 회피 문화의 글로벌팀을 가정해보자. 그렇다면 이들은 예측 불가능하고 모호한 작업을 수행하는 것이 불편할 것이다. 경영자들은 글로벌팀과 일하기 때문에 문제의 소지가 있는 정형화의 가능성에 대해 인지할 필요가 있다.

표 9.2 글로벌팀

단점	장점
• 팀 구성원에 대한 반감	• 아이디어 다양성 증대
• 팀 구성원 간 불신	• 집단사고 제한
• 고정관념	• 다른 사람의 생각, 견해 등에 대한 이해도 증가
• 의사소통 문제	
• 스트레스와 긴장	

출처: N. Adler, *International Dimensions of Organizational Behavior*, 4th ed. (Cincinnati, OH: Southwestern Cengage Publishing, 2002), pp. 141–47.

팀 구조가 글로벌팀 관리에 어떻게 영향을 미치는가? 글로벌팀 관리에 있어 차이를 보이는 구조적인 부분은 관습, 지위, 사회적 태만, 응집력이다.

관습의 결과는 문화와 무관하게 일반화되는가? 한 연구는 애쉬의 결론이 문화에 결속되어 있다고 주장했다.[57] 예상하는 바대로, 사회적 기준에 대한 순응은 개인주의보다 집단주의 문화에서 더 높은 경향이 있다. 하지만 집단사고는 구성원들이 아이디어, 결론, 집단의 결정에 순응하는 데 거의 압력을 가하지 않기 때문에, 글로벌팀 내에서는 대부분이 문제가 되지 않을 것이다.[58]

지위의 중요성도 문화마다 다르다. 예를 들어 프랑스에서는 지위를 굉장히 의식한다. 국가에 따라 지위를 부여하는 기준도 다르다. 라틴아메리카와 아시아에서 지위는 가족의 지위나 조직으로부터의 공식적 역할에서 오는 경향이 있다. 반대로, 미국과 호주 같은 나라는 지위가 중요하기는 하지만 덜 '노골적인' 경향이 있다. 가족력보다 성취에 근거해 지위가 주어진다. 경영자들은 다른 문화에서 온 사람들과 교류할 때 누가 어떤 지위를 갖는지 반드시 알아야 한다. 사무실 크기가 일본 임원의 지위를 나타내지 않으며, 영국 내의 가족 계보와 사회적 지위에 대한 중요성을 이해하는 데 실패한 미국인 경영자는 의도하지 않았음에도 다른 사람의 기분을 상하게 하거나 대인관계가 나빠질 수도 있다.

사회적 태만은 서구적 편견을 갖고 있다. 그것은 이기심이 강하게 지배하는 미국, 캐나다와 같은 개인주의 문화와 관련이 있으며, 개인들이 집단 목표에 의해 동기부여되는 집단주의 사회와는 관련이 없다. 예를 들어 팀워크는 일본의 기업 문화에서 필수적인 요소이다. 집단과 개인의 성취에 대한 강조는 초등학교에서부터 시작되는데, 일본의 학생들은 학급과 학교에 이익이 되는 프로젝트에 협력해야 한다고 배운다. 일본 기업에서 직원들은 팀의 일원으로 활동할 것으로 기대되며, 그룹의 합의에 의해 일을 처리한다.[59]

응집력은 집단 구조적 측면과 관련해 경영자들이 신경 써야 하는 또 다른 문제이다. 응집력 있는 집단의 구성원들은 통일되고 '하나처럼 행동'한다. 동료애와 집단 정체성이 굉장히 높다. 글로벌팀은 높은 수준의 '불신, 부실한 의사소통, 스트레스' 때문에 응집력이 나타나기 어렵다.[60]

팀 프로세스는 글로벌팀 관리에 어떤 영향을 미치는가? 글로벌팀의 작업을 위한 프로세스는 경영자들이 특히 더 신경 써야 하는 문제이다. 예를 들어 팀 구성원들이 작업 용어에 능하지 않으면 의사소통 문제가 발생하고 이는 부정확성, 오해, 비능률을 초래할 수 있다.[61] 그러나 어떤 연구는 폭넓은 정보가 필요한 경우 다문화적인 글로벌팀이 다양한 아이디어를 더 잘 활용할 수 있다고 했다.[62]

글로벌팀의 갈등 관리는 쉽지 않은데, 특히 가상팀일 경우에는 더욱 그러하다. 갈등은 팀이 정보를 활용하는 데 방해가 될 수 있다. 집단주의 문화에서 협력적인 갈등 관리 방식이 가장 효과적임을 보여주는 연구도 있다.[63]

카림 하빕(Karim Habib, 사진의 왼쪽)은 닛산의 고급차 브랜드 인피니티의 디자인 총괄 이사다. 하빕은 일본 아츠기 지역에 있는 닛산의 글로벌 디자인 센터를 중심으로 일본, 베이징, 캘리포니아주 샌디에이고, 영국 런던 등에 있는 디자인팀을 이끌고 있다. 하빕은 글로벌팀을 관리할 때 럭셔리 시장에서 인피니티가 시장 점유율을 확대할 수 있도록 팀원들에게 영감을 주는 동시에 팀원들의 독특한 문화적 특성을 관리한다.

REUTERS/Toru Hanai

어떤 연구 결과를 보면, 둘 이상의 문화에 경험이 있는 '다문화 브로커'를 활용하면 글로벌 팀의 성과 향상에 도움이 된다.[64] 다문화 브로커들은 효과성에 대한 장애물을 최소화함으로써 글로벌팀이 지속적으로 업무를 수행하도록 해준다.

팀이 해결책이 될 수 없는 경우는 언제인가?

팀워크는 개인 작업보다 시간이나 자원이 더 많이 필요하다.[65] 또한 팀은 경영자가 더 많이 의사소통하고, 갈등을 관리하며, 회의를 운영할 필요가 있다. 따라서 팀을 운영할 때는 비용보다 이익이 더 커야 한다. 그리고 상황에 따라 다르다.[66] 팀에 대한 붐이 일자, 어떤 경영자는 개인 작업이 더 효율적인 상황에 팀을 활용하기도 했다. 많은 사람이 팀의 인기에 관해서만 이야기하고 있기 때문에, 팀을 사용하기 전에는 해당 업무가 집단적인 노력이 필요한지, 이익을 가져다줄 것인지를 주의 깊게 평가해야 한다.

개인과 집단 중 어떤 방식으로 작업하는 게 더 나은지 어떻게 알 수 있는가?

세 가지를 '테스트'해볼 수 있다.[67] 첫 번째는 그 일을 한 사람 이상이 한다면 더 잘 끝날 수 있는가? 업무 복잡성이 다른 선택의 필요 여부를 판단하는 좋은 지표가 될 수 있다. 다양한 투입을 요하지 않는 간단한 작업은 개인이 수행하는 편이 낫다. 두 번째로, 그 업무가 공동 목표를 만들어내는가 혹은 개인 목표의 합 이상의 보다 많은 집단 구성원의 목표를 설정하고 있는가? 예를 들어 많은 자동차 딜러 대리점들이 고객 서비스 직원, 수리공, 전문가, 판매 직원을 연결하는 팀을 활용한다. 이러한 팀들은 더 나은 고객 만족의 목표를 달성할 수 있다. 그 업무에 팀이나 개인 중 무엇이 더 적합한지 평가하는 세 번째 방법은 개인의 상호 의존성을 평가하는 것이다. 팀 활용은 업무 간 상호 의존성이 있을 때 가능하다. 즉 모두의 성공이 구성원 각각의 성공에 의존하는지와 각 구성원의 성공이 다른 사람들에게 달려 있는지다. 예를 들어 축구는 명확히 팀 스포츠다. 성공은 상호 의존된 선수들 간의 조화가 필수적이다. 반면에 수영팀은 릴레이를 제외하고는 사실상 팀이 아니다. 그들은 개인들로 구성된 집단으로, 개인적으로 성과를 내고, 모든 성과는 단순히 개인적인 성과의 합이다.

요약

9-1 집단을 정의하고 집단의 발전 단계를 설명한다.

집단은 특정한 목적 달성을 위해 모인 둘 또는 그 이상의 상호 작용하고 상호 의존적인 개인들로 구성된다. 공식 집단은 조직의 구조에 의해 정의되며, 조직 목적 달성을 위해 부여된 과업과 특정 업무를 가진 집단이다. 비공식 집단은 사회적인 집단이다.

형성기는 사람들이 집단에 가입하고 집단의 목표, 구조, 리더십을 규정하는 두 가지 시기를 거친다. 혼돈기는 일종의 집단 내 갈등으로 누가 팀을 통제할 것인지, 집단이 무엇을 해야 하는지에 대한 갈등이 발생한다. 규범 형성기는 규범이 결정됨에 따라 밀접한 관계로 발전해 응집력을 보인다. 실현기는 집단의 구성원들이 집단의 업무에 착수하는 때이다. 종료기는 집단이 해산할 준비를 하는 때이다.

9-2 집단행동의 주요 개념을 설명한다.

역할은 한 사회적 단위에서 어떤 지위의 사람들에게 영향을 미치는 기대 행동 패턴이다. 언제라도 종업원들은 그들이 속한 집단에서 자신의 역할을 조정한다. 규범은 집단 구성원들에 의해 공유되는 기준이다. 규범은 비공식적으로 어떤 행동이 받아들여지고 어떤 행동이 받아들여질 수 없는지를 종업원들에게 전달한다. 지위는 중요한 동기 유발 요인으로 적절히 일치되어야 하므로 잘 알아야 한다. 집단의 규모도 많은 방식으로 집단행동에 영향을 미친다. 소집단은 일반적으로 대집단에 비해 업무 완료 속도가 빠르다. 반대로 대집단은 다양한 투입이 가능하므로 더 나은 결론을 찾는다. 결과적으로 볼 때 대집단이 문제 해결에 더 적합하다. 마지막으로 집단 응집력은 목표 달성을 위한 집단의 효과성에 영향을 미치므로 중요하다.

9-3 집단이 어떻게 효과적인 팀으로 변화하는지 토론한다.

효과적인 팀은 공통적인 특징을 갖고 있다. 그들은 적절한 자원, 효과적인 리더십, 신뢰 분위기, 성과 평가와 팀의 기여를 반영하는 보상 체계가 있다. 효과적인 팀은 기술적 지식뿐만 아니라 문제 해결, 의사결정, 대인관계기술, 그리고 특히 성실성과 새로운 경험에 대한 개방성의 특성을 지닌 구성원들을 보유하고 있다. 효과적인 팀은 소규모로 다양한 배경을 선호하는 경향이 있으며, 이들 팀에는 업무가 요구하는 부분을 채울 수 있고 팀의 일원이 되기를 선호하는 구성원들이 있다. 또한 구성원들은 자유와 자율성, 다른 기술과 재능을 활용할 수 있는 기회, 전체적으로 확인 가능한 업무나 제품을 완성하는 능력, 다른 사람들에게 상당한 영향을 끼치는 업무를 부여받는다. 마지막으로 효과적인 팀의 구성원들은 팀의 능력을 믿으며, 공동의 계획과 목적, 특별한 팀의 목표, 관리할 수 있는 수준의 갈등과 최소한의 사회적 태만에 기여한다.

9-4 작업팀 관리에 대한 현행 이슈를 토론한다.

글로벌팀을 관리하는 문제는 팀 구성요소인 다양한 문화적 특성, 즉 팀의 구조, 특히 관습, 지위, 사회적 태만과 응집력에서 찾아볼 수 있다. 또한 팀 프로세스, 특히 의사소통과 갈등 관리에서도 나타나며, 그 모든 일을 가능하게 하는 경영자의 역할에서도 발생한다.

경영자는 팀이 해결책이 될 수 없는 경우가 언제인지 알아야 한다. 이는 그 일이 한 사람 이상에 의해 더 잘 끝날 수 있는 일인지 아닌지, 그 일이 공동 목적이나 구성원들을 위한 목표를 달성하는지 팀 구성원들 간 상호작용의 양을 판단함으로써 가능하다.

토의문제

9-1 본인이 속한(혹은 속했던) 집단을 떠올리고 그림 9.1의 집단 발전 단계를 이용해 그려보라. 그 집단의 발전이 집단 발전 모델과 얼마나 비슷한가? 집단 효과성을 향상시키기 위해 집단 발전 단계를 어떻게 적용할 수 있는가?

9-2 (a) 자율관리팀과 다기능팀, (b) 가상팀과 대면팀을 비교해보라.

9-3 개인주의에 높은 가치를 두는 국가문화를 가진 미국과 캐나다 같은 나라에 작업팀이 성황을 이루는 것은 어떻게 설명하겠는가?

9-4 "모든 작업팀은 작업집단이지만 모든 작업집단이 작업팀은 아니다." 이에 동의하는가, 아니면 동의하지 않는가? 설명해보라.

9-5 당신은 개인으로 일하겠는가, 팀의 구성원으로 일하겠는가? 이유를 설명해보라.

9-6 "성공적인 팀을 위해서는 먼저 훌륭한 리더를 찾아라." 이 문장에 대해 어떻게 생각하는가? 동의하는가? 왜 그런지, 왜 그렇지 않은지 설명해보라.

9-7 좋은 팀 구성원이 가져야 하는 자질은 무엇이라고 생각하는가? 이 질문에 답이 될 수 있는 연구를 하고 리스트 형식으로 결과를 정리한 짧은 보고서를 만들어보라.

9-8 다양한 팀의 장단점을 비교하라.

9-9 과학적 관리 이론에 따르면, 조직 내에 팀을 많이 사용하는 것은 어떠한가? 어떤 사용 증가에 어떻게 반응한다고 생각하는가? 행동과학자들은 어떻게 생각하는가?

9-10 글로벌팀을 관리할 때 경영자가 직면한 문제는 무엇인가? 해결 방법은 무엇인가?

적용하기   직장생활을 위한 준비

경영자가 되기 위한 기술 | 코칭 능력 향상하기

조직은 점점 팀을 중심으로 설계되어 간다. 20년 전, 각 개인은 한 조직의 토대가 되는 블록이었다. 오늘날은 팀이 그 역할을 대신하며 효과적으로 팀의 일부가 되지 못하거나 팀을 이끌지 못하는 경영자는 자리를 보전할 수 없다.

기본 기술

효과적인 작업팀 관리자들은 점차 상사가 아닌 코치로 명시되는 경우가 많아지고 있다. 코치가 팀 구성원의 작업 성과를 개선하기 위해 지시, 지도, 조언, 격려를 해주듯 관리자에게도 이러한 역량이 기대된다. 좋은 팀코치가 되기 위해 다음 행동을 참고하라.

• 팀의 성과와 역량을 개선하기 위한 방법을 분석하라. 항상 코치는 팀 구성원의 역량을 늘리고 성과를 증진할 기회를 엿보고 있다. 어떻게 이것이 가능한가? 다음과 같은 행동을 따르면 된다. 팀 구성원의 행동을 그날그날 관찰한다. 그들에게 질문을 하라. 이 과업을 이렇게 한 이유는 무엇인가? 어떻게 개선할 수 있는가? 다른 접근 방법은 어떤 것이 있는가? 팀 구성원을 단순한 종업원이 아닌 한 개인으로 대해 진실된 관심을 주어라. 개개인을 존경하라. 종업원에게 귀를 기울여라.

• 지원받을 수 있는 환경을 조성하라. 개인 성과 향상을 장려하는 환경을 개발하고 촉진하기 위해 장벽을 허무는 것은 코치의 임무이다. 어떻게 이것이 가능한가? 다음과 같은 행동을 따르면 된다. 자유롭고 개방된 아이디어 공유에 기여할 수 있는 환경을 만들어라. 도움과 지원을 제공하라. 요청이 있을 시 지도와 충고를 하라. 팀을 격려하라. 긍정적이고 낙관적이라. 협박을 일삼지 말라. "지금 여기서 배우는 것이 어떻게 미래에 우리에게 도움을 줄까?" 하고 질문을 던져라. 장애물을 없애라. 팀 목표를 향한 팀 구성원의 기여를 소중히 생각한다고 확신시켜라. 결과에 대한 개인적인 책임은 지되 전적 책임자인 팀 구성원의 역할을 빼앗지는 말라. 팀 구성원의 성공적인 결과에 대한 노력을 입증하라. 실패했을 때 무엇이 결여되어 있었는지 조언하라. 성적 부진을 팀 구성원의 탓으로 돌리지 말라.

• 팀 구성원의 행동 변화에 영향을 끼쳐라. 코치의 영향력이 입증

되는 궁극적 결과는 구성원의 성과 향상도에 따른다. 지속적인 발달과 개발을 격려해야 한다. 어떻게 이것이 가능한가? 다음과 같은 행동을 따르면 된다. 개선된 작은 부분들을 인식하고 보상해주며 '코칭'을 구성원들이 계속적으로 일을 개선하는 쪽으로 움직이는 행동으로 다루어라. 팀 구성원이 아이디어 개선을 위한 인식 및 선택 단계에 참여를 장려하는 협동 방식을 사용하라. 어려운 과업은 몇 가지 쉬운 과업으로 나누어라. 팀에게 예상하는 일의 정도를 시범 보여라. 팀 구성원에게 개방성, 헌신, 전념, 책임을 원한다면 무엇이 필요한지 직접 시범을 보여라.

기술 연습

다음 시나리오를 읽고 마지막 부분의 지시문에 따르라.

당신은 고속철도 건설로 성장하는 지역으로 엔지니어링 회사를 이전하는 프로젝트를 맡은 5명으로 구성된 팀의 리더이다. 당신과 팀 구성원들은 해당 분야의 연구 조사, 특정 사업 기회 확인, 장비 업체와 제휴 협상, 고속철도 전문가 및 세계 각국의 컨설턴트 평가를 수행하고 있다. 이 과정 중에 능력 있고 존경받는 엔지니어인 토냐가 팀 회의나 직장에서 당신이 말한 사항들에 이의를 제기한다. 예를 들어 당신은 2주 전 회의에서 열 가지의 고속철도 예비 프로젝트를 발표하면서 이를 완수하기 위한 조직 내 역량을 평가했다. 토냐는 당신의 거의 모든 의견을 반박하며 통계 수치에 의문을 제기하고, 프로젝트 계약 성사 가능성이 매우 낮을 것이라고 했다. 그가 불만을 내보인 직후, 집단의 다른 구성원인 브라이언과 매기는 당신에게 와서 토냐의 행동이 팀 효과성에 지장을 준다고 불평했다. 당신은 원래 토냐의 특별한 전문지식과 통찰력 때문에 그녀를 팀에 합류시켰다. 당신은 그녀의 모든 잠재 능력이 팀에 잘 부합할 수 있는 방법을 찾고자 한다.

강의실에서 3명씩 팀을 구성해 팀별로 리더의 문제를 분석하고 해결책을 제시해보라. 각 팀은 결과를 발표할 수 있도록 준비하라.

경험에 의한 문제 해결

이제 재미있게 연습해보자! 조직(회사, 대학)은 팀이 성과를 개선하는 데 도움이 되는 팀 구성 연습을 하곤 한다. 할당된 그룹에서 그림 9.5에 나열된 효과적인 팀의 특성 중 두 가지를 선택하고 각각의 특성을 갖춘 팀 구성 방법을 찾는다. 이 과정에서 집단이 해당 특성을 개선하는 데 집중하라. 창의성을 발휘하라! 당신이 작업한 것을 그룹 보고서에 작성하고, 해당 특성을 개선하거나 발전시키는 데 어떻게 도움이 되는지 명확하게 설명하라. 당신의 아이디어를 수업시간에 공유할 준비를 하라. 또는 팀 구성 관련 활동을 설명할 준비를 하라.

할당된 그룹에서의 작업을 완료하고 나면 이 작업을 수행하기 위해 이루어졌던 '그룹' 활동을 스스로 평가해야 한다. 당신의 그룹은 어떻게 함께 일했는가? 뭐가 '잘 되었는가?' 뭐가 '잘 안 되었는가?' 당신의 그룹이 업무 성과와 만족도를 높이기 위해 할 수 있는 것은 무엇인가?

사례 적용 #1

팀워크
주제: 팀 중심 모델

의료 산업은 미국 경제에서 가장 빠르게 성장하고 있는 부문으로, 연간 수익이 1조 6,000억 달러가 넘는다.[68] 그리고 의료 산업은 제조업과 소매업을 넘어 미국에서 가장 큰 일자리 공급원으로서[69] 현재 1,800만 명 이상의 근로자를 고용하고 있다.[70] 의료업계는 변화하는 법과 규정, 변화하는 기술, 노령화 인구와 만성질병의 증가, (의사와 간호사 등의) 노동력 부족 등 많은 문제점을 안고 있다. 하지만 목표는 변함없다—효율적·효과적으로 환자들에게 (시의적절한) 질 높은 의료를 제공하는 것이다. 이러한 문제점을 가지고 의료단체들은 더 나은 해결책을 찾고 있다. 한 가지 방법은 '팀 중심 치료' 접근법으로, 연구 결과 환자 결과 개선 및 비용 절감에 도움이 된다고 한다.

많은 병원, 의료시설, 진료소에서는 팀 치료 방식을 적용하고 있다. 이는 무엇을 의미하는가? 원래라면 한 의사가 집중적으로 다 짊어졌을 책임을 팀으로 이루어진 전문 의료진이 나누어 갖고 환자를 치료한다. 물론 총책임을 진 의사가 처방전 재조제 요청, 약물 복용량 조절, (당뇨병 환자에게 어떻게 혈당을 재고 인슐린 투여를 할지 등의) 만성질환 조언 등 전반적인 환자 치료를 담당하고, 나머지 일정 업무는 의료인팀이 나눠서 처리한다. 예를 들어 미국의 최대 비영리의료회사 중 하나인 카이저 퍼머넌트(Kaiser Permanente)는 환자의 걱정, 필요, 예방조치나 문제 상황을 놓치거나 간과하는 상황이 없도록 의료업계 직원들이 협동해 일할 수 있는 '완전한 치료'라는 새로운 프로그램 모델을 만들었다.[71] 한 개인이 설명하기를, 필요한 검사를 하기 위해 의료진들은 말 그대로 환자를 잡으러 자주 병원 복도를 뛰어다녔다고 한다. 하지만 팀 접근법은 성공적이다. 이 모델을 사용한 지 수년이 지난 후 카이저의 팀 모델에 관한 연구에 의하면 환자 치료의 표준화된 기존 방식에 광범위하고 영향력 있는 이득을 가져다주었다. 이 결과를 얻기 위해 지나온 길은 순탄치 않았다. 개인 진료에 익숙한 부서들

더 나은 결과를 위한 팀 구성

도 모두와 협동해 일해야 했다. 환자에게 전체적으로 만족하는 의료 경험을 제공하기 위해 개인의 전문성에 집중하는 것이 아닌 전문가팀이 서로 협동했다. 의료인들은 간호사, 보조원, 그 외 직원과 더불어 팀의 구성원으로서 자신을 바라볼 수 있도록 재교육을 받아야 했다. 어려워지는 의료업계에 팀워크는 치료책이 될 수 있을까?

토의문제

9-11 의료업계 관리자가 직면하고 있는 문제점은 무엇인가?

9-12 일반 관리자와 비교해 팀 중심 모델에서 일하는 의료단체 관리자는 어떻게 다른가?

9-13 팀 중심 모델의 성공에 역할, 규범, 지위 체계, 집단 응집력은 어떻게 영향을 주는가?

9-14 어떻게 팀 중심 모델이 환자의 결과 개선과 비용 절감에 기여하는지 몇 가지 이유를 들어 설명하라.

9-15 이 장에서 우리는 팀이 너무 많은 정보를 공유한다는 아이디어를 다루었다. 이러한 문제가 의료 조직 팀에게 더 심각한 윤리적 문제가 될 수 있는가? 왜 그런가? 또는 왜 그렇지 않은가?

사례 적용 #2

더 나은 소프트웨어 빌드팀 구성
주제: 팀 효과성

컴퓨터 소프트웨어 산업의 할아버지라고 할 수 있는 마이크로소프트는 어린 시절 친구인 빌 게이츠와 폴 앨런에 의해 1975년에 설립되었다. (재미있는 사실: 이 회사는 원래 시애틀이 아닌 뉴멕시코주 앨버커키에 본사를 두고 있었다.) 이 회사는 창립 이래 소프트웨어 개발에 앞장섰다. MS-DOS에서 윈도즈, 인터넷 익스플로러에 이르기까지 마이크로소프트는 '지구상의 모든 사람과 모든 조직이 더 많은 것을 달성하도록 하는 것'이라는 미션을 추구했다.[72] 마이크로소프트의 클라우드 컴퓨팅 사업은 최근 분기에 93%나 성장하면서 계속 성장하고 있지만, 소프트웨어 개발은 여전히 회사의 중요한 매출을

고성과 작업팀 구축

차지하고 있다.[73] 소프트웨어 개발은 팀워크가 더욱 중요하다. 소스 코드로 소프트웨어를 만드는 과정인 빌드(build)는 소프트웨어 개발에서 필수적인 활동이다.[74] 소프트웨어 개발 사업을 하는 모든 기업은 소프트웨어 빌드팀의 효과성에 크게 의존하고 있다. 그리고 마이크로소프트는 빌드팀의 효과성을 높이기 위해 자원을 투자했다. 빌드팀 효과성이란 무엇인가? 마이크로소프트는 이를 '팀이 얼마나 믿을 수 있고 효율적으로 빌드를 생산하는가'라고 정의한다.[75] 빌드팀의 성과는 수익 증대, 완벽한 제품 출시, 고객 만족도 향상, 인재(직원) 유지로 이어진다.[76] 이제 마이크로소프트가 팀의 효율성

을 높이는 데 주력하는 것이 왜 중요한지 알아보자. 회사는 팀 효율성을 높이기 위해 어떻게 할까? 팀 효율성 증대를 위한 장애 요인(기술적인 요인이 아닌 사회적 요인으로 판명됨)을 조사하고 팀이 이러한 장애를 극복할 수 있는 방법을 찾는다.

빌드팀을 더 효과적으로 만드는 방법, 즉 고성과를 얻으려면 팀이 작업을 수행할 때 어떤 일이 발생하는지 이해하는 것이 중요하다. 마이크로소프트가 자사의 빌드팀이 고성능이 되도록 하는 데 사용한 방법 중 하나는 빌드팀에서 무슨 일이 발생했는지를 조사하는 것이었다. 프로세스와 인력에 대해 살펴봄으로써 마이크로소프트는 매우 흥미로운 통찰력을 얻을 수 있었는데, 그것은 우리가 방금 언급한 가장 중요한 것 중 하나이다. 즉 팀 효과성에 대한 장애는 주로 기술적인 것이 아니라 사회적인 것이었다. 빌드팀의 구성원들은 자신이 하는 일에 매우 능숙하고, 전문성이 높으며, 열심히 일한다. 그러나 팀 환경에서 이러한 요인들이 항상 높은 성과로 이어지는 것은 아니다.

마이크로소프트가 한 또 다른 중요한 일은 '역할 우수성(Role Excellence, RolEx)' 기능을 만드는 것이었다.[77] 롤엑스는 그 회사 운영 구조의 일부이다. 그것은 인적자원 관리나 인재 관리 기능과는 관계가 없다. 만약 인적자원 관리를 통해서 적절한 시기에 인재를 배치했다면(8장 참조), 롤엑스는 인력이 배치된 후에 그들이 높은 수준의 성과를 얻을 수 있도록 하는 것이다. 팀 직원들은 자신의 업무를 수행하는 데 필요한 통합적인 지원을 받는다. 소프트웨어 빌드팀에게 통합적인 지원이 이루어진다는 것은 정시에 예산에 맞추어 소프트웨어를 출시하는 데 도움이 되는 도구를 가지고 있다는 의미이다. 그리고 이는 모든 팀이 고성과 작업팀이 되기 위해 필요한 것이다.

토의문제

9-16 소프트웨어 빌드팀이 작업팀의 정의를 충족하는가? (그림 9.4 참조) 자신의 의견을 설명해보라.

9-17 소프트웨어 빌드팀이 집단 발전 단계를 거치고 있다고 생각하는가? 그렇게 생각하는, 혹은 그렇게 생각하지 않는 이유는 무엇인가?

9-18 이 장에서는 가장 일반적인 네 가지 유형의 작업팀을 구분했다. 마이크로소프트의 소프트웨어 빌드팀을 가장 잘 설명하는 유형은 무엇인가? 설명해보라.

9-19 그림 9.5를 참고해 마이크로소프트가 효과적인 팀을 어떻게 구성하는지 논의해보라.

9-20 다른 조직들이 고성과 작업팀을 구축하는 데 있어 마이크로소프트의 경험에서 무엇을 배울 수 있는가? 고성과 작업팀 구축에 관해 발표할 때 사용할 세 가지 주요 사항을 목록화해 준비하라.

사례 적용 #3

식원들의 자기 관리 – 좋은 생각인가, 아닌가?
주제: 자율관리팀

직원이 정말 스스로를 관리할 수 있을까? W. L. 고어 앤 어소시에이츠에서는 자율관리팀들이 50년 이상 성공적으로 운영되는 사업을 만드는 데 도움이 되었다.[78] 고어는 까다롭고 극단적인 환경에서 사용할 수 있는 혁신적인 솔루션을 개발하는 제조업체이다. 고어 제품은 주로 보호용 섬유를 만드는데, 에베레스트산을 오르는 등산가들이 입는 옷이나 의료용 임플란트 안에 활용된다. 당신은 회사의 가장 유명한 제품인 고어텍스 원단을 활용한 장갑을 껴 본 적이 있을 것이다. 그 장갑은 매우 추운 날씨에도 손을 따뜻하게 해준다.

> **직원팀은 혁신 도전을 방해한다**

고어의 입장에서는 자율관리팀이 새롭거나 최근에 유행하는 것이 아니다. 1958년에 회사가 설립된 이후 지금까지 유지되고 있는 경영 구조이다. 이 회사는 직책도 없고, 상사도 없고, 계급도 없다. 직원들은 8~12명으로 구성된 자율관리팀에서 근무하며, 채용과 급여 등 모든 결정을 스스로 내린다. 이 구조는 회사 설립자인 윌버트 "빌" 리(Wilbert "Bill" Lee)와 제네비브 고어(Genevieve Gore)가 만들었다. 이러한 구조를 만들면서 그들의 목표는 전통적인 경영 관행을 퇴치하고 혁신적인 사고를 장려하는 것이었다. 최고경영자와 여러 존경받는 리더들이 있지만, 명확한 경영 구조가 존재하지 않는다. 현재 최고경영자인 테리 켈리(Terri Kelly)는 이 회사에서 근무한 지 22년이 되던 2005년에 최고경영자 역할을 맡게 되었다. 그녀는 동료들이 주도하는 선발 과정을 거쳐서 최고경영자가 되었다.

이러한 일이 어떻게 가능할까? 이러한 자율관리 환경에서 직원들은 조직을 성공시키기 위해 최선을 다하고 있으며, 모두가 회사의 이익을 위해 노력하고 있다. 직원들이 모두 회사의 주식을 가지고 있는 주주들이기 때문에 그들은 회사의 성공에 관심이 있다. 직원들은 자신이 어떤 작업을 수행할지 자유롭게 결정할 수 있지만, 반드시 이행에 대한 약속을 해야 한다. 조직에는 리더가 있지만, 조직 구성원들이 스스로 결정한다. 리더십 테스트는 다음과 같다. 만약 당신이 회의를 소집한다면, 사람들이 회의에 참여할까?

자율관리는 특히 10,000명 이상의 직원이 있을 때 큰 혼란에 빠질 수 있다. 다만 고어는 자율관리팀의 성과에 대한 기대감을 강화하는 문화가 있다. 회사는 행동 규범과 따라야 할 기대되는 지침을 명확히 수립했다. 의사결정을 내릴 때 팀에서 받아들여야 하기 때문에 의사결정에 더 많은 시간이 걸리는 경우가 많다. 그러나 일단 결정이 내려지면, 이미 수용되었기 때문에 조치가 더 빨리 실행된다. 고어의 자율관리팀은 쉽게 만들어지지 않는다. 그들은 관계를 형성하고 신뢰를 쌓는 데 많은 시간을 보낸다. 이러한 신뢰를 바탕으로 팀 구성원들은 서로가 같은 목표를 향해 노력하고 있다는 것을 알고 있기 때문에 팀이 더 잘 협력할 수 있다.

고어의 경영 관행을 복제할 수 있는 회사가 있을까? 아마 없을 것이라고 많은 경영 전문가들이 말한다. 자율관리팀이 모든 회사에서 효과적일 수 없다. 혁신이 전략적으로 중요한 조직은 자율관리팀이 적합하다. 또한 빠르게 변화하는 환경에서 유용한 구조적 접근 방식이다. 마지막으로, 자율관리팀이 성공하기 위해서는 회사가 업무 활동과 직원들에 대한 지시와 관련해 강한 공유가치를 형성해야 한다.

토의문제

9-21 자율관리팀에 대한 고어의 접근 방식을 설명해보라.

9-22 자율관리팀의 성공에 조직 문화가 그토록 중요한 이유는 무엇인가?

9-23 그림 9.5를 사용해 자율관리팀에 필요한 효과적인 팀의 특성은 무엇인지 설명해보라.

9-24 W. L. 고어 앤 어소시에이츠에서 일하고 싶은가? 그렇게 생각하는, 혹은 그렇게 생각하지 않는 이유는 무엇인가?

9-25 할당된 그룹에서 자율관리팀을 보유한 조직이 직면할 수 있는 문제를 목록화해 작성하라. 그런 다음 이러한 문제를 해결할 수 있는 방법을 논의해보라.

미주

1. V. Evangelista, "Are Your Team Members Working Together or Simply Working?" *TD*, April 2017, pp. 102–3.
2. B. Mezrich, *Bringing Down the House: The Inside Story of Six MIT Students Who Took Vegas for Millions* (New York: Free Press, 2002). The 2008 film *21* was a fictional work based loosely on the story.
3. B. W. Tuckman and M. C. Jensen, "Stages of Small-Group Development Revisited," *Group and Organizational Studies*, December 1977, pp. 419–27; and M. F. Maples, "Group Development: Extending Tuckman's Theory," *Journal for Specialists in Group Work*, Fall 1988, pp. 17–23.
4. L. N. Jewell and H. J. Reitz, *Group Effectiveness in Organizations* (Glenview, IL: Scott, Foresman, 1981); and M. Kaeter, "Repotting Mature Work Teams," *Training*, April 1994, pp. 54–56.
5. Making Ethical Decisions in Today's Workplace box based on R. Bellis, "How to Deal with a Chronic Oversharer at Work," *Fast Company Online*, February 28, 2018; S. Shellenbarger, "Office Oversharers: Don't Tell Us about Last Night," *Wall Street Journal*, June 25, 2014, p. D2; E. Bernstein, "Thank You for Not Sharing," *Wall Street Journal*, May 7, 2013, pp. D1+; P. Klaus, "Thank You for Sharing. But Why at the Office?" *New York Times Online*, August 18, 2012; K. McCullum, "Hush, Hush," *OfficePro*, March–April 2011, pp. 18–22; and E. Bernstein, "You Did What? Spare the Office the Details," *Wall Street Journal*, April 6, 2010, pp. D1+.
6. K. Brennan, "Can We Fire an Employee for Sharing His Pay Increase with Co-workers and Destroying Morale?" *HR Magazine*, March 2018, p. 14.
7. S. E. Asch, "Effects of Group Pressure upon the Modification and Distortion of Judgments," in H. Guetzkow (ed.), *Groups, Leadership, and Men* (Pittsburgh, PA: Carnegie Press, 1951), pp. 177–90.
8. See, for example, R. A. Henry, J. Kmet, and A. Landa, "Examining the Impact of Interpersonal Cohesiveness on Group Accuracy Interventions: The Importance of Matching versus Buffering," *Organizational Behavior and Human Decision Processes*, January 2002, pp. 25–43.
9. Asch, "Effects of Group Pressure upon the Modification and Distortion of Judgments."
10. O. A. Alnuaimi, L. P. Robert Jr., and L. M. Maruping, "Team Size, Dispersion, and Social Loafing in Technology-Supported Teams: A Perspective on the Theory of Moral Disengagement," *Journal of Management Information Systems*, Summer 2010, pp. 203–30; C. Cheshire and J. Antin, "None of Us Is as Lazy as All of Us," *Information, Communication & Society*, June 2010, pp. 537–55; R. van Dick, J. Stellmacher, U. Wagner, G. Lemmer, and P. A. Tissington, "Group Membership Salience and Task Performance," *Journal of Managerial Psychology* 24, no. 7 (2009), pp. 609–26; A. Jassawalla, H. Sashittal, and A. Malshe, "Students' Perceptions of Social

Loafing: Its Antecedents and Consequences in Undergraduate Business Classroom Teams," *Academy of Management Learning & Education*, March 2009, pp. 42–54; and R. Albanese and D. D. Van Fleet, "Rational Behavior in Groups: The Free Riding Tendency," *Academy of Management Review*, April 1985, pp. 244–55.

11. L. Berkowitz, "Group Standards, Cohesiveness, and Productivity," *Human Relations*, November 1954, pp. 509–19.

12. Classic Concepts in Today's Workplace box based on S. S. Wang, "Under the Influence: How the Group Changes What We Think," *Wall Street Journal*, May 3, 2011, pp. D1+; M. E. Shaw, *Group Dynamics: The Psychology of Small Group Behavior* (New York: McGraw-Hill, 1975); and E. J. Thomas and C. F. Fink, "Effects of Group Size," *Psychological Bulletin*, July 1963, pp. 371–84.

13. Cited in T. Purdum, "Teaming, Take 2," *Industry Week*, May 2005, p. 43; and C. Joinson, "Teams at Work," *HR Magazine*, May 1999, p. 30.

14. See, for example, S. A. Mohrman, S. G. Cohen, and A. M. Mohrman Jr., *Designing Team-Based Organizations* (San Francisco: Jossey-Bass, 1995); P. MacMillan, *The Performance Factor: Unlocking the Secrets of Teamwork* (Nashville, TN: Broadman & Holman, 2001); and E. Salas, C. A. Bowers, and E. Eden (eds.), *Improving Teamwork in Organizations: Applications of Resource Management Training* (Mahwah, NJ: Lawrence Erlbaum, 2002).

15. Information for this section is based on J. R. Katzenbach and D. K. Smith, *The Wisdom of Teams* (Boston: Harvard Business School Press, 1993), pp. 21, 45, 85; and D. C. Kinlaw, *Developing Superior Work Teams* (Lexington, MA: Lexington Books, 1991), pp. 3–21.

16. S. Adams and L. Kydoniefs, "Making Teams Work: Bureau of Labor Statistics Learns What Works and What Doesn't," *Quality Progress*, January 2000, pp. 43–49.

17. D. Hoffman, "At Wachovia, Fund Teams Work: Bank's Buddy System Improves Performance," *Investment News*, February 2001, p. 8.

18. T. Capozzoli, "How to Succeed with Self-Directed Work Teams," *Supervision*, February 2002, pp. 25–27.

19. See, for instance, E. Sunstrom, DeMeuse, and D. Futrell, "Work Teams: Applications and Effectiveness," *American Psychologist*, February 1990, pp. 120–33.

20. J. S. McClenahen, "Bearing Necessities," *Industry Week*, October 2004, pp. 63–65; P. J. Kiger, "Acxiom Rebuilds from Scratch," *Workforce*, December 2002, pp. 52–55; and T. Boles, "Viewpoint—Leadership Lessons from NASCAR," *Industry Week*, www.industryweek.com, May 21, 2002.

21. M. Cianni and D. Wanuck, "Individual Growth and Team Enhancement: Moving Toward a New Model of Career Development," *Academy of Management Executive*, February 1997, pp. 105–15.

22. C. Joinson, "Teams at Work," 30; and "Teams," *Training*, October 1996, p. 69.

23. J. P. Millikin, P. W. Hom, and C. C. Manz, "Self-Management Competencies in Self-Managing Teams: Their Impact on Multi-Team System Productivity," *Leadership Quarterly*, October 2010, pp. 687–702; O. Turel and Y. Zhang, "Does Virtual Team Composition Matter? Trait and Problem-Solving Configuration Effects on Team Performance," *Behavior & Information Technology*, July–August 2010, pp. 363–75; J. S. Bunderson and P. Boumgarden, "Structure and Learning in Self-Managed Teams: Why 'Bureaucratic' Teams Can Be Better Learners," *Organization Science*, May–June 2010, pp. 609–24; and G. M. Spreitzer, S. G. Cohen, and G. E. Ledford Jr., "Developing Effective Self-Managing Work Teams in Service Organizations," *Group & Organization Management*, September 1999, pp. 340–66.

24. "Meet the New Steel," *Fortune*, October 1, 2007, pp. 68–71.

25. "Theresa Maier Wins Global Novartis International BioCamp," University of Cambridge, Department of Chemical Engineering and Biotechnology, September 8, 2016, http://www.ceb.cam.ac.uk/news/news-list/theresa-maier-novartis-sept16 (accessed December 23, 2016); "Students Take on the Challenges of Digital Medicine," Novartis, August 26, 2016, www.novartis.com (accessed December 23, 2016).

26. A. Malhotra, A. Majchrzak, R. Carman, and V. Lott, "Radical Innovation without Collocation: A Case Study at Boeing-Rocketdyne," *MIS Quarterly*, June 2001, pp. 229–49.

27. A. Stuart, "Virtual Agreement," *CFO*, November 2007, p. 24.

28. Managing Technology in Today's Workplace box based on K. Lee, "17 Tools for Remote Workers," http://www.fastcompany.com/3038333/17-tools-for-re-mote-workers, November 12, 2014; C. Mims, "Use of Voice Is Key to Managing Teams," *Wall Street Journal*, September 23, 2014, pp. B1+; "Virtual Team Collaboration and Innovation in Organizations," *Team Performance Management*, March 2011, pp. 109–19; M. Flammia, Y. Cleary, and D. M. Slattery, "Leadership Roles, Socioemotional Strategies, and Technology Use of Irish and US Students in Virtual Teams," *IEEE Transactions on Professional Communication*, June 2010, pp. 89–101; P. Evans, "The Wiki Factor," *BizEd*, January–February 2006, pp. 28–32; and M. McCafferty, "A Human Inventory," *CFO*, April 2005, pp. 83–85.

29. See, for instance, D. C. Jones and T. Kato, "The Impact of Teams on Output, Quality, and Downtime: An Empirical Analysis Using Individual Panel Data," *Industrial and Labor Relations Review*, January 2011, pp. 215–40; A. Gilley, J. W. Gilley, C. W. McConnell, and A. Veliquette, "The Competencies Used by Effective Managers to Build Teams: An Empirical Study," *Advances in Developing Human Resources*, February 2010, pp. 29–45; M. A. Campion, G. J. Medsker, and C. A. Higgs, "Relations between Work Group Characteristics and Effectiveness: Implications for Designing Effective Work Groups," *Personnel Psychology*, Winter 1993, pp. 823–50; and J. R. Hackman, "The Design of Work Teams," in J. W. Lorsch (ed.), *Handbook of Organizational Behavior* (Upper Saddle River, NJ: Prentice Hall, 1987), pp. 315–42.

30. This model is based on M. A. Campion, E. M. Papper, and G. J. Medsker, "Relations between Work Team Characteristics and Effectiveness: A Replication and Extension," *Personnel Psychology*, Summer 1996, pp. 429–52; D. E. Hyatt and T. M. Ruddy, "An Examination of the Relationship between Work Group Characteristics and Performance: Once More into the Breech," *Personnel Psychology*, Autumn 1997, pp. 553–85; S. G. Cohen and D. E. Bailey, "What Makes Teams Work: Group Effectiveness Research from the Shop Floor to the Executive Suite," *Journal of Management*, September 1997, pp. 239–90; L. Thompson, *Making the Team* (Upper Saddle River, NJ: Prentice Hall, 2000), pp. 18–33; and J. R. Hackman, *Leading Teams: Setting the Stage for Great Performance* (Boston: Harvard Business School Press, 2002).

31. See M. Mattson, T. V. Mumford, and G. S. Sintay, "Taking Teams to Task: A Normative Model for Designing or Recalibrating Work Teams," paper presented at the National Academy of Management Conference, Chicago, August 1999; and G. L. Stewart and M. R. Barrick, "Team Structure and Performance: Assessing the Mediating Role of Intrateam Process and the Moderating Role of Task Type," *Academy of Management Journal*, April 2000, pp. 135–48.

32. SmartPulse, "How Effectively Does Your Team Communicate Using New Electronic Channels?" Smart Brief on Leadership, www.smartbrief.com/leadership, October 7, 2014.

33. "Virtual Team Collaboration and Innovation in Organizations"; Flammia, Cleary, and Slattery, "Leadership Roles, Socioemotional Strategies, and Technology Use of Irish and U.S. Students in Virtual Teams"; A. Malhotra, A. Majchrzak, and B. Rosen, "Leading Virtual Teams," *Academy of Management Perspectives*, February 2007, pp. 60–70; B. L. Kirkman and J. E. Mathieu, "The Dimensions and Antecedents of Team Virtuality," *Journal of Management*, October 2005, pp. 700–18; J. Gordon, "Do Your Virtual Teams Deliver Only Virtual Performance?" *Training*, June 2005, pp. 20–25; L. L. Martins, L. L. Gilson, and M. T. Maynard, "Virtual Teams: What Do We Know and Where Do We Go from Here?" *Journal of Management*, December 2004, pp. 805–35; S. A. Furst, M. Reeves, B. Rosen, and R. S. Blackburn, "Managing the Life Cycle of Virtual Teams," *Academy of Management Executive*, May 2004, pp. 6–20; B. L. Kirkman, B. Rosen, P. E. Tesluk, and C. B. Gibson, "The Impact of Team Empowerment on Virtual Team Performance: The Moderating Role of Face-to-Face Interaction," *Academy of Management Journal*, April 2004, pp. 175–92; F. Keenan and S. E. Ante, "The New Teamwork," *Business Week e.biz*, February 18, 2002, pp. EB12–EB16; and G. Imperato, "Real Tools for Virtual Teams," *Fast Company*, July 2000, pp. 378–87.

34. R. I. Sutton, "The Boss as Human Shield," *Harvard Business Review*, September 2010, pp. 106–09; and Hyatt and Ruddy, "An Examination of the Relationship between Work Group Characteristics and Performance," p. 577.

35. M. E. Palanski, S. S. Kahai, and F. J. Yammarino, "Team Virtues and Performance: An Examination of Transparency, Behavioral Integrity, and Trust," *Journal of Business Ethics*, March 2011, pp. 201–16; H. H. Chang, S. S. Chuang, and S. H. Chao, "Determinants of Cultural Adaptation, Communication Quality, and Trust in Virtual Teams' Performance," *Total Quality Management and*

Business Excellence, March 2011, pp. 305–29; A. C. Costa and N. Anderson, "Measuring Trust in Teams: Development and Validation of a Multifaceted Measure of Formative and Reflective Indicators of Team Trust," *European Journal of Work & Organizational Psychology*, February 2011, pp. 119–54; M. Mach, S. Dolan, and S. Tzafrir, "The Differential Effect of Team Members' Trust on Team Performance: The Mediation Role of Team Cohesion," *Journal of Occupational and Organizational Psychology*, September 2010, pp. 771–94; B. A. DeJong and T. Elfring, "How Does Trust Affect the Performance of Ongoing Teams? The Mediating Role of Reflexivity, Monitoring, and Effort," *Academy of Management Journal*, June 2010, pp. 535–49; M. Williams, "In Whom We Trust: Group Membership as an Affective Context for Trust Development," *Academy of Management Review*, July 2001, pp. 377–96; and K. T. Dirks, "Trust in Leadership and Team Performance: Evidence from NCAA Basketball," *Journal of Applied Psychology*, December 2000, pp. 1004–12.

36. R. R. Hirschfeld, M. J. Jordan, H. S. Field, W. F. Giles, and A. A. Armenakis, "Becoming Team Players: Team Members' Mastery of Team Knowledge as a Predictor of Team Task Proficiency and Observed Teamwork Effectiveness," *Journal of Applied Psychology* 91, no. 2 (2006), pp. 467–74.

37. S. T. Bell, "Deep-Level Composition Variables as Predictors of Team Performance: A Meta-Analysis," *Journal of Applied Psychology* 92, no. 3 (2007), pp. 595–615; and M. R. Barrick, G. L. Stewart, M. J. Neubert, and M. K. Mount, "Relating Member Ability and Personality to Work-Team Processes and Team Effectiveness," *Journal of Applied Psychology*, June 1998, pp. 377–91.

38. M. Costello, "Team Weaver," *People Management*, January 2011, pp. 26–27; and C. Margerison and D. McCann, Team Management: Practical New Approaches (London: Mercury Books, 1990).

39. K. H. T. Yu and D. M. Cable, "Unpacking Cooperation in Diverse Teams," *Team Performance Management*, March 2011, pp. 63–82; A. Nederveen Pieterse, D. van Knippenberg, and W. P. van Ginkel, "Diversity in Goal Orientation, Team Reflexivity, and Team Performance," *Organizational Behavior and Human Performance*, March 2011, pp. 153–64; M.-E. Roberge and R. van

Dick, "Recognizing the Benefits of Diversity: When and How Does Diversity Increase Group Performance," *Human Resource Management Review*, December 2010, pp. 295–308; and E. Mannix and M. A. Neale, "What Differences Make a Difference: The Promise and Reality of Diverse Teams in Organizations," *Psychological Science in the Public Interest*, October 2005, pp. 31–55.

40. A. Deutschman, "Inside the Mind of Jeff Bezos," *Fast Company*, August 2004, pp. 50–58.

41. Hyatt and Ruddy, "An Examination of the Relationship between Work Group Characteristics and Performance"; J. D. Shaw, M. K. Duffy, and E. M. Stark, "Interdependence and Preference for Group Work: Main and Congruence Effects on the Satisfaction and Performance of Group Members," *Journal of Management*, June 2000, pp. 259–79; and S. A. Kiffin-Peterson and J. L. Cordery, "Trust, Individualism, and Job Characteristics of Employee Preference for Teamwork," *International Journal of Human Resource Management*, February 2003, pp. 93–116.

42. J. S. Bunderson and P. Boumgarden, "Structure and Learning in Self-Managed Teams: Why 'Bureaucratic' Teams Can Be Better Learners"; and R. Wageman, "Critical Success Factors for Creating Superb Self-Managing Teams," *Organizational Dynamics*, Summer 1997, p. 55.

43. Campion, Papper, and Medsker, "Relations between Work Team Characteristics and Effectiveness," p. 430; B. L. Kirkman and B. Rosen, "Powering Up Teams," *Organizational Dynamics*, Winter 2000, pp. 48–66; and D. C. Man and S. S. K. Lam, "The Effects of Job Complexity and Autonomy on Cohesiveness in Collectivist and Individualist Work Groups: A Cross-Cultural Analysis," *Journal of Organizational Behavior*, December 2003, pp. 979–1001.

44. A. Mehta, H. Feild, A. Armenakis, and N. Mehta, "Team Goal Orientation and Team Performance: The Mediating Role of Team Planning," *Journal of Management*, August 2009, pp. 1026–46; K. Blanchard, D. Carew, and E. Parisi-Carew, "How to Get Your Group to Perform Like a Team," *Training and Development*, September 1996, pp. 34–37; K. D. Scott and A. Townsend, "Teams: Why Some Succeed and Others Fail," *HR Magazine*, August 1994, pp. 62–67; K. Hess, *Creating the High-Performance Team* (New York: Wiley, 1987); and Katzenbach and Smith, "The Wisdom of Teams," pp. 43–64.

45. H. van Emmerik, I. M. Jawahar,

B. Schreurs, and N. de Cuyper, "Social Capital, Team Efficacy and Team Potency: The Mediating Role of Team Learning Behaviors," *Career Development International*, February 2011, pp. 82–99; T. Lewis, "Assessing Social Identity and Collective Efficacy as Theories of Group Motivation at Work," *International Journal of Human Resource Management*, February 2011, pp. 963–80; K. Tasa, G. J. Sears, and A. C. H. Schat, "Personality and Teamwork Behavior in Context: The Cross-Level Moderating Role of Collective Efficacy," *Journal of Organizational Behavior*, January 2011, pp. 65–85; J. A. Goncalo, E. Polman, and C. Maslach, "Can Confidence Come Too Soon? Collective Efficacy, Conflict and Group Performance Over Time," *Organizational Behavior & Human Decision Processes*, September 2010, pp. 13–24; K. Tasa, S. Taggar, and G. H. Seijts, "The Development of Collective Efficacy in Teams: A Multilevel and Longitudinal Perspective," *Journal of Applied Psychology*, January 2007, pp. 17–27; C. B. Gibson, "The Efficacy Advantage: Factors Related to the Formation of Group Efficacy," *Journal of Applied Social Psychology*, October 2003, pp. 2153–86; and D. I. Jung and J. J. Sosik, "Group Potency and Collective Efficacy: Examining Their Predictive Validity, Level of Analysis, and Effects of Performance Feedback on Future Group Performance," *Group & Organization Management*, September 2003, pp. 366–91.

46. SmartPulse, "How Effectively Do You Resolve Conflict with Others?" Smart Brief on Leadership, www.smartbrief.com, April 21, 2015.

47. K. C. Kostopoulos and N. Bozionelos, "Team Exploratory and Exploitative Learning: Psychological Safety, Task Conflict, and Team Performance," *Group & Organization Management*, June 2011, pp. 385–415; K. J. Behfar, E. A. Mannix, R. S. Peterson, and W. M. Trochim, "Conflict in Small Groups: The Meaning and Consequences of Process Conflict," *Small Group Research*, April 2011, pp. 127–76; R. S. Peterson and K. J. Behfar, "The Dynamic Relationship between Performance Feedback, Trust, and Conflict in Groups: A Longitudinal Study," *Organizational Behavior and Human Decision Processes*, September–November 2003, pp. 102–12; and K. A. Jehn, "A Qualitative Analysis of Conflict Types and Dimensions in Organizational Groups," *Administrative Science Quarterly*,

September 1997, pp. 530–57.

48. A. Li and R. Cropanzano, "Fairness at the Group Level: Justice Climate and Intraunit Justice Climate," *Journal of Management*, June 2009, pp. 564–99.

49. Alnuaimi, Robert Jr., and Maruping, "Team Size, Dispersion, and Social Loafing in Technology-Supported Teams: A Perspective on the Theory of Moral Disengagement"; Cheshire and Antin, "None of Us Is as Lazy as All of Us"; van Dick, Stellmacher, Wagner, Lemmer, and Tissington, "Group Membership Salience and Task Performance"; Jassawalla, Sashittal, and Malshe, "Students' Perceptions of Social Loafing: Its Antecedents and Consequences in Undergraduate Business Classroom Teams"; K. H. Price, D. A. Harrison, and J. H. Gavin, "Withholding Inputs in Team Contexts: Member Composition, Interaction Processes, Evaluation Structure, and Social Loafing," *Journal of Applied Psychology*, December 2006, pp.1375–84; and Albanese and Van Fleet, "Rational Behavior in Groups: The Free Riding Tendency."

50. SmartPulse, "If Someone on Your Team Hates Their Job, What Do You Do?" Smart Brief on Leadership, www.smartbrief.com/leadership, October 21, 2014.

51. "Helping Hands," *HR Magazine*, May 2011, p. 18; M. O'Neil, "Leading the Team," *Supervision*, April 2011, pp. 8–10; J. Beeson, "Build a Strong Team," *Leadership Excellence*, February 2011, p. 15; S. Brutus and M. B. L. Donia, "Improving the Effectiveness of Students in Groups with a Centralized Peer Evaluation System," *Academy of Management Learning & Education*, December 2010, pp. 652–62; and N. H. Woodward, "Make the Most of Team Building," *HR Magazine*, September 2006, pp. 73–76.

52. R. M. Yandrick, "A Team Effort," *HR Magazine*, June 2001, pp. 136–41.

53. Ibid.

54. "How Should We Recognize Team Goals over Individual?" *Workforce Management Online*, February 2011; S. J. Goerg, S. Kube, and R. Zultan, "Treating Equals Unequally: Incentives in Teams, Workers' Motivation, and Production Technology," *Journal of Labor Economics*, October 2010, pp. 747–72; T. Taylor, "The Challenge of Project Team Incentives," *Compensation & Benefits Review*, September–October 2010, pp. 411–19; M. J. Pearsall, M. S. Christian, and A. P. J. Ellis, "Motivating Interdependent Teams: Individual Rewards, Shared Rewards, or Something in Between?" *Journal of Applied*

Psychology, January 2010, pp. 183–91; M. A. Marks, C. S. Burke, M. J. Sabella, and S. J. Zaccaro, "The Impact of Cross-Training on Team Effectiveness," *Journal of Applied Psychology*, February 2000, pp. 3–14; and M. A. Marks, S. J. Zaccaro, and J. E. Mathieu, "Performance Implications of Leader Briefings and Team Interaction for Team Adaptation to Novel Environments," *Journal of Applied Psychology*, December 2000, p. 971.

55. C. Garvey, "Steer Teams with the Right Pay: Team-Based Pay Is a Success When It Fits Corporate Goals and Culture, and Rewards the Right Behavior," *HR Magazine*, May 2002, pp. 71–77.

56. F. Niederman and F. B. Tan, "Emerging Markets Managing Global IT Teams: Considering Cultural Dynamics," *Communications of the ACM*, April 2011, pp. 24–27; R. M. B. Boyle and S. Nicholas, "Cross-Cultural Group Performance," *The Learning Organization*, March 2011, pp. 94–101; G. K. Stahl, M. L. Maznevski, A. Voigt, and K. Jonsen, "Unraveling the Effects of Cultural Diversity in Teams: A Meta-Analysis of Research on Multicultural Work Groups," *Journal of International Business Studies*, May 2010, pp. 690–709; and M. R. Haas, "The p. d Sword of Autonomy and External Knowledge: Analyzing Team Effectiveness in a Multinational Organization," *Academy of Management Journal,* October 2010, pp. 989-1008.

57. R. Bond and P. B. Smith, "Culture and Conformity: A Meta-Analysis of Studies Using Asch's [1952, 1956] Line Judgment Task," *Psychological Bulletin*, January 1996, pp. 111–37.

58. I. L. Janis, *Groupthink*, 2nd ed. (New York: Houghton Mifflin Company, 1982), 175.

59. Teru Clavel, "From Classroom to Boardroom: A Lesson in Business Practices from Japan's Elementary Schools," *Japan Today*, January 10, 2016, https://www.japantoday.com/category/lifestyle/view/from-classroom-to-boardroom-a-lesson-in-business-practices-from-japans-elementary-schools (accessed December 23, 2016); Erin Meyer, "Managing Multi-cultural Teams," *HR Magazine* (UK), November 27, 2014, http://www.hrmagazine.co.uk/article-details/managing-multi-cul-tural-teams (accessed December 23, 2016).

60. N. J. Adler, *International Dimensions of Organizational Behavior*, 4th ed. (Cincinnati, OH: Southwestern, 2002), p. 142.

61. K. B. Dahlin, L. R. Weingart, and P. J. Hinds, "Team Diversity and Information Use," *Academy of Management Journal*, December 2005, pp. 1107–23.

62. Adler, *International Dimensions of Organizational Behavior*, p. 142.

63. S. Paul, I. M. Samarah, P. Seetharaman, and P. P. Mykytyn, "An Empirical Investigation of Collaborative Conflict Management Style in Group Support System-Based Global Virtual Teams," *Journal of Management Information Systems*, Winter 2005, pp. 185–222.

64. S. Jang, "Cultural Brokerage and Creative Performance in Multicultural Teams," *Organization Science*, December 2017, pp. 993–1009.

65. This section is based on S. P. Robbins and T. A. Judge, *Organizational Behavior*, 14th ed. (Upper Saddle River, NJ: Pearson Prentice Hall, 2011).

66. C. E. Naquin and R. O. Tynan, "The Team Halo Effect: Why Teams Are Not Blamed for Their Failures," *Journal of Applied Psychology*, April 2003, pp. 332–40.

67. A. B. Drexler and R. Forrester, "Teamwork—Not Necessarily the Answer," *HR Magazine*, January 1998, pp. 55–58. See also R. Saavedra, P. C. Earley, and L. Van Dyne, "Complex Interdependence in Task-Performing Groups," *Journal of Applied Psychology*, February 1993, pp. 61–72; and K. A. Jehn, G. B. Northcraft, and M. A. Neale, "Why Differences Make a Difference: A Field Study of Diversity, Conflict, and Performance in Work Groups," *Administrative Science Quarterly*, December 1999, pp. 741–63.

68. "43 Healthcare Industry Statistics and Trends," www.brandongaille.**com**, May 30, 2017.

69. D. Thompson, "Health Care Just Became the U.S.'s Largest Employer," *The Atlantic Online*, January 9, 2018.

70. "Health Care Industry Statistics," www.statisticbrain.com/health-care-industry-statistics/, February 3, 2015; and "Healthcare Workers," www.cdc.gov/niosh/top-ics/healthcare, December 12, 2014.

71. L. Landro, "The Teamwork Approach to Medical Care," *Wall Street Journal,* June 9, 2014, p. R3.

72. Microsoft 2017 Annual Report, www.microsoft.com, April 27, 2018.

73. J. Greene, "Microsoft Buoyed by Cloud," *Wall Street Journal*, April 27, 2018, p. B4.

74. S. Phillips, T. Zimmermann, and C. Bird, "Understanding and Improving Software Build Teams," **www.microsoft.com**, February 2016.

75. Ibid.

76. C. Wilson and P. H. Elliott, "Helping Every Team Exceed Expectations," *TD*, May 2017, pp. 18–21.

77. Ibid.

78. D. Roberts, "At W. L. Gore, 57 Years of Authentic Culture," *Fortune Magazine Online*, March 5, 2015; T. Castille, "Hierarchy Is Overrated," *Harvard Business Review Online*, November 20, 2013; G. Hamel, "W. L. Gore: Lessons from a Management Revolutionary," *Wall Street Journal Online*, March 28, 2010; and C. Blakeman, "Why Self-Managed Teams Are the Future of Business," *Inc. Magazine Online*, November 24, 2014.

경영학의
신화
잘못된

훌륭한 경영자는
모든 직원을
똑같이 대한다.

Halfbottle/Shutterstock

경영학의
신화 바로잡기!
잘못된

지난 몇 년 동안 당신이 깨달은 것 중 하나는

당신과 친구들이 인생의 상황들에 얼마나 다르게 반응하고

대처하는지일 것이다.

어떤 친구는 느긋하고, 어떤 친구는 더 불안해한다.

어떤 사람은 감정적인 단서들을 잘 읽고,

또 어떤 사람은 그렇지 못하다.

경영자가 관리하는 사람들도 마찬가지다.

그래서 훌륭한 경영자는 자기 팀 직원들을

효과적으로 관리할 수 있도록

각 직원 개인의 독특한 특성을 파악하려고 노력한다.

대부분의 조직은 올바른 태도와 개성을 가진 직원들을 끌어들이고 유지하기를 원한다. 심지어 프로 야구팀도 그렇다! 예를 들어 시카고 컵스는 자유계약선수들이 개인적인 접촉, 특히 가족이 적응하는 데 도움이 되는 정보들을 고마워한다는 것을 알게 되었다.[1] 조직은 일터에 나와 열심히 일하고, 동료 및 고객들과 친하게 지내고, 좋은 태도를 가지며, 다른 방식으로 좋은 업무 행동을 보이는 사람들을 원한다. 하지만 이미 알다시피, 사람들이 항상 '이상적인' 직원처럼 행동하는 것은 아니다. 그들은 입사하자마자 이직 활동을 하거나 개인 블로그에 비판적인 글을 올

릴 수 있다. 사람들의 행동은 저마다 다르고 심지어 같은 사람일지라도 하루는 한 방식으로, 하루는 완전히 다른 방식으로 행동할 수 있다. 예를 들어 가족, 친구, 동료라도 '왜 저러는 거지?'라는 생각이 들게 행동하는 것을 본 적이 있을 것이다. 이 장에서는 태도, 성격, 지각, 학습의 네 가지 심리적 측면을 살펴보고, 이러한 것들이 어떻게 경영자가 함께 일하는 사람들의 행동을 이해하는 데 도움을 줄 수 있는지 알아본다. 아울러 경영자가 당면한 현대의 행동 문제들을 살펴봄으로써 이 장을 마친다. ●

학습목표

10-1 조직 행동(OB)의 초점과 목표를 파악한다.

10-2 직무 수행 시 태도의 역할을 설명한다.

10-3 여러 성격 이론을 설명한다.

10-4 지각과 그것에 영향을 미치는 요인을 설명한다.

10-5 학습 이론과 학습 이론의 행동 형성 관련성을 토론한다.

10-6 조직 행동의 현재 이슈를 토론한다.

조직 행동의 초점과 목표는 무엇인가?

10-1 조직 행동(OB)의 초점과 목표를 파악한다.

경영자는 좋은 대인 기술을 필요로 한다.

이 장과 다음 네 장의 자료는 조직 행동(OB)으로 알려진 연구 분야에 중점을 두고 있다. 이는 **행동**(behavior)이라는 주제, 즉 사람들의 행위와 관련이 있으며 **조직 행동**(organizational behavior)은 직장인들의 행동에 대한 연구이다.

조직 행동을 이해하기 위한 과제 중 하나는 명확하지 않은 문제를 해결하는 것이다. 마치 빙산처럼 조직 행동은 눈에 보이는 작은 차원보다 숨겨진 부분이 훨씬 더 크다(그림 10.1 참조). 우리가 조직을 볼 때 보이는 것은 전략, 목표, 정책과 절차, 구조, 기술, 공식적인 권한 관계, 명령의 사슬과 같은 가시적인 측면이다. 그러나 표면 아래에는 경영자가 이해해야 하는 다른 요소, 즉 직원들이 직장에서 행동하는 방식에 영향을 미치는 요소들도 있다. 조직 행동은 경영자에게 이러한 조직의 중요하면서도 숨겨진 측면에 대한 상당한 통찰력을 제공한다.

행동
인간의 행위

조직 행동
직장 내 사람들의 행동

그림 10.1   빙산과 같은 조직

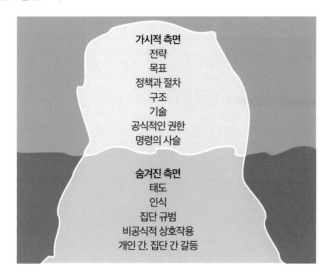

조직 행동(OB)의 초점은 무엇인가?

조직 행동은 세 가지 주요 영역에 초점을 맞춘다.

1. **개인 행동.** 이 영역은 주로 심리학자의 공헌에 기초해 태도, 성격, 지각, 학습, 동기부여와 같은 주제를 포함한다.
2. **집단 행동.** 규범, 역할, 팀 구성, 리더십, 갈등 등을 포함한다. 집단에 대한 우리의 지식은 기본적으로 사회학자와 사회심리학자의 연구로부터 나온다.
3. **조직 행동.** 구조, 문화, 인적자원 정책 및 실천을 포함한다. 우리는 이전 장에서 조직적인 측면을 다루었다. 이 장에서는 개인 행동을 살펴보고 다음 장에서는 집단 행동을 살펴본다.

조직 행동(OB)의 목표

*조직 행동(OB)*의 목표는 행동을 설명하고, 예측하고, 영향을 미치는 것이다. 경영자는 직원들이 다른 직원들보다 어떤 행동에 참여하는 이유를 설명하고, 직원들이 다양한 행동과 결정에 어떻게 반응할 것인지 예측하며, 직원의 행동에 영향을 미칠 수 있어야 한다.

경영자가 특히 설명하고, 예측하고, 영향을 미치고자 하는 여섯 가지 중요한 직원 행동은 다음과 같다.

(1) **직원 생산성**(employee productivity)   업무 효율과 효과의 성과 측정. 경영자는 직원들의 효율성과 효과성에 어떤 영향을 미칠지 알고 싶어 한다.

(2) **결근**(absenteeism)   출근하지 않는 것. 직원들이 나타나지 않으면 일을 마칠 수 없다. 연구에 따르면 모든 주요 유형의 결근 비용은 조직의 평균 35%이며, 예상치 못한 결근으로 기업들은 직원 1인당 연간 약 660달러의 비용을 지출하고 있다.[2] 결근을 완전히 없앨 수는 없지만, 과도한 수준은 조직의 기능에 직접적이고 즉각적인 영향을 미친다.

(3) **이직**(turnover)   조직에서 자발적·비자발적인 영구 탈퇴. 채용, 선발, 교육비, 업무 차질

직원 생산성
업무 효율성과 유효성에 관한 척도

결근
직장에 나타나지 않음

이직
조직으로부터 자발적 혹은 비자발적인 영구 탈퇴

David Joles/ZUMA Press/Newscom

델타항공 직원들은 높은 업무 성과를 내는 일에 대해 긍정적인 태도를 가지고 있다. 직원들은 급여와 복리후생, 자유여행, 이익 분배 보너스, 전문적이고 친근한 근무 환경 등을 예로 들며 델타항공이 일하기 좋은 직장이라고 말한다. 사진은 델타항공의 새 유니폼을 선보이는 패션쇼에서 직원들이 모델로서 즐거운 시간을 보내고 있는 모습이다.

등이 늘어나 문제가 될 수 있다. 결근과 마찬가지로 경영자는 이직을 없앨 수 없지만, 특히 실적이 우수한 직원들 사이에서 최소화하고 싶은 사항이다.

(4) **조직시민행동**(organizational citizenship behavior) 직원의 공식적인 직무 사항이 아니라 조직의 효과적인 기능을 촉진하는 재량적 행동.[3] 좋은 조직시민행동의 예로는 자신의 업무팀에서 다른 사람을 돕는 것, 확장된 직무 활동을 위한 자원 봉사, 불필요한 갈등을 피하는 것, 자신의 작업집단과 직군에 대한 건설적인 진술이 있다.

조직은 일반적인 업무보다 더 많은 업무를 수행할 개인을 필요로 하며, 이러한 직원을 보유한 조직은 그렇지 않은 조직보다 더 많은 성과를 거두는 것으로 나타났다.[4] 그러나 조직시민행동의 단점은 업무 과부하, 스트레스, 업무/가족 간 갈등 등이 발생할 경우 나타난다.[5]

(5) **직무 만족**(job satisfaction) 직무에 대한 직원의 일반적인 태도. 직무 만족은 행동이라기보다는 태도지만, 만족한 직원들이 출근할 확률이 높고, 업무 수행 수준이 높으며, 조직에 잔류할 가능성이 높기 때문에 많은 경영자들이 고민하는 결과이다.

(6) **직장 내 비행**(workplace misbehavior) 조직 또는 조직 내 개인에게 유해할 가능성이 있는 고의적인 직원의 행동. 직장 내 비행은 일탈, 공격, 반사회적 행동, 폭력의 네 가지 방법으로 조직에 나타난다.[6] 그러한 행동들은 단지 시끄러운 음악을 연주함으로써 동료들을 짜증나게 하는 것에서부터 언어적 공격, 파괴적인 일에 이르기까지 다양하다. 이 모든 것은 어떤 조직에서든 큰 혼란을 일으킬 수 있다.

다음에 다루는 내용을 통해 당신은 네 가지 심리적인 요소를 더 잘 이해할 수 있을 것이다. 직원 태도, 성격, 지각, 학습은 경영자가 이러한 여섯 가지 직원 행동을 예측하고 설명하는 데 도움을 줄 수 있다.

업무 수행에서 태도는 어떤 역할을 하는가?

10-2 직무 수행 시 태도의 역할을 설명한다.

당신 정말 무례하군요!

태도(attitude)는 사물, 사람, 사건에 대한 호의적이거나 비판적인 평가 진술이다. 태도는 개인이 어떤 것에 대해 어떻게 느끼는지 반영한다. 어떤 사람이 "나는 내 일이 좋다"고 말할 때, 그 사람은 일에 대한 태도를 표현하고 있는 것이다.

태도의 세 가지 요소

태도는 인지, 정서, 행동의 세 가지 요소로 이루어져 있다.[7]

- 태도의 **인지적 요소**(cognitive component)는 사람에 의해 소유되는 믿음, 의견, 지식, 정보로 구성된다. 예를 들어 테네샤는 흡연이 건강에 해롭다고 강하게 느낀다.
- 태도의 **정서적 요소**(affective component)는 태도의 감정적 부분이다. 이 요소는 테네샤의 진술에 반영될 것이다. "나는 그가 담배를 피우기 때문에 카를로를 좋아하지 않아." 인지와 정서는 행동적 결과로 이어질 수 있다.
- 태도의 **행동적 요소**(behavioral component)는 어떤 사람이나 어떤 것에 대해 특정한 방식으로 행동하려는 의도를 가리킨다. 그래서, 우리의 예를 계속 들자면, 테네샤는 그의 흡연 습관에 대한 감정 때문에 카를로를 피하기로 할지도 모른다.

태도를 인지, 정서, 행동의 세 가지 요소로 간주하는 것은 태도의 복잡성을 설명할 수 있도록 도와주며, 다른 사람의 대답(반응), 또는 행동을 유발하는 것이 무엇인지 더 잘 이해할 수 있도록 도와준다. 그러나 사람들이 '태도'라는 용어를 사용할 때는 태도의 정서적 요소만을 말하는 경우가 많다는 것을 기억해야 한다("그 사람은 태도가 나쁘다", "이 문제에 대한 당신의 태도가 긍정적이어서 기쁘다"). 경영자는 사람들의 행동을 설명하고, 예측하고, 영향을 주려고 노력하고 있으며, '태도'에 감정적인 부분만 있지 않다는 것을 안다면 좀 더 도움이 될 것이다.

직원들은 어떤 태도를 취할 수 있는가?

어도비(Adobe Systems Inc.)는 18,000명의 직원이 만족하는 이유를 알고 싶어 했다. 그리고 2017년 분기마다 다른 부문을 대상으로 설문 조사를 실시해 그것을 알아냈다. 이러한 익명의 설문 조사는 직원들에게 자신이 직장에서 자신답게 행동할 수 있다고 생각하는지, 창의적으로 생각하는 것이 장려되었는지, 업무가 회사 목표 전반에 기여했다고 생각하는지, 어도비와의 일자리를 다른 사람들에게 추천할 것인지 등의 질문을 했다.[8] 이 정보를 통해 경영자들은 직원들이 회사를 어떻게 보고 있는지 느끼게 된다. (어도비의 접근 방식에 대한 자세한 내용은 사례 적용 #3을 참조하라.)

당연히 경영자가 직원들이 가질 수 있는 모든 태도에 관심이 있는 것은 아니다. 그보다는 다음과 같은 점에 특히 관심이 있다.[9]

직무 관련 태도

- 직무 만족은 직무에 대한 직원들의 일반적인 태도이다. 사람들이 직원의 태도에 대해 말할 때, 그들은 종종 직업 만족을 의미하지 않는다.
- **직무 관여**(job involvement)란 직원이 자신의 직무와 동일시하고, 적극적으로 참여하며, 직무 성과를 자기 가치를 위해 중요하게 생각하는 정도를 말한다.
- **조직 몰입**(organizational commitment)은 조직에 대한 직원의 충성도, 동화, 조직에 대한 참여도 측면에서 직원의 조직 지향성을 나타낸다.

광범위한 관심을 불러일으키는 직무 태도와 관련된 개념은 **직원 몰입**(employee engage-

조직시민행동
직원의 공식적인 직무요건에 포함되지 않은 재량적 행동으로 조직이 제 기능을 하도록 돕는 행동

직무 만족
직무에 대한 직원의 일반적인 태도

직장 내 비행
잠재적으로 조직이나 조직 내 개인들에게 해를 끼치고자 하는 직원의 의도적인 행동

태도
어떤 대상, 사람, 사건에 관한 호의적이거나 비호의적인 평가적 표현

인지적 요소
개인의 믿음, 의견, 지식, 정보로 구성된 태도의 한 부분

정서적 요소
태도의 부분 중 감정과 느낌

행동적 요소
어떤 사람이나 사물에 대해 특정한 방식으로 행동하려는 의도

직무 관여
본인과 본인의 직무를 동일시하고, 직무에 능동적으로 참여하며, 자기 가치감으로 직무를 중요시하는 정도

조직 몰입
조직에 대한 충성도, 동일시, 관여에 대한 직원들의 지향성

직원 몰입
직원이 직무와 연관되어 만족하며 열정적일 때 발생함

ment)으로, 이는 직원들이 직무에 연결되어 있고, 만족하며, 열정적일 때 발생한다.[10] 결근한 직원들은 본질적으로 '체크아웃'된 상태이고 신경을 쓰지 않는다. 그들은 일을 위해 나타나지만, 그것에 대한 에너지나 열정이 없다. 12,000명 이상의 직원을 대상으로 한 글로벌 연구에서 직원 몰입에 기여하는 상위 다섯 가지 요인은 다음과 같았다.[11]

1. 존중
2. 업무의 유형
3. 일과 삶의 균형
4. 고객에게 좋은 서비스 제공
5. 기본급

높은 수준의 참여도를 보이는 직원들을 고용하면 혜택과 비용이 모두 발생한다. 참여도가 높은 직원들은 업무량이 적은 동료들보다 최고경영자가 될 가능성이 2.5배 더 높다. 또 참여도가 높은 직원들을 보유한 기업은 유지율이 높아 채용 및 교육비가 계속 절감된다. 또한 이러한 두 가지 결과(성능 향상과 비용 절감) 모두 우수한 재무 성과에 기여한다.[12]

개인의 태도와 행동이 일관되어야 하는가?

나는 내가 하고 있는 일을 믿는다 … 적어도 그렇게 생각한다.

대부분의 사람이 자신은 안전하게 운전한다고 생각하지만 운전 도중 문자 메시지를 보냄으로써 잠재적으로 불안전한 도로 상황을 만들어낼 수도 있다. 부조화를 줄이기 위해 이런 운전자는 운전하면서 문자 메시지를 보내는 행동을 하지 않거나 혹은 운전하면서 문자 메시지를 보내는 것이 실제로 다른 운전자들의 안전을 위협하는 행동이 아니라고 합리화하거나, 자신이 그런 행동을 통제할 수 있다거나, 모두들 하는 행동이라고 합리화할 수도 있다.

사람들이 자신의 행동과 모순되지 않도록 말한 내용을 바꾸는 것을 본 경험이 있는가? 아마 당신 친구 중에는 미국제 자동차는 부실하게 만들어져 수입차만 구입할 것이라고 주장하는 사람이 있을 것이다. 이후 그의 부모님이 그에게 최신형 미국제 자동차를 사 주자, 갑자기 미국제 자동차들이 그렇게 나쁘지는 않다고 한다. 또는 사교 활동을 할 때, 새로운 신입생은 사교 활동이 좋고, 사교 클럽에 들어가는 것이 중요하다고 믿는다. 그러나 만약 그녀가 사교 클럽에서 받아들여지지지 않는다면, 그녀는 "사교 클럽이 인생의 전부는 아니야"라고 말할지도 모른다.

연구 자료들은 일반적으로 사람들이 그들의 태도들 사이에서 그리고 그들의 태도와 행동들 사이에서 일관성을 추구한다고 결론짓는다.[13] 개인들은 그들이 합리적이고 일관적으로 보이도록 다른 태도를 조화시키고 그들의 태도와 행동을 조정하려고 노력한다.

인지 부조화 이론

위의 일관성 원칙을 통해 특정 주제에 대한 개인의 태도를 알았을 때 그 사람의 행동을 항상 예측할 수 있나나고 가성할 수 있는가? 이는 간단히 '예'나 '아니요'로 대답할 수 있는 문제가 아니다. 그것은 바로 인지 부조화 이론 때문이다.

1950년대에 레온 페스팅거(Leon Festinger)가 제시한 인지 부조화 이론은 태도와 행동의 관

계를 설명하려고 시도한다.[14] **인지 부조화**(cognitive dissonance)는 태도 사이의 어떤 비호환성 또는 모순이다. 이 이론은 모순이 불편하며, 개인들이 불편함을 줄이려고 노력할 것이고, 따라서 부조화를 줄일 것이라고 주장한다.

인지 부조화
태도 간 혹은 행동 사이에서 발생하는 양립 불가의 불일치

물론 아무도 부조화를 피할 수 없다. 매일 치실을 사용해야 한다는 것을 알고 있지만, 그러지 않지 않는가. 태도와 행동 사이에는 모순이 있는 것이다. 사람들은 인지 부조화에 어떻게 대처하는가? 이 이론은 우리가 부조화를 줄이기 위해 얼마나 노력하는지가 (1) 부조화를 일으키는 요인의 중요성, (2) 그 요소들을 자신이 가지고 있다고 믿는 영향 정도, (3) 부조화에 관여할 수 있는 보상이라는 세 가지에 의해 결정된다고 제시한다.

불일치를 만드는 요인이 상대적으로 중요하지 않은 경우 불일치를 수정해야 하는 압력이 낮아진다. 하지만, 만약 그러한 요소들이 중요하다면, 개인은 자신의 행동을 바꾸거나, 부조화 행동이 그렇게 중요하지 않다고 결론짓거나, 자신의 태도를 바꾸거나, 부조화보다 더 잘 맞는 요소들을 식별할 수 있을 것이다.

개인이 이 요인에 대해 얼마나 많은 영향력을 가지고 있다고 믿는지는 부조화에 대한 그들의 반응에도 영향을 미친다. 만약 그들이 부조화가 그들이 선택할 수 없는 것이라고 생각한다면, 그들은 태도 변화에 수용적이지 않거나 그렇게 할 필요를 느끼지 않을 것이다. 예를 들어 경영자의 명령으로 인해 부조화가 생기는 행동이 요구되었다면, 부조화를 감소시켜야 하는 압력이 자발적으로 수행된 경우보다 적을 것이다. 부조화가 존재하지만, 경영자의 지시를 따를 필요, 즉 그 사람이 선택이나 통제를 하지 않았기 때문에 합리화되고 정당화될 수 있다.

보상 또한 개인이 부조화를 줄이도록 동기를 부여하는 정도에 영향을 미친다. 높은 부조화와 높은 보상을 결합하는 것은 개인이 일관성이 있다고 믿도록 동기를 부여함으로써 불편함을 줄이는 경향이 있다.

예를 들어보자. 기업 경영자인 트레이시 포드는 어떤 회사도 직원을 해고해서는 안 된다고 굳게 믿고 있다. 불행히도 트레이시는 정리해고에 대한 신념과 회사의 전략적 방향을 바꾸어야 하는 결정을 내려야 한다. 그녀는 조직적인 구조 조정이 더 이상 일자리가 필요하지 않을 수도 있다는 것을 의미함을 알고 있다. 그녀는 또한 정리해고가 그녀의 회사에 가장 경제적으로 이득이라는 것을 안다. 그녀는 무엇을 할 것인가? 의심할 여지없이 트레이시는 높은 수준의 인지 부조화를 경험하고 있다. 그녀의 행동을 설명해보자.

1. **요인의 중요성** 이 예에서 문제가 **중요한** 사안이기 때문에, 그녀는 불일치를 무시할 수 없다. 그녀는 자신의 딜레마에 대처하기 위해 몇 가지 단계를 따를 수 있다. 그녀는 행동을 바꿀 수 있다. 또는 그녀는 부조화 행동이 결국 그렇게 중요하지 않다는 결론을 내림으로써 부조화를 줄일 수 있다("나는 생계를 꾸려나가야 하고, 의사결정자로서의 내 역할에서는 종종 회사의 이익을 개별 조직 구성원보다 우선시해야 해."). 그녀는 또한 그녀의 태도를 바꿀지도 모른다("직원을 해고하는 것은 아무 문제가 없어."). 또 다른 선택은 부조화보다 더 많은 일치 요소들을 찾는 것이다("관련된 비용의 상쇄뿐만 아니라 구조 조정에서 살아남은 종업원에게 더 많은 장기적 이익이야.").

2. **영향력의 정도** 트레이시가 그녀가 가지고 있다고 믿는 영향력의 정도는 또한 그녀가 부조화에 어떻게 반응하는지에 영향을 미친다. 만약 그녀가 그 부조화를 통제할 수 없다고 느낀다면(그녀가 선택의 여지가 없는 것이라고 느낀다면) 그녀의 태도를 바꿀 필요

오늘날 직장에서의 윤리적 의사결정

당신은 미소를 위장하거나 행복하고 긍정적인 척한 적 있는가? 우리 모두는 어딘가에서 시간을 보낸다. 연구에 따르면, 직원들은 '상사가 있을 때 긍정적인 척한다'고 한다. 당신의 업무나 조직을 위해서 일하는 것에 대해 양면성을 가진다면, 그것은 해가 될 수 있다. 고용주들은 열정을 보고 싶어 한다. 그들은 당신이 직업을 사랑하고, 즐겁게 출근했으면 한다. 그렇지 않을 때는 언제인가?

토의문제

1 이러한 상황에서 직원과 관리자 모두에게 어떤 윤리적 문제가 발생할 수 있는가? '가짜'가 다른 이해관계자에 미치는 행동 영향에 대해 토론해보라.
2 배정된 그룹에서 '가짜 행동', 즉 긍정적인 태도를 가지고 있다고 속여야 했던 (직장) 경험에 대해 이야기해보라. 관리자들이 어떻게 하면 그럴 필요가 없도록 환경을 만들 수 있을까?에 대해 아이디어를 생각해봅시다. 준비해서 여러분의 Classmate들과 공유할 준비를 해보라.

가 있다고 느끼지 않을 것이다. 예를 들어 그녀의 상사가 그녀에게 직원들을 해고해야 한다고 말했다면, 부조화를 줄여야 한다는 압박감은 트레이시가 자발적으로 그런 행동을 할 때보다 덜할 것이다. 부조화는 존재하겠지만 합리화되고 정당화될 수 있다. 이러한 경향은 리더들이 윤리적 문화를 정착시키는 것이 오늘날의 조직에서 중요한 이유를 보여준다. 리더들의 영향력과 지지에 따라, 직원들은 윤리적으로 행동해야 할지 아니면 비윤리적으로 행동해야 할지에 대한 결정에 직면했을 때 그만큼 부조화를 느끼지 않을 것이다.[15]

3. **보상** 보상은 트레이시가 얼마나 부조화를 줄일 수 있는지에 영향을 미친다. 높은 부조화는 높은 보상을 동반할 때 부조화 고유의 긴장을 감소시키는 경향이 있다. 보상은 개인의 대차대조표의 일관성 측면을 더해 부조화를 감소시킨다. 트레이시는 직장에서 보상을 잘 받았기 때문에 직원을 해고하는 것과 같은 힘든 결정을 내려야 한다고 느낄 수도 있다.

그렇다면 부조화와 직원들의 행동에 대해 우리가 뭐라고 말할 수 있을까? 이러한 절제된 요소들은 비록 개인들이 부조화를 경험하지만, 그들이 반드시 일관성이 없는, 즉 부조화를 줄이는 방향으로 나아가지는 않을 것임을 암시한다. 부조화의 기초가 되는 문제들이 최소한의 중요성일 경우, 만약 개인이 부조화가 외부적으로 부과되어 실질적으로 통제할 수 없다고 지각하거나 부조화를 상쇄할 만큼 보상이 중요한 경우, 개인은 부조화를 줄이기 위해 갈등 상태에 있지 않을 것이다.[16]

태도에 대한 이해가 경영자의 업무 효율을 높이는 데 어떻게 도움이 될 수 있는가?

경영자는 다음과 같은 방식으로 행동에 영향을 미치기 때문에 직원의 태도에 관심을 가져야 한다.

1. 만족하고 헌신하는 직원은 이직률 및 결근율이 낮다. 경영자들이 직원들—특히 생산성이 높은—의 사표와 결근을 줄이기를 원한다면 긍정적인 업무 태도를 창출하는 일을 해야 한다.

2. 만족도가 높은 근로자들이 생산적인 근로자인지 여부는 거의 80년 동안 계속된 논쟁이다. 호손의 연구(29쪽 '경영학의 역사' 참조) 이후, 경영자들은 행복한 노동자들은 생산적인 노동자라고 믿었다. 직무 만족이 일자리 생산성을 '유발'했는지, 그 반대인지를 판단하기가 쉽지 않기 때문에, 일부 경영 연구자들은 그 믿음이 일반적으로 잘못되었다고 느꼈다. 그러나 우리는 만족과 생산성의 상관관계가 상당히 강하다고 확실히 말할 수 있다.[18] 만족도가 높은 직원들은 그 일을 더 잘한다. 그러므로 경영자들은 높은 수준의 직원 직무 만족에 도움이 되는 것으로 나타난 요인들, 즉 일을 도전적이고 흥미롭게 만들고, 공정한 보상을 제공하며, 지원적인 근무 조건과 지원 동료들을 만드는 것에 초점을 맞

취야 한다.[19] 이러한 요인들은 직원들이 생산성을 높이는 데 도움이 될 것이다.

3. 경영자는 직원들의 태도도 조사해야 한다. 한 연구에 따르면, "전반적인 직무태도에 대한 건전한 측정은 조직이 직원들에 대해 가질 수 있는 가장 유용한 정보 중 하나"이다.[20] 그러나, 태도 조사를 한 시점에만 하는 것이 아니라 여러 번 수행한다면 직원들의 불만을 정확히 파악하는 데 더 효과적일 수 있다는 연구 결과도 있다.[21]

4. 경영자는 직원들이 부조화를 줄이려고 노력한다는 것을 알아야 한다. 만약 직원들이 일관성이 없어 보이거나 자신의 태도에 어긋나는 일을 하도록 요구받는다면, 경영자는 직원들이 느끼는 부조화를 줄여야 한다는 압박이 외부적으로 부과되거나 통제할 수 없다고 느낄 때만큼 강하지 않다는 점을 기억해야 한다. 또한 보상이 부조화를 상쇄할 만큼 충분히 중요한 경우에는 부조화가 감소한다. 따라서 경영자는 개인이 어느 정도 부조화를 느낄 수 있는 작업을 수행해야 할 필요성을 설명할 때 경쟁업체, 고객 또는 기타 요인 같은 외부 요인을 지적할 수 있다. 또는 경영자는 개인이 원하는 보상을 제공할 수 있다.

경영자들이 성격에 대해 알아야 할 것은 무엇인가?

10-3 여러 성격 이론을 설명한다.

많은 대학이 교내 주택에 방을 배정하기 위해 룸메이트 적합성 테스트를 사용한다.[22] 만약 당신이 다른 사람(가족 또는 비가족)과 생활공간을 공유해본 경험이 있다면, 당신은 룸메이트들이 서로 잘 어울리고 잘 지내는 것이 얼마나 중요한지 알 것이다. 이러한 적합성은 우리 자신과 다른 사람들의 성격에 영향을 받는다.

우리들 중 어떤 사람은 조용하고 수동적이다. 또 어떤 사람은 시끄럽고 공격적이다. 우리가 '조용한, 수동적인, 시끄러운, 공격적인, 야망 있는, 외향적인, 충성스러운, 긴장한, 내성적인, 사교적인'이라는 용어를 사용해 사람들을 묘사할 때, 우리는 그들의 성격을 묘사하는 것이다. 개인의 **성격**(personality)은 사람이 상황에 어떻게 반응하고 다른 사람과 상호작용하는지에 영향을 미치는 감정, 사고, 행동 패턴의 독특한 조합이다. 성격이란 사람이 보여주는 측정 가능한 특성의 관점에서 가장 많이 묘사된다. 우리는 성격을 탐구하는 것에 관심이 있다. 왜냐하면 성격은 태도와 마찬가지로 사람들이 어떻게, 왜 그렇게 행동하는지에 영향을 미치기 때문이다.

78%의 고용주가 성격이 구직자의 가장 중요한 속성이라고 말한다.[23]

성격을 어떻게 가장 잘 표현할 수 있는가?

당신의 성격은 당신의 자연스러운 행동 방식이며 다른 사람과 교감하는 방식이다. 당신의 성격적 특성은 무엇보다도 당신이 다른 사람들과 어떻게 상호작용하고 문제를 해결하는지에 영향을 미친다. 말 그대로 수십 가지 행동이 개인의 성격적 특성에서 기인한다. 하지만 어떻게 해야 성격을 가장 잘 표현할 수 있을까? 수년 동안 연구자들은 특히 어떤 성격 특성과 성격 유형이 개인의 성격을 묘사하는지에 초점을 맞추려고 노력했다. 널리 알려진 두 가지 성격 연구물은 마이어스-브릭스 유형 지표(MBTI)와 성격 5요인 모델이다. 게다가, 우리는 감정과 특히 감성 지

성격
상황에 대한 반응과 다른 사람과의 상호작용에 영향을 미치는 감정, 사고, 행동 패턴의 독특한 조합

능을 보지 않고서는 성격과 행동을 묘사할 수 없다.

마이어스–브릭스 유형 지표   성격을 구분하는 데 가장 널리 사용되는 방법 중 하나는 **마이어스–브릭스 유형 지표**(Myers-Briggs Type Indicator, MBTI)이다. MBTI® 평가는 4차원의 성격 영역을 사용해 약 100개 항목의 설문지에 대한 응답을 토대로 16개의 다른 성격 유형을 식별한다. MBTI 성격 평가는 포춘 1000대 기업의 약 80%가 사용하고 있다.[24]

16개 성격 유형은 다음 네 가지 차원을 기준으로 한다.

- 외향성 대 내향성(EI)
  - EI 차원은 외부 환경(E) 혹은 내부 경험과 아이디어(I)에 대한 개인의 지향점을 설명한다.
- 감각형 대 직관형(SN)
  - SN 차원은 정보를 수집함에 있어 사실에 기반 한 표준화된 루틴에 초점을 맞추는 것(S)과 큰 그림과 사실들 사이를 연결하는 것에 초점을 맞추는 것(N)에 대한 개인의 선호도를 나타낸다.
- 사고형 대 감정형(TF)
  - TF 차원은 논리적이고 분석적인 방식(T) 또는 가치와 신념에 기초해 의사결정이 다른 사람들에게 미치는 영향(F)에 대한 선호도를 반영한다.
- 판단형 대 지각형(JP)
  - JP 차원은 계획적이고 질서 있는 방식으로 외부 세계를 다루는 방식에 대한 태도를 반영하거나(J) 유연하고 자발적인 상태를 유지하는 것을 선호하는(P) 것에 대한 개인의 태도를 나타낸다.[25]

몇 가지 예를 들어 보자.

- ISTJ(내향 감각 사고 판단형)—조용하고, 진지하며, 신뢰할 수 있고, 실용적이며, 현실적인 성격
- ESFP(외향 감각 감정 지각형)—진보적이고, 친근하며, 즉흥적이고, 다른 사람과 함께 새로운 기술을 시도함으로써 잘 배우는 성격
- INFP(내향 직관 감정 지각형)—이상적이고, 개인적인 가치에 충실하며, 사람들을 이해하고 잠재력을 실현하도록 지원하고자 하는 성격
- ENTJ(외향 직관 사고 판단형)—솔직하고, 결정적이며, 리더 역할을 하고, 장기적인 계획과 목표 설정도 즐기며 힘차게 아이디어를 제시하는 성격[26]

MBTI 평가가 경영자에게 어떤 도움을 줄 수 있는가? 주창자들은 이러한 성격 유형을 아는 것이 중요하다고 믿는다. 왜냐하면 이러한 성격 유형이 사람들이 상호작용하고 문제를 해결하는 방식에 영향을 미치기 때문이다.[27] 예를 들어 당신의 상사가 직관(N) 유형이고 당신이 감각(S) 유형이라면, 당신은 다른 방식으로 정보를 다룰 것이다. 직감 선호는 당신의 상사가 직감적인 반응을 선호하는 반면, 감각 유형인 당신은 사실을 다루는 것을 선호한다는 것을 나

타낸다. 상사와 잘 일하기 위해서는 상황에 대한 사실 이상의 것을 제시해야 하고, 상황에 대한 직감 또한 논의해야 한다. MBTI 평가는 또한 기업 유형의 성장 방향뿐만 아니라 감성 지능을 지원하는 프로파일에 초점을 맞추는 데 유용한 것으로 밝혀졌다.[28]

성격 5요인 모델
다섯 가지 특징(외향성, 우호성, 성실성, 정서적 안정성, 경험에 대한 개방성)으로 나타나는 성격 특성

성격 5요인 모델   성격을 보는 또 다른 방법은 **성격 5요인 모델**(Big Five model)을 사용하는 것이다.[29] 성격 5요인 모델은 다음과 같다.

1 외향성	어떤 사람이 사교적이고, 수다스럽고, 적극적인 정도를 설명하는 성격 차원이다.
2 친화성(우호성)	성격이 좋고, 협동적이며, 신뢰감을 주는 정도를 나타내는 성격 차원이다.
3 성실성	어떤 사람이 책임감 있고, 신뢰할 수 있고, 지속적이고, 성취 지향적인 정도를 설명하는 성격 차원이다.
4 정서적 안정성	어떤 사람이 차분하고, 열정적이며, 안정적이고(긍정적), 긴장되고, 초조하고, 우울하고, 불안한(부정적인) 정도를 나타내는 성격 차원이다.
5 경험에 대한 개방성	어떤 사람이 상상력이 풍부하고 예술적으로 민감하며 지적인 정도를 설명하는 성격 차원이다.

성격의 5요인 모델은 단순한 성격 체계 이상을 제공한다. 연구 결과는 이러한 성격 차원과 업무 성과에 중요한 관계가 있다는 것을 보여주었다.[30] 예를 들어 한 연구에서는 전문가(예: 엔지니어, 건축가, 변호사), 경찰, 경영자, 영업 및 반 숙련되고 숙련된 직원의 다섯 가지 직업을 검토했다. 직무 성과는 직원 성과 등급, 교육 역량, 급여 수준 등 인사 데이터 측면에서 정의되었다. 연구 결과는 성실성이 5개 직업군 모두의 직무 수행을 예측한 것으로 나타났다.[31] 다른 성격 차원에 대한 예측은 상황과 직업군에 의해 결정되었다. 예를 들어 외향성은 높은 사회적 상호작용이 필요한 관리직과 영업직에서의 성과를 예측했다.[32] 경험에 대한 개방성은

성격 5요인 모델의 외향성 성격 측면은 스팽스의 설립자 사라 블레이클리(Sara Blakely)에게 해당된다. 사회적이며, 말하기를 좋아하고, 적극적인 성격은 블레이클리의 성공적인 속옷 사업의 착수와 개발로 이어졌다. 사진에서 보이는 블레이클리(왼쪽)는 탬파에 새로 생긴 스팽스의 고객들에게 종업원팀을 소개해주고 있다.

훈련 역량을 예측하는 데 중요한 것으로 나타났다. 아이러니하게도, 정서적 안정성은 직무 수행과 긍정적으로 연관되지 않았다. 차분하고 안전한 근로자들이 더 나은 성과를 보인다는 것이 논리적으로 보일지라도, 실상은 그렇지 않았다. 아마도 그것은 정서적으로 안정된 근로자들이 그들의 직업을 유지하고 정서적으로 불안정한 사람들은 그렇지 않을 수 있는 가능성 때문일 것이다. 연구에 참여한 모든 사람이 고용된 상태였다는 점을 고려하면, 그 차원에 대한 분산은 아마도 작았을 것이다.

감성 지능이란 무엇인가?   자신의 감정을 이해하고 다른 사람의 감정을 잘 읽는 사람들이 그들의 일에 더 효과적일 수 있다. 본질적으로, 그것은 감성

감성 지능
감정적 단서 및 정보를 인지하고 관리하는
능력

지능에 대한 근본적인 연구 주제이다.[33]

감성 지능(emotional intelligence, EI)는 환경 요구와 압력에 대처하는 능력에 영향을 미치는 비인지적 기술, 능력 및 역량의 집합체를 말한다.[34] 이는 다섯 가지 차원으로 구성된다.

- **자기 지각** 당신이 느끼는 것을 아는 것.
- **자기 관리** 자신의 감정과 충동을 관리하는 것.
- **자기 동기부여** 좌절과 실패에도 불구하고 끈질기게 버티는 것.
- **공감** 다른 사람의 기분을 감지하는 것.
- **사교 기술** 다른 사람의 감정에 적응하고 대처하는 것.

몇몇 연구 결과는 감성 지능(EI)이 직무 수행에 중요한 역할을 할 수 있다는 점을 제시한다.[35] 예를 들어 한 연구는 동료들에 의해 스타로 평가된 벨 연구소(Bell Lab) 엔지니어의 특성을 살펴보았다. 과학자들은 이 스타들이 다른 스타들과 더 잘 관계를 맺는다고 결론지었다. 즉 높은 성과를 결정한 것은 학업 IQ가 아니라 EI였다. 공군 채용 담당자를 대상으로 한 두 번째 연구에서도 이와 유사한 결과가 나왔다. 실적이 우수한 채용 담당자들은 높은 수준의 EI를 보였다. 이러한 발견을 통해 공군은 선발 기준을 개편했다. 후속 조사 결과 EI 점수가 높은 미래 채용 인원은 점수가 낮은 채용 인원에 비해 2.6배 높은 성과를 거둔 것으로 나타났다. 아메리칸 익스프레스와 같은 기관들은 감성 지능 프로그램을 구현하는 것이 효과성을 높이는 데 도움이 된다는 것을 알아냈고, 다른 기관들도 감성 지능이 팀 효과에 기여한다는 것을 보여주는 유사한 결과를 발견했다.[36] 예를 들어 미니애폴리스의 쿠퍼레이티브 프린팅(Cooperative Printing)에서 45명의 직원을 대상으로 한 연구에서는 EI 기술이 "지식과 전문지식만으로 탁월함에 기여하는 것보다 2배 더 중요하다"고 결론을 내렸다.[37] 인사 담당자를 대상으로 한 설문 조사에서는 다음과 같은 질문을 했다. 직원들이 EI를 입증하는 것이 기업 내 사다리를 오르는 것에 있어서 얼마나 중요한가? 경영자 중 40%가 '매우 중요하다'고 답했다. 또 다른 16%는 적당히 중요하다고 말했다. 다른 연구들은 또한 감성 지능이 현대 조직의 질적 향상에 도움이 될 수 있음을 시사했다.[38]

그 의미는 고용주들이—특히 높은 수준의 사회적 상호작용을 요구하는 직업의 경우—선

오늘날 직장에서의 경영 기술

높아진 감성 지능 의존도

기술의 발달로 점점 더 많은 직원들이 원격 업무를 할 수 있게 되었어도 다른 직원들과 상호작용하지 않는 것은 아니다. 그러한 경우에도 동료나 고객들과 계속 접촉해야 할 것이다. 그리고 그것이 감성 지능, 사회 지능 또는 어떻게 불리든 간에, 자신과 다른 사람을 이해하는 능력은 조직이 식원을 고용할 때 추구할 기술이 될 것이다. *다른 동료, 팀 구성원, 상사 및 고객과 잘 어울릴 수 있는 능력은 대부분의 직장에서의 성공에 매우 중요하다.* 기술력은 강하지만 감성 지능에 약한 직원들은 일자리를 구하기가 점점 더 어려워질 것이다.

토의문제

3 당신은 왜 다른 사람들과 잘 지내는 능력이 중요하다고 생각하는가?

4 어떻게 이 능력을 개발할 수 있는가? 혼자서 몇 가지 아이디어를 생각해보라. 그런 다음, 할당된 그룹에서 당신의 아이디어를 비교하고 감성 지능의 5차원 각각에서 감성 지능을 발달시키는 방법들의 목록을 작성하라. 여러분의 반 친구들과 공유해보라.

택 과정의 기준으로 감성 지능을 고려해야 한다는 것이다.[39]

성격적 특성이 실제 업무와 관련된 행동을 예측할 수 있는가?

한 마디로, 그렇다! 다섯 가지 특정한 성격 특성이 조직에서 개인의 행동을 설명하는 데 가장 강력한 것으로 입증되었다.

1. 개인의 행동을 통제할 수 있는 사람은 누구인가? 어떤 사람들은 그들이 자신의 운명을 지배한다고 믿는다. 다른 사람들은 그들 자신을 운명의 전당으로 보고, 그들 삶에서 일어나는 일이 행운이나 우연 때문이라고 믿는다. 첫 번째 경우의 **통제 위치**(locus of control)는 내부이다. 두 번째 경우, 그것은 외부에 있다. 이 사람들은 그들의 삶이 외부의 힘에 의해 통제된다고 믿는다.[40] 경영자는 또한 외부인이 상사의 편견, 동료, 또는 통제 밖의 다른 사건 때문에 낮은 성과 평가를 탓하는 반면, '내부자들'은 그들 자신의 행동의 관점에서 동일한 평가를 설명한다는 것을 발견할 수 있다.

2. 두 번째 특징은 16세기에 권력을 얻고 조종하는 방법에 대한 가르침을 제공한 니콜로 마키아벨리의 이름을 따서 **마키아벨리즘**(Machiavellianism, "Mach")이라고 한다. 마키아벨리즘에 능한 개인은 실용적이고, 감정적 거리를 유지하며, 목적이 수단을 정당화할 수 있고,[41] 덜 윤리적인 믿음을 가질 수 있다고 믿는다.[42] 철학은 높은 마키아벨리즘의 관점과 일치한다. 높은 마키아벨리즘이 좋은 직원을 만들까? 이 답변은 직무 유형과 성과를 평가하는 데 윤리적 영향을 미치는지에 따라 달라진다. 협상 기술(노동협상가)이 필요하거나 승소(위탁판매원)에 대한 보상이 상당한 직종에서는 높은 마키아벨리즘이 생산적이다. 목적이 수단을 정당화하지 못하거나 절대적인 성과 기준이 부족한 직업에서는 높은 마키아벨리즘이 성과를 예측하기 어렵다.

3. 사람마다 자신을 좋아하고 싫어하는 정도가 다르다. 이러한 특성을 **자존감**(self-esteem, SE)이라고 한다.[43] 자존감에 대한 연구는 조직 행동에 대한 몇 가지 흥미로운 통찰력을 제공한다. 예를 들어 자존감은 성공에 대한 기대와 직결된다. 높은 자존감을 가진 사람들은 그들이 직장에서 성공할 수 있는 능력이 있다고 믿는다. 자존감이 높은 개인은 직업 선택에 있어 더 많은 위험을 감수할 것이며 자존감이 낮은 개인보다 전형적이지 않은 직업을 선택할 가능성이 더 높다.[44] 자존감에 대한 가장 일반적인 발견은 자존감이 낮은 사람은 자존감이 높은 사람보다 외부 영향에 더 민감하다는 것이다. 낮은 자존감은 다른 사람의 긍정적인 평가에 의존한다. 결과적으로, 그들은 자존감이 높은 사람들보다 그들이 존경하는 사람들의 믿음과 행동에 더 잘 부합하고 다른 사람들에게서 승인을 구하는 경향이 있다. 관리직에서 자존감이 낮은 사람들은 다른 사람을 기쁘게 하는 데 관심이 있는 경향이 있으므로 자존감이 높은 인기가 적은 입장을 취할 가능성이 낮다. 놀랄 것도 없이, 자존감도 직업 만족과 관련이 있는 것으로 밝혀졌다. 많은 연구에서 높은 자존감이 낮은 자존감보다 더 높은 수준으로 작업에 만족한다는 것을 확인했다.

4. 또 다른 성격 특성 연구자들은 **자기 감시**(self-monitoring)이라고 밝혔다.[45] 자기 모니터링 능력이 뛰어난 사람은 외부 상황적 요인에 따라 행동을 조정하는 데 상당한 적응력을 보일 수 있다.[46] 그들은 외부 단서에 매우 민감하고 다른 상황에서 다르게 행동할

통제 위치
자신이 운명을 통제할 수 있다고 믿는 정도

마키아벨리즘(Mach)
실용적이고, 정서적 거리를 유지하며, 결과가 수단을 정당화할 수 있다고 믿는 정도에 관한 척도

자존감
자신을 좋아하거나 싫어하는 정도

자기 감시
외부 상황 요인에 대한 행동 조정 능력을 측정하는 성격 특성

이 사진에서 기업가 일론 머스크는 테슬라 신형 모델 발표장에서 자신의 높은 위험 감수 성향으로 여러 업종에서 회사를 창업하는 데 성공적이었던 성과를 발표하며 직원들의 박수를 받고 있다. 인터넷 결제회사인 페이팔(PayPal), 전기차 배터리 제조업체인 테슬라 자동차, 로켓과 우주선 제조업체인 스페이스x, 태양전지 패널 생산업체인 솔라시티(SolarCity)가 대표적이다.

수 있다. 자기 모니터링 능력이 뛰어난 사람들은 그들의 공공적인 성격과 사적인 자아 사이에 현저한 모순을 나타낼 수 있다. 자기 모니터링 능력이 낮은 사람들은 그들의 행동을 바꿀 수 없다. 그들은 모든 상황에서 그들의 진정한 성향과 태도를 보여주는 경향이 있다. 따라서 그들은 그들이 누구이고 무엇을 하든지 간에 높은 행동 일관성을 보인다. 증거는 자기 모니터링 능력이 높은 사람은 낮은 사람보다 다른 사람의 행동에 더 주의를 기울이는 경향이 있고 더 적합하다는 것을 암시한다.[47] 또한 자기 모니터링 능력이 높은 사람은 개인이 여러 가지, 심지어 모순되는 역할을 하도록 요구되는 경영자의 위치에서 더 성공적일 것이라는 가설을 세울 수 있다.

5. 근로자 행동에 영향을 미치는 최종적인 성격 특성은 위험 감수 성향으로 위험을 감수하려는 의지를 반영한다. 위험을 가정하거나 회피하려는 선호는 개인이 결정을 내리는 데 걸리는 시간과 선택하기 전에 필요한 정보의 양에 영향을 미치는 것으로 나타났다. 예를 들어 한 고전적인 연구에서 79명의 경영자가 고용 결정을 요구하는 시뮬레이션된 인력 관리 연습을 했다.[48] 고위험 경영자는 저위험 경영자들보다 더 신속한 결정을 내리고 그들의 선택에 더 적은 정보를 사용했다. 흥미롭게도, 결정 정확도는 두 그룹 모두 동일했다.

일반적으로 조직의 경영자, 특히 대기업과 정부 기관에서 위험을 회피한다고 결론을 내리는 것이 올바르지만,[49] 이러한 영역에서 개별적 차이가 여전히 발견되고 있다.[50] 그 결과, 이러한 차이를 지각하고 특정 직무 요구에 따라 위험을 감수하는 성향을 조정하는 것까지 고려하는 것이 타당하다. 예를 들어 높은 위험을 감수하려는 성향은 신속한 의사결정을 요구하는 직업의 특성상 증권 회사의 주식 거래자에게 효과적인 성과로 이어질 수 있다. 이러한 성격 특성은 기업가의 경우에도 마찬가지이다.[51] 반면에, 낮은 위험 감수 성향을 가진 사람이 더 잘 수행할 수 있는 감사 활동을 수행하는 회계사들에게는 주요 장애물이 될 수 있다.

우리는 어떻게 성격과 직업을 일치시키는가?

우리는 모두 자신의 성격에 맞는 직업을 원한다.

"직상이 행복하지 않으면 어쩌겠는가? 완전히 잘못된 직업에 종사하는 것이 가능한가?"[52] 매일 일을 하다 보면 자신의 업무와 자신의 성격이나 재능이 잘 부합하지 않는다는 것을 깨닫게 될 것이다. 자신의 성격과 자신이 선택한 직업 또는 진로 사이의 일치를 위해 노력하는 것이 더 이치에 맞는 것 같지 않은가?

분명히, 개개인의 성격은 다르다. 그러니 각자에게 맞는 일도 다르다. 그 둘을 어떻게 맞출

그림 10.2 홀랜드의 성격-직업 적합성

유형	특징	예시 직업
실재형 기술과 힘, 공동 작업을 요구하는 신체적 활동을 선호	수줍어하는, 성실한, 끈기 있는, 안정적인, 순응하는, 실용적인	기계공, 드릴 프레스 기사, 조립라인 근로자, 농부
탐구형 사고, 조직화, 이해하는 활동을 선호	분석적인, 독창적인, 호기심 많은, 독립적인	생물학자, 경제학자, 수학자, 기자
사회형 타인을 돕고 개발하는 활동을 선호	사교적인, 다정한, 협력적인, 이해심 있는	사회복지사, 교사, 상담사, 임상심리학자
관습형 규칙으로 통제되고, 질서를 유지하며, 모호하지 않은 활동을 선호	순응하는, 효율적인, 실용적인, 상상력이 없는, 융통성 없는	회계사, 기업 경영자, 은행 직원, 서무원
기업형 다른 사람들에게 영향을 미치고 권력을 성취할 수 있는 구술 활동을 선호	자신감 있는, 야심 찬, 활력 있는, 지배적인	변호사, 부동산 중개인, 홍보 전문가, 중소기업 경영자
예술형 창조적 표현을 인정하는 모호하고 비조직적인 활동을 선호	상상력이 풍부한, 무질서한, 이상적인, 정서적인, 비현실적인	화가, 음악가, 작가, 실내 장식가

출처: Robbins, Stephen P., Coulter, Mary, *Management*, 13th Ed., © 2016, p. 444. Reprinted and electronically reproduced by permission of Pearson Education, Inc., New York, NY.

수 있는가? 가장 잘 문서화된 성격–직업 적합 이론은 심리학자 존 홀랜드(John Holland)에 의해 개발되었다.[53] 그의 이론은 직원이 자신의 직업에 대한 만족도와 직장을 떠날 가능성은 개인의 성격이 직업 환경과 어느 정도 일치하느냐에 달려 있다고 말한다. 홀랜드는 그림 10.2 에서와 같이 여섯 가지 기본적인 성격 유형을 식별했다.

홀랜드의 이론은 성격과 직업이 양립할 때 만족도가 가장 높고 이직률이 가장 낮다고 제시한다.[54] 사회적 개인은 '사람형' 직업에 종사해야 한다. 이 이론의 요점은 다음과 같다—(1) 개인마다 본질적인 성격 차이가 있는 것으로 보이며, (2) 직업의 유형이 다르고, (3) 자신의 성격 유형과 양립할 수 있는 직업 환경에 있는 사람들이 부실한 직업에 있는 사람들보다 더 만족하고 자발적으로 사임할 가능성이 낮다.

문화에 따라 성격 특성이 다른가?

성격 5요인 모델과 같은 성격의 틀이 문화 전반에 적용되는가? 통제 위치와 같은 영역은 모든 문화에서 관련이 있는가? 이 질문에 답해보자.

성격 5요인 모델에서 연구된 다섯 가지 인성 요인은 거의 모든 교차 문화 연구에서 나타난다.[55] 중국, 이스라엘, 독일, 일본, 스페인, 나이지리아, 노르웨이, 파키스탄, 미국 등 다양한 문

Jean-Paul Pelissier/Reuters

나라마다 강조하는 성격적 특성을 이해하는 것은 다국적 기업의 경영자들에게 많은 도움이 된다. 예를 들어 유럽공동체 국가가 양심을 중요시한다는 점은 프랑스의 버거킹 직원처럼 미국에 위치한 버거킹 직원을 관리하는 데도 도움이 될 수 있다.

화가 이러한 연구의 배경이 되었다. 차원에 대한 강조에서 차이를 찾을 수 있다. 예를 들어 중국인은 양심적인 범주를 더 자주 사용하고 미국인보다 더 적은 수의 친화적인 범주를 사용한다. 그러나 특히 선진국의 개인들 사이에서 놀라울 정도로 많은 양의 동의가 발견되고 있다. 대표적인 사례로 유럽공동체 사람들을 대상으로 한 연구를 종합적으로 검토한 결과, 성실성이 직업과 직업군 전반의 성과에 대한 유효한 예측 변수라는 사실을 밝혀냈다.[56] 미국 연구에서도 같은 결과가 나왔다.

우리는 특정 국가에 따른 일반적인 성격 유형이 확실히 없다는 것을 안다. 예를 들어 거의 모든 문화에서 높은 위험 감수자와 낮은 위험 감수자를 찾을 수 있다. 그러나 한 나라의 문화는 그 나라 사람들의 지배적인 성격 특성에 영향을 미친다. 우리는 국가 문화의 이러한 영향을 우리가 방금 논의한 성격적 특성들 중 하나를 보면 알 수 있다. 바로 통제 위치다.

국가 문화는 사람들이 그들의 환경을 통제한다고 믿는 정도에 따라 다르다. 예를 들어 북미인들은 그들이 그들의 환경을 지배할 수 있다고 믿는다. 중동 국가들과 같은 다른 사회들은 생명이 본질적으로 미리 결정되어 있다고 믿는다. 이러한 구별이 통제의 내부 및 외부 위치 개념과 얼마나 밀접하게 유사한지 주목하라. 이러한 특별한 문화적 특성을 바탕으로, 우리는 미국과 캐나다의 노동력에서 사우디아라비아나 이란의 노동력보다 더 큰 내부 통제 성향의 비율을 기대해야 한다.

이 절에서 살펴본 바와 같이, 성격 특성은 직원들의 행동에 영향을 미친다. 글로벌 경영자에게 있어, 국가 문화의 관점에서 볼 때, 성격의 차이가 어떻게 다른지를 이해하는 것은 더 큰 의미를 갖는다.

성격에 대한 이해가 어떻게 경영자들의 업무 효율을 높일 수 있는가?

경영자들은 직원의 성격에 관심을 가져야 하는데, 이러한 성격은 다음과 같은 방식으로 직원의 행동에 영향을 미치기 때문이다.

1. **직무-사람의 적합성.** 약 62%의 회사가 채용을 할 때 인성검사를 이용하고 있다.[57] 그리고 그것이 아마도 성격 차이를 이해하는 데 가장 중요한 가치가 있는 것일 것이다. 개인과 직업을 일치시키는 것을 고려한다면 경영자들은 더 높은 성과와 더 많은 만족감을 가진 직원을 고용하게 될 가능성이 있다.

2. **직업에 대한 다양한 접근 방식의 이해.** 사람들이 문제 해결, 의사결정 및 직무 상호작용에 다르게 접근한다는 것을 지각함으로써 경영자는 이를테면 직원이 빠른 결정을 내리는 데 불편함을 느끼는 이유 또는 직원이 문제를 해결하기 전에 가능한 한 많은 정보를 수집하기를 고집하는 이유를 더 잘 이해할 수 있다. 예를 들어 경영자들은 외부 통제력을 가진 개인이 내부 통제력을 가진 개인보다 직무에 덜 만족하고 또한 자신의 행동에

대한 책임을 받아들이려는 의지가 덜할 수 있다고 예상할 수 있다.

3. **더 좋은 경영자가 되는 것.** 성공적인 경영자가 되고 목표를 달성한다는 것은 조직 안팎에서 다른 사람들과 잘 협력한다는 것을 의미한다. 효과적으로 함께 일하기 위해서는 서로에 대한 이해가 필요하다. 이러한 이해는, 적어도 부분적으로, 성격 특성과 감정에 대한 지각에서 온다. 또한 당신이 관리자로서 개발해야 하는 기술 중 하나는 상황에 따라 당신의 감정적인 반응을 미세하게 조정하는 법을 배우는 것이다. 다시 말해 당신은 '웃어야 할 때와 짖어야 할 때'를 지각하는 법을 배워야 한다.[58]

> **지각**
> 감각적인 인상을 조직하고 해석함으로써 환경에 의미를 부여하는 과정

지각은 무엇이고 무엇이 영향을 미치는가?

10-4 지각과 그것에 영향을 미치는 요인을 설명한다.

> 우리는 우리가 보는 것을 해석하고 그것을 현실이라고 부른다.

"당신의 뇌처럼 새로운 ㄹㅐㄴ드로버도 어디ㅇㅏ나 적ㅇㅡㅇ한다."[59] 랜드로버 SUV에 대한 이 광고는 지각의 프로세스를 보여준다. 낱자가 빠진 글자도 읽을 수 있었던 것은 문형이라는 단어를 인지하고 이치에 맞는 방식으로 정리하고 해석했기 때문일 것이다.

지각(perception)은 우리가 감각적인 인상을 조직하고 해석함으로써 환경에 의미를 부여하는 과정이다. 지각에 대한 연구는 개인들이 같은 것을 보면서도 다르게 지각할 수 있다는 것을 일관되게 보여준다. 예를 들어 한 관리자는 자신의 조수가 중요한 결정을 내리는 데 대개 며칠이 걸린다는 사실을 조수가 느리고, 체계적이지 않으며, 결정을 내리는 것을 두려워한다는 증거로 해석할 수 있다. 같은 조수를 둔 다른 관리자는 조수가 사려 깊고 철저하다는 증거로 해석할 수 있다. 첫 번째 관리자는 아마도 조수를 부정적으로 평가할 것이고, 두 번째 관리자는 아마도 그 사람을 긍정적으로 평가할 것이다. 요점은 우리 중 누구도 현실을 보지 못한다는 것이다. 우리는 우리가 보는 것을 해석하고 그것을 현실이라고 부른다. 물론, 이 예가 보여주듯이, 우리는 우리의 지각에 따라 행동한다.

지각에 영향을 미치는 것은 무엇인가?

대형 상업용 석유제품 조직의 마케팅 감독관인 모란다(52세)가 채용 면접 도중 암브로스의 코걸이를 알아챘고, 인사 담당자 손(23세)은 그렇지 않았다는 사실을 어떻게 설명해야 할까? 많은 요인이 작용해 지각을 형성하고 때로는 왜곡한다. 이러한 요인들은 (1) 지각자, (2) 지각되는 대상, 또는 지각이 이루어지는 상황의 맥락에 존재할 수 있다.

1. 목표물을 보고 자신이 보는 것을 해석하려고 할 때, 그 개인의 개인적 특성은 해석에 큰 영향을 미칠 것이다. 이러한 개인적인 특징들은 태도, 성격, 동기, 관심사, 과거의 경험, 기대를 포함한다.

2. 관찰되는 대상의 특성도 지각에 영향을 미칠 수 있다. 시끄러운 사람들은 조용한 사람들보다 집단에서 눈에 띄기 쉽다. 매우 매력적이거나 매력적이지 않은 사람들 또한 그러하다. 대상이 단독으로 관찰되지 않기 때문에, 대상과 그 배경의 관계는 가까운 것과

그림 10.3   지각 챌린지—무엇이 보이는가?

| 나이가 많은 여자 혹은 젊은 여자? | 두 얼굴 혹은 항아리? | 기사 혹은 말? |

유사한 것을 함께 묶으려는 우리의 경향과 마찬가지로 지각에도 영향을 미친다.

3. 사물이나 사건을 보는 맥락도 중요하다. 위치, 조명, 온도, 기타 여러 상황 요인에서 볼 수 있듯이 물체나 사건이 보이는 시간은 주의에 영향을 미칠 수 있다.

경영자는 직원을 어떻게 판단하는가?

지각 연구의 대부분은 무생물체를 대상으로 한다. 그러나 경영자들은 사람들을 더 많이 다룬다. 사람들에 대한 우리의 지각은 컴퓨터, 로봇, 건물과 같은 무생물체에 대한 우리의 지각과는 다르다. 왜냐하면 우리는 우리가 무생물체에 대해 하지 않는 사람들의 행동에 대해 추론을 하기 때문이다. 우리가 사람들을 관찰할 때, 우리는 왜 그들이 특정한 방식으로 행동하는지 설명하려고 노력한다. 그러므로 한 사람의 행동에 대한 우리의 지각과 판단은 그 사람의 내부 상태에 대해 우리가 가정하는 것에 의해 크게 영향을 받을 것이다. 이러한 가정들 중 많은 것이 연구원들이 귀인 이론을 개발하도록 이끌었다.

귀인 이론은 무엇인가?   **귀인 이론**(attribution theory)은 우리가 주어진 행동에 어떤 의미를 부여하느냐에 따라 사람들을 어떻게 다르게 판단하는지를 설명하기 위해 제시되었다.[60] 기본적으로, 이 이론은 우리가 개인의 행동을 관찰할 때, 그것이 내부적 또는 외부적으로 발생했는지 여부를 결정하려고 시도한다고 제시한다. 내부적으로 발생한 행동은 개인의 통제하에 있다고 여겨진다. 외부적인 원인으로 인한 행동은 외부의 원인으로부터 발생한다. 즉 그 사람은 상황에 의해 행동을 강요받은 것으로 보인다. 그러나 그러한 결정은 (1) 특수성, (2) 합의성, (3) 일관성의 세 가지 요인에 달려 있다.

1. 특수성이란 개인이 여러 상황에서 행동을 보이는지 또는 특정 상황에 특정한지를 말한다. 오늘 늦게 출근한 직원도 직장 동료들이 빈둥거린다고 여기는 사람인가? 우리가 알고 싶은 것은 이 행동이 특이한지 여부이다. 만약 그렇다면, 관찰자는 그 행동에 외부적 속성을 부여하기 쉽다. 이 작업이 고유하지 않으면 내부 작업으로 판단될 수 있다.

2. 비슷한 상황에 처한 모든 사람이 같은 방식으로 반응한다면, 우리는 그 행동이 합의를 나타낸다고 말할 수 있다. 오늘 같은 길을 택한 직원들도 모두 지각한다면 지각한 직원의 행동은 이 기준에 부합할 것이다. 공감대가 높으면 직원의 지각에 대한 외부적 귀속성을 부여할 것으로 예상되는 반면, 같은 경로를 택한 다른 직원들이 정시에 출근했다

귀인 이론
주어진 행동에 기인하는 원인에 따라 사람들을 어떻게 다르게 판단하는지를 설명하기 위한 이론

그림 10.4 귀인 이론

관찰	해석	원인 귀인
다른 상황에서도 똑같이 행동하는가?	**그렇다:** 낮은 특수성 **아니다:** 높은 특수성	내부 귀인 외부 귀인
비슷한 상황에서도 같은 행동을 하는가?	**그렇다:** 높은 합의성 **아니다:** 낮은 합의성	외부 귀인 내부 귀인
일관적으로 이렇게 행동하는가?	**그렇다:** 높은 일관성 **아니다:** 낮은 일관성	내부 귀인 외부 귀인

출처: Robbins, Stephen P., Coulter, Mary, *Management*, 13th Ed., © 2016, p. 447. Reprinted and electronically reproduced by permission of Pearson Education, Inc., New York, NY

면 내부 사유로 결론 내리게 된다.

3. 경영자는 직원의 행동에 일관성을 추구한다. 개인은 규칙적으로 그리고 지속적으로 행동하는가? 직원은 시간이 지남에 따라 같은 방식으로 응답하는가? 한 직원에게 10분 늦게 출근하는 것은 특이한 경우(몇 달 동안 지각하지 않았음)와 같은 방식으로 지각되지 않지만, 다른 직원에게는 일상적인 패턴의 일부(일주일에 두세 번 지각함)이다. 행동이 일관적일수록 관찰자는 내부 원인에 의한 것으로 간주하는 경향이 있다.

그림 10.4는 귀인 이론의 핵심 요소를 요약한 것이다. 그것은 예를 들어 직원인 블랙은 그의 현재 업무와 비슷한 관련 업무에서 일반적으로 비슷한 수준의 성과를 내는데(낮은 구별성), 만약 다른 직원들은 블랙보다 더 좋든 나쁘든 다른 수준의 성과를 낸다면(낮은 합의), 그리고 만약 블랙의 현재 업무에 대한 성과가 시간이 흘러도 지속적이라면(높은 일관성), 그의 관리자 혹은 그를 판단하는 누구라도 그에 대해 주로 그의 업무 성과에 책임감이 있다고 할 것이다(내부 귀인).

귀인이 왜곡될 수 있는가? 예를 들어 실질적인 증거는 우리가 다른 사람들의 행동에 대해 판단을 내릴 때, 우리는 외부 요인의 영향을 과소평가하고 내부 또는 개인 요인의 영향을 과대평가하는 경향이 있다는 가설을 뒷받침한다.[61] 이 **근본적인 귀인 오류**(fundamental attribution error)는 판매 경영자가 왜 귀인하기 쉬운지를 설명할 수 있다. 경쟁사에 의해 소개된 혁신적인 제품 라인보다는 그녀의 판매 대리점의 저조한 실적을 게으름으로 판단한다. 개인들도 자신의 성공을 능력이나 노력과 같은 내부 요인에 돌리는 경향이 있고, 실패에 대한 책임을 행운(또는 '불공정' 테스트)과 같은 외부 요인에 돌리는 경향이 있다. 이러한 **자기 귀인 편향**(self-serving bias)은 성과 검토에서 직원들에게 제공되는 피드백이 긍정적이든 부정적이든 간에 예측 가능하게 왜곡될 것임을 시사한다.

우리가 사용하는 지각적인 지름길은 무엇인가? 관리자를 포함한 우리 모두는 다른 사람들을

근본적인 귀인 오류
외부 요인의 영향을 과소평가하고 내부 요인의 영향을 과대평가하는 경향

자기 귀인 편향
자신의 성공은 내부 요인에 돌리고, 실패는 외부 요인에 돌리는 경향

판단하기 위해 많은 지름길을 사용한다. 사람들의 행동을 지각하고 해석하는 것은 많은 일이므로, 우리는 작업을 더 쉽게 관리할 수 있도록 바로 가기를 사용한다.[62] 그러한 바로 가기는 우리가 정확한 지각을 빨리 할 수 있게 해주고 예측에 유효한 자료를 제공할 때 가치가 있다. 하지만, 그들은 완벽하지 않다. 그들은 우리를 곤경에 빠뜨릴 수 있다. 지각적인 지름길은 무엇일까? (요약 내용은 표 10.1 참조)

개인은 그들이 관찰하는 모든 것을 동화시킬 수 없다. 그래서 그들은 그들의 지각에 있어 선택적이다. 그것들은 조각

Michael Conroy/AP Images

고정관념은 여성들이 자동차 경주에서 성공할 전문적 기술, 감정적인 힘과 체력이 부족하다고 일반화한다. 그레이스 오토스포트(Grace Autosport)의 개설을 알리며, 최초로 여성으로 이루어진 인디카(IndyCar) 레이싱팀의 영국인 자동차 경주 선수 캐서린 레지(Katherine Legge, 오른쪽)는 성별이 모터스포츠에서의 성공적인 경력을 쌓는 데 장애가 되어서는 안 된다고 주장한다.

과 조각을 흡수한다. 이러한 조각들은 무작위로 선택되는 것이 아니라 관찰자의 관심사, 배경, 경험, 태도에 따라 선택적으로 선택된다. **선택적 지각**(selective perception)은 부정확한 그림을 그릴 위험 없이 다른 사람의 읽기 속도를 높일 수 있도록 해준다.

우리가 다른 사람들이 우리와 비슷하다고 가정한다면 그들을 판단하기 쉽다. **가정된 유사성**(assumed similarity) 또는 '나처럼' 효과에서 관찰자의 다른 사람에 대한 지각은 관찰된 사람의 지각보다 관찰자 자신의 특성에 의해 더 많은 영향을 받는다. 예를 들어 직장에서 도전과 책임을 원한다면, 다른 사람들도 같은 것을 원한다고 가정할 수 있다. 다른 사람들이 자신과 같다고 생각하는 사람들은 물론 옳을 수 있지만 항상 옳은 것은 아니다.

우리가 그 혹은 그녀가 속한 집단에 대한 우리의 지각에 근거해 누군가를 판단할 때, 우리는 **고정관념**(stereotype)이라고 불리는 지름길을 사용한다. 예를 들어 '기혼은 독신보다 안정적인 직원'이나 '나이 많은 직원이 결근하는 경우가 많다'는 고정관념의 예다. 고정관념이 사실에 기초할 정도로 정확한 판단을 내릴 수 있다. 하지만, 많은 고정관념은 사실이 아니며 우리의 판단을 왜곡한다.

표 10.1 지각의 지름길

지름길	설명	왜곡
선택적 지각	사람들은 자신의 관심, 배경, 경험, 태도에 근거해 그들이 관찰한 것의 작은 부분이나 조각을 통해 이해한다.	타인에 대한 '속독'은 그들에 대한 부정확한 모습을 만들어낸다.
가정된 유사성	사람들은 타인이 자신과 유사하다고 가정한다.	부정확한 유사성으로 개인의 차이를 설명하는 데 실패할 것이다.
고정관념	사람들은 타인들이 속한 집단에 대한 인식을 바탕으로 그들을 판단한다.	많은 고정관념이 사실적 근거가 없기 때문에 왜곡된 판단을 가져온다.
후광 효과	사람들은 단 하나의 특성만으로 타인에 대한 인상을 형성한다.	한 개인에 대한 전체적인 그림을 설명하는 데 실패한다.

선택적 지각
관찰된 일부분만 흡수하는 경향으로, 이를 통해 타인을 '속독'함

가정된 유사성
관찰되는 사람의 특징보다 관찰자의 특징에 영향을 받는 지각

고정관념
그 사람이 속한 집단에 대한 우리의 인식에 근거해 누군가를 판단하는 것

우리가 지성, 사교성, 또는 외모와 같은 하나의 특징에 기초해 사람에 대한 일반적인 인상을 형성할 때, 우리는 **후광 효과**(halo effect)에 영향을 받는다. 이 효과는 학생들이 그들의 강의 교수를 평가할 때 자주 발생한다. 학생들은 열정과 같은 단일 특성을 분리해 이 하나의 특성에 대한 지각에 의해 평가 전체가 기울어지도록 할 수 있다. 조용하고, 자신 있고, 학식이 있고, 자질이 뛰어난 교수가 열정이 부족한 수업 스타일을 가지고 있다면, 그 교수는 다른 여러 가지 특징에 비해 낮은 평가를 받을 수 있다.

> **후광 효과**
> 하나의 특징에 기초해 사람에 대한 일반적인 인상을 형성하는 것

지각에 대한 이해가 경영자의 업무 효율화에 어떻게 도움이 될 수 있는가?

경영자는 지각에 관심을 가져야 하며, 이는 직원의 행동을 다음과 같은 방법으로 이해하는 데 도움이 되기 때문이다.

1. 경영자들은 직원들이 현실이 아닌 지각에 반응한다는 것을 인지해야 한다. 따라서 경영자의 업무 수행에 대한 평가가 실제로 객관적이고 편향되지 않은 것인지, 또는 조직의 임금 수준이 지역사회에서 가장 높은 수준에 속하는지 여부는 직원들이 지각하는 것보다 관련성이 낮다. 만약 개인들이 평가가 편파적이거나 임금 수준이 낮다고 지각한다면, 그들은 그것이 사실인 것처럼 행동할 것이다.

2. 직원들은 자신이 보는 것을 정리하고 해석하기 때문에 항상 지각 왜곡의 가능성이 있다. 여기서 전하고자 하는 메시지는 명확하다. 직원들이 자신의 업무와 경영 활동을 어떻게 지각하는지 주의 깊게 살펴보라는 것이다. 부정확한 지각 때문에 그만두는 소중한 직원은 타당한 이유로 그만두는 소중한 직원만큼이나 큰 손실이라는 사실을 기억해야 한다.

◀◀◀ 과거에서 현재까지 ▶▶▶

조작적 조건 형성을 더 잘 이해하려면 우선 학습에 대한 다른 관점인 고전적 조건 형성 이론을 살펴볼 필요가 있다. 고전적 조건 형성에서는 어떤 일이 일어나고, 우리는 특정한 방식으로 반응한다. 이와 같이 이 이론은 간단한 반사적 행동을 설명할 수 있다. 예를 들어 고전적 조건 형성은 '상부'의 예정된 방문이 주요 소매업체의 현지 아울렛 직원들의 청소, 재배열 등 허둥지둥한 행동을 유발하는 이유를 설명할 수 있다. 하지만, 직장에서 사람들의 대부분 행동은 반사적이기보다는 자발적인 것이다. 즉 직원들은 제 시간에 직장에 도착하거나, 어떤 문제에 대해 상사에게 도움을 요청하거나, 아무도 보지 않을 때 '농땡이를 피우는' 것을 선택한다.

> 누군가의 행동을 형성하는 방법을 배워보자.

행동에 대한 더 나은 설명은 사람들이 그들이 원하는 것을 얻거나 원하지 않는 것을 피할 수 있는 방식으로 행동한다는 것을 말한다. 이것은 자발적이거나 학습된 행동이지 반사적이거나 학습되지 않은 행동이 아니다. 하버드대학교 심리학자 B. F. 스키너(B. F. Skinner)는 처음으로 조작적 조건 형성의 과정을 확인했고 그의 연구는 그것에 대한 우리의 지식을 널리 확장했다.[63] 그는 특정한 형태의 행동을 해서 즐거운 결과를 만드는 것이 그 행동의 빈도를 증가시킬 것이라고 주장했다. 스키너는 사람들이 그렇게 함으로써 긍정적으로 강화된다면 원하는 행동을 할 가능성이 가장 높고, 그들이 원하는 행동을 즉시 해야만 보상이 가장 효과적이며, 보상받지 못하거나 벌을 받는 행동은 반복될 가능성이 적다는 것을 증명했다. 예를 들어 교수는 학생이 수업 토론에 공헌할 때마다 학생의 이름으로 마크를 붙인다. 조작적 조건 형성은 학생이 특정한 행동을 보일 때마다 보상을 기대하도록 하기 때문에 동기부여가 된다고 주장할 수 있다. 조작적 조건 형성은 작업 환경에서도 확인할 수 있다. 또한 현명한 경영자는 조작적 조건 형성을 사용해 직원의 행동을 구체화해 가능한 가장 효과적이고 효율적인 방식으로 작업을 수행할 수 있음을 빠르게 인식한다.

토의문제

5 고전적 조건 형성 및 조작적 조건 형성 방법은 어떻게 다른가?

6 누군가의 행동을 '형성'하는 데 있어 윤리적 문제가 발생할 수 있는가? 설명해보라.

학습 이론이 어떻게 행동을 설명하는가?

대부분의 행동은 학습된다.

10-5 학습 이론과 학습 이론의 행동 형성 관련성을 토론한다.

학습(learning)이란 무엇인가?

- '학교에서 배우는 것'이라는 일반적인 사람들의 생각보다 훨씬 넓은 개념이다.

- 우리는 경험을 통해 지속적으로 배우기 때문에 평생 일어나는 것이다.

1

조작적 조건 형성(operant conditioning) – 행동은 그 결과의 기능이다.

- 사람들은 자신이 원하는 것을 얻거나 원하지 않는 것을 피하기 위해 행동하는 법을 배운다.

- 반사적이거나 학습되지 않은 행동이 아닌 자발적이고 학습된 행동

- 학습된 행동을 반복하고자 하는 경향은 다음에 의해 영향을 받는다.

  ▪ 강화 → 행동을 강화하고 그것이 다시 발생할 가능성을 높인다.

  ▪ 강화 부족 → 행동을 약화하고 그것이 다시 발생할 가능성을 낮춘다.

- 조작적 조건 형성의 예는 곳곳에 있다 – 행동에 따라 강화가 결정되는(명시적으로 혹은 암묵적으로) 것이라면 뭐든지

  ▪ 조작적 조건 형성에 대한 더 많은 정보는 367쪽 '과거에서 현재까지'의 내용을 참조하라.

학습
경험의 결과로 나타나는 행동의 비교적 항구적인 변화

조작적 조건 형성
행동과 결과의 함수로 보는 학습 이론

Andres Rodriguez/Alamy

사회 학습 이론(social learning theory) – 관찰과 직접 경험 모두를 통한 학습[64]

- 부모님, 선생님, 또래, 연예인, 경영자 등과 같은 모델들의 영향이 사회 학습의 중점에 있다.
- 네 가지 과정이 이러한 모델들이 가지는 영향력의 정도를 결정한다.

1 주의 과정
사람들이 모델의 중요한 특징을 인식하고 주의를 기울이면 그들로부터 학습하게 된다.

2 기억 과정
사람들은 모델이 당장 그 자리에 없어도 얼마나 모델의 행위를 잘 기억하는지에 따라 그 모델의 영향력이 결정된다.

3 행동 재생 과정
사람들이 모델을 관찰하며 새로운 행동을 보게 된 이후, 본 것이 실천으로 옮겨져야 한다.

4 강화와 동기화 과정
사람들은 모델로부터 배운 행동이 긍정적인 보상이나 강화를 불러올 경우 그것을 계속하도록 동기부여가 될 것이다. 강화된 행동은 더 많은 주의를 얻게 되고, 더 숙달될 것이며, 더 자주 하게 될 것이다.

행동 형성
학습 이론의 실천

이유

- 경영자는 자신의 직원에게 조직에 가장 도움이 되는 방식으로 행동하도록 가르칠 수 있다.[65]

방법

- 학습을 등급이 나뉜 단계로 이끌어라. 그것이 **행동 형성**(shaping behavior)을 하는 것이다.

사회 학습 이론
관찰과 직접 경험을 통해 배울 수 있다는 학습 이론

행동 형성
강화와 강화 결핍을 통해 등급별 단계로 학습하도록 하는 과정

행동을 형성하는 네 가지 방법

① **정적 강화**: 바람직한 행동 뒤에 기분 좋은 것을 배치한다 — 경영자가 직원에게 일을 잘한 것에 대해 칭찬을 해주는 것이 될 수 있다.

② **부적 강화**: 바람직한 행동 뒤에 불쾌한 일을 없애거나 철회한다 — 경영자가 직원에게 정시에 출근을 할 경우 임금을 삭감하지 않는다고 말하는 것이 될 수 있다.

③ **처벌**: 바람직하지 않은 행동을 처벌한다 — 술에 취해 출근한 직원에게 2일간 무급 정직을 내리는 것이 예가 될 수 있다.

④ **소거**: 행동에 대해 강화를 하지 않아 그것이 서서히 사라지게 하는 것이다.

> 정적 강화와 부적 강화는 둘 다 학습될 수 있다. 올바른 반응을 강화하고 동일한 행동을 반복시킬 수 있는 가능성이 증가한다.

> 처벌과 소거도 학습으로 귀결된다. 하지만 이것들은 행동을 약화하고 연속적인 빈도가 줄어들게 하는 경향이 있다.

학습에 대해 더 잘 이해하는 것이 어떻게 경영자를 더 효과적으로 만들 수 있는가?

직원들의 학습 관리하기

직원들은 일을 하며 학습을 하게 될 것이다. 경영자는 직원들의 행동을 적절한 보상과 모범 사례를 지정해 관리할 것인가 아니면 그것이 무작위로 발생하도록 둘 것인가?

무엇에 대해 보상을 하는 것인지 잘 살펴보라.

만약 경영자가 a라는 행동을 원하는데 b라는 행동에 보상을 준다면, 직원들이 b라는 행동을 배우려고 할 것임이 분명하다.

당신의 행동을 조심하라.

경영자는 직원들이 자신의 행동을 모델로 삼을 것임을 알아야 한다.

경영자가 직면한 현대적 조직 행동(OB) 문제는 무엇인가?

10-6 조직 행동의 현재 이슈를 토론한다.

이제 당신은 경영자가 직원들의 행동 방식과 그 원인을 이해해야 하는 이유를 잘 알고 있을 것이다. 우리는 오늘날 경영자의 직무에 큰 영향을 미치는 두 가지 조직 행동 문제를 살펴봄으로써 이 장을 마친다.

세대 차이가 직장에 어떤 영향을 미치는가?

요즘 직장에서는 베이비붐 세대, X세대, Y세대, 그리고 지금은 Z세대가 함께 일하고 있다. 일화와 경험들에 따르면 이 네 가지 세대 집단은 커뮤니케이션, 기술 사용, 일/생활 균형 및 선호하는 리더십 스타일과 같이 다양한 업무 관련 문제에 상당히 다른 태도를 가지고 있다. 태도 차이는 갈등과 분노를 불러일으킬 수 있어 경영자가 동료들이 서로 다른 관점의 원인과 결과를 이해할 수 있도록 돕는 것이 중요하다. 우선순위와 선호도가 다르다는 것은 경영자들이 업무와 노동 배치에 대해 유연하고 수용적이어야 하는 동시에 형평성과 공정성을 보장해야 한다는 것을 의미한다. 그렇기 때문에 세대별 차이가 어떻게 나는지, 세대별 차이를 어떻게 관리할 수 있는지 이해하는 것이 중요하다.

세대 집단이란 무엇인가? 각 세대의 구성원은 교육 환경, 가정환경, 일(work)에 대한 지각이 형성될 당시의 문화적, 사회적, 경제적, 정치적 조건 등의 영향을 받아 업무 관점, 태도 및 행동을 형성한다. 공통적이거나 유사한 경험은 한 세대 집단의 구성원이 유사한 태도를 갖게 하고, 그로 인해 다른 세대 집단 구성원과 구별되게 된다. 모든 세대 집단이 조직에서 지식과 열정, 능력을 발휘하지만 경영자는 업무 수행이 효율적이고 효과적으로, 충돌 없이 이루어질 수 있는 업무 환경을 조성하기 위해 각 그룹의 행동을 지각하고 이해해야 한다.

1945~1964년 사이에 태어난 베이비붐 세대는 제2차 세계대전 이후 비교적 번영과 안전 속에서 성장했지만, 살면서 인류의 첫 우주탐험, 텔레비전과 피임약의 개발, 베트남 전쟁과 우드스톡 같은 사건들을 포함해 상당한 사회적, 기술적 변화를 경험했다. 베이비붐 세대는 성장과 변화를 받아들이고 경쟁적이고 목표 지향적인 경향이 있다. 베이비붐 세대 (여성의 사회 진출과 취업이 대폭 증가한 세대)는 주당 근로시간을 40시간에서 60~70시간으로 늘렸는데, 이는 한부모 가정, 연로한 부모, 힘든 업무, 임박하는 은퇴 등의 문제들과 겹쳐 그들을 피로와 스트레스성 질환에 취약하게 만들었다.

1965~1977년 사이에 태어난 X세대는 이혼하거나 미혼모인 베이비붐 세대 가정의 자녀로 성장했는데, 이는 많은 X세대가 부모가 집 밖에서 일하는 맞벌이 부부 아이(latch-key kids)로 자랐다는 것을 의미한다. 결과적으로, X세대는 매우 독립적이고, 적응력이 뛰어나며, 강인한 경향이 있지만, 한편으로는 매우 간과되고 인정받지 못한다고 느끼는 경향이 있다. 개인용 컴퓨터를 사용한 첫 세대로서 그들은 기술에 대해 잘 알고 있다. 하지만 에이즈가

애플은 스스로를 "18세부터 85세까지의 직원을 둔 회사"라고 표현했다. 사진은 애플의 CEO 팀 쿡이 세계개발자회의에 참석한 고등학생들과 함께하는 모습을 보여주고 있다. 기술에 대한 지식과 의존으로 애플은 이 젊고 다양한 Z세대를 혁신의 주요 공급원 및 촉매로 받아들이고 있다.

Bloomberg/Getty Images

유행하던 시기에 자라났고, 그들의 부모가 열심히 일해도 마지막에는 결국 해고되는 것을 보았기 때문에 냉소적이고 권위를 의심하는 경향이 있다. 그들은 직장을 유지하기 위해 기술과 경험을 쌓는 데 중점을 두고, 직업 안정성보다는 커리어의 안정성을 우선시한다. 그들은 직업의 불안정성을 고용의 일부로 보고 일보다 가족을 우선시하는 경향이 있다. 그들은 조직보다는 직속 상사와 동료들에게 충성하며, 만약 직업에 불만이 있다면 그냥 직장을 떠날 것이다.

1978~1994년 사이에 태어난 Y세대[밀레니얼(Millennials) 세대라고도 함]는 가장 많이 교육을 받고, 여행을 했으며, 기술적으로 능숙한 세대로 여겨진다. 인터넷, 휴대전화, DVD와 함께 자란 그들은 기술을 사용하고 그것으로 소통하는 데 매우 익숙하다. X세대와 마찬가지로 그들은 독립적이고, 기업가적이며, 자신감 있고, 질문을 잘하며, 그들의 노력에 대한 즉각적인 결과를 추구한다. 그들은 일을 하고자 사는 것이 아닌 즐거운 삶을 추구하는 것과 승리에 대한 욕망을 X세대와 공유한다. 그들은 창의력과 개인적인 성장을 위해 일할 기회를 소중하게 여기고 직속 상사와 강한 유대를 갖고 싶어 한다. 그러나 그들은 또한 직업을 천직이 아닌 계약으로 보고 더 나은 일과 삶의 균형을 얻기 위해 수입과 승진을 포기할 것이다.

1995~2010년 사이에 태어난 Z세대는 가장 최근에 노동인구를 강타한 물결이다. 이 세대 집단의 구성원들은 상당히 번영한 시기에 성장했다. 그들의 부모는 그들에게 나아갈 방향을 지도하고 지원하며 삶의 모든 측면에 관여했다. 또한 이 세대 집단은 개인 맞춤형 기술이 없는 세상을 한 번도 경험하지 못했다. 이들은 전화 종류 중 '스마트폰'만 알고 있으며 24시간 내내 이용할 수 있는 모든 종류의 정보를 가지고 있다. 밀레니얼 세대 이후의 스마트폰 세대는 직장을 포괄적으로 보고 있으며, 다양한 배경과 문화를 가진 사람들과 함께 일하는 것에 대해 거리낌이 없다. Z세대 직원들은 자신과 같은 가치를 추구하는 고용주와 일하기를 원한다. 그들에게는 일을 하는 목적을 갖는 것 또한 매우 중요하다. Z세대는 기술에 대한 친화력이 강하고 상황을 변화시키는 힘을 가진 낙관적인 그룹이다.

경영 과제 해결하기 직장에서의 세대 차이를 관리하는 것은 몇 가지 독특한 과제를 제시한다. '전문성'의 다양한 개념과 '적절한' 프레젠테이션의 구성 요소(외모, 옷차림, 언어, 커뮤니케이션 스타일), 사용되는 매체 형태, 주소, 적시성, 포괄성, 융통성, 사무실에서 사적인 일을 하는 것, 작업 윤리 및 시간 관리, 마감 관리, 페이스 타임, 휴식 시간 등과 같은 문제로 갈등과 분노가 발생할 수 있다. 예를 들어 X세대와 Y세대는 종종 베이비붐 세대들이 설명과 대면 회의를 지나치게 강조하며 다른 목적으로 사용될 수 있는 시간을 허비한다고 생각한다. 반면 베이비붐 세대들은 X세대와 Y세대가 전화나 대면으로 소통하는 것이 더 효과적일 때에도 이메일이나 인스턴트 메시지, 문자메시지에 지나치게 의존한다고 생각한다. 베이비붐 세대들은 팀플레이어가 된다는 것은 팀 내의 모든 사람이, 그들의 역할이 무엇이든, 그 일이 끝날 때까지 기여해야 한다는 것을 의미한다고 믿는다. X세대는 팀 구성원 개개인이 각자 맡은 역할이 있어야 한다고 보고, 각자 맡은 업무가 끝나면 기여가 끝난다고 여긴다. Y세대는 그룹이나 팀에서 일하는 것을 선호하지만, 합류하기 전에 해당 팀에 기여하는 것이 왜 의미 있고 그것들이 할 만한 가치가 있는지 알고 싶어 한다. 가장 최근에 입사한 연령대 집단인 Z세대는 어떤가? 이 세대는 야망이 있고 즉시 자신의 능력을 증명하고 싶어 한다. 그들은 당장 유연성과 책임감을 원한다. 그리고 그들은 자신만만하고 기술에 매우 정통하다. 기술에 대한 의존도는 그들의 다양한 집단과 의견에 익숙하고 편안한 것만큼이나 그들에게 상당한 이점으로 작용할 수 있다. 반면에, 그들은 종종 조직 규칙, 절차, 정책에 대해 비현실적인 기대를 하는 경향이 있다.

경영자가 직장에서의 세대 차이를 수용하기 위해 사용할 수 있는 몇 가지 접근법이 있다. 첫째, 경영자는 전통적인 가정과 작업 방식을 검토할 수 있다. 예를 들어 페이스 타임(화상 회의)이 언제 필요하고 필요하지 않은지에 대한 가정을 검토하면 업무가 수행되는 위치보다는 결과에 초점을 맞추게 되어 직원들에게 어디서 어떻게 업무를 할 것인지 유연성을 제공할 수 있다. 둘째, 경영자는 오리엔테이션 교육 기간에 다양한 행동과 커뮤니케이션 스타일을 읽고 적응하는 방법을 교육하는 것을 통해 조직 내에서 적절하고 요구되는 것이 무엇인지 배울 수 있도록 도울 수 있다. 셋째, 경영자는 직원들이 각 세대가 할 수 있는 공헌을 이해하고 그 가치를 인정하도록 도울 수 있다. 예를 들어 직원들이 아이디어를 제시하고, 질문을 하고, 답을 들을 수 있는 정기 주간 회의를 주선하는 것은 X세대, Y세대, Z세대에게 그들의 의견이 존중되고 있다는 신호를 줄 수 있고, 베이비붐 세대에게는 더 어린 세대 집단들이 기여할 수 있는 것들에 대한 이해와 통찰력을 갖도록 도울 수 있다. 직장 내 유대 활동과 같이 서로 의사소통하고 배울 수 있는 지속적인 기회는 다른 세대 집단에 대한 더 큰 지각 및 이해를 향상시키고 가치를 인정하도록 할 것이다. 넷째, 각 세대가 직장에 가져오는 자산을 이해하고 활용할 경우 조직은 고객 통찰력과 행동 통찰력에 상당한 경쟁 우위를 확보할 수 있다. 그리고 Y세대와 Z세대가 조직 리더의 자리로 옮겨 간다면, '고령층' 세대의 직원들을 관리할 때, 그들의 아이디어와 접근 방식에 대한 개방적인 태도를 유지하는 것이 중요하다.

경영자는 직장에서의 부정적인 행동에 어떻게 대처하는가?

제리는 지게차의 기름이 적다는 것을 알아차렸지만, 기름이 과열되어 사용할 수 없을 때까지 계속 운전했다. 11개월 동안 상사의 거듭된 모욕과 학대를 견뎌낸 후, 마리아는 일을 그만뒀다. 한 사무직원은 키보드를 부술 듯 두드리고 컴퓨터가 꺼질 때마다 욕설을 퍼붓는다. 무례함, 적대감, 공격성, 그리고 기타 형태의 직장 부정성은 오늘날의 조직에 너무나 흔해졌다. 미국 직원들을 대상으로 한 설문 조사에서 10%는 매일 직장 내에서 무례함을 목격했다고 답했고, 20%는 개인적으로 적어도 일주일에 한 번은 직장에서 직접적인 불손의 대상이라고 답했다. 캐나다 근로자들을 대상으로 한 조사에서 25%는 매일 부정성을 목격하고, 50%는 적어도 일주일에 한 번은 직접적인 타깃이 되었다고 답했다.[66] 그리고 부정성이 미국 경제에 매년 약 3,000억 달러의 손실을 입히는 것으로 추정되었다.[67] 만약 이 통계들이 당신의 관심을 끌기에 충분하지 않았다면 한 가지 예가 더 있다. 3명 중 1명은 견딜 수 없는 동료 때문에 조직을 떠나려고 할지도 모른다.[68] 경영자들이 직장에서 부정적인 행동을 관리하기 위해 할 수 있는 일은 무엇인가?

중요한 것은 부정성이 있다는 사실을 지각하는 것이다. 부정적인 행동이 존재하지 않는 척하거나 그러한 잘못된 행동을 무시하는 것은 직원들이 조직에서 요구되고 받아들여지는 행동에 대해 혼란스럽게 할 뿐이다. 연구원들이 부정적인 행동에 대응하기 위한 예방적 또는 반응적 행동에 대해 계속 토론하고 있는데, 사실 두 가지 모두 필요하다.[69] 특정한 성격적 특성을 가진 잠재적인 부정성 직원들을 세심하게 선별하고 용납될 수 없는 부정적인 행동에 대해 즉각적이고 결정적으로 대응함으로써 부정적인 행동을 예방하는 것은 경영에 큰 도움이 될 수 있다. 직원들의 태도에서도 부정성이 나타날 수 있기 때문에 주의를 기울이는 것도 중요하다. 앞서 말한 것처럼 직원들은 직무에 불만이 있을 때 어떻게든 그것에 대응할 것이다.

요약

10-1 조직 행동(OB)의 초점과 목표를 파악한다.

OB는 개인 행동, 단체 행동, 조직적 측면의 세 가지 영역에 초점을 맞춘다. OB의 목표는 직원의 행동을 설명하고 예측하며 영향을 미치는 것이다. 여섯 가지 중요한 직원 행동은 다음과 같다. 직원 생산성은 효율성과 효과성을 모두 나타내는 성과 척도이다. 결근은 출근을 하지 않는 것이다. 이직은 자발적·비자발적인 조직으로부터의 영구적 탈퇴이다. 조직시민행동(OCB)은 직원의 공식적인 업무 요구 사항은 아니지만 조직의 효과적인 기능을 촉진하는 재량 행동이다. 직무 만족은 직무에 대한 개인의 일반적인 태도이다. 직장 내 비행은 조직이나 조직 내 개인에게 잠재적으로 해로운 의도적인 직원 행동이다.

10-2 직무 수행 시 태도의 역할을 설명한다.

태도는 사람, 사물, 사건에 관한 평가적 진술이다. 태도의 인지적 요소는 어떤 사람이 가지고 있는 신념, 의견, 지식, 정보를 가리킨다. 정서적 요소는 태도의 감정적인 부분이나 느낌적인 부분이다. 행동적 요소는 어떤 사람이나 어떤 것에 대해 특정한 방식으로 행동하려는 의도를 가리킨다. 직무와 관련된 네 가지 태도에는 직무 만족, 직무 관여, 조직 몰입, 직원 몰입이 있다. 직무 만족이란 직무에 대한 일반적인 태도를 말한다. 직무 관여란 직원이 직무와 동일시하고, 적극적으로 참여하고, 직무 수행을 자기 가치의 중요한 것으로 여기는 정도를 말한다. 조직 몰입은 직원이 특정 조직과 동일시하는 정도이며, 조직의 목표와 구성원 자격을 유지하고자 하는 정도를 말한다. 직원 몰입은 직원들이 자신의 일에 연결되고, 만족하며, 열정적일 때 일어난다. 인지 부조화 이론에 따르면, 개인들은 태도를 바꾸거나, 행동을 바꾸거나, 불일치를 합리화함으로써 태도와 행동 불일치를 조화시키려 한다.

10-3 여러 성격 이론을 설명한다.

MBTI는 사회적 상호작용, 데이터 수집 선호, 의사결정 선호,

의사결정 스타일 등 네 가지 차원을 측정한다. 성격 5요인 모델은 외향성, 우호성, 성실성, 정서적 안정성, 경험에 대한 개방성 등 다섯 가지 성격 특성으로 구성되어 있다. 성격을 보는 또 다른 방법은 조직에서 개인의 행동을 설명하는 데 도움을 주는 다섯 가지 성격 특성, 즉 통제 위치, 마키아벨리즘, 자존감, 자기 모니터링, 위험 감수를 통해서이다. 마지막으로, 사람이 어떻게 감정적으로 반응하고 어떻게 그들의 감정을 다루는지는 성격의 기능이다. 정서적으로 지적인 사람은 감정적인 단서와 정보를 알아차리고 관리하는 능력이 있다.

10-4 지각과 그것에 영향을 미치는 요인을 설명한다.

지각은 우리가 감각적인 인상을 조직하고 해석함으로써 환경에 의미를 부여하는 방법이다. 귀인 이론은 우리가 어떻게 사람들을 다르게 판단하는지 설명하는 데 도움을 준다. 그것은 세 가지 요인에 달려 있다. 특수성은 개인이 다른 상황에서 다른 행동을 보이는지 여부다(즉 특이한 행동이다). 비슷한 상황에 처한 다른 사람들도 같은 방식으로 대응하느냐가 합의이다. 일관성은 어떤 사람이 규칙적으로 그리고 지속적으로 행동에 관여하는 것이다. 이 세 가지 요인이 높은지 낮은지 여부는 경영자가 직원의 행동이 외부 또는 내부 원인에 기인하는지 여부를 판단하는 데 도움이 된다. 근본적인 귀인 오류는 외부 요인의 영향을 과소평가하고 내부 요인의 영향을 과대평가하는 경향이다. 자기 귀인 편향은 우리 자신의 성공을 내적 요인에 돌리고 개인적 실패의 책임을 외부 요인에 돌리는 경향이다. 다른 사람을 판단하는 데 사용되는 지름길은 선택적 지각, 가정된 유사성, 고정관념, 후광 효과이다.

10-5 학습 이론과 학습 이론의 행동 형성 관련성을 토론한다.

조작적 조건 형성은 행동이 그 결과의 함수라고 주장한다. 사회 학습 이론은 개인들이 다른 사람들에게 일어나는 일을 관찰하고 어떤 것을 직접적으로 경험함으로써 배운다고 말한다. 경영자는 정적 강화(기분 좋은 것을 줌으로써 원하는 행동을

강화함), 부적 강화(불쾌한 것을 철회함으로써 원하는 반응을 강화함), 처벌(벌칙을 적용해 바람직하지 않은 행동을 제거함), 소거(제거하기 위한 행동을 강화하지 않음)를 사용해 행동을 형성할 수 있다.

10-6　조직 행동의 현재 이슈를 토론한다..

직장 내 서로 다른 세대를 관리하는 데 있어 어려운 것은 각 집단이 통신, 기술 사용, 업무/생활 균형, 선호하는 리더십 스타일 등 다양한 업무 관련 문제에 대해 상당히 다른 태도를 가지

고 있다는 점이다. 태도 차이로 인해 갈등과 분노가 발생할 수 있으므로 경영자가 동료들이 서로 다른 관점의 원인과 결과를 이해하는 데 도움을 주는 것이 중요하다. 우선순위와 선호도가 다르다는 것은 경영자들이 업무와 업무 합의에 대해 융통성 있고 적응할 필요가 있다는 것을 의미하며 또한 형평성과 공정성을 보장해야 한다는 것을 의미한다. 직장의 부정성은 그것이 존재한다는 것을 지각함으로써 처리될 수 있다. 잠재적인 직원들이 부정적인 성향을 가질 수 있는지 주의 깊게 검사하고, 가장 중요한 것은 직무 만족과 불만족에 대한 설문 조사를 통해 직원들의 태도에 주의를 기울임으로써 처리될 수 있다.

토의문제

10-1 빙산과 같은 조직은 어떠한가? 빙산의 은유를 사용해 조직 행동의 분야를 묘사하라.

10-2 조직 행동에 대한 지식의 중요성은 조직의 경영자 수준에 따라 다른가? 만약 그렇다면 어떻게 다른가? 그렇지 않다면, 왜 다르지 않은가? 구체적으로 말해보라.

10-3 여섯 가지 중요한 직원 행동을 정의하라.

10-4 개인의 태도와 행동 사이의 불일치를 어떻게 조정하는지 설명하라.

10-5 감성 지능이라는 용어가 의미하는 바를 설명하라. 이것이 현대 조직에서 어떻게 사용되는지 예를 들어 보라.

10-6 "기업들은 직무 만족에 대한 걱정보다는 성과가 가능한 환경을 조성하기 위해 노력해야 한다"는 문장이 무슨 뜻이라고 생각하는지 설명하라. 이 진술에 대한 당신의

의견은 어떠한가? 동의하는가, 반대하는가? 이유를 들어 설명하라.

10-7 경영자는 자신의 부서에서 직원 선발을 개선하기 위해 어떻게 성격 특성을 사용할 수 있는가? 감성 지능? 토론해보라.

10-8 사회적 학습을 활용해 조직 내 다양한 인력을 관리할 경우의 이점에 대해 논의해보라.

10-9 설문 조사 기구에 따르면 대부분의 근로자는 돈이나 부가적인 혜택을 중요시하는 직장보다 배려심 많은 상사를 두는 비율이 더 높은 것으로 나타났다. 경영자들은 이 정보를 어떻게 해석해야 하는가? 어떤 의미가 있는가?

10-10 업무 관련 태도의 세 가지 요소를 정의하고 논의해보라.

적용하기　직장생활을 위한 준비

경영자가 되기 위한 기술 | 종업원의 감정 이해하기

직원들은 출근할 때 감정을 가지고 출근한다. 경영자들은 직원들이 항상 이성적이라고 생각하지만 사실 그렇지 않다. 두려움, 분노, 사랑, 증오, 기쁨, 슬픔과 같은 감정들은 무시하면서 직원들의 일상적인 행동을 다루는 어떠한 경영자도 그것이 효과적이라 말할 수 없다.

기본 기술

다른 사람의 감정을 이해하는 것은 어려운 일이다. 하지만 우리는 언어적, 비언어적 단서뿐만 아니라 실제적인 행동에 집중함

으로써 다른 사람의 감정을 읽는 법을 배울 수 있다.[70]

• 타인의 감성 지능(EI)을 평가하라. 어떤 사람들은 다른 사람들보

다 그들의 감정과 더 많이 접촉한다. 자신의 감정을 이해하고 관리할 수 있는 사람은 EI가 높다고 한다. 사람들이 다음과 같은 행동을 보일 때, 당신은 그들이 감정에 차이가 적고 읽기 쉽다는 것을 발견할 수 있다. EI가 높은 사람들은 자신의 감정을 잘 이해하고(자각), 다른 사람의 감정에 민감하고(공감), 자발적으로 다른 사람을 돕고(사회적 책임감), 원하는 모습을 보는 것이 아니라 있는 그대로를 보고(현실 지향), 다른 사람에게 손을 내밀고, 다른 사람의 관심사에 관심을 보이고(사회적), 그들의 분노와 좌절감을 관리하는 방법을 이해한다(충동 조절).

- 감정에 대해 물어보라. 누군가가 무엇을 느끼고 있는지 알아내는 가장 쉬운 방법은 그들에게 물어보는 것이다. "괜찮아요? 무슨 문제 있어요?"처럼 간단한 말을 하는 것은 개인의 감정 상태를 평가하기 위한 정보를 자주 제공할 수 있다. 그러나 언어적 반응에 의존하는 것은 두 가지 단점이 있다. 첫째, 거의 모든 사람은 사생활과 사회적 기대를 반영하기 위해 어느 정도 감정을 숨긴다. 그래서 우리는 진심을 공유하고 싶지 않을지도 모른다. 둘째, 비록 우리가 우리의 감정을 말로 전하고 싶어도, 우리는 그렇게 하지 못할 수도 있다. 어떤 사람들은 자신의 감정을 이해하는 데 어려움을 겪기 때문에 말로 표현할 수 없을 수도 있다. 그래서, 언어적 반응은 부분적인 정보만을 제공할 수 있다.

- 비언어적 단서를 찾아보라. 당신은 동료와 얘기하고 있다. 등이 단단하고 이를 악물고 얼굴 근육이 팽팽하다는 사실이 그의 감정 상태를 말해주는가? 아마 그래야 할 것이다. 표정, 몸짓, 몸동작, 신체적 거리는 사람이 느끼는 것에 대한 추가적인 통찰력을 제공할 수 있는 비언어적 신호이다. 예를 들어 얼굴 표정은 사람의 감정을 보여주는 창이다. 얼굴의 특징에 차이가 있다—볼의 높이, 이마의 오르내림, 입의 회전, 입술의 위치, 눈 주위 근육의 구성. 누군가 당신에게서 자신을 위치시키려고 하는 거리만큼 미묘한 것조차도 그들의 공격성, 혐오감의 감정이나 친밀감의 부족함을 전달할 수 있다.

- 말하는 방식을 살펴보라. 재닛과 내가 이야기를 나누었을 때, 나는 그녀의 목소리와 그녀가 말하는 속도에 급격한 변화가 있다는 것을 알아챘다. 나는 그 사람의 감정에 대한 세 번째 정보, 즉 준언어를 사용하고 있었다. 이것은 특정 구어체를 뛰어넘는 소통이다. 이는 음조, 진폭, 속도 및 음성 품질을 포함한다. 준언어는 사람들이 그들이 말하는 것뿐만 아니라 그들이 말하는 방식을 통해서도 그들의 감정을 전달한다는 것을 우리에게 상기시켜준다.

기술 연습

다음을 수행하라.

A. 2인 1조로 편성하라. 각자 자신이 무언가에 대해 감정적이었던 과거의 시간을 (상대방과 공유하지 않고) 몇 분씩 생각하면서 시간을 보낸다. 예를 들면 부모, 형제, 친구에게 화를 낸 것, 학업이나 운동적 성취에 흥분하거나 실망한 것, 모욕이나 사소한 일로 누군가에게 화를 낸 것, 누군가 말하거나 행한 것에 혐오감을 느낀 것, 또는 좋은 일이 일어났기 때문에 행복해진 것을 포함할 수 있다.

B. 이제 당신은 두 가지 역할극에 참여할 것이다. 각각 면접 형식이 될 것이다. 먼저 한 사람이 면접관 역할을 하고 다른 사람이 입사 지원자 역할을 하게 된다. 그 일은 대형 소매 체인에서 하계 경영 인턴십을 하는 것이다. 각 역할극은 10분을 넘지 않는다. 면접관은 정상적인 직무 인터뷰를 실시하게 되는데, 동시에 A에서 상상했던 감정적인 에피소드를 계속해서 다시 생각한다. 이 감정을 전달하기 위해 열심히 노력하면서 동시에 취업 지원자를 전문적으로 인터뷰하도록 하라.

C. 이제 두 번째 역할극을 위해 역할을 바꾼다. 면접관이 구직자가 되고, 그 반대의 경우도 마찬가지이다. 마찬가지로 새로운 면접관은 A에서 선택한 감정적인 에피소드에 대해 지속적으로 다시 생각해볼 것이라는 점을 제외하고는 정상적인 직무 인터뷰를 진행할 것이다.

D. 10분 동안 상대방이 어떤 감정을 전달하고 있었는지에 초점을 맞춰 인터뷰 내용을 재구성해보라. 어떤 단서를 포착했는가? 그 단서들을 얼마나 정확하게 읽었는가?

매일 다른 사람들과의 상호작용에서 이러한 기술을 계속 연습하라. 머지 않아 당신은 다른 사람의 감정적인 신호를 읽는 데 더 능숙해질 것이다.

경험에 의한 문제 해결

감성 지능(EI). 당신은 이 장에서 그것이 무엇이고, 왜 중요한지 읽었다. 당신의 EI 수준은 어떠한가? 아주 간단한 온라인 도구가 있다. 당신의 EI 수준을 빠르게 평가할 수 있다. https://www.mindtools.com/pages/article/ei-quiz.htm에 방문해 평가받아보라. 작업 완료 후 총점을 계산해보라. 당신의 점수에 대해 토론해보고, 다음과 같은 보고서를 작성해보라.

1. 감성 지능에 대한 당신의 사전지식

2. 이 웹사이트에서 평가한 감성 지능 점수. 당신의 점수에 놀란(혹은 놀라지 않은) 이유를 토론하라.

3. 평가점수 토론 섹션을 통해 감성 지능의 각 차원과 해당 차원을 개선할 수 있는 몇 가지 제안사항을 작성해보라.

할당된 그룹에서 정보를 공유하라. 감성 지능을 향상하기 위한 다섯 가지 제안 목록을 생각해보고, 그것을 공유할 준비를 하라.

사례 적용 #1

알리바바: 장기근속 동기부여
주제: 직원에게 올바른 방향으로의 동기부여

알리바바 그룹은 중국 최대 전자상거래 기업이다. 주요 플랫폼인 타오바오(Taobao), T몰(Tmall), 알리페이(Alipay)는 중국 기업과 소비자를 연결하는 가장 큰 온라인 시장을 제공한다. 알리바바는 기업 인수를 통해 엔터테인먼트, 부동산, 모바일 기술, 금융 등 다양한 산업으로 뻗어 나가는 거대 기업으로 진화했다. 뉴욕증권거래소에서 있었던 기업공개(IPO)는 그 지역에서의 지배력을 잘 보여준다. 알리바바는 250억 달러를 조달하며 월가의 새 역사를 만들었다. 알리바바의 창업자이자 경영자인 마윈은 이제 중국의 신흥 온라인 시장에 국한되지 않고 전 세계 고객을 대상으로 경쟁할 계획으로 국제적인 수준에 올라 있다.[71]

창업자이자 경영자인 마윈이 꿈을 이루고 직원들이 가족으로서 성공을 위해 노력하는 활기찬 분위기를 만들겠다는 열의가 알리바바의 바탕이 되었다. 이러한 꿈들은 그 회사의 뿌리로 거슬러 올라갈 수 있다. 마윈을 비롯한 17명의 공동 창업자는 마윈의 초라한 아파트에서 알리바바 웹사이트를 개설했다. 그의 거실에서, 이 결연한 그룹은 세계 최고의 인터넷 회사 중 하나가 될 뿐만 아니라 102년 동안 살아남을 수 있는 회사가 되기 시작했다. 마윈과 그의 팀은 함께 고객을 소중하게 여기고 미래에 집중함으로써 특별한 것을 성취할 수 있다고 믿었다. 현재 알리바바는 34,000여 명의 직원을 거느리고 성장을 이어가고 있으며, '고객 1순위, 직원 2순위, 주주 3순위'라는 마 회장의 모토가 오늘날까지도 회사를 이끌고 있다.

알리바바의 리더들은 마윈의 아파트에서 그 첫날 확립한 문화를 유지하기 위해 열심히 노력한다. 전 세계에 사무실과 17.2에이커 규모의 캠퍼스를 본사에 두고 있음에도 불구하고, 이 회사는 직원들이 모든 수준에서 아이디어에 도전하도록 장려하는 투명한 환경을 유지하고자 한다. 각 직원은 계층 의식을 줄이고 혁신적인 대화를 촉진하는 데 도움이 되는 별명을 채택한다. 알리페스트(Alifest)와 같은 연례행사는 직원들과 고객 통합을 기념한다. 이러한 축하 행사 동안, 마윈은 화려한 의상을 입고 노래를 부르는 것으로 알려졌다. 직원들을 위한 무이자 대출 자금으로 사용되는 알리바바 자체 주택담보대출 펀드인 아이홈(iHome)과 같은 혜택에 대한 접근을 통해 직원들은 급여 이상의 보수를 받게 된다.

이러한 동기부여에도 불구하고 회사는 직원 보유에 대한 문제에 직면해 있다. 비판적 지식을 가진 직원을 잃는 것은 지속적으로 새로운 인재를 끌어들이고 있음에도 불구하고 회사의 장기적인 비전을 위협한다. 직원 4분의 1 이상이 회사 주식을 소유하고 있기 때문에 회사가 월가의 파도를 타고 다니면서 현금화해 나가려는 유혹이 흔하다.

이에 대해 마윈은 먼저 고객을 유지하려는 회사의 이상을 기억하고 더 긴 여정을 고려해줄 것을 당부하는 편지를 직원들에게 보냈다. 마윈은 직원들에게 쉬운 부의 유혹을 경계하고 더 큰 선을 마음속에 간직하라고 경고한다. 이 같은 발언은 마윈의 행동과 언행에서 잘 드러난다. 현재 세계 최고의 억만장자 중 한 명인 마윈은 단순한 돈 이상의 동기부여에 초점을 맞추고 있다. 그는 교육, 환경, 건강에 초점을 맞춘 많은 자선단체를 설립했다. 뉴욕 이코노미 클럽에서의 최근 발표에서, 그는 행복이 항상 돈과 함께 오는 것은 아니라는 것을 반성했다. 그의 가장 행복했던 순간 중 일부는 그가 영어 학교 교사로서 한 달에 12달러를 벌 때였다. 남은 문제는 이러한 이상들이 알리바바가 102년이라는 세월을 향해 나아갈 수 있을 것인가 하는 것이다.

토의문제

10-11 알리바바는 102년 된 회사가 되겠다는 비전을 가지고 있다. 경영자는 어떻게 30년 이상 직원이 머물고 효과적으로 기여할 수 있도록 동기를 부여할 수 있는가? 알리바바의 설립 이념을 생각해보라.

10-12 수익성이 높은 스톡옵션을 갖고 있고 내일 문을 나설 수 있는 직원들은 평생 하루도 더 일하지 않아도 된다는 것을 알고 있을 때 그들을 어떻게 유지할 수 있을까? 당신의 대답을 뒷받침하기 위해 다양한 동기 이론을 이용하라.

10-13 동기 이론을 사용해 학교 교사로서 한 달에 12달러를 버는 것이 더 행복했다는 마윈의 진술을 설명하라.

10-14 알리바바의 역사에서 공정성 이론은 어디에 관련되는가?

10-15 이 사례를 읽고 어떤 동기 이론이 모든 역경을 극복하기 위해 그의 팀을 이끌 수 있는 마윈의 능력을 가장 잘 나타낸다고 생각하는가?

사례 적용 #2

고객을 2순위로 두기
주제: 직원 우선 문화, 직원 참여도 조사

버진 그룹(Virgin Group)은 간단한 계획으로 성공했다. 그것은 고객을 우선시하지 않는 것이다! 항공사에서 미디어 회사에 이르는 사업을 하는 영국의 다국적 지주회사인 버진은 설립자 리처드 브랜슨 경의 전략을 따르고 있다. 그들은 고객 대신에 직원들을 우선시한다.[72]

버진은 1970년에 우편 주문 기록 사업으로 시작했으며, 1년 후 첫 소매점이 문을 열면서 레코드 레이블을 사업에 추가했다. 기업가 정신이 강한 브랜슨은 약 10년 후 항공 산업으로 확장하기를 원한다고 발표하면서 그의 사업 파트너들을 놀라게 했다. 이후 이 회사는 계속 성장해 현재 버진 브랜드로 60개 이상의 회사가 35개국에 71,000명 이상의 직원을 고용하고 있다.

브랜슨은 자신을 고객 중심이라고 표현하지만, 자신의 사업의 성공 여부는 고용된 사람들에게 달려 있다는 것을 알고 있다. 회사는 직원들이 번창할 수 있는 건강하고 행복한 문화를 만들기 위해 노력한다. 그들의 일반적인 규칙은 직원들을 당신이 대접받고 싶은 대로 대우하는 것이다. 회사는 사람마다 만족하는 것이 다르다는 것을 알고 있으며, 다양한 직원에게

> **직원 우선? … 더 나은 고객 서비스를 위한 첫 번째 아니겠어요?**

다양한 자원을 제공해 지원적인 업무 환경을 조성한다.

버진은 또한 재택근무를 포함한 유연한 근무 옵션을 제공한다. 직원들은 건강과 복지를 향상시키기 위해 무제한 휴직 등 많은 프로그램을 사용할 수 있다. 결론은 버진은 직원을 어른처럼 대한다는 것이다. 결과적으로, 직원들은 업무와 사생활의 균형을 잘 유지하고 있기 때문에 일반적으로 더 생산적이다. 이것이 고객에게 어떤 도움이 될까? 회사는 한 명의 불만족스러운 직원이 많은 고객에게 나쁜 경험을 만들어줄 수 있다는 것을 알고 있고, 반면에 행복한 직원들은 미소를 지으며 서비스를 제공할 것이라는 점도 알고 있다.

회사가 직원들이 몰입되어 있고 행복한지 어떻게 알 수 있을까? 간단히 말해서, 버진은 직원들에게 직접 물어본다! 리처드 브랜슨은 버진 항공에서 비행기를 타고 돌아다니며 직원들과 이야기를 나누는 시간을 갖는 것으로 유명하다. 또한 그는 고객 만족도를 높이기 위해 솔선수범한 개인에게 전화를 걸어 피드백을 받는 것으로 알려져 있다. 보다 공식적으로, 버진은 회사 전체의 직무 만족도를 확인하기 위해 매년 직원 참여 설문

조사를 실시한다.

토의문제

10-16 '직원 우선' 문화에 대해 어떻게 생각하는가? 다른 조직에서도 이 방법이 효과가 있겠는가? 이 문화가 효과가 있으려면 무엇이 필요한가?

10-17 만족하는 직원이 더 나은 고객 서비스를 제공하고 있는가? 당신의 경험은 어떤가? 직장에서 행복해 보이는 직원들이 더 나은 고객 서비스를 제공하고 있는가? 토론해보라.

10-18 이러한 유형의 직원 우선 조직 문화에 가장 필요한 성격 특성은 무엇인가? 토론해보라.

10-19 지원 업무 환경을 조성하기 위해 버진이 다양한 자원을 제공하는 것이 중요한 이유는 무엇인가?

10-20 연례 직원 채용 설문 조사에서 버진은 어떤 질문을 해야 하는가? 할당된 그룹에서 이 문제를 토의해보라. (참고: 직원 참여의 기초가 무엇인지를 나열한 부분을 보라. 어떻게 측정할 수 있을까?)

사례 적용 #3

어도비의 이점
주제: 직원 만족, 직원(설문) 조사

어도비 시스템즈는 세계에서 가장 크고 다양한 소프트웨어 회사 중 하나로, 실리콘 밸리의 중심부인 캘리포니아주 산호세에 본사가 있다. 어도비 시스템즈는 18,000명 이상의 직원이 회사의 핵심 자산이며 성공의 열쇠이다. 그리고 회사의 경영자들은 무엇이 직원들을 행복하게 하고 그들이 무엇을 더 잘 할 수 있는지 알기 위해 직원들의 태도를 끊임없이 조사하고 있다. 그리고 어도비 시스템즈가 하는 일이 효과가 있는 것이 분명하다! 어도비 시스템즈는 드러커 인스티튜트(Drucker Institute)의 경영 Top 250 리스트에서 직원 참여 및 개발 부문에서 4번째로 높은 평가를 받았다. 이는 이 회사가 미국에서 가장 효과적으로 경영되는 회사 중 하나임을 알 수 있기 때문에 매우 영광스러운 일이다.[73]

2012년, 이 회사는 사업을 극적으로 변화시키는 기로에 서 있었다. 기존의 데스크톱 소프트웨어 비즈니스에서 새로운 클라우드 기반 모델로 전환하고 있었다. 이것은 엄청난 전략적 변화일 뿐만 아니라, 직원들이 완전히 새로운 업무 방식에 적응해야 하는 것이었다. 어도비의 '인적자원(People Resources)' 리더가 수행한 초기 작업 중 하나는 연간 성과 리뷰를 변경하는 것이었다. 시간 소모적이고, 부정적이고, 느린 연 단위 조사 대신, 지속적이고 직원과 경영자들 사이의 양방향 대화가 있는 조사로 변경했다. 이로 인해 효율성이 크게 향상되고, 보다 효율적으로 성과 관리가 이루어졌으며, 직원 참

> ### 직원 참여와 개발을 위한 최고의 회사

여 및 보존 수준이 높아졌다.[74]

그 이후로 어도비는 직원 참여 및 개발에 전념했다. 그리고 그 과정의 큰 부분은 직원들의 태도를 측정하는 것이다. 2017년 각 분기 동안 어도비 경영자는 한 부서에 설문 조사를 이메일로 보냈다. 이 익명의 설문 조사는 직원들에게 회사가 그들을 어떻게 대했는지 다양한 측면에서 물었다. 설문 조사에서 가장 흥미로웠던 질문 중 하나는 다른 사람에게 어도비 관련 직업을 추천할 것인지 묻는 것이었다. 그것에 대한 대답은 직원들이 그 회사에 대해 만족했는지를 상당히 드러낼 것이다.

그렇다면, 이 모든 조사 결과, 이 회사는 무엇을 알아냈을까? 그들이 발견한 한 가지 중요한 점은 1년에 네 번의 직원 채용 설문 조사가 너무 많다는 것이다. 그 많은 설문 조사의 결과를 준비하고, 관리하고, 편집하는 것은 매우 반복적이고 힘든 일이었다. 2018년에는 직원 채용 설문 조사가 단 두 차례만 예정되어 있었다. 그러나 이 회사는 특히 기술 인재를 유치하고 유지하는 것이 얼마나 중요한지를 고려해 직원들과의 연결과 그들이 할 말을 알아내기 위해 최선을 다하고 있다. 이 장에서 본 바와 같이, 기업들은 직원들이 업무에 종사하고, 그들이 자신의 노력에 대해 인정받고 있고 감사 받고 있다는 것을 알기를 바란다.

어도비의 고객 및 직원 체험팀은 직원을 조사하는 것 외에

도 글래스도어(Glassdoor) 같은 사이트에 게시되는 내용을 모니터링해 직원들이 자신의 고용주에 대한 의견을 게시할 수 있다. 이 팀은 심지어 사람들이 익명으로 직업을 토론할 때 사용하는 블라인드 같은 앱도 체크한다. 직원 참여 노력을 강화하고자 하는 모든 회사의 과제는 직원마다 '참여형' 작업 환경이 어떻게 보이는지에 대한 다른 관점을 가지고 있다는 것이다. 직원 참여율을 높게 유지하려면 여러 세대와 직원 그룹의 고유한 요구를 이해해야 한다. 그리고 업무에 참여하는 것은 비관리직 직원뿐만 아니라 경영자와 팀 리더에게도 해당한다.

토의문제

10-21 직원의 태도에 대한 이해가 어도비의 경영자 및 리더의 효율성 향상에 어떻게 도움이 될 수 있는가?

10-22 조직 행동에 대한 이해가 어도비의 CEO인 샨타누 나라엔(Shantanu Narayen)이 회사를 이끄는 데 어떤 도움이 될 수 있는가? 구체적으로 말해보라. 일선 팀장의 경우는 어떠한가? 구체적으로 말해보라.

10-23 성격이 개인의 직무 만족도에 영향을 미치는가? 만약 그렇다면 어떻게 영향을 미치는가? 그렇지 않다면, 왜 미치지 않는가?

10-24 어도비는 기술 회사이며 다양한 연령대의 직원을 보유하고 있을 가능성이 높다. 어도비가 직원들 사이에 있을 수 있는 여러 세대의 직원 참여 설문 조사를 변경해야 하는가? 설명해보라.

10-25 배정된 그룹에서 (1) 직원 참여 조사가 유용한 이유와 (2) 직원 참여 조사가 유용하지 않은 이유를 뒷받침하는 주장을 제시해보라. 둘 중 하나를 위해 '논쟁'할 준비를 하라.

미주

1. J. Diamond, "The Art of Pitching Free Agents," *Wall Street Journal,* March 2, 2018, p. A16.
2. "Survey on the Total Financial Impact of Employee Absences," *Medical Benefits,* November 30, 2010, p. 9; and K. M. Kroll, "Absence-Minded," *CFO Human Capital,* 2006, pp. 12–14.
3. D. W. Organ, *Organizational Citizenship Behavior: The Good Soldier Syndrome* (Lexington, MA: Lexington Books, 1988), p. 4. See also J. L. Lavell, D. E. Rupp, and J. Brockner, "Taking a Multifoci Approach to the Study of Justice, Social Exchange, and Citizenship Behavior: The Target Similarity Model," *Journal of Management,* December 2007, pp. 841–66; and J. A. LePine, A. Erez, and D. E. Johnson, "The Nature and Dimensionality of Organizational Citizenship Behavior: A Critical Review and Meta-Analysis," *Journal of Applied Psychology,* February 2002, pp. 52–65.
4. J. R. Spence, D. L. Ferris, D. J. Brown, and D. Heller, "Understanding Daily Citizenship Behaviors: A Social Comparison Approach," *Journal of Organizational Behavior,* May 2011, pp. 547–71; L. M. Little, D. L. Nelson, J. C. Wallace, and P. D. Johnson, "Integrating Attachment Style, Vigor at Work, and Extra-Role Performance," *Journal of Organizational Behavior,* April 2011, pp. 464–84; N. P. Podsakoff, P. M. Podsakoff, S. W. Whiting, and P. Mishra, "Effects of Organizational Citizenship Behavior on Selection Decisions in Employment Interviews," *Journal of Applied Psychology,* March 2011, pp. 310–26; T. M. Glomb, D. P. Bhave, A. G. Miner, and M. Wall, "Doing Good, Feeling Good: Examining the Role of Organizational Citizenship Behaviors in Changing Mood," *Personnel Psychology,* Spring 2011, pp. 191–223; T. P. Munyon, W. A. Hochwarter, P. L. Perrewé, and G. R. Ferris, "Optimism and the Nonlinear Citizenship Behavior—Job Satisfaction Relationship in Three Studies," *Journal of Management,* November 2010, pp. 1505–28; R. Ilies, B. A. Scott, and T. A. Judge, "The Interactive Effects of Personal Traits and Experienced States on Intraindividual Patterns of Citizenship Behavior," *Academy of Management Journal,* June 2006, pp. 561–75; P. Cardona, B. S. Lawrence, and P. M. Bentler, "The Influence of Social and Work Exchange Relationships on Organizational Citizenship Behavior," *Group & Organization Management,* April 2004, pp. 219–47; M. C. Bolino and W. H. Turnley, "Going the Extra Mile: Cultivating and Managing Employee Citizenship Behavior," *Academy of Management Executive,* August 2003, pp. 60–73; M. C. Bolino, W. H. Turnley, and J. J. Bloodgood, "Citizenship Behavior and the Creation of Social Capital in Organizations," *Academy of Management Review,* October 2002, pp. 505–22; and P. M. Podsakoff, S. B. MacKenzie, J. B. Paine, and D. G. Bachrach, "Organizational Citizenship Behaviors: A Critical Review of the Theoretical and Empirical Literature and Suggestions for Future Research," *Journal of Management* 26, no. 3 (2000), pp. 543–48.
5. M. C. Bolino and W. H. Turnley, "The Personal Costs of Citizenship Behavior: The Relationship between Individual Initiative and Role Overload, Job Stress, and Work-Family Conflict," *Journal of Applied Psychology,* July 2005, pp. 740–48.
6. This definition adapted from R. W. Griffin and Y. P. Lopez, "Bad Behavior in Organizations: A Review and Typology for Future Research," *Journal of Management,* December 2005, pp. 988–1005.
7. S. J. Becker, "Empirical Validation of Affect, Behavior, and Cognition as Distinct Components of Behavior," *Journal of Personality and Social Psychology,* May 1984, pp. 1191–1205.
8. K. Gee and S. Nassauer, "At Adobe, a Satisfied Workforce," *Wall Street Journal,* December 6, 2017, p. R3.
9. S. P. Robbins and T. A. Judge, *Essentials of Organizational Behavior,* 11th ed. (Upper Saddle River, NJ: Prentice Hall, 2010).
10. M. S. Christian, A. S. Garza, and J. E. Slaughter, "Work Engagement: A Quantitative Review and Test of Its Relations with Task and Contextual Performance," *Personnel Psychology,* Spring 2011, pp. 89–136; V. T. Ho, S-S Wong, and C. H. Lee, "A Tale of Passion: Linking Job Passion and Cognitive Engagement to Employee Work Performance," *Journal of Management Studies,* January 2011, pp. 26–47; D. R. May, R. L. Gilson, and L. M. Harter, "The Psychological Conditions of Meaningfulness, Safety and Availability and the Engagement of the Human Spirit at Work," *Journal of Occupational and Organizational Psychology,* March 2004, pp. 11–37; R. T. Keller, "Job Involvement and Organizational Commitment as Longitudinal Predictors of Job Performance: A Study of Scientists and Engineers," *Journal of Applied Psychology,* August 1997, pp. 539–45; W. Kahn, "Psychological Conditions of Personal Engagement and Disengagement at Work," *Academy of Management Journal,* December 1990, pp. 692–794; and P. P. Brooke Jr., D. W. Russell, and J. L. Price, "Discriminant Validation of Measures of Job Satisfaction, Job Involvement, and Organizational Commitment," *Journal of Applied Psychology,* May 1988, pp. 139–45. Also, see, for example, J. Smythe, "Engaging

Employees to Drive Performance," *Communication World*, May–June 2008, pp. 20–22; A. B. Bakker and W. B. Schaufeli, "Positive Organizational Behavior: Engaged Employees in Flourishing Organizations," *Journal of Organizational Behavior*, February 2008, pp. 147–54; U. Aggarwal, S. Datta, and S. Bhargava, "The Relationship between Human Resource Practices, Psychological Contract, and Employee Engagement—Implications for Managing Talent," *IIMB Management Review*, September 2007, pp. 313–25; M. C. Christian and J. E. Slaughter, "Work Engagement: A Meta-Analytic Review and Directions for Research in an Emerging Area," *AOM Proceedings*, August 2007, pp. 1–6; C. H. Thomas, "A New Measurement Scale for Employee Engagement: Scale Development, Pilot Test, and Replication," *AOM Proceedings*, August 2007, pp. 1–6; A. M. Saks, "Antecedents and Consequences of Employee Engagement," *Journal of Managerial Psychology* 21, no. 7 (2006), pp. 600–19; and A. Parsley, "Road Map for Employee Engagement," *Management Services*, Spring 2006, pp. 10–11.

11. Mercer, *IndustryWeek*, April 2008, p. 24.

12. J. M. George, "The Wider Context, Costs, and Benefits of Work Engagement," *European Journal of Work & Organizational Psychology*, February 2011, pp. 53–59; and "Employee Engagement Report 2011," Blessing White Research, http://www.blessingwhite.com/eee__report.asp, January 2011, pp. 7–8.

13. A. J. Elliott and P. G. Devine, "On the Motivational Nature of Cognitive Dissonance: Dissonance as Psychological Discomfort," *Journal of Personality and Social Psychology*, September 1994, pp. 382–94.

14. L. Festinger, *A Theory of Cognitive Dissonance* (Stanford, CA: Stanford University Press, 1957); C. Crossen, "Cognitive Dissonance Became a Milestone in 1950s Psychology," *Wall Street Journal*, December 4, 2006, p. B1; and Y. "Sally" Kim, "Application of the Cognitive Dissonance Theory to the Service Industry," *Services Marketing Quarterly*, April–June 2011, pp. 96–112.

15. H. C. Koh and E. H. Y. Boo, "The Link between Organizational Ethics and Job Satisfaction: A Study of Managers in Singapore," *Journal of Business Ethics*, February 15, 2001, p. 309.

16. See, for example, W. D. Crano and R. Prislin, "Attitudes and Persuasion," *Annual Review of Psychology*, 2006, pp. 345–74; and

J. Jermias, "Cognitive Dissonance and Resistance to Change: The Influence of Commitment Confirmation and Feedback on Judgment Usefulness of Accounting Systems," *Accounting, Organizations, and Society*, March 2001, p. 141.

17. Z. Wang, S. N. Singh, Y. J. Li, S. Mishra, M. Ambrose, and M. Biernat, "Effects of Employees' Positive Affective displays on Customer Loyalty Intentions: An Emotions-As-Social-Information Perspective," *Academy of Management Journal*, February 2017, pp. 109–29; P. Jaskunas, "The Tyranny of the Forced Smile," *New York Times Online*, February 14, 2015; and R. E. Silverman, "Workers Really Do Put on a Happy Face for the Boss," *Wall Street Journal*, January 29, 2015, p. D4.

18. T. A. Judge, C. J. Thoresen, J. E. Bono, and G. K. Patton, "The Job Satisfaction–Job Performance Relationship: A Qualitative and Quantitative Review," *Psychological Bulletin*, May 2001, pp. 376–407.

19. L. Saari and T. A. Judge, "Employee Attitudes and Job Satisfaction," *Human Resource Management*, Winter 2004, pp. 395–407; and T. A. Judge and A. H. Church, "Job Satisfaction: Research and Practice," in C. L. Cooper and E. A. Locke (eds.), *Industrial and Organizational Psychology: Linking Theory with Practice* (Oxford, UK: Blackwell, 2000).

20. D. A. Harrison, D. A. Newman, and P. L. Roth, "How Important Are Job Attitudes?: Meta-Analytic Comparisons of Integrative Behavioral Outcomes and Time Sequences," *Academy of Management Journal*, April 2006, pp. 305–25.

21. G. Chen, R. E. Ployhart, H. C. Thomas, N. Anderson, and P. D. Bliese, "The Power of Momentum: A New Model of Dynamic Relationships between Job Satisfaction Change and Turnover Intentions," *Academy of Management Journal*, February 2011, pp. 159–81.

22. I. Arnsdorf, "No More New Kid on Campus," *Wall Street Journal*, August 5, 2010, pp. D1+.

23. "Personality Is More Important Than Hard Skills, Managers Say," *T&D*, July 2014, p. 19.

24. L. Evans, "Do You Have the Right Personality to Work from Home?" http://www.fastcompany.com/3046450/how-to-be-a-success-at-everything/do-you-have-the-right-personality-to-work-from-home, May 26, 2015.

25. CPP Inc., Myers-Briggs Type Indicator (MBTI), http://www.cpp.com/products/mbti/index.asp (2011); and J. Llorens, "Taking

Inventory of Myers-Briggs," *T&D*, April 2010, pp. 18–19.

26. Ibid.

27. See, for instance, J. Overbo, "Using Myers-Briggs Personality Type to Create a Culture Adapted to the New Century," *T&D*, February 2010, pp. 70–72; and K. Garrety, R. Badham, V. Morrigan, W. Rifkin, and M. Zanko, "The Use of Personality Typing in Organizational Change: Discourse, Emotions, and the Reflective Subject," *Human Relations*, February 2003, pp. 211–35.

28. P. Moran, "Personality Characteristics and Growth-Orientation of the Small Business Owner Manager," *Journal of Managerial Psychology*, July 2000, p. 651; and M. Higgs, "Is There a Relationship between the Myers-Briggs Type Indicator and Emotional Intelligence?" *Journal of Managerial Psychology*, September–October 2001, pp. 488–513.

29. J. M. Digman, "Personality Structure: Emergence of the Five Factor Model," in M. R. Rosenzweig and L. W. Porter (eds.), *Annual Review of Psychology*, vol. 41 (Palo Alto, CA: Annual Reviews, 1990), pp. 417–40; O. P. John, "The Big Five Factor Taxonomy: Dimensions of Personality in the Natural Language and in Questionnaires," in L. A. Pervin (ed.), *Handbook of Personality Theory and Research* (New York: Guilford Press, 1990), pp. 66–100; and M. K. Mount, M. R. Barrick, and J. P. Strauss, "Validity of Observer Ratings of the Big Five Personality Factors," *Journal of Applied Psychology*, April 1996, pp. 272–80.

30. See, for example, T. W. Yiu and H. K. Lee, "How Do Personality Traits Affect Construction Dispute Negotiation: Study of Big Five Personality Model," *Journal of Construction Engineering & Management*, March 2011, pp. 169–78; H. J. Kell, A. D. Rittmayer, A. E. Crook, and S. J. Motowidlo, "Situational Content Moderates the Association between the Big Five Personality Traits and Behavioral Effectiveness," *Human Performance*, February 2010, pp. 213–28; R. D. Meyer, R. S. Dalal, and S. Bonaccio, "A Meta-Analytic Investigation into the Moderating Effects of Situational Strength on the Conscientiousness–Performance Relationship," *Journal of Organizational Behavior*, November 2009, pp. 1077–102; G. Vittorio, C. Barbaranelli, and G. Guido, "Brand Personality: How to Make the Metaphor Fit," *Journal of Economic Psychology*, June 2001, p. 377; G. M. Hurtz and J. J. Donovan, "Personality and Job Performance: The Big

Five Revisited," *Journal of Applied Psychology*, December 2000, p. 869; W. A. Hochwarter, L. A. Witt, and K. M. Kacmar, "Perceptions of Organizational Politics as a Moderator of the Relationship between Conscientiousness and Job Performance," *Journal of Applied Psychology*, June 2000, p. 472; and M. R. Barrick and M. K. Mount, "The Big Five Personality Dimensions and Job Performance: A Meta-Analytic Study," *Personnel Psychology* 44 (1991), pp. 1–26.

31. M. R. Barrick and M. K. Mount, "Autonomy as a Moderator of the Relationship between the Big Five Personality Dimensions and Job Performance," *Journal of Applied Psychology*, February 1993, pp. 111–118.

32. See also M. R. Furtner and J. F. Rauthmann, "Relations between Self-Leadership and Scores on the Big Five," *Psychological Reports*, October 2010, pp. 339–53; R. Barrick, M. Piotrowski, and G. L. Stewart, "Personality and Job Performance: Test of the Mediating Effects of Motivation Among Sales Representatives," *Journal of Applied Psychology*, February 2002, pp. 43–52; and I. T. Robertson, H. Baron, P. Gibbons, R. MacIver, and P. Nyfield, "Conscientiousness and Managerial Performance," *Journal of Occupational and Organizational Psychology*, June 2000, pp. 171–78.

33. See, for example, J. L. Kisamore, I. M. Jawahar, E. W. Liguori, T. L. Mharapara, and T. H. Stone, "Conflict and Abusive Workplace Behaviors: The Moderating Effects of Social Competencies," *Career Development International*, October 2010, pp. 583–600; P. S. Mishra and A. K. Das Mohapatra, "Relevance of Emotional Intelligence for Effective Job Performance: An Empirical Study," *Vikalpa: The Journal for Decision Makers*, January–March 2010, pp. 53–61; T-Y. Kim, D. M. Cable, S-P. Kim, and J. Wang, "Emotional Competence and Work Performance: The Mediating Effect of Proactivity and the Moderating Effect of Job Autonomy," *Journal of Organizational Behavior*, October 2009, pp. 983–1000; J. M. Diefendorff and G. J. Greguras, "Contextualizing Emotional Display Rules: Examining the Roles of Targets and Discrete Emotions in Shaping Display Rule Perceptions," *Journal of Management*, August 2009, pp. 880–98; J. Gooty, M. Gavin, and N. M. Ashkanasy, "Emotions Research in OB: The Challenges That Lie Ahead," *Journal of Organizational Behavior*, August 2009, pp. 833–38; N. M. Ashkanasy and C. S. Daus,

"Emotion in the Workplace: The New Challenge for Managers," *Academy of Management Executive*, February 2002, pp. 76–86; N. M. Ashkanasy, C. E. J. Hartel, and C. S. Daus, "Diversity and Emotions: The New Frontiers in Organizational Behavior Research," *Journal of Management* 28, no. 3 (2002), pp. 307–38; S. Fox, "Promoting Emotional Intelligence in Organizations: Make Training in Emotional Intelligence Effective," *Personnel Psychology*, Spring 2002, pp. 236–40; B. E. Ashforth, "The Handbook of Emotional Intelligence: Theory, Development, Assessment, and Application at Home, School, and in the Work Place: A Review," *Personnel Psychology*, Autumn 2001, pp. 721–24; and R. Bar-On and J. D. A. Parker, *The Handbook of Emotional Intelligence: Theory, Development, Assessment, and Application at Home, School, and in the Work Place* (San Francisco, CA: Jossey-Bass, 2000).

34. See, for instance, C. S. P. Fernandez, "Emotional Intelligence in the Workplace," *Journal of Public Health Management and Practice*, February 2007, pp. 80–82.

35. R. Pearman, "The Leading Edge: Using Emotional Intelligence to Enhance Performance," *T&D*, March 2011, pp. 68–71; C. Prentice and B. King, "The Influence of Emotional Intelligence on the Service Performance of Casino Frontline Employees," *Tourism & Hospitality Research*, January 2011, pp. 49–66; E. H. O'Boyle Jr., R. H. Humphrey, J. M. Pollack, T. H. Hawver, and P. A. Story, "The Relation between Emotional Intelligence and Job Performance: A Meta-Analysis," *Journal of Organizational Behavior Online*, www.interscience.wiley. com, June 2010; and P. J. Jordan, N. M. Ashkanasy, and C. E. J. Hartel, "Emotional Intelligence as a Moderator of Emotional and Behavioral Reactions to Job Insecurity," *Academy of Management Review*, July 2002, pp. 361–72.

36. C. Cherniss and R. D. Caplan, "A Case Study of Implementing Emotional Intelligence Programs in Organizations," *Journal of Organizational Excellence*, Winter 2001, pp. 763–86; and S. B. Vanessa-Urch and W. Deuskat, "Building the Emotional Intelligence of Groups," *Harvard Business Review*, March 2001, pp. 81–91.

37. "Can't We All Just Get Along," *BusinessWeek*, October 9, 2000, p. 18.

38. C. Moller and S. Powell, "Emotional Intelligence and the Challenges of Quality Management," *Leadership and Organizational Development Journal*, July–August 2001, pp. 341–45.

39. See L. A. Downey, V. Papageorgiou, and C. Stough, "Examining the Relationship between Leadership, Emotional Intelligence, and Intuition in Female Managers," *Leadership & Organization Development Journal*, April 2006, pp. 250–64.

40. See, for instance, J. Silvester, F. M. Anderson-Gough, N. R. Anderson, and A. R. Mohamed, "Locus of Control, Attributions and Impression Management in the Selection Interview," *Journal of Occupational and Organizational Psychology*, March 2002, pp. 59–77; D. W. Organ and C. N. Greene, "Role Ambiguity, Locus of Control, and Work Satisfaction," *Journal of Applied Psychology*, February 1974, pp. 101–02; and T. R. Mitchell, C. M. Smyser, and S. E. Weed, "Locus of Control: Supervision and Work Satisfaction," *Academy of Management Journal*, September 1975, pp. 623–31.

41. I. Zettler, N. Friedrich, and B. E. Hilbig, "Dissecting Work Commitment: The Role of Machiavellianism," *Career Development International*, February 2011, pp. 20–35; S. R. Kessler, A. C. Bandelli, P. E. Spector, W. C. Borman, C. E. Nelson, and L. M. Penney, "Re-Examining Machiavelli: A Three-Dimensional Model of Machiavellianism in the Workplace," *Journal of Applied Social Psychology*, August 2010, pp. 1868–96; W. Amelia, "Anatomy of a Classic: Machiavelli's Daring Gift," *Wall Street Journal*, August 30–31, 2008, p. W10; S. A. Snook, "Love and Fear and the Modern Boss," *Harvard Business Review*, January 2008, pp. 16–17; and R. G. Vleeming, "Machiavellianism: A Preliminary Review," *Psychology Reports*, February 1979, pp. 295–310.

42. P. Harris, "Machiavelli and the Global Compass: Ends and Means in Ethics and Leadership," *Journal of Business Ethics*, (June 2010, pp. 131–38; and P. Van Kenhove, I. Vermeir, and S. Verniers, "An Empirical Investigation of the Relationship between Ethical Beliefs, Ethical Ideology, Political Preference and Need for Closure," *Journal of Business Ethics*, August 15, 2001, p. 347.

43. Based on J. Brockner, *Self-Esteem at Work: Research, Theory, and Practice* (Lexington, MA: Lexington Books, 1988), chs. 1–4.

44. See, for instance, R. Vermunt, D. van Knippenberg, B. van Knippenberg, and E. Blaauw, "Self-Esteem and Outcome Fairness: Differential Importance of Procedural and Outcome Considerations," *Journal of Applied Psychology*, August 2001, p. 621; T. A. Judge and J. E. Bono, "Relationship of Core Self-Evaluation Traits—Self-Esteem, Generalized Self Efficacy, Locus of Control, and Emotional Stability—With Job Satisfaction and Job Performance," *Journal of Applied Psychology*, February 2001, p. 80; and D. B. Fedor, J. M. Maslyn, W. D. Davis, and K. Mathieson, "Performance Improvement Efforts in Response to Negative Feedback: The Roles of Source Power and Recipient Self-Esteem," *Journal of Management*, January–February 2001, pp. 79–97.

45. M. Snyder, *Public Appearances, Private Realities: The Psychology of Self-Monitoring* (New York: W. H. Freeman, 1987).

46. See, for example, D. U. Bryant, M. Mitcham, A. R. Araiza, and W. M. Leung, "The Interaction of Self-Monitoring and Organizational Position on Perceived Effort," *Journal of Managerial Psychology* 26, no. 2 (2011), pp. 138–54; B. B. Vilela and J. A. V. González, "Salespersons' Self-Monitoring: Direct, Indirect, and Moderating Effects on Salespersons' Organizational Citizenship Behavior," *Psychology & Marketing*, January 2010, pp. 71–89; and P. M. Fandt, "Managing Impressions with Information: A Field Study of Organizational Realities," *Journal of Applied Behavioral Science*, June 2001, pp. 180–205.

47. Ibid.

48. R. N. Taylor and M. D. Dunnette, "Influence of Dogmatism, Risk Taking Propensity, and Intelligence on Decision Making Strategies for a Sample of Industrial Managers," *Journal of Applied Psychology*, August 1974, pp. 420–23.

49. I. L. Janis and L. Mann, *Decision Making: A Psychological Analysis of Conflict, Choice, and Commitment* (New York: Free Press, 1977).

50. See, for instance, C. P. Cross, L. T. Copping, and A. Campbell, "Sex Differences in Impulsivity: A Meta-Analysis," *Psychological Bulletin*, January 2011, pp. 97–130; A. A. Schooler, K. Fujita, X. Zou, and S. J. Stroessner, "When Risk Seeking Becomes a Motivational Necessity," *Journal of Personality and Social Psychology*, August 2010, pp. 215–31; A. Chatterjee and D. C. Hambrick, "Executive Personality, Capability Cues, and Risk-Taking: How Narcissistic CEOs React to Their Successes and Stumbles," *Academy of Management Proceedings*, www. aomonline.org, 2010; E. Soane, C. Dewberry, and S. Narendran, "The Role of Perceived Costs and Perceived Benefits in the Relationship between Personality and Risk-Related Choices," *Journal of Risk Research*, April 2010, pp. 303–18; and N. Kogan and M. A. Wallach, "Group Risk Taking as a Function of Members' Anxiety and Defensiveness," *Journal of Personality*, March 1967, pp. 50–63.

51. H. Zhao, S. E. Seibert, and G. T. Lumpkin, "The Relationship of Personality to Entrepreneurial Intentions and Performance: A Meta-Analytic Review," *Journal of Management*, March 2010, pp. 381–404; and K. Hyrshy, "Entrepreneurial Metaphors and Concepts: An Exploratory Study," *Journal of Managerial Psychology*, July 2000, pp. 653; and B. McCarthy, "The Cult of Risk Taking and Social Learning: A Study of Irish Entrepreneurs," *Management Decision*, August 2000, pp. 563–75.

52. M. Goldman, "A Journey into Personality Self-Discovery, Vol. 2," *Bloomberg BusinessWeek Online*, March 22, 2011; M. Goldman, "A Journey into Personality Self-Discovery, Vol. 1," *Bloomberg BusinessWeek Online*, February 15, 2011; and P. Korkki, "The True Calling That Wasn't," *New York Times Online*, July 16, 2010.

53. J. L. Holland, *Making Vocational Choices: A Theory of Vocational Personalities and Work Environments* (Odessa, FL: Psychological Assessment Resources, 1997).

54. S. Bates, "Personality Counts: Psychological Tests Can Help Peg the Job Applicants Best Suited for Certain Jobs," *HR Magazine*, February 2002, pp. 28–38; and K. J. Jansen and A. K. Brown, "Toward a Multi-Level Theory of Person Environment Fit," *Academy of Management Proceedings from the Fifty-Eighth Annual Meeting of the Academy of Management, San Diego, CA (August 7–12, 1998), HR: FR1–FR8.

55. See, for instance, G. W. M. Ip and M. H. Bond, "Culture, Values, and the Spontaneous Self-Concept," *Asian Journal of Psychology* 1 (1995), pp. 30–36; J. E. Williams, J. L. Saiz, D. L. FormyDuval, M. L. Munick, E. E. Fogle, A. Adom, A. Haque, F. Neto, and J. Yu, "Cross-Cultural Variation in the Importance of Psychological Characteristics: A Seven-Year Country Study," *International Journal of Psychology*, October 1995, pp. 529–50; V. Benet and N. G. Walker, "The Big Seven Factor Model of Personality Description: Evidence for Its Cross-Cultural Generalizability in a Spanish Sample," *Journal of Personality and Social Psychology*, October 1995, pp. 701–18; R.

R. McCrae and P. To. Costa Jr., "Personality Trait Structure as a Human Universal," *American Psychologist*, 1997, pp. 509–16; and M. J. Schmit, J. A. Kihm, and C. Robie, "Development of a Global Measure of Personality," *Personnel Psychology*, Spring 2000, pp. 153–93.

56. J. F. Salgado, "The Five Factor Model of Personality and Job Performance in the European Community," *Journal of Applied Psychology*, February 1997, pp. 30–43. Note: This study covered the 15-nation European community and did not include the 10 countries that joined in 2004.

57. G. Kranz, "Organizations Look to Get Personal in '07," *Workforce Management*, www.work-force.com, June 19, 2007.

58. A. O'Connell, "Smile, Don't Bark in Tough Times," *Harvard Business Review*, November 2009, p. 27; and G. A. Van Kleef et al., "Searing Sentiment or Cold Calculation? The Effects of Leader Emotional Displays on Team Performance Depend on Follower Epistemic Motivation," *Academy of Management Journal*, June 2009, pp. 562–80.

59. Reprinted by permission from Land Rover North America LLC.

60. H. H. Kelley, "Attribution in Social Interaction," in E. Jones et al. (eds.), *Behavior* (Morristown, NJ: General Learning Press, 1972).

61. G. Miller and T. Lawson, "The Effect of an Informational Option on the Fundamental Attribution Error," *Personality and Social Psychology Bulletin*, June 1989, pp. 194–204. See also G. Charness and E. Haruvy, "Self-Serving Bias: Evidence from a Simulated Labour Relationship," *Journal of Managerial Psychology*, July 2000, pp. 655; and T. J. Elkins, J. S. Phillips, and R. Konopaske,

"Gender-Related Biases in Evaluations of Sex Discrimination Allegations: Is Perceived Threat a Key?" *Journal of Applied Psychology*, April 2002, pp. 280–93.

62. S. T. Fiske, "Social Cognition and Social Perception," *Annual Review of Psychology*, 1993, pp. 155–94; G. N. Powell and Y. Kido, "Managerial Stereotypes in a Global Economy: A Comparative Study of Japanese and American Business Students' Perspectives," *Psychological Reports*, February 1994, pp. 219–26; and J. L. Hilton and W. von Hippel, "Stereotypes," in J. T. Spence, J. M. Darley, and D. J. Foss (eds.), *Annual Review of Psychology*, vol. 47 (Palo Alto, CA: Annual Reviews Inc., 1996), pp. 237–71.

63. B. F. Skinner, *Contingencies of Reinforcement* (East Norwalk, CT: Appleton-Century-Crofts, 1971).

64. A. Bandura, *Social Learning Theory* (Upper Saddle River, NJ: Prentice Hall, 1977).

65. For an interesting article on the subject, see D. Nitsch, M. Baetz, and J. C. Hughes, "Why Code of Conduct Violations Go Unreported: A Conceptual Framework to Guide Intervention and Future Research," *Journal of Business Ethics*, April 2005, pp. 327–41.

66. C. M. Pearson and C. L. Porath, "On the Nature, Consequences, and Remedies of Workplace Incivility: No Time for Nice? Think Again," *Academy of Management Executive*, February 2005, pp. 7–18.

67. J. Robison, "Be Nice: It's Good for Business," *Gallup Brain*, http://brain.gallup.com, August 12, 2004.

68. "There's A Good Chance Your Coworkers Hate You," *Fast Company Online*, August 4, 2017.

69. M. Sandy Hershcovis and J.

Barling, "Towards a Multi-Foci Approach to Workplace Aggression: A Meta-Analytic Review of Outcomes from Different Perpetrators," *Journal of Organizational Behavior*, January 2010, pp. 24–44; R. E. Kidwell and S. R. Valentine, "Positive Group Context, Work Attitudes, and Organizational Behavior: The Case of Withholding Job Effort," *Journal of Business Ethics*, April 2009, pp. 15–28; P. Bordia and S. L. D. Resubog, "When Employees Strike Back: Investigating Mediating Mechanisms between Psychological Contract Breach and Workplace Deviance," *Journal of Applied Psychology*, September 2008, pp. 1104–17; and Y. Vardi and E. Weitz, *Misbehavior in Organizations* (Mahwah, NJ: Lawrence Erlbaum Associates, 2004), pp. 246–47.

70. Based on V. P. Richmond, J. C. McCroskey, and S. K. Payne, *Nonverbal Behavior in Interpersonal Relations*, 2nd ed. (Englewood Cliffs, NJ: Prentice Hall, 1991), pp. 117–38; R. Bar-On, *The Emotional Intelligence Inventory (EQ-I): Technical Manual* (Toronto: Multi-Health Systems, 1997); L. A. King, "Ambivalence over Emotional Expression and Reading Emotions in Situations and Faces," *Journal of Personality and Social Psychology*, March 1998, pp. 753–62; and M. Lewis, J. M. Haviland-Jones, and L. F. Barrett (eds.), *Handbook of Emotions*, 3rd ed. (New York: Guilford Press, 2011).

71. J. D'Onfro, "How Jack Ma Went from Being a Poor School Teacher to Turning Alibaba into a $168 Billion Behemoth," *Business Insider*, May 7, 2014; Z. Soo, "Jack Ma—Happier Making US$12 a Month Than Living as a Billionaire," *South China Morning Post*, June 10, 2015; H. H.

Wang, "Why Amazon Should Fear Alibaba," *Forbes*, www.forbes.com, July 8, 2015; "Alibaba Unveiled: Inside China's E-Commerce Giant," *The Politic*, October 17, 2014; W. Fick, "The Secret to Alibaba's Culture Is Jack Ma's Apartment," *Harvard Business Review*, June 19, 2014; "China 'Unparalleled Ruthlessness' Awaits Jack Ma's Letter to Alibaba Employees," *The Wall Street Journal*, May 7, 2014; H. Shao, "A Peek inside Alibaba's Corporate Culture," *Forbes Asia*, May 13, 2014; Alibaba Group 2015 Annual Report, http://ar.alibabagroup.com/2015/letter.html; Ryan Mac, "As Alibaba IPO Approaches, Founder Jack Ma Pens Letter to Potential Investors," *Forbes*, September 5, 2014; He Wei, "Alibaba Ponders Ways to Keep Flock Together," *China Daily*, June 6, 2014; "China's Carnegie," *The Economist*, May 3, 2014.

72. O. Raymond, "Richard Branson: Companies Should Put Empl oyees First," *Inc. Magazine Online*, October 28, 2014; C. Gallo, "How Southwest and Virgin American Win by Putting People Before Profit," *Forbes Online*, September 10, 2016; M. Fling and E. Vinberg Hearn, "6 Companies That Get Employee Engagement and What They Do Right," *Chartered Management Institute*, www.managers.org.uk, December 11, 2015; and O. Thomas, "Why Virgin Media Prioritises Employee Engagement," *Workplace Savings and Benefits Online*, April 15, 2015.

73. Gee and Nassauer, 2017.

74. D. Morris, "Death to the Performance Review: How Adobe Reinvented Performance Management and Transformed Its Business," WorldAtWork, www.worldatwork.org, 2016.

종업원에 대한 동기부여와 보상

11

경영학의

신화

잘못된

동기부여에는
돈이 제일이다.

경영학의
신화 바로잡기!
잘못된

흔히들 알고 있는 동기부여에 대한 오류는

동기부여를 하기 위해서는 누구에게든 돈이 제일이라고

알고 있는 것이다. 비효과적이거나 경험이 부족한 많은 경영자들이

순진하게 돈이 가장 중요한 동기부여 요소라고 믿곤 한다.

그러고는 '돈'과 비슷하거나 더 많은 가치를 가지고 있는

다른 많은 중요한 행동이나 보상은 무시하는 경향이 있다.

이 장에서는 종업원의 동기부여를 향상할 수 있게

경영자가 행할 수 있는 많은 선택에 대해 배우게 될 것이다.

한 가지 방식이 만능은 아니다.

각 개인마다 고유의 욕구를 이해하는 것이

효과적인 동기부여자가 될 수 있는 비결이다.

성공한 경영자들은 자신에게 동기를 부여한 것이 다른 이들에게는 거의 또는 전혀 영향을 끼치지 않을 수 있다는 점을 알아야 한다. 결속력 강한 업무팀의 일원이 되었다는 사실에 당신이 동기부여되었다고 해서 그것이 모든 사람에게 해당될 것이라고 추측하지 말라. 또한 당신이 업무로부터 동기부여되었다고 해서 모든 사람이 그런 것은 아니다. 또한 종업원들이 음식, 마사지, 세탁 서비스를 무료로 받는다고 해서 그러한 특전들이 그들이 이직 기회를 찾을 시도를 하는 것을 사전에 차단할 것이라고 생각해서도 안 된다. 종업원들로 하여금 업무에 최대한 노력을 기울이도록 만드는 효과적인 경영자들은 그 종업원들이 어떻게, 왜 고용되는지 알고 있으므로 동기부여 방법을 그들의 욕구에 맞춰 충족시킨다. 종업원들에게 동기를 부여하고 보상을 제공하는 것은 경영자에게 있어 가장 중요하면서 동시에 가장 까다로운 활동 중 하나다. 종업원들이 업무에 최대한 노력을 기울이도록 하기 위해, 경영자들은 종업원이 어떻게, 왜 동기부여되는지 알아야 한다. ●

학습목표

11-1 동기부여를 정의하고 설명한다.

11-2 초기 동기부여 이론들을 비교, 대조한다.

11-3 동기부여의 현대 이론들을 비교, 대조한다.

11-4 종업원 동기부여와 관련한 현행 이슈들을 논의한다.

동기부여란 무엇인가?

11-1 동기부여를 정의하고 설명한다.

'종업원이 원하는 것이 무엇인가?'라는 주제로 토론하는 한 모임에 여러 최고경영자가 참석했다.[1] 최고경영자들은 돌아가면서 자신들이 제공하는 복리후생과 매주 수요일마다 무료 M&Ms를 제공하는 것, 또한 종업원들에게 스톡옵션과 무료 주차 공간을 제공하는 것 등을 발표했다. 그런데 그 모임의 한 주요 연사가 '종업원이 원하는 것은 M&Ms가 아니라, 그들이 하는 일을 사랑하는 것'이라며 핵심을 지적했다. 이 말에 청중이 웃을 것이라고 반쯤 기대했던 연사는 최고경영자들이 한 사람씩 동의하며 기립하는 모습에 깜짝 놀람과 동시에 뿌듯한 마음으로 바라보았다. 이 모임에 참석한 모든 이들은 '자신들의 기업가치는 직장에 남아 있도록 동기부여된 종업원들로부터 나온다'는 것을 깨달았다.

이 최고경영자들은 종업원을 동기부여하는 것이 얼마나 중요한지 알고 있다. 이들처럼 모든 경영자는 그들의 종업원을 동기부여할 수 있어야 하는데, 이를 위해서는 우선 동기부여가 무엇인지 이해할 필요가 있다. 동기부여가 아닌 것에 대해 이야기하는 것으로 시작하자. 많은 사람들은 동기부여를 개인의 성격 특질이라고 잘못 알고 있다. 즉 그들은 어떤 사람들은 동기부여되어 있으며 다른 이들은 그렇지 않다고 여긴다. 개인들은 동기부여 추진력이 각기 다를 뿐만 아니라 그들의 전반적인 동기부여 역시 상황마다 다르기 때문에, 그러한 이분법으로 사람들을 분류할 수 없음을 알아야 한다. 예를 들면 당신은 몇몇 수업을 들을 때 다른 수업들보다 더 열심히 공부하고 잘해야겠다고 더 동기부여될 것이다.

동기부여
목표 달성을 위해 한 개인의 노력이 발휘되고, 방향을 향해 나아가고 지속하는 과정

78%의 경영자가 자신의 직원을 잘 동기부여한다고 답했다.[2]
21%의 직원들이 동기부여가 되는 방식의 경영 스타일 아래에서 일하고 있다고 답했다.[3]

동기부여(motivation)란 목표 달성을 위해 한 개인의 노력이 발휘되고, 방향을 향해 나아가고 지속하는 과정으로 지칭된다.[4] 이 정의에는 세 가지 핵심 요인, 즉 에너지, 방향, 지속성이 포함된다.

첫째, 에너지는 노력의 강도 또는 추진력을 측정하는 지표이다. 동기부여된 사람은 노력을 쏟고 열심히 일한다. 노력의 강도뿐만 아니라 노력의 질도 고려되어야 한다. 둘째, 종업원의 노력이 조직에 도움이 되는 **방향**으로 향하지 않는 한 많은 노력을 한다고 반드시 좋은 업무 성과를 낸다고 할 수 없다. 종업원은 조직의 목표를 위해 지속적인 노력을 기울일 것으로 기대된다. 셋째, 동기부여에는 지속성 차원이 포함된다. 우리는 종업원이 이러한 목표들을 달성하기 위해 노력을 발휘하기를 원한다.

높은 수준의 업무 성과를 내도록 종업원들을 동기부여하는 것은 조직의 중요한 관심사로, 경영자는 이에 대한 해답을 계속 찾는 중이다. 예를 들면 갤럽이 실시한 한 여론 조사 결과, 미국 직장인의 64%는 자신의 업무에 흥미를 느끼지 못하는 것으로 나타났다.[5] 연구자들은 이에 대해 이렇게 말했다. "이 직장인들은 근본적으로 '방전된 상태'다. 그들은 근무시간 내내 멍한 상태로 있으며 자신의 업무에 에너지나 열정을 쏟아붓지 않은 채 시간을 보낼 뿐이다."[6] 따라서 경영자와 학계가 종업원 동기부여를 이해하고 설명하기 원하는 것은 당연지사다.

동기부여에 대한 초기 이론들을 살펴보는 것으로 시작하자.

초기 네 가지 동기부여 이론
(1950년대와 1960년대)

11-2 초기 동기부여 이론들을 비교, 대조한다.

초기 동기부여 이론을 알아야 하는 이유는 다음과 같다 — ❶ 이 이론들은 현대 동기부여 이론들의 성장 토대가 되었다. ❷ 현장의 경영자들이 이 이론과 용어들을 종업원들의 동기부여에 적용하는 경우가 흔하기 때문이다.

1

매슬로의 욕구 단계 이론(hierarchy of needs theory)

(아마 가장 많이 알려진 동기부여 이론일 것이다)[7]

- 심리학자 **에이브러햄 매슬로**(Abraham Maslow)는 모든 사람이 아래의 다섯 가지 욕구 단계를 갖고 있다고 주장했다.

그림 11.1   매슬로의 욕구 단계

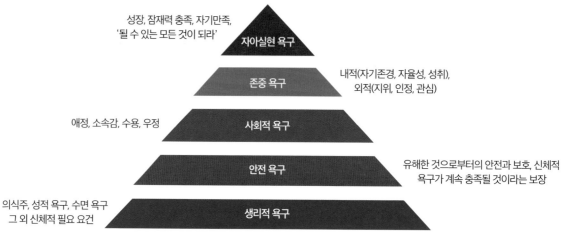

출처: Maslow, Abraham H., Frager, Robert D., Fadiman, James, *Motivation and Personality*, 3rd ed., ©1987. Reprinted and electronically reproduced by permission of Pearson Education, Inc., New York, NY.

- 한 욕구 단계가 충분히 만족된 후에 다음 단계로 넘어간다고 주장했다. 개인은 한 욕구 단계에서 다음 단계로 올라간다.

- 하위 단계 욕구는 대부분 외적으로 만족되지만, 상위 단계 욕구는 내적으로 만족된다.

매슬로의 이론은 종업원의 동기부여에 어떻게 사용되는가?

- 경영자들은 종업원들의 욕구를 만족시키기 위한 조치를 취한다.

- **명심할 것**: 하나의 욕구가 충분히 만족되면, 그 욕구는 더 이상 동기로 작용하지 않는다.

- 매슬로의 이론은 특히 현장 경영자들에게 널리 수용되었다. 이 이론의 대중성은 아마도 직관적 논리와 이해하기 쉽기 때문일 것이다.[8]
- 이론에 대한 어떠한 경험적 근거를 제공하지 않아서 타당성 검증을 위한 연구를 수행하는 것이 불가능했다.[9]

2

맥그리거의 X, Y이론

- 인간의 본성에 대해 두 가지 가정을 한다.[10]
  - **X이론**(Theory X): 종업원들은 야망이 거의 없고 일하기 싫어하며 책임을 회피하고, 효과적으로 일하기 위해서는 강력한 통제가 필요하다고 보는 부정적인 관점
  - **Y이론**(Theory Y): 종업원들이 일을 즐기고, 책임을 찾고 받아들이며, 자기지시적(self-direction)이라고 보는 긍정적인 관점
- 종업원 동기부여를 극대화하기 위해 Y이론을 도입해 종업원이 의사결정에 참여할 수 있게 하고, 책임감과 도전적인 직무를 부여하고 집단 간 원만한 관계를 장려하는 것이 필요하다.
- 유감스럽게도 이 두 가지 가정 중 어느 쪽이 타당하다는 증거가 없으며, Y이론 경영자가 종업원들에게 동기를 부여할 수 있는 유일한 방법이라는 증거도 없다.

Marek/Fotolia

3

허즈버그의 2요인 이론

- 프레더릭 허즈버그(Frederick Herzberg)의 **2요인 이론**(two-factor theory, 동기-위생 이론으로도 불림) — 내적 요인들은 직무 만족과 관련 있으며 외적 요인들은 직무 불만족과 관련이 있다.[11]
  - 1960년대에서 1980년대 초 무렵까지 성행했던 이론이다.
  - 너무 단순해 비판을 받았다.
  - 오늘날의 직무 설계에 많은 영향을 주었다('과거에서 현재까지' 참조).

욕구 단계 이론
인간은 욕구의 5단계, 즉 생리적 욕구, 안전 욕구, 사회적 욕구, 존중 욕구, 자아실현 욕구 단계를 갖고 있다는 매슬로의 이론

X이론
종업원들은 일하기 싫어하고, 게으르며, 책임을 회피하고, 업무를 수행하게 하기 위해 억지로 시킬 필요가 있다는 가정

Y이론
종업원들은 창조적이고, 일을 즐기며, 책임을 갖고 자기 스스로 일할 수 있다는 가정

2요인 이론
내적 요인은 직무 만족 및 동기와 관련 있고 외적 요인은 직무 불만족과 연관되어 있다는 허즈버그의 동기 이론

- **연구 초점**: 사람들이 자신의 일에 대해 크게 만족한 적(그림 11.2 왼쪽)이나 크게 불만족한 적(그림 11.2 오른쪽)이 있을 때
- 조사 결과 서로 다른 두 가지 요인이란 것을 알 수 있었다!
  - 사람들이 자기 직무를 긍정적으로 느끼면 직무 자체의 성취, 인정 및 책임 등에서 발생하는 내재적 요인을 거론하는 경향이 있었다.
  - 사람들이 자기 직무에 만족하지 못할 때는 직무 상황, 예를 들면 회사 정책, 행정, 감독, 대인관계, 근로 환경 등 외적 요인을 거론하는 경향이 있었다.

그림 11.2 허즈버그의 2요인 이론

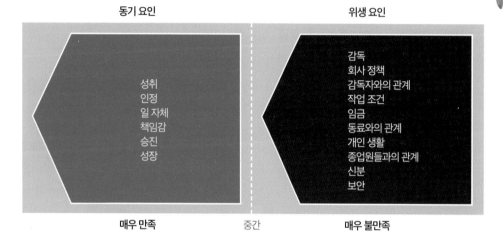

Andersphoto/Fotolia

- 조사 결과, 만족 대 불만족의 새로운 시선을 얻을 수 있었다.

그림 11.3 만족과 불만족에 대해 대조되는 견해

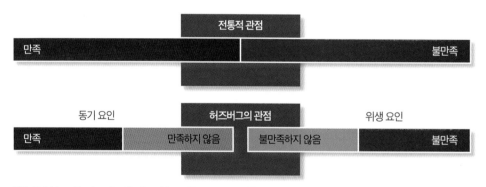

출처: Robbins, Stephen P., Coulter, Mary, *Management*, 13th Ed., © 2016, p. 465. Reprinted and electronically reproduced by permission of Pearson Education, Inc., New York, NY.

- 허즈버그는 이 자료가 이제까지 믿었던 것처럼 만족의 반대말이 불만족이 아니라고 결론지었다.
- 허즈버그는 직무 만족으로 이어지는 요인들은 직무 불만족으로 이어지는 요인들과 확연히 구분된다고 믿었다.
- 한 직무에서 불만족스러운 특징들을 제거한다고 해서 반드시 직무 만족도가 더 높아진다고(또는 동기부여된다고) 할 수 없다. 단지 '덜' 불만족하게 할 뿐이다.
- '만족'의 반대는 '만족하지 않음' 그리고 '불만족'의 반대는 '불만족하지 않음'을 뜻하는 이중 연속체가 존재한다고 주장했다.

종업원 동기부여 방법

❶ **위생 요인**(hygiene factor)이 적절히 관리되면 사람들은 불만을 갖지 않겠지만 그렇다고 만족하지도(또는 동기부여가 되지도) 않을 것이다.

❷ 동기부여를 위해서는 **동기 요인**(motivator)을 주목하라.

4

맥클리랜드의 성취 동기 이론

- 데이비드 맥클리랜드(David McClelland)와 동료들은 **성취 동기 이론**(three-needs theory)을 제안했는데, 이 이론에 따르면 세 가지 습득된(선천적인 것이 아님) 욕구들이 업무의 주된 동기이다.[12]

성취 욕구

1 (need for achievement, nAch)
성공하고, 일련의 기준을 뛰어넘으려는 추진력

권력 욕구

2 (need for power, nPow)
사람들이 다른 방식으로는 행동할 수 없도록 고유한 방식으로 행동하도록 만들고자 하는 욕구

친교 욕구

3 (need for affiliation, nAff)
친밀하고 가까운 대인관계 욕구

- 가장 많이 연구된 것은 성취 욕구(nAch)이다.
  - 성취 욕구가 강한 사람들은 과시와 성공에 대한 보상보다는 개인적인 성취감을 위해 노력한다.
  - 이들은 지금까지 해 왔던 것보다 더 낫거나 효율적으로 일하려는 욕구를 갖고 있다.[13]
  - 이들은 ❶ 개인에게 문제 해결의 책임감을 제시하는 일을 더 선호하며, ❷ 자신의 업무가 상황을 개선하고 있는지 알 수 있도록 신속하고 명확한 피드백을 받을 수 있고, ❸ 또한 그런 상황에서 비교적 까다롭지만 달성 가능한 목표들을 세울 수 있다.
  - 성취 욕구가 높은 사람은 아주 쉽거나 어려운 과제들은 피한다.
  - 또한 높은 성취 욕구가 있다고 반드시 훌륭한 경영자가 되는 것은 아닌데, 특히 대기업에서는 더욱 그러하나. 훌륭한 경영자는 다른 이들이 그들의 목표들을 달성하도록 돕는 반면 성취 욕구가 높은 이들은 자신의 업적 달성에 몰두하기 때문이다.[14]
  - 종업원들로 하여금 업무에 대한 개인적 책임감, 피드백, 중간 정도의 위험을 가지는 상황에 있게 함으로써 그들의 성취 욕구를 자극하는 훈련을 할 수 있다.[15]
- 좋은 경영자는 권력 욕구가 높은 수준인 반면 친교 욕구는 낮은 경향을 보인다.[16]

위생 요인
직무 불만족을 제거하지만 동기를 부여하지 않는 요인들

동기 요인
직무 만족을 높이고 동기를 부여하는 요인들

성취 동기 이론
성취 욕구, 권력 욕구, 친교 욕구의 세 가지 욕구가 업무의 주된 동기가 된다고 주장하는 맥클리랜드의 이론

성취 욕구(nAch)
성공하고, 일련의 기준을 뛰어넘으려는 추진력

권력 욕구(nPow)
사람들이 다른 방식으로는 행동하지 못하게 고유한 방식으로 행동하도록 만들고자 하는 욕구

친교 욕구(nAff)
친밀하고 가까운 대인관계 욕구

현대 이론은 동기부여를 어떻게 설명하고 있는가?

11-3 동기부여의 현대 이론들을 비교, 대조한다.

일렉트로닉 아츠(Electronic Arts, EA)는 세계 최대의 비디오 게임 디자인 업체 중 하나로, 종업원들은 게임 개발로 힘든 시간을 보낸다. 그러나 EA는 주중에 사내 스포츠 리그, 핀볼 아케이드, 그룹 피트니스 교실 및 애완동물 직장에 데려오기와 같은 혜택을 제공하는 것으로 자사의 게임 개발자들을 배려한다.[17] 20개 이상의 국가에 8,800여 명의 근로자를 보유한 EA의 경영자들은 종업원 동기부여를 이해할 필요가 있다.

여기서 우리가 살펴볼 내용은 현재 주목받고 있는 동기부여 이론이다—목표 설정 이론, 직무 설계 이론, 공정성 이론 및 기대 이론. 이 이론들은 앞서 논의된 이론들만큼 유명하지 않을 수 있지만, 연구자들로부터 지지를 받고 있다.[18]

목표 설정 이론이란 무엇인가?

목표를 세우는 것은 강력한 동기부여가 된다.

큰 과제 또는 수업 내 주요 프로젝트를 발표하기에 앞서, 교사로부터 당신은 "최선을 다하면 돼"라고 격려를 받은 적 있는가? 이 모호한 말, '최선을 다하라'는 말은 무슨 뜻인가? 교사가 A학점을 계속 유지하기 위해서는 93점을 받아야 한다고 말했더라면 당신이 맡았던 과제를 더 잘했을까? 목표 설정 이론에 대한 연구는 이런 사안을 다루며, 목표 구체성, 도전 과제 및 피드백이 수행에 미치는 영향 차원에서 목표 설정 연구 결과들은 매우 주목할 만하다.[19]

구체적인 목표들이 수행능력을 향상시키며, 받아들이기 어려운 목표의 경우, 쉬운 목표들보다 더 높은 수준의 업무 성과 결과를 내놓는다는 **목표 설정 이론**(goal-setting theory)을 지지하는 많은 연구 증거가 있다. 목표 설정 이론은 우리에게 무엇을 말하고 있는가?

회사의 성장과 생산성의 핵심인 구체적인 목표를 향해 노력하는 것은 금융 서비스 회사 모틀리 풀(Motley Fool)의 직원들에게 동기부여의 주요 원천이다. 매년 회사의 리더들은 목표 달성을 위한 로드맵을 만들고, 모든 직원에게 로드맵의 사본을 제공한다. 회사의 인센티브 프로그램은 목표 달성에 기초하기 때문에 직원들은 목표를 향해 일할 의욕을 느낀다.

(a) 목표 달성을 향해 일하는 것은 직무 동기부여의 주요 원천이다. 목표 설정에 대한 연구들은 구체적이고 어려운 목표들이야말로 우월한 동기부여 원동력이라는 것을 입증했다.[20] 이러한 목표들은 '최선을 다하라'는 일반화된 목표를 갖고 일할 때보다 더 높은 수준의 성과를 내놓는다. 목표 자체의 구체성은 내적 자극으로 작용한다. 예를 들면 한 영업사원이 매일 8건의 판매 전화를 걸겠다는 목표를 세우면 이는 그로 하여금 목표에 도달할 수 있는 구체적인 목표를 제공하게 된다.

(b) 종업원이 목표 설정 과정에 참여할 수 있게 되면 더 열심히 일을 할까? 항상 그런 것은 아니다. 일부 경우에는 목표 설정에 참여하는 것이 최고의 성과를 유도했지만, 다른 경우들에서는 경영자가 목표들을 배정해주었을 때 개인들이 최고의 성과를 냈다. 그러나 종업

원이 달성하기 힘든 목표를 받아들이지 않을 수 있는 경우에는 종업원을 목표 설정 과정에 참여시키는 것도 좋은 방법이 될 수 있다.[21]

(c) 사람들은 그들의 목표를 향해 얼마나 잘 나아가고 있는지 피드백을 받을 때 일을 더 잘할 것임을 우리는 알고 있다. 피드백은 그들이 한 것과 하고 싶어 하는 것의 차이를 아는 데 도움이 되기 때문이다. 그러나 모든 피드백의 효과가 동일한 것은 아니다. 종업원이 진행 상황을 직접 관리하는 경우, 자생적 피드백이 다른 사람으로부터 받는 피드백보다 훨씬 더 강력한 동기부여 요인이 된다는 것이 입증되었다.[22]

피드백 이외에 다른 세 가지 관련 요인도 목표-업무 성과 관계에 영향을 미치는데, 목표 몰입, 적절한 자기효능감, 국가 문화가 그것이다.

1. 첫째, 목표 설정 이론은 개인이 목표에 몰입한다고 가정한다. 제시된 목표에 개인이 내적 통제를 가지고, 지시받았을 때보다 본인이 직접 목표를 설정했을 때 몰입할 가능성이 가장 높다.[23]

2. 둘째, **자기효능감**(self-efficacy)은 자신이 과제를 해낼 수 있다는 개인의 믿음을 가리킨다.[24] 자기효능감이 높을수록 업무를 성공적으로 해낼 것이라는 자신감은 더 커진다. 따라서 어려운 상황에 처했을 때 우리는 자기효능감이 낮은 사람들은 덜 노력하거나 포기하지만, 자기효능감이 높은 사람들은 도전을 극복하기 위해 더 노력한다는 것을 알고 있다.[25] 게다가 자기효능감이 높은 사람들은 좋지 않은 피드백을 받을수록 더 많이 노력하고 스스로에게 동기를 더 많이 부여하지만, 자기효능감이 낮은 사람들은 노력을 더 적게 하는 편이다.[26]

3. 셋째, 목표 설정 이론의 가치는 국가 문화에 따라 달라진다. 이 이론은 주요 개념들이 북미 문화에 잘 맞으므로 북미 문화권 국가에 잘 부합한다. 이 이론은 부하 종업원들이 비교적 자유로운 환경에서(권력 거리에서 높은 점수를 받지 않음) 목표를 추구하며, 어려운 목표를 추구할 것이고(불확실성 회피에서 낮은 점수를 받음), 경영자와 부하 종업원들 모두 업무 성과를 중요하게 여긴다고 (자기주장에서 높은 점수를 받음) 가정한다. 이 같은 문화적 특성이 없는 국가들에서는 목표 설정이 종업원으로부터 더 높은 수준의 업부 성과를 유도할 것이라는 기대를 하지 않는 것이 좋다.

그림 11.4에는 목표, 동기 및 성과 간의 관계들이 요약되어 있다. 종합적인 결론은 힘들고 구체적인 목표에 대한 업무 의지는 동기부여의 강력한 힘이 된다는 것이다. 적절한 조건들하에서 목표 설정은 더 높은 수준의 업무 성과로 이어질 수 있다. 그러나 이런 목표들이 직무 만족 향상과 관련이 있다는 증거는 없다.[27]

직무 설계는 동기부여에 어떻게 영향을 주는가?

누구나 동기를 부여하는 직무를 설계할 수 있다.

경영자들은 개인들에게 직무에 대한 동기를 부여하고 싶어 하므로 동기부여할 수 있는 직무 설계 방법들을 살펴볼 필요가 있다. 조직이 무엇을 하며, 어떻게 업무가 진행되는지 면밀히

목표 설정 이론
구체적인 목표들이 업무 성과를 늘리고 또한 수용할 경우에는 어려운 목표가 쉬운 목표보다 더 높은 수준의 업무 성과를 낸다는 가정

자기효능감
자신이 어떠한 과제를 수행할 수 있다는 개인의 믿음

그림 11.4 목표 설정 이론

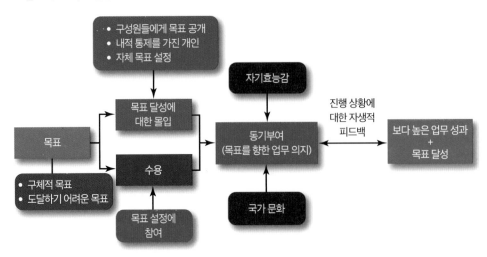

살펴보면 그 조직은 수천 가지 과제로 이루어져 있음을 알게 될 것이다. 이러한 과제들이 차례로 결합해 직무가 된다. 우리는 완전한 직무로서 형성되기 위해 과제가 조합되는 방식을 지칭하기 위해 **직무 설계**(job design)라는 용어를 사용한다. 우연적으로 조직 내 사람들이 수행하는 직무를 시켜서는 안 된다. 경영자는 변화하는 환경의 수요, 조직의 기술 및 종업원의 업무 기량, 능력과 선호를 반영하기 위해 계획적이고 신중하게 직무를 설계해야 한다.[28] 이렇게 직무가 설계되면 종업원들은 동기부여되어 더 열심히 일하게 된다. 경영자가 동기부여할 수 있는 직무 설계 방법에는 어떤 것들이 있을까? 리처드 해크먼(J. Richard Hackman)과 그렉 올드햄(Greg R. Oldham)의 **직무 특성 모델**(job characteristics model, JCM)에서 답을 찾을 수 있다.[29]

해크먼과 올드햄에 따르면, 어떤 직무라도 다음 다섯 가지 핵심 직무 차원으로 설명할 수

직무 설계
완전한 직무로서 형성되기 위해 과제가 결합되는 방식

직무 특성 모델(JCM)
5대 핵심 직무 차원, 직무 간 상호관계 및 이들이 성과에 미치는 영향을 규명하는 직무들을 분석하고 설계하는 틀

◀◀◀ 과거에서 현재까지 ▶▶▶

업무는 어떻게 수행되어야 하는가는 오랜 세월 경영자들의 관심거리였다.[30] '최선의 업무 방법'을 찾으려는 과학적 관리 시도부터 직장에서 인간 행동의 특정한 패턴들을 찾으려는 호손 연구에 이르기까지, 연구자들은 직무 설계의 이상적인 접근법에 관심을 보였다. 1950년대에 프레더릭 허즈버그와 동료들은 '종업원의 업무 태도와 그들이 보고한 좋은 경험과 나쁜 경험의 중요성에 대해 알아보려는' 연구를 시작했다. 허즈버그는 무엇이 직장에서 사람들을 행복하고 만족하게 만들거나 또는 불행하다거나 불만스럽게 만드는 것인지 알고 싶었다. 그가 발견한 결과는 우리가 직무 설계를 비리보는 방식을 바꾸어 놓았다. 직무 불만족과 직무 만족이 근로 환경의 다양한 측면의 결과라는 사실은 중요한 연구 결과였다. 허즈버그의 2요인 이론은 현장 경영자에게 직무 환경과 내용에 대한 통찰을 제공하게 되었다. 당신이 종업원에게 동기를 부여하고 싶다면, 직무 환경 측면(위생 요인)보다는 직무 내용 측면(동

직무 설계: 업무는 어떤 식으로 수행해야 하는가?

기 요인)에 더 집중하는 것이 바람직하다.

게다가 허즈버그의 연구는 직무 설계에 대한 관심을 더욱 불러일으켰다. 한 예로서 5대 핵심 직무 차원을 찾는 직무 특성 모델(JCM)도 허즈버그의 연구 결과를 바탕으로 구축되었다. 경영자들과 조직들은 종업원이 직무에 노력을 발휘하고 몰두하도록 만드는 직무 설계들에 대한 탐색을 계속할 것이기 때문에, 사람들이 일을 할 때 언제 기분이 좋고 기분 나쁜지를 조사한 허즈버그의 연구는 고전으로 계속 남아 있을 것이다.

토의문제
1 직무는 왜 '설계될' 필요가 있다고 생각하는가?
2 직무 설계가 종업원 동기부여에 어떻게 기여하는가?

있다.

1. **기술 다양성.** 다양한 기술과 재능을 활용할 수 있도록 다양성을 요구하는 직무 정도
2. **직무 정체성.** 한 작업의 전체 또는 일부분의 완수를 요구하는 직무 정도
3. **직무 중요성.** 다른 사람들의 생활과 일에 영향을 미치는 직무 정도
4. **자율성.** 업무 일정을 정하고 수행 절차를 정하는 데 있어 개인에게 제공되는 자유, 독립성, 재량권의 정도
5. **피드백.** 업무 수행 효과에 대해 직접적이고 명확한 정보를 얻는 데 있어 직무 결과가 요구하는 활동의 이행 정도

독일 어린이병원에서 신생아를 보살피는 소아과 간호사는 전문지식과 기술을 통해 유아기부터 십대 후반까지의 아이들을 돌보고 있기 때문에 높은 직무 중요성을 가지고 있다. 직무 중요성은 그녀 직업의 의미성에도 기여한다.

Ulrich Baumgarten/Getty Images

그림 11.5는 직무 특성 모델을 설명하고 있다. 의미 있는 결과를 내놓기 위해서 기술 다양성, 직무 정체성, 직무 중요성의 세 가지 주요 차원이 어떻게 조화를 이루는지 주목하라. 즉 어떤 직무에 이 세 가지 특성이 나타나면, 해당 직무 담당자는 자신의 직무를 중요하고, 가치 있고, 보람 있는 것으로 여길 것임을 예측할 수 있다는 말이다. 자율성이 주어진 직무는 담당 종업원에게 직무 결과에 대한 책임을 부여할 것이며, 피드백을 제공하는 직무는 종업원에게 어떻게 하면 효과

그림 11.5 직무 특성 모델

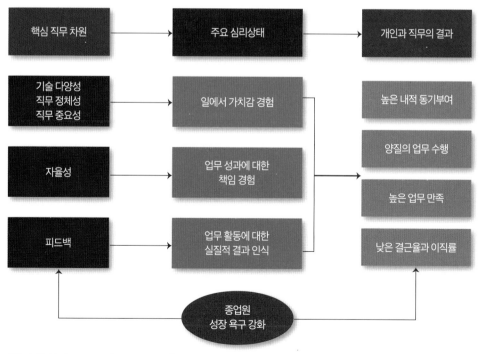

출처: J. R. Hackman and G. R. Oldham, "Motivation Through the Design of Work: Test of a Theory," *Organizational Behavior and Human Performance*, August 1976, 250-79. Reprinted by permission from Judith D. Hackman (w/o) J. Richard Hackman.

직무 충실화
기획 및 평가에 대한 책임을 더해 직무를 수직
적으로 팽창시키는 것

그림 11.6 직무 재설계 가이드라인

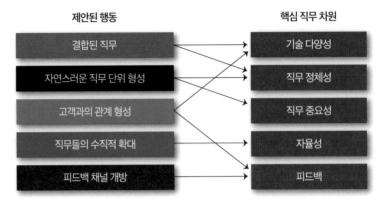

출처: J. R. Hackman and G. R. Oldham, "Motivation Through the Design of Work: Test of a Theory," *Organizational Behavior and Human Performance*, August 1976, 250-79. Reprinted by permission from Judith D. Hackman (w/o) J. Richard Hackman.

적으로 성과를 거둘 수 있는지 알게 한다.

동기부여 관점에서 볼 때 직무 특성 모델은 종업원이 신경 쓰는(기술 다양성, 직무 정체성, 직무 중요성을 통한 의미감 경험) 과업을 개인적으로(자율성을 통한 책임감 경험) 잘 수행했음을 학습할 때에(피드백을 통해 결과들에 대한 지식) 내적 보상을 얻는다고 설명한다. 이 세 가지 요인이 직무에 많이 반영될수록 종업원의 동기부여, 성과와 만족도는 증가하고 결근율 및 이직률은 더 낮아질 것이다. 이 모델에서 보는 것처럼, 직무 차원과 성과의 관계는 개인의 성장 욕구(자존 욕구와 자아실현 욕구)의 강도에 의해 조정된다. 개인들은 자신의 직무가 핵심 차원들을 포함할 때 낮은 성장 욕구를 가진 개인들보다 더 비판적인 심리상태를 경험하고 보다 긍정적으로 반응할 가능성이 높다. 이러한 차이는 다양한 **직무 충실화**(job enrichment, 기획 및 평가에 대한 책임을 더해 직무를 수직적으로 팽창시키는 것)와 관련해 설명할 수 있다. 즉 성장 욕구가 낮은 개인들은 높은 수준의 업무를 달성하려 하지 않으며, 그들의 업무가 확대되었다고 더 큰 만족감을 느끼지 않는 경향이 있다.

직무 특성 모델은 경영자들이 개인과 팀을 위한 직무 설계를 하는 데 중요한 가이드라인을 제공한다.[31] 직무 특성 모델을 토대로 한 그림 11.6에서 다섯 가지 핵심 직무 차원을 통해 개선 가능성이 높은 직무 변화 유형들을 구체적으로 나타내고 있다.

공정성 이론은 무엇인가?

당신은 어떤 시험이나 중요한 수업 과제에서 옆 자리 친구가 몇 점을 받았는지 궁금해한 적 없는가? 우리들 대부분은 궁금해한다! 인간이기 때문에, 우리는 자신과 다른 이들을 비교하는 경향이 있다. 당신이 대학 졸업 후 첫 직장에서 연봉 55,000달러를 제안받았다면, 아마도 즉시 그 제안을 받아들이고 열정을 갖고 일할 수 있고, 업무에 필요한 것은 무엇이든 해결할 준비가 되어 있으며, 또한 임금에 절대 만족한다고 말할 것이다. 그런데 만약 당신이 다른 동료가—또 다른 졸업생으로, 당신과 동갑이고 당신과 비슷한 수준의 학교에서 비슷한 학점을 받았으며, 실무 경험도 비슷한 동료가—연봉 60,000달러를 받는다는 것을 알게 된다면 당신은 어떻게 반응할 것인가? 아마도 머리끝까지 화가 날 것이다. 설사 절대적 조건으로 보았을 때 신규 졸업생에게 55,000달러는 큰 돈(물론 당신도 그것을 알고 있다)일지라도, 이는 중요한 것이 아니다. 지금 당신은 당신이 공정하다고 믿는 것, 즉 공평하다고 믿는 것이 쟁점 사안이 된다. 공정 (equity)이란 용어는 비슷한 방식으로 행동하는 다른 사람들과 비교했을 때의 공정한 대우 및 공정성의 개념과 관련이 있다. 종업원들은 자신을 다른 사람과 비교하며, 불공정한 처우가 그들의 노력에 영향을 미친다는 사실은 상당히 많은 증거로 나타난다.[32]

스테이시 애덤스(J. Stacey Adams)가 개발한 **공정성 이론**(equity theory)에 의하면 종업원들은 어떤 직무에 그들이 투입하는 것(투입)과 관련해 해당 직무로부터 얻는 것(성과)을 비교하며, 이어 관련된 다른 사람들의 투입-성과 비율과 자신의 투입-성과 비율을 비교한다(표 11.1 참조). 한 종업원이 다른 비교대상과 비교해 자신의 비율이 비슷하다고 인식하면 아무 문제가 없다. 그러나 그 비율이 공평하지 않으면, 그는 자신이 보상을 제대로 받지 못했거나 과하게 받았다고 여긴다. 불공평한 대우가 발생하면 종업원들은 이에 대해 뭔가 시도하려고 한다.[33] 그 결과는 더 낮은 또는 더 높은 생산량이나, 결과물의 질적 향상 또는 하락, 결근 증가 또는 자발적 퇴사가 될 수 있다.

개인들이 공정성을 평가하기 위해 다른 사람, 다른 시스템 또는 자신과 비교하는 **준거 대상** (referent)은 공정성 이론에서 중요한 변수다.[34] 세 가지 범주 모두 중요하다. (1) '다른 사람'에는 동일한 조직에서 비슷한 직무를 하는 다른 사람들뿐만 아니라 친구, 이웃 또는 전문직 협회도 포함된다. 종업원들은 직장에서 들은 것 또는 신문이나 업계 잡지에서 읽은 것에 기초해 자신의 임금을 다른 이들 것과 비교한다. (2) '시스템'에는 조직의 임금 정책, 절차와 할당이 포함된다. (3) '자신'은 개인의 독특한 투입-결과 비율을 지칭한다. 이는 과거의 경험들과 접촉들을 반영하며 과거 직무들이나 가족에 대한 헌신 같은 기준들로부터 영향을 받는다.

원래 공정성 이론은 개인에게 제공되는 보상의 크기와 할당에 대한 공정성 인식의 개념인 **분배 공정성**(distributive justice)에 초점을 맞추었다. 최근에는 보상의 분배를 결정하는 과정에 대한 공정성 인식의 개념인 **절차 공정성**(procedural justice)에 관한 연구가 많이 진행되고 있다. 이 연구 결과는 분배 공정성이 절차 공정성보다 종업원의 직무 만족에 더 큰 영향을 미치고, 반면에 절차 공정성은 종업원의 조직에 대한 헌신, 상사에 대한 신뢰 및 퇴사 의도에 영향을 미치는 경향이 있다는 것이다.[35] 이 결과들이 경영자들에게 함의하는 바는 무엇인가? 경영자들은 할당 결정을 내리는 방식을 터놓고 공유하는 것을 고려하고, 일관되고 치우침 없는 절차를 따르며, 절차 공정성에 대한 인식을 강화하기 위해 동일한 방식을 고수해야 한다. 절차 공정성에 대한 인식이 높아지면 종업원들은 임금, 승진 및 다른 개인적 성과에 불만이 있을지라도 자신의 상사와 조직을 긍정적으로 보게 될 가능성이 더 높다.

표 11.1 공정성 이론 관계

지각된 비율 비교*	종업원의 평가
$\dfrac{\text{결과 A}}{\text{투입 A}} < \dfrac{\text{결과 B}}{\text{투입 B}}$	불공정(과소보상)
$\dfrac{\text{결과 A}}{\text{투입 A}} = \dfrac{\text{결과 B}}{\text{투입 B}}$	공정
$\dfrac{\text{결과 A}}{\text{투입 A}} > \dfrac{\text{결과 B}}{\text{투입 B}}$	불공정(과대보상)

*A가 대상 직원이고, B는 관련된 다른 사람 혹은 준거 대상이다.

공정성 이론
종업원이 자신의 직무에 대한 투입-성과 비율과 다른 관련자의 직무에 대한 투입-성과 비율을 비교해 불공평을 수정한다는 이론

준거 대상
개인이 공정성을 평가하기 위해 자신과 비교하는 사람, 시스템, 혹은 자신

분배 공정성
개인에게 제공되는 보상의 크기와 할당에 대해 인식된 공정성

절차 공정성
보상의 분배를 결정하는 과정에 대한 인식

그림 11.7 기대 이론 모델

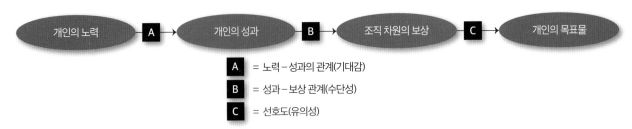

A = 노력 - 성과의 관계(기대감)

B = 성과 - 보상 관계(수단성)

C = 선호도(유의성)

기대 이론이 동기부여를 어떻게 설명하는가?

- 어느 정도 성과를 거두려면 얼마만큼 열심히 일해야 하는가?
- 현실적으로 달성할 수 있는 부분인가?
- 성과를 달성하면 얻는 보상은 무엇인가?
- 나는 얼마나 그 보상을 바라고 있는가?

종업원들이 어떻게 동기부여되는지를 가장 포괄적으로 설명한 이론은 빅토르 브룸(Victor Vroom)의 **기대 이론**(expectancy theory)이다. 이 이론 역시 일부 비평가들로부터 비판을 받고 있으나,[36] 대부분의 연구들은 이 이론을 지지한다.[37]

기대 이론은 한 사람이 자신의 행동에 대해 어떠한 결과가 주어질 것이라는 기대와 그 결과에 대한 개인의 선호도를 바탕으로 특정한 방식으로 행동하는 경향을 갖는다고 주장한다. 기대 이론에는 세 가지 변수 또는 관련성이 포함된다(그림 11.7 참조).

1. 기대감, 즉 노력과 성과의 관계: 정해진 만큼 노력하면 어떠한 수준의 성과에 이른다는 개인의 인식 가능성
2. 수단성, 즉 성과와 보상의 관계: 어떠한 수준의 성과가 원하는 결과를 얻을 수 있는 수단이 된다고 믿는 정도
3. 유의성, 즉 보상에 대한 선호: 직무 달성으로 얻을 수 있는 잠재적 성과나 보상에 대한 개인의 중요성. 유의성은 목적과 개인의 욕구 모두를 고려한다.

동기부여와 관련한 설명은 복잡하게 들릴 수 있으나 그렇지 않다. 이는 다음 질문으로 정리될 수 있다—어떠한 수준의 성과를 달성하기 위해서 나는 얼마나 열심히 해야 하며, 실제로 그 수준에 도달할 수 있는가? 성과를 달성하면 내가 얻는 보상은 무엇인가? 그 보상은 나에게 얼마나 매력적이며, 그것이 나의 개인적 목표 달성에 도움이 되는가? 주어진 시기에 노력을 기울이도록(즉 열심히 일하도록) 동기부여되는지 여부는 당신의 목표와 어떤 수준의 성과와 그 목표와의 관련성에 대한 인식에 달려 있다. 오래전에 한 여성이 영업사원으로 IBM에 입사했을 때, 그녀가 가장 좋아하는 업무 '보상'은 주말에 자신의 최고 고객들과 함께 회사 진세기를 타고 멋진 곳에서 골프를 치는 것이었다. 그녀는 이러한 특별 '보상'을 얻기 위해 일정 수준의 성과에 도달해야 했는데, 이는 자신이 정한 목표 실적 이상이었다. 그녀가 열심히 일하려는 의지(즉 그녀가 노력을 하고자 동기부여된 정도)는 달성해야 하는 성과 수준과 그녀가 그 보상을 받을 수 있는 수준으로 성과 목표를 달성할 수 있는 가능성에 달려 있다. 그녀는 그

기대 이론
사람은 자신의 행동에 대해 어떠한 결과가 주어질 것이라는 기대와 그 결과에 대한 개인의 선호도를 바탕으로 특정한 방식으로 행동하는 경향이 있다고 주장하는 이론

보상을 '가치 있게 여겼기' 때문에 자신의 판매 목표를 초과하려고 언제나 열심히 일했다. 또한 성과와 보상의 관련성이 매우 높아 그녀의 노력과 성과 달성은 매번 그녀가 가치 있게 여기는 보상(회사 전세기 이용)을 제공받았다.

경력 조언: "항상 그 이상을 추구하세요. 그러면 여러분의 매니저들은 여러분에게 보상을 줄 수밖에 없을 겁니다."[38]

Paul White/AP Images

헬스케어 제품을 직접 판매하는 중국 티엔스 그룹(Tiens Group)의 직원들은 투우 경기와 펠리페 6세 국왕의 왕궁 투어가 포함된 전 비용 지불의 마드리드 여행에서 스페인 전통 식사의 일부인 파에야 접시를 들고 다닌다. 직원들에게 여행으로 보상을 주는 것은 티엔스 영업사원들이 다른 나라를 여행하고 그들의 사람, 문화, 전통에 대해 배울 수 있는 기회를 고맙게 여기기 때문에 강력한 동기부여가 된다.

기대 이론의 핵심은 개인의 목표, 노력, 성과, 성과와 보상, 그리고 보상과 개인의 목표 만족도에 대한 관련성을 이해하는 것이다. 이 이론은 보수 혹은 보상을 강조한다. 결과적으로 우리는 개인이 원하는 것과 조직이 제공하는 보상이 일치해야 함을 유념해야 한다. 기대 이론은 개인들의 동기부여를 설명하는 보편적인 원칙은 존재하지 않음을 인정하고 경영자들은 종업원들이 특정 결과물을 매력적이거나 매력 없는 것으로 간주하는 이유를 이해해야 한다고 강조한다. 우리는 종업원들이 긍정적으로 가치를 두는 보상을 제공하고자 한다. 또한 기대 이론은 기대된 행동들에도 주목한다. 종업원들은 그들에게 어떤 것을 기대하고 어떻게 평가될 것인지 알고 있는가? 끝으로 이 이론은 지각과 관련이 있다. 실제와는 무관하며 결과물 자체가 아니라 성과, 보상, 목표 결과물에 대한 개인의 지각이 동기부여(노력 수준)를 결정짓는다.

우리는 현대 동기부여 이론들을 어떻게 통합할 수 있는가?

현대 동기부여 이론에 내재된 많은 개념은 상호 보완적인 것으로, 이 이론들이 어떻게 결합하는지 알면 동기부여에 대한 이해도 한층 쉬워진다.[39] 그림 11.8에는 동기부여에 대한 많은 부분이 통합되어 나타나 있다. 이 모델의 기본적 토대는 기대 이론이다. 왼쪽부터 시작해 이 모델을 자세히 살펴보자.

개인의 노력으로 이어지는 화살표가 표시되어 있고, 이 화살표는 개인의 목표에서 나온 것이다. 목표 설정 이론과 일관되게 이 목표-노력의 연결은 목표들이 행동들을 지시함을 나타낸다.

- 기대 이론은 종업원이 노력과 성과, 성과와 보상, 보상과 개인적 목표에 대한 만족 간의 강한 관련성을 지각하면 높은 수준으로 노력할 것이라고 예측한다. 이들 관계는 차례로 특정 요인들로부터 영향을 받는다. 이 모델에서 볼 수 있듯이 개인의 성과는 개인의 노력뿐만 아니라 개인의 목표 달성에 필요한 능력, 공정하고 객관적인 회사의 성과 평가 시스템에 따라 결정된다. 보상 조건이 (연공서열, 개인적 선호, 다른 기준들보다는) 성과라는 것을 지각하면 성과-보상 관계는 강화될 것이다. 기대 이론의 마지막 연관성은 보상과 목표의 관계이다.

- 전통적인 욕구 이론이 이 지점에서 다시 등장한다. 동기부여 수준은 개인이 높은 성과로 받은 보상이 자신의 목표들과 일치하는 주요 욕구들을 충족시키는 수준까지 높아질 것이다.

그림 11.8 현대 동기부여 이론들의 통합

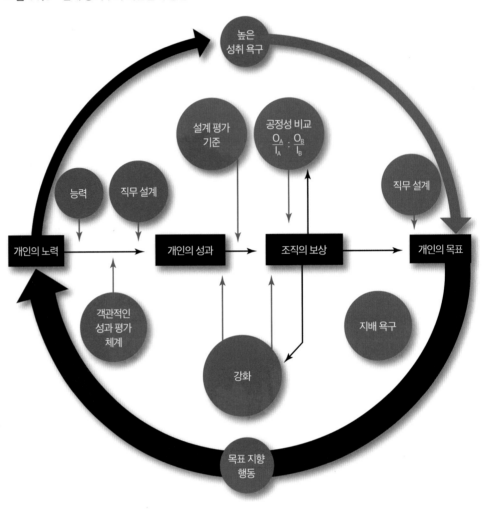

이 모델을 더 자세히 살펴보면 다른 이론을 고려하고 있음을 알 수 있다.

- 성취 수준이 높은 사람은 자신의 성과에 대한 조직의 평가나 보상으로 동기부여되지 않기 때문에, 개인의 노력에서 바로 높은 성취 욕구(nAch)의 개인 목표로 넘어가면 된다. 성취 동기가 높은 사람들은 자신의 직무가 개인적 책임, 피드백, 적당한 위험들을 제공하는 한 내적으로 동기부여된다는 점을 기억하라. 그들은 노력-성과, 성과-보상 또는 보상-목표 의 연관성에 신경을 쓰지 않는다.
- 강화 이론은 조직의 보상이 개인의 성과를 강화한다는 이론 모형이다. 경영자들이 종업원 의 훌륭한 성과에 대한 '대가'로 보상 시스템을 설계했다면, 그 보상은 훌륭한 성과를 강화 하고 유지시킬 것이다.
- 보상은 공정성 이론에서도 주된 역할을 한다. 개인은 투입한 노력으로부터 받는 보상(결과) 과 다른 관련자들의 투입-결과 비율을 비교할 것이다. 불공정하다면, 쏟는 노력에 영향을 미칠 것이다.
- 직무 특성 모델(JCM)은 통합적인 모델로 여겨진다. 과업 특징(직무 설계)은 직무 동기부여 에 두 가지 영향을 미친다. 첫째, 다섯 가지 직무 요인을 중심으로 설계된 직무는 실제로 더

높은 수준의 성과로 이어질 가능성이 높은데, 그 이유는 개인의 동기부여는 직무 자체로부터 자극을 받을 것이기 때문이다. 즉 개인의 동기부여가 노력과 성과의 연관성을 높일 것이기 때문이다. 둘째, 다섯 가지 직무 요인을 중심으로 설계된 직무는 종업원들로 하여금 업무의 핵심 요인에 대한 통제력을 늘린다. 따라서 자율성, 피드백 및 유사한 과업 특성을 제공하는 직무는 자신의 직무에 더 많은 통제력을 발휘하고자 하는 종업원의 개인적 목표를 충족시키는 데 도움이 된다.

경영자들이 직면한 현행 동기부여 이슈에는 어떤 것들이 있는가?

11-4 종업원 동기부여와 관련한 현행 이슈들을 논의한다.

종업원의 동기부여에 대한 이해와 예측은 경영학 연구에서 가장 활발하게 이루어지는 부분 중 하나다. 이제까지 여러 동기 이론을 살펴보았다. 하지만 최근 종업원 동기부여에 대한 연구는 몇 가지 중요한 작업장 이슈에 영향을 받고 있다. 어려운 경제 상황에서 동기부여하기, 다문화 관련 문제들에 대처하고, 개성 강한 종업원 집단을 동기부여하며, 적절한 보상 프로그램을 설계하는 것이 그것이다.

경제가 바닥을 칠 때 경영자는 종업원을 어떻게 동기부여할 수 있는가?

라스베이거스의 독특한 온라인 신발 소매업체(현재 아마존닷컴의 일부)인 자포스(Zappos)는 늘 일하기 즐거운 장소라는 평판을 받는다.[40] 하지만 이 업체 역시 경제적 불황 때 많은 기업들처럼 종업원을 줄여야 했고 총 124명을 퇴사시켰다. 최고경영자인 토니 셰이(Tony Hsieh)는 그의 종업원들이 겪을 감축 스트레스를 줄이기 위해 이 소식을 빨리 알리기를 원했다. 그래서 그는 이메일, 블로그, 자신의 트위터에 해고를 공고했다. 일부는 이러한 방식이 끔찍하다고 생각할지도 모르지만, 대부분의 종업원은 그처럼 개방적이고 정직하게 처리해준 것에 대해 그에게 고마워했다. 이 업체는 해고하는 종업원들에 대해서도 신경을 썼다. 입사한 지 2년도 안 되어 해고된 종업원들은 그 해 연말까지의 임금을 받았다. 장기 근속하다 해고당한 종업원들은 해당 연도의 4주치 임금을 지급받았다. 해고된 노동자들은 모두 6개월 동안 직장 건강보험 혜택을 계속 받았으며, 종업원의 요구에 따라 크리스마스 시즌에는 40%의 상품 할인 혜택을 제공했다. 자포스는 호황기에 종업원을 어떻게 육성하는지에 관한 본보기였으나, 이제 불황기에 종업원 어떻게 대해야 하는지도 보여주고 있다.

지난 몇 년간 경제 불황은 많은 조직을 힘들게 했는데, 특히 종업원들이 더욱 힘들었다. 해고, 빡빡한 예산, 최소 인상이나 동결된 임금, 복리후생 삭감, 보너스 없음, 해고한 사람들의 업무까지 맡아야 하는 장시간 근무, 이것은 많은 종업원이 직면했던 현실이었다. 상황들이 악화함에 따라 종업원의 자신감, 낙천적 태도 및 직무에 대한 몰입도 역시 곤두박질쳤다. 상상할 수 있듯이, 이처럼 어려운 상황에서 경영자가 계속해서 종업원을 동기부여하는 것은 쉬운 일이 아니었다.

경영자들은 불확실한 경제 속에서 종업원들이 목표 달성을 위해 노력을 기울여 매진하고 유지하기 위해 스스로 창의적이어야 한다는 것을 깨닫게 되었다. 그들은 돈과 무관하게 또는 비교적 저렴하게 종업원을 동기부여할 수 있는 방식들을 찾아야 했다. 따라서 그들은 소통 라인을 개방적으로 유지하고 이슈에 참여하고, 모든 사람이 집중할 수 있도록 최선의 고객 서비스를 유지하는 것 같은 공동의 목표를 정하고, 경영자들이 종업원과 그들의 업무에 관심이 있다는 것을 알 수 있도록 커뮤니티를 만드는 것 등의 조치를 취했다. 물론, 격려도 큰 효과가 있다.

국가 문화가 동기부여의 노력에 어떠한 영향을 미치는가?

흥미 있는 직무는 글로벌한 욕구이다.

오늘날 글로벌 경제 환경에서 경영자는 한 지역에서 효과적인 동기부여 프로그램이 다른 문화권에서도 적합하다고 예측할 수 없다. 가장 최근에 나온 동기부여 이론들은 미국인을 대상으로 미국인에 의해 개발되었다.[42] 이 이론들에서 노골적인 미국인의 전형적 특징은 강한 개인주의와 성취주의였다. 예를 들면 목표 설정 이론과 기대 이론은 목적 달성 및 합리적인 개인 판단을 강조하고 있다. 우리가 살펴본 앞의 동기부여 이론들이 문화 간에도 적용될 수 있는지 알아보자.

매슬로의 욕구 단계 이론은 대부분의 사람이 생리적인 욕구에서 시작해서 차례로 한 단계씩 올라간다고 주장했다. 이 이론은 미국의 문화에 아주 적합하다. 하지만 일본, 그리스, 멕시코처럼 불확실성이 강한 곳에서는 안전의 욕구가 가장 우선적인 단계가 되어야 하며 덴마크, 스웨덴, 노르웨이, 네덜란드, 핀란드처럼 선진국에서는 사회적 욕구가 가장 우선적인 단계가 되어야 한다.[43] 국가의 문화가 보살핌 경향이 강하다면, 집단 과업이 동기를 잘 부여할 것이라고 예측할 것이다.

미국 편향적인 또 다른 동기부여 개념은 성취 욕구다. 높은 성취 욕구가 내적 동기부여 제공자로서 역할을 한다는 관점은 두 가지 문화적 특징, 즉 중간 정도의 위험을 감수하려는 의지(강한 불확실성 회피 특징이 있는 국가들은 제외)와 성취에 대한 관심(강한 성취 특성을 가진 국가들에서 거의 동일하게 적용)을 전제로 한다. 이 두 가지 문화적 특성의 조합은 미국, 캐나다, 영국 같은 앵글로-아메리칸 국가들에서 발견된다.[44] 한편, 이러한 특징들은 칠레와 포르투갈 같은 국가들에서는 찾아보기 힘들다.

공정성 이론은 미국에서 비교적 강한 지지를 얻고 있는데, 미국 스타일의 보상 시스템들은 근로자들이 보상 배분에 관한 공정성에 매우 민감하다는 가정에 기초한다는 점을 감안할 때 이는 전혀 놀라운 사실이 아니다. 미국에서 공정성은 성과에 대한 지불과 밀접한 관계가 있는 것으로 본다. 하지만 최근 집단주의 문화에서, 특히 중부 유럽과 동유럽의 과거 공산주의 국가들에서 종업원들이 그들의 업무 수행뿐만 아니라 그들의 개인적 욕구들을 반영하는 보상을 기대하고 있음을 밝히는 연구가 있다.[45] 더욱이 공산주의, 중앙집중적 계획 경제의 유산과 일관된 것으로, 종업원은

대부분 문화의 노동자처럼 마리오를 포함한 닌텐도의 많은 캐릭터의 창안자인 일본의 미야모토 시게루는 흥미 있는 일을 향한 갈망에 동기부여된다. 비디오게임 설계자이자 제작자인 그는 전 세계적으로 모든 연령대의 사람들에게 즐거움과 기쁨을 제공하는 특별한 게임을 개발하고자 하는 목표 달성을 통해 동기부여되기도 한다.

투입한 노력보다 더 큰 성과를 기대하는 것을 '당연하게' 여기는 태도를 보이고 있다.[46] 이러한 연구 결과는 미국 스타일의 지급 방식들이 종업원들이 공정한 것으로 인식할 수 있도록 일부 국가들에서는 수정될 필요가 있음을 나타낸다.

동기부여에 대한 이러한 문화들 간의 차이에도 불구하고 문화들 간에 많은 일관성이 발견된다. 예를 들면 흥미로운 업무들에 대한 욕구는 거의 모든 근로자에게—그들의 국가 문화에 관계없이—중요한 것처럼 보인다. 7개국을 대상으로 한 연구에서 벨기에, 영국, 이스라엘, 미국의 근로자들은 '재미있는 업무'를 11개 업무 목표 중 1위로 꼽았다. 일본, 네덜란드, 독일의 종업원들은 2, 3위로 꼽았다.[47] 미국, 캐나다, 호주, 싱가포르 대학생들을 대상으로 한 직무 선호도 연구에서는 성장, 성취 및 책임감이 상위 1, 2, 3위에 순서대로 올랐다.[48] 이 두 연구 모두 허즈버그의 2요인 이론에서 발견한 내재적 요인의 중요성이 어느 정도 보편적으로 적용된다는 점을 시사한다. 일본에서 직장 동기부여 성향을 조사한 또 다른 최근 연구 역시 허즈버그의 모델이 일본 종업원들에게 적용될 수 있음을 나타냈다.[49]

경영자들은 특별한 집단의 종업원들을 어떻게 동기부여할 수 있는가?

종업원을 동기부여하는 것은 결코 쉬운 일이 아니다. 종업원들은 각기 다른 욕구, 인간성, 기술, 능력, 흥미, 적성을 갖고 입사한다. 그들은 고용주에 대한 다른 기대치를 갖고 고용주가 그들로부터 무엇을 원하는지에 대해서도 다른 관점을 갖는다. 또한 그들의 직무로부터 얻고자 하는 것도 매우 다양하다. 예를 들면 어떤 종업원은 개인적인 흥미를 추구하는 것에 더 만족감을 느끼며 회사가 주는 급여에만 관심이 있을 뿐, 그 외에는 아무것도 관심이 없다. 이들은 자신의 일이 보다 도전적이고 흥미로워지는 것에 전혀 관심이 없다. 또한 자신의 업무를 더욱 도전적이거나 흥미롭게 하거나 성과 경쟁에서 '이기는 것'에 전혀 관심이 없다. 또 어떤 사람은 직무로부터 만족감을 얻고 더 많은 노력을 하도록 동기부여된다. 이러한 차이들을 고려해볼 때, 경영자들은 오늘날 직장에서 발견되는 독특한 집단의 종업원들에게 어떻게 효과적으로 동기부여할 수 있을까? 한 가지 분명한 점은 (1) 다양한 노동자, (2) 전문직 종사자, (3) 임시직 등을 포함한 이들 집단을 동기부여하기 위한 필요 요건들을 알아야 한다는 것이다.

(1) 다양한 인력 동기부여하기 경영자들은 오늘날 인력을 최대한 동기부여하기 위해 유연성의 측면을 고려해볼 필요가 있다. 예를 들어 연구들은 남성이 여성보다 그들의 직무에서 자율성을 더 중요하게 여기고 있다고 주장한다. 반대로 여성은 학습 기회, 편리하고 유연한 작업 시간, 원만한 대인관계가 더 중요하다.[51] Y세대 종업원은 독립적이고 다양한 경험을 중시하는 반면 구세대는 보다 구조화된 업무 기회에 관심을 기울인다.[52] 경영자들은 자신의 가족을 부양하기 위해 전일제로 일하는 2명의 아이를 가진 여성에게 동기부여가 되는 것은 독신의 시간제 근무자나 연금을 위해 일하는 나이 많은 종업원과는 다르다는 것을 알 필요가 있다. 다양한 욕구를 가진 종업원들의 동기부여를 위해 다양한 보상 제도가 필요하다. 조직들이 시행해 온 많은 일/생활 균형 프로그램(work/life balance programs)(8장 참조)은 근로자들의 다양한 욕구에

오늘날 직장에서의 윤리적 의사결정

무서운 일이 일어나고 있다. 무리한 작업 요구를 받는 종업원들이 기운을 증진시키기 위해 주의력결핍 과잉행동장애(ADHD) 약을 복용하고 있다. 이 항히스타민제 각성제는 복용자의 기운을 북돋게 한다. 비록 일부 학생은 시험공부를 위해서나 논문 연구/발표의 마무리 작업을 하기 위해 이 약물을 사용하지만 일터에서도 이 각성제 남용을 어렵지 않게 볼 수 있다. 생산력을 향상하기 위해 많은 젊은 종업원이 사용하고 있으며 "이 약물은 뭔가에 몰두하기 위해서가 아니라 채용되기 위해서" 사용한다고 말한다. 겉보기에는 무해한 남용이 자칫하면 심각한 결과를 초래할 수 있다.[50]

토의문제

3 이것이 종업원 동기부여에 문제가 되는가? 설명해보라.

4 왜 이것이 잠재적 윤리 문제인가? 관리자들은 이에 대해 어떻게 언급해야 하는가?

대한 방안이다. 많은 조직이 다양한 욕구를 인식하고 직무 배치를 융통성 있게 개발했다(7장 참조). 이러한 유형의 프로그램들(재택근무, 단축 근무제, 유연 근무제, 일자리 공유)은 고용 주들이 운영비가 더 높아짐에 따라 종업원들을 도울 수 있는 방법들을 찾으면서 보다 대중적으로 사용될 것이다.

자율 근무제는 종업원들을 동기부여할까? 비록 이런 근무제가 종업원에게 강하게 동기부여될 것처럼 보이나 긍정적, 부정적 관계가 모두 나타났다. 예를 들어 재택근무가 직무 만족에 미치는 영향을 알아본 한 연구에서 재택근무가 늘어났을 때 처음에는 직무 만족이 늘어났으나 재택근무 시간이 늘어남에 따라 직무 만족 수준은 약간 떨어졌다가 이어 안정된다는 것을 발견했다.[53]

(2) 전문직 동기부여하기 한 세대 전과 달리, 지금은 블루 칼라 공장 노동자보다 대학을 졸업한 전문 노동인력이 주를 이룬다. 인텔의 인도개발센터 엔지니어팀, 노스캐롤라이나의 SAS 연구소 소프트웨어 디자이너들, 혹은 싱가포르의 액센츄어 컨설턴트 그룹을 동기부여할 때 경영자들은 특히 무엇에 신경을 써야 할까?

전문직 종사자는 비전문직 근로자들과 다르다.[54] 그들은 자신의 전문지식에 오랫동안 집중적으로 헌신했다. 그들은 전문 분야에서 현재 흐름을 유지하기 위해 정기적으로 자신의 지식을 업데이트해야 하며, 직업에 대한 몰입으로 주당 근무 시간이 주 5일 오전 8시부터 오후 5시인 경우는 거의 없다.

전문직 종사자를 동기부여하는 것은 무엇인가? 돈과 승진은 대체로 그들의 우선순위 목록에서 낮은 순위에 있다. 전문직 종사자는 충분한 돈을 지급받으며 그들의 일을 즐기는 경향이 있다. 이와 대조적으로, 직무의 난이도는 높다. 그들은 어려운 문제들을 맡아서 해결 방안을 찾는 경향이 있다. 그들의 주된 보상은 일 자체다. 전문직 종사자는 다른 사람의 인정을 중요하게 여긴다. 그들은 다른 사람들이 자신이 중요한 일을 하고 있다고 생각해주기를 바란다. 이는 모든 근로자에게 해당될 수 있으나, 전문직 종사자는 그들의 업무를 자기 생활의 중대한 관심사로 여겨 집중하는 경향이 있는 반면 비전문직 근로자는 대체로 직무에서 충족하지 못하는 욕구들을 보상할 수 있도록 직무 이외의 다른 것들에 관심을 보인다.

(3) 임시직 근로자 동기부여하기 회사 규모 축소와 구조 조정을 통해 정규직들이 사라지면서 시간제, 계약직 및 여러 형태의 임시직 일자리가 늘어나게 되었다. 임시직 근로자는 정규직 근로자가 받는 고용 보장이나 안정성이 없기 때문에 자신을 조직과 동일시하지 않으며 다른 종업원들처럼 직무에 헌신하지 않는다. 임시직 근로자는 대개 의료보험이나 연금 같은 복리후생 혜택도 거의 또는 전혀 받지 못한다.[55]

임시직 종업원을 동기부여하기란 어려운 일이다. 임시직으로서 누리는 자유를 선호하는 일부 소수의 개인들의 경우, 직업에 안정성이 없다는 것은 전혀 문제가 되지 않을 것이다. 또한 정규직을 원하지 않는 의사, 엔지니어, 회계사, 재무 설계사와 같이 보상이 큰 직업군은 임시직을 선호할 수 있다. 하지만 대부분의 경우 임시직 근로자는 자신이 원해서 그렇게 된 것이 아니다.

비자발적으로 임시직 근로자가 된 사람들을 어떻게 동기부여할 수 있을까? 이에 대한 단하나의 명료한 답은 정규직이 될 수 있는 기회이다. 임시직 근로자 집단에서 정규직 근로자를 선발하면, 임시직 근로자들은 정규직이 될 수 있다는 희망을 갖고 열심히 일하는 경우가 종종 있을 것이다. 명쾌한 해답은 아니지만 훈련 기회도 있다. 임시직 근로자가 새로운 직업을 찾을 수 있는 능력은 주로 그의 직무기술에 달려 있다. 어떤 종업원이 자신의 업무가 구직 시장에서 원하는 기술 개발에 도움이 된다고 여기면 업무 동기가 늘어날 것이다. 공정성 관점에서 임시직 근로자는 함께 일하는 정규직 근로자들이 자신과 똑같이 일하고도 임금과 복리후생을 훨씬 더 많이 받는다는 것에 상실감을 겪을 가능성이 크다. 경영자는 임시직과 정규직 근로자를 따로 근무하게 하거나 상호 의존성을 최소한으로 줄임으로써 문제를 해결할 수 있을 것이다.[56]

경영자는 어떻게 적절한 보상 프로그램을 설계할 수 있는가?

그룹 컴퍼니(Group Company)가 여행 사업에서 성공을 거둔 지 10년이 되었을 때, 창립자 헬렌 빌턴(Helen Bilton)은 뛰어난 성과에 대해 그녀의 직원들에게 상을 주고 싶었다. 대규모 파티를 계획하기보다, 그녀는 32명의 직원 모두에게 경비 전액을 지불한 호화로운 3일간의 바베이도스 여행을 제공했다. 이와 같은 보상은 직원의 행동을 동기부여하는 데 중요한 역할을 한다. 가장 인기 있는 보상 프로그램으로는 회계장부 공개 경영, 직원 포상 및 성과급 제도가 있다.

회계장부 공개 경영 프로그램이 어떻게 종업원을 동기부여하는가? SRC(Springfield Remanufacturing Company) 회사 내 모든 공장 근로자는 중장비 부서의 경영자들이 여러 페이지의 재무서류를 검토하기 위해 모인 후 24시간 이내에 동일한 정보를 보게 될 것이다.[58] 종업원들이 선적 목표를 달성할 경우, 그들은 연말에 큰 보너스를 받게 될 것이다. 다양한 규모의 많은 조직이 종업원들에게 재무제표('회계장부들')를 공개하는 것으로 업무 관련 의사결정에 종업원들을 참여시킨다. 그들은 이 정보를 공유해 종업원이 자신의 업무에 대한 보다 나은 의사결정을 하고, 자신의 업무와 방식 및 궁극적으로 최종 결산에 미치는 영향에 대해 더 잘 이해하려는 동기를 부여하게 될 것이다. 이 접근법은 **회계장부 공개 경영**(open-book management)이라고 불리며 많은 조직에서 사용하고 있다.[59]

　회계장부 공개 경영의 목표는 종업원들로 하여금 자신의 의사결정이 회사의 재무 결과에 미치는 영향을 알게 함으로써 주인의식을 갖게 하는 것이다. 많은 종업원이 재무 정보를 이해할 지식이나 배경 지식이 없으므로 조직의 재무제표를 읽고 이해하는 법을 배워야 한다. 종업원들이 이러한 지식을 갖게 되면, 경영자들은 정기적으로 이들과 재무 정보를 공유해야 한다. 이 정보를 공유함으로써 종업원들은 자신의 노력, 성과 수준, 운영 결과의 연관성을 이해하기 시작한다.

종업원 인정 프로그램은 어떻게 동기부여를 하는가? 종업원 인정 프로그램(employee recognition program)에는 개별적인 주의, 관심의 표현,

미시간주 앤아버에 있는 진저맨스 델리(Zingerman's Deli)의 제빵사들은 주인처럼 생각하고 행동할 수 있는 정보를 가지고 있다. 회계장부 공개 경영을 도입한 진저맨은 금융, 제품, 고객 서비스 및 기타 정보를 공유하기 위해 직원들이 회사의 운영방식과 의사결정이 회사의 수익성에 어떤 영향을 미치는지 이해해야 한다.

오늘날 직장에서의 경영 기술

개인화된 보상

기업이 보상을 할당할 때 '모든 것이 하나의 방식으로 다 충족될 수 있다'고 추정하곤 했다. 관리자들은 당연하게 모두가 더 많은 돈과 휴가를 원한다고 추측했다. 하지만 시간의 흐름에 따라 조직이 덜 관료주의적이고 보상 차별화에 신경을 쓰면서 개개인의 종업원들에게 보상을 구별해서 다르게 주도록 장려될 것이다.

조직은 종업원들이 매력적이라고 생각할 만한 다수의 잠재적 보상을 통제한다. 부분적으로는 인상된 기본 급료, 보너스, 단축된 노동시간, 늘어난 휴가, 유급안식년, 유연한 근무 시간, 단시간 근무제, 보장된 직업 안정화, 늘어난 연금 기여금, 학자금 상환, 개인휴가, 주택 구매 지원, 성과 포상, 무료 클럽 멤버십, 재택근무가 있다. 최근 반전은 사회적 연결망, 모바일 접근성, 종업원이 점차적으로 '배지'나 '영광'을 얻을 수 있는 기회를 주는 게이미피케이션(gamification)—게임의 의도와 연관된 개념을 일터의 다른 영역에 활용하는 것—에서 오는 종업원 보상이 있다. 이러한 보상 프로그램은 종업원을 사로잡고 격려할 수 있는 잠재력이 있다. 근시일 내에 대부분의 기업은 종업원 동기부여를 극대화할 개인 보상 패키지를 마련하게 될 것이다.

토의문제

5 개인화된 보상의 장점은 무엇인가? (종업원과 관리자의 입장에서 생각해보라.)

6 개인화된 보상의 단점은 무엇인가? (다시 한 번, 종업원과 관리자의 입장에서 생각해보라.)

게이미피케이션
게임의 의도와 연관된 개념을 일터의 다른 영역에 활용하는 것

인정 및 뛰어난 성과에 대한 감사가 있다.[60] 이러한 프로그램들은 수많은 형태를 취할 수 있다. 예를 들면 켈리 서비스(Kelly Services)는 생산성과 종업원 보유를 높이기 위해 새로운 버전의 포인트 인센티브 시스템을 도입했다. 켈리 쿠도스(Kelly Kudos)라고 불리는 이 프로그램은 종업원들이 보다 다양한 상품을 선택할 수 있고 더 오랜 기간 동안 포인트를 쌓을 수 있도록 했다.[61] 이 시스템은 효과를 거두고 있다. 참가자들은 포인트를 받지 않는 종업원보다 3배나 더 많은 수익과 근무 시간을 발생시킨다. 그러나 대부분의 경영자들은 훨씬 더 비공식적인 접근법을 사용하고 있다. 예를 들어 막스앤스펜서(Marks & Spencer)는 영국 백화점 내부 소셜 네트워크에서 직원과 동료들의 추가적인 노력을 인정하는 자발적인 게시물을 권장한다. 매달, 그 가게는 동료 후보들 중에서 뽑힌 그 달의 직원을 위한 상을 게시한다. 싱가포르에서는 전자상거래 회사인 숍백(ShopBack)의 관리자들이 때때로 모든 미결 고객 서비스 문의 해결 완료와 같은 직원들의 성과를 비공식적으로 축하하는 동안 샴페인을 따르곤 한다. 어떤 때에는 관리자들이 무료 동물원 티켓으로 실적이 우수한 직원팀을 놀라게 한다. 숍백의 인사 담당자는 "현금 보상은 거래 관계를 내포하는 반면, 비현금 보상은 팀 관계를 구축하는 데 있어 강력한 역할을 한다"고 이러한 접근 방식의 이유를 설명한다. 레스토랑 체인점인 피자 익스프레스 싱가포르(PizzaExpress Singapore)는 '골든 티켓' 보상 시스템을 갖추고 있으며, 티켓은 여행이나 쇼핑 상품권으로 사용할 수 있다. 부장급들이 예정에 없던 식당 방문을 하면 파격적으로 실적이 좋은 직원들에게 골든 티켓을 나눠준다. "우리 직원들은 브랜드를 그렇게 성공적으로 만드는 것이고, 우리는 더 개인적인 방법으로 돌려주고 싶다"고 총지배인은 말했다. 직원 인식도 매우 중요하지만 실질적인 후속 조치 보상도 마찬가지라고 그는 덧붙였다. "실제 선물은 말로만 하는 것보다 더 많은 것을 의미한다."[62]

최근 조사에서 기업의 84%가 다양한 형태의 종업원 성과 보상 프로그램을 보유하고 있는 것으로 나타났다.[63]

종업원들은 이러한 프로그램이 중요하다고 생각할까? 물론이다. 다양한 종업원을 대상으

로 한 조사에서 직장에서 가장 중요한 동기부여가 무엇인지를 물었는데, 인정, 인정, 더 큰 인정이었다![64]

강화 이론(9장 참조)과 마찬가지로, 인정을 수반한 행동에 대한 즉각적인 보상은 반복될 가능성이 높다. 인정에는 다양한 방식이 있다. 어떤 종업원이 직무를 훌륭하게 수행한 것을 개인적으로 축하해줄 수 있다. 종업원의 긍정적인 행동을 인정한다는 손으로 쓴 메모나 이메일 메시지를 보낼 수도 있다. 사회적 수용 욕구가 강한 종업원을 위해서는 공개적으로 공로를 인정하고 칭찬할 수 있다. 집단 결속력을 높이고 동기를 부여하기 위해서 당신은 팀의 성공을 축하할 수 있다. 예를 들면 팀의 성과를 축하하기 위해 간단한 피자 파티 같은 것을 가질 수도 있다. 이런 것들이 간단해 보일 수도 있지만, 가치 있다는 느낌을 받은 것이 종업원들에게는 오래갈 수도 있다.

경영자들은 종업원을 동기부여하기 위해 성과급 제도를 어떻게 활용할 수 있는가? 이와 관련해 깜짝 놀랄 만한 여론 조사 결과가 있는데, 무려 40%의 종업원이 자신의 성과와 급여의 연관성에 대해 명확히 알지 못한다는 점이다.[65] 여기서 우리는 이들 종업원이 근무하는 회사들은 어떤 곳인지 생각해봐야 한다. 이 기업은 성과 기대에 관해 확실하게 의사소통하지 않음이 분명하다.[66] **성과별 지급 프로그램**(pay-for-performance program)은 종업원의 몇 가지 성과 지표를 근거로 지급하는 다양한 보상 계획이다.[67] 성과급(piece-rate pay) 지급 계획, 임금 인센티브 계획, 이윤 배분, 일시에 지급되는 보너스가 성과별 지급 프로그램의 대표적인 예다. 이러한 지급 형태들이 전통적인 보상 계획과 다른 점은 근무 시간 대비 임금 지급 방식 대신 성과 지표를 반영해 조정된다는 점이다. 성과 지표에는 개인의 생산성, 팀이나 작업집단 생산성, 부서별 생산성, 혹은 회사의 전반적 이익 성과 등이 포함된다.

성과별 지급 프로그램은 기대 이론과 가장 어울리는 방법일 것이다. 동기부여를 극대화하기 위해 개인은 성과와 보상의 강한 상관관계를 인식해야 한다. 만약 보상이 성과와 관련 없는 연공서열이나 직함, 전반적인 임금 인상 등으로 주어진다면, 종업원들은 자신의 노력을 줄일 것이다. 동기부여 측면에서 볼 때, 종업원의 관심과 노력에 기반 한 성과 지표에 보수 조건을 맞춘다면 이러한 보상이 노력을 지속적으로 강화할 것이다. 종업원, 팀, 회사의 성과가 떨어지면 보상도 줄어든다. 따라서 노력과 동기부여를 강하게 유지해야 할 동기가 있는 것이다.

성과별 지급 프로그램은 널리 이용되고 있다. 미국의 대기업 중 80%가 다양한 보상 시스템을 갖추고 있다.[68] 이러한 유형의 보상 계획들은 또한 캐나다, 일본 같은 다른 나라들에서도 시도되고 있다. 캐나다 소재 업체 30%와 일본 소재 업체 22%가 이미 이 프로그램을 사용하고 있다.[69]

성과별 지급 프로그램은 효과가 있을까? 연구 결과, 대체적으로 이러한 제도들이 효과가 있음을 시사하고 있다. 한 연구에서 성과급 제도를 사용하는 회사가 그렇지 않은 회사보다 더 좋은 성과를 내고 있는 것을 확인했다.[70] 또 다른 연구에서는 성과별 지급 프로그램이 판매, 고객 만족, 이익 등에 긍정적인 영향을 미치는 것으로 확인되었다.[71] 만약 어떤 조직이 실무팀들을 운영한다면, 경영자들은 팀의 노력과 몰입을 강화할 수 있도록 집단에 기반 한 성과 인센티브를 고려해야 한다. 경영자는 이들 프로그램들이 개인 기반이든 팀 기반이든 상관없이, 조직이 개인으로부터 기대하는 성과와 개인이 받는 보상 간의 관계를 구체적으로 확실히 할 필요가 있다. 종업원은 자신과 조직의 성과가 어떻게 급여로 바뀌는지 정확히 알아야 한다.[72]

성과별 지급 프로그램
종업원의 몇 가지 성과 지표를 근거로 지급하는 다양한 보상 계획

종업원 인정 프로그램에 대한 부연 설명 경제적 상황과 재무 상태가 불확실한 시기에는 종업원들의 공로를 인정하고 보상하는 경영자의 능력이 심각하게 제약을 받는 경우가 자주 있다. 힘든 시기에 종업원들의 생산성을 유지하는 것은 어려운 일이다. 아무리 그것이 중요할지라도 말이다. 그리하여 종업원들이 업무와 더 멀어지게 되는 것도 전혀 놀랍지 않다. 최근 CEB(Corporate Executive Board)에 의해 진행된 한 연구에 따르면 종업원 몰입도가 줄어들면 생산성도 3~5%까지 떨어지는 것으로 나타났다.[73] 종업원들의 동기부여 수준을 유지 혹은 증가시키기 위해 경영자가 취할 수 있는 조치들이 있다. 하나는 종업원 각 개인의 역할을 명확히 하는 것이다. 종업원들에게 자신의 노력이 기업의 전반적인 상황을 어떻게 개선하는지 보여주어라. 의사소통 채널을 개방해 고위 경영자와 양방향 의견 교환을 통해 종업원들의 두려움이나 걱정을 덜어 주는 것도 중요하다. 어떤 조치를 취하든 핵심은 기업이 종업원들에게 신경 쓰고 있음을 계속 보여주는 것이다. 이 장을 시작할 때 말한 것처럼, 기업의 가치는 기업에 남아 있도록 동기부여된 종업원들로부터 나온다. 경영자들은 종업원이 기업에 남아 있고 싶게 만들어야 한다.

요약

11-1   동기부여를 정의하고 설명한다.

동기부여는 사람의 에너지, 방향, 목표 달성을 위한 한결같은 노력이다.

에너지 요인은 강렬함, 추진력의 요인이다. 높은 수준의 노력은 회사의 목표 달성을 위한 방향으로 유도되어야 한다. 종업원은 목표 달성을 위해 한결같이 많은 노력을 해야 한다.

11-2   초기 동기부여 이론들을 비교, 대조한다.

개인은 5개의 욕구 단계(생리적 욕구, 안전 욕구, 사회적 욕구, 존중 욕구, 자아실현 욕구) 중 한 단계가 충족될 때마다 다음 단계로 올라간다. 이미 만족된 욕구는 더 이상 그것을 달성하기 위한 동기부여를 하지 못한다.

X이론은 경영자가 사람들이 일하기 싫어하고 책임을 지지 않으므로 위협을 받아야 하거나 강압적으로 일을 하게 만들어야 한다고 믿는 것이다. Y이론은 경영자가 사람들은 일하기를 좋아하고 책임을 지며 그래서 자기 동기부여와 자기지시만 필요하다고 추정한다.

허즈버그의 2요인 이론은 직무 만족과 관련 있는 본질적인 요인들이 사람들에게 동기를 부여한다고 제안했다. 직무 불만족과 연관된 외부적 요인들은 사람들이 불만족한 것으로부터 지켜준다.

성취 동기 이론은 동기부여를 하는 가장 중요한 세 가지 욕구로 성취 욕구, 친교 욕구, 권력 욕구가 있다고 한다.

11-3   동기부여의 현대 이론들을 비교, 대조한다.

목표 설정 이론은 구체적인 목표가 성과를 향상시키며 어려운 목표가 성취될 경우 쉬운 목표보다 성과가 더 크다고 주장한다. 목표 설정 이론에서 중요한 점은 목표 달성을 위한 업무 수행이 직무 동기부여의 주요 원천이라는 것이다. 종업원들은 더 나은 성과를 내기 위해 일반적인 목표보다 구체적이고 어려운 목표를 설정하며 때로는 목표 할당보다 목표 설정에 참여하는

것을 선호한다. 이들은 행동에 대한 지침이나 동기부여를 위해 피드백(특히 자발적 피드백)을 제공받고, 목표 몰입, 자존감, 국가 문화와 같은 목표 설정에 미칠 영향을 고려해야 한다.

직무 특성 모델은 5개의 요인(기술 다양성, 직무 정체성, 직무 중요성, 자율성, 피드백)이 있고 직무 동기부여 설계에 이용된다.

공정성 이론은 종업원이 자신들의 투입-결과 비율이 다른 사람들의 비율과 어떤지 비교하는 데 초점을 맞추고 있다. 불공정하다는 것을 인식하면 종업원들은 그것에 대해 어떤 행동을 취한다. 절차 공정성은 종업원의 분배 공정성보다 만족도에 더 많은 영향력이 있다.

기대 이론에 의하면 개인은 기대에 따라 행동을 하고 이 행동은 바랐던 결과에 의해 결정된다. 기대감은 노력-결과 연관성(어떤 수준의 성과를 달성하기 위해 얼마나 노력을 해야 하는가), 그리고 수단성은 성과-보상 연관성(성과를 달성하면 어떤 보상을 받을 것인가)이다. 그리고 유의성은 보상이 얼마나 나에게 매력적인가 하는 것이다(보상이 내가 원하는 것인가).

11-4   종업원 동기부여와 관련한 현행 이슈들을 논의한다.

어려운 경제 상황에서, 경영자는 종업원의 노력에 기운을 북돋고 지시하는, 그리고 목표 달성을 유지하는 데 창조적인 방법을 찾아야 한다.

대부분의 동기부여 이론은 미국에서 개발되었고 북미 성향을 띠고 있다. 어떤 이론(매슬로의 욕구 단계, 성취 욕구, 공정성 이론)은 다른 문화권에서 효과적이지 못하다. 그러나 흥미 있는 일에 대한 욕구는 모든 노동자에게 중요하게 여겨지고 허즈버그의 동기부여(내적) 요인은 보편적이다.

경영자들은 특별한 집단의 노동자들에게 동기부여를 하는 데 어려움을 겪고 있다. 다양한 노동력은 융통성을 원한다. 전문직 종사자는 도전적인 업무와 지지를 원하고 일 자체에 의해 동기부여가 된다. 임시직 근로자는 정규직 전환 기회 혹은 기술 교육을 받기를 원한다.

회계장부 공개 경영은 종업원들과 회사의 재정상태에 관한

정보를 공유하는 것이다. 종업원 인정 프로그램은 개인적 관심, 인정, 직무 수행을 잘했다는 감사로 구성된다. 성과별 지급 프로그램은 성과 지표 요인에 따라 종업원들에게 다양한 보수 지급 방법으로 보상하는 것이다.

토의문제

11-1 우리는 먹고살기 위해 일하며, 일은 우리 삶의 중요한 일부이다. 그렇다면 경영자는 왜 종업원의 동기부여 문제에 대해 많은 고민을 하는가?

11-2 동기부여란 무엇인가? 동기부여의 세 가지 핵심 요소를 설명하라.

11-3 매슬로의 욕구 단계 이론에서 낮은 단계와 높은 단계의 욕구를 비교하라.

11-4 (a) 욕구 단계 이론, (b) 2요인 이론, (c) 공정성 이론, (d) 기대 이론, (e) 성취 욕구를 통해 직원들에게 동기부여하기에서 각각 돈이 수행하는 역할을 설명하라.

11-5 종업원이 자신의 투입-결과 비율을 다른 사람의 그것과 비교해 불공정하다고 인식하면, 어떤 결과가 생기는가?

11-6 성과별 지급 프로그램을 이용하면 종업원의 성과에 대한 동기부여에 어떤 장점이 있는가? 그리고 어떠한 문제점이 있는가?

11-7 업무의 본질 변화에 대한 연구를 해 온 많은 직무 설계 전문가들은 사람들이 돈보다 목적에 의해 동기부여되었을 때 최상의 성과를 보인다고 말한다. 여기에 동의하는가? 당신의 생각은 어떠한가? 경영자에게 의미하는 바는 무엇인가?

11-8 경영자로서 동기부여의 수단으로 사용하기 위해 목표 설정 이론에 대해 어떤 것을 알아야 하는가?

11-9 개인이 과도하게 동기부여가 될 수 있는가?

11-10 오늘날 노동 인력을 동기부여해야 하는 경영자들은 어떤 과제에 직면하는가?

적용하기   직장생활을 위한 준비

경영자가 되기 위한 기술 | 효과적인 동기부여자 되기

훌륭한 경영자란 동기부여를 잘하는 사람이다. 그들은 종업원이 지닌 모든 잠재력을 이끌어낼 수 있는 마법의 '약'을 찾아낼 수 있다. 수많은 동기부여 관련 경영서적과 동기부여 세미나로 돈벌이하는 전문가들을 통해 효과적인 경영에 관한 이 주제의 중요성을 확인할 수 있다.

기본 기술

다른 사람을 동기부여하는 것은 복잡한 업무다. 아쉽게도 대상과 장소에 상관없이 적용할 수 있는 보편적인 동기 요인은 없다. 사람마다 동기부여되거나 되지 않는 많은 예가 있다. 아래에 효과를 거둘 수 있는 몇 가지 핵심 사항을 정리했다.[74]

- 개인 간 차이를 인정하라. 사람들은 각기 다른 욕구를 갖는다. 그들을 똑같이 대해서는 안 된다. 개인별로 무엇이 중요한지 이해하기 위해 시간을 할애해야 한다. 이는 개인의 욕구와 연관된 목표와 몰입의 수준, 보상을 개별화하는 데 도움이 된다.

- 목표와 피드백을 활용하라. 사람들은 목표 갖기를 좋아한다. 만약 다른 사람의 목표를 부여하거나 결정하는 데 관여하는 위치에 있다면, 어렵고 구체적인 목표를 설정하게 하라. 이는 강하게 동기부여할 것이다. 개인은 자신이 목표 달성을 잘하고 있는지 피드백을 받을 때 동기부여가 잘 된다.

- 사람들로 하여금 자신에게 영향을 미치는 의사결정에 참여하게 하라. 참여 수준에 영향을 미치는 위치에 있다면, 동기부여 대상이 적극적으로 참여하도록 하라. 종업원들은 업무 목표 설정, 복리후생 제도 선택, 생산성과 품질 문제 해결 등의 참여에 긍정적으로 반응을 보일 것이다.

- 불만족 욕구와 보상을 연관 지어라. 2, 3번의 제안은 경영자나 팀

리더가 종업원이나 팀 구성원들을 동기부여할 때 가장 직접적으로 적용할 수 있다. 불만족 욕구와 보상의 가장 효과적인 연계는 행동을 일반화하는 것이다—이는 종업원과 팀 구성원뿐만 아니라 동료나 친구, 배우자, 고객을 동기부여할 때도 마찬가지다. 이는 1번의 제안과 개인의 차이에 근거한다.

조직 내 지위와 자원에 따라 당신이 통제하는 보상은 다양할 것이다. 최고 중역들은 일반적으로 급여 인상, 보너스, 승진, 직무 배정, 교육훈련을 통제할 수 있다. 그들은 더 많은 자유가 주어지고, 자신의 업무를 통제하며, 업무 환경이 개선되고, 직장 내 사회적 상호작용이 증대되거나 업무량이 조정되는 것과 같은 직무 설계를 통제할 수도 있다. 인정해주거나 문제에 공감하며 세심한 도움을 제공하는 것과 같은 보상은 누구나 할 수 있는 것이다. 핵심은 어떤 욕구가 지배적이며 불만족스러운지 파악해 그러한 욕구를 만족시켜 줄 보상을 골라내는 것이다.

- 성과와 보상을 연결하라. 당신은 성과의 여하에 따라 보상을 제시해야 한다. 동기부여하려는 대상이 이 연관성을 명확히 인지하고 있어야 한다. 보상과 실제 성과 기준과의 연관성과 무관하게 지각이 중요하다. 개인이 성과와 보상 간 관련성이 낮다고 지각하면, 동기부여와 성과는 악화할 것이다.
- 공정성을 유지하라. 보상은 조직 내 사람들에 의해 그들이 업무에 제공한 투입에 대해 공정하다고 지각되어야 한다. 간단히 말해 경험, 기술, 능력, 노력, 기타 확실한 투입이 성과, 나아가 급여, 직무 배정, 그 외 명백한 보상의 차이를 설명해야만 한다.

기술 적용

다음 시나리오를 읽고 마지막 부분의 지시문에 따르라.

션의 대학 졸업 후 첫 직업은 라일스 케이터링 서비스(Lyle's Catering Services)의 관리자(supervisor)이다. 라일스 케이터링 서비스의 주요 사업은 대학과 병원의 급식 서비스를 관리하는 것이다.

션은 세인트폴대학을 책임지게 되었다. 그에게는 12명의 정규직원과 15명의 파트타임 종업원이 있다. 식당은 주 7일, 오전 6시 30분부터 오후 8시까지 운영한다.

션은 근무한 지 8개월이 지났으며, 종업원들의 높은 이직률로 고민이다. 그가 입사한 직후 3명의 정규직원과 6명의 파트타임 종업원이 그만두었다. 션은 지난 5년간의 인사기록 카드를 살펴보고는 이런 패턴이 계속되고 있음을 알게 되었다. 끊임없는 신규직원 채용과 교육에 소요되는 비용과 시간도 문제였다. 그는 무언가 해결책을 찾고자 했다.

션은 공식적으로 종업원들에게 대화를 시작했다. 자신의 직업에 열정을 가진 종업원은 아무도 없었다. 심지어 식당에서 근무한 지 6년이 넘은 고참들도 자신의 업무에 열의가 없었다. 실제로 시간당 평균 11.5달러를 받는 파트타임 종업원들이 15달러를 받는 정규직원들보다 더 많이 동기부여된 것처럼 보였다.

강의실에 소그룹을 만들어라. 당신이 션이 되어 보라. 종업원에게 동기부여하고 이직률을 낮추기 위해 어떻게 할 수 있는가?

경험에 의한 문제 해결

이 장을 읽고 공부한 후 당신은 직원들의 동기부여가 얼마나 중요한지 잘 알고 있다. 또한 직원들에게 감사를 표하는 것은 사기와 동기부여에 긍정적인 영향을 미칠 수 있다는 것을 알고 있다. 커리어빌더(CareerBuilder) 조사에 따르면, 직원의 50%는 경영자들이 단순히 그들의 노력을 더 자주 인식한다면 이직률이 감소할 것으로 믿는다고 말했다. 반면, 40%의 직원들은 그들의 매니저들이 그들의 노력을 당연하게 받아들인다면 그들의 노력에서 그 이상의 것을 할 것 같지 않다고 말했다.[75] 그러나 인정은 경영자들로부터만 올 필요는 없다. 그것은 또한 동료와 같은 다른 사람들로부터 올 수도 있다. 그래서 이 실험적인 연습에서, 당신은 할당된 그룹에서 브레인스토밍을 하게 된다. 동료들에 대한 25대 칭찬을 찾아보자. 당신이 열심히 일하고 좋은 일을 한 동료들에게 줄 수 있는 칭찬 목록을 생각해보자. 다음은 몇 가지 예시이다.

- 훌륭해요! (Fantastic work!)
- 상황이 어렵더라도, 당신은 최고의 태도를 계속 유지할 수 있을 거예요!

진심으로 칭찬을 하는 것은 당신의 동료들에게 당신이 그들을 얼마나 고마워하는지 보여주는 멋진 방법이라는 것을 기억하라. 누가 알겠는가? 아마 누군가가 당신의 노고를 칭찬해줄지도 모른다!

사례 적용 #1

최저 생활 임금
주제: 실질생활임금

영국은 1999년에 국가최저임금을 도입해 고용주가 조직의 규모나 역할의 성격에 관계없이 최저시급을 지불하도록 했다. 독립 기구에서 검토한 이 최소 비율은 매년 증가하고 있다. 생활임금을 위한 캠페인은 2001년에 시작되었으며, 이는 임금이 정부 최저가 아니라 근로자들이 생활비를 충당할 수 있도록 하는 수준에 있도록 하기 위한 것이었다. 이 캠페인은 정당 간 지지를 얻었고, 2016년에는 정부가 25세 이상 근로자를 대상으로 '국민생활임금'을 도입했다.

이 두 정책 모두 근로자가 기본적인 생활수준을 유지할 수 있도록 하기 위한 것이었고, 규칙을 어기는 것으로 보이는 단체들은 정부 조사에 직면했으며, 드물지만 기소되는 경우도 있었다.[76] 이러한 법적 요건을 갖춘 상황에서, 왜 일부 회사들은 더 많은 돈을 지불하기로 선택했는가?

생활임금재단은 단체들이 더 건강한 음식과 같은 것을 포함하는 적절한 생활수준을 위해 필요한 것을 감당할 수 있도록 돕기 위해 법적인 의무보다 더 많은 돈을 지불하도록 설득하는 것을 목표로 하고 있다. 2019년 1월 초에는 FTSE 100[77]의 3분의 1을 포함해 4,700명이 넘는 공인 생활임금 고용주가 있었고, 2016년 4월 이케아 UK가 실질생활임금을 도입하면서 7,300명의 근로자가 임금 인상을 받았다. 이케아 UK의 컨트리 HR 매니저인 페르닐레 해길드(Pernille Hagild)는 이러한 증가가 영국에서의 성장에 대한 회사의 계획에 도움이 될 것이며, 그것은 동기부여의 증가와 직원 이직률 감소로 이어질 것이라고 말했다. 직원들은 생활 변화가 상당히 심각해 주택담보대출을 신청하고, 청구서를 지불하고, 단순히 삶을 더 즐길 수 있을 것이라고 말한 것으로 보고되었다.[78]

첼시 FC는 2014년 살아있는 임금에 가입한 최초의 프리미어 리그 클럽이 되었다. 첼시의 브루스 벅(Bruce Buck) 회장은 열심히 일하고 헌신하는 것이 공정하게 보상받을 수 있도록 직원들에게 헌신적인 모습을 보여준다고 믿었다. 그것은 그들의 훈련장에서 외부 계약자들에 의해 고용된 직원들을 포함하도록 시간당 요금 인상을 연장했다. 이 조치는 당시 런던의 시장인 보리스 존슨(Boris Johnson)이 지지했는데, 그는 이것이 다른 클럽들에게 좋은 본보기가 되었다고 생각했다.[79]

이것이 단순히 옳은 일이라는 주제는 많은 인증된 고용주들에 의해 메아리쳐진다. 옥스팜은 일할 수 있고 상당한 임금을 받을 수 있는 것이 가난을 극복하는 데 필수적이라고 굳게 믿고 있다. 네슬레는 생활임금재단의 주요 파트너가 되는 것이 산업에 영향을 미치는 데 도움이 될 것으로 보고 상업적 이익을 보고 있지만, 임금 인상이 더 넓은 지역사회에 긍정적인 영향을 미칠 것이라는 점도 인정하고 있다.

첼시 FC, 이케아, 그리고 다른 4,700명의 고용주들에게 이 같은 조치가 성공적이었는가? 생활임금재단이 진행한 연구가 이번 결정을 뒷받침하는 것으로 보인다. 재단은 800개 이상의 공인된 실질생활임금 사업을 조사한 결과, 절반 이상이 채용과 보유가 모두 개선된 것으로 나타났다. 예를 들어 수제맥주 제조업체이자 소매업체인 브루독(Brewdog)은 그들이 생활임금을 도입한 후 그 해에 직원 이직률이 40% 감소했다. 조사 대상 800개 기업 중 57%는 생활임금 근로자의 의지와 의욕이 증가(대규모 고용주의 경우 78%까지 상승)한 것으로 나타났다. 또한 86%는 실질생활임금을 지급하기로 한 결정이 조직의 평판도 향상시켰다고 믿었다.

토의문제

11-11 이 사건이 이 장 앞부분의 신화를 뒷받침하는가?

11-12 보고되는 동기부여의 증가는 단지 추가금액을 제외한 어떤 것과 관련이 있다고 생각하는가?

11-13 중간 또는 더 높은 임금률로 증가하면 이러한 혜택이 조직에 제공되는가?

11-14 임금 수준의 상승으로 장기적인 문제가 있다고 보는가?

사례 적용 #2

무제한 휴가? 정말?
주제: 전문가 동기부여, 기대 이론

조직에서 제공하는 무제한 휴가 시간이 당신에게 중요할까? 생각지도 못했던 조직에 당신을 끌어들이는 것이 충분히 매력적인 혜택일까? 그것이 직원으로서 당신에게 동기부여가 될까? 넷플릭스, 링크드인, 버진 아메리카, 트위터, 버치박스(BirchBox) 같은 일부 기업은 직원들에게 원하는 만큼 많은 급여를 지급한다. 하지만, 무제한 휴가 정책은 미국 기업에서 계속 드물다. 인사관리협회에 따르면 이 선택권을 제공하는 기업은 1~2%에 불과하다.[80] 테크놀로지는 직원들이 휴가 중에도 항상 이용 가능해야 한다고 생각한다. 그리고 많은 직원이 일반적인 2주간의 휴가 시간을 가져보지도 않는다. 실제로 근로자 7,000여 명을 대상으로 한 최근 설문 조사에 따르면 2017년 평균 미국 직원은 22.6일의 휴가를 얻었지만, 그중 사용한 일수는 16.8일에 그친다고 한다.[81] 이런 비정형 단체들은 왜 직원들에게 무제한의 휴가 시간을 제공하기로 선택했고, 직원들은 이에 대해 어떻게 생각하는가?

> ### 무제한 휴가란 얼마나 많은 시간을 의미하는 것일까?

조직이 이 옵션을 선택하는 이유 중 하나는 직원들이 프로젝트 마감 시간, 회의, 예상치 못한 위기 등으로 인해 과로하고 스트레스를 받는다고 느끼기 때문이다. 심지어 리더 자리에 없는 직원들도 업무시간 이후엔 '기대'가 될 수 있다. 하지만 무제한 휴가가 제공된다고 해서 직원들이 그것을 사용한다는 뜻은 아니다. 많은 직원들은 장시간 휴가가 상사, 특히 다른 직원이나 심지어 관리자들에게 휴가 기간 동안 휴가를 내지 못하는 경우 상사에게 잘못된 메시지를 전달한다고 생각하기 때문에 휴가를 활용하는 것을 주저하고 있다.

일부 조직이 이러한 혜택을 제공하는 또 다른 이유는 유능한 전문가를 유치하는 데 어려움을 겪고 있기 때문이다. 매사추세츠에 본사를 둔 직장관리 소프트웨어 회사인 크로노스(Kronos)는 전문직 종사자들의 수요가 많은 노동시장에서의 입지 때문에 자격을 갖춘 전문직 종사자들을 찾기 위해 고군분투하고 있었다. CEO는 인사 부서에 인재를 채용하는 데 있어 경쟁력을 높일 수 있는 전략을 마련하라고 지시했다. 한 가지 전략은 넷플릭스가 개척한 것과 같은 '개방형' 휴가 정책이었

다. 비슷한 정책을 시행한 후 크로노스는 재능 있는 전문가를 고용하는 것이 그러한 정책이 없는 것만큼 어렵지 않다는 것을 알게 되었다.

하지만, 개방형 휴가 정책에 직원들의 불만이 없는 것은 아니다. 크로노스가 공개 휴가 정책을 시행했을 때 불만 사항은 크게 세 가지로 나뉘었다. 공식 정책이 없어 생긴 모호함에 대해 불편함을 느낀 매니저들로부터 주요 불만 사항 중 하나가 나왔다. 이들 경영자들은 과도한 시간을 빼앗으려는 직원들을 상대해야 할 수도 있고, 일정 충돌을 중재하고 직원들의 근무 일정을 조율해야 할 수도 있다고 믿었다. 이러한 우려를 해소하기 위해, 회사는 관리자에게 개별 교육 및 코칭을 제공하고 HR이 필요한 모든 것을 지원하도록 했다.

휴가 기간이 늘었고 퇴사할 때 현금 변제를 받을 것으로 기대했던 직원들로부터 또 다른 큰 불만이 터져 나왔다. 회사가 누적된 지출 항목을 없애기 때문에, 일부 공개 휴가 정책에 대한 비판자들은 회사가 직원들의 사기를 높이기 위해서가 아니라 돈을 절약하기 위해서만 한다고 말한다. 이러한 우려를 해소하기 위해 크로노스의 임원들은 휴가 누적 저축액을 출산 휴가 증가, 육아 지원 프로그램인 401(k) 증가, 직원들의 학자금 대출에 일정 금액을 기부하는 등 다른 직원 복리후생에 재투자하기로 결정했다.

크로노스의 마지막 주요 불만은 상당량의 연간 휴가 기간을 축적할 수 있을 만큼 충분한 기간 동안 회사에 근무한 직원들로부터 나왔다. 이 직원들은 신입사원들이 수년간 그곳에 있지 않고 원하는 만큼의 휴가를 얻는 것은 불공평하다고 느꼈다. 크로노스 경영진은 직원 개개인과 비공식 대화를 통해 이러한 불만을 해결하려고 했다. 불평등에 대한 인식이 경영자들에게는 과제가 될 수 있다.

직원, 즉 개방형 휴가 정책으로 전환했거나 전환하려고 하는 모든 기업, 크로노스의 관리자들은 직원에게 영향을 미치는 모든 유형의 조직 변화에 대해 깊이 생각해야 하며, 직원들이 어떤 영향을 받을 수 있는지도 생각해야 한다.

토의문제

11-15 직원 및 조직에 대한 무제한 휴가 정책의 장단점은 무엇인가?

11-16 왜 일부 기업이 무제한 휴가 정책으로 전환하고 있다고 생각하는가? 무제한 휴가 정책은 작은 회사들에서 실현 가능한가? 토론해보라.

11-17 관리자/팀 리더가 직원들이 실제로 무제한 휴가 정책을 활용하고 있는지 여부에 어떤 영향을 미칠 수 있는가?

11-18 무제한 휴가에 대한 직원들의 기분에 세대차가 있을 수 있다고 생각하는가? 당신의 대답을 설명하라.

11-19 무제한 휴가가 직원의 의욕에 어떤 영향을 미칠 수 있는가? 이 질문에 대답할 때, 이 조직적 접근법과 관련된 모든 관련 동기 이론(초기와 현대)을 논의하라.

사례 적용 #3

열정적으로 추구하는 것
주제: 직원그룹, 작업 설계에 동기부여하는 법

캘리포니아주 벤투라에 본사가 있는 파타고니아(Patagonia)의 사무실 공간은 4억 달러 규모 의류업체의 본사라기보다는 국립공원에 있는 숙소와 흡사한 느낌이다.[84] 소나무로 만들어진 계단이 있고, 요세미티 엘 캐피탄 액자가 있다. 회사 카페에서는 유기농 음식과 음료를 팔고 있다. 직원들의 자녀를 위한 영·유아 놀이방도 있다. 태평양이 걸어서 멀지 않은 곳에 있으며, 구내식당 옆에는 종업원의 서핑보드가 언제든 파도를 탈 준비 태세로 줄 세워져 있다. (로비의 화이트보드에는 현재 파도 상황이 게시되어 있다.) 서핑, 조깅, 자전거 타기를 한 후 종업원들은 샤워 시설을 이용해 씻을 수 있다. 그리고 아무도 개인 사무실은 가지고 있지 않다. 방해받고 싶지 않은 종업원은 간단하게 헤드폰을 쓰면 된다. 방문자들만 양복을 입고 오기 때문에 쉽게 종업원들과 구별할 수 있다. 종업원의 사기를 증폭시키기 위해 회사는 축하하고 격려하는 것을 즐겨 한다. 한 가지 예로 리노 지점에서는 '즐거움 지킴이'가 매년 다양한 파티를 개최한다.

파타고니아는 특히 엄마들에게 좋은 일터로 오랫동안 명성을 유지했다. 또한 보통 의류업계에서는 찾기 어려운 충성심이 강한 종업원이 많기로 유명하다. 자발적이거나 비자발적인 이직률이 소매점에서는 25%였으나 본점에서는 7%밖에 되지 않았다. (의류업 전체적으로는 평균 이직률이 44%이다.) 파타고니아의 CEO인 로즈 마카리오(Rose Marcario)는 회사 문화, 동지애, 경영 방법이 종업원에게 큰 의미를 주며 그들의 직무 활동이 그들이 사랑하고 좋아하는 바깥 환경을 보호하고 보

직원에게 올바른 방식의 동기부여

존하는 것을 도울 수 있다는 점을 알고 있다. 경영자들은 무엇을 기대하고 있는지 잘 설명하고, 마감일 준수에 대해 얘기를 나누고, 이러한 목표를 달성하기 위해 종업원들이 무엇을 해야 하는지 조언을 해줄 수 있도록 교육을 받고 있다.

이본 취나드(Yvon Chouinard)에 의해 설립되었고, 자연환경에 대해 열렬한 지지를 하고 있는 파타고니아의 최우선적이자 제일 강한 열정은 외부와 바깥 환경이다. 그리고 이러한 점에서 공통점이 있는 종업원을 끌어들이고 있다. 하지만 파타고니아의 경영진은 자신들이 다른 무엇보다 '경영'을 하고 있다는 것을 알며, 올바른 것을 실시하기 위해 헌신적이기는 하지만, 열정적인 것에 계속 열정적이려면 어느 정도의 이익이 계속 발생해야 한다. 문제가 될 것도 없는 것이, 1990년대 초 불경기에 의해 대규모 정리해고를 실시해야 했을 때를 제외하고는 중요한 문제가 일어난 적이 없다.

토의문제

11-20 파타고니아를 위해서 일한다는 것은 어떤 느낌인가? (힌트: 실제로 파타고니아의 홈페이지에 접속해 '직업' 란을 참조하라.) 당신은 회사의 직업 환경에 대해 어떤 평가를 내리겠는가?

11-21 여러 동기부여 이론을 배우면서 얻은 지식을 토대로, 종업원의 동기부여에 대해 파타고니아는 무엇을 말해주는지 논의해보라.

11-22 종업원의 동기부여를 계속해서 유지하기 위해 파타고 니아가 해야 할 가장 중요한 일은 무엇인가?

11-23 당신이 의류업에서 파타고니아 종업원으로 이루어진 팀을 관리하는 팀장이라면 어떻게 동기부여를 하겠는가?

미주

1. P. Bronson, "What Should I Do with My Life Now?" *Fast Company*, April 2009, pp. 35–37.
2. SmartPulse, "How Well Do You Motivate Your People?" Smart Brief on Leadership, www.smartbrief.com/leadership, January 20, 2015.
3. A. Adkins, "The Best Workplace Articles of 2017," *Gallup News Online*, December 13, 2017.
4. R. M. Steers, R. T. Mowday, and D. L. Shapiro, "The Future of Work Motivation Theory," *Academy of Management Review*, July 2004, pp. 379–87.
5. A. Adkins, "U.S. Employee Engagement Holds Steady at 31.7%," May 7, 2015, http://www.gallup.com/poll/183041/employee-engagement-holds-steady.aspx.
6. J. Krueger and E. Killham, "At Work, Feeling Good Matters," *Gallup Management Journal*, December 8, 2015, http://gmj.gallup.com.
7. "Maslow Motion," *New Statesman*, March 15, 2010, p. 37; "Dialogue," *Academy of Management Review*, October 2000, pp. 696–701; M. L. Ambrose and C. T. Kulik, "Old Friends, New Faces: Motivation Research in the 1990s," *Journal of Management* 25, no. 3 (1999), pp. 231–92; A. Maslow, D. C. Stephens, and G. Heil, *Maslow on Management* (New York: John Wiley & Sons, 1998); and A. Maslow, *Motivation and Personality* (New York: McGraw-Hill, 1954).
8. R. Coutts, "A Pilot Study for the Analysis of Dream Reports Using Maslow's Need Categories: An Extension to the Emotional Selection Hypothesis," *Psychological Reports*, October 2010, pp. 659–73; E. A. Fisher, "Motivation and Leadership in Social Work Management: A Review of Theories and Related Studies," *Administration in Social Work*, October–December 2009, pp. 347–67; and N. K. Austin, "The Power of the Pyramid: The Foundation of Human Psychology and, Thereby, of Motivation, Maslow's Hierarchy Is One Powerful Pyramid," *Incentive* (July 2002), p. 10.
9. See, for example, Ambrose and Kulik, "Old Friends, New Faces: Motivation Research in the 1990s"; J. Rowan, "Ascent and Descent in Maslow's Theory," *Journal of Humanistic Psychology*, Summer 1999, pp. 125–33; J. Rowan, "Maslow Amended," *Journal of Humanistic Psychology*, Winter 1998, pp. 81–92; R. M. Creech, "Employee Motivation," *Management Quarterly*, Summer 1995, pp. 33–39; E. E. Lawler III and J. L. Suttle, "A Causal Correlational Test of the Need Hierarchy Concept," *Organizational Behavior and Human Performance*, April 1972, pp. 265–87; and D. T. Hall and K. E. Nongaim, "An Examination of Maslow's Need Hierarchy in an Organizational Setting," *Organizational Behavior and Human Performance*, February 1968, pp. 12–35.
10. R. E. Kopelman, D. J. Prottas, and A. L. Davis, "Douglas McGregor's Theory X and Y: Toward a Construct-Valid Measure," *Journal of Managerial Issues*, Summer 2008, pp. 255–71; and D. McGregor, *The Human Side of Enterprise* (New York: McGraw-Hill, 1960). For an updated description of Theories X and Y, see an annotated edition with commentary of *The Human Side of Enterprise* (McGraw-Hill, 2006); and G. Heil, W. Bennis, and D. C. Stephens, *Douglas McGregor, Revisited: Managing the Human Side of Enterprise* (New York: Wiley, 2000).
11. F. Herzberg, B. Mausner, and B. Snyderman, *The Motivation to Work* (New York: John Wiley, 1959); F. Herzberg, *The Managerial Choice: To Be Effective or to Be Human*, rev. ed. (Salt Lake City, UT: Olympus, 1982); Creech, "Employee Motivation"; and Ambrose and Kulik, "Old Friends, New Faces: Motivation Research in the 1990s."
12. D. C. McClelland, *The Achieving Society* (New York: Van Nostrand Reinhold, 1961); J. W. Atkinson and J. O. Raynor, *Motivation and Achievement* (Washington, DC: Winston, 1974); D. C. McClelland, *Power: The Inner Experience* (New York: Irvington, 1975); and M. J. Stahl, *Managerial and Technical Motivation: Assessing Needs for Achievement, Power, and Affiliation* (New York: Praeger, 1986).
13. McClelland, *The Achieving Society*.
14. McClelland, *Power: The Inner Experience*; D. C. McClelland and D. H. Burnham, "Power Is the Great Motivator," *Harvard Business Review*, March–April 1976, pp. 100–10.
15. D. Miron and D. C. McClelland, "The Impact of Achievement Motivation Training on Small Businesses," *California Management Review*, Summer 1979, pp. 13–28.
16. "McClelland: An Advocate of Power," *International Management*, July 1975, pp. 27–29.
17. J. Flint, "How to Be a Player," *Bloomberg Businessweek*, January 24–30, 2011, pp. 108–09.
18. Steers, Mowday, and Shapiro, "The Future of Work Motivation Theory"; E. A. Locke and G. P. Latham, "What Should We Do about Motivation Theory? Six Recommendations for the Twenty-First Century," *Academy of Management Review*, July 2004, pp. 388–403; and Ambrose and Kulik, "Old Friends, New Faces: Motivation Research in the 1990s."
19. Ambrose and Kulik, "Old Friends, New Faces: Motivation Research in the 1990s."
20. J. C. Naylor and D. R. Ilgen, "Goal Setting: A Theoretical Analysis of a Motivational Technique," in B. M. Staw and L. L. Cummings (eds.), *Research in Organizational Behavior*, vol. 6 (Greenwich, CT: JAI Press, 1984), pp. 95–140; A. R. Pell, "Energize Your People," *Managers Magazine*, December 1992, pp. 28–29; E. A. Locke, "Facts and Fallacies about Goal Theory: Reply to Deci," *Psychological Science*, January 1993, pp. 63–64; M. E. Tubbs, "Commitment as a Moderator of the Goal-Performance Relation: A Case for Clearer Construct Definition," *Journal of Applied Psychology*, February 1993, pp. 86–97; M. P. Collingwood, "Why Don't You Use the Research?" *Management Decision*, May 1993, pp. 48–54; M. E. Tubbs, D. M. Boehne, and J. S. Dahl, "Expectancy, Valence, and Motivational Force Functions in Goal-Setting Research: An Empirical Test," *Journal of Applied Psychology*, June 1993, pp. 361–73; E. A. Locke, "Motivation through Conscious Goal Setting," *Applied and Preventive Psychology* 5 (1996), pp. 117–24; Ambrose and Kulik, "Old Friends, New Faces: Motivation Research in the 1990s; E. A. Locke and G. P. Latham, "Building a Practically Useful Theory of Goal Setting and Task Motivation: A 35-Year Odyssey," *American Psychologist*, September 2002, pp. 705–17; Y. Fried and L. H. Slowik, "Enriching Goal-Setting Theory with Time: An Integrated Approach," *Academy of Management Review*, July 2004, pp. 404–22; G. P. Latham, "The Motivational Benefits of Goal-Setting," *Academy of Management Executive*, November 2004, pp. 126–29; and G. Yeo, S. Loft, T. Xiao, and C. Kiewitz, "Goal Orientation and Performance: Differential Relationships Across Levels of Analysis and as a Function of Task Demands," *Journal of Applied Psychology*, May 2009, pp. 710–26.
21. J. A. Wagner III, "Participation's Effects on Performance and Satisfaction: A Reconsideration of Research and Evidence," *Academy of Management Review*, April 1994, pp. 312–30; J. George-Falvey, "Effects of Task Complexity and Learning Stage on the Relationship between Participation in Goal Setting and Task Performance," Academy of Management Proceedings on Disk, 1996; T. D. Ludwig and E. S. Geller, "Assigned versus Participative Goal Setting and Response Generalization: Managing Injury Control among Professional Pizza Deliverers," *Journal of Applied Psychology*, April 1997, pp. 253–61; and S. G. Harkins and M. D. Lowe, "The Effects of Self-Set Goals on Task Performance," *Journal of Applied Social Psychology*, January 2000, pp. 1–40.
22. J. M. Ivancevich and J. T. McMahon, "The Effects of Goal Setting, External Feedback, and Self-Generated Feedback on Outcome Variables: A Field Experiment," *Academy of Management Journal*, June 1982, pp. 359–72; and Locke, "Motivation Through Conscious Goal Setting."

23. J. R. Hollenbeck, C. R. Williams, and H. J. Klein, "An Empirical Examination of the Antecedents of Commitment to Difficult Goals," *Journal of Applied Psychology*, February 1989, pp. 18–23; see also, J. C. Wofford, V. L. Goodwin, and S. Premack, "Meta-Analysis of the Antecedents of Personal Goal Level and of the Antecedents and Consequences of Goal Commitment," *Journal of Management*, September 1992, pp. 595–615; Tubbs, "Commitment as a Moderator of the Goal-Performance Relation"; and J. W. Smither, M. London, and R. R. Reilly, "Does Performance Improve Following Multisource Feedback? A Theoretical Model, Meta-Analysis, and Review of Empirical Findings," *Personnel Psychology*, Spring 2005, pp. 171–203.

24. M. E. Gist, "Self-Efficacy: Implications for Organizational Behavior and Human Resource Management," *Academy of Management Review*, July 1987, pp. 472–85; and A. Bandura, *Self-Efficacy: The Exercise of Control* (New York: Freeman, 1997).

25. E. A. Locke, E. Frederick, C. Lee, and P. Bobko, "Effect of Self-Efficacy, Goals, and Task Strategies on Task Performance," *Journal of Applied Psychology*, May 1984, pp. 241–51; M. E. Gist and T. R. Mitchell, "Self-Efficacy: A Theoretical Analysis of Its Determinants and Malleability," *Academy of Management Review*, April 1992, pp. 183–211; A. D. Stajkovic and F. Luthans, "Self-Efficacy and Work-Related Performance: A Meta-Analysis," *Psychological Bulletin*, September 1998, pp. 240–61; A. Bandura, "Cultivate Self-Efficacy for Personal and Organizational Effectiveness," in E. Locke (ed.), *Handbook of Principles of Organizational Behavior* (Malden, MA: Blackwell, 2004), pp. 120–36; and F. Q. Fu, K. A. Richards, and E. Jones, "The Motivation Hub: Effects of Goal Setting and Self-Efficacy on Effort and New Product Sales," *Journal of Personal Selling & Sales Management*, Summer 2009, pp. 277–92.

26. A. Bandura and D. Cervone, "Differential Engagement in Self-Reactive Influences in Cognitively Based Motivation," *Organizational Behavior and Human Decision Processes*, August 1986, pp. 92–113; and R. Ilies and T. A. Judge, "Goal Regulation across Time: The Effects of Feedback and Affect," *Journal of Applied Psychology* (May 2005): pp. 453–67.

27. See J. C. Anderson and C. A. O'Reilly, "Effects of an Organizational Control System on Managerial Satisfaction and Performance," *Human Relations*, June 1981, pp. 491–501; and J. P. Meyer, B. Schacht-Cole, and I. R. Gellatly, "An Examination of the Cognitive Mechanisms by Which Assigned Goals Affect Task Performance and Reactions to Performance," *Journal of Applied Social Psychology* 18, no. 5 (1988): pp. 390–408.

28. See, for example, R. W. Griffin, "Toward an Integrated Theory of Task Design," in L. L. Cummings and B. M. Staw (eds.), *Research in Organizational Behavior*, vol. 9 (Greenwich, CT: JAI Press, 1987), pp. 79–120; and M. Campion, "Interdisciplinary Approaches to Job Design: A Constructive Replication with Extensions," *Journal of Applied Psychology*, August 1988, pp. 467–81.

29. See J. R. Hackman and G. R. Oldham, "Motivation through the Design of Work: Test of a Theory," *Organizational Behavior and Human Performance*, August 1976, pp. 250–79; Y. Fried and G. R. Ferris, "The Validity of the Job Characteristics Model: A Review and Meta Analysis," *Personnel Psychology*, Summer 1987, pp. 287–322; S. J. Zaccaro and E. F. Stone, "Incremental Validity of an Empirically Based Measure of Job Characteristics," *Journal of Applied Psychology*, May 1988, pp. 245–52; and R. W. Renn and R. J. Vandenberg, "The Critical Psychological States: An Underrepresented Component in Job Characteristics Model Research," *Journal of Management*, February 1995, pp. 279–303.

30. Classic Concepts in Today's Workplace box based on C. M. Christensen, "How Will You Measure Your Life?" *Harvard Business Review*, July–August 2010, pp. 46–51; D. A. Wren and A. G. Bedeian, *The Evolution of Management Thought* (New York: John Wiley & Sons, Inc., 2009); F. Herzberg, *One More Time: How Do You Motivate Employees?* (Boston, MA: Harvard Business School Press, 2008); and Herzberg, Mausner, and Snyderman, *The Motivation to Work*.

31. G. Van Der Vegt, B. Emans, and E. Van Der Vliert, "Motivating Effects of Task and Outcome Interdependence in Work Teams," *Journal of Managerial Psychology*, July 2000, p. 829; and B. Bemmels, "Local Union Leaders' Satisfaction with Grievance Procedures," *Journal of Labor Research*, Summer 2001, pp. 653–69.

32. J. S. Adams, "Inequity in Social Exchanges," in L. Berkowitz (ed.), *Advances in Experimental Social Psychology*, vol. 2 (New York: Academic Press, 1965), pp. 267–300; and Ambrose and Kulik, "Old Friends, New Faces: Motivation Research in the 1990s."

33. See, for example, R. L. Bell, "Addressing Employees' Feelings of Inequity," *Supervision*, May 2011, pp. 3–6; P. S. Goodman and A. Friedman, "An Examination of Adams' Theory of Inequity," *Administrative Science Quarterly*, September 1971, pp. 271–88; M. R. Carrell, "A Longitudinal Field Assessment of Employee Perceptions of Equitable Treatment," *Organizational Behavior and Human Performance*, February 1978, pp. 108–18; E. Walster, G. W. Walster, and W. G. Scott, *Equity: Theory and Research* (Boston: Allyn & Bacon, 1978); R. G. Lord and J. A. Hohenfeld, "Longitudinal Field Assessment of Equity Effects on the Performance of Major League Baseball Players," *Journal of Applied Psychology*, February 1979, pp. 19–26; J. E. Dittrich and M. R. Carrell, "Organizational Equity Perceptions, Employee Job Satisfaction, and Departmental Absence and Turnover Rates," *Organizational Behavior and Human Performance*, August 1979, pp. 29–40; and J. Greenberg, "Cognitive Reevaluation of Outcomes in Response to Underpayment Inequity," *Academy of Management Journal*, March 1989, pp. 174–84.

34. P. S. Goodman, "An Examination of Referents Used in the Evaluation of Pay," *Organizational Behavior and Human Performance*, October 1974, pp. 170–95; S. Ronen, "Equity Perception in Multiple Comparisons: A Field Study," *Human Relations*, April 1986, pp. 333–46; R. W. Scholl, E. A. Cooper, and J. F. McKenna, "Referent Selection in Determining Equity Perception: Differential Effects on Behavioral and Attitudinal Outcomes," *Personnel Psychology*, Spring 1987, pp. 113–27; and C. T. Kulik and M. L. Ambrose, "Personal and Situational Determinants of Referent Choice," *Academy of Management Review*, April 1992, pp. 212–37.

35. See, for example, R. C. Dailey and D. J. Kirk, "Distributive and Procedural Justice as Antecedents of Job Dissatisfaction and Intent to Turnover," *Human Relations*, March 1992, pp. 305–16; D. B. McFarlin and P. D. Sweeney, "Distributive and Procedural Justice as Predictors of Satisfaction with Personal and Organizational Outcomes," *Academy of Management Journal*, August 1992, pp. 626–37; M. A. Konovsky, "Understanding Procedural Justice and Its Impact on Business Organizations," *Journal of Management* 26, no. 3 (2000), pp. 489–511; J. A. Colquitt, "Does the Justice of One Interact with the Justice of Many? Reactions to Procedural Justice in Teams," *Journal of Applied Psychology*, August 2004, pp. 633–46; J. Brockner, "Why It's So Hard to Be Fair," *Harvard Business Review*, March 2006, pp. 122–29; and B. M. Wiesenfeld, W. B. Swann Jr., J. Brockner, and C. A. Bartel, "Is More Fairness Always Preferred: Self-Esteem Moderates Reactions to Procedural Justice," *Academy of Management Journal*, October 2007, pp. 1235–53.

36. See, for example, H. G. Heneman III and D. P. Schwab, "Evaluation of Research on Expectancy Theory Prediction of Employee Performance," *Psychological Bulletin*, July 1972, pp. 1–9; and L. Reinharth and M. Wahba, "Expectancy Theory as a Predictor of Work Motivation, Effort Expenditure, and Job Performance," *Academy of Management Journal*, September 1975, pp. 502–537.

37. See, for example, V. H. Vroom, "Organizational Choice: A Study of Pre- and Postdecision Processes," *Organizational Behavior and Human Performance*, April 1966, pp. 212–25; L. W. Porter and E. E. Lawler III, *Managerial Attitudes and Performance* (Homewood, IL: Richard D. Irwin, 1968); W. Van Eerde and H. Thierry, "Vroom's Expectancy Models and Work-Related Criteria: A Meta-Analysis," *Journal of Applied Psychology*, October 1996, pp. 575–86; and Ambrose and Kulik, "Old Friends, New Faces: Motivation Research in the 1990s."

38. L. Bock, "My Smartest Employees Have Forced Me to Reward Them—Here's How," *Fast Company Online*, December 12, 2017.

39. See, for instance, M. Siegall, "The Simplistic Five: An Integrative Framework for Teaching Motivation," *The Organizational Behavior Teaching Review* 12, no. 4 (1987–1988), pp. 141–43.

40. "100 Best Companies to Work For," *Fortune*, February 7, 2011, pp. 91+; V. Nayar, "Employee Happiness: Zappos vs. HCL," *Businessweek.com*, January 5, 2011; D. Richards, "At Zappos, Culture Pays," *Strategy+Business Online*, Autumn 2010; T. Hseih, "Zappos's CEO on Going to Extremes for Customers," *Harvard Business Review*, July–August 2010, pp. 41–45; A. Perschel, "Work-Life Flow: How Individuals, Zappos, and Other Innovative Companies Achieve High Engagement," *Global Business & Organizational Excellence*, July 2010, pp. 17–30; and J. M. O'Brien, "Zappos Know How to Kick It," *Fortune*, February 2, 2009, pp. 54–60.

41. T. Barber, "Inspire Your Employees Now," *Bloomberg Businessweek Online*, May 18, 2010; D. Mattioli, "CEOs Welcome Recovery to Look after Staff," *Wall Street Journal*, April 5, 2010, B5; J. Sullivan, "How Do We Keep People Motivated Following Layoffs?" *Workforce Management Online*, March 2010; S. Crabtree, "How to Bolster Employees' Confidence," *Gallup Management Journal Online*, February 25, 2010; S. E. Needleman, "Business Owners Try to Motivate Employees," *Wall Street Journal*, January 14, 2010, p. B5; H. Mintzberg, "Rebuilding Companies as Communities," *Harvard Business Review*, July–August, 2009, pp. 140–43; and R. Luss, "Engaging Employees through Periods of Layoffs," *Towers Watson*, March 3, 2009, www.towerswatson.com.

42. N. J. Adler with A. Gundersen, *International Dimensions of Organizational Behavior*, 5th ed. (Cincinnati, OH: Thomson South-Western, 2008).

43. G. Hofstede, "Motivation, Leadership and Organization: Do American Theories Apply Abroad?" *Organizational Dynamics*, Summer 1980, p. 55.

44. Ibid.

45. J. K. Giacobbe-Miller, D. J. Miller, and V. I. Victorov, "A Comparison of Russian and U.S. Pay Allocation Decisions, Distributive Justice Judgments and Productivity under Different Payment Conditions," *Personnel Psychology*, Spring 1998, pp. 137–63.

46. S. L. Mueller and L. D. Clarke, "Political-Economic Context and Sensitivity to Equity: Differences between the United States and the Transition Economies of Central and Eastern Europe," *Academy of Management Journal*, June 1998, pp. 319–29.

47. I. Harpaz, "The Importance of Work Goals: An International Perspective," *Journal of International Business Studies*, First Quarter 1990, pp. 75–93.

48. G. E. Popp, H. J. Davis, and T. T. Herbert, "An International Study of Intrinsic Motivation Composition," *Management International Review*, January 1986, pp. 28–35.

49. R. W. Brislin, B. MacNab, R. Worthley, F. Kabigting Jr., and B. Zukis, "Evolving Perceptions of Japanese Workplace Motivation: An Employee-Manager Comparison," *International Journal of Cross-Cultural Management*, April 2005, pp. 87–104.

50. A. Schwartz, "Workers Seeking Productivity in a Pill Are Abusing ADHD Drugs," *New York Times Online*, April 18, 2015.

51. J. R. Billings and D. L. Sharpe, "Factors Influencing Flextime Usage among Employed Married Women," *Consumer Interests Annual*, 1999, pp. 89–94; and Harpaz, "The Importance of Work Goals: An International Perspective."

52. N. Ramachandran, "New Paths at Work," *U.S. News & World Report*, March 20, 2006, p. 47; S. Armour, "Generation Y: They've Arrived at Work with a New Attitude," *USA Today*, November 6, 2005, pp. B1+; and R. Kanfer and P. L. Ackerman, "Aging, Adult Development, and Work Motivation," *Academy of Management Review*, July 2004, pp. 440–58.

53. T. D. Golden and J. F. Veiga, "The Impact of Extent of Telecommuting on Job Satisfaction: Resolving Inconsistent Findings," *Journal of Management*, April 2005, pp. 301–18.

54. See, for instance, M. Alpert, "The Care and Feeding of Engineers," *Fortune*, September 21, 1992, pp. 86–95; G. Poole, "How to Manage Your Nerds," *Forbes ASAP*, December 1994, pp. 132–36; T. J. Allen and R. Katz, "Managing Technical Professionals and Organizations: Improving and Sustaining the Performance of Organizations, Project Teams, and Individual Contributors," *Sloan Management Review*, Summer 2002, pp. S4–S5; and S. R. Barley and G. Kunda, "Contracting: A New Form of Professional Practice," *Academy of Management Perspectives*, February 2006, pp. 45–66.

55. K. Bennhold, "Working (Part-Time) in the 21st Century," *New York Times Online*, December 29, 2010; and J. Revell, C. Bigda, and D. Rosato, "The Rise of Freelance Nation," *CNNMoney*, June 12, 2009, cnnmoney.com; and R. J. Bohner Jr. and E. R. Salasko, "Beware the Legal Risks of Hiring Temps," *Workforce*, October 2002, pp. 50 57.

56. H. G. Jackson, "Flexible Workplaces: The Next Imperative," *HR Magazine*, March 2011, p. 8; E. Frauenheim, "Companies Focus Their Attention on Flexibility," *Workforce Management Online*, February 2011; P. Davidson, "Companies Do More with Fewer Workers," *USA Today*, February 23, 2011, pp. 1B+; M. Rich, "Weighing Costs, Companies Favor Temporary Help," *New York Times Online*, December 19, 2010; P. Davidson, "Temporary Workers Reshape Companies, Jobs," *USA Today*, October 13, 2010, pp. 1B+; J. P. Broschak and A. Davis-Blake, "Mixing Standard Work and Nonstandard Deals: The Consequences of Heterogeneity in Employment Arrangements," *Academy of Management Journal*,

April 2006, pp. 371–93; M. L. Kraimer, S. J. Wayne, R. C. Liden, and R. T. Sparrowe, "The Role of Job Security in Understanding the Relationship between Employees' Perceptions of Temporary Workers and Employees' Performance," *Journal of Applied Psychology*, March 2005, pp. 389–98; and C. E. Connelly and D. G. Gallagher, "Emerging Trends in Contingent Work Research," *Journal of Management*, November 2004, pp. 959–83.

57. Marianne Calnan, "The Group Company Rewards Staff with Trip to Barbados," *Employee Benefits* (UK), January 28, 2016, www.employeebenefits.

58. K. E. Culp, "Playing Field Widens for Stack's Great Game," *Springfield, Missouri, News-Leader*, January 9, 2005, pp. 1A+.

59. P. M. Buehler, "Opening Up Management Communication: Learning from Open Book Management," *Supervision*, August 2010, pp. 15–17; D. Drickhamer, "Open Books to Elevate Performance," *Industry Week*, November 2002, p. 16; J. Case, "Opening the Books," *Harvard Business Review*, March–April 1997, pp. 118–27; J. P. Schuster, J. Carpenter, and M. P. Kane, *The Power of Open-Book Management* (New York: John Wiley, 1996); and J. Case, "The Open-Book Revolution," *Inc.*, June 1995, pp. 26–50.

60. J. Singer, "Healing Your Workplace," *Supervision*, March 2011, pp. 11–13; P. Hart, "Benefits of Employee Recognition in the Workplace: Reduced Risk and Raised Revenues," *EHS Today*, February 2011, pp. 49–52; and F. Luthans and A. D. Stajkovic, "Provide Recognition for Performance Improvement," in E. A. Locke (ed.), *Principles of Organizational Behavior* (Oxford, UK: Blackwell, 2000), pp. 166–80.

61. C. Huff, "Recognition That Resonates," *Workforce Management Online*, April 1, 2008.

62. Kelvin Ong, "Small Gestures, Big Impacts," *HRM Asia*, November 3, 2016, www.hrmasia.com/content/small-gestures-big-impacts (accessed December 27, 2016); Marianne Calnan, "Marks and Spencer Takes a Mixed Approach to Staff Motivation," *Employee Benefits* (UK), May 15, 2015, www.employeebenefits.co.uk/issues/may-2015/marks-and-spencer-takes-a-mixed-approach-to-staff-motivation (accessed December 27, 2016).

63. K. J. Dunham, "Amid Sinking Workplace Morale, Employers Turn to Recognition," *Wall Street Journal*, November 19, 2002, p. B8.

64. See B. Nelson, "Try Praise," *Inc.*, September 1996, p. 115; and J. Wiscombe, "Rewards Get Results,"

Workforce, April 2002, pp. 42–48. Cited in S. Caudron, "The Top 20 Ways to Motivate Employees," *Industry Week*, April 3, 1995, pp. 15–16.

65. V. M. Barret, "Fight the Jerks," *Forbes*, July 2, 2007, pp. 52–54.

66. E. Krell, "All for Incentives, Incentives for All," *HR Magazine*, January 2011, pp. 35–38; and E. White, "The Best vs. the Rest," *Wall Street Journal*, January 30, 2006, pp. B1+.

67. R. K. Abbott, "Performance-Based Flex: A Tool for Managing Total Compensation Costs," *Compensation and Benefits Review*, March–April 1993, pp. 18–21; J. R. Schuster and P. K. Zingheim, "The New Variable Pay: Key Design Issues," *Compensation and Benefits Review*, March–April 1993, pp. 27–34; C. R. Williams and L. P. Livingstone, "Another Look at the Relationship between Performance and Voluntary Turnover," *Academy of Management Journal*, April 1994, pp. 269–98; A. M. Dickinson and K. L. Gillette, "A Comparison of the Effects of Two Individual Monetary Incentive Systems on Productivity: Piece Rate Pay versus Base Pay Plus Incentives," *Journal of Organizational Behavior Management*, Spring 1994, pp. 3–82; and C. B. Cadsby, F. Song, and F. Tapon, "Sorting and Incentive Effects of Pay for Performance: An Experimental Investigation," *Academy of Management Journal*, April 2007, pp. 387–405.

68. E. White, "Employers Increasingly Favor Bonuses to Raises," *Wall Street Journal*, August 28, 2006, p. B3.

69. "More Than 20 Percent of Japanese Firms Use Pay Systems Based on Performance," *Manpower Argus*, May 1998, p. 7; and E. Beauchesne, "Pay Bonuses Improve Productivity, Study Shows," *Vancouver Sun*, September 13, 2002, p. D5.

70. H. Rheem, "Performance Management Programs," *Harvard Business Review*, September–October 1996, pp. 8–9; G. Sprinkle, "The Effect of Incentive Contracts on Learning and Performance," *Accounting Review*, July 2000, pp. 299–326; and "Do Incentive Awards Work?" *HRFocus*, October 2000, pp. 1–3.

71. R.D. Banker, S.Y. Lee, G. Potter, and D. Srinivasan, "Contextual Analysis of Performance Impacts on Outcome-Based Incentive Compensation," *Academy of Management Journal*, August 1996, pp. 920–48.

72. S. A. Jeffrey and G. K. Adomza, "Incentive Salience and Improved Performance," *Human Performance* 24, no. 1 (2011), pp. 47–59; T. Reason, "Why

Bonus Plans Fail," *CFO*, January 2003, p. 53; and "Has Pay for Performance Had Its Day?" *McKinsey Quarterly* 4 (2002), accessed at www.forbes.com.

73. E. Frauenheim, "Downturn Puts New Emphasis on Engagement," *Workforce Management Online*, July 21, 2009; S. D. Friedman, "Dial Down the Stress Level," *Harvard Business Review*, December 2008, pp. 28–29; and S. E. Needleman, "Allaying Workers' Fears During Uncertain Times," *Wall Street Journal*, October 6, 2008.

74. Based on V. H. Vroom, *Work and Motivation* (New York: John Wiley, 1964); J. S. Adams, "Inequity in Social Exchanges," in L. Berkowitz (ed.), *Advances in Experimental Social Psychology* (New York: Academic Press, 1965), pp. 267–300; and E. A. Locke and G. P. Latham, *A Theory of Goal Setting and*

Task Performance (Upper Saddle River, NJ: Prentice Hall, 1990).

75. J. Reynolds, "The Top 50 Compliments for Coworkers," August 24, 2016, www.tinypulse.com.

76. "Minimum Wage Prosecutions Are Rare," Full Fact, April 18, 2015, https://fullfact.org/economy/minimum-wage-prosecutions-are-rare/.

77. "What Is the Real Living Wage," Living Wage Foundation, https://www.livingwage.org.uk/what-real-living-wage.

78. "IKEA UK Pays Living Wage to All UK Co-workers," Living Wage Foundation, March 30, 2016, https://www.livingwage.org.uk/news/ikea-uk-pays-living-wage-all-uk-co-workers.

79. "Chelsea FC Makes Living Wage Commitment," *BBC News*, December 11, 2014, https://www.bbc.co.uk/news/uk-england-london-30414668.

80. D. Wilkie, "Unlimited Vacation:

Is It about Morale or the Bottom Line?" SHRM Online, March 20, 2017.

81. F. Fontana, "Unlimited Vacation Time Is a Lot of Work," Wall Street Journal, August 29, 2017, p. B5.

82. A. Ain, "The CEO of Kronos on Launching an Unlimited Vacation Policy," *Harvard Business Review*, November–December 2017, pp. 37–42.

83. Ibid., pp. 40–41.

84. R. Bradley, "The Woman Driving Patagonia To Be (Even More) Radical, *Fortune Online*, September 14, 2015; B. Schulte, "A Company That Profits as It Pampers Workers," October 25, 2014, http://www.washingtonpost.com/business/a-company-that-profits-as-it-pampers-workers/2014/10/22/d3321b34-4818-11e4-b72e-d60a9229cc10_story.html; D. Baer, "How Patagonia's New CEO Is Increasing Profits while

Trying to Save the World," February 28, 2014, http://www.washingtonpost.com/business/a-company-that-profits-as-it-pampers-workers/2014/10/22/d3321b34-4818-11e4-b72e-d60a9229cc10_story.html; "Patagonia CEO & President Casey Sheahan Talks Business, Conservation & Compassion," *offyonder.com*, February 13, 2012; T. Henneman, "Patagonia Fills Payroll with People Who Are Passionate," November 4, 2011, www.workforce.com; M. Hanel, "Surf's Up at Patagonia," *Bloomberg Businessweek*, September 5–11, 2011, pp. 88–89; J. Wang, "Patagonia, From the Ground Up," *Entrepreneur*, June 2010, pp. 26–32; and J. Laabs, "Mixing Business with Pleasure," *Workforce*, March 2000, pp. 80–85.

12

경영학의

신화

잘못된

리더십은
타고나는
것이다.

경영학의 잘못된
신화 바로잡기!

많은 사람이 리더는 타고나는 것이라는
부정확한 생각을 가지고 있다. 예를 들어 네다섯 살 정도밖에
되어 보이지 않는 아이를 가리키며 놀이터에서 다른 아이들을
이끌고 있으며 리더십 자질을 보이고 있다고 말하곤 한다.
분명한 것은 리더십과 연관된 특정한 성격 특성이 있긴 하지만,
이 특성들은 천성이라기보다는 교육에 의한 부분이 크다.
리더십은 배울 수 있는 것이다.

늘날 조직에서 효과적인 리더를 만들 수 있는 것은 무엇인가? 종 업원들이 자신들의 이야기에 귀 기울이고 신뢰받는다는 느낌을 주는 직장 환경이 있어야 하는가? 모든 조직의 경영자에게 있어서 효과적인 리더로 보이는 것은 중요하다. 리더십은 왜 그토록 중요한가? 조직

에서 일이 이루어지도록 만드는 사람이 바로 리더이기 때문이다. 그렇다면 리더는 리더가 아닌 사람들과 어떤 차이가 있는가? 어떤 리더십 스타일이 가장 적당한가? 무엇이 리더를 효과적으로 만드는가? 이것이 바로이 장에서 살펴볼 주제이다. ●

학습목표

12-1 리더와 리더십을 정의한다.

12-2 초기 리더십 이론들을 비교 대조한다.

12-3 네 가지 주요 상황 리더십 이론을 기술한다.

12-4 리더십의 현대적 관점과 오늘날 리더가 직면한 쟁점을 설명한다.

12-5 리더십의 본질인 신뢰에 대해 논의한다.

누가 리더이며, 리더십은 무엇인가?

12-1 리더와 리더십을 정의 한다.

실리콘밸리에서 디자인 스쿨을 졸업한 브라이언 체스키(Brian Chesky)와 조 게비아(Joe Gebbia)는 2008년 게비아의 룸메이트들이 갑자기 이사를 가서 빈 방을 채울 사람들이 필요하자 엉뚱한 생각을 했다. 그 엉뚱한 아이디어가 오늘날의 에어비앤비(Air Bed and Breakfast, Airbnb)로 알려진 홈 공유 플랫폼이다. 에어비앤비는 2017년까지 26억 달러 이상의 매출과 9,300만 달러의 수익을 올렸다.[1] 회사의 CEO인 체스키의 유능한 리더십을 통해 회사는 성공을 거두었다. 2017년, 그는 포춘지 선정 세계 최고의 지도자 중 한 명으로 이름을 올렸다.[2]

누가 리더이며, 리더십은 무엇인지 명확하게 규정하는 것으로 시작하자. 우리는 **리더**(leader)를 다른 사람들에게 영향을 미치고 관리적 권한을 소유한 사람으로 정의한다. **리더십**(leadership)은 리더가 하는 일이다. 리더십은 한 집단을 이끌고 그 집단이 목표를 달성하도록 영향을 미치는 과정이다.

모든 경영자가 리더인가? 다른 사람을 이끈다는 것은 네 가지 관리 기능 중 하나이기 때문에, 모든 경영자가 리더가 되는 것이 이상적으로 가능하다. 그러므로 관리적 측면에서 리더와 리더십을 연구할 것이다.[3] 관리적 측면에서 리더와 리더십을 살펴본다 할지라도, 집단에는 비공식적 리더가 있는 경우가 있기도 하다는 것을 인지해야 한다. 비공식적 리더들은 다른 이들에게 영향을 끼칠 수는 있지만, 대부분 리더십 연구에서 중심 주제는 아니었으며 또 이 장에서 다루는 리더 유형에도 속하지 않는다.

리더와 리더십은 동기부여와 마찬가지로 많이 연구되고 있는 조직행동의 주제이다. 이들 연구 대부분은 "효과적인 리더란 무엇인가?"라는 질문에 대답하는 데 초점을 맞추고 있다. 이 질문에 답하고자 했던 몇 가지 초기 리더십 이론을 살펴보는 것으로 시작하자.

리더
다른 사람에게 영향을 미치고 관리적 권한을 가진 사람

리더십
집단을 이끌고, 집단이 어떤 목적을 달성하는 데 영향을 끼치는 과정

초기 리더십 이론이 말하는 리더십이란 무엇인가?

12-2 초기 리더십 이론들을 비교 대조한다.

> "리더, 집단, 긴 역사!"

- 실제로 리더십을 연구하기 시작한 것은 20세기 초부터이다.
- 초기 리더십 이론의 초점
  - 사람(리더 특성 이론)
  - 행동: 리더가 집단 종업원과 상호작용하는 방식(행동 이론)

1

리더들은 어떤 특성을 가지고 있는가?

- 리더십 하면 무엇이 떠오르는가? 아마도 지혜, 카리스마, 결단성, 열정, 강함, 용기, 성실, 자신감과 같은 리더들에게 추구하는 이상적인 특성들이 떠오를 것이다.
- 비(非)리더와 리더를 구분 짓는 특성이나 특징을 찾아내는 것, 그것이 바로 **리더십 특성 이론**(trait theories of leadership)이다.
- 만약 특성 개념이 유효하다면, 모든 리더는 이 특별하고 특정한 특징들을 가지고 있어야 할 것이며, 조직 내에서도 누가 리더인지 구분 짓기 쉬울 것이다.
- 하지만 연구자들의 갖은 노력에도 불구하고, 리더와 리더가 아닌 사람들을 구분 짓는 특징과 효과적인 리더와 비효과적인 리더를 구분 짓는 특징들을 규명하려는 시도는 결국 실패했다.
- 이후 리더십(과정, 사람이 아닌) 관련 공통 특성을 찾기 위한 시도는 좀 더 성공을 거두었다. 효과적인 리더십과 연관된 일곱 가지 특성은 그림 12.1에 간략하게 제시되어 있다.[4]

리더십 특성 이론
비(非)리더로부터 리더를 구분하는 특성들을 분리하는 이론

Sergiu Ungureanu/Shutterstock

그림 12.1 리더십 관련 특성

1 추진력

리더들은 많은 노력을 보인다. 그들은 성취에 비교적 높은 열망이 있으며, 비전과 열정이 있고, 쉼 없이 활동하고 솔선수범한다.

2 통솔 의지

리더들은 다른 사람들에게 영향을 주고 통솔하는 데 강한 의지가 있다. 그들은 기꺼이 책임을 지려고 한다.

3 정직과 성실

리더들은 진실 되고 속임수 없이 행동해 말과 행동을 일관되게 유지함으로써 자신과 종업원 사이에 신뢰를 쌓는다.

4 자신감

부하 종업원들은 리더들이 자신의 결정을 전혀 의심하지 않는다고 본다. 그래서 리더들은 그들의 목표와 결정을 종업원들에게 확신시키기 위해 자신감을 드러낼 필요가 있다.

5 지혜

리더는 방대한 양의 정보를 수집하고, 분석하고, 해석할 수 있는 지혜가 있어야 하며, 비전을 제시하고, 문제를 해결하고, 정확한 의사결정을 할 수 있어야 한다.

6 직무 관련 지식

유능한 리더는 기업, 산업 및 기술에 대해 잘 알고 있다. 깊은 직무 지식은 충분한 정보에 바탕을 둔 의사결정을 할 수 있게 하고 의사결정의 결과를 알게 한다.

7 외향성

리더들은 정력적이고 활력이 넘치는 사람들이다. 그들은 사교적이고 적극적이며, 조용하거나 내성적인 사람은 거의 보기 힘들다.

8 강한 죄책감

죄책감은 다른 사람들에 대해 강한 책임감을 주기 때문에 리더십 효과와 긍정적으로 관련이 있다.

출처: S. A. Kirkpatrick and E. A. Locke, "Leadership: Do Traits Really Matter?" *Academy of Management Executive*, May 1991, pp. 48-60; T. A. Judge, J. E. Bono, R. Ilies, and M. W. Gerhardt, "Personality and Leadership: A Qualitative and Quantitative Review," *Journal of Applied Psychology*, August 2002, pp. 765-80.

당신이라면 어떻게 할 것인가?

- 특징만으로는 효과적인 리더들을 찾아내기에 부족한가? 왜 그런 것인가? 연구가 특징에만 전적으로 기초한 나머지, 리더들과 그들의 집단 구성원의 상호작용과 상황 요소들을 무시했기 때문이다.

- 적절한 특성들을 갖고 있다는 것은 그 사람이 효과적인 리더가 될 가능성이 조금 더 높아질 뿐이다.

- 따라서 1940년대 후반부터 1960년대 중반까지의 리더십 연구는 리더들의 바람직한 행동 유형들에 집중되었다.

리더가 하는 일에는 뭔가 특별한 것이 있는가? 다시 말해 그들의 행동은 무엇이 다른가?

Vege/Fotolia

2 리더들은 어떤 행동을 보이는가?

- **리더십 행동 이론**(behavioral theories of leadership)은 리더십의 근본 특성에 조금 더 정확한 답을 제공해 주는가?

- 행동 이론이 리더십의 명백한 행동 요인을 밝혀낼 수 있다면, 훈련을 통해 리더를 육성할 수 있을 것이다. 이 것은 관리 개발 프로그램의 시행이 전제가 되어야 한다.

아이오와대학교[5]

행동 측면

민주형 리더(democratic style leader): 의사결정 시 종업원들을 참여시키고 권한을 위임하고 작업 방법 및 목표를 결정할 때 종업원의 참여를 유도하는 유형

독재형 리더(autocratic style leader): 전형적으로 중앙 집권적이고, 업무 방법을 지시하고, 일방적인 의사결정을 내리며, 종업원의 참여를 제한하는 유형

자유방임형 리더(laissez-faire style leader): 일반적으로 조직에 의사결정권을 부여해 적절한 방법으로 작업을 수행할 수 있도록 자유를 주는 유형

결론
민주형 리더가 가장 효과적이었지만 추후 진행된 연구에서는 다른 결과 양상도 나타났다.

오하이오주립대학교[6]

행동 측면

배려(consideration): 종업원들의 생각과 감정을 존중하는 유형

구조 주도(initiating structure): 조직의 목표 성취를 위해 직무와 직무관계를 명확하게 구조화하는 유형

결론
항상은 아니지만, '배려'와 '구조 주도' 양쪽 모두 수준이 높은 리더(고-고 리더)가 높은 수준의 성과와 만족도에 도달했다.

미시간대학교[7]

행동 측면

종업원 지향적(employee oriented): 대인관계 및 종업원의 욕구를 중심으로 하는 유형

생산 지향적(production oriented): 직무의 기술 및 과업적 측면을 중심으로 하는 유형

결론
종업원 지향적 리더는 높은 집단 생산성 및 높은 직무 만족과 관련이 있었다.

매니지리얼 그리드 (managerial grid)[8]

행동 측면

사람에 대한 관심: 부하에 대한 리더의 관심을 1점(낮음)~ 9점(높음) 척도상에서 순위로 매김

생산에 대한 관심: 업무에 대한 리더의 관심을 1점(낮음)~9점(높음) 척도상에서 순위로 매김

결론
리더들은 9,9 유형(사람에 대한 높은 관심과 생산에 대한 높은 관심)을 사용할 때 가장 좋은 업무 성과를 냈다.

당신이라면 어떻게 할 것인가?

- 리더의 두 가지 특성, 즉 업무와 종업원에 대한 관심 모두 각 연구의 중요한 특성으로 나타났다.

- 리더십 연구자들은 리더십의 성공을 예측하는 것은 리더의 몇 가지 특성이나 선호하는 행동들을 따로 찾는 것보다 더 복잡한 어떤 것과 관련되었다는 것을 알게 되었다.

- 그들은 상황적 영향들에 집중하기 시작했다. 구체적으로, 어떤 리더십 유형들이 각기 다른 상황들에서 적합할 수 있으며 이 다른 상황들이란 무엇인가?

Coloures-pic/Fotolia

리더십 행동 이론
비효과적 리더로부터 효과적 리더를 구분하는 행동들을 분리하는 이론

매니지리얼 그리드
리더십 유형을 평가하는 2차원 그리드

오하이오주립대학교 및 미시간대학교의 연구들은 효율적인 리더십에 대한 우리의 이해를 높였다.[9] 이 연구들 전에는, 연구자들과 현장경영자들에게 한 유형의 리더십이 좋고 또 다른 유형은 나쁘다는 생각이 팽배했다. 하지만 연구 결과처럼, 두 가지 리더 행동 차원—미시간 연구에서는 직무 중심과 종업원 중심 유형들, 오하이오주립대학교에서는 주도 구조와 배려—이 효과적인 리더십에 반드시 필요하다. 리더가 하는 '일'에 관한 이러한 이중적 초점은 현재도 여전히 효력을 발휘하고 있다. 사람들은 리더들에게 과업과 그/그녀가 이끄는 사람들 양쪽에 초점을 맞추기를 기대한다. 심지어 리더십 상황 적합 이론들은 리더의 유형을 정의하기 위해 사람과 과업을 구분하는 기준을 이용했다. 결국 이 초기

사람-과업: 리더에게는 둘 다 중요하다.

행동 이론들은 '그들이 소개하는 구조적 방법론 및 리더 행동의 중요성과 관련해 그들이 내놓은 인식 증가 개념' 때문에 중요하다. 행동 이론들이 리더십에 관한 책의 마지막 장은 아니지만 이후에 나오는 리더십 연구를 위한 '도약판' 역할을 했다.

토의문제
1 리더의 '직무'는 과업과 사람들에게 초점을 맞추어야 한다고 하는 주장을 지나치게 단순화한 것인가? 설명해보라.
2 행동 이론들이 어떻게 이후에 나올 리더십 연구의 도약판 역할을 했는가?

리더십 상황 적합 이론들이 우리에게 알려주는 것은 무엇인가?

12-3 네 가지 주요 상황 리더십 이론을 기술한다.

"기업의 세계에는 자신들이 일하고 있는 맥락을 이해하지 못해 위대함을 달성하지 못한 리더들의 이야기들이 가득하다."[10] 여기서는 네 가지 상황 적합 이론, 즉 피들러(Fiedler), 허시-블랜차드(Hersey-Blanchard), 리더-참여와 경로-목표 이론에 대해 알아보자. 각 이론은 리더십 유형, 상황, if-then(조건-처리)에 대한 해답을 시도하고 있다(즉 if는 맥락이나 상황, then은 적용할 수 있는 최적의 리더십 유형이다). 개인이 리더로 부상하는 것은, 특정 상황에 어떤 유형의 리더십이 필요한지 진단할 수 있는 것을 의미한다. 그것이 바로 리더십 상황 이론의 전제이다.

첫 번째 포괄적 상황 적합 모델이란 무엇이었는가?

리더십에 대한 첫 번째 포괄적 상황 이론은 프레드 피들러(Fred Fiedler)가 개발했다.[11] **피들러의 상황 적합 모델(Fiedler contingency model)**은 집단의 효과적인 성과는 리더십과 상황에 대한 리더십의 통제와 영향력 수준을 적절하게 매치하는 것에 달려 있다고 제안했다. 이 모델은 특정 리더십 유형이 다양한 유형의 상황에서 가장 효과적일 것이라는 전제를 하고 있었다. 이 모델에서 성공의 열쇠는

1. 그러한 리더십 유형들과 다양한 상황 유형을 정의하고,
2. 리더십 유형들과 상황의 적절한 조합을 찾는 것이었다.

피들러는 성공적인 리더십의 핵심 중 하나는 과업 지향적이든 관계 지향적이든 간에 개인의 기본적 리더십 유형이라고 주장했다. 리더의 유형을 측정하기 위해 피들러는 **최소 선호 동료 설문지(least-preferred coworker(LPC) questionnaire)**를 개발했다. 이 설문지에는 상반된 형용사 18쌍, 예를 들면 즐거운-불쾌한, 차가운-따뜻한, 지루한-흥미로운, 우호적인-비우호적인 등이 있다. 응답자들은 그들이 함께한 모든 동료를 어떻게 생각하느냐는 질문을 받

피들러의 상황 적합 모델
효과적인 집단 성과는 리더의 유형과 리더에게 영향을 미치고 통제하는 상황 수준의 적절한 조화에 달려 있다는 이론

최소 선호 동료(LPC) 설문지
어떤 리더가 과업 지향 혹은 관계 지향인지 측정하는 설문지

고, 함께 일하는 것이 가장 즐겁지 않았던 사람의 순위를 각 형용사 세트의 1~8점 척도로 매겨 달라는 요청을 받는다(쌍으로 된 형용사 세트에서 8은 항상 긍정적인 형용사로, 1은 항상 부정적인 형용사로 기술됨).

만약 리더가 가장 덜 선호하는 동료들을 비교적 긍정적인 용어들(다시 말해 '높은' LPC 점수: 64 또는 그 이상의 점수)로 묘사했다면, 응답자는 동료들과의 좋은 대인관계에 1차적으로 관심 있으며, 이 유형은 관계 지향적 리더로 기술된다. 반대로, 가장 덜 선호하는 동료들을 비교적 비우호적인 용어(낮은 LPC 점수: 57 또는 그 이하)로 묘사했다면, 주로 생산성과 직무 완수에 관심을 보인 것이 된다. 따라서 당신의

Gareth Fuller/ZUMA Press/Newscom

버진그룹의 설립자이자 CEO인 리처드 브랜슨은 관계 지향적 리더이다. 이 사진은 브랜슨이 런던의 버진 스포츠 해크니 론칭 행사에서 하프 마라톤을 시작하는 모습이 그려져 있다. 브랜슨은 재미를 추구하고, 직원들의 필요에 따라 관심을 가지고 대인관계를 강조하며, 근로자 개개인의 차이를 받아들인다.

유형은 과업 지향적 리더라는 라벨이 붙게 될 것이다. 피들러는 소수의 사람들이 이 두 양극단에 속할 수 있거나 아니면 정해진 리더 유형 어디에도 속하지 않을 수 있다는 것을 인정했다. 또 하나 중요한 점은 피들러는 한 사람의 리더십 유형은 상황에 관계없이 고정되어 있다고 가정했다는 점이다. 다시 말해 피들러는 당신이 관계 지향적인 리더라면 언제나 관계 지향적일 것이며, 또한 과업 지향적인 경우도 역시 변함없이 과업 지향적일 것이라고 가정했다.

LPC를 통해 한 개인의 리더십 유형을 평가하고 나면, 리더와 상황을 매칭할 수 있도록 상황을 평가할 시간이 된다. 피들러의 연구에서 리더 효과의 주요 상황적 요소들을 규정한 세 가지 상황적 차원이 확인되었는데, 그것은 다음과 같다.

- 리더와 구성원의 관계: 자신감, 신뢰, 종업원들이 그들의 리더에게 갖는 존경심의 정도. 좋음 또는 나쁨으로 등급을 매김
- 과업 구조: 직무 배정이 형식화되고 구조화된 정도. 높음 또는 낮음으로 등급을 매김
- 지위 권력: 리더가 고용, 해고, 훈련, 승진, 급여 인상과 같은 활동들에 행사하는 영향력 정도. 강함 또는 약함으로 등급을 매김

각 리더십 상황은 이 세 가지 다양한 상황 변수 차원에서 평가되었는데, 이 세 가지 변수 차원이 조합되어 리더에게 우호적이거나 비우호적인, 발생 가능한 8개 상황이 나오게 되었다(그림 12.2에 나온 도표의 바닥 부분 참조). I, II, III상황은 리더에게 아주 우호적인 상황으로 분류된다. IV, V, VI상황은 리더에게 중간 정도로 우호적이다. VII과 VIII상황은 리더에게 아주 비우호적이다.

피들러가 리더 변수들과 상황 변수들을 기술하게 되자, 그는 리더십 효과에 맞는 구체적인 상황들을 정의하는 데 필요한 모든 것을 갖추게 되었다. 이를 위해 1,200개의 집단을 대상으로 연구했는데, 8개의 상황 범주 중 각 범주마다 관계 지향적 리더와 과업 지향적 리더들을 비교했다. 피들러는 과업 지향적 리더가 매우 우호적인 상황과 매우 비우호적인 상황 양쪽 모두에서 더 좋은 성과를 보인다고 결론 내렸다(그림 12.2의 맨 윗부분 참조. 여기에서 세로축에는 성과, 가로축에는 상황 우호성(favorableness)이 제시됨]. 반면에 관계 지향적인 리더는 중

그림 12.2 피들러 모델

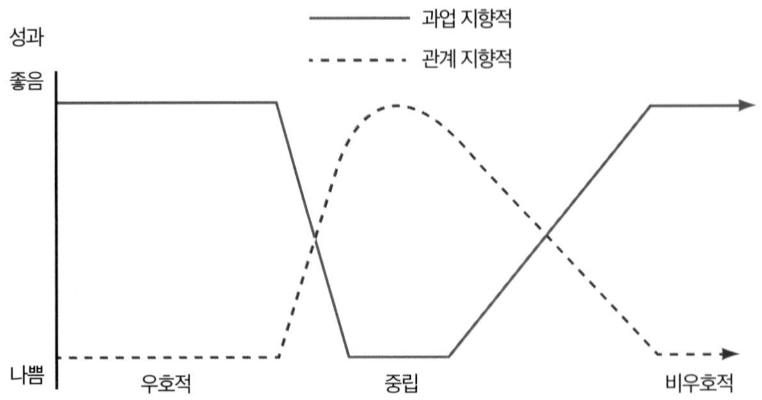

구분	I	II	III	IV	V	VI	VII	VIII
리더-구성원 관계	좋음	좋음	좋음	좋음	나쁨	나쁨	나쁨	나쁨
과업 구조	높음	높음	낮음	낮음	높음	높음	낮음	낮음
지위 권력	강함	약함	강함	약함	강함	약함	강함	약함

간 정도로 우호적인 상황에서 좋은 결과를 보였다.

피들러는 개인의 리더십 유형을 고정된 것으로 간주했기 때문에, 리더의 효과를 높이는 방법은 오직 두 가지뿐이었다. 첫째, 해당 상황에 더 잘 맞는 유형을 가진 새로운 리더를 데리고 올 수 있다. 예를 들어 집단의 상황이 매우 비우호적인데 관계 지향적 리더가 이끌고 있다면, 과업 지향적 리더로 교체함으로써 이 집단의 성과를 개선할 수 있다. 둘째, 리더에 적합하도록 상황을 변화시킨다. 이것은 과업 구조를 재조정하거나 임금 인상, 승진 및 훈련 조치 같은 요인들에 대한 리더의 권한을 늘리거나 줄이는 것으로 가능하다. 피들러 모델의 타당성을 검증하기 위해 이루어졌던 연구들을 보면 그 유형들을 뒷받침하는 상당한 증거가 있음을 볼 수 있다.[12] 그러나 그의 이론도 비판을 피하지 못했다. 주된 비판은 아마도 한 사람이 상황에 맞게 리더십 유형을 바꿀 수 없다고 가정하는 것은 비현실적일 것이라는 점이다. 효과적인 리더들은 그들의 유형을 바꿀 수 있거나 바꾸기도 한다. 또 다른 비판은 LPC가 그렇게 실용적이지는 않다는 것이다. 마지막으로, 상황 변수들은 평가하기 힘들다는 것이다.[13] 이러한 결점들에도 불구하고 피들러 모델은 효과적인 리더십 유형은 상황 요소들을 반영할 필요가 있다는 것을 보여주었다.

부하 종업원들의 의지와 능력은 리더들에게 어떤 영향을 주는가?

폴 허시(Paul Hersey)와 켄 블랜차드(Ken Blanchard)의 리더십 모델은 경영 발전 전문가들에게 상당한 지지를 받았다.[14] **상황적 리더십 이론**(situational leadership theory, SLT)이라고 하는 이 이론은 부하 종업원들의 준비성 수준에 초점을 맞춘 상황 적합 이론이다. 이를 설명하기 전에 우리가 분명히 할 필요가 있는 두 가지 요점이 있다―왜 부하 종업원들에게 초점을 맞추어야 하는가? 그리고 준비성이란 무엇인가?

리더십 효과에 있어 부하 종업원들의 중요성을 강조하는 것은 리더를 받아들이거나 거

상황적 리더십 이론(SLT)
부하 종업원들의 준비성 수준에 초점을 맞춘 리더십 상황 적합 이론

절하는 주체가 부하 종업원이라는 현실을 반영하는 것이다. 리더가 무엇을 하든지 관계없이, 집단의 효과는 그들의 부하 종업원의 행동에 달려 있다. 이 중요한 차원은 대부분의 리더십 이론에서 간과되거나 과소평가되었다. 그리고 허시와 블랜차드가 정의한 것처럼 **준비성**(readiness)은 사람들이 한 특정 과업을 달성할 수 있는 능력과 의지 정도를 지칭한다.

리더

SLT도 피들러가 찾은 것과 같은 두 가지 리더십 차원, 즉 과업과 대인관계 행동이라는 차원을 이용한다. 그러나 허시와 블랜차드는 한 걸음 더 나아가 각 차원의 높고 낮은 수준을 고려함으로써 이것들을 조합해 아래에 기술한 것처럼 구체적으로 네 가지 리더십 유형을 만들어 냈다.

- 지시(높은 과업-낮은 관계 수준): 리더는 역할들을 규정하고, 사람들에게 다양한 과업을 하기 위해 무엇을, 어떻게, 언제, 어디에서 해야 할지 알려준다.
- 촉진(높은 과업-높은 관계 수준): 리더는 지시적 행동과 지지적 행동 양쪽을 모두 제공한다.
- 참여(낮은 과업-높은 관계 수준): 리더는 부하 종업원들과 의사결정을 함께 하는데, 리더의 주요 역할은 의사결정을 촉진하고 소통하는 것이다.
- 위임(낮은 과업-낮은 관계 수준): 리더는 방향이나 지지를 거의 제공하지 않는다.

부하 종업원

이 모델의 마지막 구성요소는 부하 종업원의 네 가지 준비성 단계이다.

- R1: 사람들이 어떤 일을 수행할 능력도 수행에 대해 책임질 의사도 없다. 부하 종업원들은 능력도 없고 자신감도 없다.
- R2: 사람들은 필요한 직무 과제를 수행할 능력은 없지만 하려는 의지는 있다. 부하 종업원들은 동기를 부여받았지만, 적합한 업무 기량이 없다.
- R3: 사람들은 리더가 원하는 바를 할 수 있지만 할 의지는 없다. 부하 종업원들은 유능하지만 어떤 일을 하기를 원하지 않는다.
- R4: 사람들은 그들에게 주어진 바를 할 수 있으며 하려고 한다.

이제 두 가지를 종합하자.

SLT의 리더-부하 종업원의 관계는 부모와 자식의 관계와 같다고 보았다. 자식이 나이 들고 책임성이 커 갈수록 부모가 통제를 포기하는 것이 필요하듯이, 리더들 역시 그렇게 해야 한다. 부하 종업원들이 준비성의 더 높은 수준에 도달할수록, 리더는 그들의 활동에 대한 통제를 줄여야 할 뿐만 아니라 대인관계 행동도 줄여야 한다. SLT는

- 만약 부하 종업원들이 R1 단계(과업을 할 수 없고 할 의지도 없는 단계)에 있다면, 리더는 지시

프랑스 기업가 베르탕 나훔(Bertin Nahum)은 컴퓨터 지원 신경외과 수술을 위한 로봇 공학을 개발, 설계, 거래하는 기업인 메드테크(Medtech)의 설립자이자 CEO이다. 능력 있고 자발적인 부하 종업원의 준비성을 가진 나훔의 경영자와 직원은 우수한 기술 지원을 제공하고 혁신할 수 있는 기술과 경험을 가지고 있다.

하는 유형을 이용해 명확하고 구체적으로 방향들을 지시해줄 필요가 있다.

- 만약 부하 종업원들이 R2 단계(할 수 없지만 하려는 단계)에 있다면, 리더는 촉진하는 유형으로 부하 종업원들의 능력 부족을 보충하기 위해 높은 과업 지향적 유형을 채택하고 부하 종업원들이 리더의 희망들을 '받아들일 수' 있도록 높은 대인관계 지향적 태도를 보여야 한다.
- 만약 부하 종업원들이 R3 단계(할 수 있지만 하지 않는 단계)에 있다면, 리더는 그들의 지지를 얻을 만한 참여하는 유형이 되어야 한다.
- 만약 부하 종업원들이 R4 단계(할 수 있고 할 의지도 있는 단계)에 있다면 리더는 많은 일을 할 필요 없이 위임하는 유형을 취하면 된다.

SLT는 직관적 호소(intuitive appeal)를 갖고 있다. SLT는 부하 종업원들의 중요성을 인정하고 리더들은 부하 종업원들의 능력 부족과 동기부여 한계점들을 보충할 수 있다는 논리를 바탕으로 한다.[15] 그러나 이론들을 검증하고 뒷받침하려 했던 연구 노력들은 실망스러운 결과들만 얻었다. 이러한 실망스러운 결과들에 대해 가능한 설명 중에는 이 모델의 내적 비일관성과 더불어 연구 방법론적 문제들이 포함된다. 이 모델은 매력적이고 매우 대중적이긴 하지만, 우리는 SLT를 맹목적으로 지지하는 것에는 신중해야 한다.

리더들은 얼마나 참여해야 하는가?

1973년, 빅터 브룸(Victor Vroom)과 필립 예튼(Phillip Yetton)은 의사결정에 있어 리더십 행동과 참여를 관련지은 **리더–참여 모델**(leader-participation model)을 개발했다.[16] 과업 구조는 의례적인 활동과 비의례적인 활동에 대한 다양한 요구를 갖고 있다는 것을 인식한 연구자들은 리더의 행동은 과업 구조를 반영할 수 있도록 조정해야 한다고 주장했다. 브룸과 예튼의 모델은 규범적 모델이다. 즉 리더–참여 모델은 여러 다른 유형의 상황들에서 이루어지는 의사결정 과정에 참여하는 형태와 횟수를 결정짓는 데 따라야 할 일련의 규칙을 제공했다. 이 모델은 일곱 가지 상황(예/아니요 선택으로 전체 관련성을 찾을 수 있음)과 다섯 가지 대체 리더십 유형을 결합한 의사결정 나무였다.

최근 브룸과 아서 자고(Arthur Jago)의 연구에 의해 모델이 수정되었다.[17] 새로운 모델은 5개의 대안 리더십 유형을 그대로 채택하지만 상황 적합 변수들을 리더가 전적으로 혼자 의사결정을 내리는 것부터 집단과 함께 문제를 공유하고 의식적인 의사결정을 전개하는 것까지 12개 범주로 확대했다. 이 요인들은 표 12.1에서 볼 수 있다.

초기 리더–참여 모델의 연구 결과는 상당히 고무적이었다.[18] 하지만 불행하게도 일반적인 경영자들이 이 모델을 쉽게 사용하기에는 너무 복잡했다. 실제로 브룸과 자고는 경영자들을 수정 모델의 의사결정 가지들을 통과할 수 있도록 인도하는 컴퓨터 프로그램을 개발했다. 여기서 이 모델의 정교함을 설명할 수는 없지만, 이 모델은 리더십의 효과와 관련된 주요 상황

리더–참여 모델
리더가 의사결정에 여러 가지 상황별로 얼마나 많은 참여를 사용하는지를 결정하는 일련의 규칙에 기초한 리더십 상황 적합 이론

표 12.1   개정된 리더-참여 모델의 상황 변수

> 1. 결정의 중요성
> 2. 결정에 대해 부하 종업원들의 헌신을 얻는 것의 중요성
> 3. 리더가 좋은 결정을 내리기에 충분한 정보를 가지고 있는지 여부
> 4. 얼마나 잘 구조화된 문제인지
> 5. 독단적 결정이 부하 종업원의 헌신을 받을 수 있는지 여부
> 6. 부하 종업원이 조직의 목표에 설득이 되는지 여부
> 7. 해결안을 놓고 부하 종업원 사이에 갈등이 있는지 여부
> 8. 부하 종업원이 좋은 결정을 내리기 위해 필요한 정보를 가지고 있는지 여부
> 9. 리더의 시간적 제약이 부하 종업원의 참여를 제한할 수 있음
> 10. 지리적으로 분산된 구성원들을 하나로 모으는 비용이 정당화되는지 여부
> 11. 의사결정에 걸리는 시간을 최소화하는 리더의 중요성
> 12. 부하 종업원 의사결정기술 개발을 위한 도구로 참여 활용의 중요성

출처: Stephen P. Robbins and Timothy A. Judge, *Organizational Behavior*, 13th ed., ©2009, p. 400. Reprinted and electronically reproduced by permission of Pearson Education, Inc., New York, NY.

변수들에 대해 어느 정도 신뢰할 수 있는, 경험적으로 지지되는 통찰을 제공했다. 게다가 리더-참여 모델은 리더십 연구가 사람보다는 상황을 고려해야 한다는 주장을 뒷받침한다. 즉 독재적 리더와 참여적 리더보다는 독재적 상황과 참여적 상황에 대해 이야기하는 것이 아마도 더 타당할 것이다. 하우스의 경로-목표 이론과 마찬가지로 브룸, 예튼, 자고는 리더 행동이 불변이라는 점에는 반대한다. 리더-참여 모델은 리더가 다양한 상황에 맞춰 자신의 리더 유형을 바꿀 수 있다고 가정한다.[19]

오직 53%의 리더들만이 자신의 기존 스타일에서 벗어나 새로운 리더십 기술들을 시도해보려고 한다.[20]

리더들은 어떤 방식으로 부하 종업원들에게 도움이 되는가?

리더십을 이해하는 또 다른 접근 방법은 **경로-목표 이론**(path-goal theory)으로, 이 이론은 리더의 직무란 부하 종업원들이 목표를 달성하도록 도와주고 부하 종업원들의 목표가 집단 또는 조직의 전체적인 목표와 조화될 수 있도록 방향을 제시하거나 지원해주는 것이라고 주장한다. 로버트 하우스(Robert House)에 의해 개발된 경로-목표 이론은 동기부여 기대 이론의 핵심 요인들을 받아들이고 있다(10장 참조).[21] 경로-목표라는 용어는 효과적인 리더들이 종업원들의 작업 목표를 성취할 수 있도록 방향을 명확하게 제시하며, 그 과정상의 장애와 위험 요소들을 감소시킴으로써 보다 쉽게 작업 목표에 도달할 수 있도록 한다는 믿음으로부터 나온다.

하우스는 4대 리더십 행동을 다음과 같이 정리했다.

- 지시적 리더: 부하 종업원에게 그들에게 바라는 것을 알게 하고, 업무 스케줄을 짜고, 과업들을 달성할 방법에 대해 구체적인 안내를 제공한다.
- 지원적 리더: 부하 종업원의 욕구에 관심을 보이고 친밀감을 표시한다.
- 참여적 리더: 의사결정을 내리기 전에 집단 구성원과 상의하고 이들의 제안을 이용한다.

경로-목표 이론
리더의 일은 부하 종업원들이 그들의 목표를 이루도록 하고, 그들의 목표가 집단 또는 조직의 전체적인 목표와 조화될 수 있도록 방향을 제시하거나 지원해주는 것이라고 말하는 이론

그림 12.3   경로-목표 이론

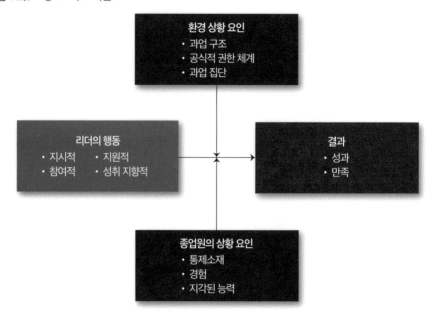

- **성취 지향적 리더**: 도전할 목표를 세우고 부하 종업원이 가장 높은 수준에서 업무를 수행하기를 기대한다.

리더는 행동을 바꿀 수 없다는 피들러의 관점과 다르게 하우스는 리더들은 변화할 수 있으며, 상황에 따라 위와 같은 리더십 유형의 전부 또는 일부가 나올 수 있다고 보았다.

그림 12.3에서 볼 수 있듯이, 경로-목표 이론 모델은 리더십 행동과 성과 관계를 조율하는 두 가지 상황 변수 또는 상황 적합 변수를 제안한다.

1. 부하 종업원에 대한 통제를 벗어나는 환경 요인(과업 구조, 공식적 권한 체계, 업무 집단을 포함한 요인들)
2. 부하 종업원의 개인적 성격의 일부가 되는 요인(통제 소재, 경험, 지각된 능력 포함)

환경적 요인은 부하 종업원의 성과를 극대화해야 할 경우 요구되는 리더 행동의 유형을 결정짓는데, 부하 종업원의 개인적 성격은 환경과 리더 행동을 해석하는 방법을 결정짓는다. 환경 구조가 제공하는 자원이 남거나 부하 종업원의 성격들과 일치하지 않는 경우에는 리더의 행동이 효과적이지 않을 것이다. 예를 들어 경로-목표 이론에서 예측할 수 있는 점은 다음과 같다.

- 지시적 리더십은 과업들이 매우 구조화되어 있고 잘 정리되어 있을 때보다 모호하거나 스트레스가 많은 경우에 더 큰 만족감을 줄 수 있다. 부하 종업원들은 무엇을 해야 하는지 알지 못해 리더가 그들에게 지시를 내릴 필요가 있다.
- 지원적 리더십은 부하 종업원들이 구조적인 과업을 하고 있을 때 종업원들의 높은 수준의 성과와 만족을 가져온다. 이 상황에서 리더는 단지 부하 종업원들에게 무엇을 하라고 지시하는 것이 아니라 지원해주기만 하면 된다.

- 지시적 리더십은 높은 인식 능력이나 상당한 경험을 갖고 있는 부하 종업원들 사이에서는 불필요한 것으로 인식될 가능성이 높다. 이러한 부하 종업원들은 매우 능력이 뛰어나서 리더가 그들에게 업무 지시를 내릴 필요가 없다.

- 공식적인 권한 관계가 더 청렴하고 관료적일수록 리더들은 지원적인 행동을 더 많이 보여야 하며 지시적인 행동을 더욱 지양해야 한다. 부하 종업원들에게 업무를 수행하기를 기대하는 한, 조직적 상황은 그에 맞는 구조를 제공하기 때문에, 리더는 단지 지지하는 역할만 하면 된다.

- 한 실무 집단에 상당한 갈등이 있는 경우에는 지시적 리더십이 종업원의 만족도를 더욱 높일 것이다. 이런 상황에서 부하 종업원들은 책임을 질 리더를 필요로 한다.

제너럴 모터스의 CEO 메리 바라(Mary Barra)는 참여적 리더이다. 그녀는 종업원들이 목소리를 낼 수 있게 격려해주며 의사결정 과정에 참여시키고 조언을 얻기 위해 토론 방식의 회의를 개최한다. 바라의 참여적 방식은 높은 참여도의 종업원, 조직 몰입, 효과적인 작업팀을 낳는다.

- 내적 통제 소재를 가진 부하 종업원들은 참여적인 유형의 리더와 일할 때 더 만족할 것이다. 이러한 부하 종업원들은 자신에게 일어나는 일들을 스스로 통제하기 때문에, 그들은 의사결정에 참여하는 것을 더 선호한다.

- 외적 통제 소재를 가진 부하 종업원들은 지시적인 유형의 리더와 일할 때 더 만족할 것이다. 이 부하 종업원들은 그들에게 일어나는 일은 외부 환경에 의한 것이라 믿으므로 그들에게 해야 할 일을 말해주는 리더를 더 선호한다.

- 성취 지향적 리더십은 과업들이 모호하게 구성되어 있을 때 노력하면 높은 업무 성과를 낼 것이라고 부하 종업원들의 기대를 높일 것이다. 어려운 목표들을 정함으로써 부하 종업원들은 그들에게 기대하는 것이 무엇인지 알게 된다.

경로-목표 모델 연구는 찬반양론이 분분했는데, 이는 조사할 변수가 너무 많기 때문이다. 모든 연구가 이 이론을 지지하는 결과를 찾은 것은 아니지만, 지금까지 나온 증거들은 이 이론의 논리를 지지한다고 말할 수 있다.[22] 즉 리더가 종업원이나 작업 환경의 결점을 보완하는 리더십 유형을 선택할 때 종업원의 성과와 만족도는 긍정적인 영향을 받을 가능성이 높다. 그러나 이미 과업이 명확하거나 종업원이 간섭받지 않은 채 과업을 수행할 능력과 경험을 갖고 있는 상황에서 리더가 과업에 대한 설명으로 시간을 낭비할 경우 종업원은 리더의 지시적 행동에 대해 쓸데없거나 심지어 모욕적인 것으로 평가할 수 있다.

오늘날 리더십은 어떠한가?

12-4 리더십의 현대적 관점과 오늘날 리더가 직면한 쟁점을 설명한다.

인도에서 가장 크고 혁신적인 은행의 CEO인 쿤다푸르 바만 카마스(Kundapur Vaman Kamath)는 교사이다. 교육적인 환경에서가 아니라 그의 직장인 ICICI 은행에서 말이다. 그는 '경영 분야의 마스터 클래스'를 설명하고 제공하기

리더-구성원 교환(LMX) 이론
리더는 내집단과 외집단을 만들고 내집단 구성원들이 성과 등급이 더 높고, 이직률이 더 낮으며, 직무 만족이 더 크다고 주장하는 리더십 이론

거래적 리더
주로 사회적 교환(또는 거래)을 이용해 사람들을 이끄는 리더들

위한 기회로서 매일, 그리고 직원들과 상호교류한다. 그것이 바로 훌륭한 리더들이 하는 일이다.[23]

리더십에 대한 최신 관점은 무엇이며, 오늘날 리더들이 다루는 사안들은 무엇인가? 여기서는 네 가지 새로운 현대 리더십 관점, 즉 리더-구성원 교환(LMX), 거래적-변혁적 리더십, 카리스마 리더십, 팀 리더십의 관점을 살펴볼 것이다. 추가로, 오늘날 환경 속에서 효과적으로 이끌어야 할 때 리더가 직면하는 쟁점들에 대해 논의할 것이다.

리더십의 네 가지 현대적 관점이 얘기하고자 하는 것은 무엇인가?

효과적인 리더가 되기 위해 필요한 것들을 오랫동안 연구한 리더십 연구 성과들을 기술했던 이 장 초반의 논의사항들을 기억하라. 그 목표가 바뀌진 않았다! 심지어 현대 리더십 관점은 그 질문에 대답하는 데 관심을 두고 있다. 리더십에 대한 이러한 관점들은 공통된 주제를 갖고 있는데 부하 종업원들과 함께 소통하고, 영감을 주고, 지지해주는 리더들이 그 주제다.

리더들은 부하 종업원과 어떻게 상호작용하는가? 당신은 리더가 자신의 내집단을 구성하는 '우호 인사들'로 이루어진 집단에 속한 적이 있는가? 만약 그렇다면, 그것이 리더-구성원 교환(LMX) 이론의 전제조건이 된다.[24] **리더-구성원 교환 이론**[leader-member exchange(LMX) theory]은 리더가 내집단과 외집단을 만들고 내집단에 속한 사람들은 높은 성과율, 적은 거절, 더 큰 직무 만족을 갖게 될 것이라고 주장한다.

LMX 이론은 리더와 한 부하 종업원 간의 관계 초기에 리더가 그 부하 종업원을 '내집단' 또는 '외집단'으로 암묵적으로 분류할 것이라고 제안한다. 이 관계는 시간이 지나면서 안정적으로 자리 잡는 경향이 있다. 리더는 또한 더 가까워지기를 원하는 사람들에게 보상을 하고 그렇지 않은 사람을 처벌함으로써 LMX를 장려한다.[25] LMX 관계를 그대로 유지하기 위해서, 리더와 부하 종업원은 그들의 관계에 '투자'를 해야 한다.

리더가 각 범주에 어떤 부하 종업원을 분류하는지 그 선택 방식이 명확하게 밝혀진 것은 아니지만, 증거들은 내집단 구성원들은 인구 통계학적, 태도, 성격 또는 심지어 성별적 특성들이 리더와 비슷하거나 또는 그들이 외집단 구성원들보다 더 높은 수준의 경쟁력을 갖고 있다는 것을 보여준다.[26] 리더가 선택을 하지만, 부하 종업원의 특성들이 리더의 의사결정을 이끄는 원동력이 된다.

92%의 임원들은 누가 승진을 하는지에 있어 편애주의를 목격한다.[27]

LMX에 대한 연구는 대체로 지지를 받았다. 리더들은 실제로 부하들을 차별하는 것처럼 보이고, 이러한 차별들은 무작위로 이루어지는 것이 아니며, 또한 내집단 지위에 속한 부하 종업원들은 성과 등급이 더 높고, 일할 때 더 도움을 주려고 하거나 '조직시민행동'을 더 많이 할 것이고, 또한 상사에 대한 만족감이 더 크다고 보고할 것으로 보인다.[28] 리더들이 성과를 가장 잘 내기를 기대하는 사람에게 자신의 시간과 다른 자원을 투자할 가능성이 가장 높은 경우 이 연구 결과들은 전혀 놀라운 것이 아닐 것이다.

거래적 리더는 변혁적 리더와 어떻게 다른가? 많은 초기 리더십 이론에서 리더들을 **거래적 리**

더(transactional leader), 즉 주로 사회적 교환(혹은 거래)을 이용해 사람들을 이끄는 리더로 보았다. 거래적 리더들은 부하 종업원들의 생산성과 보상을 교환하는 것으로 정해진 목표를 향해 일하도록 그들을 이끌거나 동기를 부여한다.[29] 그러나 또 다른 리더 유형인 **변혁적 리더**(transformational leader)는 부하 종업원들이 이례적인 성과를 내놓도록 자극하고 격려한다. 이들은 개인 부하 종업원들의 관심사와 발전적 욕구들에 주목하고, 그들은 부하 종업원들이 오래된 문제들을 새로운 방식으로 볼 수 있도록 도움으로써 사안들에 대한 부하 종업원들의 인식을 바꾸고, 집단 목표들을 달성하도록 부하 종업원들에게 더 노력하도록 고무한다.

거래적·변혁적 리더십을 업무를 달성하는 데 반대하는 접근법으로 간주해서는 안 된다.[30] 변혁적 리더십은 거래적 리더십으로부터 발전해 나왔다. 변혁적 리더십은 거래적 리더십만으로는 설명할 수 없는 수준까지 종업원으로 하여금 노력하고 업무를 수행하도록 만든다. 더욱이 변혁적 리더십은 더 카리스마가 있는데, 변혁적 리더는 부하 종업원들이 정해진 관점뿐만 아니라 리더가 갖고 있는 관점들에 의문을 제기할 능력을 갖도록 시도하기 때문이다.[31]

변혁적 리더십이 거래적 리더십보다 더 우월하다는 것을 지지하는 증거들은 압도적으로 많다. 예를 들면 군대와 기업들을 포함해 다양한 상황에서 사람들을 이끄는 경영자들을 대상으로 한 많은 연구들은 변혁적 리더가 거래적 리더보다 더 영향력 있으며, 더 높은 수준의 성과를 내고, 승진이 더 빠르며, 대인관계에 더 민감한 것으로 평가된다는 것을 발견했다.[32] 게다가 모든 증거가 변혁적 리더십이 이직률 감소, 높은 생산성, 높은 종업원 만족, 창의성, 목표 달성, 부하 종업원들의 행복과 더 강하게 관련되어 있다는 것을 입증했다.[33]

카리스마 리더십과 비전적 리더십은 어떻게 다른가? 아마존닷컴의 제프 베이조스는 에너지가 넘치고 열정적이며 강력하게 일을 추구하는 사람이다.[34] 그는 재미있는 것을 좋아하지만(그의 전설적인 웃음은 이산화질소를 먹은 캐나다 거위 떼에 비유됨) 아마존닷컴에 대한 그의 비전을 매우 진지하고 열의 있게 추구해 왔으며 또한 빠르게 성장하는 기업의 호기와 위기를 거치면서도 종업원들을 고무하는 능력을 입증했다. 베이조스는 우리가 **카리스마 리더**(charismatic leader)라고 부르는 유형의 리더다. 즉 열정적이고, 자기확신이 강한 성격과 행동들이 사람들에게 특정 방식들로 행동하도록 영향을 미치는 리더다.

어떤 학자는 카리스마 있는 리더의 성격 특성을 규명하고자 했다.[35] 가장 널리 받아들여지는 분석 결과가 카리스마 있는 리더의 다섯 가지 성격 특성을 찾아냈다. 즉 그들은 비전이 있고, 비전을 명확하게 표현할 능력이 있으며, 비전을 달성하기 위해 위험들을 기꺼이 받아들이고, 환경적 제약과 부하 종업원들의 욕구들에 민감하며, 비범한 행동들을 한다.[36]

카리스마가 있다는 것은 좋은 것이다.

점점 더 많은 증거들이 카리스마 리더십과 부하 종업원들의 높은 성과 및 만족 사이에 인상적인 상관관계가 있다는 것을 보여주고 있다.[37] 비록 한 연구에서 카리스마가 있는 최고경영자들은 뒤이은 조직의 성과에 전혀 영향을 미치지 못한다는 결과가 나왔으나, 카리스마는 여전히 바람직한 리더십의 한 자질이라고 여겨진다.[38]

카리스마가 바람직하다면, 사람들은 카리스마 리더가 되는 법을 배울 수 있는가? 혹은 카리스마 있는 리더는 그러한 자질들을 타고나는가? 소수의 전문가들은 여전히 카리스마는 학습

변혁적 리더
이례적인 성과를 달성하도록 부하 종업원들을 자극하고 격려하는(변형하는) 리더들

카리스마 리더
자신의 성격과 행동이 사람들을 어떤 방향으로 행동하게 영향을 미치는 열정적이고 자신감 넘치는 리더

아마존 닷컴의 설립자이자 CEO인 제프 베이조스는 카리스마 리더이다. 활기차고, 열정적이며, 낙관적이고, 자신감 넘치는 것으로 묘사되는 베이조스는 위험한 새로운 벤처에 대한 목표를 설정하고 추구할 수 있는 추진력을 가지고 있으며 자신의 카리스마를 이용해 직원들이 새로운 벤처 사업을 성취하기 위해 열심히 일하도록 격려하고 있다. 사진에서 베이조스는 그랜드 오픈 기간 동안 직원들이 일하는 곳과 모이는 장소 역할을 하는 식물이 가득한 장소를 둘러보고 있다.

될 수 없다고 믿긴 하지만, 대부분은 개인들이 카리스마 있는 행동들을 하도록 훈련받을 수 있다고 믿는다.[39] 예를 들면 연구자들은 대학생들에게 카리스마를 '갖도록' 가르치는 데 성공했다. 어떻게? 이들 대학생들은 원대한 목표를 분명하게 표현하고, 높은 수준의 성과 기대치들에 대해 전하고, 부하 종업원들이 이러한 기대치들을 달성할 수 있는 능력을 갖고 있다는 믿음을 보이고, 그들의 부하 직원들의 욕구들에 공감하도록 배웠다. 또한 그들은 강력하고 자신감 있으며 역동적인 모습을 투영하도록 배우고, 다른 이들을 사로잡고 몰입하게 하는 목소리 톤을 이용하도록 훈련받았다. 연구자들은 또한 이 학생 리더들이 부하 종업원들과 의사소통할 때 그들 쪽으로 몸을 기울이고, 눈을 계속 똑바로 보고, 편안한 포즈를 취하고, 얼굴 표정을 자주 바꾸는 것을 포함해 카리스마 있는 비언어적 행동들을 이용하도록 가르쳤다. 이 '훈련받은' 카리스마 리더가 이끄는 집단에 속한 구성원들은 카리스마가 없는 리더가 이끄는 집단에서 일한 구성원들보다 더 높은 과업 수행을 달성하고, 과업 적응을 더 잘하고, 리더에 더 잘 적응했다.

카리스마 리더십에 대해 말해야 할 마지막 내용은 카리스마 리더십은 종업원이 높은 수준의 성과 목표를 달성하는 데 반드시 필요한 것은 아닐 수 있다는 점이다. 부하 종업원의 과업이 관념론적 목적을 갖고 있거나 또는 환경이 스트레스가 많고 불확실성이 높을 때 카리스마 리더십이 가장 적합할 수 있다.[40] 이러한 측면은 카리스마 리더들이 정치 부문, 종교 부문 또는 전시에 또는 업체가 설립되거나 생존 위기에 빠졌을 때 나타나는 이유를 설명할 수 있다. 예를 들면 마틴 루터 킹 주니어는 그의 비폭력적 수단으로 사회 평등을 이룰 때 카리스마를 활용했으며, 스티브 잡스는 1980년대 초에 사람들이 살아온 방식을 극적으로 바꾸어 놓을 개인용 컴퓨터의 미래상을 분명히 밝힘으로써 애플의 기술 스태프들의 흔들림 없는 충성과 헌신을 이끌어낼 수 있었다.

비전이란 용어는 카리스마 리더십과 자주 같이 쓰이기는 하지만, **비전적 리더십**(visionary leadership)은 카리스마 리더십과 다르다. 비전적 리더십은 현재 상태를 개선할 수 있는, 현실적이고 신뢰할 수 있는 매력적인 미래에 대한 비전을 만들어내고 분명하게 밝힐 수 있는 능력이다.[43] 적절하게 선택되어 실행할 경우, 이 비전은 매우 에너지가 넘쳐서 "이 비전이 실현될 수 있도록 기술, 재능과 자원을 요청함으로써 효과적으로 미래로 도약하기 시작한다."[42]

직원의 40%는 미래에 대해 지도자로부터 영감을 얻지 않는다.[43] 직원의 15%만이 회사의 리더십이 미래에 대한 열정을 느끼게 해준다는 것에 강하게 동의했다.[44]

한 조직의 비전은 사람들의 감성을 자극하고 조직의 목표를 따르도록 열정을 고취시키는 명백하고 강력한 심상을 제공해야 한다. 비전은 영감을 주고 독특한 가능성들을 줄 수 있어야 하며, 조직과 그 구성원들에게 분명하게 더 나은 일들을 새로운 방식으로 제공해야 한다. 명확한 표현과 강력한 심상을 가진 비전은 보다 쉽게 달성되고 받아들여질 수 있다. 예를 들

비전적 리더십
실제적이고, 신뢰할 수 있으며, 현실 상황을 개선하는 미래의 매력적인 비전을 만들고, 표명하고, 분명하게 표현할 수 있는 능력

어 마이클 델(Michael Dell)은 고객에게 맞춤 PC를 팔고 일주일 이내에 직접 배송하는 사업에 대한 비전을 내놓았다. 자기 이미지를 개선하는 제품을 판매하는 여성 기업가로서 메리 케이 애쉬(Mary Kay Ash)의 비전은 자신의 화장품 회사인 메리 케이 코스메틱스(Mary Kay Cosmetics)의 자극제가 되었다.

리더와 팀은 어떤가? 팀 맥락에서 리더십이 발휘되고 있으며 점점 더 많은 조직들이 실무팀을 이용하고 있기 때문에, 팀원들을 이끄는 리더의 역할은 점점 더 중요해지고 있다. 텍사스 인스트루먼츠(Texas Instruments)의 댈러스주 포레스트 레인에 위치한 공장 감독인 브라이언트(J. D. Bryant)가 발견한 것처럼, 팀 리더의 역할은 전통적인 리더십 역할과 다르다.[45] 어느 날 그는 15명의 회로판 조립공 중 한 스태프를 만족스러운 시선으로 감독하고 있었다. 다음 날 그는 회사로부터 종업원팀을 운영할 것이며 그는 '촉진자'가 될 것이라는 말을 들었다. 그가 "저는 팀에게 제가 아는 모든 것을 가르칠 의무가 있으며, 그런 다음 그들 스스로 의사결정을 할 수 있게 하겠습니다"라고 말했다. 새로운 역할에 혼란을 느낀 그는 '내가 해야 할 일에 대해 명확한 계획이 전혀 세워져 있지 않다'고 시인했다. 팀 리더가 되면 어떤 일을 해야 하는가?

많은 리더가 종업원팀으로 바뀌는 변화에 대처할 준비를 하고 있지 못하다. 한 컨설턴트가 말하는 것처럼 "아무리 능력 있는 경영자라도 예전에 그렇게 하도록 장려되었던 명령–통제 형식이 더 이상 맞지 않게 됨에 따라 이러한 변화에 적응하는 데 힘들어한다. 그들에게는 이러한 변화에 대처할 기술을 갖추거나 이를 이해할 이유가 없다".[46] 이 컨설턴트는 다음과 같이 말했다. "아마도 경영자들의 15% 정도가 타고난 팀 리더일 것이고, 또 다른 15%는 그들의 성격에 대치되기 때문에, 즉 그들은 팀의 이익을 위해 그들의 주도적인 리더십 유형을 포기할 수 없기 때문에 결코 팀을 이끌 수 없다. 또한 이들 중간에 있는 사람들이 많다. 즉 팀 리더십을 타고나지 않았지만 배울 수 있는 사람들이다."[47]

많은 경영자들의 도전 과업은 효과적인 팀 리더가 되는 것이다. 그들은 참을성 있게 정보를 공유하고, 다른 이들을 신뢰하고 권한을 포기할 수 있으며, 개입해야 할 때가 언제인지 이해하는 것 같은 팀 리더로서의 기량들을 배워야 한다. 효과적인 리더는 팀을 그냥 내버려 두어야 할 때와 개입해야 할 때를 아는, 까다로운 균형의 법칙을 마스터했다. 새로운 팀 리더는 팀 구성원들이 더 많은 자율권을 필요로 할 때 오히려 많은 통제를 가하거나, 팀이 지원과 도움을 필요로 할 때 그들의 팀을 버릴지도 모른다.[48]

최고의 팀 리더들의 네 가지 특성[49]
- 협업적 행위를 모델링한다.
- 강력한 직원 간 네트워크를 구축한다.
- 기능과 부서 간 협업을 장려한다.
- 업무를 효과적으로 구조화한다.

오늘날 직장에서의 윤리적 의사결정

영국계 은행의 거물인 바클레이즈의 최고경영자(CEO) 제스 스테일리(Jes Staley)는 내부고발자의 정체를 밝히기 위해 노력한 혐의로 1년 동안 영국 감독당국으로부터 벌금 150만 달러를 선고받았다.[50] 이 사건은 스테일리가 이전 직장 동료들을 고용하고 그가 이전 직장에서 보인 '엉뚱한 행동'들을 강조한 두 통의 익명 편지로 시작되었다. 2016년 6월 바클레이즈 이사회의 회원이 받은 최초의 편지는 자신을 '존 큐 퍼블릭'이라고 밝힌 개인과 바클레이즈의 장기 주주들에 의해 작성되었다. 이 서한은 그들(채용된 전 직장 동료들)에 대해 개인적인 혐의를 제기하고 바클레이즈 채용 과정에 의문을 제기했다. 그 달 말, 뉴욕 바클레이즈 사무실에 비슷한 우려를 표명하는 또 다른 편지가 배달되었다. 스테일리는 직원들에게 보낸 편지에서 "본인은 이 모든 것을 방송한 특파원들의 의도가 악의적으로 그 사람(채용된 전 직장 동료들)을 비방하려는 것"이라고 해명했다.[51] 그는 또한 내부고발자의 신원을 밝혀달라고 은행 내부 보안팀에 요구했다. 이는 스테일리의 행동에 대한 금융행동당국(Financial Conduct Authority, FCA)의 규제 조사를 촉발시켰다. 스테일리는 FCA에 편지를 보낸 사람은 바클레이즈에서 일하는 것이 아니라 스테일리와 전 직장 동료들이 함께 일했던 다른 금융회사에서 온 것으로 생각한다고 말했다. FCA는 보고서에서 스테일리가 은행 내부 인사에 의해 편지가 작성되었을 수도 있다는 사실을 인식하지 못해 내부 고발 규정이 두 사건에 모두 적용되었다고 밝혔다.

토의문제

3 이 이야기에서 어떤 윤리적 문제를 발견했는가? 왜 내부 고발자의 정체를 밝히는 것이 문제인가? 스테일리의 행동에 이해 당사자들이 어떤 영향을 받을 수 있는가?

4 배정된 그룹에서 리더들의 윤리적 책임과 바클레이즈가 이번 사건을 윤리적 교훈으로 활용하는 방법에 대해 논의해보라.

팀 리더 중심으로 재조직된 조직들을 대상으로 진행된 한 연구는 모든 리더가 해야 하는 특정한 공통 책임들을 발견했다. 이러한 책임들 중에는 코칭, 촉진, 규율 문제 처리, 팀과 개인의 성과 재검토, 훈련, 의사소통이 포함된다.[52] 그러나 팀 리더의 직무를 기술할 수 있는 더 의미 있는 방법은 (1) 팀의 외부 경계를 관리하는 것과 (2) 팀의 업무 과정을 촉진하는 두 가지 우선 순위에 중점을 두는 것이다.[53] 이러한 두 가지 우선순위는 그림 12.4에서 볼 수 있듯이 4개의 특정 리더십 역할로 나뉜다.

오늘날 리더들이 직면한 사안들은 무엇인가?

오늘날 최고 정보 통신 책임자(chief information officer, CIO)가 되는 것은 쉽지 않다. 한 회사의 정보기술력을 관리하는 책임을 갖고 있는 사람은 많은 외적, 내적 압력들에 직면한다. 산업 기술은 계속해서 급속도로 바뀌는데, 때로는 거의 매일 바뀌는 것 같다. 사업비용은 계속 증가하는 추세다. 경쟁업체들은 새로운 전략들을 개발하고 있다. 경제 조건들은 전문가들조차 계속 혼란스럽게 만들고 있다. 페덱스의 CIO인 롭 카터(Rob Carter)는 이러한 난제를 마주하고 있다.[54] 그는 페덱스 제품과 서비스를 위한 무휴 및 전 세계적 지원 장치를 제공하는 모든 컴퓨터와 통신 시스템들을 책임지고 있다. 어떤 일이 잘못되기라도 하면, 당신은 누가 그 책임을 맡을지 알고 있다. 그러나 카터는 겉보기에 혼란 그 자체인 환경에서도 효과적인 리더로 제 역할을 해 왔다.

오늘날의 환경에서 효과적으로 이끈다는 것은 많은 리더들에게 있어서 그런 도전 과업들을 다루는 일일 것이다. 그러나 21세기 리더는 리더십과 관련해 일부 중요한 사안들에 당면하고 있다. 여기서는 종업원 권한 부여, 다문화적 리더십, 감성 지능과 리더십 등에 대해 살펴볼 것이다.

앞장 서는 것은 이끄는 것이 아니다.

왜 리더들은 종업원들에게 권한을 부여하는가?　여러 차례 언급했듯이 선두에 나서지 않으면서도, 즉 종업원에게 권한을 부여하는 것으로 종업원들을 이끄는 경영자가 점점 늘어나고 있다. **권한 부여**(empowerment)는 의사결정 재량권을 근로자들에게 점점 더 많이 주는 것과 관련이 있다. 수백만 명의 개인 근로자들과 종업원팀들이 그들의 업무에 직접 영향을 미치는 운영과 관련된 핵심 결정들을 스스로 내리고 있다. 아주 최근까지는 경영자의 독점적인 일의 한 부분으로 간주되었던 예산을 정하고, 직무량을 계획하고, 재고를 관리하고, 질적 문제들을 풀

그림 12.4 팀 리더의 역할

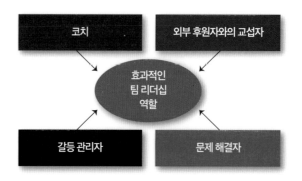

어 가며, 비슷한 활동들에 참여하고 있다.[55] 예를 들어 컨테이너 스토어(Container Store)에서는 고객 요구사항을 받은 종업원은 누구라도 요구사항을 처리하는 것이 허용되고 있다. 이 기업의 명예회장인 개럿 분(Garret Boone)은 "우리는 누구를 고용하든 리더로 고용합니다. 우리 매장에서 근무하는 사람이라면 누구든 당신이 전형적인 경영자의 조치라고 생각할 수 있는 조치를 취할 수 있습니다"[56]라고 말한다.

점점 더 많은 회사가 종업원에게 권한 부여를 하는 이유는 그 사안들에 대해 가장 잘 아는 사람들—가끔은 낮은 조직 단계에 있는 사람들—에 의한 신속한 의사결정이 필요하기 때문이다. 만약 조직들이 역동적인 세계 경제의 경쟁에서 성공하기 원한다면, 종업원들이 결정하고 빠르게 변화할 능력을 갖추어야 한다. 또 다른 이유는 조직의 구조 축소는 많은 경영자들에게 더 큰 범위의 통제권을 남겼기 때문이다. 늘어난 업무 수요에 대처하기 위해서 경영자들은 그들의 부하 종업원들에게 권한을 부여해야만 했다. 권한 부여가 보편적인 해답은 아닐지라도, 이것은 종업원들이 그들의 일을 경쟁력 있게 수행할 수 있는 지식, 기술, 경험을 가진 경우에는 도움이 될 수 있다.

기술 역시 종업원 권한 부여를 증대하는 데 기여할 수 있다. 경영자들은 '오늘날 직장에서의 경영 기술'에서 이야기한 것처럼 직장에 물리적으로 나타나지 않는 종업원들에게 권한을 부여하고 이끌어야 하는 독특한 난제에 직면한다.

국가 문화가 리더십에 영향을 미치는가?   리더십 연구에서 나온 한 가지 일반적 결론은 효과적인 리더가 단 하나의 리더십 유형만 사용하는 것은 아니라는 점이다. 리더는 상황에 맞춰 리더십 유형을 바꾸어 이용한다. 비록 명확하게 언급되지 않았지만, 국가 문화가 어떤 리더십 유형이 가장 효과적일지 결정하는 데 중요한 상황 변수임은 확실하다. 중국에서 효과 있는 리

오늘날 직장에서의 경영 기술

가상 리더십

물리적으로 멀리 떨어져 있는 사람들과 주로 디지털 대화로 접하는 사람들을 당신은 어떻게 이끄는가?[57] 이것이 가상 리더가 되었을 때 당면하게 되는 도전 과업이다. 그리고 불행하게도, 리더십 연구 방향은 주로 직접 만남과 언어적 상황에 맞추어져 있다. 그러나 우리는 오늘날의 리더들과 종업원들이 직접 만나기보다는 첨단 통신기술에 의해 연결되는 경우가 점점 많아지고 있다는 현실을 무시할 수 없다. 그렇다면 어떤 안내가 서로 흩어져 있는 종업원들을 격려하고 동기를 부여해야 하는 리더들에게 도움이 될까?

직접 소통할 경우 가혹한 말을 비언어적 행동으로 순화하는 것은 쉽다. 미소나 위로하는 몸짓은 실망스러운, 불만족한, 불충분한, 기대 이하 같은 강한 단어들의 타격의 영향을 줄이는 데 이바지할 수 있다. 그런 비언어적 요소들이 온라인 관계에서는 존재하지 않는다. 그 디지털 대화에서의 단어 구조 또한 받는 이들에게 동기를 부여하거나 의기소침하게 만든다는 힘을 갖고 있다. 의도치 않게 짧은 단락으로 또는 모두 대문자로 메시지를 보낸 경영자는 그 메시지가 올바른 맞춤법을 사용한 완전한 문장으로 보낸 경우와 매우 다른 답장을 받을 수 있다.

효과적인 가상 경영자가 되기 위해서, 경영자들은 디지털 대화에 적합한 단어들과 구조를 선택해야 한다는 것을 깨달아야 한다. 그들은 또한 그들이 받는 메시지에서 '행간의 의미(숨은 뜻)를 읽을 수 있는' 기량을 개발할 필요가 있다. 메시지의 쓰여진 내용뿐만 아니라 감정적인 내용을 찾고 판독하는 것도 중요하다. 또한 가상의 리더들은 그들이 메시지에서 얻고자 하는 반응이 무엇인지 곰곰이 생각할 필요가 있다. 무엇이 기대되고 있는지 확실히 한 뒤 메시지에 대한 후속 조치를 취하라.

점점 더 많은 경영자들에게 있어서, 좋은 대인관계기술들에는 디지털 커뮤니케이션을 통해 지지와 리더십을 전할 수 있는 능력과 다른 이들의 메시지들에 있는 정서들을 읽을 수 있는 능력이 포함될 수 있다. 이 새로운 '커뮤니케이션' 세상에서, 쓰기 기술은 대인관계기술의 한 연장 기술이 될 가능성이 높다.

토의문제

5 '가상' 리더는 어떤 도전 과업들에 직면하는가?

6 가상 리더는 더 효과적인 리더가 되도록 돕는 데 첨단기술을 어떻게 이용할 수 있는가?

Ton Koene/ZUMApress/Newscom

중국에서 집단주의라는 문화적 가치는 패션 소매업체인 폴리폴리 중국 지사 사장 유키 탄 (Yuki Tan)과 가게 직원과 같이 리더와 따르는 사람의 관계에 영향을 준다. 가게를 방문할 때 탄은 충실하고, 믿을 수 있고, 열심인 종업원들을 아껴주는 온정주의적인 효과적인 리더십 스타일을 보여주고 있다.

더십 유형이 프랑스나 캐나다에서는 효과적이지 않을 수 있다. 예를 들어 아시아 리더십 유형들에 대한 한 연구는 아시아 경영자들은 경쟁력 있는 의사결정자, 효과적인 소통자 및 종업원들을 지지하는 리더들을 선호하는 것으로 드러났다.[58] 사하라 사막 이남 아프리카 지역의 리더십을 대상으로 한 또 다른 연구는 카리스마 있는 리더들이 부패, 가난, 종족주의 및 폭력 같은 문화적 문제들을 극복하는 데 도움이 될 수 있다는 것을 알게 되었다.[59]

국가 문화는 리더십 유형에 영향을 주는데, 그 이유는 부하 종업원이 어떻게 반응할지에 영향을 미치기 때문이다. 리더는 그들의 유형을 무작위로 선택할 수 없다(또한 선택해서는 안 됨). 그들은 그들의 부하 종업원들이 기대하는 문화적 조건들로부터 제약을 받는다. 표 12.2는 비교 문화적 리더 연구들 중 선정된 예들에서 나온 일부 결과가 제시되어 있다. 대부분의 리더십 이론들은 미국에서 전개되었기 때문에 미국식 편견을 갖는다. 이 이론들은 부하 종업원들의 권리보다 책임을 강조하고, 의무에 대한 헌신이나 이타적 동기부여보다는 자기만족을 중시하고, 과업의 중심적 역할과 민주적 가치 지향적 성격을 띠며, 영적인 것, 종교 또는 미신보다는 이성을 강조한다.[60] 우리가 4장에서 처음 소개한 GLOBE 연구 프로그램은 이제까지 착수된 연구들 중 리더십에 대해 가장 광범위하고 포괄적인 다문화 연구이다. GLOBE 연구는 리더십에는 어떤 만국 공통의 특징들이 있다는 것을 발견했다. 구체적으로 말해서 변혁적 리더십의 많은 요소들은 리더

표 12.2 다문화적 리더십

- 한국 지도자들은 직원들에게 온정주의적인 태도를 보인다.
- 부탁을 받지 않고도 친절이나 관용을 베푸는 아랍의 지도자들은 다른 아랍인들에게 약한 사람으로 비춰진다.
- 일본 지도자들은 겸손하고 말을 자주 한다.
- 네덜란드나 스칸디나비아의 지도자가 개인을 공개적으로 칭찬할 때는 그 사람에게 창피를 주기 위한 것이다.
- 말레이시아의 유능한 리더들은 참여형 스타일보다는 독재적인 스타일을 사용하면서 동정심을 보일 것으로 예상된다.
- 효과적인 독일 리더는 높은 성과 지향성, 낮은 동정심, 낮은 자기 보호, 낮은 팀 지향성, 높은 자율성 및 높은 참여도로 특징지어진다.

출처: J.-H. Shin, R. L. Heath, and J. Lee, "A Contingency Explanation of Public Relations Practitioner Leadership Styles: Situation and Culture," *Journal of Public Relations Research*, April 2011, pp. 167-90; J. C. Kennedy, "Leadership in Malaysia: Traditional Values, International Outlook," *Academy of Management Executive*, August 2002, pp. 15-17; F. C. Brodbeck, M. Frese, and M. Javidan, "Leadership Made in Germany: Low on Compassion, High on Performance," *Academy of Management Executive*, February 2002, pp. 16-29; M. F. Peterson and J. G. Hunt, "International Perspectives on International Leadership," *Leadership Quarterly*, Fall 1997, pp. 203-31; R. J. House and R. N. Aditya, "The Social Scientific Study of Leadership: Quo Vadis?" *Journal of Management* 23, no. 3 (1997), p. 463; and R. J. House, "Leadership in the Twenty-First Century," in A. Howard (ed.), *The Changing Nature of Work* (San Francisco: Jossey-Bass, 1995), p. 442.

가 어느 나라 사람이든 관계없이 효과적인 리더십과 관련 있는 것처럼 보인다.[61] 이러한 변혁적 리더십 요소들 중에는 비전, 선견지명, 격려 제공, 신뢰성, 역동성, 긍정성과 능동성이 포함된다. 이 결과들은 GLOBE팀의 두 구성원들로 하여금 "어느 나라든 부하 종업원들은 효과적인 리더들에게 기업을 미래로 이끌 수 있는 강력하고 진취적인 비전을 제시해주기를 바라며, 모든 종업원이 그 비전을 달성하도록 자극하기 위해 강한 동기부여 기술들을 갖고 있기를 기대하고, 또한 그 비전을 실행하는 데 도움이 되는 뛰어난 기획 기술들을 갖고 있기를 바란다"[62]는 결론을 내리게 만들었다. 어떤 사람들은 이러한 변혁적 리더 특성들이 지역에 관계없이 어필할 수 있는 이유는 세계의 경쟁과 다국적 영향들의 결과로서 일반적인 산업 기술과 관리 실무를 추구하라는 압력 때문이라고 주장한다.

감성 지능은 리더십에 어떤 영향을 미치는가?   9장에서 우리는 정서에 대해서 살펴볼 때 감성 지능(EI)을 소개한 바 있다. IQ, 전문적 지식이나 다른 개별 요인보다 EI가 리더로 부상하는 사람들에 대한 예측지표라고 제안하는 최근 연구들 때문에 여기에서 우리는 이 화제를 다시 한 번 살펴보기로 한다.[63]

스타 리더가 되는 것

특성 연구에서 살펴보았듯이, 리더는 기본적인 지능과 직무 관련 지식이 필요하다. 하지만 IQ와 전문적 기술은 '한계 능력'으로 필요하지만 리더십에 필요충분조건은 아니다. 감성 지능의 다섯 가지 요소인 자기 지각, 자기 관리, 자기 동기부여, 공감, 사교 기술을 갖고 있을 때 개인은 우수한 성과자가 된다. 사람들은 EI가 없어도 훈련을 특출나게 잘하고, 높은 분석력을 보이고, 장기 비전과 훌륭한 제안을 무수히 제시할 수 있지만, 그럼에도 여전히 조직에서 훌륭한 리더가 되기는, 특히 조직에서 승진하기는 힘들다. 서열이 높은 우수한 성과자일수록 이들 효과의 원인으로 더 많은 EI 능력을 지목한다는 근거들이 나타나고 있다. 특히 우수한 성과자들이 상위 경영진의 평균과 비교했을 때 이들의 효과에 대한 차이는 90%가 기본적인 지능보다 감성 지능 요인에 기인한 것이었다.

펩시의 최고 경영자인 인드라 누이(Indra Nooyi)는 높은 감성 지능을 가진 리더이다. 그녀는 전 세계적으로 종업원, 고객, 비즈니스 리더들과 높은 수준의 사회적 상호작용을 요구하는 일에서 그녀를 스타 연예인과 같이 나타나게 도와준 감성 지능(EI)의 다섯 가지 요소(자기 지각, 자기 관리, 자기 동기부여, 공감, 사교 기술)를 가지고 있다.

EI는 모든 계층의 직무 성과와 긍정적인 관계를 보여준다. 그러나 높은 사회적 상호작용을 요구하는 직무에서 상관관계가 특히 높았다. 물론 리더십도 마찬가지다. 위대한 리더들은 EI의 주요 구성요소인 자기 지각, 자기 관리, 자기 동기부여, 공감대 형성 능력, 사교 기술의 다섯 가지를 발휘함으로써 그들의 EI를 입증한다(10장 357~358쪽 참조).

리더십에서 EI의 역할에 관한 일부 논란이 있었음에도 불구하고,[64] 대부분의 연구에서 EI는 리더십 효과에 있어 필수적인 요소라고 결론을 내렸다.[65] 따라서 EI는 이 장 처음에 우리가 기술한 리더십과 관련된 특성 목록에 추가될 수 있다.

유해한 상사와 리더십은? 팀이나 조직에서 건전한 업무 관계를 구축, 유지, 심지어 보수하는 것은 리더들에게 중요한 기술이다. 제대로 이루어지면 더 효과적인 리더가 될 수 있다. 피드백은 더 잘 받아들여지고, 위임은 더 간단해지며, 지도가 더 유용해질 것이다. 하지만 그것이 잘못되는 경우를 조심해야 한다. 파괴적이고 유해한 상사–직원 관계가 심각한 파장을 불러일으킬 수 있다.[66] 결근 증가, 이직률 증가, 윤리적 결함 증가, 생산성 저하 등은 모두 지도자가 학대하고, 효과적이지 않으며, 독성이 있다는 징후일 수 있다. 그리고 그것은 일과 관련된 문제만 이야기한 것이다. 무례하고, 불쾌하고, 교활하고, 품위를 떨어뜨리고, 무례하고, 거리낌없이 요구하는 상사는 업무 외에도 스트레스, 불안, 육체적인 질병 같은 직원 개인의 문제를 초래할 수 있다. 그렇다면, 어떻게 리더들이 독이 되지 않고 대신 그들의 팀과 좋은 협력 관계를 형성할 수 있을까? 이 모든 것은 감정적으로 총명하고, 적절한 경계를 설정하고, 처음부터 기대를 분명히 하는 것으로 귀결된다. 여느 관계와 마찬가지로 오해가 있을 가능성이 높지만, 결국 강하고 효과적인 업무 관계를 맺으면 개인, 팀, 조직에 이익이 된다.

왜 신뢰가 리더십의 핵심인가?

12-5 리더십의 본질인 신뢰에 대해 논의한다.

> 밀레니얼 세대 중 84%는 '신뢰성'이 가장 중요한 리더십의 문제 요소 중 하나라고 말한다.[67]

리츠칼튼 호텔 체인의 은퇴한 창업자 중 한 명은 신용을 쌓는 리더의 훌륭한 본보기였다. 호르스트 슐츠(Horst Schulze)는 모든 직원에게 오리엔테이션과 광범위한 교육을 제공했고, 각 직원에게는 누구에게도 먼저 결재를 받지 않고 고객 문제를 해결하는 데 사용할 수 있는 2,000달러의 재량 자금이 주어졌다. 한 가지 일화는 고객의 노트북을 가지고 하와이로 날아간 한 직원의 이야기로, 그 고객은 프레젠테이션에 꼭 필요한 노트북을 두고 간 것이었다. 휴가를 좀 보내고 싶었을 수도 있지만, 직원은 고객의 노트북을 배달하고 나서 다음 비행기를 타고 집으로 돌아왔다. 직원은 왜 노트북을 택배로 보내지 않았을까? 그녀는 꼭 필요한 노트북을 제때 받지 못할 위험을 감수하고 싶지 않았기 때문이다. 이것이 바로 지도자가 만들어내야 할 신뢰 문화이다.[68]

신뢰 또는 신뢰 부족은 오늘날 조직에서 중요한 이슈로 떠오르고 있다.[69] 오늘날 불확실한 환경 속에서 리더들은 신뢰와 신용을 쌓거나, 심지어 다시 쌓을 필요가 있다. 리더들이 할 수 있는 방식들을 논의하기 전에, 신뢰와 신용이 무엇인지, 왜 중요한지 알아야 한다.

정직은 신뢰성의 주요 요소이다. 설문조사 결과들을 보면 정직은 리더들을 높이 평가하는 특성 중 첫 번째로 꼽는다. "정직은 리더십에 절대적으로 필요한 요인이다. 만약 사람들이 기꺼이 당신을 따르게 하려면, 그곳이 전쟁터이든 회의실이든 그 사람들이 신뢰할 수 있도록 확신을 심어 주어야 한다."[70] 게다가 정직하고 신뢰할 수 있는 리더들은 업무에 능숙하고 의욕을 고취시킨다. 그들은 자신들의 자신감과 열정을 효과적으로 의사소통한다. 그러므로 부하 종업원들은 리더의 정직, 능력, 의욕을 높이는 능력으로 리더의 **신뢰성**(credibility)을 판단한다.

신뢰는 신뢰성의 개념과 밀접하게 관련되어 있기 때문에, 사실 이 두 용어는 서로 번갈아가며 사용되는 경우가 흔히 있다. **신뢰**(trust)는 성실성, 개성, 리더의 능력에 대한 믿음으로

신뢰성
부하 종업원들이 리더의 정직, 능력, 의욕을 높이는 능력을 인지하는 정도

신뢰
성실성, 개성, 리더의 능력에 대한 믿음

정의된다. 리더를 신뢰하는 부하 종업원들은 그들의 권리와 이익이 남용되지 않을 것이라고 확신하기 때문에 리더의 행동에 상처 받기 쉬운 경향이 있다.[71] 연구 결과도 신뢰 개념을 구성하는 다섯 가지 차원을 찾았다.

- 성실성: 정직함과 진솔함
- 능숙함: 전문적이고 대인관계적인 지식과 기술
- 일관성: 확실성, 예측 가능성, 올바른 판단
- 충성심: 다른 사람의 신상을 보호하고 구하려는 의지
- 개방성: 아이디어와 정보를 자유롭게 공유하려는 의지[72]

이 다섯 가지 차원 중 성실성은 어떤 이가 다른 사람의 신뢰감을 얻어낼 때 가장 결정적인 요소로 보인다.[73] 성실성과 능력, 양쪽 요소는 리더십에 대한 우리의 논의 초반부에서 리더십과 일관되게 관련이 있는 것으로 확인되었다.

직장에서의 변화는 이러한 리더십 특질들이 중요한 이유를 강화했다. 예를 들어 종업원에게 권한을 부여하고 업무팀이 스스로 관리하는 경향은 종업원들을 감시하는 데 이용했던 전통적인 통제 메커니즘의 많은 부분을 줄였다. 만약 작업팀이 자체적으로 업무 스케줄을 짜고, 자체적으로 성과를 평가하고, 심지어 자체적으로 고용 여부에 대한 의사결정까지 자유롭게 하려면 신뢰가 절대적으로 중요해진다. 종업원들은 경영자들이 그들을 공평하게 대우한다고 믿어야 하며, 경영자들은 종업원들이 그들의 직무를 양심적으로 수행한다고 믿어야 한다.

또한 리더들은 그들의 작업집단이 아닌, 심지어 물리적으로 멀리 떨어져 있는 부서 간 또는 가상팀의 구성원, 공급자나 고객들을 위해 일하는 개인들, 그리고 아마도 전략적 동맹을 통한 다른 조직을 대표하는 사람들까지 이끄는 일이 많아질 것이다. 이 상황들은 리더들이 그들의 영향력 있는 형식적인 지위에서 물러나는 호사를 누리지도 못하게 한다. 이런 관계의 많은 부분들은 사실 유동적이고 잠시 지나가는 것이다. 따라서 재빨리 신뢰를 쌓아서 그것을 유지하는 능력은 관계의 성패를 좌우한다.

세일즈포스(Salesforce)의 공동설립자이자 CEO인 클라우드 컴퓨팅의 선구자 마크 베니오프(Marc Benioff)는 신뢰, 정직성, 역량, 일관성, 충성심 및 아이디어와 정보 공유에 대한 개방성을 보여주는 리더십의 자질을 갖추고 있다. 그의 성공은 신뢰에 기반을 두고 있으며, 신뢰는 모든 비즈니스 벤처의 직원, 고객 및 기타 이해관계자도 최고의 가치가 되어야 한다고 생각한다.

왜 부하 종업원들이 리더를 믿는 것이 중요한가?

연구 결과들은 리더십에 대한 신뢰는 업무 성과, 조직적 시민 행동, 직업 만족감, 조직적 헌신을 포함한 긍정적인 업무 성과들과 깊은 관련이 있다는 것을 입증했다.[74] 효과적인 리더십에 있어서 신뢰의 중요성을 감안하면, 리더들은 그들 부하 종업원들에게 자신에 대한 신뢰를 쌓을 필요가 있다. 이와 관련해 일부 제안이 표 12.3에 나와 있다.

지금 관리 효과 또는 리더십 효과가 그 어느 때보다도 부하 종업원들의 신뢰를 얻는 능력에 달렸다.[75] 다운사이징, 주식가격 하락, 임시직 고용 증가는 리더에 대한 종업원들의 신뢰를 약화시키고 투자자, 공급자와 고객들의 신임을 흔들어 놓는다. 오늘날의 리더들은 종업원 및 다른

Mike Blake/Reuters

표 12.3 신뢰 구축을 위한 제안

---

1. **개방을 실천하라.** 불신은 사람들이 알지 못하는 것에서 비롯된다. 개방성은 신용과 신뢰로 이어진다. 그러 므로 사람들에게 계속 정보를 주고, 결정을 내리는 방법에 대한 기준을 명확히 하고, 결정의 근거를 설명하 고, 문제에 대해 솔직해지고, 관련 정보를 완전히 공개하라.

2. **공평하게 하라.** 결정을 내리거나 조치를 취하기 전에, 다른 사람들이 그들을 객관성과 공정성 측면에서 어 떻게 인식할지 고려하라. 공로를 인정해야 할 사람에게 공로를 인정하고, 성과 평가에서 객관적이고 공정 하며, 보상 분배에서 형평성에 주의를 기울여라.

3. **감정을 표현하라.** 딱딱한 사실만을 전달하는 리더는 냉담하고 거리감이 있다. 당신이 감정을 공유하면, 다 른 사람들이 당신을 인간적으로 볼 것이다. 그들은 당신에 대해 알게 되고 당신에 대한 존경심이 높아질 것이다.

4. **진실을 말하라.** 정직은 신뢰의 문제에 있어 결정적이기 때문에 당신은 진실을 말하는 사람으로 인식되어야 한다. 부하 종업원들은 그들의 지도자가 거짓말을 했다는 것을 알아내는 것보다 '듣고 싶지 않은' 것을 듣 는 것에 더 관대하다.

5. **일관성을 유지하라.** 사람들은 예측 가능성을 원한다. 불신은 무엇을 기대해야 할지 모르는 데서 온다. 당신 의 가치와 신념에 대해 생각할 시간을 가져라. 그런 다음, 일관성 있게 의사결정을 이끌도록 하라. 당신의 중심적인 목적을 알게 되면, 당신의 행동은 그에 뒤따르게 될 것이고, 당신은 신뢰를 얻는 일관성을 보이게 될 것이다.

6. **약속을 지켜라.** 신뢰는 사람들이 당신에게 의지할 수 있어야 생긴다. 그래서 당신은 약속을 지킬 필요가 있 다. 한 번 한 약속은 반드시 지켜져야 한다.

7. **비밀을 지켜라.** 사람들은 신중하다고 믿고 의지할 수 있는 사람을 신뢰한다. 만약 사람들이 당신에게 무언 가 비밀을 말함으로써 스스로를 취약하게 만든다면, 그들은 당신이 다른 사람들과 그것에 대해 토론하거나 그 비밀을 폭로하지 않을 것이라는 확신을 가질 필요가 있다. 만약 사람들이 당신을 개인적인 비밀을 누설 하는 사람 또는 의지할 수 없는 사람으로 인식한다면, 당신은 신뢰할 수 있는 사람으로 인식되지 않을 것 이다.

8. **자신감을 보여라.** 기술 및 전문적 능력을 발휘해 타인의 존경과 동경심을 얻을 수 있도록 하라. 커뮤니케이 션, 협상 및 기타 대인관계기술을 개발하고 보이는 데 신경을 쓸 필요가 있다.

출처: P. S. Shockley-Zalabak and S. P Morreale, "Building High-Trust Organizations," *Leader to Leader*, Spring 2011, pp. 39–45; J. K. Butler Jr., "Toward Understanding and Measuring Conditions of Trust: Evolution of a Condition of Trust Inventory," *Journal of Management*, September 1991, pp. 643–63; and F. Bartolome, "Nobody Trusts the Boss Completely—Now What?" *Harvard Business Review*, March-April 1989, pp. 135–42.

중요한 조직적 이해관계자와의 신뢰를 다시 쌓고 복원하는 도전 과업에 직면하고 있다.

리더십에 관한 주요 생각거리

상황에 관계없이 어떤 리더십 유형은 항상 효과적일 것이라는 믿음에도 불구하고, 리더십이 항상 중요한 것이 아닐 수도 있다. 연구자들은 일부 상황에서 리더가 보이는 어떤 행동도 무관하 다고 주장한다. 다시 말해 특정 개인, 일, 조직적 변수들이 리더의 영향력을 조정하면서 '리더 십의 대체물'로 작용할 수 있다.[76]

예를 들어 경험, 훈련, 직업적 오리엔테이션, 독립의 필요성 같은 부하 종업원의 특징들은 리더십의 효과를 중화시킬 수 있다. 이 특징들은 구조를 만들고 과업의 모호성을 줄이는 리더 의 지원이나 능력에 대한 종업원들의 욕구를 대체할 수 있다. 마찬가지로, 본래부터 명백하고 일상적인 직무들이나 본질적으로 만족스러운 직무들은 리더십 변수들이 거의 요구되지 않을 수도 있다. 명백하게 형식을 갖춘 목표, 딱딱한 규칙과 과정 또는 결속력 있는 집단들 같은 조 직적 특징들도 형식적인 리더십을 대신할 수 있다.

요약

12-1 리더와 리더십을 정의한다.

리더는 다른 사람들에게 영향을 미치고 관리적 권한을 소유한 사람이다. 리더십은 한 집단을 이끌고 그 집단이 목표를 달성하도록 영향력을 발휘한다. 경영자들은 리더가 되어야 하는데, 다른 사람을 이끈다는 것은 네 가지 관리 기능 중 하나이기 때문이다.

12-2 초기 리더십 이론들을 비교 대조한다.

리더의 특징을 정의하려는 초기의 시도들은 성공하지 못했지만 이후 시도들에서 리더십과 관련된 일곱 가지 특성을 찾아냈다.

아이오와대학교 연구들은 세 가지 리더십 유형을 조사했다. 유일한 결론은 독재적인 리더보다 민주적인 리더 밑에 있던 집단 구성원이 더 만족감이 높았다는 것이었다. 오하이오주립대학교 연구에서는 구조 구도와 배려라는 리더 행동의 두 가지 차원을 확인했다. 양쪽 차원들에서 점수가 높았던 리더가 때때로 집단 과업 수행과 집단 구성원 만족도에서 높은 수준에 도달했지만 항상 그런 것은 아니었다. 미시간대학교 연구들은 종업원 중심 리더와 생산 중심 리더를 조사했다. 미시간대학교 연구들은 종업원 지향적 리더들이 집단 생산성과 집단 구성원들의 만족도가 높다고 결론을 내렸다. 매니지리얼 그리드 이론은 리더의 생산성에 대한 관심 및 사람들에 대한 관심을 조사하고, 다섯 가지 리더 유형을 찾아냈다. 생산성에 관심을 두는 리더와 사람들에게 높은 관심이 있는 리더가 최고였지만, 이 결론을 지지할 증거는 충분치 않다.

행동 연구에서 보여주듯이, 리더의 행동은 이중적 특성, 즉 과업에 대한 초점과 사람에 대한 초점을 갖고 있다.

12-3 네 가지 주요 상황 리더십 이론을 기술한다.

특정 상황에서 이용되는 가장 좋은 유형을 정의하기 위해 피들러의 모델이 시도되었다. 그는 최소 선호 동료 설문지를 이용해 관계 지향적 리더나 과업 지향적 리더 유형을 측정했다. 그는 리더와 구성원의 관계, 과업 구조, 지위 권력이라는 세 가지 상황 차원을 측정했다. 이 모델은 과업 지향적 리더들은 아주 우호적인 상황과 아주 비우호적인 상황에서 가장 뛰어난 성과를 보였으며, 관계 지향적 리더들은 중간 정도의 우호적인 상황에서 가장 뛰어난 성과를 보였다고 주장한다.

허시와 블랜차드의 상황적 리더십 이론은 부하 종업원들의 준비성에 초점을 맞추었다. 그들은 네 가지 리더십 유형—지시(높은 과업-낮은 관계 수준), 촉진(높은 과업-높은 관계 수준), 참여(낮은 과업-높은 관계 수준), 위임(낮은 과업-낮은 관계 수준)—을 찾았다. 그들은 또한 준비성의 4단계—할 수 없고 할 의지도 없는(지시 유형을 이용), 할 수 없지만 할 의지가 있는(촉진 유형을 이용), 할 수 있지만 할 의지가 없는(참여 유형을 이용), 할 수 있고 할 의지도 있는(위임 유형을 이용)—를 알아냈다.

리더-참여 모델은 결정을 내리는 데 리더 행동과 참여도가 관련이 있다. 이것은 일곱 가지 상황과 다섯 가지 대안적인 리더십 유형을 가진 의사결정 나무 포맷을 사용한다.

로버트 하우스가 개발한 경로-목표 이론에서는 지시적, 지원적, 참여적, 성취 지향적인 네 가지 리더십 행동을 찾아냈다. 그는 리더는 이 네 가지 유형의 행동 중 어느 것이나 사용할 수 있으며 또한 사용해야 한다고 가정한다. 두 가지 상황 변수는 환경 및 부하 종업원들에서 발견되었다. 근본적으로 경로-목표 모델은 리더는 방향을 제시하고 필요한 것을 제공해야 한다고, 즉 경로를 구조화해 부하 종업원들이 목표를 달성할 수 있도록 지원해야 한다고 주장한다.

12-4 리더십의 현대적 관점과 오늘날 리더가 직면한 쟁점을 설명한다.

리더-구성원 교환(LMX) 이론에 따르면 리더들은 내집단과 외집단을 만들어 내집단에 속한 구성원들은 보다 높은 성과율과 적은 거절, 더 큰 직무 만족을 느낀다.

변혁적 리더는 부하 종업원들이 목표를 달성하도록 자극하고 격려하며, 거래적 리더는 생산성과 보상을 교환한다.

　카리스마 리더는 열정적이고 자신감이 높은 리더로, 그의 성격과 행동은 사람들로 하여금 특정 방식들로 행동하도록 영향을 미친다. 사람들은 카리스마 리더가 되는 것을 배울 수 있다. 비전적 리더는 미래에 대한 현실적이고 확실하며 매력적인 비전을 내놓고 키울 수 있다.

　팀 리더는 두 가지 우선 책임이 있는데 그것은 팀의 외부 경계선을 관리하고 팀의 업무 처리 과정을 촉진하는 것이다. 이와 관련된 리더의 네 가지 역할로는 외부 후원자와의 교섭자, 문제 해결자, 갈등 관리자, 코치가 있다.

　오늘날 리더들이 직면한 사안에는 종업원 권한 부여, 국가 문화와 감성 지능이 있다. 종업원들이 권한을 가지면 리더의 역할은 이끌지 못하는 방향으로 가는 경향이 있다. 리더들이 그들의 유형을 상황에 맞추면서 국가적 문화가 가장 중요한 상황적 특징 중 하나가 되었다. 마지막으로 EI는 리더십 효율성의 필수 요소가 되었음이 증명되고 있다.

12-5 리더십의 본질인 신뢰에 대해 논의한다.

오늘날 경영자들은 변화하는 작업 현장과 경제, 윤리와 신뢰의 이슈, 세계 경제의 불확실성에 대처해야 한다. 경영자는 고객에게 높은 수준의 서비스를 제공하고 혁신적인 시도와 노력들에 초점을 맞춰야 한다.

토의문제

12-1 리더, 리더십, 경영자가 리더가 되어야 하는 이유를 정의하라.

12-2 리더십의 행동 이론에 의하면, 한 리더의 행동이 다른 리더의 행동과 어떻게 차이를 보이는가?

12-3 리더는 만들어지는 것이 아니라 타고나는 것이라는 말에 동의하는가?

12-4 "리더의 유능함은 부하 직원들의 능력에 따라 결정된다"는 말은 어떤 이론이 주장하는 것이며, 왜 이렇게 주장하는 것인가?

12-5 실생활에서 대부분의 경영자들이 리더십 효과를 높이기 위해 상황 접근법을 이용한다고 생각하는가? 논의해 보라.

12-6 경영 스타일이 리더들의 지도 방식에 영향을 주는가? 맥그리거의 X-Y이론을 고려해 X이론 경영자와 Y이론 경영자가 다를지 다르지 않을지 설명하라.

12-7 신뢰가 사람의 개인적 특성에서 나온다고 생각하는가, 아니면 특정 상황에 의해 만들어지는 것이라고 생각하는가?

12-8 믿을 만한 리더가 부하 직원으로부터 결과를 얻어내는데 더 효과적이라고 생각하는가?

12-9 조직은 어떻게 효과적인 리더를 개발하는가?

12-10 리더들이 필요하지 않은 상황은 언제인가?

적용하기　직장생활을 위한 준비

경영자가 되기 위한 기술 | 좋은 리더가 되는 것

경영과 리더십이라는 두 단어는 가끔 교차 사용되기도 하지만 이는 잘못된 것이다. 이 둘은 같은 개념이 아니라 연관되어 있다. 비록 리더의 자리에 오를 필요가 없을지라도, 효과적인 리더가 될 수 없다면 효과적인 경영자가 될 가능성도 낮다.

기본 기술

간단히 말해 리더십 유형은 과업 지향, 종업원 지향으로 분류할 수 있다. 모든 상황에 있어 어느 것도 정답이 될 수는 없다. 비록 많은 상황 변수가 효과적인 리더십 유형에 영향을 미치지만, 네 가지 변수가 가장 관련이 있는 것으로 보인다.

- 과업 구조: 구조화된 과업은 모호성을 최소화하는 절차와 규칙을 가진다. 구조화된 직무일수록 리더가 과업 구조를 제공

할 필요는 적어진다.

- 스트레스 수준: 상황은 시간과 성과 스트레스에 따라 달라진다. 높은 스트레스 상황은 경험 있는 리더를 선호하며, 낮은 스트레스 상황에서는 지적인 리더를 선호한다.
- 집단 지원의 수준: 긴밀하고 지원적인 집단의 구성원들은 서로 돕는다. 그들은 과업과 관계에 대한 지원 모두를 제공한다. 지원적인 집단은 리더에 대한 필요성이 낮다.
- 부하 특성: 부하의 개인적 특성(경험, 능력, 동기부여 등)은 어떤 리더십 유형이 가장 효과적인지에 영향을 미친다. 다양한 경험과 탁월한 능력, 강하게 동기부여된 종업원은 많은 과업 행동이 필요 없다. 그들은 종업원 지향 유형이 보다 효과적일 것이다. 반대로, 경험이 없고 능력도 부족하며 동기부여도 약한 종업원은 리더가 과업 지향적 행동을 보일 때 더 좋은 성과를 낼 것이다.

기술 연습

다음 시나리오를 읽고 마지막 부분의 지시문에 따르라.

당신은 최근에 경영학 학위를 받고 대학을 졸업했다. 지난 2년의 여름 동안 CMI(Connecticut Mutual Insurance)에서 그곳 종업원들이 휴가를 간 동안 인턴으로 무수히 많은 일을 했다. 당신은 CMI로부터 정책갱신 부서의 관리자로 정규직을 제안받아 수락했다.

CMI는 대형 보험회사이다. 당신이 근무하는 본사 사무실에만 1,500명이 넘는 종업원이 있다. 회사는 종업원들의 개인적 발전을 강하게 신뢰한다. 이러한 믿음은 최고경영자에서도 발하는 CMI 종업원들에 대한 신뢰와 존중의 철학에도 반영된다. 회사는 혁신적인 일/가정 프로그램과 강력한 해고 줄이기 노력에 힘입어 '일하기 가장 좋은 회사'에서도 항상 최상위권에 자리 한다.

당신은 새 업무로 18명의 직원을 총괄하게 될 것이다. 직무는 거의 훈련이 필요 없이 매우 일상적이다. 이들의 임무는 보험 할증 변화 사항을 표로 작성하고, 갱신된 공지에 대한 무반응으로 해당 정책이 취소되었다면 영업 부서에 알려주고, 갱신 관련 문제를 해결하기 위해서 최신 정책이 반영된 공지를 확인하는 것이다.

당신의 작업집단에 속한 사람들의 연령대는 19~62세까지이며, 중앙 나이가 25세이다. 이전 직장 경험이 없는 고등학교 출신이 대부분이다. 그들은 한 달에 2,350~3,200달러를 번다. 당신은 CMI의 고참인 잰 앨리슨(Jan Allison)을 대신하게 될 것이다. 잰은 CMI에서 37년간 근무했으며, 그중 14년을 정책갱신 부서에서 근무했다. 잰의 팀에서 지난여름 몇 주를 보냈기 때문에 잰의 스타일에는 익숙하며, 부서 구성원 대부분과도 알고 있다. 하지만 사람들은 당신을 아주 잘 알지는 못하며, 갓 대학을 졸업하고 경험이 없어 미심쩍어한다. 실제로 당신은 경영진이 부서를 감독할 수 있도록 대학 학위를 가진 사람을 원했기 때문에 채용되었다. 당신을 가장 강력하게 비판하는 사람은 릴리안 랜츠(Lillan Lantz)다. 릴리안은 50대 여성으로, 12년간 이 부서에서 근무하고 있는 '최고령'이며 집단 구성원에게 큰 영향력을 발휘한다. 당신은 릴리안의 지원 없이 이 부서를 이끌어나가는 것이 매우 어려울 것임을 안다.

리더십에 대한 지식을 활용해, 어떤 리더십 유형을 선택하겠는가? 이유는 무엇인가?

경험에 의한 문제 해결

우리는 이 장 전체를 통해 리더십에 대해 이야기했다. 당신은 지금쯤 리더와 리더십이 무엇인지 상당히 잘 알고 있어야 한다. 하지만, 당신에게 한 가지 문제를 더 던지고 싶다. 할당된 그룹에서 다음 사항을 논의해야 한다—리더십은 자질, 속성, 태도, 혹은 직책인가? 왜 당신이 그것을 선택했는지 답을 생각해보라. 둘 이상의 항목을 선택할 수 있지만 각 항목에 대한 근거를 설명할 수 있어야 한다. 또한, 왜 다른 것을 선택하지 않았는지 설명하라. 마지막으로, 자신의 결론을 강의실에서 발표할 준비를 하고 요약 형식으로 작성하라.

사례 적용 #1

제너럴 일렉트릭의 '성공 극장'
주제: 풋볼 포커스

신뢰가 리더십의 근본적인 부분이라면, 신뢰를 잃었을 때 조직은 어떻게 회복하는가? 최근 국제축구연맹(FIFA)이 일련의 스캔들로 재단이 흔들린 후 자문해야 했던 질문이다.

축구는 단순한 스포츠가 아니다. 그것은 매우 큰 사업이다. 딜로이트는 2016-2017 시즌 동안 영국 프리미어십의 수익만 45억 달러로 추산했고, 그것이 2018-2019 시즌에 5억 달러 증가할 것으로 예상했다.[78] 1904년에 설립된 FIFA는 세계 축구의 운영을 담당하는 이사회이다. FIFA의 가장 중요한 책임 중 하나는 세계에서 가장 주목받는 스포츠 행사인 월드컵 개최를 희망하는 국가들에 대한 입찰 절차를 관리하는 것이다. 각국은 수백만 달러를 들여 입찰을 준비하고 공정하고 투명한 절차를 기대한다.

셉 블라터(Sepp Blatter) 국제축구연맹(FIFA) 회장이 러시아를 2018년 월드컵 개최국으로, 걸프만의 작은 나라인 카타르를 2022년 개최국으로 선언하기 훨씬 전부터 유치 과정에 대한 질문이 쏟아지고 있었다. 이 두 가지 최근 사건에 대해 각국이 공모해 표를 거래했다는 의혹이 제기됐는데 블라터는 2011년 내부 조사를 약속하며 이를 확인하겠다고 했다.

2012년 7월, 더 많은 의혹이 제기된 후, 블라터와 FIFA는 미국 변호사 마이클 J. 가르시아를 고용해 비판자들에게 답변하려 했다. 그가 맡은 일은 FIFA의 부정부패를 조사하는 것으로 2018년과 2022년 월드컵 유치전을 잘 살펴보았다. 2014년 9월, 가르시아는 350페이지에 달하는 포괄적인 보고서를 작성했다. 그러나 FIFA 자체의 윤리위원회는 전체 문서의 발표를 거부하고 더 짧은 요약본을 선호했고, FIFA가 사실이 잘못 전달되었다고 주장하자, 결국 가르시아가 사임하게 되었다.[79]

2015년 스위스 취리히에서 열린 FIFA 연차 총회에서 FIFA는 상황이 점점 악화했다. 미국 연방당국에 의해 많은 새벽 급습이 행해졌고 7명의 FIFA 관계자들은 몇 년 동안 지속된 수사 끝에 체포되고있다. 총 14명이 24년 전 1억 5,000만 달러 이상의 뇌물 수수 혐의로 구속되었다.[80] 셉 블라터가 같은 해 회장으로 재선되었다. 그러나 이것은 짧은 기간에 불과했다. 그는 불과 나흘 만에 사임 의사를 밝히면서 후임자를 조속히 임명해줄 것을 의회에 요청했다. 같은 해 9월, 스위스 검찰은 블라터 전 회장을 대신할 가능성이 있는 미셸 플라티니(Michel Platini)에게 '불성실한 지불'을 포함한 여러 가지 금융 비리에 대한 소송 절차를 개시했다. 2015년 12월, FIFA 윤리위원회는 블라터와 플라티니에게 8년 동안 축구와 관련된 모든 활동을 금지했다.

2016년에는 지아니 인판티노(Gianni Infantino)가 신임 회장으로 임명되었는데, 더 중요한 것은 조직 내부의 책임과 투명성에 초점을 맞추고 FIFA의 실추된 평판을 회복하는 것을 목표로 한 많은 개혁안이 통과되었다는 점이다. 이제 이 새로운 FIFA를 주재하고 클럽, 국가, 선수, 팬들과 신뢰를 회복하는 것이 인판티노의 역할이다.

토의문제

12-11 조사받는 FIFA 고위 임원들이 FIFA의 문화에 대해 어떤 것들을 말하는가?

12-12 신뢰를 쌓기 위한 여덟 가지 제안 중 어떤 것이 FIFA에 초점을 맞춰야 했다고 생각하는가? 마이클 J. 가르시아의 보고서를 생각해보라.

12-13 위 사건은 블라터의 리더십 스타일에 대해 무엇을 알려주는가?

12-14 2011년, 재정 비리 루머를 둘러싼 FIFA의 위기에 대한 질문에 블라터는 그러한 주장을 무시했다. 블라터가 여기서 증명하지 못한 것은 신뢰의 다섯 가지 영역 중 어떤 것에 해당하는가?

12-15 어떤 스타일의 리더십이 인판티노가 성공하는 데 가장 효과적이라고 생각하는가?

사례 적용 #2

Y세대 리더 육성
주제: 지도자를 육성하는 일

맨체스터 유나이티드 FC(Manchester United Football Club)는 잉글랜드 올드 트래포드를 연고로 하는 프로 축구 클럽으로 1986년부터 2013년까지 38개의 국내 및 해외 트로피를 거머쥐며 큰 성공을 거두었다.

트로피와 함께 정밀 조사가 이루어졌다. 영국과 세계 언론은 맨체스터 유나이티드의 지도력에 매료되었다. '헤어 드라이어 트리트먼트'로 일컬어질 정도로 격렬하게 탈의실에 있는 선수들을 향해 고함을 지르는 매니저의 이야기가 이어졌다. 한 저널리스트는 개인적인 경험에서 이 방식이 선수들에게만 국한된 것은 아니라고 말했다. 높은 기대는 축구 경기에만 국한되지 않았다. 주장이 인터뷰에서 공개적으로 동료들을 비난하자 계약이 해지됐다. 이것들은 좋은 헤드라인을 장식하지만, 그들은 전체 내용을 공개하지는 않는다.

가장 큰 목소리와 무시무시한 평판을 얻는 것만으로도 25년 이상 조직을 효과적으로 이끌 수 있을까? 그 26년간 맨체스터 유나이티드 FC의 감독이었던 알렉스 퍼거슨(Alex Ferguson)은 어떻게 그의 팀을 효과적으로 이끌었을까?

1986년 퍼거슨이 맨체스터 유나이티드에 입단했을 때, 그는 클럽을 어떻게 만들 것인지에 대해 매우 명확한 생각을 가지고 있었다. 그는 장기적인 성공을 위한 계획을 세우고, 클럽의 문화를 바꾸기 시작했는데, 그것은 작은 일이 아니었다. 그는 해로운 음주 문화를 정면으로 다루었고, 가장 먼저 출근하고 마시막으로 퇴근하는 상한 직업윤리를 격려했다. 선수들의 투지와 소속감을 높이기 위해 선수들이 클럽 배지가 표시된 블레이저를 착용해야 한다고 주장했다. 이 모든 것이 그의 비전에 기여했다.

클럽의 전 최고경영자인 데이비드 길(David Gill)은 퍼거슨을 스티브 잡스에 비유했다. 몇 가지 분명한 유사점이 있다. 두 사람 모두 추진력이 있고 단호하며, 종종 무시무시하며, 궁극적으로 매우 경쟁적인 분야에서 매우 성공적인 지도자이다. 그러나 잡스는 당당하게 무뚝뚝하고 공격적인 접근 방식을 취했지만 퍼거슨 감독은 일부 선수들에게 고함을 지르고 다른 선수들에게는 다른 접근 방식을 취하며 경영 스타일을 바꾸곤 했다. 이러한 접근 방식은 자의적이고 일관성이 없어 보일 수 있지만, 실제로 그의 선수들을 잘 알고 각각의 선수들로부터 최상의 것을 얻는 방법을 이해하는 감독이 한 의식적인 선택이었다. 선수들에게 기강을 불어넣어 긍정적인 업무 관계를 보장할 필요가 있을 때 퍼거슨은 즉시 이 문제를 해결하고 넘어가곤 했다.

퍼거슨은 디테일의 중요성을 알고 있었다. 매니저로서 팀 이름을 아는 것은 분명 필수적인 일이지만, 팀보다 조직이 더 크다는 것을 이해했기 때문에 모든 지원 직원의 이름을 익히고 그들과 대화하는 데 시간을 할애했다. 한 인터뷰 진행자는 촬영 시간이 끝날 무렵 퍼거슨 감독이 영화 제작진의 이름을 알게 됐고 샴페인 한 병을 나눠 마시며 대화를 나눌 수 있어 행복했다고 평했다.

2014년 퍼거슨은 하버드 경영대학원(Harvard Business School) 교육 교직 자리에 취임했으며, 그의 저서 『리딩(Leading)』은 2015년에 출판되었다.[81]

토의문제

12-16 퍼거슨의 행동이 어떤 리더십 이론을 지지한다고 생각하는가?

12-17 사건에서 어떤 리더십 특성이 입증되었다고 보는가?

12-18 퍼거슨의 성공에 정서 지능이 어느 정도 작용했는가?

12-19 리더십 접근 방식을 다른 선수에게는 바꿀 때 발생할 수 있는 문제점은 무엇이라고 생각하는가?

사례 적용 #3

리더십에의 투자
주제: 리더십 개발, 문화 간 리더십, 멘토

로레알 사장 겸 최고경영자(CEO)인 장 폴 아공(Jean Paul Agon)은 1978년 대학 졸업 직후 입사해 40여 년간 이 회사에서 리더로 성장했다. 프랑스에 본사를 두고 전 세계에 8만 명 이상의 직원을 두고 있는 로레알은 세계에서 가장 큰 화장품 회사다. 오늘날 로레알 경영진은 여전히 리더십 개발은 경력 초기에 시작된다고 믿고 있다.

매년, 거의 650명의 최근 대학 졸업생들이 로레알의 경영 훈련 프로그램 중 하나에 참여한다.[82] 각 프로그램 형식은 지리적 위치에 따라 다르며, 교육생들은 사업을 배우기 위해 조직 전체에서 다른 임무를 수행하는 데 6~18개월이 걸린다. 각 교육생은 조직에 대한 학습, 서로 다른 브랜드에서 활용되는 비즈니스 모델 이해, 조직 전체의 관계 개발을 포함한 개인 개발 계획을 가지고 있다. 프로그램은 교육생을 조직문화에 몰입시키고, 교육생은 업무 환경에서 성공하기 위해 필요한 것을 배운다. 대부분의 교육생들은 또한 멘토와 연결되어 질문에 답을 얻고 지침을 제공받는다.

로레알의 전반적인 성공에 공헌한 주요 요인은 세계 각 지역에 맞는 맞춤형 제품을 개발하는 다양한 팀을 이끄는 매니저들의 문화적 인식이다. 이러한 리더들 중 일부는 외부에서 영입되는 반면, 많은 리더들은 파리, 뉴욕, 싱가포르, 리우데자네이루를 거쳐 12개월 동안 순환하는 것을 포함하는 특정한 국제 경영 훈련 프로그램을 통해 개발된다. 이 프로그램은 호기심이 많고 다른 문화에 적응할 수 있는 국제경영대학원 출신을 모집하는데, 이 기술이 국제 브랜드를 현지 시장에 맞추는 데 도움이 된다는 것을 알고 있다.

또한 세계적으로 사업을 하려면 윤리적인 리더십이 필요한데, 이는 기업의 리더십 개발에서 중요한 요소이다. 로레알은 윤리적인 면에서 노력을 인정받았다. 2016년, 윤리 및 준수 이니셔티브는 로레알의 윤리 리더십 혁신을 인정했다. 이 회사는 또한 에티스피어(Ethisphere)에 의해 세계에서 가장 윤리적인 회사 중 하나로 선정되었다.[83]

로레알의 리더십 개발 노력은 최근의 졸업생들에게 그치지 않는다. 사실, 조직의 모든 수준의 관리자들은 다양한 프로그램을 통해 리더십 능력을 더욱 발전시킬 수 있는 기회를 제공받는다. 이러한 프로그램은 주로 지도자를 기반으로 하며, 지도자에 대한 투자는 지도자가 자신의 팀을 개발할수록 더 큰 효과를 불러일으킨다는 믿음을 가지고 제공된다. 조직 전체의 관리자는 직원의 발전에 책임을 진다. 비록 사업 목표를 달성한다 하더라도, 그들 자신의 팀을 개발하는 데 실패하는 사람들은 성과상으로 손해를 본다. 이 모든 것은 '로레알에서는 리더십이 중요하다'는 점을 강조한다.

> ## 리더십 개발은 언제 시작되는가?

토의문제

12-20 로레알이 리더십 개발에 그렇게 많은 투자를 한다고 생각하는 이유는 무엇인가?

12-21 멘토가 리더십 개발에 어떤 역할을 할 수 있는가?

12-22 로레알과 같은 회사의 리더들에게 문화 간 인식은 왜 중요한가?

12-23 로레알과 같은 회사의 리더들에게 윤리적 리더십은 왜 중요한가?

12-24 경영학 연수 프로그램이 회사에 입사하는 데 좋은 방법이라고 생각하는가? 이 질문에 대한 답변을 생각해보고 할당된 그룹에서 이 질문에 대해 토론해보라. 만약 당신이 더 어린 학생을 지도하고 있다고 가정한다면, 리더십 개발과 경영 훈련 프로그램에 대해 그들에게 말해줄 수 있는가?

미주

1. J. Bort, "Airbnb Made $93 Million in Profit on $2.6 Billion in Revenue," *Business Insider Online*, February 6, 2018.

2. L. Gallagher, "Why Airbnb CEO Brian Chesky Is among the World's Greatest Leaders," *Fortune Online*, March 24, 2017.

3. Most leadership research has focused on the actions and responsibilities of managers and extrapolated the results to leaders and leadership in general.

4. See D. S. Derue, J. D. Nahrgang, N. Wellman, and S. E. Humphrey, "Trait and Behavioral Theories of Leadership: An Integration and Meta-Analytic Test of Their Relative Validity," *Personnel Psychology*, Spring 2011, pp. 7–52; T. A. Judge, J. E. Bono, R. Ilies, and M. W. Gerhardt, "Personality and Leadership: A Qualitative and Quantitative Review," *Journal of Applied Psychology*, August 2002, pp. 765–80; and S. A. Kirkpatrick and E. A. Locke, "Leadership: Do Traits Matter?" *Academy of Management Executive*, May 1991, pp. 48–60.

5. K. Lewin and R. Lippitt, "An Experimental Approach to the Study of Autocracy and Democracy: A Preliminary Note," *Sociometry* 1 (1938), pp. 292–300; K. Lewin, "Field Theory and Experiment in Social Psychology: Concepts and Methods," *American Journal of Sociology* 44 (1939), pp. 868–96; K. Lewin, R. Lippitt, and R. K. White, "Patterns of Aggressive Behavior in Experimentally Created Social Climates," *Journal of Social Psychology* 10 (1939), pp. 271–301; and R. Lippitt, "An Experimental Study of the Effect of Democratic and Authoritarian Group Atmospheres," *University of Iowa Studies in Child Welfare* 16 (1940), pp. 43–95.

6. R. M. Stodgill and A. E. Coons (eds.), *Leader Behavior: Its Description and Measurement*, Research Monograph No. 88 (Columbus: Ohio State University, Bureau of Business Research, 1951). See also S. Kerr, C. A. Schriesheim, C. J. Murphy, and R. M. Stodgill, "Toward a Contingency Theory of Leadership Based upon the Consideration and Initiating Structure Literature," *Organizational Behavior and Human Performance*, August 1974, pp. 62–82; and B. M. Fisher, "Consideration and Initiating Structure and Their Relationships with Leader Effectiveness: A Meta Analysis," in F. Hoy (ed.), *Proceedings of the 48th Annual Academy of Management Conference* (Anaheim, CA, 1988), pp. 201–05.

7. R. Kahn and D. Katz, "Leadership Practices in Relation to Productivity and Morale," in D. Cartwright and A. Zander (eds.), *Group Dynamics: Research and Theory*, 2nd ed. (Elmsford, NY: Pow, Paterson, 1960).

8. R. R. Blake and J. S. Mouton, *The Managerial Grid III* (Houston: Gulf Publishing, 1984).

9. Classic Concepts in Today's Workplace box based on D. S. Derue, J. D. Nahrgang, N. Wellman, and S. E. Humphrey, "Trait and Behavioral Theories of Leadership: An Integration and Meta-Analytic Test of Their Relative Validity," *Personnel Psychology*, Spring 2011, pp. 7–52; and D. A. Wren and A. G. Bedeian, *The Evolution of Management Thought*, 6th ed. (Hoboken, NJ: John Wiley & Sons, 2009), pp. 345–46.

10. W. G. Bennis, "The Seven Ages of the Leader," *Harvard Business Review*, January 2004, p. 52.

11. F. E. Fiedler, *A Theory of Leadership Effectiveness* (New York: McGraw-Hill, 1967).

12. R. Ayman, M. M. Chemers, and F. Fiedler, "The Contingency Model of Leadership Effectiveness: Its Levels of Analysis," *Leadership Quarterly*, Summer 1995, pp. 147–67; C. A. Schriesheim, B. J. Tepper, and L. A. Tetrault, "Lease Preferred Co-Worker Score, Situational Control, and Leadership Effectiveness: A Meta-Analysis of Contingency Model Performance Predictions," *Journal of Applied Psychology*, August 1994, pp. 561–73; and L. H. Peters, D. D. Hartke, and J. T. Pholmann, "Fiedler's Contingency Theory of Leadership: An Application of the Meta-Analysis Procedures of Schmidt and Hunter," *Psychological Bulletin*, March 1985, pp. 274–85.

13. See B. Kabanoff, "A Critique of Leader Match and Its Implications for Leadership Research," *Personnel Psychology*, Winter 1981, pp. 749–64; and E. H. Schein, *Organizational Psychology*, 3rd ed. (Upper Saddle River, NJ: Prentice Hall, 1980), pp. 116–17.

14. P. Hersey and K. H. Blanchard, *Management of Organizational Behavior: Leading Human Resources*, 8th ed. (Englewood Cliffs, NJ: Prentice Hall, 2001); and P. Hersey and K. Blanchard, "So You Want to Know Your Leadership Style?" *Training and Development Journal*, February 1974, pp. 1–15.

15. See, for instance, E. G. Ralph, "Developing Managers' Effectiveness: A Model with Potential," *Journal of Management Inquiry*, June 2004, pp. 152–63; C. L. Graeff, "Evolution of Situational Leadership Theory: A Critical Review," *Leadership Quarterly* 8, no. 2 (1997), pp. 153–70; and C. F. Fernandez and R. P. Vecchio, "Situational Leadership Theory Revisited: A Test of an Across-Jobs Perspective," *Leadership Quarterly* 8, no. 1 (1997), pp. 67–84.

16. V. H. Vroom and P. W. Yetton, *Leadership and Decision Making* (Pittsburgh: University of Pittsburgh Press, 1973).

17. V. H. Vroom and A. G. Jago, *The New Leadership: Managing Participation in Organizations* (Upper Saddle River, NJ: Prentice Hall, 1988). See especially Chapter 8.

18. See, for example, R. H. G. Field and R. J. House, "A Test of the Vroom Yetton Model Using Manager and Subordinate Reports," *Journal of Applied Psychology*, June 1990, pp. 362–66; J. T. Ettling and A. G. Jago, "Participation Under Conditions of Conflict: More on the Validity of the Vroom Yetton Model," *Journal of Management Studies*, January 1988, pp. 73–83; C. R. Leana, "Power Relinquishment versus Power Sharing: Theoretical Clarification and Empirical Comparison of Delegation and Participation," *Journal of Applied Psychology*, May 1987, pp. 228–33; and R. H. G. Field, "A Test of the Vroom Yetton Normative Model of Leadership," *Journal of Applied Psychology*, October 1982, pp. 523–32.

19. For additional information about the exchanges that occur between the leader and the follower, see A. S. Phillips and A. G. Bedeian, "Leader Follower Exchange Quality: The Role of Personal and Interpersonal Attributes," *Academy of Management Journal* 37, no. 4 (1994), pp. 990–1001; and T. A. Scandura and C. A. Schriesheim, "Leader Member Exchange and Supervisor Career Mentoring as Complementary Constructs in Leadership Research," *Academy of Management Journal* 37, no. 6 (1994), pp. 1588–602.

20. SmartPulse, "How Willing Are You to Step Outside Your Leadership Style 'Comfort Zone' and Try New Techniques?" December 10, 2013, www.smart-brief.com/leadership.

21. R. J. House, "Path-Goal Theory of Leadership: Lessons, Legacy, and a Reformulated Theory," *Leadership Quarterly*, Fall 1996, pp. 323–52; R. J. House and T. R. Mitchell, "Path-Goal Theory of Leadership," *Journal of Contemporary Business*, Autumn 1974, p. 86; and R. J. House, "A Path-Goal Theory of Leader Effectiveness," *Administrative Science Quarterly*, September 1971, pp. 321–38.

22. A. Sagie and M. Koslowsky, "Organizational Attitudes and Behaviors as a Function of Participation in Strategic and Tactical Change Decisions: An Application of Path-Goal Theory," *Journal of Organizational Behavior*, January 1994, pp. 37–47; and J. C. Wofford and L. Z. Liska, "Path-Goal Theories of Leadership: A Meta-Analysis," *Journal of Management*, Winter 1993, pp. 857–76.

23. S. Finkelstein, "The Best Leaders Are Great Teachers," *Harvard Business Review*, January–February 2018, pp. 142–45.

24. L. Ma and Q. Qu, "Differentiation in Leader-Member Exchange: A Hierarchical Linear Modeling Approach," *Leadership Quarterly*, October 2010, pp. 733–44; C. P. Schriesheim, S. L. Castro, X. Zhou, and F. J. Yamarinno, "The Folly of Theorizing 'A' but Testing 'B': A Selective Level-of-Analysis Review of the Field and a Detailed Leader-Member Exchange Illustration," *Leadership Quarterly*, Winter 2001, pp. 515–51; R. C. Liden, R. T. Sparrowe, and S. J. Wayne, "Leader-Member Exchange Theory: The Past and Potential for the Future," in G. R. Ferris (ed.), *Research in Personnel and Human Resource Management*, vol. 15 (Greenwich, CT: JAI Press, 1997), pp. 47–119; G. B. Graen and M. Uhl-Bien, "Relationship-Based Approach to Leadership: Development of Leader-Member Exchange (LMX) Theory of Leadership Over 25 Years: Applying a Multi-Domain Perspective," *Leadership Quarterly*, Summer 1995, pp. 219–47; and R. M. Dienesch and R. C. Liden, "Leader-Member Exchange Model of Leadership: A Critique and Further Development," *Academy of Management Review*, July 1986, pp. 618–34.

25. J. B. Wu, A. S. Tsui, and A. J. Kinicki, "Consequences of Differentiated Leadership in Groups," *Academy of Management Journal*, February 2010, pp. 90–106; S. S. Masterson, K. Lewis, and B. M. Goldman, "Integrating Justice and Social Exchange: The Differing Effects of Fair Procedures and Treatment on Work Relationships," *Academy of Management Journal*, August 2000, pp. 738–48; S. J. Wayne,

L. J. Shore, W. H. Bommer, and L. E. Tetrick, "The Role of Fair Treatment and Rewards in Perceptions of Organizational Support and Leader-Member Exchange," *Journal of Applied Psychology*, June 2002, pp. 590–98; R. C. Liden, S. J. Wayne, and D. Stilwell, "A Longitudinal Study of the Early Development of Leader-Member Exchanges," *Journal of Applied Psychology*, August 1993, pp. 662–74; and R. C. Liden and G. Graen, "Generalizability of the Vertical Dyad Linkage Model of Leadership," *Academy of Management Journal*, September 1980, pp. 451–65.

26. V. L. Goodwin, W. M. Bowler, and J. L. Whittington, "A Social Network Perspective on LMX Relationships: Accounting for the Instrumental Value of Leader and Follower Networks," *Journal of Management*, August 2009, pp. 954–80; R. Vecchio and D. M. Brazil, "Leadership and Sex-Similarity: A Comparison in a Military Setting," *Personnel Psychology*, vol. 60 (2007), pp. 303–35; M. Uhl-Bien, "Relationship Development as a Key Ingredient for Leadership Development," in S. E. Murphy and R. E. Riggio (eds.), *Future of Leadership Development* (Mahwah, NJ: Lawrence Erlbaum, 2003), pp. 129–47; Liden, Wayne, and Stilwell, "A Longitudinal Study of the Early Development of Leader-Member Exchanges"; and D. Duchon, S. G. Green, and T. D. Taber, "Vertical Dyad Linkage: A Longitudinal Assessment of Antecedents, Measures, and Consequences," *Journal of Applied Psychology*, February 1986, pp. 56–60.

27. P. Drexler, "The Upside of Favoritism," *Wall Street Journal,* June 8–9, 2013, p. C3.

28. See, for instance, R. Cropanzano, M. T. Dasborough, and H. M. Weiss, "Affective Events and the Development of Leader-Member Exchange," *Academy of Management Review,* April 2017, pp. 233–58; F. O. Walumbwa, D. M. Mayer, P. Wang, H. Wang, K. Workman, and A. L. Christensen, "Linking Ethical Leadership to Employee Performance: The Roles of Leader-Member Exchange Theory, Self-Efficacy, and Organizational Identification," *Organizational Behavior & Human Decision Processes,* July 2011, pp. 204–13; K. J. Harris, A. R. Wheeler, and K. M. Kacmar, "The Mediating Role of Organizational Embeddedness in the LMX-Outcomes Relationship," *Leadership Quarterly*, April 2011, pp. 271–81; W. M. Bowler, J. R. B. Halbesleben, and J. R. B. Paul, "If You're Close with the Leader, You Must Be a Brownnose: The Role

of Leader-Member Relationships in Follower, Leader, and Coworker Attributions of Organizational Citizenship Behavior Motives," *Human Resource Management Review*, December 2010, pp. 309–16; G. Sears and C. Holmvall, "The Joint Influence of Supervisor and Subordinate Emotional Intelligence on Leader-Member Exchange," *Journal of Business & Psychology*, December 2010, pp. 593–605; V. Venkataramani, S. G. Green, and D. J. Schleicher, "Well-Connected Leaders' Social Network Ties on LMX and Members' Work Attitudes," *Journal of Applied Psychology*, November 2010, pp. 1071–84; Z. Chen, W. Lam, and J. A. Zhong, "Leader-Member Exchange and Member Performance: A New Look at Individual-Level Negative Feedback-Seeking Behavior and Team-Level Empowerment Culture," *Journal of Applied Psychology*, January 2007, pp. 202–12; R. Ilies, J. D. Nahrgang, and F. P. Morgeson, "Leader-Member Exchange and Citizenship Behaviors: A Meta-Analysis," *Journal of Applied Psychology*, January 2007, pp. 269–77; and C. R. Gerstner and D. V. Day, "Meta-Analytic Review of Leader-Member Exchange Theory: Correlates and Construct Issues," *Journal of Applied Psychology*, December 1997, pp. 827–44.

29. B. M. Bass and R. E. Riggio, *Transformational Leadership*, 2d ed. (Mahwah, NJ: Lawrence Erlbaum Associates, Inc., 2006), p. 3.

30. J. Seltzer and B. M. Bass, "Transformational Leadership: Beyond Initiation and Consideration," *Journal of Management*, December 1990, pp. 693–703; and B. M. Bass, "Leadership: Good, Better, Best," *Organizational Dynamics*, Winter 1985, pp. 26–40.

31. B. J. Avolio and B. M. Bass, "Transformational Leadership, Charisma, and Beyond," working paper, School of Management, State University of New York, Binghamton, 1985, 14.

32. R. S. Rubin, D. C. Munz, and W. H. Bommer, "Leading from Within: The Effects of Emotion Recognition and Personality on Transformational Leadership Behavior," *Academy of Management Journal*, October 2005, pp. 845–58; T. A. Judge and J. E. Bono, "Five-Factor Model of Personality and Transformational Leadership," *Journal of Applied Psychology*, October 2000, pp. 751–65; B. M. Bass and B. J. Avolio, "Developing Transformational Leadership: 1992 and Beyond," *Journal of European Industrial Training,*

January 1990, p. 23; and J. J. Hater and B. M. Bass, "Supervisors' Evaluation and Subordinates' Perceptions of Transformational and Transactional Leadership," *Journal of Applied Psychology*, November 1988, pp. 695–702.

33. M. Tims, A. B. Bakker, and D. Xanthopoulou, "Do Transformational Leaders Enhance Their Followers' Daily Work Engagement?" *Leadership Quarterly*, February 2011, pp. 121–31; X.-H. (Frank) Wang and J. M. Howell, "Exploring the Dual-Level Effects of Transformational Leadership on Followers," *Journal of Applied Psychology*, November 2010, pp. 1134–44; A. E. Colbert, A. L. Kristof-Brown, B. H. Bradley, and M. R. Barrick, "CEO Transformational Leadership: The Role of Goal Importance Congruence in Top Management Teams," *Academy of Management Journal*, February 2008, pp. 81–96; R. F. Piccolo and J. A. Colquitt, "Transformational Leadership and Job Behaviors: The Mediating Role of Core Job Characteristics," *Academy of Management Journal*, April 2006, pp. 327–40; O. Epitropaki and R. Martin, "From Ideal to Real: A Longitudinal Study of the Role of Implicit Leadership Theories on Leader-Member Exchanges and Employee Outcomes," *Journal of Applied Psychology*, July 2005, pp. 659–76; J. E. Bono and T. A. Judge, "Self-Concordance at Work: Toward Understanding the Motivational Effects of Transformational Leaders," *Academy of Management Journal*, October 2003, pp. 554–71; T. Dvir, D. Eden, B. J. Avolio, and B. Shamir, "Impact of Transformational Leadership on Follower Development and Performance: A Field Experiment," *Academy of Management Journal,* August 2002, pp. 735–44; N. Sivasubramaniam, W. D. Murry, B. J. Avolio, and D. I. Jung, "A Longitudinal Model of the Effects of Team Leadership and Group Potency on Group Performance," *Group and Organization Management*, March 2002, pp. 66–96; J. M. Howell and B. J. Avolio, "Transformational Leadership, Transactional Leadership, Locus of Control, and Support for Innovation: Key Predictors of Consolidated-Business-Unit Performance," *Journal of Applied Psychology*, December 1993, pp. 891–911; R. T. Keller, "Transformational Leadership and the Performance of Research and Development Project Groups," *Journal of Management*, September 1992, pp.

489–501; and Bass and Avolio, "Developing Transformational Leadership."

34. M. Thompson and B. Tracy, "Building a Great Organization," *Leader to Leader*, Fall 2010, pp. 45–49; and F. Vogelstein, "Mighty Amazon," *Fortune*, May 26, 2003, pp. 60–74.

35. J. M. Crant and T. S. Bateman, "Charismatic Leadership Viewed from Above: The Impact of Proactive Personality," *Journal of Organizational Behavior*, February 2000, pp. 63–75; G. Yukl and J. M. Howell, "Organizational and Contextual Influences on the Emergence and Effectiveness of Charismatic Leadership," *Leadership Quarterly*, Summer 1999, pp. 257–83; and J. A. Conger and R. N. Kanungo, "Behavioral Dimensions of Charismatic Leadership," in J. A. Conger, R. N. Kanungo and Associates, *Charismatic Leadership* (San Francisco: Jossey-Bass, 1988), pp. 78–97.

36. J. A. Conger and R. N. Kanungo, *Charismatic Leadership in Organizations* (Thousand Oaks, CA: Sage, 1998).

37. F. Walter and H. Bruch, "An Affective Events Model of Charismatic Leadership Behavior: A Review, Theoretical Investigation, and Research Agenda," *Journal of Management*, December 2009, pp. 1428–52; K. S. Groves, "Linking Leader Skills, Follower Attitudes, and Contextual Variables via an Integrated Model of Charismatic Leadership," *Journal of Management*, April 2005, pp. 255–77; J. J. Sosik, "The Role of Personal Values in the Charismatic Leadership of Corporate Managers: A Model and Preliminary Field Study," *Leadership Quarterly*, April 2005, pp. 221–44; A. H. B. deHoogh, D. N. den Hartog, P. L. Koopman, H. Thierry, P. T. van den Berg, J. G. van der Weide, and C. P. M. Wilderom, "Leader Motives, Charismatic Leadership, and Subordinates' Work Attitudes in the Profit and Voluntary Sector," *Leadership Quarterly*, February 2005, pp. 17–38; J. M. Howell and B. Shamir, "The Role of Followers in the Charismatic Leadership Process: Relationships and Their Consequences," *Academy of Management Review*, January 2005, pp. 96–112; J. Paul, D. L. Costley, J. P. Howell, P. W. Dorfman, and D. Trafimow, "The Effects of Charismatic Leadership on Followers' Self-Concept Accessibility," *Journal of Applied Social Psychology*, September 2001, pp. 1821–44; J. A. Conger, R. N. Kanungo, and S. T. Menon, "Charismatic Leadership and Follower Effects," *Journal of*

Organizational Behavior, vol. 21 (2000), pp. 747–67; R. W. Rowden, "The Relationship between Charismatic Leadership Behaviors and Organizational Commitment," *Leadership & Organization Development Journal*, January 2000, pp. 30–35; G. P. Shea and C. M. Howell, "Charismatic Leadership and Task Feedback: A Laboratory Study of Their Effects on Self-Efficacy," *Leadership Quarterly*, Fall 1999, pp. 375–96; S. A. Kirkpatrick and E. A. Locke, "Direct and Indirect Effects of Three Core Charismatic Leadership Components on Performance and Attitudes," *Journal of Applied Psychology*, February 1996, pp. 36–51; D. A. Waldman, B. M. Bass, and F. J. Yammarino, "Adding to Contingent-Reward Behavior: The Augmenting Effect of Charismatic Leadership," *Group & Organization Studies*, December 1990, pp. 381–94; and R. J. House, J. Woycke, and E. M. Fodor, "Charismatic and Noncharismatic Leaders: Differences in Behavior and Effectiveness," in Conger and Kanungo, *Charismatic Leadership*, pp. 103–04.

38. B. R. Agle, N. J. Nagarajan, J. A. Sonnenfeld, and D. Srinivasan, "Does CEO Charisma Matter? An Empirical Analysis of the Relationships among Organizational Performance, Environmental Uncertainty, and Top Management Team Perceptions of CEO Charisma," *Academy of Management Journal*, February 2006, pp. 161–74.

39. R. Birchfield, "Creating Charismatic Leaders," *Management*, June 2000, pp. 30–31; S. Caudron, "Growing Charisma," *Industry Week*, May 4, 1998, pp. 54–55; and J. A. Conger and R. N. Kanungo, "Training Charismatic Leadership: A Risky and Critical Task," in Conger and Kanungo, *Charismatic Leadership*, pp. 309–23.

40. J. G. Hunt, K. B. Boal, and G. E. Dodge, "The Effects of Visionary and Crisis-Responsive Charisma on Followers: An Experimental Examination," *Leadership Quarterly*, Fall 1999, pp. 423–48; R. J. House and R. N. Aditya, "The Social Scientific Study of Leadership: Quo Vadis?" *Journal of Management* 23, no. 3 (1997), pp. 316–23; and R. J.House, "A 1976 Theory of Charismatic Leadership," Working Paper Series 76-06, Toronto University, October 1976."

41. This definition is based on M. Sashkin, "The Visionary Leader," in Conger and Kanungo et al., *Charismatic Leadership*, pp. 124–25; B. Nanus, *Visionary Leadership* (New York: Free Press, 1992), p. 8; N. H. Snyder and M. Graves, "Leadership and Vision," *Business Horizons*, January–February 1994, p. 1; and J. R. Lucas, "Anatomy of a Vision Statement," *Management Review*, February 1998, pp. 22–26.

42. Nanus, *Visionary Leadership*, p. 8.

43. "Creating Visionary Leadership," AON Hewitt Stat of the Week, December 14, 2017.

44. A. Moore, "The Bedrock of Effective Leadership," *T&D*, May 2018, p. 62.

45. S. Caminiti, "What Team Leaders Need to Know," *Fortune*, February 20, 1995, pp. 93–100.

46. Ibid., p. 93.

47. Ibid., p. 100.

48. M. Brody, "Courageous Coaching Isn't Easy, But It's Your Job," *T&D*, November 2017, pp. 70–73; D. S. DeRue, C. M. Barnes, and F. M. Morgeson, "Understanding the Motivational Contingencies of Team Leadership," *Small Group Research*, October 2010, pp. 621–51; B. Meredith, "Leader Characteristics: Is There a Shift in Requirements?" *Leadership Excellence*, September 2010, p. 19; B. Neal, "Heroes and Sidekicks: Ensuring Proper Followership," *T&D*, September 2010, pp. 76–77; R. D. Ramsey, "Preparing to Be Tomorrow's Leader Today," *Supervision*, January 2010, p. 79; N. Steckler and N. Fondas, "Building Team Leader Effectiveness: A Diagnostic Tool," *Organizational Dynamics*, Winter 1995, p. 20.

49. F. Fontana, "Common Traits of Best Team Leaders," *Wall Street Journal Online*, September 19, 2017.

50. M. Colchester, "Barclays CEO Hit with Penalties of $1.5 Million," *Wall Street Journal,* May 12–13, 2018, pp. B1+.

51. K. Kelly and Chad Bray, "Barclay's CEO Investigated over Treatment of Whistle-Blower," *New York Times Online*, April 10, 2017.

52. R. S. Wellins, W. C. Byham, and G. R. Dixon, *Inside Teams* (San Francisco: Jossey-Bass, 1994), p. 318.

53. Steckler and Fondas, "Building Team Leader Effectiveness," p. 21.

54. "The 100 Most Creative People in Business 2010," *Fast Company*, June 2010, pp. 70–119; and G. Colvin, "The FedEx Edge," *Fortune*, April 3, 2006, pp. 77–84.

55. J. Fabre, "The Importance of Empowering Front-Line Staff," *Supervision*, December 2010, pp. 6–7; S. Raub and C. Robert, "Differential Effects of Empowering Leadership on In-Role and Extra-Role Employee Behaviors: Exploring the Role of Psychological Empowerment and Power Values," *Human Relations*, November 2010, pp. 1743–70; N. D. Cakar and A. Erturk, "Comparing Innovation Capability of Small and Medium-Sized Enterprises: Examining the Effects of Organizational Culture and Empowerment," *Journal of Small Business Management*, July 2010, pp. 325–59; A. Srivastava, K. M. Bartol, and E. A. Locke, "Empowering Leadership in Management Teams: Effects on Knowledge Sharing, Efficacy, and Performance," *Academy of Management Journal*, December 2006, pp. 1239–51; P. K. Mills and G. R. Ungson, "Reassessing the Limits of Structural Empowerment: Organizational Constitution and Trust as Controls," *Academy of Management Review*, January 2003, pp. 143–53; W. A. Rudolph and M. Sashkin, "Can Organizational Empowerment Work in Multinational Settings?" *Academy of Management Executive*, February 2002, pp. 102–15; C. Gomez and B. Rosen, "The Leader-Member Link between Managerial Trust and Employee Empowerment," *Group & Organization Management*, March 2001, pp. 53–69; C. Robert and T. M. Probst, "Empowerment and Continuous Improvement in the United States, Mexico, Poland, and India," *Journal of Applied Psychology*, October 2000, pp. 643–58; R. C. Herrenkohl, G. T. Judson, and J. A. Heffner, "Defining and Measuring Employee Empowerment," *Journal of Applied Behavioral Science*, September 1999, 373; R. C. Ford and M. D. Fottler, "Empowerment: A Matter of Degree," *Academy of Management Executive*, August 1995, pp. 21–31; and W. A. Rudolph, "Navigating the Journey to Empowerment," *Organizational Dynamics*, Spring 1995, pp. 19–32.

56. T. A. Stewart, "Just Think: No Permission Needed," *Fortune*, January 8, 2001, pp. 190–92.

57. Managing Technology in Today's Workplace box based on K. D. Strang, "Leadership Substitutes and Personality Impact on Time and Quality in Virtual New Product Development Projects," *Project Management Journal*, February 2011, pp. 73–90; A. Rapp, M. Ahearne, J. Mathieu, and T. Rapp, "Managing Sales Teams in a Virtual Environment," *International Journal of Research in Marketing*, September 2010, pp. 213–24; M. Muethel and M. Hoegl, "Cultural and Societal Influences on Shared Leadership in Globally Dispersed Teams," *Journal of International Management*, September 2010, pp. 234–56; J. Grenny, "Virtual Teams," *Leadership Excellence*, May 2010, p. 20; L. A. Hambley, T. A. O'Neill, and T. J. B. Kline, "Virtual Team Leadership: The Effects of Leadership Style and Communication Medium on Team Interaction Styles and Outcomes," *Organizational Behavior and Human Decision Processes*, May 2007, pp. 1–20; and B. J. Avolio and S. S. Kahai, "Adding the 'E' to E-Leadership: How It May Impact Your Leadership," *Organizational Dynamics*, January 2003, pp. 325–38.

58. I. Wanasika, J. P. Howell, R. Littrell, and P. Dorfman, "Managerial Leadership and Culture in Sub-Saharan Africa," *Journal of World Business*, April 2011, pp. 234–41.

59. F. W. Swierczek, "Leadership and Culture: Comparing Asian Managers," *Leadership & Organization Development Journal*, December 1991, pp. 3–10.

60. House, "Leadership in the Twenty-First Century," p. 443; M. F. Peterson and J. G. Hunt, "International Perspectives on International Leadership," *Leadership Quarterly*, Fall 1997, pp. 203–31; and J. R. Schermerhorn and M. H. Bond, "Cross-Cultural Leadership in Collectivism and High Power Distance Settings," *Leadership & Organization Development Journal* 18, no. 4/5 (1997), pp. 187–93.

61. Wanasika, Howell, Littrell, and Dorfman, "Managerial Leadership and Culture in Sub-Saharan Africa"; R. J. House, P. J. Hanges, S. A. Ruiz-Quintanilla, P. W. Dorfman, et al., "Culture Specific and Cross-Culturally Generalizable Implicit Leadership Theories: Are the Attributes of Charismatic/ Transformational Leadership Universally Endorsed?" *Leadership Quarterly*, Summer 1999, pp. 219–56; and D. E. Carl and M. Javidan, "Universality of Charismatic Leadership: A Multi-Nation Study," paper presented at the National Academy of Management Conference, Washington, DC, August 2001.

62. D. E. Carl and M. Javidan, "Universality of Charismatic Leadership," p. 29.

63. This section is based on D. Goleman, R. E. Boyatzis, and A. McKee, *Primal Leadership: Realizing the Power of Emotional Intelligence* (Boston: Harvard Business School Press, 2002); D. R. Caruso, J. D. Mayer, and P. Salovey, "Emotional Intelligence and Emotional Leadership," in R. E. Riggio, S. E. Murphy, and F. J. Pirozzolo (eds.), *Multiple Intelligences and Leadership* (Mahwah, NJ: Lawrence Erlbaum, 2002), pp. 55–74; J. M. George, "Emotions and Leadership: The Role of Emotional Intelligence," *Human Relations*, August 2000, pp. 1027–55; D. Goleman, "What Makes a Leader?" *Harvard Business Review*,

November–December 1998, pp. 93–102; and D. Goleman, *Working with Emotional Intelligence* (New York: Bantam, 1998).

64. F. Walter, M. S. Cole, and R. H. Humphrey, "Emotional Intelligence: Sine Qua Non of Leadership or Folderol?" *Academy of Management Perspectives*, February 2011, pp. 45–59.

65. See Walter, Cole, and Humphrey, "Emotional Intelligence: Sine Qua Non of Leadership or Folderol"; L. A. Zampetakis and V. Moustakis, "Managers' Trait Emotional Intelligence and Group Outcomes: The Case of Group Job Satisfaction," *Small Group Research*, February 2011, pp. 77–102; H.-W. Vivian Tang, M.-S. Yin, and D. B. Nelson, "The Relationship between Emotional Intelligence and Leadership Practices," *Journal of Managerial Psychology* 25, no. 8 (2010), pp. 899–926; P. K. Chopra and G. K. Kanji, "Emotional Intelligence: A Catalyst for Inspirational Leadership and Management Excellence," *Total Quality Management & Business Excellence*, October 2010, pp. 971–1004; R. Boyatzis and A. McKee, "Intentional Change," *Journal of Organizational Excellence*, Summer 2006, pp. 49–60, and R. Kerr; J. Garvin, N. Heaton, and E. Boyle, "Emotional Intelligence and Leadership Effectiveness," *Leadership and Organizational Development Journal*, April 2006, pp. 265–79.

66. See, for example, M. C. Race, "Boss, Buddy, or Bully," *T&D*, February 2018, pp. 52–56; E. X. M. Wee, H. Liao, D. Liu, and J. Liu, "Moving from Abuse to Reconciliation: A Power-Dependence Perspective on When and How a Follower Can Break the Spiral of Abuse," *Academy of Management Journal*, December 2017, pp. 2352–80; A. Gannett, "The Incredibly Simple Way to Tell if You're Being Manipulative," *Fast Company Online*, November 28, 2017; R. Sutton, "How to Survive an Office Jerk," *Wall Street Journal*, August 14, 2017, p. R2; V. Fuhrmans, "Some Toxic Bosses Manage to Hang On," *Wall Street Journal*, May 31, 2017, p. B5; J. K. Oh

and C. I. C. Farh, "An Emotional Response Process Theory of How Subordinates Appraise, Experience, and Respond to Abusive Supervision over Time," *Academy of Management Review*, April 2017, pp. 207–32; and S. Shellenbarger, "How to Manage a Demanding Boss," *Wall Street Journal*, January 18, 2017, p. A13.

67. "Aon Hewitt Stat of the Week," February 7, 2017.

68. K. Blanchard, "How to Build a High Trust Workplace," *Chief Learning Officer*, March 2017, p. 14.

69. S. Simsarian, "Leadership and Trust Facilitating Cross-Functional Team Success," *Journal of Management Development*, March–April 2002, pp. 201–15.

70. J. M. Kouzes and B. Z. Posner, *Credibility: How Leaders Gain and Lose It, and Why People Demand It* (San Francisco: Jossey-Bass, 1993), p. 14.

71. Based on F. D. Schoorman, R. C. Mayer, and J. H. Davis, "An Integrative Model of Organizational Trust: Past, Present, and Future," *Academy of Management Review*, April 2007, pp. 344–54; G. M. Spreitzer and A. K. Mishra, "Giving Up Control without Losing Control," *Group & Organization Management*, June 1999, pp. 155–87; R. C. Mayer, J. H. Davis, and F. D. Schoorman, "An Integrative Model of Organizational Trust," *Academy of Management Review*, July 1995, p. 712; and L. T. Hosmer, "Trust: The Connecting Link between Organizational Theory and Philosophical Ethics," *Academy of Management Review*, April 1995, p. 393.

72. P. L. Schindler and C. C. Thomas, "The Structure of Interpersonal Trust in the Workplace," *Psychological Reports*, October 1993, pp. 563–73.

73. H. H. Tan and C. S. F. Tan, "Toward the Differentiation of Trust in Supervisor and Trust in Organization," *Genetic, Social, and General Psychology Monographs*, May 2000, pp. 241–60.

74. J. H. Cho and E. J. Ringquist, "Managerial Trustworthiness and Organizational Outcomes,"

Journal of Public Administration Research and Theory, January 2011, pp. 53–86; R. C. Mayer and M. B. Gavin, "Trust in Management and Performance: Who Minds the Shop While the Employees Watch the Boss?" *Academy of Management Journal*, October 2005, pp. 874–88; and K. T. Dirks and D. L. Ferrin, "Trust in Leadership: Meta-Analytic Findings and Implications for Research and Practice," *Journal of Applied Psychology*, August 2002, pp. 611–28.

75. R. Zemke, "The Confidence Crisis," *Training*, June 2004, pp. 22–30; J. A. Byrne, "Restoring Trust in Corporate America," *BusinessWeek*, June 24, 2002, pp. 30–35; S. Armour, "Employees' New Motto: Trust No One," *USA Today*, February 5, 2002, p. 1B; J. Scott, "Once Bitten, Twice Shy: A World of Eroding Trust," *New York Times*, April 21, 2002, p. WK5; and J. Brockner, P. A. Siegel, J. P. Daly, T. Tyler, and C. Martin, "When Trust Matters: The Moderating Effect of Outcome Favorability," *Administrative Science Quarterly*, September 1997, p. 558.

76. S. Kerr and J. M. Jermier, "Substitutes for Leadership: Their Meaning and Measurement," *Organizational Behavior and Human Performance*, December 1978, pp. 375–403; J. P. Howell, P. W. Dorfman, and S. Kerr, "Leadership and Substitutes for Leadership," *Journal of Applied Behavioral Science* 22, no. 1 (1986), pp. 29–46; J. P. Howell, D. E. Bowen, P. W. Dorfman, S. Kerr, and P. M. Podsakoff, "Substitutes for Leadership: Effective Alternatives to Ineffective Leadership," *Organizational Dynamics*, Summer 1990, pp. 21–38; and P. M. Podsakoff, B. P. Niehoff, S. B. MacKenzie, and M. L. Williams, "Do Substitutes for Leadership Really Substitute for Leadership? An Empirical Examination of Kerr and Jermier's Situational Leadership Model," *Organizational Behavior and Human Decision Processes*, February 1993, pp. 1–44.

77. Based on House and Aditya, "The Social Scientific Study of Leadership: Quo Vadis?"; and G. A. Yukl, *Leadership in Organizations*, 7th ed. (Upper Saddle River, NJ: Prentice Hall, 2010).

78. "Annual Review of Football Finance 2018," Deloitte UK, https://www2.deloitte.com/uk/en/pages/sports-business-group/articles/annual-review-of-football-finance.html#.

79. "Fifa Corruption Crisis: Key Questions Answered," *BBC News*, December 21, 2015, https://www.bbc.co.uk/news/world-europe-32897066.

80. Samuel Stevens, "Fifa Presidential Election: Reforms Offer Chance for Change, Not the Identity of Sepp Blatter's Successor," *The Independent*, February 26, 2016, https://www.independent.co.uk/sport/football/international/fifa-presidential-election-reforms-offer-chance-for-change-not-the-identity-of-sepp-blatters-a6897941.html#r3z-addoor

81. D. Meek, "The Real Sir Alex Ferguson: Memories of His Ghost-Writer," *BBC Sport*, http://www.bbc.com/sport/0/football/22539385, May 18, 2013; A. Elberse, "Ferguson's Formula," *Harvard Business Review*, https://hbr.org/2013/10/fergusons-formula, October 2013; W. Isaacson, "The Real Leadership Lessons of Steve Jobs," *Harvard Business Review*, April 2012; N. Robinson, "Nick Robinson: What I Learned about Leadership from Sir Alex Ferguson," www.radiotimes.com, October 11, 2015; J. Aglionby, "Sir Alex Ferguson Signs for *Harvard Business School*," www.ft.com, April 4, 2014.

82. J. Faragher, "Get the Leader You Deserve," *People Management*, October 2014, pp. 22–26; T. Team, "The Secret Sauce for Success in the Aggressive Beauty Business," *Forbes Online*, April 13, 2015; and H. Hong and Y. Doz, "L'Oreal Masters Multiculturalism," *Harvard Business Review Online*, June 2013.

83. "ECI Honors L'Oreal's Top Ethics Officer for Leadership in Corporate Ethics," *ECI Connector Online*, January 21, 2016.

13

경영학의
신화
잘못된

경영자는
소문이 퍼지는
비밀정보망을
막아야 한다.

ESB Basic/Shutterstock

경영학의

신화 바로잡기!

잘못된

조직에 관한 뒷담화 및 뉴스거리는 모두

비밀정보망으로부터 시작된다. 경험이 적은 경영자일수록

이 정보망이 조직 내 의사소통 네트워크에 파괴적인 요소로

느껴질 가능성도 있다. 하지만 비밀정보망은 사라지지 않는다.

바닷속 물처럼 조직 내에서 존재하는 것은 매우 당연한 일이다.

빈틈없는 경영자들은 비밀정보망의 존재를 잘 인식하고 있으며

편리에 따라 이용하기도 한다.

의사소통의 세계에 온 것을 환영한다. 이 '세계'에서, 경영자들은 반드시 모든 형태(심지어 비밀정보망까지도)의 의사소통의 중요성과 문제점을 이해해야 할 것이다. 의사소통은 매일 모든 지역에서, 모든 조직 구성원에 의해, 모든 조직에서, 다양한 형식으로 이루어지고 있다. 대부분의 의사소통은 업무와 상관관계를 나타내는 경향이 있다. 그러나 우리가 살펴볼 것과 같이 때로는 의사소통이 의도하지 않은 결과를 가져올 수 있다. 예를 들어 한 브랜딩 회사의 42세 CEO는 리더십 수련회 전날, 직원들의 숙면을 기원하기 위해 침대 위 곰 인형에게 이불을 덮어주는 파자마 차림의 자신의 모습을 딴 비트모지(BITMOJI)를 보내기로 했는데, 그의 직원들 중 일부는 이 메시지를 재미있는 것이 아니라 오히려 소름 끼치는 것으로 느꼈다.[1] 이 장에서 우리는 대인관계와 관련된 의사소통의 기본 개념을 알아볼 것이다. 우리는 의사소통 과정, 의사소통 방법, 효과적인 의사소통의 장애 요인과 이를 극복하는 방법을 설명할 것이다. 또한 오늘날 경영자들이 직면한 의사소통 이슈에 대해 살펴볼 것이다. ●

학습목표

13-1 경영자가 효율적인 의사소통을 위해 알아야 할 것들을 기술한다.

13-2 기술이 경영 의사소통에 어떤 영향을 미치는지 설명한다.

13-3 의사소통에 관한 최신 이슈를 논의한다.

경영자들은 어떻게 의사소통을 효과적으로 하는가?

13-1 경영자가 효율적인 의사소통을 위해 알아야 할 것들을 기술한다.

> 의사소통이 원활하지 않으면 매년 직원 1명당 최대 5,200달러의 비용이 들 수 있다![2]
>
> 직원들을 대상으로 한 설문 조사에 따르면 경영자가 가장 개선해야 할 것은 의사소통이다.[3]
>
> 또 다른 직원 조사에 따르면 응답자의 절반 이상이 직장 내 의사소통이 '좋지 않다'고 답했다.[4]

경영자에게 효과적인 의사소통의 중요성은 아무리 강조해도 지나치지 않다―**경영자가 하는 모든 일은 의사소통을 포함하고 있다.** 일부가 아니라 전부이다! 경영자는 정보 없이 전략을 수립하거나 결정할 수 없다. 의사소통을 통해 정보를 제공하고 받을 수 있다. 일단 결정을 내리면, 의사소통은 다시 계속된다. 그렇지 않으면 어느 누구도 어떻게 결정이 이루어졌는지 알지 못할 것이다. 최고의 아이디어와 창의적인 제안, 혹은 훌륭한 계획도 의사소통 없이는 이루어지지 않는다. 그러므로 경영자의 효과적인 의사소통기술이 요구된다. 물론 의사소통기술에만 능숙하다고 해서 훌륭한 경영자가 되는 것은 아니다. 하지만 효과적이지 못한 의사소통기술은 경영자에게 지속적인 문제를 안겨줄 수 있다.

의사소통 과정은 어떻게 이루어지는가?

무엇이 소통되는가? 정보(Information), 아이디어(Ideas), 지침(Instructions)

의사소통은 하나의 과정 혹은 흐름이라고 생각할 수 있다. 흐름을 벗어나거나 방해하는 장애물이 생겼을 때 의사소통에 문제가 발생한다. 의사소통이 일어나기 전에 그 목적은 전달될 메시지 형태로 표현되어야 한다. 이는 원천(발신자)과 수신자 사이를 지나간다. 메시지는 상징적 형태로 부호화되어, 발신자가 보낸 메시지를 재해석(해독)하는 중간 채널을 거쳐 수신자에게 도달하게 된다. 이런 과정을 통해 한 사람에서 다른 사람에게로 메시지(의미)가 전달되는 **의사소통**(communication)이 이루어진다.[5]

그림 13.1은 **의사소통 과정**(communication process)을 보여준다. 이 모델은 (1) 의사소통 원천(발신자), (2) 부호화, (3) 메시지, (4) 채널, (5) 해독, (6) 수신자, (7) 피드백의 일곱 가지 과정으로 구성되어 있다.

1과 2. 메시지의 시작은 생각의 **부호화**(encoding)에서부터 시작된다. 기술, 태도, 지식, 사회문화 시스템의 네 가지 조건이 부호화된 메시지에 영향을 미친다. 이 책을 통한 당신과의 의사소통에서의 메시지는 쓰기 기술에 의존하고 있다. 필요한 쓰기 기술을 갖고 있지 않다면 우리의 메시지는 바라는 형태대로 전달되지 못할 것이다. 완벽한 의사소통의 성공이란 말하기, 읽기, 듣기, 추론 능력까지도 포함하는 것임을 기억하라. 10장에서 논의했듯이 우리의 태도는 행동에 영향을 미친다. 이러한 태도는 다양한 주제의 생각들과 조직의 의사소통에 영향을 미친다. 또한 특정 주제에 관련된 지식 정도에 따라 의사소통 활동이 한정된다. 우리는 우리가 모르는 것을 의사소통할 수 없고, 지식이 너무 방대하다면 수신자는 우리의 메시지를 이해할 수 없을 것이다. 주제에 대해 알고 있는 정도는 전달하고자 하는 메시지에 영향을 줄 것이다. 또한 태도가 행동에 영향을 미치는 것처럼, 사회문화 시스템 내의 지위도 우리의 행동에 영향을 미친다. 당신의 가치관과 사상, 문화의 모든 부분은 의사소통의 원천으로서 당신에게 영향을 미친다.

3. 메시지(message)는 원천으로부터 나타나는 실질적인 물리적 산출물이다. 글을 쓸 때는 글이 메시지고, 그림을 그릴 때는 그림이 메시지다. 제스처를 할 때는 팔의 움직임과 얼굴 표정이 메시지다.[6] 메시지는 의미를 전달하는 데 사용하는 상징물의 코드나 집단, 메시지 지체

의사소통
한 사람에서 다른 사람으로의 의미 전달

의사소통 과정
이해나 의미가 한 사람에서 다른 사람으로 전달되는 일곱 가지 과정

부호화
메시지를 상징적인 형태로 전환하는 것

메시지
전달되어야 하는 의사소통의 목적

그림 13.1 의사소통 과정

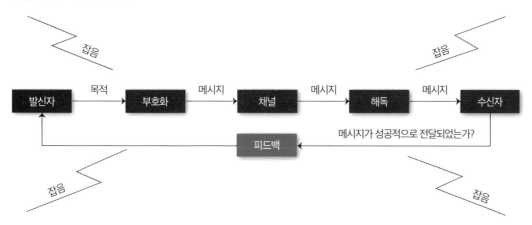

Steven Shi/Reuters

회사 본부 회의에 참석하고 있는 중국의 최대 전자상거래 기업인 알리바바의 종업원들이 소통 단계의 경로를 구상하고 있다. 이 회의는 직무 관련 활동에 대한 메시지를 전달하기 위해 알리바바가 구축한 공식 경로이다.

의 내용, 코드와 내용을 선택하고 배치하는 결정에 의해 영향을 받는다.[7]

4. 채널(channel)은 메시지를 전달하는 매체이며, 공식 또는 비공식 채널을 선택하고 사용할지 여부를 결정해야 한다. 공식 채널은 조직에 의해 확립되고, 조직 구성원의 직무활동과 관련된 메시지를 전달한다. 공식 채널은 전통적으로 조직 내의 지휘 네트워크를 따른다. 개인적이거나 사회적인 메시지는 이와 다른 형태로 조직의 비공식적 채널에 의해 전달된다.

5와 6. 수신자는 메시지를 직접 전달받는 사람이다. 그러나 메시지가 수신되기 전에 메시지 속 상징들은 수신자가 이해할 수 있는 형태로 **변환**(decoding, 메시지 해독)되어야 한다. 부호기가 자신의 기술, 태도, 지식, 사회문화 시스템에 의해 제한되듯이, 수신자도 똑같은 제약을 받는다. 따라서 메시지는 쓰기 및 말하기의 형태로 전달되기에 수신자도 같은 이유로 쓰기와 말하기에 능숙해야 한다. 메시지에 포함되는 지식, 태도, 문화적 배경은 발신 방법과 수신자에게 영향을 미친다.

7. 의사소통의 마지막 연결 과정은 피드백 연결고리이다. "부호화된 메시지가 변화되거나, 그 메시지가 의사소통 과정에서 되돌아간다면, 우리는 피드백을 받은 것이다."[8] **피드백**(feedback)이란 원래 의도한 대로 메시지가 얼마나 잘 전달되었는지 확인하는 것이다. 이것은 수신자가 메시지를 이해했는지를 확인하는 것이다. 오늘날 인력의 문화적 다양성 속에 적절한 의사소통을 수행하기 위해서는 효과적인 피드백이 매우 중요하다.[9]

구두 의사소통보다 서면 의사소통이 더 효과적인가?

서면 의사소통은 메모, 편지, 이메일 및 미디어 매체, 조직의 정기간행물, 게시판, 활자나 상징 매체 등을 포함한다. 발신자가 서면 의사소통 방법을 선택하는 이유는 무엇일까?

장점: 구체적인 형태를 가지며 검증할 수 있고, 구두에 의한 방법보다 영구적이고 다양하기 때문이다. 일반적으로 발신자와 수신자는 모두 의사소통에 대한 기록을 갖고 있다. 메시지는 무기한으로 저장될 수 있다. 메시지 내용에 의문점이 생기면 이후에 참조가 가능하다. 이러한 특징은 복잡하거나 장기간의 의사소통 시에 매우 중요하다. 예를 들어 신제품의 마케팅 계획은 수개월에 걸쳐 진행되는 수많은 업무 과정을 포함한다. 이를 서면으로 남김으로써 계획 착수자들이 이와 관련한 전반적인 서류를 어려움 없이 참조할 수 있다. 서면 의사소통의 마지막 장점은 과정 그 자체에서 나타난다. 공식적인 연설과 같은 특별한 경우를 제외하고는 구어보다 문어에 더욱 주의를 기울이게 된다. 글을 쓴다는 것은 사람들로 하여금 전달하고자 하는 것에 대해 다시 한 번 더 신경을 쓰게 만든다. 그러므로 서면 의사소통은 논리적이고 명확하게 전달될 가능성이 높다.

단점: 물론 서면 메시지도 단점이 있다. 쓰기가 정교하기는 하지만 그만큼 많은 시간을 필요로 한다. 당신은 1시간 동안의 필기시험보다 구두시험에서 더 많은 정보를 전달할 것이다. 사실, 쓰는 데 1시간 걸리는 분량이 구두로는 10~15분 안에 끝날 수 있을 것이다. 또 다른 큰 단

채널
메시지가 경유하는 매체

변환(해독)
수신 메시지 해석

피드백
메시지가 성공적으로 전달되었는지 확인하는 것

점은 피드백의 부족이다. 구두 의사소통은 수신자가 듣고 생각하는 것을 신속히 반응하게 해준다. 그러나 서면 의사소통은 고유의 피드백 메커니즘을 갖고 있지 않다. 메모를 보냈다고 해서 메모를 받을 것이라는 보장이 없으며, 받았다 할지라도 수신자가 발신자가 의도한 대로 해석할 것이라는 보장이 없다. 이는 구두를 통한 공식 성명은 수신자에게 전달했던 내용에 대한 요약을 요청할 경우 쉽게 알아낼 수 있다. 이때 전달되는 정확한 요약 내용은 메시지가 잘 전달되고 이해되었는지에 대한 피드백으로 이해하면 된다.

비밀정보망은 의사소통을 위한 효과적인 방법인가?

비밀정보망: 유익한가 그렇지 않은가?

비밀정보망(grapevine)은 조직 내의 의사소통을 위한 비공식적인 경로이다. 비밀정보망은 조직에서 인정되거나 지원되지 않는다. 게다가 정보는 입에서 입으로, 심지어는 전자 매체를 통해서 퍼져 나간다. 공교롭게도 좋은 정보보다 나쁜 정보가 더 빠르게 떠돌아다닌다.[10] 비밀정보망은 조직 구성원들 사이에서 정보가 최대한 빨리 새나간다.

그러나 비밀정보망에 관련된 가장 큰 문제점은 소문의 정확성에 있다. 이 부분에 관련된 연구에서는 다소 복잡한 결과가 나타났다. 개방적인 문화의 조직에서는 비밀정보망의 정확성이 높은 편이다. 권위적인 문화의 조직에서는 소문의 내용이 정확하지 않을 수 있다. 하지만 정보가 부정확할지라도 사실적인 부분은 어느 정도 포함하고 있다. 정리해고와 공장폐쇄 등에 대한 소문들은 누가 영향을 받을 것인지, 언제 일어날 것인지에 대한 부정확한 정보로 채워져 있다. 그럼에도 불구하고 어떤 일이 곧 일어날 것이라는 소문의 내용은 정확한 부분으로 이해할 수 있다. (비밀정보망에 대해 더 알고 싶다면 462쪽의 '과거에서 현재까지'를 참조하라.)

비언어적 신호는 의사소통에 어떻게 영향을 미치는가?
가장 의미 있는 의사소통은 말이나 글이 아니다. 바로 비언어적 신호이다. 요란한 사이렌 또는 교차로의 적신호는 당신에게 말없이 무언가를 전달한다. 대학 강사는 학생들이 지루해하는지를 알아내는 데 말이 필요하지 않다. 학생들의 흐릿한 눈동자나 수업 중 교내신문을 읽기 시작하면 알 수 있다. 이와 비슷하게, 종이를 바스락거리거나 노트를 덮으면 수업시간이 끝나간다는 메시지가 분명하다. 개인 사무실과 책상 또는 입고 있는 옷의 크기 또한 다른 사람들에게 메시지를 전달한다. 그러나 비언어적 의사소통 중 가장 잘 알려진 분야는 보디랭귀지와 억양이다.

보디랭귀지(body language)는 제스처, 얼굴 표정, 신체의 다른 움직임을 말한다.[11] 예를 들어 으르렁거림은 미소와는 다른 무언가를 말한다. 손동작, 얼굴 표정, 기타 제스처는 공격성, 공포, 수줍음, 거만, 즐거움, 노여움과 같은 감정이나 성질을 전달한다.[12]

무엇을 말하느냐보다 어떻게 말하느냐가 더 중요하다.

억양(verbal intonation)은 단어나 문장을 다른 사람에게 강조할 때 사용한다. 억양이 어떻

비밀정보망
의사소통의 비공식 채널

보디랭귀지
얼굴 표정, 제스처, 다른 신체 움직임 같은 비언어적 의사소통 신호

억양
의미를 전달하는 단어나 구를 강조

비밀정보망에 관한 가장 유명한 연구 중 하나는 67명의 인사부 종업원을 상대로 대화 패턴을 연구한 경영관리 전문가인 키스 데이비스(Keith Davis)의 연구이다.[13] 데이비스는 각 개인이 주어진 정보들을 처음에 어떻게 받아들이는지 살펴보고, 다음으로 그 원천이 되는 정보를 알아보았다. 결과는 비밀정보망이 아주 중요함에도 불구하고, 10%의 경영자들만이 연락원으로서 행동을 취했을 뿐이다. 예를 들면 1명의 임원이 보험사업을 위해 사직한다면, 81%의 임원들이 그것을 알게 되고, 단지 11% 사람들만이 이 정보를 다른 사람들에게 전하게 된다. 이 연구가 흥미로운 이유는 발견된 사실 때문뿐만이 아니라 어떻게 대화 네트워크가 작용하는지에 대해 알게 되는 것에 있다.

최근 IBM과 MIT에서 실시한 비슷한 조사는 어떻게 비밀정보망이 흘러나가는지보다 사람들의 사회적 접촉 네트워크에 더욱 중심을 두고 있다.

의사소통망: 중요한 정보원

하지만 이 연구에서 나온 흥미로운 결과는, 상사와 대화가 잘 통하는 사람들이 상사들을 피해 다니는 사람들보다 돈을 더 많이 번다는 것이다.

이 두 연구에서 경영자들이 얻을 수 있는 교훈은 직장 내 종업원들이 형성한 네트워크를 잘 이해하는 것이 중요하다는 것이다. 누가 연락망의 중심인지 파악함으로써 정보가 필요하거나 연락해야 할 경우에 누구에게 가야 할지를 알 수 있다.

토의문제

1 종업원이 사회적 네트워크와 의사소통 네트워크를 사용하는 것을 이해하는 것이 경영자들에게 왜 중요한가?
2 당신은 '비밀정보망'과 관련해 무엇을 경험했고, 의사소통의 원천으로서 비밀정보망에 대한 당신의 경험을 통해 무엇을 배웠는가?

게 메시지의 의미를 변화시킬 수 있는지 살펴보기 위해, 강사에게 질문을 하는 학생을 떠올려 보자. "그게 무슨 말이지?"라고 강사는 대답한다. 강사의 억양에 따라 학생의 반응은 다양할 것이다. 부드럽고 매끄러운 톤과 마지막 단어를 강하게 강조한 강한 톤은 서로 다른 의미를 만든다. 진심으로 설명을 원하는 학생들이 질문했을 때는 대부분 첫 번째 억양으로 표현한다. 이에 반해, 두 번째 억양은 학생들이 공격적이거나 방어적이라고 생각한다. 경영자는 의사소통을 할 때 '문제는 말하는 내용이 아니라 말하는 방법이다'라는 속담을 기억해야 할 것이다.

모든 구두 의사소통 역시 비언어적인 메시지를 갖고 있음은 아무리 강조해도 지나치지 않다.[14] 왜냐하면 비언어적 신호들은 가장 강력한 영향을 주기 쉽기 때문이다. 연구 결과 모든 구두 전달 메시지의 65~90%가 보디랭귀지로 설명된다고 한다. 대화를 할 때 구어와 보디랭귀지 간의 완벽한 합의가 없어도 수신자는 보디랭귀지를 보고 '진정한 의미'를 파악하는 경향을 보인다.[15]

효과적인 의사소통을 방해하는 장애 요인은 무엇인가?
수신자가 해석한 메시지의 내용이 가끔씩 발신자가 전달하고자 하는 것과 다른 이유는 대인관계와 개인에게 수많은 장애 요인이 존재하기 때문이다. 표 13.1은 효과적인 의사소통을 방해하는 주요 요인들에 대한 요약과 설명을 보여주고 있다.

여과는 대화에 어떤 영향을 끼치는가? 여과(filtering)는 수신자가 더욱 선호하도록 발신자가 정보를 조작하는 방법을 말한다. 예를 들어 경영자가 그의 상사에게 듣고자 하는 것을 말한다면, 그는 정보를 여과하고 있는 것이다. 조직 내에서 여과는 자주 발생하는가? 물론 그렇다. 정보가 상위 계층으로 올라갈수록 부하들에 의해 정보는 줄어들고 합성되어 경영자는 정보의 과부하에 걸리지 않는다. 개인적인 관심사와 이를 통합적으로 다루기 위해 무엇이 필요한지에 대한 자각은 여과를 가져올 것이다. 이를 통해 정보를 압축하는 여과 의사소통이 일어난다.

여과의 정도는 조직 문화와 조직 내 수직적 계층 수에 좌우된다. 조직 내에 수직적 계층이

여과
수신자가 더욱 선호할 만한 정보로 만들기 위한 계획적인 조작

많을수록 여과할 기회가 더 많음을 의미한다. 조직이 엄격한 계층적 배열에 좌우되지 않고 보다 협동적이고 협력적인 작업 배치를 사용할수록 정보 여과의 문제는 줄어들게 된다. 게다가 조직 내에서 의사소통을 위해 지속적으로 늘어나는 이메일 사용은 의사소통이 중간 단계를 거치지 않고 직접 이루어지기 때문에 여과를 줄여준다. 또한 조직 문화는 행동에 따른 보상 종류에 의해 여과를 촉진하거나 감소시킨다. 조직의 보상이 외형과 스타일을 강조할수록 더 많은 경영자들이 자신의 성향에 따라 의사소통을 여과하도록 동기부여될 것이다.

Noel Hendrickson Blend Images/Newscom

악수, 미소, 따뜻한 환영으로 고객을 맞이하는 것은 고객서비스의 금본위로 알려진 고급 호텔 체인 리츠칼튼에서 애플 스토어가 채택한 관행이다. 애플이 리츠칼튼을 벤치마킹한 이유는 자사 직원들이 고객 충성도를 이끌어내는 고객서비스에 탁월하게 작용했기 때문이다.

선택적 지각은 대화에 어떠한 영향을 끼치는가? 두 번째 장벽은 **선택적 지각**(selective perception)이다. 앞에서 선택적 지각을 알아보았다. 여기에서 다시 다루는 이유는 의사소통 과정에서 수신자가 자신의 욕구, 동기부여, 경험, 배경, 기타 개인적 특성에 따라 선택적으로 보고 듣기 때문이다. 수신자 역시 그들이 의사소통을 해독하듯이, 그 속에 자신들의 관심과 기대가 들어가 보이도록 할 것이다. 여성 지원자가 경력보다 가족을 우선시한다고 생각하는 채용 면접관은 지원자가 실제로 그렇든 그렇지 않든 여성 지원자를 이런 경향이 있다고 흔히 생각한다. 10장에서 이미 언급했듯이 우리는 현실을 보지 않고 현실이라 부르고 보는 것을 이해하려 한다.

정보 과부하는 대화에 어떤 영향을 끼치는가? 개인은 정보를 처리하는 능력이 제한적이다. 예를 들어 자신에게 600통 이상의 이메일이 기다리고 있다는 것을 알고 집으로 돌아가는 해외 영업사원을 생각해보자. **정보 과부하**(information overload)를 맞이하지 않고 메시지를 하나하나 충분히 읽고 응답하는 것은 불가능하다. 오늘날의 전형적인 임원은 정보 과부하를 자

표 13.1 효과적인 의사소통을 방해하는 요인

요인	설명
여과	수신자가 더욱 선호할 만한 정보로 만들기 위한 계획적인 조작
선택적 지각	자신의 욕구, 동기부여 상태, 경험, 배경, 그 외 개인적인 특성에 따라 선택적으로 보고 듣는 기준을 설정해 의사소통을 수신
정보 과부하	한 사람이 처리해야 할 정보량이 자신의 처리 능력을 초과
감정	메시지를 받았을 때 수신자의 느낌
언어	같은 단어라도 사람마다 다른 의미가 있음. 수신자는 의사소통 단어에 자신의 정의를 사용함
성별	의사소통에 남녀가 반응하는 방법이 다를 수 있으며, 서로 다른 의사소통 형태를 가지고 있음
국가 문화	개인이 속해 있는 국가적 문화와 의사소통을 위해 사용하는 언어의 차이로 인해 발생하는 의사소통 차이

선택적 지각
자신의 욕구, 동기부여 상태, 경험, 배경, 그 외 개인적인 특성에 따라 선택적으로 보고 듣는 기준을 설정해 의사소통을 수신

정보 과부하
한 사람이 처리해야 할 정보량이 자신의 처리 능력을 초과하는 것

주 불평한다.[16] 이메일, 전화, 팩스, 회의, 직업적 독서를 지속적으로 유지하라는 요구는 처리하거나 소화해내기 거의 불가능한 정보의 맹습을 만든다. 개인들이 분류하고 사용할 수 있는 정보보다 더욱 많은 것이 그들에게 주어진다면 무슨 일이 일어날까? 이들은 정보를 가려내거나, 무시 혹은 대충 훑어본다거나, 그 정보를 잊으려 한다. 혹은 과부하 상황이 끝날 때까지 더 이상 처리하지 않으려고 미루려 한다. 어떤 경우라도 정보 손실과 비효과적인 의사소통을 초래한다.

감정은 대화에 어떤 영향을 끼치는가? 메시지를 수신했을 때 수신자가 어떻게 느끼느냐가 메시지를 해석하는 방법에 영향을 미친다. 당신이 즐겁거나 우울하거나에 따라서 같은 메시지를 다르게 해석할 것이다. 극단적인 감정은 효과적인 의사소통을 가장 쉽게 방해한다. 그러한 경우에 우리는 종종 이성적이고 객관적인 사고 절차를 무시하고 감정적 판단으로 대체한다. 당신이 화가 났을 때는 사고를 명확하게 하기 어렵기 때문에, 메시지에 반응하는 것을 피하는 것이 가장 좋다.

더 많은 사람들이 줄임말이나 속어(TTYL, SLAP, SMAM, BTW, LOL 등) 또는 키보드 글자의 다양한 조합으로 만들어진 일련의 얼굴 표정, 심지어 문자 메시지, 이메일, SNS에서 사용되는 얼굴 표정이나 사물의 작은 그림, 이모티콘(emoticon)과 의사소통에 어떤 영향을 미칠 수 있는지를 이해하는 것이 중요해지고 있다. 단지 단어일 때는 메시지의 내용을 해석하는 것이 어려울 수 있지만 약어, 작은 그림 또는 키보드 조합을 넣으면 당신은 무엇이 전달되고 있는지 잘못 해석하기 쉬운지를 알 수 있다. 예를 들어 변호사들은 점점 더 이모티콘과 이모지(emoji)가 법적 분쟁에서 논쟁을 일으킬 수 있음을 알고 있다. 특히 법률적인 상황에서는 '익숙하지 않은 얼굴'과 같은 그림의 의미를 규명하기가 어렵다. 그리고 심지어 정규 직장에서의 의사소통에 사용되더라도 이러한 유형의 의사소통 선택은 혼란과 잘못된 해석으로 이어질 수 있다.

언어는 대화에 어떤 영향을 미치는가? 사람마다 단어의 의미를 받아들이는 방법이 다르다. 단어의 뜻은 단어 안이 아닌 우리 안에 있다.[18] 나이, 교육, 문화적 배경은 사람이 사용하는 언어와 단어의 정의에 영향을 미치는 매우 명확한 변수 중 세 가지로 꼽을 수 있다. 칼럼니스트인 조지 F. 윌(George F. Will)과 래퍼인 이기 아잘레아(Iggy Azalea)는 모두 영어를 쓴다. 그러나 한쪽이 사용하는 언어는 다른 한쪽이 이야기하는 방식과 굉장한 차이가 있다.

직원의 40%는 유행어가 직장에서의 일상적인 대화에서 매우 보편적이라고 말한다.[19]

조직 내에서 종업원들은 보통 다양한 배경을 갖고 있기에 말하는 패턴이 상이하다. 게다가 종업원들을 부서로 집단화함으로써 자신들만의 **은어**(jargon)나 기술적 언어를 생성하는 전문가를 만들어낸다.[20] 은어의 문제점은 그것을 모르는 사람들은 무엇이 소통되고 있는지에 대해 전혀 알 수가 없다는 것이다.

**근로자의 88%는 무슨 의미인지도 모르면서
사무실 전문 용어를 이해하는 척하고 있음을 인정했다.**[21]

여러 지역에서 운영되는 규모가 큰 조직의 종업원들 또한 지역적으로 흩어져 있고, 개별 지역 내 사람들은 자신의 지역에 특화된 단어나 구를 사용할 것이다.[22] 그리고 수직 계층의 존재 또한 언어적 문제를 발생시킬 수 있다. 예를 들어 고위 중역의 언어는 경영자의 은어에 익숙하지 않은 종업원들을 당혹스럽게 할 수 있다. 우리가 같은 언어로 말하는 데 반해, 우리가 사용하는 언어들은 전혀 다른 유니폼을 입고 있음을 명심하라. 발신자는 자신이 사용하는 단어와 구가 수신자에게도 똑같은 의미로 사용된다고 간주하는 경향이 있다. 그러한 추측은 잘못된 것이며, 오히려 대화를 하는 데 방해가 된다. 언어를 어떻게 수정해야 하는지 아는 것이 대화의 장벽을 최소화하는 데 도움이 될 것이다.

성별은 대화에 어떤 영향을 미치는가?   다른 성별 간에 효과적인 대화를 하는 것은 어떤 조직이든 간에 조직 내 목표를 달성하기 위해 아주 중요하다. 하지만 어떻게 다른 대화 방식을 잘 관리할 수 있을까? 성별 간의 대화 차이점을 장벽에서 효과적인 대화로 바꾸려면 받아들임, 이해하기, 서로가 잘 적응해서 대화하려는 노력이 요구된다. 남녀는 서로의 대화 방식이 다를 때 어떤 방식이 다른 방식보다 좋거나 나쁘다고 생각해서는 안 되며, 서로가 잘 이해하도록 많은 노력을 기울여야 한다.[23]

국가적 문화는 대화에 어떤 영향을 끼치는가?   메리어트 인터내셔널의 소셜 미디어 계정을 운영하는 시간당 14달러를 받는 직원은 공식 회사 계정을 사용해 티베트 분리주의 단체가 트위터에 올린 글에 좋아요를 눌렀다. 이 단체는 티베트를 중국의 일부분이 아닌 국가로 등재한 데 대해 그 회사에 박수를 보냈다. 그 트윗은 직원을 곤경에 빠뜨렸고 결국 그 직원은 해고당했다.[24] 이 예에서 알 수 있듯이, 의사소통의 차이는 개인이 의사소통하기 위해 사용하는 다른 언어뿐만 아니라, 그들이 속한 국가적 문화와 세계 정치에서도 발생할 수 있다.[25] 예를 들어 개인주의에 높은 가치를 두는 미국 같은 나라와 집단주의를 강조하는 일본 같은 나라를 비교해보자.[26]

미국에서 의사소통 패턴은 개인주의에 바탕을 두어 명확하고 간결한 경향이 있다. 미국의 경영자들은 쟁점에 대한 자신의 입장을 말하기 위해 비망록, 공고, 성명서, 의사소통의 공식적인 양식에 크게 의존한다. 감독관들은 자신들이 좋게 보이도록 하는 시도(여과)로, 그리고 의사결정과 계획을 승인받기 위한 종업원의 설득 방법으로 정보를 축적하기도 한다. 또한 자신들을 보호하기 위해 하위 계층 종업원들도 역시 여기에 관여시킨다.

일본과 같은 집단주의 나라에서는 자신의 체면을 위한 더 많은 상호작용과 더 많은 비공식적 대인관계의 형태가 있다. 미국 경영자와 반대로 일본 경영자는 우선 화젯거리에 대해 종업원과 다양한 대화를 하고 나서 만들어 놓은 계약의 윤곽을 이야기한 후 공식적 문서를 꺼낸다. 일본 사람들은 합의에 의한 의사결정에 가치를 두고 있으며, 열린 의사소통은 작업 설정상 내재되어 있는 부분이다. 대면 의사소통 또한 장려된다.[27]

문화적 차이는 경영자의 의사소통 방법에 영향을 미친다.[28] 그리고 이러한 차이들을 인정하지 않거나 고려하지 않는다면, 의심할 여지없이 효과적인 의사소통의 장벽이 될 수 있다.

경영자는 의사소통 장애 요인을 어떻게 극복할 수 있을까?

이러한 의사소통 장애 요인을 극복하기 위해 경영자가 할 수 있는 것은 무엇일까? 다음에 나

표 13.2 효과적인 의사소통을 돕는 방법

피드백 사용	의사소통이나 들었던 내용의 정확성 확인
평이한 언어 사용	듣는 사람이 이해할 수 있는 단어 사용
경청	성급한 판단이나 해석 없이, 어떤 대답을 할지 생각하지 않고, 메시지의 완전한 의미를 들음
감정 억제	감정이 증폭되고 있을 때를 인지함. 그럴 때는 진정될 때까지 의사소통을 하지 않음
비언어적 단서 관찰	행동이 더 많은 것을 이야기한다는 점을 인지할 것. 두 가지를 모두 일치시켜야 함

오는 제안사항들은 의사소통을 더욱 효과적으로 만드는 데 도움이 된다(표 13.2 참조).

피드백을 사용하는 이유는 무엇인가?　많은 의사소통 문제는 대체로 오해와 부정확성 때문에 생긴다. 경영자가 의사소통 과정에서 피드백 고리를 사용한다면 이러한 문제들은 줄어들게 될 것이다. 피드백은 언어적일 수도 있고 비언어적일 수도 있다.

경영자는 메시지가 의도한 대로 전달되었는지를 확인하기 위해, 메시지에 대해 질문할 수 있다. 아니면 경영자가 수신자에게 자신의 단어로 메시지를 다시 말할 것을 요청할 수도 있다. 만약 경영자가 자신이 의도한 바대로 들었다면, 이해와 정확성은 증가할 것이 틀림없다. 일반적인 대답 및 반응만으로도 경영자는 대개 메시지 수신자의 반응을 알 수 있기 때문에 피드백은 감지하기 힘들 때도 있다.

물론 피드백이 구어로만 전달되어야 하는 것은 아니다. 모든 영업 종업원에게 새로운 월간 매출 보고서를 작성하라고 자신의 종업원들에게 지시하는 영업 경영자가 만일 영업 종업원 중 일부가 새로운 보고서를 제출하지 못했다면 피드백을 받게 된다. 이 피드백은 영업 경영자가 첫 지시를 명확히 할 필요가 있음을 시사해준다. 이와 유사하게, 연설할 때 당신은 사람들의 눈을 보고 당신의 메시지를 그들이 받고 있는지를 알려주는 다른 비언어적 단서를 찾는다.

왜 평이한 언어를 사용해야 하는가?　언어는 장애 요인이 될 수 있기 때문에 경영자는 메시지를 구성할 때 분명하고 수신자가 이해할 수 있도록 단어를 선택해야 한다. 메시지가 수신되고 이해되었을 때 그 의사소통이 효과적임을 기억하라. 예를 들어 병원의 경영자는 항상 분명하고 쉽게 이해되는 용어로 의사소통을 하려고 노력해야 하며, 외과 종업원들을 향한 메시지에서 사용되는 언어는 사무 종업원들이 사용하는 용어와 달라야 한다. 은어는 무엇을 의미하는지 아는 그룹 내에서 사용할 때는 이해를 용이하게 하지만, 그룹 밖에서 사용될 때는 많은 문제를 야기할 수 있다.

당신은 경청하는가, 아니면 그냥 듣고 있는가?

우리는 왜 적극적으로 들어야 하는가?　누군가 말을 할 때 우리는 듣는다. 그러나 우리는 너무나 자주 경청하지 않는다. 경청이 의미를 찾는 활동인 반면에 듣기는 소극적이다. 경청에 있어 수신자와 발신자 두 사람은 사고를 하고 있다.

많은 사람이 경청을 하지 않는다. 왜? 경청은 어렵고 주로 화자를 더 만족시키기 때문이다. 사실상 경청은 말하는 것보다 더 피곤하기도 하다. 경청은 지적 노력을 요구한다. 듣기와 달리 **경청**(active listening)은 총체적 집중을 요구한다. 일반적인 사람은 1분에 약 150~200단어의 비율로 말하지만, 우리는 1분에 거의 400단어의 비율로 듣고 처리하는 능력을 갖고 있다.[29] 그 차이는 뇌에 무료한 시간과 다른 생각을 할 기회를 남긴다.

발신자와의 공감, 즉 발신자의 입장에 자신을 놓음으로써 경청은 증대된다. 발신자는 태도, 흥미, 욕구, 기대에 있어 입장이 다르기 때문에, 공감

스페인의 산탄데르 은행 회장 아나 보틴(Ana Botin)은 공감을 잘하는 경청자이자 좋은 전달자이며 합의를 이끌어내는 능력이 있다. 사진에서 보이듯 런던에 위치한 은행에서 종업원들과 소통 중인 보틴은 종업원, 고객, 이해관계자들에게 질문을 하고 피드백을 경청하며 회사 계획 수립의 도움을 얻는다.

은 메시지의 원래 내용을 이해하기 쉽게 해준다. 감정이입한 청자는 메시지의 내용을 판단하게 되고 주의 깊게 무엇을 말하고 있는지 듣는다. 목적은 성급한 판단이나 해석으로 왜곡하지 않고, 의사소통에의 완전한 의미를 받아들일 능력을 키우는 것이다. 다른 구체적인 행동으로 적극적인 청자는 눈을 마주치고, 긍정적인 끄덕임과 적절한 얼굴 표정을 보이며, 산만한 행동이나 제스처를 피하고, 질문을 하며, 자신만의 단어로 바꾸어 말하고, 말하는 사람에게 방해가 되는 것을 피하고, 너무 많이 말하지 않고, 말하는 사람과 듣는 사람 사이에서 원활한 진행을 한다.

우리는 왜 감정을 억눌러야 하는가? 경영자가 항상 이성적인 방법으로 의사소통한다고 추측하는 것은 순진한 생각이다. 우리는 감정이라는 것이 의미를 전달함에 있어서 그 의미를 왜곡하고 흐릴 수 있다는 사실을 안다. 어떤 이슈에 대해 감정적으로 화가 난 경영자는 그가 받은 메시지를 잘못 해석하기 쉽고 명확하고 정확하게 메시지를 내보내지 못한다. 경영자는 무엇을 할 수 있을까? 가장 간단한 답은 평정을 되찾을 때까지 의사소통을 멈추는 것이다. 또한, 당신의 청중을 잘 아는 것이 아니라면 문자 약어, 이모티콘, 감정의 사용을 자제하라.

비언어적 단서를 강조하는 이유는 무엇인가? 만약 단어보다 행동이 더 강하게 전달한다면, 행동에 따라 단어를 강조하고 정렬하는 것을 확인하기 위해 당신의 행동을 관찰하는 것이 중요하다. 우리는 비언어적인 메시지가 매우 큰 비중을 지닌다고 말했다. 이 사실에서 효과적인 의사소통자는 비언어적 단서가 원하는 메시지를 전달하는 것을 확인하기 위해 자신의 비언어적 단서를 관찰한다.

경청
성급한 판단이나 해석을 하지 않으며 어떤 대답을 할지 생각하지 않고 메시지의 완전한 의미를 들음

정보기술과 경영자의 의사소통

- 정보기술(IT)은 조직 구성원의 의사소통 방식을 급진적으로 변화시켰다.
  - 개인과 팀 성과를 감독하는 경영자의 능력을 개선
  - 종업원들이 더욱 빠르게 의사결정을 할 수 있도록 더욱 완벽한 정보를 제공
  - 정보를 공동으로 사용하고 공유하는 기회를 더 많이 제공
  - 조직 내 사람들이 어디에 있던 언제나 접근 가능

13-2 기술이 경영 의사소통에 어떤 영향을 미치는지 설명한다.

Steven Senne/AP Images

두 가지 IT 개발이 경영자의 대인관계에 중대한 영향을 끼쳤다.

1

네트워크 의사소통

네트워크 의사소통 시스템

- 조직 내에서 사용하는 컴퓨터는 호환용 하드웨어와 소프트웨어를 통해 통합적인 조직 네트워크를 구축한다.
- 조직 구성원은 네트워크에 연결된 컴퓨터로 소통한다.

xstock/Shutterstock

2 모바일(무선) 통신

모바일(무선) 통신 시스템

- 직접 '플러그에 꽂지 않아도' 연결될 수 있다.

- 모바일 기술은 매우 인기가 있다!

- 일하는 방식을 개선함으로써 성과를 올릴 수 있다.

- 직원들은 동료나 경영자들과 소통, 협업, 정보 공유를 하기 위해 꼭 물리적으로 직장에 있지 않아도 된다.[30]

- 경영자들과 직원들은 스마트폰, 태블릿 PC, 노트북 컴퓨터 등을 이용해 연결되어 있을 수 있다.

- 모바일 커뮤니케이션은 어디에서나 작동한다. 사람들은 에베레스트산 정상에서 지구상에서 가장 멀리 떨어진 사람과 정보를 주고받을 수 있다.

네트워크와 무선 통신 응용하기

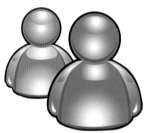

- **이메일**: 서로 연결되어 있는 컴퓨터에서 즉각적인 메시지 전송

  ➕ 장점: 수신자가 편리한 때 메시지를 읽을 수 있다. 빠르고, 싸고, 효율적이고, 편리하다. 필요에 따라 문서 인쇄도 가능하다.

  ➖ 단점: 느리고 번거롭다.

- **직장 인스턴트 메시지(IM)**: 컴퓨터 네트워크에 동시에 로그온 된 컴퓨터 사용자들 사이에서 일어나는 즉각적인 실시간 의사소통

  ➕ 장점: 메시지가 읽히기까지 기다릴 필요 없이 즉각적으로 소통할 수 있다.

  ➖ 단점: 사용자는 동시에 접속되어 있어야 한다. 잠재적인 네트워크 보안위험이 있다.

- **음성메일**: 음성으로 된 메시지를 디지털화해 네트워크상으로 이를 전송하며 후에 수신자가 회수하기 위한 디스크에 메시지를 저장하는 시스템[31]

  ➕ 장점: 수신자가 물리적으로 곁에 없어도 정보가 전달된다.

  ➖ 단점: 즉각적인 피드백이 불가능하다.

- **원격 회의와 화상 회의**: 전화, 이메일, 비디오 화면을 통해 동시다발적으로 회의를 진행

  ➕ 장점: 참석자가 모두 같은 물리적인 공간에 모여서 정보를 나누고 협력할 필요가 없다. 여비를 아낄 수 있다.

- **조직의 인트라넷**: 조직 구성원들만 접근할 수 있는 인터넷 기술을 활용한 조직의 의사소통 네트워크

  ➕ 장점: 정보 교류와 공동작업이 가능하다. 회사 정책 매뉴얼과 종업원의 특정 자료에 접근이 가능하다.[32]

  ➖ 단점: 네트워크와 데이터 보안위험 가능성이 있다.

- **조직의 엑스트라넷**: 인증된 조직의 사용자가 소비자 및 판매자와 같은 외부 사용자와 접촉할 수 있는 인터넷 기술을 활용한 조직 의사소통 네트워크

  ➕ 장점: 좀 더 빠르고 편리하게 의사소통을 할 수 있다.

  ➖ 단점: 네트워크와 데이터 보안위험 가능성이 있다.

- **인터넷 기반 음성/비디오 소통**: 스카이프, 바이버, 페이스타임, 보니지, 야후! 같은 인터넷 기반 소통 서비스

  ➕ 장점: 빠르고 편리하게 의사소통을 할 수 있다.

  ➖ 단점: 네트워크와 데이터 보안위험 가능성이 있다.

경영자들은 최근 어떤 의사소통 이슈에 직면하는가?

13-3 의사소통에 관한 최신 이슈를 논의한다.

"Pulse lunches." 이는 말레이시아의 씨티은행 사무소 경영자가 고객 충성도나 종업원 사기가 떨어지거나 이직률이 증가하는 문제가 나타날 때 쓰는 말이다. 경영자는 비공식적인 점심 식사 자리를 통해 종업원과 접촉하고 그들의 관심사를 청취함으로써—즉 그들의 '맥박'을 찾아—고객 충성도와 종업원 사기를 50% 이상 끌어올리며 종업원 이직률을 거의 0에 근접하게 감소시키는 변화를 만들어낼 수 있었다.[33]

오늘날 조직에서 효과적인 대화자가 되는 것은 가장 중요한 종업원과 고객들, 현실적으로는 조직의 이해관계자들과 접촉하는 것을 의미한다. 여기서는 오늘날 경영자에게 특히 중요한 다섯 가지 의사소통 이슈를 살펴볼 것인데, 그것은 인터넷에서의 의사소통 관리하기, 조직의 지식자원 관리하기, 고객과 의사소통하기, 종업원 투입 끌어내기, 시민적 대화하기 등이다.

인터넷에서의 의사소통 관리하기

인적자원 관리 소프트웨어 회사 석세스팩터스(SuccessFactors)의 창업자이자 사장인 라스

오늘날 직장에서의 경영 기술

로봇을 감독하는 것도 감독하는 것일까?

미래의 사무실은 어떤 면에서는 여전히 오늘날의 사무실과 여전히 닮아 있을 것이다. 아마도 호버크래프트를 탄 로봇이나 순간이동 장치로 우편물을 배달하는 일은 없을 것이다. 대부분의 변화는 우리가 소통하는 방식에 있을 것이다.[34] 직원들은 소셜 네트워크, 문자 메시지, 인스턴트 메시징, 모바일 기술 및 직원들이 서로 직접 메시지를 보낼 수 있는 대시보드 앱에 대한 의존도가 높은 여러 가지 커뮤니케이션 채널에 의존하게 될 것이다. 스마트폰은 오늘날의 메인프레임만큼이나 강력하며, 이는 직원들이 이동 중에도 대용량 컴퓨팅을 수행할 수 있다는 것을 의미한다. 소프트웨어는 직원의 위치를 추적해 해당 데이터를 현재 프로젝트에 대한 정보와 혼합하고 잠재적인 공동작업자를 제안할 수 있다. 이메일은 주로 다른 채널들이 더 빠르고, 더 유동적이며, 더 즉각적이기 때문에 인기가 하락할 것으로 생각되었지만, 그것은 사실이 아니었다.

미래의 기술을 정확하게 예측하는 것은 쉽지 않다. 하지만 몇 가지 패턴이 진화하고 있는 것 같다. 예를 들어 단일 장치에서 기능의 결합은 직원들이 전화, 문자 메시지, 인터넷 접속, 비디오카메라, 원격 회의 및 언어 번역기를 결합하는 단일 제품을 갖게 할 가능성이 있다. 그것은 사람들이 제안서, 법률 신문, 뉴스 또는 거의 모든 문서를 디지털로 읽을 수 있게 할 것이다. 키보드가 필요하지 않고 음성 명령을 통해 작동할 것이다. 그것은 또한 휴대용이 아니라 독서용 안경과 이어피스를 결합하는 것과 유사할 가능성이 있다. 이러한 스마트 안경은 작업자가 효율적이고 효과적으로 작업을 수행하기 위해 필요한 모든 정보나 정보에 대한 일체형 접근을 가능하게 한다. 많은 회사가 이미 스마트 안경을 시장에 출시했다. 이러한 유형의 웨어러블 기술이 보편화됨에 따라 조직은 정보 보안과 가능한 법적 딜레마에 대한 사용 문제를 해결해야 한다.

우리가 다른 사람들과 소통하고 상호작용하는 방식을 바꾸는 절정의 또 다른 기술 발전은 증강현실(augmented reality, AR)인데, 증강현실(AR)은 컴퓨터 생성 이미지를 사용자의 실제 세계관에 중첩시키는 기술이다. 시뮬레이션된 현실은 사용자에게 다양한 경험을 제공한다. 스냅챗의 필터를 사용한 적이 있다면 AR을 사용한 적이 있는 것이다. 또는 포켓몬고 유행에 참여했다면 AR을 경험한 것이다. AR에 의해 조직적, 대인적 커뮤니케이션이 어떻게 영향을 받고 변화하는지 알 수 있는 모든 종류의 시나리오가 있다. 앞 단락에서 설명한 스마트 안경은 AR 형태를 사용한다.

기술에 의해 가능해진 또 다른 결과는 출장의 현저한 감소가 될 것이다. 컴퓨터 중재 그룹웨어의 개선으로 개인은 대면상담을 밀접하게 시뮬레이션하는 환경에서 회의를 진행할 수 있게 될 것이다. 이러한 환경에서는 실시간 번역이 전사되어 화면에 표시되고 원격 회의자가 해당 단어를 듣고 볼 수 있게 될 것이다.

> 관리자 중 83% 이상이
> 직원과 커뮤니케이션을 개선하기 위해
> 모바일 기술을 사용하고 있다.[35]

토의문제

3 기술을 이용한 커뮤니케이션이 더 도움이 될 것이라고 생각하는가, 아니면 방해요소라고 생각하는가? 설명하라.

4 웨어러블 기술은 작업장에서 어떤 문제를 제기하는가? 매니저들이 이 문제들을 다루기 위해 무엇을 해야 한다고 생각하는가?

Wavebreakmedia Ltd PH85 / Alamy Stock Photo

증강현실
컴퓨터 생성 이미지를 사용자의 실제 세계관에 중첩시키는 기술

달가드(Lars Dalgaard)는 최근 주중 사내 이메일 사용을 금지하도록 종업원들에게 이메일을 보냈다. 그의 목적은 무엇인가? 종업원들이 '확실하게 문제들을 처리하게 하기 위함'이다.[36] 그만 그런 것이 아니다. 다른 기업들도 비슷하게 하려고 한다. 앞에서 논의했듯이 종업원은 이메일 사용에 많은 시간을 소비하지만 그것을 그만두게 하는 것은 쉽지 않다. 심지어 '다른 데 정신 팔리게' 할 수 있음을 알면서도 말이다. 이메일은 인터넷을 통한 의사소통에 있어 문제가 있다. 최근 연구 결과 대기업 종업원 20%가 정기적으로 블로그, 소셜 네트워크, 위키피디아, 기타 웹 서비스를 사용하는 것으로 나타났다.[37] 경영자는 이러한 모든 새로운 기술이 특별한 의사소통 과제를 만들어내고 있어 가끔은 어려운 학습을 하고 있다. 중요한 두 가지는 (1) 법적 이슈 및 보안 이슈와 (2) 대면 접촉 부족이다.

법적 보안 이슈　세브론(Chevron)은 회사 이메일로 발송한 부적절한 농담으로 인해 제기된 성희롱 소송으로 220만 달러를 지불했다. 영국의 노리치 유니언(Norwich Union)은 자신의 경쟁사인 웨스턴 프로비던트 어소시에이션(Western Provident Association)이 재무적 어려움에 처했다는 내용의 이메일을 종업원들에게 보낸 이후 당사자 간 합의로 450,000파운드를 지불해야 했다. 홀푸드마켓은 CEO 존 P. 맥케이(John P. Mackey)가 한 블로그에 익명으로 기업 라이벌인 와일드오츠마켓(Wild Oats Markets)을 비난하는 글을 올린 뒤 연방단속기관과 이사회로부터 조사를 받았다.[38]

　경영자들은 이메일, 블로그, 트위터, 그 외 다른 형태의 온라인 의사소통이 빠르고 간편하기는 하지만 부적절한 사용으로 인한 법적 문제가 있을 수 있음을 유념해야 한다. 전자 정보는 법정에서 잠정적으로 인정된다. 예를 들어 엔론 공판에서 검사는 피고가 투자자들을 속인 혐의를 보여주기 위해 이메일과 다른 문서들을 증거로 제출했다. 한 전문가는 "오늘날 이메일과 문자 메시지는 DNA 증거와 맞먹는다"고 말했다.[39] 법적인 문제는 단순한 이슈가 아니며, 보안 문제도 마찬가지다.

　한 조사는 발신된 이메일을 통해 내용을 조사한 결과 조사 기업의 26%에서 사업에 영향을 미칠 수 있는 민감하거나 난처한 정보가 노출된 것으로 나타났다.[40] 경영자들은 기밀 정보는 비밀로 유지되어야 함을 유념해야 한다. 종업원들은 우연이든 의도했든 간에 이메일과 블로그에 기업의 독점적 정보를 올려서는 안 된다. 기업 컴퓨터와 이메일 시스템은 해커(컴퓨터 시스템에 대해 권한 없는 침입을 시도하는 사람)와 스팸(대량 정크 메일)으로부터 보호되어야 한다. 이러한 중대한 사안은 의사소통기술의 이점에도 불구하고 해결되어야 한다.

대면 접촉　소셜 미디어라고도 불리는 인터넷 시대에 나타난 또 다른 의사소통 문제는 우리가 대면 접촉을 하지 않고 생활하며 일한다는 점이다.[41] 두 사람이 얼굴을 마주 보고 의사소통을 할지라도 완벽하게 이해할 수 없다. 의사소통이 가상의 환경에서 일어날 때 업무 수행을 위한 이해와 협력을 달성하는 것은 매우 어려운 과제이다. 이에 대처하기 위해 어떤 기업은 앞에서 보았듯이 특정한 날에는 이메일 사용을 금지한다. 또 어떤 기업은 대면해 더 많은 협업을 하도록 종업원들을 독려한다. 하지만 어떤 상황에서는 때때로 대면 접촉이 물리적으로 불가능하다ㅡ당신의 동료가 대륙 간, 전 세계에서 일한다면. 이런 상황에서는 실시간 협력 소프트웨어(개인적인 위키 일터, 블로그, 문자 메시지, 그룹웨어 등)가 이메일을 보고 답을 기다리는 것보다 나은 의사소통 선택이 될 수 있다.[42] 이와 맞서 싸우는 대신, 어떤 기업은 종업

원들이 소셜 네트워크의 힘을 업무 협력과 강한 연결관계를 맺는 데 활용하도록 장려하기도 한다. 이러한 트렌드는 의사소통매체에 익숙한 보다 젊은 종업원들에게 매력적이다. 예를 들어 스타컴 미디어베스트 그룹(Starcom MediaVest Group)의 종업원들은 업무 개요를 설명하는 동료들의 프로파일을 찾아보거나 그들이 충성하는 브랜드를 올리고 가치를 설명하기 위해 SMG 커넥티드(SMG Connected)에 접속한다. 기업 부사장은 "종업원들은 어쨌든 이전에 그래 왔기 때문에, 세계로 통하는 인터넷 연결의 길을 제시해주는 것은 당연하다"[43]고 말했다.

지식경영
조직 구성원들이 체계적으로 지식을 모으고 다른 사람들과 공유하는 학습 문화를 배양하는 것

직원들과 소셜 미디어

77%가 동료들과 연결되기 위해 소셜 미디어를 사용한다고 답했다.

35%가 소셜 미디어가 직장 내 관계를 해쳤다고 답했다.

61%가 소셜 미디어로 인해 새롭거나 더 좋은 직장 내 관계를 갖게 되었다고 답했다.

32%가 소셜 미디어를 업무에 관계된 프로젝트나 문제들을 해결하기 위해 사용한다고 답했다.[44]

지식경영은 의사소통에 어떠한 영향을 끼치는가?

학습 및 효과적인 의사소통을 유도하는 환경을 촉진하는 데 있어 경영자의 책임 중 일부는 전반적인 조직의 학습 능력을 개발하는 것이다. 이러한 기회는 반드시 모든 부분에 있어 낮은 계층에서 높은 계층으로 확산되어야 한다. 경영자가 어떻게 그런 환경을 만들 수 있을까? 중요한 단계는 지식의 가치를 현금, 원재료 또는 사무기구와 같이 중요한 원천으로 이해하는 것이다. 지식의 가치를 알리기 위해서 당신이 대학 수업에 어떻게 등록하는지를 생각해보라. 당신은 특정 교수의 수업을 들었던 다른 사람들과 이야기하는가? 당신은 그 사람들의 경험을 듣고 그들이 말하는 것(상황에 대한 지식)에 근거해 의사결정을 내리는가? 만약 그렇다면 당신은 지식의 가치를 공감하고 있는 것이다. 그러나 조직에서 축적된 지식이나 지혜의 가치를 단지 인정하는 것만으로는 부족하다. 경영자는 지식의 토대를 신중하게 관리해야만 한다. **지식경영**(knowledge management)은 보다 좋은 성과를 얻기 위해서 조직 구성원들이 시스템적으로 지식을 모으고 조직 내 다른 구성원들과 공유하는 학습문화를 장려하는 것을 포함한다. 예를 들어 5대 전문 서비스 회사 중 하나인 언스트앤드영(Ernst & Young)의 회계사와 컨설턴트는 그들이 발전시킨 좋은 관행, 그들이 다루었던 비일상적인 문제, 기타 업무 정보를 기록한다. 이 지식은 컴퓨터 기반의 애플리케이션을 통해, 그리고 관심을 갖고 회사 곳곳에서 정기적으로 만남을 갖는 커뮤니티를 통해 모든 종업원과 공유된다. 제너럴 일렉트릭, 토요타, 휴렛팩커드 등 많은 조직이 학습 조직의 범주 안에서 지식경영의 중요성을 인지하고 있다 (7장 253~254쪽 참조). 오늘날의 조직에서 기술은 조직의 의사소통과 의사결정을 증진하고 촉진해 지식경영을 가능하게 한다.

내부 소셜 미디어는 아일랜드 더블린의 IBM 종업원들이 전 세계에 위치한 IBM 사무실 동료들과의 소통과 협력을 가능하게 해준다. 소셜네트워크 기반의 IBM 커넥션과 IBM의 내부 인스턴트 메시지 시스템인 세임타임 8.5.2를 이용해 지식을 공유하고, 의사결정을 개선하고, 혁신을 가속화한다.

카라 존슨(Kara Johnson)은 제품 개발 회사인 IDEO의 자재 전문가이다. 좋은 자재를 쉽게 찾기 위해서 그녀는 자재의 속성과 공정 과정을 설명하는 데이터베이

Artur Widak/ZUMA Press/Newscom

스와 연결된 샘플 관련 주라이브러리를 구축했다. 존슨이 하는 일은 그녀의 지식으로부터 학습하고 이익을 얻기 위해 자신의 지식을 관리해 IDEO의 다른 사람들이 쉽게 이용할 수 있게 하는 것이다. 오늘날 경영자는 종업원이 자신의 지식을 쉽게 의사소통하고 공유하도록 해 서로 자신의 업무를 보다 효과적이고 효율적으로 처리하는 법을 배우는 조직의 지식 자원을 관리할 필요가 있다는 말이다. 조직이 종업원이 접근할 수 있는 온라인 정보 데이터베이스를 구축하는 것도 한 방법이다. 예를 들어 윌리엄 리글리 주니어(William Wrigley Jr. Co.)는 상호적인 웹사이트를 개설해 판매사원들이 마케팅 자료와 다른 상품 정보에 접근할 수 있게 했다. 이들 영업사원은 기업 전문가들에게 제품에 대해 문의하거나 온라인 지식 은행을 검색할 수 있다. 처음 1년간 리글리는 정보 검색을 위해 영업사원이 머무른 시간이 15,000시간에 이르며 그들을 더 효율적이고 효과적이게 만들었다고 예측했다.[47] 이 사례는 경영자가 지식이라 불리는 가치 있는 조직 자원을 관리하기 위해 의사소통 도구를 어떻게 사용할 수 있는지를 보여준다.

정보 공유를 위한 온라인 정보 데이터베이스에서 나아가 기업은 **실행 공동체**(communities of practice)를 만들 수 있다. 이는 관심사, 일련의 문제들, 주제에 대한 열정을 공유하고 변화에 보조를 맞추어 상호작용함으로써 자신의 지식이나 전문성을 심화하는 사람들의 집합체이다. 이러한 업무 실행 공동체를 만들기 위해서는 상호적인 웹사이트, 이메일, 화상회의 등과 같은 필수적인 도구를 사용하는 의사소통을 통해 강력한 인적 상호관계를 유지하는 것이 중요하다. 이들 집단은 개인이 직면하는 것과 마찬가지의 의사소통 문제에 직면한다. 여기에는 여과, 감정, 수동성, 과도한 서류 등이 있다. 하지만 집단은 이러한 문제들을 앞서 논의한 것과 같은 해결 방식으로 해결해 나갈 수 있다.

의사소통은 고객 서비스에서 어떤 역할을 하는가?

당신은 하루에도 여러 번 고객이 된다. 실제로 당신은 아마 하루에도 몇 번씩 고객 서비스를 제공받는 자신을 발견할 수 있을 것이다. 그렇다면 고객 서비스가 의사소통과 무슨 상관이 있는가? 알고 보면, 매우 많다! 어떤 의사소통이 일어나며, 어떻게 발생하는지는 서비스에 대한 고객 만족과 반복 구매 고객의 가능성에 중대한 영향을 미친다. 서비스 조직의 경영자는 고객과 상호작용하는 종업원들이 적절하고 효과적으로 고객과 의사소통해야 함을 명심할 필요가 있다. 어떻게? 먼저 서비스 전달 과정에서 고객, 서비스 조직, 서비스 제공자의 세 구성요소를 인식해야 한다.[48] 각 요소들은 의사소통이 제대로 작동하는지 여부에 역할을 한다. 경영자는 고객이 무엇을 혹은 어떻게 의사소통하는지에 많은 통제를 할 수 없으나, 나머지 두 요소에는 영향을 미칠 수 있다.

강력한 서비스 문화를 가진 조직은 이미 고객 관리에 가치를 두고 그들이 원하는 것을 찾아내 욕구를 충족해주고, 그들의 욕구가 만족스럽게 충족되었음을 확인하는 후속조치도 취한다. 이런 활동들은 의사소통, 대면활동, 전화 또는 이메일, 기타 매체들을 통해 이루어진다. 게다가 의사소통은 조직이 추구하는 특정 계층을 대상으로 제공하는 고객 서비스의 전략으로 활용되기도 한다. 많은 서비스 조직은 '개별화' 전략을 많이 활용하고 있다. 예를 들어 리츠칼튼 호텔은 고객들에게 보다 깨끗한 침대와 침실을 제공한다. 일반적으로 제공되는 물품뿐만 아니라 고객들을 위한 여분의 베개, 초콜릿, 고가 브랜드의 샴푸 등을 방에 비치해 두는 것이다. 고객들은 방에 들어서는 순간 그 물품들을 확인할 수 있다. 호텔의 고객정보 서비스는 고객들의 행동에 맞게 맞춤화되어야 한다. 또한 모든 직원이 고객에 관련된 정보를 공유하고 전달할 수 있도록 교육되어야 한다.[49] 의사소통은 고객 맞춤화 전략에 중요한 역할을 하고 있다.

의사소통 능력은 또한 서비스 제공자나 접점 종업원에게 매우 중요하다. 고객과 접점 종업원 사이의 대인간 상호작용 질은 고객 만족에 영향을 미치며, 특히 제공된 서비스가 기대에 미치지 못할 때 그러하다.[50] '주요 서비스 제공'을 수행하는 최일선의 종업원들은 종종 서비스 실패에 대해 가장 먼저 듣거나 알아차리게 된다. 그들은 이 경우 어떻게, 어떤 의사소통을 할지 결정해야 한다. 고객에 대한 적극적 경청과 적절한 의사소통 능력

Facundo Arrizabalaga/EPA/Newscom

은 상황이 고객의 만족으로 해결될지 아니면 걷잡을 수 없이 악화할 것인지에 영향을 미친다. 서비스 제공자 개인의 또 다른 중요한 의사소통 문제는 고객을 응대하는 데 필요한 효과적이고 효율적인 정보를 갖고 있는지에 대한 확인이다. 서비스 제공자가 개별적인 정보를 갖고 있지 않으면 즉각적이고 쉽게 정보를 얻을 수 있는 다른 방법이 필요하다.[51]

런던에 위치한 메트로 은행의 고객 서비스 전략에서 중요한 한 부분은 소통이다. 고객 만족에 소통이 얼마나 큰 영향력을 미치는지 인식하며, 이 은행은 모든 종업원이 미소와 친절함으로 따뜻하고, 정중하고, 존중하며 고객을 맞이할 수 있도록 가르친다.

어떻게 종업원 투입을 끌어낼 수 있고, 왜 그래야 하는가?

노키아는 최근 블로그 허브(Blog-Hub)와 같은 직원을 대상으로 하는 인트라넷 플랫폼을 완성했다. 이로써 전 세계 직원들이 블로그를 통해 소통할 수 있게 되었다. 직원들은 고용주와 연결되어 있는데, 이는 관계가 끊어진 것보다는 낫다. 노키아 경영자들은 '편하게 말하기'를 바란다. 그들은 '종업원에게 더 나은 생각이 나올 것이라는 믿음으로 무엇이든 자신의 생각을 말할 것을 장려하는 내력'[52]이 노키아의 성장과 성공에 기여한다고 생각한다.

오늘날 도전적인 환경에서 기업은 종업원들의 투입을 얻고자 한다. 종업원 제안 상자가 있는 곳에서 일해본 적이 있는가? 종업원이 비용 절감, 배송시간 개선 등과 같이 무언가에 대한 새로운 방식이 떠오르면 제안 상자에 담게 되는데, 누군가 상자를 비워야겠다고 생각하기 전까지는 보통 그대로 두는 경우가 대부분이다. 직장인들은 종종 제안 상자를 무시하며, 만화가는 종업원 제안 상자에 아이디어를 담는 것은 무용지물이라고 강하게 비난한다. 불행히도 제안 상자에 대한 태도는 여전히 많은 조직에서 존재하고 있으나, 그래서는 안 된다. 오늘날 경영자는 잠재적으로 가치 있는 정보를 무시할 처지가 아니다.[53] 그림 13.2는 종업원들로 하여금 자신의 의견이 중요하다는 것을 알게 하는 몇 가지 제안을 담고 있다.

직장에서 어떻게 시민적 대화를 나눌 수 있을까?

거대 기술 기업인 구글은 항상 다른 의견을 가진 직원 집단이 사회적, 정치적 신념에 대한 토론에 참여할 수 있는 직장을 장려했다. 문제에 대한 건강한 토론은 일을 하고 창의적이고 혁신적이 될 수 있는 최선의 방식을 찾는 데 좋은 방법이 될 수 있다. 하지만 직장 동료들이 "당신은 당신

오늘날 직장에서의 윤리적 의사결정

당신의 상사나 회사에 대해 감정을 분출하고 싶은가? 익약(Yik Yak), 위스퍼(Whisper), 메모(Memo) 등 그럴 수 있는 앱들이 있다.[54] 이 앱들에서 사용자들은 자신들의 고용주에 대해 익명의 글을 작성할 수 있다. 피드백을 주고받는 것은 직원들과 경영자들에게 매우 큰 어려움일 수 있다. 직원들에게 경영자들과 직장에 대한 솔직한 피드백을 할 기회를 주는 것은 높이 평가할 만하다. 하지만 직원들이 그럴 수 있도록 플랫폼을 제공하는 앱들이 과연 정답일까?

토의문제

5 직원들이 익명으로 피드백을 작성할 수 있는 이 앱들이 직원들에게 어떤 도움을 주는가? 경영자에게는?

6 이러한 앱들에서 어떤 윤리적 딜레마가 발생할 수 있는가?

그림 13.2 직원들에게 그들의 투입이 중요하다는 것을 어떻게 알려줄 것인가?

정보가 공유되고 투입이 요구되는 타운홀 미팅을 개최하라.

무슨 일이 벌어지고 있는지, 좋고 나쁨에 대한 정보를 제공하라.

종업원으로 하여금 그들이 고객의 경험에 어떤 영향을 미치는지 알게 하기 위해서 훈련에 투자하라.

경영자와 종업원이 함께 문제를 분석하라.

종업원들이 편하게 투입을 제공할 수 있도록 다양한 방식을 만들어라(온라인, 제안 상자, 예고 카드 등).

출처: Robbins, Stephen P., Coulter, Mary, *Management*, 13th Ed., © 2016, p. 421. Reprinted and electronically reproduced by permission of Pearson Education, Inc., New York, NY.

만의 의견을 가질 권리가 있지만, 특히 내 의견과 당신의 의견이 일치하지 않는 경우에는 내 의견이 당신의 의견보다 훨씬 더 중요하다"라는 관점을 가질 때 문제가 발생한다. 구글의 조직 문화인 '의견에 대한 권리(opinion entitlement)'는 기업가치의 중요한 반영이 될 수 있지만, 그것은 직장을 끊임 없고, 건강하지 않고, 비효율적인 토론으로 이끌었다.[55] '의견의 불협화음'은 회사를 소모시키고 직장을 '토론의 전쟁지역'으로 만들고 있다.[56] 그리고 구글만이 이러한 현실에 처한 것은 아니다. 우리는 자신의 '정치적으로 올바른 견해'에서 벗어나는 의견들을 받아들일 수 없어 보이는 개인들의 사회가 되었다.[57] 불손함과 시민적 대화의 필요성은 조직 관리자들이 해결해야 할 주제다. 최근 한 연구는 의료팀의 비도덕성이 어떻게 협업과 성과를 감소시키는지를 기록했다.[58] 직원들이 독립적으로 일하는 조직에는 매우 적은 수의 일자리가 있다. 대부분의 조직에서 작업은 팀, 부서 또는 기능 영역 전체에서 또는 조직 경계 밖에서도 수많은 개인의 입력, 협력 및 노력으로 수행된다. 그리고 8장에서 논의한 바와 같이, 개인들은 다양한 시각과 특성을 조직에 가져온다. 조직 목표를 달성하기 위해 협력하는 것은 모두가 함께 노력해야 하는 것이다. 그러므로 의사소통에 대한 이 장은 동료들이 어떻게 시민적으로 대화할 수 있는지 다루는 장이 될 것이다. 어쩐지, 어디선가, 언제부턴가, 우리가 그걸 어떻게 하는지 잊어버린 것만 같다.

시민 문화를 만드는 것은 조직 지도자들의 책임이다.[59] 상호 존중하는 시민적 대화는 시민적인 방법을 모범으로 삼는 지도자들에 의해 모델링된다. 시민적 대화와 토론은 참가자들이 서로 주고받는 것이다. 공손히 말하고 경청하는 것이 가장 중요하다. 예의 바르다고 해서 상대방의 말이나 표현에 꼭 동의해야 하는 것은 아니다. 그것보다는 당신이 듣고 질문을 하는 것이 더 중요하다. 시민적 대화에서는 사실과 의견이 구분될 수 있다. 의견이 사실로 오인될 때, 시민적 대화를 하기는 어려울 것이다. 모든 직원들은 다른 관점을 접했을 때 열린 마음을 유지하기 위해 노력해야 한다. 열린 마음을 유지하는 것이 동의하는 것과 같지는 않다. 그것은 단지 당신이 상대방이 말하는 것을 들을 수 있을 만큼 충분히 존중한다는 것을 의미한다. 그래서 앞서 말한 바와 같이, 효과적인 의사소통을 막는 장벽과 그 장벽을 극복하는 방법을 살펴보면서, 동료들은 서로를 지지하고 무례함과 불손함이 강하게 반대되는 긍정적인 직장 문화를 만들어야 할 필요가 있다. 동료들이 공격이나 협박, 응징에 대한 두려움 없이 서로 다른 의견을 표현할 수 있는 공손함과 존경의 문화를 구축하는 것이 모든 조직 리더가 노력해야 할 목표이다.

업무 공간 설계는 소통에 어떤 영향을 미치는가?

조직 소통에 영향을 미치는 또 다른 요인은 업무 공간 설계이다. 모든 정보 기술과 직원의 이동성에도 불구하고 조직의 커뮤니케이션 대부분은 여전히 직장에서 발생한다. 사실, 직원의 평균 근무 시간의 74%가 사무실에서 소비된다.[60] 사무실 업무 공간의 설계 및 구성 방법은 조직의 전반적인 성과에 영향을 미칠 뿐만 아니라 발생하는 커뮤니케이션에도 영향을 미칠 수 있다. 사실, 미국 근로자들을 대상으로 한 조사에서, 90%가 더 나은 업무 공간 설계와 배치를 통해 직원 실적이 전반적으로 더 좋아진다고 답했다.[61]

Josh Edelson/AFP/Getty Images

애플 파크(Apple Park)로 알려진 애플의 새 본사는 아이디어 공유, 학습, 협업, 혁신 등을 위해 쉽게 소통할 수 있는 오픈 스페이스 형태로, 12,000명의 직원을 수용한다. CEO에서부터 여름 인턴십에 참여하고 있는 사람들까지, 모든 직원이 집중, 협업, 학습, 사회화의 네 가지 다른 유형의 작업을 지원하도록 설계된 팟(Pods)에서 근무한다.

연구에 따르면 작업장 설계는 집중 작업, 협업 작업, 학습 작업, 사회화 작업 등 네 가지 유형의 직원들의 작업을 성공적으로 지원해야 한다.[62] 집중 작업은 직원이 작업 완료에 집중해야 하는 경우이다. 협업 작업은 직원들이 작업을 완료하기 위해 함께 작업해야 하는 경우이다. 학습 작업은 직원들이 교육에 참여하거나 새로운 일을 하는 경우이며 집중적인 작업과 협력적인 작업을 모두 수행할 수 있다. 사회화 작업은 직원들이 비공식적으로 모여 잡담을 하거나 아이디어를 교환하는 것이다. 한 조사에 따르면, 근로자들이 이러한 유형의 '오아시스'나 비공식적인 만남의 장소들을 가까이에 가지고 있을 때, 그러한 공간들에 접근이 적은 사람들보다 102% 더 많은 대면 커뮤니케이션을 가진 것으로 나타났다.[63] 커뮤니케이션이 각각의 유형들에서 발생할 수 있고, 실제로 그렇기 때문에 작업장 설계는 가장 효과적이기 위해서 모든 방향과 유형의 조직적, 대면적 커뮤니케이션을 수용할 수 있어야 한다.

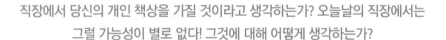

직장에서 당신의 개인 책상을 가질 것이라고 생각하는가? 오늘날의 직장에서는 그럴 가능성이 별로 없다! 그것에 대해 어떻게 생각하는가?

오늘날 많은 조직의 작업 공간(약 70%)은 **개방된 작업 공간**(open workplace)이다. 즉 물리적 장벽을 거의 포함하지 않는다.[64] 이러한 개방된 작업 공간에서는 할당된 작업 공간보다는 직원이 수행해야 하는 작업 유형에 따라 개별 작업 공간이 설계되고 있다.[65] 이동통신기술은 널리 사용되고 강력하기 때문에, 일부 기업들은 심지어 1인용 업무 공간 배치를 선착순으로 교체한 다음 팀 또는 삼자 회의에 추가 업무 공간을 제공하고 있다.[66] 예를 들어 애플의 새로운 미래 지향적인 본사 건물에서는 직원들이 동료들과 긴 테이블에서 일하거나 유리를 많이 사용해 만든 '팟(pods)'에서 일할 수 있다.[67] 작업장 설계에 대한 이 모든 관심의 요점은 의사소통이 어떻게 이루어지는지, 그리고 그 의사소통이 얼마나 효과적일 수 있는지에 영향을 미칠 수 있다는 것이다.

개방된 작업 공간
물리적 장벽을 거의 포함하지 않는 작업 공간

윤리적 의사소통
모든 관련 정보를 포함하고, 모든 의미에서 진실이며 어떤 방식으로도 기만적이지 않은 제시된 자료

관리자들이 윤리적으로 의사소통하는 것에 관심을 가져야 하는 이유는 무엇인가?

직원의 15%는 관리자가 특히 명확성과 투명성 면에서 의사소통 능력을 향상시키기를 바란다고 답했다.[68]

오늘날 기업의 커뮤니케이션 노력이 윤리적으로 진행되는 것이 특히 중요하다. **윤리적 의사소통**(ethical communication)은 모든 관련 정보를 포함하고, 모든 의미에서 진실하며, 어떤 식으로든 기만적이지 않아야 한다.[69] 반면에 비윤리적인 의사소통은 종종 진실을 왜곡하거나 청중을 조종한다. 기업들이 비윤리적으로 의사소통하는 방법에는 어떤 것들이 있을까? 그것은 중요한 정보를 생략하는 것일 수 있다. 예를 들어 임박한 합병으로 인해 직원들 중 일부가 실직하게 될 것임을 직원들에게 말하지 않는 것은 비윤리적이다. '다른 사람의 말이나 다른 창의적인 제품을 자신의 것으로 제시하는 것'은 표절하는 것으로 이 또한 비윤리적이다.[70] 또한 선별적으로 오용하고 숫자를 잘못 전달하며 시각 자료를 왜곡하고 사생활이나 정보 보안에 대한 요구를 존중하지 않는 것 역시 비윤리적인 의사소통이 될 것이다. 예를 들어 BP(British Petroleum)는 걸프만 석유 유출에 대해 공개적이고 진실하게 소통하려고 시도했지만, 대중들은 이 회사의 소통 대부분에 비윤리적인 요소들이 있다고 느꼈다.

그렇다면 관리자는 어떻게 윤리적 커뮤니케이션을 장려할 수 있을까? 한 가지는 '윤리적 비즈니스 커뮤니케이션을 포함한 윤리적 행동에 대한 명확한 지침을 확립하는 것'이다.[71] 국제 비즈니스 커뮤니케이터 협회의 세계적인 조사에서, 소통 전문가의 70%가 자신의 회사가 윤리적, 비윤리적인 행동으로 간주되는 것을 명확하게 정의한다고 말했다.[72] 명확한 지침이 존재하지 않는다면, 다음 질문에 답하는 것이 중요하다.

- 상황이 공정하고 정확하게 정의되었는가?
- 이 메시지가 전달되는 이유는 무엇인가?
- 메시지의 영향을 받을 수 있거나 메시지를 받는 사람들은 어떤 영향을 받을 것인가?
- 가능한 피해를 최소화하면서 최대의 이익을 달성하는 데 도움이 되는 메시지인가?
- 윤리적으로 보이는 이 결정이 미래에도 그렇게 보일 것인가?
- 커뮤니케이션 노력에 얼마나 만족하는가? 당신이 존경하는 사람은 그것을 어떻게 생각하겠는가?[73]

경영자로서, 당신은 의사소통 선택과 그러한 선택들의 결과에 대해 생각할 책임이 있다는 것을 기억하라. 만약 당신이 항상 그것을 기억한다면 윤리적인 의사소통을 할 수 있을 것이다.

요약

13-1 경영자가 효율적인 의사소통을 위해 알아야 할 것들을 기술한다.

의사소통은 의미의 전달이자 이해다. 의사소통 과정은 일곱 가지 요소로 구성된다—먼저 발신자 혹은 원천은 메시지를 갖는다. 메시지는 전달하려는 목적이다. 부호화는 메시지를 상징으로 변환하는 것이다. 채널은 메시지를 전달하는 매체이다. 해독은 수신자가 발신자의 메시지를 재번역할 때 발생한다. 피드백은 발신자로 하여금 의사소통이 성공적으로 이루어졌는지 알 수 있도록 해준다. 효과적인 의사소통의 장애물에는 여과, 감정, 정보 과부하, 수동성, 언어, 국가적 문화가 있다. 경영자는 피드백 사용, 평이한 언어 사용, 적극적 경청, 감정 억제, 비언어적 단서 관찰을 통해 이러한 장애물을 극복할 수 있다.

13-2 기술이 경영 의사소통에 어떤 영향을 미치는지 설명한다.

기술은 조직 구성원의 의사소통 방식을 급진적으로 변화시켰다. 이는 경영자가 성과를 감시하는 능력을 향상시켰고, 종업원들이 더 빠르게 의사결정을 할 수 있도록 완벽한 정보를 제공해주며, 종업원들에게 협력하고 정보를 공유할 수 있는 더 많은 기회도 제공했다. 또한 사람들이 언제 어디서나 완전히 접근하는 것을 가능하게 해주었다. IT는 네트워크화된 컴퓨터 시스템, 무선 능력, 지식경영 시스템의 사용을 통해 경영의 의사소통에 영향을 미친다.

13-3 의사소통에 관한 최신 이슈를 논의한다.

인터넷에서의 의사소통 관리에 대한 두 가지 주요 도전과제는 법적 이슈 및 보안 이슈와 대면 접촉 부족이다.

조직은 종업원이 자신의 지식을 쉽게 의사소통하고 공유하도록 해 서로 자신의 업무를 보다 효과적이고 효율적으로 처리하는 법을 배우는 지식 자원을 관리할 수 있다. 한 가지 방법은 온라인 정보 데이터베이스를 통하는 것이고, 다른 방법은 실행 공동체를 통한 것이다.

고객과 의사소통하는 것은 중요한 경영상의 이슈인데, 이는 어떤 의사소통이 일어나고, 어떻게 발생되었는지가 고객의 서비스 만족과 반복 구매 가능성에 중대한 영향을 미치기 때문이다.

직장에서 격의 없는 대화를 나누는 것은 조직적, 대인적 의사소통을 관리하는 데 있어 중요한 요소이다. 관리자는 역할 모델이 되어야 한다.

조직의 작업 공간이 설계되고 구성되는 방식은 발생하는 의사소통에 영향을 줄 수 있을 뿐만 아니라 조직의 전반적인 성과에도 영향을 미칠 수 있다. 그렇기 때문에 의사소통의 효율성을 향상할 수 있는 설계를 선택하는 것이 중요하다.

끝으로 기업의 의사소통 노력은 윤리적으로 이루어지는 것이 중요하다. 윤리적 의사소통은 명확한 가이드라인을 통해, 그리고 의사소통 선택과 선택에 대한 결과를 통해 대화자가 생각하게 하는 질의응답을 통해서 장려될 수 있다.

토의문제

13-1 조직 계층에 따라 다양한 소통 방법이 효과적인 이유를 설명하라.

13-2 효과적인 의사소통과 동의가 같은 뜻이 아닌 이유는 무엇인가?

13-3 그림 13.1의 의사소통 과정을 검토해보라. 어떤 것이 잡음을 유발하는가? 그러한 잡음이 예방될 수 있다고 생각하는가? 당신의 답변에 대한 이유를 설명하라.

13-4 "비효과적인 의사소통은 화자의 책임이다." 이 말에 동의하는가, 동의하지 않는가? 토론해보라.

13-5 정보기술의 발전이 미래에 경영자들에게 정보 과부하를 초래할 수 있다는 가능성에 대한 당신의 의견은 무엇인가?

13-6 경영자는 어떻게 자신에게 유리하게 비밀정보망을 사용할 수 있는가? 의견을 증명해보라.

13-7 훌륭한 대화자의 특성을 조사하라. 결과를 간단한 나열 형식 보고서로 작성해보라. 출처를 반드시 제시해야 한다.

13-8 경영자가 직면한 일곱 가지 최신 의사소통 이슈를 논의해보라.

13-9 하루 동안 다른 사람들의 비언어적인 소통을 관찰해보라. 어떤 유형들을 관찰했는가? 비언어적인 소통이 언어적 소통의 내용과 항상 일치했는가? 설명해보라.

13-10 의사소통은 어떤 목적을 수행하는가?

13-11 의사소통의 세 가지 장벽을 설명하고, 경영자들이 그것을 극복할 수 있는 방법을 설명하라.

적용하기   직장생활을 위한 준비

경영자가 되기 위한 기술 | 경청기술 적용하기

우리는 대개 듣는 것보다 말하는 것을 좋아한다. 우스갯소리로 듣기는 사람들이 말을 할 수 있도록 허락하는 것에 우리가 지불해야만 하는 가격이라고도 한다. 경영자들은 자신의 업무를 잘 수행하기 위해 효과적인 대화자가 되어야 한다. 효과적인 대화는 명확한 전달과 이해할 수 있는 메시지를 포함한다. 그러나 이 또한 다른 사람의 메시지를 해독하기 위해 적극적인 청취기술을 사용해야 한다.

기본 기술

많은 사람들이 경청기술을 당연시 여긴다. 그들은 'hearing'과 'listening'을 혼동한다. 'Hearing'은 그저 소리의 진동을 골라내는 것이다. 'Listening'은 우리가 들리는 것에 의미를 만들고, 주의를 기울이며, 해석, 기억 등이 요구된다. 적극적 경청은 어려운 일로, 화자의 관점에서 의사소통을 이해하기 위해 그들의 머릿속에 '들어갈 것'을 요구한다.

적극적 경청과 관련한 여덟 가지 구체적인 행동이 있다. 이러한 행동을 사용하면 보다 효과적으로 적극적 경청을 할 수 있다.[74]

- 시선을 마주쳐라. 우리는 귀를 통해 경청한다. 하지만 상대는 우리의 눈을 바라보면서 우리가 정말로 듣고 있는지 여부를 판단하는 경향이 있다.

- 긍정적인 고개 끄덕임이나 적절한 얼굴 표정을 보여주어라. 효과적인 적극적 경청자는 이야기에 대한 관심을 비언어적 신호로 나타낸다.

- 산만한 행동과 몸짓을 피하라. 경청할 때는 시계 보기, 서류 이리저리 만지기, 펜을 들고 놀기, 혹은 이와 비슷한 산만한 행동을 하지 않는다. 이는 화자로 하여금 당신이 지루하거나 재미없다고 느낀다는 생각을 들게 한다.

- 질문을 하라. 비판적인 청자는 들은 것을 분석하고 질문을 한다. 이러한 행동은 명확성을 제공하고, 이해를 보장하며, 화자로 하여금 당신이 실제로 듣고 있음을 확인시켜 준다.

- 다른 말로 바꾸어 표현해보라. 화자가 말한 내용을 자신의 언어로 바꾸어 다시 말해보라. 적극적 경청자는 예를 들어 "내가 들은 바로 당신의 말은…" 혹은 "당신은 …를 의미하나요?"와 같은 구절을 사용한다. 이는 집중해서 듣고 있는지 확인할 수 있는 훌륭한 통제장치이며, 정확한 이해를 위한 조절장치다.

- 화자를 방해하는 것을 피하라. 화자가 확실히 자신의 생각을 말하고 난 뒤 반응하도록 하라. 화자의 의견이 계속되고 있는데 앞서 추측하지 말라.

- 말을 너무 많이 하지 말라. 우리는 다른 사람의 말을 듣기보다는 자신의 생각을 말하려고 한다. 비록 말하는 것이 더 재미있고, 침묵하는 것이 불편할지라도, 당신은 말하는 것과 듣기를 동시에 할 수 없다. 훌륭한 적극적 경청자는 이 사실을 인지하고 말을 많이 하지 않는다.

- 화자와 청자 간 역할 전환이 순조롭게 이루어지게 하라. 대부분 업무 상황에서는 화자와 청자의 역할을 계속해서 왔다 갔다 한다. 효과적인 적극적 경청자는 화자에서 청자로, 다시 화자로의 역할 전환을 자연스럽게 만든다.

기술 연습

다음의 지시사항을 따르라.

두 사람씩 짝을 만들라. 이 연습은 토론활동이다. A는 아무 현대 이슈를 선택할 수 있다. 경영 윤리, 조합의 가치, 엄격한 대학

성적 제도, 총기 규제, 동기 부여 수단으로써의 돈이 그 예가 될 수 있다. B는 선택된 이슈에 대해 자신의 입장을 정한다. A는 자동으로 반대 입장이 된다. 토론은 8~10분간 진행되며, 순서는 한 번씩이다. 각자 말하기 전에 요약을 해야 하며, 노트 없이 자신의 언어로 말해야 한다. 요약이 발화자의 마음에 들지 않으면 마음에 들 때까지 수정해야 한다.

경험에 의한 문제 해결

소셜 미디어. 여러분 중 많은 사람이 아마도 소셜 미디어가 없던 시절을 경험하지 못했을 것이다. 이제 미국 및 전 세계 다른 국가에서 로그인, 피드 확인, 사진 및 업데이트 게시 등은 일반적인 것이다. 페이스북, 트위터, 인스타그램… 아마 이런 사이트나 다른 소셜 미디어 사이트를 이용할 것이다. 그리고 아마도 페이스북, 트위터, 인스타그램 이전에, 당신은 AOL 인스턴트 메시지(AOL Instant Messaging), 식스 디그리(Six Degree), 프렌드스터(Friendster, 실제 세계 친구들의 최초의 온라인 연결로 여겨짐)나 심지어 마이스페이스(Myspace)를 사용했을 것이다. 개인 생활에서 소셜 미디어를 사용하는 것도 한 가지 사안이다. 하지만 직장에서 소셜 미디어를 사용하는 것은 또 어떤가? 회사들은 직원들이 직장에서 소셜 미디어를 사용하도록 해야 하는가? 이번 연습에서는 직장에서 소셜 미디어 사용을 통제하는 것의 장단점에 대해 토론할 것이다. 할당된 그룹에서 다음 사항을 토론해보자.

　(1) 조직은 직원이 근무 중에 개인 소셜 미디어를 사용하도록 허용해야 하는가? 자신의 답변을 방어하라.
　(2) 조직은 직장에서 개인 소셜 미디어의 사용을 제한해야 하는가? 자신의 답변을 방어하라.
　(3) 직장 내 소셜 미디어 사용 통제의 장단점을 나열해보라.
　(4) 소셜 미디어 사용을 제한하는 조직에서 일할 것인가? 싫다면 왜인가?

사례 적용 #1

#트위터를 사용하는 선수들
주제: 소셜 미디어, 윤리적 의사소통

트윗. 2006년 이전에는, 우리가 이 단어에 대해 알았을 유일한 정의는 새들과 그들이 내는 소리뿐이었을 것이다. 이제 거의 모든 사람이 트위터가 웹, 휴대전화 및 기타 모바일 기기를 통해 280자 이하의 짧은 메시지를 교환하는 데 사용되는 온라인 플랫폼(월 3억 3,600만 명의 활성 사용자, 매일 5억 개의 트윗, 매일 16억 개의 검색 쿼리)이라는 것을 알고 있다.[75] 설립자잭 도시(Jack Dorsey), 비즈 스톤(Biz Stone), 에반 윌리아(Evan Willia)]에 따르면, 트위터는 메시지 서비스, 고객에게 연락하기 위한 고객 서비스 도구, 실시간 검색 도구, 마이크로블로그 등 여러 가지다. 그리고 숫자가 보여주듯이, 그것은 꽤 유명해졌다!

트위터가 주목한 곳 중 하나는 스포츠 세계, 특히 대학 스포츠이다. 예를 들어 마이크 라일리(Mike Riley)가 네브래스카 대학교 축구팀 수석 코치로 있을 때, 그는 팬들에게 계속 소식을 알리기 위해 트위터를 사용했다. 오리건주에서, 그는 계속

트위터의 좋은 점과 나쁜 점

해서 즉각적인 의사소통의 힘을 높이 평가하고 있다. 미시시피대학교의 전 축구 감독인 휴 프리즈(Hugh Frezze)는 채용 소식을 전하기 위해 소셜 미디어를 사용한 초기의 소셜 미디어 구인 채택자였다. 그는 트위터가 팬, 동문 후원자, 그리고 트위터에 가입한 다른 관심 있는 사람들에게 정보를 빠르게 전달할 수 있는 쉽고 재미있는 방법이라는 것을 인식했다. 그리고 이것은 축구 스태프와 축구 유망주들을 모집하는 편리한 방법이다. NCAA에는 잠재적인 신입사원과 코치 사이의 접촉에 대해 꽤 엄격한 규칙이 있지만, NCAA 규칙은 무제한적인 직접 메시지를 허용한다. 하지만 감독들은 여전히 채용 위반에 대해 신중한 태도를 보이고 있다. 그래서, 코치들은 트위터를 사용해 이름을 밝히지 않고 간접적으로 그들의 채용 소식을 공유할 수 있다.[76]

그러나, 많은 대학과 대학 코치들이 감시를 하고 있으며, 어떤 경우에는 운동선수들이 소셜 미디어를 사용하지 못하게 한

다.[77] 만약 어떤 선수가 어떤 댓글을 달면 대학을 부정적인 시각으로 몰아넣을 수도 있고, 후원자들을 불쾌하게 할 수도 있으며, NCAA 규정을 위반할 수도 있어 잠재적으로 위험한 문제가 발생할 수 있다. 여기 몇 가지 실수 사례가 있다. 한 서부 켄터키 선수가 팀의 팬들에 대한 비판적인 발언을 트위터에 올린 후 정학 처분을 받았고, NCAA는 한 선수의 트윗을 근거로 조사 후에 15개의 축구 장학금을 돌려받았으며, 리하이대학교 와이드 리시버는 인종적인 비방을 리트윗한 혐의로 정학당했다. 우리는 심지어 런던 올림픽에서 트윗이 어떻게 역효과를 냈는지 보기도 했다. 첫 번째 '사상자'인 그리스의 트리플 점퍼는 일부 인종차별로 비난받는 트윗으로 인해 올림픽 출전이 금지되었다. 그렇기 때문에 이러한 프로그램의 관리자(즉 코치 및 관리자)가 정보 흐름을 제어하려고 시도하는 것은 적절해 보인다. 하지만, 금지하는 것이 정답일까? 일부 분석가들은 아니라고 말한다. 이들은 규칙과 규정을 제정한 사람들이 소셜 미디어가 무엇이고 그것이 마케팅과 모집 도구로서 제공하는 가치를 이해하지 못한다고 주장하며, 수정헌법 제1권(언론의 자유 포함)에 대한 이해가 필요하다고 주장한다. 많은 대학이 SNS 사용을 금지하기보다는 선수 게시물을 감시할 업체를 고용하고 있다. 하지만 이것은 운동선수들에게 그들의 계정에 접근할 수 있도록 요구하는데, 일부 사람들은 이것을 사생활

침해라고 부른다. 하지만 시간이 지날수록 소셜 미디어 대화는 점점 더 보편화되고 있다. 그러나 여전히 주의가 필요하다. 괴롭힘, 성차별, 학대는 그것을 더 잘 단속하려는 트위터의 노력에도 불구하고 계속해서 흔히 벌어지고 있다.

토의문제

13-12 대학이 소셜 미디어를 사용해 학생, 잠재 학생, 졸업생, 기부자 등 다양한 이해관계자들과 의사소통할 때 얻을 수 있는 장점과 단점은 무엇인가?

13-13 소셜 미디어를 사용할 때 의사소통의 장벽이 더 많거나 적다고 생각하는가? 토론해보라.

13-14 관리자는 소셜 미디어를 사용할 때 효과적으로 의사소통하기 위해 무엇을 해야 하는가?

13-15 소셜 미디어에서 긍정적인 경험과 부정적인 경험은 무엇인가? 당신의 경험으로 볼 때, 관리자와 조직에 어떤 지침을 제안해줄 수 있는가?

13-16 소셜 미디어를 원하는 대로 사용할 수 있는 개인의 '권리'와 소셜 미디어에 참여하는 윤리적 문제를 어떻게 균형 있게 다룰 수 있을까? 여기서 어떻게 윤리적 의사소통이 이루어지는가? 이러한 질문에 대한 개인적인 답변을 생각해본 후 할당된 그룹의 사람들과 답변을 논의해보라.

사례 적용 #2

이메일과 보이스 메일 금지
주제: 효과적인 의사소통

각 기업체의 이메일 사용자는 하루에 평균 112통의 이메일을 주고받는다고 추정된다.[78] 즉 한 시간마다 14개의 이메일을 받고 보내는 것이고, 비록 그중 절반은 시간을 투자하거나 관심을 둘 내용이 아니라고 해도, 그 정도의 이메일이면 스트레스가 쌓일 수 있고 비생산적인 시간낭비로 이어지기도 한다. 한때 시간을 아껴주는 것 같았던 받은 편지함이 이제는 짐이 되는 것일까?

수년 전, 당시 U.S. 셀룰러(U.S. Cellular)의 부사장 제이 엘리슨(Jay Ellison, 이제는 은퇴했다)은 매주 금요일마다 이메일을 금지하는 제도를 실시했다. 이 변경 사항을 종업원에게 공표했던 그의 쪽지에는 이메일을 보낼 시간에 나가서 사람들을

> **직장에서의 의사소통에 필요한 것은 무엇인가?**

만나고 그들과 일하라고 되어 있었다. 그 지시는 종업원들에게 매우 충격적이었다. 한 종업원은 엘리슨과 대면해 얼마나 많은 일을 끝내야 하는지 이해를 못한 것이 아니냐며 이메일을 사용하면 훨씬 쉽고 빠르게 해결할 수 있다고 주장했다. 그러나 결국 엘리슨은 종업원들을 설득했고 강제적으로 전화를 사용하도록 되면서 한 종업원은 미국 반대편에 있는 줄 알았던 동료 종업원이 사실은 복도 반대편에 있었다는 것을 알게 되었다. 이제 이메일을 금하며 얻는 이득이 많다는 것을 다른 경영진도 발견한다.

라살 네트워크(LaSalle Network)의 설립자이자 CEO인 톰 김벨(Tom Gimbel)은 분기마다 한 번씩 '이메일 없는 날'

을 제정했다. 이메일 의사소통과 관련된 몇 가지 문제를 줄임으로써 그는 직원들이 '실시간' 의사소통, 대면 대화 및 협업을 더 잘한다는 것을 알게 되었다. 게임을 개발하는 아카디움(Arkadium)의 공동 창업자이자 사장인 제시카 로벨로(Jessica Rovello)는 이메일을 '비즈니스 주의력 결핍 장애의 한 형태'라고 표현했다. 그녀는 자신과 직원들이 다른 모든 작업보다 먼저 이메일을 받은 편지함에 넣는 것을 발견했다. 그녀가 결심한 것은 하루에 네 번만 이메일을 확인하고 이메일 알림을 끄기로 한 것이었다. 또 다른 임원인 웨버 샌드윅(Weber Shandwick)의 팀 프라이(Tim Fry)는 1년 동안 그의 직원들이 이메일 시스템에서 벗어나도록 하기 위해 준비했다. 그의 목표는 직원들이 이메일을 주고받는 양을 대폭 줄이는 것이었다. 그의 접근 방식은 페이스북, 작업집단 협업 소프트웨어, 직원 게시판 등의 요소를 갖춘 내부 소셜 네트워크가 된 회사의 사내 커뮤니케이션 시스템에서 시작되었다. 유럽에서 가장 큰 IT 회사인 아토스(Atos)의 책임자인 티에리 브르통(Thierry Bretom)은 페이스북과 트위터를 합친 것과 같은 서비스로 대체될 '제로 이메일 정책'을 발표했다.

조직 의사소통 선택에서 가장 최근의 사상자는 음성 메일이다. 비용 절감 압력을 받고 있는 J.P. 모건 체이스, 씨티그룹, 뱅크오브아메리카를 포함한 몇몇 대형 금융회사들은 전화 음성메시지를 삭제하거나 축소하고 있다. 일부 회사 임원들은 자신들의 행동을 설명하면서 더 이상 음성 메일을 사용하는 사람이 거의 없다는 현실을 인용하고 있다. 그러나 고객들이 여전히 금융 조언자와 음성 접촉을 유지할 수 있을 것으로 기대하는지는 의문으로 남아 있다.

토의문제

13-17 이 제도에 대해 어떻게 생각하는가? 사내에서 이메일 사용은 비생산적일 수 있다고 생각하는가?

13-18 한 종업원이 하루에 평균적으로 몇 통의 이메일을 받는지 알고 놀랐는가? 많은 양의 이메일을 처리할 때 생기는 문제점은 무엇인가? 당신은 하루에 몇 통의 이메일을 받는가? 이메일 양이 늘었는가? 이메일을 확인하는 습관을 바꾸게 된 적이 있는가?

13-19 일부 기업이 이메일 대신 좀 더 소셜 미디어처럼 대체하고 있는 구조에 대해 어떻게 생각하는가? 어떻게 더 좋아질 수 있거나 나빠질 수 있는가?

13-20 사용할 조직 의사소통 방법을 선택하는 데 있어 고객 서비스는 어떤 역할을 해야 하는가?

13-21 직원들에게 한 달에 한 번 이메일 수신 거부일을 선언한다는 내용의 메모를 작성하라. 이 메모에서, 왜 그렇게 하는 것인지, 그리고 직원들이 어떤 혜택을 경험하기를 바라는지 반드시 설명하라.

사례 적용 #3

직장에서의 의사소통을 위해 소셜 미디어 사용하기
주제: 효과적인 의사소통

의사소통에 관한 이론은 관리자들이 조직 구성원들과 더 효과적이고 효율적으로 의사소통하고 잘못된 의사소통을 피하는 데 필요한 도구와 정보를 제공해야 한다. 그럼에도 불구하고, 직원이나 고객이 의도한 방식으로 메시지를 받지 못한 사례가 수두룩하다. 소셜 미디어의 등장으로 경영자와 기업은 직원 및 고객과 소통할 수 있는 새로운 기회와 방법을 갖게 되었다. 동시에 소셜 미디어를 통해 전송되는 메시지는 수신자와 의사소통을 잘못하고 혼란을 초래할 수 있으며, 경영자들이 가장 적절한 통신 채널을 사용했는지 의문이 제기되는 경우가 많다. 여기 두 가지 예가 있다.

• 유명한 벨파스트 레스토랑인 뱅크 카페 바(Bank Café Bar)의 직원들은 암호화된 페이스북 게시물을 통해 그들이 일자리를 잃게 될 것임을 알게 되었다. 경영자들은 같은 게시물에서 고객과 직원에게 레스토랑의 즉각 폐점을 알리기로 결정했고, "#nojob"으로 해시태그를 달고 글을 마무리했다. 직원 중 일부는 그 식당이 어려움에 직면해 있다는 것을 이전에 들었으나, 그럼에도 불구하고 많은 사람들은 일을 그만두지 않는 것에 동의했었다.[79]

• 영국에 본사를 둔 슈퍼마켓인 모리슨즈(Morrisons)는 사이버 범죄의 희생양이 되었고, 직원 10만 명의 은행 정보를 포

함해 수집한 개인 데이터가 도난되어 인터넷에 업로드된 것을 발견했다. 그들은 소셜 미디어 플랫폼인 페이스북을 사용해 이 문제를 즉시 발표했다. 모리슨즈는 또한 매장 내 매니저들에게 이메일을 통해 알림을 보냈으며 회사 이메일 주소에 접근할 수 없는 동료들에게 이야기를 전달해줄 것을 요청했다. 내부 소통이 이루어지기 훨씬 전에 페이스북을 통해 발표했기 때문에 많은 직원이 이 문제를 알게 되었다.[80]

토의문제

13-22 두 가지 사례를 바탕으로, 주요 커뮤니케이션 문제는 무엇이라고 생각하는가? 두 조직의 경영자가 효과적으로 커뮤니케이션을 수행했는가? 이유와 함께 답해보라.

13-23 이러한 조직에서 근무하면서 소셜 미디어 플랫폼을 통한 이러한 잘못된 커뮤니케이션에 영향을 받는다면 어떤 기분이 들 것 같은가?

13-24 당신이 사례에서 언급된 회사의 경영자라면 어떻게 다르게 행동하겠는가?

13-25 다른 경영자들이 이러한 잘못된 의사소통의 예로부터 무엇을 배워야 한다고 생각하는가?

미주

1. S. E. Needleman, "The Pajama-Clad Bitmoji and the 'Creepy Boss,'" *Wall Street Journal*, February 18–19, 2017, pp. A1+.
2. D. Wilkie, "The 7 Deadliest Communication Sins," *SHRM Online*, April 26, 2017.
3. M. Cole, "Managing (Not) to Communicate," *TD*, June 2017, p. 12.
4. D. Wilkie, "Afraid to Speak Your Mind at Work? So Are Many of Your Colleagues," *SHRM Online*, September 25, 2017.
5. D. K. Berlo, *The Process of Communication* (New York: Holt, Rinehart & Winston, 1960), pp. 30–32.
6. Ibid., p. 54.
7. See, for instance, "Get the Message: Communication Is Key in Managing Change within Organizations—Yet Ensuring Its Effectiveness at Times of High Concerns Can Be Tricky," *Employee Benefits*, February 2002, pp. 58–60.
8. Ibid., p. 103.
9. L. R. Birkner and R. K. Birkner, "Communication Feedback: Putting It All Together," *Occupational Hazards*, August 2001, p. 9.
10. L. Hilton, "They Heard It through the Grapevine," *South Florida Business Journal*, August 18, 2000, p. 53.
11. Ibid.; and T. Fernsler, "The Secrets and Science of Body Language," *Nonprofit World*, p. 25.
12. Classic Concepts in Today's Workplace box based on S. Baker, "Putting a Price on Social Connections," *BusinessWeek Online*, April 8, 2009; and K. Davis, "Management Communication and the Grapevine," *Harvard Business Review*, September–October 1953, pp. 43–49.
13. L. Talley, "Body Language: Read It or Weep," *HR Magazine*, July 2010, pp. 64–65; and M. Fulfer,

"Nonverbal Communication: How to Read What's Plain as the Nose…Or Eyelid…Or Chin…On Their Faces," *Journal of Occupational Excellence*, Spring 2001, pp. 19–38.
14. P. Mornell, "The Sounds of Silence," *Inc.*, February 2001, p. 117.
15. A. Warfield, "Do You Speak Body Language?" *Training and Development*, April 2001, p. 60.
16. S. Begley, "I Can't Think," *Newsweek*, March 7, 2011, pp. 28–33; D. Dean and C. Webb, "Recovering from Information Overload," *McKinsey Quarterly* 1 (2011), pp. 80–88; and "Information Overload," *Australian Business Intelligence*, April 16, 2002.
17. M. Cherney, "Lawyers Faced with Emojis and Emoticons Are -_("/)," *Wall Street Journal*, January 30, 2018, pp. A1+.
18. S. I. Hayakawa, *Language in Thought and Action* (New York: Harcourt Brace Jovanovich, 1949), p. 292.
19. SmartPulse, "How Prevalent Is the Use of Buzzwords in Your Organization?" Smart Brief on Leadership, www.smartbrief.com/leadership, July 29, 2014.
20. "Jargon Leaves Us Lost for Words," *Australian Business Intelligence*, August 23, 2002; and W. S. Mossberg, "A Guide to the Lingo You'll Want to Learn for Wireless Technology," *Wall Street Journal*, March 28, 2002, p. B1.
21. J. Yang and A. Gonzalez, "Jargon Junkies," *USA Today/Springfield, Missouri News-Leader*, August 5, 2017, p. 4B.
22. "Gobbledygook Be Gone," *Workforce*, February 2002, p. 12; and "Business-Speak," *Training and Development*, January 2002, pp. 50–52.
23. J. Langdon, "Differences between

Males and Females at Work," *USA Today*, February 5, 2001, www.usatoday.com; J. Manion, "He Said, She Said," *Materials Management in Health Care*, November 1998, pp. 52–62; G. Franzwa and C. Lockhart, "The Social Origins and Maintenance of Gender Communication Styles, Personality Types, and Grid-Group Theory," *Sociological Perspectives* 41, no. 1 (1998), pp. 185–208; and D. Tannen, *Talking From 9 to 5: Women and Men in the Workplace* (New York: Avon Books, 1995).
24. W. Ma, "Marriott Firing Tied to Error on Twitter," *Wall Street Journal*, March 5, 2018, pp. B1+.
25. See, for example, M. K. Kozan, "Subcultures and Conflict Management Styles," *Management International Review*, January 2002, pp. 89–106.
26. A. Mehrabian, "Communication without Words," *Psychology Today*, September 1968, pp. 53–55.
27. See also W. L. Adair, T. Okumura, and J. M. Brett, "Negotiation Behavior when Cultures Collide: The United States and Japan," *Journal of Applied Psychology*, June 2001, p. 371.
28. C. H. Tinsley, "How Negotiators Get to Yes: Predicting the Constellation of Strategies Used across Cultures to Negotiate Conflict," *Journal of Applied Psychology*, August 2001, p. 583.
29. See, for instance, S. P. Robbins and P. L. Hunsaker, *Training in Interpersonal Skills*, 4th ed. (Upper Saddle River, NJ: Prentice Hall, 2006); M. Young and J. E. Post, "Managing to Communicate, Communicating to Manage: How Leading Companies Communicate with Employees," *Organizational Dynamics*, Summer 1993, pp. 31–43; J. A. DeVito, *The Interpersonal Communication Book*, 6th ed. (New York: HarperCollins,

1992); and A. G. Athos and J. J. Gabarro, *Interpersonal Behavior* (Upper Saddle River, NJ: Prentice Hall, 1978).
30. See, for instance, A. Cohen, "Wireless Summer," *Time*, May 29, 2000, pp. 58–65; and K. Hafner, "For the Well Connected, All the World's an Office," *New York Times*, March 30, 2000, p. D1.
31. See, for example, R. R. Panko, *Business Data Networks and Communications*, 4th ed. (Upper Saddle River, NJ: Prentice Hall, 2003).
32. "Virtual Paper Cuts," *Workforce*, July 2000, pp. 16–18.
33. S. Luh, "Pulse Lunches at Asian Citibanks Feed Workers' Morale, Lower Job Turnover," *Wall Street Journal*, May 22, 2001, p. B11.
34. S. Kessler, "Slack with Friends, Lovers and Geeks: How the Hot Workplace App Is Getting Personal," June 3, 2015, http://www.fastcompany.com/3046889/tech-forecast/slack-with-friends-lovers-and-geeks-how-the-hot-workplace-app-is-getting-perso; M. Ravindranath, "Slack Takes on Internal Communication for Small Teams and Startups," November 2, 2014, http://www.washingtonpost.com/business/on-it/slack-takes-on-internal-communication-for-small-teams-and-start-ups/2014/11/01/ab1ad5b4-5eed-11e4-8b9e-2ccdac31a031_story.html; and G. Colvin, "Brave New Work: The Office of Tomorrow," *Fortune*, January 16, 2012, pp. 49+.
35. SmartPulse, "Do You Use Emerging Mobile Technology…to Improve Your Communication with Your Employees?" Smart Brief on Exec Tech, February 22, 2015, www.smartbrief.com/exectech.
36. S. Shellenbager, "Backlash against Email Builds," *Wall Street Journal*,

April 29, 2010, p. D6.

37. H. Green, "The Water Cooler Is Now on the Web," *Business Week*, October 1, 2007, pp. 78–79.

38. The Associated Press, "Whole Foods Chief Apologizes for Posts," *New York Times Online*, July 18, 2007; E. White, J. S. Lublin, and D. Kesmodel, "Executives Get the Blogging Bug," *Wall Street Journal*, July 13, 2007, pp. B1+; C. Alldred, "U.K. Libel Case Slows E-Mail Delivery," *Business Insurance*, August 4, 1997, pp. 51–53; and T. Lewin, "Chevron Settles Sexual Harassment Charges," *New York Times Online*, February 22, 1995.

39. J. Eckberg, "E-Mail: Messages Are Evidence," *Cincinnati Enquirer*, July 27, 2004, www.enquirer.com.

40. M. Scott, "Worker E-Mail and Blog Misuse Seen as Growing Risk for Companies," *Workforce Management*, July 20, 2007, www. workforce.com.

41. K. Byron, "Carrying Too Heavy a Load? The Communication and Miscommunication of Emotion by Email," *Academy of Management Review*, April 2008, pp. 309–27.

42. J. Marquez, "Virtual Work Spaces Ease Collaboration, Debate among Scattered Employees," *Workforce Management*, May 22, 2006, p. 38; and M. Conlin, "E-Mail Is So Five Minutes Ago," *Business Week*, November 28, 2005, pp. 111–12.

43. Green, "The Water Cooler Is Now on the Web"; E. Frauenheim, "Starbucks Employees Carve Out Own 'Space,'" *Workforce Management*, October 22, 2007, p. 32; and S. H. Wildstrom, "Harnessing Social Networks," *Business Week*, April 23, 2007, p. 20.

44. S. Castellano, "The Social Media Skills Gap," *T&D*, July 2014, p. 14.

45. J. S. Brown and P. Duguid, "Balancing Act: How to Capture Knowledge without Killing It," *Harvard Business Review*, May–June 2000, pp. 73–80; and J. Torsilieri and C. Lucier, "How to Change the World," *Strategy and Business*, October 2000, pp. 17–20.

46. J. Scanlon, "Woman of Substance," *Wired*, July 2002, p. 27.

47. H. Dolezalek, "Collaborating in Cyberspace," *Training*, April 2003, p. 33.

48. B. A. Gutek, M. Groth, and B. Cherry, "Achieving Service Success through Relationship and Enhanced Encounters," *Academy of Management Executive*, November 2002, pp. 132–44.

49. R. C. Ford and C. P. Heaton, "Lessons from Hospitality That Can Serve Anyone," *Organizational Dynamics*, Summer 2001, pp. 30–47.

50. M. J. Bitner, B. H. Booms, and L. A. Mohr, "Critical Service Encounters: The Employee's Viewpoint," *Journal of Marketing*, October 1994, pp. 95–106.

51. S. D. Pugh, J. Dietz, J. W. Wiley, and S. M. Brooks, "Driving Service Effectiveness through Employee-Customer Linkages," *Academy of Management Executive*, November 2002, pp. 73–84.

52. J. Ewing, "Nokia: Bring on the Employee Rants," *Business Week*, June 22, 2009, p. 50.

53. S. Shellenbarger, "Tell the Hard Truth at Work," *Wall Street Journal*, October 11, 2017, p. A15.

54. J. Mahler, "Who Spewed That Abuse? Anonymous Yik Yak App Isn't Telling," *New York Times Online*, March 8, 2015; L. Gellman, "App Lets Workers Vent Anonymously," *Wall Street Journal*, January 21, 2015, p. B7; and K. Whitehouse, "Workplace Gossip App Draws Ire from Firms," *USA Today*, January 19, 2015, p. 3B.

55. K. Grind and D. MacMillan, "Political Arguments Consume Google," *Wall Street Journal*, May 2, 2018, pp. A1+.

56. Ibid, p. 11.

57. A. Wax, "The Closing of the Academic Mind," *Wall Street Journal*, February 17–18, 2018, pp. C1+.

58. C. Porath, "How Rudeness Stops People from Working Together," *SHRM Online*, February 16, 2017.

59. D. Meinert, "How to Create a Culture of Civility," *SHRM Online*, March 20, 2017.

60. Gensler, "The U.S. Workplace Survey, 2008," July 11, 2011, www. gensler.com.

61. Ibid, p. 11.

62. C.C. Sullivan and B. Horwitz-Bennett, "High-Performance Workplaces," *Building Design & Construction*, January 2010, pp. 22–26.

63. J. B. Stryker, "In Open Workplaces, Traffic and Head Count Matter," *Harvard Business Review*, December 2009, p. 24.

64. R. Feintzeig, "Study: Open Offices Are Making Us All Sick," *Wall Street Journal Online*, February 25, 2014.

65. G. Moran, "4 Ways Your Office May Change by 2025," *Fast Company Online*, January 27, 2016.

66. S. Shellenbarger, "Don't Get Too Used to Your Own Desk," *Wall Street Journal*, May 17, 2018, p. A14; and S. Lohr, "Don't Get Too Comfortable at That Desk," *New York Times Online*, October 6, 2017.

67. M. Bergen, "Apple's New Spaceship Campus Has One Flaw—and It Hurts," *Bloomberg Online*, February 16, 2018.

68. S. Vozza, "5 Things Your Employees Wish They Could Tell You," April 27, 2015, http:// www.fastcompany.com/3045282/ hit-the-ground-running/5-things-your-employees-wish-they-could-tell-you.

69. J. V. Thill and C. L. Bovee,

Excellence in Business Communication, 9th ed. (Upper Saddle River, NJ: Prentice Hall, 2011), pp. 24–25.

70. Ibid.

71. Ibid.

72. Ibid.

73. Ibid.

74. Based on K. J. Murphy, *Effective Listening* (New York: Bantam Books, 1987); and T. Drollinger, L. B. Comer, and P. T. Warrington, "Development and Validation of the Active Empathetic Listening Scale," *Psychology & Marketing*, February 2006, pp. 161–80.

75. E. Sherman, "Many Twitter Users Don't Tweet, Finds Report," April 14, 2014, http://www.cbsnews.com/news/many-twitter-users-dont-tweet-finds-report/; R. W. Ahrens, "Tweets Per Day," *USA Today*, March 20, 2013, p. 2A; M. Lopresti, "Elimination by Twitter," *USA Today*, July 26, 2012, p. 1C; K. Paulson, "College Athlete Tweet Ban? Free Speech Sacks That Idea," *USA Today*, April 16, 2012, p. 9A; L. East, "Les Miles' Tweets Entertain CWS Fans," July 12, 2012, theadvocate.com/sports; P. Thamel, "Tracking Twitter, Raising Red Flags," *New York Times Online*, March 30, 2012; L. Dugan, "Twitter to Surpass 500 Million Registered Users on Wednesday," February 21, 2012, www.mediabistro.com; C. Ho, "Companies Tracking College Athletes' Tweets, Facebook Posts Go after Local Universities," *Washington Post Online*, October 16, 2011; D. Rovell, "Coaches Ban of Twitter Proves College Sports Isn't about Education," *CNBC Sports Business Online*, August 8, 2011; Staff of Corporate Executive Board, "Corporate Confidential: How Twitter Changes Everything," *Business Week Online*, September 4, 2009; S. Johnson, "How Twitter Will Change the Way We Live," *Time*, June 15, 2009, pp. 30–37; J. Swartz, "A World That's All a-Twitter," *USA Today*, May 26, 2009, pp. 1B+; and K. Whiteside, "College Coaches Are Chirping about Twitter!" *USA Today*, April 29, 2009, pp. 1C+.

76. G. Schroeder, "Coaches Using Twitter from Recruiting Trail," *USA Today*, February 2, 2015, p. 10C.

77. N. Best, "Twitter's Had a Huge Impact on Sports, But Not All Athletes, Media Members Are on Board," April 1, 2017, www. newsday.com.

78. T. Gimbel, "My Entire Company Avoids Email for One Full Day Every Quarter," *Fast Company Online*, July 5, 2017; M. Nalsky, "How Quitting Email Helped My Company Communicate Better," November 9, 2014, http://thenextweb.com/entrepreneur/2014/11/09/quitting-email-helped-company-team-communicate-better/;

M. Prokopeak, "What If Email Got Pantsed?" October 14, 2013, www.workforce.com; C. Brown, A. Killick, and K. Renaud, "To Reduce E-mail, Start at the Top," *Harvard Business Review*, September 2013, p. 26; J. Wortham, "When E-Mail Turns from Delight to Deluge," *New York Times Online*, February 9, 2013; T. Provost, "Long Live E-Mail," *CFO*, January/February 2013, p. 29; M. V. Rafter, "Too Much Email on the Menu? Here Are Five Tips to Curb Company Consumption," *Workforce Management Online*, April 24, 2012; M. V. Rafter, "If Tim Fry Has His Way, He'll Eradicate Email for Good," *Workforce Management Online*, April 24, 2012; M. A. Field, "Turning Off Email, Turning Up Productivity," *Workforce Management Online*, February 29, 2012; "Internet 2011 in Numbers," January 17, 2012, royalpingdom.com; "Should Workplaces Curtail Email?" *New York Times Online*, December 7, 2011; W. Powers, "The Phony 'Zero Email' Alarm," *New York Times Online*, December 6, 2011; L. Suarez, "What We Would Miss," *New York Times Online*, December 5, 2011; P. Duncan, "Break Bad Habits," *New York Times Online*, December 5, 2011; N. Carr, "Put the Cost Back in Communication," *New York Times Online*, December 5, 2011; and P. Allen, "One of the Biggest Information Technology Companies in the World to Abolish E-mails," November 30, 2011, www.dailymail.com.

79. E. Reynolds, "How Facebook Could Cost You Your Job! One in Five Bosses Has Rejected a Job Applicant after Checking Out Their Profile on Social Media Sites," *Mail Online*, http://www.dailymail.co.uk/news/article-2115927/How-Facebook-cost-job-One-applicants-rejected-bosses-check-profiles-social-media-sites.html, March 16, 2012; J. Beattie, "Staff at Popular East Belfast Restaurant Claim They Were Told They'd Lost Their Job via Facebook," *Belfast Live*, http://www.belfastlive.co.uk/news/belfast-news/staff-popular-east-belfast-restaurant-10210444, October 6, 2015.

80. E. Simpson, "Wm Morrison Supermarket Suffers Payroll Data Theft," *BBC News*, www. bbc.com, March 14, 2014; J. Davey, "UK Grocer Morrisons Suffers Payroll Data Theft," *Reuters*, www.reuters.com/article/uk-morrisons-data-theft-idUK-BREA2D0O020140314, March 14, 2014; H. Gye, "Payroll Details of 100,000 Morrisons Staff Including Bank Account Numbers Leaked by Insider and Published on the Web," *Mail Online*, www.dailymail.co.uk, March 14, 2014.

통제의 기초

14

경영학의
신화
잘못된

종업원의
이직률이
낮은 이유는
관리자가 잘했기
때문이다.

Antonio Guillem Fernández/Alamy Stock Photo

경영학의

신화 바로잡기!

잘못된

높은 종업원 이직률은 대체로 부작용이 크지만,

이직률을 낮게 유지하는 것이 꼭 좋은 목표라고는 할 수 없다.

이직을 낮추는 관리자는 평범한 성과를 그대로 수용하는 경향이

크기 때문이다. 효과적인 조직에서 관리자는 성과가 낮은 직원을

찾아내 교체하는 노력을 게을리하지 않는다.

낮은 수준의 이직률은 성과가

낮은 직원들이 떠나는 경우에만 의미가 있다.

통제는 관리 프로세스의 마지막 단계이다. 경영자는 계획 프로세스의 일부로 설계된 목적이 효율적이고 효과적으로 달성되는지 여부를 감시해야 한다. 그것이 경영자가 통제 시 하는 일이다. 적절한 통제는 경영자들이 구체적인 성과 차이와 개선 분야를 찾게 해준다. 모든 일은 항상 계획대로 되지 않는다. 그렇기 때문에 통제는 매우 중요하다. 영국항공(British Airways)은 2017년 어느 주말, 전 세계적으로 심각한 문제인 컴퓨터 고장으로 인해 수백 편의 항공편이 결항되고 75,000명 이상의 승객에게 영향을 끼쳤다. 기술적인 문제는 신속히 해결되었지만, 승무원들이 필요한 위치가 아닌 잘못된 위치에 가 있었다. '미세하게 조정된 시스템'은 결국 복구되었다.[1] 이 장에서 우리는 통제 과정을 포함한 통제의 기본 요소들과 경영자들이 사용할 수 있는 통제의 유형, 통제에 관한 최근의 이슈들을 살펴볼 것이다. ●

통제란 무엇이며 왜 중요한가?

14-1 통제의 본질과 중요성을 설명한다.

'지원금(bailout)'이라는 마법의 단어로 인해 도미노 피자(Domino's Pizza)는 공짜 피자 11,000판을 나누어 주어야 했다. 광고를 목적으로 인터넷 쿠폰을 준비하고 있었으나, 아직 승인이 완료된 것은 아니었다. 그런데 누군가가 'bailout'을 도미노 피자의 광고 코드 창에 입력하면 중간 크기의 피자를 공짜로 받을 수 있다는 것을 알아냈고, 그 단어는 웹상에서 삽시간에 퍼져 나갔다. 어디에서든, 어떻게든, 통제의 부족은 기업에 손해를 끼친다.[2]

통제란 무엇인가?

현재의 통제 시스템이 효과적인지 어떻게 알 수 있는가?
우선 목표가 달성되고 있는지 확인해보라.

통제(control)는 계획한 바대로 달성되고 있는지 확인하고 편차가 있을 시 수정하는 제반 감시 활동을 하는 관리 기능을 일컫는다. 경영자는 실제로 어떤 활동이 수행되어 평가가 수행되거나 실제 수행되고 있는 성과를 바라는 기준 결과와 비교하기 전까지는 각 부서들이 현재 활동을 제대로 수행하고 있는지 알 수 없다. 효과적인 통제 시스템은 각 활동들이 조직의 목표를 달성하도록 이끌어준다. 통제 시스템의 효과성은 그것이 얼마나 목표 달성을 촉진하는지에 달려 있다. 통제 시스템이 경영자가 조직 목표를 달성하는 것을 효과적으로 도울수록 더 잘 구축된 통제 시스템이 되는 것이다.

통제
계획한 바대로 달성되고 있는지 확인하고 편차가 있을 시 수정하는 제반 감시 활동을 하는 관리 기능

통제는 왜 중요한가?

- 덴버 민트(Denver Mint)에 있는 한 주조 기사는 그의 5개 주조 기계 중 하나가 찍어 내고 있는 위스콘신주의 25센트 주화에 생긴 하나의 흠(위로 향한 잎이 하나 더 붙은 또는 아래로 향한 잎이 하나 더 붙은)을 알아챘다. 그는 기계를 멈추고 식사를 하기 위해 잠시 자리를 비웠다. 그가 자리로 돌아왔을 때, 기계는 작동 중이었고 누군가가 해당 기계의 도면을 바꾸었을 것이라 생각했다. 그러나 정기 점검 후에도 주판이 교체되지 않았다. 잘못된 주조 기계는 거의 한 시간이 넘도록 작동했고, 수천 개의 흠이 있는 주화들이 이상이 없는 보통의 주화들과 뒤섞여 버렸다. 50,000개 정도의 불량 주화가 시중에 돌자, 동전 수집가들 사이에 구매 열풍이 불었다.[3]
- 노스롭 그루만(Northrop Grumman)은 허블 우주망원경의 후속 모델인 나사(NASA)의 제임스 웨브 우주망원경에 심각한 결함이 있다는 것을 발견한 후, 인공위성 생산시설에 몇 가지 주요 사항을 변경했다.[4]
- 스웨덴 의류 소매업체인 H&M은 43억 달러 규모의 판매재고 문제를 안고 있다. 패스트 패션 소매업체에게 이는 매우 심각한 문제이다.[5]
- 일본의 맥도날드 음식에서 치아와 플라스틱, 기타 물체가 나온 뒤, 일본 맥도날드는 제품의 위생을 철저히 지켜 나가겠다고 고객들에게 사과했다.[6]
- 영국에 있는 수백 개의 KFC는 물류 오류로 인해 요리하고 판매할 닭이 없어 문을 닫아야 했다.[7]
- 어떤 해커들이 사우디아라비아의 석유화학 공장을 공격해 재난으로부터 방어하는 데 매우 중요한 역할을 하는 안전 차단 시스템을 장악했다. 해커들은 비상사태 시 안전 시스템이 작동해야 하는 작업을 통제했다.[8]
- 2017년 아카데미 시상식(Academy Awards)은 매우 인상 깊었다… 사회자의 대사나 후보자의 의상이 인상 깊었던 것이 아니다. 잘못된 봉투가 사회자에게 건네졌으며, 최우수 작품상 수상자로 다른 사람이 발표되었을 때 이는 신속히 정정되어야 하는 실수였다. 수상을 담당하던 회계법인인 프라이스워터하우스쿠퍼스(PricewaterhouseCoopers)는 잘못된 프로토콜을 수정하고 '꼼꼼히 통제'함으로써 다시는 이러한 일이 발생하지 않도록 노력하고 있다.[9]
- 패스트푸드 체인점은 직원들의 행동을 상세하게 감시하지 않았으나, 음식을 준비하면서 문제가 되는 행동들이 소셜 미디어 속에서 사진과 동영상 등으로 고발되었다. 이를테면 타코벨(Taco Bell) 직원들이 타코 껍질 더미를 밟는 장면, 웬디스(Wendy's)의 직원이 프로스티 기계 뒤에서 게걸스럽게 간식을 먹는 장면, 도미노 피자 직원이 음식을 준비하는 동안 비위생적인 행동을 하는 경우 등이다.[10]

경영진의 77%는 조직의 가장 큰 위협은 조직 내부로부터 발생하는 것들이라고 말한다.[11]

통제가 왜 중요한 경영자의 기능인지 이제 그 이유를 알겠는가? 계획은 실행될 수 있고, 조직 구조는 목표 달성을 효율적으로 추진할 수 있으며, 효과적인 리더십을 통해 종업원에게 동기부여를 할 수 있다. 그러나 여전히 조직의 활동이 계획된 대로 수행되는지, 종업원과 경영자의 업무가 목표 달성을 향해 가고 있는지는 확신할 수 없다. 그렇기 때문에 통제가 중요

그림 14.1 계획-통제 연결고리

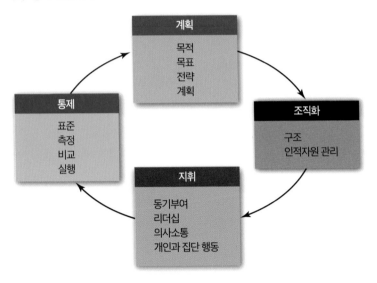

```
                        ┌──────────────┐
                        │     계획     │
                        ├──────────────┤
                        │     목적     │
                        │     목표     │
                        │     전략     │
                        │     계획     │
                        └──────────────┘

┌──────────────┐                        ┌──────────────┐
│     통제     │                        │    조직화    │
├──────────────┤                        ├──────────────┤
│     표준     │                        │     구조     │
│     측정     │                        │  인적자원 관리 │
│     비교     │                        └──────────────┘
│     실행     │
└──────────────┘        ┌──────────────┐
                        │     지휘     │
                        ├──────────────┤
                        │    동기부여    │
                        │    리더십     │
                        │    의사소통    │
                        │  개인과 집단 행동 │
                        └──────────────┘
```

한데, 경영자가 조직의 목표에 부합하는지 여부와 그렇지 않은 원인을 알 수 있는 유일한 방법이 통제이기 때문이다. 통제 기능의 가치는 구체적인 세 가지 영역에서 찾아볼 수 있다.

1. **계획.** 6장에서 계획의 기본 개념으로 종업원과 경영자에게 구체적인 방향 지시를 하는 목표를 살펴보았다. 그러나 단지 목적을 명시하거나 종업원이 그 목표를 받아들이는 것만으로는 목적 달성을 보장할 수 없다. 속담에도 있듯이 '잘 짜인 계획이라도 결실이 없을 수 있다'. 효과적인 경영자는 종업원들이 하기로 한 것이 실제로 발휘되어 목표를 달성하도록 후속 조치를 취해야 한다. 관리 과정의 마지막 단계인 통제는 계획으로 되돌아가는 중요한 연결고리를 제공한다(그림 14.1 참조). 만약 경영자가 통제에 실패하면, 그들은 자신의 목표와 계획이 성취되었는지 여부와 미래에 어떤 행동을 취해야 할지를 알 방법이 없다.

2. **종업원 권한 부여.** 통제가 중요한 두 번째 이유는 종업원 권한 부여 때문이다. 많은 경영자들은 어떤 일이 잘못되어 그들이 책임을 지게 될 것을 두려워하기에 종업원에 대한 권한 부여를 꺼린다. 그러나 효과적인 통제 시스템은 종업원 성과에 대한 정보와 피드백을 제공히고, 예측되는 문제 발생을 최소화할 수 있다.

3. **작업장 보호.** 경영자들이 통제하는 세 번째 이유는 조직과 자산을 보호하기 위해서이다.[12] 조직은 자연재해, 재정적 압박 및 추문, 작업장 폭력, 공급사슬 와해, 보안 누수, 심지어 테러리스트의 공

미디어 언론 경영자 존 저메이슨(John Jamason)이 팜비치 가운티 긴급상황실의 새 소셜 미디어 모니터링 룸에서 종업원들과 대화를 하고 있다. 페이스북과 트위터 등의 소셜 미디어는 폭풍우 같은 긴급 상황에서 도움이 필요한 사람에게 정보를 제공한다.

격 가능성과 같은 위협에 노출되어 있다. 경영자들은 어떤 일이 발생하더라도 조직의 자산을 보호해야 한다. 종합적인 통제와 백업 계획은 작업상 혼란을 최소한으로 줄여줄 것이다.

경영자는 어떻게 통제하는가?

14-2 통제 프로세스의 3단계를 서술한다.

매긴 푸엔테스(Maggine Fuentes)가 오하이오주에 있는 코어시스템즈(Core Systems)에 인사 경영자로 입사했을 때, 그녀는 자신의 최우선 임무가 종업원 재해를 줄이는 것임을 알았다. 재해의 수치는 '급등하는, 그 산업 평균을 상회하는' 수준이었다. 재해의 높은 발생률과 심각성은 종업원 사기에 영향을 미쳤을 뿐 아니라 작업 일수의 손실을 가져오며, 최종결산 결과에까지 영향을 미쳤다.[13] 푸엔테스는 이 상황에서 벗어나기 위해 통제 프로세스가 필요했다.

통제 프로세스(control process)는 (1) 실제 성과 측정, (2) 실제 성과와 기준을 비교, (3) 편차나 부적절한 기준을 수정하는 관리적 활동 수행의 3단계로 이루어진다(그림 14.2 참조). 통제 프로세스는 이미 계획 단계에서 만들어진 구체적 목표, 즉 활동 기준이 있으며 그대로 수행되고 있음을 가정한다.

구체적인 목표가 바로 성과 기준이다.

---

1 측정이란 무엇인가?

실제 성과를 측정하기 위해 경영자는 그것에 관한 정보를 얻어야 한다. 즉 통제의 첫 번째 단계는 측정이다.

경영자들은 어떻게 측정하는가? 실제 성과를 측정하기 위해 사용되는 일반적인 네 가지 정보의 원천은 개인적 관찰, 통계적 자료, 구술 보고, 시면 보고서이다. 각각 장단점이 있으나 이들을 적절히 조합하면 자료의 개수와 신뢰할 수 있는 정보를 받을 확률을 높일 수 있다.

개인적 관찰은 다른 사람을 통해 걸러지지 않은 실제 활동에 대한 직접적이고 상세한 지식을 제공한다. 주요 행동뿐만 아니라 주요하지 않은 활동도 관찰될 수 있기 때문에 집중할 수 있고 경영자들이 숨은 부분들을 알 수 있는 기회가 된다. **현장순회관리**(management by walking around, MBWA)는 경영자가 직접적으로 종업원들과 상호작용할 수 있고 정보를 교환할 수 있는 작업장에 나가 있을 때 사용할 수 있는 방법이다. 현장순회관리는 다른 방법이 간과할 수 있는 사실적인 실수, 얼굴 표정, 목소리 톤을 골라낼 수 있다. 하지만 불행하게도 정량적인 정보가 객관적으로 제시되면 개인적인 관찰은 종종 뒤로 밀려나게 된다. 한 경영자가 본 것을 다른 경영자는 보지 못하는 지각적 편견이 문제이다. 또한 개인적 관찰은 시간이 많이 소요된다. 마지막으로, 이 방법은 과도하거나 거슬리는 것이 될 우려가 있다. 종업원들이 경영자의 공공연한 관찰을 확신의 부족이나 불신의 표시로 오해할지도 모른다.

컴퓨터의 광범위한 사용은 경영자들이 실제 성과 측정을 할 때 점점 더 통계적 자료에 의존하게 한다. 그러나 이 측정 방법은 컴퓨터 산출물만으로 제한하는 것이 아니다. 그래프, 막대

통제 프로세스
실제 성과 측정, 기준과 실제 성과 비교, 편차를 바로잡거나 부적당한 기준을 바로잡기 위해 관리적 행동을 취하는 세 단계의 과정

현장순회관리(MBWA)
경영자들이 종업원들과 상호작용할 수 있는 작업장에 나타남

오늘날 직장에서의 윤리적 의사결정

순위. 리뷰. 우리는 먹을 곳, 살 차, 배관 문제를 해결하기 위한 배관공, 건강 문제를 해결하기 위한 의사, 한 학기 동안 함께 하고 싶은 교수를 찾을 때 이를 이용한다. 사용한 제품이나 서비스에 대한 리뷰를 작성해 본 적이 있을 수도 있다. 당신은 상호작용하는 동료나 다른 경영 전문가를 익명으로 평가할 수 있는 새로운 플랫폼에 대해 어떻게 생각하는가? '전문가에 대한 비명'은 창업자가 말하는 컴플리티드(Completed)의 기반이다.[14] 컴플리티드의 목적은 전문가가 다른 사람의 성과를 평가하고, 상세하고 건설적으로 피드백할 수 있도록 하는 것이다. 게시하는 사람과 제시할 수 있는 내용을 통제하는 것은 창업자들이 여러 기준에 근거해 특허출원 중인 알고리즘에 의해 고려된다고 한다. 궁극적으로 컴플리티드는 가장 지리적으로 가까운 사람을 검토할 수 있도록 위치 확인 및 안면 인식 기술을 사용할 수 있다.

토의문제

1 이러한 피드백/리뷰 플랫폼에 대해 어떻게 생각하는가? 논의해보라.

2 컴플리티드에서 발생할 수도 있는 잠재적인 윤리적 문제는 어떠한 것이 있는가? 이 등급 플랫폼에 의해 영향을 받을 수도 있는 이해관계자는 누구인가? 동료나 다른 경영 전문가가 당신의 성과를 평가하길 바라는가? 그런 이유는 무엇이며, 그렇지 않은 이유는 무엇인가? 이 질문들에 스스로 답한 후, 속한 그룹으로 이동해 각각의 개별적 답변을 비교 및 논의해보라.

그림, 경영자가 성과를 측정하는 데 사용할 수 있는 어떠한 유형이라도 숫자로 표시된 정보 모두를 포함한다. 비록 통계적 정보가 어떤 관계를 보여주는 데 효과적이고 가시적일지라도, 이 방법은 하나의 활동에 대한 한정적인 정보를 제공할 뿐이다. 통계적 자료는 소수의 핵심 영역에 대해 알려주고, 다른 중요하고 주관적인 요소들을 무시할 수 있다.

정보는 또한 회의, 모임, 일대일 면담, 전화 통화 등의 구술 보고를 통해 얻을 수 있다. 종업원들이 서로 친밀하게 지내는 종업원 지향 조직에서 이러한 접근법은 작업 성과를 확인하는 데 가장 좋은 방법이 될 것이다. 캘리포니아주 에스콘디도에 위치한 켄 블랜차드 컴퍼니(Ken Blanchard Companies)의 경영자는 적어도 2주에 한 번은 종업원들과 일대일 개별 면담을 하고 있다.[15] 이러한 성과 측정법은 개인적 관찰과 장단점이 비슷하다. 비록 정보가 걸러질 수도 있지만, 신속하고 피드백이 가능하며 의미를 전달하는 표정, 목소리 톤, 단어 선택 등을 느낄 수 있다. 오랫동안 구술 보고의 주요 단점 중 하나로 꼽히는 것은, 나중에 참고하기 위해 정보를 문서화하는 데 어려움이 있다는 것이다. 그러나 기술력이 진보해 구술 보고를 효율적으로 녹음해 마치 문서처럼 영구적인 보존이 가능하게 되었다.

실제 성과는 서면 보고서로도 측정할 수 있다. 통계적 자료와 마찬가지로 좀 더 시간이 걸리지만 직접적 혹은 간접적으로 전해 들은 구술 측정보다 더 공식적인 자료가 된다. 이러한 형식은 또한 구술 보고보다 더 포괄적이고 간결한 정보를 줄 수 있다. 게다가 서면 보고서는 보통 열람하고 참고하기 용이하다.

이러한 네 가지 측정 기법 각각의 다양한 장점과 단점을 고려해, 경영자는 포괄적인 통제를 위해 네 가지 방법을 모두 사용해야 할 것이다.

> 조직의 73%는 작업장에서 생산성을 떨어뜨리는 행동을 방지하고자 노력하고 있다.[16]

경영자들은 무엇을 측정하는가? 경영자들의 측정 방법보다 경영자들이 무엇을 측정하느냐가 통제 프로세스에서 더 중요할 것이다. 왜인가? 잘못된 기준의 선택은 심각한 역기능적 결과를 초래할 수 있다. 게다가 무엇을 측정할지 결정하면, 조직의 사람들은 이것을 능가하고자 할 것이다.[17] 예를 들어 교수가 교과서 각 장 마지막에 있는 총 10개의 연습문제를 풀어오는 과제를 냈다고 가정해보자. 그러나 교수계획표의 학점 평가 부분에는 어디에도 이 과제에 점수를 부여한다는 공지가 없다. 실제로 당신이 교수에게 이에 대해 질문했을 때에도 교수는 이 과제가 당신 스스로의 계발을 위한 것이지 이 수업의 점수에 영향을 미치는 것은 아니며, 이 수업의 성적은 단지 세 번의 시험을 통해 당신이 얼마나 잘 과정을 수행했는지로 매긴다고 대답했다. 전부는 아니지만, 대부분의 노력을 세 번의 시험에 최선을 다하는 데 쓸 것임은 놀랄 만한 일이 아님을 예상할 수 있다.

일부 통제 기준은 어떠한 경영 상황에서도 적용 가능하다. 예를 들어 모든 경영자는 종업원 만족이나 이직, 결근율과 같은 기준을 규정하는 것을 통해 다른 사람들의 활동을 통제할 수 있을

그림 14.2　통제 프로세스

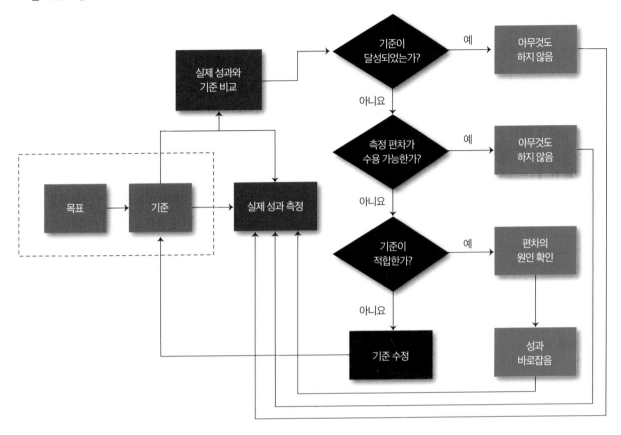

것이다. 대부분 경영자들은 책임 범위를 위해 금전 단위(달러, 파운드, 프랑, 리라 등)로 예산을 수립한다. 이러한 비용이 예산을 넘지 않도록 하는 것은 하나의 공정한 통제 측정법이 된다. 그러나 종합적인 통제 시스템은 경영자들 간 활동의 다양성을 인지할 필요가 있다. 예를 들어 페이퍼 태블릿 제조 공장의 생산 경영자는 태블릿의 1일 생산량, 근로시간당 태블릿 생산량, 태블릿 불량률 혹은 고객반품비율 등의 척도를 사용할 수 있을 것이다. 반면에, 정부기관의 행정 부서 경영자들은 하루에 만들어내는 문서 페이지 수, 한 시간에 처리하는 지시된 과업의 수 혹은 서비스 요청을 처리하는 데 소요되는 평균 시간 등을 사용할 수 있을 것이다. 마케팅 경영자들은 시장 점유율, 판매사원당 고객 방문 수 혹은 광고 매체당 고객 만족 수와 같은 척도를 사용한다.

당신이 생각할 수 있듯이, 어떤 활동들은 정량적으로 측정하기 어렵다. 예를 들어 경영자들에게는 생명보험 판매 사원보다 의학 연구원이나 중학교 상담 교사의 성과를 측정하기가 더 까다롭다. 대부분의 활동은 측정 가능한 객관적인 부분들로 나눌 수 있다. 경영자들은 한 사람이, 한 부서가 조직에 얼마나 공헌하는지를 결정하

애플 스토어에서 손님에게 악수를 하고, 미소를 짓고, 따뜻한 환영을 해주는 것은 고객 서비스의 최고 기준을 가진 럭셔리 호텔 체인 리츠 칼튼에서 도입한 것이다. 애플은 종업원들이 소비자의 고객 충성도로 이어지는 고객 서비스에 탁월할 수 있도록 리츠 칼튼을 벤치마킹했다.

Nati Harnik/AP Images

벤치마킹: 어떻게 측정해야 하는가?

우리는 품질을 향상시키기 위한 조직의 방안인 계획에서 벤치마킹을 소개했다(6장).[18] 계획과 통제는 밀접하게 연관되어 있으므로 벤치마킹은 통제에 시사점을 제공한다. 벤치마킹은 고도로 경영 도구를 활성화한다. 제록스(Xerox)가 미국에서 벤치마킹을 최초로 널리 시도했다고 하나, 실제로는 그 이전으로 거슬러 올라갈 수 있다.

벤치마킹의 이점은 제조업 분야에서 널리 수용되고 있다. 미드베일 철강회사(Midvale Steel Company) 공장에서 프레더릭 W. 테일러(과학적 관리법 주장)는 업무를 완수하는 '단 하나의 최선의 방법'을 발견하고, 최고의 성과를 내는 종업원을 찾기 위해 벤치마킹 개념을 사용했다. 헨리 포드도 이를 활용했다. 죽은 동물을 모노레일 위의 후크에 매달아 놓고, 각 작업자들이 자신의 업무를 마치면 죽은 동물을 다음 작업장으로 밀어내는 시카고의 한 도축장에서 사용한 기술을 기반으로 포드는 1913년 자동차 생산에도 같은 방식의 개념을 조립라인에 도입했다. "혁신적인 생산에 대한 생각은 다른 산업에서 온다."

오늘날 의료, 교육, 재무 서비스와 같은 다양한 산업의 경영자들은 제조업 분야에서 벤치마킹의 이점을 오랫동안 활용해 오고 있음을 깨닫고 있다. 미국의학협회(American Medical Association)는 건강관리 개선을 위한 표준 측정 방식을 100개 이상 개발했다. 닛산의 CEO인 카를로스 곤(Carlos Ghosn)은 월마트의 구매, 운송, 물류 방식을 벤치마킹했다. 기본적으로 벤치마킹은 다른 사람들로부터 학습함을 의미한다. 감시와 조직 및 업무 성과 측정 도구로서 벤치마킹은 구체적인 성과의 차이를 확인하고 개선 가능성이 있는 분야를 찾아내는 데 활용할 수 있다.

토의문제

3 벤치마킹의 이점은 무엇인가? 벤치마킹에 어려움은 없는가?
4 속한 그룹으로 이동해 벤치마킹이 적합한 활동인지에 대해 논의하라. 당신의 생각을 설명해보라.

고 그 공헌도를 기준으로 바꾸도록 해야 한다.

대부분의 직무와 활동은 유형의 측정 가능한 형태로 나타낼 수 있다. 성과지표가 정량적으로 기술될 수 없을 때, 경영자들은 주관적인 측정법을 사용해야 할 것이다. 확실히 주관적인 측정법은 중요한 한계가 있다. 그럼에도 전혀 기준이 없는 것보다 낫고 통제 기능을 무시하는 것보다 낫다. 만일 활동이 중요하다면, 측정이 어렵다는 것은 부적절한 변명일 뿐이다. 그런 경우 경영자는 주관적인 성과 기준을 사용해야 한다. 물론, 주관적 기준에 근거한 분석이나 결과는 자료에 한계가 있음을 유념해야 한다.

2 경영자들은 실제 성과와 계획된 목표를 어떻게 비교하는가?

비교 단계는 실제 성과와 기준 사이의 편차 정도를 결정한다. 성과에 대한 어느 정도의 편차는 모든 활동에서 예상할 수 있으나, 수용 가능한 **변동 허용치**(range of variation)를 결정하는 것이 중요하다(그림 14.3 참조). 이 범위 이상의 편차는 주의가 필요하다. 예를 통해 살펴보자.

크리스 태너(Chris Tanner)는 태평양 연안 북서부에 있는 특산 식물 및 종자 배급사인 그린 어스 가드닝 서플라이(Green Earth Gardening Supply)의 판매 경영자이다. 그는 매달 첫 주에 전달 판매를 생산 라인별로 설명하는 보고서를 준비한다. 표 14.1은 6월의 판매 목표(기준량)와 실제 판매량을 나타낸 것이다. 이 숫자들을 보고 크리스는 걱정해야 하는가? 판매량이 목표보다 조금 높지만, 눈에 띄는 편차는 없다는 말인가? 이는 크리스가 어디에 중점을 두느냐, 즉 외부의 수용 가능한 변동 허용치에 따른다. 비록 전반적인 성과가 일반적으로 꽤 좋은 편이라고 할지라도, 일부 상품군은 철저한 검토가 필요하다. 예를 들어 대물림 씨앗, 구근류, 1년생 화초류의 판매량이 기대치를 넘어섰다고 가정한다면, 크리스는 고객의 수요를 맞추기 위해 상품 재배자에게 더 많은 주문을 해야 할지도 모른다. 채소류 판매량은 목표보다

변동 허용치
실제 성과와 성과 기준 간 편차의 수용 가능한 한계

그림 14.3   수용 가능한 변동 허용치의 결정

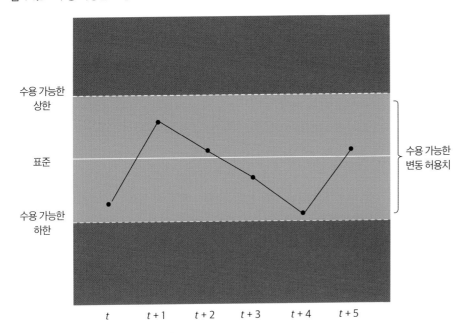

15% 미달이기 때문에 이에 대한 특별 조치가 필요할 것이다. 이러한 예시가 보여주듯이, 초과되거나 미달된 변동량 모두 통제 프로세스의 세 번째 단계인 관리적 주의가 요구된다.

3 어떤 관리적 조치가 일어나야 하는가?

경영자들은 세 가지 과정의 수정 조치를 선택할 수 있다.

- 아무것도 하지 않는다.
- 실제 성과를 기준에 맞게 바로잡는다.
- 성과 기준을 재설정한다.

실제 성과를 어떻게 바로잡는가?   문제점이 무엇인지에 따라 경영자는 다른 행동을 취할 수 있다. 예를 들어 불만족한 과업이 변동성의 원인이라면, 경영자는 교육 프로그램이나 징계, 보

표 14.1   주요 변동량 결정을 위한 예시: 그린 어스 가드닝 서플라이의 6월 판매량

상품	기준	실제	초과(미달)
채소류	1,075	913	(612)
다년생 화초	630	634	4
1년생 화초	800	912	112
허브류	160	140	(20)
구근류	170	286	116
관목류	225	220	(5)
대물림 씨앗	540	672	132
전체	3,600	3,777	177

즉각적인 수정 조치
성과를 정상 궤도로 돌려놓기 위해 드러난 문제를 즉시 수정

근본적인 수정 조치
어떻게, 왜 성과에 편차가 일어났는지를 확인한 다음 편차의 원인을 수정

사전통제
실제 활동이 일어나기 이전에 수행되는 통제

상 체계의 변동 등으로 이를 바로잡을 수 있다. 경영자가 반드시 결정해야 하는 한 가지 사항은 즉시 문제점을 바로잡고 성과를 정상으로 끌어올리는 **즉각적인 수정 조치**(immediate corrective action)를 취할 것이냐 아니면 어떻게, 왜 업무에 편차가 생겼는지를 수정하기 전에 알아보는 **근본적인 수정 조치**(basic corrective action)를 취할 것이냐 하는 문제이다. 경영자들은 문제의 원인을 찾을 시간(일반적인 수정 조치)이 없다고 합리화하는 경우가 흔하며 대체로 즉각적인 수정 조치를 통해 '불을 끈다'. 효과적인 경영자들은 편차를 분석하고 수정 가치가 있다고 판단되면 성과 기준과 실제 성과 사이의 주요한 편차를 수정하는 데 시간을 투자한다.

성과 기준을 어떻게 재설정하는가? 편차는 비현실적인 성과 기준 때문에 발생할 수도 있다. 즉 목표가 너무 높거나 너무 낮은 경우이다. 그렇다면 실제 성과가 아니라 성과 기준을 수정해야 한다. 만약 성과가 계속적으로 목표를 상회한다면, 경영자는 목표가 달성하기에 너무 쉽지 않은지 확인하고 이를 상향 조정해야 한다. 반면에 경영자는 성과 기준을 낮추어 재설정해야 할 경우 매우 주의를 기울여야 한다. 종업원이나 각 부서가 목표를 달성하지 못할 경우, 자연스러운 반응은 성과 기준이 잘못되었다고 비난하는 것이다. 예를 들어 시험에서 낮은 등급을 받은 학생이 등급 커트라인 점수가 너무 높게 설정되었다고 항의하는 경우이다. 그 학생은 자신의 성과가 불충분하다는 것을 받아들이는 것보다 그 기준이 불합리하다고 항의할 것이다. 또한 매달 할당량을 충족하는 데 실패한 영업사원들은 비현실적인 할당량을 실패의 원인으로 돌린다. 중요한 것은 성과가 나오지 않는다고 해서 바로 목표나 기준을 탓하지 않는 것이다. 성과 기준이 현실적이라고 믿는다면, 자신의 입장을 설명하고, 종업원이나 경영자에게 향후 성과 개선의 기대를 재차 단언하고, 그 이후 실질적인 기대를 반영해 필수적인 수정 조치를 행해야 할 것이다.

경영자는 무엇을 통제해야 하는가?

14-3 조직과 경영자가 사용하는 통제 유형을 논의한다.

비용 효율성(cost efficiency). 고객의 대기 시간이 계속된다. 제공된 서비스에 고객이 만족한다. 경쟁이 치열한 콜센터 서비스 분야에서 중요한 성과 측정 변수는 몇 가지 안 된다. 훌륭한 의사결정을 내리기 위해 경영자는 작업 성과를 통제할 수 있는 정보를 필요로 한다.

경영자들은 무엇을 통제해야 하는지 어떻게 알 수 있는가? 여기에서는 통제가 언제 발생할 것인지에 대한 결정을 살펴본다. 다음으로 경영자가 통제를 위해 선택해야 하는 몇 가지 다른 분야를 논의한다.

통제는 언제 발생하는가?
경영자는 활동 개시 전, 활동 수행 시, 활동 완료 후 모두 통제를 수행한다. 첫 번째 유형은 사전통제, 두 번째는 동시통제, 세 번째 유형은 사후통제이다(그림 14.4 참조).

사전통제란 무엇인가? 통제의 가장 바람직한 유형인 **사전통제**(feedforward control)는 실제 활동이 일어나기 이전에 행해지기 때문에 예견되는 문제를 사전에 예방할 수 있다. 또 향후 행동방향을 알려준다.[19] 예를 들어 맥도날드가 모스크바에 첫 번째 점포를 개설했을 때, 러시

그림 14.4 '언제' 통제가 일어나는가?

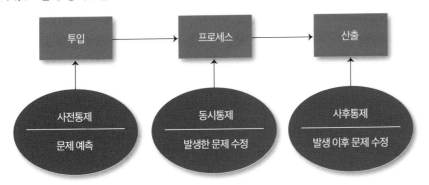

동시통제
업무 활동이 수행되는 과정에서 수행되는 통제

아 농부가 고품질 감자 농작법을 배울 수 있도록 자사의 품질 통제 전문가를 보내고, 고품질 빵을 만드는 과정을 가르치기 위해 제빵사를 보냈다. 왜 그랬는가? 맥도날드는 세계 어느 지역에 위치하든지 일관된 품질을 강조하기 때문이다. 즉 모스크바의 치즈버거가 오마하의 그것과 같기를 원한다. 사전통제의 다른 예로는 주요 항공사에서 시행하는 항공기 보수유지 계획 프로그램을 들 수 있다. 이 프로그램은 비행에서 재앙을 유발할 수 있는 구조적인 결함을 찾아내고 예방하기 위해 설계된 것이다.

결국 사전통제의 핵심은 문제가 일어나기 전에 관리적인 조치를 하는 것이다. 즉 문제로 인해 형편없는 품질의 제품, 고객 손실, 수익 저하 등의 타격을 입은 뒤 바로잡기보다 사전에 예방할 수 있게 한다. 하지만 이러한 통제는 적시의 정확한 정보를 필요로 하기 때문에 항상 실행하기는 어렵다. 결과적으로 경영자들은 나머지 두 유형의 통제를 사용한다.

동시통제는 언제 사용되는가?　　이름에서 알 수 있듯이, **동시통제**(concurrent control)는 업무 활동이 수행되는 과정에서 일어난다. 예를 들어 구글의 제품관리 이사와 그의 팀은 가장 수익이 높은 사업인 온라인 광고를 주의 깊게 주시한다. 그들은 검색 횟수와 클릭 수, 이익이 발생하는 사용자들의 광고 클릭률(이 모든 것은 시간 단위로 추적된다)을 조사하고 이 수치들을 일주일 전의 계획과 비교한다.[20] 만약 부분직으로 원활히 운영되지 않는다고 판단되면 그것을 조율한다.

마이크로소프트는 에너지 사용량을 파악하기 위해 동시통제를 하고 있다. 사진에 나온 운영센터에서 통제 전문가 레이 니콜스(Ray Nichols)는 냉난방과 회사 건물의 다른 시스템을 실시간으로 모니터하고 있다. 이를 통해 마이크로소프트는 탄소량과 환경오염을 줄일 수 있다

종업원의 55%는 마이크로매니징(micromanaging)이 자신들의 생산성을 떨어뜨린다고 답한다.[21]

컴퓨터나 컴퓨터화된 기계 장비와 같은 기술적 장비들은 동시통제를 위해 사용될 수 있다. 예를 들어 철자를 틀리거나 잘못된 문법을 고쳐 주는 워드프로세서와 같은 컴퓨터 프로그램을 사용할 때 당신은 동시통제를 경험할 수 있다. 게다가 많은 조직의 품질 프로그램은 작업자에게 자신의 작업 결과가 제품

Elaine Thompson/AP Images

기준에 부합하는 품질을 충족하는지 여부를 알려주는 동시통제에 의존하고 있다.

가장 널리 알려진 동시통제의 형태는 직접 감독이다. 예를 들어 엔비디아(Nvidia)의 CEO인 젠슨 황(Jen-Hsun Huang)은 그의 사무실 개인공간을 나누어 회의 테이블로 교체하고 언제나 종업원들과 현재 상황을 논의할 수 있게 했다.[22] 모든 경영자들은 동시통제로 이익을 얻을 수 있다. 왜냐하면 그들은 비용이 커지기 전에 많은 문제를 바로잡을 수 있기 때문이다. 우리가 앞에서 살펴본 현장순회관리는 경영자가 동시통제를 하는 좋은 방법이다.

사후통제가 가장 일반적인 이유는 무엇인가?   가장 일반적인 통제 유형은 **사후통제**(feedback control)로, 이는 활동이 끝난 이후에 일어난다. 앞선 덴버 민트의 사례를 떠올려보라. 문제가 발생한 위스콘신 지사에 사후통제가 실시되었다. 조직이 문제를 발견하고 바로잡으려 했음에도 손해는 이미 발생했다. 이것이 이 통제의 크나큰 단점이다. 경영자가 정보를 가진 그때는 이미 문제가 발생해 낭비나 손해를 입은 후다. 하지만 많은 조직 및 재무 분야에서 피드백은 실행 가능한 통제 유형이다.

경영자는 네 가지 영역에 대한 각각의 목표를 수립한 후에
목표가 제대로 달성되고 있는지 측정해야 한다.

사후통제는 두 가지 이점이 있다.[23] 첫째, 사후통제는 경영자에게 계획의 유효성에 대한 중요한 정보를 제공한다. 사후통제가 성과 기준과 실제 성과 사이의 편차가 거의 없는 것으로 나타나면, 계획이 올바르게 실행되었다는 증거이다. 만일 편차가 크다면, 경영자는 새로운 계획을 더 효과적으로 세울 수 있도록 그러한 정보를 사용할 수 있다. 둘째, 사후통제는 종업원 동기부여를 강화할 수 있다. 사람들은 자신이 얼마나 잘 수행했는지 알고자 하는데 사후통제는 이를 제공해준다.

파악하기:
무엇을 통제하는가?

각기 다른 조직 위치와 기능적 공간에 따라 셀 수 없이 많은 활동이 발생한다.

1

조직의 재무 상태 파악하기

이윤을 얻고 싶은가? 그렇다면 재정적 통제를 할 필요가 있다.

전통적인 재정 통제에는 다음과 같은 것이 있다.

- **비율 분석.** 조직의 대차대조표와 손익계산서 의 특정 정보를 사용해 비율이 계산된다(표 14.2 참조).

Ekaterina Semenova/Fotolia

표 14.2 대표적인 재무비율

목표	비율	계산	의미
유동성 비율은 조직이 유동부채를 감당할 수 있는 능력을 측정한 값이다.	유동비율	$\dfrac{유동자산}{유동부채}$	조직의 단기 채무 능력 평가
	당좌비율	$\dfrac{당좌자산 - 재고}{유동부채}$	재고회전율이 느리거나 팔기 어려울 때 더욱 정확하게 유동성 평가
레버리지 비율은 조직의 재정적 자산과 부채 사용률, 부채에 대한 이자 지급 가능 여부를 나타낸다.	부채	$\dfrac{총부채}{총자산}$	비율이 높을수록 조직의 레버리지 수준이 높음
	이자보상률	$\dfrac{이자비용 및 세금차감 전 이익}{총이자비용}$	조직이 얼마나 많은 이자비용을 감당할 수 있는지 측정
영업활동 비율은 회사가 어떻게 자산을 효율적으로 사용하는지를 평가한다.	재고자산회전율	$\dfrac{매출액}{재고자산}$	비율이 높을수록 효율적으로 재고자산을 사용하는 것으로 평가
	총자산회전율	$\dfrac{매출액}{총자산}$	주어진 판매 수준을 달성하는 데 사용된 자산이 적을수록 조직의 총자산이 효과적으로 관리되고 있음
수익성 비율은 기업이 이윤 발생을 위해 자산을 얼마나 효과적, 효율적으로 사용하는지를 측정한다.	판매순수익률	$\dfrac{당기순이익}{순매출액}$	이윤 발생을 나타냄
	투자수익률	$\dfrac{순매출액}{총자산}$	이윤 발생을 위한 자산의 효율성 측정

- **예산 분석.** 예산은 계획과 통제에 사용된다.
  - 계획 도구: 어떤 분야가 중요하고 얼마만큼의 어떤 자원이 각 분야에 배분되어야 하는지를 나타낸다.
  - 통제 도구: 무엇을 측정하고 자원 소비율을 비교할지 경영자에게 양적 기준을 제공한다. 만약 어떤 조치가 필요할 만큼 편차가 크다면, 경영자는 무슨 일이 왜 일어났는지 검토하고 필요한 조치를 취해야 할 것이다.

2

조직 정보 파악하기

A 정보—조직 활동을 통제하기 위한 결정적인 도구

WHY 경영자들은 왜 조직 활동을 감시하고 측정할 수 있는 적정량의 정보를 적시에 필요로 하는가?

- 자신의 책임 영역 안에서 무슨 일이 일어나는지 알기 위해
- 실제 성과와 표준 성과의 편차를 비교하기 위해
- 편차를 받아들일 수 있는 수준인지 알기 위해
- 적절한 행동을 취하도록 도와주기 위해

정보는 중요하다!

 HOW 경영정보시스템(management information system, MIS)

- 수동이나 컴퓨터 기반이며 대부분의 조직적 MIS는 컴퓨터 지원을 적용하고 있다.
- MIS에서 시스템이라는 표현이 내포하는 바는 주문, 조정, 목적이다.
- 더 나아가 MIS는 경영자에게 자료(기초 자료, 분석되지 않은 사실들)가 아닌 정보(처리되고 분석된 자료)를 제공하는 것에 초점을 맞춘다.

경영정보시스템(MIS)
정기적으로 필요한 경영정보를 제공하는 데 사용되는 시스템

2017년 — 보도된 보안사고 79,700건, 확인된 정보 유출 2,122건[24]

- 정보는 조직이 하는 모든 일에 결정적인 역할을 한다. 그렇기 때문에 정보를 보호해야 한다.

  - **통제**: 데이터 암호화, 시스템 방화벽, 데이터 백업, 그 외 기술[25]

  - 고려하지도 못한 곳, 예를 들어 검색 기록에 관한 문제가 발생할 수 있다.

  - 노트북, 태블릿과 같은 전자기기부터 RFID 태그까지 바이러스와 해킹 위험이 도사리고 있다.

  - 중요한 정보를 보호하기 위해 모든 예방책이 잘 작동하고 있는지 정기적으로 정보 통제를 모니터해야 한다.

Bedrin/Shutterstock

3

종업원 성과 파악하기

- 종업원들이 계획대로 업무를 하고 있으며 설정한 목표를 달성하고 있는기?

- 그렇지 않다면 인사 상담 및 종업원의 기강을 잡을 필요가 있다(8장 288쪽 참조).

  관리자의 81% 이상은 피드백을 주는 것이 쉽지 않다고 말하고 있다.[26]

Mike Charles/Shutterstock

4

균형 성과 기록표로 파악하기

균형 성과 기록표(balanced scorecard)는 재무적인 관점[27] 이상으로 회사 성과에 기여하는 네 가지 분야를 분석하는 접근법이다.

1 재무

2 고객

3 내부 절차

4 사람/혁신/성장 자산

정보 경영자는 각 영역에서의 목표를 개발하고 목표가 이루어지고 있는지 측정해야 한다.

> **균형 성과 기록표**
> 재무적 관점 이상의 성과를 측정하는 도구

경영자들이 직면한 통제에 대한 최근 이슈들은 무엇인가?

14-4 통제와 관련한 최근 이슈를 논의한다.

통합정보시스템(Integrated Information Systems)의 직원들은 전용 사무실 서버에 저장된 디지털 음원을 삭제하는 것을 망설이지 않는다. 사무실에서 대학팀이나 프로 스포츠팀 경기에 내기를 하는 것과 같은 일들은 불법이지만 심각하게 나쁜 일로 여겨지지는 않는다. 하지만 기업이 미국음원산업협회에 100만 달러를 지불한 후로 경영자들은 상황을 좀 더 잘 통제하고자 했다.[28] 통제는 관리 기능에 있어 중요하다. 우리는 경영자들이 오늘날 직면하는 두 가지 통제 이슈를 살펴볼 것인데, 문화적 차이와 작업장 문제가 그것이나.

통제는 문화적 차이에 따라 달라져야 하는가?

우리는 지리적으로나 문화적으로 멀리 떨어지지 않은 조직에 적절한 통제 개념에 대해 논의했다. 그렇다면 글로벌 조직은 어떠한가? 통제 시스템이 달라야 하는가? 그리고 국가 간 차이를 조정하기 위해 경영자들은 무엇을 알아야 하는가?

종업원 행동과 기업 운영을 통제하는 방법은 국가마다 상당한 차이가 있다. 글로벌 조직의

조직 통제 시스템 차이는 우선적으로 통제 프로
세스의 정책과 수정 조치 단계에 있다. 예를 들어
글로벌 기업에서 해외 사업부의 경영자들은 본사
에 의해 면밀히 통제되지 않는 경향이 있다. 이것
은 다른 이유들보다도 경영자들이 직접 작업 활
동을 관찰하는 데 거리상 차이가 발생하기 때문
이다. 이러한 거리는 공식화된 통제 경향을 만들
기 때문에, 글로벌 기업의 본사는 통제를 위해 포
괄적이고 공식적인 보고에 의존하게 된다. 글로
벌 기업은 또한 작업 활동을 통제하기 위해 정보
기술을 사용하고 있다. 예를 들어 세븐&아이홀딩
스(7-Eleven & i Holdings, 일본 최대 소매 재벌
로 미국 내 세븐일레븐 편의점 체인의 모기업)는

아프리카의 철도 승무원들이 중국이 건설한 에티오피아와 지부티를 잇는 전기 고속철도 개통식에서 손님들을 맞이할 준비를 하고 있다. 초기에 철도를 관리할 기술적으로 진보된 중국인 종업원은 아프리카 지역의 철도 시스템 운영 및 관리 방법을 교육할 때 문화적 차이에 대한 통제를 조정해야 한다.

판매 기록과 재고 감시를 수행할 뿐 아니라 각 점포 경영자의 과업을 체계적으로 스케줄화하
고, 완성된 분석 그래프와 예측대로 사용되는지를 추적하는 자동현금등록기를 사용하고 있
다. 만일 경영자가 그것을 충분히 사용하지 못한다면 그들이 직접 해야 하는 활동은 늘어날
수밖에 없을 것이다.[29]

통제에 있어 기술 발달의 영향은 기술 선진국과 낙후된 국가들의 비교에서 뚜렷한 차이를
발견할 수 있다. 미국, 일본, 캐나다, 영국, 독일, 호주와 같은 기술 선진국들은 주로 간접적인
통제 방법들(특히 컴퓨터 관련 보고서와 분석에서)을 사용하고 부가적으로 계획된 대로 활동
이 잘 수행되는지 확인하기 위해 표준화된 규제와 직접 감독을 사용한다. 기술적으로 덜 선진
화된 국가들에서는 직접 감독과 고도로 집중화된 의사결정이 가장 근본적인 통제 수단이다.

또한 어떤 수정 조치에 대한 강제적인 집행이 해외의 다른 경영자들에게 가능하지 않을 수
있다. 왜냐하면 어떤 나라의 법률은 경영자들이 공장 폐쇄, 종업원 일시해고, 해외에서 새로
운 관리팀을 데려오는 것 등을 허가하지 않기 때문이다. 마지막으로 글로벌 기업의 자료는 서
로 비교 가능하지 않을 수도 있다. 예를 들어 어떤 멕시코 기업의 제조 설비는 스코틀랜드의
설비에서 만드는 것과 동일한 제품을 생산한다. 하지만 멕시코 공장이 스코틀랜드 공장보다
더 노동의 강도가 강할 것이다(멕시코가 낮은 노동비의 이점을 가지므로). 만일 최고경영진
이 단위당 노동비나 근로자당 생산량을 계산하는 것으로 비용을 통제하고자 한다면, 이러한
수치는 직접 비교될 수 없는 것이다. 글로벌 기업의 경영자들은 이러한 글로벌한 통제 과정에
서의 애로사항을 해결해야 한다.

경영자는 작업장 통제에서 어떤 문제를 직면하는가?

오늘날 작업장은 경영자들에게 많은 문제를 안겨준다. 직장 내 종업원의 컴퓨터 사용 감시에
서부터 불만을 품은 종업원이 손해를 끼치고자 하는 의도로부터 작업장을 보호하는 것까지,
경영자들은 작업이 계획대로 효과적이고 효율적으로 수행될 수 있도록 통제할 필요가 있다.

직원의 68%는 회사 컴퓨터를 이용해 개인적인 이메일을 보낸 적이 있다고 답했다.[30]

오늘날 직장에서의 경영 기술

종업원 감시하기

기술적 진보는 조직의 관리 과정을 더 용이하게 만들었다.[31] 그러나 기술적 진보는 또한 고용주에게 정교한 종업원 감시 수단을 제공했다. 비록 이러한 감시의 대부분이 노동 생산성을 높이기 위해 설계된 것일지라도, 근로자의 사생활은 고려되어야 할 것이다. 이러한 고려는 또한 고용주가 종업원에 대해 어떤 알 권리를 갖는지, 그리고 직무 내·외적인 부분에서 종업원 행동을 어느 정도까지 통제할 수 있는지와 관련된 어려운 문제를 낳는다. 다음 내용을 살펴보자.

- 콜로라도주 콜로라도스프링스의 시장은 시의회 구성원들이 자신의 집에서 주고받은 이메일을 열람했다. 그는 대부분의 의회 활동 공개를 요구하는 'open meeting'에 위배되는 상호 간 이메일 사용을 금하기 위해서라며 자신의 행위를 방어했다.
- 미국 국세청의 내부 감사진은 납세자의 계정 정보에 접근하는 종업원들을 파악하고자 컴퓨터 로그인 기록을 감시한다. 이러한 감시 활동은 경영자들에게 종업원들이 컴퓨터로 무엇을 하고 있는지 체크하고 살피도록 허가한다.
- 아메리칸 익스프레스는 전화 통화를 감시하는 정교한 시스템을 갖고 있다. 일일보고서는 감독자들에게 종업원들이 얼마나 자주, 얼마나 길게 통화하는지뿐만 아니라 얼마나 빨리 걸려오는 전화에 응답하는지를 상세하게 알려주고 있다.
- 일부 조직의 고용주들은 사규로 항상 기업의 배지를 착용할 것을 종업원들에게 요구한다. 이러한 배지는 종업원들이 조직 내 특정 지역에 출입할 수 있도록 허락하는 다양한 데이터를 담고 있다. 지능형 배지

(smart badge)는 종업원이 항상 어디에 있는지 알려준다.

어느 정도의 통제가 종업원들의 사생활을 뛰어넘어서 허용될 수 있는가? 고용주의 규제와 통제의 끝은 어디인가? 당신의 집에서, 그리고 자유시간에 당신이 무엇을 하는지 고용주가 알 권리가 있는가? 당신의 고용주가 당신의 오토바이 타기, 스카이다이빙, 흡연, 음주, 정크푸드 먹는 것 등에 관여할 수 있는가? 당신은 다시 한 번 그 답에 놀랄지도 모른다. 오늘날 많은 조직에서, 산업 안전과 건강보험 비용을 통제하기 위해 종업원들의 사생활을 추적하고 있다.

비록 종업원들의 행동을 직무 내·외적으로 통제하는 것이 부당하고 불공평하다고 느껴질지라도, 고용주들의 이러한 관행을 법적으로 막지 못하고 있다. 오히려 법은 종업원들이 그러한 규제를 원치 않는다면 퇴사를 고려할 것을 전제로 하고 있다. 경영자들은 또한 통상적으로 품질, 생산성, 적절한 종업원 행동을 위해서라며 자신의 행위를 방어한다. 예를 들어 국세청의 남동부 지역 사무소에 대한 감사에서 166명의 종업원이 열람 권한이 없는 친구, 이웃, 유명인사의 소득신고서를 열람한 사실을 알아냈다.

토의문제

5 언제 종업원의 성과정보를 알아내려고 하는 경영자들의 요구가 선을 넘고 종업원의 사생활 권리를 침해하는 정도까지 되는가?

6 종업원에게 언제 감시를 할지 사전에 공지를 한다면 경영자의 행동은 용납될 수 있는가? 논의해보라.

나의 작업용 컴퓨터는 정말로 나의 것인가? 만일 당신이 현재 일을 하고 있다면, 작업장에서 당신은 프라이버시를 가질 권리가 있다고 생각하는가? 당신의 고용주가 당신과 당신의 일에 대해 무엇을 알아낼 수 있을까? 당신은 아마도 그 답에 놀라워할 것이다. 고용주들은 당신의 이메일을 읽고(심지어 그것이 개인적이거나 기밀사항이라고 해도), 당신의 전화 통화를 엿듣고, 컴퓨터 작업을 감시하며, 컴퓨터 파일을 저장해 다시 보고, 종업원들의 욕실 또는 드레스룸에서 당신을 감시할 수도 있고, 당신이 기업 차량으로 어디쯤에 있는지 추적할 수도 있으며 실제로 그렇게 하고 있다. 이러한 행동은 모두 드물게 일어나는 것이 아니다. 실제로 30%의 기업이 인터넷을 남용한 종업원을 해고했으며, 28%가 부적절한 이메일 때문에 계약을 해지했다.[32]

경영자들은 왜 종업원들이 무엇을 하는지 감시해야 한다고 생각하는가? 첫 번째 이유는 종업원들이 주가를 체크하기 위해 웹 서핑을 하고 온라인 동영상을 보거나 농구 게임, 또는 가족이나 친구들을 위한 선물을 쇼핑하기 위해서가 아니라 일을 하기 위해 고용되었기 때문이다. 매년 업무시간 내의 오락적인 웹 서핑으로 낭비된 컴퓨터 자원과 생산성 감소로 수십억 달러의 비용이 든다. 실제로 미국의 한 조사에서 고용주들의 87%가 종업원들이 매일 업무시간의 절반 이상을 업무와 무관한 웹 사이트를 본다고 밝혔다.[33] 온라인 동영상을 보는 것은 급

격히 증가해 심각한 문제가 되고 있다. 이는 시간 낭비 문제뿐만 아니라 사내 네트워크에 무리가 있기 때문이다.[34] 업무시간 중에 보는 동영상 사이트를 추측한다면, 무엇이겠는가? 유튜브라고 대답했다면 정답이다.[35] 이것을 본 것이 고의가 아니라고 하더라도(기껏해야 고작 30초짜리 동영상일 것이다), 이러한 비업무도 명백한 경영비용에 추가된다.

경영자가 종업원 이메일과 컴퓨터 사용을 감시하는 두 번째 이유는 동료의 컴퓨터에 나타난 불쾌한 메시지나 부적절한 이미지들 때문에 적대적인 작업 환경이 조성되어 법적 소송의 위험에 처하기를 원치 않기 때문이다. 인종 또는 성희롱에 관한 문제를 기업이 감시하거나 모든 메일을 백업하는 것도 그 이유다. 전자 기록들은 실제 상황을 증명하는 데 도움을 주기 때문에 경영자들은 재빨리 대응할 수 있다.[36]

세 번째로, 경영자들은 기업 비밀이 새나가는 것을 원치 않는다.[37] 기업은 전형적인 이메일이나 컴퓨터 감시뿐만 아니라 인스턴트 메시지, 블로그, 다른 사회적 매체들까지도 감시하며 사무실에서 휴대전화에 장착된 카메라 사용을 금지한다. 경영자들은 종업원들이 기업에 해를 끼칠 수 있는 정보를 사용할 만한 누구에게도, 우연히라도 전달하지 않는다는 확신이 필요하다.

많은 직무를 수행하는 컴퓨터는 잠재적으로 큰 비용을 초래할 수 있기 때문에 많은 기업이 작업장 감시 정책을 갖고 있다. 이러한 정책들은 품위를 떨어뜨리지 않는 방법으로 종업원들을 통제해야 하며 종업원이 이러한 정책을 알고 있어야 한다.

비주얼, 네트워크, 클라우드 기술 전문업체인 시트릭스(Citrix)에서는 BYOD(Bring Your Own Device) 정책으로 인해 직원들이 자신의 기기를 회사로 가져올 수 있다. BYOD 정책을 시행하는 회사가 늘어나고 있고, 이에 맞추어 통제상의 위험 역시 증가하고 있다. BYOD 환경에서 작업장 감시 시스템은 한층 더 필요해졌다.

Charles Trainor Jr./Miami Herald/MCT/Newscom

종업원 절도가 늘어나고 있는가? 기업 절도와 기업 사기의 약 85%가 외부인이 아니라 종업원에 의해 일어나는 것이라면 놀라지 않을 수 있겠는가?[38] 이에 대한 손실은 연간 1인당 4,500달러 정도로 매우 크다고 추정된다.[39] 최근 미국 기업의 조사 결과 20%가 직장 내 절도가 큰 문제라고 답했다.[40]

종업원 절도(employee theft)는 종업원들이 개인적 사용을 위해 권한이 없는 기업 자산을 가져가는 것을 말한다.[41] 이는 횡령에서부터 장비, 부품, 소프트웨어 혹은 사무실 비품을 사내에서 누락시키기 위해 지출보고서를 허위로 작성하는 것에 이른다. 기업들이 특히 종업원 절도로 인해 심각한 잠재적 손실에 오랫동안 직면했음에도 불구하고, 신생 기업들과 소규모 기업들의 허술한 재무적 통제와 정보기술에 대한 접근 가능성으로 업종, 크기와 관계없이 모든 조직에서 종업원 절도 문제가 차츰 증가하고 있다. 경영자들이 이에 대한 훈련으로 어떻게 대처해야 할지 준비하는 것이 또 하나의 통제 이슈이다.[42]

전 세계의 직원 횡령 액수는 연간 약 3조 7,000억 달러로 추정된다.[43]

종업원들은 왜 훔칠까? 그 해답은 누구에게 묻느냐에 따라 다르다.[44] 산업안전, 범죄학, 임

종업원 절도
종업원이 개인적 사용을 위해 권한이 없는 기업 자산을 가져가는 것

상심리학 등 다양한 분야의 전문가들이 모두 다른 관점을 갖고 있다. 산업안전 전문가들은 허술한 통제와 호의적인 기업 환경 자체가 사람들에게 훔칠 기회를 제공한다고 말한다. 범죄학자들은 사람들이 개인적인 재무적 문제로 인한 재무적 압박이나 도박 빚과 같은 타락으로 인한 압박 때문에 훔치게 된다고 말한다. 임상심리학자들은 그들이 옳고 적절한 행동을 했다고 합리화하기 때문에('모두 그렇게 하는데', '기업은 돈이 충분하고, 아마 이 작은 것 하나쯤 없어진다 해도 모를 거야') 훔친다고 말한다.[45] 이러한 각 접근법이 종업원 절도에 대해 높은 통찰력을 제공하고, 절도를 못하도록 단념시키기 위해 고안된 프로그램이 활용되고 있음에도 불구하고 종업원 절도는 계속되고 있다. 경영자들은 무엇을 할 수 있는가?

사전통제, 동시통제, 사후통제의 개념은 종업원 절도를 단념시키거나 감소시킬 방법을 찾는 데 유용하다.[46] 그림 14.5는 몇 가지 경영적 조치를 정리한 것이다.

직장 내 폭력에 관해 경영자가 무엇을 할 수 있는가? 2015년 1월, 보스턴 브리검여성종합병원(Boston's Brigham and Women's Hospital)의 심장 전문의가 총에 맞아 사망했다. 이 사건이 일어나기 전, 가해자의 어머니는 해당 의사에게 수술을 받고 사망했다. 심장 전문의를 총으로 쏜 남자는 자살했다. 2014년 9월에 비슷한 사건이 또 있었다. UPS에서 일하다 해고된 한 남자가 동료 2명을 총으로 쏴 죽인 후 자살했다. 2014년 4월에도 페덱스 애틀랜타 지점에서 짐을 나르던 한 작업자가 6명의 동료 작업자에게 부상을 입혔다. 2010년 8월, 코네티컷주 하트퍼드 유통(Hartford Distributors)에서 운전사로 일하던 근로자는 해고 통지를 받은 후

그림 14.5 직원 절도를 통제하기

사전통제	동시통제	사후통제
채용 전 신중하게 지원자를 조사하라.	직원을 존중하고 위엄을 지킬 수 있도록 대우하라.	직원이 절도와 횡령을 일으킨 것을 스스로 알 수 있게 하라. 그리고 이런 행동은 허용 불가함을 명확히 하라.
절도와 횡령을 구체적으로 정의하고, 징계절차를 규정하라.	절도의 조직비용을 공개적으로 알려주라.	조사 전문가의 서비스를 활용하라.
정책을 입안할 때 직원들의 의견을 반영하라.	절도와 횡령을 방지한 결과를 직원들에게 정기적으로 알려주라.	통제수치들을 다시 설계하라.
정책에 대해서 직원들을 교육하라.	경우에 따라 비디오 감시 장비를 활용하라.	조직 문화, 그리고 관리자와 직원의 관계를 평가해보라.
내부보안통제를 전문적으로 검토해보라.	컴퓨터, 전화, 이메일에 '잠금' 옵션을 설치하라. 사건을 보고하는 핫라인을 활용하라. 좋은 본보기를 만들어보라.	

출처: Robbins, Stephen P., Coulter, Mary, *Management*, 13th Ed., © 2016, p. 541. Reprinted and electronically reproduced by permission of Pearson Education, Inc., New York, NY.

8명의 동료에게 총을 쏜 후 자살했다. 2010년 7월, 멕시코주 앨버커키에 있는 한 태양광 제품 제조사 직원은 해고된 후 다시 회사로 들어가 동료 2명을 죽이고 4명에게 부상을 입혔다. 2009년 11월 6일 플로리다주 올랜도에서 한 엔지니어는 성과 저조로 해고 통지를 받은 후 총을 쏴 1명을 살해하고 5명에게 부상을 입혔다. 미국 포트 후드 육군의 한 정신과 군의관은 총기를 휘둘러 하루 만에 13명의 사망자와 27명의 부상자를 낸 사건도 있다.[47] 이러한 사건들은 최근 발생한 작업장 폭력의 극히 일부에 불과하다. 작업장 폭력은 관리자에게 중요한 이슈인가? 발생한 사고들을 돌아보면 이를 부인하기는 어려울 것이다. 다행히도 사업장 총기 사고의 숫자는 점차 줄어드는 추세지만,[48] 미국 국립산업안전보건연구원 통계에 따르면 한 해 미국 내 작업장 폭력으로 피해를 입은 근로자의 수는 약 200만 명에 이른다고 한다. 평균 일주일에 1명의 종업원이 동료나 이전 동료에 의해 살해당하고 최소한 25명이 폭력성 폭행으로 심각한 피해를 입는다. 노동부 조사에 따르면 58%의 기업 경영자가 종업원들에게 구두 협박을 받은 적이 있다고 보고했다.[49] 직장 내 분노, 격분, 폭력은 동료들을 위협하고 생산성에 악영향을 미친다. 미국 내 산업에서 이로 인한 비용은 연간 약 200~350억 달러에 이른다.[50] 사무실에서의 분노는 미국만의 문제가 아니다. 공격적 행동에 관한 영국에서의 조사 결과에 의하면, 경영자의 18%가 괴롭힘과 언어폭력을 경험한 바 있고 9%는 신체적 폭행까지 당했다고 한다.[51]

직장 내 폭력에 기인하는 요인은 무엇이라고 생각하는가? 의심할 여지없이 종업원들의 불확실성, 퇴직금 감소, 긴 노동시간, 과도한 정보, 그 외의 방해 요소, 비현실적인 마감기한, 무신경한 경영자의 역할에서 비롯된 스트레스이다. 소음과 소란 속에서 근무해야 하는 작은 칸막이 구조의 사무실 디자인도 원인이 된다.[52] 다른 전문가들은 위험한 기능 장애적 업무 환경은 아래와 같은 주요 요인들로 특징지을 수 있다고 설명한다.[53]

- 종업원을 시간, 숫자, 위기(time, numbers, crises, TNC)로 몰아붙이는 행동
- 불안정성과 불확실성으로 종업원들을 괴롭히는 급격하고 예측할 수 없는 변화
- 극도로 공격적이거나, 거들먹거리거나, 다혈질인 혹은 수동적-공격적 방식의 파괴적인 경영자의 의사소통 유형, 지나친 괴롭힘과 희생양을 만드는 작업장
- 엄격하고 군국주의적인 권위주의적 리더십을 가진 경영자 대 종업원. 종업원의 도전적인 아이디어, 의사결정 참여, 팀별 참여를 불허하는 경영자
- 성과 피드백이 거의 혹은 전혀 제공되지 않는 수동적 태도, 오직 숫자만 세고, 소리 지르고, 협박하거나 회피하는 방식의 갈등 관리
- 정책, 절차, 교육 기회 등에 대한 이중적인 잣대
- 메커니즘 부재 또는 문제 해결에 대한 적대적 환경으로 인한 고충의 미해결, 오래된 규칙, 노사 협약 규정 등으로 인해 문제를 해결하지 못하는 개인
- 감정적인 문제를 겪는 종업원을 외면하는 경영자
- 신규 업무를 부여하지 않는 반복적이고 지루한 업무
- 결함이 있거나 안전하지 못한 장비 혹은 종업원이 효율적이고 효과적으로 일할 수 있게 하는 훈련의 부족
- 온도, 공기, 반복되는 동작, 복잡한 공간, 소음 정도, 초과 근무 등의 위험한 업무 환경, 비용 절감을 위해 종업원을 추가로 고용하지 않아 과중한 업무를 처리하게 되는 위험한 업무

환경
- 개별적인 폭력 또는 착취를 용인하는 조직 문화, 폭력적이거나 다혈질인 역할모델, 또는 업무 시 술이나 약물 남용에 대한 관용

이 목록을 보면서 당신은 분명히 당신의 사회생활이 이와 같지 않기를 바랐을 것이다. 하지만 언제나 글로벌 경제 속에서 조직과 종업원들은 경쟁력 있는 수요를 창출하기 위해 여러 방면에서 압력을 받고 있다.

직장 내 폭력을 좌절시키거나 감소시키기 위해 경영자들은 무엇을 할 수 있는가? 사전통제, 동시통제, 사후통제의 개념이 경영자들이 취할 수 있는 조치를 확인하는 데 도움이 될 수 있다.[54] 표 14.3에 몇 가지 제안을 요약했다.

표 14.3 직장 내 폭력 통제하기

사전통제	동시통제	사후통제
경영자가 역기능이 아닌 순기능적으로 작업 환경에 기여하도록 한다.	현장순회관리(MBWA)를 통해 잠재적 문제를 확인할 수 있다. 종업원들이 어떻게 상호작용하는지 관찰한다.	발생한 일이나 사건들에 대해 열린 마음으로 소통한다.
문제 행동을 보이는 종업원들을 돕기 위해 종업원 지원 프로그램(EAPs)을 제공한다.	중요한 변화가 발생하는 동안에는 종업원이나 작업 집단이 '고충'을 말하도록 유도한다.	사건들을 조사해 적절한 조치를 취한다.
작업장 내 분노, 공격이나 폭력을 용인하지 않는 정책을 강화한다.	다른 사람을 어떻게 대하는지에 관해 좋은 역할모델이 되어 준다.	기업의 정책들을 재검토하고 필요하다면 수정한다.
채용 전 심사를 강화한다.	사건들을 보고하고 조사하는 데 조직의 핫라인 또는 다른 수단들을 이용한다.	
위협을 절대 방치하지 않는다.	빠르고 신속하게 개입한다.	
종업원들이 위험한 상황을 피할 수 있도록 교육한다.	폭력 문제가 발생하면 전문적인 도움을 제공한다.	
종업원 정책에 대해 분명히 의사소통한다.	폭력 상황을 처리하는 데 필요한 수단과 절차를 제공한다(휴대전화, 경보 시스템, 암호명이나 구절 등).	

출처: M. Gorkin, "Five Strategies and Structures for Reducing Workplace Violence," *Workforce Management Online*, December 3, 2000; "Investigating Workplace Violence: Where Do You Start?" *Workforce Management Online*, December 3, 2000; "Ten Tips on Recognizing and Minimizing Violence," *Workforce Management Online*, December 3, 2000; and "Points to Cover in a Workplace Violence Policy," *Workforce Management Online*, December 3, 2000.

요약

14-1 통제의 본질과 중요성을 설명한다.

통제는 계획한 것이 성취되고 있는지 확인하고 편차가 있을 시 수정하는 제반 감시 활동을 하는 관리 기능을 일컫는다.

관리 과정의 마지막 단계인 통제는 계획으로 되돌아가는 연결고리를 제공한다. 만약 경영자가 통제에 실패하면, 그들은 자신의 목표와 계획이 성취되었는지 여부와 미래에 어떤 행동을 취해야 할지를 알 방법이 없다.

통제는 (1) 목표가 달성되는지, 아니라면 그 이유를 알 수 있는 유일한 방법이고, (2) 경영자들이 수월하게 종업원에게 권한 부여를 하도록 정보와 피드백을 제공하며, (3) 조직과 조직의 자산을 보호하기 때문에 중요하다.

14-2 통제 프로세스의 3단계를 서술한다.

통제 프로세스의 3단계는 측정하기, 비교하기, 조치 취하기이다. 측정은 실제 성과를 어떻게 측정하고, 무엇을 측정할지 결정하는 것을 포함한다. 비교는 실제 성과와 기준(목표) 사이의 편차를 확인하는 것을 포함한다. 허용 범위 밖의 편차는 주의가 필요하다.

조치를 취하는 것은 아무것도 하지 않기, 실제 성과를 기준에 맞게 바로잡거나 성과 기준을 재설정하기를 포함한다. 기준을 높이거나 낮춤으로써 수정할 수 있다.

14-3 조직과 경영자가 사용하는 통제 유형을 논의한다.

사전통제는 실제 활동이 일어나기 전에 일어난다. 동시통제는 활동이 일어나는 동안 발생한다. 사후통제는 활동이 일어난 후에 발생한다.

경영자들이 취할 수 있는 재정 통제는 재무비율(유동성, 레버리지, 영업활동, 수익성)과 예산을 통해 가능하다. 경영자가 사용할 수 있는 정보 통제 중 하나는 MIS이다. 이는 경영자들에게 정기적으로 필요한 정보를 제공한다. 다른 방법에는 암호화, 시스템 방화벽, 자료 백업 등 조직의 정보를 보호하기 위한 포괄적인 보안 통제가 있다. 균형 성과 기록표는 조직의 성과를 단지 재무적인 관점이 아닌 네 가지 다른 영역에서 측정할 수 있는 방법을 제공한다.

14-4 통제와 관련한 최근 이슈를 논의한다.

문화적 차이를 조정하기 위한 통제 활동은 측정과 수정 조치가 우선적으로 필요한 사항이다.

작업장 문제들은 작업장 내 사생활, 종업원의 절도, 직장 내 폭력을 포함한다. 경영자는 이들 각각에 대해 부적절한 행동을 통제할 정책을 갖고 업무가 효율적이고 효과적으로 이루어질 수 있도록 보장해야 한다.

토의문제

14-1 경영에서 통제의 역할은 무엇인가?

14-2 실제 업무 성과에 대한 정보를 얻기 위해 경영자가 사용할 수 있는 네 가지 방법을 기술해보라.

14-3 계획하는 것과 통제하는 것은 동전의 양면을 모두 가지고 있다. 조직 계층의 수준에 상관없이 왜 이 문장이 옳은지 설명해보라.

14-4 사전통제, 동시통제, 사후통제를 비교 설명해보라.

14-5 사후통제는 사실로 밝혀진 이후의 활동이다. 왜 이것이 단점이 될 수 있는지 논의해보라.

14-6 5장에서 우리는 '급류타기(white-water rapids)' 비유를 논의했다. 당신은 이런 상황에서도 효과적으로 기준을 정하고 통제를 가하는 행동이 가능할 것이라 생각하는가? 논의해보라.

14-7 통제 과정에 있어서 어떻게 측정하는지보다 무엇을 측정하는지가 더 중요할 수 있는 이유는 무엇인가?

14-8 "모든 조직 내의 개별 종업원들은 업무 활동 통제 속에서 역할을 수행한다." 이 말에 동의하는가? 또는 통제가 경영자만의 책임이라고 생각하는가? 설명해보라.

14-9 변화의 허용 범위를 평균 수준보다 높게 책정해야 하는

업무 활동에는 무엇이 있는가? 평균보다 낮은 것에는 무엇이 있는가? (힌트: 작업 활동의 결과물, 누구에게 영향을 미치며, 어떻게 영향을 미치는지 고려해보라.)

14-10 당신의 개인적 생활에서 통제의 개념을 어떻게 적용하고 있는가? 구체적으로 생각해보라(사전통제, 동시통제, 사후통제의 입장에서 당신의 생활을 구체적으로 돌아보라. 학교, 일, 가족관계, 친구, 취미 등에 있어서 어떠한가?)

적용하기   직장생활을 위한 준비

경영자가 되기 위한 기술 | 까다로운 사람 다루기

대부분의 경영자는 한 번이나 혹은 그 이상 다루기 어려운 사람을 경험한 적이 있을 것이다. 누군가를 함께 일하기 어려운 사람으로 만드는 성격적 결함은 없다. 예를 들어 성미가 급하고, 까다롭고, 모욕적이고, 화내고, 수동적이고, 불평하고, 겁주고, 공격적이고, 자아도취적이고, 오만하며 융통성 없는 경우이다. 성공적인 경영자는 까다로운 사람을 다루는 법을 알아야 한다.

기본 기술

까다로운 사람을 다루는 단 하나의 효과적인 방법은 없지만 그들로 인한 당신 생활의 불안감을 감소시키고 그들의 문제 행동을 줄일 수 있을 만한 몇 가지 제안을 할 수 있다.[55]

- 감정이 지배하도록 내버려두지 말라. 까다로운 사람에 대한 처음 반응은 대개 감정적인 것이다. 우리는 화를 내고 좌절감을 드러낸다. 그들이 우리를 모욕하거나 비하했을 때 그들을 맹렬히 비난하거나 '앙갚음'하기를 원한다. 이러한 반응은 당신의 불안을 감소시키지 못할 것이며 오히려 그들의 부정적인 행동을 증가시킬 수도 있다. 그러므로 당신의 본성과 싸워서 평정심을 유지하라. 이성적이고 사려 깊게 행동하라. 최악의 경우 이 방법이 상황을 개선하지 못할지라도, 바람직하지 못한 행동을 북돋거나 증가시키지는 않을 것이다.

- 접촉을 최소화하도록 하라. 가능하면 까다로운 사람과 접촉하는 것을 제한하려고 노력하라. 그들이 많은 시간을 보내는 장소를 피하고 불필요한 연락을 피하라. 또한 이메일, 문자와 같은 의사소통 채널을 이용해 대면 접촉과 언어적 대화를 최소화하라.

- 정중하게 대하되 굴복하지 말라. 까다로운 사람을 피할 수 없다면, 정중하지만 단호한 태도로 그들과 맞서라. 그들로 하여금 당신이 그들의 행동을 알고 있고, 이를 수용하거나 참아줄 수 없음을 알게 하라. 자신의 행동이 당신에게 어떤 영향을 미치는지 모르는 사람들과는 정면 대결을 통해 행동을 바꾸도록 일깨울 수 있을 것이다. 확실한 입장을 전달하는 것은 의도적으로 그러한 행동을 하는 사람에게 행동의 결과에 대해 신중히 생각하게 만든다.

- 칭찬받을 행동을 제시하라. 긍정적 강화는 행동을 변화시키는 강력한 도구이다. 바람직하지 않은 행동을 비난하지 말고 칭찬과 함께 바람직한 행동을 강화하려고 노력하라. 이는 바람직하지 않은 행동의 표출을 약화시키고 감소시킬 것이다.

- 동료 희생자와 증인을 모아라. 우리는 수적으로 당해낼 수 없음을 알고 있다. 당신을 도와줄 만한 까다로운 사람에게서 공격받은 사람들을 모으면 긍정적인 일들이 나타난다. 첫째, 당신의 좌절감이 줄어들 것이다. 왜냐하면 그들이 당신의 생각이 사실임을 증명해주며 도움을 줄 수도 있기 때문이다. 둘째, 다양한 정보원을 통해 불평이 드러나면 처벌 권한을 가진 상사가 행동할 가능성이 커진다. 셋째, 자신의 행동에 대해 단 한 사람이 아니라 하나의 집단이 나서서 불평을 하게 되면 행동 변화에 대한 압박을 더 강하게 느낄 것이다.

기술 연습

다음 시나리오를 읽고 마지막 부분의 지시문에 따르라.

당신의 경력은 기대보다 성공적이었다. 회계학으로 대학을 졸업한 후, 당신은 공인회계사 시험에 합격하고, 큰 회계법인에서 3년간 일을 했다. 그후 당신은 제너럴 일렉트릭의 재무부서에 입사했다. 2개의 회사와 4개의 직무를 더 거친 후 당신은 마침내 포춘 100위 내 광산회사의 재무 부책임자로 취업하게 되었다. 당신은 새 직장에서 마크 헌들리(Mark Hundley)라는 직원을 만나서 난감한 상황에 처한다.

마크는 회사의 운영부서 부책임자이다. 그는 회사에 8년째 근무 중인데, 마크의 첫인상은 자신이 모든 것을 다 알고 있다는 듯한 모습이다. 그는 당신을 보자마자 자신의 부하처럼 대했다. 사무실에 떠도는 소문에 의하면, 다른 사람도 비슷한 느낌을 가지고 있는 듯했다. 마크는 뛰어난 엔지니어이면서 운영책임자지만 함께 일하기 쉽지 않은 인물이다. 당신이 전해 들은 바로는 그가 사람들을 괴롭히는 성격의 소유자라는 것이

다. 사람들을 경멸하고, 거만하며, 다른 이들을 바보로 여길 뿐 아니라 다른 이의 말을 전혀 들으려 하지 않았다.

새 직장에서 얼마 가지 않아 당신은 마크와 몇 번 부딪히게 되었다. 상사에게 그에 대해 알리고, 사장에게까지 푸념을 했다. 상사의 대답은 예상대로였다. "마크는 까다로운 직원이지만 회사에서 운영에 대해 그만큼 아는 사람도 없어요. 그가 회사를 그만두면, 당장 그를 대신할 직원을 찾기 쉽지 않을 것입니다. 그는 나에게도 골칫덩어리입니다. 그는 나까지도 자신의 부하처럼 대하는 경우가 있을 정도예요." 이제 당신은 마크를 어떻게 대해야 할지 고민해보고, 그 방법을 제시해야 한다.

경험에 의한 문제 해결

이번 경험에 의한 문제 해결은 통제 기능과 관련된 몇 가지 직업적 딜레마 및 조언에 초점을 맞출 것이다. 다음의 목록을 읽어보라. 가장 흥미로운 두 가지를 선택해 각각의 반응에 대해 생각해보라. 메모가 끝났다면 소속된 그룹으로 이동하라. 메모를 비교하고 각 답변에 대해 논의하라. 수업에서 공유할 답변을 그룹에서 두 가지 골라라.

(1) 당신에게 피드백을 주지 않는 상사를 위해 일하고 있다면, 당신은 어떻게 할 것인가?

(2) 당신은 상사이다. 어떻게 직원들에게 건설적인 피드백을 줄 것인가?

(3) 업무 평가가 부당하다고 느낀다. 어떻게 할 것인가?

(4) 동료의 실수로 인해 비난을 받았다. 어떻게 할 것인가?

(5) 당신은 경영자이다. 문제가 있는 직원을 어떻게 처리할 것인가?

(6) 당신의 상사는 사소한 일까지 챙기는 관리자이다. 이러한 유형의 상사는 어떻게 대해야 하는가?

(7) 당신은 상사이다. 당신의 직원 중 한 명이 시간 관리를 잘하지 못한다. 어떻게 할 것인가?

사례 적용 #1

건강한 패스트푸드?
주제: 통제 관리, 사회적 책임

Non-GMO, 유기농(organic), 현지 생산(locally sourced)··· 이러한 용어들은 비록 전형적인 패스트푸드와는 관련성이 없지만, 현재 우리의 음식과 관련된 어휘로 흔히 사용되는 단어이다. 치폴레(Chipotle)는 1990년대 초 건강한 패스트푸드의 마련이라는 불가능해 보이는 목표를 가지고 패스트푸드 시장에 뛰어들었다. 치폴레의 '정직한 음식'이라는 약속에는 현지 생산 재료와 자연 방목 고기가 포함된다. 치폴레는 이러한 약속을 수년 동안 지켰지만, 인기 있는 패스트푸드 체인점이 되어 2,200개 이상의 지점이 생기자 식품 안전 기준을 충족하면서 그러한 품질을 계속해서 지켜 나가는 것은 도전이 되었다. 전국적 규모로 약속을 계속해서 지켜 나가려는 노력은 복잡하고 위험한 공급망 문제로 이어졌다.

정직하고 안전한 음식을 제공하기

2015년 7월 시애틀에서 대장균이 발생하면서 치폴레의 식품 오염 문제는 시작되었다. 다음으로 캘리포니아에서 노로바이러스가 발생했고, 미네소타에서 살모넬라균 감염이 발생해 그 뒤를 이었다. 9개 이상의 주에 있는 치폴레의 고객 사이에서 다른 음식으로 인한 질병들이 발생했다. 몇 개월 동안, 500명 이상의 고객이 전국의 치폴레 매장에서 오염된 음식을 먹고 병에 걸렸다. 발병기간 동안 매출의 30%가 감소했고, 어떤 지점들은 장기간 문을 닫아야 했다. 주가는 떨어지고, 한 지점에서 소비되는 음식 때문에 병에 걸린 고객들로부터 여러 차례 소송이 들어왔다.[56]

대부분의 국내 패스트푸드 체인점들은 재료를 본사로부터 공급받아 사용해 식품 품질을 통제하고 외부 요소에 의한 공급은 최소한으로 한다. 간단히 말해, 먹이사슬이 기본적일수록 더 통제하기 쉽다. 하지만 신선한 음식을 제공하기 위해, 치폴레는 가능한 한 많은 여러 현지 상점으로부터 재료를 준비하고자 했다. 이를 위해 가능한 현지에서 재료를 조달할 수 있는 수백 개의 공급업체와 관계를 맺었다. 매장 내 식품 준비와 함께 재료의 아웃소싱이 복잡하게 얽혀 식품 오염 문제가 발생했을 가능성이 크다. 실제로 알려진 사실 중에서 치폴레의 잘못된 행동은 없었다. 문제는 이렇게 큰 규모로 신선한 음식을 제공받는 것이 품질 관리의 어려움으로 이어져서 발생한 것이다.

거의 대부분의 경우에서, 치폴레는 어떠한 음식이 오염되었는지 알 수 없었기 때문에 그 문제를 해결하는 것은 매우 어려웠다. 위기에 대응하기 위해 치폴레는 육류 오염을 검사하기 위한 새로운 통제 장치를 설치했으며 일부 식품에 대해 취급과 준비 절차도 변경했다. 식품 준비의 많은 부분이 본사의 조리실로 옮겨 갔으며, 몇 년 동안 패스트푸드 경쟁업체들이 했던 것처럼 가능한 최소한의 공급업체로부터 식재료를 조달받기 시작했다. 치폴레의 새로운 기준을 시작하기 위해 오후 동안 모든 점포를 폐쇄해 새로운 식품 취급 기준에 대해 종업원 교육을 실시했다.[57] 치폴레는 올바른 방향으로 나아가고 있는 것처럼 보이지만, 일부 비판론자들은 식품 안전에 더 초점을 맞추어야 한다고 주장한다. 기업뿐 아니라 소비자 신뢰도 재구축하기 위해 노력하며 치폴레의 도전은 계속 이어지고 있다. 창업자이자 CEO인 스티브 엘스(Steve Ells)는 회사에서 물러났으며,[58] 새로운 경영 체제하에 치폴레는 기대 이상의 판매 실적을 올리며 회복세를 보이고 있다.

토의문제

14-11 치폴레가 식품 취급 및 식품 공급 기준을 수정하는 것은 왜 중요한가?

14-12 치폴레에 가장 중요한 통제는 사전통제, 동시통제, 사후통제 중 무엇인가? 설명해보라. 왜 이러한 수준의 통제가 필요한가?

14-13 치폴레는 종업원들이 새로운 식품 취급 기준을 따르고 있는지 어떻게 확인할 수 있는가?

14-14 '먹이사슬이 기본적일수록 더 통제하기 쉽다'는 말에 대해 설명하라. 통제와 관련된 경영상 조언이 있는가? 설명해보라.

14-15 통제가 되고 있는지 확인하는 데 있어 사회적 책임과 윤리적 행동은 어떠한 역할을 하는가?

사례 적용 #2

좋은 말을 할 수 없다면, 차라리 아무 말도 하지 말라.

주제: 직원 성과관리

직원의 성과를 통제하는 것은 경영자들에게 매우 중요한 책임이다. 계획된 목표를 달성하기 위해 노력하는 사람은 결국 직원이며, 우리는 이러한 목표가 계획대로 달성되고 있는지 확인하고 싶다. 그렇다면 직원의 성과를 관리하는 것은 좋은 것과 그렇지 않은 것을 포괄해 다루는 것인가? 일부 조직의 관리자는 좋지 않은 피드백은 아주 가볍게 하고, 긍정적인 부분에만 집중하라고 권장받는다.[59]

부정주의는 금지한다!

컨설팅 회사인 보스턴컨설팅그룹(Boston Consulting Group, BCG)의 관리자들은 직원을 자주 칭찬하고, 사소한 승리라도 축하하도록 격려하며, 개별 직원의 실수 대신 강점에 초점을 맞춘 성과 평가를 실시한다. 그리고 관리자는 개선과 개발이 필요한 영역에 대해 한두 가지만 언급할 수 있다. 과거에는 그렇지 않았다. 종업원들이 고객과 관련된 일을 제대로 처리하지 못하면, 관리자는 무엇이 잘못되었는지, 어디서, 어떻게 종업원이 자신이 가진 기술을 향상시키고 발전시켜야 하는지에만 초점을 맞추었다. 긍정적인 피드백으로의 전환은 회사가 부정적인 성과를 검토한 후 회사를 떠나는 직원들과 일정한 기간 내내 여전히 기분이 좋아 보이지 않는 직원을 발견한 후에 일어났다. 이러한 접근 방법을 사용하는 회사가 BCG가 유일한 것은 아니다. 다른 회사들도 긍정적인 피드백 사용을 늘리고 개선이 필요한 부분에 대해서는 최소한의 논의를 한다. 예를 들어 프라이스워터하우스쿠퍼스(Pricewaterhouse Coopers LLP)의 관리자는 조직과 미래에 대해 종업원과 함께 논의해야 한다. 이러한 '경력 전망(career outlook)'에 대한 논의는 종업원이 어느 부분에서 일을 잘하는지 못하는지보다는 어디에 더 적합한지에 초점을 맞춘다. 또한 회사는 종업원들이 전자카드를 통해 동료나 부하직원을 칭찬하는 메시지를 보내도록 권장하고 있다. 경영자는 긍정적인 성과를 보상하기 위해 돈도 아끼지 않았다.

그러나 긍정주의 관점을 따르지 않는 회사들도 있다. 이러한 회사들은 '엄격한 사랑(tough-love)' 접근 방법을 취하며 부정적인 피드백을 하는 것을 주저하지 않는다. 예를 들어 넷플릭스(Netflix)의 CEO인 리드 헤이스팅스(Reed Hastings)는 "적절한 성과는 후한 퇴직금을 받는다"고 말하며, '리틀 리그 선수단이 아닌 프로 스포츠팀'이라는 입장을 취하고 있다. 회사 내 모든 사람이 트로피를 받는 것은 아니다. 이 회사의 실적에 대한 기대는 의심할 의지가 없다.

토의문제

14-16 직원 성과를 통제하는 것이 관리자의 중요한 책임인가? 논의해보라.

14-17 경영자는 긍정적인 피드백에만 초점을 맞추어야 하는가? 설명해보라.

14-18 종업원들에게 긍정적인 피드백만을 제공하고 개선점이 필요한 부분에 대해서는 최소한의 피드백을 제공하는 것은 위험한 일인가?

14-19 어느 조직이 더 편할 것 같은가? 보스턴컨설팅그룹, 아니면 넷플릭스와 같은 접근 방식을 선택하는 조직? 선택을 하기 전에 두 가지 접근 방식의 장단점 목록을 작성해보라. 이것으로부터 어떠한 직업상 조언을 얻을 수 있는가?

사례 적용 #3

목표와 통제
주제: 통제에서 목표의 역할, 통제 프로세스, 효율성과 효과성

테슬라(Tesla). 일론 머스크(Elon Musk). 아마 둘 다 들어봤을 것이다. 테슬라는 2003년 소비자들이 전기자동차를 운전하기 위해 자동차의 외관과 성능에 타협하지 않아도 된다는 것을 증명하고자 하는 엔지니어 그룹에 의해 설립되었다. 엔지니어 그룹은 전기자동차가 '휘발유 자동차보다 더 좋고, 빠르고, 운전할 때 재미있다는 것'을 보여주고 싶었다.[60] 머스크는 그룹의 원래 일원은 아니었지만, 시리즈 A 투자(기업의 첫 번째 위험부담 자본금융에 붙여진 일반적인 이름)를 이끌었고 이내 테슬라의 이사회 회장으로 합류했다. 그는 적극적으로 참여했고 2008년 출시된 테슬라의 첫 번째 자동차인 로드스터(Roadster)의 디자인을 감독했다. 다음으로 2012년에 세계 최초의 프리미엄 전기 세단인 모델 S(Model S)가 나왔다. 다음으로 이루어진 제품 라인 확장은 2015년에 나온 SUV인 모델 X(Model X)이다. 모델 X는 미국 고속도로 교통안전국(National Highway Safety Administration)으로부터 5성급 안전 등급을 받았다. 모델 3(Model 3)은 2016년에 출시되어 2017년 생산에 들어갔다. 머스크는 처음부터 테슬라의 장기적인 전략 목표가 합리적인 가격대의 전기자동차를 만드는 것이라 이야기했다. 모델 3은 이러한 의도를 위한 제품이었고, 테슬라의 대중 시장을 위한 자동차 제조라는 첫 시도였다.[61] 즉 회사는 역사적으로 중요한 시점에 있었다. 그러나 지금의 상황은 그리 좋아 보이지 않는다.

회사의 장기적인 생산 목표는 2018년까지 연간 50만 대로 늘리는 것이었다. 테슬라 차량은 대부분의 차량 부품이 그러하듯 캘리포니아주 프리몬트의 기가팩토리에서 생산된다. 공장 내에서 1,068대의 로봇이 모델 3 세단을 위해 부품을 용접, 접착 또는 연결했다.[62] 2018년 4월 테슬라의 모델 3은 2,270대 생산되었는데, 이는 2017년 말의 목표였던 주 5,000대 생산과는 차이가 컸다. 2018년 4월 현재 기준으로 볼 때, 올해 연초 이후에 고객에게 배송된 모델 3은 총 8,810대에 불과하다. 이 월 주문한 고객의 수는 50만 명이다. 2018년 1, 2분기 동안 테슬라는 일부 생산 라인을 업데이트하기 위해 생산을 중단해야

자동차를 만드는 것은 얼마나 어려운가?

만 했다. 머스크는 모델 3이 소위 말하는 '생산 지옥'에 빠졌다고 말한다.[63] 심각한 병목 현상인가? 배터리 생산은 네바다주에 있는 배터리 공장에서 이루어진다.[64] 배터리 팩을 제조하는 데는 7시간이 걸린다. 이는 생산 라인을 계속해서 가동해야 하거나 엄청난 양의 현금이 소모될 위험이 있는 산업 내에서는 영원과 같은 것이다. 머스크는 몇 개월 동안 종업원 및 엔지니어와 마주앉아 해결책을 논의했으며, 생산 시간을 70분으로 단축하기 위해 노력했다. 이를 위해 배터리가 조립되는 흐름을 완전히 재정리했다.

그렇다면 회사의 생산 프로세스는 어떻게 되는가? 테슬라는 이러한 가동 중지 시간이 종업원들에게 자동화를 개선하고 생산 속도를 높이기 위해 체계적으로 병목 현상을 해결할 시간을 제공한다는 점에서 '계획적'이라고 말한다.[65] 테슬라는 '카이젠(kaizen)' 또는 '지속적인 향상'이라는 일본식 원칙을 채택하고 있다. 이는 보다 효율적이고 효과적인 방법을 탐색하는 과정에서 '지속적인 못마땅함'을 의미하는 것이다.[66] 이러한 조정과 일시적인 가동 중지가 자동차 산업에서 새삼스러운 일은 아니지만, 테슬라가 유명세를 타기 위해 안간힘을 쓰고 있는 시점에서 이와 같은 생산 불상사는 전혀 도움이 되지 않는다. 한 업계 전문가는 테슬라가 '기술의 선두주자이자 전기자동차 시장의 선두주자'일지는 몰라도, 이러한 전략적 역량과 핵심 역량이 반드시 제조 공정에 대한 지식으로 전환되는 것은 아니라고 말한다.[67] 테슬라와 머스크가 발견한 것처럼 생산 규모의 확대는 고유한 과제를 안고 있다. 생산적인 문제 외에도 재정적 걸림돌이 있다. 운전자본, 회사 주식의 시장가치, 신용등급, 잉여현금흐름을 포함한 다른 금융 대책들도 문제가 되고 있다.[68] 테슬라의 또 다른 과제는 모델 3의 생산을 늘리기 위해 노력하던 2명의 핵심 경영진이 회사를 떠난 것이다.[69] 회사 대변인에 따르면, 이들 중 한 명은 재충전을 위해 6주간 휴가를 내고 가족과 함께 시간을 보내고 있다고 한다. 또 다른 한 명은 자율주행자동차 업체인 웨이모(Waymo)로 이직했다.

에필로그: 프리몬트 생산 공장의 종업원들은 2018년 6월 마지막 주에 주당 5,000대의 생산 목표를 달성했다… 2분기 마지

막 주이긴 하지만. 분석가들은 이제 진정한 테스트는 테슬라가 품질과 타협하지 않고도 공격적인 속도를 낼 수 있는지 여부라고 말한다.[70]

토의문제

14-20 이 사례에서 어떤 유형의 통제(사전통제, 동시통제, 사후통제)가 도움이 될 것이라 생각하는가? 설명해보라.

14-21 그림 14.2를 참조해 이러한 생산 지옥을 예방할 수 있는지, 그리고 어떻게 예방해야 하는지 논의해보라.

14-22 테슬라의 통제는 효과적이었는가? 어떻게 효과적일 수 있었는가? 통제의 목표는 무엇인가? 어떻게 해야 하는가?

14-23 이 책의 첫 번째 장에서 효율성, 효과성의 개념과 이것이 경영자에게 얼마나 중요한지 설명했다. 이 책의 마지막 부분에서, 효율성과 효과성이 경영자에게 얼마나 중요한지 살펴보도록 하자. 이에 대해 설명하라.

14-24 이 사례에서 정보 통제와 재정 통제가 어떠한 역할을 할 수 있었는지 간단히 설명하라. 어떠한 유형의 통제가 유용하다고 생각하는가?

미주

1. P. Karasz, "After Technical Chaos, British Airways Looks to Restore Schedule," *New York Times Online*, May 29, 2017.
2. "Domino's Delivered Free Pizzas," *Springfield, Missouri News-Leader*, April 3, 2009, p. 3B.
3. B. Hagenbaugh, "State Quarters Extra Leaf Grew Out of Lunch Break," *USA Today*, January 20, 2006, 1B.
4. A. Pasztor, "Northrop Addresses Lapses," *Wall Street Journal*, March 31/April 1, 2018, p. B3.
5. E. Paton, "H&M, a Fashion Giant, Has a Problem: $4.3 Billion in Unsold Clothes," *New York Times Online*, March 27, 2018.
6. Reuters, "McDonald's Japan Apologizes after Tooth, Plastic Found in Food," *New York Times Online*, January 7, 2015.
7. C. Jasper, E. Pfanner, L. Patton, and R. Weiss, "At KFC, A Bucketful of Trouble," *Bloomberg BusinessWeek*, March 5, 2018, pp. 20–21.
8. R. McMillan, "Hack of Saudi Plant Targeted Safety System," *Wall Street Journal*, January 19, 2018, p. B4.
9. A. Mandell, "Academy Will Keep Accounting Firm PwC for Next Oscars," *USA Today-Springfield, Missouri News-Leader*, March 30, 2017, p. 7B.
10. B. Horovitz, "Gross Photo with Wendy's Frosty Is Latest to Go Viral," *USA Today*, June 14, 2013, p. 2B; and S. Clifford, "Video Prank at Domino's Taints Brand," *New York Times Online*, April 16, 2009.
11. SmartPulse, "Where Does the Biggest Threat to Your Organizations Come From?" www.smartbrief.com/leadership, May 12, 2015.
12. J. F. Van Niekerk and R. Von Solms, "Information Security Culture: A Management Perspective," *Computers & Security*, June 2010, pp. 476–86; T. Vinas and J. Jusko, "5 Threats That Could Sink Your Company," *Industry Week*, September 2004, pp. 52–61; "Workplace Security: How Vulnerable Are You?" special section in *Wall Street Journal*, September 29, 2003, pp. R1–R8; P. Magnusson, "Your Jitters Are Their Lifeblood," *Business Week*, April 14, 2003, p. 41; and T. Purdum, "Preparing for the Worst," *Industry Week*, January 2003, pp. 53–55.
13. A. Dalton, "Rapid Recovery," *Industry Week*, March 2005, pp. 70–71.
14. L. Dishman, "This New Platform Lets Your Coworkers Rate You Whether You Like It or Not," *Fast Company Online*, May 2, 2017.
15. B. Nelson, "Long-Distance Recognition," *Workforce*, August 2000, 50–52.
16. D. Auerbach, "Watch for Workplace Productivity Killers," *Springfield, Missouri, News-Leader*, July 13, 2014, p. 1G.
17. S. Kerr, "On the Folly of Rewarding A, While Hoping for B," *Academy of Management Journal*, December 1975, pp. 769–83; and N. F. Piercy, D. W. Cravens, N. Lane, and D. W. Vorhies, "Driving Organizational Citizenship Behaviors and Salesperson In-Role Behavior Performance: The Role of Management Control and Perceived Organizational Support," *Journal of the Academy of Marketing Science*, Spring 2006, pp. 244–62.
18. Classic Concepts in Today's Workplace box based on H. Min and H. Min, "Benchmarking the Service Quality of Fast-Food Restaurant Franchises in the USA," *Benchmarking: An International Journal*, April 2011, pp. 282–300; R. Pear, "A.M.A. to Develop Measure of Quality of Medical Care," *New York Times Online*, February 21, 2006; A. Taylor III, "Double Duty," *Fortune*, March 7, 2005, pp. 104–10; C. Bogan and D. Callahan, "Benchmarking in Rapid Time," *Industrial Management*, March–April 2001, pp. 28–33; and L. D. McNary, "Thinking about Excellence and Benchmarking," *Journal for Quality and Participation*, July–August 1994.
19. H. Koontz and R. W. Bradspies, "Managing through Feedforward Control," *Business Horizons*, June 1972, pp. 25–36.
20. M. Helft, "The Human Hands behind the Google Money Machine," *New York Times Online*, June 2, 2008.
21. J. Yang and S. Music, "Micromanaging," *USA Today*, August 8, 2014, 1B.
22. B. Caulfield, "Shoot to Kill," *Forbes*, January 7, 2008, pp. 92–96.
23. W. H. Newman, *Constructive Control: Design and Use of Control Systems* (Upper Saddle River, NJ: Prentice Hall, 1975), 33.
24. 2015 Data Breach Investigations Report, http://www.verizonenterprise.com/DBIR/2015/, May 31, 2015.
25. B. Grow, K. Epstein, and C.-C. Tschang, "The New E-Spionage Threat," *Business Week*, April 21, 2008, pp. 32–41; S. Leibs, "Firewall of Silence," *CFO*, April 2008, pp. 31–35; J. Pereira, "How Credit-Card Data Went out Wireless Door," *Wall Street Journal*, May 4, 2007, pp. A1+; and B. Stone, "Firms Fret as Office E-Mail Jumps Security Walls," *New York Times Online*, January 11, 2007.
26. SmartPulse, "How Well Do You Give Difficult Feedback?" Smart Brief on Leadership, www.smartbrief.com/leadership, December 3, 2014.
27. E. R. Iselin, J. Sands, and L. Mia, "Multi-Perspective Performance Reporting Systems, Continuous Improvement Systems, and Organizational Performance," *Journal of General Management*, Spring 2011, pp. 19–36; L. Elmore, "The Balanced Business," *Women in Business*, Spring 2011, pp. 14–16; D. Agostino and M. Arnaboldi, "How the BSC Implementation Process Shapes Its Outcome," *International Journal of Productivity & Performance Management*, January 2011, pp. 99–114; R. S. Kaplan and D. P. Norton, "How to Implement a New Strategy without Disrupting Your Organization," *Harvard Business Review*, March 2006, pp. 100–09; L. Bassi and D. McMurrer, "Developing Measurement Systems for Managers in the Knowledge Era," *Organizational Dynamics*, May 2005, pp. 185–96; G. M. J. DeKoning, "Making the Balanced Scorecard Work (Part 1)," *Gallup Brain*, July 8, 2004, www.brain.gallup.com; G. M. J. DeKoning, "Making the Balanced Scorecard Work (Part 2)," *Gallup Brain*, August 12, 2004, www.brain.gallup.com; K. Graham, "Balanced Scorecard," *New Zealand Management*, March 2003, pp. 32–34; K. Ellis, "A Ticket to Ride: Balanced Scorecard," *Training*, April 2001, p. 50; and T. Leahy, "Tailoring the Balanced Scorecard," *Business Finance*, August 2000, pp. 53–56.
28. J. Yaukey and C. L. Romero, "Arizona Firm Pays Big for Workers' Digital Downloads," *Associated Press, Springfield, Missouri, News-Leader*, May 6, 2002, p. 6B.

29. Information on *Hoovers Online*, June 17, 2011, **www.hoovers.com**; and N. Shirouzu and J. Bigness, "7-Eleven Operators Resist System to Monitor Managers," *Wall Street Journal*, June 16, 1997, p. B1.

30. A. R. Carey and P. Trap, "Wasting Work Time Online?" *USA Today*, October 18, 2014, p. 1A.

31. Managing Technology in Today's Workplace box based on C. A. Ciocchetti, "The Eavesdropping Employer: A Twenty-First-Framework for Employee Monitoring," *American Business Law Journal*, Summer 2011, pp. 285–369; G. M. Amsler, H. M. Findley, and E. Ingram, "Performance Monitoring: Guidance for the Modern Workplace," *Supervision*, January 2011, pp. 16–22; T. Harbert, "When IT Is Asked to Spy," *ComputerWorld Online*, October 11, 2010; D. Searcey, "Employers Watching Workers Online Spurs Privacy Debate," *Wall Street Journal*, April 23, 2009, p. A13; D. Darlin, "Software That Monitors Your Work, Wherever You Are," *New York Times Online*, April 12, 2009; S. Boehle, "They're Watching You," *Training*, September 2008, pp. 23+; S. Shellenbarger, "Work at Home? Your Employer May Be Watching You," *Wall Street Journal*, July 30, 2008, pp. D1+; J. Jusko, "A Watchful Eye," *Industry Week*, May 7, 2001, p. 9; "Big Brother Boss," *U.S. News and World Report*, April 30, 2001, p. 12; and L. Guernsey, "You've Got Inappropriate E-Mail," *New York Times*, April 5, 2000, pp. C1+.

32. "2007 Electronic Monitoring & Surveillance Survey," *American Management Association*, www.amanet.org.

33. S. Armour, "Companies Keep an Eye on Workers' Internet Use," *USA Today*, February 21, 2006, p. 2B.

34. B. White, "The New Workplace Rules: No Video-Watching," *Wall Street Journal*, March 4, 2008, pp. B1+.

35. Ibid.

36. N. Lugaresi, "Electronic Privacy in the Workplace: Transparency and Responsibility," *International Review of Law, Computers, & Technology*, July 2010, pp. 163–73; P.-W. Tam, E. White, N. Wingfield, and K. Maher, "Snooping E-Mail by Software Is Now a Workplace Norm," *Wall Street Journal*, March 9, 2005, pp. B1+; D. Hawkins, "Lawsuits Spur Rise in Employee Monitoring," *U.S. News & World Report*, August 13, 2001, p. 53; and Guernsey, "You've Got Inappropriate Mail."

37. S. Armour, "More Companies Keep Track of Workers' E-Mail," *USA Today*, June 13, 2005, 4B; and E. Bott, "Are You Safe? Privacy Special Report," *PC Computing*, March 2000, pp. 87–88.

38. A. M. Bell and D. M. Smith, "Theft and Fraud May Be an Inside Job," *Workforce Online*, www.workforce.com (December 3, 2000).

39. C. C. Verschoor, "New Evidence of Benefits from Effective Ethics Systems," *Strategic Finance*, May 2003, pp. 20–21; and E. Krell, "Will Forensic Accounting Go Mainstream?" *Business Finance*, October 2002, pp. 30–34.

40. B. Mirza, "Combat Costly Discrimination, Employee Fraud, Theft," *HR Magazine*, February 2011, p. 14; and S. E. Needleman, "Businesses Say Theft by Their Workers Is Up," *Wall Street Journal*, December 11, 2008, p. B8.

41. J. Greenberg, "The STEAL Motive: Managing the Social Determinants of Employee Theft," in R. Giacalone and J. Greenberg (eds.), *Antisocial Behavior in Organizations* (Newbury Park, CA: Sage, 1997), pp. 85–108.

42. M. S. Hershcovis, "Incivility, Social Undermining, Bullying… Oh My! A Call to Reconcile Constructs within Workplace Aggression Research," *Journal of Organizational Behavior*, April 2011, pp. 499–519; B. E. Litzky, K. A. Eddleston, and D. L. Kidder, "The Good, the Bad, and the Misguided: How Managers Inadvertently Encourage Deviant Behaviors," *Academy of Management Perspective*, February 2006, pp. 91–103; "Crime Spree," *BusinessWeek*, September 9, 2002, p. 8; B. P. Niehoff and R. J. Paul, "Causes of Employee Theft and Strategies That HR Managers Can Use for Prevention," *Human Resource Management*, Spring 2000, pp. 51–64; and G. Winter, "Taking at the Office Reaches New Heights: Employee Larceny Is Bigger and Bolder," *New York Times*, July 12, 2000, pp. C1+.

43. K. Aho, "A Highly Effective, Very Low-Tech Way to Stop Fraud," *Bloomberg*, August 11, 2014, http://www.bloomberg.com/bw/articles/2014-08-11/to-stop-fraud-employee-tip-hotlines-are-remarkably-effective.

44. This section is based on J. Greenberg, *Behavior in Organizations*, 10th ed. (Upper Saddle River, NJ: Prentice Hall, 2011).

45. A. H. Bell and D. M. Smith, "Why Some Employees Bite the Hand That Feeds Them," *Workforce Online*, December 3, 2000, www.workforce.com.

46. Litzky et al., "The Good, the Bad, and the Misguided"; A. H. Bell and D. M. Smith, "Protecting the Company against Theft and Fraud," *Workforce Online*, December 3, 2000; J. D. Hansen, "To Catch a Thief," *Journal of Accountancy*, March 2000, pp. 43–46; and J. Greenberg, "The Cognitive Geometry of Employee Theft," in *Dysfunctional Behavior in Organizations: Nonviolent and Deviant Behavior* (Stamford, CT: JAI Press, 1998), pp. 147–93.

47. T. K. Garrett, "Subduing Violence at Work: Setting Policies to Help Safeguard the Workplace," March 18, 2015, http://www.workforce.com/articles/21201-subduing-violence-at-work-setting-policies-to-help-safeguard-the-workplace; G. Botelho, "Workplace Violence: Know the Numbers, Risk Factors and Possible Warning Signs," September 28, 2014, http://www.cnn.com/2014/09/27/us/workplace-violence-questions-answers/; L. Copeland and D. Stanglin, "'Rambo' Gunman Injures 6 at FedEx Facility," *USA Today Online*, April 29, 2014; R. Rivera and L. Robbins, "Troubles Preceded Connecticut Workplace Killing," *New York Times Online*, August 3, 2010; J. Griffin, "Workplace Violence News," July 16, 2010, www.workplaceviolencenews.com; and J. Smerd, "Workplace Shootings in Florida, Texas Again Put Focus on Violence on the Job," *Workforce Management Online*, November 6, 2009.

48. "Workplace Homicides from Shootings," U.S. Bureau of Labor Statistics, January 2013, http://www.bls.gov/iif/oshwc/cfoi/osar0016.htm.

49. J. McCafferty, "Verbal Chills," *CFO*, June 2005, p. 17; S. Armour, "Managers Not Prepared for Workplace Violence," July 15, 2004, pp. 1B+; and "Workplace Violence," OSHA Fact Sheet, U.S. Department of Labor, Occupational Safety and Health Administration, 2002.

50. "Ten Tips on Recognizing and Minimizing Violence," *Workforce Management Online*, December 3, 2000.

51. "Bullying Bosses Cause Work Rage Rise," *Management Issues News*, January 28, 2003, www.management-issues.com.

52. C. Cosh, "Keep a Close Eye Out for the Signs," *Macleans*, December 27, 2010, p. 24; and R. McNatt, "Desk Rage," *BusinessWeek*, November 27, 2000, p. 12.

53. M. Gorkin, "Key Components of a Dangerously Dysfunctional Work Environment," *Workforce Online*, December 3, 2000, **www.workforce.com**.

54. L. D. Lieber, "HR's Role in Preventing Workplace Violence," *Employment Relations*, Winter 2011, pp. 83-88; Cosh, "Keep a Close Eye Out for the Signs"; "Ten Tips on Recognizing and Minimizing Violence," *Workforce Management Online*, December 3, 2000; A. C. Klotz and M. R. Buckley, "Where Everybody Knows Your Name: Lessons from Small Business about Preventing Workplace Violence," *Business Horizons*, November 2010, pp. 571–79; M. Gorkin, "Five Strategies and Structures for Reducing Workplace Violence," *Workforce Management Online*, December 3, 2000; "Investigating Workplace Violence: Where Do You Start?" *Workforce Management Online*, December 3, 2000; and "Points to Cover in a Workplace Violence Policy," *Workforce Management Online*, December 3, 2000.

55. Based on N. Pelusi, "Dealing with Difficult People," *Psychology Today*, September–October 2006, pp. 68–69; and R. I. Sutton, *The No Asshole Rule: Building a Civilized Workplace and Surviving One That Isn't* (New York: Business Plus, 2007).

56. A. Carr, "Chipotle Eats Itself," *Fast Company Online*, October 16, 2016; D. Alba, "Chipotle's Health Crisis Shows Fresh Food Comes at a Price," *Wired Magazine Online*, January 15, 2016; and S. Berfield, "Inside Chipotle's Contamination Crisis," *Bloomberg Online*, December 22, 2015.

57. E. Dockterman, "Chipotle Will Briefly Close All Its Restaurants to Address Food Safety Issue," *Time Magazine Online*, January 15, 2016.

58. J. Jargon, "Chipotle Founder to Step Down as CEO," *Wall Street Journal Online*, November 30, 2017.

59. R. Feintzeig, "Everything Is Awesome! Why You Can't Tell Employees They're Doing a Bad Job," *Wall Street Journal Online*, February 10, 2015; TciiStrategic and Management Consultants, "Why Positive Feedback Is Crucial to High Performance," May 13, 2013, http://www.businesszone.co.uk/blogs/tcii/tcii-strategic-and-management-consultants/why-positive-feedback-crucial-high-performance; and C. M. Phoel, "Feedback That Works," *Harvard Business Review*, April 27, 2009, https://hbr.org/2009/04/feedback-that-works/.

60. "About Tesla," June 8, 2018, www.tesla.com.

61. S. Banker, "Tesla's Disappointing Earnings Highlight Problems in Scaling Production," *Forbes Online*, May 3, 2018.

62. J. D. Stoll, "Tesla's Factory in a Fishbowl," *Wall Street Journal Online*, May 8, 2018.

63. L. Denning, "What If Tesla Runs Out of Gas?" *Bloomberg Businessweek*, April 23, 2018, pp. 17–19.

64. Stoll, "Tesla's Factory in a Fishbowl."

65. L. Poultney, "Hey, Tesla, How Hard Can It Be to Actually Make a Car?" *Wired UK Online*, April 22, 2018.

66. Stoll, "Tesla's Factory in a Fishbowl."

67. Ibid.; and Poultney, "Hey, Tesla, How Hard Can It Be to Actually Make a Car?"

68. C. Grant, "Tesla's Numbers Are More Dramatic than Its CEO," *Wall Street Journal*, May 7, 2018, p. B10.

69. T. Higgins and S. Goldfarb, "Big Test for Tesla as Officials Step Away," *Wall Street Journal*, May 14, 2018, pp. A1+.

70. N. Bomey, "Musk All Smiles After Tesla Model 3 Output Hits Target," *USA Today-Springfield, Missouri News-Leader*, July 3, 2018, p. 3B; T. Higgins, "Tesla Hits Model 3 Production Goal," *Wall Street Journal*, July 2, 2018, p. B2; and T. Higgins and S. Pulliam, "Deadline Places Musk In 'Production Hell,'" *Wall Street Journal*, June 28, 2018, pp. A1+.

스타벅스 매장 어느 곳에서든 손님들 손에 들려 있는 모락모락 김이 나는 커피는 커피 나무 밭에서 커피 열매를 채취하면서 시작된다. 수확부터 저장, 로스팅, 소매, 커피잔에 이르기까지 스타벅스는 각 가치사슬 참여자들이 수행하는 중요한 역할들을 이해하고 있다.

스타벅스는 전 세계에서 커피를 엄선하고, 커피 구매자들은 커피 재배 지역인 중남미, 아프리카/아랍, 아시아/태평양 지역을 직접 방문해 최고급 아라비카 원두를 구매한다. 일단 원두가 5개의 로스팅 시설(워싱턴, 펜실베이니아, 네바다, 사우스캐롤라이나, 암스테르담) 중 하나에 도착하면, 스타벅스의 전문 로스터들은 회사의 풍부한 시그니처 로스트 커피를 만드는 데 '마법'을 발휘하는데, 이는 전문 로스터들이 '커피를 알고 균형 잡힌 커피 향을 내기 위해 축적된 결과'이다. 원자재를 품질 좋은 제품과 고객이 스타벅스에서 기대하는 경험으로 '변형'하는 데는 잠재적인 문제들(날씨, 배송 및 물류, 기술, 정치적 불안정성 등)이 있다. 이 모든 것이 회사에 영향을 미칠 수 있다. 이러한 운영 관리가 매우 어렵지만, 오늘날 스타벅스가 직면하고 있는 가장 어려운 문제는 스타벅스에서의 독특한 커피 경험이라는 비전과 4달러짜리 라테를 판매해야 하는 현실의 균형을 맞추는 것이다.

모든 조직은 그것이 제품이든 서비스든 간에 무언가를 생산한다. 스타벅스와 같은 일부 회사는 제품과 서비스를 동시에 생산한다. 기술은 생산 방식을 변화시켰다. 이 운영 모듈에서는 조직이 운영 관리를 어떻게 하는지와 관리자가 운영 프로세스에서 수행하는 중요한 역할에 초점을 맞춘다.

운영 관리에 대해 알아야 할 사항은 무엇인가?

우리가 구입하거나 사용하는 제품과 서비스를 조직이 어떻게 '생산'하는지 생각해 본 적이 거의 없을 것이다. 하지만 이것은 중요한 과정이다. 생산 과정이 없다면, 당신은 운전할 차나, 간식용 맥도날드 감자튀김이나, 심지어 산책을 위한 지역 공원의 등산로를 이용할 수 없을 것이다. 오늘날처럼 경쟁이 치열해지고 있는 글로벌 환경에서 살아남기 위해서는 신중하고도 잘 설계된 운영 시스템, 조직 통제 시스템과 품질 프로그램이 필요하다. 그리고 그런 것들을 잘 관리하는 것은 관리자의 몫이다.

운영 관리란 무엇인가?

운영 관리(operations management)란 노동·원자재 등의 자원을 고객이 사용할 수 있는 제품·서비스로 전환하는 변환 과정을 설계·운영·통제하는 것을 말한다. 그림 MOM.1은 투입물을 산출물로 변환해 가치를 창출하는 변환 프로세스를 간략하게 보여준다. 이 시스템은 사람, 기술, 자본, 장비, 자재 및 정보 등의 투입물을 다양한 프로세스, 절차 및 작업 활동을 통해 완제품 및 서비스로 변환한다. 이러한 프로세스, 절차 및 작업 활동은 조직 전체에서 일어난다. 예를 들어 마케팅, 재무, 연구개발, 인적자원 및 회계 부서 구성원은 투입물을 매출, 확대된 시장 점유율, 높은 투자수익률, 신제품 및 혁신제품, 의욕적이고 헌신적인 직원, 회계보

그림 MOM.1　운영 시스템

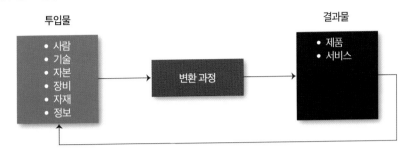

고서와 같은 산출물로 변환한다. 관리자는 자신의 업무 영역에 관계없이 운영 관리 개념을 잘 알아야 목표를 보다 효과적이고 효율적으로 달성할 수 있다.

운영 관리가 중요한 이유는 무엇인가?

1. 서비스 및 제조 조직의 프로세스가 모두 포함된다.

2. 생산성을 효과적이고 효율적으로 관리하는 데 있어 중요하다.

3. 조직이 경쟁에서 성공하기 위한 전략적 역할을 한다.

---

1 서비스기업과 제조기업은 어떻게 다른가?

매일 신선하게 만들어지는 250개 이상의 아이템을 제공하는 메뉴를 공급하기 위해서 치즈케이크 팩토리(The Cheesecake Factory) 식당들은 정교하게 조정된 생산 시스템을 가동한다. 음식 서비스 컨설턴트는 "이 식당들은 매우 복잡한 메뉴와 매우 효율적인 주방을 결합하여 발전했다"[1]고 말한다.

　모든 조직은 **변환 과정**(transformation process)을 통해 제품 또는 서비스를 생산한다. 간단히 말해서, 모든 조직에는 투입물을 완제품과 서비스 산출물로 전환함으로써 가치를 창출하는 운영 시스템이 있다. 제조업체는 자동차, 휴대전화, 식품 등 제품이 명확하다. 결국, **제조업**(manufacturing organizations)은 물리적인 제품을 생산한다. 이러한 유형의 조직에서는 원자재가 알아볼 수 있는 물리적 제품으로 바뀌기 때문에 생산 관리(변환) 프로세스를 쉽게 확인할 수 있다. 그러나 **서비스 조직**(service organization)에서는 물리직 결과물이 아닌 서비스 형태로 산출되기 때문에 이러한 변환 과정이 쉽게 드러나지 않는다. 예를 들어 병원은 사람들의 건강을 관리하는 데 도움을 주는 의료 및 건강관리 서비스를 제공한다. 택시회사는 사람들을 한 장소에서 다른 장소로 이동시키는 교통 서비스를 제공한다. 유람선은 휴가와 오락 서비스를 제공한다. 주거용 배관공과 전기 기술자들은 일상생활에 필요한 전기와 물을 사용할 수 있도록 해준다. 모든 서비스 조직은 입력을 출력으로 변환한다. 예를 들어 여러분의 대학을 보라. 대학 관리자는 강사, 서적, 멀티미디어 강의실 및 다양한 자원의 입력을 통합해서 학생들을 잘 교육된 능력 있는 개인으로 전환시킨다.

　우리가 서비스 운영 관리를 강조하는 이유는 미국 경제와 세계 경제가 대부분 서비스 창출 및 판매에 의해 이루어지기 때문이다. 대부분의 선진국은 서비스 경제가 발전해 있다.[2] 예를 들어 미국에서 전체 경제활동의 78%가 서비스이고, 유럽연합은 73%에 육박한다. 후진국에서 서비스 부문은 상대적으로 덜 중요하다. 예를 들어 아프리카 중북부에 있는 나라인 차드에서는 경제활동의 32%, 라오스에서는 44%, 볼리비아에서는 48%가 서비스 부문이다.

변환 과정
자원을 완성품과 서비스로 전환하는 과정

제조업
물리적인 제품을 생산하는 조직

서비스업
물리적 제품이 아닌 서비스를 제공하는 조직

2 기업은 어떻게 생산성을 높이는가?

제트 여객기 한 대에 들어가는 부품은 약 400만 개이다. 이렇게 정교하게 만들어진 제품을 효율적으로 조립하려면 집중력이 필요하다. 세계 양대 항공기 제조사인 보잉과 에어버스는 토요타의 기술을 모방했다. 그러나 항공사들이 자동차 구매자들보다 더 많은 주문제작을 요구하기 때문에 모든 기술을 모방할 수 있는 것은 아니며, 제트 여객기에 대한 안전 규제는 자동차보다 훨씬 더 엄격하다.[3] 로드아일랜드주 이스트 프로비던스(East Providence)에 있는 에반스 파인딩스 컴퍼니(Evans Findings Company)는 치실 용기에 붙어 있는 작은 날을 만드는 회사인데, 매일 한 번 사람 없이 교대조가 운영된다.[4] 회사의 목표는 노동력 없이 가능한 한 많은 일을 하는 것이다. 그리고 그것은 회사가 직원들을 신경 쓰지 않기 때문이 아니다. 대신에, 많은 미국 제조업자들처럼, 에반스는 저가 경쟁업체에 맞서 살아남기 위해 생산성을 향상시켜야 했다. 그래서 그들은 '소등' 방식의 제조로 눈을 돌렸다. 신뢰도가 매우 높은 기계를 설계했기 때문에 사람이 조작하지 않고도 스스로 흠 없는 부품을 만들 수 있었다.

대부분의 조직이 400만 개의 부품을 갖춘 제품을 만드는 것은 아니고, 대부분의 조직이 사람 없이 제품을 만들 수는 없겠지만, 생산성 향상은 사실상 모든 조직에서 주요 목표이다. 국가의 경우 높은 생산성은 경제 성장과 발전을 가져온다. 근로자들은 더 높은 임금을 받을 수 있고 인플레이션을 유발하지 않으면서 기업들의 수익이 높아질 수 있다. 개별 조직의 경우 생산성 향상을 통해 보다 경쟁력 있는 비용 구조와 가격을 제공할 수 있다.

지난 10년 동안 미국 기업들은 효율성을 높이기 위해 획기적으로 개선이 이루어졌다. 예를 들어 코네티컷주 셸턴(Shelton)에 있는 라텍스 폼 인터내셔널(Latex Foam International)의 최첨단 디지털 시설에서는 엔지니어가 공장의 모든 작업을 모니터링한다. 그 시설은 작은 공간에서 생산용량을 50% 증가시켰고 30%의 효율성 증가를 달성했다.[5] 생산성 향상을 추구하는 것은 제조업만이 아니다. 펠라코퍼레이션(Pella Corporation) 구매실은 구매 주문 접수 시간을 50%에서 86%로 줄이고 바우처 처리를 27% 줄였으며 14개 금융 시스템을 없앰으로써 생산성을 높였다. 정보기술(IT) 부서는 전자메일 트래픽을 절반으로 줄이고 콜센터 이용자와 같이 대형 PC 사용자를 위한 업무 설계 개선도 실시했다. 인사부는 복지 신청 처리 시간을 156.5일 단축했다. 그리고 재무 부서는 이제 월말 결산을 하는 데 6일이 아니라 이틀이면 된다.[6]

세계적으로 성공하기를 원하는 조직들은 생산성을 향상시킬 방법을 찾고 있다. 예를 들어 맥도날드는 감자튀김을 요리하는 데 걸리는 시간을 210초에서 65초로 대폭 줄여 시간을 비롯한 다른 자원을 절약했다.[7] 토론토에 본사를 둔 캐나다 임페리얼 상업은행(Canadian Imperial Bank of Commerce)은 구매 기능을 자동화해 연간 수백만 달러를 절약했다.[8] 그리고 체코의 자동차 회사인 스코다(Skoda)는 제조 공정의 강도 높은 구조조정을 통해 생산성을 향상시켰다.[9]

생산성은 사람과 운영 변수의 조합이다. 생산성을 향상시키기 위해 관리자는 두 가지 모두에 집중해야 한다. 유명한 품질 전문가였던 에드워즈 데밍(W. Edwards Deming)은 근로자가 아닌 경영자가 생산성 증대의 일차적인 원천이라고 믿었다. 그는 경영진의 생산성 향상을 위한 14가지 요인을 정리했다. 다음은 그가 했던 일을 간략히 정리한 것이다.

윌리엄 에드워즈 데밍은 미국의 통계학자, 교수, 작가, 강사, 컨설턴트였다. 그는 제2차 세계대전 동

안 미국에서 생산량을 향상시킨 공로를 널리 인정받았지만, 대개는 일본에서 일한 것으로 더 잘 알려져 있다. 1950년부터 그는 일본의 최고경영자들에게 주로 통계적인 방법을 적용해 제품 설계와 제품 품질, 테스트, 판매를 개선하는 방법을 가르쳤다. 그의 철학은 다음과 같이 요약된다. "데밍은 조직이 적절한 관리 원칙을 세우고 (낭비, 재작업, 직원 감축 및 소송을 줄이고 고객 충성도를 높임으로써) 품질을 높이고 동시에 비용을 절감할 수 있다는 것을 가르쳤다. 핵심은 지속적인 개선을 실천하고 제조를 단편적인 조각이나 부분으로 보지 말고 시스템으로 보라는 것이다."

데밍의 철학을 실행해 생산성을 높이려면 데밍의 14가지 핵심 포인트를 따라야 한다. 14가지 내용은 다음과 같다.

- 장기적인 미래를 위한 계획을 세워라
- 제품의 품질에 절대 만족하지 말라
- 생산 공정을 통계에 기반 해 통제하고, 공급업체도 이를 수행하도록 요구하라
- 가장 적은 수의 최고의 공급업체와 거래하라
- 문제가 생산 공정의 특정 부분에 국한되는지, 아니면 전체 공정에서 비롯된 것인지 파악하라
- 회사가 요구하는 일을 수행할 수 있도록 직원들을 훈련시켜라
- 현장 관리자의 자질을 높여라
- 공포를 없애라
- 부서나 부문의 역기능에 집중하지 말고 부서별로 긴밀하게 협력할 것을 권장하라
- 지나치게 엄격한 계량 목표를 설정하지 말라
- 작업자에게 양질의 작업을 요구하라
- 직원들에게 통계적 방법을 이해하도록 교육하라
- 필요에 따라 직원들에게 새로운 기술을 교육하라
- 최고경영자가 이러한 원칙을 이행할 책임을 지도록 하라

이러한 원칙은 시간이 흘러도 유효하며, 생산성 향상을 원하는 모든 관리자에게 여전히 적용 가능하다.

이 제안들을 자세히 살펴보면 데밍이 사람과 운영 사이의 상호작용에 대해 이해하고 있다는 것을 알 수 있다. 높은 생산성은 단지 훌륭한 '인력 관리'에서만 얻을 수 있는 것은 아니다. 진짜 효과적인 조직은 전체 운영 체제에 인력을 성공적으로 통합함으로써 생산성을 극대화한다. 예를 들어 조지아주 아메리쿠스(Americus)에 있는 심플렉스 네일즈 매뉴팩처링(Simplex Nails Manufacturing)에서 직원들은 기업 회생을 위해 꼭 필요한 부분이었다. 일부 생산직 근로자들을 이동시키는 등 재배치를 통해서 공장 전체적으로 공간을 확보했다. 그 회사의 영업 인력은 재고품보다는 고객이 원하는 것을 팔기 위해 재교육을 받았다. 결과는 극적이었다. 재고가 50% 이상 감소, 공장 용적률 20% 증가, 주문량 증가, 직원들의 사기 향상 등의 효과가 있었다. 이 회사는 사람과 운영 체제 사이의 중요한 상호작용을 이해한 회사이다.

3 기업 전략에서 운영 관리는 어떤 역할을 하는가?
현대 제조업은 110여 년 전 미국, 주로 디트로이트의 자동차 공장에서 시작되었다. 제2차 세

계대전 동안 미국 제조업체들의 성공은 제조업 임원진들로 하여금 골치 아픈 생산 문제가 정복되었다고 믿게 만들었다. 대신 이들 경영진은 금융, 마케팅과 같은 다른 기능 분야를 개선하는 데 주력했고 제조에는 거의 관심을 기울이지 않았다.

그러나 미국 경영진이 생산 기능을 무시하자 일본, 독일 등의 경영자들이 전략계획 의결 결정에 생산운영을 완전히 통합해 현대적이고 기술적으로 발전된 설비를 개발하는 기회를 잡았다. 이들 국가가 경쟁에서 우위를 점해 세계 제조업의 리더십을 재정립했다. 미국 제조업체들은 곧 외국 상품들이 더 좋은 제품을 더 싸게 만들고 있다는 것을 발견했다. 마침내, 1970년대 후반, 미국 경영자들은 그들이 진정한 위기에 직면해 있다는 것을 인식하고 대응하기 시작했다. 그들은 제조 기술을 개선하고, 생산 담당 임원의 권한과 위상을 높였으며, 조직의 전반적인 전략계획에 현재 및 미래의 생산 요구사항을 통합하기 시작했다. 오늘날, 성공적인 조직들은 글로벌 리더십을 구축·유지하기 위해 전사 조직 전략의 일환으로 운영 관리의 중요성을 인식하고 있다.[12]

성공적인 조직 성과 창출을 위한 운영 관리의 전략적 역할이 크다는 것은 많은 조직이 가치사슬의 관점에서 운영 관리를 하고 있다는 점에서 분명히 알 수 있다.

가치사슬 관리는 무엇이며 왜 중요한가?

지금 밤 11시인데, 당신은 부모님이 올해 생일 선물로 컴퓨터를 사주겠다고 보낸 문자메시지를 읽고 있다. 델 컴퓨터 웹 사이트에 로그인해 꿈의 컴퓨터를 고른다. 주문 버튼을 누르면 2~3일 이내에 꿈의 컴퓨터가 현관으로 배달되고, 정확한 사양으로 구성하고, 즉시 설치 및 사용할 수 있도록 준비되어 내일까지 제출해야 하는 온라인 과제를 한다. 또는 독일 포르히하임(Forchheim)에 있는 지멘스(Siemens AG)의 전산화 단층 촬영기계 제조 공장에서 약 30개 공급업체와 파트너십을 구축했다고 생각해보라. 이들 공급업체는 전체 프로세스 성능에 대한 책임을 공장과 공유하기 때문에 진정한 의미의 파트너라고 할 수 있다. 지멘스는 계약을 통해 재고 창고를 모두 없앨 수 있었으며, 종이로 부품을 주문하는 횟수를 18회에서 1회로 줄였다. 오하이오주 캔턴(Canton)에 있는 팀켄(Timken)의 공장에서는 전자 구매 주문서가 길 건너에 있는 '공급업체 도시'로 보내지고 있으며, 이곳에는 주요 공급업체들의 점포들이 있다. 이 과정은 순식간에 이루어지며, 구매 주문당 50센트 미만의 비용이 든다. 그리고 블랙앤데커가 글루건을 포함해 휴대용 제품 라인을 확장했을 때, 시장에서 제일 앞서 있는 글루건 제조업체에게 디자인 및 생산 전체를 아웃소싱했다. 왜 그랬을까? 왜냐하면 회사는 글루건에는 모터가 필요하지 않다는 것을 이해했기 때문이며, 블랙앤데커가 가장 잘한 일이었다.[13]

위 예에서 알 수 있듯이, 많은 기업체들 간 통합 작업이 어떻게 가능할까? 답은 가치사슬 관리에 있다. 가치사슬 관리의 개념은 운영 관리 전략을 변화시켰고, 전 세계 기업들이 경쟁 기회를 활용하기 위해 전략적으로 포지셔닝하도록 만들었으며, 정교하게 조정된 효율성 및 효과성 모델이 가능하도록 변화시켰다.

가치사슬 관리란?

모든 조직이 생존하고 성장하려면 고객이 필요하다. 비영리 단체라 하더라도 서비스를 이용하거나 제품을 구매하는 '고객'이 있어야 한다. 고객은 구매하거나 사용하는 제품과 서비스로부터 어떤 형태의 가치를 원하며, 이들 고객은 제품과 서비스에 어떤 가치가 있는지를 확인한다. 조직은 고객을 유치하고 유지하기 위해 이러한 가치를 제공해야 한다. **가치**(value)는 고객이 자원(일반적으로 돈)을 주는 대신에 받게 되는 상품과 서비스의 특성, 속성 및 기타 측면으로 정의된다. 예를 들어 아마존 뮤직(Amazon Music)에 아리아나 그란데(Ariana Grande)의 새 싱글앨범을 다운로드하거나, 회사 웹사이트에서 호주산 양가죽 어그부츠를 구입하거나, 캠퍼스 내 드라이브 스루 장소에서 웬디스의 베이컨 치즈 버거를 구입하거나, 동네 미용실에서 머리를 자르는 행위들은 모두 고객에게 가치를 제공한다. 즉 고객은 저녁 공부 시간에 음악을 듣거나, 겨울의 추운 날씨에 발을 따뜻하게 하고 유행도 따르거나, 다음 수업이 15분 후에 시작될 때부터 점심 시간 허기짐을 달래거나, 다음 주에 있을 취업 면접을 위해 전문적으로 머리를 손질한 것처럼 보이는 등 이러한 제품과 서비스에 대가를 지불함으로써 자신이 필요한 가치를 얻고 자신들의 욕구를 충족한다.

고객에게 가치가 어떻게 제공될까? 최종 사용자가 원하는 시기와 장소, 방법으로 원자재 및 기타 자원을 제품이나 서비스로 변환함으로써 가능하다. 다양한 자원을 고객이 소중하게 여기고 기꺼이 지불할 수 있는 것으로 바꾸는 이러한 행위가 겉보기에는 단순해 보이지만, 다양한 참여자(공급자, 제조업체, 때로는 고객)에 의해 수행되는 상호 연관된 업무 활동, 즉 **가치사슬**(value chain)에 의해 이루어진다. 가치사슬은 원자재에서 완제품에 이르기까지 각 단계에서 가치를 부가하는 일련의 조직적 작업 활동이다. 전체적으로 가치사슬은 공급자의 공급자, 고객의 고객까지 포괄한다.[14]

가치사슬 관리(value chain management)는 전체 가치사슬을 따라 일련의 활동과 정보를 관리하는 과정이다. 내부 지향적이고 조직에 들어오는 재료(자원)의 효율적인 흐름에 초점을 맞춘 공급망관리(supply chain management)와는 달리, 가치사슬 관리는 외부 지향적이며 들어오는 재료와 나가는 제품 및 서비스 모두에 초점을 맞춘다. 공급망 관리는 효율성을 지향하지만(비용 절감과 조직의 생산성 향상을 목표로 함), 가치사슬 관리는 효과성을 지향하고 지향하고 고객을 위한 최고의 가치 창출을 목표로 한다.

가치사슬 관리의 목표는 무엇인가?

가치사슬에서 누가 권력을 가지고 있는가? 공급업체는 필요한 자원과 자재를 공급하고 있는가? 결국, 공급업체는 가격과 품질을 좌우할 수 있는 능력을 가지고 있다. 그러한 자원을 유용한 제품이나 서비스로 조립하는 것이 제조업체인가? 제품이나 서비스를 만드는 데 있어 제조업체의 기여는 매우 명백하다. 고객이 필요로 하는 장소와 시간에 제품이나 서비스를 이용할 수 있도록 하는 것은 유통업체인가? 사실, 그렇지 않다. 가치사슬 관리에서 궁극적으로 권력을 가진 주체는 고객이다.[16] 고객은 가치가 무엇이고 그것이 어떻게 만들어지고 제공되는지를 정의하는 사람들이다. 관리자는 가치사슬 관리를 사용해 고객의 요구 사항을 충족하는 솔루션 제공과 경쟁업체가 따라올 수 없는 가격 제공의 두 가지를 잘 조합하는 방법을 찾아야 한다.[17] 예를 들어 쉘은 고객 수요를 더 잘 예측하고 재고를 다시 채워넣기 위한 노력의 일환으로 공급업체 재고관리 주문 네트워크를 개발했다. 이 네트워크에서 사용되는 소프트웨어를 통해 관리자는 발송 상태를 추적하고 안전 재고 수준을 계산하며 재공급 일정을 파악할 수 있다.[18] 쉘은 이 기능을 통해 고객들이 자신이 원할 때 상품을 구매하고 즉시 수령할 수 있게 했다.

좋은 가치사슬은 일련의 참가자들이 한 팀으로 협력해 더 빠른 조립, 더 정확한 정보, 더 나

가치
고객이 자원을 주는 대신에 받게 되는 상품과 서비스의 특성, 속성 및 기타 측면

가치사슬
원자재에서 완제품에 이르기까지 각 단계에서 가치를 부가하는 일련의 조직적 작업 활동

가치사슬 관리
전체 가치사슬을 따라 일련의 활동과 정보를 관리하는 과정

은 고객 대응 및 서비스와 같은 가치 요소를 추가한다. 다양한 가치사슬 참여자 간의 협업을 개선할수록 고객 솔루션도 향상된다.[19] 고객을 위해 가치가 창출되고 고객의 요구와 욕구가 충족될 때, 가치사슬에 있는 모든 사람이 이익을 얻는다. 예를 들어 개인용 컴퓨터 저장 장치 제조업체인 아이오메가(Iomega Corporation)에서 가치사슬 관리는 처음에는 내부 공급업체와의 관계 개선에서 시작해 외부 공급업체 및 고객으로 확대되었다. 가치사슬 경영의 경험이 쌓이고 개선이 이루어짐에 따라 고객과의 연결도 활발해졌고, 이는 궁극적으로 모든 가치사슬 파트너에게 성과를 가져다주었다.[20]

가치사슬 관리가 기업에 어떤 이점을 가져다주는가?

성공적인 가치사슬 전략을 수립하고 관리하기 위해 대내외 파트너와 협력하려면 시간, 에너지 및 기타 자원에 상당한 투자를 해야 하며 모든 가치사슬 파트너와의 진지한 약속이 필요하다. 그렇다면 관리자들이 가치사슬 관리를 구현하기로 결정하는 이유는 무엇일까? 제조업체를 대상으로 한 설문조사에 따르면 가치사슬 관리의 네 가지 이점은 조달 개선, 물류 개선, 제품 개발 개선, 고객 주문 관리 향상이다.[21]

가치사슬 관리는 어떻게 이루어지는가?

현대 글로벌 조직이 직면하고 있는 역동적이고 경쟁적인 환경은 새로운 솔루션을 요구한다.[22] 시장에 의해 가치가 어떻게 그리고 왜 결정되는지를 이해함으로써 일부 조직은 새로운 **비즈니스 모델**(business model), 즉 기업이 전략, 프로세스 및 활동의 정렬을 통해서 이익을 창출하는 방법에 대한 전략적 설계를 시도하고 있다. 예를 들어 가정용 가구 제조업체인 이케아는 소규모 스웨덴 우편 주문 가구 사업에서 가정용 가구 산업의 가치사슬을 재창조함으로써 세계 최대의 가정용 가구 소매업체로 탈바꿈했다. 이 회사는 가구를 집에 가져와서 조립하는 것과 같이 기존에 제조업체와 소매업체가 전통적으로 해 오던 일들을 고객이 기꺼이 직접 하는 대가로 좋은 제품을 훨씬 저렴한 가격에 제공한다.[23] 이 회사는 독특한 비즈니스 모델을 채택하는 대신 기존의 오래된 방법과 프로세스를 포기하겠다는 의지를 보였고, 그 결과는 성공이었다. 이 과정을 통해서 이케아는 가치사슬 관리의 중요성을 인식했다.

성공적인 가치사슬 관리를 위한 조건은 무엇인가?

그렇다면 성공적인 가치사슬 관리에 필요한 것은 무엇일까? 그림 MOM.2는 여섯 가지 주요 조건을 정리했다. 각각의 조건들을 좀 더 자세히 살펴보자.

1. **조정과 협업** 가치사슬이 고객의 요구와 욕망을 충족하고 초과하겠다는 목표를 달성하기 위해서는 사슬의 모든 구성원 간에 포괄적이고 원활한 통합이 절대적으로 필요하다. 가치사슬의 모든 파트너는 자신들에게 가치 있는 것이 아니라 고객에게 가치 있는 것을 찾아야 한다. 가치사슬 참여자가 누구든지 정보 공유와 유연성 확보는 조정과 협업을 구축하는 데 중요한 단계이다. 이러한 정보와 분석의 공유가 이루어지기 위해서는 다양한 가치사슬 참여자들 간의 개방적인 커뮤니케이션이 필요하다. 예를 들어 폴리머 전문 제품 제조업체인 퓨론 컴퍼니(Furon Company)는 고객 및 공급업체와의 커뮤니케이션을 개선해 상품과 서비스가 적시

비즈니스 모델
기업이 전략, 프로세스 및 활동의 정렬을 통해서 이익을 창출하는 방법에 대한 전략적 설계

그림 MOM.2　성공적인 가치사슬 관리의 조건

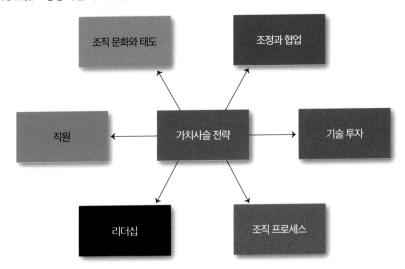

에 제공되고 모든 가치사슬 참여자에게 추가적인 비즈니스 기회가 열릴 것으로 믿고 있다.[24]

2. 기술 투자　정보기술에 상당한 투자를 하지 않고는 성공적인 가치사슬 관리가 불가능하다. 기술 투자를 하면 정보기술을 사용해 가치사슬을 재구성해 최종 사용자에게 더 나은 서비스를 제공하는 성과를 거둘 수 있다는 것이다.[25] 예를 들어 롤러블레이드(Rollerblade Inc.)는 웹사이트 개발에 많은 투자를 했고 웹을 통해서 고객들에게 자사 제품에 대해 교육했다. 비록 이 회사는 판매업체들이 반감을 가질 것을 우려해 웹상에서 제품을 판매하지 않기로 했지만, 관리자들은 이 문제에 대해 융통성을 유지하고 그렇게 함으로써 고객에게 가치가 더 잘 전달될 수 있을지에 대해 지속적으로 고민하고 있다.[26]

어떤 종류의 기술이 중요한가? 전문가들에 따르면 주요 도구에는 조직의 모든 활동을 연결하는 전사적 자원 관리(ERP) 소프트웨어 시스템, 정교한 작업 계획 및 일정 관리 소프트웨어, 고객 관계 관리 시스템, 비즈니스 인텔리전스(기업의 합리적 의사결정을 돕는 기술 분야-역주), 거래 네트워크 파트너와의 e-비즈니스 연결 등이 포함된다.[27] 예를 들어 델은 공급업체 관계 관리를 대부분 온라인으로 하고 있다. 이 회사에는 고객을 위한 웹사이트와 공급업체를 위한 웹사이트가 하나씩 있다. 공급업체 웹사이트는 델과 델의 최대 공급업체 간의 주요 통신 수단이다. 이러한 정보기술에 회사가 투자함으로써 경쟁사가 따라올 수 없을 정도로 고객의 요구를 충족시킬 수 있다.[28]

3. 조직 프로세스　가치사슬 관리는 **조직 프로세스**(organizational processes), 즉 조직의 작업 방식을 근본적으로 변화시킨다.[29] 관리자는 어디에서 가치가 추가되는지를 파악하기 위해 조직의 핵심 역량(조직의 고유한 기술, 기능, 역량 및 자원)을 검토하고 모든 조직 프로세스를 처음부터 끝까지 평가해야 한다. 가치를 창출하지 않는 활동은 제거된다. 각각의 프로세스에 대해 다음과 같은 질문을 던져야 한다. "내부 지식을 활용해 재료와 정보의 흐름을 개선할 수 있는 곳은 어디인가?", "고객과 공급업체 모두를 만족시키기 위해 제품을 더 잘 구성할 수 있는 방법은 무엇일까?", "재료와 정보의 흐름을 어떻게 개선할 수 있을까?", "고객 서비스를 어떻게 개선할 수 있을까?" 예를 들어 디어앤드컴퍼니(Deere & Company)의 관리자들은 회사

조직 프로세스
조직의 작업 방식

의 상업용·개인용 장비 부서에서 가치사슬 관리를 할 때, 철저한 프로세스 평가를 통해서 작업 활동이 동시에 이루어져야 하며, 가치사슬 내 여러 부분이 더욱 상호작용해야 한다는 것을 밝혀냈다. 그들은 이러한 관계들을 개선하기 위해 전사적으로 수많은 업무 프로세스를 변경했다.[30]

조직 프로세스가 어떻게 변해야 하는지와 관련해 세 가지 중요한 결론을 내릴 수 있다.

- 첫째, 고객 및 공급업체와 긴밀한 관계를 형성하려면 더 나은 수요 예측이 필요하고, 그러한 관계가 형성되어야 수요 예측이 가능하다. 예를 들어 고객이 원할 때 리스테린 (Listerine)이 매장 선반에 있는지 확인할 수 있도록 월마트는 제품 제조업체인 화이자의 소비자 제품 부문과 협력해 제품 수요 예측 정보를 개선했다. 파트너들은 상호 노력으로 월마트의 리스테린 판매를 650만 달러나 증가시켰다. 고객이 원하는 시간과 장소에서 제품을 구입할 수 있었기 때문에 고객들도 큰 도움이 되었다.
- 둘째, 조직 프로세스 중 선택된 기능은 가치사슬의 다른 파트너들 간 협력이 필요할 수도 있다. 이러한 협업은 직원을 공유하는 것까지 확대될 수 있다. 예를 들어 매사추세츠주 노스보로(Northboro)에 본사를 둔 생고뱅(Saint-Gobain Performance Plastics)은 자사의 직원을 고객이 있는 지역에 파견 보내고 공급업체 및 고객사의 직원을 자사에 배치한다. 생고뱅의 최고경영자는 이런 형태의 협업이 반드시 필요하다고 말한다.[31]
- 셋째, 가치사슬을 따라 이루어지는 다양한 활동의 성과를 평가하기 위해 새로운 측정 방법이 필요하다. 가치사슬 관리의 목표가 고객의 요구와 욕구를 충족시키고 더 나아가 능가하는 것이기 때문에 관리자는 가치가 얼마나 잘 창출되고 고객에게 전달되고 있는지를 파악할 필요가 있다. 예를 들어 미국 네슬레(Nestlé USA)는 가치사슬 관리를 하면서 수요 예측 및 생산 계획의 정확성, 정시 납품 및 고객 서비스 수준 등을 측정하는 시스템을 재설계했다. 이러한 재설계를 통해서 경영진은 문제를 보다 신속하게 파악하고 해결하기 위한 조치를 취할 수 있었다.[32]

4. 리더십 가치사슬 관리에 있어 리더십의 중요성은 분명하고 단순하다. 강력하고 헌신적인 리더십 없이는 성공적인 가치사슬 관리가 불가능하다.[33] 조직의 상위 계층에서 하위 계층까지 관리자는 가치사슬 관리의 구현과 지속적인 실행을 지원하고, 촉진 및 독려해야 한다. 관리자는 가치가 무엇인지, 고객에게 가치를 가장 잘 제공하는 방법은 무엇인지, 그러한 노력이 얼마나 성공적이었는지 확인하기 위해 많은 관심을 가져야 한다. 탁월한 수준의 고객 가치를 제공하는 데 집중되어 있는 이러한 조직 분위기와 조직 문화는 조직 리더의 관심 없이는 만들어지지 않는다.

또한 리더는 조직이 가치사슬 관리를 추구하는 것과 관련해 어느 정도 기대치를 알려주는 것이 중요하다. 이상적으로 생각해보면, 명확한 기대는 고객에게 최고의 가치가 무엇인지 규명하고, 가치를 포착하고 제공하고자 하는 조직의 의지를 보여주는 비전 및 미션 기술서로부터 시작된다. 예를 들어 아메리칸 스탠다드(American Standard Companies)가 가치사슬 경영을 시작했을 때, 최고경영자는 전국 수십 곳의 회의에 참석해 변화하는 경쟁 환경과 가치사슬 파트너와 더 나은 업무 관계를 구축해야 하는 이유를 설명했다.[34] 전사적으로 관리자는 가치사슬에서 개별 직원의 역할에 대한 기대치를 명확히 해야 한다. 기대치를 명확히 하는 것은 파트너에게도 마찬가지이다. 예를 들어 아메리칸 스탠다드의 관리자들은 공급업체에 대한 요구사항을 명확히 했고, 그러한 요구사항을 충족할 수 없는 공급업체와는 거래를 중단할 준비가 되어 있었다. 이 회사는 기대치를 명확하게 적용했는데, 실제로 에어컨, 욕실, 주방, 차량 제어 시스템 등의 사업에서 수백 개의 공급업체와 거래를 중단했다. 그러나 기대치를 충족한 공급업체는 더 큰 이익을 얻었으며 아메리칸 스탠다드는 고객에게 더 나은 가치를 제공할 수 있는 파트너를 보유하고 있다.

5. 직원/인적자원   우리는 이 책에서 다양한 경영이론과 접근법을 다루고 있지만, 직원이야말로 조직의 가장 중요한 자원이라는 것을 알고 있다. 따라서 직원들이 가치사슬 관리에서 중요한 역할을 하는 것은 당연하다. 가치사슬 관리에서 세 가지 중요한 인적자원 요구사항은 직무 설계에 대한 유연한 접근 방식, 효과적인 채용 프로세스, 지속적인 교육이다.

유연성은 가치사슬 관리 조직에서 직무 설계의 핵심적인 표현이다. 마케팅, 영업, 회계, 고객 서비스 담당자 등과 같은 전통적인 기능적 직무 역할은 가치사슬 관리 환경에서는 부적절하다. 대신, 고객에게 가치를 창출하고 제공하는 데 관련된 모든 기능을 연결하는 프로세스 중심으로 직무를 설계해야 한다. 탁월한 고객 가치를 제공하겠다는 회사의 의지를 뒷받침하기 위해 유연한 직무 설계가 필요하다. 이러한 유연한 직무 설계 형태는 직원들이 높은 수준의 고객 가치를 제공할 수 있게 해준다.[35] 가치사슬 접근 형태로 직무를 설계한다면, 직원의 업무 활동이 고객 가치 창출 및 가치 전달에 가장 잘 기여할 수 있는 방법에 초점을 맞추어야 하며, 이를 위해서는 직원이 무슨 일을 하고 어떻게 일할 것인지에 대한 유연성이 필요하다.

가치사슬 관리 조직의 업무가 유연해야 한다는 사실이 두 번째 요구사항에 영향을 준다. 유연한 직무는 유연한 직원을 필요로 한다. 가치사슬 조직에서는 주어진 프로세스를 처리하기 위해 작업팀에 직원을 배치할 수 있으며 필요에 따라 다른 날짜에 다른 업무를 수행하는 경우가 많다. 고객의 요구 변화에 따라 협업관계가 달라질 수 있기 때문에 직원의 유연성은 매우 중요하다. 따라서 조직의 채용 프로세스는 신속하게 배우고 적응할 수 있는 능력을 갖춘 인재를 선발할 수 있도록 설계되어야 한다.

유연성의 필요성 역시 지속적인 직원 교육에 상당한 투자가 이루어져야 한다. 교육에는 정보기술 소프트웨어를 사용하는 방법, 사슬 전체의 원재료 흐름을 개선하는 방법, 가치 부가 활동을 파악하는 방법, 신속하게 의사결정을 하는 방법, 그 외 다양한 작업 활동을 개선하는 방법 등이 포함되는데, 어떤 교육 내용이든지 관계없이 관리자는 직원들이 업무 수행에 필요한 지식과 도구를 가지고 있는지 확인해야 한다. 예를 들어 영국 포츠머스에 본사를 둔 방위 및 전자업체 알레니아 마르코니 시스템스(Alenia Marconi Systems)가 고객의 요구를 효율적이고 효과적으로 충족시키기 위해 집중하는 분야가 바로 지속적인 교육이다. 직원들은 영업과 이윤뿐만 아니라 사람과 고객을 강조하는 전략적인 문제에 대한 교육뿐만 아니라 기술 교육도 지속적으로 받고 있다.[36]

6. 조직 문화와 태도   가치사슬 관리의 마지막 조건은 지원적인 조직 문화와 태도를 갖추는 것이다. 이러한 문화적 태도에는 공유, 협업, 개방성, 유연성, 상호 존중 및 신뢰가 포함된다. 그리고 이러한 태도는 가치사슬의 내부 파트너뿐만 아니라 외부 파트너도 포함한다. 예를 들어 아메리칸 스탠다드는 이러한 태도가 예전 방식으로 실천되었는데, 즉 대면 만남과 전화통화

등에 의존했다. 그러나 앞에서 언급했듯이 델은 거의 전적으로 사이버 공간을 통해 가치사슬 파트너와 협력하기 때문에 기존과는 전혀 다른 접근 방식을 취했다.[37] 그러나 두 가지 접근 방식 모두 고객의 요구를 가장 잘 충족하는 지속적이고 상호 이익이 되는 신뢰 관계를 개발하려는 회사의 노력을 보여주는 것이다.

가치사슬 관리의 장애물은 무엇인가?

가치사슬 관리가 바람직하더라도 관리자는 가치사슬을 관리하는 데 있어 조직적 장벽, 문화적 태도, 요구되는 능력 및 인력 등 몇 가지 장애물을 해결해야 한다(그림 MOM.3 참조).

조직적 장벽 조직적 장벽은 가장 다루기 어려운 장애물 중 하나이다. 이러한 장벽에는 정보 공유 거부 또는 회피, 현상유지 흔들기에 대한 저항, 보안 문제 등이 포함된다. 정보 공유가 없으면 긴밀한 협조와 협업은 불가능하다. 그리고 직원들이 현상유지 상황을 바꾸는 것을 꺼리거나 거부하는 것은 가치사슬 경영 노력을 방해하고 성공적인 실행을 방해한다. 마지막으로, 가치사슬 관리는 상당한 정보기술 인프라에 크게 의존하기 때문에, 시스템 보안과 인터넷 보안 침해는 해결해야 할 문제이다.

문화적 태도 지원적이지 않은 문화적 태도(특히 신뢰와 통제)도 가치사슬 관리에 장애가 될 수 있다. 신뢰 문제는 신뢰 부족과 지나친 신뢰 모두 중요하다. 가치사슬이 효과적으로 구현되기 위해서는 가치사슬 파트너가 서로를 신뢰해야 한다. 사슬 전체적으로 파트너 활동에 대해 상호 존중하고 서로 정직해야 한다. 이러한 신뢰가 존재하지 않을 경우 파트너는 상대방에게 정보, 기능 및 프로세스 공유를 꺼리게 된다. 하지만 너무 많은 신뢰도 문제가 될 수 있다. 거의 모든 조직이 지적 재산권(즉 효율적이고 효과적인 기능 및 경쟁력에 중요한 독점 정보)의 도난에 취약하다. 조직의 소중한 자산이 손상되지 않도록 가치사슬 파트너를 신뢰할 수 있어야 한다.[38] 조직이 외부 및 내부 파트너와 협력하면 자기 자신의 운명을 스스로 통제할 수 없다는 믿음도 장애물이 될 수 있는 문화적 태도다. 이것은 사실이 아니다. 가치사슬 관리를 위해 긴밀한 협업을 하는 것이 중요하지만, 조직은 여전히 고객이 무엇을 중시하는지, 얼마나 많은 가치를 원하는지, 어떤 유통 채널이 중요한지와 같은 중요한 의사결정을 해야 한다.[39]

요구되는 능력 가치사슬 관리의 성공적인 실행을 위한 조건에 대해 앞에서 논의한 바와 같이

그림 MOM.3 성공적인 가치사슬 관리의 장애물

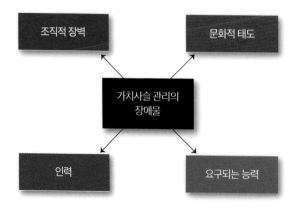

가치사슬 파트너에게는 수많은 능력이 요구된다. 조정 및 협업, 고객 및 공급업체를 만족시키기 위한 제품 구성 능력, 내부 및 외부 파트너 교육 역량 등 여러 가지가 요구되는데 이들 능력을 갖추는 것은 쉽지 않다. 하지만 가치사슬을 포착하고 활용하기 위해서는 반드시 필요하다. 위에서 예로 든 많은 기업은 가치사슬을 보다 효과적이고 효율적으로 관리하기 위해 조직의 능력과 프로세스에 대한 중요하지만 때로운 어려운 자체 평가를 통과했다.

사람   성공적인 가치사슬 관리의 최종 장애물은 조직 구성원일 것이다. 무엇이든지 맡은 일을 해내겠다는 직원들의 변함없는 의지가 없다면, 가치사슬 관리는 성공하지 못할 것이다. 직원들이 누구와 어떻게 일할 것인지에 대해 유연함을 거부한다면 가치사슬 전반에 걸쳐 필요한 협력이 이루어지기 어렵다. 또한 가치사슬 관리는 조직 직원들 입장에서 엄청난 시간과 에너지를 필요로 한다. 관리자는 직원들의 노력에 동기를 부여해야 하는데, 이것은 쉬운 일이 아니다.

운영 관리에서 관리자가 직면한 현대적 문제는 무엇인가?

새롭게 디자인된 우유 주전자가 월마트와 코스트코에서 판매되고 있는데, 배송비가 더 저렴하고, 친환경적이며, 가격도 저렴하고, 우유를 더 신선하게 보관한다. 전문가들은 이러한 유형의 새로운 디자인이 "향후 20년 동안 미국 경제에 미칠 수 있는 변화의 한 예이다. 세계적으로 수요가 급증하고 에너지 및 재료비가 많이 드는 시대에 사실상 경제의 모든 측면을 재검토할 필요가 있으며, 효율성을 높이기 위해 많은 제품들이 재설계되어야 한다"[40]고 말한다.

오늘날의 연중무휴 온라인 글로벌 경제에서 운영 관리가 그다지 중요하지 않다고 생각한다면 다시 한 번 생각해보라. 중요한 게… 많다. 기업들은 운영 관리에서 세 가지 현대적 문제에 직면해 있다.

1 운영 관리에서 기술의 억할은 무엇인가?

가치사슬 관리에 대한 이전의 논의에서 알 수 있듯이, 오늘날의 경쟁적 시장은 고객이 가치 있게 여기는 제품과 서비스를 적시에 제공해야 한다는 엄청난 압력을 가하고 있다. 스마트 기업들은 운영 관리 개선을 위해 기술 활용 방법을 모색하고 있다. 많은 패스트푸드 기업들은 드라이브 스루(drive-through) 고객에게 더 빠르고 더 나은 서비스를 제공하기 위해 경쟁하고 있다. 오늘날 드라이브 스루가 매출의 큰 부분을 차지하기 때문에, 더 빠르고 더 나은 배송이 중요한 경쟁 우위 원천이 되었다. 예를 들어 웬디스는 메뉴판에 날개를 달았고 일부 텍스트는 그림으로 대체했다. 확인 화면(confirmation screens)을 활용하기도 하는데, 맥도날드는 확인 화면을 활용해 정확성을 11% 이상 높였다. 그리고 이들 두 회사의 전국 체인에서 사용되는 기술을 통해 회사는 현재의 홍보 품목과 인기 있는 품목에 대한 수요를 감안해 그들이 얼마나 많은 음식을 준비해야 하는지 알 수 있다.[41]

조직의 생산 활동은 고객이 왕이라는 인식에 의해 이루어고 있지만, 관리자들은 여전히 고객의 요구에 보다 적극적으로 대응할 필요가 있다. 예를 들어 운영 관리자는 제품이 만들어지는 동안에도 생산량, 주문 상태 및 제품 품질을 확인할 수 있는 시스템을 필요로 한다. 고객과 보다 긴밀하게 연결되려면 기업 전체적으로 생산을 일사분란하게 해야 한다. 병목 현상과 속도 저하를 방지하려면 운영 기능이 전체 비즈니스 시스템과 연계되어야 한다.

광범위한 협업을 가능하게 하는 것은 기술이다. 또한 기술을 활용해 조직은 특히 사전적인 유지보수, 원격 진단 및 유틸리티 비용 절감 영역에서 비용을 제어할 수 있다. 예를 들어 인터넷 호환 장비에는 내장형 웹 서버가 포함되어 문제를 사전예방할 수 있다. 즉 장비 일부가 고장 나거나 사전에 설정된 고장 한도에 도달하려고 하면 시스템 내에서 처리하는 것이다. 이 기술은 알람을 울리거나 계기판 버튼을 켜는 것 이상을 할 수 있다. 예를 들어 어떤 장치는 특정 문제가 발생했거나 부품 및 서비스가 필요하면 공급업체, 유지보수 부서 또는 계약업체에게 이메일을 보내거나 무선 호출기로 신호를 보낼 수 있다. 이러한 전자 형태의 유지보수의 가치는 어느 정도일까? 장비 고장과 그에 따른 생산 정지를 막을 수 있다면 매우 큰 가치가 있을 것이다.

기술이 보다 효과적이고 효율적인 성과를 창출하는 데 기여한다는 것을 이해하고 있는 관리자들은 운영 관리가 전통적인 관점에서 단순히 제품을 생산하는 것 이상이라는 것을 알고 있다. 그들은 고객의 비즈니스 문제에 대한 해결책을 찾기 위해 조직의 모든 부서과 함께 일하는 것을 중시한다.

2 관리자는 어떻게 품질을 관리하는가?

품질 문제는 비용이 많이 든다. 예를 들어 애플이 아이팟으로 놀라운 성공을 거두었음에도 불구하고, 처음 세 버전의 배터리는 구매자들의 예상대로 12시간 동안 지속되지 않고 4시간 후에 방전되었다. 애플이 소비자와의 문제를 해결하는 데 드는 비용은 1억 달러에 육박했다. 쉐링-플라우(Schering-Plough)는 만성적인 품질 관리 결함으로 인해 흡입기와 다른 약품들에 대한 문제가 발생했고, 결국 회사는 5억 달러의 벌금을 냈다. 그리고 자동차 산업은 연간 보증 및 수리 작업에 드는 비용을 충당하기 위해 145억 달러를 지불했다.[42]

많은 전문가들은 고품질 제품을 생산할 수 없는 조직은 세계 시장에서 성공적으로 경쟁할 수 없을 것으로 믿고 있다. 품질이란 무엇인가? 어떤 제품이나 서비스가 품질이 좋다고 생각할 때, 그것은 무엇을 의미하는가? 제품이 고장 나거나 작동이 중단되지 않는다는, 즉 신뢰할 수 있다는 뜻인가? 당신이 의도한 대로 서비스가 제공된다는 뜻인가? 제품이 원래대로 작동한다는 뜻인가? 아니면 품질이 다른 것을 의미하는가? 표 MOM.1는 몇 가지 품질 차원을 다루고 있다. 품질은 제품 또는 서비스가 계획한 대로 안정적으로 실행되고 고객의 기대를 충족시키는 능력이라고 정의할 수 있다.

품질을 어떻게 높일까? 품질을 높이는 방법은 관리자가 해결해야 하는 문제이다. 품질을 높이는 좋은 방법은 계획, 조직 및 지휘, 통제 등 필요한 관리 기능을 사용하는 것이다.

품질 계획을 세울 때, 관리자는 품질 개선 목표와 그 목표를 달성하기 위한 전략 및 계획을 수립해야 한다. 목표는 객관적인 품질 기준에 모든 사람이 관심을 가지도록 한다. 예를 들어 캐터필라의 목표는 품질 개선 기술을 적용해 비용을 절감하는 것이다.[43] 비록 이 목표가 구체적이고 도전적이지만, 관리자와 직원들은 잘 설계된 전략을 추구해서 목표를 달성하기 위해 함께 협력하고 있으며, 잘할 수 있다고 믿고 있다.

품질을 위해 조직화하고 지휘할 때 관리자가 직원들을 배려하는 것이 중요하다. 예를 들어 캐나다 서스캐처원주, 무스조(Moosejaw)에 있는 제너럴 케이블(General Cable

표 MOM.1 품질이란 무엇인가?

제품 품질 차원

1. 성능 – 운영 특성

2. 특징 – 중요한 특별한 특성

3. 유연성 – 주어진 기간 내 운영 사양 충족

4. 내구성 – 성능 악화 전 사용량

5. 적합성 – 사전 설정된 표준과 일치

6. 유용성 – 수리 용이성 및 수리 속도 또는 정상 서비스

7. 미학 – 제품의 모양과 느낌

8. 인지된 품질 – 특성에 대한 주관적 평가(제품 이미지)

서비스 품질 차원

1. 적시성 – 약속된 기간에 수행

2. 예의 – 명랑하게 수행

3. 일관성 – 모든 고객에게 매번 유사한 경험 제공

4. 편의성 – 고객에 대한 접근성

5. 완전성 – 필요한 만큼 충분한 서비스

6. 정확도 – 매번 올바르게 수행

출처: J. W. Dean and J. R. Evans, *Total Quality: Management, Organization, and Society* (St. Paul, MN: West Publishing Company, 1994); H. V. Roberts and B. F. Sergesketter, *Quality Is Personal* (New York: The Free Press, 1993); D. Garvin, *Managed Quality: The Strategic and Competitive Edge* (New York: The Free Press, 1988); M. A. Hitt, R. D. Ireland, and R. E. Hoskisson, *Strategic Management*, 4th ed. (Cincinnati: South-Western Publishing, 2001), p. 121.

Corporation) 공장의 모든 직원은 지속적인 품질 보증 교육에 참여하고 있다. 게다가 공장 관리자는 직원들이 일을 더 잘할 수 있도록 필요한 정보를 제공하는 데 온 힘을 다하고 있다고 믿고 있다. 그는 "기계를 다루는 사람들에게 정보를 주는 것이 가장 중요하다. 셀룰러 구조를 만들 수도 있고, 인력을 교차 교육할 수도 있고, 얇은 도구를 사용하게 할 수도 있지만, 사람들에게 개선을 위한 정보를 제공하지 않는다면 열의를 이끌어낼 수 없다." 말할 필요도 없이, 이 회사는 생산 데이터 및 재무 성과 수치를 전 직원과 공유한다.[44]

광범위하고 성공적인 품질 개선 프로그램을 가진 조직은 두 가지 중요한 접근 방식에 의존하는 경향이 있다. 즉 교차 기능적 작업팀과 자율팀 또는 권한 부여된 작업팀이다. 높은 제품 품질을 달성하기 위해서는 상위 계층부터 하위 계층까지 모든 직원이 참여해야 하기 때문에, 품질 지향적인 조직이 교육을 잘 받고 유연하며 권한 부여된 직원에게 의존한다는 것은 놀라운 일이 아니다.

마지막으로, 관리자는 품질을 통제할 때 품질 개선 상황을 모니터링하고 평가할 수 있는 방법이 없다면 품질 개선이 이루어질 수 없음을 인식해야 한다. 재고 관리 기준, 불량률, 원자재 조달 기준, 기타 운영 관리 영역 어느 것이든 품질 관리가 중요하다. 예를 들어 일리노이주, 롤링 미도우스(Rolling Meadows)에 있는 노스롭 그루먼 공장에서는 제품 설계와 제조를 통합하고, 공정의 품질 개선을 추적하는 자동시험장치와 정보기술 같은 몇 가지 품질 관리가 이루어지고 있다. 또한, 직원들은 제조 공정 전반에 걸쳐 제품에 대한 승인/거부 결정을 내릴 수 있다. 공장 관리자는 "이러한 접근 방식은 제품 내 품질을 검사한다기보다 제품의 품질을 높이는 데 도움이 된다"고 말한다. 하지만 그들이 하는 가장 중요한 일 중 하나는 전쟁이나 전투 상황, 즉 고객과의 '전쟁'에 대비하는 병사들이다. 공장 관리자는, "우리를 차별화하는 것은

우리가 고객이 알고 있는 것 이상으로 고객의 미션을 잘 이해한다면, 고객이 더 효과적일 수 있도록 도울 수 있다고 믿고 있다는 점이다. 우리는 고객이 우리에게 무언가를 요구하기를 기다리지 않는다. 고객이 무엇을 하려고 하는지 파악한 후 솔루션을 개발한다."[45]

품질 개선 성공 사례는 전 세계적으로 찾아볼 수 있다. 예를 들어 멕시코 마타모로스(Matamoros)에 있는 델파이(Delphi) 조립 공장 직원들은 품질 개선을 위해 열심히 노력했고 상당한 진전을 이루었다. 예를 들어 출하 제품에 대한 고객 거부율은 3,000ppm(100만 개당 부품 수)에서 10ppm으로 감소해 거의 300%가 개선되었다.[46] 호주 기업들인 알코아(Alcoa), 워멀드 시큐리티(Wormald Security), 칼튼 앤드 유나이티드 브루어리(Carlton and United Breweries)의 품질 개선 활동은 의미 있는 수준의 품질 향상으로 이어졌다.[47] 독일 배드 로다흐(Bad Rodach)에 있는 발레오 클리마시스템(Valeo Klimasystemme GmbH)의 조립팀은 메르세데스 벤츠, BMW 등 고급 독일산 자동차를 위한 다양한 실내 온도 조절 시스템을 만든다. 이들 팀의 품질 개선 활동으로 실질적인 품질 개선이 이루어졌다.[48]

조직이 추구할 수 있는 품질 목표는 무엇인가? 품질에 대한 자신들의 의지를 공개적으로 보여주기 위해 전 세계 많은 조직들이 도전적인 품질 목표를 추구했다. 가장 잘 알려진 두 가지는 다음과 같다.

1. ISO 9001은 국제표준화기구(www.iso.org)가 제정한 일련의 국제 품질관리 표준으로, 제품이 고객 요구 사항을 준수하도록 프로세스에 대한 통일된 지침을 정하고 있다. 이 표준은 계약 검토에서 제품 설계, 제품 배송에 이르는 모든 것을 포함한다. ISO 9001은 전 세계 시장에서 기업을 평가하고 비교하는 국제적으로 공인된 표준이 되었다. 사실 이러한 유형의 인증은 전 세계적으로 비즈니스를 수행하기 위한 전제 조건이 될 수 있다. ISO 9001 인증을 획득하면 품질 운영 체제가 구축되어 있다는 증거가 된다.

2. 30여 년 전, 모토롤라는 **식스 시그마(Six Sigma)**라는 상표의 품질 개선 프로그램을 통해 엄격한 품질 표준을 대중화했다.[49] 간단히 말해서 식스 시스마는 100만 개 단위나 절차 중에서 3.4개 이하의 결점을 목표로 하는 품질 표준이다. 이름이 무슨 뜻인가? 시그마는 통계학자가 종 모양의 곡선에서 표준편차를 정의하기 위해 사용하는 그리스 문자이다. 시그마가 높을수록 표준으로부터의 편차가 적다. 즉 결점이 적다. 1시그마에서는 측정 대상 중 3분의 2가 곡선 안에 있다. 2시그마는 약 95%를 차지한다. 6시그마(Six Sigma)에서는 결점이 거의 없다.[50] 이것은 야심 찬 품질 목표이다! 이 표준은 달성하기가 매우 어려운 높은 표준이지만, 많은 품질 지향 기업이 이 표준을 사용하고 있으며 이로 인해 이익을 얻고 있다. 예를 들어 제너럴 일렉트릭은 식스 시그마를 사용해 1995년 이후 수십억 달러를 절약한 것으로 추산하고 있다. 식스 시그마를 추구하는 기업의 다른 예로는 아마존, 뱅크 오브 아메리카, 다우 케미컬, 3M, 아메리칸 익스프레스, 소니 코퍼레이션, 스타우드 호텔 & 리조트 월드와이드, 존슨앤드존슨 등이 있다. 제조업체가 식스 시그마 사용자의 대부분일 것 같지만 금융기관, 소매업체, 헬스케어 조직 등 서비스 업체가 식스시그마를 적용하기 시작했다. 식스 시그마는 어떤 영향을 미칠 수 있을까? 예를 들어 보자.

ISO 9001
제품이 고객 요구 사항을 충족하도록 프로세스에 대해 동일한 지침을 제공하는 국제 품질 기준

식스 시그마
100만 개 단위나 절차 중에서 3.4개 이하의 결점을 목표로 하는 품질 표준

웰마크(Wellmark Blue Cross and Blue Shield)는 관리형 건강관리 회사인데, 의료 프로그램에 새로운 의사를 65일 이상 투입했다. 식스 시그마 덕분에 이 프로세스의 절반이 중복된다는 사실을 발견했다. 불필요한 단계를 없앴더니, 이제 작업은 30일 이내에 완료되고 인력 투입이 줄어들었다. 이 회사는 건강보험료 인하를 통해 소비자에게 전달되는 관리비 연간 300만 달러를 절감할 수 있었다.[52]

관리자들은 ISO 9000 인증 또는 식스 시그마를 통해서 많은 긍정적인 이점이 있다는 것을 인식하는 것이 중요한데, 주요 이점은 품질을 개선하는 과정 자체에서 나타난다. 다시 말해 품질 인증의 목표는 조직이 고객의 요구를 충족하고 직원이 일관성 있게 고품질로 업무를 수행할 수 있도록 하는 업무 프로세스와 운영 체제를 갖추는 것이다.

3 프로젝트는 어떻게 관리되는가?

7장에서 논의한 바와 같이, 많은 조직이 프로젝트를 중심으로 구성되어 있다. **프로젝트**(project)는 시작과 끝이 확실한 일회성 작업이다.[53] 프로젝트의 형태는 나사(NASA)의 우주왕복선 발사부터 결혼식에 이르기까지 크기와 범위가 다양하다. **프로젝트 관리**(project management)는 정해진 시간 내에, 정해진 예산 범위 내에서, 명세서에 따라 활동을 완료해야 하는 작업이다.

프로젝트 관리는 실제로 건설, 영화 제작 등의 산업 분야에서 오랜 기간 존재해 왔지만 최근에는 거의 모든 업종으로 확대되었다. 프로젝트 관리의 인기가 높아지고 있다는 것은 무엇을 의미하는가? 이는 역동적인 환경과 유연성과 신속한 대응이 필요한 상황에 적합하다. 조직들은 다소 이례적이거나 독특한 프로젝트를 점점 더 많이 수행하고 있는데, 특정 마감일이 있으며, 전문화된 기술이 요구되는 복잡하고 상호 관련된 작업들을 포함하고 있고, 본질적으로 일시적인 프로젝트를 수행한다. 이러한 유형의 프로젝트는 일상적이고 지속적인 조직 활동에 의해 이루어지는 표준화된 운영 절차에는 적합하지 않다.[54]

일반적인 프로젝트에서 팀 구성원은 일시적으로 프로젝트 관리자에게 배속되어 보고하며, 프로젝트 관리자는 다른 부서와 프로젝트 활동을 조정하고, 고위 임원에게 직접 보고한다. 프로젝트는 일시적이다. 프로젝트팀은 특정한 목적을 완수할 때까지만 존재한다. 목적을 달성하면 팀은 없어지고, 팀 구성원들은 다른 프로젝트로 이동하거나, 기존의 부서로 돌아가거나, 조직을 떠난다.

며칠 동안 감독자나 부서장들을 관찰하면, 당신은 그들이 무슨 일을 하고, 어떠한 순서로 일을 하며, 누구와 함께 일하고, 언제 일이 완료되어야 하는지 등을 정기적으로 다루는 것을 볼 수 있을 것이다. 관리자들은 우리가 흔히 스케줄링이라고 하는 활동을 한다. 몇 가지 유용한 스케줄링 방법을 살펴보자.

간트 차트는 어떻게 사용하는가? 간트 차트(Gantt chart)는 헨리 간트(Henry Gantt)가 세기가 바뀔 즈음에 개발한 계획 도구이다. 간트 차트에 숨겨진 아이디어는 비교적 간단하다. 기본적으로 가로축에 시간, 세로축에 활동인 막대 그래프이다. 막대에는 일정 기간 동안 계획된 산출물과 실제 산출물이 모두 표시된다. 간트 차트는 작업이 이루어져야 하는 시기를 시각적으로 보여주고, 할당된 날짜 대비 각 작업의 실제 진행률을 비교한다. 이러한 간단하지만 중요한 도구를 활용해 관리자는 작업이나 프로젝트를 완료하기 위해 아직 미수행된 작업을 쉽

프로젝트
시작과 끝이 확실한 일회성 활동

프로젝트 관리
정해진 시간 내에, 정해진 예산 범위 내에서, 명세서에 따라 활동을 완료해야 하는 작업

간트 차트
작업이 이루어져야 하는 시기를 시각적으로 보여주고, 할당된 날짜 대비 각 작업의 실제 진행률을 비교하는 계획 활동 도구

그림 MOM.4   간단한 간트 차트

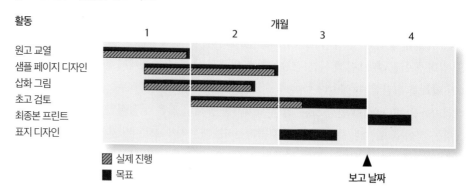

게 세부적으로 설명하고 목표보다 앞서 있는지, 지연되고 있는지, 또는 예정대로 이루어지고 있는지 판단한다.

그림 MOM.4는 출판사의 관리자가 도서 제작을 위해 개발한 간트 차트를 보여준다. 시간은 차트 상단에 몇 개월로 표시된다. 주요 활동은 왼쪽 아래에 나열되어 있다. 계획은 책을 완성하기 위해 해야 하는 활동, 활동을 해야 하는 순서, 각각의 활동에 할당되어야 하는 시간을 결정한다. 파란색 음영은 각 활동이 완료됨에 따라 실제 진행 상황을 나타낸다.

관리자가 계획에서 벗어난 부분을 찾는 동안 간트 차트는 실제로 관리적 통제 도구가 된다. 이 경우 대부분의 활동은 제시간에 완료되었다. 그러나, '초고 검토' 활동을 살펴보면, 실제로는 거의 2주 반이나 늦어진 것을 알 수 있다. 이러한 정보를 고려할 때 관리자는 손실된 시간을 보충하고 추가 지연이 발생하지 않도록 몇 가지 수정 조치를 취할 수 있다. 이때 관리자가 시정 조치를 취하지 않는다면 책은 적어도 2주 늦게 출판될 것으로 예상할 수 있다.

간트 차트의 수정된 버전이 **업무량 차트**(load chart)이다. 업무량 차트는 세로축에 활동을 나열하는 대신 전체 부서 또는 특정 자원을 나열한다. 관리자는 이 정보를 통해 수용 능력을 계획하고 통제할 수 있다. 즉 업무량 차트는 업무 단위별로 수용 능력에 대해 일정계획을 한다. 예를 들어 그림 MOM.5는 출판사의 6개 편집자에 대한 업무량 차트를 보여준다. 각 편집자는 몇 권의 책에 대한 디자인과 제작을 감독한다. 업무량 차트를 검토하면 6명의 제작 편집

그림 MOM.5   간단한 업무량 차트

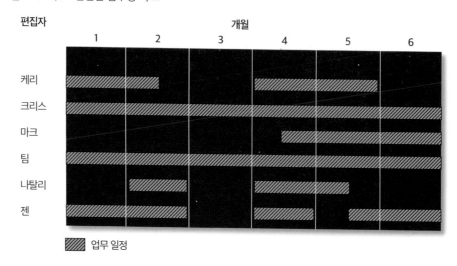

자를 감독하는 편집장이 누구에게 새 책을 맡길 수 있는지 알 수 있다. 만약 모든 사람이 해야 할 일정이 꽉 차 있다면, 편집장은 어떤 새로운 프로젝트도 받아들이지 않기로 결정하거나, 새로운 프로젝트를 받아들이는 대신 다른 프로젝트를 지연시키거나, 편집자에게 야근을 요청하거나, 더 많은 제작 편집자를 고용해야 한다.

PERT 네트워크 분석이란 무엇인가?   간트 차트 및 업무량 차트는 일정계획 중인 활동이나 프로젝트가 매우 적고 서로 독립적일 때 유용하다. 그러나 마케팅, 생산 및 제품 디자인 인력의 의견을 조율해야 하는 복잡한 조직 개편, 대규모 비용 절감 캠페인 시작 또는 신제품 개발 등과 같은 대규모 프로젝트를 계획해야 한다면 관리자는 어떻게 해야 할까? 이러한 프로젝트는 수백 또는 수천 개의 활동을 조정해야 하며, 그중 일부는 동시에 수행되어야 하고 일부는 이전 활동이 완료된 뒤에 시작해야 한다. 만약 당신이 쇼핑몰을 건설한다면, 당신은 분명히 건물의 기초를 다지기 전에 벽을 세울 수 없다. 그렇다면, 어떻게 이런 복잡한 프로젝트의 일정계획을 할 수 있을까? PERT(퍼트, program evaluation and review technique의 약자-역주)를 사용하라.

PERT 네트워크 분석(PERT network analysis)은 1950년대 후반에 폴라리스(Polaris) 잠수함 무기 시스템(바닷속에서 잠수함 발사 탄도 미사일을 발사하는 미국 원자력 잠수함-역주) 구축에 참여한 3,000개 이상의 계약업체 및 기관들의 업무를 조정하기 위해 개발되었다. 이 프로젝트는 엄청나게 복잡했고, 수십만 개의 활동으로 구성되었는데, 이러한 활동을 PERT로 조정했다. PERT는 폴라리스 프로젝트의 완료 날짜를 2년 단축한 것으로 알려져 있다.

PERT 네트워크는 프로젝트를 완료하는 데 필요한 활동의 순서와 각 활동과 관련된 시간 또는 비용을 나타내는 흐름도 같은 다이어그램이다. PERT 네트워크를 통해 프로젝트 관리자는 무슨 일을 해야 하는지 판단하고, 어떤 일들이 서로 연계되어 있는지 결정하고, 발생할 수 있는 잠재적 문제점은 무엇인지 파악해야 한다(표 MOM.2 참조). PERT는 또한 대안적인 조치가 스케줄링 및 비용에 미칠 영향을 쉽게 비교할 수 있도록 한다. 관리자는 PERT를 통해 프로젝트의 진행 상황을 모니터링하고, 병목 현상의 가능성을 파악하며, 필요에 따라 자원을 이동해 일정에 맞춰 프로젝트를 마무리할 수 있다.

PERT 네트워크를 구성하는 방법을 이해하려면 이벤트, 활동, 주경로 세 가지 개념을 알아야 한다. 이들 개념을 정의하고, PERT 프로세스의 단계를 간략히 설명한 다음 사례를 제시했다.

- **이벤트**(events)는 주요 활동의 완료를 나타내는 종착점이다. 마일스톤이라고도 하며, 이벤트는 중요한 일이 발생했거나(예: 구매 품목 수령) 중요한 구성요소가 완료되었음을 나타낸다. PERT에서 이벤트는 특정 시점을 의미한다.
- **활동**(activity)은 어떤 행동이 이루어지는 것이다. 개별 활동은 시간이 소요되는데, 그 시간은 하나의 이벤트에서 다른 이벤트로 진행하는 데 필요한 시간이나 자원에 의해 결정된다.
- **주경로**(critical path)는 최단 시간 내에 프로젝트를 완료해야 하는 상황에서 가장 길거나 가장 시간이 많이 소요되는 이벤트 및 활동을 말한다.[55]

6,500제곱피트의 맞춤형 주택을 건설하는 건설 관리자의 작업에 PERT를 적용해보자.
건설 관리자로서 당신은 사업에서 시간은 곧 돈이라는 것을 인식하고 있다. 지연은 수익성

PERT 네트워크 분석
프로젝트를 완료하는 데 필요한 활동의 순서와 각 활동과 관련된 시간 또는 비용을 나타내는 흐름도 같은 다이어그램

이벤트
주요 활동의 완료를 나타내는 종착점

활동
어떤 행동이 이루어지는 것

주경로
최단 시간 내에 프로젝트를 완료해야 하는 상황에서 가장 길거나 가장 시간이 많이 소요되는 이벤트 및 활동

표 MOM.2 PERT 차트 개발

PERT 네트워크를 개발하려면 관리자가 프로젝트를 완료하는 데 필요한 모든 주요 활동을 파악하고, 의존성 순서대로 순위를 매기고, 각 활동의 완료 시간을 추정해야 한다. 이 절차는 다음과 같은 다섯 단계로 이루어진다.

1. 프로젝트를 완료하기 위해 달성해야 하는 모든 중요한 활동을 파악한다. 각 활동의 성과는 어떤 이벤트나 결과물에 의해 마무리된다.
2. 이러한 이벤트가 완료되는 순서를 확인한다.
3. 개별 활동 및 기타 모든 활동과의 관계를 파악해 처음부터 끝까지 활동의 흐름을 도표화한다. 원을 사용해 이벤트를 나타내고 화살표를 사용해 활동을 표시한다. 그 결과가 바로 우리가 PERT 네트워크라고 부르는 흐름도이다.
4. 각 활동이 마무리되는 시간 추정치를 계산해, 이상적인 조건에서 활동이 진행되었을 때 소요 시간의 낙관적 시간 추정치(t_o), 정상적으로 활동이 진행되었을 때 소요되는 시간, 즉 가장 가능성이 높은 추정치(t_m), 최악의 상황에서 활동이 진행되었을 때 소요되는 시간 추정치의 가중평균값(t_e)을 사용한다.

$$t_e = \frac{t_o + 4t_m + t_p}{6}$$

5. 마지막으로, 관리자는 개별 활동에 대한 시간 추정치를 포함하는 네트워크 다이어그램을 사용해 개별 활동의 시작 및 종료 날짜와 전체 프로젝트 일정을 결정할 수 있다. 주경로에서 지연이 발생하면 전체 프로젝트를 지연시키기 때문에 가장 큰 주의가 필요하다. 즉 주경로에는 여유가 없으므로, 그 경로의 지연은 즉각적으로 프로젝트의 최종 마감일 지연으로 나타난다.

높은 일을 돈 낭비로 만드는 것이다. 따라서 집을 완성하는 데 걸리는 시간을 결정해야 한다. 전체 프로젝트를 세부 활동 및 이벤트로 자세히 분석했다. 표 MOM.3은 건설 프로젝트의 주요 이벤트와 개별 활동을 완료하는 데 필요한 예상 시간을 요약한 것이다. 그림 MOM.6은 표 MOM.3의 데이터를 기반으로 한 PERT 네트워크를 묘사한 것이다.

PERT는 어떻게 운영되는가? 당신의 PERT 네트워크는 모든 것이 계획대로 진행된다면 집을 짓는 데 32주가 조금 넘게 걸릴 것이라고 알려준다. 이 시간은 네트워크의 주경로인 A B C D E I J K L M N P Q를 추적해 계산된다. 이 경로를 따라 이벤트를 완료하는 데 지연될 경우 전체 프로젝트의 완료가 지연된다. 예를 들어 주택의 틀을 짜는 데 4주가 아닌 6주가 걸린다면(이벤트 E), 전체 프로젝트가 2주(또는 예상 시간을 초과한 시간) 지연될 것이다. 그러나 벽돌 설치(이벤트 H)를 1주일 지연시키면 그 사건이 주경로가 아니므로 별 효과가 없을 것이다. 시공 관리자는 PERT를 사용함으로써 수정 조치가 필요하지 않음을 알게 된다. 그러나 벽돌 설치 작업이 추가로 지연될 경우 문제가 발생할 수 있다. 이러한 지연은 실제로 새로운 주경로를 초래할 수 있다. 이제 원래의 주경로 딜레마로 돌아가보자.

주경로가 N, P, Q를 통과한다. PERT 차트(그림 MOM.6)에 따르면 이 세 가지 활동에 4주가 걸린다. NOQ 경로가 더 빠르지 않을까? 그렇다. PERT 네트워크에 따르면 해당 경로를 완료하는 데 3.5주밖에 걸리지 않는다. 그런데 왜 NOQ가 주경로가 아닐까? 활동 Q는 활동 O와 P가 모두 완료될 때까지 시작할 수 없기 때문이다. 활동 O는 일주일의 반이면 되지만, 활동 P는 일주일이 걸린다. 따라서 Q를 시작하는 가장 빠른 시간은 일주일 후이다. 주요 활동(활동 P) 시간과 비주요 활동(활동 O) 시간 간의 차이는 어떻게 되는가? 이 경우 반주의 차

표 MOM.3   맞춤형 주택건설의 주요활동

이벤트	내용	시간(주)	선행 활동
A	설계 승인 및 허가 획득	3	없음
B	굴착 및 용지 정리	1	A
C	바닥 다지기	1	B
D	기초벽 세우기	2	C
E	주택 프레임 만들기	4	D
F	창문 설치	0.5	E
G	널빤지 지붕 설치	0.5	E
H	정면과 옆면 벽돌 작업	4	F, G
I	전기, 배관, 난방, 에어컨 기초 작업	6	E
J	단열재 설치	0.25	I
K	시트록(석고보드) 설치	2	J
L	마감 및 모래 시트록 설치	7	K
M	인테리어 작업	2	L
N	페인트 작업(내부 및 외벽)	2	H, M
O	모든 가구 설치	0.5	N
P	바닥재 작업	1	N
Q	최종 마무리 및 주택 소유자에게 양도	1	O, P

여유시간
주공정과 관련이 없어 프로젝트의 완수에 영향을 주지 않는 활동에서 발생하는 잔여 시간

이가 **여유시간**(slack time)이 된다. 여유시간은 주경로와 다른 경로의 시간 차이다. 그 시간에 무엇을 해야 할까? 프로젝트 관리자가 중요한 활동이 이행되지 않을 것을 알아차렸다면 중요하지 않은 활동의 여유시간을 빌려 중요한 활동에 작업을 임시로 할당할 것이다.

이상에서 살펴본 바와 같이 PERT는 계획 도구이자 통제 도구이다. PERT는 프로젝트 일정계획 수립과 관련된 시간을 추정하는 데 도움이 될 뿐만 아니라 통제 장치를 어디에 배치해야 하는지에 대한 단서를 제공한다. 주경로에서 지연되는 모든 이벤트는 전체 프로젝트를 지연시키기 때문에(늦을 뿐만 아니라 예산을 초과하게 만들 수도 있음) 항상 중요한 활동에 집중해야 한다. 예를 들어 보급품이 도착하지 않아 활동 F(창문 설치)가 일주일 지연되는 경우, 이는 큰 문제가 아니다. 그것은 주경로가 아니기 때문이다. 그러나 활동 P(바닥 설치)가 1주에서 2주로 늦춰지면 전체 프로젝트가 1주일 정도 지연된다. 따라서 프로젝트를 지연시킬 수 있는 즉각적인 잠재력(중요 활동)이 있는 모든 것을 면밀하게 모니터링해야 한다.

운영 관리에 대한 마지막 의견

앞에서 말한 것처럼, 조직의 운영 체제, 조직의 통제 시스템 및 품질 프로그램을 관리하는 것

그림 MOM.6   맞춤형 주택 건축을 위한 PERT 네트워크

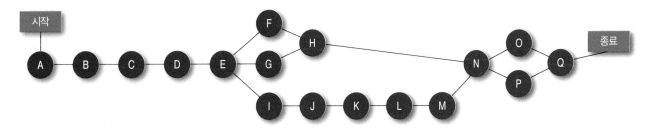

은 관리자의 몫이다. 이것이 오늘날 경쟁이 치열해지고 있는 세계 경제에서 조직이 살아남을 수 있는 유일한 방법이다.

미주

1. D. Eng, "Cheesecake Factory's Winning Formula," *Fortune*, May 2, 2011, pp. 19–20; and D. McGinn, "Faster Food," *Newsweek*, April 19, 2004, pp. E20–E22.
2. All of the examples are from the *World Factbook 2015*, https://www.cia.gov/library/publications/the-world-factbook/geos/bl.html.
3. D. Michaels and J. L. Lunsford, "Streamlined Plane Making," *Wall Street Journal*, April 1, 2005, pp. B1+.
4. T. Aeppel, "Workers Not Included," *Wall Street Journal*, November 19, 2002, pp. B1+.
5. A. Aston and M. Arndt, "The Flexible Factory," *Business Week*, May 5, 2003, pp. 90–91.
6. P. Panchak, "Pella Drives Lean throughout the Enterprise," *IndustryWeek*, June 2003, pp. 74–77.
7. J. Ordonez, "McDonald's to Cut the Cooking Time of Its French Fries," *Wall Street Journal*, May 19, 2000, p. B2.
8. C. Fredman, "The Devil in the Details," *Executive Edge*, April–May 1999, pp. 36–39.
9. http://new.skoda-auto.com/Documents/AnnualReports/skoda_auto_annual_report_2007_%20EN_FINAL.pdf (July 8, 2008); and T. Mudd, "The Last Laugh," *IndustryWeek*, September 18, 2000, pp. 38–44.
10. Based on "Honorary Members Form Impressive Lineup of Quality Thinkers," *Quality Progress*, March 2011, p. 17; "W. Edwards Deming," *Quality Progress*, November 2010, p. 17; R. Aguayo, *Dr. Deming: The American Who Taught the Japanese About Quality* (New York: Fireside Press, 1991); M. Walton, *The Deming Management Method* (New York: Penguin Group, 1986); and W. E. Deming, "Improvement of Quality and Productivity Through Action by Management," *National Productivity Review*, Winter 1981–1982, pp. 12–22.
11. T. Vinas, "Little Things Mean a Lot," *IndustryWeek*, November 2002, p. 55.
12. P. Panchak, "Shaping the Future of Manufacturing," *IndustryWeek*, January 2005, pp. 38–44; M. Hammer, "Deep Change: How Operational Innovation Can Transform Your Company," *Harvard Business Review*, April 2004, pp. 84–94; S. Levy, "The Connected Company,"

Newsweek, April 28, 2003, pp. 40–48; and J. Teresko, "Plant Floor Strategy," *IndustryWeek*, July 2002, pp. 26–32.
13. T. Laseter, K. Ramdas, and D. Swerdlow, "The Supply Side of Design and Development," *Strategy & Business*, Summer 2003, p. 23; J. Jusko, "Not All Dollars and Cents," *IndustryWeek*, April 2002, p. 58; and D. Drickhamer, "Medical Marvel," *IndustryWeek*, March 2002, pp. 47–49.
14. Q. H. Soon and Z. M. Udin, "Supply Chain Management from the Perspective of Value Chain Flexibility: An Exploratory Study," *Journal of Manufacturing Technology Management*, May 2011, pp. 506–26; G. Soni and R. Kodali, "A Critical Analysis of Supply Chain Management Content in Empirical Research," *Business Process Management*, April 2011, pp. 238–56; and J. H. Sheridan, "Managing the Value Chain," *IndustryWeek*, September 6, 1999, pp. 1–4, available online in archives at www.industryweek.com.
15. "Supply Chain Management: A New Narrative," *Strategic Direction*, March 2011, pp. 18–21; and Sheridan, "Managing the Value Chain."
16. S. Leibs, "Getting Ready: Your Suppliers," *IndustryWeek*, www.industryweek.com (September 6, 1999).
17. See, for example, J. Jusko, "Procurement—Not All Dollars and Cents," *IndustryWeek*, www.industryweek.com (April 4, 2002).
18. See "News Item Future Challenges for the Aromatics Supply Chain," speech given by Nancy Sullivan, Vice President Aromatics & Phenol, to the First European Aromatics and Derivatives Conference, London, UK (May 29, 2002), available online at http://www.shellchemicals.com/newsroom/1,1098.71.00.html.
19. D. Bartholomew, "The Infrastructure," *IndustryWeek*, September 6, 1999, p. 1.
20. G. Taninecz, "Forging the Chain," *IndustryWeek*, May 15, 2000, pp. 40–46.
21. T. Vinas, "A Map of the World: IW Value-Chain Survey," *IndustryWeek*, September 2005, pp. 27–34.

22. See J. H. Sheridan, "Now It's a Job for the CEO," *IndustryWeek*, March 20, 2000, pp. 22–30.
23. R. Norman and R. Ramirez, "From Value Chain to Value Constellation," *Harvard Business Review on Managing the Value Chain* (Boston: Harvard Business School Press, 2000), pp. 185–219.
24. S. Leibs, "Getting Ready: Your Customers," *IndustryWeek*, September 6, 1999, p. 4.
25. See, for example, C. Lunan, "Workers Doing More in Less Time," *Charlotte Observer*, June 1, 2002, p. D1.
26. Leibs, "Getting Ready: Your Customers," p. 3.
27. See, for instance, L. Harrington, "The Accelerated Value Chain: Supply Chain Management Just Got Smarter, Faster, and More Cost-Effective, Thanks to a Groundbreaking Alliance between Intel and Technologies," *IndustryWeek*, April 2002, pp. 45–51.
28. Ibid.
29. Ibid.; and Sheridan, "Managing the Value Chain."
30. Sheriden, "Managing the Value Chain," p. 3.
31. Leibs, "Getting Ready: Your Customers," p. 4.
32. Sheriden, "Managing the Value Chain," pp. 2–3; Leibs, "Getting Ready: Your Customers," 1, 4; and Bartholomew, "The Infrastructure," p. 6.
33. Taninecz, "Forging the Chain."
34. Ibid.
35. Ibid.
36. D. Drickhamer, "On Target," *IndustryWeek*, October 16, 2000, 111–12.
37. Ibid.
38. "Top Security Threats and Management Issues Facing Corporate America: 2003 Survey of Fortune 1000 Companies," ASIS International and Pinkerton, www.asisonline.org.
39. Sheridan, "Managing the Value Chain," p. 4.
40. S. Rosenbloom, "Solution, or Mess? A Milk Jug for a Green Earth," *New York Times Online*, June 30, 2008.
41. K. T. Greenfeld, "Taco Bell and the Golden Age of Drive-Thru," *Bloomberg BusinessWeek Online*, May 5, 2011; and S. Anderson, "Restaurants Gear Up for Window Wars," *Springfield, Missouri,*

News-Leader, January 27, 2006, p. 5B.
42. D. Bartholomew, "Quality Takes a Beating," *IndustryWeek*, March 2006, pp. 46–54; J. Carey and M. Arndt, "Making Pills the Smart Way," *BusinessWeek*, May 3, 2004, pp. 102–03; and A. Barrett, "Schering's Dr. Feelbetter?" *BusinessWeek*, June 23, 2003, pp. 55–56.
43. T. Vinas, "Six Sigma Rescue," *IndustryWeek*, March 2004, p. 12.
44. J. S. McClenahen, "Prairie Home Companion," *IndustryWeek*, October 2005, pp. 45–46.
45. T. Vinas, "Zeroing In on the Customer," *IndustryWeek*, October 2004, pp. 61–62.
46. W. Royal, "Spotlight Shines on Maquiladora," *IndustryWeek*, October 16, 2000, pp. 91–92.
47. See B. Whitford and R. Andrew (eds.), *The Pursuit of Quality* (Perth: Beaumont Publishing, 1994).
48. D. Drickhamer, "Road to Excellence," *IndustryWeek*, October 16, 2000, pp. 117–18.
49. G. Hasek, "Merger Marries Quality Efforts," *IndustryWeek*, August 21, 2000, pp. 89–92.
50. J. Jusko, "An Elite Crew," *IndustryWeek*, March 2011, pp. 17–18; and M. Arndt, "Quality Isn't Just for Widgets," *BusinessWeek*, July 22, 2002, pp. 72–73.
51. E. White, "Rethinking the Quality Improvement Program," *Wall Street Journal*, September 19, 2005, p. B3.
52. M. Arndt, "Quality Isn't Just for Widgets."
53. For a thorough overview of project management, see S. Berkun, *The Art of Project Management* (Upper Saddle River, NJ: Prentice Hall, 2005); or J. K. Pinto, *Project Management: Achieving Competitive Advantage and MS Project* (Upper Saddle River, NJ: Prentice Hall, 2007).
54. H. Maylor, "Beyond the Gantt Chart: Project Management Moving On," *European Management Journal*, February 2001, pp. 92–101.
55. For additional information on CPM, see W. A. Haga and K. A. Marold, "A Simulation Approach to the PERT/CPM Time-Cost Trade-Off Problem," *Project Management Journal*, June 2004, pp. 31–37.

용어 해설

가상 조직 소수의 핵심 정규직 종업원과 특정 프로젝트 수행을 위해 고용된 외부의 임시직 전문가로 구성된 조직

가상팀 공동 목적 달성을 위해 물리적으로 분산

가정된 유사성 관찰되는 사람의 특징보다 관찰자의 특징에 영향을 받는 지각

가족 친화적 복리후생 업무의 유연성을 높이고 일-가정 균형에 대한 요구를 수용할 수 있는 다양한 근무시간 대안을 제공하는 복지혜택

가치 고객이 자원을 주는 대신에 받게 되는 상품과 서비스의 특성, 속성 및 기타 측면

가치사슬 원자재에서 완제품에 이르기까지 각 단계에서 가치를 부가하는 일련의 조직적 작업 활동

가치사슬 관리 전체 가치사슬을 따라 일련의 활동과 정보를 관리하는 과정

간트 차트 작업이 이루어져야 하는 시기를 시각적으로 보여주고, 할당된 날짜 대비 각 작업의 실제 진행률을 비교하는 계획 활동 도구

감성 지능 감정적 단서 및 정보를 인지하고 관리하는 능력

강점 조직이 잘하고 있는 활동 또는 독특한 자원

강한 문화 핵심 가치가 명확히 형성되어 있고 광범위하게 공유되어 있는 문화

개념적 기술 복잡한 상황을 분석하고 진단하는 경영자의 능력

개방된 작업 공간 물리적 장벽을 거의 포함하지 않는 작업 공간

개방 시스템 환경과 역동적으로 상호작용하는 시스템

거래적 리더 주로 사회적 교환(또는 거래)을 이용해 사람들을 이끄는 리더들

건강증진 프로그램 종업원의 건강 문제를 예방하도록 돕기 위해 조직이 제공하는 프로그램

게이미피케이션 게임의 의도와 연관된 개념을 일터의 다른 영역에 활용하는 것

결근 직장에 나타나지 않음

결정 기준 의사결정과 관련된 요인들

경계 없는 경력 개인이 자기 자신의 경력에 개인적인 책임을 지는 것

경계 없는 조직 사전에 정해진 조직 구조로 인한 경계가 없는 구조

경력 한 사람이 일생 동안 가지고 있는 일의 순위

경로-목표 이론 리더의 일은 부하 종업원들이 그들의 목표를 이루도록 하고, 그들의 목표가 집단 또는 조직의 전체적인 목표와 조화될 수 있도록 방향을 제시하거나 지원해주는 것이라고 말하는 이론

경영 사람을 통해 일을 효과적이고 효율적으로 하는 과정

경영의 공생적 관점 조직의 성공 또는 실패는 경영자의 통제 밖에 있는 외부 요인에 의해 영향을 받는다는 관점

경영의 일반 이론 경영자의 일은 무엇이고 올바른 경영이란 무엇인지를 규명한 이론

경영의 전능적 관점 경영자는 조직의 성공 또는 실패에 직접적인 책임이 있다는 관점

경영자 조직 내에서 다른 사람의 행동을 지휘하는 사람

경영적 역할 경영자에게 기대되는 특정한 행동으로서 크게는 대인 관계, 정보 전달, 의사결정과 관련된 활동

경영정보시스템(MIS) 정기적으로 필요한 경영정보를 제공하는 데 사용되는 시스템

경쟁 우위 다른 조직과 뚜렷이 구분되는 것

경쟁 전략 기업이 해당 사업 분야에서 어떻게 경쟁할 것인가와 관련된 조직 전략

경쟁지능 경쟁자에 관한 정밀한 정보로 경영자에게 제공하는 환경 탐색의 한 형태

경제적 주문량 주문비용과 재고 유지 비용 간에 균형을 유지해 주문 및 운송에 따른 총비용을 최소화할 수 있는 주문량

경청 성급한 판단이나 해석을 하지 않으며 어떤 대답을 할지 생각하지 않고 메시지의 완전한 의미를 들음

계량적 접근 방식 계량적인 기법을 활용해 의사결정을 개선하려는 접근 방식

계획 목표를 어떻게 충족시킬 것인지에 대해 윤곽을 제시하는 것

계획 목표와 전략을 설정하고 전략에 맞는 행동계획을 개발하는 활동

고객별 부문화 주요 고객에 의해 활동을 집단화함

고용계획 적절한 수의 인재를 적재·적소·적시에 배치하는 프로세스

고정관념 그 사람이 속한 집단에 대한 우리의 인식에 근거해 누군가를 판단하는 것

고정 소수점 발주법 미리 설정된 특정 지점에 도달하면 시스템적으로 재주문이 필요함을 표시하는 방식

공리주의 모든 윤리적 결정이 그것의 결과를 중심으로 이루어지는 것

539

공민권적 관점 윤리적 결정은 개인의 자유와 특권을 보장하고 존중하기 위해 이루어지는 것

공식적인 계획 부서 계획 전문가 집단으로, 계획 전문가들의 유일한 책임은 다양한 조직계획을 수립하는 것임

공식화 조직의 직무를 어떻게 표준화할 것인지와 종업원의 행동을 어느 정도 규칙과 절차로 규정할 것인지의 정도

공유경제 자산 소유자가 개인 간 거래 서비스를 통해 수수료를 받고 사용하지 않는 물리적 자산이나 지식, 전문지식, 기술, 시간 등을 타인과 공유하는 경제 환경

공정성 이론 종업원이 자신의 직무에 대한 투입-성과 비율과 다른 관련자의 직무에 대한 투입-성과 비율을 비교해 불공평을 수정한다는 이론

공표된 목표 조직이 말하고자 하는 바를 공식적으로 언급한 것으로, 주주들에게 공식적으로 제시하는 목표

과로사 과로로 인한 갑작스러운 죽음

과학적 경영 과학적인 방법을 활용해 일을 하는 최선의 방법을 찾으려는 관리 방식

관리원칙 페욜이 주장한 경영 관리 방식의 보편적인 원칙들

관습 집단의 규범에 맞추기 위해 개인의 행동을 조정하는 것

교차 기능팀 다양한 전문가로 구성된 작업팀

구조화된 문제 직접적이고 친숙하며 쉽게 정의되는 문제

구체적 계획 명확하게 정의되고 해석의 여지가 없는 계획

국제적인 전략적 제휴 해외와 국내 기업(혹은 해외 기업) 간의 파트너십으로 새로운 제품을 개발하거나 생산공장을 건설하기 위해 원자재와 지식을 공유하는 것

권력 의사결정에 영향을 주는 개인의 능력

권력 욕구(nPow) 사람들이 다른 방식으로는 행동하지 못하게 고유한 방식으로 행동하도록 만들고자 하는 욕구

권한 경영자의 지위에서 비롯된 권리로 상사가 명령을 내리면 부하는 복종하는 것을 전제함

권한 부여 종업원들에게 의사결정 재량권을 늘려 주는 행위

권한 위임 직원들이 스스로 의사결정해서 행동하도록 의사결정 권한 부여

귀인 이론 주어진 행동에 기인하는 원인에 따라 사람들을 어떻게 다르게 판단하는지를 설명하기 위한 이론

규범 집단 구성원이 받아들이고 공유하는 기준이나 기대치

규범 형성기 밀접한 관계와 응집성을 보이는 집단 발전의 세 번째 단계

규율 경영자가 조직의 기준과 규정을 강요하는 행동

규정 종업원들이 해야 하는 것과 해서는 안 되는 것을 서술한 문서

균형 성과 기록표 재무적 관점 이상의 성과를 측정하는 도구

근본적인 귀인 오류 외부 요인의 영향을 과소평가하고 내부 요인의 영향을 과대평가하는 경향

근본적인 수정 조치 어떻게, 왜 성과에 편차가 일어났는지를 확인한 다음 편차의 원인을 수정

글로벌 기업 경영 및 의사결정을 본국으로 집중화한 기업

글로벌 소싱 재료와 노동력을 해외의 저렴한 곳에서 조달하는 것

기계적 조직 구조 관료적 조직이라고도 하며, 전문화·공식화·집중화가 높은 구조

'급류타기'의 비유 작은 뗏목이 급류를 헤쳐 나가는 상황과 유사한 조직 변화

기능별 구조 서로 유사하거나 연관된 분야의 전문가들을 묶는 조직 설계

기능별 부문화 수행되는 기능에 의해 활동을 집단화함

기능 전략 조직의 다양한 기능에 의해 활용되고, 경쟁 전략과 연계된 전략

기대 이론 사람은 자신의 행동에 대해 어떠한 결과가 주어질 것이라는 기대와 그 결과에 대한 개인의 선호도를 바탕으로 특정한 방식으로 행동하는 경향이 있다고 주장하는 이론

기술 일을 효율적으로 하게 만드는 모든 장비, 도구, 운영 방식

기술급 시스템 직무기술을 기준으로 종업원에게 보상을 주는 임금 시스템

기업 전략 기업이 어떤 사업을 하고 있는지, 어떤 사업을 하고 싶은지, 사업과 관련해서 무엇을 해야 하는지를 구체화하는 조직 전략

기업가 기업가적 벤처를 시작하고 적극적으로 운영하는 사람

기업가적 벤처 기회를 추구하고 혁신적 실천이라는 특징을 가지고 있으며, 성장과 수익성을 목표로 하는 조직

기업가적 행동을 반복하는 사람 기존의 사업을 매각 또는 철수하고, 다른 기업을 설립해 경영하다가 다시 사업을 매각 또는 철수하는 기업가적 행동 반복하는 개인

기업가 정신 새로운 제품과 서비스의 변화, 혁신, 변혁, 신규 도입을 목적으로 새로운 사업을 시작해 기회를 활용하는 프로세스

기회 긍정적인 외부의 환경적 요인

기회에 기초한 기업가 기회를 얻기 위해 기업가적 벤처를 시작하는 개인

네트워크 조직 자사 종업원에게 업무를 줌과 동시에 필요한 제품 부품이나 업무 프로세스를 제공하는 외부의 공급업체 네트워크를 활용하는 조직

다국적 기업 복수의 국가에서 상품이나 서비스를 생산하는 기업

다국적 내수 기업 경영 의사결정과 그 밖의 결정을 사업이 이루어지는 국가에 분권화한 기업

다기능 협업팀 다양한 전통적인 부서에서 근무하는 사람들이 모여

서 만들어진 하나의 팀

다운사이징   조직 내 직무를 계획적으로 줄이는 것

단기 계획   1년이나 그 이하를 대상으로 계획하는 것

단순 구조   부서별 구성이 낮은 조직 설계. 광범위한 통제, 단일 인물에 집중화된 권한, 거의 공식화되지 않은 조직 설계

단위 생산   단위 또는 소단위로 품목을 생산하는 것

대기행렬 이론   대기선 이론으로도 불리는 이 이론은 대기행렬비용과 행렬을 유지하는 비용의 균형을 유지하도록 하는 방법이다. 경영자는 고객의 인내를 시험하지 않는 상황에서 가능한 적은 수의 정거장을 두어 비용을 최소화하길 바란다.

대량 생산   대량으로 제조하는 것

대인관계적 기술   개인과 집단 속의 사람들과 함께 일하고, 그들을 이해하고, 멘토가 되어 주고, 동기부여하는 능력

동기부여   목표 달성을 위해 한 개인의 노력이 발휘되고, 방향을 향해 나아가고 지속하는 과정

동기 요인   직무 만족을 높이고 동기를 부여하는 요인들

동시통제   업무 활동이 수행되는 과정에서 수행되는 통제

디자인 사고   디자이너가 디자인 문제에 접근하듯이 경영문제에 접근하는 것

디지털 도구   사용자가 데이터를 수집, 시각화, 이해, 분석할 수 있도록 하는 기술, 시스템, 소프트웨어

라이선싱   제조업에서 주로 사용되는 방법으로 다른 기업에 수수료를 받는 대신 자사의 기술이나 제품 사양을 제공하고 그 결과로 생산과 판매를 허용하는 것

라인 권한   경영자가 종업원의 업무를 직접 지시할 수 있는 자격을 부여받는 것

리더   다른 사람에게 영향을 미치고 관리적 권한을 가진 사람

리더-구성원 교환(LMX) 이론   리더는 내집단과 외집단을 만들고 내집단 구성원들이 성과 등급이 더 높고, 이직률이 더 낮으며, 직무 만족이 더 크다고 주장하는 리더십 이론

리더십   집단을 이끌고, 집단이 어떤 목적을 달성하는 데 영향을 끼치는 과정

리더십 특성 이론   비(非)리더로부터 리더를 구분하는 특성들을 분리하는 이론

리더십 행동 이론   비효과적 리더로부터 효과적 리더를 구분하는 행동들을 분리하는 이론

리더-참여 모델   리더가 의사결정에 여러 가지 상황별로 얼마나 많은 참여를 사용하는지를 결정하는 일련의 규칙에 기초한 리더십 상황 적합 이론

마이어스-브릭스 유형 지표(MBTI)   다른 성격 유형을 식별하기 위해 성격의 네 가지 차원을 사용하는 성격 평가

마키아벨리즘(Mach)   실용적이고, 정서적 거리를 유지하며, 결과가 수단을 정당화할 수 있다고 믿는 정도에 관한 척도

만족화   '만족할 만한' 대안을 해결안으로 받아들이는 것

매니지리얼 그리드   리더십 유형을 평가하는 2차원 그리드

매트릭스 구조   서로 다른 기능 부서에 있는 전문가를 1명의 프로젝트 관리자가 이끄는 프로젝트에서 일하도록 함

메시지   전달되어야 하는 의사소통의 목적

명령의 사슬   조직의 상위 계층에서 하위 계층으로 내려가는 권한 라인으로 누가 누구에게 보고해야 하는지를 명확하게 해줌

명령 통일   누구도 1명 이상의 상사에게 보고하지 않도록 하는 경영 원칙

명목집단기법   집단 구성원이 회의에 참석하지만 각자 독립적으로 행동하게 하는 의사결정기법

모집   유능한 지원자를 발굴·식별해 지원하도록 유도하는 것

목표(목적)   원하는 결과 또는 표적

목표 관리(MBO)   상호 협의를 통해 목표를 설정하고 이 목표를 기준으로 종업원 성과를 평가하는 일련의 프로세스

목표 설정 이론   구체적인 목표들이 업무 성과를 늘리고 또한 수용할 경우 어려운 목표가 쉬운 목표보다 더 높은 수준의 업무 성과를 낸다는 가정

몰입 개념   계획을 개발할 때 충분히 몰입할 수 있을 만큼의 기간으로 계획되어야 한다는 것

'무풍항해'의 비유   잔잔한 바다에서 예측 가능한 여행을 하고 가끔 폭풍을 경험하는 커다란 배에 조직 변화를 비유한 설명

문제   현재 상태와 바람직한 상태의 차이

문제 해결팀   작업 활동을 향상시키거나 특정 문제를 해결하는 데 연관된 같은 부서나 기능직에서 유래한 팀

미선   조직의 목적을 적은 것

민족   문화적 배경이나 충성심 같이 사람들에 의해 공유되는 사회적 특성

방향 제시적 계획   유연하고 일반적인 지침을 수립하는 계획

벤치마킹   경쟁업체든 경쟁업체가 아니든 간에 아주 뛰어난 성과를 내고 있는 기업의 최고의 관행을 찾는 것

변동급 시스템   개인의 보상이 성과에 달려 있는 임금 시스템

변동 허용치   실제 성과와 성과 기준 간 편차의 수용 가능한 한계

변혁적 리더   이례적인 성과를 달성하도록 부하 종업원들을 자극하고 격려하는(변형하는) 리더들

변화 추진자   촉매제로서 변화 과정을 관리할 책임을 진 사람

변환(해독)   수신 메시지 해석

변환 과정   자원을 완성품과 서비스로 전환하는 과정

보디랭귀지   얼굴 표정, 제스처, 다른 신체 움직임 같은 비언어적

의사소통 신호

부문화 직무들을 서로 묶는 방법

부호화 메시지를 상징적인 형태로 전환하는 것

분배 공정성 개인에게 제공되는 보상의 크기와 할당에 대해 인식된 공정성

분업(업무 분화) 일을 작고 반복적인 작업으로 나누는 것

불확실성 의사결정자가 특정한 결과를 전혀 예측하지 못하거나 특정한 결과의 발생 가능성도 추론할 수 없는 상황

브레인스토밍 비판을 자제하면서 대안을 내도록 하는 아이디어 생성 과정

비구조화된 문제 정보가 모호하거나 완전하지 않아 새롭거나 친숙하지 않은 문제

비밀정보망 의사소통의 비공식 채널

비용 우위 전략 산업 내에서 가장 낮은 비용으로 경쟁하는 전략

비전적 리더십 실제적이고, 신뢰할 수 있으며, 현실 상황을 개선하는 미래의 매력적인 비전을 만들고, 표명하고, 분명하게 표현할 수 있는 능력

비정형화된 의사결정 특별하고 돌발적인 문제를 해결하기 위한 의사결정

비즈니스 모델 기업이 전략, 프로세스 및 활동의 정렬을 통해서 이익을 창출하는 방법에 대한 전략적 설계

빅데이터 엄청난 양의 계량적 정보로서 정교한 데이터 처리로 분석이 가능한 데이터

사업 계획서 사업 기회를 요약하고 식별된 기회를 어떻게 붙잡아서 이용할 것인지를 정의하고 설명하는 서면 문서

사업부제 구조 독립적인 부서 혹은 부문으로 구성된 조직 구조

사전통제 실제 활동이 일어나기 이전에 수행되는 통제

사회적 기업가 실용적이고 헌신적이며, 지속가능한 접근 방식을 사용해 사회를 개선할 기회를 찾는 개인 또는 집단

사회적 대응 영리 회사가 사회의 대중적 요구에 반응해 사회 지향적 행동을 하는 것

사회적 의무 영리 회사가 경제적이고 법적인 책임을 준수하는 사회적 행동을 하는 것

사회적 책임(또는 기업의 사회적 책임) 법적·경제적 의무 이상으로 영리 회사가 사회에 유익한 일을 하려는 의도를 말함

사회적 태만 개별적으로 일할 때보다 집단으로 일할 때 가 개인의 노력이 감소하는 경향

사회 학습 이론 관찰과 직접 경험을 통해 배울 수 있다는 학습 이론

사후통제 업무 활동이 끝난 후에 수행되는 통제

산업 혁명 18세기 후반 영국에서 시작된 것으로서 기계동력, 대량 생산, 효율적인 운송 시스템을 활용하기 시작한 변화를 말함

상황적 리더십 이론(SLT) 부하 종업원들의 준비성 수준에 초점을 맞춘 리더십 상황 적합 이론

상황적 접근법 조직, 근로자, 환경이 달라지면 관리 방법도 달라져야 한다는 경영학의 접근 방식

서비스업 물리적 제품이 아닌 서비스를 제공하는 조직

선발 과정 가장 적합한 지원자가 고용되도록 직무 지원자를 가려내는 활동

선택적 지각 관찰된 일부분만 흡수하는 경향으로, 이를 통해 타인을 '속독'함

선택적 지각 자신의 욕구, 동기부여 상태, 경험, 배경, 그 외 개인적인 특성에 따라 선택적으로 보고 듣는 기준을 설정해 의사소통을 수신

선형 프로그래밍 자원할당문제를 해결하는 수학적 기법

설문 피드백 종업원이 변화에 대해 어떠한 태도와 인식을 갖고 있는지 평가하는 방법

성격 상황에 대한 반응과 다른 사람과의 상호작용에 영향을 미치는 감정, 사고, 행동 패턴의 독특한 조합

성격 5요인 모델 다섯 가지 특징(외향성, 우호성, 성실성, 정서적 안정성, 경험에 대한 개방성)으로 나타나는 성격 특성

성과관리 시스템 성과 표준을 설정하고 성과를 평가하는 시스템

성과별 지급 프로그램 종업원의 몇 가지 성과 지표를 근거로 지급하는 다양한 보상 계획

성과 시뮬레이션 시험 실제 직무행동에 기초한 선발 도구

성장 전략 현재의 사업 혹은 새로운 사업을 통해 조직이 제품이나 시장의 숫자를 확대하는 기업 전략

성취 동기 이론 성취 욕구, 권력 욕구, 친교 욕구의 세 가지 욕구가 업무의 주된 동기가 된다고 주장하는 맥클리랜드의 이론

성취 욕구(nAch) 성공하고, 일련의 기준을 뛰어넘으려는 추진력

성희롱 성을 이유로 개인의 고용, 성과, 근무 환경에 명백하게 혹은 암묵적으로 영향을 주는 행동이나 활동

소규모 사업 종업원 수 500명 미만의 영리 기업으로 새롭고 창의적인 경영이 어렵거나 산업 내에서 영향력이 작은 기업

소셜 미디어 온라인 소통을 가능하게 하는 전자적 소통 형태로, 이를 통해 아이디어, 정보, 개인적 메시지 등의 콘텐츠를 전달할 수 있음

손익분기점 분석 총수익이 총비용을 감당하는 수준을 예측하는 기법

쇄신 전략 줄어드는 성과를 다루기 위한 전략

수단-목표 체인 높은 수준의 목표는 낮은 수준의 목표와 연결되며, 낮은 수준의 목표는 높은 수준의 목표를 달성하는 수단으로서 역할을 함

수입 해외에서 만든 제품을 국내에 들여와 파는 것

수출　국내에서 제품을 생산해 해외에 판매하는 것

수확　벤처에 투자했던 자금을 회수하기를 원할 때 벤처를 정리하는 것

스컹크 웍스　큰 조직 내의 작은 집단으로 높은 수준의 자율성을 가지고 기업의 관료주의에 의해 방해받지 않으며, 임무는 주로 급진적 혁신을 목적으로 하는 프로젝트를 개발하는 것이다.

스태프 권한　라인 경영자들을 지원하고 도와주고 조언해주는 권한을 가진 직위

스트레스　어떤 개인이 엄청난 요구, 억제, 기회에 직면하면서 과도한 압력을 받았을 때의 반응

스트레스 요인　스트레스를 유발하는 요인

시스템적 접근　조직을 하나의 시스템으로 보고 서로 연관된 부분들이 통합된 전체를 이루어 가는 방식으로 조직을 이해하려는 접근법

식스 시그마　100만 개 단위나 절차 중에서 3.4개 이하의 결점을 목표로 하는 품질 표준

신뢰　성실성, 개성, 리더의 능력에 대한 믿음

신뢰성　부하 종업원들이 리더의 정직, 능력, 의욕을 높이는 능력을 인지하는 정도

신뢰성　선발 도구가 동일한 특성을 일관되게 측정하는지의 정도

실제 목표　조직 구성원들의 행동에서 드러나는 조직의 실제 추구 목표

실행 공동체　관심사, 일련의 문제, 주제에 대한 열정을 공유하고, 변화에 보조를 맞추어 상호작용함으로써 자신의 지식이나 전문성을 심화하는 사람들의 집합체

실현기　집단 발전의 네 번째 단계로 집단이 완전히 제 기능을 발휘하고, 집단 과업이 제대로 수행되는 단계

아이디어 챔피언　새로운 아이디어를 적극적이고 열정적으로 발전시키고, 다른 사람들로부터 지지를 얻고, 저항을 극복하며, 혁신을 실행하는 사람

안정화 전략　조직이 현재 하고 있는 것을 계속하려는 기업 전략

압축된 주 근무제　직원이 하루에 더 긴 시간을 일하지만 주당 일수는 더 적은 주 단위 근무제

약점　조직이 잘하지 못하는 것 또는 보유하고 있지 않은 자원

억양　의미를 전달하는 단어나 구를 강조

업무량 차트　간트 차트의 활동 대신 전체 부서나 특정 자원을 보여주는 간트 차트의 수정된 버전

업무 전문화　작업 활동을 과업으로 잘게 나눈 것

여과　수신자가 더욱 선호할 만한 정보로 만들기 위한 계획적인 조작

여유시간　주공정과 관련이 없어 프로젝트의 완수에 영향을 주지 않는 활동에서 발생하는 잔여 시간

역량　회사에서 필요한 업무 활동을 할 때 사용되는 기술과 능력

역할　한 사회적 단위에서 주어진 지위의 사람들에게 영향을 미치는 기대 행동 패턴

역할 갈등　만족시키기 어려운 업무 기대

역할 과다　주어진 시간 내에 처리가 어려울 만큼 일이 많은 상황

역할 모호성　역할 기대를 명확하게 이해하기 어려운 상황

오리엔테이션　신입사원에게 직무와 회사에 대해 소개함

외국 자회사　독립적인 공장과 회사를 해외에 설립하는 해외 직접 투자의 한 방식

외부 환경　기업의 성과에 영향을 주는 기업 외부의 요인, 세력, 상황 및 사건

욕구 단계 이론　인간은 욕구의 5단계, 즉 생리적 욕구, 안전 욕구, 사회적 욕구, 존중 욕구, 자아실현 욕구 단계를 갖고 있다는 매슬로의 이론

운영 관리　변환 과정을 연구하고 응용하는 것

원격 작업　원격 위치에서 가상 디바이스를 통해 작업 수행

위생 요인　직무 불만족을 제거하지만 동기를 부여하지 않는 요인들

위험　의사결정자가 특정한 결과의 발생 가능성을 추정할 수 있는 상황

위협　부정적인 외부의 환경적 요인

유기적 조직 구조　전문화·공식화·집중화가 낮은 구조

유연 근무제　직원이 주당 특정 시간을 일해야 하지만, 특정 시간에 근무할 경우 달라질 수 있는 작업 스케줄링 시스템

윤리　옳고 그름을 정의하는 규범이나 기준

윤리강령　경영자와 종업원이 지켜야 할 조직의 주요 가치와 윤리 규정을 명시한 공적 문서

윤리적 문화　직장에서의 옳고 그른 행동에 대한 공유된 개념이 조직의 핵심 가치를 반영하고 종업원의 윤리적 의사결정에 영향을 주는 문화

윤리적 의사소통　모든 관련 정보를 포함하고, 모든 의미에서 진실이며, 어떤 방식으로도 기만적이지 않은 제시된 자료

은어　규율이나 산업에 대한 특별한 기술적 언어

의사결정 과정　문제 인식, 해결 방안 선택, 해결 방안의 효과성 평가 등을 포함한 8단계 과정

의사결정 나무　의사결정 과정을 분석하는 데 사용되는 도식으로 가지가 있는 나무처럼 보임

의사결정 역할　결정을 내리고 선택을 하는 활동

의사결정의 실행　의사결정 사항의 이행

의사소통　한 사람에서 다른 사람으로의 의미 전달

의사소통 과정　이해나 의미가 한 사람에서 다른 사람으로 전달되는 일곱 가지 과정

이벤트 주요 활동의 완료를 나타내는 종착점

이직 조직으로부터 자발적 혹은 비자발적인 영구 탈퇴

이해관계자 조직의 의사결정과 행동에 의해 영향을 받는 조직 환경의 구성원들

인간관계 역할 조직 내외의 사람들과 관련된 역할로, 특성상 의식적이고 공생적인 성격의 활동

인구 통계 사회연구의 목적으로 이용되는 인구 특성

인력 다양성 성별, 나이, 인종, 성적 지향, 민족, 문화적 배경, 신체 능력, 장애에 따라 직원들을 서로 다르게 혹은 유사하게 관리하는 방식

인적자원 관리 유능한 종업원의 확보, 교육·훈련, 동기부여

인적자원 목록 이름, 학력, 이수한 훈련, 기술, 사용 가능 언어 등 종업원에 대한 중요한 정보를 담은 보고서

인종 사람들이 자신을 식별하기 위해 사용하는 (피부색이나 관련 특성 같은) 생물학적 유산

인지 부조화 태도 간 혹은 행동 사이에서 발생하는 양립 불가의 불일치

인지적 요소 개인의 믿음, 의견, 지식, 정보로 구성된 태도의 한 부분

일자리 공유 전일제 근무를 2명 이상의 직원이 나눠 맡는 것

일회성 계획 특정 상황의 필요성을 충족하기 위해 구체적으로 설계된 계획

임시직 근로자 프리랜서, 또는 계약직 근로자(서비스에 대한 요구가 있을 때 고용)

자기 감시 외부 상황요인에 대한 행동조정 능력을 측정하는 성격 특성

자기 귀인 편향 자신의 성공은 내부 요인에 돌리고, 실패는 외부 요인에 돌리는 경향

자기효능감 자신이 어떠한 과제를 수행할 수 있다는 개인의 믿음

자영업 자신이 직접 운영하는 사업, 직업, 거래 또는 농장에서 이윤이나 수수료를 위해 일하는 사람들

자원 제품의 개발, 제조, 전달에 사용되는 조직 자산

자율관리팀 경영자 없이 운영되며, 작업공정이나 부문의 완성에 책임을 지는 작업팀

자존감 자신을 좋아하거나 싫어하는 정도

작업팀 구성원들이 긍정적인 시너지, 개인과 상호 간의 신뢰, 상호 보완적 기술을 통해 특별한 공동의 목적에 강하게 집중해 일하는 집단

잔류자 해고증후군 구조 조정에서 살아남은 잔류 종업원의 태도, 인식, 행동

장기 계획 3년 이상의 시간 동안 할 일을 계획하는 것

재택근무 집에서 일하면서 필요한 업무는 회사와 연결된 컴퓨터로 처리하는 방식

전략 조직이 무엇을 할 것인지, 어떻게 성공적으로 경쟁할 것인지, 조직 목표를 달성하기 위해서 고객을 어떻게 유인하고 만족시킬 것인지에 대해 계획을 세우는 것

전략경영 경영자들이 조직 전략을 개발하기 위해서 행동하는 것

전략경영 프로세스 전략의 계획, 실행, 평가와 관련된 6단계 과정

전략계획 전체 조직에 적용되고 조직의 전반적 목표를 포함하는 계획

전략사업단위(SBUs) 자체적인 경쟁 전략을 세워서 독립적으로 운영하는 단일 사업 부서

전문성 당신의 태도, 행동 등 직장에서 어떻게 행동하는지를 의미함

전문적 기술 특정 업무를 수행하는 데 필요한 지식 및 기술

전술계획 전반적인 목표들이 어떻게 달성되는지 세부사항을 구체화한 계획

전자회의 참가자가 컴퓨터로 연결되어 의사결정을 하는 명목집단 기법의 한 형태

전통적인 목표 설정 최고경영자에 의해 목표가 수립되며, 조직을 따라서 내려와 각 조직 분야의 하위 목표가 결정됨

절차 잘 구조화된 문제에 대응하기 위해 마련된, 일련의 상호 관련된 순차적인 조치들

절차 공정성 보상의 분배를 결정하는 과정에 대한 인식

점진적 집착 잘못된 결정이라는 증거가 있음에도 불구하고 이전의 잘못된 결정을 고집하는 현상

점진적 혁신 극적인 혁신이 아니라 기존 제품의 작고 점진적인 변화를 가져오는 혁신

정보 과부하 한 사람이 처리해야 할 정보량이 자신의 처리 능력을 초과하는 것

정보적 역할 정보를 수집하고, 전달받고, 분석하는 활동

정서적 요소 태도의 부분 중 감정과 느낌

정의론적 관점 윤리적 결정은 공정하고 공평한 규칙을 실행하기 위해 이루어지는 것

정책 의사결정의 가이드라인

정치적 기술 권력의 기반을 형성하고 적절한 관계를 맺는 능력

정형화된 의사결정 일상적 접근으로 해결할 수 있는 반복적 의사결정

제조업 물리적인 제품을 생산하는 조직

제품별 부문화 주요 제품에 의해 활동을 집단화함

제한된 합리성 정보를 처리하는 경영자의 능력에는 한계가 있지만, 최대한 합리적으로 의사결정을 내리는 것

조작적 조건 형성 행동과 결과의 함수로 보는 학습 이론

조직 특정한 목적을 달성하기 위해 체계적인 질서 아래 모인 사람

들의 집합

조직 개발(OD)   계획된 변화를 통해 조직 구성원을 지원하려는 노력으로 구성원의 태도와 가치를 중시함

조직 몰입   조직에 대한 충성도, 동일시, 관여에 대한 직원들의 지향성

조직 문화   조직 구성원의 행동 방식에 영향을 주는 공유된 가치, 원칙, 전통, 사고방식

조직 변화   조직 내 구성원, 구조 또는 기술의 변화

조직 설계   조직 구조를 개발 혹은 변화시키는 과정

조직시민행동   직원의 공식적인 직무요건에 포함되지 않은 재량적 행동으로 조직이 제 기능을 하도록 돕는 행동

조직 프로세스   조직의 작업 방식

조직 행동   직장 내 사람들의 행동

조직행동학(OB)   작업장에서의 인간 행동을 연구하는 학문분야

조직화   수행할 업무와 그 수행 방법, 담당자를 결정하는 활동

조직화   조직 구조를 창출하는 관리 기능

종료기   임시 집단의 집단 발전 마지막 단계로 집단이 해산할 준비를 하는 기간

종업원   업무를 현장에서 직접 수행하지만, 다른 사람의 업무를 감독할 책임은 없는 사람

종업원 몰입   종업원이 자신의 업무에 열정적이고 만족하며 결합된 상태

종업원 복리후생   종업원의 생활을 풍요롭게 하기 위해 설계된 비재무적 보상

종업원 상담   성과 관련 문제를 극복하는 것을 도와주기 위해 설계된 프로세스

종업원 인정 프로그램   업무 개선을 위한 개인의 노력과 흥미, 인정 및 감사의 표현으로 구성된 프로그램

종업원 절도   종업원이 개인적 사용을 위해 권한이 없는 기업 자산을 가져가는 것

종업원 지원 프로그램   종업원이 개인적 혹은 건강상의 문제를 극복하도록 돕기 위해 조직이 제공하는 프로그램

종업원 훈련   업무 수행 능력을 향상시킴으로써 종업원에게 안정적이고 영속적인 변화를 가져다주는 학습 경험

주경로   최단 시간 내에 프로젝트를 완료해야 하는 상황에서 가장 길거나 가장 시간이 많이 소요되는 이벤트 및 활동

주도적 성격   자신의 환경에 영향을 주기 위해 행동을 취하는 경향이 있는 개인을 설명하는 성격 특성

준거 대상   개인이 공정성을 평가하기 위해 자신과 비교하는 사람, 시스템, 혹은 자신

준비성   사람들이 한 특정 과업을 달성할 수 있는 능력과 의지 정도

중간경영자   최고경영자가 설정한 목표를 현장경영자에게 자세하게 설명해주고 구체적인 정책을 제시하는 사람

중소기업   직원 수가 500명 미만인 기업으로, 새롭거나 혁신적인 분야일 필요가 없으며 업계에 미치는 영향이 상대적으로 적음

즉각적인 수정 조치   성과를 정상 궤도로 돌려놓기 위해 드러난 문제를 즉시 수정

증강현실   컴퓨터 생성 이미지를 사용자의 실제 세계관에 중첩시키는 기술

지각   감각적인 인상을 조직하고 해석함으로써 환경에 의미를 부여하는 과정

지구촌   전 세계적으로 상품과 서비스가 생산되고 판매되는 국경 없는 세계

지속가능성   경영 전략상으로 경제적·환경적·사회적 기회들을 잘 살펴 기업이 경영 목표를 달성하고 주주 가치를 장기적으로 높이는 것

지속가능성   기업이 경제적·환경적·사회적 기회를 경영 전략에 반영해 사업 목표를 달성하고 장기적으로 주주의 가치를 높이는 것

지속성 계획   조직 내에서 반복적으로 수행되는 행동을 위한 지침을 제공하는 계획

지식경영   조직 구성원들이 체계적으로 지식을 모으고 다른 사람들과 공유하는 학습 문화를 배양

지역별 부문화   지역을 기반으로 활동을 집단화함

지역주의   사물을 자신의 관점에서만 바라보는 좁은 시각

지위   한 집단 내 위신의 등급, 위치 또는 계급

지휘   조직 구성원의 직무행동을 지시하고 조정하는 활동

직관적 의사결정   경험이나 감정, 축적된 판단능력에 근거해 의사결정을 하는 것

직무 관여   본인과 본인의 직무를 동일시하고, 직무에 능동적으로 참여하며, 자기 가치감으로 직무를 중요시하는 정도

직무 기술서   직무를 묘사한 서면 양식

직무 만족   직무에 대한 직원의 일반적인 태도

직무 명세서   재직자가 주어진 직무를 성공적으로 수행하기 위해 반드시 갖춰야 하는 최소한의 자격을 규정한 것

직무 분석   직무를 정의하고 직무를 수행하는 데 필요한 행동을 평가하는 것

직무 설계   완전한 직무로서 형성되기 위해 과제가 결합되는 방식

직무 충실화   기획 및 평가에 대한 책임을 더해 직무를 수직적으로 팽창시키는 것

직무 특성 모델(JCM)   5대 핵심 직무 차원, 직무 간 상호관계 및 이들이 성과에 미치는 영향을 규명하는 직무들을 분석하고 설계하는 틀

직원 몰입 직원이 직무와 연관되어 만족하며 열정적일 때 발생함

직원 생산성 업무 효율성과 유효성에 관한 척도

직장 내 비행 잠재적으로 조직이나 조직 내 개인들에게 해를 끼치고자 하는 직원의 의도적인 행동

집단 특정한 목적 달성을 위해 모인 둘 또는 그 이상의 상호작용하고 상호 의존적인 개인들

집단 간 개발 여러 작업집단을 보다 응집력 있게 만들기 위해 노력하는 활동

집단사고 집단의 모두가 동의하는 것처럼 보이기 위해 개인의 반하는 의견을 보류하도록 광범위한 압력을 가하는 경우

집단 응집력 어떤 집단의 구성원들이 서로 관심을 가지고 집단의 목표를 공유하는 정도

집중화 의사결정이 조직 내 상위 계층에서 이루어지는 정도

집중화 전략 세분화된 영역 및 틈새에서 비용 우위 또는 차별화 우위를 점하고자 하는 전략

차별 철폐 프로그램 보호집단 구성원의 고용, 승진, 유지를 높이는 의사결정과 관행을 보장하는 프로그램

차별화 전략 고객에게 가치를 주는 독특한 제품을 공급함으로써 경쟁하는 전략

창의성 독특한 방법으로 아이디어를 결합하거나 아이디어 간에 색다른 연계를 하는 능력

창의성 참신하고 유용한 아이디어를 제안하는 능력

채널 메시지가 경유하는 매체

책임 권한을 부여받았을 때 그에 상응하는 의무

초국가적 조직 인위적인 지역적 장애물에 제약받지 않도록 조직화된 기업

총체적 품질관리기법(TQM) 고객의 요구와 기대 수준에 부응하기 위해 품질을 지속적으로 개선해야 한다는 경영철학

최고경영자 조직의 방향을 결정하고 모든 조직 구성원에게 영향을 미치는 정책 결정자

최소 선호 동료(LPC) 설문지 어떤 리더가 과업 지향 혹은 관계 지향인지 측정하는 설문지

친교 욕구(nAff) 친밀하고 가까운 대인관계 욕구

카리스마 리더 자신의 성격과 행동이 사람들을 어떤 방향으로 행동하게 영향을 미치는 열정적이고 자신감 넘치는 리더

클라우드 컴퓨팅 컴퓨터의 하드 드라이브나 회사의 네트워크가 아닌 인터넷에 데이터를 저장하고 접근하는 것

타당성 선발 도구와 적정 기준의 입증된 관계

타당성 조사 실현 가능성을 결정하기 위해 설계된 기업가적 벤처의 다양한 측면에 대한 분석

탈집중화 낮은 계층의 경영자들이 투입물을 제공하거나 실질적인 의사결정을 하는 정도

태도 어떤 대상, 사람, 사건에 관한 호의적이거나 비호의적인 평가적 표현

통제 계획한 바대로 달성되고 있는지 확인하고 편차가 있을 시 수정하는 제반 감시 활동을 하는 관리 기능

통제 범위 경영자가 효과적이고 효율적으로 관리할 수 있는 종업원의 수

통제 위치 자신이 운명을 통제할 수 있다고 믿는 정도

통제 프로세스 실제 성과 측정, 기준과 실제 성과 비교, 편차를 바로잡거나 부적당한 기준을 바로잡기 위해 관리적 행동을 취하는 세 단계의 과정

팀 구조 전체 조직이 업무 팀들로 구성되어 있는 구조

팀 리더 작업팀의 활동을 관장하는 책임을 지는 사람

팀 빌딩 작업집단이 목표를 수립하고, 긍정적인 대인관계를 개발하고, 팀 구성원의 역할과 책임을 규명하도록 돕는 활동

파괴적 혁신 게임의 규칙을 획기적으로 변화시키는 제품, 서비스, 프로세스의 혁신

포용 모든 개인이 공정하게 존중받고, 공평한 기회와 자원을 가지고 조직의 성공에 완전히 기여할 수 있는 작업 환경을 만드는 것

품의제 합의를 만들어내는 일본의 집단 의사결정

포트폴리오 기업가 원래의 사업을 유지하면서 상속, 설립 또는 매수함으로써 기존 기업에 사업을 추가해 사업의 포트폴리오를 구축하는 사람

프랜차이징 서비스산업에서 주로 사용되는 방법으로 기업이 다른 기업에 수수료를 받고 자사의 이름과 생산 방법을 사용하도록 허용해주는 것

프로세스 부문화 작업 흐름이나 고객 흐름을 기반으로 활동을 집단화함

프로세스 생산 지속적인 흐름 또는 프로세스 생산

프로세스 자문 업무 흐름, 부서 내 비공식적 관계, 공식적 커뮤니케이션 방식 등을 평가하기 위해 외부 컨설턴트를 활용하는 것

프로젝트 시작과 끝이 확실한 일회성 활동

프로젝트 관리 정해진 시간 내에, 정해진 예산 범위 내에서, 그리고 명세서에 따라 활동을 완료해야 하는 작업

프로젝트 구조 종업원이 지속적으로 프로젝트에 참여하는 조직 구조

피드백 메시지가 성공적으로 전달되었는지 확인하는 것

피들러의 상황 적합 모델 효과적인 집단 성과는 리더의 유형과 리더에게 영향을 미치고 통제하는 상황 수준의 적절한 조화에 달려 있다는 이론

필요에 의한 기업가 필요에 의해 기업가적 벤처를 시작하는 개인

학습 경험의 결과로 나타나는 행동의 비교적 항구적인 변화

학습 조직 지속적으로 학습하고 적응하며 변화하는 역량을 개발하는 조직

합리적 의사결정 특정한 제약 조건하에서 일관성 있고 가치를 극대화하는 선택을 말함

합작투자회사 전략적 연합의 한 유형으로 특정한 사업 목적을 위해 독립된 조직을 설립하는 것

핵심 역량 기업의 주요 가치 창출 역량

행동 인간의 행위

행동적 요소 어떤 사람이나 사물에 대해 특정한 방식으로 행동하려는 의도

행동 형성 강화와 강화 결핍을 통해 등급별 단계로 학습하도록 하는 과정

혁신 창의적 아이디어를 확보하고, 그 아이디어를 유용한 제품, 서비스, 작업 방식으로 전환하는 프로세스

현실적인 직무 소개(RJP) 직무와 회사에 대한 긍정적·부정적 정보를 모두 제공하는 직무에 대한 간단한 소개

현장경영자 비경영자인 종업원의 일상적인 업무를 지휘하는 경영자

현장순회관리(MBWA) 경영자들이 종업원들과 상호작용할 수 있는 작업장에 나타남

형성기 사람들이 집단에 가입하고, 집단의 목표, 구조, 리더십을 규정하는 집단 발전의 첫 번째 단계

호손 연구 웨스턴 일렉트릭의 엔지니어들이 시작한 연구로서 1920년대 후반부터 1930년대 초반까지 작업 환경과 노동 생산성 간의 관계를 검토한 실험. 이 연구는 조직의 기능과 목표 달성에 인간적인 요소가 중요함을 일깨워주었다.

혼돈기 집단 내 갈등에 의해 구성되는 집단 발전의 두 번째 단계

확실성 의사결정자가 모든 가능한 대안의 결과를 알고 있는 상태

환경 불확실성 조직 환경의 변화와 복잡성 정도

환경적 복잡성 조직 환경의 구성요소들과 조직이 가지고 있는 구성요소들에 대한 지식의 범위

환경 탐색 최근의 흐름을 파악하기 위해 많은 양의 정보를 탐색하는 것을 포함한 외부 환경의 분석

활동 어떤 행동이 이루어지는 것

회계장부 공개 경영 조직의 재무제표('회계장부들')를 모든 종업원과 공유하는 동기부여 접근 방법

효과성 올바른 일을 찾아 하는 것으로 목표 달성의 정도를 의미함

효율성 일을 올바르게 하는 것, 투입과 산출의 관계로 볼 때 자원의 투입 비용을 최소화하는 것

후광 효과 하나의 특징에 기초해 사람에 대한 일반적인 인상을 형성하는 것

휴리스틱 의사결정을 간소화하기 위해 사용하는 판단의 틀 혹은 직관

2요인 이론 내적 요인은 직무 만족 및 동기와 관련 있고 외적 요인은 직무 불만족과 연관되어 있다는 허즈버그의 동기 이론

360도 피드백 다양한 원천으로부터 피드백을 받는 평가 도구

A형 성격 시간에 대한 절박감이 있으며, 과도한 경쟁의식을 갖고 있는 사람

B형 성격 느긋하고 편안하며 변화를 쉽게 받아들이는 사람

GLOBE 글로벌 리더십과 조직 행동 효과성에 대한 연구 프로그램이자 문화 간 리더십 형태를 연구하는 프로그램

ISO 9001 제품이 고객 요구 사항을 충족하도록 프로세스에 대해 동일한 지침을 제공하는 국제 품질 기준

PERT 네트워크 분석 프로젝트를 완료하는 데 필요한 활동의 순서와 각 활동과 관련된 시간 또는 비용을 나타내는 흐름도 같은 다이어그램

SWOT 분석 외부 분석과 내부 분석을 조합한 것

X이론 종업원들은 일하기 싫어하고, 게으르며, 책임을 회피하고, 업무를 수행하게 하기 위해 억지로 시킬 필요가 있다는 가정

Y이론 종업원들은 창조적이고, 일을 즐기며, 책임을 갖고 자기 스스로 일할 수 있다는 가정

찾아보기

저자 소개

Stephen P. Robbins

Robbins 박사는 애리조나대학교에서 박사학위를 취득했다. 그 이전에는 쉘 석유회사와 레이놀즈 금속회사에서 일한 경험이 있으며, 오마하에 있는 네브래스카대학교, 몬트리올의 컨커디아대학교, 볼티모어대학교, 에드워즈빌의 서던일리노이대학교, 샌디에이고대학교에서 가르친 경험이 있다. 현재는 샌디에이고주립대학교 경영학과의 명예교수로 있다.

그는 조직 내 갈등, 권력, 정치 그리고 의사결정행동, 효과적인 대인관계기술에 관한 연구를 주로 했다. 그의 논문은 *Business Horizons*, *California Management Review*, *Business and Economic Perspectives*, *International Management*, *Management Review*, *Canadian Personnel and Industrial Relations*, *The Journal of Management Education* 등에 게재되었다.

Robbins 박사는 경영학과 조직행동론 분야에서 세계적인 베스트셀러 교과서를 집필했다. 그의 책은 700만 부 이상 판매되었으며 20개국어로 번역되었다. 그의 책은 현재 미국, 캐나다, 라틴아메리카, 호주, 뉴질랜드, 아시아, 유럽 등 1,500개 이상의 대학교에서 사용되고 있다.

Mary A. Coulter

Coulter 박사는 대학원 학위를 갖기 전에는 고등학교 선생님, 법률 지원 스태프, 시의 운영 프로그램 계획자로서 일했다. 그녀는 또한 드루어리대학교, 아칸소대학교, 트리니티대학교, 미주리주립대학교에서 가르쳤다. 그녀는 현재 미주리주립대학교 경영학과의 명예교수로 있다. 이 책 외에도 Coulter 박사는 피어슨 출판사를 통해 전략경영론, 기업가론 등을 출판했다.

David A. De Cenzo

De Cenzo 박사는 사우스캐롤라이나주 콘웨이의 코스털캐롤라이나대학교 총장이다. 대학 총장의 권한으로 그는 대학의 전반적 비전과 리더십을 책임지고 있다. 그는 크레이그 월 시니어 경영대학의 수장으로 봉직하다 2002년 이후 코스털대학교로 오게 되었다. De Cenzo 박사는 총장으로서 대학의 전략계획 프로세스, 재정 건전성 유지를 위한 정책 및 운영, 대학평가와 투명성 제고를 위한 일을 전반적으로 지휘하고 있다. 코스털대학교의 교수로 오기 전에는 메릴랜드주 타우슨대학교 경영경제대학의 파트너십 개발 주임교수로 있었다. 그는 유능한 사업 컨설턴트이자 기업의 교육 담당자, 대중 연설가, 이사회 멤버로서의 경험도 있다. De Cenzo 박사는 미국과 세계 유수 대학에서 사용하는 교과서를 다수 집필한 저자이기도 하다.